La Croce dei Mercanti

Mittelmeerstudien

BAND 23

Simone Lombardo

La Croce dei Mercanti

Genova, Venezia e la Crociata Mediterranea nel tardo Trecento (1348–1402)

BRILL | SCHÖNINGH

Umschlagabbildung:
BNF, Manuscrits Français 5716, Guillaume de Saint-Pathus, Vie et Miracles de saint Louis, f. 39v. Parigi, 1330–1340 ca. [fonte: gallica.bnf.fr]

Bibliografische Information der Deutschen Nationalbibliothek

Die Deutsche Nationalbibliothek verzeichnet diese Publikation in der Deutschen Nationalbibliografie; detaillierte bibliografische Daten sind im Internet über http://dnb.d-nb.de abrufbar.

Zugl. Dissertation der Università Cattolica del Sacro Cuore di Milano, Facoltà di Lettere e Filosofia sowie der Universität Heidelberg, Historisches Seminar, verteidigt am 19.05.2022.

www.schoeningh.de

Einbandgestaltung: Evelyn Ziegler, München
Herstellung: Brill Deutschland GmbH, Paderborn

ISSN 2509-5048
ISBN 978-3-506-79085-9 (hardback)
ISBN 978-3-657-79085-2 (e-book)

A mio padre
e a chi mi ha insegnato la nostalgia del mare infinito.
A mia madre
e a chi mi ha insegnato il desiderio di tornare a casa.

"So che hai costanza, hai sopportato molte cose per amore del mio nome, e non ti sei stancato. Ma ho questo contro di te: che hai abbandonato il tuo primo amore".
Apocalisse 2, 3–4

Indice

Ringraziamenti

Questo scritto, frutto di diversi anni di lavoro, resi più difficili dalle chiusure della pandemia di Covid-19, è un'opera corale, formata da un mosaico di volti senza i quali probabilmente non sarei riuscito a concludere quasi nulla. Si tratta di una serie di facce, di dialoghi, di avventure, che mi è giunta senza che io abbia fatto granché per meritarmela. La lista dei ringraziamenti dovrebbe essere lunghissima. Sono innanzitutto grato alla prof.ssa Maria Pia Alberzoni e al prof. Nikolas Jaspert, per la delicatezza con cui mi hanno guidato. Ringrazio in particolare Antonio Musarra, che ha seguito le pieghe di questo lavoro ed è stato un compagno di viaggio, oltre che un maestro da seguire. Tra gli studiosi con cui ho potuto dialogare, ringrazio Pietro Silanos, Franco Cardini, Richard Knorr, Benjamin Kedar, Luca Lo Basso, Paolo Calcagno, Emiliano Beri, gli archivisti di Genova. Ringrazio i giovani ricercatori, per il loro coraggio di voler fare della ricerca umanistica il proprio mestiere: Francesco Borghero, Matteo Briasco, Lorenzo Caravaggi, Nicola Ryssov, Sarah Procopio, Tommaso Vidal, Giulia Zornetta, Davide Morra, Marco Tarallo, Sofia Gullino, Giorgio Toso, Giovanna Orlandi, Fausto Fioriti, Andrea Zappia, Leonardo Scavino, Francesca Della Guardia, Alessandro Bonifacio, Emanuele Carletti, Maria Vezzoni, Matilde Paci, Filippo Ribani, Filippo Forlani, Nicola Gadaleta, Letizia Curreri, Giuseppe Perta, Laurin Herberich, Victòria Burguera, Sebastian Kolditz, Filippo Vaccaro. Ringrazio anche i protagonisti medievali di questo studio, che senza aver mai incontrato ho imparato a conoscere da secoli di distanza. Sono grato ai miei luoghi. Genova, *Ianua*: la porta della vita e la casa per sempre; Heidelberg e la Germania, che mi ha dato più di quanto io sia stato in grado di restituire; Monza e la Brianza, rifugio a cui tornare; Milano, che non ha il mare e quindi che mi è così difficile navigare, ma sa sorprendere con bellezze inaspettate; l'Università Cattolica, i cui chiostri sono diventati familiari.

Grazie a tutte le persone senza le quali non sarei quello che sono, pur senza poter elencarle tutte. Ringrazio Cate Cappuccio, Gigio Grimoldi, Sara Zuccaro, Giovanni Materno, Edo Pio, Beppe Vitale, Alessandro Vaghi, Nanni Pagani, Cri Bovo, Francesco Grade, Mattia Nassano, Matte Cianci, Bengio Lonato, Alessandro Factotum, Luca Chiusano, Simo Frega, Gabri Laffro, Meme Manzon, Simo Fausti, Gabri Maurelli, Pietro Sbier, Marco Libbi, Giacomo Strada, Cecco Beppe Campodonico, Andre Macchiavello, Ste Ornati, Gio Arquilla, Simo Abbiati. Tra i genovesi: Miri Marchesi, Albi Costanzo, Andre Lanza, Matteo Tacket, Pippo Dalmonte, Irene Costanzo, Tazzi Raminelli, Samu Bossi, Luca Cianci, Niccolò Marchesi "Giorgio", Damiano Simoncelli, Siro e Betta Roncallo, Diana e Marta,

Giacomo Sanguineti, Dedde Bavestrello, Anduela Keqi, Micol Pirona, Gianpaolo Sanguineti, i Mocellin, i Tagliafico, i Pampararo, i Frega, i Guariniello, Benedetta Mori, Ina Campodonico, Giacomo Lanza, Marghe Bonino, Aldo Gastaldi, i ragazzi della caritativa di don Mario; i ragazzi del Siri, in particolare Tommy Chiarella, Nico Colistra, Prince, Moussa. Tra i lombardi: Giudi Corbella, Tommy Mauri, Ceci Bravi, Michela Avellis, Anna De Ponti, Marco Coccari, Marta Busani, Andrea Scalia, Camilla De Amici, Simone Lupi, Andrea Bellavita "Cle", Carlo Pace, Agostino Marconi, Riccardo Clemente, Albi Versace, Carola Pennisi, Uedro Bertini, Elisa Turati, Marta Benzoni, Irene Carera, Ale Belloli, Gabri Spelta, Carlo Torregiani, Annalisa Puligheddu, Andrea Corno, Gio Filippetti, Giulia Sportoletti, Giulia Collico, Chiara Avanzini, Monica Greco, Chiara Cozzini, Francesca Mancuso, Anna Minelli, Adri; Giacomo Ciambo, Martina Gasperoni, Elisabetta Campetella, Cecilia Boniolo, Irene Ricciardi, Silvia Trippitelli; Giorgio Vittadini, don Marco Ruffini, don Sergio Arosio, Francesco Magnus, Giada Ragone, Francesco Marazzi, Agne Cantù, Giovanni Donà, Giovanni Negri, Luca Monde, Gigio Laffro, Matteo Rimo Abo Perrucchini, Edoardo Viganò, Peddy Pirazzi, Giovanni Paleari e Rachele Bongiolatti, Leti Donati, Pietro Sangiorgio, Sara Paraboni, Giudi Conti, Nico Anceschi, Greta Ferrara ed Ema Cozzi, Chiara Filippi, Lucia Colzani, Pepe Zarpellon, Tommaso Zanardi e Letizia, Annaclaudia Carignano, Luigi Lorenzetti, Endri Marco Tarellari, Luigi Bettini, Eloisa Calcagno, Pietro Pozzi, Claudio Bottini, Riccardo Crotti, Matte Camporeale, Andre Necchi, Livia Vignati, Pippo Grimoldi, Simone Paleari, Sara Sorensen, Luca Mezza, Paolo Torrisi e Martina Berti, Silvia Gatti, Ignazio Notari, Daniele Brioschi e Marco Riva, Benedetta Scatton, Marco Benzoni. Tra quelli sparsi per il mondo: Cristina Benso, Matteo Guida, Bea Birondi, Anna Valois, Sofia Mansilla, Samuele Conte, i ragazzi di Schwindstr. 3, Benny Castellacci, Ines Cumerlato, Alberto Rossi, Francesco Sismondini, Piero Mansutti, Nicola Ugolini, Silvia Cappa, Pablo e Rocío, Ilaria Lucaselli, Fede Giangrasso e i ragazzi di Capizzi, don Stefano Brancatelli, Filippo Zamparo.

Sono grato a quelli che per me sono stati padri e madri: Gianni Bianchi, don Marco Cianci, Letizia, padre Leonardo, don Pino De Bernardis, don Antonio Anastasio; a chi mi ha accompagnato pur senza esserci incontrati: Aldo Gastaldi, Fabrizio De Andrè, Davide Van de Sfroos, Eugenio Montale. Infine grazie a Marco Gallo. Alla mia famiglia, perché niente di ciò che farò potrà colmare il debito nei vostri confronti: a Maria Chiara e Beatrice, Lorenzo, la piccola Bianca, i miei zii Paolo, Elena, Martina, Maurizio, Nella; i miei cugini Alice, Michele e le loro famiglie; i miei nonni Lina e Antonio. Grazie in particolare ai miei genitori: mia mamma Anna e mio papà Vincenzo. A loro è dedicato questo lavoro. Grazie a mia nonna Mariuccia e a mio nonno Angelo, che mi raccontava storie con i suoi occhi lucidi – e forse è colpa sua se ho deciso di fare questo mestiere –. Infine, grazie al *bacán* di tutta questa storia, che nonostante i miei tentativi di scappare, torna a dare senso a tutto e mi riporta sempre, giù per una *creuza*, verso di lui.

Heidelberg, 22 febbraio 2023
LDS

CAPITOLO 1

Introduzione. Prendere la Croce?

And in spite of all the dishonour,
The broken standards, the broken lives,
The broken faith in one place or another,
There was something left that was more than the tales
Of old men on winter evenings.
Only the faith could have done what was good of it;
Whole faith of a few,
Part faith of many.
Not avarice, lechery, treachery,
Envy, sloth, gluttony, jealousy, pride:
It was not these that made the Crusades,
But these that unmade them.

Remember the faith that took men from home
At the call of a wandering preacher.
Our age is an age of moderate virtue
And of moderate vice
When men will not lay down the Cross
Because they will never assume it.

T.S. Eliot, *Choruses from 'The Rock'*, Chorus VIII

1.1 Una questione di mentalità: problema e metodo

Questo è in larga parte un lavoro che si confronta con l'indagine delle mentalità. La storia culturale e lo studio delle mentalità – è necessario un termine plurale, poiché si tratta non di una mentalità unica, ma di molte e sovrapposte – sono ambiti problematici: per loro stessa natura, non è possibile pretendere dimostrazioni sistematiche e incontestabili, poiché l'eccezione è una costante. Johan Huizinga si poneva le stesse questioni sull'ontologia della materia, pronunciandosi sull'impossibilità della storia culturale di cogliere una certezza.[1]

1 Johan HUIZINGA, The Task of Cultural History, in: IDEM, *Men and ideas: History, the Middle Ages, the Renaissance*, New York 1959, pp. 17–76, qui p. 28. Questo, poiché Huizinga

Lo studioso afferma l'importanza fondamentale dell'immaginazione nell'interpretare il passato, pur necessitando di dati oggettivi: l'intuizione estetica getta le basi per una spiegazione razionale.[2] Le critiche a questo tipo di approccio, evidente nel suo capolavoro *Autunno del Medioevo*, non sono tardate ad arrivare.[3] Huizinga richiamava i medievisti del suo tempo a non sottovalutare i valori spirituali dell'epoca, quasi sempre sottomessi a fattori socio-economici.[4] Da queste premesse si è sviluppata la storia culturale, sebbene lo statuto sia da sempre dibattuto, e la sua intersezione con la storia intellettuale e delle idee.[5] Nell'analisi delle mentalità e dei sistemi di pensiero tardomedievali non è possibile evitare il confronto anche metodologico con Huizinga e con opere, tra le

---

considerava lo studio della storia più simile a un'arte che a una scienza, non essendo in grado di generare leggi astratte e universali, mentre i fatti storici resistono sempre alla comparazione e alla vivisezione: in fondo, la storia risulta irriducibilmente complessa. Robert ANCHOR, History and Play: Johan Huizinga and His Critics, in: *History and Theory* 17 (1978), pp. 63–93, qui pp. 66–67.

2 Per esempio secondo Huizinga, per studiare il tardo Medioevo, sono le cronache, più che le fonti ufficiali, a mostrare il vero pathos della vita medievale. Ciò che lo storico afferma di scoprire nelle cronache è che la nobiltà aveva continuato a dominare le menti e impressionare lo stile di vita, che sopravvalutava l'importanza effettiva dell'aristocrazia. La storia, secondo Huizinga, non è dunque guidata dalla razionalità, come gli storici positivisti tendevano a dire. Ivi, pp. 67–68.

3 Per le critiche all'*Autunno del Medioevo*: Paul Langdon WARD, Huizinga's Approach to the Middle Ages, in: *Teachers of History. Essays in Honor of Laurence Bradford Packard*, ed. Henry Stuart HUGHES, Ithaca USA 1954, pp. 168–199; Frederik Willem Nicolaas HUGENHOLTZ, The Fame of a Masterwork, in: *Johan Huizinga, 1872–1972. Papers delivered to the Johan Huizinga conference Groningen 11–15 december 1972*, ed. Willem R.H. KOOPS / Ernst Heinrich KOSSMANN, Gees VAN DER PLAAT, Den Haag 1973, pp. 91–104. Per la discussione sulle opere di Huizinga: Peter J. ARNADE / Martha C. HOWELL / Anton VAN DER LEM (Ed.), *Rereading Huizinga: autumn of the Middle Ages, a century later*, Amsterdam 2019. Huizinga in ogni caso, in contrasto con la storia positivista, ha rimarcato che i dati della storia sono sempre frutto di una scoperta e di una selezione, con un ampio ruolo della soggettività dello storico. La sua strada è stata teorizzata anche da figure come Marc Bloch o Henry-Irénée Marrou.

4 Johan HUIZINGA, The Political and Military Significance of Chivalric Ideas in the Late Middle Ages, in: Men and ideas: History, the Middle Ages, the Renaissance, pp. 196–206, qui p. 197.

5 In ambito anglosassone Peter Burke e in quello francese Philippe Poirrier hanno discusso dello statuto e delle tendenze della storia culturale. Philippe POIRRIER, *Les enjeux de l'histoire culturelle*, Paris 2004; Peter BURKE, *La storia culturale*, Bologna 2009. Anche: Lynn HUNT, *The New Cultural History. Studies on the History of Society and Culture*, Berkeley 1989. Alessandro Arcangeli ha tentato di tratteggiare lo stato dell'arte della materia in Italia. Alessandro ARCANGELI, La storia culturale in Italia, in: *La storia culturale: una svolta nella storiografia mondiale?*, ed. Philippe POIRRIER / Alessandro ARCANGELI, Verona 2010, pp. 161–182. In Italia si è sviluppata in particolare la microstoria, per cui si rimanda alle opere di Carlo Ginzburg. Carlo GINZBURG, *I benendanti*, Torino 1966; IDEM, *Il formaggio e i vermi*, Torino 1976.

molte, come *I re taumaturghi* di Marc Bloch e *Il senso della morte e l'amore della vita nel Rinascimento* (*Francia e Italia*) di Alberto Tenenti[6].

Il Trecento, inoltre, è una stagione di cambiamenti, un'epoca in sommovimento, segnata dalla fine di vecchi modelli e dal travaglio per la nascita di nuove formule, istituzioni, dinamiche, sensibilità culturali, politiche o religiose. Questo studio vuole cercare di comprendere i mutamenti di mentalità nella seconda parte del secolo, senza limitarsi a uno studio classico sulle "crociate dopo le crociate".[7] Si intende, piuttosto, offrire uno sguardo sul mondo mediterraneo alle prese con la congiuntura trecentesca a partire dalla crociata e dagli osservatori di Genova e Venezia. Lo scopo rimane l'indagine dei sistemi di pensiero, di vita e di comportamento della frastagliata umanità che agiva imperniata attorno ai due centri. La crociata aiuta a illustrare le dinamiche poste in essere dagli abitanti delle due città, nel loro rapporto con il mare, con l'Oriente, con l'alterità, con un diverso modo di vivere la religiosità, segnata dall'incertezza e da una contrazione socio-economica. Genovesi e veneziani, decenni dopo la perdita di *Outremer*, continuavano a recarsi nel Levante: di fatto, essi erano il polo più avanzato della frequentazione occidentale della riva islamica e del mondo della "frontiera". Liguri e veneti, con la loro vasta proiezione marittima, erano gli eredi della tradizione crociata e i primi destinatari degli appelli di papi, sovrani, nobili, propagandisti. Dal canto loro, genovesi e veneziani non potevano permettersi di ignorare le richieste di partecipazione, anche quando andavano contro i loro stessi interessi economici. La crociata, nella sua stagione tardiva e spesso disillusa, mostra tutto il dramma che intercorreva tra pragmatismo mercantile e mistica della croce. Occorre quindi vagliare l'impatto e l'attrattiva dell'ideale crociato dopo la fine delle crociate "classiche", al fine di sviluppare un affresco dell'epoca. Non si tratta solo di un'indagine politico-istituzionale, ma soprattutto legata alle tracce del sentire comune, ai testamenti, alle fonti indirette, alle osservazioni contenute nelle cronache, nei testi letterari e nelle missive. Lo studio delle società mercantili è un campo affascinante e rischioso, che spinge a concentrarsi solamente su meccanismi economici, sugli sviluppi commerciali, sui contratti e sugli scenari di potere, dimenticando che si trattava di uomini i cui comportamenti erano segnati da una concezione del mondo e della realtà. Molte questioni rimangono aperte. Nel corso del XIV secolo, le crociate possedevano realmente meno attrattiva presso la popolazione? Nel caso, cosa era cambiato e perché?

---

6 Marc Bloch, *I re taumaturghi*, Torino 1961; Alberto Tenenti, *Il senso della morte e l'amore della vita nel Rinascimento* (*Francia e Italia*), Torino 1989.

7 Per riprendere l'espressione in: Marco Pellegrini, *Le crociate dopo le crociate: da Nicopoli a Belgrado* (*1396–1456*), Bologna 2013.

Vi è stato bisogno, innanzitutto, di adottare un approccio storico-antropologico, per individuare le sfide e i problemi trecenteschi al fine di introdurre la ricerca. I risvolti pratici delle esigenze penitenziali stavano cambiando, così come la stessa crociata si stava trasformando da *passagium* verso la Terra Santa a guerra antiturca. Il concetto di crociata perdeva i propri connotati di pellegrinaggio armato per assumerne altri, legati all'antemurale della fede. Durante questo *revival* crociato, gli aristocratici nordeuropei avevano legato la propria partecipazione alle spedizioni a uno stile di vita cavalleresco, fatto di tornei e interscambiabilità di fronti su cui combattere. In tal senso, i due osservatori veneto-genovesi sono contesti interessanti per indagare i rapporti che legavano queste società, in profondo mutamento, con il mondo mediterraneo e l'afflato verso la chiamata a combattere l'infedele. Genovesi e veneziani, in larga parte mercanti, intendevano partecipare alla crociata nel Trecento? Un affondo sulla mentalità e religiosità degli abitanti di entrambi i centri permette di misurare i cambiamenti, in attrattiva e concezione, rispetto alle spedizioni oltremare – e, indirettamente, rispetto alla percezione della realtà circostante –. La crociata era ancora affascinante a Genova e Venezia, che ne erano state protagoniste nei secoli precedenti? Il lavoro si è rivolto all'indagine dell'impegno effettivo delle due città, e soprattutto dei loro abitanti, nelle spedizioni crociate della seconda metà del XIV secolo. Per fare ciò, è necessario considerare il mondo della "frontiera" del Mediterraneo orientale, vagliando le categorie storiografiche già presenti per la penisola iberica e la prima Età Moderna. Nella zona della Romania si collocano i principali avvenimenti, compresi tra la peste del 1348 e l'arrivo di Timur Lang nel 1402, non ancora analizzati in maniera unitaria. Nella ricostruzione emerge il superamento della contrapposizione tra una condotta mercantile, volta alla ricerca dell'utile economico, e una sincera partecipazione all'impresa oltremarina in nome della fede. Perché un mercante era meno religioso se commerciava con gli infedeli, e non li combatteva solamente? Mercanti e cavalieri del Trecento appartenevano veramente a due mondi opposti, tra cinici approfittatori e disinteressati idealisti? La domanda di fondo riguarda, in ogni caso, la pregnanza dell'ideale su una mentalità che, complici le difficoltà del secolo, sembra disincantarsi – weberianamente parlando – o rifugiarsi nel mistico. Osservare con quali occhi gli uomini del Trecento guardavano la crociata, in fondo, permette di illustrare come gli uomini del Trecento guardavano il mondo.

Il pragmatismo mercantile non era scevro da tensioni ideali e religiose, che potevano condizionare l'azione. L'analisi è debitrice dell'opera del 1976 di Benjamin Z. Kedar, *Merchants in crisis: Genoese and Venetian men of affairs and the fourteenth-century depression*[8], da cui ho ricavato innumerevoli suggestioni. Lo studio è stato un metro di paragone innanzitutto metodologico, nell'analisi delle società mercantili genovese e veneziana in rapporto alla congiuntura trecentesca. La depressione commerciale, secondo l'autore, aveva impattato sulla mentalità dei mercanti a Genova e Venezia, che dinanzi alle difficoltà dell'epoca avrebbero avuto una reazione eccessiva, divenendo meno propensi al rischio rispetto al secolo precedente. L'analisi di Kedar è suggestiva e supportata da un buon numero di dati. Il lavoro ha suscitato reazioni contraddittorie, giudicato ora convincente e apripista per nuove ricerche, ora soggetto a innumerevoli critiche.[9] Tra i problemi, può esser rilevato come i dazi portuali siano dati abbastanza poveri per definire una depressione commerciale, mentre il cambio di mentalità potrebbe avere molteplici altre spiegazioni. Alcuni lettori hanno giudicato poco convincenti le prove iconografiche fornite, oppure la parzialità di certe fonti, come l'uso dei nomi cristiani oppure l'utilizzo rafforzativo di doppi termini.[10] Nonostante queste osservazioni, l'opera di Kedar solleva problemi rilevanti e compie uno sforzo notevole, specialmente per le intuizioni dell'autore sulla mentalità trecentesca dei ceti mercantili mediterranei, che pure è necessario siano riviste alla luce della storiografia più aggiornata. Ho sostanzialmente ripreso la metodologia di Kedar, in larga parte funzionale all'indagine dei sistemi di pensiero di civiltà marittimo-mercantili.

---

8 La versione italiana è: Benjamin Z. KEDAR, *Mercanti in crisi a Genova e Venezia nel '300*, Roma 1981. La prima edizione in lingua inglese, dal titolo molto più indicativo, è: IDEM, *Merchants in crisis: Genoese and Venetian men of affairs and the fourteenth-century depression*, New Haven 1976.

9 Tra i sostenitori del lavoro di Kedar: Reinhold C. MUELLER, B.Z. Kedar: Merchants in Crisis. Genoese and Venetian Men of Affairs and the Fourteenth-Century Depression (Book Review), in: *Journal of European Economic History* 6/2 (1977), pp. 511–513; Hilmar C. KRUEGER, Review: Merchants in Crisis: Genoese and Venetian Men of Affairs and the Fourteenth-Century Depression by Benjamin Z. Kedar, in: *Speculum* 53/2 (1978), pp. 389–391. Per le criticità segnalate nell'opera, si veda in particolare: James C. DAVIS, Review: Merchants in Crisis: Genoese and Venetian Men of Affairs and the Fourteenth-Century Depression by Benjamin Z. Kedar, in: *The American Historical Review* 82/4 (1977), pp. 941–942.

10 Lo studioso riconosce il nuovo ruolo assunto dalla Fortuna e l'importanza attribuita alle qualità di "prudens vir", insieme alla perdita di fiducia sulle capacità umane, ma riconduce questi atteggiamenti direttamente alla depressione commerciale – e parzialmente al ruolo avuto da epidemie e guerre –. Gerald W. DAY, Review: Merchants in Crisis: Genoese and Venetian Men of Affairs and the Fourteenth-Century Depression. By Benjamin Z. Kedar, in: *The Journal of Economic History* 37/4 (1977), pp. 1070–1071.

Per un'indagine il più possibile olistica, ho dovuto applicare una vasta gamma di approcci, spesso travalicando i confini dell'analisi storica per attingere da altre discipline. Il metodo storico-antropologico è stato contaminato con osservazioni dalla sociologia, dall'epidemiologia e dall'eziologia, fino a categorie clinico-psicologiche come i PTSD (Post Traumatic Stress Disorder) individuali e sociali, per cogliere la risposta di uomini e comunità a eventi traumatici. Per quanto riguarda la teodicea è necessario ricorrere a sintesi teologiche e filosofiche, mentre è inevitabile il confronto con la metodologia della storia economica per lo studio del debito pubblico e degli strumenti assicurativi, così come l'approfondimento delle tecnologie navali e del lavoro marittimo. La dinamica politica e istituzionale richiede una riflessione a sé stante e ugualmente l'analisi del dato militare, degli scontri e della diplomazia tra latini, turchi, bizantini, mamelucchi e altre potenze cristiane, tra cui ovviamente il papato. Lo studio ha ricavato molte informazioni dalle fonti involontarie come formule linguistiche, osservazioni e omissioni nei documenti o testi narrativi. Il cambiamento dei linguaggi artistici fornisce numerosi spunti, insieme all'approccio prosopografico, utilizzando singole vicende per illuminare un contesto. Se nel primo capitolo ho tentato di produrre un affresco del mondo e introdurre alcune ipotesi di lettura dei fenomeni, nel secondo sono state indagate le tracce della percezione del mondo a partire dalle cronache veneziane e genovesi. Il terzo capitolo affonda sullo studio della mentalità vera e propria, relativa alla crociata, tra gli abitanti dei centri marittimi, usando il più ampio ventaglio di fonti disponibili, mentre il quarto capitolo ha inteso illuminare la contraddittorietà della frontiera mediterranea, di cui genovesi e veneziani erano spesso protagonisti e che costituiva il terreno fertile per la crociata trecentesca. La ricostruzione evenemenziale, a cui sono dedicati gli ultimi due capitoli del lavoro, è finalizzata all'indagine delle dinamiche mentali e socio-politiche, tra spedizioni oltremare e crescente minaccia turca. Con questa molteplicità di approcci ho compiuto un tentativo, seppur manchevole, di ricostruire la sensibilità di un mondo.

A fronte dei risultati ottenuti, è possibile introdurre la categoria sociologica, mutuata da Max Weber, di "disincanto" del mondo. Il concetto descrive una certa razionalizzazione nell'interpretazione della realtà, espressa secondo Weber nello sviluppo della ricerca scientifica e dell'economia capitalistica.[11] Con la messa in discussione di vecchie credenze e valori, il mondo ne era risultato "disincantato", ovvero privato di quella valenza di segno di Dio. In gioco non vi sono più forze misteriose e l'uomo si sente in grado di dominare

11 Max WEBER, *La scienza come professione. La politica come professione*, Milano 2006 (orig. 1918).

la realtà tramite un progressivo calcolo razionale. Tale idea può essere applicabile alla realtà del XIV secolo, che ha visto il crollo di vecchi modelli religioso-provvidenziali e un netto sviluppo della tecnica sotto molteplici aspetti? Alexander Murray, in questo senso, ha guardato al Medioevo come a un'età in cui si sono formati campi del sapere indipendenti dalla fede e dal trascendentale: portando tra gli esempi lo sviluppo della matematica e dell'aritmetica o la laicizzazione del pensiero filosofico, vuole inquadrare una sorta di "protorazionalismo" medievale, preannunciatore dell'Epoca Moderna.[12]

Eppure, si può obiettare, non è cercando l'esistenza della matematica che si afferma l'esistenza d'un processo di razionalizzazione. Il mondo trecentesco, pur andando incontro a una crescente razionalizzazione, appare tutt'altro che "disincantato": sono le passioni, in particolar modo religiose, escatologiche, profetiche, pauperistiche, a giocare un ruolo fondamentale, generando una saturazione del sacro piuttosto che la sua scomparsa. La condotta di molti genovesi e veneziani, pur difficile da sintetizzare, da un lato risulta improntata alla razionalizzazione mercantile degli sforzi e dei rischi, ma dall'altro è segnata dalle stesse dinamiche irrazionali del contesto tardomedievale. Sembra piuttosto registrabile la perdita, più epidermica che cosciente, della visione del mondo come teleologicamente ordinato. Il caos delle epidemie, delle crisi sistemiche legate a guerre e carestie, aveva messo a dura prova l'esistenza di un ordine e di un'armonia positiva. Occorre dunque vagliare anche la proposta dell'irrazionalismo filosofico, che denota la percezione della realtà come fondata su un principio non razionale: il caso, o la Fortuna, all'interno delle fonti. La vita stessa allora, lontana dalla provvidenza divina, è intesa come un complesso di eventi imprevedibili e sfuggenti alla comprensione umana.[13] Il lavoro vuole suggerire delle ipotesi e delle tendenze in questo verso.

1.2 Il dibattito storiografico sulle crociate

Il lavoro si situa all'incrocio tra diverse storiografie, come gli studi sulla "crisi del Trecento", sugli imperi del Mediterraneo, sui turchi e mamelucchi e più in generale sui potentati musulmani. Le storiografie su Genova e Venezia, spesso speculari ma non sempre comunicanti, si incentrano sull'operato dei loro cittadini dal punto di vista commerciale, di spostamenti di popolazione ed emigrazione, di dinamiche politiche al loro interno ed esterne, di flusso di schiavi. Anche la natura penitenziale delle crociate ha generato una discussione tra gli

12 Alexander MURRAY, *Ragione e società nel Medioevo*, Roma 2002.
13 Andrea Mario MOSCHETTI, *L'irrazionale nella storia*, Bologna 1964.

storici, che occorre tenere in conto nell'analisi della pervasività del richiamo d'oltremare nella seconda metà del Trecento. Gli studiosi hanno dibattuto a lungo sulla definizione di crociata. Nel tentativo di rintracciare gli elementi comuni alle spedizioni, le conclusioni si sono diversificate. È stata individuata una scuola "creazionista", a sua volta divisa tra *Old creationists*, secondo i quali il sigillo delle crociate era impresso dalla direzione papale, e *New creationists*, che hanno piuttosto tentato di rintracciare una serie di fattori che rendevano tale una crociata.[14] Alain Demurger ha invece proposto la contrapposizione tra una scuola storiografica "tradizionalista", che dava all'obiettivo di Gerusalemme un ruolo preminente, concludendo l'esperienza crociata al 1291, e quella "pluralista", che invece ammetteva la diversificazione degli scopi durante il tempo e il riconoscimento del carattere ambiguo di "guerra santa", con il prolungamento conseguente delle crociate ai secoli successivi.[15] Christopher Tyerman è uscito

---

14 Paul E. CHEVEDDEN, Crusade Creationism "versus" Pope Urban II's Conceptualization of the Crusades, in: *The Historian* 75/1 (2013), pp. 1–46, qui p. 4. Entrambe le correnti, secondo Paul Chevedden, hanno comunque condiviso una concezione di crociata come progetto cosciente, ideato da Urbano II e condotto nel corso dei secoli sotto l'egida del papato. Si possono rintracciare segni di questa concezione, per cui la crociata ebbe origine da un'idea originale di Urbano II, in diversi volumi. Il creazionismo prende le mosse dal lavoro di Carl ERDMANN, *Die Entstehung des Kreuzzugsgedankens*, Stuttgart 1935 (tradotto come: *The Origin of the Idea of Crusade*, Princeton 1977), nel quale lo storico riconosce la crociata come un'iniziativa del papato riformatore. In supporto alla visione degli *Old creationists* è possibile ricondurre alcune opere come: Paul ROUSSET, *Histoire d'une idéologie: la croisade*, Lausanne 1983; Malcolm BARBER, *The Crusader States*, New Haven 2012; Jonathan PHILLIPS, *Holy Warriors: A Modern History of the Crusades*, London 2009; Jean FLORI, *La guerra santa. La formazione dell'idea di crociata nell'Occidente cristiano*, Bologna 2003. Per quanto riguarda i volumi riconducibili ai *New creationists*: Jonathan RILEY-SMITH, *What Where the Crusades?*, London 1977; IDEM, *The First Crusade and the Idea of Crusading*, Philadelphia 1986; IDEM, History, the Crusades and the Latin East, 1095–1204: A Personal View, in: *Crusaders and Muslims in Twelfth-Century Syria*, ed. Maya SHATZMILLER, Leiden 1993, pp. 1–17. Si segnala anche l'ipotesi bizantina di Frankopan, che riconosce come obiettivo primario delle crociate il soccorso a Costantinopoli: Peter FRANKOPAN, *The First Crusade: The Call from the East*, London 2012. Occorre ricordare l'opera di Steven Runciman, che ha letto le crociate con l'ottica in filigrana della decadenza di Bisanzio: Steven RUNCIMAN, *Storia delle crociate*, Torino 1967. Rimando in senso più riassuntivo a: Giles CONSTABLE, The Historiography of the Crusades, in: *The Crusades from the Perspective of Byzantium and the Muslim World*, ed. Angeliki E. LAIOU / Roy P. MOTTAHEDEH, Cambridge USA 2001, pp. 1–22. Lo studio del dibattito storiografico sulle crociate è stato affrontato da Christopher Tyerman in un volume appositamente dedicato: Christopher TYERMAN, *The Debate on the Crusades*, Manchester 2011.

15 Occorre comunque considerare che si tratta di categorizzazioni flessibili di correnti, all'interno delle quali gli storici hanno avuto posizioni singolari. Quella tra "tradizionalisti" e "pluralisti" è una definizione offerta in: Alain DEMURGER, *Crociate e Crociati nel Medioevo*, Milano 2010, pp. 263–265; TYERMAN, The Debate on the Crusades.

da questa dialettica, per instillare dubbi sul fatto che il pontefice fosse stato il primo codificatore delle spedizioni. Tyerman ha ipotizzato una coscienza della crociata sorta *in itinere*, nel corso delle varie sperimentazioni: era stata la pratica a forgiare la crociata, in un processo giunto a compimento non prima del XII-XIII secolo.[16] La lettura abbraccia l'ipotesi di un'evoluzione, pur tenendo scarsamente in conto le spedizioni antimusulmane anteriori all'appello di Clermont.[17]

Paul Chevedden ha guardato al *passagium* come prodotto del popolo cristiano più che di un'iniziativa papale, in una lotta su scala mediterranea contro *Turcos* in Oriente e *Mauros* in Occidente.[18] Le operazioni in Terra Santa, dunque, possono essere comprese solo se inserite in un contesto più ampio, dilatato nel tempo e unito dalla Spagna all'Anatolia, passando per il meridione italiano, che nella lotta contro i nemici della fede spinge lo studioso verso il paradigma del *clash of civilization* come metro di analisi del fenomeno crociato.[19] L'ideologia dello scontro religioso, tuttavia, è facilmente confutabile grazie ai continui esempi di contatto tra mondo europeo e islamico, evidenti se si guarda alle città marinare mediterranee. La storiografia italiana è stata meno presente all'interno del dibattito tra crociatisti, che si è sviluppato in maniera predominante nel mondo anglo-americano e francese.[20] Al di là di

---

16 Il suo titolo più rappresentativo: IDEM, *The invention of the Crusades*, London 1998. In esso, l'autore ha mostrato come la riflessione sull'idea di crociata avrebbe avuto inizio con l'esperienza stessa della crociata e non prima.

17 Questo fattore è evidente se si considera la visione islamica delle crociate, che ha inizio dagli avvenimenti iberici ed è stata analizzata da Carole Hillenbrand e Paul M. Cobb. "se esisteva una linea di pensiero dominante fra i musulmani sulle origini delle Crociate, essa sosteneva che il *jihad* franco contro i musulmani cominciò negli anni Sessanta dell'anno Mille, che fu combattuta su diversi fronti in tutto il Mediterraneo e che la responsabilità della sua riuscita dev'essere attribuita alle divisioni della comunità musulmana". Paul M. COBB, *La conquista del Paradiso. Una storia islamica delle Crociate*, Torino 2016, p. 49. Anche: Carole HILLENBRAND, *The Crusades: Islamic perspectives*, Edinburgh 1999.

18 Lo stesso Chevedden ha abbracciato una linea di rottura rispetto ai creazionisti. "Despite their differences, both 'old' creationists and 'new' creationists insist that the Crusades possessed core characteristics -a set of essential elements that all and only Crusades possessed- and they largely agree on what these characteristics are". CHEVEDDEN, Crusade Creationism "versus" Pope Urban II's, p. 10.

19 IDEM, The View of the Crusades from Rome and Damascus: The Geo-Strategic and Historical Perspectives of Pope Urban II and Ali ibn ahir al-Sulami, in: *Oriens* 39 (2011), pp. 257–329; IDEM, Pope Urban II and the ideology of the crusades, in: *The Crusader World*, ed. Adrian J. BOAS, Abingdon 2016, pp. 7–53.

20 Per un'analisi del panorama storiografico italiano rispetto alle crociate: Antonio MUSARRA, Appunti per una storia della storiografia sulle crociate in Italia, in: *Gli Italiani e la Terrasanta. Atti del Seminario di Studio (Firenze, Istituto Italiano di Scienze Umane, 22 febbraio 2013)*, ed. IDEM, Firenze, 2014, pp. XIII–XXXI.

notevoli eccezioni, quali Luigi Russo, Franco Cardini e Antonio Musarra[21], gli studi di carattere generale in ambito italiano sono stati assolutamente minoritari rispetto ai lavori di tendenza municipalistica, che hanno avuto come obiettivo quello di indagare le esperienze di singole città della penisola nel Levante.[22] Franco Cardini e Antonio Musarra hanno considerato le spedizioni crociate all'interno di un *continuum* temporale, spingendosi fino alla piena Età Moderna. Il piano istituzionale della crociata è accompagnato da una dimensione sociologica e culturale, con tratti escatologici, mostrando il volto proteiforme della crociata come idea forte dell'Occidente.[23] Al di là della definizione di crociata – tentativo che rischia di risolversi in una trappola linguistica –, risulta più proficuo chiedersi quali fossero le spinte alla base del fenomeno. Quali motivazioni erano state capaci di mobilitare un numero cospicuo di persone, senza dimenticare il coinvolgimento degli animi di coloro che, pur stando a casa, erano stati partecipi emotivamente, finanziariamente o organizzativamente alla crociata?

Il paragone di Alain Demurger tra la crociata e la maionese restituisce la complessità di una ricetta che per riuscire ha bisogno di diversi ingredienti, che mescolati in una "misteriosa alchimia" danno origine a qualcosa di diverso e più grande della somma dei singoli elementi.[24] La crociata, *passagium* o *iter* nel linguaggio delle fonti, era anche una guerra sacrale che aveva acquistato questo connotato nella difesa della Chiesa. Tutte le scuole storiografiche

---

21 Luigi RUSSO, Le fonti della 'prima crociata', in: *Mediterraneo medievale. Cristiani, musulmani ed eretici*, ed. Marco MESCHINI, Milano 2001, pp. 51–65; Luigi RUSSO, *I normanni del Mezzogiorno e il movimento crociato*, Bari 2014; IDEM, *I crociati in Terrasanta: una nuova storia (1095–1291)*, Roma 2018. All'interno della grande produzione di Franco Cardini, si segnalano: Franco CARDINI, *Le crociate tra il mito e la storia*, Roma 1971; IDEM, *Gerusalemme d'oro, di rame, di luce. Pellegrini, crociati, sognatori d'Oriente fra XI e XV secolo*, Milano 1991; IDEM, *Europa e Islam: storia di un malinteso*, Roma-Bari 2005; IDEM, *Le crociate in Terrasanta nel Medioevo*, Rimini 2003; IDEM, *Studi sulla storia e sull'idea di crociata*, Roma 2013.

22 Tuttavia una serie di convegni, in ambito italiano, hanno affrontato la tematica secondo differenti angolazioni: Gabriella AIRALDI / Benjamin Z. KEDAR (Ed.), *I Comuni italiani nel regno crociato di Gerusalemme. Atti del colloquio (Jerusalem, May 24–May 28, 1984)*, Genova 1986; Maria Pia ALBERZONI / Pascal MONTABIN (Ed.), *Legati, delegati e l'impresa d'Oltremare (secoli XII–XIII) / Papal Legates, Delegates and the Crusades (12th–13th Century)*, Turnhout 2011; *"Militia Christi" e Crociata nei secoli XI–XIII. Atti della undecima Settimana internazionale di studio, Mendola, 28 agosto-1 settembre 1989*, Milano 1992. Sulla concettualizzazione delle crociate in rapporto all'esperienza francescana: Luca DEMONTIS, Crociata e categorie storiografiche: riflessioni alla luce di alcuni studi recenti, in: *Frate Francesco* 81/2 (2015), pp. 407–435.

23 Questa impostazione è stata sotterraneamente esposta nel volume: Franco CARDINI / Antonio MUSARRA, *Il grande racconto delle crociate*, Bologna 2019.

24 DEMURGER, Crociate e Crociati nel Medioevo, p. 45.

concordano nel riconoscere la dimensione penitenziale come uno dei principali elementi comuni ai movimenti crociati, nella prospettiva dei partecipanti. Lo storico britannico Jonathan Riley-Smith ha parlato di "penitential war-pilgrimage", racchiudendo i tratti costitutivi da lui giudicati essenziali.[25] La crociata effettivamente rispondeva all'esigenza penitenziale dei partecipanti, riprendendo i più forti elementi del pellegrinaggio e travalicando la dimensione istituzionale per raggiungerne una socio-culturale. L'idea della remissione dei peccati, presente a partire da Urbano II, non implicava l'annullamento del peccato da parte della Chiesa. Tuttavia, il papa, grazie alla sua investitura dall'alto, aveva la facoltà di rimetterlo: erano mossi così i primi passi verso la dottrina delle indulgenze, base fondante della crociata "istituzionale", sotto la direzione dell'istituzione ecclesiastica.[26] In questo differiva dal movimentismo crociato popolare, esploso spontaneamente a più riprese.[27] Riley-Smith ha seguito la linea di indagine della crociata come fenomeno a propulsione eminentemente religiosa, con il relativo ruolo della dimensione penitenziale.[28] Le recenti letture storiografiche hanno inferto i colpi decisivi alla vecchia concezione che vedeva le imprese d'oltremare determinate da motivazioni politico-economiche, alla stregua di un proto-imperialismo e colonialismo occidentale.[29] Sembra plausibile accordare alle crociate la dimensione religioso-devozionale in quanto ambito propulsivo, soprattutto dal punto di vista dei partecipanti minori, senza negare le successive componenti politico-economiche. Riley-Smith ha posto l'accento sulla salvezza individuale del crociato che, secondo lo studioso, si muoveva innanzitutto per la

---

25 Jonathan Riley-Smith, *The First Crusaders, 1095–1131*, Cambridge 1997, p. 77. Per Riley-Smith le caratteristiche che rendono tale una crociata consistono in: un'autorizzazione papale, indulgenza, voto di crociata, privilegi concessi ai partecipanti.

26 Ane L. Bysted, *The Crusade Indulgence. Spiritual Rewards and the Theology of the Crusades, c. 1095–1216*, Leiden-Boston 2014.

27 Sul movimentismo popolare crociato, tra cui le insurrezioni dei "pastori" del 1251 e del 1320: Franco Cardini, *L'invenzione del Nemico*, Palermo 2006, p. 139; Idem, Per una ricerca sulle "crociate popolari", in: Studi sulla storia e sull'idea di crociata, pp. 237–247; Idem / Domenico Del Nero, *La crociata dei fanciulli*, Firenze 1999; Georges Passerat, *La croisade des Pastoureaux. Sur la route du Mont-Saint-Michel à Narbonne, la tragédie sanglante des Juifs, au début du XIVe siècle (1320)*, Cahors 2006; Jacques Dubourg, *Les Croisades des pastoureaux*, Bordeaux 2015.

28 Riley-Smith, What Where the Crusades?, pp. 74–75. Un'efficace sintesi della posizione di Riley-Smith sull'argomento in: Chevedden, Crusade Creationism "versus" Pope Urban II's, pp. 28–29.

29 Tra i molti titoli in questo senso: Joshua Prawer, *Colonialismo medievale. Il regno crociato di Gerusalemme*, Roma 1982. L'idea è stata sempre più scardinata, come ricorda: Antonio Musarra, Review of Miikka Tamminen, Crusade Preaching and the Ideal Crusader, Turnhout, Brepols, 2018, in: *Cahiers de civilisation médiévale* 62 (247/3) (2019), p. 321.

propria singola anima.[30] La funzione penitenziale pare legata al duplice polo, individuale e collettivo, senza contraddizione tra le due dimensioni. Il dono di sé per una causa più grande era inoltre il mezzo attraverso cui l'individuo poteva accedere alla propria santità e al premio ultraterreno, imitando Cristo come colui che si era donato all'umanità intera.

La visione di Riley-Smith è stata ripresa da Norman Housley, che si è rivolto principalmente alle *Later Crusades*, stagione formalizzata dalla storiografia anglosassone.[31] Le spedizioni militari avvenute dopo la caduta di Acri sono state, per molto tempo, poco considerate dagli storici, guardate come relitti fallimentari di un'epoca ormai conclusa, quasi colpi di coda di un ideale agonizzante. La riscoperta di questo campo di studi è debitrice a una prima leva storiografica, tra la fine dell'Ottocento e i primi decenni del Novecento, che comprendeva il rumeno Nicolae Iorga, l'egiziano copto Aziz Suryal Atiya, i francesi Joseph Delaville Le Roulx, Paul Alphandéry e Alphonse Dupront e, più tardi, lo statunitense Kenneth Meyer Setton.[32] A loro sono seguiti, nella seconda metà del secolo scorso, studiosi come Norman Housley, che si è concentrato sull'analisi crociata dalla prospettiva del papato avignonese[33]; in ambito francese Jacques Paviot e Daniel Baloup hanno legato i loro studi alla crociata borgognona, al mondo cavalleresco e alla logistica delle spedizioni.[34] Tra gli altri, Peter Edbury e Mike Carr si sono addentrati nella crociata mediterranea del regno di Cipro e in quella condotta nel panorama egeo del Trecento[35], mentre la ricerca si è concentrata attorno alla trattatistica *De*

30 Jonathan RILEY-SMITH, *Crusades, Christianity, and Islam*, New York 2009, pp. 32–35. Egli dedica un capitolo intero a "Crusades as Christian Penitential Wars". Questa analisi è stata già oggetto di critiche. CHEVEDDEN, Crusade Creationism "versus" Pope Urban II's, pp. 25–26.

31 Tra le opere: Norman HOUSLEY, *The Later Crusades, 1274–1580: From Lyons to Alcazar*, Oxford 1992.

32 Tra le principali opere di questi autori: Joseph DELAVILLE LE ROULX, *La France en Orient au XIVe siècle. Expéditions du maréchal Boucicaut*, Paris 1886; Nicolae IORGA, *Philippe de Mezieres, 1327–1405, et la Croisade au XIVe siècle*, Paris 1896; Aziz Suryal ATIYA, *The Crusade in the Later Middle Ages*, London 1938; Paul ALPHANDÉRY / Alphonse DUPRONT, *La Cristianità e l'idea di crociata*, Bologna 1983; Kenneth Meyer SETTON, *The Papacy and the Levant*, vol. 1, Philadelphia 1976.

33 Norman HOUSLEY, *The Avignon Papacy and the Crusades, 1305–1378*, Oxford 1986.

34 In particolare: Jacques PAVIOT, *Les ducs de Bourgogne, la croisade et l'Orient: (fin XIVe siècle – XVe siècle)*, Paris 2003; Daniel BALOUP / Manuel SÁNCHEZ MARTÍNEZ (Ed.), *Partir en croisade à la fin du Moyen Âge. Financement et logistique*, Toulouse 2015; Martin NEJEDLÝ / Jaroslav SVÁTEK (Ed.), *Histoires et mémoires des croisades à la fin du Moyen Âge*, Toulouse 2012.

35 Peter W. EDBURY, *The Kingdom of Cyprus and the Crusades, 1191–1374*, Cambridge 1991; Mike CARR, *Merchants Crusaders in the Aegean, 1291–1352*, Woodbridge 2019.

recuperatione Terre Sancte e grande risalto hanno avuto anche gli studi dedicati a Philippe de Mézières. Nel panorama italiano è possibile solo citare gli affondi di Franco Cardini e di Marco Pellegrini, che ha guardato alla crociata rinascimentale del XV secolo.[36] La crociata umanistica del Quattrocento ha raccolto una notevole attenzione, culminata in alcune raccolte di saggi.[37] Lo studio delle crociate tardive è comunque un campo relativamente recente, su cui ancora molto attende di essere indagato, specialmente per quanto riguarda il contesto italiano-mediterraneo e il XIV secolo. Il mio tentativo va in questa direzione.

1.3 Le fonti

Uno studio del tipo sopra delineato ha richiesto un ampio ventaglio di fonti, variegate dal punto di vista delle tipologie, degli enti produttori, della provenienza geografica, della fruibilità, da utilizzare in maniera diretta e indiretta, al di là delle informazioni esplicite nei documenti. Le fonti utilizzate necessitano una grande compenetrazione tra di loro per poter giungere a risultati indicativi. La provenienza maggioritaria è ovviamente quella veneto-genovese, oltre a numerose incursioni in altri campi, come ora illustrerò in maniera preliminare.

1.3.1 *Fonti cronachistiche e narrative*

Le fonti cronachistiche utilizzate, primo e più diretto ambito d'indagine, sono traducibili in tre gruppi. In ambito genovese per il XIV secolo è pervenuta una sola cronaca, gli *Annales Genuenses* di Giorgio Stella, che sono un percorso obbligato e di estrema utilità, innanzitutto per indagare la sensibilità dell'autore e le sue omissioni.[38] Il panorama veneziano è molto più composito: vi è un *corpus* di cronache, spesso legate fra loro, scritte fra la metà del Trecento e i primi anni del Quattrocento, come la *Cronica di Venexia* dello Pseudo-Enrico Dandolo, la *Chronica* di Raffaino de Caresini, la cronaca di Daniele di Chinazzo, il codice di Antonio Morosini concluso nel XV secolo, la *Vita Caroli Zeni*

36 Segnalo vari interventi di Franco Cardini e soprattutto: Marco PELLEGRINI, *La crociata nel Rinascimento: mutazioni di un mito 1400–1600*, Firenze 2014. Si veda anche l'opera generale: CARDINI / MUSARRA, Il grande racconto delle crociate.

37 Norman HOUSLEY (Ed.), *The Crusade in the Fifteenth Century. Converging and competing cultures*, London-New York 2017; IDEM (Ed.), *Reconfiguring the Fifteenth-Century Crusade*, London 2017.

38 *Georgii et Iohannis Stellae Annales Genuenses*, ed. Giovanna PETTI BALBI (Rerum Italicarum Scriptores, ser. II, 17/2), Bologna 1975.

per quanto riguarda la biografia del protagonista dello scritto.[39] L'analisi delle opere ha permesso di cogliere il rapporto tra questi autori, l'ambiente circostante, la crociata, l'Oriente e i problemi del loro tempo, evidenti nel confronto con alcune cronache precedenti: Caffaro e Iacopo da Varazze per Genova, Andrea Dandolo con la sua *Chronaca extensa* per Venezia.[40] Un terzo gruppo è costituito dalle cronache prodotte nella seconda metà del Trecento in ambito italiano esternamente a contesti genovesi e veneziani, come la continuazione della cronaca fiorentina di Matteo Villani, i *Monumenta Pisana*, gli *Annales Mediolanenses*, l'anonima cronaca bolognese contenuta all'interno del *Corpus chronicorum Bononiensium*, la cronaca del pistoiese Luca Dominici per quanto riguarda il moto dei Bianchi del 1399.[41] Questi scritti sono stati utilizzati per sondare a livello generale la percezione della crociata o per integrare le assenze nelle opere veneto-genovesi, spesso manchevoli – per scelta deliberata o per disinteresse – di informazioni.

Vi sono poi fonti narrative o letterarie che esulano dal genere cronachistico. Si tratta di scritti estremamente utili, benché soggetti a una ridefinizione artistica, per misurare la percezione del mondo euro-mediterraneo e delle sue spinte. Ho utilizzato diverse opere di Philippe de Mézières, tra cui il racconto della vita dell'amico Pierre Thomas, il *Songe du vieil pelerin*, le missive scritte all'indomani di Nicopoli[42]; le lettere familiari e senili di Francesco Petrarca, acuto osservatore della realtà circostante, sono altrettanto utili per mostrare

---

39 *Cronica di Venexia detta di Enrico Dandolo*, ed. Roberto PESCE, Venezia 2010; Raffaino DE CARESINI, *Chronica a. 1344–1388*, ed. Ester PASTORELLO (Rerum Italicarum Scriptores, ser. II, 12/2), Bologna 1922; Daniele DI CHINAZZO, *Cronica de la guerra da Veniciani a Zenovesi*, ed. Vittorio LAZZARINI, Venezia 1958; Antonio MOROSINI, *Il Codice Morosini: Il mondo visto da Venezia (1094–1433)*, ed. Andrea NANETTI, vol. 1, Spoleto 2010; Iacopo ZENO, *Vita Caroli Zeni*, ed. Gaspare ZONTA (Rerum Italicarum Scriptores, ser. II, 19/6), Bologna 1940–1941.

40 CAFFARO, Annales ann. MXCIX-MCLXIII, in: *Annali genovesi di Caffaro e de' suoi continuatori dal MXCIX al MCCXCIII*, ed. Luigi Tommaso BELGRANO / Cesare IMPERIALE DI SANT'ANGELO, vol. 1, Roma 1890; Andrea DANDOLO, *Chronica per extensum descripta, aa. 46–1280 d.C., Chronica brevis aa. 46–1342 d.C.*, ed. Ester PASTORELLO (Rerum Italicarum Scriptores, ser. II, 12/1), Bologna 1938–1958.

41 *Monumenta Pisana ab anno MLXXXIX usque ad annum MCCCLXXXIX. Deducta, et continuata usque ad MCCCCVI* (Rerum Italicarum Scriptores 15), Milano 1729; *Corpus chronicorum Bononiensium*, ed. Albano SORBELLI (Rerum Italicarum Scriptores, ser. II, 18/1), Città di Castello 1916–1939; *Annales Mediolanenses ab anno MCCXXX usque ad annum MCCCCII*, (Rerum Italicarum Scriptores 16), Milano 1729; *Croniche di Giovanni, Matteo e Filippo Villani*, vol. 2, Trieste 1858; LUCA DOMINICI, *Cronache*, ed. Giovan Carlo GIGLIOTTI, Pistoia 1933.

42 Philippe DE MÉZIÈRES, *The Life of Saint Peter Thomas*, ed. Joachim SMET, Roma 1954; Philippe DE MÉZIÈRES, *Songe du vieux Pelerin*, ed. Joël BLANCHARD, Paris 2008.

gli avvenimenti, le trasformazioni e l'opinione che ne aveva il poeta.[43] I racconti di autori toscani, come il *Novelliere* di Giovanni Sercambi, il *Trecentonovelle* di Francesco Sacchetti o il *Dittamondo* di Fazio degli Uberti, lasciano intravvedere affreschi sul Levante, sui ceti mercantili e sui musulmani, per come erano percepiti da contemporanei che non si erano mai staccati dalla penisola[44]; la canzone di crociata di Guillaume de Machaut è una fonte imprescindibile per la spedizione di Alessandria del 1365 e l'ottica franco-cipriota[45]; il poema di Tommaso III di Saluzzo, finora poco indagato dalla storiografia, permette di cogliere la visuale aristocratica che un nobile dell'area alpina aveva sulle crociate e sull'Oriente, così come i *Canterbury Tales* di Geoffrey Chaucer offrono uno sguardo indiretto sulla realtà della crociata nobiliare dell'Europa settentrionale.[46] Rientrano in questa categoria anche i malinconici *Dialoghi* scritti dall'imperatore bizantino Manuele II Paleologo e svariati testi minori, utilizzati in singole occasioni all'interno del lavoro.[47] Un tipo di fonte particolarmente tralasciato nelle analisi storiche è quello legato alle lettere o alle trascrizioni delle visioni di sante mistiche del Trecento, quali Caterina da Siena o Brigida di Svezia, che, in contrasto con la chiusura nella propria interiorità spirituale, sono prodighe di giudizi sulla realtà del loro tempo, ecclesiale e politica, financo ai riferimenti al *passagium* oltremare. Infine, le fonti cronachistiche arabe o armene, come i colophon dei manoscritti di produzione armena, sono documenti privilegiati per l'osservazione di singoli eventi un'ottica non occidentale e sono stati utilizzati nella loro traduzione.

1.3.2 *Fonti archivistiche e diplomatiche*

La documentazione genovese e veneziana, sia edita che conservata nei rispettivi archivi, è molto diversa nella natura e nello stato di conservazione. Per quanto riguarda Venezia, è pervenuta una grande quantità di atti governativi, tra cui la serie di registri del fondo *Senato Misti*, che contengono le deliberazioni dell'organo. Il senato era la principale assemblea che discuteva i provvedimenti, sia civili che militari; decretava l'invio di ambasciatori o di galee,

---

43 Francesco PETRARCA, *Le Senili*, ed. Ugo DOTTI, Torino 2004–2007; Francesco PETRARCA, *Le Familiari*, ed. Ugo DOTTI, Torino 2004–2008.

44 FAZIO DEGLI UBERTI, *Il Dittamondo e le rime*, ed. Giuseppe CORSI, Bari 1952; Giovanni SERCAMBI, *Il Novelliere*, ed. Luciano ROSSI, Roma 1974; Franco SACCHETTI, *Il Trecentonovelle*, ed. Davide PUCCINI, Torino 2004.

45 Guillaume DE MACHAUT, *La prise d'Alexandrie, ou Chronique du roi Pierre Ier de Lusignan*, ed. Louis DE MAS LATRIE, Genève 1877.

46 Geoffrey CHAUCER, *The Works of Geoffrey Chaucer*, Boston 1957; TOMMASO III DI SALUZZO, *Il Libro del cavaliere errante* (*BnF ms. fr. 12559*), ed. Marco PICCAT, Boves 2008.

47 MANUELE II PALEOLOGO, *Dialoghi con un musulmano. VII discussione*, ed. Theodor KHOURY, Roma-Bologna 2007.

discuteva le difficoltà e le proposte, rispondeva ad appelli o richieste di pontefici, sovrani o amministratori locali. Freddy Thiriet ha regestato molti atti senatoriali riguardanti la Romania e il Levante, imprescindibili per qualunque studio sull'argomento.[48] È attualmente in corso l'edizione dei registri del senato, a opera di diversi studiosi, che è progettata fino alla conclusione della guerra di Chioggia (1381); il lavoro, tuttavia, non è stato ancora concluso e per l'ultimo ventennio del Trecento ho dovuto consultare direttamente i registri originali inediti. Altra fonte essenziali sono i *Libri commemoriali*, ovvero raccolte di atti pubblici, trattati diplomatici con potenze estere e documenti fondamentali per il diritto pubblico, raccolte in una serie di registri di cui Riccardo Predelli ha fornito un lavoro di regestazione nell'Ottocento.[49] Ho avuto bisogno, in diversi casi, di visionare direttamente il testo completo del documento oltre al regesto, dovendo dunque consultare i *Libri* inediti conservati in archivio. La gestione del comune di Venezia era particolarmente complessa in quanto organi governativi: tra questi, il Consiglio dei Quaranta, che si occupava principalmente di legislazione criminale e di gestione dell'ordine pubblico, è stato utile per indagare dinamiche come l'esportazione di schiavi o le reazioni ai Bianchi del 1399. Freddy Thiriet ha anche fornito alcuni volumi di regesti di diverse assemblee e organi, veneziani o locali, relativi alla gestione delle colonie levantine.[50] Infine, diversi cartulari notarili veneziani, rogati sia nella capitale che oltremare, sono stati pubblicati nel corso del secolo scorso. Dunque, molta della documentazione del Medioevo veneziano è edita – o si è in procinto di farlo – e regestata; la natura dei documenti e la centralizzazione del comune permettono uno sguardo "dall'alto", sulla gestione politica interna e internazionale. Forse la natura stessa della documentazione ha contribuito a formare una visione di un mondo veneziano più coerente, compatto e organizzato.

La documentazione archivistica genovese va in una direzione opposta a quella del centro adriatico. Le fonti edite sono in misura molto minore, quasi sempre relative ad atti notarili, e le delibere del Consiglio degli Anziani, massimo organo governativo del comune, sono conservate solo per il 1380, 1382, 1398 e 1399, all'interno del fondo *Archivio Segreto, Diversorum*, completamente inedito. Dunque, in assenza di un corposo fondo governativo, a causa sia

48 Freddy THIRIET, *Régestes de déliberations du Sénat de Venise concernant la Romanie*, vol. 1, Paris-La Haye 1958.

49 Riccardo PREDELLI, *I libri commemoriali della Repubblica di Venezia. Regesti*, Venezia 1878–1883.

50 Freddy THIRIET, *Délibérations des assemblées Vénitiennes concernant la Romanie*, vol. 1, Paris-La Haye 1966.

delle tormentate vicende archivistiche genovesi[51] sia della natura stessa della gestione comunale, l'attenzione maggiore è rivolta al fondo notarile, tra i più grandi e antichi al mondo. Sono editi pochi cartulari genovesi, in proporzione al loro numero, e in gran parte relativi a notai due-trecenteschi che rogavano oltremare. Il fondo *Notai Antichi* è una miniera di non facile consultazione: molti registri sono in realtà *collage* di atti di notai diversi, a causa della ricomposizione dei cartulari dopo il bombardamento francese del 1684; inoltre in ognuno dei cartulari è possibile incontrare tipologie di atti eterogenei. Tra i contratti di locazione e le *societates* commerciali è possibile trovare atti relativi al Levante o testamenti; si tratta di un vero e proprio *maremagnum* che lascia trasparire il vissuto quotidiano genovese ma necessita anche di una buona dose di fortuna e una notevole quantità di tempo da trascorrere in archivio. Vi sono altre due tipologie di fondi molto utili e sottovalutate: i registri *Galearum*, che annotano gli stipendi e le spese di gestione di alcune flotte agli ordini del comune, e le *Compere*, utili per studiare lo stato del debito pubblico. Ho utilizzato i trattati diplomatici contenuti nel fondo *Antico Comune*, così come gli accordi trascritti nei *Libri Iurium*, recentemente editi in maniera rivisitata.[52] Sono importanti anche le raccolte di documenti pubblicati da Luigi Tommaso Belgrano, specialmente riferiti all'oltremare e a Pera.[53]

Tra le fonti edite, occorre citare i volumi di Nicolae Iorga e di Louis de Mas Latrie, che hanno pubblicato raccolte di documenti relativi alla crociata, al regno di Cipro, al Nord Africa e ai paesi balcanici.[54] Anche il libro di conti di Antonio Barbier, contenente il resoconto finanziario della spedizione in Oriente di Amedeo VI di Savoia ed edito da Federico Bollati di Saint-Pierre nel

---

51 L'archivio di Genova è stato pesantemente colpito dal bombardamento francese sulla città del 1684, che ha provocato ingenti distruzioni di materiale e il disordino del restante. Marco BOLOGNA, 1684 maggio 17 – Le perdite dell'archivio del collegio dei notai di Genova, in: *Atti della Società Ligure di Storia Patria, n.s.* 24/1 (1984), pp. 267–290; *Il bombardamento di Genova nel 1684. Atti della giornata di studio nel terzo centenario* (*Genova, 21 giugno 1984*), Genova 1988.

52 *I Libri Iurium della Repubblica di Genova*, Genova 1992–2011.

53 Luigi Tommaso BELGRANO, Prima serie di documenti riguardanti la colonia di Pera, in: *Atti della Società ligure di Storia Patria* 13 (1877), pp. 97–336; IDEM, Seconda serie di documenti riguardanti la colonia di Pera, in: *Atti della Società ligure di Storia Patria* 13 (1877), pp. 931–1003.

54 Louis DE MAS LATRIE, *Histoire de l'ile de Chypre sous le règne des princes de la maison de Lusignan*, Paris 1852–1855; IDEM, *Traités de paix et de commerce et document divers concernant les relations des Chrétiens avec les Arabes de l'Afrique septentrionale au Moyen Âge*, vol. 2, Paris 1866; Nicolae IORGA, *Notes et extraits pour servir à l'histoire des croisades au XV siècle*, vol. 4, Bucarest 1915.

1900, è una fonte essenziale.[55] Un gran numero di singoli trattati è stato pubblicato all'interno di singoli articoli. Giorgio Fedalto ha editato un ampio numero di documenti veneziani relativi allo stato della Chiesa latina in Oriente, particolarmente utili per analizzare i pellegrinaggi.[56] Infine, un grande contributo è stato fornito dalle raccolte di lettere papali, compiuta da studiosi francesi nel corso del Novecento. I volumi raccolgono regesti, e in taluni casi anche edizioni, di lettere e bolle inviate dai papi durante il loro pontificato nel Trecento, divise principalmente in lettere curiali e diplomatiche, e in lettere comuni. In certi casi ho dovuto fare ricorso alla loro versione originale per verificare informazioni. Le missive papali sono state utilizzate principalmente per indagare le tensioni dei pontefici, i loro appelli crociati, la percezione del pericolo, gli spostamenti linguistici e le diverse concezioni della crociata stessa, le indulgenze e i richiami a dogi, sovrani e nobili.

1.3.3 *Altre fonti*

Vi sono infine fonti eterogenee, non facilmente inquadrabili e provenienti da enti e contesti vari, che forniscono un grande contributo nel sostenere le intuizioni relative allo studio delle mentalità. Tra queste, cito un manoscritto di litanie e preghiere prodotto da una confraternita di Santa Maria di Castello, datato alla seconda metà del XIV secolo, a Genova, che offre numerosi spunti sulla religiosità marittima e sulla permanenza mentale della Terra Santa; o anche la corrispondenza privata, come il carteggio tra i fratelli veneziani Contarini, edito da Giuseppe Dalla Santa.[57] Alcune opere di Età Moderna, come la storia dei cavalieri ospitalieri di Gian Giacomo Bosio, hanno compiuto ricostruzioni con documenti oggi non più consultabili; sempre per quanto riguarda i giovanniti, l'inchiesta operata sui beni dell'Ordine fornisce molte informazioni.[58] In maniera ausiliaria ho fatto ricorso agli studi di storia dell'arte, ai manufatti artistici genovesi e veneziani che ho potuto visionare in prima persona, nei musei o per le città, alle reliquie conservate nei due centri, ai leoni e grifi rubati e incastonati nei palazzi dell'avversario come segno di sottomissione, alla numismatica, alle iscrizioni sulle facciate delle chiese o su lastre tombali.

---

55 Federico Bollati Di Saint-Pierre, *Illustrazioni della spedizione in Oriente di Amedeo VI (il Conte Verde)*, Torino 1900.

56 Giorgio Fedalto, *La Chiesa latina in Oriente*, vol. 3, Verona 1978.

57 Giuseppe Dalla Santa, *Uomini e fatti dell'ultimo trecento e del primo quattrocento da lettere a Giovanni Contarini, patrizio veneziano, studente ad Oxford e a Parigi poi patriarca di Costantinopoli*, Venezia 1916.

58 Giacomo Bosio, *Dell'istoria della sacra religione ed ill.ma militia di San Giovanni*, vol. 2, Roma 1594.

CAPITOLO 2

Un mondo in cambiamento

2.1 I mutamenti dell'idea di crociata dopo la peste

2.1.1 *La congiuntura trecentesca: crisi e impatti sulla mentalità*

Il XIV secolo era stato un periodo difficile, o almeno così tutto sembra indicarlo. La congiuntura definita dalla storiografia "crisi del Trecento" ha generato un ampio dibattito tra gli studiosi, che hanno fornito modelli interpretativi distanti e talvolta contrastanti, alla ricerca delle cause di un periodo di difficoltà.[1] Il modello malthusiano è stato accompagnato da visioni monetarie o climatiche, rifiutando tuttavia spiegazioni monocausali del problema e mettendo anche in luce le conseguenze "positive" delle difficoltà.[2] Non vi è concordanza nemmeno sul momento d'inizio della crisi, se ovvero essa fosse cominciata con

1 Una sintesi in: Sandro CAROCCI, Il dibattito teorico sulla "congiuntura del Trecento", in: *Archeologia Medievale* 43 (2016), pp. 17–32.

2 Nei contributi di Éduard Perroy e Michel Postan la linea di lettura dell'intero secolo era legata allo squilibrio tra risorse agrarie e popolazione. Éduard PERROY, À l'origine d'une économie contractée: les crises du XIVe siècle, in: *Annales: Économies, Sociétés, Civilisations* 4 (1949), pp. 164–190; Michel M. POSTAN, Some Demographic Evidence of Declining Population in the Later Middle Ages, in: *Economic History Review* 2 (1950), pp. 130–167. Bruce Campbell ha sottolineato l'incidenza dei fattori climatici. Bruce M. CAMPBELL, Nature as historical protagonist: environment and society in pre-industrial England, in: *The Economic History Review* 63/2 (2010), pp. 281–314. Stephen Epstein ha rifiutato il pessimismo malthusiano, ponendo al centro fattori istituzionali come la centralizzazione del potere e dei conflitti che impattavano pesantemente sui commerci. Stephen R. EPSTEIN, Cities, regions and the Late Medieval crisis: Sicily and Tuscany compared, in: *Past & Present* 130 (1991), pp. 3–50; IDEM, *An island for itself. Economic development and social change in late medieval Sicily*, Cambridge 1992; IDEM, *Freedom and growth: the rise of states and markets in Europe 1300–1750*, London/New York 2000. Esiste un'ampia corrente marxista, i cui lavori di riferimento sono: Rodney HILTON, Y eut-il une crise generale de la feodalité?, in: *Annales: Économies, Sociétés, Civilisations* 6 (1951), pp. 23–30; IDEM, *Class conflict and the crisis of feudalism. Essays on social history*, London 1985. Inoltre: Roberto Sabatino LOPEZ / Harry A. MISKIMIN, The Economic Depression of the Renaissance, in: *Economic History Review* 14 (1962), pp. 408–426. Per Carlo M. Cipolla il crollo demografico dovuto alle epidemie avrebbe migliorato il tenore di vita dei sopravvissuti, grazie alla concentrazione di ricchezze e all'aumento dei salari. Carlo M. CIPOLLA, Economic Depression of the Renaissance?, in: *Economic History Review* 16 (1964), pp. 519–527. Anche: Armando SAPORI, Il Rinascimento economico, in: *Studi di storia economica (secoli XIII–XIV–XV)*, vol. 1, ed. IDEM, Firenze 1982, pp. 618–652.

© BRILL SCHÖNINGH, 2023 | DOI:10.30965/9783657790852_003

la peste oppure se avesse avuto origine all'inizio del Trecento.[3] L'epidemia del 1348 aveva colpito in maniera durissima un mondo già in difficoltà, giungendo al culmine di uno squilibro tra risorse agricole e aumento di popolazione.[4] Le carestie del primo trentennio del XIV secolo erano punti emersi del problema, alla stessa maniera delle crisi agricole e monetarie, senza tralasciare l'irrigidimento climatico del tardo Medioevo.[5] I problemi avevano comunque il proprio centro nel fattore umano e occorre ricordare la crisi monetaria, con la svalutazione dell'oro a partire dalla crisi dei traffici commerciali sudanesi, che aveva implicato anche il fallimento di molte compagnie bancarie sulla soglia della metà del secolo. I fallimenti delle compagnie fiorentine come i Bardi e i Peruzzi avevano generato dissesti a cascata su molte imprese mercantili, che avevano affidato alle banche la gestione dei propri capitali ed erano state così soggette a gravi perdite.[6] Al convergere di crisi malthusiana e raffreddamento

---

3 Paolo GRILLO, Introduzione, in: *La congiuntura del primo Trecento in Lombardia (1290–1360)*, ed. IDEM / François MENANT, Roma 2019, pp. 7–18. Il dibattito in Italia ha coinvolto, tra gli altri: Giuliano PINTO, Popolazione e comportamenti demografici in Italia (1250–1348), in: *Europa en los umbrales de la crisis: 1250–1350*, Pamplona 1995, pp. 37–61; Alfio CORTONESI, Note sull'agricoltura italiana fra XIII e XIV secolo, in: EADEM, pp. 94–103; Jean-Claude MAIRE VIGUEUR, L'essor urbain dans l'Italie médiévale: aspects et modalités de la croissance, in: EADEM, pp. 171–204.

4 Per Guy Bois, la crisi sistemica iniziata al principio del Trecento si sarebbe solo rafforzata con la peste di metà secolo. Guy BOIS, *Crise du féodalisme. Économie rurale et démographie en Normandie orientale, du début du XIVe siècle au milieu du XVe siècle*, Paris 1976; IDEM, *La grande dépression médiévale. XIVe et XVe siècles. Le précédent d'une crise sistemique*, Paris 2000. Inoltre: John DAY, Crisi e congiunture nei secoli XIV-XV, in: *La storia. I grandi problemi dal medioevo all'età contemporanea*, vol. 2, ed. Nicola TRANFAGLIA / Massimo FIRPO, Torino 1988, pp. 245–273; Bruce M. CAMPBELL (Ed.), *Before the Black Death. Studies in the "crisis" of the early XIVth century*, Manchester/New York 1991. Per il contesto italiano: Antonio Ivan PINI, *La società italiana prima e dopo la "Peste Nera"*, Pistoia 1981.

5 Massimo MONTANARI, *La fame e l'abbondanza. Storia dell'alimentazione in Europa*, Roma/Bari 1993, pp. 87–90. La carestia del 1315–1317 aveva coinvolto l'intero sistema europeo. Proprio *the Great Hunger* di quegli anni è stato posto da certa storiografia anglosassone quale possibile momento cronologico di inizio della crisi, mentre la Peste Nera ha cessato di essere considerata come il vero punto di svolta nell'Europa settentrionale. GRILLO, Introduzione, pp. 9–10. Sul cambiamento climatico tardomedievale: Bruce M. CAMPBELL, The European Mortality Crises of 1346–52 and Advent of the Little Ice Age, in: *Famines During the 'Little Ice Age' (1300–1800). Socionatural Entanglements in Premodern Societies*, ed. Dominik COLLET / Maximilian SCHUH, Cham 2018, pp. 19–42; Emmanuel LE ROY LADURIE, *Histoire du climat depuis l'an 1000*, Paris 1967; IDEM, *Histoire humaine et comparée du climat. Bd. 1 – Canicules et glaciers (XIIIe–XVIIIe siècle)*, Paris 2004; Brian M. FAGAN, *The Little Ice Age: How Climate Made History, 1300–1850*, New York 2000; Morgan KELLY, Debating the Little Ice Age, in: *The Journal of Interdisciplinary History* 45 (2014), pp. 57–68.

6 Armando SAPORI, *La crisi delle compagnie mercantili dei Bardi e dei Peruzzi*, Firenze 1926; Lorenzo TANZINI, *1345: la bancarotta di Firenze. Una storia di banchieri, fallimenti e finanza*, Roma 2018.

climatico aveva contribuito la lunga stagione di conflitti sul suolo europeo. In questa situazione, e probabilmente favorita da essa, era giunta una delle più distruttive epidemie della storia, la cui eziologia medica è in realtà tutt'ora dibattuta.[7] La peste, giunta su galee genovesi, dopo qualche mese di incubazione era esplosa nella penisola italiana dalla primavera del 1348, con effetti devastanti.[8] L'epidemia aveva imperversato in Francia, raggiungendo l'Inghilterra nel 1349, la Germania e l'Europa centrale fino alla Scandinavia, poi Spagna, Irlanda, Scozia. Entro la fine del 1350 l'intero Occidente era stato colpito, salvo alcune eccezioni scampate al contagio o che avevano comunque subito un impatto limitato, tra cui il caso di Milano e del suo contado.[9]

Risulta difficile valutare il preciso urto demografico dell'epidemia del 1347–1350, che in ogni caso aveva falcidiato tra il 25 e il 35% della popolazione europea, con aree gravemente colpite quali l'Italia settentrionale. Nella penisola si possono notare città in cui gli abitanti sembrano essersi contratti di quasi

---

7 La malattia, seppur presente in forme diverse (polmonare o bubbonica), provocava ingrossamenti nei pressi delle ascelle e del collo – i bubboni – che si accompagnavano a febbre, nausea e portavano nella gran parte dei casi alla morte in pochi giorni. Di fronte a una corrente classica che attribuiva la sua trasmissione alle pulci dei ratti, sistema di infezione però macchinoso e indiretto, sono state avanzate altre ipotesi, tra cui il contagio umano. Il dibattito sull'eziologia della malattia medievale è stato serrato, poiché la conclusione del ciclo epidemico in Europa nel 1820 e la scomparsa della peste non ha permesso chiarire il dato medico. L'identificazione della peste storica con il bacillo di *Yersinia pestis* ha lasciato numerosi dubbi, poiché questa precisa malattia non si trasmette da uomo a uomo, bensì con una complessa interazione tra pulce, ratto e uomo. Il meccanismo non spiega la rapidità di diffusione, che ha fatto ipotizzare un morbo trasmesso per via umana. Guido ALFANI, *Il Grand Tour dei Cavalieri dell'Apocalisse. L'Italia del "lungo Cinquecento" (1494–1629)*, Venezia 2010, pp. 131–142. L'opera di Ole J. Benedictow offre un'indagine scientifica, di natura medico-storica, a tutto tondo sulla discussione rispetto al fenomeno. Ole J. BENEDICTOW, *What Disease was Plague? On the Controversy over the Microbiological Identity of Plague Epidemics of the Past*, Leiden/Boston 2010, pp. 73–149, 205–275, 392–485.

8 John KELLY, *La peste nera*, Casale Monferrato 2005, pp. 20–24. Sulla Peste Nera: Jean-Noël BIRABEN, *Les hommes et la peste en France et dans les pays européens et méditerranées, I. La peste dans l'histoire*, Paris 1975; Robert Steven GOTTFRIED, *The Black Death: Natural and Human Disaster in Medieval Europe*, New York 1983; Ovidio CAPITANI (Ed.), *Morire di peste: testimonianze antiche e interpretazioni moderne della "peste nera" del 1348*, Bologna 1995; David HERLIHY, *The Black Death and the Transformation of the West*, Cambridge 1997; Klaus BERGDOLT, *La Peste nera e la fine del Medioevo*, Casale Monferrato 1997. Dal punto di vista demografico: Antonio Ivan PINI, La demografia italiana dalla peste nera alla metà del Quattrocento. Bilancio di studi e problemi di ricerca, in: *Italia 1350–1450: tra crisi, trasformazione e sviluppo. Atti del XIII Convegno di studi (Pistoia, 10–13 maggio 1991)*, Pistoia 1993, pp. 7–33.

9 Sull'eccezione milanese alla peste del 1348: Giuliana ALBINI, *Guerra, fame e peste. Crisi di mortalità e sistema sanitario nella Lombardia tardomedievale*, Bologna 1982; Luisa CHIAPPA MAURI, Testamenti lombardi in tempo di peste: alcune riflessioni, in: *La peste nera: dati di una realtà ed elementi di una interpretazione. Atti del XXX Convegno storico internazionale (Todi, 10–13 ottobre 1993)*, Spoleto 1994, pp. 215–252.

due terzi, come Vercelli[10], San Gimignano in Toscana[11] o molte città venete, che ne erano uscite dimezzate[12]; la maggior parte di esse non sarebbe riuscita a recuperare i livelli demografici del primo Trecento nemmeno due secoli e mezzo dopo. La peste aveva avuto un tragico impatto anche a Genova e Venezia.[13] Approssimativamente si può dedurre che circa un terzo della popolazione europea fosse morta per il contagio, portando la cifra oltre i venti milioni di individui.[14] La malattia mostrava una certa "democraticità" e aveva colpito tutte le classi sociali, mietendo vittime persino tra i sovrani, a differenza delle pestilenze più tarde.[15] La peste agli occhi dei contemporanei acquisiva i tratti di un nemico invisibile e inarrestabile, di cui si ignoravano le cause e che non si poteva combattere; era resistente a ogni rimedio e cura medica, diffondendosi lungo vie marittime e terrestri, toccando città, scali e porti. Nonostante i tentativi di quarantena e le fughe in campagna, la peste svelava tutta l'impotenza dell'uomo: non semplicemente una calamità sanitaria, ma un dramma sociale che aveva inciso profondamente sui legami e caposaldi etico-morali. Il

---

10 Maria GINATEMPO / Lucia SANDRI, *L'Italia delle città. Il popolamento urbano tra Medioevo e Rinascimento (secoli XIII–XVI)*, Firenze 1990, p. 64.

11 San Gimignano avrebbe perso intorno al 59% dei fuochi e quasi il 70% degli abitanti: Michel VOVELLE, *La morte e l'Occidente. Dal 1300 ai nostri giorni*, Roma 1984, p. 63. Il testo di riferimento, sui gravissimi effetti della crisi e sullo spopolamento del centro toscano, è: Enrico FIUMI, *Storia economica e sociale di San Gimignano*, Firenze 1961.

12 Particolarmente Verona e Venezia persero da un terzo a metà degli abitanti. GINATEMPO / SANDRI, L'Italia delle città, p. 81.

13 Per i danni su Genova: ivi, p. 69. Per una discussione sulle cifre dei morti per l'epidemia si rimanda successivamente Sugli effetti a Venezia: Reinhold Christopher MUELLER, Aspetti sociali ed economici della peste a Venezia nel Medioevo, in: *Venezia e la peste: 1348/1797*, Venezia 1979, pp. 71–92, qui pp. 71–76.

14 Scott TENNER / Andrew SCHAMESS, Pandemic, Medicine, and Public Health: Yersinia pestis and fourteenth-century European culture, in: *The Pharos of Alpha Omega Alpha – Honor Medical Society* 56/4 (1993), pp. 6–10; John ABERTH, *The Black Death: The Great Mortality of 1348–1350. A Brief History with Documents*, Boston/New York 2005, p. 3. Alcuni innalzano il calcolo delle perdite, fino a sfiorare il 60% della popolazione: Ole J. BENEDICTOW, *The Black Death 1346–1353: The Complete History*, Woodbridge 2004, p. 383.

15 Nel 1350 era morto di peste anche re Alfonso XI di Castiglia. Già nel XVI secolo le epidemie endemiche presentavano invece caratteristiche molto diverse da quelle trecentesche, trattandosi di contagi circoscritti a livello molto locale e che colpivano principalmente gli strati bassi della società. Le campagne, generalmente risparmiate dai contagi che si propagavano nei centri urbani nel Cinquecento, lasciavano intatta una grande quantità di forza lavoro non qualificata, che poteva fornire i ricambi di manodopera necessari e riempire i vuoti. La connotazione sociale delle epidemie successive le aveva rese molto meno dannose di quelle "assolute" del XIV secolo, dato che per la loro connotazione "di classe" andavano a toccare i poveri, ovvero un capitale umano facilmente rimpiazzabile dal punto di vista economico, con dunque impatti limitati. ALFANI, Il Grand Tour dei Cavalieri dell'Apocalisse, pp. 172–173.

fatto rimaneva impossibile da paragonare, per gli uomini del tempo, ad altri eventi ugualmente tragici, perché nella memoria collettiva non esisteva nulla di simile. Non sorprendono dunque i toni apocalittici delle cronache coeve. Giovanni Boccaccio vi aveva dedicato famose pagine nel *Decameron*, insieme a poeti, scrittori e cronisti della penisola che hanno lasciato le più vivide testimonianze della peste e dei suoi effetti sugli uomini. Nel *Decameron* l'"orrido cominciamento" è considerato in quanto catastrofe eminentemente sociale, con un ruolo di sovvertimento dell'ordine e dei legami del mondo, persino dei vincoli familiari. Le cronache italiane spesso hanno attribuito alla peste una valenza apocalittica e metafisico-escatologica, legata alla fine del mondo.[16]

Nella mancanza più totale di spiegazioni di fronte al disastro, al di là di una concezione teologicamente condivisa, si era instaurato un legame immediato, semplicistico ma per certi versi umanamente comprensibile, tra epidemia e castigo di Dio. In questi scrittori esisteva una correlazione tra la peste e *flagellum Dei*, giunto come punizione verso l'umanità peccatrice. Il paragone con le catastrofi della Bibbia pervade gli scritti.[17] La testimonianza del cronista senese Agnolo di Tura, che aveva sotterrato cinque dei suoi figli con le proprie mani, racchiude tutta la tragicità della vicenda.[18] Mentre lo stesso cronista Giovanni Villani era morto a Firenze di peste, il fratello Matteo, continuatore dell'opera, insisteva sul carattere escatologico dell'epidemia, preannunciatrice della *Parousia*.[19] L'impatto psicologico era stato fortissimo: se la crisi era cominciata molto prima del 1348, era stata l'epidemia a fornire un trauma

---

16 Ilaria TUFANO, La peste del 1348 nelle cronache italiane, in: *Rassegna Europea di letteratura italiana* 24 (2004), pp. 33–46, qui p. 34. Sulla peste nel *Decameron* di Boccaccio: Alberto TENENTI, La rappresentazione della morte di massa nel Decameron, in: *Tod im Mittelalter*, ed. Arno BORST, Konstanz 1995, pp. 209–219; Timothy KIRCHER, Anxiety and Freedom in Boccaccio's History of the Plague of 1348, in: *Letteratura italiana antica* 3 (2002), pp. 319–357. Anche nella produzione poetica di Petrarca vi erano continui riferimenti al dramma dell'epidemia. Letizia MODENA, "Pestis illa fantasmatum": Petrarca, il Secretum e Sant'Agostino, riflessioni preliminari su peste e immagine, in: *Italian Quarterly* 49(2009), pp. 59–74, qui pp. 59–60.

17 La presenza di terremoti o di fuoco dal cielo, correlato alla pestilenza, diviene un elemento costante. TUFANO, La peste del 1348 nelle cronache italiane, p. 36. Per Giovanni Villani tra i segni profetici vi era anche l'apparizione di una stella cometa. Giovanni VILLANI, *Istorie Fiorentine* (Biblioteca Enciclopedica Italiana 29), Milano 1834, p. 525. Vi era tuttavia anche una modalità più razionalizzante di analisi del contagio, presente per esempio nella cronaca pisana di Ranieri Sardo, che notava le modalità effettive di trasmissione del morbo. RANIERI SARDO, *Cronaca di Pisa*, ed. Ottavio BANTI, Roma 1963, p. 96.

18 *Cronaca senese attribuita ad Agnolo di Tura del Grasso detta la Cronaca Maggiore*, ed. Fabio IACOMETTI / Antonio LISINI (Rerum Italicarum Scriptores, ser. II, 15/6), Bologna 1939, p. 555.

19 TUFANO, La peste del 1348 nelle cronache italiane, pp. 41–43.

universale e impossibile da evitare. La peste aveva segnato l'inizio di una stagione segnata da una più cupa sensibilità e una forte percezione di precarietà.[20] Un singolo evento, pur terrificante ma circoscritto nel tempo, non ha però la forza di sovvertire un sistema di pensiero e determinare un cambio di mentalità persistente: è dalla ripetizione del trauma che scaturisce un mutamento stabile. Era stata l'endemicità delle epidemie, susseguitesi con differenti livelli di gravità ma sempre in maniera violenta, a determinare un vero cambio di passo.[21] L'esperienza vissuta dalle generazioni nate tra il primo quarto del XIV secolo e la sua fine era quella di una spada di Damocle costantemente sospesa sul capo. Le epidemie si erano susseguite lungo tutto la seconda parte del Trecento e la metà del Quattrocento con cadenza meno che decennale, in maniera imprevedibile: i più anziani tra i sopravvissuti potevano aver visto nel corso della propria esistenza una mezza dozzina di pestilenze. Nel tardo Trecento la peste era divenuta endemica, entrando a far parte della quotidianità: in alcune città dell'Italia centro-settentrionale si registrano contagi nel 1361–1362, 1367, 1372–1373, 1381, 1384, 1392, 1397–1399, di nuovo nel 1405–1406.[22] Si può intuire il sentimento di precarietà e insicurezza dinanzi al susseguirsi

---

20 Alberto Tenenti inizia la propria indagine proprio dal 1348, visto in questo senso come inizio cronologico dell'epoca segnata da una "religione della morte". Alberto TENENTI, *Il senso della morte e l'amore della vita nel Rinascimento* (*Francia e Italia*), Torino 1989.

21 In ambito psicoanalitico, diverse scuole hanno affrontato il tema della trasmissione dei traumi, particolarmente in riferimento alla transgenerazionalità, ovvero al passaggio di sintomi, meccanismi di difesa e organizzazione delle relazioni da una generazione all'altra. Su questo complesso tema: Anne ANCELIN SCHÜTZENBERGER, *La sindrome degli antenati*, Roma 2004; Nicola PELUFFO, L'interiorizzazione delle perturbazioni catastrofiche, in: *Bollettino dell'IIM* 3 (1986) [online].

22 Questi, a titolo esemplificativo, i dati per Genova forniti da Giorgio Stella. *Georgii et Iohannis Stellae Annales Genuenses*, ed. Giovanna PETTI BALBI (Rerum Italicarum Scriptores, ser. II, 17/2), Bologna 1975, p. 55. Secondo i *Monumenta Pisana* il contagio era giunto anche a Pisa nel 1361, da luglio a novembre, "e non fue casa in Pisa, né nel Contado, che non avesse morti". *Monumenta Pisana ab anno MLXXXIX usque ad annum MCCCLXXXIX. Deducta, et continuata usque ad MCCCCVI* (Rerum Italicarum Scriptores 15), Milano 1729, col. 1040. Così anche a Bologna, a Ferrara e in parte della Toscana. *Corpus chronicorum Bononiensium*, ed. Albano SORBELLI (Rerum Italicarum Scriptores, ser. II, 18/1), Città di Castello 1916–1939, p. 150. La peste del 1361 aveva colpito in maniera particolarmente dura Milano: "fuit maxima pestis in Civitate Mediolani, ex qua infiniti mortui sunt". *Annales Mediolanenses ab anno MCCXXX usque ad annum MCCCCII*, (Rerum Italicarum Scriptores 16), Milano 1729, col. 731. Per il 1367 le cronache bolognesi annotano un'altra violenta epidemia. Corpus chronicorum Bononiensium, p. 291. La peste aveva colpito in Toscana tra Firenze e Pisa nel 1375. Monumenta Pisana, col. 1065–1067. Nel 1389 il cardinale di Bologna era morto di peste. Corpus chronicorum Bononiensium, p. 392. Nel 1399 l'epidemia aveva fatto un gran numero di vittime nel territorio di Milano. Annales Mediolanenses, col. 832.

di malattie che ciclicamente falcidiavano la popolazione, scegliendo senza un senso apparente i morti tra il novero dei vivi. L'esperienza della lotta contro un nemico invisibile aveva acuito gli interrogativi sulla caducità della vita e sulla morte, alimentando una forte domanda religiosa, poiché la morte improvvisa era un'eventualità reale: ne aveva tratto forza l'esigenza di rapporto più intimo con il divino, anche al di fuori di momenti istituzionalizzati, come già si stava svelando in un lungo processo laicale. Pur fornendo alcune possibilità di interpretazione, non è comunque possibile ridurre l'intera sensibilità in questi termini univoci, quanto piuttosto tracciare delle linee di tendenza predominanti.

Le carestie avevano una correlazione indiretta con le pestilenze, spesso seguendole o anticipandole, da un lato favorendo i contagi, dall'altro essendo causate dall'abbassamento della produzione alimentare generata dai vuoti di popolazione. I rapporti di interdipendenza sono complessi e molte carestie avevano preceduto le epidemie, come nel 1347–1348, 1372–1374 e 1383.[23] Nel Trecento si trattava comunque di un ulteriore fenomeno endemico che contribuiva alla difficoltà delle condizioni di vita e alla percezione mentale del mondo circostante: la paura della fame era una condizione onnipresente. La richiesta di protezione divina, dinanzi al fatalismo delle penurie alimentari, era l'unica soluzione.[24] La lunga stagione trecentesca di conflitti, condotti con l'impiego delle compagnie di ventura, aggravava decisamente la situazione. I mercenari o *routiers* erano inquadrati in compagini stipendiate ma autonome dalle autorità governative; in momenti di disimpegno o di pace generalmente vivevano di saccheggi o di estorsioni alle città, a cui vendevano la protezione da loro stessi. L'utilizzo deliberato della paura rientrava nelle metodologie di

23 Tuttavia le epidemie si verificavano anche in periodi di abbondanza alimentare, dunque il rapporto non è diretto o automatico. John ABERTH, *From the Brink of the Apocalypse. Confronting Famine, War, Plague, and Death in the Later Middle Ages*, London/New York 2010, pp. 38–41. Per un'analisi sintetica dei cicli di carestia nella storia e sul dibattito storiografico: Hipólito Rafael OLIVA HERRER / Pere BENITO I MONCLÙS (Ed.), *Crisis de subsistencia y crisis agrarias en la Edad Media*, Sevilla 2007; Cormac Ó GRÁDA, *Storia delle carestie*, Bologna 2011; Luciano PALERMO, Scarsità di risorse e storia economica: il dibattito sulla carestia, in: *Popolazione e Storia* 13/1 (2012), pp. 51–77. Sul rapporto tra carestia e malattia: Rinaldo COMBA / Gabriella PICCINNI / Giuliano PINTO (Ed.), *Strutture familiari, epidemie, migrazioni nell'Italia medievale*, Napoli 1984; Massimo LIVI BACCI, Il legame nutrizione-mortalità nel passato: un commento, in: *La fame nella storia*, ed Robert I. ROTBERG / Theodore K. RABB, Roma 1987, pp. 105–110; Piero CAMPORESI, *Il pane selvaggio*, Milano 2004.

24 Massimo MONTANARI, *L'alimentazione contadina nell'alto Medioevo*, Napoli 1979, p. 432; MONTANARI, La fame e l'abbondanza, pp. 104–121. La "maxima carestia" italiana del 1374–1375 è tramandata da tutti i cronisti, tanto che nel porto di Genova una mina di grano si vendeva per 16 fiorini d'oro mentre a Pisa ne era stata vietata l'esportazione. Georgii et Iohannis Stellae Annales Genuenses, p. 168; Monumenta Pisana, col. 1066–1067.

molti capitani, che avrebbero raggiunto notevole fama nel corso del secolo.[25] Il fenomeno delle compagnie di ventura aveva raggiunto proporzioni talmente vaste da costringere molti signori francesi o italiani a pensare in termini di sicurezza immediata, contribuendo al disinteresse verso avventure e mondi lontani.[26] Lo stesso papato era stato minacciato e ricattato dai mercenari ad Avignone nel 1357, 1360–1361, 1363, 1365, 1366, 1375: le scomuniche avevano tuttavia scarsa efficacia nel dissuadere i *routiers* a praticare la violenza.[27] La stessa Chiesa era stata duramente colpita dalla congiuntura trecentesca: legata a rendite terriere fisse, improduttive o dal valore in diminuzione, esposta ai soprusi di bande militari, era stata costretta ad abbracciare un certo fiscalismo per far fronte alle proprie difficoltà.[28] La peste, la carestia e la guerra sono esperienze terribili e causano traumi individuali e collettivi, legate alla perdita dei familiari, alle sepolture in fosse comuni. Le risposte ai flagelli variavano da una profonda introiezione religiosa e un clima di spiritualità esasperata, nutrita di segni esteriori, a a una ricerca del piacere che, invece, sfociava in casi di agnosticismo e miscredenza.[29] Si trattava di una società satura del dato religioso, legata a una crescente dimensione corporea, a manifestazioni e processioni e che ammetteva dunque eccessi e degenerazioni; dall'altro lato, si accentuava la tendenza a un rapporto interiorizzato con il divino, sfociato in alcuni frangenti nella mistica e indicativo di un certo ritirarsi dalla realtà.[30]

---

25 Dopo il primo ventennio del XIV secolo era iniziato l'impiego assoluto di compagnie di ventura. L'incremento di grandi compagnie militari, autonome dalle autorità governative e che non si scioglievano al termine del loro utilizzo circostanziale, aveva raggiunto il culmine nella seconda metà del secolo. Michael MALLETT, *Signori e mercenari. La guerra nell'Italia del Rinascimento*, Bologna 1983, pp. 33–39, 43–48.

26 Norman HOUSLEY, *The Avignon Papacy and the Crusades, 1305–1378*, Oxford 1986, pp. 223–224.

27 Le sanzioni papali contro i *routiers* si sarebbero moltiplicate a partire dalla bolla *Ad reprimendas insolentias* del 1356, seguita dalla *Miserabilis nonnullorum* (1364) che ordinava ai venturieri di deporre le armi e riparare i danni che avevano compiuto, sotto pena di scomunica. La successiva *Clamat ad nos* (1365) aggravava le pene nel caso non avessero obbedito, fino al dichiarare che i discendenti dei mercenari non poteva ricoprire uffici pubblici fino alla terza generazione, e che addirittura ai *routiers* morti era negata la sepoltura in terra consacrata. Norman HOUSLEY, The Mercenary Companies, the Papacy, and the Crusades, 1356–1378, in: *Traditio* 38 (1982), pp. 253–280, qui pp. 256–258; Heinrich DENIFLE, *La désolation des églises, monastères et hôpitaux en France pendant la Guerre de cent ans*, vol. 2, Paris 1899, pp. 446–451.

28 HOUSLEY, The Avignon Papacy and the Crusades, pp. 224–225.

29 Huizinga, tratteggiando l'eccesso religioso tardomedievale, aveva legato la corporeità al culto dei santi, trattandosi della forma eruttiva di una fede. Johan HUIZINGA, *L'Autunno del Medioevo*, Roma 2011 (1a ed. 1919), pp. 190–204. Anche: Paolo GOLINELLI, *Il Medioevo degli increduli: miscredenti, beffatori, anticlericali*, Milano 2009.

30 Ivi, p. 203–204.

Per un'analisi della categoria di "trauma" occorre aprire la ricerca alla contaminazione con discipline sociologiche e antropologiche che si sono interfacciate con la percezione e le risposte a eventi traumatici.[31] L'esperienza di uno shock genera una metamorfosi nell'individuo sopravvissuto, che può disporre di un incontro anticipato e non mediato con la morte.[32] Gli studi sulle *post-disaster societies* hanno proposto alcune modellizzazioni delle conseguenze dei traumi collettivi nelle società, con variabili sulle modalità di resilienza delle comunità.[33] La psicologizzazione del lutto e della perdita è problematica nel caso non vi siano responsabili direttamente ravvisabili, come nel caso di catastrofi naturali, portando alla richiesta di un significato.[34] La ricerca di un senso nel Medioevo apriva alla domanda sul rapporto tra Dio e il male, spesso interpretato in una dinamica di correlazione tra colpa e punizione. Il cristianesimo aveva ereditato dal mondo ebraico una certa

---

31 Sulla nozione di trauma la psicoanalisi e la neuropsicologia hanno costruito modelli complessi nel tempo, soprattutto legati alla sua memoria, a partire dalla "teoria del trauma" di Freud. Si è tuttavia in sostanziale accordo con Roberto Beneduce riguardo all'impossibilità di racchiudere il concetto di trauma all'interno di una sola scienza e di proporre dunque modelli deterministici. Roberto BENEDUCE, *Archeologie del trauma. Un'antropologia del sottosuolo*, Roma/Bari 2010, p. 123.

32 Roberto MARINO, *Emergenze nelle popolazioni: modelli di intervento*, in: *Djon Djongonon. Psicopatologia e salute mentale nelle società multiculturali*, ed. Giuseppe CARDAMONE / Salvatore INGLESE / Sergio ZORZETTO, Milano 1999, pp. 183–204. Sul carattere di rito iniziatico della morte: Carl Gustav JUNG, *L'uomo e i suoi simboli*, Milano 1980.

33 Caroline BRASSARD / Anne RAFFIN, Resilience in Post Disaster Societies: From Crisis to Development, in: *Asian Journal of Social Science* 39 (2011), pp. 417–424, qui p. 417. Da un lato è stata notata l'incapacità di resilienza positiva da parte di comunità che avevano subito un forte colpo, come ha indagato Kai T. Erickson analizzando il disgregamento di una comunità sociale americana successivamente a un incidente minerario: Kai T. ERICKSON, *Everything in its Path: Destruction of Community in the Buffalo Creek Flood*, New York 1976. Dall'altro lato, alcuni autori hanno messo in evidenza l'euforia altruistica sorta dopo il disastro, con sentimenti di collaborazione e ricostruzione. Anthony F.C. WALLACE, *Tornado in Worcester. An Exploratory Study of Individual and Community Behavior in an Extreme Situation*, Washington 1956; Allen Histington BARTON, *Communities in Disaster*, Garden City 1969.

34 Donatella COZZI, Sei semi di melograno: Antropologia medica, disastri e sindrome post traumatica da stress, in: *La Ricerca Folklorica* 66 (2012), pp. 63–73, qui p. 66. Non ho preso in considerazione i modelli clinici, che sono coagulati verso la categoria diagnostica di PTSD (*post-traumatic stress disorder*), nata in conseguenza ai disturbi riscontrabili nei militari americani di ritorno dal Vietnam. In alcuni studi riferiti a tragedie recenti è stato osservato come il PTSD si sia presentato in percentuali simili in tutte le classi sociali coinvolte (intorno al 20% dei soggetti), annullando le differenze in una illusoria dimensione egualitaria tra ricchi e poveri. Nonostante ciò, si tratta di modelli deterministici quando pretendono di assumere il risultato della ricerca in maniera meccanica, applicandolo a situazioni differenti, celando un'astrazione dell'individuo dalla storia e dalla morale.

concezione del legame tra peccato e castigo divino, pur nella sfaccettata visione biblico-giudaica.[35] La logica retributiva è rintracciabile in diversi passi della Bibbia, sebbene ne esistano altrettanti che la sconfessano.[36] Il problema della teodicea percorre tutti i secoli medievali per chiedere una spiegazione immediata e meccanica alle sciagure su cui si faticava a trovare una soluzione razionale. La caduta degli stati crociati in *Outremer* è ricondotta, in un numero incalcolabile di testi, alla formula *peccatis exigentibus*: i latini erano stati sconfitti a causa delle proprie colpe e degrado morale.[37] Anche Bernardo di Chiaravalle si era espresso in questa maniera nel XII secolo.[38] Non sorprende dunque l'idea della peste come flagello di Dio, "iusta Dei sententia"[39] verso l'umanità peccatrice. In realtà, la rottura del cristianesimo con la logica retributiva del male da parte di Dio era evidente in passi evangelici in cui Gesù stesso affermava: "O quei diciotto, sopra i quali rovinò la torre di Sìloe e li uccise, credete che fossero più colpevoli di tutti gli abitanti di Gerusalemme?" (Lc. 13, 4). La riflessione sul male aveva portato la teodicea agostiniana a negare la responsabilità di Dio sul male e a rigettare un'idea vendicativa di Dio stesso: quanto tale coscienza era vissuta nell'immaginario popolare, e quanto permaneva invece il circolo peccato-castigo durante il tardo Medioevo?

35 Originariamente il male non era considerato in quanto parte del piano divino, ma come sua degenerazione. Il problema sull'autore del male, ovvero Dio oppure il Maligno, percorre tutta la storia e le correnti dell'ebraismo. Pur con una concezione maggioritaria rispetto al legame colpa-punizione, all'interno del mondo giudaico la questione era rimasta irrisolta. Piero CAPELLI, Il problema del male: risposte ebraiche dal Secondo Tempio alla Qabbalah, in: *Ricerche Storico Bibliche* 29/1 (2007), pp. 135–156.

36 L'autore del libro di Giobbe rifiuta la logica retributiva e la teodicea tradizionale, secondo cui le disgrazie del protagonista erano legate all'esistenza di un suo peccato. Questa concezione è portata avanti agli amici di Giobbe, che nel racconto Dio stesso zittisce: questo rifiuto testimonia in maniera forte proprio l'esistenza di questa prospettiva, canonicamente accettata. Piero CAPELLI, *Il male. Storia di un'idea nell'ebraismo dalla Bibbia alla Qabbalah*, Firenze 2012, p. 10. Anche diversi episodi dei Vangeli notano questo tipo di concezione presente nella tradizione giudaica, come nell'osservazione dei farisei sul cieco nato: "chi ha peccato, lui o i suoi genitori, perché egli nascesse cieco?" (Gv. 9, 2).

37 "Lombardi, Pisani e Genovesi: per la superbia dei quali Acri fu distrutta". Antonio MUSARRA, *Il crepuscolo della crociata. L'Occidente e la perdita della Terrasanta*, Bologna 2018, p. 147. Citazione da: LUDOLPHUS DE SUDHEIM, *De itinere Terre Sancte*, ed. Guillaume Antoine NEUMANN, in: *Archives de l'Orient latin* 2 (1884), pp. 339–340. I *peccata carnis*, la vita frivola e la lussuria sono ricordate in: IACOBI AB AQUIS, *Chronicon imaginis mundi*, ed. Gustavo AVOGADRO (Historiae Patriae Monumenta 3), Torino 1848, col. 1604.

38 Il disastro era "provocatus peccatis nostris", come affermato nel *De consideratione*, in: BERNARDO DI CLAIRVAUX, *Opera Omnia*, ed. Jacques-Paul MIGNE (Patrologiae Latinae 182), Paris 1879, col. 742.

39 MARCO BATTAGLI DA RIMINI, *Marcha*, ed. Aldo Francesco MASSERA (Rerum Italicarum Scriptores, ser. II, 16/3), Città di Castello 1912, p. 54.

Il sentimento di un Dio punitivo sembra effettivamente radicato a tutti i livelli sociali, nonostante le riflessioni di Tommaso d'Aquino sul male e sul problema del peccato originale, con la sua rottura dell'ordine naturale e l'origine dei disastri. Il pensiero cristiano su questi temi era comunque rimasto teologicamente poliedrico, come dimostra la diatriba tra scolastici e aristotelici radicali riguardo la libertà di Dio e il male. La dialettica era quella tra un Dio signore assoluto, dunque autorizzato a castigare l'uomo, e un Dio che non causava il male, ma lo permetteva in una logica di libertà e di pedagogia dell'uomo. Tutti questi accenni potevano essere percepiti in maniera sintetica anche ai livelli culturalmente più bassi.[40] Un atteggiamento popolare dinanzi alle calamità era dunque la messa in atto di una serie di pratiche rituali come antidoto, pur inserendo gli eventi catastrofici in un registro apocalittico di storia sacra. Il male dunque non poteva essere rimosso, ma eventualmente contenuto grazie alla *pietas* religiosa, concretizzata in una serie di processioni volte a limitare la possibilità d'azione del demonio.[41] Il culto di Maria Vergine, riaffermatosi in maniera potente nel XIV secolo, aveva portato alla creazione di appositi spazi sacri a lei dedicati, nell'aumento della domanda di protezione celeste. Al contempo, la richiesta di immanenza del divino nella realtà moltiplicava le icone e immagini della Madonna, portate in processione per esprimere il bisogno d'aiuto di una comunità.[42] L'arcivescovo di Genova nel 1384, mentre l'epidemia dilagava in città, aveva deciso di svolgere una solenne processione in onore di Maria per fermare il contagio[43], mentre nel 1391 ci si era rivolti a san Giovanni Battista.[44] La storia dell'arte offre numerose testimonianze della ricerca di protezione ultraterrena e il Trecento aveva visto la nascita della tipologia iconografica

40 La dialettica è stata definitivamente risolta solo ai tempi del Concilio Vaticano II, sebbene l'affermazione di un Dio che non punisce di per sé stesso sia stata sempre presente all'interno del magistero della Chiesa, legandosi spesso alla teologia di san Tommaso. Per una sintesi del problema dal punto di vista filosofico: Stefano BROGI, *I filosofi e il male. Storia della teodicea da Platone ad Auschwitz*, Milano 2010.

41 Anna BENVENUTI PAPI, Riti propiziatori e di espiazione, in: *Le calamità ambientali nel tardo Medioevo europeo: realtà, percezioni, reazioni*, ed. Michael MATHEUS [et al.], Firenze 2010, pp. 77–86, qui pp. 79–80.

42 Per esempio la Madonna dell'Impruneta assunse presso i fiorentini il ruolo di soccorritrice dalle carestie a partire dal 1354. L'icona di Maria era venerata particolarmente per questioni relative alle piogge e la Madonna, fortemente territorializzata, scendeva in campo contro le avversità. Ivi, p. 83–86.

43 La processione si era svolta "in festo beate Marie, die vigesima quinta eiusdem mensis archiepiscopus et totus clerus Ianuensium per urbem iverunt cum incolis eius, sanctorum ferentes reliquias cum luminaribus". Georgii et Iohannis Stellae Annales Genuenses, p. 190.

44 Ivi, p. 198.

della "Madonna della Misericordia".[45] La sua variante detta "Madonna delle frecce" era sorta in diretta risposta al clima epidemico. Il primo esempio italiano di questa tipologia si trova a Genova: nella tavola di Barnaba da Modena dipinta tra il 1375 e il 1376, la Madonna apriva il suo mantello azzurro, accogliendo sotto di esso gli uomini che vi si rifugiavano. Alcuni angeli, dipinti nel cielo scuro, scagliavano un'inarrestabile pioggia di frecce che trafiggevano le persone rimaste fuori dal manto della Vergine. I dardi che colpivano il mantello di Maria invece si spezzavano.[46]

I notevoli cambiamenti delle forme artistiche e iconografiche all'indomani delle tragedie di metà Trecento, particolarmente riscontrabili nei maggiori centri toscani, sono testimonianza e specchio del sentimento esistenziale di artisti e committenti delle opere. I pittori sembravano aver adottato nuovi sistemi valoriali, con un'arte più intensamente religiosa, attenti alle nuove esigenze del pubblico cittadino.[47] La tipologia della "Madonna dell'Umiltà", nata verso la metà del XIV secolo, era volta a suscitare un impatto emotivo nel fedele che la osservava, ribadendo il ruolo della Madre come protettrice del genere umano.[48] Mentre la Vergine esprimeva compatimento verso gli uomini sulla terra, gli affreschi dei Giudizi Universali dopo l'epidemia mostrano Cristo nelle sembianze di giudice severo. Nei dipinti precedenti Gesù si rivolgeva a entrambe le categorie dei dannati e dei beati, ma nella seconda metà del Trecento invece guardava tendenzialmente solo i destinati all'Inferno con volto corrucciato.[49]

---

45 Uno delle più antiche raffigurazioni in Italia è una miniatura del 1329 inserita nel manoscritto di: LANDO DI ANTONIO, *Inventario dell'ospedale della Compagnia di Santa Maria delle Laudi*, Bologna, Biblioteca Comunale dell'Archiginnasio, *Fondo Ospedali* 72, c. 3r. È notevole anche la "Madonna della Misericordia" affrescata presso la Loggia del Bigallo a Firenze, di proprietà di una confraternita, dove il dipinto murario reca la data del 1342.

46 Sulla tipologia della "Madonna delle frecce" e sulla tavola genovese: Tommaso CASTALDI, L'iconografia della Madonna della Misericordia e della Madonna delle frecce nell'arte bolognese e della Romagna nel Tre e Quattrocento, in: *Eikón Imago* 7/1 (2015), pp. 31–56, qui pp. 40–45. Per lo studio della tavola di Barnaba da Modena: Cassiano DA LANGASCO / Pasquale ROTONDI, *La "Consortìa deli Forestèri" a Genova. Una Madonna di Barnaba da Modena e uno statuto del Trecento*, Genova 1957.

47 Millard Meiss in particolare ha indagato le trasformazioni nell'arte fiorentina e senese nel trentennio successivo alla Peste Nera. Millard MEISS, *Pittura a Firenze e Siena dopo la Morte Nera. Arte, religione e società alla metà del Trecento*, Torino 1982. La sua analisi iconografico-artistica, che ha messo al centro anche la nuova indipendenza raggiunta da molti giovani pittori sopravvissuti all'epidemia, mentre gran parte dei maestri era morta di peste, non è stata esente da critiche. Wallace K. FERGUSON / Benjamin J. ROWLAND, Review of: Painting in Florence and Siena after the Black Death by Millard Meiss, in: *The Art Bulletin* 34/4 (1952), pp. 317–322.

48 MEISS, Pittura a Firenze e Siena dopo la Morte Nera, pp. 210–224.

49 Ivi, p. 117.

Nello stesso periodo successivo agli shock collettivi trecenteschi, è possibile notare nei dipinti di matrice religiosa l'accentuazione del miracoloso piuttosto che del naturale[50]. D'altro canto, un crudo realismo è evidente nella consapevolezza della morte e nella raffigurazione di cadaveri, malati e menomati. I cicli pittorici dell'*Incontro dei tre vivi e dei tre morti* e dei *Trionfi della Morte*, diffusi a partire dall'inizio del XIV secolo, in anticipo sulle pestilenze, sono spesso stati additati a riprova della più cupa sensibilità dei secoli finali del Medioevo. Nel celebre dipinto del camposanto pisano di Buonamico Buffalmacco (1330–1337) la morte planava mentre angeli e demoni si disputavano le anime delle sue vittime.[51] La morte avrebbe trovato la sua raffigurazione caratteristica a partire dal *Trionfo della Morte* del Sacro Speco di Subiaco, datato alla metà del Trecento, ovvero di uno scheletro a cavallo che falciava gli uomini, contaminandosi con l'idea del quarto cavaliere dell'Apocalisse. Nella pittura italiana si approfondiva il riverbero psicologico dell'ineluttabilità della morte, che scatenava reazioni e trasformazioni nello spirito degli uomini.[52] Nel *Trionfo della Morte* nella chiesa di San Francesco a Lucignano (Arezzo), del 1380 circa, la Morte non intende scagliare una freccia verso i poveri e miserabili che la invocano alle sue spalle, ma verso i giovani spensierati che ha di fronte. Il cavaliere somiglia a una strega vestita di nero, dalla cui bocca esce la scritta: "Io no bramo se no de spegner vita / e chi mi chiama le piuvolte ischivo / giongendo spesso a chi me torcie el

50 Nel dipinto di Andrea da Firenze che raffigurava la *Resurrezione di Cristo* (1366–1368) nella chiesa di Santa Maria Novella a Firenze, Gesù non scavalcava più il sarcofago ponendo concretamente un piede sopra di esso, come nelle riproduzioni toscane precedenti, ma si librava a mezz'aria sopra di esso. La violazione della legge naturale si ritrova anche nella *Resurrezione* di Iacopo da Cione (1370–1371. Si rimanda a: Iacopo da Cione, *Resurrezione* (1370–1371), Londra, National Gallery. Ivi, p. 49.

51 Sui grandi affreschi di Buonamico Buffalmacco nel Camposanto di Pisa: Luciano BELLOSI, *Buffalmacco e il Trionfo della Morte*, Torino 1974; Karl William FUGELSO, The Artist as Reader: Buffalmacco's Miniatures of the Inferno, in: *Dante Studies* 122 (2004), pp. 137–171; Lorenzo CARLETTI / Francesca POLACCI, Transition between Life and Afterlife: Analyzing The Triumph of Death in the Camposanto of Pisa, in: *Signs and Society* 2/1 (2014), pp. 84–120.

52 Sulle raffigurazioni della Morte del XIV e XV secolo: Liliane GUERRY, *Le thème du Triomphe de la Mort dans la peinture italienne*, Paris 1950; Alberto TENENTI, *La vita e la morte attraverso l'arte del XV secolo*, Napoli 1996 (1a ed. 1952); IDEM (Ed.), *Humana fragilitas, i temi della morte in Europa tra Duecento e Settecento*, Clusone 2000; *Il Trionfo della Morte e le Danze Macabre. Atti del VI Convegno Internazionale tenutosi in Clusone dal 19 al 21 agosto 1994*, Clusone 1997. L'imponente affresco di Clusone, datato alla fine del Quattrocento, ha ricevuto notevoli attenzioni in ambito italiano. Arsenio FRUGONI, *I temi della Morte nell'affresco della chiesa dei Disciplini a Clusone*, Roma 1957; Chiara FRUGONI / Simone FACCHINETTI, *Senza misericordia: il Trionfo della morte e la Danza macabra a Clusone*, Torino 2016.

grifo". La Morte esprimeva la macabra ironia di un destino ingiusto, lontano ormai dalla provvidenza di Dio.[53]

Un'analoga illustrazione è presente all'interno di un manoscritto genovese del tardo XIV secolo legato alla confraternita di San Bartolomeo: tra preghiere, omelie e invocazioni non sfigura un grande *Trionfo della Morte*, che occupa una pagina intera.[54] La Morte, su un magro cavallo grigiastro, imbracciava un arco accanto al quale era scritto: "Questa sie la morte chi no guarda ni a richo ni a povero ni a feme ni a forte tanti na menao e tanti ne menera e da le nisun no scampera".[55] Dietro di lei, ignorati, seguivano due storpi in stampelle, mentre una freccia aveva colpito in fronte un cavaliere pesantemente armato, accompagnato dalla scritta: "Questo si se no defende da la morte".[56] Al di sotto era raffigurata una vasta schiera di cadaveri, tra frati, sovrani, vescovi, cavalieri, suore, mercanti, popolani e persino animali. La più tarda iconografia della *Danza Macabra*, comparsa verso il 1400, avrebbe visto gli individui connotati da ciò che li aveva contraddistinti in vita ballare con il proprio scheletro. Il ballo si svolgeva senza violenza, con un senso di ineluttabilità.[57]

Di fronte a un mondo per molti versi incontrollabile, sommerso dai problemi domestici, nel quale l'ottimismo dei secoli precedenti era stato scalfito, sono state avanzate ipotesi relative alla chiusura mentale e geografica delle società mercantili, che erano state le grandi protagoniste dell'espansione verso mondi esterni.[58] I mercanti italiani, particolarmente genovesi e veneziani, durante il Duecento erano stati in grado di elaborare rotte e itinerari alternativi in caso di impedimenti. Se i veneziani Polo erano giunti in Estremo Oriente, i fratelli genovesi Vivaldi avevano tentato il tragitto opposto, spingendosi con le proprie galee nell'Oceano Atlantico.[59] La grande stagione esplorativa duecentesca si era protratta fino al secolo successivo, quando il navigatore ligure

---

53 Su questa raffigurazione: Luciano PANTANI, Il Trionfo della Morte. Chiesa di S. Francesco, in: Il Trionfo della Morte e le Danze Macabre, pp. 147–156.

54 Bibliothèque National de France (d'ora in poi BNF), *Ms. italien* 112, f. 59v.

55 Ibidem.

56 Ibidem.

57 HUIZINGA, L'Autunno del Medioevo, pp. 162–175.

58 Benjamin Kedar ha confrontato l'intraprendenza dei mercanti genovesi e veneziani prima e durante la crisi, interrogandosi sull'entità di una reazione mentale di chiusura eccessiva rispetto alle potenzialità, seppur contratte, offerte nella seconda metà del XIV secolo. Benjamin Z. KEDAR, *Mercanti in crisi*, Roma 1981, pp. 173–194.

59 Marina MONTESANO, *Marco Polo*, Roma 2014. Su Ugolino e Vadino Vivaldi, che nel 1291 avevano tentato di raggiungere le Indie circumnavigando l'Africa, prima di scomparire nel nulla: Gillian MOORE, La spedizione dei fratelli Vivaldi e nuovi documenti d'archivio, in: *Atti della Società Ligure di Storia Patria* 12 (1972), pp. 387–402.

Lanzarotto Malocello aveva scoperto l'arcipelago delle Canarie.[60] L'Asia era frequentata da missionari e mercanti occidentali, che erano giunti in Cina, presso le corti dei Khan mongoli, o trafficavano in India, lasciando traccia in lettere e resoconti.[61] I genovesi dimostrano una singolare propensione nell'avventurarsi in nuove rotte asiatiche, come mostrano gli esempi di Andalo di Savignone, Benedetto Vivaldi e Buscarello Ghisolfi.[62] Anche i pontefici erano stati in grado di intrattenere rapporti diplomatici con i signori asiatici, con scambi di lettere e di emissari, oltre ai tentativi di cristianizzazione messi in atto dai frati mendicanti nel corso del XIII secolo.[63] La rottura di questa mentalità intraprendente e della corsa verso nuovi orizzonti sembra potersi registrare intorno al 1340, complice lo sfaldamento dell'impero mongolo e la chiusura della Cina con la dinastia Ming, fatti che avevano rotto la continuità di comunicazioni tra l'Europa e l'Asia Orientale.[64] Di fatto, gli ultimi viaggi di latini verso la Cina sono tutti riscontrabili entro la cesura della peste: solo pochi decenni prima, qualche migliaio di persone era a conoscenza degli itinerari asiatici.[65] Alla brusca interruzione non sembrano imputabili semplicemente fattori politici, data la

60 Sulla persona di Lanzarotto Malocello, su cui abbiamo scarsissime notizie biografiche, e sulla data della sua scoperta, da collocarsi anteriormente al 1339, anno in cui le isole Canarie appaiono su un portolano maiorchino: Riccardo MUSSO, Malocello, Lanzarotto, in: *Dizionario Biografico degli Italiani*, vol. 68, Roma 2007, pp. 254–257; Alberto QUARTAPELLE, Il vero ed il "falso" Lanzarotto Malocello, lo scopritore delle isole Canarie, in: *Atti della Società Ligure di Storia Patria* 58 (2018), pp. 23–29.

61 In generale: Francesco SURDICH, *La via della seta: missionari, mercanti e viaggiatori europei in Asia nel Medioevo*, Genova 2007.

62 Roberto Sabatino LOPEZ, Nuove luci sugli italiani in Estremo Oriente prima di Colombo, in: IDEM, *Su e giù per la storia di Genova*, Genova 1975, pp. 82–109. Anche: Gabriella AIRALDI / Giovanni MERIANA (Ed.), *Andalò da Savignone. Un genovese del '300 sulla Via della seta. Atti del Convegno (Genova, 14 marzo 2008)*, Genova 2008; Michel BALARD, Sur les traces de Buscarello de' Ghisolfi, in: IDEM, *Gênes et la mer*, vol. 2, Genova 2017, pp. 883–891.

63 Per citare solo i resoconti di viaggio dei frati più famosi: GIOVANNI DAL PIAN DEL CARPINE, *Storia dei Mongoli*, ed. Enrico MENESTÒ / Maria Cristiana LUNGAROTTI, Spoleto 1989; GUGLIELMO DI RUBRUK, *Viaggio in Mongolia (Itinerarium)*, ed. Paolo CHIESA, Milano 2011.

64 La guerra di Crimea e la conseguente peste diedero un duro colpo alla rotta delle steppe, comportando la rottura parziale dei rapporti con i tartari, almeno per il momento. Il Sultanato di Delhi conobbe tempi difficili verso la metà del XIV secolo, mentre in Cina la dinastia mongola, che deteneva il potere da oltre un secolo, venne scalzata dai Ming. Un lento declino delle possibilità di viaggiare era già cominciato qualche anno prima dell'epidemia europea, e le ultime spedizioni di mercanti da noi conosciute si collocano intorno al 1343–1344. LOPEZ, Nuove luci sugli italiani in Estremo Oriente, pp. 122–127.

65 Le rotte internazionali sono ben illustrate nel manuale di mercatura del fiorentino Francesco di Balduccio Pegolotti, agente della compagnia bancaria dei Bardi. Francesco BALDUCCI PEGOLOTTI, *La pratica della mercatura*, ed. Allan EVANS, New York 1970.

mancanza di tentativi da parte di protagonisti latini nel ritagliarsi nuovi percorsi e l'arretramento completo anche della dimensione missionaria.

La fine dell'espansione "eroica" verso l'esterno, capitanata da individui pronti ad affrontare i rischi, sembra legata a un deciso cambio di mentalità negli ambienti mercantili. Il Trecento, dopo l'abbattersi delle epidemie, offre pochi e limitati esempi di intraprendenza geografica; nulla, in fondo, che non fosse già stato fatto in precedenza.[66] La tendenza a ridurre il rischio si accompagnava a una disapprovazione per le imprese troppo audaci.[67] Il declino dello spirito intraprendente sembra aver incentivato la ricerca di sicurezza e standardizzazione, con la suddivisione tra una zona commerciale interna, sottoposta a una certa *routinization* e razionalizzazione degli sforzi, e una zona esterna al contesto conosciuto, il cui accesso era venuto meno. Nella seconda metà del Trecento la quasi totalità delle attività commerciali pare concentrata nella zona della *routinization*, coincidente grossomodo con il bacino mediterraneo e l'Europa, dominato da mercanti stanziali.[68] I pochi tentativi di avventurarsi al di fuori della zona interna si erano risolti in disastri, come nel caso del massacro di Tabriz del 1370.[69] Dopo Marco Polo, d'altronde, il XIV secolo non era più stato in grado di produrre nuovi resoconti del genere, contribuendo alla larga diffusione del libro del veneziano. Se cinquant'anni prima non si era indietreggiato di fronte all'oggettivamente impossibile, adesso ci si ritirava anche di fronte al possibile.[70] In parallelo è possibile notare una minore attrazione intellettuale per il mondo arabo, a differenza della grande passione per l'Oriente del XIII secolo. Insieme alle conquiste della filosofia scolastica, anche il prestigio e fascino degli arabi erano messi in discussione: nel linguaggio dei racconti di pellegrinaggio trecenteschi la parola "arabo" era divenuta ormai sinonimo di beduino o predone.[71] Le tendenze intellettuali filoarabe erano

---

66 Le uniche occasioni di rilievo sono rappresentate dai progetti di trasporto terrestre di navi dal Don al Volga, opera di un genovese, e dell'apertura della rotta dal Mediterraneo alle Fiandre intorno al 1380. KEDAR, Mercanti in crisi, pp. 176–177.

67 Una fonte veneziana biasimava le famiglie Barberini e Lepreseli, in quanto incapaci di stare a casa e desiderose di girovagare per il mondo, chiaro elemento di rimprovero. Ivi, p. 180.

68 Secondo Benjamin Kedar tale atteggiamento negativo era determinato da una reazione mentale sproporzionata dei mercanti, rispetto alla contrazione reale delle opportunità economiche. "L'insicurezza come fatto esistenziale e la perdita di fiducia, in gran parte conseguenze delle epidemie, conferirono un tono melanconico al desiderio di sicurezza e al rifiuto del rischio che avevano caratterizzato il commercio della zona interna già prima della Peste Nera". Ivi, pp. 184–195.

69 Ivi, pp. 188–189.

70 MONTESANO, Marco Polo, pp. 67–68; KEDAR, Mercanti in crisi, pp. 193–194.

71 Franco CARDINI, *L'invenzione del Nemico*, Palermo 2006, p. 144.

svalutate da autori come Francesco Petrarca, che condannava la "Arabum mendacia" nella medicina come nella poesia.[72] Il disprezzo e l'ostilità verso gli arabi sono ricorrenti nell'opera petrarchesca, affermando in maniera lapidaria che nessuno sarebbe riuscito a convincerlo che dagli arabi potesse venire qualcosa di buono.[73] La via orientale, nelle menti come nella realtà, sembrava starsi irrimediabilmente chiudendo. Le stesse crociate non sarebbero più state in grado di spingersi molto lontano.

2.1.2 *Nuove esigenze penitenziali*

La crociata nella sua storia non era definita da obiettivi fissi e nemmeno da componenti o fattori costanti nel tempo, rintracciabili in ognuna delle spedizioni – in Terra Santa, in Spagna, contro gli eretici, nell'Europa orientale o nel Baltico –. Era piuttosto un processo in costante trasformazione, nelle forme e negli scopi.[74] L'esperienza penitenziale era tuttavia rimasta tra i cardini dell'esperienza crociata, in stretto legame con la dinamica del pellegrinaggio.[75] Dunque, il *passagium* aveva assunto un legame sempre più forte con la remissione dei peccati tramite la pratica indulgenziale, oltre a svolgere una funzione egualitaria tra il ricco che si faceva penitente e il povero che diveniva difensore della fede.[76] Il movimentismo di inizio Trecento aveva ereditato il bisogno di penitenza, pur slegandosi spesso dall'autorità ecclesiastica che doveva concedergli gli strumenti; nella seconda metà del secolo tuttavia l'ideale crociato sembra non essere stato più una proposta adeguata a questa esigenza devozionale. Perché la crociata non era più in grado di raccogliere queste istanze

---

72 Francesco PETRARCA, *Le Senili [libri VII–XII]*, ed. Ugo DOTTI, vol. 2, Torino 2007, Lib. XII, 2, p. 1584. Sul rapporto tra Petrarca e gli arabi: Charles Henry Lubienski BODENHAM, Petrarch and the Poetry of Arabs, in: *Romanische Forschungen* 44 (1982), pp. 167–178; Francesco GABRIELI, Petrarca e gli Arabi, in: *Atti e memorie dell'Accademia Petrarca di Lettere, Arti e Scienze di Arezzo* 38 (1965–67), pp. 109–116; Jirí ŠPIČKA, Petrarca e il suo sogno dell'Oriente, in: *Oriente e Occidente nel Rinascimento. Atti del XIX Convegno Internazionale (Chianciano Terme-Pienza 16–19 luglio 2007)*, ed. Luigi SECCHI TARUGI, Firenze 2009, pp. 245–254, qui pp. 246–248.

73 "Vix michi persuadebitur ab Arabia posse aliquid boni esse". PETRARCA, Le Senili [libri VII-XII], Lib. XII, 2, p. 1584.

74 Paul E. CHEVEDDEN, Crusade Creationism "versus" Pope Urban II's Conceptualization of the Crusades, in: *The Historian* 75/1 (2013), pp. 1–46, qui pp. 44–46.

75 Secondo Jean Flori, all'origine dei pellegrinaggi non vi erano indulgenze in senso stretto, che furono formalizzate nel corso del XII secolo, ma di una commutazione del voto, poiché la spedizione (la crociata, che in fin dei conti nelle fonti era una "peregrinatio") faceva essa stessa le veci della penitenza. Jean FLORI, *La guerra santa. La formazione dell'idea di crociata nell'Occidente cristiano*, Bologna 2003, pp. 305–306.

76 Miikka TAMMINEN, *Crusade Preaching and the Ideal Crusader*, Turnhout 2018, pp. 91–132, 259–277.

e convogliarle? Il *passagium* era in grado di incrociare i bisogni espiatori di una società in un momento di forte tensione religiosa? Dopo la caduta di Acri e la definitiva perdita della Terra Santa, la crociata era andata incontro a una profonda rimeditazione di sé stessa ed era stato il movimentismo popolare a raccogliere le aspirazioni della crociata, indipendentemente dalle iniziative istituzionali.[77] Dopo i precedenti scoppi duecenteschi, l'inizio del Trecento aveva visto i più grandi fermenti in questo senso.[78] Nel 1309 migliaia di persone si erano mosse spontaneamente da Francia, Germania e Paesi Bassi, coniugando il prendere la croce con aspettative escatologiche e di giustizia sociale, chiedendo al papa di bandire una crociata.[79] A differenza del primo, concluso in maniera abbastanza pacifica, il moto del 1320, conosciuto come "crociata dei *pastoreaux*", si era risolto in una serie di violenze e saccheggi verso clero ed ebrei ed era sfociato in un massacro.[80] Accanto ai movimenti popolari, avevano preso forma alcune leghe navali contro i turchi nell'Egeo, come la spedizione del 1332 e l'unione del 1342–1346 diretta a Smirne.[81] Le mobilitazioni popolari, dall'acuta partecipazione contadina, mostrano invece la forte attrattiva di un ideale crociato che raccoglieva in sé tensioni e attese per convogliarle nella direzione della guerra santa e, idealmente, verso Gerusalemme. Dopo un trentennio dalla caduta di Acri anche tale tensione sembra completamente scemata, come l'attrattiva verso Oriente.

La stagnazione del movimento crociato nel Trecento, oltre a un calo di entusiasmo, è legata a ostacoli politici ed economici, che avrebbero reso concretamente impossibile l'attuarsi di spedizioni nel Levante, non permettendo

---

77 Antonio Musarra, *Il crepuscolo della crociata. L'Occidente e la perdita della Terrasanta*, Bologna 2018, pp. 217–234.

78 Non si trattava di un fenomeno nuovo, come mostrano la "crociata dei fanciulli" del 1212 e quella dei pastori del 1251. Peter Raedts, The children's crusade of 1212, in: *Journal of Medieval History* 3 (1977), pp. 279–323; Franco Cardini / Domenico Del Nero, *La crociata dei fanciulli*, Firenze 1999; Malcolm Barber, The crusade of the Shepherds in 1251, in Idem, *Crusaders and Heretics, Twelfth to Fourteenth Centuries*, Aldershot 1995, pt. IX, pp. 1–23.

79 Franco Cardini / Antonio Musarra, *Il grande racconto delle crociate*, Bologna 2019, p. 306.

80 Malcolm Barber, The Pastoreaux of 1320, in: *The Journal of Ecclesiastical History* 32 (1981), pp. 143–166.

81 Sulla crociata di Smirne, lanciata in più ondate tra il 1344 e il 1346 e culmine delle crociate della prima metà del Trecento, si rimanda a Mike Carr, Humbert of Viennois and the Crusade of Smyrna: A Reconsideration, in: *Crusades* 13 (2014), pp. 237–251; Kenneth Meyer Setton, *The Papacy and the Levant*, vol. 1, Philadelphia 1976, pp. 195–223; Alain Demurger, Le pape Clément VI et l'Orient: ligue ou croisade?, in: *Guerre, pouvoir et noblesse au Moyen Âge: Mélanges en l'honneur de Philippe Contamine*, ed. Jacques Paviot / Jacques Verger, Paris 2000, pp. 207–214.

l'espressione pratica dei voti di un gran numero di persone.[82] Lo scemare della spinta crociata sembra comunque effettiva a partire dallo spartiacque della peste, forse solo dormiente in attesa di condizioni interne più favorevoli per nuove spedizioni oltremare. Lo zelo poteva risvegliarsi in determinati momenti di richiami, come nel 1363–1365, oppure trovare vie alternative, come le *Reisen* stagionali in Lituania e Prussia per l'aristocrazia settentrionale.[83] La progressiva scomparsa della crociata dai lasciti testamentari è un fattore indicativo.[84] Se alcuni studiosi hanno teorizzato una carenza di partecipazione dunque legata primariamente alle difficoltà dell'epoca e alla mancanza di sbocchi concreti, è anche vero che nella seconda metà del Trecento i riferimenti alla crociata in documenti e opere letterarie sono molto più rari. La cronachistica italiana mostra l'assenza di indicazioni al *passagium* anche in occasione di effettive spedizioni in Oriente. Nei *Monumenta Pisana* non vi è alcun accenno alla spedizione crociata che Pietro I di Cipro stava preparando nel 1363–1364, ovvero scopo del viaggio che avrebbe portato il sovrano in Europa per reclutare uomini, ma solo ripiegamenti sulla dimensione locale.[85] È vero che Pisa era stata colpita nel 1361–1362 da una pesante epidemia, ma non vi è nemmeno notizia dell'assalto ad Alessandria, che aveva coinvolto il fondaco e gli interessi pisani.[86] La crociata diveniva presente solamente quando sfondava fisicamente le mura della città per entrarvi dentro, come nel caso dell'ingresso sfarzoso di Pietro di Cipro a Pisa nel 1368.[87] Dopo l'impresa di Alessandria, di cui non vi è traccia nello scritto, il cronista racconta che "questo Re si era partito di Cipri, e venne in Italia, e per altre Provincie, del Mondo, per far rauno di gente nella

82 Norman Housley nota il sorgere di gruppi di entusiasti nel Nord della Francia e nelle Fiandre nel 1375, pronti a combattere i turchi in un *passagium particulare* rispondendo all'appello di Gregorio XI. Il papa stesso era sto però cauto nei loro confronti, invitandoli a inviare soldati, o piuttosto compiere donazioni. HOUSLEY, The Avignon Papacy and the Crusades, p. 229.

83 Sulle *Reisen* e più in generale sulle crociate baltiche alla fine del Medioevo: William URBAN, *The Baltic Crusade*, Chicago 1994; Paul HARDWICK, The Knightly Class of Europe and the Lithuanian Crusades, in: *Medieval Life: A New Magazine of the Middle Ages* 6 (1997), pp. 26–29; Stefan Erik Kristiaan VANDER ELST, Chivalry, Crusade, and Romance on the Baltic Frontier, in: *Mediaeval Studies* 73, (2012), pp. 287–328; Alan V. MURRAY, *Crusade and conversion on the Baltic frontier, 1150–1500*, New York 2017.

84 HOUSLEY, The Avignon Papacy and the Crusades, pp. 234–236.

85 Monumenta Pisana, col. 1038–1044.

86 In compenso, si narra dettagliatamente delle galee che i pisani avevano messo a disposizione del papa Urbano V per un suo viaggio del 1367. Ivi, col. 1047.

87 "et essendo presso a Pisa, li andò incontra lo Dogio di Pisa con popolo e cavalieri; e sotto un palio di seta entrò in Pisa, e dietro a lui lo Dogio con l'altra gente; e tutta la Chiericia li andò incontra, e posoe al Vescovado di Pisa, e stettevi tre dì, e sulli fatto grande onore, e presenti di cose da vivere". Monumenta Pisana, col. 1048.

Cristianità per andare a conquistare lo passaggio, e andar contra l'infedeli".[88] Nessun seguito era stato però dato a questa affermazione: i pisani avevano applaudito al sogno levantino in maniera distaccata, senza dare alcun aiuto pratico in galee e uomini; il re era stato assassinato poco dopo.[89] Anche l'anonimo compilatore degli *Annales Mediolanenses* sembra più affascinato dalla "pulchra comitiva"[90] di Pietro di Lusignano, che aveva attraversato Milano nel 1363, che non dal – mai citato – scopo crociato del viaggio del sovrano. Non sono infatti riportate né la spedizione di Alessandria, né la crociata di Amedeo VI di Savoia del 1366, transitata proprio da Milano.

La più abbondante di riferimenti crociati è un'anonima cronaca bolognese tardo-trecentesca. Bologna, d'altronde, era al centro delle negoziazioni per la spedizione di Pietro di Lusignano e gli ambasciatori del papa e del re di Francia erano giunti in città nel 1363, oltre a Philippe de Mézières.[91] Gli emissari tentavano di fungere da intermediari per la pace tra Bernabò Visconti e la lega pontificia, poiché "dicevasi ch'egli erano mandati da' soi signuri perchè voleano fare lo passazo al Sepolcro; et haveano tolto la croce in Vignone".[92] Nello scritto vi è una gran varietà di notizie dal mondo mediterraneo ed europeo, non comune alle altre cronache cittadine, generalmente incentrate sul proprio contesto urbano. La presa di Alessandria del 1365 è narrata con dovizia di particolari, dall'alloggio del re di Cipro a Venezia fino all'arrivo in Egitto e l'attacco alla città.[93] Non vi è però nessun accenno alla spiritualità dell'impresa, ma solo considerazioni economiche. L'unico risultato della spedizione militare contro gli infedeli era un oscillamento dei prezzi: "per questa chasone incharì la speziaria et altre merchantie".[94] La crociata, nella cronaca, aveva perso i

88 Ibidem.

89 "una mattina per tempo entrò in camera dello Re e li diè d'uno coltello, e ucciselo, e poi con la forza delli Genovesi fue fatto Re di Cipri". Ibidem.

90 Annales Mediolanenses, p. 733.

91 Si trattava del "canzeliero secreto de re de Cipri". Corpus chronicorum Bononiensium, p. 162.

92 Ivi, p. 162–163.

93 Ivi, p. 202. L'annalista riporta che "lui era non troppo savio", probabilmente riferendosi alla follia cavalleresca di Pietro I di Cipro. La descrizione dell'assalto, sebbene estremamente sintetica, presenta un grande livello di esattezza e concordanza con tutte le altre fonti: "Fé una andata in Allexandria cum forsi trea millia homini; et si zunse a porto et subito corse in sul tereno d'Allixandria, e trovogli de fuora, et inchalzogli dentro, et si prese Allexandria, et si anciseno et rubbono la terra; et havea sì grande thesoro che sempre doverebe essere richissimo. E vezendo che non era città da tenere, però che sì magna cosa era, si l'affogonno et desfenla tucta. Cossi ze fu novella. Et questa terra, zoè Allexandria, si se tenea per li Paghani". Ibidem.

94 *Ibidem*. L'autore riporta anche notizie sui tentativi di pace svolti tra il 1366–1370 tra Pietro I e il sultano mamelucco. "Ancora, si fé la paxe tra lo re de Cipri e 'l gran Cane; et fu

propri connotati religiosi, come pare evidente anche per il viaggio orientale di Amedeo VI di Savoia, transitato per Bologna durante il ritorno.[95] Pietro I di Cipro risulta dunque criticato per l'assenza dal proprio paese a causa dell'impegno crociato e per aver trascinato il proprio regno in guerra contro i musulmani[96]. A differenza della cronaca bolognese, i *Monumenta Pisana* non riportano nemmeno la notizia della spedizione armata nel 1388 contro i musulmani di Djerba, in Nord Africa, a cui avevano partecipato 5 galee pisane.[97] Gli appelli per la crociata lanciati nel 1375 da Gregorio XI non compaiono in nessuna cronaca. La sconfitta di Nicopoli del 1396 aveva avuto un impatto psicologico tale da non poter essere ignorata negli annali milanesi, che tuttavia travisano completamente i fatti. Secondo la cronaca, la battaglia aveva avuto centomila morti tra i cristiani e molti di più tra gli infedeli; tutti i caduti giacevano con la faccia rivolta al cielo, al contrario dei cadaveri dei musulmani, tutti verso terra.[98] La sconfitta era stata dovuta a un esercito di rinnegati cristiani, che aveva ingannato i principi crociati e li aveva massacrati in un'imboscata.[99] Se le crociate orientali compaiono, lo fanno con riferimenti lontani e inesatti. Rimane solo, nel testo pisano, qualche traccia di nostalgia per i tempi in cui "Pisani e Genovesi, e per mare e per terra fecero grande passaggio alla Terra Santa d'oltra mare".[100]

Se la dimensione penitenziale passava in secondo piano nelle spedizioni oltremare trecentesche, questa stessa esigenza di espiazione poteva prendere vie alternative. Il bisogno di pentimento si era rafforzato in occasione di eventi

---

d'aprile o di marzo. Dissese che li baruni del gram Chane lo havea morto, imperzoché igli non voleano paxe; et cossì non fu paxe". Ivi, p. 212.

95 "Venne in Bologna lo conte de Savoglia, lo quale venia d'oltra mare contra li infideli; et eragli stato più d'uno anno cum grande gente, et assai gli ne morì; et era homo di gran possanza et di gran signoria". Ivi, p. 218.

96 Nel 1368 "Venne in Bologna lo re de Ciprio, lo i quale venia dal papa, et era molti anni che non era stato in soe contrade; ancho era stato in guerra contra li infideli". Ibidem.

97 Ne parla invece, tra le cronache, il genovese Giorgio Stella. Georgii et Iohannis Stellae Annales Genuenses, pp. 193–194.

98 Annales Mediolanenses, p. 826.

99 "In dicto proelio et in quadam Valle, ubi errant Vexilla XVI Christianorum, accesserunt XXIV millia Christianorum renegatorum, qui coeperunt clamare: *Vivat Sanctus Dionysius et Sanctus Georgius*; quae nomina erant data aciebus Christianorum. Credentes Christiani, quod esset auxilium, quod exspectabant ab Alamannis et aliis Christianis, laudaverunt Deum et accesserunt cum Laetitia ad istos renegatos Christianos. Omnes una voce clamabant: *Vivat Sanctus Dionysus et Sanctus Georgius*. Sic Christiani decepti se immiscuerunt cum dictis renegatis, et positi fuerunt in conflictum, et mortui et capti fuerunt omnes". Ibidem.

100 Il brano è riferito alla descrizione della seconda crociata del 1146. Monumenta Pisana, col. 975.

catastrofici, come mostrano i flagellanti sorti nel 1348, durante la peste. Il movimento si era diffuso con rapidità dalla Francia all'Ungheria, formato da gruppi di differente consistenza numerica e in stato di agitazione emozionale, ma con un certo grado di organizzazione interna.[101] Il movimento, oltre ad attuare le pratiche di autoflagellazione, raccoglieva l'eredità della crociata dei *Pastoreaux* del 1320, riprendendo la polemica anticlericale, l'egalitarismo e le attese messianiche, finendo per questo condannato dalla Chiesa nel 1349.[102] I flagellanti sembravano avere molto in comune con le crociate popolari, di cui esprimevano gli identici motivi, tra cui l'elezione dei *pauperes*, la Gerusalemme celeste, l'Anticristo, l'antigiudaismo e la lotta con le istituzioni sociali.[103] I flagellanti si davano nomi collettivi, come Crociferi o Fratelli della Croce, al pari degli aspiranti crociati del 1309; le comitive si muovevano per città e villaggi agli ordini di un maestro laico che poteva imporre penitenze e assolvere. Era comunemente stabilita una durata delle processioni, e in quel periodo i partecipanti dovevano sottoporsi a una seria disciplina morale.[104] L'abito bianco che portavano era adornato con una croce rossa sul petto e sulla schiena: la divisa dei penitenti richiamava immediatamente l'aspetto dei crociati, di cui i flagellanti si presentavano come evoluzione rinnovata. I flagellanti si presentavano come uomini desiderosi di espiare i peccati del mondo intero, svolgendo un servizio di purificazione per l'intera umanità imitando Cristo, come i partecipanti al *passagium* che versavano il proprio sangue in nome della Cristianità.[105] Sembrano riprese le istituzioni del pellegrinaggio e della crociata, con la delimitazione di un *iter*, di confini temporali e di una chiara moralità durante il periodo consacrato.[106] La crociata era innanzitutto una dimensione spirituale, ancor prima che materiale, il cui scopo era la conversione del cuore e dell'anima del *crucesignatus*, mentre la battaglia per la Terra Santa giungeva al termine. Tra i

---

101 Norman COHN, *I fanatici dell'Apocalisse*, Torino 2000, pp. 158–159. Il saggio di Cohn è stato al centro di numerose critiche, poiché sembra proporre indirettamente una sorta di continuità storico-mitologica tra le esperienze apocalittiche medievali e il nazismo e comunismo del XX secolo.

102 Ivi, pp. 161–164.

103 Franco CARDINI, Per una ricerca sulle "crociate popolari", in: IDEM, *Studi sulla storia e sull'idea di crociata*, Roma 2013, pp. 237–247, qui p. 244.

104 I penitenti dovevano evitare di lavarsi, cambiarsi vestito o dormire su un letto; dovevano soprattutto evitare i rapporti sessuali e in generale i contatti con le donne. COHN, I fanatici dell'Apocalisse, p. 160.

105 Ivi, pp. 159–161.

106 I partecipanti alle spedizioni crociate erano invitati a mantenere un clima di raccoglimento spirituale, evitando per quanto possibili gli atti carnali, anche perché nella quasi totalità dei casi essi non erano accompagnati dalle loro mogli. Christopher TYERMAN, *Come organizzare una crociata*, Milano 2018, pp. 236–237.

Pastoreaux e i movimenti apocalittici, vi era un senso di elezione dei poveri in quanto destinatari autentici del Vangelo.[107]

Non è forse un caso se al declino del movimentismo crociato dal basso corrisponda l'ascesa di nuove forme processionali di popolo, in cui erano contenute le aspettative dei più radicali. Durante la seconda metà del XIV la crociata aveva lasciato il posto a movimenti devozionali domestici, quale espressione della stessa tensione di fondo, slegata a qualunque riferimento alla gerarchia ecclesiastica. Non era più la Chiesa-istituzione a fornire gli strumenti per il perdono e per la salvezza, come il papato aveva tentato di fare durante l'intera epopea in *Outremer*. I penitenti trecenteschi si autoinvestivano della grazia di vedere assolti i propri peccati grazie alle pratiche punitive autoinflitte, senza bisogno di dover ricorrere ad alcun sacerdote, vantandosi persino di possedere poteri taumaturgici.[108] Da un lato, i penitenti si presentavano come una sorta di "nuovi crociati", dall'altro, distanziandosi dalla dimensione istituzionale e indulgenziale, attuavano una rottura con le crociate dei secoli precedenti.[109] Al contempo scompariva il pellegrinaggio alla Gerusalemme terrena, relegata invece in ambito celeste.[110] Lo scisma della Chiesa, a partire dal 1378, aveva acuito un clima di disorientamento e di attese apocalittiche, mentre lo stesso papato perdeva d'autorità.[111] Nell'atmosfera di esaltazione escatologica, la crociata era un elemento onnipresente nella tematica profetica. Non vi era rivelazione divina o lettura della fine dei tempi, che non prevedesse la crociata tra gli ultimi segni. La produzione escatologica era stata accelerata dalla crisi istituzionale della Chiesa, poiché lo scisma era un elemento fondamentale nella cronologia apocalittica.[112] Le attese millenaristiche del tardo Medioevo si

---

107 CARDINI, Per una ricerca sulle "crociate popolari", pp. 244–245.

108 COHN, I fanatici dell'Apocalisse, p. 162.

109 La discussione sulla pratica indulgenziale era stata accesa durante i secoli "caldi" della crociata, e aveva richiesto diverso tempo per essere formalizzata. Le indulgenze facevano parte dei privilegi concessi ai crociati per invitarli alla partenza, sempre tuttavia dall'istituzione ecclesiastica, che ne aveva la facoltà esclusiva. Per un'analisi completa sulla casistica e sulle modalità: Anne Lise BYSTED, *The Crusade Indulgence. Spiritual Rewards and the Theology of the Crusades, c. 1095–1216*, Leiden/Boston 2014, pp. 156–204.

110 CARDINI, Per una ricerca sulle "crociate popolari", p. 245.

111 Sul grande scisma d'Occidente: Jean FAVIER (Ed.), *Genèse et Début du grand schisme d'Occident. Avignon, 25–28 septembre 1978*, Paris 1980; Paul PAYAN, *Entre Rome et Avignon, une histoire du Grand Schisme (1378–1417)*, Paris 2009; Philippe GENEQUAND, *Une politique pontificale en temps de crise. Clément VII d'Avignon et les premières années du Grand Schisme d'Occident (1378–1394)*, Basel 2013.

112 Roberto RUSCONI, *Profezia e profeti alla fine del Medioevo*, Roma 1999, p. 33. Anche: IDEM, Escatologia e povertà nella predicazione di Bernardino da Siena, in: *Bernardino predicatore nella società del suo tempo. XVI Convegno internazionale di studi. Todi, Accademia Tudertina, 9–12 ottobre 1975*, Todi 1976, pp. 211–250; IDEM, Gerusalemme nella

legavano agli anniversari giubilari: proprio il Giubileo è stato analizzato come uno dei motivi di cambiamento della crociata, poiché aveva contribuito alla possibilità di ottenere un'indulgenza tramite un viaggio "domestico" piuttosto che in Oriente. Il Giubileo, surrogato o meno del *passagium*, era divenuto un momento in cui si canalizzavano le aspettative di eventi straordinari.[113] Alcuni eccessi di movimentismo popolare, come il caso dei Bianchi in Italia nel 1399, avevano l'attesa della pienezza dei tempi al centro della propria sensibilità. La marcia di alcune bande di devoti verso Roma, in concomitanza con una nuova ondata di pestilenze, era finalizzata all'elezione di un nuovo papa, in previsione di una nuova epoca a partire dall'anno 1400.[114] L'apocalittica si sarebbe risolta in chiave penitenziale e popolare: la minaccia per l'imminente fine del mondo e il conseguente Giudizio Universale avrebbe indotto le masse a gesti di espiazione collettiva.[115]

Le profezie in epoca di scisma si incentravano, oltre che sul rinnovamento della Chiesa, sull'arrivo di un sovrano provvidenziale. Tra i compiti escatologici della Chiesa e dell'imperatore degli ultimi tempi rientrava la crociata definitiva, la riconquista di Gerusalemme e la conversione universale di tutte le genti al cristianesimo.[116] La crociata era onnipresente, anche solo in maniera tangenziale, all'interno dei classici segnali di pienezza dei tempi: essa dal XIV secolo perdeva i propri connotati operativi per assumere una valenza mistico-escatologica, distaccata dalla realtà concreta e inserita e concepita come prerequisito per la fine del mondo. Vi era una chiara perdita di fiducia

---

predicazione popolare quattrocentesca tra millennio, ricordo di viaggio e luogo sacro, in: *Bullettino dell'Istituto Storico Italiano per il Medio Evo* 90 (1978), pp. 229–247; IDEM, *L'attesa della fine. Crisi della società, profezia ed Apocalisse in Italia al tempo del grande scisma d'Occidente (1378–1417)*, Roma 1979; IDEM, Il presente e il futuro della Chiesa: unità, scisma e riforma nel profetismo tardomedievale, in: *L'attesa della fine dei tempi nel Medioevo*, ed. Ovidio CAPITANI / Jürgen MIETHKE, Bologna 1990, pp. 195–220.

113 Franco CARDINI, L'eclisse di Gerusalemme: fallimento della crociata in Terrasanta, nascita del giubileo, in: *La Storia dei Giubilei*, vol. 1, Roma 1997, pp. 56–69; Anna BENVENUTI PAPI / Pierantonio PIATTI (Ed.), *Come a Gerusalemme. Evocazioni, riproduzioni, imitazioni dei luoghi santi tra Medioevo ed Età Moderna*, Firenze 2013.

114 Il cronista Luca Dominici racconta di decine di migliaia di devoti diretti a San Pietro per il rinnovamento della Chiesa: "Però che si dice che nel CCCC de' esser pace per tutto il mondo e la chiesa di Roma in gran trionfo e, privata di pastore, averà nuovi pastori e avere a tenere nuovo stile: già l'antipapa è preso e il papa ha grande paura e fa gran guerra; quello ne seguirà altra volta e si dirà e scriverà la cosa per bene sapere chi hanno. E anco sappi che la pestilenza è già cominciata per lo mondo". LUCA DOMINICI, *Cronache*, ed. Giovan Carlo GIGLIOTTI, Pistoia 1933, p. 56. Tutto questo era avvenuto nonostante si trattasse di frange marginali, dato che la scadenza centenaria e giubilare del 1400 non aveva coinvolto in maniera profonda il movimento dei Bianchi, incentrato piuttosto sulla volontà di pacificazione e di penitenza.

115 RUSCONI, Profezia e profeti alla fine del Medioevo, p. 133.

116 Ivi, p. 81.

sull'attuazione effettiva del *passagium*. D'altro canto, la profezia spingeva all'azione, come mostrano i reiterati tentativi di conversione al cattolicesimo dei greco-ortodossi nel Trecento, così da giungere all'unità finale dei cristiani. Il legame tra profezia e crociata era ben rappresentato dal frate provenzale Jean de Roquetaillade che, in bilico con l'eterodossia, ha lasciato diversi scritti profetici. Nel suo *Vade mecum in tribulatione* del 1356 ricorreva la data del 1365 e l'importanza attribuita allo scisma ecclesiastico, che si sarebbe effettivamente verificato qualche anno dopo.[117] Tra le catastrofi preannunciatrici del momento finale, in cui erano comprese rivolte sociali, epidemie e catastrofi naturali, sarebbero comparsi un Anticristo occidentale a Roma e uno orientale a Gerusalemme. Quest'ultimo avrebbe convertito gli ebrei e perseguitato i cristiani; i saraceni e i tartari avrebbero devastato l'Europa, mentre i governanti avrebbero massacrato e derubato il clero. Tuttavia la Chiesa purificata sarebbe risorta; un nuovo santo pontefice e un re di Francia illuminato, eletto imperatore, in collaborazione avrebbero scacciato gli infedeli, convertito i musulmani, riconciliati con gli ortodossi e riconquistato il mondo al Cristianesimo. Il loro regno di pace sarebbe durato fino alla fine dei tempi.[118] I testi del francescano, con la loro incredibile diffusione tra i contemporanei, presentavano molti elementi "crociati": l'Oriente, la guerra santa, i musulmani e gli ebrei, la difesa della Cristianità minacciata dall'esterno, la riconciliazione religiosa con i bizantini, la riconquista finale. Jean de Roquetaillade aveva profetizzato il ritorno della Chiesa a Gerusalemme, dove sarebbe rimasta. Proprio il legame tra il ritorno a Roma dei papi e la crociata era evidente: la Chiesa, che era ridotta in cattività ad Avignone e aveva perso la Terra Santa a causa dei suoi peccati, sarebbe tornata da Babilonia alla terra promessa di Roma e Gerusalemme, secondo la concezione di Caterina da Siena.[119]

---

117 Su Jean de Roquetaillade, o Giovanni de Rupescissa, esiste una grande quantità di studi e di edizioni critiche. Egli aveva influenzato, con la sua vicenda singolare e i suoi testi, la percezione escatologica degli uomini della seconda metà del Trecento. Jeanne BIGNAMI ODIER, *Etudes sur Jean de Roquetaillade*, Paris 1952; André VAUCHEZ, Jean de Roquetaillade († 1366 ca.). Bilan des recherches et état de la question, in: *Eschatologie und Hussitismus*, ed. A. PATSCHOVSKI / František ŠMAHEL, Praha 1996, pp. 325–337; Leah DEVUN, *Prophecy, Alchemy, and the End of Time: John of Rupescissa in the Late Middle Ages*, New York 2009; Graziana CIOLA, Giovanni di Rupescissa: autobiografia, profezia e leggenda, in: *Micrologus* 21 (2013), pp. 517–579.

118 COHN, I fanatici dell'Apocalisse, pp. 124–125. Un'edizione critica dell'opera: GIOVANNI DI RUPESCISSA, *Vade mecum in tribulatione*, ed. Elena TEALDI, Milano 2015. Inoltre: Matthias KAUP, *John of Rupescissa's Vade mecum in tribulacione (1356): a late medieval eschatological manual for the forthcoming thirteen years of horror and hardship*, Abingdon 2016.

119 Franco CARDINI, L'idea di crociata in santa Caterina da Siena, in: IDEM, Studi sulla storia e sull'idea di crociata, pp. 423–456, qui p. 426. Anche: Eugenio DUPRÈ THESEIDER, L'attesa escatologica durante il periodo avignonese, in: *L'attesa dell'età nuova nella spiritualità della fine del medioevo*, Todi 1962, pp. 65–126.

Il filone legato all'avvento di un secondo Carlo Magno aveva avuto grande fortuna nella propaganda dinastica filofrancese che attribuiva ai monarchi di Francia i tradizionali compiti dell'ultimo imperatore. Il non meglio identificato Telesforo di Cosenza era stato autore nel 1386 di un *Libellus de statu ecclesie* di stampo profetico gioachimita, preceduto da una lettera datata 3 settembre 1386 e indirizzata al doge di Genova Antoniotto Adorno.[120] L'autore incoraggiava il doge a porre fine allo scisma, mentre sosteneva l'avvento di un futuro sovrano francese di nome Karolus, destinato a essere incoronato imperatore per mano di un papa angelico e di salvare la Chiesa.[121] Il vero re avrebbe così potuto condurre la settima e ultima crociata in Terra Santa; al termine della sua lotta con l'Anticristo, egli avrebbe deposto la sua corona sul Santo Sepolcro.[122] Nelle profezie i principali nodi da sciogliere erano ovviamente lo scisma, la riconquista di Gerusalemme e la conversione degli infedeli.[123] Il tema di Gerusalemme nel XIV secolo era giunto a rinnovata forza, legandosi agli oracoli politici in favore dei Valois, spostando il compito crociato-escatologico che era stato appannaggio degli imperatori tedeschi.[124] Tali concezioni avevano raggiunto le masse grazie all'operato di predicatori come Vicente Ferrer, autore di diverse profezie e tramite tra la tradizione apocalittica e i sentimenti dei fedeli. Nel 1396 Ferrer stesso aveva guidato processioni di flagellanti tra penisola iberica e Francia.[125] Il giudizio del domenicano sulla crociata era tuttavia abbastanza forte e il fallimento degli sforzi per il recupero della Terra Santa era parte della

---

120 A Genova in quel momento risiedeva il papa romano Urbano VI. Sull'enigmatico Telesforo da Cosenza e sulla sua unica opera conosciuta: Michele LODONE, Telesforo da Cosenza, in: *Dizionario Biografico degli Italiani*, vol. 95, Roma 2019, pp. 292–294; Richard SPENCE, MS Syracuse University von Ranke 90 and the Libellus of Telesphorus of Cosenza, in: *Scriptorium* 33 (1979), pp. 271–274; Hélène MILLET, Autour de Telesphore de Cosenza (1386). Des precurseurs de l'histoire des antipapes et des schismes, in: *Gegenpäpste. Ein unerwünschtes mittelalterliches Phänomen*, Harald MÜLLER / Brigitte HOTZ (ed.), Wien/Köln/Weimar 2012, pp. 337–362.

121 RUSCONI, L'attesa della fine, pp. 171–184. Per una analisi del testo: Emil DONKEL, Studien über die Prophezeiung des Fr. Telesforus von Consenza, O.F.M., in: *Archivum Franciscanum Historicum* 25–26 (1933–1934), pp. 25–104, pp. 282–291.

122 João Carlos SERAFIM, Eremitismo, profecia e poder: o caso do Libellus do "pseudo-eremita" Telésforo de Cosenza, in: *Via Spiritus* 9 (2002), pp. 61–82, qui pp. 68–69.

123 Lorenza TROMBONI, La leggenda del secondo Carlomagno: il percorso di una profezia tra Francia e Italia (secoli XIV-XV), in: *Profezia, filosofia e prassi politica*, ed. Gian Carlo GARFAGNINI, Anna RODOLFI, Pisa 2013, pp. 79–92, qui p. 84.

124 Nel X secolo Adso di Montier-En-Dier aveva profetizzato un secondo Carlo Magno che dopo aver sottomesso tutto il mondo si sarebbe recato a Gerusalemme per ingaggiare una lotta con l'Anticristo; ma si può giungere ancora più indietro nel tempo agli oracoli sibillini. Ivi, p. 80.

125 COHN, I fanatici dell'Apocalisse, p. 173.

volontà di Cristo, che non voleva più arroganti peccatori, ma piuttosto pellegrini. Dio aveva paradossalmente affidato ai musulmani il compito di mostrare ai visitatori i Luoghi Santi.[126] In una lettera del 1412 indirizzata al papa francese Benedetto XIII, Vicente raccontava un'apparizione avuta nel 1398 sull'avvento dell'Anticristo. Il predicatore rompeva con la tradizione apocalittica dell'ultima crociata: egli contestava l'obiezione di alcuni, per cui la fine del mondo non poteva essere imminente dato che prima dell'avvento dell'Anticristo i cristiani dovevano riconquistare Gerusalemme e la Terra Santa. Per Ferrer, invece, la conquista di Gerusalemme era già avvenuta – escatologicamente parlando – sotto Goffredo di Buglione e non si sarebbe più ripetuta, a causa delle condizioni attuali dei cristiani. Il visionario Ferrer appare estremamente realista da questo punto di vista, ponendo in secondo piano la Palestina geografica.[127]

Anche Brigida di Svezia, tra le personalità religiose più in vista dell'intero XIV secolo, rappresenta un interessante caso di rapporto tra la crociata e l'estasi divina. La principessa e mistica del Nord, in stretto rapporto con i pontefici, aveva commentato la politica internazionale dell'epoca all'interno delle *Revelationes*, ovvero le trascrizioni delle sue visioni.[128] In Brigida di Svezia il legame con la Terra Santa non si era allentato, ma la dimensione crociata è assente dai suoi discorsi. La mistica si era recata in pellegrinaggio a Gerusalemme nel 1371–1372, non soddisfatta dalla tendenza a sostituire il viaggio verso i Luoghi Santi con un tipo di itinerario interiore verso la Gerusalemme celeste.[129] Brigida, quasi settantenne, aveva deciso di prendere il mare, poiché

126 Vicente Ferrer conosceva certamente alcuni fondamenti dell'Islam, mentre altri sono dati per scontati al punto che possiamo dedurre che la sua platea spagnola ne fosse ugualmente informata. Il predicatore aveva coinvolto la fede islamica nel suo bagaglio polemico a sfondo apocalittico, pur senza identificare mai Maometto con l'Anticristo. Marina MONTESANO, Le comunità ebraiche e musulmane nella predicazione di Vincenzo Ferrer, in: *Mirificus praedicator. À l'occasion du sixième centenaire du passage de saint Vincent Ferrier en pays romand. Actes du colloque d'Estavayer-le-Lac, 7–9 octobre 2004*, ed. Paul-Bernard HODEL O.P. / Franco MORENZONI, Roma 2006, pp. 61–76, qui p. 71.

127 La lettera inviata da Vincenzo Ferrer a Benedetto XIII il 7 luglio 1412 è edita in Pierre Henri FAGES, *Notes et documents de l'histoire de s. Vincent Ferrier*, Paris/Louvain 1905, pp. 213–224. Sulla lettera: RUSCONI, L'attesa della fine, pp. 223–229.

128 Sulla vita di Brigida: Johannes JOERGENSEN, *Santa Brigida di Vadstena*, Brescia 1947; Piero CHIMINELLI, *La mistica del nord* (*Santa Brigida di Svezia*), Roma 1948; Bridget MORRIS, *St Birgitta of Sweden*, Woodbridge 1999.

129 Il pellegrinaggio poteva consistere in una serie di preghiere, meditazioni e orazioni quotidiane, come indicato dai manuali devozionali: si tendeva dunque a scoraggiare le partenze effettive per il viaggio. Su questa tendenza, ribadita dai predicatori e confessori alle donne del XIV e XV secolo: Carlo DELCORNO, Gli ordini mendicanti e il pellegrinaggio, in: *Romei e Giubilei: il pellegrinaggio medievale a San Pietro, 350–1350*, ed. Mario D'ONOFRIO, Milano 1999, pp. 229–234; IDEM, Predicatori e pellegrini: l'immagine del pellegrinaggio

il viaggio fisico era il mezzo per un'esperienza spirituale.[130] Nelle *Revelationes* vi è appunto una scissione tra Gerusalemme e la guerra santa, senza alcun collegamento diretto tra le due questioni, trattate in maniera separata. La Terra Santa aveva un'importanza capitale nella vicenda umana di Brigida, la grotta di Betlemme o la visita del Calvario erano stati teatro di visioni.[131] Il figlio Karl, morto di peste a Napoli prima di imbarcarsi per il viaggio con la madre, è l'unico legame sensibile con la crociata, poiché egli avrebbe desiderato anche impegnarsi in combattimento per recuperare la Terra Santa, oltre che compiere il pellegrinaggio.[132] In altre visioni è invece toccato il tema della guerra contro gli infedeli o i pagani, della sua liceità e della modalità di attuazione, senza tuttavia mai alcun riferimento al *passagium* oltremare. I principi cristiani potevano, o dovevano, combattere in certi casi contro non meglio specificati *infideles* o *paganos*: la mistica pensava probabilmente ai pagani del Nord, piuttosto che a turchi e saraceni. Il sovrano svedese chiedeva a Brigida se piacesse a Dio l'allestimento di una spedizione contro i pagani lituani, per la quale aveva fatto voto. Secondo la mistica, il primo obiettivo verso gli infedeli rimaneva comunque la conversione pacifica e solo in casi estremi si poteva passare all'azione bellica.[133] Occorreva dunque inviare predicatori ai pagani e

---

nella predicazione medievale, in: *Letteratura e drammaturgia dei pellegrinaggi. Convegno internazionale, Anagni, 10–11–12 settembre 1999*, ed. Maria CHIABÒ, Roma 2000, pp. 43–68. Addirittura, sulla crociata era stato operato questo tipo di sostituzione, indirizzando la militanza femminile verso le eresie locali. Anna BENVENUTI PAPI, Cristomimesi al femminile, in *In castro poenitentiae: santità e società femminile nell'Italia medievale*, Roma 1990, pp. 141–168, qui p. 146.

130 Il pellegrinaggio per Brigida di Svezia assumeva i contorni di un'esperienza mistica. Rossana VANELLI CORALLI, Visita dei luoghi santi e pellegrinaggio interiore: Angela da Foligno, Margery Kempe e Brigida di Svezia, in: *Annali Online di Ferrara – Lettere* 1 (2012), pp. 320–338, qui pp. 327–329. Anche prima dell'*iter* gerosolimitano, la dimensione del pellegrinaggio non era un nuovo in Brigida di Svezia, che aveva già compiuto diverse peregrinazioni. Lorenzo LOZZI GALLO, Da Vadstena al Gargano. S. Brigida di Svezia pellegrina in Puglia, in: *Il vento del Nord. Scandinavia ed Europa tra Medioevo ed età moderna*, ed. Lorenzo LOZZI GALLO / Lucia SINISI, Ravenna 2011, pp. 39–73.

131 Lib. 7, cap. 14–15, 21–24. BRIGIDA DI SVEZIA, *Revelationes S. Brigittae, olim a card. Turrecremata recognitae*, Roma 1606, pp. 646–651, 658–665.

132 "Pro illo ardenti desiderio, quod habuit, peregrinandi ad Sanctam Ciuitatem Iherusalem et pro eo, quod desideravit ferventer vitam suam libenter bellando exponere, ut Terra Sancta reduceretur ad dominium christianorum ad hoc, ut illud gloriosum Dei sepulchrum in debita haberetur reverencia, si ad tantum opus sufficiens extitisset". Lib. 7, cap. 13. Ivi, p. 645.

133 "qui vadant ad terras infidelium offerant primo eis pacem et fidem et libertatem, et si infideles non recipiunt consilia eorum et ammoniciones, tunc zelus et manus sunt exercendi". Lib. 8, cap. 40. Ivi, p. 722. Questione ribadita successivamente, quando si avvale della metafora dei due vessilli da portare nei confronti dei pagani: "rex ad paganos erigat

gli stessi eserciti dovevano portare con loro un gran numero di chierici e frati di diversi ordini.[134] La conquista per Brigida era solo quella delle anime a Gesù, sia dei combattenti cristiani che dei pagani.[135]

Brigida si era dilungata nella descrizione dell'ideale della milizia cristiana, che si adoperava nella difesa della Chiesa. Nella rivelazione avuta dalla mistica, infatti, Cristo le aveva insegnato un nuovo modo di essere cavalieri, riprendendo la tradizione che aveva avuto la sua pietra angolare nel trattato di Bernardo di Chiaravalle. Brigida delinea questa nuova cavalleria con il compito di difendere la fede. Nella visione, Cristo stesso descriveva il tempo vi erano laici che non desideravano coltivare la terra, né andare commerciare sui mari, e la cui volontà era tuttavia troppo debole per consacrarsi come monaci: essi allora dovevano giurare fedeltà alla Chiesa e difenderla con le armi e la vita.[136] La questione fondamentale per la mistica scandinava era la salvezza del cuore e l'amore a Gesù, dei partecipanti come degli infedeli: la spedizione militare passava completamente in secondo piano. La guerra santa e la Terra Santa erano due questioni parallele, che avevano senso solo se funzionali alla conversione del cuore. La crociata in quanto tale aveva tuttavia ricevuto scarso incentivo.

2.1.3 Da *passagium* a guerra antiturca

La seconda metà del Trecento era stata un momento cruciale nell'evoluzione dell'idea di crociata, che l'avrebbero segnata in una prospettiva di lunga durata. Proprio durante la crisi trecentesca, in un tempo di apparente flessione dell'ideale, la crociata si era trasformata da *passagium* per la liberazione della Terra Santa a guerra difensiva antiturca. I suoi connotati ne sarebbero risultati stravolti, nella lenta traslazione di contenuti e forme fino alla nascita di un nuovo oggetto, indiscusso protagonista del Quattrocento. Tra la crociata antiturca del Rinascimento e il *negotium crucis* antecedente alla caduta di Acri vi erano pochi punti in comune e il cambiamento aveva avuto luogo durante il XIV secolo. L'inizio di questo percorso è attestabile durante le crociate egee della

---

primo primum vexillum misericordie offerendo pacem eis. Qui si recipere noluerint, erigat postea vexillum iusticie". Lib. 8, cap. 43. Ivi, p. 723.

134 "Assumat eciam rex secum clericos probate vite et religiosos diuersorum ordinum, qui veraciter mundum contemnunt. Quia multi sunt in paganismo et inter gentiles, qui preferunt sectas suas, quibus sapienter est respondendum. 6 Clerici eciam instruant populum et ammoneant, ne propter cupiditatem incurrant anathema, ne propter murmuracionem et vitam incontinentem moriantur". Lib. 8, cap. 43. Ivi, p. 723. Si ordinava di istituire una nuova diocesi nelle terre infedeli conquistate. Lib. 8, cap. 46. Ivi, p. 724.

135 Lib. 8, cap. 47. Ivi, pp. 725–728. Per partecipare alla guerra santa occorreva innanzitutto un cuore retto e buono. Lib. 8, cap. 39. Ivi, p. 721.

136 Così aveva fatto san Giorgio, che Gesù definisce suo amico, e molti altri: Cristo stesso descriveva la posizione dei cavalieri cristiani, i "suoi amici". Lib. 8, cap. 32. Ivi, pp. 718–719.

prima metà del Trecento: a quest'altezza cronologica le leghe contro i turchi erano ancora concepite in quanto *passagia particularia* e non come obiettivi finali della crociata.[137] Il processo era continuato in maniera decisa dopo il 1352, quando nelle lettere papali era gradualmente caduto l'utilizzo dell'espressione *passagium particulare*: di fatto, la crociata si risolveva nei termini di una guerra antiottomana. Le lettere papali testimoniano l'evolversi di tale processo culturale, come mostra il loro linguaggio involontario.[138] Dall'ultimo quarto del Duecento, alcuni anni prima della caduta di *Outremer*, aveva preso piede un vero e proprio genere letterario dedicato al recupero della Palestina. La trattatistica *de recuperatione Terre Sancte* aveva avuto una grande fioritura dopo il 1291, con diversi autori e tipologie se ne erano occupati personaggi come Fidenzio da Padova, Ramón Llull, Jacques de Molay, Pierre Dubois, fino a mercanti come Marin Sanudo.[139] Siamo a conoscenza di almeno una trentina

137 Mike CARR, *Merchants Crusaders in the Aegean, 1291–1352*, Woodbridge 2015.

138 L'indagine si basa sui fondi compresi nei *Registra Vaticana*. La corrispondenza papale è edita grazie a una serie di studiosi francesi del secolo scorso. I registri a cui si fa riferimento per i diversi papi sono: Pierre GASNAULT / Marie-Hyacinthe LAURENT / Nicole GOTTERI (Ed.), *Innocent VI (1352–1362). Lettres secrètes et curiales*, Paris 1959–2005; Paul LECACHEUX / Guillaume MOLLAT (Ed.), *Lettres secrètes et curiales du pape Urbain V (1362–1370) se rapportant à la France*, Paris 1902–1955; Pierre GASNAULT / Michel HAYEZ / Anne-Marie HAYEZ / Marie-Hyacinthe LAURENT / Janine MATHIEU / Marie-France YVAN (Ed.), *Urbain V (1362–1370). Lettres communes analysées d'apres les registres dits d'Avignon et du Vatican*, Paris-Roma 1954–1989; Guillaume MOLLAT (Ed.), *Lettres secrètes et curiales du pape Grégoire XI (1370–1378) intéressant les pays autres que la France*, Paris 1962–1965; Guillaume MOLLAT / Henri JASSEMIN / Jeanne VIELLIARD / Léon MIROT (Ed.), *Lettres secrètes et curiales du pape Grégoire XI (1370–1378) relatives à la France*, Paris 1935–1957. Tra le lettere indirizzate a governi stranieri, nobili, arcivescovi o personalità di rilievo, quelle con riferimenti alla crociata, alla Terra Santa, alla lotta contro i turchi o ai rapporti con i saraceni formano, per il periodo 1352–1378, un *corpus* di oltre 250 missive.

139 La trattatistica *de recuperatione Terre Sancte* ha suscitato da lungo tempo l'attenzione degli storici. Tra i maggiori trattati si segnala il *Liber recuperationis Terrae Sanctae* del francescano Fidenzio da Padova (1290) e il *Liber sancti passagii Christicolarum contra Saracenos pro recuperatione Terrae Sanctae* di Galvano da Levanto (1295 ca.); l'ultimo Gran Maestro templare Jacques de Molay aveva scritto un *Concilium super negotio Terre Sancte* nel 1305–1306. Raimondo Lullo ne aveva composti 7 tra il 1292 e il 1311, tutti destinati al papa o a principi laici. Il patrizio veneziano Marin Sanudo Torsello aveva stilato il proprio *Liber secretorum fidelium crucis* nel 1321, analizzato in: Franco CARDINI, Per un'edizione del Liber secretorum fidelium crucis di Marin Sanudo il Vecchio, in: IDEM, Studi sulla storia e sull'idea di crociata, pp. 317–375; IDEM, I costi della crociata. L'aspetto economico del progetto di Marin Sanudo il Vecchio, in: EADEM, pp. 377–411. Il giurista e stratega della corte di Filippo il Bello, Pierre Dubois, è autore di un *De recuperatione Terrae Sanctae*, 1307. Si veda: Giovanna PETTI BALBI, Arte di governo e crociata: il Liber sancti passagii di Galvano da Levanto, in: *Studi e ricerche* 7 (1986), pp. 131–168; Luca DEMONTIS, Quomodo Terra Sancta recuperari potest. Fidenzio da Padova, Raimondo Lullo e il "superamento"

di trattati composti tra il 1274 e il 1330, ma il filone si era esaurito completamente entro la metà del secolo.[140] Il progetto del recupero di Gerusalemme, che univa nozioni economico-militari e progetti pratici, era andato incontro a un progressivo calo di interesse fino alla sua completa sparizione. Dopo il primo trentennio del Trecento non siamo a conoscenza di nessun nuovo trattato: occorre aspettare fino al *Traité d'Emmanuel Piloti sur le passage en Terre Sainte*, composto da un mercante veneziano tra il 1420 e il 1422. La seconda metà del XIV secolo è a un grande vuoto nell'elaborazione teorica dell'acquisizione di *Outremer*.[141]

La crociata del Trecento non era bandita verso i Luoghi Santi, in una graduale liquidazione del vecchio concetto di *passagium* in Siria-Palestina per una la guerra di difesa contro gli infedeli.[142] La progressione delle imprese effettuate dopo il Concilio di Vienne mostra questa tendenza in maniera evidente. L'ultima crociata con l'obiettivo dichiarato della Terra Santa era l'avventura di Pietro I del 1365, che si era comunque risolta in un saccheggio in Egitto.[143] Il progressivo spostamento di attenzione sui turchi era favorito

della crociata, in: *Antonianum* 90/2 (2015), pp. 545–561; Ernst ZECK, *De Recuperatione Terre Sancte: Ein Traktat des Pierre Dubois.* (*Petrus de Bosco*), Berlin 1905–1906. In generale: Anthony LEOPOLD, *How to recover the Holy Land. The crusade proposals of the late thirteenth and early fourteenth centuries*, Aldershot 2000; Jacques PAVIOT, *Projets de croisade* (*v. 1290-v. 1330*), Paris 2008; Antonio GARCÍA ESPADA, La teoría de cruzada post-acconiana (1291–1334): Operaciones sobre el tiempo y el espacio tradicional, in: *Medievalismo* 21 (2011), pp. 207–224; Luca MANTELLI, "De recuperatione Terrae Sanctae": da Bonifacio VIII alla crisi del modello d'alleanza cristiano-mongola, in: *Rivista di storia della Chiesa in Italia* 68/1 (2014), pp. 45–77.

140 Una lista parziale è in Sylvia SCHEIN, *Fideles Crucis. 1274–1314. Il papato, l'Occidente e la riconquista della Terra Santa*, Roma 2015, pp. 327–328.

141 Sul veneziano Emanuele Piloti, che nel Quattrocento aveva rotto il lungo silenzio della trattatistica sul recupero della Terra Santa: Pierre Herman DOPP, *L'Egypte au commencement du XVe siècle d'après le Traité d'Emmanuel Piloti de Crête* (*1422*), Le Caire 1950; Anthony LUTTRELL, Emmanuele Piloti and Criticism of the Knights Hospitallers of Rhodes: 1306–1444, in: *Annales de l'ordre souverain militaire de Malte* 20/1 (1962), pp. 1–20; Damien COULON, Du nouveau sur Emmanuel Piloti et son témoignange à la lumière de documents d'archives occidentaux, in: *Chemins d'Outre-Mer. Études d'histoire sur la Méditerranée médiévale offertes à Michel Balard*, vol. 1, ed. IDEM / Michel BALARD, Paris 2004, pp. 159–170; Norman HOUSLEY, Emmanuele Piloti plan for a crusade to capture Alexandria, in: *The Hospitallers, the Mediterranean and Europe. Festschrift for Anthony Luttrell*, ed. Karl BORCHARDT / Nikolas JASPERT / Helen J. NICHOLSON, Aldershot 2007, pp. 139–150.

142 Franco CARDINI, La crociata mito politico, in: IDEM, Studi sulla storia e sull'idea di crociata, pp. 181–211, qui p. 196.

143 Sulla crociata di Smirne: Mike CARR, Humbert of Viennois and the Crusade of Smyrna: A Reconsideration, in: *Crusades* 13 (2014), pp. 237–251; SETTON, The Papacy and the Levant, vol. 1, pp. 195–223; Alain DEMURGER, Le pape Clément VI et l'Orient: ligue ou croisade?,

dalla ripresa dei pellegrinaggi in Siria-Palestina, legata alla fondazione della Custodia francescana di Terra Santa, permessa dalle autorità mamelucche.[144] I limitati sforzi latini verso l'esterno erano attuati in maniera reattiva più che aggressiva e sembrano deputati a respingere il generale problema musulmano. Questa tensione difensiva poteva unire il corpo dei cristiani in una missione comune, come indicano gli sforzi di Caterina da Siena. La mistica senese, pur senza volersi fare teorica del *passagium*, aveva posto la crociata tra i pilastri del proprio programma politico. La crociata nelle esortazioni di Caterina era uno strumento di salvezza universale che aveva come scopo innanzitutto la pace tra cristiani, non solo precondizione all'impresa ma frutto finale.[145] La penitenza e conversione dei soldati era l'effetto desiderato, congiuntamente alla missione salvifica verso gli infedeli. Solo in minore istanza si parlava della liberazione dei Gerusalemme e dei Luoghi Santi: per Caterina si trattava di una componente della crociata in via del tutto secondaria. Il nudo possesso della Terra Santa era solo un tassello di una questione universale, che guardava alla conversione degli infedeli e alla pace tra i popoli.[146] La trasformazione

in: Guerre, pouvoir et noblesse au Moyen Âge, pp. 207–214. Rispetto alla crociata di Alessandria e a quella di Amedeo VI di Savoia anche: Georg CHRIST, Non ad caudam sed ad caput invadere: the Sack of Alexandria Between Pride, Crusade and Trade Diplomacy (1365–1370), in: *Rapporti mediterranei, pratiche documentarie, presenze veneziane: le reti economiche e culturali (XIV–XVI secolo)*, ed. Gherardo ORTALLI / Alessio SOPRACASA, Venezia 2017, pp. 153–182; Sandra ORIGONE, Una spedizione militare del tardo Medioevo: Amedeo VI di Savoia in Oriente, in: *Relazioni di viaggio e conoscenza del mondo fra Medioevo e Umanesimo*, ed. Stefano PITTALUGA, Genova 1993, pp. 451–464. Sulla spedizione di Mahdia: Urs BRACHTHÄUSER, *Der Kreuzzug gegen Mahdiya 1390*, Pandeborn 2017. Riguardo alla crociata di Nicopoli: Aziz Suryal ATIYA, *The Crusade of Nicopolis*, London 1934; Tamás PÁLOSFALVI, *From Nicopolis to Mohács: a history of Ottoman-Hungarian warfare, 1389–1526*, Leiden-Boston 2018.

144 CARDINI, L'idea di crociata in santa Caterina da Siena, p. 424. Sulla Fondazione della Custodia di Terra Santa: Andrew JOTISCHKY, The Franciscan return to the Holy Land (1333) and Mt Sion: pilgrimage and the apostolic mission, in: *The Crusader World*, ed. Adrian J. BOAS, London-New York 2016, pp. 241–255; Paolo EVANGELISTI, *Dopo Francesco, oltre il mito. I frati Minori fra Terra Santa ed Europa (XIII–XV secolo)*, Roma 2020.

145 Secondo Franco Cardini, lo scopo ultimo della crociata per Caterina non era la crociata stessa ma la pace fra i cristiani, seguendo le fasi del dialogo tra la mistica e papa Gregorio XI. CARDINI, L'idea di crociata in santa Caterina da Siena, p. 442. La questione del rapporto pace-crociata nel pensiero di Caterina, comunque, non è chiara riguardo all'ordine dei fattori: Massimo Viglione pone la questione che nemmeno la pace di per sé stessa fosse l'ultimo scopo della senese, ma anch'essa uno strumento (come la crociata e la riforma della Chiesa d'altronde) per un fine molto più profondo, la gloria di Dio e la salvezza delle anime. Massimo VIGLIONE, *"... Rizzate el gonfalone de la Santissima Croce". L'idea di Crociata in santa Caterina da Siena*, Cagliari 2007, pp. 112–114.

146 Gli scopi della crociata, su cui Caterina aveva insistito con papa Gregorio XI accanto alla questione del ritorno del papato a Roma, sono ben esplicitati nelle sue lettere. La

trecentesca della crociata in guerra antiturca era rafforzata dagli appelli di Costantinopoli. Lo sguardo bizantino verso Occidente aveva come fautori personalità come l'umanista Demetrio Cydones e il nobile filolatino Giovanni Lascaris Caloferos, che si adoperavano per la riconciliazione religiosa.[147] La profonda interconnessione tra i due mondi aveva raggiunto anche i più alti vertici, come mostra la madre dell'imperatore Giovanni V, Anna Paleologina, nata Anna di Savoia.[148]

Le speranze di salvezza provenienti dalla cattolicità si erano infiltrate nell'intero mondo greco, schiacciato dalla pressione turca. Filadelfia, ultima metropoli ancora bizantina in Asia Minore, era stata protagonista di una richiesta d'aiuto collettiva verso il pontefice Innocenzo VI nel 1352. Gli ambasciatori greci chiedevano aiuti al mondo latino in cambio della propria sottomissione temporale al papato e la conversione al cattolicesimo. Innocenzo VI esigeva invece prima l'abiura del credo ortodosso, così da evitare la dannazione eterna, che era peggio dei turchi.[149] Filadelfia incarna tutto il dilemma dei greci, in disperato bisogno di aiuti militari ma allo stesso tempo non disponibili a rinnegare la propria identità religiosa. L'ingresso ottomano in Europa nel 1354 aveva marcato in maniera definitiva il cambio di prospettiva: una spedizione contro i turchi non era un preludio alla crociata, ma una crociata essa stessa.[150]

---

crociata avrebbe dovuto anche salvare gli infedeli musulmani: per Caterina la predicazione non poteva essere disgiunta dall'utilizzo della forza. La mera riconquista della Terra Santa aveva valore solo se accompagnata a questa missione salvifica del mondo intero extra-cristiano. Ivi, p. 97–105; CARDINI, L'idea di crociata in santa Caterina da Siena, pp. 431–432.

147 Su Demetrio Cydones, intellettuale bizantino estremamente attivo nei tentativi di unificazione tra le due Chiese, attratto dalla cultura latina e che aveva tradotto in greco diverse opere, tra cui la *Summa contra gentiles* e la *Summa theologiae* di Tommaso d'Acquino: Frances KIANKA, *Demetrius Cydones (c. 1324–c. 1397): Intellectual and Diplomatic Relations Between Byzantium and the West in the Fourteenth Century*, Ann Arbor 1981; Margarita POLYAKOVSKAYA, *Demetrio Cidone. Ritratto di un intellettuale bizantino*, Roma 2019.

148 Anna di Savoia aveva abbracciato completamente la fede religiosa e i modelli bizantini, al punto da morire come monaca ortodossa con il nome di Anastasia nel 1365. Sandra ORIGONE, *Giovanna. Latina a Bisanzio*, Milano 1999, p. 152.

149 La conversione alla vera fede avrebbe rafforzato le loro anime contro la moltitudine dei turchi: "Si relictis omnium errorum et scismatum tenebris ad catholice ac indivisibilis fidei limpidam veramque lucem et unitatem ecclesie predictarum puris cordibus et sinceris mentibus redeatis, paucitatem vestram adversus multitudinem Turchorum ipsorum eo fortificabit robore". AAV, *Registra Vaticana* 235, f. 26v. Avignone, 19 gennaio 1353. In: Innocent VI (1352–1362). Lettres secrètes et curiales, vol. 1, pp. 24–26, doc. 71. Anche: Deno John GEANAKOPLOS, Byzantium and the Crusades, 1261–1354, in: *A History of the Crusades*, vol. 3, ed. Kenneth Meyer SETTON / Harry William HAZARD, Madison 1975, pp. 27–68, qui p. 65.

150 SETTON, The Papacy and the Levant, vol. 1, p. 225.

Le speranze bizantine di un soccorso nel 1363 sono simbolizzate dall'apparizione ad Avignone nel 1365 di Giovanni Lascaris, inviato da Giovanni Paleologo per discutere della crociata.[151] L'anno precedente erano state avviate trattative tra Urbano V e l'imperatore greco per il supporto bizantino alla spedizione, a patto che si fosse diretta in Tracia. L'intermediario scelto dal Paleologo per i negoziati con il papa era un genovese, Michele Malaspina.[152] La questione della conversione degli ortodossi era rimasta al centro delle trattative, oltre la conversione al cattolicesimo di Giovanni V nel 1369.[153] Nel 1372 papa Gregorio XI aveva organizzato un congresso per riunire tutti gli attori politici del Levante per discutere dell'impegno collettivo contro gli ottomani.[154] Non sembra tuttavia che gli inviti abbiano ricevuto alcuna risposta pratica: la buona volontà dei pontefici si scontrava con la divisione politica e le divergenze di obiettivi.

I pontefici avevano avuto diverse fasi di approccio alla questione del *passagium*. L'attenzione di Innocenzo VI si era rivolta principalmente alla questione di Smirne, con ricorrenti appelli per il soccorso della città anatolica e l'invio di denaro, navi e rifornimenti. Il lemma "pro custodia civitatis Smirnarum" è quello utilizzato più frequentemente. Nel linguaggio delle lettere vi era ancora un riferimento ideale al recupero della Terra Santa, ma in una coesistenza di piani differenti: da un lato la crociata in Siria-Palestina, ormai irrealizzabile, e dall'altro la guerra contro i turchi. Le raccolte di denaro in cambio di indulgenze erano ancora destinate "pro passagio Terre Sancte" nelle missive papali[155], mentre la lega navale era definita "unionis ad reprimendos insultus

---

151 Deno John GEANAKOPLOS, Byzantium and the Crusades, 1354–1453, in: A History of the Crusades, vol. 3, pp. 69–103, qui pp. 73–74.

152 AAV, *Registra Vaticana* 246, f. 348r. Avignone, 16 ottobre 1364. In: Lettres secrètes et curiales du pape Urbain V (1362–1370) se rapportant à la France, vol. 2, p. 211, doc. 1305.

153 Nel 1370 papa Urbano V aveva scritto alla regina Giovanna di Napoli di fornire un lasciapassare alle truppe dell'imperatore bizantino, in guerra contro i turchi. AAV, *Registra Vaticana* 250, f. 37v. Roma, 27 febbraio 1370. In: Lettres secrètes et curiales du pape Urbain V (1362–1370) se rapportant à la France, vol. 3, p. 524, doc. 3040.

154 Erano destinatari delle missive i nobili siciliani, Luigi d'Ungheria, il doge Andrea Contarini, Giovanni V Paleologo. Tra i signori latini del Levante furono convocati a Tebe: Francesco Gattilusio, Ranieri Acciaiuoli, il duca d'Atene. Il caso genovese è abbastanza interessante: oltre al doge Domenico Campofregoso, erano inviate lettere anche all'abate del monastero cittadino di San Siro e al giurisperito Leonardo Montaldo. AAV, *Registra Vaticana* 264, f. 76r.-77v.; AAV, *Registra Vaticana* 268, f. 85v.-88r., 94v.-95r. Avignone, 13 novembre 1372. In: Lettres secrètes et curiales du pape Grégoire XI (1370–1378) intéressant les pays autres que la France, vol. 1, pp. 161–162, doc. 1166, 1167, 1169, 1172–1174, 1177.

155 Per esempio, nel 1353 rispetto alle donazioni raccolte nella diocesi di Coutances. AAV, *Registra Vaticana* 235, f. 121v. Avignone, 8 giugno 1353. In: Innocent VI (1352–1362). Lettres secrètes et curiales, vol. 1, pp. 116–117, doc. 332.

Turchorum infidelium".[156] Il processo di identificazione tra crociata e guerra contro i turchi non era del tutto compiuto, nonostante la comparsa del "passagium contra infideles Turchos".[157] Nella lotta per Smirne e per l'Anatolia si concentravano i richiami crociati.[158] Nel 1355 il papa esplorava la possibilità di trasferire gli ospitalieri direttamente in Turchia.[159] In caso di conversione dell'imperatore bizantino, Innocenzo chiedeva a Ugo di Cipro, ai veneziani, ai genovesi e ai cavalieri di Rodi di aiutare il Paleologo nella sua lotta contro i turchi.[160] Nel 1353 molti arcivescovi cattolici in Francia e in Grecia erano invitati a destinare per tre anni i proventi delle decime ecclesiastiche alla lotta contro gli ottomani.[161] Non si trattava solo di decime: la raccomandazione papale verso il cavaliere siciliano Bartolomeo de Archeris aveva come oggetto il fatto che lui "servivit in transmarinis partibus adversus Thurchos, hostes nomini christiani".[162] Nello stesso momento, l'alleanza turco-genovese che si era formata nel 1351–1352, aveva provocato profondi malumori presso la corte pontificia.[163] Nel 1356 il papa rimproverava aspramente al doge genovese l'amicizia con il sultano,

---

156 La lettera era destinata al doge di Venezia Giovanni Gradenigo, invitato a rinnovare l'alleanza. AAV, *Registra Vaticana* 238, f. 119v. Avignone, 4 luglio 1356. In: Innocent VI (1352–1362). Lettres secrètes et curiales, vol. 4, p. 123, doc. 2233.

157 AAV, *Registra Vaticana* 237, f. 115v. Avignone, 5 giugno 1355. In: Innocent VI (1352–1362). Lettres secrètes et curiales, vol. 3, pp. 122–123, doc. 1626.

158 Nel 1353 era richiesto a catalani, veneziani e genovesi di non molestare 2 navi inviate per rifornire Smirne, a cui era stato concesso un salvacondotto. AAV, *Registra Vaticana* 235, f. 221r. Avignone, 28 novembre 1353. In: Innocent VI (1352–1362). Lettres secrètes et curiales, vol. 1, p. 215, doc. 642.

159 Innocenzo scriveva al Gran Maestro Pierre de Corneillan dell'ipotesi "ad transferendum conventum vestrum in Turchiam ibidem cum gratie divine auxilio acquisituros et recuperaturos terram quam Turchorum impietas detinet occupatam". AAV, *Registra Vaticana* 242, f. 167v. Avignone, 14 ottobre 1355. In: Innocent VI (1352–1362). Lettres secrètes et curiales, vol. 3, pp. 193–195, doc. 1773.

160 AAV, *Registra Vaticana* 238, f. 142r. Avignone, 17 luglio 1356. In: Innocent VI (1352–1362). Lettres secrètes et curiales, vol. 4, pp. 138–139, doc. 2270.

161 AAV, *Registra Vaticana* 235, f. 238v. Avignone, 1° dicembre 1353. In: Innocent VI (1352–1362). Lettres secrètes et curiales, vol. 1, pp. 218–220, doc. 647.

162 AAV, *Registra Vaticana* 238, f. 177r. Avignone, 12 settembre 1356. In Innocent VI (1352–1362). Lettres secrètes et curiales, vol. 4, p. 180, doc. 2359.

163 AAV, *Registra Vaticana* 238, f. 44r. Avignone, 1° aprile 1356. In Innocent VI (1352–1362). Lettres secrètes et curiales, vol. 4, p. 43, doc. 2006. Sull'alleanza: Michel BALARD, A propos de la bataille du Bosphore. L'expédition de Paganino Doria à Constantinople (1351–1352), in: IDEM, *Le mer noire et la Romanie génoise* (*XIII–XV siècles*), London 1989, pp. 431–469; Enrico BASSO, From Cooperation to Clash of Interests: Genoa and the Turks in the Fourteenth and Fifteenth Centuries, in: *The Turks*, vol. 3, ed. Hasan Celâl GÜZEL / Cem OĞUZ / Osman KARATAY, Ankara 2002, pp. 181–188.

ricordandogli che "vos cum infidelibus Turchis unionem et ligam duxeritis".[164] In caso di conversione al cattolicesimo dell'imperatore Giovanni V Paleologo, il papa intimava ai genovesi di rompere ogni accordo con gli ottomani e di andare in aiuto dei bizantini.[165] I turchi non erano interlocutori praticabili, mentre con i mamelucchi era possibile dialogare. Negli stessi anni era stata concessa l'assoluzione a coloro che a Venezia, nel regno di Sicilia e nei domini italiani del papa avevano commerciato beni proibiti verso Alessandria.[166]

Un ulteriore momento spartiacque della trasformazione è collocabile negli anni 1363–1366, sotto il pontificato di Urbano V. Il richiamo papale in quell'occasione aveva avuto due risposte contemporanee: l'ultima crociata indirizzata – idealmente – verso la Siria-Palestina e una spedizione antiturca condotta da ungheresi e bizantini nei Balcani, a cui poi si era aggiunta l'impresa di Amedeo VI.[167] Nelle lettere e nei documenti di Urbano V si nota una forte permanenza dei termini "ad recuperationem Terre Sancte", che rimaneva lo scopo ideale dell'impresa. L'utilizzo del termine *passagium* nelle lettere è legato alla Terra Santa, anche nella formalizzazione *ultramarini passagii*.[168] Vi è inoltre l'uso frequente di *generale passagium*, che per Urbano era rivolto "ad dictam Terram Sanctam et alias partes infidelium orientis".[169] La parola *turcos* non è mai accostata al termine *passagium*, tenendo ferma la distinzione tra l'impresa di Gerusalemme e la lotta difensiva. Tuttavia, può essere riscontrata una certa discrasia, come nei casi in cui il pontefice indice la crociata verso la Terra Santa, ma conclude parlando del pericolo turco nella stessa lettera.[170] Le raccolte di fondi per la crociata erano destinate ancora all'impresa verso i Luoghi Santi.[171] La bolla del 31 marzo 1363 era rivolta "ad recuperationem Terre

164 AAV, *Registra Vaticana* 238, f. 157r. Avignone, 6 agosto 1356. In: Innocent VI (1352–1362). Lettres secrètes et curiales, vol. 4, p. 156, doc. 2312.

165 Ibidem.

166 AAV, *Registra Vaticana* 236, f. 114v.-115v. Avignone, 10 luglio 1354. In: Innocent VI (1352–1362). Lettres secretes et curiales, vol. 2, pp. 117–118, doc. 1020, 1021.

167 Le operazioni di Luigi d'Ungheria, in risposta al bando papale, avevano preso il via nel 1365 inizialmente contro il voivodato di Valacchia, per poi rivolgersi contro i turchi. SETTON, The Papacy and the Levant, vol. 1, pp. 286–291.

168 AAV, *Registra Vaticana* 245, f. 246r. Avignone, 4 settembre 1363. In: Lettres secrètes et curiales du pape Urbain V (1362–1370) se rapportant à la France, vol. 1, p. 80, doc. 596.

169 AAV, *Registra Vaticana* 245, f. 168v. Avignone, 25 maggio 1363. In: Lettres secrètes et curiales du pape Urbain V (1362–1370) se rapportant à la France, vol. 1, pp. 63–64, doc. 487.

170 AAV, *Registra Vaticana* 246, f. 348r. Avignone, 16 ottobre 1364. In: Lettres secrètes et curiales du pape Urbain V (1362–1370) se rapportant à la France, vol. 2, p. 211, doc. 1305.

171 AAV, *Registra Vaticana* 261, f. 5v-6v. Avignone, 31 marzo 1363. In: Lettres secrètes et curiales du pape Urbain V (1362–1370) se rapportant à la France, vol. 1, p. 40, doc. 344–345.

Sancte" e "ad defensionem fidelium parcium Orientis"[172], senza una specifica di quale nemico affrontare, così come la lettera a Giovanni re di Francia e Pietro di Cipro aveva gli stessi toni.[173] La riscossione delle decime per l'impresa, da attuare in Francia nel 1364, presentava il medesimo formulario.[174] Nonostante l'obiettivo dichiarato, i nemici da combattere erano i turchi. L'esortazione del 1363 destinata ai condottieri di ventura parla di "recuperationis Terre Sancte negotium", ma contro "illi crudeles pagani, Turchi appellati vulgariter". Si trattava di una commistione di piani che apriva all'idea di spedizione difensiva antiturca.[175] Nella lettera rivolta alla compagnia di mercenari inglesi in Italia nel 1365, Urbano V insisteva sul recupero di Gerusalemme, ma senza specificare gli infedeli da affrontare.[176] In una missiva del 10 luglio 1364 di Urbano a Pierre Thomas, i popoli che occorreva combattere erano sia i saraceni, che occupavano i luoghi di Cristo, sia i turchi, che opprimevano i cristiani orientali. Era una questione di "Agarenorum et Turcorum", sebbene i fronti fossero geograficamente diversi.[177] Si doveva dunque combattere contro "tam perfidi Saraceni quam illi crudeles pagani, Turchi appellati vulgariter".[178]

I turchi erano etnicamente omogenei ma politicamente divisi, formando una costellazione di potentati indipendenti. Oltre agli ottomani, che stavano guadagnando il primato nella penisola anatolica, esistevano altri emirati, tra

---

172 AAV, *Registra Vaticana* 261, f. 6v. Avignone, 31 marzo 1363. In: Lettres secrètes et curiales du pape Urbain V (1362–1370) se rapportant à la France, vol. 1, pp. 40–41, doc. 346.

173 "ad recuperationem Terre Sancte ut Christi pugiles anhelantes transfretare". AAV, *Registra Vaticana* 245, f. 147v. Avignone, 1° maggio 1363. In: Lettres secrètes et curiales du pape Urbain V (1362–1370) se rapportant à la France, vol. 1, p. 53, doc. 387.

174 "Ad recuperationem Terre Sancte, que per hostes crucis, in totius Cristianitatis opprobrium, longis temporibus detenta extitit, prout presentialiter detinetur, et ad deffensionem fidelium partium Orientis, qui ab ipsis hostibus iugitur impugnantur, apostolice sollicitudinis studia convertentes, hodie, de fratrum nostrorum consilio, auctoritate apostolica ad dictas Terram et partes indiximus passagium generale". AAV, *Registra Vaticana* 262, f. 85v. Avignone, 31 marzo 1364. In: Lettres secrètes et curiales du pape Urbain V (1362–1370) se rapportant à la France, vol. 1, pp. 129–130, doc. 868.

175 AAV, *Registra Vaticana* 245, f. 168v. Avignone, 25 maggio 1363. In: Lettres secrètes et curiales du pape Urbain V (1362–1370) se rapportant à la France, vol. 1, pp. 63–64, doc. 487.

176 AAV, *Registra Vaticana* 246, f. 166r. Avignone, 17 aprile 1364. In: Lettres secrètes et curiales du pape Urbain V (1362–1370) se rapportant à la France, vol. 1, pp. 134–135, doc. 891.

177 "Dudum attendentes quod, peccatis exigentibus, Terram Sanctam Agarenorum gens perfida, salvatoris nostri domini nostri Iesu Christi et sue orthodoxe fidei inimica [...]; quodque ex oppressione Turcorum crudelium multas calamitates patiebatur, prout patitur, christianus populus Orientis". AAV, *Registra Vaticana* 246, f. 271r. Avignone, 10 luglio 1364. In: Lettres secrètes et curiales du pape Urbain V (1362–1370) se rapportant à la France, vol. 2, pp. 169–170, doc. 1080.

178 AAV, *Registra Vaticana* 245, f. 168v. Avignone, 25 maggio 1363. In: Lettres secrètes et curiales du pape Urbain V (1362–1370) se rapportant à la France, vol. 1, pp. 63–64, doc. 487.

cui Karaman, Menteşe, il beylicato di Tekke, l'emirato di Aydin, il beylicato di Germiyan.[179] In questo momento risulta evidente la scissione sempre più ampia tra un piano di azione teorico e uno operativo, finché il secondo non finirà per inglobare il primo. Tra i due piani, compresenti nelle medesime lettere di Urbano V, i fronti, gli obiettivi e i nemici erano diversi[180]. Le forme indulgenziali iniziavano a essere trasferite su un piano diverso: nel 1363 era stata concessa la facoltà a Pierre Thomas di predicare il *verbum crucis* contro i turchi.[181] L'anno seguente i vescovi latini di Grecia erano invitati a raccogliere uomini contro gli ottomani.[182] Nel 1364 il papa aveva concesso l'indulgenza a tutti coloro che si sarebbero diretti contro i turchi.[183] All'indomani dell'impresa di Alessandria, Urbano scriveva a diversi vescovi francesi di rimettere i peccati e assolvere coloro che sarebbero andati a combattere nel Levante per la difesa e la "securitate maris"[184], senza specificare contro quale nemico. I nobili Ludovico e Roberto de Sancerre che avevano intenzione di andare contro i turchi avevano ottenuto la possibilità di nominare un confessore per l'assoluzione *in articulo mortis*.[185] Le crociate potevano essere settorializzate e nel giugno 1367 il pontefice aveva risposto all'appello dei rappresentanti genovesi della Maona di Chio, permettendo loro il commercio con i mamelucchi al fine di finanziare

179 Gli studi occidentali sugli emirati turchi includono Paul WITTEK, *The Rise of the Ottoman Empire. Studies into the History of Turkey*, London 1938; Paul LEMERLE, *L'émirat d'Aydin, Byzance et l'Occident: Recherches sur la "Geste d'Umur Pacha"*, Paris 1957; Elizabeth ZACHARIADOU, *Trade and crusade: Venetian Crete and the Emirates of Mentese and Aydin (1300–1415)*, Venezia 1983; Mehmet Fuat KÖPRÜLÜ, *The Origins of the Ottoman Empire*, Albany 1992.

180 Questa scissione era cominciata molto prima, durante la prima metà del secolo, come ha mostrato Mike Carr. CARR, Merchants Crusaders in the Aegean, pp. 32–62.

181 AAV, *Registra Vaticana* 245, f. 76r. Avignone, 2 febbraio 1363. In: Lettres secrètes et curiales du pape Urbain V (1362–1370) se rapportant à la France, vol. 1, p. 23, doc. 197.

182 AAV, *Registra Vaticana* 246, f. 240r.-240v. Avignone, 27 giugno 1364. In: Lettres secrètes et curiales du pape Urbain V (1362–1370) se rapportant à la France, vol. 1, p. 163, doc. 1047–1049.

183 AAV, *Registra Vaticana* 246, f. 238r. Avignone, 24 giugno 1364. In: Lettres secrètes et curiales du pape Urbain V (1362–1370) se rapportant à la France, vol. 2, p. 161, doc. 1033. Una lettera simile era stata inviata pochi giorni dopo al bailo veneziano di Negroponte con la medesima concessione di indulgenza nel combattimento contro i turchi. AAV, *Registra Vaticana* 246, f. 238v. Avignone, 27 giugno 1364. In: Lettres secrètes et curiales du pape Urbain V (1362–1370) se rapportant à la France, vol. 2, p. 163, doc. 1046.

184 AAV, *Registra Vaticana* 248, f. 264r. Avignone, 6 ottobre 1366. In: Lettres secrètes et curiales du pape Urbain V (1362–1370) se rapportant à la France, vol. 3, p. 424, doc. 2416.

185 AAV, *Registra Avenionensia* 162, f. 466v. Avignone, 27 aprile 1366. In: Urbain V (1362–1370). Lettres communes analysées d'apres les registres dits d'Avignon et du Vatican, vol. 5, p. 8, doc. 15882.

le proprie spese militari contro i turchi.[186] La concessione era paradossale. Con i turchi i rapporti commerciali e diplomatici sembrano più rarefatti, mentre con i mamelucchi si era giunti a una consuetudine al dialogo.

Con Gregorio XI il processo di trasformazione del concetto di crociata sembra giunto a un qualche compimento. Alla fine del luglio 1371, un'ambasciata genovese alla corte papale di Avignone informava di un raggruppamento di forze turche nei Balcani, mentre si diffondeva il timore che potesse avvenire l'invasione della Sicilia.[187] I genovesi allarmati proponevano il dispiegamento di una flotta crociata, ottenendo l'invio da parte di Gregorio XI di una serie di lettere a principi europei. Nella missiva a Jean de Grailly l'apertura era dedicata alla "Terra Sancta per immundissimus Saracenos occupata"[188], ma l'appello si volgeva poi alla minaccia turca nelle terre orientali. L'identità della crociata in questo momento di passaggio è ben rappresentata nella lettera, in cui coesistevano le due componenti: il recupero della Terra Santa e la guerra di difesa contro gli infedeli. Nelle missive di Gregorio XI la Terra Santa non era scomparsa, ma faceva apparizioni sporadiche durante gli appelli al *passagium*.[189] Compare, invece, con frequenza il "negocium contra turchos".[190] Anche il doge veneziano Andrea Contarini era sollecitato ad aiutare i genovesi.[191] Il 21 agosto

186 AAV, *Registra Vaticana* 256, f. 54v. Avignone, 14 giugno 1367. In: Urbain V (1362–1370). Lettres communes analysées d'apres les registres dits d'Avignon et du Vatican, vol. 6, p. 202, doc. 19800. Sui Giustiniani, destinatari del privilegio: PHILIP P. ARGENTI, *The Occupation of Chios by the Genoese and their Administration of the Island (1346–1566)*, Cambridge 1958; Andrea LERCARI, La vicenda storica dell'albergo Giustiniani: dalla fazione popolare al patriziato sovrano della Repubblica di Genova, in: *Dai Giustiniani all'Unione Europea: un percorso continuo*, ed. Enrico GIUSTINIANI, Bassano Romano 2005, pp. 43–155; Michel BALARD, I Giustiniani: un modello degli 'alberghi'?, in: *Quaderni della Società Ligure di Storia patria* 7 (2019), pp. 131–140.

187 L'edizione della lettera inviata da Gregorio XI successivamente all'ambasceria genovese è contenuta in Odorico RINALDI, *Annales Ecclesiastici ab anno MCXCVIII*, vol. 7, Lucca 1752, p. 202. Originale in: AAV, *Registra Vaticana* 263, f. 89r. Avignone, 1° agosto 1371. In: Lettres secrètes et curiales du pape Grégoire XI (1370–1378) relatives à la France, vol. 1, p. 122, doc. 334.

188 RINALDI, Annales Ecclesiastici, vol. 7, p. 201.

189 AAV, *Registra Vaticana* 264, f. 96v. Avignone, 8 marzo 1372. In: Lettres secrètes et curiales du pape Grégoire XI (1370–1378) relatives à la France, vol. 1, pp. 230–233, doc. 687.

190 AAV, *Registra Vaticana* 269, f. 40r. Avignone, 4 aprile 1373. In: Lettres secrètes et curiales du pape Grégoire XI (1370–1378) intéressant les pays autres que la France, vol. 1, p. 232, doc. 1651. Una lettera dello stesso tenore di quella inviata a Jean de Grailly era stata spedita dal papa al conte Luigi di Fiandra il 1° agosto 1371. AAV, *Registra Vaticana* 263, f. 90r. Avignone, 1° agosto 1371. In: Lettres secrètes et curiales du pape Grégoire XI (1370–1378) relatives à la France, vol. 1, p. 122, doc. 335.

191 AAV, *Registra Vaticana* 263, f. 90v. Avignone, 6 agosto 1371. In: Lettres secrètes et curiales du pape Grégoire XI (1370–1378) relatives à la France, vol. 1, p. 124, doc. 342.

Gregorio XI ringraziava il doge genovese, Domenico Campofregoso, per l'impegno nell'organizzazione della crociata.[192] L'iniziativa sarebbe comunque caduta nel vuoto una volta che era divenuto chiaro che gli ottomani si stavano muovendo verso l'interno dei Balcani. Al contrario, si susseguivano gli appelli per il soccorso del regno cristiano della Piccola Armenia[193] e le richieste a Luigi d'Ungheria nel 1372 per combattere i turchi che avevano invaso la Grecia e i Balcani.[194] La predicazione della crociata in Ungheria e in Germania non era più rivolta al recupero della Terra Santa, ma era esplicitamente un "negocium contra Turchos".[195] Nella missiva rivolta all'imperatore Carlo IV di Lussemburgo nel 1373 è teorizzata pienamente la crociata difensiva contro la minaccia ottomana, per salvare la Cristianità dal pericolo.[196] L'unione dei latini e greci contro i turchi era al centro degli sforzi del bizantino Giovanni Lascaris, che nel 1373 si era recato alla corte della regina di Sicilia per convincerla a partecipare a una forza navale antiottomana, svolgendo poi missioni diplomatiche per conto del papa tra l'Ungheria e Genova.[197]

---

192 AAV, *Registra Vaticana* 263, f. 99v. Avignone, 6 agosto 1371. In: Lettres secrètes et curiales du pape Grégoire XI (1370–1378) intéressant les pays autres que la France, vol. 1, p. 40, doc. 266. Setton riporta una citazione della lettera da: Oskar Halecki, *Un Empereur de Byzance à Rome (1355–1375)*, London 1972, p. 251, nota 2.

193 AAV, *Registra Vaticana* 268, f. 4r.-4v. Avignone, 22 gennaio 1372. In: Lettres secrètes et curiales du pape Grégoire XI (1370–1378) intéressant les pays autres que la France, vol. 1, p. 73, doc. 517, 519.

194 AAV, *Registra Vaticana* 268, f. 32v. Avignone, 15 maggio 1372. In: Lettres secrètes et curiales du pape Grégoire XI (1370–1378) intéressant les pays autres que la France, vol. 1, p. 104, doc. 745.

195 Per la predicazione in Ungheria della crociata antiturca, con la concessione di indulgenze: AAV, *Registra Vaticana* 265, f. 30v.-32v. Avignone, 23 marzo 1373. In: Lettres secrètes et curiales du pape Grégoire XI (1370–1378) intéressant les pays autres que la France, vol. 1, p. 226, doc. 1610. La crociata nel 1373 era stata predicata in Germania, nonostante le guerre che la coinvolgevano. AAV, *Registra Vaticana* 269, f. 40r. Avignone, 4 aprile 1373. In: Lettres secrètes et curiales du pape Grégoire XI (1370–1378) intéressant les pays autres que la France, vol. 1, p. 232, doc. 1651.

196 "rogamus et hortamur attente quatenus provide cogitans, quod ipsi Turchi contra Christianos, quamvis schismaticos, magnas habuerunt victorias, et amplas terras etiam occuparunt, et quod olim quidam infideles, videlicet Tartari, regnum Ungarie invaserunt, et ecclesias et fideles ipsius regni miserabiliter dissiparunt; et quod, si dictus rex, non munitus potentia necessaria, in bello succumberet, quod Deus avertat, magnum Christianitatis posset periculum evenire, et strenua militia Theutonica sit ipsi regi opportuna quamplurimum". *Ibidem*.

197 AAV, *Registra Vaticana* 269, f. 59r. Avignone, 22 marzo 1373. In: Lettres secrètes et curiales du pape Grégoire XI (1370–1378) intéressant les pays autres que la France, vol. 1, p. 226, doc. 1606. Nel maggio 1373 Lascaris era in Ungheria: AAV, *Registra Vaticana* 269, f. 43v. Avignone, 8 maggio 1373. In: Lettres secrètes et curiales du pape Grégoire XI (1370–1378) intéressant les pays autres que la France, vol. 1, p. 258, doc. 1773. Nel luglio sarebbe giunto

Gli ospitalieri erano inevitabilmente coinvolti nella politica del papato come punta avanzata dello schieramento cristiano e Gregorio aveva destinato denaro all'Ordine di Rodi per la difesa orientale.[198] Nel 1375 il pontefice ordinava un *passagium* di 500 frati cavalieri: allegava una lista, scarsamente attinente con la realtà, del numero di cavalieri trasferibili in Oriente dai loro priorati europei.[199] Gli ospitalieri erano al centro della crociata bandita il 1° luglio 1375 e predicata anche da Caterina da Siena.[200] Si trattava di una crociata che, pur sulla carta, nei proclami ai monarchi, seguitava a esser definita "negotio Terre Sancte".[201] L'appello era stato nutrito da una notizia falsa riportata da Giovanni de Castillo, giunto dalle *partibus Sarracenorum*, e confermata da testimoni come il francescano Martino de Catalogna, l'ex prigioniero ligure Nicola Malavena, Torseleto de Hamcuria e Giovanni Pelizon, due pellegrini di ritorno da Gerusalemme. Tutti concordavano sul fatto che i saraceni di Siria ed Egitto erano scoraggiati dalla possibilità di una nuova spedizione dei franchi e che molti di loro stavano abbandonando la legge di Maometto per convertirsi al cattolicesimo.[202] L'attesa di novità escatologiche dall'Oriente trovava una

---

a Genova per convincere il doge e il governo della città a partecipare all'impresa comune: AAV, *Registra Vaticana* 269, f. 61r. Avignone, 29 giugno 1373. In: Lettres secrètes et curiales du pape Grégoire XI (1370–1378) intéressant les pays autres que la France, vol. 1, p. 272, doc. 1946.

198 AAV, *Registra Avenionensia* 193, f. 502r. Avignone, 30 settembre 1374. Ancora nel 1375, quando vennero loro destinati 8.000 fiorini: AAV, *Registra Avenionensia* 197, f. 40r. Avignone, 25 gennaio 1375.

199 Nel progetto di Gregorio, i cavalieri destinati all'impresa mediterranea contro i turchi erano, oltre a quelli che già stavano a Rodi, altri 38 da Inghilterra e Irlanda, 33 dal priorato di Francia, 10 dalla Champagne, 15 dall'Aquitania, 24 dall'Alvernia, 18 da Tolosa, 30 da Saint-Gilles, 32 dalla Catalogna, 5 dalla Navarra, 22 dalla Castiglia, 14 dalla Germania, 14 dal Portogallo, 18 dalla Boemia, 20 dal priorato di Venezia, 20 dalla Lombardia, 13 da quello di Pisa, 13 da Roma, 13 da Capua, 16 da Barletta, 2 da Messina. Il totale di cavalieri previsti sulla carta era di 370. AAV, *Registra Vaticana* 267, f. 46v.-48r. Avignone, 8 dicembre 1375. In: Lettres secrètes et curiales du pape Grégoire XI (1370–1378) intéressant les pays autres que la France, vol. 2, p. 169, doc. 3634.

200 Anche Caterina da Siena si era trovata impegnata personalmente nelle trattative per convincere John Hawkwood a dedicarsi all'impresa: VIGLIONE, "… Rizzate el gonfalone della Santissima Croce", pp. 122–123.

201 AAV, *Registra Vaticana* 271, f. 33r. Avignone, 18 maggio 1375. In: Lettres secrètes et curiales du pape Grégoire XI (1370–1378) relatives à la France, vol. 2, p. 609–612, doc. 1896.

202 "Hii quidem et etiam quidam alii in hoc imo concordant, quod Sarraceni quamplurimi Terre Sancte et Egipti, nescimus qua revelatione seu cujus timoris incursione attoniti, asserunt legem execrabilem Machometi de proximo defecturam, passagiumquefidelium, quos Francos appellant, nimia timiditate, formidant, ita quod timor ipsorum incubuit super eos, quorum alii ad defensionem, alii ad fugam, alii vero ad professionem catholice fidei se disponunt". *Ibidem*.

larga accoglienza nella curia papale, ma nonostante si trattasse di mamelucchi e di Terra Santa, la crociata era stata bandita contro i turchi. Gli appelli ai dogi di Genova e Venezia in quel momento erano rivolti alla salvezza dell'Armenia.[203] Le indulgenze sotto il pontificato di Gregorio offrono un riscontro della destinazione dei medesimi privilegi spirituali un tempo adottati per il *passagium* in Siria-Palestina, a chi si accingeva alla guerra orientale contro i turchi. Nel 1372 era stata concessa l'assoluzione dei peccati *in articulo mortis* a chi avesse impugnato le armi contro i turchi.[204] Anche singoli nobili che si dirigevano alla guerra turca potevano nominare un confessore per ottenere l'indulgenza in caso di morte, come Alessandro di Lituania o Margherita di Cereth in Transilvania.[205] Sotto Gregorio XI il cambiamento sembra essersi consumato, a causa della pressione ottomana. La crociata era divenuta una guerra turca, ereditando le medesime indulgenze e funzioni.

Questa metamorfosi della crociata, largamente intuita dalla storiografia sulle *Later Crusades* ma poco indagata, ha lasciato indizi linguistici all'interno delle lettere papali. I papi della seconda metà del Trecento erano rimasti, nonostante tutto, i primi artefici dei richiami alla mobilitazione, tentando di mantenere la guida di un fenomeno che rischiava di scappar loro di mano. Il riferimento alla *Terra Sancta* non era mai scomparso del tutto, ma era sempre più relegato in spazi delimitati e utilizzato a fini propagandistici. Non sembra trattarsi di un processo cosciente, quanto di una progressiva e involontaria traslazione verso le emergenze contemporanee. L'ultimo ventennio del secolo aveva segnato il definitivo cambio di passo, mentre la situazione diveniva di anno in anno più tragica. Nel 1388 il papa romano Urbano VI aveva concesso alla lega egea contro gli ottomani le medesime indulgenze e garanzie del *passagium* oltremare.[206]

---

203 Dopo il bando di crociata venne inviato il frate e teologo Tommaso de Bogliasco all'arcivescovo genovese per convincere il consiglio cittadino a partecipare alla spedizione. AAV, *Registra Vaticana* 271, f. 67r.-67v. Avignone, 27 ottobre 1375. In: Lettres secrètes et curiales du pape Grégoire XI (1370–1378) intéressant les pays autres que la France, vol. 2, pp. 156–157, doc. 3539. Il doge di Venezia Andrea Contarini venne invece invitato a soccorrere subito Maria, regina dell'Armenia. AAV, *Registra Vaticana* 244, f. 17r. Avignone, 22 gennaio 1376. In: Lettres secrètes et curiales du pape Grégoire XI (1370–1378) intéressant les pays autres que la France, vol. 3, p. 1, doc. 3701.

204 AAV, *Registra Vaticana* 264, f. 77v. Avignone, 20 novembre 1372. In: Lettres secrètes et curiales du pape Grégoire XI (1370–1378) intéressant les pays autres que la France, vol. 1, p. 165, doc. 1202.

205 Per Alessandro di Lituania: AAV, *Registra Vaticana* 287, f. 215r. Roma, 30 gennaio 1378. In: Lettres secrètes et curiales du pape Grégoire XI (1370–1378) intéressant les pays autres que la France, vol. 3, p. 27, doc. 3910. Per Margherita di Cereth : AAV, *Registra Vaticana* 287, f. 215r. Roma, 30 gennaio 1378. In: Lettres secrètes et curiales du pape Grégoire XI (1370–1378) intéressant les pays autres que la France, vol. 3, p. 28, doc. 3911.

206 GEANAKOPLOS, Byzantium and the Crusades, 1354–1453, p. 80.

Dopo la sconfitta serba di Kosovo nel 1389 e la cattura di Tarnovo nel 1393, la sorte dei cristiani balcanici era segnata e la linea di resistenza slava era stata distrutta. La questione ottomana avrebbe coagulato tutte le attenzioni per la guerra santa, fomentata dalle disperate richieste dei principati latini in Grecia, mentre Costantinopoli era assediata dal 1394. Le impressioni dell'Occidente di fronte ai successi del sultano avevano ricevuto un nuovo colpo mortale con il disastro di Nicopoli nel 1396. Pur senza perdere la spiritualità dell'impresa, il problema era diventato eminentemente politico e difensivo. Nel revival dell'etica cavalleresca, che aveva occupato lo spazio mentale francese e borgognone al crepuscolo del secolo, le nuove qualità morali dei turchi erano contrapposte alla decadenza della cavalleria cristiana.[207] Accanto al mito positivo dei turchi vi era, tuttavia, un'ottica opposta, di cui erano stati primi portatori gli umanisti italiani. Petrarca era stato tra i primi a offrire una visione culturale dei musulmani, a cui affiancava il tema classico della barbarie orientale contro la civiltà occidentale, togliendo di fatto una connotazione religiosa allo scontro. Il paragone puntuale, di stampo erodoteo, era divenuto tra crociate e guerre persiane, ponendo in secondo piano il confronto con l'Islam.[208] Si stava affacciando un nuovo sviluppo della questione crociata che avrebbe avuto vera centralità durante il Rinascimento successivo: la dimensione dello scontro di civiltà.[209]

2.1.4 *I nuovi protagonisti dei richiami crociati*

Non solo il piano concettuale, ma anche gli attori e i destinatari degli appelli crociati stavano mutando verso la fine del Trecento. Gli ordini monastico-cavallereschi, un tempo indiscussi protagonisti delle spedizioni, erano in preda a una crisi diffusa. Gregorio XI nel febbraio 1373 aveva ordinato un'inchiesta per stabilire l'entità del patrimonio dell'Ordine dell'Ospedale, al fine di condurre un nuovo *passagium*.[210] Il censimento dei beni e delle rendite dell'Ordine, in forte contrazione, testimonia in effetti la decadenza materiale e spirituale dei cavalieri, che potevano offrire una disponibilità finanziaria a

---

207 CARDINI, La crociata mito politico, p. 209.

208 Ivi, p. 210; ŠPIČKA, Petrarca e il suo sogno dell'Oriente, pp. 251–254.

209 Su questo: Marco PELLEGRINI, *La crociata nel Rinascimento. Mutazioni di un mito 1400–1600*, Firenze 2014; Norman HOUSLEY (Ed.), *The Crusade in the Fifteenth Century. Converging and competing cultures*, London-New York 2017; IDEM (Ed.), *Reconfiguring the Fifteenth-Century Crusade*, London 2017.

210 Gregorio aveva ordinato al Gran Maestro di convocare un'assemblea dell'Ordine per il 1° marzo 1373 al fine di valutare le loro risorse finanziarie e militari. Anne-Marie LEGRAS, *L'enquête pontificale de 1373 sur l'Ordre des Hospitaliers de Saint-Jean de Jérusalem, vol. I, L'enquête dans le prieuré de France*, Paris 1987, p. 16.

supporto delle iniziative papali drasticamente diminuita.[211] L'inchiesta metteva in luce come nell'intero ordine vi fossero meno di 400 cavalieri operativi, mentre da Rodi gli ospitalieri riuscivano a malapena a occuparsi della difesa dell'isola e di Smirne.[212] Il declino del loro potenziale bellico era assoluto e le statistiche erano state peggiori di quanto preventivato anche per i priorati europei.[213] Il numero dei cappellani era aumentato rispetto a quello dei cavalieri, connotando l'Ordine in maniera sempre meno combattente e con inevitabili ricadute dal punto di vista della rilassatezza della disciplina, con la presenza di numerose concubine dei frati. Non è un caso se negli stessi anni Philippe de Mézières, nel progetto del proprio ordine cavalleresco, l'Ordine della Passione, concedeva che i membri fossero sposati.[214] Persino i requisiti nobiliari per l'entrata nell'Ordine di San Giovanni non erano più rispettati pienamente e gran parte dei cavalieri proveniva da famiglie della piccola nobiltà o dalle ricche classi urbane.[215] Nonostante ciò, Gregorio XI insisteva nell'idea di una lega navale con il supporto di galee genovesi.[216] Il nuovo Gran Maestro, Juan Fernandez d'Heredia, pur in difficoltà di risorse, aveva obbedito alle indicazioni papali con ammirevole abnegazione. Il quadro dirigente dei giovanniti si sentiva effettivamente minacciato di soppressione in caso di mancanza di disponibilità verso l'originaria missione crociata, alla maniera dei templari.

---

211 Le ricchezze degli ospitalieri si basavano in gran parte su possessi rurali, la cui resa era in crisi come tutto il mondo agrario e soggetti ai danni delle compagnie di ventura. Il precettore dell'Ospedale a Fermo, nelle Marche, per esempio, lamentava che la somma abitualmente devoluta alla riparazione delle abitazioni dei lavoratori non poteva più essere data, poiché le stesse abitazioni erano state distrutte dalla Grande Compagnia. Jean GLÉNISSON, L'enquête pontificale de 1373 sur les possessions des Hospitaliers de Saint-Jean de Jérusalem, in: *Bibliothèque de l'École des chartes* 129 (1971), pp. 83–111, qui p. 91.

212 LEGRAS, L'enquête pontificale de 1373, p. 26.

213 Il priorato di Francia, il più grosso e tradizionalmente più fiorente, poteva fornire solo 49 sergenti e 4 o 5 cavalieri per un eventuale *passagium* in Oriente. Di questi, tuttavia, solo una decina aveva meno di 40 anni. La media dell'età, tra tutte le commanderie francesi, era tra i 40 e i 50 anni. In tutta la Francia, dunque, si contavano circa 300 confratelli, considerando tutti i tipi, di cui 30 già si trovavano a Rodi. Ivi, p. 41–42.

214 Philippe de Mézières, sulla scorta di quanto aveva visto tra gli ospitalieri, osservava che il voto di castità poteva essere un problema insormontabile per i cavalieri. Permetteva dunque il matrimonio al fine di attirare più cavalieri. Andrea W. TARNOWSKI, Material examples: Philippe de Mézières's Order of the Passion, in: *Yale French Studies* 110 (2006), pp. 163–175, qui pp. 171–172. Anche: John FRANCE, Philippe de Mézières and the Military History of the Fourteenth Century, in: *Philippe de Mezieres and His Age. Piety and Politics in the Fourteenth Century*, ed. Renate BLUMENFELD-KOSINSKI / Kiril PETKOV, Leiden-Boston 2012, pp. 283–294, qui pp. 283–284.

215 LEGRAS, L'enquête pontificale de 1373, p. 42.

216 I genovesi effettivamente nel 1373 avevano offerto la disponibilità di 2 galee per una spedizione, in risposta alla richiesta del papa del 28 giugno. Ivi, p. 22.

La spedizione degli ospitalieri, imbarcatasi nel 1378 dopo grandi difficoltà nei preparativi, si era risolta in un completo disastro, con la cattura dello stesso Gran Maestro. La politica irrealistica di papa Gregorio XI verso l'Oriente aveva provocato più danni che benefici.[217]

Una possibile soluzione per la crociata era vista nelle compagnie di ventura. I mercenari stessi erano stati spesso oggetto di bandi di crociata contro di loro, al punto che Gregorio XI nel 1371 aveva tentato di formare una lega in Toscana contro i *routiers*.[218] Più volte era stata concessa l'indulgenza papale a chi combatteva contro i mercenari, in quanto nemici della fede e della giustizia.[219] Le compagnie di ventura ponevano pesanti ostacoli allo svolgimento di una spedizione verso Orientem ma una soluzione militare risultava impraticabile nei loro confronti. Si era dunque tentata una strada opposta, persuadendole a mettere le loro brutali capacità al servizio di una buona causa per combattere i musulmani e al contempo liberare l'Occidente dal loro carico di violenza. I tentativi dei papi non erano stati rari, come mostrano le clausole del 1366 per la riconciliazione con i *routiers* e la loro partecipazione al *passagium*.[220] Il 25 maggio 1363, negli anni di più acuta minaccia dei mercenari ad Avignone, Urbano V indirizzava una lettera ai capitani di ventura operanti in Francia per esortarli a partecipare alla "recuperationis Terre Sancte negotium" e utilizzare la loro abilità bellica al servizio di Cristo. Così facendo i loro crimini e gravi peccati sarebbero stati rimessi in cambio di tale servizio a Dio.[221] Il pontefice destinava loro anche un frate agostiniano per predicare e concedere assoluzioni.[222] Nel caso in cui le compagnie non avessero aderito all'appello, l'intera impresa era a rischio, poiché difficilmente le nobiltà locali si sarebbero recate nel Levante lasciando i propri domini indifesi. La morte del sovrano

217 I preparativi per la spedizione si erano svolti a fatica nel 1376–1377, con una lunga raccolta di fondi. Juan Fernandez d'Heredia si era imbarcato nel 1378 per il *passagium* con alcuni fiorentini, parenti dei principi d'Acaia, e alcuni ospitalieri, diretti a Vonitza, sulla costa greco-albanese per tentare un colpo di mano. L'obiettivo della spedizione era di prendere il ducato di Leucade e la contea di Cefalonia, concesse agli ospitalieri da Maddalena Buondelmonti, vedova del duca Leonardo Tocco. Tuttavia, il 23 agosto 1378, i partecipanti erano stati catturati dal signore albanese Ghin Boua Spata. Il papa Gregorio XI era ormai morto e la spedizione degli ospitalieri era stata abbandonata al proprio destino. Ivi, p. 26–28.

218 HOUSLEY, The Mercenary Companies, pp. 259–261.

219 Nel 1361 era stata bandita da Innocenzo VI una crociata contro le compagnie nella Francia meridionale, con indulgenze *in articulo mortis*. Ivi, p. 263.

220 Ivi, p. 270.

221 AAV, *Registra Vaticana* 245, f. 168v. Avignone, 25 maggio 1363. In: Lettres secrètes et curiales du pape Urbain V (1362–1370) se rapportant à la France, vol. 1, pp. 63–64, doc. 487.

222 Si trattava del frate Nicolò Brohom. *Ibidem*.

francese Giovanni II, insieme al rifiuto dei mercenari, era giunta come una pietra tombale sulla partecipazione della monarchia francese alla spedizione.[223] La pace conclusa tra il papato e Bernabò Visconti nel 1364 aveva però liberato le compagnie da quella guerra.[224] In Italia erano iniziati i negoziati con la Compagnia Inglese, nel 1364 a Pisa, che appariva disponibile in cambio di un sussidio finanziario.[225] I venturieri avevano inviato l'inglese Robert Wodhavos ad Avignone per trattare a loro nome.[226] Le compagnie dovevano recarsi a Oriente via terra o via mare: le lettere ai dogi di Genova e Venezia intimavano di mettere a disposizioni navi per il loro trasporto.[227] Ai mercenari era garantita l'indulgenza plenaria che spettava ai crociati, potendosi fregiare sulle vesti del "dictum crucis signum".[228] Una coalizione avrebbe combattuto contro le compagnie in caso avessero rifiutato la partenza.[229]

Mentre le trattative in Italia non erano però approdate a nulla, in Francia nel 1365 una grossa compagnia di mercenari, comandata da Bertrand du Guesclin, poi sostituito da Arnaud de Cervole, sembrava disposta a dirigersi verso Oriente in cambio di decime e indulgenze.[230] Il pontefice confidava nel fatto che il re d'Ungheria concedesse un salvacondotto ai *routiers* per attraversare

223 HOUSLEY, The Mercenary Companies, p. 272.

224 Nicolae IORGA, *Philippe de Mézières 1327–1405, et la croisade au XIVe siècle*, Paris 1896, pp. 208–229.

225 "societatis Anglicorum, Pisis existentium". AAV, *Registra Vaticana* 246, f. 155v. Avignone, 14 aprile 1364. In: Lettres secrètes et curiales du pape Urbain V (1362–1370) se rapportant à la France, vol. 1, p. 133, doc. 886.

226 La condizione era che appunto che "dummodo ipsis a terris Italie aliquod competens pecuniale subsidium tribuatur". *Ibidem*.

227 AAV, *Registra Vaticana* 246, f. 156r. Avignone, 17 aprile 1364. In: Lettres secrètes et curiales du pape Urbain V (1362–1370) se rapportant à la France, vol. 1, p. 133, doc. 888, 889.

228 AAV, *Registra Vaticana* 246, f. 166r. Avignone, 17 aprile 1364. In: Lettres secrètes et curiales du pape Urbain V (1362–1370) se rapportant à la France, vol. 1, pp. 134–135, doc. 891. Persino un cavaliere di nome Thomas Ufford, figlio del conte di Suffolk, volendo partecipare alla crociata "pro anime sue remedio", aveva chiesto di potersi aggregare alla Compagnia durante il viaggio, poiché erano della sua stessa nazione. AAV, *Registra Vaticana* 246, f. 156r. Avignone, 20 aprile 1364. In: Lettres secrètes et curiales du pape Urbain V (1362–1370) se rapportant à la France, vol. 1, p. 137, doc. 898.

229 HOUSLEY, The Mercenary Companies, p. 274. Una situazione simile sarebbe avvenuta due anni dopo: Ferdinando ANGELETTI, La lotta alle compagnie di ventura. La confederazione italiana del 1366, in: *Medioevo Italiano* 1 (2014), pp. 5–20.

230 Il 19 luglio 1365 era persino stata assegnata una decima di due anni da parte della Chiesa francese per finanziare i mercenari penitenti diretti alla crociata. AAV, *Registra Vaticana* 247, f. 295r, 320r. Avignone, 19 luglio 1365. In: Lettres secrètes et curiales du pape Urbain V (1362–1370) se rapportant à la France, vol. 3, pp. 327–328, doc. 1884, 1885.

le sue terre.[231] Se ciò non fosse accaduto, Urbano V ordinava a malincuore che il trasporto dei mercenari avvenisse per mare, grazie al naviglio veneziano e di altre città.[232] Arnaud non era stato in grado di contenere gli eccessi dei suoi soldati, che avevano saccheggiato i confini tedeschi, provocando l'opposizione dell'autorità imperiale all'ingresso in Germania. Così era finita la strana crociata dei mercenari nel 1365, mai uscita dalla Francia.[233] Effettivamente le compagnie mancavano totalmente di entusiasmo nella prospettiva di combattere sul fronte ungherese contro i turchi: il loro normale operato consisteva nell'accettare la proposta pontificia, ricevere i sussidi finanziari per il viaggio e poi declinare la partenza. La politica papale non si basava però su premesse totalmente irrealistiche, poiché la partecipazione a una spedizione militare di natura penitenziale possedeva un potenziale invitante dal punto di vista religioso e culturale per i mercenari. I *routiers* non erano esenti da una certa angoscia per la salvezza ultraterrena, come mostrano diverse richieste di assoluzione rivolte alla Chiesa.[234] La tensione crociata aveva un posto importante all'interno del sentimento di milizia cavalleresca a cui pure i venturieri aspiravano. Il confine tra cavaliere errante e mercenario era spesso labile, e in questo senso è stata avanzata l'ipotesi che il *Knight* del poema di Geoffrey Chaucer, in fondo, si discosti poco dalla figura di un *routier*.[235] Inoltre lo stesso papa Urbano V aveva ricordato ai mercenari la possibilità di guadagni terreni

---

231 AAV, *Registra Vaticana* 247, f. 116r. Avignone, 18 giugno 1365. In: Lettres secrètes et curiales du pape Urbain V (1362–1370) se rapportant à la France, vol. 2, pp. 318–319, doc. 1843.

232 "per mare ad partes ultramarinas per Venetorum et aliorum de partibus Italie navigia, quod tamen erit tardius et difficilius". *Ibidem*.

233 L'armata di Arnaud de Cervole, a cui era subentrato nuovamente Bertrand du Guesclin, era stata dirottata in Spagna, nella speranza di impiegarla contro i musulmani. Si sarebbe trovata piuttosto coinvolta nelle guerre civili del trono castigliano. Tentativi simili erano stati compiuti da papa Gregorio XI nel 1375. HOUSLEY, The Mercenary Companies, pp. 275–277.

234 In diverse occasioni i mercenari avevano chiesto indulgenze alla curia avignonese, come a Pont-Saint-Esprit nel 1361. Una delle condizioni poste da Seguin de Badefol per lasciare la città di Anse con la sua compagnia nel 1365 era appunto l'assoluzione. Robert Knolles aveva rinunciato a parte della cifra che la città di Auxerre aveva pagato per il proprio riscatto, in cambio della propria assoluzione da parte di Urbano V nel 1366. La curia nel 1366 aveva specificato che i perdoni concessi non erano validi se i mercenari continuavano con la loro vita di prima, fatta di saccheggi e omicidi. Come afferma con efficacia Norman Housley: "Bad Catholics the *routiers* may have been, but they were not proto-Lutherans". Ivi, p. 278.

235 Su quest'ipotesi: Terry JONES, *Chaucer's Knight: The Portrait of a Medieval Mercenary*, Baton Rouge 1980; John H. PRATT, Was Chaucer's Knight Really a Mercenary?, in: *The Chaucer Review* 22/1 (1987), pp. 8–27.

durante la crociata.[236] In momenti di pace, la via verso Oriente poteva essere una valida alternativa: il problema sembrava piuttosto la distanza dei teatri bellici. Nonostante tutto, anche il sogno di rivolgere le compagnie mercenarie al servizio di Dio era fallito nel corso della seconda metà del Trecento.

I mutamenti sociali, economici e mentali del XIV secolo avevano cambiato anche gli aderenti agli appelli crociati. Chi rispondeva ai richiami papali per un nuovo *passagium*, i ceti aristocratici o gli strati popolari bassi, in preda ad ansie religiose? Le crociate popolari all'inizio del Trecento raccoglievano istanze sociali, attese di eguaglianza ed escatologiche, racchiuse sotto il manto della riconquista della Terra Santa. Lo "spirito di crociata" aveva impregnato una serie di sommosse europee, alimentando un mito della crociata dopo il fallimento dell'epopea d'*Outremer*.[237] La tensione verso i Luoghi Santi aveva coagulato i movimenti messianici, fornendo uno scopo geografico agli scoppi pauperistici, specialmente nel cinquantennio successivo alla caduta di Acri.[238] La situazione delle classi popolari e il contemporaneo peggioramento delle condizioni di vita è stato al centro di dibattiti storiografici. Gli scompensi sembrano comunque testimoniati dalle manifestazioni di malessere, disagio e inquietudine sociale lungo l'intero Trecento, a causa del divario che si era inasprito tra ricchi e poveri. Gli episodi di ribellione violenta vanno dalla *jacquerie* francese del 1358, al tumulto dei Ciompi a Firenze nel 1378, alla rivolta delle Fiandre a partire dal 1379 e alla sollevazione contadina inglese del 1381, fino alle inquietudini della Boemia taborita, in una lunga stagione di rivolte sociali spesso terminate nel sangue.[239] L'ondata sovversiva aveva percorso l'Europa

---

236 Si citavano guadagni "spiritualibus et temporalibus". AAV, *Registra Vaticana* 245, f. 168v. Avignone, 25 maggio 1363. In: Lettres secrètes et curiales du pape Urbain V (1362–1370) se rapportant à la France, vol. 1, pp. 63–64, doc. 487.

237 COHN, I fanatici dell'Apocalisse, pp. 105–126.

238 CARDINI, Per una ricerca sulle "crociate popolari", pp. 239–240.

239 Sulla *jacquerie*: Michel MOLLAT DU JOURDIN / Philippe WOLFF, *Ongles bleus, Jacques et Ciompi, les révolutions populaires en Europe aux XIVe et XVe siècles*, Paris 1970; Pierre RIGAULT / Patrick TOUSSAINT (Ed.), *La Jacquerie entre mémoire et oubli, 1358–1958–2008*, Amiens 2012. Sulla rivolta dei Ciompi a Firenze: *Il tumulto dei Ciompi. Un momento di storia fiorentina ed europea*, Firenze 1981; Alessandro STELLA, *La Révolte des Ciompi: Les Hommes, les Lieux, le Travail*, Paris 1993; Ernesto SCREPANTI, La Politica Dei Ciompi: Petizioni, Riforme e Progetti Dei Rivoluzionari Fiorentini Del 1378, in: *Archivio Storico Italiano* 165/1 (2007), pp. 3–56. Sulla *Paesants' Revolt* inglese del 1381 e sulle inquietudini sociali dell'isola, invece: Rodney HILTON / Trevor Henry ASTON (Ed.), *The English Rising of 1381*, Cambridge 1987; Alastair DUNN, *The Great Rising of 1381: the Peasants' Revolt and England's Failed Revolution*, Stroud 2002; Andrew J. PRESCOTT, 'The Hand of God': the Suppression of the Peasants' Revolt in 1381, in: *Prophecy, Apocalypse and the Day of Doom*, ed. Nigel J. MORGAN, Donington 2004, pp. 317–341; Samuel Kline COHN, *Popular Protest in Late Medieval English Towns*, Cambridge 2013.

intorno al 1380, in coincidenza con il momento di maturità delle generazioni nate dopo la peste.[240] Il nesso tra inquietudine sociale e religiosità è tutt'altro che superficiale in questi movimenti, in cui erano forti le componenti di attesa di rinnovamento e di giustizia evangelica. Le forze religiose, o persino clericali, erano più o meno presenti nei tumulti popolari del XIV secolo, contribuendo alla presa di coscienza anche dei livelli più bassi .[241] Il legame tra crociate popolari, come quelle del 1309 o 1320, e tensioni sociali risulta stretto lungo l'intero Trecento. Il fervore verso il *passagium* oltremare poteva essere destato anche da presunti miracoli o eventi soprannaturali: in coincidenza della spedizione di Smirne del 1343 numerosi abitanti dell'Aquila si erano messi in marcia per andare contro gli infedeli dopo un miracolo cittadino, ma l'impresa era terminata nell'uccisione di ebrei innocenti.[242]

Nella seconda metà del secolo il legame tra rivendicazioni e crociata pare essersi allentato, mentre il mito della guerra dei piccoli contro i padroni trovava altri riferimenti ideali. Le stesse città francesi della Piccardia e della Normandia che avevano dato origine alla crociata dei *Pastoreaux* nel 1320 erano ancora protagoniste delle rivolte del 1381–1382 contro la fiscalità del re, senza però alcun riferimento a Gerusalemme.[243] Una corrente sotterranea di entusiasmo escatologico permaneva anche nella Firenze dei Ciompi.[244] I massacri di ebrei a opera dei flagellanti tedeschi nel 1349 ricalcano gli avvenimenti della prima disordinata crociata dei poveri del 1096, aggiungendo però le aggressioni ai ricchi e facoltosi.[245] Le rivolte sociali successive alla peste avevano ridotto il proprio raggio d'azione e si accontentavano di richieste politiche circoscritte alla situazione particolare, mentre la crociata era scivolata via dalle menti delle frange violente. Il riferimento alla Gerusalemme terrena,

---

240 Raoul Manselli si è interrogato sulla presa di coscienza religiosa all'interno dei fenomeni insurrezionali a partire dal caso fiorentino. Raoul MANSELLI, Dai movimenti religiosi popolari ai movimenti sociali del Trecento, in: *Bollettino della Società di Studi Valdesi* 146 (1979), pp. 39–49; IDEM, *La religiosità popolare nel Medio Evo*, Bologna 1983.

241 Secondo Gioacchino Volpe i fenomeni di origine sociale trovavano nelle motivazioni religiose non tanto le radici del loro esistere, quanto piuttosto i modi espressivi per manifestare e indurre al consenso, una sorta di vernice spirituale che ammantava esigenze pratiche e – anacronisticamente – sindacali. Gioachino VOLPE, *Movimenti religiosi e sette ereticali nella società medievale italiana: secoli XI–XIV*, Firenze 1926. Manselli si è discostato nettamente dalla visione del primo, mostrando piuttosto lo stretto rapporto tra i movimenti religiosi e il malcontento popolare. Raoul MANSELLI, Religiosità e rivolte popolari nell'Europa della seconda metà del Trecento, in: Il tumulto dei Ciompi. Un momento di storia fiorentina, pp. 255–270, qui p. 270.

242 HOUSLEY, The Avignon Papacy and the Crusades, pp. 145–147.

243 COHN, I fanatici dell'Apocalisse, p. 123.

244 MANSELLI, Religiosità e rivolte popolari, pp. 265–268.

245 COHN, I fanatici dell'Apocalisse, p. 168.

nella maggior parte dei casi, non era più funzionale alle attese. A fronte delle sommosse popolari, la storiografia ha spesso descritto la crociata alla fine del Medioevo come una questione riservata all'aristocrazia europea. La partecipazione all'impresa d'oltremare costituiva una componente fondamentale del modello del perfetto cavaliere, al quale il fiore della nobiltà cercava di attenersi. La via nobiliare alla crociata del Trecento risulta effettivamente predominante in quanto partecipazione e narrativa, come hanno mostrato grandi affreschi storiografici, che insistono nell'indicare i tentativi di emulazione di modelli letterari cavallereschi.[246] La discussione sulla cavalleria tardomedievale ha impegnato molti studiosi, che si sono posti in maniere contrastanti nei confronti dell'"ortodossia" di Johan Huizinga.[247] Descrivere un modello

---

246 La lettura Johan Huizinga fa leva sul concetto di crociata autunnale, relegata in un universo quasi fiabesco e in declino. Raymond Kilgour, in sostanziale accordo con lui, ha osservato la crisi della cavalleria medievale nel paragone con la sua fioritura all'epoca delle crociate, in cui la categoria si era distinta per lo zelo nella lotta contro i musulmani. A partire dal XIV secolo essa avrebbe iniziato a confondere il piano dell'illusione con quello della realtà, nell'imitazione di modelli letterari comprendenti la crociata, oltre a giostre e tornei. HUIZINGA, L'Autunno del Medioevo, pp. 105–115; Raymond Lincoln KILGOUR, *The Decline of Chivalry as shown in the French Literature of the Late Middle Ages*, Cambridge 1937. La visione è stata criticata da Maurice Keen, che ha mostrato come questa tendenza fosse presente nelle classi aristocratiche già a partire dal XIII secolo; inoltre è stata mostrata come la partecipazione al torneo avesse carattere anche politico e non solo di spazio ludico e di ostentazione, come teorizzato innanzitutto da Huizinga. Maurice KEEN, Huizinga, Kilgour and the Decline of Chivalry, in: *Medievalia et Humanistica* 7 (1977), pp. 1–20. Su questa discussione: Alessandro BARBERO, Guerra, nobiltà, onore fra Tre e Quattrocento nella storiografia anglosassone, in: *Studi Storici* 27/1 (1986), pp. 173–202, qui p. 177.

247 Nell'ultimo ventennio la storiografia francese è stata particolarmente attenta a un rinnovamento degli studi incentrati sulla cavalleria e sui comportamenti dell'aristocrazia del basso Medioevo. Si segnalano innanzitutto alcune raccolte collettanee: Guerre, pouvoir et noblesse au Moyen Âge; Philippe CONTAMINE (Ed.), *La noblesse en question (XIIIe–XVe s.)*, Paris 2006. Inoltre: Jacques PAVIOT, Le rôle des ordres de chevalerie dans la ritualisation de la cour, in: *Rituels et cérémonies de cour, de l'Empire romain à l'âge baroque*, ed. Delphine CARRANGEOT / Bruno LAURIOUX / Vincent PUECH, Villeneuve d'Ascq 2018, pp. 97–106; IDEM, Un État de noblesse et de chevalerie?, in: *La cour de Bourgogne et l'Europe: le rayonnement et les limites d'un modèle culturel. Actes du colloque international tenu à Paris les 9, 10 et 11 octobre 2007*, ed. Torsten HILTMANN / Franck VILTART / Werner PARAVICINI, Ostfildern 2013, pp. 205–214. L'ambiente italiano è stato meno sensibile alla tematica. Alessandro BARBERO, *La cavalleria medievale*, Roma 1999; Franco CARDINI, *Alle origini della cavalleria medievale*, Bologna 2014; Marco PICCAT / Laura RAMELLO (Ed.), *Epica e cavalleria nel Medioevo. Atti del seminario internazionale, Torino, 18–20 novembre 2009*, Alessandria 2011. Sulle connessioni con i modelli letterari, in particolare nel momento post-rinascimentale: Margherita MESIRCA / Francesco ZAMBON (Ed.), *Il Revival Cavalleresco dal Don Chisciotte all'Ivanhoe (e oltre). Atti del convegno internazionale di studi: San Gimignano, 4–5 giugno 2009*, Pisa 2010.

comportamentale aristocratico tra XIV e XV secolo è in realtà un'operazione complicata.[248] Inoltre, le rappresentazioni artistiche nelle dimore nobiliari presentano pochi esempi di perpetuazione dell'ideale crociato, con la significativa eccezione del ciclo pittorico dei "Nove Prodi". L'esempio più interessante è sicuramente quello del castello della Manta: tra i nove eroi che sintetizzano gli ideali cortesi, fra i tre paladini cristiani vi era Goffredo di Buglione al fianco di Carlo Magno e re Artù, rappresentato in raffinati abiti cortesi, in una delicata festa di fiori, oro e acciaio, mentre sul suo capo stavano intrecciate piume variopinte e tralci d'edera.[249]

L'incentivo alla crociata era però presente nei trattati di educazione dei nobili, che spingevano il giovane a viaggiare per il mondo e combattere l'infedele, così da divenire esperto nel mestiere delle armi. Il trattato di Jean Petit del 1389 invitava ai "voyages d'oultremer, et de Pruce et de Barbarie".[250] Philippe de Mézières, precettore del futuro re di Francia Carlo VI, intendeva formarne il carattere di sovrano perfetto e quindi promotore di un *passagium generale*, tentando di instillare nel giovane la passione oltremarina. Forse grazie a Mézières le gesta di Goffredo di Buglione, elemento fondamentale della propaganda crociata, erano rappresentate nel 1378 nel corso del banchetto offerto all'imperatore Carlo IV in visita a Parigi, sotto gli occhi della nobiltà del paese.[251] Anche l'appartenenza a uno dei numerosi ordini cavallereschi poteva

248 L'inglese Henry de Grosmont, duca di Lancaster morto nel 1361, fornisce con la sua stessa penna un interessante documento in questo senso, stilando un'opera devozionale di stampo autobiografico. Egli mette in luce le contraddizioni tra il tentativo di incarnare l'ideale del perfetto cavaliere cristiano e le passioni dominanti nella società aristocratica del tempo, basata sulla ricerca del piacere in varie forme, dal cibo, al vino e al sesso, al perseguimento del potere, della gloria e di ricchezze. L'onore, cardine di tutto il sistema nobiliare, era dunque legato a un ideale di perfezione interiore o al giudizio della società? John BARNIE, *War in Medieval Society. Social Values and the Hundred Years War 1337–99*, London 1974, pp. 63–64.

249 Lea DEBERNARDI, Le cycle des fresques du Château de la Manta. Quelques considérations sur l'interprétation iconographique, in: *Les neuf preux*, Villeneuve d'Ascq 2016, pp. 115–138; IDEM, *Lo specchio della famiglia: cultura figurativa e letteraria al castello della Manta*, Roma 2019.

250 Il trattato sull'educazione aristocratica di Jean Petit, espresso in forma poetica, si intitolava *Les condicions qui sont requises a l'enfant d'un seigneur a estre droit gentilz*. Un'intera strofa recitava: "Ainsi la belle servira / Et, en la servent s'en yra, / Si tost com se pourra armer, / En ces voyages d'oultremer, / Et de Pruce et de Barbarie. / Et pour Dieu ne s'espairgne mie, / Mais a la mort nostre Seigneur / Vengier mette pleine greigneur / Qu'il pourra, selon sa puissance". Jean PETIT, *Le Livre du champ d'or et autres poèmes inédits*, ed. Pierre LE VERDIER, Rouen 1895, pp. 124–137.

251 Marie RADKOVSKÁ, Le Songe du Vieil Pelerin: l'idée de croisade rêvée et vécue chez Philippe de Mézières, in: *La noblesse et la croisade à la fin du Moyen Âge (France, Bourgogne, Bohême)*, ed. Martin NEJEDLÝ / Jaroslav SVÁTEK, Toulouse 2015, pp. 31–42, qui p. 39.

risvegliare, tra i componenti, il desiderio della difesa della fede cristiana. Un approccio prosopografico contribuisce a svelare la massiccia partecipazione dell'aristocrazia europea alle crociate del secondo Trecento e a evidenziarne i caratteri peculiari. Possediamo liste con i nomi di centinaia di nobili, specialmente francesi e borgognoni, che parteciparono alle spedizioni di Alessandria del 1365[252], di Mahdia del 1390[253] e della crociata ungherese di Nicopoli del 1396.[254] Tra i più celebri, figura l'ammiraglio di Francia, Jean de Vienne, che aveva preso parte alla spedizione di Amedeo VI di Savoia nel 1366, era poi stato in Barberia nel 1390 ed era infine morto nella carica di Nicopoli.[255] Jean Le Meingre, detto Boucicaut, aveva un *curriculum* crociato notevole, con due spedizioni contro i pagani di Prussia nel 1384 e 1385, un pellegrinaggio a Gerusalemme nel 1388–1389, un terzo viaggio di Prussia nel 1390, la crociata di Nicopoli nel 1396, il soccorso a Costantinopoli nel 1399 e una spedizione navale, su galee genovesi, nel 1403.[256] Dozzine di aristocratici franco-borgognoni potevano vantare partecipazioni multiple sui diversi fronti della crociata trecentesca.[257] Jacques, signore di Mametz, è uno dei migliori esempi di crociato aristocratico: compiuto un primo viaggio di Prussia nel 1389–1390, aveva poi accompagnato Luigi di Borbone nella spedizione di Barberia del 1390, era stato pellegrino in Terra Santa nel 1393, l'anno successivo aveva combattuto nuovamente in Prussia e poi contro i turchi a Nicopoli.[258] Queste apparizioni crociate erano inframmezzate, nella vita dei protagonisti, da altre imprese militari

---

Sull'influsso dell'epica crociata di Goffredo di Buglione all'interno della propaganda del XIV secolo: Joan B. WILLIAMSON, Philippe de Mézières et l'influence du cycle de la croisade au 14e siècle, in: *Les Épopées de la Croisade. Premier colloque international* (*Trèves, 6–11 août 1984*), ed. Karl-Heinz BENDER, Stuttgart 1987, pp. 163–169.

252 Edita in: Joseph DELAVILLE LE ROULX, *La France en Orient au XIVe siècle. Expéditions du maréchal Boucicaut*, vol. 2, Paris 1886, pp. 12–13.

253 Léon MIROT, Une expédition française en Tunisie au XIVe siècle. Le Siège de Mahdia (1390), in: *Revue des études historiques* 97 (1931), pp. 357–406, qui pp. 396–406.

254 Per la crociata di Nicopoli: DELAVILLE LE ROULX, La France en Orient, vol. 2, pp. XXII, 78–86; ATIYA, The Crusade of Nicopolis, pp. 144–148.

255 Sulla figura del condottiero francese: Henri-Philibert-André TERRIER DE LORAY, *Jean de Vienne, amiral de France*, Paris 1877.

256 Sulla sfaccettata figura di Boucicaut, oltre alla bibliografia citata successivamente: Dino PUNCUH, Jean Le Meingre detto Boucicaut tra leggenda e realtà, in: IDEM, *All'ombra della Lanterna. Cinquant'anni tra archivi e biblioteche: 1956–2006*, Genova 2006, pp. 299–310.

257 Tra di loro, Jean Prunellé aveva combattuto in Prussia nel 1385, 1390, 1391 e poi a Nicopoli nel 1396; Renaud de Natouillet, imbarcato per Alessandria nel 1365 e per Mahdia nel 1390. Jacques PAVIOT, Noblesse et croisade à la fin du Moyen Âge, in: *Cahiers de recherches médiévales* 13 (2006), pp. 69–84, qui p. 81.

258 Anche Geoffroy de Charny era stato a Mahdia, sul Baltico e nella crociata ungherese, così come Jacques de Courtiambles. Guillaume de La Trémoille invece, con sguardo più mediterraneo, aveva lottato ad Alessandria nel 1365, poi con Amedeo di Savoia a Costantinopoli

legate alla Guerra dei Cent'anni, alla rivolta delle Fiandre nel 1382 o alla spedizione in Scozia nel 1385.[259]

Il ducato di Borgogna, specialmente al tempo di Filippo l'Ardito (1363–1404), sembra l'epicentro del revival cavalleresco, poiché i duchi avevano fatto dello zelo crociato uno strumento politico finalizzato al proprio prestigio.[260] La guerra santa era inscritta nel canone cavalleresco come passaggio necessario per la formazione del giovane nobile. Filippo l'Ardito aveva partecipato alla spedizione di Barberia del 1390 con l'invio di alcuni cavalieri[261]; lo stesso duca nel 1392–1394 intendeva attuare una crociata, ma ancora non sapeva se verso la Prussia o contro i turchi nei Balcani. Così nel maggio 1394 aveva inviato un'ambasciata al Gran Maestro dell'Ordine Teutonico, capitanata da Pierre de La Trémoille con un seguito di 150 balestrieri genovesi.[262] All'avventura ungherese aveva preso parte il figlio primogenito di Filippo, Jean de Nevers, con un vasto seguito di nobili e corredato di ogni comodità e ricercatezza, di sete e di vasellame d'argento, in una processione di scudieri e stendardi ricamati. I cavalieri partivano alla giostra o alla crociata? Anche uno degli eroi di Azincourt, l'inglese sir Thomas Erpingham, aveva alle spalle un passaggio in Prussia e un pellegrinaggio a Gerusalemme, mentre Thomas Despenser, conte di Gloucester, era stato anch'egli contro i pagani del Baltico.[263] In questo *milieu* di uomini d'armi appartenenti alla nobiltà occidentale vi erano inglesi, tedeschi, italiani e ciprioti. Molti dei partecipanti avevano legami di sangue tra di loro e spesso alcuni parenti partecipavano alla medesima crociata. Non sono rare le coppie di fratelli, o di padre e figlio, presenti nella stessa spedizione.[264] Queste adesioni parentali sincroniche paiono sintomo del fatto che ormai la crociata fosse un affare di tradizione familiare. La crociata sembrava aver dismesso i propri panni di voto penitenziale, divenendo appannaggio di un

---

e infine in Barberia. Jacques PAVIOT, La croisade bourguignonne aux XIVe et XVe siècles: un idéal chevaleresque?, in: *Francia* 33/1 (2006), pp. 57–65.

259 Philippe CONTAMINE, "Les princes, barons et chevaliers qui a la chevalerie au service de Dieu se sont ja vouez". Recherques prosopographiques sur l'ordre de la Passion de Jésus-Christe (1385–1395), in: La noblesse et la croisade à la fin du Moyen Âge, pp. 43–68, qui pp. 48–54.

260 Su questo tema si rimanda principalmente allo studio: PAVIOT, Les ducs de Bourgogne.

261 PAVIOT, La croisade bourguignonne, pp. 35–36.

262 Ivi, p. 38.

263 CONTAMINE, "Les princes, barons et chevaliers, p. 53.

264 Per esempio, i fratelli Philippe ed Henri de Bar, morti entrambi a Nicopoli. Alla spedizione di Barberia avevano partecipato ben tre esponenti della famiglia de Jaucourt, ovvero Geoffroy, Guillaume e Philippot, seguendo le orme di Philippe de Jaucourt che era stato ad Alessandria prima di loro. PAVIOT, Noblesse et croisade à la fin du Moyen Âge, pp. 75–78.

ceto di professionisti della guerra. I fronti di battaglia erano divenuti molteplici e interscambiabili, per certi versi addirittura indifferenti. Le crociate mediterranee avevano attratto i nobili del Nord con l'epopea di Pietro I di Cipro, che Philippe de Mézières definisce il "noble et vaillant roi Lion".[265] Altri due nobili di area francofona, Amedeo VI di Savoia e Luigi, conte di Borbone, avevano guidato il soccorso a Costantinopoli e l'impresa in Nord Africa del 1390. L'Ordine Teutonico dalla propria roccaforte di Marienburg conduceva invece una crociata perenne nei paesi baltici, con una serie di *Reisen* annuali.[266]

I viaggi di Prussia erano un elemento costante in molte delle vite avventurose dei nobili, oltre ai campi di battaglia iberici.[267] L'Ungheria, sotto la pressione dei turchi, aveva ricevuto l'attenzione della nobiltà europea. Questa serie di contesti diversi è indicativa della scomparsa di Gerusalemme dall'orizzonte crociato: al *passagium* in Oriente si preferiva la lotta contro l'infedele ovunque le circostanze lo permettessero. L'essenziale era compiere fatti d'arme come nei romanzi cortesi, poco importava se in Prussia o in Barberia, nelle Fiandre o a Granada, al fine di replicare il modello di cavaliere errante alle periferie della Cristianità. Tale modello valicava i confini e i conflitti che dividevano il continente, dando origine a una sorta di "Internazionale crociata" del Nord, i cui requisiti di ingresso erano dettati dal ceto più che dall'obbedienza. Tra gli aderenti all'Ordine della Passione di Philippe de Mézières vi erano francesi, scozzesi e inglesi, che stavano lottando in schieramenti contrapposti. Diversi tra i francesi sarebbero stati uccisi o presi prigionieri ad Azincourt dagli stessi cavalieri inglesi con i quali avevano promesso di partecipare alla crociata. Gli stessi che avevano partecipato a fiere e giostre internazionali, come l'inglese Richard Abberbury, che di ritorno da una *Reise* in Prussia nel 1390 aveva gareggiato direttamente alla *jouste* di Saint-Inglevert.[268] Molti altri nobili crociati erano alla giostra di Saint-Inglevert nel 1390: diversi erano stati in Prussia o sarebbero partiti per l'Ungheria nel 1396.[269] Le logiche dei combattimenti erano completamente scenografiche e mescolavano il piano della finzione a quello della

265 Radkovská, Le Songe du Vieil Pelerin, pp. 33–35.

266 Il fenomeno, che era iniziato nel XIII secolo ed era continuato anche dopo la conversione al cattolicesimo del duca di Lituania, ebbe un brusco arresto con la sconfitta teutonica di Tannenberg del 1410. Sulle crociate del Nord: Eric Christiansen, *The Northern Crusades. The Baltic and the Catholic Frontier 1100–1525*, London 1997.

267 Gli aderenti inglesi all'Ordine della Passione di Philippe de Mézières avevano quasi tutti compiuto una spedizione in Prussia, mentre sono molto più rare le crociate mediterranee e quelle in Ungheria. Contamine, "Les princes, barons et chevaliers, pp. 53–58; Paviot, Noblesse et croisade à la fin du Moyen Âge, p. 79.

268 Contamine, "Les princes, barons et chevaliers, pp. 48–55.

269 Sempre l'inglese Thomas Clifford, dopo aver combattuto in Francia dal 1386, nel 1390 aveva partecipato alla *jouste* di Saint-Inglevert e nel 1391 si diresse in Prussia. Ivi, p. 54.

realtà, anticipando i motivi della sconfitta di Nicopoli.[270] Nel *Grand Tour* che costituiva la vita di molti aristocratici, dalla Provenza alla Scozia, le imprese militari si intervallavano tra di loro in una ricerca di avventura su fronti diversi: la crociata era funzionale all'accrescimento di gloria personale.

Il cavaliere crociato per antonomasia del Trecento, Philippe de Mézières, era espressione di questa stessa mentalità. Philippe, nato nel 1327 da un membro della piccola nobiltà piccarda, aveva iniziato la propria avventurosa esistenza a vent'anni, arruolandosi per un viaggio in Oriente. Aveva visitato Gerusalemme e combattuto contro i turchi, fermandosi poi nel Levante, guidato dal desiderio di liberare i Luoghi Santi. In lui il desiderio di grandezza cavalleresca era accompagnato da una sincera vocazione sia spirituale sia sociale, che lo aveva reso un cavaliere mistico anche quando, disilluso, si era ritirato tra le mura di un convento. Per tanti suoi colleghi aristocratici la questione crociata non aveva la medesima profondità: Philippe de Mézières ne era perfettamente cosciente.[271] Il *Songe du vieil pelerin* è costellato di critiche ai cavalieri che ricoprono con un abito di devozione imprese in realtà mondane, intraprendendo con leggerezza i viaggi di Prussia, Barberia, Granada, Turchia o Ungheria. Essi non si facevano umili pellegrini al servizio di Dio, ma si mettevano in cammino con grandi pompe e simboli della loro vanità.[272] Il ripiegamento verso la dimensione del sogno giungeva in conseguenza alla lunga serie di delusioni. La crociata era niente più che un "songe" di un "vieil pelerin" che aveva lottato contro il suo tempo.[273]

Una sintesi delle contraddizioni della crociata aristocratica è ravvisabile nei *Canterbury Tales* di Geoffrey Chaucer. Nell'opera il primo personaggio a comparire è il *Knight*, il cui ritratto ruota attorno ai due concetti cardine di valore, "worthiness", e saggezza, "wisdom". Il valore non era un solo sinonimo di coraggio, ma racchiudeva in sé una serie più complessa di significati, come l'esperienza sui campi di battaglia; la saggezza, ugualmente, era la piena padronanza

---

270 La giostra di Saint-Inglevert del 1390, svoltasi poco fuori Calais, aveva creato un vasto interesse in tutto l'ambiente aristocratico dell'epoca. Di essa abbiamo almeno cinque differenti testimonianze scritte di diversi osservatori. Vi si era presentato anche il re di Francia Carlo VI sotto mentite spoglie. Sébastien NADOT, *Le spectacle des joutes: Sport et courtoisie à la fin du Moyen Âge*, Rennes 2012, p. 20; Élisabeth GAUCHER, Les joutes de Saint-Inglevert: perception et écriture d'un événement historique pendant la Guerre de Cent Ans, in: *Le Moyen Âge* 102 (1996), pp. 229–243; Craig David TAYLOR, *Chivalry and the Ideals of Knighthood in France during the Hundred Years War*, Cambridge 2013, pp. 94–96.

271 RADKOVSKÁ, Le Songe du Vieil Pelerin, p. 31.

272 CONTAMINE, "Les princes, barons et chevaliers, pp. 62–63.

273 Andrea W. TARNOWSKI, The Consolations of Writing Allegory: Philippe de Mézières' Le songe du vieil pelerin, in: Philippe de Mezieres and His Age, pp. 237–254, qui pp. 237–239.

degli ideali cavallereschi di "trouthe and honour, fredom and curteisie".[274] Il *Knight* partecipa al pellegrinaggio per rendere grazie a Dio di averlo preservato in una lunga serie di scontri militari. La lista di imprese belliche del *Knight* riflette la sua "wisdom": egli era stato ad "Alisaundre" durante la vittoria del 1365[275], aveva cavalcato contro i pagani in "Pruce", in Lituania e in Russia[276]; aveva combattuto contro i mori di Granada nella città di Algeciras[277], poi in Nord Africa attaccando "Belmarye".[278] L'Anatolia aveva conosciuto le sue gesta ad Ayas e Atalya, quando aveva attraversato il "grete see", ovvero il Mediterraneo orientale, con una schiera di nobili e partecipato a battaglie contro l'infedele, fino a Tlemcen in Algeria.[279] Il testo è colmo di riferimenti non chiari.[280] Il *Knight* aveva persino combattuto per l'emiro di "Palatye" (Mileto) contro le altre signorie turche, lasciando intuire aperture verso il mercenariato agli ordini di potentati infedeli, lecito a patto che si dirigesse contro altri musulmani.[281] Tutte le battaglie che facevano parte dell'esperienza del *Knight* erano state combattute contro i nemici della Cristianità, musulmani o pagani, nei diversi angoli del mondo. Chaucer omette tutte le altre vittorie inglesi durante la Guerra dei Cent'anni, non vi sono allusioni a Crécy né a Poitiers, o alle imprese in Piccardia e in Normandia. Il poeta ha preferito inserire episodi molto più oscuri e secondari, al punto da essere oggi di difficile identificazione, che avevano in comune l'unico fatto di essere state combattute in difesa della fede e non contro altri cristiani. Il *Knight* diviene emblema dell'aristocrazia europea: il vero valore e la vera saggezza erano dimostrate nella crociata. La discreta conoscenza di Chaucer dei fatti d'arme iberici o mediterranei mostra

---

274 Geoffrey CHAUCER, *The Works of Geoffrey Chaucer*, Boston 1957, p. 18. Sulla presenza di questi concetti all'interno della figura del *Knight* di Chaucer: Thomas HATTON, Chaucer's Crusading Knight, a Slanted Ideal, in: *The Chaucer Review* 3/2 (1968), pp. 77–87, qui pp. 77–79.

275 "Alisaundre he was whan it was wonne". CHAUCER, The Works, p. 18.

276 "in Pruce, / in Lettow hadde he reysed and in Ruce". *Ibidem*.

277 Tutte le imprese citate sono cronologicamente situate dopo il 1360 e compatibili tra di loro: la figura del *Knight* era idealizzata, e dunque irrealistica nelle sue molteplici partecipazioni, oppure si rifaceva a una possibilità di esperienza reale?

278 Si tratta di Benmarin.

279 "At Lyeys was he and at Satalye, / whan they were wonne; and in the grete see / at many a noble armee hadde he be. / at mortal batailles hadde he been fiftene, / and foughten for oure feith at Tramyssene". *Ibidem*.

280 Non sappiamo cosa significhi che il *Knight* abbia combattuto a Tlemcen, poiché non abbiamo notizie di un raid cristiano nella città nordafricana. Il riferimento è a una delle operazioni antipiratesche in Barberia? Ugualmente, non conosciamo la cavalcata a "Belmarye", nel regno dei Merinidi del Marocco. Cosa voleva dire che aveva affrontato e ucciso il proprio avversario per tre volte?

281 "Somtyme with the lord of Palatye / agayn another hethen in Turkye". *Ibidem*.

l'infiltrazione di notizie dai teatri lontani anche alla corte inglese di Riccardo II.[282] Geoffrey Chaucer aveva inoltre rapporti diretti con Odo de Granson, uno dei più intimi seguaci di Mézières, ed era amico di Lewis Clifford, candidato per l'Ordine della Passione.[283]

Il *Knight* era modesto e umile come indicavano i suoi vestiti scoloriti, senza nessun accessorio che lasciasse trasparire la vanità.[284] A differenza degli altri personaggi dei *Canterbury Tales*, Chaucer non fa sfoggio di nessuna ironia verso di lui. Il *Knight* è l'unico personaggio totalmente positivo tra i componenti della brigata di pellegrini, l'unico al quale il poeta non ammicchi in qualche critica bonaria e verso cui è ravvisabile un rispetto profondo. In fondo è collocato al primo posto.[285] Subito dopo nell'opera giunge l'antitesi del *Knight*: è lo scudiero che lo accompagna, "a yong squier".[286] Figlio del cavaliere, il giovane rappresenta l'altra anima della cavalleria che conviveva e lottava con la concezione del padre. Era snello e innamorato, dai ricci perfetti e dal volto fine.[287] La sua veste dalle lunghe maniche, alla moda del tempo, era il contrappasso dell'austera tunica del padre: lo *Squier* nella sua festa di colori, dedito alla musica e alla ricerca dell'amore di donna pareva uscito da uno dei romanzi cavallereschi.[288] La carriera militare dello *Squier* era infatti complementare

282 Si può notare anche la penetrazione delle idee di Philippe de Mézières nella corte d'oltremanica, come dimostrano i numerosi nobili dell'isola che avevano aderito all'Ordine della Passione. CONTAMINE, "Les princes, barons et chevaliers, pp. 48–49.

283 HATTON, Chaucer's Crusading Knight, p. 86.

284 "And everemoore he hadde a sovereyn prys / and though that he were worthy, he was wys, / and of his port as meeke as is a mayde. / He nevere yet no vileynye ne sayde / In al his lyf unto no maner wight. / He was a verray, parfit gentil knyght. / But, for to tellen yow of his array, / his hors were goode, but he was nat gay. / Of fustian he wered a gypon / al bismotered with his habergeon, / for he was late ycome from his viage, / and wente for to doon his pilgrimage". CHAUCER, The Works, p. 19.

285 Per l'analisi del *Knight* di Chaucer e di ciò che rappresenta: Monica E. MCALPINE, *Chaucer's Knight's Tale: An Annotated Bibliography 1900–1985*, Toronto 1991, pp. 111–168; JONES, Chaucer's Knight; John H. PRATT, Was Chaucer's Knight Really a Mercenary?, in: *The Chaucer Review* 22/1 (1987), pp. 8–27; Gavin HUGHES, Fourteenth-Century Weaponry, Armour and Warfare in Chaucer and Sir Gawain and the Green Knight, in: *Chaucer in Context: A Golden Age of English Poetry*, ed. Gerald MORGAN, Oxford 2012, pp. 83–108. In generale: Muriel BOWDEN, *A Commentary on The General Prologue to The Canterbury Tales*, London 1967.

286 CHAUCER, The Works, p. 19.

287 "A lovyere and a lusty bacheler, / with lokkes crulle as they were leyd in presse. / Of twenty yeer of age he was, I gesse. / Of his stature he was of evene lengthe, / and wonderly delyvere, and of greet strengthe. [...] Embrouded was he, as it were a meede / al ful of fresshe floures, whyte and reede. / Syngynge he was, or floytynge, al the day; / he was as fressh as is the month of may". *Ibidem*.

288 "Short was his gowne, with sleves longe and wyde". *Ibidem*.

a quella del padre: aveva combattuto non contro gli infedeli ma in Francia, "in Flaundres, in Artoys, and Pycardie".[289] Chaucer descrive con ironia il giovane dedito ai piaceri e ai combattimenti mondani.[290] Si trattava delle due anime della cavalleria, una votata al combattimento in nome di Cristo, l'altra alla vanità. Comunque, scelta religiosa o profana, non compare mai alcun richiamo alla Chiesa, all'indulgenza penitenziale o alla direzione operativa del papato. La crociata era divenuta un'impresa totalmente autoreferenziale da parte dell'aristocrazia, che difendeva la fede ma senza alcuna direzione ecclesiastica. Il paladino cristiano decideva dove dirigersi, chi combattere e quando, senza che la ricerca dei benefici spirituali avesse qualche rilievo. In fondo il personaggio più odioso di tutti i *Canterbury Tales* era proprio il *Pardoner*, il venditore di indulgenze. L'indulgenza, sviluppatasi con il *passagium* e ancora a esso collegata nel Trecento, era per Chaucer l'elemento più avverso alla crociata cavalleresca.[291] Il richiamo a Gerusalemme era altrettanto scomparso dall'orizzonte delle spedizioni nobiliari.

La stessa nobiltà non era comunque insensibile al dato religioso, che spesso conviveva con la passione per la gloria e i fatti d'arme. L'inglese sir Lewis Clifford, appartenente a una famiglia di crociati e combattente in Francia e Spagna, era un cristiano devoto e dalla profonda spiritualità.[292] Accanto all'impresa bellica, un'altra modalità in cui esprimere la propria devozione era il pellegrinaggio. Solo poche persone avevano approfittato delle spedizioni crociate per essere nominati cavalieri, mentre la maggioranza preferiva essere ordinata durante il viaggio al Santo Sepolcro.[293] Molti nobili interval-

---

289 *Ibidem.*

290 Lo *Squire* (o *Squier* nella dizione originale in middle-english) è stato soggetto a differenti piani di analisi, specialmente per quanto riguarda le molteplici interpretazioni del suo racconto. Ernest P. KUHL / Henry J. WEBB, Chaucer's Squire, in: *ELH* 6/4 (1939), pp. 282–284; Derek Albert PEARSALL, The Squire as Story-Teller, in: *University of Toronto Quarterly* 34 (1964), pp. 82–92; Chauncey WOOD, The Significance of Jousting and Dancing as Attributes of Chaucer's Squire, in: *English Studies* 52 (1971), pp. 116–118; Stanley J. KAHRL, Chaucer's Squire's Tale and the Decline of Chivalry, in: *The Chaucer Review* 7 (1973), pp. 194–209; Lindsey M. JONES, Chaucer's Anxiety of Poetic Craft: The Squire's Tale, in: *Style* 41/3 (2007), pp. 300–317; Kenneth BLEETH, Orientalism and the Critical History of the Squire's Tale, in: *Chaucer's Cultural Geography*, ed. Kathryn L. LYNCH, London 2014, pp. 21–31.

291 Sulla figura del *Pardoner*, Gregory W. GROSS, Trade Secrets: Chaucer, the Pardoner, the Critics, in: *Modern Language Studies* 25/4 (1995), pp. 1–36; Eugène VANCE, Chaucer's Pardoner: Relics, Discourse and Frames of Propriety, in: *New Literary History* 20/3 (1989), pp. 723–745.

292 CONTAMINE, "Les princes, barons et chevaliers, p. 53.

293 Le menzioni di nobili ordinati cavalieri durante le spedizioni militari sono rare: sappiamo dell'inglese Stephen Scope, che ricevette il cavalierato ad Alessandria nel 1365; di

lavano i combattimenti con pellegrinaggi a Gerusalemme o a Santiago.[294] Il viaggio devoto era persino in contraddizione con la crociata. Nel 1395 un nobile della Champagne, Ogier d'Anglure, aveva compiuto un pellegrinaggio a Gerusalemme ed era tornato a Venezia, dove nel maggio 1396 aveva incontrato Henri de Bar ed Eguerrand de Coucy che si stavano imbarcando per la spedizione d'Ungheria contro i turchi. Tuttavia Ogier, stanco del pellegrinaggio e probabilmente a corto di fondi, aveva preferito tornare a casa. Forse per Ogier, discendente di un'antica famiglia di crociati, l'essenziale era già stato fatto: pregare inginocchiato sul sepolcro di Cristo, più che combattere i turchi nel Balcani.[295] I destinatari e le modalità di partecipazione al *passagium* del secondo Trecento erano mutati. La via popolare alla crociata era scomparsa, mentre le tensioni religioso-escatologiche erano risolte con vie alternative. Al contrario, la crociata aristocratica si muoveva in un orizzonte ideologico nutrito di sogni romanzeschi e comportamenti cavallereschi, in una festa decadente alla ricerca della gloria. La scomparsa del dato penitenziale si accompagnava a quella di un obiettivo geografico, lasciando il posto a un'attitudine crociata in senso lato. Una terza via alla crociata, più sommessa ma più pragmatica, è quella operata dai ceti mercantili mediterranei, che facevano esperienza diretta della complessità del loro mondo e delle relazioni con i musulmani. La consuetudine di rapporto con altre rive spingeva per una conduzione flessibile, improntata al compromesso, ma in grado di raggiungere risultati concreti. La più inaspettata eredità delle crociate e della difesa del Levante cristiano si attuava con i mercanti delle città marittime italiane.

2.2 Genova e Venezia, società in contrazione

Non era stata semplicemente l'idea di crociata a cambiare, ma anche e soprattutto il mondo a cui essa chiedeva una risposta. Gli uomini della seconda metà del Trecento non erano uguali ai loro antenati che avevano ascoltato l'appello di Clermont o che si erano imbarcati alla volta di Gerusalemme. Le società

Guillame de Meuillon a Mahdia nel 1390 e di Jean de Nevers a Nicopoli. Paviot, Noblesse et croisade à la fin du Moyen Âge, p. 83.

294 Gauvignon de Semur, scudiero e coppiere del duca di Borgogna, che fu in Prussia nel 1380, si era diretto in pellegrinaggio a Santiago nel 1383 poco dopo aver concluso la campagna delle Fiandre, aveva combattuto in Barberia nel 1390 e l'anno seguente aveva intrapreso il pellegrinaggio in Terra Santa, fino a partecipare alla carica di Nicopoli del 1396. Paviot, La croisade bourguignonne, p. 57.

295 Ogier d'Anglure, *Le saint voyage de Jherusalem du seigneur d'Anglure*, ed. Françoise Bonnardot / Auguste Longnon, Paris 1878, p. 98.

genovese e veneziana avevano subito mutamenti profondi durante il XIV secolo, entrando in un processo di ridiscussione. Ciò aiuta a illuminare l'apparente scarsa risposta delle due città agli appelli papali. Un mondo in contrazione, cosciente o meno di tale situazione, era naturalmente meno incline a spingersi in imprese oltremare. Certamente le società che in passato avevano espresso esuberanza nell'adesione al richiamo verso *Outremer*, vivevano una situazione di difficoltà nella seconda metà del Trecento.

2.2.1 *Difficoltà economiche*

Sebbene la seconda metà del XIV secolo, per quanto riguarda Genova e Venezia, non possa essere letta totalmente all'insegna della categoria della crisi, sembra registrarsi una contrazione. Vi era stato effettivamente un arretramento economico e demografico, con ripercussioni sul carattere armatoriale e nel dispiegamento navale? Erano coinvolti solo certi settori oppure l'intera società? La storiografia si è interrogata sulla riduzione dei commerci o se questi, grazie alla domanda di beni di lusso, avessero potuto compensare le perdite subite a causa del calo demografico, delle bancarotte e della chiusura delle rotte con l'Estremo Oriente.[296] Data l'importanza del commercio marittimo nelle due città, un dato empirico per valutare questa tendenza depressiva è la dimensione dei convogli pubblici di galee, in particolar modo veneziani, che si erano ridotti nel corso del Trecento. Il picco dell'espansione veneziana si osserva intorno agli anni 1330', momento che aveva visto il più alto numero di galee presenti nelle *mude* annuali, sia dirette in Romania che nelle Fiandre, prima della progressiva riduzione fino ai primi anni del XV secolo.[297] La riduzione del numero di legni nei convogli pubblici di Venezia è tuttavia un dato insicuro,

296 L'aumento della domanda di generi di lusso, verificatasi nel Nord Europa all'indomani del 1348, avrebbe in ogni caso inciso scarsamente nelle dinamiche economiche di Genova e Venezia, che non avrebbero potuto approfittarne perché coinvolte in una pesante guerra fra di loro fino al 1355, che aveva reso stagnante il commercio con il Levante. Il Nord Europa comunque rappresentava solo una frazione delle esportazioni dei due centri. I registri doganali mostrano effettivamente come fossero esportati nelle Fiandre, principale piazza di distribuzione nordica delle merci, solo una fetta compresa tra il 26 e il 28% di merci quali spezie e pepe durante il XIV secolo. KEDAR, Mercanti in crisi, pp. 32–34.

297 Negli anni intorno al 1330 vi erano annualmente all'incirca 8–10 galee grosse che componevano le *mude* veneziane di Romania e del Mar Nero; tra il 1373 e il 1430 il numero medio si era ridotto a 2–3 galee da mercato, con una contrazione di oltre due terzi. I convogli diretti nelle Fiandre subirono un abbassamento meno drastico ma comunque degno di nota: tra il 1328 e il 1334 il loro numero oscillava tra le 4 e le 9 galee grosse, negli anni Novanta si erano ridotte a 3–5. Ivi, pp. 36–37; sulle dimensioni dei convogli anche: Frederic C. LANE, *Storia di Venezia*, Torino 1978, pp. 235; Freddy THIRIET, *La Romanie vénitienne au Moyen Âge. Le développement et l'exploitation du domaine colonial vénitien* (*XII*^{e}–*XV*^{e} *siècles*), Paris 1959, pp. 344–345.

poiché la capacità di carico delle galee mercantili era andata aumentando nel Trecento; in secondo luogo, perché le *mude* rappresentavano solo una parte dei flussi commerciali, che si muovevano anche su cocche e *naves*.[298] Lo sviluppo delle navi a vela e il loro gigantismo, che aveva determinato il forte aumento dei tonnellaggi, era un fenomeno particolarmente rilevante a Genova tra XIV e XV secolo. La crescita delle dimensioni dei vascelli e l'ottimizzazione della loro capacità di carico rispondevano alla cronica carenza di manodopera.[299]

Anche con questa variabile, tuttavia, risulta evidente il calo del volume commerciale nelle due metropoli, a testimonianza di una decadenza economica dei due centri armatoriali rispetto ai decenni precedenti. La storiografia ha già vagliato i prezzi a cui il comune di Genova concedeva in appalto a privati la riscossione dei dazi doganali, utilizzati come specchio dei flussi commerciali. Il valore transitato nel porto di Genova aveva raggiunto il suo apogeo storico nel 1293, dopo la vittoria su Pisa, nel momento di massima prosperità del comune. Un livello simile non era mai più stato toccato nei secoli successivi, nonostante una seconda crescita tardo-trecentesca, non paragonabile comunque al "volo del Grifo" di fine Duecento.[300] In alcuni contributi è stata discussa la contrazione commerciale ligure, legata anche alla svalutazione della lira genovese.[301]

---

298 Sul sistema delle *mude* veneziane e sulla loro contrazione: Doris Stöckly, *Le système de l'Incanto des galées du marché à Venise (fin XIIIe – milieu XVe siècle)*, Leiden-New York 1995. Anche Idem, Le système de l'incanto des galées du marché de Venise: un exemple de réseau mis en place par un État, in: *Espaces et réseaux en Méditerranée, VIe–XVIe siècle*, vol. 2, ed. Damien Coulon / Cristophe Picard / Dominique Valérian, Paris 2007, pp. 23–44.

299 Le cocche erano state introdotte massicciamente nel Mediterraneo a partire dal Trecento. A Genova alle soglie del Quattrocento almeno un quinto delle cocche aveva una capacità di carico di oltre 1.000 botti, mentre quelle veneziane si attestavano su tonnellaggi più ridotti. Per una prima analisi della crescita delle dimensioni delle navi si rimanda a: Antonio Musarra, L'influsso delle marinerie nordiche sullo sviluppo del naviglio mediterraneo: un tema controverso, in: *RiMe* 6 (2020), pp. 15–36; Furio Ciciliot, The Genoese cocha, in: *Archaeonautica* 14 (1998), pp. 191–194; Christiane Villain-Gandossi, La révolution nautique médiévale (XIIIe–XVe siècles), in: *The Sea in History. The Medieval World/ La mer dans l'histoire. Le Moyen Âge*, ed. Michel Balard, Woodbridge 2017, pp. 70–89.

300 Questi dati non sono in grado di fornire indicazioni sulla totalità delle merci transitate nel porto ligure, quanto piuttosto possono essere utilizzati come metro per le tendenze di lunga durata nell'ampliamento o riduzione del flusso commerciale. Il commercio genovese aveva conosciuto una notevole crescita all'indomani alla vittoria della Meloria del 1284, registrando il suo massimo storico nel 1293, quando la previsione del valore minimo delle merci che sarebbero transitate nel porto della capitale aveva toccato la cifra altissima di 2.940.000 lire genovesi. Il 1371 era stata invece l'annata più prospera del Trecento. Kedar, Mercanti in crisi, pp. 202–203.

301 Già Roberto Sabatino Lopez ha messo l'accento su questi dati, rilevando le oscillazioni trecentesche del commercio marittimo genovese. Roberto Sabatino Lopez, Market

A Genova una riduzione ancora più accentuata degli scambi commerciali era avvenuta dopo il 1371, toccando il loro punto più basso intorno al 1400.[302] Lo studio delle dogane genovesi del 1376–1377 induce a far ritenere la congiuntura internazionale come particolarmente sfavorevole per il commercio ligure.[303] La rete di rapporti su cui si basava Genova fungevano da sismografo delle scosse del mondo esterno, mostrando il declino del commercio genovese con il Levante nella seconda metà del Trecento.[304] Oltre alla riduzione delle merci, è registrabile un cambiamento delle stesse, con una crescente specializzazione su alcune tipologie e una divisione di ruoli tra mercanti genovesi e veneziani.[305] Il calo degli introiti doganali del porto di Genova è comunque un tasso non del tutto affidabile, data la perdita di importanza dello scalo ligure nelle

expansion: the case of Genoa, in: IDEM, *Su e giù per la storia di Genova*, Genova 1975, pp. 43–62, qui pp. 49–51. Sullo studio precedente: Heinrich SIEVEKING, *Aus Genueser Rechnungs und Steuerbüchern*, Wien 1909, pp. 48–55. La svalutazione della lira genovese, avvenuta nel corso del secolo, aveva contribuito a ridurre ulteriormente il valore effettivo dell'andamento del traffico, al di là del dato nominale. Una lira genovese conteneva 56 grammi di argento nel 1288, mentre solo 29,18 nel 1370. Luigi Tommaso BELGRANO, *Della vita privata dei Genovesi*, Genova 1875, p. 515. Il prezzo dell'appalto doganale del 1371, sebbene dal punto di vista della cifra sia l'81% del picco massimo del 1293, se calcolato in argento si riduce in realtà al 43% dell'apice duecentesco. La lista completa dei valori minimi delle merci che si prevedeva sarebbero passati per il porto di Genova tra il 1274 e il 1400 è fornita in: KEDAR, Mercanti in crisi, pp. 202–204.

302 Per l'anno 1400 la previsione degli introiti doganali era di solo 912.000 lire. John DAY, *Les douanes de Gênes, 1376–1377*, vol. 1, Paris 1963, p. XXIII.

303 Genova aveva subito pesanti ripercussioni a partire dalla crisi delle economie monetarie europee. Ivi, pp. XXXV–XXXVI.

304 Eliyahu ASHTOR, Il volume del commercio levantino di Genova nel secondo Trecento, in: *Saggi e Documenti*, vol. 1, Genova 1978, pp. 389–432.

305 A fine Duecento era presente nello scalo genovese un ampio ventaglio di prodotti di tutti i tipi, mentre durante il XIV secolo i genovesi si erano specializzati nello scambio di merci pesanti, tra cui il monopolio dell'allume, poi il grano, il guado, il vino e la frutta secca. I veneziani, che avevano mantenuto la rotta verso Alessandria, avevano continuato a occuparsi di merci sottili, di spezie e di beni preziosi. Enrico BASSO, Tra apogeo, crisi e trasformazioni: gli spazi economici di Genova nel Trecento fra Mediterraneo, Atlantico e Mar Nero, in: *Spazi economici e circuiti commerciali nel Mediterraneo del Trecento. Atti del Convegno internazionale di studi, Amalfi, 4–5 giugno 2016*, ed. Bruno FIGLIUOLO / Giuseppe PETRALIA / Pinuccia Franca SIMBULA, Amalfi 2017, pp. 185–207, qui pp. 191–192. I genovesi portavano in Egitto inoltre olio, corallo e frutta secca, mentre importavano comunque in Europa spezie, in particolare pepe. Una vera e propria esplosione fu quella del mastice di Chio, che a partire dalla presa dell'isola nel 1346 divenne una delle voci principali del commercio genovese. Damien COULON, "Ad partes Alexandrie": les relations des Génois avec l'Égypte du XIe au XVe siècle, in: *Genova. Una "porta" del Mediterraneo*, vol. 1, ed. Luciano GALLINARI, Cagliari 2005, pp. 63–90, qui p. 82.

rotte commerciali dei suoi stessi abitanti.[306] Alla crisi del commercio levantino avrebbe comunque corrisposto una riconversione di sguardo dei genovesi verso Occidente, fenomeno divenuto evidente nel XV secolo.[307] Sia a Genova che a Venezia il picco dell'espansione commerciale era comunque stato raggiunto prima del 1350 e i livelli successivi erano sempre stati più bassi.[308]

La crescita schiacciante del debito pubblico dei due comuni è un altro dato indicativo delle difficoltà economiche veneto-genovesi, mostrando percorsi paralleli tra le due città. La mole delle spese pubbliche dei governi era cresciuta con il crescere dei traffici internazionali e con lo scontro con altre realtà commerciali. Il crescere dei bisogni straordinari di natura diplomatica o militare aveva spinto i comuni alla ricerca di entrate ulteriori, ottenute grazie ai mutui di privati. Genova e Venezia, pur in maniera diversa, avevano costruito un meccanismo per il rimborso dei propri creditori privati e nella formazione di un debito pubblico consolidato.[309] Il centro ligure era passato attraverso varie fasi di sperimentazione, con la prima *compera* del XII secolo, poi l'inasprimento del peso fiscale, i mutui forzosi e infine i prestiti volontari, sui cui le autorità avevano deciso di puntare. Alla metà del Duecento il comune si era svincolato da un termine temporale fisso per la restituzione del capitale ai prestatori. La seconda *compera* genovese era un prestito che il comune riceveva dal cittadino promettendo una sua restituzione in futuro: fino ad allora, cedeva al creditore un certo introito fiscale pubblico, pari al solo interesse del capitale fornito. Il debito doveva invece ancora essere risolto quando il comune lo avesse deciso. Il debito pubblico era suddiviso in quote da 100 lire genovesi, dette *luoghi*, liberamente vendibili sul mercato. Questo meccanismo, entrato a pieno regime

---

306 Le galee e le navi genovesi disertavano sempre più la madrepatria, che aveva perso il proprio ruolo centrale di collettore delle merci rispetto alla navigazione dei suoi cittadini, a differenza di Venezia. Enrico Basso pone questo dato come un'indicazione a riconsiderare la profondità della crisi, il cui studio è stato appunto basato primariamente sulla contrazione del traffico portuale della città. BASSO, Tra apogeo, crisi e trasformazioni, pp. 203–205. Le obiezioni a quest'osservazione, tuttavia, possono essere concentrate nel rilevare gli sforzi fatti dalle autorità genovesi, che cercavano comunque di tassare anche le navi genovesi che disertavano la propria città, scegliendo scali dove la tassazione fosse meno gravosa. Ha rilevato la natura policentrica del commonwealth genovese anche: COULON, "Ad partes Alexandrie", p. 88.

307 Riguardo la "riconversione a Occidente" dei mercanti liguri, si veda: Geo PISTARINO, *I Gin dell'Oltremare*, Genova 1988, pp. 409–488; IDEM, *I Signori del mare*, Genova 1992, pp. 377–464; Arturo PACINI, I presupposti politici del "secolo dei Genovesi". La riforma del 1528, in: *Atti della Società Ligure di Storia Patria, n.s.* 30 (1990), pp. 7–48.

308 KEDAR, Mercanti in crisi, p. 41.

309 Su questi temi, tra la grande produzione di Felloni: Giuseppe FELLONI, Struttura e movimenti dell'economia genovese tra Due e Trecento. Bilanci e prospettive di ricerca, in: IDEM, *Scritti di storia economica*, vol. 2, Genova 1998, pp. 955–976.

agli inizi del Trecento, costituiva la grande ossatura del debito genovese.[310] Il comune, nel suo momento di massimo splendore commerciale, era stato in grado di estinguere i debiti e riscattare le rendite impegnate, ma dal XIV secolo la situazione finanziaria pubblica si era aggravata, impedendo la restituzione dei prestiti. Aveva così preso forma il primo debito pubblico consolidato permanente, via via unificato in diverse *compere* in diversi momenti di assestamento, lungo il Trecento, e soggetto a parziali bancarotte del comune.[311] La vicenda veneziana si presenta più lineare e l'aumento delle imposte era stato seguito già dal 1171 da mutui forzosi a tempo indeterminato operati dai cittadini, raggruppati in sestieri. I prestiti, un misto tra obbligati e volontari, colpivano tutti coloro con un reddito superiore a un minimo fissato per legge e il capitale fornito era soggetto a un interesse variabile. Il regolare pagamento degli interessi durante il XIII e la prima metà del XIV secolo aveva aumentato la fiducia del mercato nella concessione di mutui al comune di Venezia. Anche in questo caso le quote erano liberamente scambiabili tra i privati.[312]

In entrambe le città lungo il Trecento l'ammontare del debito pubblico era cresciuto in maniera impressionante. A Genova nel XIV secolo lo scompenso tra uscite ordinarie e straordinarie era fortissimo: il bilancio del 1377, per esempio, mostrava spese di gestione ordinaria pari a quasi 32.000 lire, a cui si affiancavano circa 76.000 lire di spese straordinarie, tra cui quelle per l'armamento di galee, ma soprattutto 175.000 lire destinate al pagamento degli interessi del debito pubblico.[313] Dal 1274 al 1407 il totale del debito pubblico nel centro ligure era cresciuto da 300.000 a 4,8 milioni di genovini d'oro; il comune aveva ripudiato nel corso di vari momenti di assestamento circa 1,5 milioni, ottenendo nel 1407 un debito riconosciuto di circa 3 milioni.[314] Si tentava di porre rimedio aumentando gli introiti dovuti ai dazi e alla tassazione, poiché

310 Una grande descrizione delle varie fasi a Genova è operata in: Giuseppe FELLONI, Ricchezza privata, credito e banche: Genova e Venezia nei sec. XII-XIV, in: *Genova, Venezia, il Levante nei secoli XII–XIV. Atti del convegno internazionale di studi, Genova-Venezia, 10–14 marzo 2000*, ed. Gherardo ORTALLI / Dino PUNCUH, Genova 2001, pp. 295–318, qui pp. 302–304.

311 Sulle quote del debito pubblico genovese: Domenico GIOFFRÈ, La ripartizione delle quote del debito pubblico nella Genova del tardo '300, in: *La storia dei Genovesi*, vol. 2, Genova 1982, pp. 139–153; Heinrich SIEVEKING, Studio sulle finanze genovesi ed in particolare sulla Casa di S. Giorgio, in: *Atti della Società Ligure di Storia Patria* 35 (1906).

312 Ivi, pp. 305–306; si veda soprattutto: Gino LUZZATTO, *Il debito pubblico della repubblica di Venezia dagli ultimi decenni del XII secolo alla fine del XV*, Milano-Varese 1963; IDEM, *I prestiti della Repubblica di Venezia (sec. XIII–XV). Introduzione storica e documenti*, Padova 1929.

313 Domenico GIOFFRÈ, *Il debito pubblico genovese. Inventario delle compere anteriori a San Giorgio o non consolidate nel Banco (Sec. XIV–XIX)*, Milano 1967, pp. 16–17.

314 FELLONI, Ricchezza privata, p. 305.

a ogni *compera* si legava un tributo. Il carico fiscale era dunque in costante aumento tramite strappi dovuti a situazioni di emergenza che aumentavano il volume delle imposte, mantenuto alla stessa soglia fino all'emergenza successiva. La moltiplicazione delle *compere* si accompagnava alla riscossione di nuove tasse, rendendo il peso fiscale insostenibile e aumentando l'evasione.[315] La fuga fiscale dalla città era un fenomeno grave e accentuato in momenti critici di elevata imposizione.[316] Il precorso trecentesco di Venezia era stato simile, con una rapida crescita delle spese militari e di conseguenza dei prestiti. Nel 1343–1344 il comune aveva speso all'incirca 250.000 ducati, di cui 20.000 per gli interessi sul debito pubblico consolidato; nel 1381 invece, al termine della guerra di Chioggia, solo gli interessi del debito avevano toccato i 250.000 ducati.[317] Il governo lagunare era sempre riuscito a versare gli interessi ai creditori e a restituire i prestiti ricevuti, guadagnandone un alto tasso di affidabilità, ma a partire dal 1363 erano cessate le restituzioni di capitale anche a Venezia. Nel 1375 il comune aveva dichiarato la possibilità di riacquistare i titoli secondo il prezzo di mercato: i prestiti erano divenuti un credito perpetuo.[318] La fiscalità della laguna si era appesantita di conseguenza, come testimoniato dalle cifre richieste per gli incanti di generi alimentari.[319] Dopo la guerra di Chioggia, diversi contribuenti erano andati in rovina per l'eccesso di oneri fiscali, mentre l'ammontare degli interessi era sceso di percentuale, toccando la bassa cifra del 3–4%. Tra il 1279 e il 1404 il debito pubblico consolidato a Venezia era cresciuto da 200.000 a 5,4 milioni di ducati d'oro.[320]

---

315 Giuseppe FELLONI, La memoria del fisco. L'archivio della Casa di S. Giorgio, in: *Spazi per la memoria storica. La storia di Genova attraverso le vicende delle sedi e dei documenti dell'Archivio di Stato. Atti del Convegno internazionale, Genova, 7–10 giugno 2004*, ed. Alfonso ASSINI / Paola CAROLI, Roma 2009, pp. 509–516, qui pp. 510–511.

316 Durante conflitto con Venezia, nel marzo 1380, il comune aveva emanato un provvedimento contro tutti coloro che avevano abbandonato Genova dopo la dichiarazione di guerra per non versare le *avarie* straordinarie. Nell'incapacità di prendere provvedimenti, gli evasori erano assolti nel caso fossero tornati entro due mesi e avessero pagato le imposte dovute, altrimenti sarebbero stati sottoposti al bando dalla città e da tutte le colonie. ASGe, *Archivio Segreto, Diversorum* 496, f. 65r.-66v., doc. 110. Genova, 19 marzo 1380.

317 Jean-Claude HOCQUET, *Denaro, navi e mercanti a Venezia 1200–1600*, Roma 1999, p. 34.

318 Ivi, p. 39.

319 Si possono compiere alcune osservazioni rispetto alla tassa sulla carne, dove il comune di Venezia cedeva il monopolio a chi riforniva di carne la città. L'incanto era di 6635 libbre a grosso nel 1285, ma arrivò a ben a 93.514 libbre a grosso nel 1436. Oltre al cambio di abitudini alimentari e l'indebolimento della libbra, è evidente soprattutto l'appesantimento della fiscalità cittadina. Ivi, p. 26.

320 FELLONI, Ricchezza privata, p. 307. Si veda anche: Frederic C. LANE, Sull'ammontare del "Monte vecchio" di Venezia, in: LUZZATTO, Il debito pubblico della repubblica di Venezia, pp. 275–292, qui p. 283.

I titoli di stato potevano passare di mano in mano, dando origine a una forte speculazione finanziaria. Venezia aveva tentato in tutti i modi di ridurre il debito pubblico, giungendo a una parziale bancarotta nel 1382 con la quale il governo aveva autorizzato il rimborso del debito con buoni ripresi al 60% del loro valore originario.[321] Venezia tuttavia non rinunciò mai alla piena sovranità finanziaria nei confronti dei suoi creditori, mentre Genova sarebbe divenuto ostaggio dei propri investitori.[322] Verso la fine del Trecento si era rotta la fiducia tra comune e prestatori, a causa del forte carico fiscale: tra i ceti benestanti della laguna cresceva la sfiducia a investire nel debito pubblico.[323] Il debito pubblico era cresciuto di più a Venezia che a Genova in termini assoluti, ma la popolazione genovese era poco più della metà di quella veneziana. Il debito pro capite era dunque molto più pesante per i cittadini liguri che non per i veneti: i primi erano passati da 8 a 92 genovini a testa, mentre i secondi da 2 a 49 ducati.[324] L'espansione e il mantenimento del sistema genovese avevano richiesto ai suoi abitanti sforzi molto più elevati che non a Venezia, a causa della sproporzione demografica tra i due centri. Se tale aumento di spesa pubblica è stato letto all'insegna di un precoce processo di *state-building*, per i casi genovese e veneziano sembra più adeguato parlare di *fiscal-military state*, poiché i comuni avevano ampliato le proprie spese nel Trecento principalmente per rispondere a bisogni militari.[325] L'aumento delle spese straordinarie era quasi sempre legato a emergenze conflittuali, come si nota nella successione delle *compere* genovesi della seconda metà del XIV secolo, prima della loro

---

321 HOCQUET, Denaro, navi e mercanti a Venezia, p. 42.

322 LUZZATTO, Il debito pubblico della repubblica di Venezia, p. 135. Molho ha stemperato la visione dello storico italiano, che rischiava di categorizzare in maniera troppo netta i rapporti tra politica e fiscalità. Anthony MOLHO, Tre città-stato e i loro debiti pubblici. Quesiti e ipotesi sulla storia di Firenze, Genova e Venezia, in: *Italia 1350–1450: tra crisi, trasformazione, sviluppo. Atti del tredicesimo convegno di studi, Pistoia 10–13 maggio 1991*, Pistoia 1993, pp. 185–215, qui pp. 210–211.

323 Ivi, pp. 212–213.

324 FELLONI, Ricchezza privata, p. 317.

325 Per una generale definizione di *state-building*: Aidan HEHIR / Neil ROBINSON, *State-building. Theory and practice*, London 2007. Sulla formazione dello stato nel Medioevo: Giorgio CHITTOLINI, *La formazione dello stato regionale e le istituzioni del contado*, Torino 1979; *Origini dello Stato. Processi di formazione statale in Italia fra medioevo ed età moderna. Convegno storico (Chicago, 26-29 aprile 1993)*, ed. IDEM, Bologna 1994. Il *fiscal-military state* è un oggetto storiografico tipicamente affrontato sugli studi di Età Moderna e legato alla più generale questione della rivoluzione militare. Sulla definizione di *fiscal-military state* applicata al caso genovese: Steven A. EPSTEIN, Genoa and the Crusades. Piety, credit and the fiscal-military state, in: *Oriente e occidente tra medioevo ed età moderna. Studi in onore di Geo Pistarino*, vol. 1, ed. Laura BALLETTO, Genova 1997, pp. 245–259.

unificazione della *compera* di San Giorgio.[326] La guerra di Chioggia aveva dato origine alla gigantesca *Compera nova Sancti Pauli*: in soli tre anni il debito pubblico era quasi raddoppiato.[327]

L'abbassamento delle entrate commerciali e il contemporaneo acuirsi di situazioni di crisi internazionale avevano fatto sì che le spese non potessero più essere ammortizzate o risolte con entrate ordinarie o doganali, com'era avvenuto in precedenza. I conflitti obbligavano al ricorso frequente di prestiti di privati per sopperire alle carenze del comune; prestiti che a loro volta aggravavano la mole del debito pubblico. Era iniziato un circolo vizioso: più guerre significavano più soldi in prestito, ovvero più debito pubblico consolidato; il potere pubblico era divenuto incapace di restituire i capitali e persino di fornire gli interessi, aggravando la propria situazione economica perché le casse del comune erano sempre più vuote; si era ridotta così anche la capacità di armamento, che era il motivo per cui erano stati effettuati i prestiti.[328] Il debito pubblico in questa situazione era indice di una debolezza finanziaria – e militare – dell'ente comunale, ma non dei cittadini che in molti casi si erano arricchiti. Pur senza operare una divisione troppo netta tra stato e privati a quest'altezza cronologica, è possibile notare come alla fragilità del sistema pubblico potesse corrispondere la prosperità di individui, famiglie o consorzi. Uno spoglio sistematico delle *compere* genovesi e dei prestiti veneziani potrebbe mostrare le famiglie arricchite. Si trattava di una crisi economica del comune e di molti, ma non di tutti.

I registri delle compere genovesi sono in gran parte non ancora sondati e contengono una mole immensa di dati. La spedizione di Mahdia del 1390 aveva generato una *compera* "crociata", di importo 100.000 lire – una cifra alta

326 La *Compera magna Venetorum*, istituita nel 1350 a causa della guerra con veneziani e catalani, consisteva in un prestito forzoso di 300.000 lire, insieme alla seguente *Compera parva Venetorum* del 1353; sempre nel corso della guerra era stata operata la *Compera Catalanorum* per armare la squadra di Filippino Doria contro i catalani; la *Compera Monaci* doveva finanziare la spedizione del 1357 contro i ribelli di Monaco, mentre la *Compera Finarii* del 1365 era finalizzata ad allestire l'armata del doge Gabriele Adorno contro la ribellione dei marchesi di Finale; la *Compera de Barberia* era sorta in occasione dell'impresa di Mahdia del 1390 e aveva valore di 100.000 lire; tutti questi mutui erano poi stati racchiusi in quella che è denominata *Compera vetus Sancti Pauli*. GIOFFRÈ, Il debito pubblico genovese, pp. 169–203.

327 I prestiti totali erano stati pari all'esorbitante somma di 1.195.000 lire, con un tasso di interesse medio intorno all'8–10%. Ivi, p. 207.

328 A carattere generale, tra gli studi sul debito pubblico tardomedievale si segnala: Maria GINATEMPO, *Prima del debito. Finanziamento della spesa pubblica e gestione del deficit nelle grandi città toscane (1200–1350 ca.)*, Firenze 2000; IDEM, Il Finanziamento del deficit pubblico nelle città dell'Italia centrosettentrionale, XIII–XV secolo, in: *Barcelona. Quaderns d'història* 13 (2007), pp. 29–57.

se rapportata a una singola spedizione navale –. Il mutuo, emesso nel maggio 1390 per l'allestimento della flotta, aveva un interesse del 7%. Nell'elenco degli investitori sono presenti molti esponenti di spicco della vita cittadina genovese del momento: vi sono membri di tutte le maggiori famiglie, anche con investimenti medio-bassi. Era una pratica diffusa nel centro marittimo, da cui nessuno voleva essere escluso. L'ammontare di gran parte degli investimenti sarebbe poi mutato nel giro di pochi mesi per l'intensa compravendita dei *luoghi*. Al di là delle quote comprate dal comune stesso, il maggiore investitore era stato la Maona di Cipro[329], seguita dai nomi di grandi mercanti o banchieri. La pratica degli investimenti era tuttavia diffusa in tutti gli strati della società. Nelle liste si incontrano molte eredità investite; numerosi enti partecipano al mutuo di Barberia, tra cui diversi monasteri[330]; persino il comune di Noli aveva acquistato *luoghi* per 800 lire.[331] Numerose donne partecipavano a proprio nome alla compera. Gli investimenti coinvolgevano, oltre agli uomini d'affari, anche appartenenti ai ceti artigianali, anticipatori anche di cifre consistenti: si trattava di armaioli, notai, formaggiai, speziali, drappieri, mogli di calafati, persino ex schiave.[332] Il sistema del debito pubblico era divenuto occasione di guadagno per larghi segmenti della società, non relegati all'oligarchia mercantile. Lo stesso fenomeno è riscontrabile anche a Venezia.[333]

---

329 Nel novembre aveva anticipato ben 12.000 lire. ASGe, *Compere e mutui anteriori a San Giorgio o non consolidate*, reg. 1205, f. 154r.

330 Diversi monasteri genovesi parteciparono al mutuo di Barberia del 1390, come si evince dal registro 1205. Il monastero San Nicola de Vallechiara investì 100 lire: Ivi, f. 124v.; come anche l'abbazia di San Gerolamo di Quarto, che prestò la stessa cifra: Ivi, f. 130r. Fecero un piccolo prestito di 50 lire invece i monasteri di San Bartolomeo: Ivi, f. 122r.; e Santa Caterina: Ivi, f. 123v.

331 Ivi, f. 38v.

332 Vi erano i "coyrazarius" Giovanni de Recco e Nicola de Caniza. Ivi, f. 103v., 135r. Poi Giovanni Corsio "formaiarus". Ivi, f. 94v. Giovanni de Leonardo "speciarum" aveva investito 200 lire. Ivi, f. 95r. Ianuynus de Beforti "draperius" prestò 200 lire. Ivi, f. 97r. Così anche Ianotus de Carmo. Ivi, f. 99r. Si registra la cifra di 200 lire per Giovanni Fieschi "iurisperitus". Ivi, f. 99v. Isolta, moglie di Domenico de Stagno "calafati", investì 150 lire. Ivi, f. 100v. Magister Giorgio de Sarzana "fixicus" mise 100 lire. Ivi, f. 127v. Magdalena, "olim sclava" di Giovanni Centurione, aveva investito i suoi risparmi nella compera, ovvero 50 lire. Ivi, f. 125r.

333 L'accesso agli investimenti residuali da parte di persone umili è un fenomeno riscontrabile anche a Firenze e Venezia. Essi cercavano di aprire magari un fondo dotale o trarne un piccolo profitto. MOLHO, Tre città-stato e i loro debiti pubblici, p. 209.

Tabella 1

GENOVA, COMPERA DI BARBERIA, ANNO 1390
100.000 lire, interessi del 7%

Maggiori possessori dei *luoghi* nel maggio-novembre 1390 (prima compera del 1390: ASGe, *Compere e mutui anteriori a San Giorgio o non consolidate*, reg. 1205)	**Ammontare in lire genovesi** (investimento iniziale di ciascuno prima della compravendita)
Comune di Genova	6.250 (maggio, a nome degli ufficiali Luchino de Carlo e Bartolomeo Salveto) 23.750 (novembre, a nome degli ufficiali Luchino de Carlo e Guirardo Caparagia)
Procuratori della Maona di Cipro	12.000
Società di: Domenico de Promontorio, Pietro Scotus, Pellegrino Marabotto, Guirardo Salvago	5.000
Giovanni Paolo Taddei di Castello	
Lodisio Cattaneo	4.500
Cosma Lomellini "bancherius"	4.000
Aymonetus Rotaris	3.000
Bartolomeo de Canneto de Casanova	
Francesco Salvus "bancherius"	2.600
Giovanni "filio Odoni quondam domini dominixi de Placentia"	1.600
Cosma Tarigo	1.500
Giacomo Squarciafico	
Pietro Usodimare	1.300
Manuele de Guizulfis	1.250
Percivale Vivaldi	1.200
Antonio Cicogna	
Carlo Cattaneo	
Raffaele de Laurenciis	1.100

Tabella 1 (*cont.*)

GENOVA, COMPERA DI BARBERIA, ANNO 1390
100.000 lire, interessi del 7%

Roffinus Proana	
Sorleone Lecavelli	
Teramo Vivaldi	
Antonio Giustiniani	
Batista Luxardo "bancherius"	
Dagnanus Adorno	1.000
Dorino Doria	
Giorgio Lomellini	
Ginevra *filia* Antoniotto Adorno *et uxor* Dorino Doria	
Giovanni Centurione	
Giacomo Tharonus	
Ugerio de marchionibus Ponzoni	
Luchina *filia* Cassano Salvago *et uxor* Bartolomeo Saliceti	900
Andrea Maruffo	
Benedetta Centurione	800
Comune di Noli	
Isabella "filia quondam Gotifredus Imperiale"	
Perotus Ricius	750
Orieta Lomellini	
Francesca "filia quondam Franciscus Italianus"	700
Giovanni de Podio	
Pietro Garbena di Monterosso	625
Marietta "filia Thoma Cataneus"	
Obertino de Montesia	
Raffaele Doria	
Sarvagia *uxor* Ambrogio Centurione	
Tommaso Cattaneo e fratello	
Blanchina Lomellini *uxor* Napoleone Doria	
Blanchina Grillo	600
Chilico Doria	
Caracosa de Andrea	
Domenico Paruchus	
Ettore de Alineis "notarius"	
Federico de Promontorio	
Giovanni de Recco "coyrasarius"	

Il debito pubblico dei due centri marittimi italiani, a cui è possibile aggiungere il caso fiorentino, dimostra in ogni caso la capacità dei comuni di ottenere denaro liquido per le loro esigenze dai propri concittadini e non da investitori stranieri.[334] Il debito veneziano e genovese era rimasto dunque, per tutto il XIV e XV secolo, saldamente nelle mani di investitori veneziani e genovesi. I comuni d'altronde erano privi di vasti territori da cui attingere risorse, a differenza delle monarchie nazionali, ed erano costretti a ricorrere a prestiti. I debiti pubblici consolidati erano finiti per arricchire una parte della popolazione delle due città, andando a detrimento dell'autorità dell'istituzione politica.[335] La speculazione finanziaria sulle compravendite dei *luoghi* da un lato aveva dato un grande impulso allo sviluppo di quell'economia finanziaria che avrebbe rappresentato la fortuna dei banchieri genovesi dei secoli successivi; dall'altro, aveva distolto capitali dagli investimenti mercantili, contribuendo alla stessa contrazione commerciale. La nascita e l'utilizzo del *moltiplico*, in ambiente genovese, sono sintomatici della direzione degli investimenti.[336] Il XIV secolo è stato un momento di mutazioni economico-finanziarie a Genova e Venezia, mostrando comunque un minore ardimento commerciale in favore di una speculazione "domestica".

2.2.2 *Difficoltà marittimo-navali*

Un fattore con cui verificare l'effettivo arretramento trecentesco delle due città è l'analisi della capacità navale di Genova e Venezia. La capacità dei centri armatoriali di mettere in mare un cospicuo numero di legni era andata crescendo nel corso del Duecento, grande periodo di espansione legato alle crociate, agli affari orientali e ai conflitti mediterranei. A causa della mancanza di fonti è quasi impossibile, tuttavia, analizzare l'effettiva consistenza dei navigli privati nel Trecento, sia a Genova che a Venezia, poiché non esisteva un registro generale dei legni privati immatricolati. È invece praticabile l'indagine delle flotte pubbliche messe in campo da Genova e Venezia in situazioni emergenziali della seconda metà del XIV secolo, per mostrare le risorse navali che i comuni erano in grado di mobilitare. Ciò è un termometro indicativo dei cambiamenti avvenuti nella capacità armatoriale e permette di scandagliare

334 Ivi, pp. 191–192.

335 Ivi, pp. 212–213.

336 Si trattava di un istituto economico che permetteva di creare un fondo di *luoghi* da capitalizzare generalmente un privato lasciava in eredità un proprio *luogo* da investire in un rendimento a lungo termine, dopo la propria morte, grazie al quale si acquistavano altri *luoghi*. Sul *moltiplico*, importante strumento che permetteva anche l'ammortamento del debito pubblico, si veda: Giuseppe FELLONI / Guido LAURA, *Genova e la storia della finanza: dodici primati?*, Genova 2004, pp. 55–56.

l'effettiva contrazione economico-sociale, di cui il dato navale appare sintomatico. La poca partecipazione dei centri marinari italiani ai richiami crociati durante la "crisi del Trecento" deve essere inquadrata nel momento di difficoltà di entrambi i comuni, motivando la scarsa ricezione degli appelli papali.[337]

Un primo dato è relativo al mancato sviluppo delle strutture portuali in entrambe le città durante il Trecento. Le darsene, gli arsenali e i moli, dopo la grande fase di espansione tardo-duecentesca e di inizio XIV secolo, avevano visto quasi un secolo di arresto e gli ampliamenti erano ripresi solo nel Quattrocento inoltrato. Il grande molo di Genova, struttura cardine per proteggere le imbarcazioni nel porto, era stato rafforzato e prolungato nel 1248; negli anni 1257–1260 erano state acquistate alcune cave di pietra nella collina di Carignano per la fabbrica.[338] Nel 1283 il molo era stato ulteriormente ampliato verso il mare aperto, in risposta all'aumento del flusso commerciale.[339] Gli ultimi interventi per il suo allungamento risalgono al 1300, apice dello splendore portuale genovese, e al 1328, data dell'ultima espansione delle strutture.[340] Per quasi un secolo e mezzo non si rilevano più ampliamenti per

337 La bibliografia sulle flotte da guerra genovesi e veneziane è legata principalmente alle occasioni di scontro tra i due comuni, avvenuti tra XIII e XIV secolo. Mi limito, tra la vasta bibliografia, a rimandare a: John E. DOTSON, Venice, Genoa and Control of the Seas in the Thirteenth and Fourteenth Centuries, in: *War at Sea in the Middle Ages and the Renaissance*, ed. John B. HATTENDORF / Richard W. UNGER, Woodbridge 2002, pp. 119–136; José Vicente CABEZUELO PLIEGO, Diplomacía y guerra en el Mediterraneo medieval: la liga veneto-aragonesa contra Génova de 1351, in: *Anuario de estudios medievales* 36/1 (2006), pp. 253–294; Francesco SURDICH, *Genova e Venezia fra Tre e Quattrocento*, Genova 1970; Michel BALARD, A propos de la bataille du Bosphore. L'expedition genoise de Paganino Doria a Constantinople (1351–1352), in: *Travaux et Memoires du Centre de Recherches d'Histoire et Civilisations byzantines* 4 (1970), pp. 431–469; Antonio MUSARRA, *La guerra di San Saba*, Pisa 2009; IDEM, La marina da guerra genovese nel tardo Medioevo. In cerca d'un modello, in: *Revista Universitaria de Historia Militar* 11 (2017), pp. 79–108.

338 Il molo era sottoposto a un'alta attenzione da parte delle autorità comunali con l'istituzione di una magistratura specifica. La prima citazione della magistratura dei *Salvatores portus et moduli*, ovvero di coloro che dovevano occuparsi della manutenzione del molo e delle strutture portuali, risale al 1281, come rilevato in: Luigi GROSSI BIANCHI / Ennio POLEGGI, *Una città portuale nel Medioevo. Genova nei secoli X–XVI*, Genova 1979, p. 100. I loro registri sono conservati a partire dal 1340; per un approfondimento sulla magistratura si rimanda a Valeria POLONIO, *L'amministrazione della res publica genovese tra Tre e Quattrocento. L'Archivio "Antico Comune"*, Genova 1977, pp. 40–43. Era stato persino dichiarato Opera pia per essere oggetto di lasciti testamentari.

339 GROSSI BIANCHI / POLEGGI, Una città portuale nel Medioevo, p. 104.

340 Si trattava di un'opera imponente, alta oltre 5 metri sul livello del mare e rinforzata da scogli. Francesco PODESTÀ, *Il porto di Genova dalle origini fino alla caduta della repubblica genovese*, Genova 1913, pp. 195–197. Lo storico ricava le informazioni riguardo la costruzione del molo principalmente rifacendosi alle cronache dello Stella e di Giustiniani.

quasi un secolo e mezzo, nonostante i numerosi lavori di manutenzione di cui abbiamo testimonianza.[341] I successivi ingrandimenti del molo sono attestati solo a partire dal 1461.[342] Anche la Darsena genovese, dove avveniva la costruzione di gran parte delle galee, era stata edificata nel corso del XIII secolo, ma non era stata più oggetto di ampliamenti rilevanti nel Trecento.[343] Un altro molo difensivo era stato costruito sul lato di ponente del bacino portuale nel 1312: successivamente, più nulla.[344] La città portuale appariva conclusa tra fine Duecento e inizio Trecento, periodo di aumento del volume commerciale che transitava a Genova. L'espansione del porto si era arrestata prima della metà del XIV secolo.[345] A Venezia, verso la fine del Duecento, la struttura cardine era invece l'Arsenale, che rappresentava il culmine della centralizzazione del potere pubblico sulle costruzioni navali. In questo processo, compiuto tra il 1290 e il primo terzo del XIV secolo, il comune aveva attuato sforzi per controllare l'importazione e lavorazione di materie prime e dunque gestire una produzione marittima unitaria[346]. Il periodo era stato anche un momento di fermento e innovazioni, al centro della cosiddetta "rivoluzione nautica medievale".[347] La volontà di ingrandire l'Arsenale era stata sancita da un decreto del 1302, che prevedeva l'allestimento e riparazione di galee pubbliche solo nella

---

341 Si vedano i registri: ASGe, *Antico Comune* 189–205. Essi danno testimonianza dei lavori di manutenzione, ma non registrano nessun ampliamento. Una sintesi è fornita in: Polonio, L'amministrazione della res publica genovese, pp. 157–161.

342 Podestà, Il porto di Genova, p. 196; Poleggi e Grossi-Bianchi registrano ulteriori lavori di ampliamento nel 1470–1484, con interventi di rafforzamento e prolungamento verso il mare aperto. Grossi Bianchi / Poleggi, Una città portuale nel Medioevo, p. 104.

343 L'unico lavoro riscontrabile, stando ai registri a noi rimasti, è la fortificazione della Darsena con la costruzione di alcune torri nel 1402–1405, sotto il governatorato francese di Boucicaut. I lavori sembra possano rientrare nel più generale ampliamento difensivo della città, correlato alla fortificazione di Castelletto per evitare nuovi scontri interni alla città, e dunque non sembra correlato in alcun modo alla volontà di ingrandimento per una maggiore floridezza della città. Si rimanda ai registri: ASGe, *Antico Comune* 208, 211.

344 Grossi Bianchi / Poleggi, Una città portuale nel Medioevo, p. 104.

345 Ivi, pp. 120–122.

346 Tra le principali materie prime lavorate nell'Arsenale vi erano legname, pece e canapa. La produzione di fibre e cordami era uno degli ambiti di maggiore intervento del comune, con l'edificazione di una prima corderia pubblica, la "domus canapi", durante il primo decennio del Trecento, direttamente legata all'Arsenale. Ennio Concina, *L'Arsenale della Repubblica di Venezia. Tecniche e istituzioni dal Medioevo all'età moderna*, Milano 1984, pp. 25–26. Sull'Arsenale: Giovanni Casoni, *Breve storia dell'Arsenale. Note e cenni sulle forze militari, marittime e terrestri della Repubblica di Venezia*, Venezia 1847. Sulle tecniche costruttive nella prima Età Moderna: Robert C. Davis, *Shipbuilders of the Venetian Arsenal*, Baltimore-London 1991.

347 Lane, Storia di Venezia, p. 141. Si rimanda anche alla raccolta: Idem, *Le navi di Venezia fra i secoli XIII e XVI*, Torino 1983.

struttura: l'Arsenale di fatto diveniva l'unico cantiere per le costruzioni navali di stato.[348] Sono registrati ampliamenti dell'edificio nel 1304, nel 1310–1313 e con le decisioni del 1323–1324, con lavori iniziati nel 1326. L'Arsenale trecentesco aveva scali coperti che permettevano l'alloggiamento di una settantina di galee, mentre le superfici destinate ai cantieri erano quadruplicate rispetto al passato.[349] Se la costruzione di navi a vela era rimasta appannaggio di *squeri* privati, l'Arsenale era divenuto il perno del potere marittimo veneziano.[350] Gli ampliamenti di inizio Trecento facevano parte di una generale tendenza mediterranea, come mostrano altri casi dello *stato da mar* veneziano. L'arsenale di Candia risale al 1281 ed era stato restaurato nel 1303; la risistemazione complessiva del porto di Candia era avvenuta a partire dal 1333. Intorno al 1319 era stato riqualificato l'arsenale di Negroponte, mentre nel 1325 era ristrutturato quello di Canea.[351] Dopo gli anni 1340' non si assiste invece più ad ampliamenti. I successivi sviluppi edilizi dell'Arsenale risalgono al 1456 e poi al 1473.[352] Per oltre un secolo non vi era stata alcune necessità di sviluppo e ampliamento degli arsenali, né a Venezia né nelle sue colonie.

I dati riferiti alle strutture portuali sembrano andare nella direzione di una certa staticità e mancata esigenza di sviluppo nel contesto italo-mediterraneo. Oltre a ciò, occorre ricordare la diversità di concezioni sistemiche di Genova e Venezia sull'organizzazione e allestimento di flotte pubbliche. Nel centro lagunare le galee da guerra erano in mano al comune, che aveva il compito di tutelare le rotte e garantire la sicurezza del naviglio. Il governo si faceva direttamente carico delle spese sia delle flotte straordinarie che di quelle impegnate nei pattugliamenti ordinari tra l'Adriatico e i mari levantini. A Venezia la compartecipazione tra pubblico e privato era piena anche dal punto di vista mercantile: all'inizio del XIV secolo le istituzioni gestivano i convogli, cioè le *mude* periodiche e regolari. Nel 1318 era comparso per la prima volta il metodo "ad incantum", ovvero un'asta pubblica per l'affitto delle galee del comune al miglior offerente, poi regolarizzato nel 1329. Il potere pubblico partecipava ai rischi e agli utili delle spedizioni commerciali e molti armatori avevano ceduto

348 La deliberazione è in: ASVe, *Maggior Consiglio, Deliberazioni* 8, f. 24r. Venezia, 25 febbraio 1302. Segnalato in: Concina, L'Arsenale della Repubblica di Venezia, p. 28.

349 Ivi, pp. 28–30. Sulle tecniche costruttive dell'Arsenale si rimanda anche a: Mauro Bondioli, The Arsenal of Venice and the Art of Building Ships, in: *Boats, Ships and Shipyards: Proceedings of the Ninth International Symposium on Boat and Ship Archaeology, Venice 2000*, ed. Carlo Beltrame, Oxford 2003, pp. 10–13.

350 Concina, L'Arsenale della Repubblica di Venezia, pp. 34–38.

351 Ivi, p. 34.

352 Nell'Arsenale la nuova "porta magna" di terra è del 1460. Ivi, p. 51. I maggiori ingrandimenti erano legati ai lavori del 1473, che avevano esteso nuovamente la struttura cantieristica, sintomo di una rinnovata espansione navale. Ivi, pp. 77–80.

al comune la proprietà dei propri legni, sgravandosi dai costi di mantenimento e concentrando il capitale nell'impresa commerciale. Il nolo delle galee, abbastanza costoso, spingeva i mercanti ad operare in gruppo, stimolando la formazione di associazioni mercantili.[353] Il sistema era esattamente speculare a quello genovese, in cui il comune quasi non disponeva di una flotta di sua proprietà. In tempo di pace o per l'armamento di spedizioni, Genova noleggiava legni privati, che costituivano la quasi totalità del naviglio precettato anche in caso di guerra. In momenti d'emergenza il doge aveva il diritto ricorrere al reclutamento forzoso, ottenendo equipaggi e legni anche dalle comunità delle riviere. Il sistema richiedeva un grande sforzo all'intero dominio e poteva essere attuato solo durante particolari crisi belliche e per periodi di tempo limitati. Tale metodo, apparentemente più disordinato del centralizzato modello veneziano, era regolato da leggi che definivano le dimensioni e gli equipaggi delle galee, contenute nel trecentesco *Liber Gazarie*.[354] L'applicazione delle norme sul bordo libero, sulla lunghezza e larghezza degli scafi, la sorveglianza dei funzionari governativi, permetteva che i legni fossero standardizzati nelle dimensioni e negli effettivi. In questa maniera era possibile allestire in tempi brevi una flotta pubblica composta da galee omogenee. Il comune si sgravava dell'onere del mantenimento di una flotta permanente, mobilitandola solo se l'occasione lo esigeva.[355]

Le trasformazioni trecentesche sono legate anche alla teoria della cosiddetta "rivoluzione nautica" medievale, che aveva visto un complesso di innovazioni

---

353 Sulle *mude* e sul metodo di *incanto*: LANE, Storia di Venezia, pp. 151–158; STÖCKLY, Le système de l'Incanto.

354 Interessante notare come le norme legislative nel testo genovese fornissero numeri minimi di equipaggi, che però variavano a seconda della destinazione. Esso mostra come questi numeri fossero dovuti più ad esigenze di sicurezza o di possibili perdite (tra cui fughe o diserzioni) rispetto ad esigenze tecniche: si passa dal minimo di 160 marinai per le galee dirette in Provenza, ai 176 di quelle che andavano in Nord Africa, Romania, Mar Nero o Fiandre; queste ultime dovevano avere un minimo di 12 balestrieri a bordo, al contrario di quelle che viaggiavano verso la Provenza, che non avevano obblighi in tal senso. MUSARRA, La marina da guerra genovese, p. 99. Sul *Liber Gazarie* si veda innanzitutto: Giovanni FORCHERI, *Navi e navigazione a Genova nel Trecento. Il "Liber Gazarie"*, Genova 1974.

355 Su questa tematica la bibliografia sorprendentemente non è molto vasta: Roberto Sabatino LOPEZ, Venise et Gênes: deux styles, une réussite, in: IDEM, Su e giù per la storia di Genova, pp. 35–42; Giovanna PETTI BALBI, Un binomio indisoluble: navegación comercial y armamento publico en Genova en los siglos XIV–XV, in: *Navegación institucional y privada en el Mediterraneo medieval*, ed. Raúl GONZALEZ AREVALO, Granada 2016, pp. 41–76; Michel BALARD, Flottes publiques et flottes privées a Gênes au XIV siècle, in: The Sea in History, pp. 215–224; Antonio MUSARRA, *Il Grifo e il Leone. Genova e Venezia in lotta per il Mediterraneo*, Roma-Bari 2020, pp. 19–24.

tecnologiche e di tecniche di navigazione. Tra di esse, la bussola, le carte nautiche, l'apertura della navigazione invernale, le migliorie di scafi e della struttura velica; i mutamenti erano maturati tra la fine del XIII e la prima metà del XIV secolo.[356] Questa serie di innovazioni a lungo è stata imputata al contatto con le marinerie atlantiche e relegata a questo lasso di tempo, mentre sembra plausibile che i cambiamenti introdotti nei primi decenni abbiano trovato compimento ben dentro il Trecento, anzi sostenuti dalla difficile congiuntura del momento.[357] L'ingrandimento di cocche e navi a vela, particolarmente evidente nella produzione cantieristica genovese, va esattamente in questa direzione, offrendo una maggiore capacità di carico in cambio di una minore forza-lavoro. Anche la galea *sottile* aveva ricevuto una serie di migliorie entro la fine del Duecento, come il posizionamento dello scalmo fuoribordo e l'introduzione del sistema di voga "a terzarolo", con un tre uomini seduti su ogni banco, probabilmente ideato grazie a Benedetto Zaccaria.[358] Da quel momento in poi, tuttavia, la galea da guerra non aveva ricevuto più sostanziali cambiamenti per l'intero secolo successivo.[359] Dati tali fattori, la dimensione delle flotte militari varate da Genova e Venezia in momenti di crisi, in cui le città dovevano esprime il massimo del proprio potenziale – così era stato nel conflitto di Chioggia del 1378–1381 –, sembra un metro indicativo per vagliare le capacità armatoriali e la contrazione navale, specialmente se paragonata ai numeri dell'apogeo dei

356 LANE, Storia di Venezia, pp. 141–160. La visione di Frederic Lane non ha tuttavia trovato accoglienza unanime ed è stata oggetto di ridiscussione, specialmente per quanto riguarda il lasso temporale preso in considerazione e per le spiegazioni a esso legate, generalmente imputate al contatto con i nordici. Marco Tangheroni amplia l'ipotesi di Lane al XII secolo: Marco TANGHERONI, *Commercio e navigazione nel Medioevo*. Roma-Bari 1996, p. 187. Sui contatti tra naviglio nordico e mediterraneo: Daniel ZWICK, Bayonese cogs, Genoese carracks, English dromons and Iberian carvels: Tracing technology transfer in medieval Atlantic shipbuilding, in: *Itsas Memoria. Revista de Estudios Marítimos del País Vasco* 8 (2016), pp. 647–680.

357 La correlazione tra la congiuntura trecentesca e i mutamenti dello spazio marittimo, in quanto pratiche di navigazione, rotte commerciali, dinamiche socio-economiche e culturali non pare a oggi ancora sufficientemente indagata in sede storiografica. A riguardo: Carlo BELTRAME / Mauro BONDIOLI, A hypothesis on the development of Mediterranean ship construction from Antiquity to the Late Middle Ages, in: *Connected by the Sea. Proceedings of the Tenth International Symposium on Boat and Ship Archaeology (Roskilde. Denmark, 2003)*, ed. Lucy Katherine BLUE / Frederick Martin HOCKER / Anton ENGLERT, Oxford 2006, pp. 89–94; Christiane VILLAIN-GANDOSSI, La révolution nautique médiévale (XIIIe–XVe siècles), in: The Sea in History, pp. 70–89; MUSARRA, L'influsso delle marinerie nordiche, pp. 16–18.

358 Sulla voga a terzarolo: LANE, Le navi di Venezia fra i secoli XIII e XVI, pp. 45–48.

359 La galea *sottile* impiegata nell'ultimo ventennio del XIII secolo era un oggetto già maturo. Sui cambiamenti avvenuti tra Duecento e Trecento: MUSARRA, L'influsso delle marinerie nordiche, pp. 21–25.

centri nel XIII secolo. La ricostruzione del numero complessivo delle galee è, in ogni caso, un tipo di indagine estremamente difficoltoso a causa delle fonti, spesso cronachistiche. La quantità di galee messe in mare dal comune ligure alla fine del XIII secolo è altissima: durante il conflitto con Pisa, nel 1283 erano state dispiegate 199 galee, 119 legni l'anno successivo e 95 nel 1285, all'indomani della vittoria della Meloria. Nel 1295, per lo scontro con Venezia, sappiamo di 165 galee genovesi, mentre a Curzola nel 1298 ve ne erano tra le 76 e le 84 secondo gli annalisti, che si confrontavano d'altronde con altre 96 o 98 veneziane.[360] Qualche anno prima, nel 1296, il senato veneto aveva inviato una flotta di 75 galee a Pera.[361] Il loro numero si era molto innalzato rispetto alla prima guerra veneto-genovese, in cui i liguri avevano armato mediamente una trentina di scafi all'anno, tra pubblici e privati noleggiati, e i grandi scontri non avevano mai visto più di una sessantina di galee per parte.[362]

Il crollo nel numero delle galee da guerra è evidente in entrambi i centri dalla metà del XIV secolo. L'armata genovese di 60 galee al comando di Paganino Doria nel 1351 è una delle maggiori, con un risultato notevole considerando il momento all'indomani della grande epidemia di peste.[363] La flotta sarebbe stata superata solo durante la guerra di Chioggia, poiché i genovesi tra il 1379 e il 1380 avevano in mare tra le 69 e le 72 galee. Lo sforzo aveva portato il comune vicino al collasso.[364] Nel 1373 a Cipro erano state inviate ben 43 galee, mentre un decennio dopo ne erano mandate 12 a Famagosta, per sostenere Giacomo di Lusignano nel 1383. L'ultimo grande sforzo numerico sembra essere stata la spedizione di Mahdia del 1390, in cui erano state mobilitate 40 galee. L'impresa nordafricana sembra il canto del cigno della potenza navale genovese nel Trecento e negli anni successivi, nonostante l'esistenza di Pera fosse in pericolo, il comune faticava ad armare una manciata di galee da inviare in Oriente. Nel 1398 il comune riusciva a inviare solo 4 galee in aiuto

---

360 MUSARRA, La marina da guerra genovese, p. 92. Sui dati di Curzola, discordanti a seconda delle fonti e oscillanti tra 76 e 84, si veda: Georg CARO, *Genova e la supremazia sul Mediterraneo (1257–1311)*, vol. 2, Genova 1974–1975, p. 234, nota 19.

361 GEORGES PACHYMÉRÈS, *Relations historiques*, ed. Albert FAILLER, vol. 4, Paris 1984, pp. 262–267.

362 Michel BALARD, *La Romanie génoise (XIIe – début du XVe siècle)*, Genova-Roma 1978, vol. 2, pp. 541–542.

363 Il registro della spedizione di Paganino Doria è in: ASGe, *Antico Comune, Galearum* 691; si veda anche: BALARD, A propos de la bataille du Bosphore, pp. 431–469.

364 Se ne contano, nel periodo 1379–1380, circa 47–48 agli ordini di Pietro Doria e 13 di Maruffo in arrivo da Genova. Simone LOMBARDO, Galee, bombarde e guerre di simboli. Innovazioni negli assedi anfibi di Chioggia tra genovesi e veneziani (1379–1380), in: *Nuova Antologia Militare* 5 (2021), pp. 93–128.

a Pera assediata dagli ottomani.[365] Nel 1399 ne armava 6, pur tra grandi difficoltà di allestimento.[366] Nella seconda metà del Trecento, Genova non aveva mai potuto mai disporre di più di una settantina di unità pubbliche, attestandosi alla fine del secolo su numeri estremamente bassi. I dati per Venezia sono simili, sebbene presentino un calo meno drastico alla fine del secolo. Durante la battaglia del Bosforo del 1352 le galee veneziane erano 45; a Sapienza nel 1354 dopo, ve ne erano 36. Le flotte erano molto più piccole rispetto a un cinquantennio addietro. Per soffocare la ribellione di Creta del 1364, questione della massima priorità, il senato aveva inviato 33 galee, accompagnate da una trentina di navi da trasporto per le truppe e i cavalli.[367] Nel 1379–1380 i veneti, dando fondo a tutte le risorse possibili, avevano allestito tra le 49 e le 58 galee. A fine secolo, di fronte alla minaccia turca, Venezia aveva allestito 6 galee nel 1395, mentre l'anno seguente ne erano previste 10, di cui 3 armate a Creta.[368] Per un confronto, nel 1358 – anno normale e senza particolari pressioni – erano state dispiegate 7 galee a difesa di Golfo e Romania: la tendenza a fine secolo era al ribasso in entrambi i centri.[369] L'informazione di Antonio Morosini, che indica 44 galee veneto-genovesi alleate nel 1396 è totalmente irrealistica.[370] D'altronde, le battaglie della quarta guerra veneto-genovese sembrano l'ombra delle precedenti in quanto a dispiegamento di uomini e legni: nello scontro decisivo di Pola si erano affrontate 22 galee veneziane contro altrettante genovesi; a Capo d'Anzio nel 1378 vi erano 14 galee veneziane e 10 genovesi.[371] Nel 1285, in occasione della guerra con Pisa, Genova aveva mobilitato solo dalle sue riviere oltre 12.000 uomini.[372] Nelle acque di Curzola nel 1298 si erano

365 Il Consiglio degli Anziani, pur "intendentes quantum valent subsidiis partium Romanie quas Baysita Turchorum dominum continuus offensionibus urget", poteva racimolare fondi esigui. ASGe, *Archivio Segreto, Diversorum* 498, f. 133v., doc. 428. Genova, 17 maggio 1398.

366 L'ammiraglio della flotta era Federico de Promontorio, eletto con deliberazione del 1° luglio. ASGe, *Archivio Segreto, Diversorum* 499, f. 81r., doc. 283. Genova, 1° luglio 1399.

367 Si veda la tabella successiva.

368 Per l'allestimento di 6 galee in difesa della Romania: Freddy THIRIET, *Régestes de délibérations du Sénat de Venise concernant la Romanie*, vol. 1, Paris-La Haye 1958, p. 205, doc. 870. Venezia, 10 marzo 1395. La deliberazione per la flotta del 1396: ivi, p. 209, doc. 891. Venezia, 9 dicembre 1395.

369 Ivi, p. 90, doc. 338. Venezia, 22 novembre 1358.

370 I due comuni non erano più in grado di arrivare a cifre simili, nemmeno se alleati. "I veniziani e zenovexi a insembre, e' fexe armada de galie a la suma de galie XLIIII per andar intro el Destreto de Romania a danizar i diti turchi". Antonio MOROSINI, *Il Codice Morosini: Il mondo visto da Venezia (1094–1433)*, ed. Andrea NANETTI, vol. 1, Spoleto 2010, p. 190.

371 Georgii et Iohannis Stellae Annales Genuenses, p. 170.

372 Le cifre risalgono alle informazioni fornite da Iacopo Doria. MUSARRA, La marina da guerra genovese, pp. 90–92.

confrontati almeno 35–40.000 uomini, mentre i cronisti e le lapidi forniscono cifre altissime per i morti (7.000) e prigionieri veneziani (5.000–7.500).[373] A Pola nel 1379, invece, vi erano in totale circa 9.000–10.000 uomini imbarcati. Si trattava di cifre ormai molto lontane.[374]

Tabella 2

Galee militari nella seconda metà del XIV secolo

Anno	Genova (stima tot.)	Venezia (stima tot.)
1352 (Battaglia del Bosforo)	60	45[375]
1354 (Battaglia di Sapienza)	35	35–36[376]
1355 (Spedizione a Tripoli)	15[377]	-
1357	24[378]	-
1358	-	7[379]

373 CARO, Genova e la supremazia sul Mediterraneo, vol. 2, p. 238, nota 44; MUSARRA, Il Grifo e il Leone, p. 188. Si rimanda specialmente all'iscrizione tutt'oggi osservabile sulla facciata della chiesa genovese di San Matteo, cappella gentilizia dei Doria, che riporta una breve descrizione della battaglia, pur senza riportare le perdite genovesi: "Ad honorem Dei et beate Marie, MCCC LXXVIIII, die V madii, in gulfo veneciarum, prope Polam, fuit prelium galearum ianuensium XXII cum galeis XXII veneciarum, in quibus erant homines armorum CCCC LXXV et quam plures alii de Pola, ultra ihusmam dictarum galearum; de quibus galeis capte fuerunt XVI cum hominibus existentibus in eisdem per nobilem dominum Lucianum de Auria, capitaneum generalem comunis Ianue, qui in eodem prelio mortem strenue bellando sostinuit; que galee XVI venetorum conducte fuerunt in civitatem Iadre cum hominibus carceratis II° CCCCVII". Si veda: *Corpus inscriptionum medii aevi Liguriae. 3. Genova: centro storico*, ed. Augusta SILVA / Sandra ORIGONE / Carlo VARALDO, vol. 3, Genova 1987.

374 Il numero di combattenti, estremamente indicativo, si può calcolare sulla base delle normative veneto-genovesi e sui registri di galee allestite in occasione di spedizioni belliche. Nei documenti si trova un numero indicativo, durante l'intero Trecento, di 170 uomini di equipaggio tra rematori e marinai, a cui in momenti di guerra andavano aggiunti una trentina di balestrieri e "socii". Il numero medio degli imbarcati, con considerazioni al ribasso, si attesta intorno ai 200 uomini per unità.

375 BALARD, A propos de la bataille du Bosphore, p. 433; Georgii et Iohannis Stellae Annales Genuenses, p. 151.

376 Vittorio LAZZARINI, La battaglia di Porto Longo nell'isola di Sapienza, in: *Nuovo Archivio Veneto* 8 (1894), pp. 5–14; Georgii et Iohannis Stellae Annales Genuenses, p. 154.

377 Croniche di Giovanni, Matteo e Filippo Villani, vol. 2, p. 174; Georgii et Iohannis Stellae Annales Genuenses, p. 154.

378 Nei registri *Galearum* è possibile trovare il resoconto per un'armata di 20 galee al comando di Lodisio Boccanegra, oltre a 4 ulteriori galee dirette a Rodi. ASGe, *Antico Comune, Galearum* 698. Genova, 1359.

379 Solo galee a guardia del Golfo e della Romania. THIRIET, Régestes de déliberations du Sénat, vol. 1, p. 90, doc. 338. Venezia, 22 novembre 1358.

Tabella 2 (*cont.*)

Galee militari nella seconda metà del XIV secolo		
1364 (Rivolta di Creta)	-	33[380]
1372	-	10[381]
1373 (Spedizione a Cipro)	43[382]	-
1379–1380 (Guerra di Chioggia, fase centrale)	69–72	49–52[383]
1383 (Spedizione a Cipro)	12[384]	-
1385 (Soccorso a papa Urbano VI)	10[385]	-
1390 (Spedizione a Mahdia)	40[386]	-
1395	-	6[387]
1396	-	10[388]
1397	7[389]	-
1398	6[390]	-
1399	8[391]	-

380 Vengono riportati, per schiacciare la ribellione cretese, 33 galee, 18 trasporti per cavalli e 13 per macchine e viveri al comando di Domenico Michiel. Johannes JEGERLEHNER, *Der Aufstand der kandiotischen Ritterschaft gegen das Mutterland Venedig. 1363–65*, Leipzig 1903, p. 89. Una delibera del senato in realtà ricorda solo 20 uscieri e 8 grandi "naves" grandi: SETTON, The Papacy and the Levant, vol. 1, p. 254; ASVe, *Lettere segrete*, f. 76r. Venezia, 10 marzo 1364.

381 La proposta iniziale era in realtà di armare 20 galee, poi ridotte a 10. THIRIET, Régestes de déliberations du Sénat, vol. 1, p. 129, doc. 516. Venezia, 9 dicembre 1372.

382 Georgii et Iohannis Stellae Annales Genuenses, p. 167.

383 Per il conto delle galee veneto-genovesi durante la fase più acuta della guerra di Chioggia: LOMBARDO, Galee, bombarde e guerre di simboli, p. 98.

384 Eliyahu ASHTOR / Benjamin Z. KEDAR, Una Guerra fra Genova e i Mamlucchi negli anni 1380, in: *Archivio Storico Italiano* 133 (1975), pp. 3–44, qui p. 15.

385 ASGe, *Archivio Segreto, Materie Politiche* 2729, doc. 20. Genova, 1° luglio 1385.

386 ASGe, *Antico Comune, Galearum* 731, f. 38v.-39r. Genova, 12 giugno 1390.

387 THIRIET, Régestes de déliberations du Sénat, vol. 1, p. 205, doc. 870. Venezia, 10 marzo 1395.

388 Ivi, p. 209, doc. 891. Venezia, 9 dicembre 1395.

389 Nelle istruzioni del senato veneto a Pietro Emo, ambasciatore veneziano a Genova, egli doveva ringraziare i genovesi per l'armamento di 5 galee. Al conto ne sono state aggiunte altre due, come da note successive. Ivi, p. 216, doc. 926. Venezia, 8 febbraio 1397.

390 ASGe, *Archivio Segreto, Diversorum* 498, f. 133v., doc. 428. Genova, 17 maggio 1398. Alle 4 galee da inviare in Romania sono state aggiunte altre due, considerando una media di un paio di galee prese a nolo ogni anno dal comune a custodia, come si vede dalla nota successiva.

391 Nel maggio vi è un contratto di nolo per cui sono assoldate due galee di custodia del comune ASGe, *Archivio Segreto, Diversorum* 499, f. 48v., doc. 163. Genova, 14 maggio 1399.

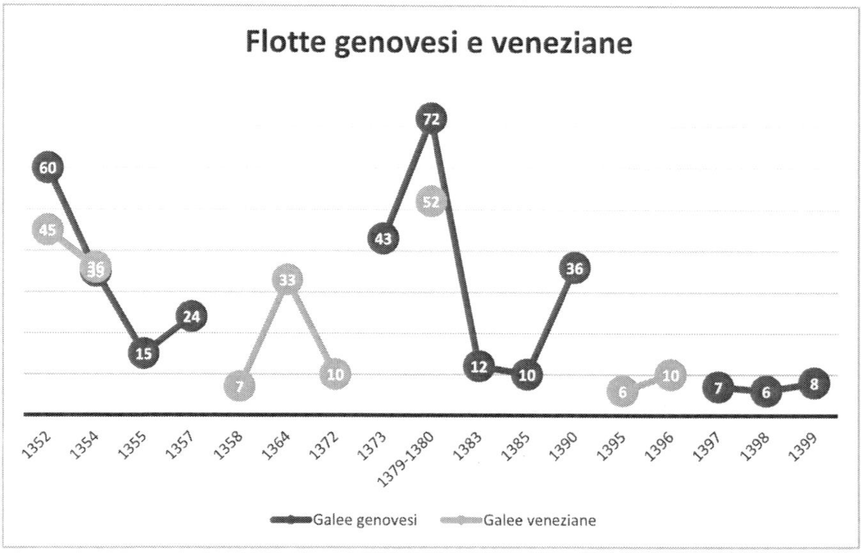

Grafica 1

L'analisi della capacità navale è correlata alla condizione e composizione degli equipaggi, che era andata soggetta a notevoli mutamenti nel corso della congiuntura trecentesca. Il problema per uno studio di questo tipo sono le fonti disponibili, in numero consistente solo nel caso di Genova e di Barcellona.[392] La storiografia si è interessata al tema del lavoro marittimo tardomedievale, concentrandosi sul paradigma di una *koiné* lavorativa mediterranea.[393] Si può

Altre 6 furono inviate in difesa della Romania: ASGe, *Archivio Segreto, Diversorum* 499, f. 81r., doc. 283. Genova, 1° luglio 1399.

392 La documentazione veneziana legata agli equipaggi dei propri legni è estremamente ridotta e le notizie sono state ricavate in maniera collaterale da fonti giuridiche, giudiziarie o da deliberazioni degli organi di governo. Genova dispone, al contrario, dell'eccezionale fondo *Galearum marinariorum*, conservato nell'Archivio di Stato di Genova, che consta di oltre 120 registri e cartulari di galee, datati tra il 1350 e il 1360. Essa è suddivisa in due sezioni: *Galearum marinariorum rationes* e *Galearum marinariorum introitus et exitus*. La prima consiste in matricole di uomini imbarcati, la seconda nella situazione finanziaria di singole galee o di flotte, con le loro entrate e uscite per l'armamento e la navigazione. Sulle fonti catalane invece: Pinuccia Franca SIMBULA, L'arruolamento degli equipaggi nei regni della Corona d'Aragona (secc. XIV-XV), in: *Ricchezza del mare, ricchezza dal mare, secc. XIII–XVIII*, ed. Simonetta CAVACIOCCHI, Firenze 2006, pp. 1019–1039. Al contrario delle unità pubbliche, non esiste alcuna documentazione paragonabile per attuare l'indagine di navigli privati.

393 Sugli equipaggi di Venezia: Jean-Claude HOCQUET, Gens de mer à Venise: Diversité des statuts, conditions de vie et de travail sur les navires, in: *Le genti del mare mediterraneo*, vol. 1, ed. Rosalba RAGOSTA, Napoli 1981, pp. 103–168; David JACOBY, Les gens de mer dans la marine de guerre vénitienne de la mer Égée aux XIVe et XVe siècles, in:

notare, in senso abbastanza trasversale tra le marinerie trecentesche, una tendenza al multiculturalismo degli equipaggi delle galee, che erano esse stesse spazi ristretti dove la collaborazione fianco a fianco favoriva la formazione di comunità di lavoro sincretiche. I vuoti demografici avevano costretto i patroni ad allargare il bacino di reclutamento dei rematori, a differenza dei tempi precedenti. Tra XII e XIII secolo la quasi totalità degli imbarcati genovesi proveniva dalla capitale o dalle riviere, con sporadiche comparse di uomini dall'entroterra o dalla Pianura Padana.[394] Dopo la peste, negli equipaggi delle galee pubbliche i liguri si erano invece ridotti a circa il 75%, seguiti da uomini di provenienza orientale – appartenenti al circuito genovese e da piazze come Famagosta, Chio, Pera e Caffa – o dalla penisola italiana. Molti provenivano da comunità della Corsica come Bonifacio e Calvi, o dai porti dell'Adriatico.[395] L'eterogeneità dell'equipaggio dipendeva comunque dal bacino di reclutamento del patrono e dalla natura del viaggio, per cui vi erano galee armate quasi esclusivamente con liguri.[396] In occasione di grandi sforzi armatoriali,

---

EADEM, pp. 169–201; Bernard DOUMERC, Cosmopolitanism on Board Venetian Ships (Fourteenth-Fifteenth Centuries), in: *Medieval Encounters* 13 (2007), pp. 78–95; Benjamin ARBEL, Daily Life on Board Venetian Ships. The Evidence of Renaissance Travelogues and Diaries, in: *Rapporti mediterranei, pratiche documentarie, presenze veneziane: le reti economiche e culturali (XIV–XVI secolo)*, ed. Gerardo ORTALLI / Alessio SOPRACASA, Venezia 2017, pp. 183–219. Sugli equipaggi genovesi: Sandra ORIGONE, Marinai disertori da galere genovesi (secolo XIV), in: *Miscellanea di storia italiana e mediterranea per Nino Lamboglia*, Genova 1978, pp. 291–343; Geo PISTARINO, Gente del mare nel Commonwealth genovese, in: Le genti del mare mediterraneo, vol. 1, pp. 203–290; Antonio MUSARRA, Economic Migrants or Commuters? A Note on the Crews of Genoese Galleys in the Medieval Mediterranean, 14th–15th Centuries, in: *Cultures and Practices of Coexistence from the Thirteenth Through the Seventeenth Centuries Multi-Ethnic Cities in the Mediterranean World*, vol. 1, ed. IDEM / Marco FOLIN, New York 2020, pp. 62–75. Sulle condizioni di vita degli equipaggi catalano-aragonesi: Teresa-María VINYOLES I VIDAL, La vita quotidiana della gente di mare (esempi barcellonesi dei secoli XIV e XV), in: *Medioevo. Saggi e Rassegne* 21 (1997), pp. 9–35; Roser SALICRÚ I LLUCH, Sobre las fuentes y bibliografía para el estudio de los enrolamientos de tripulación, los armamentos, la construcción naval y los salarios marítimos en la Cataluña bajomedieval, in: *"Il re cominciò a conoscere che il principe era un altro re". Il Principato di Taranto e il contesto mediterraneo (secc. XII–XV)*, ed. Gemma Teresa COLESANTI, Roma 2014, pp. 329–341; Maria Elisa VARELA-RODRÍGUEZ, L'arruolamento e l'equipaggio nelle navi dei mercanti catalani del XIV secolo, in: EADEM, pp. 343–367.

394 Questi ultimi per le loro scarse competenze marittime erano impiegati in ruoli poco specializzati. MUSARRA, Economic Migrants or Commuters?, p. 64; PISTARINO, Gente del mare nel Commonwealth genovese, pp. 277–279.

395 Il Mediterraneo occidentale risulta invece più assente. MUSARRA, Economic Migrants or Commuters?, pp. 66–67.

396 La galea del patrono Antonio de Salvo, per esempio, armata nel 1372 al servizio del comune e diretta in "diversis locis", ha marinai provenienti per la quasi totalità dalla

alcuni equipaggi erano assemblati con i componenti di galee diverse: nel 1378 gli uomini della galea genovese “Pezona”, quasi tutti orientali, erano confluiti nel legno di Giovanni Ianco de Arenzano.[397] La spedizione in Nord Africa del 1390, a causa del gran numero di galee allestite, aveva richiesto un’alta quantità di manodopera, impossibile da reclutare in Liguria. Nei registri degli arruolati si possono così incontrare italiani di Alessandria, Ancona, Bologna, Cremona, Gaeta, Pisa, Sicilia, Venezia; poi di Durazzo, della Corsica e numerosi orientali da Rodi, Pera, Costantinopoli, Gallipoli, Famagosta, Salonicco. Nella flotta era rappresentato anche il bacino occidentale: piloti, marinai e rematori venivano da Maiorca, Zaragoza, Lisbona, da Catalogna, Aragona o da “Hispania”.[398] Diversi provenivano addirittura dalla Germania.[399] Si trattava di un blocco di persone in perenne mobilità lavorativa: sbarcati a Genova, si reimbarcavano verso altre destinazioni fino a tornare a casa. Dal centro ligure erano collegamenti costanti con l’Oriente, permettendo la regolarità delle connessioni e dunque la presenza di migranti stagionali. Nel XV la tendenza sarebbe divenuta opposta e la manodopera sarebbe stata scelta nel Mediterraneo occidentale.[400]

Nel panorama veneziano vi erano difficoltà ancora maggiori per il reclutamento del personale marittimo nel XIV secolo. Il bacino a cui attingere uomini era stato esteso a Dalmazia, Albania, ai territori greci, a Creta e a domini come Corfù e Negroponte. I territori veneziani non bastavano e si era fatto consistente

---

Liguria: la maggior parte degli uomini sono originari da borghi della riviera di Ponente, tra cui spiccano Arenzano, Savona, Celle, Varazze, Cogoleto, Albisola, Porto Maurizio. Tuttavia si incontra anche un “Lodovico de Camera de Palermo”. ASGe, *Antico Comune, Galearum* 647. Genova, 1372. Al contrario nella galea di Giovanni Dentutum, nel 1375, si possono trovare tra gli altri: “Dominichus de Messina”, “Georgius de Caffa”, “Georgius de Sio”, “Georgius de Peyra”, “Iohannes de Caffa”, “Manuel de Peyra”, “Symon de Messina”, con un alto tasso di provenienze orientali. ASGe, *Antico Comune, Galearum* 649. Genova, 1375.

397 Tra costoro, si possono segnalare per la varietà delle provenienze: “Iohane de Metelino”, “Constancius de Rodo”, “Teodoro de Metelino”, “Iohane Trapezonde” “Vassalo de ~~Caffa~~ Galicia” “Georgius de Caffa” “Theodorinus de Constantinopoli”, “Antonio de Caffa”, “Constanzo de Peira”, “Francisco de Caffa”, “Iohannes de Caffa”, “Teodoro de Samastro”, “Michail de Salonichi”, “Vassilii de Caffa”, “Ihoannes de Constantinopoli”, “Franciscus de Gibelleto”. ASGe, *Antico Comune, Galearum* 651. Genova, 1378.

398 Un primo elenco di matricole di imbarcati in: ASGe, *Antico Comune, Galearum* 732. Genova, 1390; le provenienze si possono ricavare anche dalle liste dei fuggitivi, in: ASGe, *Antico Comune, Galearum* 733. Genova, 1391.

399 Per esempio, “Enrico de Munissa de Alemania”, “Enrico de Lecologni de Alamania”, “Iohannes de Alamania”. ASGe, *Antico Comune, Galearum* 732, f. 3r., 5v. Genova, 1390.

400 Nel Quattrocento porti come Caffa o Chio, si erano trovati progressivamente esclusi dai circuiti genovesi a causa dell’avanzata turca e della riconversione genovese a Occidente. MUSARRA, Economic Migrants or Commuters?, pp. 67–68.

il ricorso a manodopera straniera: era pratica abbastanza comune che le galee pubbliche salpassero dalla laguna con equipaggio incompleto e reclutassero gente lungo gli scali adriatici, in un'operazione chiamata *interzare*, in riferimento all'atto di reclutare il terzo uomo per ognuno dei banchi della galea. Nei porti dell'Adriatico attendevano gruppi di uomini in età da lavoro, provenienti dai Balcani: nel XIV gran parte degli imbarcati sulle galee di San Marco era formato da slavi o greci.[401] Persino molti uomini d'arme imbarcati erano di provenienza balcanica, al contrario dei genovesi che utilizzavano come balestrieri esclusivamente liguri e in maggioranza provenienti da Genova stessa.[402] Venezia aveva richiesto un forte contributo ai propri domini orientali nell'armamento di flotte e a Creta si dovevano allestire circa 2 galee militari l'anno.[403] Nell'isola, come nella madrepatria, vigeva la coscrizione obbligatoria, anche se sembra che la maggior parte dei rematori fosse composta da volontari salariati.[404] I governatori di Negroponte erano invece in perenne difficoltà nel completare gli effettivi per la propria galea annuale, poiché gli abitanti iscritti nelle liste di arruolamento spesso fuggivano dalla città pur di evitare il servizio. Nel 1385 il senato aveva ordinato l'invio di 100 rematori cretesi a Negroponte e nel 1402 la galea veneziana dell'Eubea aveva il permesso di arruolare vogatori stranieri.[405] I cali di popolazione avevano inciso pesantemente anche sulla manodopera cantieristica e dopo il 1348 Venezia aveva adottato misure per mantenere al suo servizio calafati e carpentieri, falcidiati dall'epidemia. Ai sopravvissuti era vietato di emigrare.[406] Nella seconda metà del Trecento vi erano stati regolari appelli e tentativi di richiamare uomini a Venezia, come nelle spopolate colonie del Levante.[407] Il mondo catalano aveva risolto i propri

401 JACOBY, Les gens de mer dans la marine de guerre vénitienne, pp. 172–174.

402 Sulla provenienza degli armati genovesi: Michel BALARD, Les équipages des flottes génoises au XIV siècle, in: Le genti del mare mediterraneo, vol. 1, pp. 511–534, qui pp. 520–521; MUSARRA, La marina da guerra genovese, pp. 101–103. Per i veneziani: HOCQUET, Gens de mer à Venise, pp. 103–168; JACOBY, Les gens de mer dans la marine de guerre vénitienne, pp. 169–201.

403 THIRIET, La Romanie vénitienne au Moyen Âge, p. 249.

404 JACOBY, Les gens de mer dans la marine de guerre vénitienne, p. 184.

405 Ivi, p. 190.

406 Il Consiglio dei Quaranta aveva decretato che nessuna nave potesse portare a bordo più di 10 calafati e che i patroni dovessero in ogni caso fornirne la lista di nomi all'Arsenale; nessun calafato o carpentiere poteva emigrare da Venezia senza uno speciale permesso. Freddy THIRIET, *Délibérations des assemblées Vénitiennes concernant la Romanie*, vol. 1, Paris-La Haye 1966, p. 217, doc. 558. Venezia, 19 gennaio 1349.

407 Il senato nel 1353 per ripopolare Negroponte, Corone e Modone, La Canea e Retimo, diede una licenza di 10 anni per concedere cittadinanza a tutti coloro che si sarebbero stabiliti all'interno delle mura, tranne che ai giudei. THIRIET, Régestes de déliberations du Sénat, vol. 1, p. 74, doc. 260. Venezia, 21 giugno 1353. Qualche anno dopo, poiché Modone

problemi avvalendosi di altri bacini di arruolamento e la grande espansione di Barcellona aveva attratto una forte immigrazione dai centri limitrofi, costieri e dell'entroterra, i cui uomini erano impiegati nell'ambito marittimo. Gli immigrati non erano comunque abbastanza per le esigenze di forza lavoro, dunque la zona di reclutamento si era allargata fino a comprendere l'intera penisola iberica e i domini tirrenici come la Sardegna e la Sicilia. Nonostante la dilatazione degli orizzonti, i ruoli di comando e la forza militare erano rimasti della stessa composizione etnica dei patroni, lasciando l'eterogeneità delle provenienze alla classe dei rematori.[408]

L'eterogeneità delle ciurme della seconda metà del Trecento, tuttavia, variava molto nelle forme e nei modi. A Venezia la collaborazione tra diversi gruppi etnici era abbastanza usuale e la xenofobia sembra rarissima, nonostante lo stretto controllo sui marinai albanesi e dalmati residenti nella laguna.[409] L'esistenza di una lingua franca mediterranea, composta da un miscuglio di parole italiche, iberiche, greche e arabe, permetteva la comunicazione a bordo dello stesso legno, in cui gli uomini remavano, mangiavano e dormivano fianco a fianco per mesi.[410] La congiuntura trecentesca nell'universo marittimo aveva anche comportato una proletarizzazione delle ciurme, come mostra la crisi della marineria veneziana.[411] Le migliorie tecniche della rivoluzione nautica avevano influito anche nei rapporti sociali. La cocca nordica a vela quadra, che aveva fatto la sua comparsa nel Mediterraneo a inizio Trecento, necessitava circa della metà dei marinai rispetto alle tradizionali navi latine a due alberi.

---

seguitava a rimanere spopolata, vennero soppresse alcune gabelle sul vino e venne imposto un aumento dei salari degli artigiani impiegati a riparare la fortezza. La guarnigione stessa, teoricamente di 300 soldati, era tragicamente diminuita per la pestilenza e la guerra. Ivi, doc. 326, p. 88. Venezia, 21 aprile 1358. Ancora negli anni Settanta l'isola di Creta risultava spopolata per le epidemie, per l'esilio volontario di molti successivamente alla rivolta del 1364 e soprattutto per la fuga dei molti che rischiavano la prigione per debiti, a causa dell'onerosa fiscalità. Il senato concesse allora un condono e delle moratorie ai debitori fuggitivi. Ivi, doc. 580, p. 145. 8 luglio 1376. A Negroponte quello stesso anno il governo registrò la mancanza endemica di abitanti. Ivi, doc. 584, p. 145. Venezia, 30 dicembre 1376.

408 Simbula, L'arruolamento degli equipaggi nei regni della Corona d'Aragona, pp. 1019–1039.

409 Sul crescente cosmopolitismo e sulla condizione di migranti economici vi sono visioni differenti. Doumerc, Cosmopolitanism on Board Venetian Ships, p. 78; Musarra, Economic Migrants or Commuters?, pp. 70–71.

410 Sulla lingua franca mediterranea: Novella M. Catarsi, *Studi sulla lingua franca*, Pisa 1975; Guido Cifoletti, *La lingua franca mediterranea*, Padova 1989; John E. Wansbrough, *Lingua franca in the Mediterranean*, Richmond 1996.

411 Camillo Manfroni, *La disciplina dei marinai veneziani nel sec. XIV*, Padova 1902; Idem, La crisi della marina militare di Venezia dopo la guerra di Chioggia, in: *Atti. Istituto Veneto di Scienze, Lettere ed Arti* 69 (1909–1910), pp. 983–1003.

Al contrario, mentre a inizio Duecento le galee contavano circa 120 rematori, l'uso massiccio della galea *grossa* a Venezia e l'introduzione del terzo rematore per banco aveva portato il loro numero a circa 180 verso fine secolo. Il mutato rapporto tonnellaggio-uomo aveva cambiato la qualità e la destinazione della manodopera marittima: nel XIV secolo diminuiva la richiesta di marinai esperti nella manovra delle vele, mentre aumentava quella di rematori e balestrieri. Molti si erano convertiti al remo delle galee, in condizioni di lavoro innegabilmente più dure. I cambiamenti nella guerra navale inoltre andavano verso l'utilizzo più numeroso delle balestre in luogo di altre armi da lancio, portando al conseguente uso di corazze più pesanti e costose. La balestra richiedeva maggiori capacità di utilizzo a causa del suo meccanismo laborioso: si faceva così più netta la divisione tra rematori e balestrieri, con un abbassamento dello status dei primi.[412] I rematori durante il Medioevo erano uomini liberi e salariati, a differenza dei forzati e schiavi dell'Età Moderna; nei secoli XII-XIII erano professionisti che combattevano e remavano, maneggiavano un arco o una daga oltre al remo. Nel corso del Trecento la suddivisione dei ruoli era divenuta invece maggiore e i balestrieri avevano smesso di remare.[413]

Le epidemie avevano aggravato un processo già in atto. Dagli anni 1330' i patroni veneziani si lamentavano della difficoltà di armare galee; durante la guerra con Genova del 1350–1355 Venezia aveva reintrodotto la leva obbligatoria con il sistema della *duodena*, ma la quantità di uomini raccolta era stata scarsa, oltre al fatto che la maggior parte dei coscritti aveva preferito versare la tassa per assoldare rematori sostituti, che però non si trovavano. Il senato si era rivolto a governi stranieri per ottenere rematori.[414] La degradazione sociale aveva reso poco attraente il mestiere di rematore e la specializzazione era divenuta sempre più rara, al punto che nel 1365 Pietro di Castiglia aveva ordinato l'esecuzione dei componenti di 5 galee catalane catturate nei pressi di Cartagena, tranne dei vogatori, poiché ve ne era una grande richiesta a Siviglia.[415]

---

412 Sull'ampio utilizzo nel Trecento della balestra sul mare, in luogo degli arcieri, e sulle sue conseguenze: Frederic C. LANE, La balestra nella rivoluzione nautica del medioevo, in: Le navi di Venezia fra i secoli XIII e XVI, pp. 240–250.

413 Anthony LUTTRELL, Late-Medieval Galley Oarsmen, in: Le genti del mare mediterraneo, vol. 1, pp. 87–102, qui pp. 93–94. Per un'indagine più generale sulla figura dei galeotti e dei rematori, e sui cambiamenti avvenuti, si rimanda all'opera ormai imprescindibile: Luca LO BASSO, *Uomini da remo. Galee e galeotti del Mediterraneo in età moderna*, Milano 2003.

414 Venezia aveva stipultao trattati con i regnanti d'Aragona e gli imperatori bizantini per fornire a San Marco equipaggi catalani o greci, invertendo la tendenza di un paio di secoli prima. Frederic C. LANE, I marinai veneziani e la rivoluzione nautica del medioevo, in: Le navi di Venezia fra i secoli XIII e XVI, pp. 150–169, qui p. 164.

415 Pedro LÓPEZ DE AYALA, *Cronicas de los Reyes de Castilla: Don Pedro, Don Enrique II, Don Juan, Don Enrique III*, vol. 1, Madrid 1779, p. 391. L'episodio è citato in: LUTTRELL, Late-Medieval Galley Oarsmen, p. 92.

Dopo il 1348, per supplire alle carenze dei rematori erano coinvolti nel reclutamento anche i debitori, abbassando ulteriormente lo status del mestiere.[416] Il governo di Venezia per attrarre marittimi aveva concesso condoni penali se il marinaio era fuggito per crimini. Ciò nonostante, il deterioramento delle condizioni di vita a bordo è indicato dalla diminuzione delle razioni alimentari dei marinai.[417] Per colmare i vuoti di personale si faceva ricorso ad arruolamenti indiscriminati di uomini poco raccomandabili o inaffidabili. Gli equipaggi erano protagonisti di episodi violenti e di una condotta piena di crimini, con saccheggi frequenti ai danni dei civili dei porti toccati, una spasmodica ricerca di bottino, ammutinamenti e risse frequenti a bordo. La penuria di vogatori specializzati aveva impedito ai patroni di operare una selezione preventiva e dunque di imporre la disciplina a bordo, accettando chiunque se volevano salpare.[418] I registri delle galee forniscono uno spaccato del turbolento ambiente marinaresco di fine Trecento, come mostra la lunga serie di crimini, problemi e controversie nella flotta genovese comandata da Nicolò Maruffo nel 1383. Gli alterchi erano all'ordine del giorno.[419] Le ciurme genovesi erano soggette

416 Ivi, p. 94. Sui salari dei marittimi, sebbene riferito al caso adriatico di Ancona: Sergio ANSELMI, Disciplina e salari dei marittimi nel basso Medioevo: gli statuti del mare di Ancona (secoli XIV-XV), in: *Quaderni storici* 45/3 (1980), pp. 1062–1078.

417 Frederic C. Lane ha insistito su questa tematica, notando come andasse scomparendo il maiale salato dalla dieta dei marittimi trecenteschi e di come molte diserzioni fossero dovute alla cattiva qualità del vitto. LANE, I marinai veneziani e la rivoluzione nautica del medioevo, p. 165. Michel Balard per quanto riguardava le galee genovesi in Oriente, ha affermato come l'alimento base delle ciurme fosse costituito da biscotto: Michel BALARD, Navigazione, arsenali e cibo dei marinai genovesi in Oriente nel Trecento, in: Gênes et la mer, vol. 1, pp. 115–122. Enrico Basso, indagando i consumi a bordo delle galee da guerra genovesi, ha notato invece come i rematori liguri godessero di un regime alimentare abbastanza vario, fatto di uova e carne fresca, e non vi fossero differenze sostanziali di qualità del vitto rispetto al quadro ufficiali e ai balestrieri, come invece riportato da Lane per le galee da mercato di Venezia. Inoltre, Basso ha notato come gli equipaggi delle galee da guerra mangiassero generalmente meglio che non quelli delle galee mercantili. Enrico BASSO, I consumi di bordo nei secoli XIV-XV. Note dai registri Galearum genovesi, in: *Atti della Società Ligure di Storia Patria, n.s.* 53/1 (2013), pp. 37–60, qui pp. 58–59.

418 LANE, I marinai veneziani e la rivoluzione nautica del medioevo, p. 168.

419 Nei pressi di Corone un tale Petrino de Alba, al seguito di re Giacomo di Lusignano, aveva accusato il *socius* Paolo de Valegia, di Rapallo, di averlo insultato, al che i due erano venuti alle mani. ASGe, *Notai antichi* 381, f. 143r. Corone, 10 luglio 1383. Edito in Michel BALARD / Laura BALLETTO / Christopher D. SCHABEL, *Gênes et l'Outre-mer. Actes notaries de Famagouste et d'autres localités du Proche-Orient* (*XIV–XV s.*), Nicosie 2013, p. 247, doc. 2. Sulla stessa galea era scoppiato un alterco tra il *miles* Domenico Gatto di Sampierdarena e il marinaio Nicolò de Clarentia, che gli aveva tirato un "pugillo super oculo". ASGe, *Notai antichi* 381, f. 144r. Corone, 10 luglio 1383. Edito in BALARD / BALLETTO / SCHABEL, Gênes et l'Outre-mer, p. 249, doc. 12. Successivamente, un tedesco di nome Rudolf Dalam, servitore del cavaliere Hernes Theotonicus, era stato picchiato a sangue da Quilico Gentile con calci e pugni: il genovese si era discolpato dicendo di essere stato prima colpito con

a numerose accuse di furti, spesso ai danni degli abitanti dei porti toccati.[420] Il gioco dei dadi era un'altra grande fonte di litigi e disordini tra i rematori, al punto da essere stato proibito.[421] Il 17 luglio 1383 una gigantesca rissa tra i marinai di due galee aveva rischiato di trasformarsi in uno scontro interno alla flotta genovese.[422] Il contesto veneziano era simile, come indicano le norme introdotte dal senato sulla spartizione del bottino tra gli equipaggi per evitare liti.[423]

I marinai stessi sembrano coscienti della facilità di trovare un impiego, al di là della loro condotta. Le rivolte dei marinai trecenteschi indicano la degradazione degli equipaggi in "proletariato marittimo", in conseguenza ai cambiamenti della rivoluzione nautica e al calo demografico.[424] Vi sono diversi esempi di ammutinamento di equipaggi di galee, come nel 1351 per la galea genovese di Nicolino Piccono, diretta a Oriente e ribellatasi in Calabria, nei pressi di Le Castella. Marinai e rematori avevano preso le armi e avevano costretto il comito a invertire la rotta, poiché non volevano dirigersi a Levante

---

uno schiaffo da Rudolf. ASGe, *Notai antichi* 381, f. 146v. Costa turca, 20 luglio 1383. Edito in BALARD / BALLETTO / SCHABEL, Gênes et l'Outre-mer, p. 259, doc. 32.

420 Duracino di Durazzo il 10 luglio 1383 era accusato di aver rubato la borsa di Nicola Bassora, abitante di Corone. ASGe, *Notai antichi* 381, f. 143v. Corone, 10 luglio 1383. Edito in BALARD / BALLETTO / SCHABEL, Gênes et l'Outre-mer, p. 248, doc. 9. I consiglieri di Famagosta avevano dovuto invece ordinare la restituzione dei beni prelevati ai cittadini. ASGe, *Notai antichi* 381, f. 147r. Famagosta, 5 agosto 1383. Edito in BALARD / BALLETTO / SCHABEL, Gênes et l'Outre-mer, p. 261, doc. 37.

421 Maruffo aveva vietato il gioco a bordo una volta passato il promontorio di Portofino, sotto pena di un fiorino di multa oppure 25 vergate per chi non se lo poteva permettere. ASGe, *Notai antichi* 381, f. 14v. Corone, 10 luglio 1383. Edito in BALARD / BALLETTO / SCHABEL, Gênes et l'Outre-mer, pp. 254–255, doc. 23. Nonostante il provvedimento, il *miles* Giovanni de Bargagli aveva sorpreso un marinaio a giocarci, ricevendone in cambio insulti. ASGe, *Notai antichi* 381, f. 145r-145v. Corone, 10 luglio 1383. Edito in BALARD / BALLETTO / SCHABEL, Gênes et l'Outre-mer, p. 252, doc. 19. Anche Bartolomeo Piscator era stato inquisito perché in procinto di cominciare una rissa con il proprio avversario ai dadi. ASGe, *Notai antichi* 381, f. 145v. Corone, 10 luglio 1383. Edito in BALARD / BALLETTO / SCHABEL, Gênes et l'Outre-mer, pp. 254–255, doc. 23.

422 Tra la galea di Goffredo Salvago e quella di Luca Grimaldi, ormeggiate di fianco, era nata una sassaiola, degenerata in lanci di scalmi e marinai feriti dalle pietre lanciate. ASGe, *Notai antichi* 381, f. 146r. Corone, 17 luglio 1383. Editi in BALARD / BALLETTO / SCHABEL, Gênes et l'Outre-mer, pp. 257–259, doc. 26, 27, 28, 29.

423 Mario BRUNETTI, La Battaglia di Castro (1350) ed il regolamento delle prede marittime della Repubblica di Venezia, in: *Rivista Marittima* 43 (1910), pp. 277–281. Anche Carlo Zen dovette imporre la propria volontà per ripartire in quote il bottino ottenuto dalla nave genovese "Becchignona" durante la guerra di Chioggia. Daniele DI CHINAZZO, *Cronica de la guerra da Veniciani a Zenovesi*, ed. Vittorio LAZZARINI, Venezia 1958, p. 220.

424 LANE, I marinai veneziani e la rivoluzione nautica del medioevo, p. 168.

ma "redire versus Ianue vel ad allias partes occidentales".[425] Gli ammutinati avevano iniziato la voga verso Genova a dispetto degli ordini del patrono; gli unici rimasti fedeli a Piccono erano lo scriba e i balestrieri.[426] La disciplina era divenuta un problema serio nel Trecento.[427] Il problema dei fuggitivi e dei disertori dalle galee aveva assunto vaste proporzioni, nonostante i tentativi dei patroni di garantirsi nominando fideiussori, con tuttavia scarsi risultati.[428] In una flotta di 13 galee genovesi armata nel 1356 vi erano stati ben 193 fuggiaschi.[429] La quantità di disertori poteva ovviamente dipendere dal regime che vigeva a bordo e dalla personalità del patrono.[430] Anche l'incertezza dovuta a situazioni di guerra poteva avere un grande peso nella scelta di fuggire, come la fuga di gruppo dalla galea di Giovanni Visconti, parte della spedizione del 1390 diretta in Africa.[431] Molti scappavano nei pressi dei propri luoghi d'origine per tornare a casa racimolando una certa quantità di denaro. D'altronde le navi assoldavano spesso oriundi dei luoghi toccati, per colmare i vuoti lasciati dai disertori.[432] Vi era una fortissima mobilità e ricambio tra i marittimi, sintomo di un disagio di fondo rispetto alla vita di mare.

In tale contesto era fiorita la pirateria, specialmente nei mari orientali e tra gli arcipelaghi greci. La guerra di corsa, anche temporanea, era una maniera per arrotondare i guadagni di marittimi e patroni nel XIV secolo.[433] La pirateria

---

425 L'ammutinamento rischiava di diventare violento: "Dicta galea invenientis in quodam locho Calabrie vochato Lechastelle et ibidem marinarii dicte galee voluntariter modi ceperunt arma". ASGe, *Antico Comune, Galearum* 630, f. 1v. Genova, 19 dicembre 1351.

426 Il nocciolo della ribellione, attuata probabilmente da rematori coscritti nel corso della guerra era che essi "ire nolebant versus Romaniam". *Ibidem.*

427 Su questo tema, per l'ambito veneziano: Stefano PIASENTINI, La setta di Londra. Un ammutinamento di ciurme veneziane del 1396, in: *Studi Storici* 37/2 (1996), pp. 513–540.

428 PISTARINO, Gente del mare nel Commonwealth genovese, pp. 273–274.

429 In 27 erano fuggiti solo dalla galea di Iane Spinola. pp. 298–299.

430 Nel 1369–1370 la galea di Pellegrino Marabotto, in viaggio per Alessandria, aveva avuto 35 fuggitivi, mentre la sua compagna al comando di Giovanni Ianco de Arenzano solo 13. Molti di coloro che scappavano in Oriente erano originari del Levante e probabilmente intendevano tornare a casa, come Iane Gora e Zamandora de Peyra. ASGe, *Antico Comune, Galearum* 707, f. 23v.-26r., 72r.-73r. Genova, 1370.

431 L'8 luglio 1390 erano scappati 13 marinai in una sola occasione. ASGe, *Antico Comune, Galearum* 732, f. 24v. Genova, 1390.

432 PISTARINO, Gente del mare nel Commonwealth genovese, p. 280.

433 A Genova l'arruolamento stesso degli uomini secondo la modalità "ad apodixias", per la quale l'equipaggio in cambio del servizio prestato sulle galee riceveva una quota del bottino ottenuto, incentivava la tentazione di condurre la guerra di corsa. Sulla pirateria a Genova: Michel BALARD, Course et piraterie a Genes a la fin du Moyen Âge, in: *VIII Jornades d'Estudis Historics Locals. El comerç alternatiu, Corsarisme i contraban (ss. XV–XVIII)*, ed. Gonçal LÓPEZ NADAL, Palma de Majorque 1990, pp. 29–40; Enrico BASSO, Pirateria, politica, ceti dirigenti: alcuni esempi genovesi del Tardo Medioevo, in: *Seeraub*

orientale aveva connotati multietnici: a Corone nel 1360 le autorità veneziane avevano condannato all'impiccagione una ciurma di pirati catturata, tra i quali figurano siciliani, iberici, francesi e lombardi.[434] I documenti del senato veneziano della seconda metà del Trecento sono segnati dalla preoccupazione per la pirateria.[435] Antonio Buttafoco, noto pirata genovese, aveva spogliato per mare alcuni nunzi papali del denaro appartenente alla camera apostolica: detenuto, prima del 1365 era riuscito a fuggire con i suoi complici dalle carceri di Narbonne.[436] Verso la fine del secolo, nel 1399, il governatore francese di Genova, Colard de Coleville, si premurava di scrivere al doge di Venezia per sollevarsi dalle responsabilità rispetto al genovese Sologro di Negro.[437] I dati sembrano indicativi di un peggioramento generale delle condizioni di vita del mondo marittimo. La degradazione della vita era legata a un clima di tensioni sociali e a un crescente nomadismo mediterraneo. L'aumento degli armati è indizio di una maggiore insicurezza sui mari, in un universo costellato da corsari.[438] La parziale partecipazione dei centri marittimi ai richiami della crociata, dunque, si colloca in un contesto di contrazione e di difficoltà: Genova

im Mittelmeerraum. Piraterie, Korsarentum und maritime Gewalt von der Antike bis zur Neuzeit, ed. Nikolas JASPERT / Sebastian KOLDITZ, Paderborn 2013, pp. 209–250; Enrico BASSO, Pirateria e guerra di corsa nel Mediterraneo: l'osservatorio genovese, in: *Il governo dell'economia. Italia e Penisola Iberica nel basso Medioevo*, ed. Lorenzo TANZINI / Sergio TOGNETTI, Roma 2014, pp. 205–228.

434 Vi erano uomini di Trapani, Catania, di Valencia, Saragozza, Maiorca, Barcellona, francesi, uomini di Marsiglia, di Zara, persino di Monza. ASVe, *Libri Commemoriali* 7, c. 50r. Regesto in Riccardo PREDELLI, *I libri commemoriali della Repubblica di Venezia. Regesti*, vol. 2, Venezia 1878, p. 4, n. 3. Corone, 9 marzo 1360.

435 Nel 1369 il senato ordinò di intercettare una galea di corsari maltesi che incrociava nell'Adriatico. Andrea MOZZATO, *Venezia – Senato. Deliberazioni miste, Vol. 20. Registro XXXIII (1368–1372)*, Venezia 2010, p. 159, doc. 329. Venezia, 28 dicembre 1369. Qualche anno prima, nel 1361, le autorità di Candia mandarono un reclamo all'emiro di Teologo affinché punisse alcuni pirati turchi che avevano attaccato una nave veneziana di Corone e ne avevano ucciso l'equipaggio. THIRIET, Délibérations des assemblées Vénitiennes, vol. 1, p. 251, doc. 679. Candia, 13 settembre 1361.

436 AAV, *Registra Vaticana* 247, f. 261v. Avignone, 11 maggio 1365. In: Lettres secrètes et curiales du pape Urbain V (1362–1370) se rapportant à la France, vol. 2, p. 305, doc. 1770.

437 Coleville aveva dichiarato che quel predone non rispettava nessuno, nemmeno i suoi compatrioti, e che chiunque lo avesse ammazzato avrebbe fatto bene: dava a chiunque, genovese o veneziano, la facoltà di catturarlo. ASVe, *Libri Commemoriali* 9, f. 88r. Regesto in PREDELLI, I libri commemoriali, vol. 2, p. 270, n. 160. Genova, 11 luglio 1399.

438 Lo stesso *Liber Gazarie* insisteva fortemente dal punto di vista legislativo su norme volte alla tutela e alla sicurezza dei navigli, tra cui un numero minimo di armati a bordo a seconda della destinazione e l'obbligo di procedere in convoglio. FORCHERI, Navi e navigazione a Genova nel Trecento, pp. 85–94. Si veda a questo proposito: MUSARRA, La marina da guerra genovese, pp. 97–98.

e Venezia potevano disporre di risorse navali limitate e soprattutto soggette a problemi intrinseci. Mentre l'espansione crociata dei secoli XII-XIII era legata all'esuberanza marinara delle due città, il Trecento al contrario fa registrare un arretramento di questa dimensione. A bordo delle galee al posto dei *cives* v'era una comunità marittima internazionale di professionisti, che aveva pur iniziato un processo di degradazione di status. Questa turbolenta comunità di marittimi, che spesso vagava di porto in porto alla ricerca di un impiego con il proprio bagaglio di *know-how*, sembra essere un soggetto distaccato dai vaghi richiami crociati. In un'epoca di scarse risorse marittime, Genova e Venezia preferivano dunque concentrarle in questioni vitali per la città, piuttosto che assecondare ideali lontani come quello del *passagium*. Le forze, gli uomini e la volontà non erano più sufficienti a fare ciò che si era fatto uno o due secoli prima.

2.2.3 *La popolazione schiavile*

Genova e Venezia sono tra i centri italiani più segnati, nel corso della loro storia, dal rapporto con l'alterità, etnica e religiosa, grazie ai rapporti con le altre rive del Mediterraneo. Il musulmano non era uno sconosciuto nelle città marinare. Nel tardo XIV secolo questo tipo di conoscenza e di familiarità stava andando incontro a cambiamenti, sulla scia della mutata frequentazione del Levante? Come, a Genova e Venezia, si conosceva il musulmano al di là dell'esperienza dei mercanti oltremare? Nel Trecento i mercanti italiani non frequentavano più i porti di Terra Santa e gli assi di frequentazione erano cambiati, verso la Romania, il Mar Nero, Alessandria o il Nord Africa. Queste erano le nuove destinazioni mediterranee dove incontrare la diversità, per chi si metteva in viaggio dalle capitali.[439] Un forte impatto per un visitatore trecentesco, a Genova come a Venezia, era legato alla grande quantità di schiavi che si potevano incontrare tra le vie delle due città. Ne ha dato testimonianza Francesco Petrarca in una lettera del 1368. Il poeta, passeggiando tra le calli di Venezia molti anni dopo la sua prima visita, affermava come dalle rive del Mar Nero in passato giungessero navi cariche di frumento, mentre ora quelle stesse portavano frotte di schiavi, venduti dai loro stessi bisognosi genitori.[440] La folla di schiavi aveva invaso i canali veneziani, deturpandone la bellezza, lamentava Petrarca: "del resto tu vedi un'inconsueta e incredibile turba di servi d'ambo i sessi inquinare, con i loro volti scizi e il loro deforme concorso, il volto di questa bellissima città

---

439 Basso, Tra apogeo, crisi e trasformazioni, pp. 195–198.

440 "Nam Grecie calamitas vetus est, sed Scitharum recens, ut, unde nuper ingens annua vis frumenti navibus in hanc urbem invehi solebat, inde nunc servis honuste naves veniant, quos urgente fame miseri venditant parentes". Petrarca, Le Senili, vo. 2, Lib. X, 2, p. 1248.

e, come torbido torrente, offuscare le acque di un fiume limpidissimo".[441] Gli schiavi orientali erano un corpo estraneo che aveva raggiunto tali proporzioni solo in tempi recenti.[442] Nel XIV secolo, specialmente dopo la peste, il mercato schiavistico veneto-genovese era esploso, sebbene il fenomeno fosse presente dalla prima metà del XIII secolo.[443] Genova e Venezia avevano soprattutto il

441 "Iamque insolita et inextimabilis turba servorum utriusque sexus hanc pulcerrimam urbem scithicis vultibus et informi colluvie, velut amnem nitidissimum torrens turbidus, inficit". *Ibidem*. Petrarca giunge ad affermare che il loro posto naturale era la pietrosa terra dove Ovidio era stato esiliato, dove dovevano strappare con le unghie e i denti l'erba rarefatta.

442 Sempre sulla grande presenza schiavistica incontrata a Venezia: "Né questo si dica ingiusto mio lamento, perché non dell'età nostra, sì di tutti i tempi si avvera cotal mutarsi delle cose". *Ibidem*.

443 Gli studi sulla presenza, sulla demografia e sulle caratteristiche degli schiavi medievali hanno avuto discreta fortuna storiografica nel secondo Novecento. La presenza della popolazione servile nelle città del Medioevo è tornata al centro della discussione scientifica a partire dagli studi su Firenze, Pisa, Siena, Milano e l'Aragona e, ovviamente, Genova e Venezia. Charles Verlinden ha dedicato gran parte della propria produzione all'indagine della schiavitù mediterranea, con le sue rotte e tratte nell'intera Europa medievale. Tra la produzione dello studioso segnalo: Charles VERLINDEN, La colonie vénitienne de Tana, centre de la traite des esclaves au XIVe et au début du XVe siècle, in: *Studi in onore di Gino Luzzatto*, Milano 1950, pp. 1–25; IDEM, Aspects de l'esclavage dans les colonies médiévales italiennes, in: *Hommage à L. Febvre*, Paris 1953, pp. 91–104; IDEM, La Crète débouché et plaque tournante de la traite des esclaves aux XIVe et XVe siècles, in: *Studi in onore di Amintore Fanfani*, vol. 3, Milano 1962, pp. 591–669; IDEM, L'esclavage en Sicile au bas Moyen Âge, in: *Bulletin de l'Institut Historique Belge de Rome* 35 (1963), pp. 13–114; IDEM, Traite des esclaves et traitants italiens à Constantinople (XIIIe–XVe siècles), in: *Le Moyen Âge* 69 (1963), pp. 791–804; IDEM, Le recrutement des esclaves à Venise aux XIVe et XVe siècles, in: *Bulletin de l'Institut Historique Belge de Rome* 39 (1968), pp. 83–202; IDEM, Le recrutement des esclaves à Gênes du milieu du XIIe siècle jusque vers 1275, in: *Fatti e idee di storia economica nei secoli XII–XX. Studi dedicati a Franco Borlandi*, Bologna 1977, pp. 37–57; IDEM, Venezia e il commercio degli schiavi provenienti dalle coste orientali del Mediterraneo, in: *Venezia e il Levante fino al secolo XV*, vol. 1, ed. Agostino PERTUSI, Firenze 1973, pp. 911–929; IDEM, Aspects quantitatifs de l'esclavage mediterranéen au bas Moyen Âge, in: *Anuario de estudios medievales* 10 (1980), pp. 769–789; IDEM, Aspects de la traite médiévale au Levant vus à travers les sources italiennes. 1. Diachromie de la traite des esclaves tartares. 2. L'activité de traitant d'esclaves d'un marchand vénitien à Constantinople (1436–1439), in: *Bulletin de l'Institut historique Belge de Rome* 53–54 (1983–1984), pp. 123–158; IDEM, L'esclavage agricole en Crète vénitienne, in: *Bulletin de l'Institut historique Belge de Rome* 53–54 (1983–1984), pp. 159–164; IDEM, Encore la traite des esclaves et les traitants italiens à Constantinople, in: *Bulletin de l'Institut historique Belge de Rome* 59 (1989), pp. 107–120. La summa dei risultati conseguiti è: IDEM, *L'esclavage dans l'Europe médiévale*, Bruges-Gand 1955–1977. Il caso di Venezia è stato affrontato anche da altri autori all'interno di quadri generali. Sally MCKEE, Inherited Status and Slavery in Late Medieval Italy and Venetian Crete, in: *Past & Present* 182 (2004), pp. 31–53. La tesi dottorale di Hannah Barker, discussa nel 2014, affronta il problema confrontando i

ruolo di centri di smistamento della merce umana in tutta la penisola italiana e in gran parte d'Europa, oltre che di primi fruitori dell'afflusso di schiavi.

La schiavitù era dunque la prima e più immediata maniera di interfacciarsi con l'alterità già all'interno della propria patria, ma la stessa provenienza degli schiavi aveva subito cambiamenti nel corso di un secolo, così come le modalità di ottenerli. Nel Duecento una fonte importante di approvvigionamento erano i fatti bellici, specialmente nella penisola iberica o in Terra Santa, oltre alla pirateria e alle razzie costiere. I principali centri di smistamento per i genovesi erano centri iberici come Valencia, Murcia e Minorca, dove si vendevano arabi spagnoli o nordafricani: solo successivamente al trattato di Ninfeo del 1261 si erano aperte ai liguri le porte della tratta sul Mar Nero.[444] A Genova fino al 1275 circa i tre quarti della popolazione servile erano composti da saraceni musulmani, come testimonia la loro onomastica islamica che mostrava la scarsa diffusione del battesimo tra gli schiavi.[445] Proprio al 1275 risale il primo contratto di vendita di uno schiavo di origine orientale a Genova: sarebbe stato il primo di una lunga serie.[446] A partire dal XIV secolo a Genova il numero degli schiavi provenienti dalle steppe asiatiche e dalle rive del Mar Nero era cresciuto fino a divenire assolutamente predominante. I porti di Caffa e Tana nel Trecento erano divenuti i principali centri di approvvigionamento di uomini, che appartenevano ormai a un ampio ventaglio etnico: erano tartari, russi, circassi, abkhazi, bulgari, mentre i saraceni andavano velocemente scomparendo. Nella prima metà del secolo rimaneva un forte elemento femminile di schiave greche, ma dopo la peste la percentuale di orientali era stata pressoché

---

casi veneziano, genovese e mamelucco. Hannah Barker, *That most precious merchandise. The Mediterranean trade in Black Sea slaves, 1260–1500*, Philadelphia 2019. Il contesto ligure registra un maggior numero di interventi specifici, anche grazie alla gran mole di documentazione notarile tra XIII e XV secolo. Luigi Tria, *La schiavitù in Liguria*, Genova 1947; Geo Pistarino, Fra liberi e schiave a Genova nel Quattrocento, in: *Anuario de estudios medievales* 1 (1964), pp. 351–374; Giovanna Petti Balbi, La schiavitù a Genova fra i sec. XII e XIII, in: *Mélanges offerts à René Crozet*, Poitiers 1966, pp. 1025–1029; Robert Delort, Quelques précisions sur le commerce des esclaves à Gênes vers la fin du XIVe siècle, in: *Mélanges d'archéologie et d'histoire* 78 (1966), pp. 215–250; Domenico Gioffrè, *Il mercato degli schiavi a Genova nel secolo XV*, Genova 1971; Michel Balard, Remarques sur les esclaves à Gênes dans le seconde moitié du XIIIe siècle, in: Gênes et la mer, vol. 1, pp. 347–393; Idem, La femme esclave à Gênes (XIIe–XVe siècles), in: Eadem, pp. 395–407; Idem, Esclavage en Crimée et sources fiscales génoises au XVe siècle, in: Eadem, pp. 409–417.

444 Idem, Remarques sur les esclaves à Gênes, pp. 353–360.

445 Secondo Michel Balard, solo il 31% degli schiavi tra il 1239 e il 1275 si era fatto battezzare, spesso al momento dell'affrancamento. Ivi, pp. 364–365.

446 Ivi, p. 356.

assoluta.[447] Nella seconda metà del XIV secolo l'elemento tartaro nei contratti genovesi si attestava tra il 70 e il 90% del totale.[448] Venezia aveva vissuto un percorso parallelo, sebbene l'arrivo di schiavi nella capitale fosse legato al mercato cretese, che assorbiva una grossa fetta della manodopera servile. I documenti del XII e XIII secolo danno testimonianza di schiavi saraceni, oltre all'alta percentuale di uomini provenienti dalla costa orientale dell'Adriatico, veri protagonisti del mercato servile veneziano nel Duecentoe da cui deriverà proprio il termine "sclavo", che segnerà il vocabolario della lingua italiana.[449] Gli schiavi di origine greca erano comparsi in maniera massiccia dal XIV secolo, particolarmente nella piazza di Candia. Si trattava spesso di abitanti catturati dai turchi e poi rivenduti a mercanti cristiani. A differenza di Genova, l'elemento greco mostrava una tenace persistenza nelle tratte venete anche nella seconda metà del Trecento, momento in cui la loro presenza era vicina al 30%, come per gli schiavi bulgari.[450] I contratti stipulati dal notaio Nicola de Boateriis nel 1360–1365 a Famagosta e Venezia indicano tendenze simili.[451]

447 VERLINDEN, L'esclavage dans l'Europe médiévale, vol. 2, p. 463. Robert Delort, rispetto ai contratti di schiavi del notaio Bartolomeo Gatto nel 1376, nota che addirittura il 98,4% di essi proveniva dalla zona del Mar Nero. DELORT, Quelques précisions sur le commerce des ésclaves à Gênes, p. 219.

448 BALARD, La Romanie génoise, vol. 2, pp. 790–796. Scavi documentari che ho effettuato a campione rafforzano questa tendenza: nel cartulare numero 306 del notaio genovese Nicolò Girono, in 10 contratti di schiavi vergati tra il 1374 e il 1391, vi sono esclusivamente di tartari. ASGe, *Notai Antichi* 306, f. 84v., 104v., 157r., 157v., 159v., 157r., 157v., 159v., 160r., 163r., 163r., 163v., 164r., 209r. Invece su 52 schiavi identificati in una serie di cartulari notarili del secondo Trecento e di cui è indicata la provenienza, 42 sono tartari: si tratta dell'80,7%. Dei restanti, altri 8 vengono dal Mar Nero, sebbene da diverse provenienze etniche, il che fa slittare la percentuale totale degli orientali al 96,1% degli schiavi. Sono stati presi, a titolo d'esempio, i cartulari notarili dell'Archivio di Stato di Genova, fondo *Notai Antichi*, numero: 306, 375, 376, 381, 408, 411, 415, 416, 444, 447, 462, 469 I, 470, 478. In uno scavo effettuato non in maniera sistematica ma a titolo puramente indicativo, si sono incontrati, tra atti di vendita, manomissioni o presenza in inventari: 42 tartari, 2 russi, 2 circassi, un bulgaro e altri 3 di diversa provenienza orientale; al di fuori del Mar Nero, si registra solo una schiava saracena e una greca di Romania. Oltre a essi, di altri 18 non è specificata la provenienza.

449 VERLINDEN, L'esclavage dans l'Europe médiévale, vol. 2, pp. 550–553.

450 La schiavitù a Creta nel XV secolo sarebbe divenuta più rara. Ivi, pp. 561–562.

451 I greci (compresi gli schiavi "de Romania") si attestano attorno al 60,4% del totale, seguiti dai tartari al 29,1%. Gli atti sono editi in: Antonino LOMBARDO, *Nicola de Boateriis. Notaio in Famagosta e Venezia (1355–1365)*, Venezia 1973.

Tabella 3

Schiavi citati negli atti del notaio veneziano Nicola de Boateriis (1360–1365)

Provenienza	Grecia	Romania (greci)	Tartari	Bulgari	Altro
Maschi	13	3	4	-	-
Femmine	9	4	10	2	3
Totale	22	7	14	2	3

Vi era stata invece una singolare ripartizione dell'elemento schiavile tartaro a Venezia, con un picco intorno agli anni 1360' e una diminuzione verso la fine del secolo, con un calo specialmente nel 1390–1395.[452] In realtà osservando gli atti del notaio Bernardo de Rodulfis, attivo nella laguna nel 1392–1399, gli schiavi tartari sono il 53,8% del totale, che aggiunti a russi e circassi mostrano come gli originari del Mar Nero fossero la stragrande maggioranza.[453] Anche a Venezia l'elemento prettamente musulmano era assente durante il Trecento: nomi di schiavi turchi sono attestati solo a partire dal XV secolo, mentre i pochi turchi ridotti in schiavitù nel corso del XIV secolo erano tutti assorbiti dal mercato cretese. Anche i saraceni nel Trecento sono pochissimi.[454] L'appartenenza religiosa degli schiavi, a Genova e Venezia, è una questione problematica. Oltre i tre quarti degli schiavi nel corso del Trecento portavano prenomi chiaramente cristiani, a differenza della situazione precedente, in cui solo un'esigua minoranza di schiavi saraceni era disposta a farsi battezzare.[455] La presenza di nomi cristiani non significava però il loro battesimo: molti cambiavano nome, magari dietro imposizione del padrone, durante il soggiorno

452 Egli sonda la possibilità che questa riduzione sia legata alle campagne di Tamerlano nella zona. Ivi, pp. 584–585. Occorre invece secondo me tenere in maggior considerazione le pressioni dei genovesi, che cercavano di ottenere il monopolio sul traffico di schiavi dal Mar Nero. Così nel 1384 le autorità genovesi arrestarono una cocca veneziana nel Mar Nero e tentarono di interdire ai veneziani il commercio di schiavi tartari verso la Turchia. Il Senato veneziano inviò un notaio a Genova per chiedere spiegazioni. THIRIET, Réges-tes de déliberations du Sénat, vol. 1, p. 166, doc. 683. Venezia, 28 ottobre 1384.

453 Su 13 atti del notaio riferiti a schiavi, 7 sono tartari, 2 russi, 2 circassi, un bulgaro e un bosniaco. Tuttavia, per il basso numero e per la particolarità della clientela, i suoi cartulari sono un metro non del tutto indicativo. Giorgio TAMBA, *Bernardo de Rodulfis. Notaio in Venezia (1392–1399)*, Venezia 1974.

454 Stando agli atti notarili rappresentano meno dell'1% della presenza servile nella città lagunare. VERLINDEN, L'esclavage dans l'Europe médiévale, vol. 2, pp. 650–652.

455 DELORT, Quelques précisions sur le commerce des ésclaves à Gênes, pp. 222–223. Sugli schiavi saraceni, scarsamente battezzati: BALARD, Remarques sur les esclaves à Gênes, pp. 364–366.

temporaneo dello schiavo nell'Oriente ortodosso, bizantino o ellenizzato.[456] Molti schiavi provenivano comunque da paesi cristiani o lo erano diventati durante il loro stato servile, anche grazie all'impegno dei loro padroni, senza tuttavia che il loro stato cambiasse. Tecnicamente i cattolici non potessero essere schiavi secondo i dettami della Chiesa; le direttive erano state allargate nel 1376 da papa Urbano V e poi ancora da Clemente VII nel 1388 verso gli ortodossi, che dovevano essere rilasciati. Nella realtà la conversione non significava però l'affrancamento e le bolle pontificie avevano scarsa efficacia.[457] Non sono rari i casi, anzi, di chierici stessi o addirittura di monasteri possessori di schiavi.[458] Il problema della schiavitù dei cristiani non cessava di inquietare le coscienze. In alcuni casi le autorità coloniali avevano intimato la liberazione di schiavi cristiani, come nella Chio genovese nel 1394.[459]

Nei due centri mercantili nel Trecento ci si era abituati a un tipo di alterità diversa da quella dei secoli precedenti: non più musulmani, ma greci o asiatici lontani, in gran parte cristiani o pagani. Questa minore familiarità domestica con il musulmano era sintomo e risultato di una minore conflittualità con la

---

456 DELORT, Quelques précisions sur le commerce des ésclaves à Gênes, pp. 226–227.

457 Ivi, pp. 222–223.

458 Per esempio, nel 1361 un prete di Famagosta, Domenico Martino, vendette una schiava greca a Maria, moglie dello speziale Bartolomeo de Grapelli. LOMBARDO, Nicola de Boateriis, pp. 107–108, doc. 104. Famagosta, 13 ottobre 1361. Nel novembre 1366 invece la badessa e il monastero di Santa Maria di Murano ebbe l'autorizzazione di portare da Venezia presso di loro una schiava. Antonino LOMBARDO, *Le deliberazioni del Consiglio dei XL della Repubblica di Venezia*, vol. 3, Venezia 1967, p. 105, doc. 166. Venezia, 27 novembre 1366. A Chio nel 1394 invece frate Pax di Gubbio si lamentò con il genovese Raffo Specia perché quest'ultimo gli aveva venduto uno schiavo di 18 anni, di nome Martino, che aveva difetti fisici nonostante le assicurazioni del venditore. Michel BALARD, *Notai genovesi in Oltremare. Atti rogati a Chio da Donato di Chiavari (17 febbraio–12 Novembre 1394)*, Genova 1988, pp. 231–232, doc. 86. Chio, 19 settembre 1394. Il testamento del mercante cipriota Joseph Zafeti invece prevedeva l'istituzione di un ospedale per i pellegrini, in cui si sarebbero dovuti impiegare due schiavi: essi sarebbero stati liberati dopo 7 anni di servizio e rimpiazzati con altri due schiavi, e così in perpetuo. ASGe, *Notai Antichi* 469 I, f. 30r.-34v. Genova, 8 ottobre 1381. Sul testamento di Joseph Zafeti, si veda: Giovanna PETTI BALBI, Carità e danaro: il testamento del cipriota Joseph Zafeti (1381), in: *Tous azimuts ... Mélanges de recherches en l'honneur du Professeur Georges Jehel*, Amiens 2002, pp. 55–62.

459 Il podestà aveva accolto la richiesta dello di uno schiavo tartaro che si era presentato presso di lui e che si dichiarava cattolico, rimettendolo in libertà e obbligando i due mercanti peroti Antonio Coca e Antonio Bussarotus, che avevano agito in malafede, al risarcimento del prezzo che il compratore veneziano Micheleto de Perusio aveva pagato per lo schiavo. BALARD, Notai genovesi in Oltremare. Atti rogati a Chio da Donato di Chiavari, pp. 126–129, doc. 43. Chio, 11 giugno 1394. Sul problema della schiavitù dei cristiani ortodossi a Chio anche: Sandra ORIGONE, Lineamenti per un aggiornamento storiografico sui genovesi, Bisanzio e il Mar Nero, in: Genova. Una "porta" del Mediterraneo, vol. 1, pp. 91–136, qui pp. 131–132.

riva islamica e di una riconversione su altri circuiti commerciali. Gli schiavi giungevano in maniera minore da fatti di guerra e arrivavano piuttosto da compravendite, spesso venduti da bambini dai loro stessi parenti in stato di estrema indigenza.[460] Gli schiavi a Genova e Venezia erano dunque cresciuti di numero in maniera impressionante, complice la crisi demografica. Il periodo 1350–1450 contiene più menzioni di schiavi negli atti notarili di qualunque altro momento. Nel 1379 gli schiavi a Venezia erano abbastanza da permettere al governo di istituire una tassa speciale sui loro proprietari.[461] Una decina di anni prima in senato era stata votata una proposta per proibire, per ragioni di sicurezza cittadina, l'importazione di schiavi tartari di sesso maschile a Venezia.[462] A Genova nel 1380 per fortificare Bolzaneto erano stati fatti lavorare gli schiavi, anche appartenenti a privati o famiglie.[463] Si calcola che nel 1381 vi fossero fino a 5.000 schiavi nella capitale ligure, dato che si avvicina a un decimo degli abitanti.[464]

Le variazioni erano anche legate al sesso. La proporzione di schiave femmine era cresciuta nel corso del XIV secolo, superando la quota del 60–65% del totale: la manodopera servile non era più destinata a occuparsi del lavoro nei campi o in bottega, ma trovava il suo posto all'interno dei palazzi, nelle mansioni domestiche e nell'accudire i figli dei loro padroni come segno di un certo benessere.[465] Gli schiavi non erano trattati alla stregua di oggetti ma avevano raggiunto un proprio ruolo sociale all'interno del mondo veneto e ligure. Essi potevano conoscere i segreti del mestiere, tanto che il senato veneziano nel 1370 aveva emanato il divieto di vendere schiavi in grado di padroneggiare la lavorazione della seta e dei tessuti preziosi.[466]

---

460 Vi sono storie personali come quella di Calì, schiava tartara di 12 anni venduta a Iacopo Italiano da Antonio Casitius. Un interprete che non parlava bene la lingua tartara, ma solo quella greca, aveva tentato di interagire con lei: Calì raccontava che era stata catturata dai turchi e da loro condotta in Grecia. "Fuisse captam per turchos et conducta in Grecia in quo loco tanquod Parva dicit loquis in lingua grecha, et qui est aetatorum annorum duodecim vel circha". Ella fu venduta per 40 fiorini. ASGe, *Notai Antichi* 415, doc. 2. Messina, 23 settembre 1388.

461 Kedar, Mercanti in crisi, p. 186.

462 La proposta era stata bocciata solo per pochi voti. Thiriet, Régestes de déliberations du Sénat, vol. 1, p. 120, doc. 468. Venezia, 11 luglio 1368.

463 ASGe, *Archivio Segreto, Diversorum* 496, f. 27v.-28v. Genova, 31 gennaio 1380.

464 Gioffrè, Il mercato degli schiavi a Genova nel secolo XV, p. 80, nota 23.

465 Balard, La femme esclave à Gênes (XIIe–XVe siècles), pp. 395–396; Iris Origo, The Domestic Enemy: the Eastern Slaves in Tuscany in the XIVth and XVth Centuries, in: *Speculum* 30 (1955), pp. 321–366, qui p. 336.

466 Mozzato, *Venezia – Senato. Deliberazioni miste, vol. 20*, p. 281, doc. 553. Venezia, 29 agosto 1370.

L'affrancamento degli schiavi era una pratica comune, spesso affermata nelle disposizioni testamentarie a beneficio dell'anima del testatore morente, generata tanto dalla pietà cristiana quanto da osservazioni sulla vecchiaia dello schiavo, che in età avanzata diveniva meno utile rispetto al peso per il suo mantenimento. Gli schiavi liberati sembrano inseriti nel contesto sociale e potevano persino investire nelle *compere* del comune.[467] Essi potevano nominare procuratori oppure ottenere prestiti.[468] Nel 1383 la tartara Maddalena, detta Marta, ex schiava della moglie di Giovanni Callegari, aveva lasciato tutti i suoi averi a Oddone Galaffio, ministro dell'ospedale genovese di Fassolo, che in cambio si sarebbe dovuto prendere cura di lei fino al momento della morte.[469] La compenetrazione tra abitanti e schiavi era testimoniata a vari livelli, fino all'utilizzo sessuale.[470] Gli schiavi interagivano anche fra loro, formano una sottocomunità all'interno delle città.[471] Nonostante una legislazione molto severa dedicata al comportamento degli schiavi a Genova e Venezia, le norme più dure sembrano scarsamente applicate e la realtà molto più morbida.[472] Gli schiavi fuggitivi erano spesso aiutati dagli abitanti locali, che dimostrano una

467 Magdalena, "olim sclava" di Giovanni Centurione, aveva investito 50 lire nella *compera* del 1390. ASGe, *Compere e mutui anteriori a San Giorgio o non consolidate* 1205, f. 125r.

468 "Bayamontibus de Bona" era stato nominato procuratore di Margherita, "de progenie tartarorum Sarchassorum", ex schiava di Giovanni Vita de Sexto, che l'aveva liberata il 21 novembre 1394 con atto rogato dal notaio Pellegrino de Salvo. ASGe, *Notai Antichi* 444, doc. 164. Genova, s.d. Ziza Sahara, saracena di Tripoli che era stata catturata durante il raid genovese del 1355 e liberata già nel 1361 da Luchino Grimaldi, l'anno seguente aveva ottenuto un prestito di 40 fiorini. ASGe, *Notai Antichi* 375, f. 165r. Genova, 25 marzo 1362.

469 "Magdalena olim vocata Marta de genere tartarorum, que fuit sclava Araxine uxor quondam Iohannis de Monleonis Callegarii, locavis operas suas et pacto convenit Odono Galaffio de Sancto Romulo speciario hospitalerio et ministro hospitalis de Fassolo de suburbis Ianue, presenti et recipi pro dicto hospitale et vice et nomine dicti hospitalis pro operibus et provicio suo sibi et dicto ospitali prestando per totum tempus vite ipsius". ASGe, *Notai Antichi* 376, f. 229r. Genova, 14 luglio 1383.

470 Nel 1383 a Genova fu risolta una controversia per cui la schiava Catalina, di proprietà di Filippo de Furno, aveva concepito un figlio con lui e non con un tale Giovanni Fantinati, a cui era stata prestata. ASGe, *Notai Antichi* 411, f. 71v. Genova, 13 febbraio 1383.

471 Nel 1394 la schiava Magdalena e lo schiavo Iohanino, appartenenti a due padroni diversi, avevano concepito un figlio che era stato chiamato Giuliano. I due proprietari, di comune accordo, decisero di dare il neonato al sarto Giovanni de Tabia, perché lo crescesse. La schiava Magdalena era di proprietà di Giuliano Fantinati, mentre Iohanino apparteneva a Eliano Spinola. ASGe, *Notai Antichi* 470, f. 250v. Genova, 4 dicembre 1394.

472 Un'analisi delle norme di Genova in VERLINDEN, L'esclavage dans l'Europe médiévale, vol. 2, pp. 526–533.

certa simpatia per le sorti della popolazione servile.[473] A Candia gli schiavi fuggitivi trovavano riparo presso molte persone che li nascondevano.[474]

L'alterità con cui si aveva familiarità, nei centri mercantili, era quella di uno schiavo, in gran parte di sesso femminile e di provenienza orientale (greco-tartaro-balcanica), cristiano o pagano cristianizzato. Il musulmano non era escluso dall'immaginario, ma era di fatto meno tangibile nella quotidianità. Di conseguenza i figli dei potenti, nel corso del Trecento, erano cresciuti nelle loro case in compagnia di schiavi e soprattutto schiave, a differenza dei loro antenati. Secondo alcune ipotesi sulla psicologia mercantile, il fatto che essere cresciuti e nutriti in un ambiente ad alta concentrazione servile poteva avere abbassato l'intraprendenza e lo spirito d'avventura dei mercanti, che fino al secolo precedente mostravano tratti opposti.[475]

Quale il rapporto tra schiavitù e conduzione della crociata? Nel Trecento uno tra i maggiori impatti delle spedizioni crociate era l'afflusso di schiavi, piuttosto che di reliquie come in precedenza. L'avventura di Amedeo VI di Savoia del 1366–1367, partita e tornata a Venezia, può essere rapportata con le autorizzazioni per esportare schiavi fuori dalla laguna. Si tratta di una coincidenza fortunata, poiché nel 1366 il governo veneziano aveva stabilito che gli schiavi esportati dal mercato di Rialto avrebbero dovuti essere autorizzati dal Consiglio dei Quaranta, ma già il 3 aprile 1368, a causa dell'eccessiva mole di lavoro, i permessi di esportazione erano divenuti prerogativa dei capisestieri.[476] Amedeo VI aveva toccato Gallipoli, Costantinopoli e la Bulgaria nel corso della sua spedizione. Sappiamo di schiavi presi prigionieri nei combattimenti oppure comprati sul mercato di Pera: lo stesso Conte Verde aveva acquistato due giovani schiave a Pera per 72 iperperi.[477] Mentre Amedeo era nel Levante, per il

---

473 Ivi, p. 533.

474 THIRIET, Délibérations des assemblées Vénitiennes, vol. 1, p. 222, doc. 575. Candia, 13–14 aprile 1350.

475 KEDAR, Mercanti in crisi, pp. 186–187. Benjamin Kedar si rifà all'analisi empirica, dal punto di vista psicologico, di David McClelland, per cui i possessori di schiavi sviluppano un livello di intraprendenza generalmente più basso di coloro che sono cresciuti senza. Pur riferendo i suoi esempi sugli stati del sud degli USA all'epoca della schiavitù dei neri, egli nota come i bambini bianchi educati con la costante presenza di schiavi abbiano interiorizzato il fatto che nel momento della difficoltà ci sarebbe sempre stato qualcuno a cui ordinare di aiutarli, abbassando dunque la loro capacità di risolvere la situazione autonomamente e quindi di intraprendere. L'evidenza è tutt'altro che incontestabile e fortemente empirica (essa, se applicata all'impero romano, darebbe gli stessi risultati?), tuttavia pare un'ipotesi da vagliare con attenzione. David C. MCCLELLAND, *The Achieving Society*, New York 1976, pp. 376–378.

476 VERLINDEN, L'esclavage dans l'Europe médiévale, vol. 2, pp. 671–672.

477 SETTON, The Papacy and the Levant, vol. 1, p. 306.

periodo marzo-dicembre 1366 sono pervenute 15 autorizzazioni di schiavi da far uscire da Venezia.[478] Le galee del conte di Savoia erano tornate nella laguna, il 31 luglio 1367, e vi erano rimaste fino a metà settembre.[479] Solo nel periodo compreso tra il 19 agosto 1367 e il 30 settembre 1367 si conservano 29 autorizzazioni per esportare schiavi, quasi il doppio di quelle che possediamo per dieci mesi dell'anno precedente. Alcune erano concesse a genovesi, patroni o imbarcati delle galee di Amedeo, come nel caso di Luca Crossorius e Corradino Pisano, che potevano far uscire due schiave di Romania.[480] Anche i tre patroni marsigliesi Jean Casse, Geyme Martin e Roland Aymes erano autorizzati a far uscire dalla città 12 tra schiavi e schiave.[481] Il marsigliese Bernard Boier aveva ottenuto uno schiavo dalla crociata, così come Raymond Fabre, comito della galea di Martin, che aveva probabilmente acquistato due schiave a Pera.[482] Ne avevano beneficiato ovviamente anche i nobili franco-piemontesi del seguito di Amedeo, tra cui Pietro Gaytanus e il "dominus Raynaldus".[483] Molti schiavi erano venduti sulla piazza veneziana dai patroni delle galee venete e i mesi estivi e autunnali del 1367 registrano un aumento di presenze servili a Venezia. La crociata orientale era divenuta un momento in cui acquistare schiavi, approfittando del viaggio compiuto. Era dunque la schiavitù l'ultimo lascito delle crociate alla fine del XIV secolo?

---

478 Si tratta di un numero molto piccolo, che sembra indicativo della mole di dati dispersi e dell'inizio dell'operato dell'ufficio, non ancora a pieno regime, ma che è un interessante metro proporzionale della presenza di schiavi. Gli atti sono editi in LOMBARDO, Le deliberazioni del Consiglio dei XL della Repubblica di Venezia, vol. 3.

479 Amedeo era rimasto a Venezia almeno fino all'8 settembre. Non conosciamo tuttavia la data esatta della partenza delle galee marsigliesi e genovesi (alcune di queste ultime erano già state congedate in Oriente). SETTON, The Papacy and the Levant, vol. 1, p. 307.

480 LOMBARDO, Le deliberazioni del Consiglio dei XL della Repubblica di Venezia, vol. 3, p. 125, doc. 229. Venezia, 19 agosto 1367.

481 Ivi, p. 129, doc. 244. Venezia, 1° settembre 1367. Roland Aymes aveva probabilmente preso il posto del patrono Raymond Bozan, che era morto nel corso della spedizione. SETTON, The Papacy and the Levant, vol. 1, p. 295, nota 54.

482 LOMBARDO, Le deliberazioni del Consiglio dei XL della Repubblica di Venezia, vol. 3, p. 128, doc. 241. Venezia, 31 agosto 1367. Ivi, p. 134, doc. 258. Venezia, 13 settembre 1367.

483 Ivi, p. 125, doc. 230. Venezia, 19 agosto 1367; Ivi, p. 134, doc. 260. Venezia, 13 settembre 1367. Anche i nobili Guglielmo de Garçono e Guglielmo de Zalamorum probabilmente facevano parte delle truppe crociate di Amedeo VI. Ivi, p. 135, doc. 268. Venezia, 13 settembre 1367.

Tabella 4

Autorizzazioni del Consiglio dei Quaranta per esportare schiavi da Venezia (dopo il ritorno della crociata di Amedeo VI), agosto-settembre 1367

Data autorizzazione	Possessore	Quantità
19 agosto 1367	Luca Crossorius e Corradino Pisano, genovesi	2 schiavi
	Pietro Gaytanus, *miles* di Amedeo VI	1 schiavo e 1 schiava
31 agosto 1367	Giovanni de Greci	1 schiava
	Giovanni Vallaresso	1 schiava
	Giovanni Laroninus	1 schiava
	Giovanni Miani	1 schiavo
	Bernard Boier di Marsiglia	1 schiavo
	Benedetto Quirino	1 schiavo
	Andrea de Lamono di Asilo	1 schiava
1° settembre 1367	Jean Casse, Gayme Martin e Roland Aymes, patroni di tre galee marsigliesi di Amedeo VI	12 tra schiavi e schiave
	Pietro Gambarino di Milano	1 schiava
	Enrico de Dolmacio	1 schiava
13 settembre 1367	Raymond Fabre di Marsiglia, comito della galea di Geyme Martin	2 schiave
	Cole de Barleto	1 schiava
	dominus Rainaldo, *miles* di Amedeo VI	1 schiavo
	Bernardo Steno	1 schiavo
	Giovanni Civrano	1 schiava
	Arsolino, calderarius	1 schiavo
	Giovanni de Ecclesie	1 schiava
	Dana Marella, madre di Nicoletto Paruta	1 schiava
	Lilius de Camerino	1 schiava
	I nobili Guglielmo de Garçono e Guglielmo de Zalamorum	3 schiavi e 1 schiava
	nobile Çaninus Papaçiça	1 schiava
	Nicoletus Scarlata di Chioggia	1 schiava
	Stefano Butiglario di Chioggia	1 schiavo
	Francesco Buxelo	1 schiava
27 settembre 1367	nobile Domenico Gossoni	1 schiava
	Cristoforo Grasso di Chioggia	1 schiava
30 settembre 1367	Luca Zane	1 schiava

CAPITOLO 3

La crociata attraverso la cronachistica genovese e veneziana del Trecento

Le cronache prodotte in ambiente genovese e veneziano sono una fonte primaria, grazie alla loro natura narrativa, per indagare le percezioni dell'autore, non semplicemente presente nella propria singolarità artistica ma in quanto esponente di un ceto o di un'appartenenza cittadina. I cronisti erano spesso involontari riproponenti di giudizi, concezioni e modi di dire, attuando una capacità di scelta tra cosa raccontare e cosa no. Il paragone tra più testi consente di cogliere un panorama complessivo, da cui trarre linee comuni, per la più ristretta cronachistica genovese come per la variegata tradizione veneziana. Gli autori, con i loro scritti, si intrecciano in un gioco di correlazioni e sensibilità affini. Grazie alle cronache è possibile collezionare indizi sullo sguardo sul mondo, e sulla crociata, degli abitanti dei centri mercantili nella seconda metà del XIV secolo.

3.1 Gli *Annales Genuenses* di Giorgio Stella

Giorgio Stella è l'autore dell'unica fonte cronachistica a noi pervenuta per quanto riguarda il Trecento genovese, trattandosi di un'opera di passaggio obbligato. Il secolo, infatti, presenta un vuoto estremamente indicativo nella tradizione annalistica genovese: l'ultimo continuatore ufficiale della cronaca cittadina, che si era sviluppata senza interruzioni dai tempi di Caffaro a testimonianza delle vicende della città, era stato Iacopo Doria, che aveva concluso il proprio lavoro con i fatti dell'anno 1293. Alla voce degli annalisti ufficiali si era aggiunta quella di religiosi e laici provenienti dall'ambiente mendicante: tra tutti Iacopo da Varazze, autore anch'egli di una grande cronaca cittadina, che ha termine negli ultimi anni del Duecento.[1] Da quel momento si segnala una vistosa interruzione della produzione storiografica locale, fatto di per sé indicativo di un clima psicologico dettato dall'instabilità e dalla convulsa realtà urbana. Abbiamo notizia unicamente di due altre brevi fonti cronachistiche

1 Per una veloce rassegna del mondo della cronachistica genovese, dalle sue origini all'Umanesimo, si rimanda a: Giovanna PETTI BALBI, La cultura storica in età medievale, in: *Storia della cultura ligure*, vol. 4, ed. Dino PUNCUH, Genova 2005, pp. 147–190.

 | DOI:10.30965/9783657790852_004

anonime, composte nella prima metà del Trecento e attente alle vicende politiche interne.[2] Solo Giorgio Stella, a cavallo tra XIV e XV secolo, avrebbe colmato questo vuoto, lamentandosi egli stesso di aver trovato solo brevi frammenti di qualche testo minore, a noi sconosciuto, su cui basare le proprie ricerche.[3] Stella aveva dovuto lavorare in gran parte su fonti cancelleresche, testimonianze orali e cronache esterne. Egli è l'unico testimone su cui fare affidamento, per il panorama genovese trecentesco, dal punto di vista delle fonti letterarie. Che tipo di sguardo mostrava Giorgio Stella? La crociata continuava a persistere in lui, o i colpi della crisi – morale, politica, demografica – avevano diminuito l'attenzione che gli annalisti suoi predecessori avevano riservato all'Oriente? Gli *Annales Genuenses* sono occasione di indagare la concezione dell'alterità e di sondare i mutamenti dell'ambiente genovese. Il cronista era un testimone affidabile del suo tempo e del suo contesto?

3.1.1 *Giorgio Stella: storia di un funzionario*

Giorgio Stella era originario della riviera di Ponente: la famiglia, appartenente alla fazione popolare, proveniva dal borgo di Triora, arroccato sulle alpi marittime liguri nell'estremità occidentale dei domini genovesi. Il padre, Facino Stella, era inserito nei gangli della vita pubblica genovese occupando posizioni di un qualche rilievo: notaio e poi cancelliere del comune, come documentato dal 1357, aveva svolto anche incarichi all'estero, tra cui una missione ad Avignone presso papa Urbano V, oltre a far parte della legazione genovese presso l'imperatore Carlo IV a Pisa nel 1368.[4] Due dei tre fratelli minori di Giorgio, cioè Francesco e Giacomo, hanno lasciato poca traccia.[5] Il primogenito e più

2 Occorre notare in realtà una continuazione anonima della cronaca di Iacopo da Varazze, nella quale sono riprese le vicende politiche dell'inizio del secolo successivo, edita in: Vincenzo PROMIS, Continuazione della Cronaca di Iacopo da Varagine, in: *Atti della Società Ligure di Storia Patria* 24 (1892); oltre alla trascrizione in: Giovanni MONLEONE, *Iacopo da Varagine e la sua cronaca della città di Genova, dalle origini al MCCXCVII*, vol. 1, Roma 1941, pp. 478–485. Questa continuazione di Iacopo da Varazze può essere identificata con una delle due cronache che Giorgio Stella ammise di aver utilizzato, entrambe risalenti ai primi decenni del XIV secolo. L'altra, una cronaca di parte ghibellina, potrebbe invece corrispondere al testo contenuto nel codice Cocharelli, risalente agli anni Venti e che solo recentemente sta iniziando a essere studiato. Si rimanda in questo senso a: Antonio MUSARRA, I molti orizzonti di un manoscritto "mediterraneo". Il Codice Cocharelli tra Acri, Cipro e Genova, in: *Il Codice Cocharelli. Il manoscritto e il suo contesto* (in corso di pubblicazione).

3 PETTI BALBI, La cultura storica in età medievale, pp. 166–167.

4 Georgii et Iohannis Stellae Annales Genuenses, p. III.

5 Un elenco del 1382 che raccoglie oltre 500 figli legittimi di notai genovesi, gli unici dunque che avranno possibilità di entrare a far parte del collegio notarile, elenca i quattro figli di Facino Stella. ASGe, *Notai Antichi* 411, f. 66r-70r. Genova, 1382. Giacomo probabilmente morì in giovane età perché successivamente non appare più nominato in alcun documento,

celebre componente della famiglia era nato negli anni intorno al 1365–1370 e, insieme all'altro fratello Giovanni, aveva seguito le orme paterne intraprendendo la prestigiosa carriera notarile.[6] I nomi di Giorgio e Giovanni Stella compaiono in diversi rogiti notarili già a partire dal 1389.[7] Solo il minore tra i due aveva però raggiunto il grado di cancelliere, mentre Giorgio era divenuto scriba e aveva ricoperto alcuni ruoli negli uffici dell'amministrazione finanziaria del comune, con una brillante carriera a partire dai primi anni del Quattrocento, divenendo ufficiale di Mercanzia e poi scriba della *Massaria generalis*. Almeno tra il 1415 e il 1417 aveva anche ricoperto il ruolo di scriba dei *Magistri Rationales*.[8] L'autore degli *Annales* era un funzionario, uomo di conti e della pubblica amministrazione, scriba a conoscenza dei bilanci del comune, per di più con origini provinciali. Non apparteneva all'antica aristocrazia cittadina, con alle spalle imprese belliche e mercantili sui mari; non era un politico o un uomo di chiesa. Giorgio Stella forse non aveva mai nemmeno navigato: non era un uomo d'avventura. La sua esistenza si era svolta sempre in maniera abbastanza appartata, pur all'interno delle mura di una metropoli di ampio respiro.

Il notaio coltivava comunque l'attività letteraria, anche se non ebbe i contatti che il fratello Giovanni aveva saputo sollecitare con uomini di cultura e di governo dell'epoca.[9] Giorgio, favorito dall'ambiente paterno, aveva appreso i rudimenti dello studio della storia e della lingua latina. L'annalista denota effettivamente una certa conoscenza di autori classici, citati a più riprese nel lavoro, limitata però al mondo latino e ignorando l'antichità greca. Alla formazione culturale dello Stella avevano concorso autori medievali, storici romani, scrittori cristiani e annalisti genovesi, in una tradizione storico-erudita mediata dal nascente umanesimo. Il notaio genovese avvertiva la circolazione dei nuovi

mentre Francesco visse a Triora, appartato dalla vita pubblica della capitale e vi morì nel 1413. Giovanna Petti Balbi, Giorgio Stella e gli "Annales Genuenses", in: *Miscellanea storica ligure*, vol. 2, Milano 1961, pp. 123–215, qui pp. 131–132.

6 Sull'importanza dei notai a Genova: Giorgio Costamagna, *Il notaio a Genova tra prestigio e potere*, Milano 1970.

7 Due documenti, rispettivamente del 9 gennaio e del 9 febbraio 1389, portano il nome del notaio Giovanni Stella, dunque abilitato alla professione almeno dall'anno precedente e che già lavorava per conto del comune, probabilmente grazie all'influenza del padre. Si tratta di due estimi di beni. ASGe, *Notai Antichi* 415, doc. 29. Genova, 9 gennaio 1389; doc. 63. Genova, 9 febbraio 1389. Nella stessa filza è conservato un atto rogato da Giorgio, notaio, in vece del fratello Giovanni, sempre nello stesso anno. Ivi, doc. 121. 17 marzo 1389, Genova. Dunque, a quell'altezza cronologica i due erano già operanti, arretrando la data proposta da Giovanna Petti Balbi, che colloca invece il primo atto conosciuto da loro firmato solo al 1391: Petti Balbi, Giorgio Stella e gli "Annales Genuenses", pp. 125–126. La data di nascita a nostro parere può dunque essere ulteriormente arretrato al 1369–1371 proposto dalla storica.

8 Ivi, pp. 128–129.

9 Georgii et Iohannis Stellae Annales Genuenses, p. IV.

motivi di questa corrente culturale e ne era sensibile; la conoscenza dell'opera di Giovanni Villani lo aveva aiutato nell'attingere alla propria esperienza diretta nella scrittura della storia della città.[10] Giorgio Stella era essenzialmente uno storico e la sua frequentazione con le opere precedenti doveva aumentare questa inclinazione, al punto da spingerlo a scrivere un'opera senza mai averne ricevuto un incarico ufficiale. Già il padre, notaio in ambascerie internazionali per conto del doge Simone Boccanegra, era a conoscenza dei segreti del comune: i notai erano i custodi della memoria e dei convulsi sviluppi della politica genovese. Gli appartenenti al ceto notarile avevano la possibilità di prendere visione di documenti e delle delibere dei consigli, di consultare le raccolte di leggi e le cronache precedenti. Stella era uno storico di pasta ben diversa rispetto a Caffaro o Iacopo da Varazze, come l'epoca in cui viveva e la sua estrazione erano profondamente cambiate. La redazione degli *Annales* era cominciata nel 1396 e si era interrotta verso il 1405, data in cui ne era stata fatta copia al governatore di Genova, Boucicaut, e all'arcivescovo Pileo de Marini.[11] Il cronista era morto di peste nei primi mesi del 1420, come informa il fratello Giovanni, continuatore degli annali.[12] L'autore, vittima di una delle endemiche pestilenze, rappresenta anche nella morte un'ottima sintesi del proprio tempo, oltre a una speculare immagine del fiorentino Giovanni Villani, anch'egli deceduto per la piaga del 1348 e succeduto dal fratello nella continuazione della propria cronaca.

L'animo del funzionario pare segnato dal crepuscolo di un'epoca, imbevuto di cultura letteraria e storica, medievale nella formazione ma non più nello spirito. Non sono un mistero, d'altronde, le aspirazioni umanistiche dell'autore, ancor più evidenti nel fratello Giovanni: se l'inquadramento e la struttura degli *Annales* hanno andamento tradizionale, per certi versi antiquato, vi si rintracciano anche i germi di un nuovo spirito.[13] Pur nell'asprezza dello stile cancelleresco, Giorgio mostra una certa passione per la bella forma nella descrizione degli avvenimenti, accompagnata dalla ricerca di arcaicità dei termini della lingua latina. La scelta del titolo dell'opera, "Genuenses" al posto del più comune "Ianuenses" pare indicativa, così come la volontà di chiamare i francesi "Gallicos".[14] Oltre all'amore per gli antichi, in filigrana si intravede in Giorgio Stella un senso oscuro della storia, letta secondo nessi logici che

10 Petti Balbi, Giorgio Stella e gli "Annales Genuenses", p. 135.

11 Ivi, pp. 146–147.

12 Georgii et Iohannis Stellae Annales Genuenses, p. 352.

13 Giorgio Stella era in contatto epistolare con Coluccio Salutati e con altri letterati di ambiente fiorentino. Più in generale: Petti Balbi, Giorgio Stella e gli "Annales Genuenses", pp. 137–139.

14 Georgii et Iohannis Stellae Annales Genuenses, p. 194.

concatenavano i fatti, guardata a partire da spinte materialistiche e interessi politici. Non si tratta di una semplice registrazione di eventi, ma di un ragionamento volto a indagarne le cause e i rapporti al di fuori della narrazione cronachistica. Gli avvenimenti descritti sono, dunque, conseguenze inevitabili di fatti e pulsioni precedenti, conclusioni senza scampo, come nel caso delle lotte politiche fratricide. Giorgio Stella è stato descritto come un "melanconico funzionario"[15] che aveva vissuto con una buona dose di disincanto e rassegnazione l'epoca difficile in cui era nato, senza la forza o i mezzi per prendere il mare contro le avversità. Può essere, insomma, un ottimo testimone del suo tempo. Il rimpianto verso il passato è una costante che è possibile intravedere in tutta l'opera, di fronte a un presente inquieto, in cui anche le libertà comunali sembravano venir meno con la dedizione alla Francia del 1396. La consegna a un sovrano straniero era l'unico freno al clima di violenza dilagante a Genova, come sembra affermare l'autore, sfiduciato del fatto che i cittadini non fossero più in grado di governarsi da soli: vi era un senso di ineluttabilità nella vicenda umana.[16]

3.1.2 *La crociata secondo Stella nel confronto con il passato*

Giorgio Stella aveva caratteristiche profondamente diverse da coloro che lo avevano preceduto, così come il mondo in cui si muoveva era cambiato. I genovesi non erano più i padroni del Mediterraneo, che traboccava di navi, problemi e conflitti su fronti diversi, mentre gli orizzonti si chiudevano; le lotte intestine sconvolgevano la città e non erano risolte nemmeno da signorie straniere o da forti raggruppamenti di potere. In tale situazione occorreva dunque tutelarsi, almeno parzialmente. Stella, spettatore della sua epoca, nella cronaca dà notizia del primo orologio meccanico introdotto a Genova, segno di un tempo che iniziava a essere razionalizzato.[17] Il costo del lavoro, la velocità delle informazioni, la produttività tendevano verso l'accelerazione. Tuttavia, di fronte a un futuro nebuloso e opprimente, il primo risultato era l'angoscia: Giorgio Stella si rifugia spesso, all'interno dello scritto, in un passato glorioso e positivo. Tra i cronisti genovesi medievali è quello più ripiegato sul passato e la sua malinconia di spettatore di guerre civili e pestilenze si specchia in una

15 Gabriella AIRALDI, I genovesi e la "quarta dimensione", in: *La storia dei genovesi*, vol. 3, Genova 1983, pp. 91–103, qui p. 102.

16 PETTI BALBI, Giorgio Stella e gli "Annales Genuenses", p. 139.

17 Giorgio Stella dà notizia dell'installazione del primo orologio meccanico a Genova nel 1353, che venne installato sul campanile della cattedrale di San Lorenzo. "Circa hoc tempus non erat Ianue pulcra et subtilis fabrica, qua ad singulam diei noctisque horam pulsatur: eam ergo Mediolanense dominium fecit ipsa urbe Ianuense componi". Georgii et Iohannis Stellae Annales Genuenses, p. 153.

nostalgia di epoche migliori. Il clima contemporaneo aveva sottolineato in Giorgio la necessità della pacificazione a ogni costo, un'esigenza più lontana da Caffaro. Stella denunciava il mutamento dell'universo circostante, così com'era anche cambiato lo sguardo dello storico che ne scriveva.[18]

In Stella convivevano spinte contraddittorie e se da un lato sapeva guardare con occhio pratico le vicende, soffermandosi sulle spiegazioni umane dei fatti e sugli aspetti della realtà economico-amministrativa, dall'altro non era esente da superstizioni e antiche credenze. Accanto a eventi miracolistici si trovano racconti di ambizioni mondane, lotte politiche, interessi di una civiltà nuova, di pari passo con una maggiore attenzione ai caratteri individuali. Il cronista era al crinale tra due epoche, in bilico tra concezioni diverse del mondo.[19] La convinzione religiosa era ben salda in lui, ma non in quanto spiegazione degli avvenimenti che accadevano. L'unico vero rifugio sembrava il passato di Genova potente e prospera, mentre l'autore degli *Annales* era a prima vista chiuso di fronte agli stimoli esterni. Come poteva interessare a uno scrittore del genere la crociata? La narrazione della storia di Genova non poteva esimersi dal trattare l'argomento, a causa dei gloriosi antecedenti della città. Stella parla ovviamente delle prime spedizioni in Oriente al principio della propria opera: conosceva assai bene le descrizioni di Caffaro, i cui passi sono spesso ripetuti in maniera identica. Le sue fonti principali sono il primo annalista e Iacopo da Varazze; il notaio trecentesco però conosceva solo gli Annali di Caffaro, mentre le altre due opere relative alle imprese di Terra Santa, la *Regni Iherosolymitani brevis historia* e il *De liberatione civitatum Orientis*, che trattavano più diffusamente le vicende orientali, erano a lui sconosciute. Nel racconto della prima crociata colpisce lo scarso rilievo dato da Stella alla partenza della nave di Goffredo di Buglione da Genova, mentre Caffaro l'aveva posta al centro di una lunga narrazione nel *De liberatione*.[20]

---

18 Airaldi, I genovesi e la "quarta dimensione", p. 102.

19 Petti Balbi, Giorgio Stella e gli "Annales Genuenses", pp. 139–140.

20 Ivi, p. 167. Il resoconto della crociata di Caffaro, dopo lunghi silenzi, è stato rivalutato anche grazie a studiosi come Gabriella Airaldi, Jonathan Phillips e Christopher Marshall. Su Caffaro crociato si rimanda a: Giovanna Petti Balbi, *Caffaro e la cronachistica genovese*, Genova 1982; Antonio Placanica, L'opera storiografica di Caffaro, in: *Studi medievali* 36 (1995), pp. 1–62; Elena Bellomo, La componente spirituale negli scritti di Caffaro sulla prima crociata, in: *Atti della Società Ligure di Storia Patria, n.s.* 37/2 (1997), pp. 63–92; Idem, 'Galeas ... armatas strenue in Syriam direxerunt': la prima crociata e il regno gerosolimitano del 12. secolo nella cronachistica genovese sino al duecento, in: *Mediterraneo medievale. Cristiani, musulmani ed eretici*, ed. Marco Meschini, Milano 2001, pp. 103–130; Idem, La percezione dell'oltremare negli scritti dell'annalista genovese Caffaro, in: *Studi sull'Europa medioevale. L'Europa di fronte all'Oriente cristiano*, ed. Annamaria Ambrosioni, Alessandria 2001, pp. 77–94; Gabriella Airaldi, Memoria

Giorgio Stella attinge particolarmente dal *Liber* I di Iacopo da Varazze, riproponendo all'incirca le medesime parole descrivendo le lotte con i saraceni. Le vicende della prima crociata, della conquista di Mirra e della presa di reliquie sono quasi completamente tratte da Iacopo, all'interno della narrazione di come "Ianuensium spiritualis devotio ex classe quam adversus Siriam et crucis hostes aliquotiens, ut videbitur in sequentibus, dirrexerunt".[21] Nella descrizione vi è il racconto del combattimento per Antiochia, a cui i genovesi avevano preso parte, poi della liberazione di Mirra, dove erano state ritrovate le reliquie di san Giovanni Battista. L'annalista trecentesco, più che sull'impresa contro gli infedeli, pare insistere sul prestigio delle reliquie rinvenute e portate a Genova, come un "donum tam preciosum tamque gloriosissimum"[22] – è interessante notare la mancanza del termine "santo" –. Stella si dilunga sulle bolle emanate dai papi Alessandro III e Innocenzo IV, che accordavano ai genovesi una serie di privilegi e indulgenze relative alle spoglie, aumentando il prestigio spirituale della città. Il notaio data comunque la traslazione dei resti del Battista al 1099, replicando lo stesso errore di Iacopo da Varazze. Il racconto prosegue con la conquista di Cesarea, dove i genovesi, con una croce sulla spalla destra, "Ianuensibus signum crucis umeris parte dextra ferentibus"[23], avevano scalato le mura e iniziato un duro combattimento. In alcuni dettagli è possibile intravedere il racconto di Caffaro, che riporta ugualmente come dopo la presa della città il legato papale e il patriarca avessero trasformato due moschee in chiese: una dedicata a San Pietro, l'altra a San Lorenzo, in onore dell'aiuto genovese.[24] Non si tratta, tuttavia, di una trasposizione identica di un testo

---

e memorie di un cavaliere: Caffaro di Genova, in: *Crusades* 2 (2003), pp. 25–39; Elena BELLOMO, *A servizio di Dio e del Santo Sepolcro: Caffaro e l'Oriente latino*, Padova 2003; Christopher MARSHALL, The crusading motivation of the Italian city republics in the Latin East, 1096–1104, in: *The Experience of Crusading 1: Western Approaches*, ed. Marcus Graham BULL / Norman HOUSLEY, Cambridge 2005, pp. 60–79; John E. DOTSON, Caffaro, Crusade, and the annales Januensis: History and its Uses in Twelfth-Century Genoa, in: *Shipping, Trade and Crusade in the Medieval Mediterranean: Studies in Honour of John Pryor*, ed. Ruthy GERTWAGEN / Elizabeth JEFFREYS, Farnham 2012, pp. 271–288; Martin HALL / Jonathan PHILLIPS, *Caffaro, Genoa and the Twelfth-Century Crusades*, London 2016; IDEM, Caffaro of Genoa and the Motives of the Early Crusaders, in: *Religion as an Agent of Change*, Leiden-Boston 2015, pp. 75–104; Antonio MUSARRA, *In partibus Ultramaris. I Genovesi, la Crociata e la Terrasanta* (*secc. XII–XIII*), Roma 2017, pp. 46–47.

21 Georgii et Iohannis Stellae Annales Genuenses, p. 17.

22 *Ibidem*.

23 Ivi, p. 18.

24 Per il racconto di Giorgio Stella: ivi, pp. 18–19; per il pezzo raccolto negli annali di Caffaro: CAFFARO, Annales ann. MXCIX–MCLXIII, in: *Annali genovesi di Caffaro e de' suoi continuatori dal MXCIX al MCCXCIII*, ed. Luigi Tommaso BELGRANO / Cesare IMPERIALE DI SANT'ANGELO, vol. 1, Roma 1890, pp. 12–13.

antecedente. Nello scritto di Caffaro di Rustico, partecipante in prima persona ai combattimenti, uomo di mare che aveva preso la croce, i nemici erano infedeli e il "diabolicum nomen Machometi inde expulsum est et non adoratur".[25] Il suo era un racconto in presa diretta, da cui trapela un netto coinvolgimento emotivo che fa risuonare una notevole carica epica. Caffaro riporta il discorso del patriarca, nella Cesarea ancora fumante per la battaglia, in cui chiamava "fratelli" i propri compagni, giunti fin lì a servizio di Dio e per la liberazione del Santo Sepolcro.[26] Nel medesimo racconto ma vergato da Giorgio Stella, ufficiale amministrativo nato tre secoli dopo, i nemici erano dei neutri "Saracenos" o, al limite, "ipsis hereticis".[27] Il livello di partecipazione di Caffaro non è, ovviamente, paragonabile allo sguardo distaccato del funzionario trecentesco. Nemmeno Giorgio Stella per la verità è asettico: in altri ambiti la sua narrazione conosce fiammate e momenti di profondo coinvolgimento. Quando negli *Annales Genuenses* si parla di vicende politiche, il tono della narrazione si scioglie, Stella diventa vivace e appassionato, pur senza mai perdere la sua caratteristica imparzialità e sobrietà.[28] Ciò non accade nel racconto delle lotte contro gli infedeli. Sono inoltre indicative le notizie sul Sacro Catino, il grande bacile verde di presunto smeraldo riportato in patria dai genovesi durante le prime spedizioni in Terra Santa. Stella ritiene certo che si tratti del calice utilizzato da Gesù nell'ultima cena, rifacendosi sicuramente a Iacopo da Varazze, che pur non ne era così sicuro.[29] L'identificazione del Sacro Catino con il calice dell'ultima cena era sorta a Genova non prima della fine del XIII secolo, poiché in origine l'oggetto era tenuto in considerazione più per la sua preziosità che per un presunto valore religioso.[30] La tradizione del Graal si era invece ben consolidata nel corso del XIV secolo, come testimonia Giorgio Stella, che ne

25 Ivi, p. 13.

26 "Fratres, quoniam pro servitio Dei et sanctissimi sepulchri ad has partes venistis". Ivi, p. 10.

27 Georgii et Iohannis Stellae Annales Genuenses, p. 18.

28 Petti Balbi, Giorgio Stella e gli "Annales Genuenses", p. 156.

29 "At Ianuenses intuentes ad Creatorem omnium, quia, ut fertur, illud vas est quo Ihesus Deus noster in ultima cena cum discipulis ad esum agni pascalis est usus, intuentes quoque ad rem que ad decus nostre reipublice magis cederet, anno eiusdem Ihesu nativitatis MCI pretermissa avaritia vas ceperunt, illud cum gaudio Ianuam deferentes: est autem ipsius vasis lapis tanti vigoris tantique excessus, quod omnes sue speciei lapides, quantumcumque perfecti, positi iuxta ipsum suam deperunt pulcritudinem". Georgii et Iohannis Stellae Annales Genuenses, p. 19.

30 In senso più generale: Antonio Musarra, Memorie di Terrasanta. Reliquie, traslazioni, culti e devozioni a Genova tra XII e XIV secolo, in: Come a Gerusalemme. Evocazioni, riproduzioni, imitazioni dei luoghi santi, pp. 523–576.

è un assertore fuor da ogni dubbio, pur senza in assenza di un vero e proprio culto.[31]

Il racconto delle imprese genovesi in Terra Santa è dunque debitore dell'opera di Iacopo da Varazze, anche per la limitata entità che hanno nell'economia del testo di Stella, piuttosto che a Caffaro, che si sofferma molto di più sulla presa di Cesarea, Acri, Gibelletto, Tortosa, Tripoli, Beirut, Mamistra. Stella è avaro di notizie su un'epopea che viveva in maniera distaccata: in una manciata di frasi scrive come, negli anni successivi al 1099, ben 40 galee genovesi si trovassero in Palestina, contribuendo alla conquista di molte città. Nel 1103, 60 legni provenienti da Genova avevano catturato Tripoli e Gibello maggiore, dove avevano edificato chiese, ma Stella non sembra avere particolare interesse per le imprese belliche.[32] I punti su cui l'annalista trecentesco si sofferma sono altri, tra cui la lapide all'interno della basilica del Santo Sepolcro a Gerusalemme che riportava una grande iscrizione a lettere dorate: "in muro arcus supra altare templi prelibati Sancti Sepulcri litteris aureis scriptum fuit "Prepotens Ianuense presidium"".[33] La scritta, posta a testimonianza dei privilegi che i genovesi avevano ottenuto per i meriti acquisiti durante la prima crociata, ha grande risalto nell'opera di Stella.[34] Al contrario, il testimone oculare Caffaro cita appena i privilegi all'interno del *De liberatione*, diluendoli nel racconto, e nemmeno li riporta nei suoi Annali. Caffaro liquida in una sobria frase l'iscrizione gerosolimitana: "Baldovinus concessit Ianuensibus scribi in

31 Sul Sacro Catino si rimanda ai recenti studi di Gianluca Ameri: Gianluca AMERI, Naturalia, mirabilia e acheropita: il Sacro Catino del Duomo di Genova tra humana arte e divina virtute nella Chronica civitatis Ianuensis di Iacopo da Varazze, in: *Natura artificio e meraviglioso nei testi figurativi e letterari dell'Europa medievale*, ed. Clario DI FABIO, Roma 2014, pp. 11–58; oltre al contributo su temi analoghi nel catalogo della mostra del 2015 dal titolo: *Genova nel Medioevo. Una capitale del Mediterraneo nell'età degli Embriaci.*

32 "ibi templa sub Ihesu Christi nomine construentes". Georgii et Iohannis Stellae Annales Genuenses, p. 32.

33 *Ibidem.*

34 L'annalista continua: "quo etiam in premissis urbibus a Sarracenis ereptis iura, decus et prerogativam Ianuenses habebant: et hoc ex privilegiis et instrumentis in publicam mihi et fide dignam presentatis forma latius haberi prospexi". *Ibidem.* Sui privilegi, l'iscrizione e il suo posizionamento si è generato un dibattito che ha coinvolto Benjamin Kedar e Antonella Rovere. Benjamin Z. KEDAR, Genoa's golden inscription in the Church of the Holy Sepulchre: a case for the defence, in: *I Comuni italiani nel regno crociato di Gerusalemme. Atti del colloquio (Jerusalem, May 24–May 28, 1984)*, ed. IDEM / Gabriella AIRALDI, Genova 1986, pp. 317–335; Antonella ROVERE, "Rex Balduinus Ianuensibus privilegia firmavit et fecit". Sulla presunta falsità del diploma di Baldovino I in favore dei Genovesi, in: *Studi medievali, s. 3* 37 (1996), pp. 95–133; Benjamin Z. KEDAR, Again: Genoa's Golden Inscription and King Baldwin I's Privilege of 1104, in: *Chemins d'outre-mer. Études d'histoire sur la Méditerranée médiévale offertes à Michel Balard*, ed. Damien COULON [et al.], Paris 2004, pp. 495–502; MUSARRA, In partibus Ultramaris, pp. 163–170.

triuna Sepulcri, litteris aureis, illud quod eis concessit per privilegia".[35] L'attenzione del crociato genovese è rivolta all'impresa d'oltremare a servizio di Dio, al contrario di Stella, a cui interessava un orgoglio civico di lunga durata. Il vero guadagno della crociata era il prestigio di Genova, ottenuto grazie all'antica potenza del comune – o degli uomini che lo avevano creato –. A Giorgio Stella non mancava una dimensione spirituale, ma non era la componente predominante delle imprese di Terra Santa.[36]

Per i secoli dell'espansione genovese nel Mediterraneo, lo scritto di Stella possiede un respiro universale, trasmesso per osmosi alle opere da cui aveva attinto. Sono narrate la caduta di Gerusalemme a opera di Saladino nel 1187, la presa di Acri e le vicende della terza crociata; al contrario per il Trecento, unica parte originale, tale dimensione extra-genovese si riduce notevolmente. Per le imprese orientali il cronista attinge anche dagli Annali di Ogerio Pane, di cui riprende le frasi sulla presa di Damietta[37], mentre per la conquista genovese di Ceuta e la cattura di navi saracene nel 1232 segue l'opera di Iacopo da Varazze.[38] Uno spazio molto più ampio è lasciato negli *Annales* alle guerre del Duecento contro i pisani e i veneziani, ma soprattutto alle lotte di fazione tra guelfi e ghibellini, che danno titolo a un intero capitolo, il "De obiurgis, odiis et insultibus Ianuensium intra se ac de origine perversorum nominum guelfi et gibellini".[39] Qui Stella vedeva l'origine delle guerre intestine, ormai degenerate, che insanguinavano la città nella sua epoca. Le grandi imprese appartenevano comunque al passato, le crociate erano un'epopea cristallizzata in secoli ormai conclusi. Il nucleo della narrazione proveniva da scrittori precedenti, annalisti, nobili, politici, mercanti e arcivescovi: Giorgio Stella non si era limitato a copiare le opere, ma le aveva involontariamente rivisitate con il proprio sguardo notarile. La storia era per lui certamente *magistra vitae*, poiché la narrazione di cose avverse stimolava l'uomo ad agire in maniera più cauta, al pari delle cose lodevoli, che sfidavano gli uomini a emularle.[40] Involontariamente programmatica è, tuttavia, la dedica di un intero capitolo "De penuriis,

35 CAFFARO, Regni Iherosolymitani brevis historia, in: Annali genovesi di Caffaro e de' suoi continuatori, vol. 1, p. 129.

36 Sul dettaglio della visione caffariana dell'impresa oltremare, del suo lato religioso, e nel paragone con il testo di Giorgio Stella: Simone LOMBARDO, *Chi ha viaggiato e chi no. La scoperta dell'altro nel confronto tra Caffaro e Giorgio Stella, cronisti genovesi, in: Il viaggio. Scoprire ed essere scoperti. Atti della Summer School 2020, ed. Alberto BARZANÒ / Cinzia BEARZOT, Milano 2021, pp. 109–124.*

37 Georgii et Iohannis Stellae Annales Genuenses, p. 33.

38 Ivi, p. 33, nota 5.

39 Ivi, p. 44.

40 Ivi, p. 1.

pestibus et pressuris Ianuensium".[41] L'attenzione alle calamità e alle avversità, che hanno un particolare risalto all'interno dello scritto, è specchio dell'atmosfera di insicurezza e difficoltà dell'epoca.

Effettivamente lo scrittore afferma di narrare "tam adversis quam prosperis", con un'inversione dei termini rispetto agli annalisti precedenti, nei quali i successi venivano prima della sventura. Consapevolmente o meno, nella mente del notaio gli "adversa" si affacciano con maggior immediatezza dei trionfi.[42] La dinamica più volte ripetuta, nel racconto delle catastrofi più antiche come di quelle contemporanee all'autore, è quella in cui una disgrazia era risolta grazie all'intervento delle reliquie uscite in processione per la città, che riuscivano a placare la collera divina. Durante la tempesta del 1245 l'arcivescovo era uscito con i resti di san Giovanni Battista e della Vera Croce, placando gli elementi[43]; nel 1391 una processione dalla cattedrale aveva portato le reliquie del Precursore lungo la città durante una delle più violente mareggiate per scongiurare gravi danni.[44] Si testimonia l'usanza cittadina, comune ad altre realtà, indicativa di un rapporto di timore nei confronti del divino e tendente a una certa meccanicità. Le calamità come carestie e inondazioni erano comunque eventi eccezionali fino al XIII secolo, mentre nell'età di Giorgio Stella le pestilenze erano divenute la triste norma. Per l'epoca precedente il cronista attesta epidemie solo nel 1181 e 1298, ovvero un paio nel giro di due secoli; a partire dalla metà del Trecento, al contrario, è registrata la grande peste del 1348, poi quelle del 1361, 1372, 1384, 1392, 1397–1398, 1405–1406, a cadenza meno che decennale.[45] Il clima di precarietà sembra una costante che vela d'inquietudine l'intera opera. Gli sconvolgimenti e le interruzioni, nella documentazione come nella memoria, causate della prima ondata di peste sono confermate dal fatto che,

41 Ivi, p. 53.

42 Benjamin Z. Kedar insiste particolarmente sul fatto che nei cronisti genovesi, e non solo, del XIII secolo la coppia prospera/adversa veda sempre i successi al primo posto, già a partire in realtà dai secoli ufficiali. Giorgio Stella, che conosceva bene gli *Annales Ianuenses* più antichi, decide di invertire questa contrapposizione: lo studioso indica il dato come un chiaro indizio di mutamento di mentalità. Kedar, Mercanti in crisi, p. 123.

43 Georgii et Iohannis Stellae Annales Genuenses, p. 54.

44 "Circa noctem dimidiam clerus Sancti Laurentii cum sacra cruce accessit ad modum, qua hora in portu Ianue quinque naves, tum submersione, tum fractione, deperdite sunt; accesserunt illuc etiam circiter horam illam divisim alii clericorum ordines et in ortu solis ad eum locum sancti beati Iohannis Batiste reliquie per clerum Sancti Laurentii et cives laicos portate sunt, eoque mane confestim procelle vacarunt". Ivi, p. 198.

45 "Sic semper mundus debilis et infirmus merores porrigit et passione inducit; et alia in sequentibus infelicia videbuntur ex epidemiis atque aliis: regnavit enim epidemia Ianue annis .MCCLXXXXVIII., MCCCLXI., MCCCLXXII., MCCCLXXXIIII., MCCCLXXXXII., MCCCLXXXXVII., MCCCLXXXXVIII., MCCCCV. et MCCCCVI.". Ivi, p. 55.

mentre per gli anni Quaranta appena precedenti vi sono dettagliate descrizioni degli avvenimenti interni ed esterni a Genova, che occupano diverse pagine, per l'anno 1348 l'unica notizia riportata è appunto l'epidemia e per il 1349 la morte del vescovo Giacomo da Santa Vittoria, in una sola frase.[46]

3.1.3 *"Adversa" e assenze crociate: testimone di un'epoca nuova*

Il racconto della seconda metà del Trecento è effettivamente la parte più interessante e originale dell'intero scritto di Giorgio Stella, epoca di cui il cronista era in parte testimone oculare o di cui aveva raccolto testimonianze di prima mano. Il maggior interesse dell'autore è rivolto ad alcuni ambiti, che sono approfonditi e sviluppati, mentre in altri rimangono vistose lacune: Stella si concentra sulla vita interna di Genova, sulle istituzioni e sulla complessa trama di turbolenze politiche, tralasciando la proiezione mediterranea. Questa scelta di sguardo sembra legata alla personalità dell'autore, non un mercante sebbene scrivesse per un pubblico in larga parte mercantile. Il suo ripiegamento su ciò che accadeva all'interno delle mura è testimonianza di orizzonti, geografici come ideali, molto più ristretti. Nelle occasioni di guerra contro l'infedele vi è una totale mancanza di investitura religiosa dello scontro: nel 1355, al termine della guerra contro gli aragonesi, una flotta di 15 galee al comando di Filippino Doria si era diretta inizialmente su Alghero ma, alla notizia della pace, aveva cambiato la propria rotta verso Tripoli in Nord Africa.

La città, in quel momento sotto il governo di un tiranno locale, era stata presa d'assalto all'improvviso dalle galee liguri. La contemporanea cronaca fiorentina di Matteo Villani, continuatore del fratello Giovanni, aveva dato ampio risalto all'impresa ed è la fonte principale sullo svolgimento dei fatti.[47] Il saccheggio genovese era durato diversi giorni, con un enorme bottino tra denaro, merci e schiavi. L'occupazione della città si era protratta dal 24 aprile fino a giugno, quando i genovesi erano riusciti a vendere il centro al signore di Gabes per 50.000 doppie d'oro. Gli assalitori, in bilico tra una posizione ufficiale e quella di corsari, erano stati sconfessati dal governo ligure per aver creato una pericolosa situazione internazionale. Filippino era stato messo al bando da Genova finché il comune non si era accertato dell'assenza di rappresaglie da parte dei potentati musulmani. La flotta aveva potuto così attraccare a Genova dopo tre mesi in mare. In parte è spiegata l'avarizia di dettagli di Giorgio Stella riguardo all'impresa di Tripoli, risolta in poche parole, al contrario del forestiero Matteo

46 Ivi, p. 150.

47 Sull'evento e sulle descrizioni di Villani: Laura BALLETTO, L'impresa del genovese Filippo Doria contro Tripoli di Barberia nel 1355, in: *Intemelion* 11 (2005), pp. 79–118.

Villani, che pur la giudica un caso di pirateria illegale.[48] La spedizione, nonostante fosse stata condotta contro i saraceni, non presenta alcun connotato confessionale o di giustificazione religiosa. Contro "Tripoli barbarorum"[49] non si stava svolgendo alcuna lotta con l'infedele, nello scritto di Stella. Verso l'intera vicenda vi è anzi una sorta di pudore cronachistico, senza accenni al periodo di bando imposto alla flotta di Filippino, che aveva agito senza espliciti ordini del comune. L'unica giustificazione possibile, per il funzionario trecentesco, era quella del guadagno. L'impresa di Tripoli contro i musulmani è degna di nota semplicemente per la quantità di ricchezze ottenute: "maximam tesauri copiam invenerunt; et autem civitate capta, cum ipso tesauro plura mancipia secum ducentes, reddierunt Ianuam".[50]

L'arrivo del re crociato, Pietro I di Cipro, è citato nella cronaca di Stella sotto l'anno 1363. Il sovrano, durante il proprio tour europeo per richiedere aiuti nella spedizione contro gli infedeli, era giunto nella città ligure per sensibilizzare il comune. Pietro si era dunque rivolto ai governanti genovesi "pro convincendis detemptoribus sancte urbis Ierusalem ipsaque urbe restituenda christicolis, auxilia reperiret".[51] La permanenza di Pietro di Cipro a Genova, più che per la crociata, interessa a Giorgio Stella per gli eventi che ne erano scaturiti. Il monarca era stato ospitato nella casa di Pietro Malocello a Sturla, dove in suo onore era stato offerto un banchetto, ma nel corso della festa era stato avvelenato il doge Simone Boccanegra. La cronaca si sofferma sugli avvenimenti cittadini successivi alla morte del doge, mentre il re di Cipro esce silenziosamente dalla cronaca dopo la sua fugace apparizione, funzionale più che altro alle vicende interne genovesi. La crociata scompare con lui dagli *Annales* senza lasciare traccia. Giorgio Stella non cita il trattato stipulato dal comune il 5 marzo 1363, con il quale Pietro confermava i privilegi genovesi in cambio di aiuti per il *passagium*. Viene taciuta soprattutto la crisi dell'estate del 1364 tra Genova e Cipro, che era quasi sfociata in guerra aperta, mettendo a repentaglio l'intera impresa crociata; neppure è citata l'ambasciata guidata dal legato papale Pierre Thomas, giunta a Genova nel gennaio 1365 per trattare la composizione delle ostilità e conclusasi con una nuova conferma dei privilegi genovesi a Cipro.[52] D'altronde, non vi è traccia negli *Annales* della crociata di Alessandria del 1365, nonostante l'ampia risonanza internazionale dell'evento,

48 Ivi, p. 94.

49 Georgii et Iohannis Stellae Annales Genuenses, p. 154.

50 *Ibidem*.

51 Ivi, p. 157.

52 La crisi ebbe una portata talmente ampia che è difficile supporre che il cronista non fosse a conoscenza dell'intera vicenda, anche se le grandi lacune presenti proprio per quegli anni lasciano aperta questa possibilità, tutt'altro che irreale. Si rimanda ai capitoli

a cui avevano partecipato almeno tre galee genovesi messe a disposizione dal doge, e le pesanti conseguenze commerciali dell'impresa. Una dimenticanza che sembra segno del disinteresse verso imprese crociate o supposte tali, specie se non patrocinate direttamente dal comune. Il confronto risulta tanto più marcato dal fatto che, per lo stesso anno 1365, oltre alla cattura genovese di Soldaia sul Mar Nero, è data notizia particolareggiata di un'invasione di insetti in Lombardia che aveva danneggiato il raccolto.[53] La sensibilità su cosa fosse degno di nota stava mutando. Un richiamo universale non aveva fatto breccia nello scritto, nemmeno quando implicava la partecipazione di privati cittadini genovesi – ma non dell'istituzione comunale, al servizio della quale era lo scrittore –.

Non si tratta di un caso isolato: neppure la cavalleresca spedizione crociata del conte Amedeo VI di Savoia dell'anno successivo, il 1366, è citata nella cronaca. Sappiamo da fonti esterne che a essa avevano offerto supporto logistico diverse galee genovesi, affittate dal nobile sabaudo per l'impresa, che avevano provveduto al trasporto delle truppe fino a Costantinopoli e poi al ritorno. Il silenzio di Stella è indicativo: in entrambi i casi non è mostrata alcuna intenzione di utilizzare gli eventi a cui avevano partecipato privati cittadini genovesi per una glorificazione dell'impegno civico verso la crociata. Degli eventi stessi, anzi, non vi è traccia. Sembra qui svelato il semplice disinteresse verso la crociata al crepuscolo del XIV secolo, tema che per Giorgio Stella aveva cessato di essere un oggetto affascinante. Si trattava di una particolare sensibilità del notaio o la disattenzione era in qualche modo condivisa dall'ambiente da cui proveniva e a cui si rivolgeva? Il tema dell'Oriente non è comunque completamente secondario negli *Annales*. La zona è ricordata nello scritto sotto il termine *Romania*, specificando sempre che è il vocabolo utilizzato nel linguaggio volgare.[54] Il Levante compare solo quando si svolgono operazioni che vedono coinvolti cittadini genovesi, come Francesco Gattilusio nel 1355, la spedizione di Leonardo Montaldo del 1362, la flotta partita nel 1377 e diretta in Oriente, le operazioni genovesi oltremare del 1397–1399. Tuttavia, nella struttura della cronaca il dominio indiretto di Genova, ovvero tutto ciò che non è colonia sottoposta alla madrepatria, non sembra interessare al cronista. Non vi si trova

---

successivi, in cui è approfondita la permanenza genovese di Pietro I di Cipro, gli avvenimenti le trattative che ne erano derivate.

53 "Et ipso anno per multa Lombardie loca pluit vermium multitudo; eos quidam locustas esse dicebant; sic et Ianue pluit ex ipsis vermibus multitudo ad instar cadentis nivis et omnem herbam corrodebant et folia". Georgii et Iohannis Stellae Annales Genuenses, p. 159.

54 Laura Balletto, Il Vicino Oriente negli "Annali" genovesi di Giorgio Stella, in: *Atti dell'Accademia Ligure di Scienze e Lettere, ser. 5* 53 (1996), pp. 287–300, qui p. 290.

neppure un accenno alla signoria indipendente dei genovesi Gattilusio sull'isola di Lesbo, al di là della conquista iniziale. Al contrario, Giorgio Stella aveva familiarità con il governo indiretto attraverso organizzazioni private come la Maona, che permettevano il controllo finanziario subappaltato di terre lontane. Mentre sono ignorate le signorie feudali genovesi di Mitilene ed Enos, nella cronaca vi è un richiamo persistente a Chio e alle due Focee. L'attenzione dell'annalista si era rivolta particolarmente a Chio, sulla scorta dell'epopea di Simone Vignoso e della sensibilità dei suoi concittadini, che guardavano all'isola greca come uno dei pilastri dell'impero oltremarino insieme a Pera.[55]

L'anno 1396 è forse il momento più indicativo per sondare il disinteresse crociato. Nel settembre era avvenuta la più pesante sconfitta dell'intero secolo di un'armata cristiana a opera dei turchi, fatto che aveva traumatizzato l'Occidente e aveva generato un clima di sconcerto per la drammatica fine della variopinta crociata. Il disastro di Nicopoli aveva lasciato profondi strascichi nelle opere e nelle sensibilità coeve, a maggior ragione nelle potenze che avevano interessi nelle regioni minacciate direttamente dai turchi o affacciate a Oriente. In Giorgio Stella, invece, non si trova alcun riferimento alla sconfitta. È pur vero che il 1396 era stato un anno fatale per Genova, che proprio nel settembre aveva firmato la propria dedizione a Carlo VI di Francia. Addirittura, l'anno è scelto come cesura tra il secondo e il terzo libro degli *Annales* e la cronaca di quei mesi è divisa a metà nei rispettivi volumi. Sono trattati con gran dovizia di particolari gli scontri tra fazioni, gli attacchi alla città, la legazione a Parigi che portava il messaggio al re di Francia, infine l'assemblea che aveva preso la decisione, le trattative, il documento di cessione di Genova.[56] Dell'assedio di Costantinopoli e della battaglia che aveva fatto traballare gli interessi nell'impero coloniale genovese d'oltremare e messo a repentaglio la sopravvivenza di Pera non vi è però nessuna traccia. Giorgio Stella era contemporaneo agli avvenimenti, che si stavano verificando mentre vergava l'opera, dunque l'ignoranza non può essere giustificata se non con una scelta deliberata. Egli scrive comunque delle conseguenze nelle colonie, quando Genova non poteva più evitare la guerra contro gli ottomani. Sembra trattarsi, nel caso di Giorgio Stella, di una storia di assenze e di silenzi, più che di presenze.

Nella cronaca, nonostante la totale carenza di riferimenti alla crociata, non mancano gli scontri con il nemico musulmano, che sono considerati nondimeno in una maniera del tutto diversa. Nel 1371 vi è notizia di 10 galee genovesi al comando di Tommaso Morchio, che aveva guidato una spedizione contro i nascondigli dei pirati a Mazzara del Vallo e Malta. Il bottino ottenuto era

55 Ivi, pp. 294–295.
56 Georgii et Iohannis Stellae Annales Genuenses, pp. 215–220.

discreto e i pirati di probabile fede musulmana, anche se nello scritto non è specificato.[57] L'operazione condotta nel 1388 contro il re di Tunisi e la sua "gens Punica" da parte di una flotta di galee genovesi, in cooperazione con le forze navali siciliane e pisane, è vista nell'ottica di un'azione antipiratesca più che di uno scontro religioso. La spedizione, a cui avevano partecipato 12 galee di Genova, più 3 a spese di Manfredi di Chiaramonte, ammiraglio di Sicilia, oltre alle 5 messe in mare da Pisa, si era conclusa con la conquista dell'isola tunisina di Djerba. Negli *Annales* nulla connota la diversità dei nemici o la loro appartenenza alla riva islamica, inquadrando lo scontro nella dimensione della guerra santa. L'autore insiste, nella descrizione dell'operazione bellica che occupa la totalità delle informazioni fornite per l'anno 1388, più che sulla giustezza o santità dell'impresa, sul grande guadagno che i patroni delle galee avevano avuto dal pagamento di Manfredi di Chiaramonte. Il nobile siciliano, maggiore sponsor della spedizione e a cui era stato ceduto il possesso dell'isola nordafricana, aveva infatti versato 36.000 fiorini d'oro nelle casse degli armatori genovesi, i quali "ilares lucro Ianuam redierunt".[58] I termini che indicano i nemici sono effettivamente vocaboli neutri, rivolti al dato etnico-geografico o con tendenze arcaicizzanti che richiamano alle fonti classiche: i tunisini sono gli antichi "Punici", i turchi "Teucros" al posto di un più comune "Turcos". Ogni tipo di riferimento religioso sembra scomparire e ciò che denota i nemici della spedizione africana del 1388 piuttosto che "infideles" è un "ipsi barbari"[59], termine ambiguo in questo contesto ma che apre le porte al Rinascimento e alla dinamica dello scontro di civiltà più che di quello tra le fedi.

La grande spedizione di Mahdia del 1390, spesso inserita nel novero delle crociate tardo-trecentesche, posta da Giorgio Stella negli *Annales* erroneamente tra gli avvenimenti del 1389, ripete molte di queste dinamiche. La spedizione è ancora definita "contra barbaros"[60], giocando sul duplice significato di barbari e abitanti della Barberia, ma in ogni caso senza alcuna accezione di stampo confessionale. La partenza della grande spedizione, alla quale Giorgio Stella poteva aver assistito con i propri occhi, non è descritta con gli stessi i particolari e il tono epico con cui è ritratta la benedizione da San Marco al Molo della flotta che nel 1373 si era diretta a Cipro – che invece sicuramente Stella non poteva ricordare –. Giovanni Centurione era stato eletto capitano generale

57 "Hoc etiam anno galee decem Ianue armate sunt, earum fuit ductor et capitaneus Thomas Murihius ex vocatis de populo, vir boni valoris et nominis, que Maltam et Mazariam apud Siciliam subdentes, ibi res et merces magni valoris ceperunt; ipsis enim in loci spirate damnificantes Ianuenses, opportuna sibi et hospitia capiebant". Ivi, p. 164.

58 Ivi, p. 194.

59 Ivi, p. 193.

60 Ivi, p. 194.

delle galee, contate nel numero di 40 dal cronista, che aveva accesso anche ai documenti del comune.[61] È ribadita la presenza dell'esercito francese del duca Luigi di Borbone, oltre a molti "Angli spectabiles milites", che erano stati coinvolti grazie alle lettere e agli ambasciatori mandati in Francia da Antoniotto Adorno, invitando i cavalieri all'impresa. Nella sobria descrizione degli avvenimenti non vi è tuttavia nessun accenno alla benedizione papale, dato che ci si trovava nel contesto dello scisma d'Occidente e la spedizione contro gli infedeli implicava due potenze (la Francia e Genova) che si riferivano a due obbedienze papali differenti, l'avignonese e la romana. Dunque, era una questione di guerra santa, se tale doveva essere, che sollevava molti problemi nel suo carattere di ufficialità religiosa. Niente di ciò che poteva caratterizzare la spedizione militare nordafricana come crociata, ovvero la bolla papale con la concessione dell'indulgenza, è citato nella cronaca. L'operazione franco-genovese di Mahdia non rientra lontanamente nella categoria di crociata nell'opera di Giorgio Stella. Nello scritto non vi è, anche in questo caso, nessuna indagine sulle motivazioni del gesto, che aveva implicato un discreto sforzo economico da parte del comune.[62] Si trattava di un'operazione per mettere in sicurezza del mare dai pirati? La spedizione bellica, tuttavia, che rivestiva carattere di ufficialità e sostegno da parte delle istituzioni comunali, presenta alcuni elementi differenti dalle altre descrizioni di conflitti con potentati musulmani. Una dimensione di scontro di civiltà sembra maggiormente presente, con la ripetizione reiterata del termine "barbaros" per i nemici, mentre gli assalitori sono caratterizzati per la prima volta nella loro complessità come "christiani". Il fallimento, la cui colpa è addossata all'avidità dei cavalieri francesi, raggiunge un tremito di partecipazione nelle tristi parole conclusive: "non valentes autem christicole illorum domare perfidiam, ad propria convenerunt".[63]

3.1.4 *Tra guerre dimenticate e paura del turco*

La cronaca presenta una serie di assenze e silenzi della cronaca, volontarie o meno; dalle lacune è possibile comprendere quasi altrettanto rispetto a ciò che è presente. Negli *Annales* non vi sono notizie delle guerre che Genova aveva condotto a partire dagli anni Ottanta del XIV secolo nello scacchiere del Mediterraneo orientale, contemporanee al cronista. Le notizie dei conflitti

---

61 "Iohannes Centurio, olim dictus Ultramarinus cognomine, ducis Ianue consanguineus, preses galearum quadraginta contra barbaros est electus". *Ibidem*. Diversi registri e libri mastri della spedizione, conservati nell'Archivio di Stato di Genova nel fondo *Galearum*, lasciano i conti di uomini, materiali e mezzi per le galee genovesi partecipanti all'impresa. Si rimanda in generale al capitolo del presente lavoro dedicato alla spedizione di Mahdia.

62 Si rimanda alla *Compera* di Barberia già trattata in precedenza.

63 Georgii et Iohannis Stellae Annales Genuenses, p. 194.

giungevano nel porto ligure insieme ai mercanti e alle galee che approdavano sulle banchine, i conti lasciavano traccia nei documenti della cancelleria del comune. Non vi è traccia dello scontro avvenuto tra Genova e i mamelucchi a partire dal 1383, di cui sono stati ricostruiti solo recentemente i connotati e che Stella ignora totalmente.[64] A partire dai primi anni Ottanta erano avvenuti frequenti atti di violenza da parte dei governatori musulmani degli empori siro-egiziani a danno dei mercanti latini, che i centri marinari cristiani avevano spesso l'impressione di poter sanare solo con misure drastiche o prove di forza militari. Probabilmente il conflitto era nato come rappresaglia per indurre il sultano egiziano ad atteggiamenti più miti verso i mercanti italiani, che erano stati malmenati in alcune città come Damietta, Alessandria e Damasco. Venezia e Genova, in guerra solo fino all'anno precedente, avevano inviato in accordo alcuni ambasciatori nel 1382, senza ottenere risultati.[65] Una nuova missione diplomatica genovese nel 1383 era sfociata in scontri costieri, coinvolgendo la flotta ligure in quel momento a Cipro, che per iniziativa del comandante Nicolò Maruffo aveva scatenato assalti sui litorali musulmani, particolarmente a Beirut e Sidone.[66]

L'intera vicenda, dai contorni poco chiari, era stata tenuta celata dagli stessi protagonisti, spiagando in larga parte il silenzio di Giorgio Stella sui fatti siriano-egiziani del 1383. Il conflitto, condotto su scala navale, era continuato fino all'estate del 1385, con la stipula di un primo trattato, e alla riconferma della pace del 1386, probabilmente a causa del prosieguo della guerra di corsa genovese. Di tali conflitti, scoppiati a macchia di leopardo nell'ultimo ventennio del secolo e condotti con scopi che si avvicinavano alla guerra di corsa commerciale, particolarmente antimusulmana, non vi è testimonianza nella cronaca di Stella. Gli *Annales* sono stati utilizzati effettivamente come una delle fonti principali sia dai cronisti di epoche successive che dagli storici, che hanno a lungo ignorato questi stessi avvenimenti e l'impegno militare di Genova contro i musulmani del Mediterraneo orientale alla fine del Trecento. Sui motivi del silenzio possiamo solo rinnovare le medesime supposizioni di disinteresse verso avvenimenti lontani e scarsamente incidenti, in fondo, sulle dinamiche politiche della vita interna cittadina. L'anno 1383, lo stesso delle avventure

64 La prima ricostruzione che ha affrontato questo conflitto è stata: ASHTOR / KEDAR, Una guerra tra Genova e i Mamlucchi negli anni 1380.

65 Ivi, pp. 6–9. Il viaggio della prima galea che portava l'ambasciata è stato analizzato in: Antonio MUSARRA, Il mastro a doppia registrazione di una galea genovese del Trecento: il registro della Sant'Antonio (1382), in: *Tripulacions i vaixells a la Mediterrània medieval. Fonts i perspectives comparades des de la Corona d'Aragó, Seminari internacional* (*Barcelona, 25–26 setembre 2014*), ed. Roser SALICRÚ I LLUCH, Barcelona 2019, pp. 159–176.

66 ASHTOR / KEDAR, Una guerra tra Genova e i Mamlucchi negli anni 1380, pp. 17–28.

siro-egiziane di Maruffo, era stato complicato per le sorti del comune, a cui Giorgio Stella aveva dedicato maggior spazio.

È ugualmente dimenticato lo scontro del 1385–1386 tra i genovesi di Crimea e il signore tartaro di Solghat. I coloni di Caffa avevano condotto una guerra aperta con il principato musulmano semiautonomo, che minacciava direttamente le loro attività e sobillava i locali alla ribellione. Le attività militari erano state condotte da Caffa con un grande afflusso di armi e munizioni, rifornimenti di grano e materiali, assoldamento di truppe multietniche: lo scontro era stato accompagnato da un ampio apparato di diplomazia, missioni clandestine e agenti segreti che operavano in territorio nemico per conto dei genovesi. I liguri di Caffa avevano dimostrato con il conflitto di non essere semplicemente un avamposto isolato, ma piuttosto una potenza militare in collegamento diretto con la madrepatria.[67] Lo scontro si era concluso con un trattato, stilato a Caffa il 12 agosto 1387 tra i coloni e il khan tartaro Toktamysh, in cui era sancita la fine delle ostilità e riconosciuta la supremazia genovese sul litorale della Crimea, mentre al khan era data la sovranità dell'interno.[68] Stella non accenna nemmeno al trattato stipulato tra il sultano ottomano Murad e i genovesi di Pera nello stesso 1387 e le concessioni fatte ai turchi.[69] Questa serie di eventi non figura nello scritto perché riguardava territori genovesi lontani, per il cronista appendici indipendenti dalla patria che in fondo, se non era racchiusa dalle mura, quantomeno aveva carattere italiano? I genovesi non erano più uomini mediterranei, o solo Giorgio Stella non era un uomo mediterraneo? L'universo mentale del cronista presenta una sfida interessante nel rapporto tra la sua particolarità o l'emblematicità – e dunque rappresentatività – dell'ambiente che lo circondava, e di cui era espressione. In qualunque caso, l'impegno bellico genovese contro i musulmani, ancora una volta, non era un ambito degno di nota per la penna del cronista.

L'unica vera eccezione sembra essere la stagione segnata dal pericolo turco negli anni 1394–1402. La fine del secolo nello scritto è costellata di scontri con il nemico islamico. Sebbene non vi sia notizia di Nicopoli, Stella descrive l'armamento nel 1397 di 4 galee che da Genova erano inviate in soccorso di Costantinopoli.[70] L'autore ricorda lo stato di guerra tra lo "Ihalabi Teucrorum

---

67 Enrico Basso, Il "bellum de Sorcati" ed i trattati del 1380–87 tra Genova e l'Orda d'Oro, in: Idem, *Genova: un impero sul mare*, Cagliari 1994, pp. 97–116, qui pp. 99–103.

68 Il trattato è conservato in: ASGe, *Archivio Segreto, Materie Politiche* 2729, doc. 27. Caffa, 12 agosto 1387.

69 Kate Fleet, The Treaty of 1387 between Murād I and the Genoese, in: *Bulletin of the School of Oriental and African Studies, University of London* 56/1 (1993), pp. 13–33.

70 "Armate galee quatuor ad opem Ianuensium locorum, que in partibus Grecie versus Constantinopolim sita sunt, quarum fuit preses vir prudens et nobilis Laurentius Gentilis". Georgii et Iohannis Stellae Annales Genuenses, p. 222.

dominum" e i signori cristiani dell'Egeo, quando una delle due galee mercantili inviate da Genova verso la Romania era stata catturata dai turchi e solo pochi erano riusciti a scappare, mentre l'altra, tornata in Liguria dall'Oriente, aveva portato l'ennesima ondata di peste.[71] Nel giugno dell'anno seguente, il 1398, Stella narra l'armamento di altre 4 galee inviate a Levante al comando di Giorgio Granello "pro suffragio locorum Ianuensium apud eam partem Grecie, que dicitur Romania, valde a Teucrorum dominio gravatorum".[72] Colto dall'entusiasmo o dall'angoscia del momento stesso in cui stava scrivendo, il cronista sembra lasciarsi trascinare dagli avvenimenti. Durante il viaggio 3 delle galee di Giorgio Granello erano incappate in alcuni navigli di pirati tunisini e avevano dato inizio a un violento scontro. Nonostante l'inferiorità numerica, i legni genovesi avevano affrontato i nordafricani senza paura, come indicano le parole di Stella: Paolo Montaldo, figlio del doge Leonardo, sulla sua galea aveva combattuto valorosamente "ut fortissimus leo"[73] nonostante fosse febbricitante, e "gladium manu capiens" aveva esortato i propri uomini durante la battaglia. Il cronista si sofferma sui dettagli dello scontro in mare, come sul marinaio originario della Val Bisagno che era riuscito ad abbattere il più forte tra i mori, gettando nello sconforto l'animo dei nemici. La vittoria delle "Inuensium galeas potentissime dimicantes" era totale, i nemici uccisi o presi prigionieri tranne una cinquantina, che era riuscita a fuggire a bordo di una galeotta e informare così il re di Tunisi, mentre un centinaio erano scappati verso la poco distante terraferma siciliana, salvo poi essere catturati dai siracusani.[74]

Giorgio Stella non era mai giunto a un tale livello di dettaglio per un evento del genere. Il cronista ricorda il successivo invio di un'ambasciata genovese per scusarsi con il re di Tunisi, con il quale era in vigore un trattato di pace dal 1391, ma specifica che i liguri erano stati attaccati dai "barbaros" e costretti a difendersi. Nello scontro per la prima volta "Deum laudat christicolarum devotio"[75]: il divino aveva permesso la vittoria nonostante la netta inferiorità numerica. I genovesi avevano sconfitto la "ipsorum infidelium barbarorum immanitas"[76],

71 "Et dum bella fierent inter Ihalabi Teucrorum dominum et christicolas, una ex duabus galeis merces ferentibus, de Ianua missis versus Greciam, que dicitur Romania, per Teucros fuit capta, paucis de ipsa peremptis galea et mancipatis reliquis per eos Teucros". *Ibidem*.

72 Ivi, p. 225.

73 Ivi, p. 234.

74 "nostrates ergo viriliter devicerunt illos, cunctos ferro trucidantes, quinquaginta ferme exceptis, quos posuerunt super una ex dictis galeotis nostrates ut regi Tunicii quomodo se res habuit enarrarent, exceptis quoque centum fere numero, qui fugientes ad terram, a qua non multum distabant, Siracusanorum sunt effecti captivi". Ivi, pp. 234–235.

75 Ivi, p. 235.

76 *Ibidem*.

che Stella carica di una serie di aggettivi dispregiativi, mai susseguiti con tale vigore negli *Annales* nei confronti dei saraceni prima di questo momento. I genovesi avevano liberato molti siciliani prigionieri nelle galee nordafricane, tra cui donne e bambini catturati durante le scorrerie costiere, con grande gioia degli isolani.[77] Nonostante il tentativo di ricomposizione, il sovrano hafside aveva confiscato tutti gli averi e le mercanzie dei genovesi sul suo territorio in conseguenza allo scontro.[78] Per l'anno 1399 nella cronaca è ricordato l'invio di ulteriori 4 galee genovesi, a cui si erano aggiunte altre 2 armate a spese della Francia, che avevano portato il maresciallo Jean Le Meingre in soccorso a Costantinopoli assediata. L'intero brano risulta estremamente indicativo all'interno degli *Annales*.

> Eodem anno pro subsidio locorum Ianuensium, que versus Constantinopolim sita sunt, ad partes illas misse fuerunt a Ianua galee quatuor, quarum preceptor fuit et capitaneus ex vocatis de populo vir prudens Fredericus de Prementorio, et alienigenarum due galee, regis Francorum armate pecunia; ad easdem partes se transtulit ductus Dei et spiritus dilectione honoreque proprio validus miles Francie marescallus, Iohannes Lemeingre dictus Bouciquaut, cum quibusdam probis pugilibus Gallis ut adversum Teucros christiane legis hostes iniquos pugnare.[79]

Nella descrizione delle vicende dell'anno 1400, oltre alla ripresa delle violenze tra fazioni cittadine, vi è spazio per le notizie giunte dall'Oriente, tra cui la conquista di Damasco da parte di Timur Lang.[80] La notizia della battaglia di Ankara del 1402 e della sconfitta di Bayezid, "imperatoris Graecorum, Ianuensium et aliorum christicolarum partium orientis hostis iniquus"[81], nello scritto è accolta con grande sollievo, probabilmente seguendo le vicende in contemporanea al loro svolgersi. I genovesi di Pera, ricevendo gli emissari di Timur Lang che annunciavano le sue intenzioni di distruggere il sultano ed

77 "Siculos multos captivos acceperat et Siculorum mulieres et natos, quos repenti libertati restituire nostrates. Siculi ergo, ut gratitudine fungeretur, premisso nostro capitaneo, cetui eius et galearum rectoribus exenia destinarunt". *Ibidem*.

78 Emilio MARENGO, Genova e Tunisi (1388–1515), in: *Atti della Società Ligure di Storia Patria* 32 (1901), p. 33.

79 Georgii et Iohannis Stellae Annales Genuenses, p. 243.

80 "Eo quoque anno potentissimus in Oriente dominus, qui ceteris orbis principibus potentior enarratur, Themirasach nomine, Damascum urbem cepit, gente et divitiis potentissimam eamque, ut nuntiabatur, sic funditus dirrui fecit quod, si quis post eiusdem recessum domini sue domus, qua tesaurum sepelierat, situm reperire volebat et vicum, id noscere nequaquam poterat: tantum erat illius civitatis iusticium tantusque subversionis aspectus". Ivi, p. 249.

81 Ivi, p. 260.

esortavano "Ianuenses et christiani" a combattere con lui, non potevano trattenere la gioia, mentre il vessillo di Timur era issato sulle mura di Pera "cum honore et multa letitia".[82] I turchi sopravvissuti alla disfatta si erano rifugiati a Gallipoli, come racconta il cronista, che non si esime in questo caso di inserire l'intervento divino, poiché "ex alto Ihesus Christus misericors opportunitatem suorum fidelium conspexisset".[83] I genovesi avrebbero stretto di lì a poco la pace con gli ottomani indeboliti, mentre Timur non si sarebbe rivelato meno crudele dei suoi avversari sconfitti. Questa breve stagione, coincidente con il periodo di stesura degli *Annales*, rappresenta un inciso singolare all'interno della cronaca. Le notizie dall'esterno, anche quelle che non riguardano direttamente gli interessi della comunità genovese, hanno un'infiltrazione settoriale nell'opera. L'autore vi lascia spazio solo in poche occasioni, nelle quali probabilmente si trovava coinvolto emotivamente: forse anche il funzionario aveva vissuto una sua breve stagione, vergata d'inchiostro, di apprensione orientale. Essa è circoscritta al periodo 1397–1402 e sembra dettata dall'atmosfera di paura del turco che si respirava anche tra i vicoli della città tirrenica, nella metropoli come nelle colonie d'Oriente. Nei momenti precedenti e successivi al timore di un annientamento vi era minor bisogno di richiamare l'intervento divino e la causa collettiva dei cristiani.

Gli *Annales* offrono un'interessante testimonianza della sensibilità dell'epoca, di cui lo scrittore era per certi versi sintesi. Nella descrizione di molti episodi, da quelli più violenti della guerra di Chioggia alle vicende commerciali e navali, il notaio mostra però scarsa partecipazione per lo stato d'animo dei protagonisti, descrivendo gli eventi come se li osservasse dalla riva. Stella non sembra abbia avuto eccessiva familiarità con il mondo del commercio né con quello nautico: come i suoi corrispettivi cronisti veneziani, era un non-mercante che tentava di scrivere le vicende di una città che viveva di mare e di scambi, segnando dunque un solco profondo tra il cronista e il soggetto della sua narrazione.[84] Tale fattore aggiunge dubbi sull'affidabilità di Stella nel restituirci un'immagine convincente dei suoi tempi, per lo meno per quanto riguarda il respiro marittimo e mediterraneo trecentesco – dunque anche "crociato" –. D'altro canto, Giorgio Stella si era affermato come cronista ufficiale, nonché unico, della città, indicando il peso crescente che gli elementi non mercantili svolgevano nel mondo urbano dei centri italiani come Genova. Il notaio scriveva cercando di tener presente i gusti delle élites e dei mercanti suoi lettori e gli *Annales Genuenses* hanno avuto fin da subito ampia circolazione e grande

82 *Ibidem.*
83 Ivi, p. 261.
84 KEDAR, Mercanti in crisi, pp. 120–121.

fortuna.[85] All'interno del sentimento di malcelata tristezza e impotenza di cui si faceva portatore, iniziava a emergere il ruolo della Fortuna come forza indipendente, sganciata dalla morale come dal peccato. Essa, cieca ai meriti dell'uomo, interveniva in battaglie, cambiava sorti e avvenimenti umani, che le potevano essere spostati in un soffio. Accanto a un Dio provvidenziale compariva la sua antitesi, il Caso, forza assoluta che colpiva senza che fosse possibile tracciare una linea di demarcazione per la sua azione. La morale tradizionale, segnata dall'esperienza delle epidemie, non bastava più sul piano pratico, sebbene non fosse contestata su quello teologico: come afferma gravemente Stella, "fortune non examinans morem".[86] Il cronista conclude un periodo, con senso di rassegnazione: "sic variat fortuna vices".[87] Di fronte a forze insondabili e incontrollabili, la virtù degli uomini, dunque, si risolveva nella prudenza e nella circospezione per coloro che tramite il proprio ingegno erano in grado di mettersi al riparo dalle avversità. I protagonisti e destinatari dell'opera sono un gran numero di "prudens vir", dogi, ammiragli, comandanti, governatori.[88]

La cronaca presenta piani concettuali diversi da tenere in considerazione: gli eventi in quanto tali, ciò che l'autore considerava degno di essere ricordato – dato che risalta particolarmente sia in rapporto agli annalisti precedenti, che dinanzi alle lacune delle vicende d'Oltremare –, la particolare sensibilità del singolo autore, il suo ruolo pubblico, la mentalità del mondo a cui apparteneva. Giorgio Stella era un testimone affidabile per misurare la sensibilità, o piuttosto il disinteresse verso le imprese crociate, specialmente in assenza di un ritorno materiale per l'istituzione comunale? Lo scritto riflette una percezione diffusa? Pare evidente la diffidenza verso azioni esterne al bacino degli interessi che andavano chiudendosi su ambiti più ristretti. L'epica civica si era spostata dalla lotta antimusulmana all'epopea del conflitto con Venezia, grande dramma collettivo della *communitas* genovese nella seconda metà del XIV secolo, a cui sono dedicate numerose pagine, mentre il sentimento di viva partecipazione fuoriesce dalla descrizione delle lotte tra fazioni per le strade cittadine. Sotto la penna dell'autore degli *Annales* sembrava essersi aperto un

---

85 Petti Balbi, La cultura storica in età medievale, p. 173.

86 Georgii et Iohannis Stellae Annales Genuenses, p. 197. La Fortuna in Giorgio Stella interviene in numerosissime occasioni, spesso di sfuggita, all'interno di cambiamenti repentini di situazioni. Nel 1353 nella battaglia tra catalani, veneti e genovesi "fortuna variat morem eius". Ivi, p. 152. La morte di Simone Boccanegra nel 1363 è segno della fragilità della condizione umana e della "commutatio fortune". Ivi, p. 158. La fortuna poteva anche negare la felicità a Bernabò Visconti, "sui felicitate gradum stabilem iuxta morem ipsi fortuna negavit". Ivi, p. 191.

87 Ivi, p. 201.

88 Kedar, Mercanti in crisi, pp. 143–144. Addirittura a Carlo VI, re di Francia, sono attribuite più volte queste massime virtù.

mondo diverso, segnato dalla crisi e dall'incertezza: un mondo che lasciava poco spazio all'ideale di Gerusalemme e della guerra santa, non più spinta propulsiva e religiosa in grado di rispondere alle sfide del presente. Nella cronaca aveva trovato spazio solo una breve fiammata, dettata dalla minaccia turca, e cristiani si erano trovati a fronteggiare il comune nemico, salvati infine dalla sconfitta di Bayezid. In condizioni normali, la crociata era una componente abbastanza estranea per Giorgio Stella, che osservava l'epoca di crisi che gli scivolava tra le mani. D'altronde, per comprendere la crociata bisognava prendere il mare, cosa che Giorgio Stella probabilmente non aveva mai fatto.

3.2 Le cronache di Venezia

Al contrario del taciturno ambito genovese, nell'orbita veneziana è possibile incontrare un numero altissimo di cronache, in gran parte anonime, fatto che rende impegnativo il districarsi tra i diversi filoni. Stando ai testi a noi pervenuti, almeno a partire dall'XI secolo in ambito veneto si era sviluppato il genere cronachistico, assumendo dimensioni imponenti: sono tramandati oggi circa un migliaio di codici, conservati in varie parti del mondo con un percorso senza soluzione di continuità dalle origini fino al XVII secolo.[89] I singoli manoscritti, redatti in latino o in volgare veneto, presentano una fitta trama di correlazioni, trascrizioni, contaminazioni e ampliamenti con modifiche, con una sfida filologica talmente complessa da scoraggiare molti studiosi.[90] Antonio Carile ha proposto una classificazione delle cronache veneziane in cinque grandi famiglie filologiche, che a loro volta hanno dato avvio a sotto-filoni in una tradizione estremamente ricca e complicata.[91] Ci si trova dunque

---

89 Gran parte delle cronache sono conservate ovviamente a Venezia, tra i manoscritti della Biblioteca Marciana (che da sola conserva circa una ventina di codici in lingua latina e quasi 300 cronache in volgare, la più grande collezione al mondo), del Museo Civico Correr e, in seconda battuta, all'Archivio di Stato e nella Biblioteca della Fondazione Querini Stampalia. Altri codici si trovano presso la Biblioteca Apostolica Vaticana, la Biblioteca Ambrosiana di Milano e nella Biblioteca Nazionale Centrale di Firenze, oltre che in biblioteche e archivi di varie parti d'Europa e del Nord America. Rimane aperto in molti casi il problema della datazione di ciascuno di questi codici, specialmente per quelli anonimi e in volgare, da analizzare anche in base alla struttura della lingua. Şerban Marin, Nicolae Iorga e la cronachistica veneziana, in: *Quaderni della Casa Romena di Venezia* 1 (2001), pp. 48–65, qui pp. 57–58.

90 Sembra interessante paragonarsi in questo senso con la concezione di "memoria culturale", sviluppata da Jan Assmann.

91 La suddivisione delle famiglie operata dallo studioso nel 1969, condotta con metodo critico-filologico, legata alla considerazione cronachistica della Quarta Crociata e base per

dinanzi a una fitta selva di codici in cui non è semplice districarsi e la complessità si acuisce a partire dal XIV secolo. Occorre addentrarsi, pur senza pretesa di esaustività, nella produzione letteraria cittadina del secondo Trecento, al fine di indagare le permanenze crociate e i mutamenti cui era stato soggetto il sogno d'Oriente.

3.2.1 *Cambiamenti e sensibilità cronachistica*

Le cronache dovevano essere un elemento comune, quasi quotidiano, nella vita culturale della società veneziana e delle famiglie patrizie almeno dalla metà del Trecento.[92] Senza ripercorrere gli sviluppi della cronachistica veneziana a partire dal XIII secolo, che ebbe tra l'altro un grande impulso a partire dalla problematizzazione della cosiddetta Quarta Crociata, è possibile giungere fino alla codificazione di Andrea Dandolo, che termina la sua cronaca con l'anno 1342, data topica per l'indagine di queste fonti letterarie.[93] In questo

ogni tipo di studio successivo, è in: Antonio CARILE, *La cronachistica veneziana (secoli XIII-XVI) di fronte alla spartizione della Romania nel 1204*, Firenze 1969. Nella produzione di Şerban Marin, tralasciando i contributi in lingua rumena, si rimanda alla monografia: Şerban MARIN, *Il mito delle origini: la cronachistica veneziana e la mitologia politica della città lagunare nel Medio Evo*, Ariccia 2017. Egli ha anche editato in cinque volumi la cronaca cinquecentesca di Gian Giacomo Caroldo: Giovanni Giacomo CAROLDO, *Istorii venetiene*, ed. Şerban MARIN, Bucarest 2008–2012. Anch'egli si è occupato soprattutto del rapporto tra crociata e cronachistica veneziana tra cui si segnalano: Şerban MARIN, A Precedent to the Fourth Crusade. The anti-Byzantine Campaign of Doge Domenico Michiel in 1122–1126 according to the Venetian Chronicles, in: *Annuario Istituto Romeno di Cultura e ricerca Umanistica* 6–7 (2004–2005), pp. 239–266; IDEM, Venice and the Loss of Costantinople. The Representation of the Events of 1261 in Venetian Chronicles, in: *Il mar nero* 5 (2001–2003), pp. 209–239; IDEM, Venice – obstacle for the Crusades? The Venetian Chronicles' point of view, in: *Revista istorica, n.s.* 23 (2012), pp. 251–268; IDEM, Crusades Seen Through Venetian Eyes – Between Being in Abeyance and Involvement. The Case of the Chronicle Ascribed to Marcantonio Erizzo, in: *Aut viam inveniam aut faciam: in honorem Stefan Andreescu*, ed. Ovidiu CRISTEA / Gheorghe LAZAR / Petronel ZAHARIUC, Iasi 2012, pp. 121–144; IDEM, Crusades as viewed from Venice. The case of the chronicle transcribed by Gasparo Zancaruolo, in: *Studii si materiale de istorie medie* 33 (2015), pp. 187–207.

92 Antonio CARILE, Aspetti della cronachistica veneziana nei secoli XIII e XIV, in: *La storiografia veneziana fino al secolo XVI. Aspetti e problemi*, ed. Agostino PERTUSI, Firenze 1970, pp. 75–126, qui p. 81. Si veda anche: Silvana COLLODO, Temi e caratteri della cronachistica veneziana in volgare del Tre-Quattrocento (Enrico Dandolo), in: *Studi veneziani* 9 (1967), pp. 127–151.

93 Gli scritti del doge sono divisi in: Andrea DANDOLO, *Chronica per extensum descripta, aa. 46–1280 d.C.*, e nello stesso volume, *Chronica brevis aa. 46–1342 d.C.*, ed. Ester PASTORELLO (Rerum Italicarum Scriptores, ser. II, 12/1), Bologna 1938–1958; Benedetto MOROSSI, Andrea Dandolo e le sue opere storiche, in: *Archivio Veneto* 14 (1877), pp. 49–149; Girolamo ARNALDI, Andrea Dandolo doge-cronista, in: *Cronache e cronisti dell'Italia comunale*, ed.

periodo erano stati coltivati molti ambiti tipici della produzione storiografica, divenuti veri e propri stereotipi per gli autori, come la narrazione delle origini di Venezia legata all'epopea troiana e alle storie di Attila; gli scrittori attingevano a piene mani da romanzi di carattere epico-storico in latino o in lingua francese.[94] Si possono riconoscere due approcci nella compilazione di cronache duecentesche: una tipologia più discorsiva e tendente all'elaborazione dei fatti in senso continuativo, e una seconda che preferiva un elenco in senso cronologico e annalistico.[95]

La metà del Trecento ha segnato un vero e proprio spartiacque nella produzione di cronache cittadine. Nello stesso momento erano già state avviate, grazie alle deliberazioni del Maggior Consiglio, raccolte per la conservazione di documenti di stato, segno di una maggiore sensibilità storica della classe governativa, con innegabili finalità politiche e patriottiche.[96] Oltre a ciò, in concomitanza con la metà del secolo, è possibile notare un mutamento profondo nelle narrazioni della città, innanzitutto con l'introduzione massiccia del volgare veneziano, mentre prima avevano avuto posto solo il latino o la lingua francese della letteratura cortese. L'idioma di composizione era indicativo del pubblico ristretto a cui gli scritti si rivolgevano: il latino era direttamente riferito a lettori appartenenti alla classe governativa, all'ambiente curiale e alle corti. È possibile identificare in filigrana la volontà apologetica cittadina, specialmente nella giustificazione alla Quarta Crociata. Venezia non amò mai la solenne cronachistica imperiale o universale, attaccata alla propria psicologia da città-stato.[97] La storiografia annalistica aveva attinto i propri ideali dal mondo lagunare, con una periodizzazione ottenuta tramite i dogati e con la scansione dell'anno *more veneto*. Era già iniziata la canonizzazione della gloria patria, che si configurava come cosmo morale, politico e affettivo: era esaltata l'eccezionalità di Venezia, investita di una missione divina e soggetta

Idem / Lidia Capo, Spoleto 2016, pp. 165–298; Freddy Thiriet, Byzance et les Byzantins vus par le Vénitien Andrea Dandolo, in: *Revue des études sud-est européennes* 10 (1972), pp. 5–15.

94 Un romanzo franco-veneziano sulla storia di Attila sembra aver avuto particolare incidenza nella redazione delle cronache dal XIII–XIV secolo. Giulio Bertoni / Cesare Foligno, La "Guerra d'Attila", poema franco-italiano di Nicola da Casola, in: *Memoria della R. Accademia delle Scienze di Torino, Scienze Morali, Storiche e Filologiche, ser. II* 56 (1906), pp. 77–158. Anche: Carile, Aspetti della cronachistica veneziana nei secoli XIII e XIV, pp. 78–79.

95 Dorit Raines, Venetian Chronicle Writing: From Factual Compilation to Event Telling, in: *The Byzantine-Ottoman transition in Venetian chronicles*, ed. Sebastian Kolditz / Markus Koller, Roma 2018, pp. 31–56, qui pp. 42–43.

96 Carile, Aspetti della cronachistica veneziana nei secoli XIII e XIV, p. 80.

97 Ivi, pp. 83–85.

a una libertà unica, coincidente con i propri ordinamenti politici. Le cronache dalla fine del XIII secolo avevano avuto un grande ruolo nella proiezione propagandistica del mito di Venezia, all'esterno come all'interno dei suoi confini, mito rimarcato dalla fondazione troiana della città o dalla predicazione di san Marco in laguna. L'intero focus, fino alla metà del Trecento, era posto sulla narrazione politico-militare in cui aveva poco spazio persino il miracoloso, che faceva la sua comparsa solo se funzionale a un fine politico. La prospettiva, a costo di compiere larghe generalizzazioni, era eminentemente quella filo-aristocratica e allineata nei confronti del potere.[98]

Intorno al 1350 si intravedono profondi cambiamenti, non a caso coincidenti con il momento più acuto della congiuntura trecentesca nel centro lagunare. Un primo fenomeno, a fianco dell'introduzione massiccia del volgare, è quello della cosiddetta "crisi del modello dandoliano", intesa come messa in discussione delle strutture e dei caratteri formalizzati nella cronaca latina di Andrea Dandolo, conclusa poco prima della metà del secolo. La città di Venezia, con le sue dinamiche interne, acquisiva nella tradizione cronachistica un posto di assoluta preminenza nell'economia degli scritti, mentre il resto del mondo era sempre più defilato e compariva solo nei momenti in cui era in contatto con le vicende strettamente veneziane. Raramente fanno la loro comparsa imperatori, papi e sovrani; scompaiono soprattutto i dati relativi agli imperatori bizantini, che avevano sempre avuto un posto importante nelle narrazioni, sancendo un più marcato gusto nazionalista da parte dei cronisti.[99] La chiusura verso il mondo esterno non era un fenomeno eminentemente veneziano e sembra riconducibile a una più generale reazione psicologica conseguente ai traumi di un mondo in difficoltà.[100] Prendeva piede una certa atmosfera critica, se non di contrasto più o meno velato, verso gli appartenenti alla classe dirigente e verso l'operato dei vari dogi, impegnati in una serie di difficili guerre contro Genova, Padova, l'Ungheria e altre potenze occidentali. La nascita di un pubblico di lettori più ampio, non limitato a una sola classe o famiglia a cui l'autore si rivolgeva, implicava un cambiamento dei gusti: l'attenzione iniziava a essere rivolta ai singoli avvenimenti, sfondando lo schema annalistico in favore di un ritmo narrativo, nel quale trovavano posto derive polemiche,

98 Ivi, p. 96.

99 Sulla definizione della cosiddetta "crisi del modello dandoliano": Franco GAETA, Storiografia, coscienza nazionale e politica culturale nella Venezia del Rinascimento, in: *Storia della cultura veneta*, vol. 3, Vicenza 1976–1980, pp. 1–91, qui pp. 11–16.

100 Riguardo la cronachistica veneziana in particolare: KEDAR, Mercanti in crisi, pp. 124–125.

invettive contro i nemici o dibattiti su questioni politico-amministrative della città, che arricchivano la passione civica degli scrittori.[101]

I protagonisti di queste nuove tendenze erano una serie di autori, in parte anonimi o semi-anonimi, che avevano operato a partire dalla fine degli anni Quaranta. I principali esponenti di questa sotto-tradizione cronachistica sono Lorenzo de Monacis, cancelliere veneziano a Creta, che compilò una narrazione fino al 1354[102]; il mercante e ufficiale Nicolò Trevisan, che dopo una vita politica intensa aveva scritto nel 1367 una cronaca che arrivava fino ai suoi tempi.[103] Tra il 1354 e il 1358 era inoltre stata composta una cronaca anonima a lungo attribuita (a torto) a Pietro Giustinian: lo scritto era tra quelli che più avrebbero influenzato la produzione in volgare.[104] Alcune opere del tardo Trecento

---

101 Antonio Carile ha posto la cronaca attribuita a Enrico Dandolo come uno dei maggiori esempi di questi mutamenti. CARILE, Aspetti della cronachistica veneziana nei secoli XIII e XIV, pp. 98–107. Occorre anche far notare, sulla sorta di Serban Marin, un certo immobilismo a cui tese la cronachistica veneziana proprio a partire dalla seconda metà del Trecento: Şerban MARIN, Venetian historical writings and its immobilisms, in: The Byzantine-Ottoman transition in Venetian chronicles, pp. 57–108.

102 Lorenzo DE MONACIS, *Chronicon de rebus venetis, ab U.C. ad annum MCCCLIV*, ed. Flaminio CORNER, Venezia, 1758. Per Lorenzo de Monacis si rimanda a: Giovanni DEGLI AGOSTINI, *Notizie Istorico-Critiche intorno la Vita e le Opere degli Scrittori Veneziani*, vol. 2, Venezia 1754, pp. 363–371; Agostino PERTUSI, Le fonti greche del 'De gestis moribus et nobilitate civitatis Venetiarum' di Lorenzo de Monacis Cancelliere di Creta (1388–1428), in: *Italia medioevale e umanistica* 8 (1965), pp. 161–211; IDEM, Gli inizi della storiografia umanistica nel Quattrocento, in: La storiografia veneziana fino al secolo XVI. Aspetti e problemi, pp. 302–318; Şerban MARIN, A Venetian Chronicler in Crete: the Case of Lorenzo de' Monaci and His Possible Byzantine Sources, in: *Italy and Europe's Eastern Border (1204–1669)*, ed. Iulian Mihai DAMIAN [et al.], Frankfurt am Main 2012, pp. 237–258.

103 Giuseppe GULLINO, Trevisan, Nicolò, in: *Dizionario Biografico degli Italiani*, vol. 96, Roma 2019, pp. 738–740. Si veda anche: Freddy THIRIET, Les chroniques vénitiennes de la Marcienne et leur importance pour l'histoire de la Romanie gréco-vénitienne, in: *Mélanges de l'École Française de Rome* 66 (1954), pp. 241–292, qui pp. 262–266; Antonio CARILE, Note di cronachistica veneziana: Piero Giustinian e Nicolò Trevisan, in: *Studi Veneziani* 9 (1967), pp. 103–125; Freddy THIRIET, L'importance de la chronique de Niccolò Trevisan, in: *Miscellanea marciana di studi Bessarionei*, Padova 1971, pp. 407–414; Vittorio LAZZARINI, Marino Falier, la congiura, in: *Nuovo Archivio Veneto* 13 (1897), pp. 8–18.

104 La sua edizione: *Venetiarum Historia vulgo Petro Iustiniano Iustiniani filio adiudicata*, ed. Roberto CESSI / Fanny BENNATO, Venezia 1964. Questa cronaca fu legata al nome di Pietro Giustinian, ma la falsa attribuzione si tratta in realtà di confusione. Probabilmente le sue fonti principali furono l'*Extensa* e la *Brevis* di Andrea Dandolo, che terminava però per il 1342, mentre l'ultimo decennio si presenta come la parte più originale. Şerban MARIN, Some Considerations Regarding the Anonymous Venetiarum Historia (14th Century), in: *Historical yearbook* 7 (2010), pp. 177–194; si rimanda anche alla tesi di dottorato di Luca Fiore, che contiene anche una riedizione dello scritto: Luca FIORI, *Il codice autografo di Piero Giustinian: Un esempio di genesi ed evoluzione della cronachistica medievale*, discussa nel 2014 presso l'Università di Bologna.

sono degne d'interesse per i propri caratteri peculiari e incidenza successiva, come lo scritto in dialetto veneziano composto tra il 1360 e il 1362 da autore anonimo, tradizionalmente indicato come Enrico Dandolo, presunto parente del doge Andrea.[105] In realtà il nome del cronista è sconosciuto, sebbene sia possibile conoscere molti tratti della sua personalità a partire dallo scritto. L'autore era vissuto intorno alla metà del XIV secolo, poiché era stato testimone diretto di numerosi avvenimenti; era un uomo di grande cultura e legato agli ambienti governativi, o quantomeno agli uomini che li occupavano. Conoscitore di Petrarca (lo aveva incontrato personalmente?) e dei commentatori di Dante, era in grado di leggere in latino e in francese, mostrava dimestichezza con l'Eneide e le vicende classiche.[106] Piuttosto che all'aristocrazia conservatrice, l'autore pare vicino alla mentalità mercantile trecentesca, che aspirava a un contenimento dei rischi ed era alla ricerca di tranquillità, in un calcolo dei guadagni e delle perdite. L'anonimo pseudo-Dandolo non risparmiava critiche alla superbia della classe aristocratica, che rifiutava con arroganza la pace con Genova, mentre Dio la colpiva al fine di renderla più umile.[107] Si tratta di un autore dalla personalità complessa e che non esitava a mostrarla all'interno della propria opera, amante dell'operosità del suo popolo e dell'accrescimento laborioso della ricchezza, più che della potenza e della gloria.

I temi della cronaca fino al 1342 avevano avuto contaminazioni da più filoni cronachistici, rendendo lo scritto interessante in particolare per gli anni 1345–1360.[108] Nonostante le molte affinità, non è provata una diretta dipendenza dello scritto dalla famiglia A volgare: benché si possa rintracciare un grosso contributo da parte della versione di Andrea Dandolo, l'autore mostra di aver vagliato differenti cronache con taglio critico, dando prova di grande originalità

105 Essa è stata edita solo recentemente: *Cronica di Venexia detta di Enrico Dandolo*, ed. Roberto Pesce, Venezia 2010. Antonio Carile identificava inizialmente l'autore come un parente del doge Andrea: Carile, Aspetti della cronachistica veneziana nei secoli XIII e XIV, p. 98.

106 Roberto Pesce, Introduzione, in: Cronica di Venexia detta di Enrico Dandolo, p. XXXVII. L'autore conosceva sicuramente la *Vita di Attila* e i commenti di Iacopo della Lana di Dante. Antonella Parmeggiani, La Cronica di Venexia della famiglia B e la costruzione di un'identità civica nel XIV secolo. Fra contaminazioni, stereotipi letterari ed originalità stilistica, in: *Polidoro: studi offerti ad Antonio Carile*, ed. Giorgio Vespignani, Spoleto 2013, pp. 929–944, qui pp. 934–936.

107 Interessante il commento dell'autore alla vicenda e all'intento educativo di Dio, su cui si tornerà: "Ma Dio, ch'è iustissimo, vollendo che per tancto Venetiani non si levasseno in superbia non cognoscando da Lui gratia tanta – como procederemo – per stranii et diversi modi et danaveli li arbasenon". Cronica di Venexia detta di Enrico Dandolo, p. 137.

108 Pesce, Introduzione, p. LXIII.

stilistica rispetto ai suoi contemporanei.[109] Lo pseudo-Dandolo si mostra ancorato alla tradizione ideologica veneziana, facendo leva sul primato della città e sulla sua atavica superiorità, rimarcata dal mito dell'evangelizzazione di san Marco in persona, che a Venezia avrebbe avuto una premonizione sul fatto che era nel suo luogo di sepoltura. Si giustificava così anche dal punto di vista religioso la traslazione del corpo del santo.[110] L'autore rispettava il *topos* di Venezia come centro superiore a tutti gli altri, ma faceva comunque emergere le inquietudini di un'epoca e di una generazione che pareva volesse emanciparsi dal passato.[111] Di stampo molto diverso era Raffaino de Caresini, "cancellier grande" e uomo devoto al comune, autore di una delle fondamentali cronache latine della seconda metà del Trecento. A ben vedere, Raffaino non era nato nella laguna: figlio di un notaio e possidente cremonese, il suo primo atto conosciuto a Venezia risale al 1334, quando dunque doveva avere almeno vent'anni.[112] Raffaino aveva intrapreso la carriera paterna, legandosi all'esule Enrico Scrovegni; solo a partire dal 1341 il notaio era a Venezia in maniera stabile, dove aveva iniziato la propria carriera nella cancelleria dogale. Si trattava dunque di un immigrato di prima generazione che era riuscito a integrarsi completamente nel contesto e nel sistema politico veneziano, fino a identificarsi con esso.

A partire dal 1348 erano state affidate al Caresini diverse missioni diplomatiche all'estero, anche di notevole caratura: era presente come testimone in trattati internazionali stipulati dalla città di San Marco, o in viaggi tra la penisola iberica e Milano. Per ben tre volte successive, nel 1356, 1358 e nel 1360 era a Genova nelle difficili negoziazioni con i rivali, in una città che conosceva bene; era stato anche alla corte papale di Avignone per ottenere l'autorizzazione per i convogli veneziani verso Alessandria.[113] Come premio per i suoi servigi nel 1365 era stato nominato "cancellier grande", apice di una carriera burocratica svolta all'ombra del leone. Data l'età avanzata probabilmente non aveva partecipato di persona agli avvenimenti della guerra di Chioggia, a differenza del fratello Giovanni: è tuttavia registrata una sua cospicua donazione in oro nel momento di più acuta difficoltà del comune, che era valsa ai due Caresini l'ingresso nella

109 PARMEGGIANI, La Cronica di Venexia, p. 931.

110 Ivi, p. 941.

111 PESCE, Introduzione, p. XXXIX.

112 Antonio CARILE, Caresini, Rafaino, in: *Dizionario Biografico degli Italiani*, vol. 20, Roma 1977, pp. 80–83.

113 Ester PASTORELLO, Introduzione, in: DE CARESINI, Chronica a. 1344–1388, pp. VII-VIII.

nobiltà.[114] Lo stesso conflitto di Chioggia, momento catartico per la storia veneziana del XIV secolo, era al centro della composizione originaria di Raffaino, che si concentra sulle vicende della guerra come centro prospettico per poi ampliarsi fino a ricollegarsi alla cronaca di Andrea Dandolo: la *Chronica* nella sua redazione finale prende infatti le mosse dal 1343 per concludersi nel 1388. Dalla guerra in poi, il nome di Raffaino compare in tutti i documenti veneziani più importanti fino alla sua morte, avvenuta il 9 settembre 1390 nella città che lo aveva accolto e che lui aveva amato in maniera viscerale.[115] Nonostante il suo ruolo di alto funzionario, la possibilità di accesso a documenti secretati e il fatto di essere un testimone contemporaneo, il racconto del Caresini è tuttavia poco affidabile nei suoi dati storici: esso soffre di una pesante parzialità, di frequenti omissioni e persino di manipolazione dei fatti. A sua parziale discolpa si potrebbe asserire che egli effettivamente era stato lontano dalla capitale per lunghi periodi tra il 1348 e il 1365, tuttavia ciò non giustifica la sua mancanza di interesse per gli avvenimenti del mondo esterno a Venezia, che raramente fanno la propria comparsa. Raffaino de Caresini ricopriva incarichi ufficiali per conto del governo e non possedeva la stessa libertà di parola o di pensiero dei

---

114 La lista di nobili che durante la guerra di Chioggia fecero donazioni in denaro al comune, guadagnandosi l'ingresso nella nobiltà per le misure straordinarie adottate in quel momento, è in: ASVe, *Atti Diplomatici e Privati*, busta 23, n. 706. Venezia, 2 dicembre 1379. Tra di essi vi è anche Raffaino de Caresini, che donò 500 ducati d'oro. Il senato il 1° dicembre 1379 aveva deliberato l'ingresso, infatti, delle famiglie dei donatori nel Maggior Consiglio: ASVe, *Senato Misti* 36, f. 85r.-85v. Venezia, 1° dicembre 1379. Su questo e sull'edizione dei documenti: Vittorio LAZZARINI, Le offerte per la guerra di Chioggia e un falsario veneto, in: *Nuovo Archivio Veneto, n.s.* 4 (1902), pp. 202–213, qui p. 210. Anche il cronachista Daniele di Chinazzo, nel suo resoconto della guerra, cita: "Miser Rafain Carexini, chançelier de la Segnoria de Veniexia, e ser Çane so fradello se offerì in questo muodo: che miser lo cançelier, abiando imprestà a Chomun al commençamento de la guera duc. .Vc. d'oro e may non li aveva habudi, el dito ge fe' donacion liberamente al Comun, e ser Çane so fradelo, abiando tegnudo una barcha armada a tute suo spexe molto tempo avanti con 8 compagni" che tenne a servizio dello stato fino alla fine della guerra, con la propria persona. Daniele DI CHINAZZO, *Cronica de la guerra da Veniciani a Zenovesi*, ed. Vittorio LAZZARINI, Venezia 1958, pp. 77–78.

115 L'atto che attesta la sua morte si trova in: ASVe, *Procuratori di S. Marco* 148, n. 6. Venezia, 9 settembre 1390. Egli lasciò una discreta ricchezza e alcuni immobili tra Venezia e Cremona. Raffaino aveva avuto dalla prima moglie Caterina, morta nel 1382–1383, un figlio chiamato Bartolomeo e deceduto giovane. La sua seconda moglie, di nome Beatrice, gli diede un altro figlio chiamato Pietro, a sua volta sposato ma senza prole con Elisabetta Loredan. Raffaino ebbe anche una figlia, Lucia; il fratello Giovanni de Caresini aveva avuto un figlio, Giovanni, morto anch'egli senza discendenza. Così, nel giro di due generazioni, la nobile famiglia de Caresini si estinse. PASTORELLO, Introduzione, p. X; CARILE, Caresini, Raffaino.

posteri; scopo della sua opera era quello di glorificare Venezia. La cronaca si tramuta in un inno onorifico verso la patria acquisita e in un'espressione di odio contro i suoi nemici, per alcuni dei quali nutriva una vera e propria ossessione. Pur con scarso affidamento ai dati storici, lo scritto del Caresini costituisce invece un ottimo metro per indagare gli schemi mentali e le passioni di un funzionario veneziano allineato con il governo della propria città.

Un'ulteriore cronaca di interesse, non per argomento ma di nuovo per la possibilità di analisi dei sentimenti veneti dell'ultima parte del Trecento, è il resoconto di Daniele di Chinazzo centrato sulla guerra di Chioggia. Nato a Treviso, Daniele era un provinciale di bassa estrazione: la sua gratitudine al governo veneziano era probabilmente segnata da una decisione del tribunale di San Marco in suo favore, che lo aveva facilitato nella sua condizione di orfano grazie all'ottenimento dell'eredità paterna.[116] Daniele aveva operato come speziale tra Venezia e Treviso ed era divenuto un funzionario del comune nel corso del conflitto di Chioggia, di cui era testimone diretto per quanto riguarda gli avvenimenti della laguna nel 1379–1380. La sua accurata cronaca in dialetto trevigiano, nonostante si riferisca a un momento emotivamente particolare come quello del conflitto decisivo con Genova, risulta interessante per mettere in luce alcuni dati di un universo più popolare di quello di Raffaino de Caresini, della concezione dell'Oriente e del rapporto con il mondo circostante. Infine, è importante il codice di Antonio Morosini, patrizio veneto nato nella seconda metà del Trecento che aveva esteso la redazione della sua opera fino al 1433, poco prima della morte. Morosini nel proprio scritto aveva assunto caratteristiche che lo legavano alla nascente concezione umanistica.[117] Nonostante i legami con la tradizione delle cronache trecentesche, è qui

116 Su Daniele di Chinazzo: Benjamin G. KOHL, Chinazzo, Daniele, in: *Dizionario Biografico degli Italiani*, vol. 24, Roma 1980, pp. 791–792; Vittorio LAZZARINI, Daniele di Chinazzo e la sua cronaca secondo un codice di Copenaghen, in: *Atti del Regio Istituto veneto, classe di scienze morali e lettere* 98/2 (1938–1939), pp. 515–522; Lidia CAPO, I cronisti di Venezia e della Marca Trevigiana, in: Storia della cultura veneta, vol. 2, pp. 272–337, qui pp. 307–311.

117 Su Antonio Morosini, personaggio di non facile identificazione nella selva di omonimi veneziani: Georg CHRIST, A newsletter in 1419? A. Morosini's Chronicle in the light of commercial correspondence between Venice and Alexandria, in: *Mediterranean Historical Review* 20/1 (2005), pp. 35–66; Andrea NANETTI, Morosini, Antonio, in: *Dizionario Biografico degli Italiani*, vol. 77, Roma 2012, pp. 106–108. Una prima edizione della cronaca di Morosini è in: Antonio MOROSINI, *Chronique d'Antonio Morosini. Extraits relatifs à l'histoire de France*, vol. 1, ed. Germain LEFÈVRE-PONTALIS / Léon DOREZ, Paris 1898–1902. Una versione più aggiornata è stata edita nel 2010: Antonio MOROSINI, *Il Codice Morosini: Il mondo visto da Venezia (1094–1433)*, ed. Andrea NANETTI, Spoleto 2010.

più rimarcata una tendenza individualistica dell'autore, la cui *Cronica* prende tratti quasi diaristici e personali.[118]

L'interesse dei narratori, nella seconda metà del XIV secolo, era rivolto a fatti pittoreschi, specchio di un'attitudine quasi narrativo-romanzesca che mirava all'ampia diffusione di questa tipologia testuale in città. A seconda delle personalità degli autori, si può notare un prevalere della passione politica, della volontà di continuazione delle cronache cittadine o delle considerazioni polemico-moralistiche. Le cronache veneziane sono un oggetto dalle mille sfaccettature che denotano spesso un unico testo di base rielaborato da autori diversi; esso doveva narrare la storia che costituiva il patrimonio collettivo della comunità veneziana esprimendo la prospettiva maggioritaria. Il ceto governativo aveva tentato di operare uno stretto controllo su questa produzione letteraria, selezionando a mano a mano i testi allineati con il potere statale, espungendo i passi ostici e fornendo una veste idealizzata delle vicende del comune, con una cosciente funzione propagandistica. Si tratta, in altre parole, di un processo di mitizzazione e di esaltazione civica di Venezia, aiutato dalla stabilità politica che faceva da contraltare all'inquietudine genovese. Tuttavia, la stessa pace politica tendeva inevitabilmente a produrre opere sempre più impersonali e scarsamente innovative: occorre sempre tenere a mente questa pulsione all'interno dello studio della cronachistica veneziana.[119] L'atmosfera dell'epoca successiva alla grande peste era in ogni caso mutata, come ricordano le parole di Antonio Carile: "Le guerre della seconda metà del '300, le inquietudini interne, le spese eccessive, lasciano un sedimento di amara preoccupazione, e impongono allo storico l'obbligo morale della testimonianza, che serva da richiamo d'allarme agli uomini di governo".[120]

3.2.2 *Le crociate del passato nello pseudo-Enrico Dandolo*

I cronisti veneziani, in gran parte implicati in qualche misura nell'amministrazione del comune, erano testimoni di nuove sfide: il Mediterraneo orientale era ancora la prima dimensione di San Marco, ma nuovi avversari e pressioni mettevano in discussione la sua plurisecolare politica di potenza nell'area. Non è un caso se proprio nel cinquantennio compreso tra la Peste Nera e l'inizio del XV secolo era maturata una conversione di sguardo verso la terraferma veneta, anticamera mentale ancor prima che pratica degli sviluppi attuati nel secolo successivo. La sopravvivenza stessa del centro lagunare era stata messa a dura prova, rischiando l'annientamento durante il conflitto di Chioggia del

118 RAINES, Venetian Chronicle Writing, p. 52.
119 CARILE, Aspetti della cronachistica veneziana nei secoli XIII e XIV, pp. 117–118.
120 Ivi, p. 100.

1377–1381. Nel crepuscolo del secolo, dove il mare era uno spazio sempre più inquieto, tutto spingeva a puntare gli occhi verso una più rassicurante stabilità che garantisse l'esistenza di Venezia: all'inizio del XV secolo, si era iniziato a differenziare gli investimenti anche sulla solida terra. Non si trattava più di uno stato levantino con base nella penisola, ma di un ente che voleva entrare a pieno diritto nel grande gioco territoriale italiano. Le cronache stese in questo periodo di profondo ripensamento non possono che riflettere la perdita graduale del respiro marittimo-mediterraneo degli abitanti della laguna, per una diversificazione degli interessi politici verso l'area padana. La chiusura di orizzonti aveva colpito in misura differente anche gli storiografi. Che tipo di rapporto avevano dunque gli autori del tardo Trecento, pur nella loro diversità di stile ed estrazione, con la crociata, oggetto orientale e religioso per eccellenza?

L'intimo legame di Venezia con la crociata – e ancor prima con la lotta al nemico musulmano – trova un prima decisa esplicazione nella cronaca dello pseudo-Enrico Dandolo, che rifacendosi a scritti precedenti poneva questa dinamica fin dai tempi ancestrali del comune. Già nell'800, ricorda l'autore, i veneziani erano andati contro "li Saraxini"[121] inviando una quarantina di galee verso Taranto. La guerra di corsa nell'Adriatico, opera del naviglio musulmano, era uno dei gravi problemi che essi dovevano affrontare nel corso del IX secolo e assume un ruolo di rilievo all'interno della *Cronica di Venexia*. Lo pseudo-Dandolo non tace le sconfitte venete avvenute a causa dei peccati dei cristiani: le disfatte avevano permesso ai saraceni di andare "scorssigiando" lungo le coste della Dalmazia e fino alla Romagna.[122] Si trattava di una lotta per la difesa della città e del suo spazio vitale, nel quale i musulmani entravano "cum grande stuolo de navilii in questo Colpho"[123]: gli scontri con i saraceni erano uno degli elementi distintivi dell'eccezionalità veneziana fin dalle origini. Le crociate, a partire dalla prima spedizione, trovano un grande spazio nella cronaca dello pseudo-Dandolo, il quale le descrive a partire probabilmente da una tradizione a cui aveva attinto anche Andrea Dandolo. Le vicende crociate avevano un posto importante nella narrativa lagunare a cui si attiene l'anonimo pseudo-Dandolo, scrivendo dei tempi in cui "una armada grande in subscidio dele Terre Sancte de Egipto fu mandada".[124] Il successo dell'impresa

121 Cronica di Venexia detta di Enrico Dandolo, p. 35.

122 "et Dio permisse per li nostri peccadi che li dicti Saraini fu messi a confuxion; per la qual cosa li Saraini prexe gram vigoria et vene fino a Dalmatia scorssigiando fina ancora nele splagie dela Romagna". Ivi, p. 36.

123 Ivi, p. 38. La narrazione prende grande vigore per quanto riguarda i tempi del dogato di Orso I Partecipazio Badoer, che doveva difendere dai corsari saraceni le proprie terre fino in Istria e a Grado.

124 Ivi, p. 54.

gloriosa guidata dal vescovo Enrico Contarini era coronato dall'ottenimento ai veneziani di "alti privilegii et gratie"[125] da parte del re Baldovino di Gerusalemme. Tuttavia, in un confronto con la più ampia *Chronica Extensa* del doge Andrea Dandolo, quest'ultima si dilunga molto di più in descrizioni dettagliate delle imprese oltremare rispetto al successivo scritto anonimo.[126]

Lo pseudo-Dandolo, anche per la mole più esigua della propria opera in volgare, è meno ricco di particolari e tralascia numerosi episodi avvenuti negli stati latini d'*Outremer* nel corso del XII secolo, riportati invece con notevole attenzione da Andrea. Non è rintracciabile una discendenza diretta tra i due testi, come prova anche la confusione dell'anonimo sulla datazione di alcuni avvenimenti.[127] Il doge Andrea, pur vissuto secoli dopo, non aveva mai distolto l'attenzione dalla Terra Santa e anzi aveva approfondito nella sua cronaca il primo ventennio dell'insediamento crociato; l'anonimo dandoliano al contrario, dopo aver narrato la conquista di Gerusalemme si riallacciava direttamente alla spedizione veneziana nata in risposta alla chiamata di papa Callisto II, nel 1123–1126. La descrizione dei fatti, dei duri combattimenti, dei franchi trasportati, delle flotte di galee veneziane e dell'assedio di Tiro, sebbene dalla consequenzialità e dalla cronologia confusa, dà vita a un grande affresco, che comunque non può competere in quanto a dettaglio con la descrizione dello stesso avvenimento da parte di Andrea Dandolo.[128] Sono simili gli

---

125 Si ricorda specialmente l'ottenimento di franchigie e interi quartieri: "franchisia et ruga che li Venetiani avea in Suria. Per la qual cosa da Balduin primo re, alti privilegii et gratie obtene". Ivi, p. 55.

126 A questo riguardo si vedano le descrizioni della Prima Crociata dei veneziani nello pseudo-Enrico Dandolo: Ivi, pp. 54–55; e nella cronaca latina di Andrea Dandolo: DANDOLO, Chronica per extensum descripta, pp. 220–223.

127 Riguardo alla traslazione da Myra delle reliquie di san Nicolò, notizia presente in entrambe le cronache, lo pseudo-Enrico Dandolo data il fatto al 1096, mentre Andrea Dandolo espone chiaramente la vicenda al termine del racconto della Prima Crociata, verso il 1100. Ivi, p. 222.

128 Lo pseudo-Enrico Dandolo scrisse di come al tempo di Baldovino II il papa Callisto II chiese aiuto a Venezia. La città avrebbe armato una grande flotta di galee di galee per andare "nelle parte de Egipto et fu facto passagio", trasportando a bordo dei propri legni una grande quantità di franchi diretti alla crociata. Il sultano, saputo dell'arrivo dei nemici, aveva disposto sia in mare che in terra una grande armata, mobilitando oltre 40.000 tra turchi e mamelucchi, di cui oltre 20.000 arcieri, scrive l'anonimo autore. Giunta l'armata cristiana, i franchi sbarcarono "Et como plaxete a Dio quelle sconfisse submergiando la più parte de loro in mar". Il cronista si lanciò in un'interessante descrizione della battaglia, probabilmente riferendosi alla battaglia di Azaz sebbene i riferimenti spazio-temporali siano sempre vaghi; scontro che fu lungo e "de infinita mortalitade de una parte et del'oltra; ma pur al fine gli Cristiani fu victoriosi". I crociati poi conquistarono Gaza e assediarono Tiro, che "infine cum l'aide degli Franceschi fu prexa". I veneziani contribuirono a riconquistare molte città che furono "reducte socto la fede de Cristo". E di tutto ciò che fu

accenni alla riconquista di Gerusalemme operata da Saladino e alla crociata di Barbarossa, che l'anonimo riporta, seppur in maniera fugace.[129]

Le due cronache, pur di diversa lunghezza, non hanno una medesima ampiezza espositiva delle imprese militari levantine, ma sono paragonabili nella descrizione dei furti di reliquie d'Oriente. Lo pseudo-Dandolo si dilunga moltissimo sul modo in cui i veneziani avevano ottenuto il corpo di san Nicolò, operando anche un confronto con attenzione storiografica tra le proprie fonti: se da una parte una cronaca aveva situato il ritrovamento delle reliquie presso Myra, un'altra invece nominava la città di Patrasso "che è in Romania bassa".[130] In ogni caso, i resti di san Nicolò erano stati traslati al Lido, mentre una parte era stata lasciata dai marinai veneziani presso Bari, come l'anonimo si premura di raccontare.[131] Allo stesso modo, la crociata di Callisto II era valsa l'ottenimento di una pietra sulla quale Cristo si era seduto a predicare, "cum sí aduxe et tolse quella de Thyro"[132] e che era stata trasportata per nave fino alla chiesa di San Marco a Venezia, dove ai tempi dell'autore si trovava ancora presso l'altare di San Giovanni Battista. Sull'isola greca di Chio era stato recuperato il corpo di sant'Isidoro e posto nel gran contenitore di reliquie che era divenuto la basilica di San Marco, mentre con un certo orgoglio l'anonimo narra dei veneziani che avevano preso "furtevelmente" il corpo di santo Stefano ad alcuni monaci di Costantinopoli.[133] Ugualmente per la presa della capitale bizantina durante la Quarta Crociata l'insistenza dell'autore è sulla gran mole di *spolia* che aveva permesso ai veneziani di abbellire la propria basilica.[134]

L'attenzione dello pseudo-Dandolo è legata agli avvenimenti d'oltremare per una logica di appropriazione. Nelle cronache anteriori, tra cui la stessa di Andrea Dandolo, la stessa posizione letteraria era accompagnata però da

---

preso, scrive l'anonimo, per ordine del papa, un terzo divenne del comune di Venezia, un terzo del patriarca di Gerusalemme e un terzo dei franchi d'*Outremer*. Cronica di Venexia detta di Enrico Dandolo, pp. 58–59. La descrizione di Andrea Dandolo degli avvenimenti crociati del 1123–1126, molto più strutturata e precisa nei riferimenti, è invece in: DANDOLO, Chronica per extensum descripta, pp. 232–236.

129 "Saladin vene cum grandissimo sforzo et prexe Ierusaleme et Acre et molte altre citade che per Cristiani se habitavano, et non sença grandissimo danpno de tucta Cristianitade in persone et haver". Cronica di Venexia detta di Enrico Dandolo, p. 70. Per la crociata di Federico Barbarossa, che "passò oltra el mar per conquistar le Terre Sancte cum grandissimo exercito" e morì annegato nell'impresa: ivi, p. 71.

130 Ivi, p. 55.

131 *Ibidem*.

132 Ivi, p. 59.

133 Ivi, p. 60. Anche Andrea Dandolo narra della presa delle reliquie di san Isidoro a Chio, sebbene l'attenzione a questo preciso evento sia diluita in una narrazione molto più lunga. DANDOLO, Chronica per extensum descripta, p. 234.

134 Cronica di Venexia detta di Enrico Dandolo, p. 78.

grandi descrizioni dei fatti e degli avvenimenti, che nell'anonimo si erano ridotte notevolmente, mentre erano rimaste dello stesso spessore le notizie sui trafugamenti di reliquie. I *furta sacra*, eredità materiale dell'epopea delle crociate e ancora visibili nella Venezia del Trecento, sono il punto focale su cui l'anonimo pone attenzione. La descrizione della crociata si era ridotta a una disamina delle modalità di traslazione di oggetti sacri dal lontano Oriente fino alla capitale veneta.[135] La Quarta Crociata era un momento imprescindibile per tutte le cronache veneziane, che sentivano un dovere apologetico nei confronti dell'operato della città.[136] Lo pseudo-Dandolo si premurava di definire l'autore delle controverse vicende del 1202–1204, il doge Enrico Dandolo, come "homo catholico"[137], una specifica quasi mai usata nei confronti degli altri dogi della cronaca. Nella presa di Costantinopoli l'autore riporta una falsa notizia: dopo la prima conquista del 1203 e la messa sul trono di un legittimo imperatore bizantino, egli ricorda che "alora y Venitiani se ymaginò cum li Franceschi de far suo viagio et passò nelle parti de Egipto al Santo Sepolcro"[138] prima di tornare a Costantinopoli. Affermazione falsa, che infatti l'anonimo non specifica, appuntando che le "meravigliose et inumerabelle prove contra gl'infideli – le qual a raccettar seria longitudine tropo ad nostra materia ritrovar –"[139]: difficoltà nel reperire informazioni semplicemente perché esse non esistevano. La volontà di giustificazione della crociata, che doveva almeno includere la lotta contro gli infedeli, mostra la forza delle cronache veneziane nella diffusione – forse persino in buona fede, grazie alla lunga tradizione da cui giungevano – di narrazioni totalmente travisate. L'ideale della crociata, nel secondo Trecento, era ancora giustificato dalla direzione di Gerusalemme e dalla lotta contro i nemici della fede.[140] L'obiettivo geografico rimaneva

135 Per una panoramica generale sui furti di reliquie e sul loro valore, e in particolare per il caso di Venezia, si rimanda a: Marco PAPASIDERO, *Translatio sanctitatis. I furti di reliquie nell'Italia medievale*, Firenze 2019, pp. 37–46.

136 Sul rapporto tra cronache veneziane e Quarta Crociata: Şerban MARIN, "Dominus quartae partis et dimidiae totius Imperii Romaniae". The Fourth Crusade and the Dogal Title in the Venetian Chronicles' Representation, in: *Quaderni della Casa Romena di Venezia* 3 (2004), pp. 119–150; IDEM, Between Justification and Glory: the Venetian Chronicles' View regarding the Fourth Crusade, in: *The Fourth crusade. Event, aftermath, and perceptions*, ed. Thomas F. MADDEN, Aldershot 2008, pp. 113–121.

137 Cronica di Venexia detta di Enrico Dandolo, p. 72.

138 Ivi, p. 74.

139 *Ibidem.*

140 Per un interessante raffronto con la cronaca di Andrea Dandolo sugli avvenimenti della Quarta Crociata, il quale non riporta la notizia del fugace passaggio in Terra Santa delle armate cristiane tra le due prese di Costantinopoli: DANDOLO, Chronica per extensum descripta, pp. 276–281.

comunque interscambiabile con la lotta ai musulmani, nella visione dei cronisti, tanto che "meser lo papa ordenado passagio era sovra infidelli".[141]

L'autore anonimo dimostra tuttavia una notevole apertura di sguardo sulle vicende del Levante. Se per la guerra di San Saba contro i genovesi la Terra Santa era divenuta semplicemente un teatro per battaglie con i nemici italiani[142], non mancano notizie sulle sconfitte degli stati latini d'*Outremer* a opera dei mamelucchi.[143] Lo pseudo-Dandolo, che scriveva intorno al 1360, utilizzava l'interessante termine "incroisiadi"[144], tra le prime attestazioni di questa parola in volgare per definire coloro che prendevano parte al *passagium*. Negli eventi successivi al 1342, descritti in una parte originale dell'opera su cui non si possono riscontrare influssi precedenti, la parola diviene addirittura "croxadi"[145], termine che iniziava a trovare impiego nella lingua vernacolare veneta, sebbene non trovi attestazioni in documenti in latino al di là del tradizionale "crucesignati".

L'analisi del linguaggio è particolarmente interessante anche per il cambio di registro adottato tra le operazioni precedenti e il racconto delle imprese trecentesche. Le operazioni anatoliche del 1337 erano nate quando il "Duxe et Signoria per zielo dela sancta catholica fede se ligò in union cum meser lo papa"[146]: il termine "unione" aveva fatto il proprio ingresso nelle crociate levantine, segnando una differenza rispetto alle tradizionali spedizioni in Terra Santa. Un mescolamento di parole semanticamente diverse lasciava intravedere il sentimento, già presente tra i contemporanei, che si trattasse di un oggetto diverso. Anche gli scopi erano lentamente mutati, dopo la perdita definitiva della Palestina: "la dicta union et passagio", in un accostamento di termini, "fu grandissima segurtà ad tucta Cristianità et maximamente ad le parte de Romania".[147] Non più Gerusalemme, ma la sicurezza dell'arcipelago greco aveva dato origine a una "liga", parola mai utilizzata nella descrizione delle vicende orientali fino a quel momento. Il tempo delle sante imprese era finito e lasciava spazio a

141 Cronica di Venexia detta di Enrico Dandolo, p. 72.

142 Ivi, pp. 90–99.

143 Viene riportata la caduta di Tripoli per il 1289, nella quale "tucti li Cristiani che se trovò lì funo tucti morti". Essa generò un gran sommovimento a Venezia, con l'armamento di 25 galee, capitanate dal patriarca, per dirigersi in soccorso della Terra Santa. Ciò non potè evitare la caduta di Acri nel maggio 1291, di cui è ancora riportata la vicenda nelle pagine seguenti della cronaca, quando "fu tolto Acre et tucta la Suria a i Cristiani". Ivi, pp. 105–106.

144 Ivi, p. 106.

145 "Navilii innumerabilli per portare i croxadi in quelle parte". Ivi, p. 122.

146 Ivi, p. 118.

147 Ivi, p. 119.

confederazioni politiche con il fine di difendersi dai turchi.[148] La crociata di Smirne aveva come scopo la "conservation et amplificamento dela fede nostra sancta catholica", non la riconquista del Santo Sepolcro, e soprattutto avveniva nella forma di una "union contra de' Turchi".[149] Tale accostamento di parole è esemplificativo del fatto che la crociata, nel XIV secolo inoltrato, era identificata da una lega di diversi attori politici e soprattutto da un particolare nemico contro cui rivolgersi. Si trattava di un processo trecentesco che riflette il cambiamento concettuale a cui era andato incontro l'oggetto-crociata.

La storiografia veneziana aveva lavorato molto anche sull'eroicizzazione di Pietro Zen, capitano delle galee venete a Smirne e definito dall'anonimo "valloroxo et catholico".[150] Padre del più celebre Carlo Zen, iconico ammiraglio veneziano, Pietro era stato assunto alla gloria di atleta di Cristo morto durante i combattimenti con i turchi, in un'operazione di esaltazione in atto ancora nel Quattrocento.[151] Pietro era un uomo "del qual tuta Turchia tremava de paura"[152]: nel Trecento Venezia aveva bisogno di campioni della fede nell'epopea della guerra antiturca. Per quanto riguarda la lotta tra cristiani e musulmani, il cronista mostra una certa onestà, dando testimonianza della presenza di genovesi tra i combattenti papali[153]: così anche "meser Martin, capetaneo d'i Gieno-

148 Ricorda ancora l'autore, con una frase esplicativa sulla fragilità di queste confederazioni: "ma, cesando la dicta liga per la morte del dicto papa, i Cristiani da i dicti Turchi percossion et danpno molto recevete". *Ibidem.*

149 Ivi, p. 122.

150 *Ibidem.*

151 La quattrocentesca *Vita Caroli Zeni*, che narra della vita e delle gesta del famoso Carlo, combattente sui più diversi fronti e personaggio fuori dagli schemi, si apre con un ampio excursus sul padre di quest'ultimo, Pietro Zen. La narrazione della crociata di Smirne è lunga e dettagliata, le imprese eroiche di Pietro sono sottolineate, in quanto comandante della flotta cristiana che riuscì a conquistare il centro anatolico. Anche la sua morte reale ha un che di eroico: durante la celebrazione di una messa con il legato apostolico e il capitano genovese, il luogo dove si trovavano fu preda di un'imboscata dei turchi che uccisero i valorosi comandanti cristiani presenti alla celebrazione. Carlo Zen aveva nel proprio sangue la discendenza da un paladino crociato: "ita Petrus extremum martyr clausit diem, anno aetatis suae quadragessimo tertio". Iacopo ZENO, *Vita Caroli Zeni*, ed. Gaspare ZONTA (Rerum Italicarum Scriptores, ser. II, 19/6), Bologna 1940–1941, p. 8. Anche la *Cronica* dello pseudo-Dandolo descrive la morte nelle medesime modalità: "esendo andadi per danpnificar Turchi fra terra, in una clexola esendo per aldir la mesa del patriarcha, circondadi funo da grandissima quantitade de' Turchi e lì morto fu el dicto patriarcha et meser Piero Zen". Cronica di Venexia detta di Enrico Dandolo, p. 122. Anche Raffaino de Caresini definisce Pietro Zen, padre di Carlo, "athlethae Christi". DE CARESINI, Chronica a. 1344–1388, p. 52.

152 Cronica di Venexia detta di Enrico Dandolo, p. 122.

153 Sulla crociata di Smirne, l'anonimo autore che pur si scaglia contro i liguri in occasione delle guerre veneto-genovesi, scrive che: "Unde in Venesia armade fu galee V et navilii

vexi"[154] era nominato nella *Cronica* tra i valorosi uomini uccisi in un agguato dei turchi insieme a Pietro Zen. La speranza di un unico fronte religioso non si era ancora spenta nello spirito dello pseudo-Dandolo. Tuttavia, al contrario di quanto avveniva nella laguna, i genovesi, seppur presenti nelle vicende di Romania, non sembra abbiano attuato alcun processo di glorificazione dei propri comandanti impegnati contro l'infedele. A Genova, in un contesto di autorappresentazione completamente diverso ed estremamente più convulso, non si avvertiva l'esigenza di una mitizzazione dei propri paladini della fede sul piano epico. Il dialogo tra la *Cronica di Venexia* e le crociate precedenti rimanda a questa serie di cambiamenti, che trova conferma nella narrazione del mondo contemporaneo agli autori.

3.2.3 *Fatti d'Oriente: le omissioni, i turchi e il Levante*

Rispetto ai modelli narrativi formalizzati nella descrizione del rapporto tra Venezia e le crociate, l'epoca che si era aperta dopo la peste viveva di contraddizioni, riflesse anche all'interno delle cronache. Mentre per alcuni il leone di San Marco era l'antemurale della fede contro l'avanzata ottomana, altri autori mostrano una chiusura mentale e un disinteresse più o meno marcato verso le vicende mediterranee e orientali, limitandosi all'universo peninsulare italiano. Nelle cronache della seconda metà del XIV secolo il nemico era passato dall'essere un generico infedele musulmano, o al limite saraceno nella sua accezione più larga, a una specializzazione etnica. I nuovi avversari erano i turchi, non gli islamici in senso generale, e ancor più specificatamente gli ottomani.[155] Lo pseudo-Dandolo, in caso di scontri fra cristiani e musulmani, lascia trapelare un senso di lotta comune: in tale maniera sono narrati gli avvenimenti bellici del Mar Nero, in cui veneziani e genovesi erano partecipi della medesima lotta contro gli infedeli. Questi conflitti, tuttavia, ammettevano una possibilità di pacificazione, essenziale per la ripresa del commercio dei centri italiani con l'Egitto mamelucco. L'invio di ambasciatori al "soldam de Babelonia" permetteva una ricomposizione e dunque la navigazione di galee commerciali verso Alessandria, mentre non esiste un processo corrispettivo verso gli ottomani.

innumerabilli per portare i croxadi in quelle parte, et simel per Gienovexi armade fu galee IIII". Ivi, p. 122.

154 *Ibidem*.

155 Per alcuni esempi della visione dei musulmani nelle cronache venete: Şerban Marin, Venice, Byzantium, and the Muslims (prior to 1345) according to the Chronicle ascribed to Andrea Navagero, in: *Revista istorica, n.s.* 25 (2014), pp. 441–475; Idem, The Muslims Seen through Venetian Eyes (660–1346). The Case of Codex It. VII. 134 (8035) at Biblioteca Nazionale Marciana and the "Savina Group" of Chronicles, in: *Retrospectii medievale: in honorem professoris emeriti Ioan Caprosu*, ed. Victor Spinei, Iasi 2014, pp. 427–454.

L'autore anonimo della *Cronica di Venexia*, strettamente legato all'ambiente mercantile, è particolarmente attento a questo dato.[156] In compenso, il nobile Giustiniano Giustiniani si trovava "fuora cum galee in servizio dela nostra fede nele parte de Turchia".[157] In quell'area, nonostante la profusione di sforzi veneziani, la lega cristiana era perennemente instabile a causa delle inadempienze dei collegati, come osserva rammaricato il cronachista.[158] Nonostante ciò, non vi è notizia dell'alleanza turco-genovese degli anni Cinquanta, segno del suo scarso impatto nelle coscienze contemporanee. Intorno al 1360 lo pseudo-Dandolo dimostrava ancora una certa dimestichezza con il Levante, testimoniando che esso, almeno nella mentalità dei ceti mercantili, era ancora la vera dimensione di Venezia a discapito della terraferma italiana.

Lo scritto di Raffaino de Caresini, notaio e funzionario pubblico, lascia intravedere una limitazione di prospettiva molto più accentuata nei confronti dell'Oriente e nell'identificazione del nemico confessionale. I turchi sono nominati solo in tre occasioni all'interno della sua *Chronica*, la quale copre un arco temporale che va dal 1343 al 1388. Come il suo corrispettivo genovese Giorgio Stella, Raffaino guardava principalmente alle vicende italiane o interne di Venezia, alle guerre in Friuli e sulla terraferma veneta, mostrando un certo disinteresse per le colonie levantine che costituivano ancora l'ossatura del comune lagunare. Le notizie su avvenimenti esterni alla storia strettamente veneziana sono omesse, a partire dallo scisma della Chiesa o alle guerre continentali. Anche le crociate della seconda metà del Trecento, nonostante l'implicazione di Venezia, soffrono della medesima ignoranza e non trovano spazio negli annali di Caresini. Tra il 1363 e il 1366 non vi è alcun accenno alle spedizioni crociate che avevano visto proprio Venezia come base operativa principale. Il viaggio di Pietro I di Cipro non è soggetto ad alcun riferimento, nonostante la lunga permanenza del sovrano nella città lagunare; Venezia nel 1364 era stata persino eletta come punto di ritrovo per i crociati che si sarebbero imbarcati con il monarca cipriota. La venuta di Pietro, che si intrecciava con le vicende della ribellione di Creta, aveva dato origine a serrate trattative tra Pierre Thomas, Philippe de Mézières e il senato veneziano, pressato

---

156 Egli indicativamente riporta nella sua cronaca per il 1345 l'invio di due mastodontiche galee ad Alessandria: "facte fu et mandade in Alexandria do grandissime galee, le magior armade che mae fusse veçude et capetaneo meser Sovranço Sovranço". Notizia di scarso interesse per chi fosse stato più interessato alle vicende politiche o avesse una visione cavalleresca, e che invece mostrano l'estrazione e la scala di priorità dell'autore. Cronica di Venexia detta di Enrico Dandolo, p. 123.

157 Ivi, p. 126.

158 "poi perché l'union andava ogni giorno manchar et non fiva observado quel ben che se doveva". *Ibidem*.

dai problemi della rivolta e della partecipazione obbligata alla crociata. Dopo aver concluso il proprio tour delle corti europee, Pietro I era tornato a Venezia nel novembre 1364 e aveva alloggiato nel palazzo di Federico Corner, presso il Canal Grande, in una situazione con importanti ricadute successive.[159] Il doge Lorenzo Celsi aveva promesso la disponibilità di galee veneziane per la crociata, ma era turbato dagli obiettivi sconosciuti del sovrano, che potevano danneggiare gli interessi mercantili della città. In ogni caso la flotta di Pietro I era salpata dalla laguna il 27 giugno 1365, dopo aver noleggiato alcune galee veneziane, oltre a una messa a disposizione a titolo gratuito dal doge.[160]

Venezia era inestricabilmente coinvolta con l'avventura crociata di Alessandria. Raffaino de Caresini, nelle vesti di diplomatico, aveva condotto in quel momento i negoziati ad Avignone per ottenere dal papa il permesso di commerciare e inviare navi verso l'Egitto: il cronista stesso non era estraneo alla vicenda. Eppure, nulla di tutto ciò trova posto nella sua *Chronica*.[161] Ugualmente, Amedeo VI di Savoia nel 1366 aveva eletto Venezia come punto di partenza e di ritorno per la propria spedizione orientale, come documentano i registri dei suoi acquisti nel centro lagunare.[162] Anche in questo caso gli aspiranti crociati si erano radunati nella città per poi imbarcarsi sulle galee, in parte veneziane, alla volta di Costantinopoli: il viaggio del Conte Verde non

---

159 Il palazzo apparteneva a Federico Corner, ricchissimo mercante veneziano che fondò la propria fortuna proprio su quest'occasione. Federico concesse infatti un cospicuo prestito in denaro a Pietro I, di 60.000 fiorini, per finanziare la sua spedizione crociata. Il sovrano concesse in cambio a Federico Corner, oltre a un titolo nobiliare, il feudo di Piscopi, nel meridione dell'isola di Cipro, con l'esenzione fiscale sullo stesso. Nel giro di pochi anni Federico avrebbe sfruttato la propria concessione divenendo il re della produzione dello zucchero sull'isola, con il quale riforniva gran parte del mercato occidentale. Su Federico Corner e sui suoi rapporti con Cipro, nati proprio in occasione della crociata del 1365: Giorgio Ravegnani, Corner, Federico, in: *Dizionario Biografico degli Italiani*, vol. 29, Roma 1983, pp. 179–181; Iorga, Philippe de Mézières, p. 339; Lane, Storia di Venezia, p. 163; Kedar, Mercanti in crisi, p. 179. Il rinnovo della concessione di Piscopi è pubblicato in: Louis De Mas Latrie, *Histoire de l'île de Chypre sous le règne des princes de la maison de Lusignan*, vol. 2, Paris 1852, pp. 434–436.

160 Nel dettaglio su questi avvenimenti che legarono la crociata di Pietro I a Venezia, si rimanda a: Setton, The Papacy and the Levant, vol. 1, pp. 251–264.

161 Pastorello, Introduzione, p. VIII.

162 Amedeo VI sostò a Venezia tra l'11 e il 19 giugno 1366, dove fece importanti riferimenti per la propria armata. Pietro Datta, *Spedizione in Oriente di Amedeo VI Conte di Savoia*, Torino 1826, pp. 260–261. Gran parte dei prestiti ottenuti dal conte inoltre dovevano essere risolti presso Venezia al suo ritorno, come documentano i molti riferimenti nel resoconto finanziario edito da Bollati di Saint-Pierre. L'armata aveva fatto il proprio ritorno a Venezia il 29 luglio 1367, quando è registrata presso San Nicolò al Lido: Federico Bollati Di Saint-Pierre, *Illustrazioni della spedizione in Oriente di Amedeo VI* (*il Conte Verde*), Torino 1900, p. 163, doc. 688, 691.

lascia comunque traccia nello scritto del notaio, nemmeno nella forma di brevi accenni o frasi isolate. L'autore, che non poteva non essere a conoscenza dei fatti poiché personalmente implicato, mostra semplicemente la propria mancanza di interesse per queste vicende lontane, estranee ai fatti della politica italiana e cittadina. Ancora, per il 1369–1370 sono riportati gli avvenimenti della guerra contro il ducato d'Austria di Leopoldo d'Asburgo, ma non vi è nessuna notizia dello scontro con i mamelucchi che in quello stesso momento aveva messo in difficoltà il commercio veneziano nel Mediterraneo orientale.[163] D'altro canto, la lotta religiosa sui mari tornava utile nell'opera di Raffaino solo quando era connotata da un chiaro senso apologetico nei confronti della propria città. Il funzionario si lamentava perché lo scellerato re d'Ungheria si era messo a capo di una lega contro Venezia nel 1373, quando avrebbe dovuto dirigere le forze cristiane contro pirati e infedeli che minacciavano l'Occidente: "regiam maiestatem potentiam suam et catholicorum principum colligationem adversus infideles convertere, ad divini nominis laudem et robur, ac salutem fidei orthodoxae".[164] In Caresini, sebbene a livello propagandistico, è evidente l'autopercezione del leone di San Marco come ultimo baluardo mediterraneo contro i nemici della fede, scudo della Cristianità sui mari, il quale invece che ringraziamenti era sottoposto vigliaccamente ad aggressioni. Quanto si trattava di retorica letteraria e quanto effettivamente i veneziani si sentivano parte di un antemurale della fede?

Secondo il cancelliere era manifesto l'operato dei "Venetos, qui, pro fide catholica, pro tuitione ac libertate universorum, contra Turcos et piratas, propriis sumptibus, mare custodiunt".[165] Il tema dell'utilità di Venezia alla causa comune dei cristiani torna in tutte le principali opere storiografiche come un *leit-motiv* ricorrente. Non ne era esente anche lo pseudo-Dandolo, che in apertura del proprio scritto ricordava che "el stado buono dela cità de Venexia non è solo a gli habitanti di quella ma a tuta Cristentade è molto utele".[166] Si trattava di un espediente retorico di uso frequente, che rimandava a un'autocoscienza cittadina della propria eccezionalità storica, propagata e approfondita proprio a partire dalle cronache. Il centro lagunare aveva una propria missione provvidenziale nella storia, nella quale rientrava anche la difesa dei mari dagli assalti dell'infedele. Si trattava di una giustificazione della propria stessa esistenza e volontà di potenza: ancora nella seconda metà del Trecento, l'ideale crociato era una potente forza legittimante per un centro mercantile.

163 DE CARESINI, Chronica a. 1344–1388, p. 19.

164 Ivi, p. 23.

165 *Ibidem.*

166 Cronica di Venexia detta di Enrico Dandolo, p. 4.

Questa visione di fondo era comprovata dall'endemicità di scontri tra legni veneti e turchi. Venezia era effettivamente coinvolta in un conflitto a bassa intensità, ma costante, contro gli ottomani lungo l'intero XIV secolo. Daniele di Chinazzo, nel suo resoconto della guerra tra veneziani e genovesi, è un ottimo testimone del perdurare di tale ostilità anche in situazioni che non la riguardavano direttamente. Quando Carlo Zen nel 1381 era partito con una flotta per dare la caccia ai genovesi, aveva lasciato una squadra di 6 galee ben armate a guardia dell'imboccatura dell'Adriatico "per chaxon de Turchi che andava caniçando per quelle acque molto forte".[167] Due anni prima, nel luglio 1379, un'altra squadra di galee di San Marco si trovava nelle acque di Romania per condurre la guerra di corsa contro le navi genovesi, imbattendosi anche in un legno turco partito da Teologo, che era stato catturato e affondato.[168] Nella stessa estate 2 galee veneziane, impegnate nella lotta contro i liguri di Pera, avevano incrociato la fortezza di Mandraki, nei pressi di Tenedo, dove era avvenuta una scaramuccia con i turchi. Nonostante l'obiettivo primario fossero i genovesi, le galee si erano impegnate nel combattimento con i musulmani, nel quale – a causa di una freccia – era rimasto ucciso Bertuccio Pisani, fratello dell'ammiraglio Vittor Pisani.[169] Che visione si aveva dunque del turco ottomano, nemico per eccellenza? La cronaca di Raffaino de Caresini, a differenza della consueta diffidenza di sguardo verso le vicende esterne, contiene un notevole aneddoto su come l'usurpatore bizantino, Andronico figlio di Giovanni V, avesse condotto la sorella, vergine cristiana, "ad prostituendam", destinandola alle nozze con il sultano Murad di cui era divenuta concubina. Il sultano è definito quale irriducibile "hostis nominis christiani", ma Dio non aveva permesso che tale scempio si compisse: "Antequam traderetur, fuit de hac luce subtracta".[170] Un sanguigno rancore verso gli ottomani ha rari, ma veraci scoppi nell'animo del funzionario, che pure dimentica di dire che i veneziani e Giovanni V avevano

---

167 Di Chinazzo, Cronica de la guerra da Veniciani a Zenovesi, p. 211.

168 "Partisse da Altoluogo adì 4 del dito e pià uno legno de Turchi, i qual fo tuti taiadi in peçe et afondà el dito legno". Ivi, p. 215.

169 Delle due galee, una era comandata appunto da Bertuccio Pisani, mentre l'altra apparteneva alla *muda* di Candia. Rispetto al castello di San Mandrachi, esso è probabilmente identificabile con la località Mandraki, sull'isola greca di Skiathos, che nel XIV secolo era soggetta a frequenti scorrerie da parte dei turchi ottomani. "Et andando le dite do galie se aprexentà a I chastelo che ha nome San Mandrachi, che è apresso Tenedo, per scharamuçar lì, el qual chastelo iera de Turchi. E fo ferido el dito miser Bertuçi de I freça e morì adeso e fo fradelo del nobel e francho guerier miser Vetor Pixani. Et niente de men le dite do galie andò destexe al so chamin, e le altre do galie fo lassado in Tenedo ferme". Ivi, p. 217.

170 De Caresini, Chronica a. 1344–1388, p. 32.

assediato Pera alleandosi con i medesimi turchi.[171] Daniele di Chinazzo, più onesto, riconosce il ruolo avuto dal sultano nell'attacco alla colonia ligure.[172]

La questione crociata, o meglio turca, passa in secondo piano nella narrazione di Raffaino, focalizzato nella glorificazione della sua città adottiva e la voce del potere pubblico. La questione di Tenedo era per lui semplicemente legata all'affermazione di Venezia, senza nessun riferimento al ruolo difensivo dell'isola contro i turchi.[173] Ugualmente l'acquisizione nel 1388 da parte del governo veneziano di Argo e Nauplia, nel Peloponneso, era giustificata dal pericolo che le città cadessero in mano a greci o turchi, senza alcuna distinzione tra la minaccia dei cristiani e dei musulmani: "Ne ad manus Turchorum, seu Graecorum pervenirent".[174] L'accordo con Maria d'Enghien è visto nei termini di mera transazione economica, ricalcando le formule del documento notarile. Le considerazioni sulla minaccia ottomana sono lasciate ad altri: si trattava semplicemente di un buon acquisto che accresceva la potenza di Venezia.[175]

Anche il rapporto con i bizantini è indicativo. Già lo pseudo-Dandolo aveva sottaciuto, nel suo racconto di Venezia fin dalle origini, il rapporto di lunga durata con l'impero d'Oriente, mentre la città pareva ergersi da sola contro le avversità, da cui era uscita vincitrice grazie alle proprie straordinarie abilità. Si trattava di una strategia di emancipazione dalla propria dipendenza bizantina, che era stata invece un elemento fondamentale fin dalla nascita del centro italiano.[176] Nella seconda metà del Trecento per la prima volta dopo secoli gli imperatori greci avevano compiuto viaggi all'estero, presentandosi per ben due volte a Venezia. Dopo oltre settecento anni dall'ultima visita, nel 1369 Giovanni V Paleologo era stato il primo *basileus* a mettere piede sul suolo italiano, giungendo in laguna l'anno successivo. Eppure le cronache non danno nessuna

---

171 Ivi, p. 36.

172 "e tene l'asedio per aqua sora Pera, et per tera el Turcho ge tegniva champo intorno e iera in liga cum l'imperador Chaloiani, et havevage do mangani apresso: l'imperador ge tegniva tuto el forço per aqua e may non manchava che do o 4 de le galie de Veniciani, che stanciava a Tenedo, non fosse in compagnia et altuorio de l'imperador. Et in quel tempo i diti conduse Pera in gran fame e necessitade, et da le cità de Costantinopoli e Pera non è se non I° chanal in meço largo do balestrade lonçi I° tera da l'altra". DI CHINAZZO, Cronica de la guerra da Veniciani a Zenovesi, p. 217.

173 DE CARESINI, Chronica a. 1344–1388, pp. 58–59.

174 Ivi, p. 73.

175 Sull'acquisto veneziano delle città a Maria d'Enghien: Kenneth Meyer SETTON, The Catalans and Florentines in Greece, 1311–1462, in: A History of the Crusades, vol. 3, pp. 225–277, qui pp. 247–248. Rispetto alla visione dei turchi in area italiano-adriatica, sebbene la trattazione riguardi principalmente il Quattrocento e l'epoca umanistica, si rimanda agli studi di Giovanni Ricci. Giovanni RICCI, *I turchi alle porte*, Bologna 2008; IDEM, *Appello al turco. I confini infranti del Rinascimento*, Roma 2011.

176 PARMEGGIANI, La Cronica di Venexia, p. 943.

testimonianza di questo viaggio, sintomo dell'importanza marginale che ormai rivestiva il sovrano di Costantinopoli.[177] Nella politica antiturca attuata da Venezia verso la fine del secolo, gli imperatori rivestivano un ruolo quasi cerimoniale ma di scarso rilievo pratico: San Marco non aveva bisogno di Bisanzio nella sua lotta orientale, mentre Bisanzio cercava aiuto. Qualche decennio dopo, anche il passaggio di Manuele II nella laguna, nel 1400, è tralasciato dal racconto diaristico di Antonio Morosini. Dopo la sconfitta ottomana di Ankara del 1402 e il ridimensionamento temporaneo del pericolo turco, le cose tuttavia sembrano cambiare: i bizantini tornano momentaneamente a possedere un certo peso politico e dunque a essere citati nella cronachistica.[178] Manuele II tornando dalla Francia era passato per Genova: in quell'occasione Antonio Morosini racconta gli onori che i genovesi avevano tributato al *basileus*, spingendo i veneziani a fare lo stesso per spirito di emulazione. Il doge aveva incontrato Manuele nel 1403 a bordo del Bucintoro, prima che il monarca greco fosse ospitato nel palazzo di Nicolò d'Este.[179]

Nell'opera di Morosini, vissuto tra XIV e XV secolo, giunge a compimento il calo di interesse nei confronti dello *stado da mar* in quanto tale.[180] Un momento critico che aveva rotto questa logica di distanza, anche all'interno dell'opera del mercante, era stata la minaccia turca del 1396, descritta con tangibile preoccupazione nella cronaca. L'avanzata del sultano Bayezid aveva stretto il cuore anche degli abitanti della laguna, perché "se la divina providencia non avese provezudo, quelo iera per farse signor de la plui parte de la cristantade".[181] Il sovrano ottomano aveva armato oltre 60 legni in modo che nessuno potesse navigare in sicurezza nelle acque orientali: di fronte a questo, l'unica speranza era nuovamente una "honion tra cristiani".[182] Nemmeno Morosini, nel Quattrocento, parla mai di crociata né di "passagio", ma si lega alla logica dell'unione finalizzata alla "destrucion del dito turcho".[183] La guerra difensiva era divenuta la questione principale, mentre Gerusalemme non era più necessaria nella lotta all'infedele. La presenza di notizie riguardanti il

177 L'unico a dare qualche notizia della permanenza veneziana di Giovanni V fu il Gian Giacomo Caroldo, che scriveva ormai nel Cinquecento. Fino a quel momento, l'ultimo imperatore bizantino a essersi avventurato in Occidente era stato Costante II nel 664. Su questo: Peter Schreiner, Gli imperatori bizantini nella cronachistica veneziana, in: The Byzantine-Ottoman transition in Venetian chronicles, pp. 109–124, qui pp. 118–119.

178 Ivi, p. 120.

179 I genovesi avevano addirittura offerto tre galee al *basileus* per tornare a Costantinopoli, al che i veneziani fecero lo stesso. Morosini, Il Codice Morosini, vol. 1, pp. 206–207.

180 Raines, Venetian Chronicle Writing, p. 52.

181 Morosini, Il Codice Morosini, vol. 1, pp. 189–190.

182 Ivi, p. 190.

183 *Ibidem*.

pericolo turco, rintracciabile ugualmente nella cronaca di Giorgio Stella, sembra indice di un clima di preoccupazione che aveva invaso i cuori e le coscienze occidentali sul declinare del Trecento. Il calo di interesse per il mondo esterno si veniva a rompere quando erano i nemici esterni a minacciare direttamente la sopravvivenza della Cristianità. L'invasione, oltre che territoriale, era mentale. In quest'occasione persino i tradizionali nemici, veneziani e genovesi, contro i quali si era andata costruendo l'epica civica, si erano alleati per fronteggiare la minaccia ottomana: "I veniziani e zenovexi a insembre e' fexe armada de galie a la suma de galie XLIIII° per andar intro el destreto de Romania a danizar i diti turchi".[184] Le due potenze cristiane insieme erano così potenti sui mari che nessuno dei navigli turchi aveva più osato avventurarsi nei pressi di Costantinopoli, ma i numeri di legni citati erano assolutamente fantasiosi. Le galee veneziane erano comandate da Tommaso Mocenigo, grandemente esaltato nella cronaca di Morosini per il suo operato. Caduta nel 1402 la pressante minaccia del sultano, la collaborazione era durata molto poco: subito dopo la lotta antiturca, Antonio Morosini torna a raccontare, con dovizia di particolari, lo scontro di Modone tra veneti e liguri. Il Levante era tornato a essere poco più che una scenografia per gli scontri tra città italiane. Il rapporto con l'Oriente era dunque ambiguo nella cronachistica veneziana tardo-trecentesca ed era soggetto alle variazioni di sensibilità tra diversi autori. Vi era in ogni caso un grado minore di interesse, rispetto all'epoca precedente, per il mondo levantino, mentre la grande epopea crociata si era trasformata in mera lotta antiturca.

3.2.4 *Ansie, bisogno di tranquillità e fede nella patria*

Le cronache veneziane erano testimoni involontari di un accentuato stato d'inquietudine e di ansia generalizzata. Il futuro appariva nebuloso e segnato dalla presa di consapevolezza di una realtà complicata, che lasciava spazio a diversi gradi di timore, in contrasto con la quieta sicurezza delle cronache latine precedenti. Sempre nelle parole di Antonio Carile è condensata questa nuova percezione: "Il mito della città giusta è tramontato e si scopre un'ansia umana che si acquieta appena negli accenti solenni di una preghiera, dove la passionalità cittadinesca si oblitera in consapevole, e non ignobile, religiosità civica".[185] Di fronte alle incertezze che la comunità veneziana stava vivendo, un'immediata reazione era l'esigenza di tranquillità, evidente nelle righe dello pseudo-Enrico Dandolo. L'anonimo autore era un uomo incline alla pace, di chiara estrazione mercantile, per il quale le guerre erano un dispendio di

184 *Ibidem.*
185 Carile, Aspetti della cronachistica veneziana nei secoli XIII e XIV, p. 100.

capitali e una perdita economica.[186] Egli mirava alla conservazione e seguiva la logica del male minore, piuttosto che un accrescimento audace delle risorse. Era meglio accettare perdite limitate, rimanere "cum picol dano cha guastarssi lo Stado"[187]; con la propria autorità di testimone oculare affermava che i conflitti combattuti per la conquista di nuove terre erano solo "grande disfacion de homini et perdicion de moneda"[188], anche se l'autore sembra sia interessato testimoniare soprattutto le perdite economiche piuttosto che i morti.[189] L'anonimo dandoliano era il portavoce di un ceto che preferiva una politica estera non aggressiva, in modo da permettere il perdurare dei commerci. Egli, più interessato alle vicende commerciali che al potere, non risparmiava critiche al patriziato veneto, che nella sua ostinazione guerrafondaia rifiutava di concludere la pace con Genova nel 1355, nonostante gli ammonimenti di papa Clemente VI.[190] Dunque "Dio percose zascuna de quelle parte per modi stranei et diversi"[191] a causa della durezza degli uomini di governo di entrambe le città in lotta. Secondo l'autore quella guerra era chiaramente contro il volere di Dio, poiché "era a tucta Cristianitade dapnossa".[192]

La Venezia dello pseudo-Dandolo non era interessata al possesso territoriale, alle battaglie e alla gloria, ma anelava alla semplice prosperità economica ottenibile tramite il mantenimento della pace. L'autore non si fa scrupoli di condannare le spese mensili della guerra con l'Ungheria, che inserisce diligentemente all'interno dell'opera.[193] La narrazione, che pur dovrebbe essere asettica e impersonale, diventa in questo caso occasione di giudizio dell'autore. In altre parole, si assiste ad una rottura degli schemi della cronachistica veneziana tradizionale.[194] Il segreto della prosperità di Venezia si trovava nell'operosità commerciale e artigianale dei suoi abitanti, piuttosto che in grandi eserciti e imprese militari, affermava l'autore dando vita a un'esaltazione borghese della

186 Pesce, Introduzione, p. XXVIII.

187 Cronica di Venexia detta di Enrico Dandolo, p. 4.

188 *Ibidem.*

189 Pesce, Introduzione, p. XLIX.

190 L'autore scrive di come Clemente VI intendesse indurre la pace tra Genova e Venezia, ma che di fronte al diniego dei governanti avrebbe commentato di come il male non fosse evidentemente ancora abbastanza maturo. Quando genovesi e veneziani sarebbero stati esasperati, continuò il papa, sarebbero tornati da lui per chiudere la pace. Cronica di Venexia detta di Enrico Dandolo, p. 129.

191 *Ibidem.*

192 Ivi, p. 145.

193 Pesce, Introduzione, p. XLIX.

194 Carile, Aspetti della cronachistica veneziana nei secoli XIII e XIV, p. 106.

capacità umana di arricchimento.[195] L'anonimo non era l'unico esponente di questo modo di pensare: altri scrittori del XIV secolo offrono dettagliate descrizioni delle merci, di transazioni economiche e di carichi sulle navi. Daniele di Chinazzo specifica il valore monetario dei legni nemici catturati.[196] Le cronache ufficiali come quella di Raffaino de Caresini, d'altro canto, paiono poco rappresentative della mentalità mercantile del centro lagunare e sono interessate piuttosto alle ripercussioni politiche degli eventi. Raffaino, come il suo speculare genovese Giorgio Stella, si trovava nella singolare situazione di essere un non mercante che tentava di raccontare le vicende di una città che viveva soprattutto di commerci. Quello mercantile non era comunque l'unico sguardo possibile.[197] La potenza dello stato veneziano era in ogni caso diminuita rispetto ai tempi precedenti, come percepivano già acutamente i contemporanei.[198] Di fronte alla contrazione di potenza, a una situazione internazionale difficile, al calo demografico ed economico, alle sciagure delle epidemie, una richiesta di spiegazioni implicava il rapporto con il divino.

L'opera di Raffaino de Caresini in questo senso risulta pervasa di sentimento religioso, pur di carattere assolutamente parziale e moralistico. Di fronte ai disastri della peste, egli si riallacciava alla classica spiegazione "peccatis exigentibus"[199], sebbene la stessa epidemia del 1348 assuma scarso rilievo nell'opera e sia funzionale solo a osservazioni di carattere politico. La pestilenza del 1361 a Creta, avvenuta allo stesso modo "peccatis exigentibus"[200], aveva per Raffaino più pesanti conseguenze dal punto di vista della decadenza dei costumi, falcidiando un'intera generazione di vecchi e facendo venir meno l'"amor patriae"[201], fondamento del vivere civile secondo Caresini. I giovani sopravvissuti sull'isola si sarebbero lasciati andare alla corruzione delle anime: "Supervixerunt autem iuniores in tanta lascivia, luxuria, tantisque corruptis

195 Antonio CARILE, Le origini di Venezia nella tradizione storiografica, in: Storia della cultura veneta, vol. 1, pp. 135–166, qui p. 161.

196 Indicativo è il caso della cattura da parte dei veneziani della nave mercantile genovese Becchignona, nell'autunno del 1379, durante la guerra di Chioggia. Daniele di Chinazzo si dilunga, per quasi tre pagine, sulla descrizione delle merci catturate a bordo e le cifre relative al bottino e alle perdite. DI CHINAZZO, Cronica de la guerra da Veniciani a Zenovesi, pp. 218–220.

197 Su queste osservazioni: KEDAR, Mercanti in crisi, pp. 117–119.

198 Scrive l'anonimo dandoliano, parlando dello stato attuale di Venezia: "a gli ochi nostri molti adversi apare et à paruto in minucion di quella". Cronica di Venexia detta di Enrico Dandolo, p. 4.

199 DE CARESINI, Chronica a. 1344–1388, p. 4.

200 Ivi, p. 13.

201 *Ibidem.*

moribus, quod insulam, [...] conservare nesciverunt".[202] La ribellione cretese del 1363 è legata ai lasciti della peste, suffragando quest'opinione persino con citazioni di san Paolo.[203] L'unica conseguenza della punizione divina era stata scatenare la bestialità di quegli uomini: il cancelliere piega la teleologia del disastro alle necessità di una narrazione politico-moralistica. Nello pseudo-Dandolo le epidemie sono invece osservate in maniera molto più meccanica e Dio non compie alcuna apparizione. La Peste Nera ha una descrizione peculiare, legata a fatti naturali: iniziando da un forte terremoto, una serie di mali si era abbattuta sulla città, fino alla grande mortalità, rispetto a cui sono addotte cause e modalità diverse.[204] Dopo alcuni mesi, erano morti all'incirca un terzo degli abitanti di Venezia "et è vero che la Terra pareva dixabitada per la pestilencia predicta".[205] Tuttavia, non vi è alcuna volontà di giustificare il disastro dal punto di vista trascendentale e il divino non è chiamato in causa. Lo stesso avviene nella narrazione dell'epidemia del 1360–1361, senza alcun riferimento a motivazioni ultraterrene.[206]

Nell'opera dello pseudo-Dandolo Dio è assente dalla storia degli uomini? In realtà nell'autore anonimo, sebbene il divino non abbia colpe riguardo agli eventi naturali, esso mostra comunque il proprio volto all'interno delle vicende umane. Ciò avviene con una delicatezza e incertezza ben diversa dalla baldanza di Raffaino de Caresini, per il quale Dio aveva assunto un colore politico. Per lo pseudo-Dandolo le sconfitte veneziane durante la guerra con Genova hanno un valore di intento educativo da parte dell'Onnipotente, che intendeva porre un freno alla superbia dei nobili della laguna: "Ma Dio, ch'è iustissimo, vollendo che per tancto Venetiani non si levasseno in superbia non cognoscando da Lui gratia tanta – como procederemo – per stranii et diversi modi et danaveli li arbasenon".[207] L'intento educativo della perdita forniva

202 Ivi, p. 14.

203 Raffaino riporta alcune parole di san Paolo sulla bassezza umana dei cretesi rimasti, quasi come se essi per natura fossero genti destinate alla ribellione: Hi autem, centra naturam, relictis laudabilibus patrum vestigijs, Cretensium insolentiis adhaeserunt: quos apostulus (Paulus) merito increpans ait: Cretenses semper mendaces, graves corpore, malae bestiae, ventres pigri". Il doge Lorenzo Celsi, schiacciando militarmente la rivolta, quasi agì con fare paterno nella cronaca, riportando i ribelli sulla retta via, salvandoli dal loro peccato: "putans eos humaniter peccasse, et nolle in tanta perseverare nequitia". *Ibidem*.

204 L'eziologia della malattia, di cui l'autore fu testimone oculare, è interessante: si narra della "moria fu grandissima de persone et moriva di diversi mali: altri cum sonno, altri per glanduse che vegniva in diversi logi dela persona". Cronica di Venexia detta di Enrico Dandolo, p. 126.

205 *Ibidem*.

206 Ivi, p. 153.

207 Ivi, p. 137.

uno strumento per rivalutare il trauma e inserirlo in un orizzonte di senso – e dunque accettarlo –, con una sorta di cristiana rassegnazione.[208] Raffaino de Caresini si muoveva su ben altri binari. La sua religiosità mostra un lato partigiano, secondo cui Dio interveniva direttamente nelle questioni politiche e umane con accenni miracolistici prima sconosciuti. La narrazione del miracolo di Brondolo, nel corso della guerra di Chioggia, era un chiaro esempio del favore divino nei confronti della città lagunare, presentatosi per di più durante uno scontro con altri cristiani.[209]

La sensibilità verso la tristezza della vita rimane un sottofondo costante, nel difficile rapporto tra "prospera" e "adversa", e dal ribaltamento del tradizionale ordine positivo-negativo.[210] Daniele di Chinazzo usava nella sua opera "rixego" e "pericholo" come sinonimi, sintomo di un'epoca in cui il rischio aveva assunto un'accezione negativa, a differenza dei secoli precedenti. Lo stesso avviene in una volgarizzazione dell'opera di Caresini, che traduce il latino "periculo" con il veneto "risego". Più che possibilità di guadagno, il rischio nel tardo Trecento era ormai identificato con la perdita, in un crescente pessimismo sulle possibilità che la realtà offriva.[211] Effettivamente, Dio poteva intervenire per il bene degli uomini, ma egli non era più l'unica e sola forza in campo. Di fronte alla sconfitta veneziana nelle acque di Pola, il disastro non era imputato alla volontà divina ma alla Fortuna, strana entità fuori controllo. Raffaino rivolgeva le sue accuse "non Deum sed fortunam"[212], contro la quale gli uomini nulla potevano. Una strisciante perdita di fiducia sull'operato provvidenziale di Dio, nonostante i proclami trionfalistici legati alle vittorie, non può essere oscurata. Di conseguenza la posizione umana più stimabile, nelle cronache di area veneta come in quella di Giorgio Stella, era divenuta quella del "vir prudentissimus", misurato al fine di ridurre al minimo i danni. Le formule involontarie

---

208 Ribadisce poco dopo l'autore, verso coloro che non si accontentano di ciò che gli viene donato, che così fa Dio, "Et sì così sempre si vede intravegnir ad cui dela gratia facta ad lui da Dio non se contentono". *Ibidem*.

209 Per l'analisi di questo miracolo: KEDAR, Mercanti in crisi, p. 166.

210 Benjamin Kedar nota come una versione in volgare veneziano, redatta intorno alla fine del XIV secolo, di una cronaca precedente, metta in prima posizione la possibilità di un esito sfavorevole delle vicende umane, invertendo il positivo e il negativo rispetto alla versione originale. Ivi, p. 124. Lo pseudo-Dandolo invece, che scriveva intorno al 1360, pone ancora prima "i tempi felici et adversi a gli abitanti de Venexia", segno che il processo pessimistico si andò approfondendo nel corso del secondo Trecento. Cronica di Venexia detta di Enrico Dandolo, p. 3.

211 KEDAR, Mercanti in crisi, p. 135.

212 DE CARESINI, Chronica a. 1344–1388, p. 35. La Fortuna era divenuta un fattore di cui tenere conto per la conduzione delle battaglie, come afferma esplicitamente Caresini in: Ivi, p. 43.

del linguaggio offrono esempi di dogi e di personaggi notevoli a cui era attribuita, positivamente, la particolare qualifica di individui prudenti.[213] Lo stesso Caresini, in quanto cancelliere, nei documenti era definito in senso elogiativo "circumspecto viro" e i notai sottoposti erano "prudentibus".[214] Tuttavia, sebbene il doge Giovanni Dolfin "prudentissimus fuit", nemmeno questo era valso a metterlo al riparo dalla sorte nefasta, come ammette lo spaesato cronachista che non sa se "vel casus intulerit, vel Dei voluntas signaverit".[215] La prudenza poteva solo attenuare i colpi di un destino imperscrutabile.

A quale appiglio ideologico aggrapparsi dinanzi a un mondo problematico, in cui erano messe in discussione le antiche convinzioni sulla positività dell'uomo o sulla possibilità di riuscita, in un presente che offriva prospettive incerte? In ambito veneziano questa tensione è spesso risolta con un tentativo di esaltazione della patria, estremo rifugio mentale ancor prima che reale, nel quale riporre le proprie speranze. Dio aveva un occhio speciale per la città della laguna, sembrava affermare Raffaino de Caresini. Venezia era addirittura paragonata alla navicella di san Pietro, che non affondava nemmeno in mezzo alle tempeste: ugualmente la nave di san Marco, suo discepolo, era sempre condotta a un porto sicuro dalla Provvidenza anche se attaccata da ogni lato.[216] Il cancelliere esprimeva la convinzione della "Venetiarum civitatem, quae in protectione divina firmata est"[217], secondo la quale san Marco e Dio stesso avevano impedito la congiura di Marino Falier[218]; allo stesso modo, secondo lui, era evidente la condanna divina verso gli empi ribelli cretesi, sui quali si era abbattuta implacabile la giustizia veneziana, quasi *longa manus* di Dio.[219]

---

213 Il cancelliere attribuì questa qualifica a innumerevoli individui di elevata condizione o di responsabilità politiche. Tra di essi, il doge Andrea Contarini era ovviamente "prudentissimus", così come al duca di Creta e agli ambasciatori di Venezia. Ivi, pp. 14, 19, 27. Anche i comandanti veneziani erano definiti "egregii et prudentissimi viri". Ivi, p. 38. Si veda: KEDAR, Mercanti in crisi, p. 143.

214 Ivi, pp. 140–141.

215 DE CARESINI, Chronica a. 1344–1388, p. 12.

216 Scrive indicativamente Raffaino de Caresini: "Nam, sicut navicula Petri fluctuare potest, sed non mergi, sic et navicula Marci discipuli sui, qui, divina providentia, civitatem Venetiarum gubernat et regit, et si quando a fluctibus agitari videatur, ipsam tamen ad portum salutis dirigit atque firmat". Ivi, p. 30.

217 Ivi, p. 17.

218 Ivi, p. 9. Sulla vicenda di Marino Falier: Daniele DIBELLO, La stabilità delle istituzioni veneziane nel Trecento. Aspetti politici, economici e culturali nella gestione della congiura di Marino Falier, in: *Reti Medievali Rivista* 19/2 (2018), pp. 85–129.

219 Egli descrive come nessuno volle aiutare Tito Gradonico e i ribelli di Creta, perché erano detestati per la loro perfidia. "Divinum iudicium contra hanc rebellionem evidenter apparuit: miserant enim ipsi rebelles, ante reacquisitionem Candidae, quosdam ex se ipsis ambassatores Genuam et Cathaloniam, super quadam galea, offerentes insulam omnibus

Le vittorie militari implicavano la grazia di santi di cui ricorreva la festività, mentre la malvagità dei nemici era addotta tra le cause della loro sconfitta.[220] Nell'opera del notaio la Divina Provvidenza e le tentazioni diaboliche muovevano la storia, sostituendosi spesso alle cause reali delle azioni, in un testo colmo di citazioni bibliche e rimandi classici. Eppure, Raffaino de Caresini, in altri punti testuali, non ignorava le reali motivazioni dell'agire degli uomini ed esplicitava le concause economiche e politiche. Egli omette coscientemente le difficoltà dei veneziani e i loro scoraggiamenti; tace addirittura l'incarceramento di Vittor Pisani durante la guerra di Chioggia. Altrimenti, era retoricamente stupito dal vedere come la "divina clementia mirabiliter operabatur in nobis"[221] salvando le galee dal bombardamento genovese. La religione si tingeva di toni civici, con il leone di san Marco che nel 1379 sembrava prendere la parola esortando i cittadini a resistere al nemico che assediava la laguna.[222] La difesa era suggellata da un versetto biblico del profeta Geremia (4, 7) che diceva "ascendit leo de cubili suo, et praedo gentium se levavit": la profezia si era finalmente avverata grazie all'eroica volontà veneziana di non soccombere, a cui veniva in aiuto la stessa grazia di Dio.[223]

Nella cronachistica veneziana il concetto di patria era sempre emerso in maniera forte, molto più che nell'annalistica ligure, con tutte le sue implicazioni civili, religiose e addirittura intime.[224] Non ne era esente nemmeno il mercantilesco pseudo-Dandolo, che riconosceva curiosamente nell'etimologia

---

nationibus, quae auxiliari vellent eisdem; sed nemo ipsos exaudire voluit; immo indifferenter omnes eorum sunt perfidiam detestati". De Caresini, Chronica a. 1344–1388, p. 15. La giustizia veneziana aveva dato prova di poter essere particolarmente spietata, come appare per i cospiratori padovani del 1372, per i quali Raffaino de Caresini ricorda come "super platea sancti Marci mactantur in publico iudicio, et ad patibulum, inter duas columnas, suspenditur in partes". Ivi, p. 20.

220 Nel 1373 I veneziani vinsero una battaglia contro ungheresi e padovani grazie all'intercessione dei santi: "assistente divina gratia, intercessionibusque beatorum Marci evangelistae, sub cuius vexillo pro iustitia et honore ducali pugnatur, ac Martialis martyris, cuius festivitas ea die celebratur, felix noster exercitu victoriam memorabilem obtinuit". Ivi, p. 26. La condanna più feroce in quest'occasione è rivolta all'anziano Patriarca di Aquileia, che aveva trascurato il culto divino e si era dato alla guerra: "Marquardo patriarcha Aquileiensi, qui extremam senectutem suam, divino cultu omisso, iniustum convertit ad bellu". Ivi, p. 30. Gli esempi all'interno della cronaca sono comunque innumerevoli.

221 Ivi, p. 47.

222 Nel momento più tragico per la città, durante l'assedio padovano-genovese durante il conflitto di Chioggia, l'autore scrive: "ipsa vox Leonem gloriosissimum, scilicet Marcum evangelistam, excitavit, ad exhortationem huiusmodi: Viriliter agite, quia ero vobiscum ad propulsandum hostes, qui praesumpserunt propinquare civitati, cuius protectio a divina providentia est mihi concessa". Ivi, p. 39.

223 Ivi, p. 47.

224 Parmeggiani, La Cronica di Venexia, p. 942.

della sua città il detto "tuto ve ne çia"[225], di tutto ve ne sia in abbondanza, sebbene per l'autore ciò era il frutto della laboriosità degli abitanti piuttosto che di un'imponderabile investitura divina. Nel periodo preumanistico si era rafforzata una cultura civica, interprete di un'identità comunale e di un particolare ethos veneziano che vedeva nella propria patria l'allegoria del sistema politico perfetto.[226] Questa adesione patriottica poteva implicare una polemica con il governo e con i dogi, sempre più evidente nel corso del tardo XIV secolo, ma pur sempre all'interno di una trepidazione per il bene comune del centro lagunare.[227] Questa passione civica, spesso derivata in intenti propagandistici, ha sempre dato problemi all'affidabilità storica delle cronache veneziane.[228] Il sentimento patriottico implicava dei nemici esterni contro cui scagliarsi, che infatti divengono i grandi antagonisti delle cronache, attori inscindibili dal palcoscenico che voleva narrare le gesta di Venezia. L'opera del cancelliere, oltre a essere un inno di lode alla propria città, testimoniava l'odio viscerale verso i padovani, nemici oggetto di disprezzo: Caresini ne era quasi ossessionato all'interno della *Chronica*. Tuttavia, lo scontro con Genova era divenuto il punto fondamentale attorno cui ruotava la scrittura delle narrazioni annalistiche del tempo. Tra le cronache principali del secondo Trecento, quella di Daniele di Chinazzo era dedicata esclusivamente al resoconto della durissima guerra contro i genovesi, mentre quella di Raffaino aveva lo stesso conflitto del 1377–1381 quale nucleo originario della narrazione, occupando infatti la maggior parte dell'opera.

Si tratta di un fatto indicativo dell'attenzione a Venezia: l'epica era traslata lentamente dalle crociate oltremare, che avevano reso possibile la potenza del comune, alla lotta senza quartiere con i liguri, che inondava le cronache nel XIV secolo.[229] I genovesi erano divenuti il nemico per antonomasia, descritti come gente malvagia per natura, "Ianuensibus [...] qui semper de rapto vixisse noscuntur"[230], tanto che Raffaino connotava le loro azioni con espressioni quali "fraudolenter", "magnae arrogantiae" o "cum maxima iniquitate". Si trattava di un popolo che depredava e devastava, falso e ingannatore per indole, in una vulgata sempre più formalizzata. L'inevitabile scontro con loro si sostituiva nel Trecento alle precedenti epiche: i genovesi erano considerati

225 Cronica di Venexia detta di Enrico Dandolo, p. 30.

226 Parmeggiani, La Cronica di Venexia, pp. 943–944.

227 Carile, Aspetti della cronachistica veneziana nei secoli XIII e XIV, pp. 99–100.

228 Marin, Venetian historical writings and its immobilisms, pp. 82–83.

229 Giovanna Petti Balbi, L'identità negata: Veneziani e Genovesi nella cronachistica delle due città (secc. XII-XIV), in: Genova, Venezia, il Levante nei secoli XII-XIV, pp. 413–440, qui pp. 434–437.

230 De Caresini, Chronica a. 1344–1388, p. 30.

un nemico addirittura peggiore degli infedeli in certi casi. Il popolo greco di Tenedo secondo Caresini si sarebbe ribellato all'"asperrimum servitutis iugum Ianuensium", in un'ottica religiosa in cui gli abitanti "cum crucibus elevatis, et devotione maxima"[231] si sarebbero voluti rimettere alla cristiana protezione dei veneziani. Sulla stessa vicenda, Daniele di Chinazzo commentava che l'imperatore bizantino avrebbe preferito dare l'isola ai turchi piuttosto che ai liguri: "chomandò che se desse anançi dar a Turchi che a Çenovexi"[232], mostrando come i secondi fossero un male maggiore rispetto agli infedeli ottomani. Nella cronachistica veneziana era ribaltato il piano dei nemici della Cristianità. L'armata che lasciava la capitale per difendere Chioggia, guidata dal cattolicissimo doge Andrea Contarini, era stata benedetta con una solenne celebrazione, in una crescente religiosità civica.[233] La successiva vittoria sui liguri era stata celebrata tra le calli di Venezia da tutto il popolo e dal clero riunito in una grande processione "cum crucibus et devotionibus" che era continuata fino alla basilica di San Marco.[234]

Questo piano di traslazione dell'epica risulta ancor più evidente, nello scritto del cancelliere, all'interno dei paragoni con le vicende del mondo classico, naturalmente riferite alle lotte contro i genovesi. Le guerre puniche tra romani e cartaginesi offrivano un ottimo spunto per Raffaino, che si era lanciato in un ardito paragone tra le vicende di Annibale e quelle a lui contemporanee. Annibale aveva devastato l'Italia dopo la vittoria di Canne, ma Dio, non volendo che fosse distrutta la città di Roma, che a suo tempo sarebbe divenuta la sede

231 L'intero brano è indicativo della commistione tra perfidia genovese e cristiana dominazione veneta: "Populus Tenedos, memores promissionis Caloiani imperatoris, de concedendo dictum locum sub mutuo et pignore Ducali Dominio Venetiarum, volentesque inhumanum et asperrimum servitutis iugum Ianuensium evitare, cum crucibus elevatis, et devotione maxima, suppliciter se submiserunt, salvo iure Caloianni legitimi imperatoris, ad protectionem mitissimam Venetorum". Ivi, p. 32.

232 Di Chinazzo, Cronica de la guerra da Veniciani a Zenovesi, p. 19.

233 Il vessillo di San Marco era innalzato sulla galea del doge nel 1379, mentre per la vittoria della flotta veneziana venne "celebrata Spriritus Sancti solennissima et devotissima Missa". De Caresini, Chronica a. 1344–1388, p. 40. Il doge che la guidava, Andrea Contarini, era già stato definito come "valde catholicus, et divinae paginae peritus, iustitiae et reipublicae amator eximius, pacis et hubertatis zelator assiduus esse dignoscitur". Ivi, p. 18.

234 La processione religiosa per festeggiare comprendeva il Bucintoro con sopra nobili e consiglieri. Tutto il clero, secolare e regolare, omaggiò la vittoria "cum crucibus et devotionibus" nella grande processione che ebbe luogo; dopo di loro venivano i cittadini veneziani e talmente tanta plebe che era difficile passare per le strade, commentano i cronachisti. Tutti si diressero alla chiesa di San Marco, "humiles gratias omnipotenti Deo dedit, cunctas felicitates a divina maiestate cognoscens". Le bandiere catturate ai genovesi furono esposte nella basilica cittadina. Ivi, p. 50.

della fede cattolica, aveva toccato l'anima di Scipione. Il generale romano si era recato in Africa, costringendo il cartaginese a seguirlo e togliendo l'assedio alla penisola: alla stessa maniera i veneziani, attaccati presso Chioggia, avevano saccheggiato per tre volte la riviera ligure, così da richiamare le galee genovesi dall'Adriatico. Il lungo paragone, esagerato ed eccessivamente celebrativo, mostra la storia romana piegata agli intenti civici dell'autore e rimandava all'alta considerazione che un funzionario veneziano aveva di questo conflitto.[235] L'epica levantina, che aveva fatto grande Venezia sui mari d'Oriente, aveva lasciato il posto ad altri tipi di scontro con avversari cristiani. In questo contesto la voce dello pseudo-Dandolo sembra fuori dal coro: l'autore desiderava la pace con i liguri e si scagliava contro la conduzione del conflitto veneto-genovese del 1350–1355. Eppure, anche la sua *Cronica di Venexia* è costellata di racconti di guerra e l'autore non è scevro da una certa parzialità.[236] In tutti gli autori, nonostante gli accenni trionfalistici, emergeva comunque una certa malinconia sui destini delle potenze. Sono proprio le citazioni classiche scelte da Raffaino de Caresini, il più acceso difensore delle glorie patrie di Venezia, a fornire indizi di questo atteggiamento. Egli sceglie di riportare nella sua cronaca un'amara domanda tratta dal *De tranquillitate animi* di Seneca: "Quod regnum est cui non sit parata ruina?".[237] Il senso di precarietà e dell'effimero di ogni gloria umana è confermato da un'altra citazione, tratta dal *De beneficiis*: "Nihil tam magnum est quod perire non possit".[238] Nemmeno Venezia, nave sicura in mezzo alle tempeste del mondo, poteva sfuggire al triste destino che velava ogni vittoria mondana. Un'ultima, icastica affermazione del filosofo

---

235 Si riporta l'intero brano: "Sic fecit ille strenuus imperator Annibal, qui post Italiam multipliciter flagellatam, obtenta Cannensi victoria, urbem Romanam ad tam miseram cladem deduxit, ut status eius tenui filo subsisteret. Sed, sicut ad liberandum a falso testimonio Susannam suscitavit Dominus spiritum in Danielem, sic ipse Dominus, urbem nondum catholicam, sed caput orthodoxae fidei futuram nolens totaliter destrui a perfidia barbarorum, Scipionis adolescentis animum excitavit; qui virium reliquias, contra Annibalem invalidas, navigio duxit in Africam, quam adeo, armis et ingenio, terra marique stimulavit, ut Annibal a suis penitus revocatus, dimissa Italia, quam XVI annis obsederat, invitissimus lachrymans ad propria remeavit. In proposito nostro, riperia Ianuae a galeis nostris tripliciter visitata galeas hostium a mari Adriatico revocavit". Ivi, p. 55.

236 Rispetto alla battaglia di Curzola, lo pseudo-Dandolo ammetteva la sconfitta, anche se teneva a precisare che per ogni veneziano morto ve ne erano due genovesi, imputando il disastro più che alla superiorità genovese, al fatto che molte galee veneziane fossero scappate per viltà. In ogni caso dalla battaglia avevano ricevuto più danni genovesi, nonostante la loro vittoria, che non i veneziani: "unde molto plù danpno recevé de giente loro che Venetiani". Si tratta di una visione completamente alterata dei fatti. Cronica di Venexia detta di Enrico Dandolo, p. 109.

237 De Caresini, Chronica a. 1344–1388, p. 65.

238 *Ibidem*.

Boezio suggellava la malinconia del cancelliere, cantore della patria in un tempo che vedeva l'ombra della fine di ogni cosa: "Infelicissimum infortunii genus est fuisse felicem".[239] Il problema della felicità pubblica o privata, alla fine del Trecento, era una chimera o, peggio, una sciagura.

L'analisi delle cronache veneziane della seconda metà del XIV secolo permette illuminare i caratteri peculiari della mentalità lagunare. Il rapporto di questi scrittori con la crociata è un metro interessante per indagare i mutamenti in corso nel pensiero e nella concezione della vita, nella conduzione di affari pubblici o nel problema dell'alterità. Gli scrittori erano espressione di mondi differenti, che pur convivevano nella stessa laguna. Accanto all'anonimo dandoliano, di matrice mercantile e colta, vi era Raffaino de Caresini, pubblico funzionario – sebbene non semplice appendice del pensiero governativo –; Daniele di Chinazzo mostra la semplicità e gli entusiasmi popolari, il mercante Antonio Morosini si affaccia verso l'umanesimo con accenni intimistici. Questi autori, facce diverse dello stesso prisma veneziano, possiedono una propria personalità, che emerge con vigore nelle cronache della seconda metà del Trecento piuttosto che nei secoli precedenti. Tale dinamica approfondisce il problema storiografico del rapporto tra l'individualità dell'autore e l'universo che egli, in maniera volontaria o meno, tentava di rappresentare. Le cronache sono l'apice delle testimonianze storiche, ma sollevano al contempo numerose questioni. Queste voci diverse, se unite, permettono di dare vita a un unico coro dalle molteplici sfaccettature, ancorché impossibili da assolutizzare singolarmente. Il disinteresse per l'Oriente non era un imperativo, come mostra l'ideologia mercantile dello pseudo-Enrico Dandolo, ancora attaccato alle vicende levantine. Egli, tuttavia, scriveva intorno al 1360: il suo omologo di inizio Quattrocento, Antonio Morosini, dimostra una chiusura mentale molto più marcata verso il mondo del Mediterraneo orientale.

Una certa passionalità viveva in questi autori veneziani, che si accendevano in entusiasmi e considerazioni partigiane. Seppur in maniera differente o con intensità variabile, sono rintracciabili nelle cronache venete gran parte dei fattori presenti negli *Annales Genuenses* di Giorgio Stella. Tra le analogie, vi è un nuovo rapporto con il destino e con il caso; una certa distanza, venata di nostalgia, dalle crociate del passato, ridotte a un accento sui *furta sacra*; una minore attrazione orientale e la traslazione dell'epica civica nelle lotte con la città avversaria. Questa serie di temi comuni nella cronachistica genovese e veneziana rende evidente, nonostante le differenze, una mentalità comune ai due centri, legata al più generale al periodo storico e con radici nelle peculiarità delle città marinare. L'inquietudine del secondo Trecento sembra parzialmente

239 *Ibidem.*

mitigata a Venezia tramite un'operazione semi-involontaria di traslazione dell'attenzione verso un più profondo orgoglio civico. L'epopea delle crociate, da sempre al centro dell'affermazione veneta – e dunque al centro delle cronache, con volontà più o meno apologetica – era venuta meno, lasciando il posto all'affermazione dell'eccezionalità della città e del suo sistema, mentre l'attenzione si spostava nello scontro con i cristiani genovesi. Questa nuova visione tentava di offrire una presa rassicurante di fronte a un futuro incerto: tuttavia, nemmeno questo era abbastanza. L'inquietudine poteva essere ammorbidita, ma non risolta.

CAPITOLO 4

Trasformazioni e persistenze. La vita e l'ideale crociato a Genova e Venezia

4.1 Nostalgia di Terra Santa. Appelli crociati, pellegrini e mobilitazioni mancate

Nell'indagine sul rapporto tra Genova, Venezia e la crociata nel Trecento, emergono alcune tendenze nell'attitudine degli abitanti dei centri mercantili. Non si tratta solo della percezione che genovesi e veneziani avevano di sé stessi e della crociata, ma anche l'opinione di osservatori esterni che riportano, in maniera più o meno consapevole, un sentire diffuso sull'operato delle due città. Si trattava solamente di scaltri affaristi, insensibili al richiamo della croce e dediti al guadagno? Le lettere papali indirizzate ai governi dei centri marittimi e la risposta dei cittadini o delle istituzioni, altalenanti a seconda delle contingenze, sono metri indicativi. Sembra evidente un certo tasso di disinteresse nei confronti della lotta armata contro gli infedeli nel Levante, che non diminuiva di intensità ma perdeva di attrattiva. Il complicato scacchiere orientale non seduceva alla stessa maniera della grande epopea d'*Outremer* nei secoli precedenti. Il rapporto con Gerusalemme, d'altro canto, era recuperato con nuove formule, tra cui la pacifica dinamica dei pellegrinaggi trecenteschi, che avevano soprattutto Venezia quale centro propulsore. Pellegrinaggio e crociata avevano definitivamente preso due vie differenti.

4.1.1 *Reputazioni contrastanti: le opinioni dei contemporanei*

Genova e Venezia vivevano di contrasti. Durante il Trecento esse erano rimaste gli interlocutori obbligati per l'attuazione di qualsiasi spedizione crociata, o presunta tale, nel Mediterraneo, elemento imprescindibile a causa della loro proiezione marittima e rete di rapporti. I centri mercantili erano, volenti o nolenti, al centro della corrispondenza papale, in quanto elementi fondamentali per l'avverarsi del *passagium*. Nonostante tale ruolo – o forse proprio a causa di questo ruolo, tante volte non voluto –, genovesi e veneziani, accumunati dalla medesima estrazione mercantile, recavano con sé reputazioni discordanti, fatte di accuse e pesanti critiche da parte di osservatori esterni. Il destino di Genova e di Venezia era inestricabilmente legato alla crociata: con ciò, i loro abitanti dovevano fare i conti, così come la loro reputazione.

 | DOI:10.30965/9783657790852_005

Philippe de Mézières sembra estremamente netto nel giudizio sulle due città. La crociata era al primo posto nell'agenda politica e umana del cavaliere francese, nonché metro per giudicare il mondo circostante. In quasi un trentennio di vita mediterranea, Philippe aveva avuto modo di conoscere l'operato di veneziani e genovesi, su cui si esprimeva per esperienza diretta. La visione di Mézières è pesantemente filtrata dalle lenti cipriote e non è scevra da un alto tasso di passionalità, come emerge da alcuni passi del *Songe du Viel Pelerin*.[1] L'opera allegorica è utile per mettere in luce i pareri dell'autore che, in quanto cancelliere di Cipro, aveva vissuto in prima persona le tensioni tra le comunità mercantili e i Lusignano.

Philippe non nasconde una certa ammirazione verso le genti della laguna, nella quale si era rifugiato e aveva abitato per lunghi periodi, mentre nutriva un vero e proprio odio nei confronti dei genovesi. Mézières aveva visitato la capitale ligure solo in un paio di occasioni, accompagnando re Pietro I nel 1363; aveva assistito probabilmente al banchetto in onore del sovrano cipriota in cui era stato avvelenato il doge Simone Boccanegra.[2] La sua opinione non doveva essere uscita rafforzata dalle lotte di potere mentre si discuteva della crociata. Il cancelliere era stato inviato a Genova una seconda volta nel 1365, durante la crisi tra il comune e re Pietro. Come ricorda nella biografia di Pierre Thomas, il prelato stesso e gli emissari ciprioti erano stati accolti a Genova con minacce, insulti e pietre lanciate da parte della popolazione, "et mortem propriam in Ianua quociens vidit".[3] Il legato papale e Mézières erano stati costretti a trovare riparo presso la commenda ospitaliera di Prè, mentre la crisi era stata risolta grazie allo strappo di nuove concessioni al regno di Cipro. Queste fugaci esperienze, per nulla positive, avevano segnato l'esperienza diretta del cavaliere della patria genovese e la scarsa stima che nutriva per quel sistema: in fondo, afferma nel *Songe*, il doge di Genova teneva in mano una bacchetta del comando, "qui segnifie proprement tirannie".[4]

Il vero astio era emerso nell'animo di Philippe dinanzi alle azioni dei genovesi in oltremare. I liguri agivano costantemente "en confusion de la saincte foy catholique et a leur grant dampnement"[5]. Il cancelliere si meravigliava della

---

1 Per l'analisi delle posizioni di Philippe de Mézières: Michel BALARD, Philippe de Mézières et les républiques maritimes italiennes, in: Philippe de Mézières and His Age, pp. 269–281.

2 Georgii et Iohannis Stellae Annales Genuenses, p. 157.

3 DE MÉZIÈRES, The Life of Saint Peter Thomas, p. 123. Sull'episodio si veda: IORGA, Philippe De Mézières, p. 246.

4 DE MÉZIÈRES, Songe du vieux Pelerin, vol. 1, p. 286. Il capitolo è interessante per la descrizione della città, estremamente avara complimenti.

5 Ivi, p. 305.

pazienza di Dio verso questi amici degli infedeli, che si comportavano con "leur grant cruaulté contre la foy de Jhesucrist" inviando navi cariche di armi in Egitto, rifornendo i saraceni e disinteressandosi dei veti papali.

> je me mervaille fort de la pacience de Dieu, vostre Pere, en ceste convoiteuse et orrible generacion, remplie de toute malediction, et comment la terre les soustient, quant il me souvient de leur grant cruaulté contre la foy de Jhesucrist qu'il firent et ont fait tant de fois en Egipte. Car pas il ne leur souffist de conseiller et garnir les Sarrasins encontre les Crestiens, en mandant en Egipte les naves et galees plaines de toute maniere d'armeures et d'espees, voire contre la sentence apostolique rigoreusement et sainctement fulminee.[6]

L'assalto crociato condotto dal "roy Lyon" ad Alessandria nel 1365, a cui Mézières aveva partecipato, aveva rafforzato la sua opinione verso i liguri: con i propri occhi aveva visto che, durante l'assalto, i genovesi erano rimasti sulle loro 5 navi, avevano osservato la battaglia da lontano e senza dare aiuto ai cristiani. Questo tradimento era talmente noto nell'armata che Pietro I lo avrebbe ricordato dinanzi al consiglio di baroni crociati "et en presence corporele de cestui Viel Pelerin escripvain de cestui voiage".[7] L'assenza dallo scontro non aveva tuttavia impedito ai genovesi, una volta assicurata la vittoria, di prendere parte al saccheggio, da cui avrebbero ricavato oltre 800.000 fiorini.[8] Secondo l'autore si trattava di una razza di ladri, che avevano già derubato Tripoli di Barberia non in onore alla fede ma per il solo guadagno: la loro insaziabile avidità era conosciuta da tutti i popoli del Mediterraneo, afferma Mézières.[9]

Il rancore viscerale con cui l'anziano cavaliere vergava le pagine del *Songe* era segnato dalle vicende cipriote del 1373.[10] In seguito ai dissidi tra le comunità di mercanti italiani e il sovrano dell'isola, nel 1373 una flotta genovese

6 *Ibidem.*

7 Il brano intero è estremamente significativo per gli epiteti indirizzati ai genovesi: "les dessusdis Genevois, tous armés, se tindrent sur leurs dictes naves sans donner ayde a leurs freres crestiens, en attendant qui averoit la victoire, et mettre se de sa part, en acomplissant le proverbe de Lombardie qui dit: "Vive qui vinche". Ceste traïson contre la foy fu si notoire que aprés la dessusdicte victoire, les devantdis Genevois, par grant orgueil, outrecuidance et vilaine vantance, tout ce que dessus est dit publiquement il recorderent au noble roy Lyon en presence de sa grant baronnie, et en presence corporele de cestui Viel Pelerin escripvain de cestui voiage". Ivi, pp. 306–307.

8 "lesdictes .V. naves emporterent la valour de .VIIIc. mille florins". Ivi, p. 307.

9 Una frase icastica sembra degna di nota: "leur grant orgueil et insaciable convoitise enracinee s'il n'a a faire a eulx. Ce scevent Tartres, Thurs, Sarrasins, Gres et Latins et tous leurs voisins par commune renommee". *Ibidem.*

10 Balard, Philippe de Mézières et les républiques maritimes italiennes, pp. 277–278. Sulla concezione di Cipro come avamposto della frontiera cristiana, in particolare all'interno del *Songe*: De Mézières, Songe du vieux Pelerin, vol. 1, pp. 302–309.

aveva invaso Cipro. Il re, sconfitto, aveva dovuto firmare un trattato l'anno seguente, sancendo la supremazia genovese su Famagosta. L'eco di queste notizie rimbalza negli epiteti utilizzati da Mézières per descrivere i genovesi: essi erano perversi, malvagi, tracotanti, avidi e orgogliosi, caratterizzati dalla "toute cruaulté, de traïson et de toute inhumanité"[11], senza alcun riguardo per la maestà divina. Per l'ex cancelliere i genovesi erano i responsabili di tutti i problemi di Cipro. I turchi, che non osavano entrare in mare, grazie ai genovesi potevano acquistare schiavi cristiani dall'isola, che presso il sultano perdevano la fede e la vita.[12] I liguri, macchiati dal peccato capitale della superbia, facevano gran danno a tutta la Cristianità e al regno di Cipro, suo campione.[13] La posizione di Philippe de Mézières è ben sintetizzata dal lungo rimprovero che la "royne", una delle dame protagoniste dell'opera, indirizza al doge e ai notabili di Genova. La regina si rivolge agli esperti naviganti sebbene "paou amee entre les catholiques".[14] Mézières richiamava l'apparato simbolico genovese e ne notava le discrepanze con il loro atteggiamento: proprio loro, che si fregiavano della bandiera bianca con la croce rossa, segno del sangue di Cristo e dei crociati, e del simbolo dell'"Aignelet Occis", avrebbero dovuto aiutare i cristiani in Oriente e difendere la fede.[15] Mentre un tempo l'avevano fatto, erano adesso preda dell'avarizia, del loro smisurato orgoglio e appetito di conquista. La regina rimproverava come, pur di moltiplicare beni e ricchezze, i genovesi fossero divenuti servi dei musulmani, "les vicaires de Mahommet en Egipte et en Surie, en Turquie et en Barbarie vous avés servi et aouré par confederacion inique, en faulsant la foy de Jesucrist et la crestienne loyaulté".[16] I liguri avevano distrutto regni ed erano divenuti un flagello per i cristiani. Al termine del discorso della regina, i nobili genovesi avevano annuito e ringraziato; ma subito dopo, parlottando tra loro, avevano convenuto di continuare

---

11 Ivi, p. 304.

12 "par telle maniere quel es Thurs, qui jadis n'osoient entrer en mer, aujourdui souvent et menu entrent ou royaume et emmainent a grant plenté les crestiens esclaves en Turquie, dont maint en pardent la foy et la vie". Ivi, p. 308. Mézières conta anche la cifra di 3–4.000 combattenti genovesi di stanza a Famagosta, numero sicuramente esagerato.

13 "ceste perverse gent genevoise, dont la Crestienté a si grant noise". Ivi, p. 309.

14 "paou amee entre les catholiques, sur la mer navigans, sages, hardis, traveillans et poissans". Ivi, p. 310.

15 Il riferimento alla croce rossa, bandiera dei genovesi che coincideva con quella dei crociati, e al simbolo genovese dell'*Agnus Dei*, torna diverse volte all'interno dell'opera: essi sono "fierement armees, affublee et croisee du maintiau de l'Aignelet Occis". Ivi, p. 304; ancora la regina cominciò il suo discorso con "O, generacion des armes de l'Aignelet Occis, par dehors croisee", ricordando poi l'insegna genovese, "ses armes blanches a une crois toute tainte de son sang precieux". Ivi, pp. 310–311.

16 Ivi, p. 311.

a comportarsi nella stessa maniera. Lo sconsolato "Ardant Desir", controfigura dello stesso Philippe, si era rivolto alla regina e alle sue dame, invitandole icasticamente a non riporre più alcuna speranza nei genovesi: "partés vous tost de ceste male riviere".[17] Per Mézières i mercanti di Genova erano ostacolo alla crociata più che contributo a essa.

Venezia è antitetica alla rivale nel discorso del cavaliere, che non nasconde la sua preferenza. Egli stesso aveva soggiornato nella laguna per periodi prolungati: forse di passaggio nel 1345, nel corso del suo primo viaggio in Oriente, sicuramente vi si era recato nel 1361, al seguito di Pietro I. Durante le trattative del 1363–1364, mentre il re di Cipro visitava le corti europee, Philippe era rimasto a Venezia, eletta come base operativa per la preparazione della spedizione e punto di raccolta per i crociati: il cavaliere aveva viaggiato tra la città e gli altri centri come Avignone, Milano, Bologna e la stessa Genova, tornando sempre però nella laguna. Il legato Pierre Thomas era riuscito a vincere le resistenze del senato veneto nella partecipazione alla spedizione crociata, nonostante fosse già impegnato nella repressione della rivolta di Candia.[18] D'altronde, il senato aveva concesso la cittadinanza veneziana a Philippe nel giugno 1365.[19] A Venezia il cancelliere si trovava ancora nel 1366 per chiedere aiuto in un nuovo *passagium*; il doge Marco Corner, tuttavia, di fronte al disastro degli interessi mercantili, cercava di negoziare una tregua con il sultano mamelucco. Philippe si era recato ad Avignone per scongiurare la pace tra i centri italiani e l'Egitto, convincendo il papa a ritirare i privilegi che permettevano il commercio con gli infedeli. A Venezia il 19 agosto 1367 il conte Amedeo VI di Savoia, di ritorno dall'Oriente, si era recato a cena a casa di Mézières, discorrendo probabilmente delle loro recenti crociate e sognando nuovi sviluppi.[20] Dopo un periodo a Cipro, il cavaliere era ancora in Italia per accompagnare re Pietro ed era stato inviato da quest'ultimo nella laguna. Non era dunque presente all'assassinio del suo "roy Lyon", ucciso a Cipro: la notizia aveva colto Philippe a Venezia, insieme al consiglio di non tornare sull'isola per la sua sicurezza. Disilluso dal mondo, il nobile si era ritirato nel collegio della Scuola grande di San Giovanni Evangelista, dov'era stato ospitato per oltre un anno e a cui aveva donato, in segno di riconoscenza, un frammento della Vera Croce, reliquia che gli era stata data a sua volta da Pierre Thomas.[21] L'anima del crociato francese

---

17 Ivi, p. 313.

18 BALARD, Philippe de Mézières et les républiques maritimes italiennes, p. 275.

19 PREDELLI, I libri commemoriali, vol. 3, p. 41, n. 217. Venezia, 22 giugno 1365.

20 SETTON, The Papacy and the Levant, vol. 1, p. 308.

21 Sul dono – con una fastosa cerimonia – del frammento della vera croce alla confraternita veneziana di San Giovanni Evangelista, che proprio a partire da questo fatto avrebbe rivestito una grande importanza nei secoli successivi, si veda: Holger A. KLEIN, Cardinal

era intimamente legata alla città veneta, che rappresentava per lui un rifugio familiare e un luogo dalla fertile pietà religiosa, nonché centro in cui aveva stretto legami d'amicizia, come con i fratelli Corner.[22] Nel collegio di San Giovanni Evangelista probabilmente Philippe era intenzionato a passare quanto gli restava della vita, se altre questioni non lo avessero portato ad Avignone nel 1372.[23]

L'autore, all'interno del *Songe*, aveva messo in bocca alla regina lo stupore per una città colma di meraviglie e di tesori, "une des plus nobles et franches cités qui soit en tout le monde".[24] Il cavaliere non nasconde la propria preferenza affettiva per Venezia, diametralmente opposta a Genova. Per Philippe "ceste citè est necessaire a la Crestienté".[25] Lo scrittore si spinge nella descrizione di una città che amava il buon senso e la giustizia, esponendo la bontà del suo governo e le sue complicate istituzioni politiche, che l'autore aveva compreso.[26] Il *Songe* è disseminato di allusioni positive al centro lagunare e di motivi di ammirazione, tra cui le 8 galee pubbliche che ogni anno il senato utilizzava per la messa in sicurezza del mare contro pirati e corsari a beneficio di tutti.[27] Era questa una delle grandi differenze tra Venezia e i suoi nemici "qui portent la crois vermaille"[28], ovvero i genovesi, che si dedicavano alla guerra di corsa. I veneziani non praticavano la pirateria, "comme font les autres communes seans sur la marine, desquelles les noms soient nommés par un aultre que par moy".[29] Si trattava di due modelli contrastanti. Mézières loda i tempi antichi delle crociate, in cui Venezia aveva agito "au service de Dieu et

Bessarion, Philippe de Mézières, and the Rhetoric of Relics in late medieval Venice, in: *La stauroteca di Bessarione fra Costantinopoli e Venezia*, ed. IDEM / Valeria POLETTO / Peter SCHREINER, Venezia 2017, pp. 14–21; Antonio RIGON, Devozioni di lungo corso: lo scalo veneziano, in: Genova, Venezia, il Levante nei secoli XII–XIV, pp. 395–412, qui p. 412; Patricia FORTINI BROWN, *Venetian Narrative Painting in the Age of Carpaccio*, New Haven 1988, pp. 139–142.

22 André VAUCHEZ, La difficile émergence d'une sainteté des laïcs à Venise aux XIIe et XIIIe siècles, in: Genova, Venezia, il Levante nei secoli XII-XIV, pp. 335–348, qui p. 348.

23 Sul periodo di permanenza veneziana di Philippe de Mézières e sulle sue amicizie nella laguna: IORGA, Philippe de Mézières, pp. 393, 402–404.

24 DE MÉZIÈRES, Songe du vieux Pelerin, vol. 1, p. 237.

25 *Ibidem.*

26 Ivi, pp. 238–239. Anche: BALARD, Philippe de Mézières et les républiques maritimes italiennes, pp. 273–274.

27 Venezia, appunto, "chascun an ladicte seignourie tient .VIII. galees armees a ses frais et despens, pour la garde de la mer", per sorvegliare l'Adriatico e l'Egeo contro "les coursaires et larrons de mer qui s'esparderoient partout". DE MÉZIÈRES, Songe du vieux Pelerin, vol. 1, p. 237.

28 Ivi, p. 240.

29 Ivi, p. 238.

de sa foy"[30], fino alla presa di Costantinopoli, giustificata perché rivolta contro i greci scismatici e ribelli alla Chiesa di Roma.[31] Proprio in virtù di tale glorioso passato, una vecchia dama allegorica, di nome "Devocion Deesperee" era giunta presso il centro lagunare. La donna rappresentava i cristiani orientali ed era giunta per chiedere soccorso contro turchi e saraceni che la minacciavano. Eppure, sebbene nell'opinione del cancelliere Venezia rappresentasse l'unico interlocutore italiano affidabile, la regina Verità aveva fatto capire alla dama che l'unica speranza di soccorso poteva arrivare da Cipro.[32] Pur privilegiando Venezia in tutto, l'autore non si faceva illusioni sull'entusiasmo dei veneziani per la crociata, ricordando probabilmente le trattative di pace del 1366–1370.[33]

Nonostante la preferenza per il mondo veneto e l'astio verso i genovesi, Philippe de Mézières capiva che per l'attuazione dei progetti di crociata non poteva fare a meno di nessuna delle due potenze navali. Vi era bisogno "de l'aide de la noble cité de Venise et de la forte cité de Gennes"[34], poiché altrimenti i legni non sarebbero stati sufficienti. Mézières riprende il medesimo tema nell'*Epistre lamentable et consolatoire*, scritta all'indomani di Nicopoli, in cui ancora una volta raccomandava il ricorso ai comuni marinari.[35] Persino la nuova cavalleria dell'Ordine della Passione doveva fare affidamento sulle genti di mare italiane. Philippe de Mézières, nonostante fosse antitetico allo spirito dei comuni mercantili, non poteva farne a meno nella pratica. Il cavaliere francese intendeva ottenere la collaborazione senza riserve di genovesi e veneziani ai suoi progetti, scontrandosi però con il realismo dei comuni. Per Genova e Venezia i musulmani erano, oltre che nemici religiosi, anche fondamentali partner commerciali con cui era preferibile mantenere la pace. I mercanti comprendevano la complessità di un mondo con cui avevano a che

30 Ivi, p. 240.

31 "Lesquelx ducs de Venise es tamps passés, au service de Dieu et de sa foy, en personne aloient en Surie acompaigniés de .lx. galees armees a leurs propres despens. Et par leur vaillance aidierent aus roys de Jherusalem a prendre la grant cité de Sur, et depuis en l'aide des Françoys, en la compaignie du conte de Flandres et du marquis de Montferrat, prindent la grant cité de Constantinoble sur les Grecs sismatiques et rebelles a l'eglise de Romme". Ivi, pp. 240–241.

32 Ivi, pp. 241–246.

33 Balard, Philippe de Mézières et les républiques maritimes italiennes, pp. 279–280.

34 De Mézières, Songe du vieux Pelerin, vol. 2, p. 1274.

35 Balard, Philippe de Mézières et les républiques maritimes italiennes, p. 280. Sempre su questo: Philippe Contamine, La Consolation de la desconfiture de Hongrie de Philippe de Mézières, in: *Annales de Bourgogne* 68/3 (1996), pp. 35–47; Jacques Paviot, *Les ducs de Bourgogne, la croisade et l'Orient (fin XIV*e *siècle – XV*e *siècle)*, Paris 2003, pp. 38–40. L'intera lettera è in: Philippe De Mézières, *Une epistre lamentable et consolatoire, addressée en 1397 à Philippe le Hardi, duc de Bourgogne, sur la défaite de Nicopolis (1396)*, ed. Philippe Contamine / Jacques Paviot / Céline Van Hoorebeeck, Paris 2008.

fare quotidianamente; nei loro fondaci in terra straniera erano i primi a subire le conseguenze delle imprese crociate e si mostravano cauti verso i sogni della nobiltà d'oltralpe. L'utopia di Mézières era destinata a scontrarsi con il realismo di entrambi i comuni.

Vi erano anche altre opinioni possibili. Tommaso III di Saluzzo (1357 ca.-1416), figlio del marchese Federico II, era un malinconico esponente della vecchia nobiltà piemontese, al centro di un crocevia di collegamenti culturali tra l'universo francese e quello italiano. Tommaso aveva assistito allo sgretolamento dei propri antichi, ma fragili, domini sotto la pressione dei conti di Savoia, senza però mai rassegnarsi alla sconfitta. Il riferimento costante per Tommaso di Saluzzo era all'orizzonte valoriale cavalleresco e crociato, con chiare influenze d'oltralpe. Lui stesso era stato vestito cavaliere del Santo Sepolcro nel 1391, durante un pellegrinaggio a Gerusalemme. Il marchese era rimasto attaccato all'esperienza di Terra Santa fino alla fine della propria vita, ricordando sempre il titolo conseguito, fino a dedicare la propria cappella funeraria al Sepolcro gerosolimitano.[36] Nel 1394, durante la prigionia a Torino dopo essere stato catturato durante uno scontro di confine dalle truppe del conte di Savoia, aveva iniziato a scrivere il *Livre du chevalier errant*, portandolo a termine entro la fine del secolo. Nell'opera, che tratta di un viaggio allegorico simile a quello di Mézières nei suoi tratti autobiografici, la storia dei marchesi di Saluzzo è quella di un inesorabile declino: questo sentimento di malinconia prevalente era la lente con cui Tommaso guardava, in fondo, tutte le vicende del mondo. Oltre ai classici temi cavallereschi, era divenuto fondamentale nell'opera il ruolo assunto dalla Fortuna, che gestiva in maniera completamente imperscrutabile i destini degli uomini.[37] Il *Livre* è colmo di riferimenti crociati,

---

36 Sulla vita di Tommaso di Saluzzo: Nicolae IORGA, *Thomas III marquis de Saluces. Étude historique et littéraire avec une introduction sur la politique de ses prédécesseurs et un appendice de textes*, Saint Denis 1893; Rinaldo COMBA, Saluzzo, Tommaso III da, marchese di Saluzzo, in: *Dizionario Biografico degli Italiani*, vol. 89, Roma 2017, pp. 778–780; Renato BORDONE, Une tres noble jouste, in: TOMMASO III DI SALUZZO, *Il Libro del cavaliere errante (BnF ms. fr. 12559)*, ed. Marco PICCAT, Boves 2008, pp. 27–35; Marco PICCAT, Tommaso III, marchese errante: l'autobiografia cavalleresca di un Saluzzo, in: EADEM, pp. 5–26.

37 L'edizione che ho scelto di utilizzare è quella curata da Marco Piccat nel 2008, riportando il testo in antico francese: TOMMASO III DI SALUZZO, Il Libro del cavaliere errante. Si vedano anche, sui temi del *Livre*: Clelia BALLARIO, L'autunno della cavalleria nello Chevalier errant di Tommaso III di Saluzzo, in: *Bollettino della Società per gli studi storici, archeologici ed artistici della provincia di Cuneo* 113 (1995), pp. 101–120; Cesare SEGRE, Tommaso III di Saluzzo e Griselda, in: *Bollettino della Società per gli studi storici, archeologici ed artistici della provincia di Cuneo* 113 (1995), pp. 121–132. Sulle sue influenze successive, relative agli affreschi della Manta, in cui peraltro sono evidenti i riferimenti crociati: Robert

che occupano un posto di primo rilievo nell'etica del marchese. Vi si incontrano allusioni alla lotta con i musulmani, a Maometto, a Gerusalemme[38], ai paladini della Cristianità come Goffredo di Buglione, inserito tra i *Nove prodi*, che proprio nello scritto trovano una delle prime apparizioni[39]; a Saladino[40], a Riccardo Cuor di Leone.[41] In riferimento al mondo contemporaneo, l'autore cita tutte le principali spedizioni del suo tempo, quelle condotte da Pietro di Cipro[42], quella di Amedeo VI di Savoia, appartenente alla dinastia di suoi acerrimi nemici[43] e quella di Luigi di Borbone a Mahdia:

> me distrent que en son temps avoit fait maintes emprinses tant oultre mer contre les mescreans comme en terre, car il fist une noble emprise et passa en Barbarie et mist le siege a une cité qui est la maistre cité du royame; celle on nommoit Auffrique, et y fu grant temps au siege, mais au derrain, pour aucunes causes, il s'en revint vers la cité de Genez avec ses navirez.[44]

L'autore ricorda il sultano Murad I[45] e Bayezid[46], re Luigi d'Ungheria temuto in battaglia dai turchi, "en estour fu cremuz pour ceulz de la Turquie"[47], e il re d'Armenia, che si era rivolto amareggiato alla Fortuna per aver lasciato la sua terra alla mercé dei musulmani:

> Roy d'Armenie fuz, que toy, Dame Fortune
> ne devoiez tellement oublier,
> Car tu me lassaiz ma terre destruire et es prisons
> Le Soudan assez longtemps ester[48]

FAJEN, Malinconia di un lignaggio. Lo Chevalier Errant nel castello della Manta, in: *Romania* 118 (2000), pp. 105–137.

38 TOMMASO III DI SALUZZO, Il Libro del cavaliere errante, p. 496.

39 Goffredo di Buglione era inserito tra i tre prodi cristiani, insieme a Carlo Magno e re Artù. Ci si riferisce a lui in questi termini: "Et Godeffroy de Buillon, qui fut honnorez, / Cil conquist Surie et Jherusalem adez // Ou nasqui Jesucrist et morut pour noz pechiez, / Et dechaça payens, la fu il roy clamez". Ivi, p. 378.

40 Ivi, p. 383.

41 Ivi, p. 385.

42 "Roy de Cippre sui, Pierre Luxignan. / Alixandre, Tripoli, Satalie tolli au Soudan". Ivi, p. 372.

43 Non è celata tuttavia una forma di disprezzo anche per il conte Amedeo. Ivi, pp. 434–435.

44 Ivi, p. 454.

45 "Lamorat Basquin sui, qui tans regnez gaingnay, / suz la Grece et Turquie et Hongrie gastay. / L'empire de Constantinoble soubz moy je subgigay; / En la bataille me lassaz assez a grant mesay". Ivi, p. 372.

46 Chiamato "Baldasar Basquin". Ivi, p. 452.

47 Ivi, p. 383.

48 Ivi, pp. 372–373.

Al contrario, il Gran Maestro di Rodi e i suoi sottoposti erano criticati perché più interessati ai piaceri che non alla lotta con i musulmani.[49] L'importanza dell'ideale crociato per Tommaso è ribadita nel legame con la sua stessa stirpe, grazie alla storia dell'antenato Guglielmo dei marchesi di Saluzzo, "moult bel chevalier et de grant cuer", che si era diretto prima a Rodi dai cavalieri ospitalieri e poi dal re di Russia, che stava combattendo contro gli infedeli.[50]

Grande risalto, insomma, è dato alla partecipazione alla crociata. Al contrario di Mézières, Venezia non fa mai la sua comparsa all'interno del poema, né è citata a riguardo delle spedizioni oltremare; Genova, invece, è una delle grandi protagoniste. Tommaso di Saluzzo era un aristocratico piemontese, idealmente rivolto al porto ligure per vicinanza geografica e al contempo specchio degli influssi francesi, che guardavano a Genova da molto prima della dedizione del 1396. Tommaso, ignorando la città adriatica, lascia largo spazio alla descrizione dei genovesi, veri signori del mare ai suoi occhi. Proprio la descrizione della politica ligure è estremamente evocativa, tra i contendenti che si combattono per arrampicarsi su un trono, che simboleggia il potere sulla città, facendo precipitare i rivali.[51] Tommaso di Saluzzo, specularmente a Mézières per Venezia, nutriva una vera e propria ammirazione per Genova nonostante i disordini interni: "Tu scez bien que la cité de Jennez est une de plus bellez et noblez du monde".[52] La dama che impersonificava la città era bellissima e sedeva su un trono; il sontuoso vestito rimandava alla ricchezza del centro, l'abito rosso ricordava la superbia che albergava tra gli abitanti, mentre "L'estendart qu'elle tenoit en sa main ou l'arme de Dieu fu, tu scez bien que ce est l'enseingne de la cité".[53] La dama si trovava attualmente in uno stato infelice, perché i suoi dogi

49 "pluseurs de ses freres avoient greigneur cure de jolivetés et d'envoisures qu'ilz n'avoient de guerroier les infidelz". Ivi, p. 450.

50 Ivi, p. 482.

51 Nel corso del suo viaggio immaginario, lo *chevalier errant* aveva visto il "seggio periglioso", così chiamato perché chiunque provava ad arrampicarvisi era maledetto dall'ira della Dama e non poteva starvi seduto per lungo tempo. Molta gente provava a salirvi combattendo e vi cadeva continuamente. Quegli uomini che si arrampicavano erano genovesi, fu spiegato allo *chevalier*, e il seggio era il potere sulla città. Solo Antoniotto Adorno era riuscito a mantenere il seggio per diverso tempo, vi era caduto più volte e altrettante risalito. "Je demanday: "Quellez gens sont ceulz qui qui ainsi sont ardant a faire leur dommagez en ceste maniere?". On me dist: "Ce sont Genevoiz, et cil siege perilleux est par les citoyens de Gennez et pour autre non se fort ne fut". Ivi, p. 386.

52 Ivi, p. 490.

53 "Tu scez bien que la cité de Jennez est une de plus bellez et noblez du monde, aussi celle dame, que dit m'az, fut moult belle. Et ce que la dame seoit sus la chaiere, qui si riche estoit, estoit a signifier sa grant dominacion. Et la riche robe de quoy elle fut vestue, qui bien valoit un royame, fu a senefier la richece de la noble cité de Jennez, ou il a tant or et pierres precieusez. Et que sa robe fu rouge senefioit l'orgueil qui habite en celle cité, car

cambiavano continuamente e i suoi stessi figli la tormentavano, distruggendosi l'un l'altro.[54] La donna avrebbe volentieri accettato un amante straniero che la salvasse, anche se si trattava di un'accettazione dolorosa: non lo avrebbe amato di vero amore, ma sarebbe stata con lui solo il tempo necessario a far tornare l'armonia tra i propri sudditi.[55] Questo, perché "voirement elle est de tel force et si a le cuer si orgueilleux que elle ne pourroit souffrir ne amy ne autre qui la gouvernast".[56] Tommaso è altresì parziale con i ciprioti che lottavano contro il comune ligure e gli abitanti dell'isola sono descritti come uomini pericolosi e dissoluti.[57] Venezia non è mai nominata nell'opera: lo sguardo di Philippe de Mézières non era l'unico possibile tra coloro che avevano a cuore la crociata.

Anche Francesco Petrarca non aveva potuto sottrarsi al giudizio sulle due città, fondamentali per le sorti del Mediterraneo cristiano. Il giudizio politico del poeta toscano sulla realtà del suo tempo traspare da molte lettere rivolte ad amici e personalità importanti.[58] Per il poeta Venezia era una città prodigiosa, la più bella tra quante ne avesse viste in Europa, come affermava nel 1349. Nessun'altra piazza poteva reggere il confronto con quella di San Marco, Palazzo Ducale era uno tra gli edifici più belli dell'intero universo e la basilica marciana, ricoperta d'oro, non era da meno.[59] Petrarca viveva un rapporto di attrazione e

---

moult en y a. L'estendart qu'elle tenoit en sa main ou l'arme de Dieu fu, tu scez bien que ce est l'enseingne de la cité". *Ibidem*.

54 "ces citoyens qui sont en dissencion et destruisent l'un l'autre". *Ibidem*.

55 L'intero brano, che riporto qui nella sua traduzione italiana per una migliore comprensione del significato, è estremamente interessante: "E il fatto che fu sulla riva del mare e aveva un piede scalzo nell'acqua e l'altro a terra calzato, sta a significare che Genova ha molto potere in mare, e come il piede scalzo è pronta a mettere sull'acqua il suo potere; l'altro, calzato, rappresentava il suo potere in terra, piuttosto vasto". La dama era appunto in uno stato infelice, poiché i dogi cambiavano troppo spesso: "accade talvolta che in un anno ce ne saranno due o tre, e uno agisce male e l'altro peggio. Quelli che lei chiama i suoi figli, che la tormentano così tanto, sono in realtà i suoi cittadini che sono in conflitto e che si massacrano a vicenda". La dama avrebbe dunque accettato una dominazione straniera, ma con molta infelicità: "E sappiate che avere un signore le sarà molto doloroso, e dice che, se così è, avrà caro il suo amante, ma non dice che lo amerà d'amore: ciò significa che lei trascorrerà il suo tempo come meglio potrà fintanto che sia tornata in buona armonia con i suoi mariti, figli e sudditi". Ivi, p. 994. Il testo originale in antico francese in: ivi, p. 490.

56 Ivi, p. 491.

57 "moult sont dongeroux et moult entendent a aisier leurs corps et leurs delicez". Ivi, p. 453.

58 In particolare, per quanto riguarda il rapporto tra Petrarca e le due città marittime italiane. Elena C. Skržinskaja, Petrarca sui genovesi nel Levante, in: *Storici sovietici del Levante genovese*, ed. Anna Prefumo, Genova 1985, pp. 55–88; Gherardo Ortalli, Petrarca e Venezia fra attrazione e incomprensione, in: *Petrarca politico. Atti del convegno (Roma – Arezzo, 19–20 marzo 2004)*, Roma 2006, pp. 99–132.

59 Ivi, p. 103.

al contempo di fastidio con la città adriatica, a cui era rimasto sempre legato, poiché il fascino non corrispondeva alle sue immagini e sogni. In questo altalenarsi tra speranze e delusioni, il poeta nel 1367 compiva un paragone tra il primo viaggio giovanile a Venezia e lo stato attuale della città, in cui tutto era segnato dalla decadenza rispetto a qualche decennio prima. Il centro lagunare rimaneva un'oasi di sicurezza, sebbene fosse peggiorato nel corso del tempo.[60] Petrarca era legato in maniera personale al doge Andrea Dandolo, in un rapporto pur non privo di critiche e incomprensioni. In tarda età Francesco aveva offerto nel 1362 la propria biblioteca al comune di San Marco per farla divenire il fulcro di un nuovo centro culturale. Chiedeva, in cambio, una casa nella città, che per il letterato era un asilo contro le incertezze del mondo.[61] Venezia "sola, oggi rappresenta la sede della libertà, della pace e della giustizia; il solo rifugio dei buoni; il solo porto che le zattere di chi ambisce a vivere bene, ovunque squassate nelle tempeste delle tirannie e delle guerre, possono cercare".[62] Petrarca, partecipe delle vicende comunali, esultava per la vittoria veneziana su Candia del 1364, componendo inni di gloria sul centro marciano.[63] Negli stessi anni si trovavano in città anche Philippe de Mézières e Pierre Thomas, che condividevano le sue idee. Nel 1369 Petrarca aveva indirizzato una lettera a Mézières, mostrando la propria vicinanza alla causa del cavaliere francese.[64]

Il poeta aveva guardato con angoscia al conflitto tra Genova e Venezia del 1350–1355, giudicato disastroso per l'Italia nel suo complesso. Se il poeta aveva un amore per la laguna, definiva d'altro canto i genovesi "dei del mare"[65], in quel momento più forti dei rivali veneziani. Petrarca afferma nelle *Familiares*

---

60 La lettera, indirizzata all'arcidiacono Ugo Sette, è in: PETRARCA, Le Senili, vol. 2, Lib. X, 2, pp. 1246–1248. Anche: ORTALLI, Petrarca e Venezia fra attrazione e incomprensione, pp. 101–102.

61 Sulle vicende della donazione della biblioteca e del periodo veneziano di Petrarca: Ivi, pp. 115–117.

62 "Augustissima Venetorum urbs, que una hodie libertatis ac pacis et iustitie domus est, unum bonorum refugium, unus portus quem bene vivere cupientium tyrannicis undique ac bellicis tempestatibus quasse rates petant". PETRARCA, Le Senili, vol. 1, Lib. IV, 3, pp. 470–472.

63 ORTALLI, Petrarca e Venezia fra attrazione e incomprensione, p. 117.

64 La lettera di Petrarca a Philippe de Mézières, scritta nel novembre 1369, diversi mesi dopo l'assassinio di re Pietro I è in: PETRARCA, Le Senili, vol. 3, Lib. XIII, 2, pp. 1630–1640. Sulle connessioni tra Francesco Petrarca e Mézières: Eveline CHAYES, Trois lettres pour la posterité: la correspondance entre Philippe de Mezieres, Boniface Lupi et Francois Petrarque (ms. Arsenal 499), in: Philippe de Mézières and His Age, pp. 83–117; Michel Gerard HANLY, Philippe de Mézières and the Peace Movement, in: EADEM, pp. 61–82, qui pp. 65–66.

65 "Cur non tanto pelagi successu tot tantisque victoriis credi poterat Ianuenses equoreos deos esse?". Francesco PETRARCA, *Le Familiari*, vol. 4, ed. Ugo DOTTI, Torino 2004–2008, Lib. XVII, 3, pp. 2376–2378.

che: "Al vedere la flotta genovese in fuga, anche il mare si stupì; se infatti ciò che è raro appare miracoloso, che c'è di più raro dei genovesi sconfitti in mare nel corso di un leale combattimento?".[66] Per Boccaccio i genovesi erano "uomini naturalmente vaghi di pecunia e rapaci a doverlo aver"[67]; Petrarca non era così netto nel giudizio, mettendo piuttosto in risalto la potenza ligure. Egli aveva scritto appelli al doge veneto Andrea Dandolo per porre fine allo scontro, dato che i genovesi sarebbero stati invincibili.[68] All'indomani della vittoria ligure sul Bosforo del 1352 Francesco vergava una lettera indirizzata non più al Dandolo ma direttamente al governo di Genova, già considerata vincitrice del conflitto e invitata a placare il proprio odio. I genovesi dovevano dunque fermarsi e non più infierire per il bene dell'Italia.[69] D'altronde, Petrarca si mostra sinceramente stupito dalla sconfitta genovese presso Alghero.[70] La descrizione degli ambasciatori genovesi che nel 1353 erano venuti a offrire la sottomissione della città al signore di Milano è indicativa. Petrarca era presente nella sala viscontea dove si era tenuta l'udienza e aveva notato sui volti degli emissari la tristezza per il disonore che stavano compiendo, sebbene non gli sfuggisse come nei loro occhi brillasse lo sdegno e la scintilla della vendetta.[71] Durante la guerra, Petrarca aveva messo sotto accusa l'eccessivo bellicismo del doge Andrea Dandolo; il doge, nel piccolo carteggio a noi rimasto, scaricava invece tutta la colpa sull'aggressione genovese. Qualcosa si era probabilmente rotto nella relazione tra i due uomini nel corso della fallita missione del poeta, inviato da Milano a Venezia nel 1354 per tentare di convincere il governo lagunare a stringere una tregua. La polemica contro l'attaccamento di Dandolo alla guerra non si era placata nemmeno dopo la sua morte.[72]

Petrarca era cosciente che anche dopo il 1355 le tensioni non si erano placate: a differenza delle guerre tra le singole città italiane, il conflitto tra Genova e Venezia rovinava tutto il mondo e aveva come conseguenza la chiusura dei mari. Nella visione del poeta aretino i potentati avrebbero dovuto dedicarsi

66 "Ianuensium classem profugam mare vidit et stupuit; nam si raritas miraculum facit, quid rarius quam Ianuenses in pelago iusta acie vinci?". Ivi, pp. 2374–2375.

67 Giovanni BOCCACCIO, *Decameron*, ed. Amedeo QUONDAM / Maurizio FIORILLA / Giancarlo ALFANO, Milano 2013, Giornata II, 4, p. 424.

68 Petrarca raccomandava al Dandolo di fare la pace "cum asperrima atque invictissima" gente, ovvero i genovesi. PETRARCA, Le Familiari, vol. 3, Lib. XI, 8, p. 1534.

69 La lettera, vergata il 1° novembre 1352 e rivolta al doge di Genova, risulta estremamente interessante per i suoi contenuti e fornisce un'interessante termometro della percezione della potenza genovese nel Trecento da parte di esterni. SKRŽINSKAJA, Petrarca sui genovesi nel Levante, pp. 77–78.

70 Ivi, p. 83.

71 *Ibidem.*

72 Sulla missione veneziana di Petrarca del 1354: ivi, p. 84; ORTALLI, Petrarca e Venezia fra attrazione e incomprensione, pp. 106–110.

alla difesa dai barbari.[73] Non è possibile parlare per Petrarca di un senso di crociata *tout-court*, ma piuttosto della coscienza della particolarità di una patria in contrapposizione alle genti esterne, fossero esse musulmane, aragonesi, tedesche o francesi. Le guerre tra i "due astri d'Italia"[74], come chiamava Genova e Venezia, lo turbavano perché andavano a detrimento della penisola. Il poeta proponeva un'improbabile alleanza tra i due centri mercantili per affermare il dominio del mare e quindi contrastare gli stranieri: "Potessero essere vostre nemiche le città di Damasco o di Susa, di Menfi o di Smirne, e non quella di Genova! Magari combatteste contro i Persiani o gli Arabi, contro i Traci o gli Illiri!".[75] Il suo lamento non era causato tuttavia dal danno alla Cristianità, ma dall'angoscia per le sorti d'Italia.[76] La crociata in senso stretto sembra interessare poco a Petrarca, nonostante l'amicizia con Mézières: l'unione era volta a un bene più circoscritto e l'infedele non aveva un rilievo particolare in quanto nemico. Entrambe le città erano fondamentali per il benessere del Mediterraneo, ma che ne era di Gerusalemme?

Nell'indagine occorre considerare l'*Itinerarium Syriacum*, composto da Petrarca nel 1358. Quell'anno un gentiluomo milanese, Giovanni Mandelli, aveva invitato il poeta a recarsi con sé in pellegrinaggio in Terra Santa. Petrarca aveva declinato l'invito a causa della sua terribile "pelagi metus"[77], che lo aveva trattenuto dall'iniziare un viaggio così lungo e pericoloso. L'aretino ne aveva approfittato comunque per comporre, sotto forma di lettera rivolta a Mandelli, una sorta di guida di viaggio. Il percorso per Gerusalemme, nelle parole dell'autore, iniziava da Genova. L'*Itinerarium* è suddiviso in due parti: una prima, riferita al percorso Genova-Napoli, che Petrarca aveva personalmente compiuto, e una seconda, Napoli-Gerusalemme-Alessandria, invece basata su fonti e testi

---

73 Sul Petrarca nel suo rapporto con la politica del tempo, tra la vasta bibliografia: Giovanni GENTILE, *Il pensiero politico del Petrarca*, Roma 1942; Petrarca politico. Atti del convegno; Gabriele BALDASSARI, *Unum in locum: strategie macrotestuali nel Petrarca politico*, Milano 2006; Francesco FURLAN / Stefano PITTALUGA (Ed.), *Petrarca politico*, Genova 2016.

74 Così scrivevava Petrarca al doge Andrea Dandolo il 18 marzo 1351. PETRARCA, Le Familiari, vol. 3, Lib. XI, 8, pp. 1528–1529.

75 "Utinam inimice urbes vobis essent Damascus aut Susis, utinam Memphis potius aut Smyrna quam Ianua, utinam adversus Persas aut Arabes, utinam adversus Tracas aut Illirios pugnaretis!" Ivi, pp. 1534–1535.

76 "Quis autem belli finis ubi seu victores fueritis seu victi – anceps est enim alea fortune – necesse es tut alterum e duobus luminibus extingatur, obscuretur alterum?". Ivi, pp. 1534–1536.

77 Francesco PETRARCA, *Guida al viaggio da Genova alla Terra Santa. Itinerarium Syriacum*, ed. Ugo DOTTI, Milano 2018, p. 40.

storici.[78] Proprio la scelta di Genova è curiosa, dato che i pellegrinaggi per mare erano soliti partire da Venezia: da un lato Petrarca aveva colto l'occasione per ricordare strumentalmente i propri viaggi, avvenuti lungo la costa tirrenica, dall'altro Genova in quel momento era sotto l'influenza dei Visconti e probabilmente Mandelli aveva scelto quel porto per la partenza.[79] L'itinerario nello scritto inizia da Genova, con la famosa descrizione della città "superba per uomini e per mura".[80] Per la verità, Petrarca si sofferma solo sul Sacro Catino, la bacinella di smeraldo verde conservata nella cattedrale, giunta proprio dall'Oriente durante le crociate.[81] Il percorso immaginario curiosamente non finiva a Gerusalemme ma ad Alessandria, con la celebrazione delle vicende di Cesare, Pompeo e Augusto: l'*Itinerarium* di Petrarca era un pellegrinaggio pagano e cristiano al tempo stesso. Il titolo con cui fu conosciuto, "Itinerarium breve de Ianua usque ad Ierusalem et Terram Sanctam", recava entrambi i riferimenti nella medesima frase: Genova e Gerusalemme. Il testo, che aveva conosciuto una discreta diffusione, aveva contribuito alla connessione mentale tra Genova e la Terra Santa.[82]

Francesco era rimasto deluso dai rapporti con i politici e gli intellettuali delle città. Genova e Venezia erano civiltà mercantili, fondate sul senso concreto ed empirico delle cose, piuttosto che sulla disponibilità a princìpi astratti. Nei porti, la cultura era sempre funzionale ad altro e difficilmente viveva di libertà propria: dove si pensava al denaro non vi era posto per vasti ideali o per l'amicizia, affermava Petrarca.[83] Parallelamente alle delusioni di Mézières, anche l'utopia petrarchesca cozzava con la pragmaticità di genovesi e veneziani; la crociata universale o italiana si scontrava con la gestione quotidiana dei problemi dei due centri. La complessità era difficile da comprendere da parte di chi non andava per mare, senza dimestichezza con i suoi problemi. Petrarca stesso affermava di non essere un navigante: "lascio il cielo agli uccelli e il mare ai pesci; animale terreno, scelgo il viaggio terrestre".[84] Genovesi e veneziani occupavano un'altra dimensione.

78 Ivi, pp. 35–36.

79 Ugo Dotti, Petrarca, il viaggio, il passaggio, in: Petrarca, Guida al viaggio da Genova alla Terra Santa. Itinerarium Syriacum, pp. 28–29.

80 La descrizione di Genova è in: Petrarca, Guida al viaggio da Genova alla Terra Santa. Itinerarium Syriacum, pp. 45–46.

81 Ivi, p. 49.

82 Ivi, p. 28.

83 Ortalli, Petrarca e Venezia fra attrazione e incomprensione, pp. 124–128.

84 "Aerem volucribus, mare piscibus relinquo; terrenum animal, terrestre iter eligo". Petrarca, Le Familiari, vol. 1, Lib. V, 5, pp. 662–663.

4.1.2 *Genova e Venezia: interlocutori del papato*

Un *passagium* nel Trecento doveva avvenire via mare: Genova e Venezia, e in misura minore i catalano-aragonesi, erano gli interlocutori principali del papato. Il regno d'Aragona, nonostante la crescente presenza navale, aveva una proiezione orientale minore delle città italiane, che per lunga consuetudine erano rimaste le destinatarie degli appelli crociati. La *ruta de las islas* catalana, formalizzata nel 1311 da re Giacomo II d'Aragona, proponeva uno stretto legame logistico con eventuali spedizioni dirette in Terra Santa, ma non sembrava in grado di ricoprire questa funzione.[85] Vi è una grande quantità di lettere apostoliche indirizzate ai dogi, agli arcivescovi o alle personalità del mondo religioso e civile dei due centri italiani, dai pontificati di Innocenzo VI, Urbano V, Gregorio XI fino agli anni dello scisma. Da Smirne alle crociate balcanico-ungheresi, era necessario l'appoggio di Genova e Venezia, che rimanevano uno dei punti di riferimento del papato. All'indomani della conquista di Smirne, gli appelli ai comuni si erano moltiplicati per il sostentamento della piazzaforte. Papa Innocenzo VI era particolarmente sensibile a questa tematica, che quasi monopolizzava i carteggi pontifici sulle questioni orientali. La difesa di Smirne dipendeva dalla lega composta da papato, ospitalieri, re di Cipro e Venezia, a cui nel 1353 si ricordava l'obbligo di versamento di 3.000 fiorini annui per il rifornimento della piazzaforte[86] e si raccomandava il supporto all'arcivescovo Paolo, "pro repressione conatuum perversorum dampnatorum Turchorum, sub fida et diligenti Christianorum custodia conservetur".[87] Il 28 novembre 1353 erano state inviate lettere a re Pietro d'Aragona e ai dogi di Genova e Venezia, per informare del salvacondotto per 2 navi con vettovaglie destinate a Smirne.[88] Tuttavia, la lega crociata nei fatti era impossibilitata a

85 Sulla discussione storiografica riguardo la *ruta de las islas* e i legami della corona aragonese con la Terra Santa, più evidenti all'inizio del XIV secolo: Alessandra CIOPPI / Sebastiana NOCCO, Islands and the Control of the Mediterranean Space, in: *The Crown of Aragon. A Singular Mediterranean Empire*, ed. Flocell SABATÉ CURULL, Leiden 2017, pp. 337–360, qui pp. 339–342.

86 Si parla qui, rivolgendosi al re Ugo di Cipro, delle "iuxta conventiones, dudum inter matrem tuam Romanam ecclesiam et te ac dilectos filios … magistrum Hospitalis s. Iohannis Ierosolimitani et nobilem virum … ducem Venetiarum habitas, in unione que inter dictam ecclesiam et te ac memoratos magistrum et ducem pro tuitione fidelium ac repressione conatuum infidelium predictorum hactenus facta fuit". AAV, *Registra Vaticana* 235, f. 213v. Avignone, 3 novembre 1353. In: Innocent VI (1352–1362). Lettres secrètes et curiales, vol. 1, p. 207, doc. 618.

87 AAV, *Registra Vaticana* 235, f. 25r. Avignone, 27 gennaio 1353. In: Innocent VI (1352–1362). Lettres secrètes et curiales, vol. 1, p. 31, doc. 92.

88 "dictas naves conducentibus et deferentibus nostras super hoc litteras oportunas plenam securitatem concedere, ac capitaneis et gentibus galearum tuarum". AAV, *Registra Vaticana* 235, f. 221r. Avignone, 28 novembre 1353. In: Innocent VI (1352–1362). Lettres secrètes

rispondere adeguatamente alle incursioni turche, mentre la guerra tra Genova e Venezia era condannata dal pontefice.[89] Il papa, rincuorato dalla possibilità di unione con la chiesa ortodossa, nell'aprile 1356 aveva inviato appelli a Ugo di Cipro e a Venezia, affinché partecipassero con le proprie galee e in accordo con i bizantini a una possibile spedizione.[90]

La strana alleanza turco-genovese che si era formata nei giorni della battaglia del Bosforo aveva dunque provocato malumori presso la corte pontificia. Innocenzo VI non era giunto mai a un'aperta condanna del fatto, sebbene osservasse come

> eodem duce ac dilectis filiis commune civitatis Ianuensis dissidentibus invicem ac proinde ordinatione huiusmodi minus debite observata, memorati Turchi resumpserunt audaciam et per mare ipsum hostiliter discurrentes eisdem fidelibus gravamina et dampna plurima intulerunt et inferunt.[91]

Anche sotto il pontificato di Urbano V Genova e Venezia erano tra le protagoniste delle lettere apostoliche. Il 25 maggio 1363, con la proclamazione del *passagium*, una serie di missive da Avignone erano indirizzate ai sovrani europei, tra cui l'imperatore Carlo IV, i re di Francia e Inghilterra e i baroni tedeschi.[92] Gli unici governanti italiani coinvolti nella crociata erano Lorenzo Celsi, doge veneziano, e Gabriele Adorno, doge di Genova.[93] Altre signorie, regni o comuni d'Italia come Milano, Firenze o i sovrani del Meridione potevano al contrario permettersi di ignorare i richiami papali. Urbano V era interessato alla risoluzione dei problemi delle due città che potevano compromettere l'intero progetto orientale: durante la rivolta cretese del 1363, il papa aveva intimato al

---

et curiales, vol. 1, p. 215, doc. 642. Innocenzo VI, dietro richiesta dell'arcivescovo di Milano, aveva ribadito il salvacondotto alle navi genovesi che trasportavano i viveri a Smirne, a causa della guerra con veneziani e catalani. AAV, *Registra Vaticana* 235, f. 222r. Avignone, 1° dicembre 1353. In: Innocent VI (1352–1362). Lettres secrètes et curiales, vol. 1, p. 216, doc. 645.

89 Si legge ancora nel 1355: "Sed postmodum, pacis hostis qui piis semper emulatur operibus procurante malicia, inter dilectos filios Venetiarum et Ianuense communia gravis". In: Innocent VI (1352–1362). Lettres secrètes et curiales, vol. 3, p. 83, doc. 1488. Avignone, 4 maggio 1355.

90 PREDELLI, I libri commemoriali, vol. 2, p. 246, n. 153.

91 AAV, *Registra Vaticana* 238, f. 44r. Avignone, 1° aprile 1356. In: Innocent VI (1352–1362). Lettres secrètes et curiales, vol. 4, p. 43, doc. 2006.

92 AAV, *Registra Vaticana* 245, f. 61r., 163r.-163v. Avignone, 25 maggio 1363. In: Lettres secrètes et curiales du pape Urbain V (1362–1370) se rapportant à la France, vol. 1, pp. 62–63, doc. 476–482.

93 AAV, *Registra Vaticana* 245, f. 164v.-165r. Avignone, 25 maggio 1363. In: Lettres secrètes et curiales du pape Urbain V (1362–1370) se rapportant à la France, vol. 1, p. 63. doc. 483–484.

comune ligure di non aiutare i ribelli, affinché la rivolta potesse essere schiacciata e permettere il *passagium*.[94] Alla stessa maniera, aveva mediato per ricomporre la frattura del 1364–1365 tra Genova e il re di Cipro, che rischiava di sfociare in guerra aperta: il papa ricordava al doge Gabriele Adorno la causa della Cristianità e non solo i suoi interessi particolari.[95] Lo scambio di lettere era durato dall'estate 1364 fino all'aprile 1365.[96] Le flotte di Genova e Venezia erano essenziali nel piano operativo, come per la possibilità di imbarcare i mercenari della Compagnia inglese.[97] Il previsto e mai attuato passaggio degli eserciti di Francia, nel caso non fosse stato consentito il transito nel regno d'Ungheria, sarebbe dovuto avvenire nel 1365 "per mare ad partes ultramarinas Orientis per Venetorum et aliorum de partibus Italie navigia".[98]

La spedizione di Alessandria aveva visto la partecipazione di legni veneti e liguri, così come il successivo conflitto marittimo con il sultano. Le pressioni papali, di Mézières e dei ciprioti sui due comuni erano rivolte affinché lo scontro con i mamelucchi continuasse, ma la disastrosa situazione commerciale provocava danni economici ai ceti mercantili. La pace con i musulmani era stata stipulata nel 1370: il regno di Cipro aveva dovuto seguire Genova e Venezia, poiché non era in grado di sopportare una guerra navale da solo. La crociata, ancora una volta, dipendeva dalla partecipazione dei centri marittimi italiani. Genova e Venezia erano protagoniste del carteggio pontificio anche per l'avventura di Amedeo VI di Savoia nel 1366. Urbano V il 1° marzo 1366 si

94 AAV, *Registra Vaticana* 246, f. 206v. Avignone, 2 giugno 1364. In: Lettres secrètes et curiales du pape Urbain V (1362–1370) se rapportant à la France, vol. 1, p. 151, doc. 979.

95 La lettera del 17 giugno 1365, rivolta da Urbano V a Gabriele Adorno, è citata in: De Mézières, The Life of Saint Peter Thomas, p. 222.

96 Si elencano qui brevemente le principali lettere indirizzate da Urbano V al consiglio genovese: Lettres secrètes et curiales du pape Urbain V (1362–1370) se rapportant à la France, vol. 1, p. 159, doc. 1027. Avignone, 19 giugno 1364; ivi, p. 161, doc. 1034. Avignone, 25 giugno 1364; ivi, p. 174, doc. 1102. Avignone, 17 luglio 1364; ivi, p. 281, doc. 1649. Avignone, 22 marzo 1365; ivi, p. 297, doc. 1724. Avignone, 26 aprile 1365. In particolare il pontefice aveva scritto a Gabriele Adorno il 22 marzo 1365 profondamente intristito per le discordie tra i cristiani: "tamen satis dolemus quod in tali et tanto negotio interveniat mora prolixa, que in ultramarinis negotiis grande allatura est verisimiliter detrimentum". Egli appunto vedeva qui il pericolo per l'intera Cristianità, "considerantes periculum quod ex discordia vestra et dicti dicti regis possit, quod absit, toti christianitati". AAV, *Registra Vaticana* 247, f. 66r. Avignone, 22 marzo 1365. In: Lettres secrètes et curiales du pape Urbain V (1362–1370) se rapportant à la France, vol. 2, p. 281, doc. 1649.

97 I due appelli, rivolti a Lorenzo Celsi e Gabriele Adorno, sono in AAV, *Registra Vaticana* 246, f. 156r. Avignone, 17 aprile 1364. In: Lettres secrètes et curiales du pape Urbain V (1362–1370) se rapportant à la France, vol. 1, p. 133, doc. 888–889.

98 AAV, *Registra Vaticana* 247, f. 114r. Avignone, 9 giugno 1365. In: Lettres secrètes et curiales du pape Urbain V (1362–1370) se rapportant à la France, vol. 2, p. 315, doc. 1822.

era premurato di scrivere a entrambi i dogi, Marco Corner e Gabriele Adorno, per richiedere galee a disposizione del conte sabaudo.[99] Il 17 marzo il pontefice ordinava al doge genovese di fornire 2 galee a Florimont de Lesparre, aristocratico francese che con altri nobili della zona di Bordeaux si doveva unire alla spedizione di Amedeo.[100] Mentre era ancora aperto il fronte mamelucco e molte galee erano impegnate con il Conte Verde a Costantinopoli, il pontefice non smetteva di appellarsi a Genova e Venezia per portare aiuto al regno d'Armenia.[101] La stessa richiesta si sarebbe rinnovata nel 1376, quando Gregorio XI aveva supplicato i dogi delle due città di soccorrere Maria, regina d'Armenia, contro i turchi.[102] Il dialogo con le città marinare era rimasto costante nel susseguirsi di papi. Nel 1371 Genova aveva inviato ambasciatori alla corte di Avignone per informare di raggruppamenti di truppe turche nei Balcani, timorosi per l'invasione della Sicilia.[103] Gli emissari genovesi proponevano al papa la proclamazione di una crociata, con la disponibilità di una flotta del comune. Gregorio all'inizio di agosto 1371 aveva dunque scritto una serie di lettere ai principi europei per supportare i genovesi nei loro propositi.[104] Il 6 agosto il pontefice scriveva al doge di Venezia, Andrea Contarini, per sensibilizzarlo sulla spedizione antiottomana, una volta stretta la pace tra Francia e Inghilterra. Il richiamo del 1371 si era poi risolto in un nulla di fatto.

Il fallimento non aveva tuttavia frenato gli appelli di Gregorio alle città marinare: nel maggio 1372, oltre a Ludovico d'Ungheria, anche Venezia era invitata

99 AAV, *Registra Vaticana* 248, f. 56v. Avignone, 1° marzo 1366. In: Lettres secrètes et curiales du pape Urbain V (1362–1370) se rapportant à la France, vol. 3, p. 374, doc. 2142.

100 AAV, *Registra Vaticana* 248, f. 66r. Avignone, 17 marzo 1366. In: Lettres secrètes et curiales du pape Urbain V (1362–1370) se rapportant à la France, vol. 3, p. 377, doc. 2162.

101 AAV, *Registra Vaticana* 244, f. 129r. Montefiascone, 3 agosto 1369. In: Lettres secrètes et curiales du pape Urbain V (1362–1370) se rapportant à la France, vol. 3, p. 515, doc. 2979.

102 AAV, *Registra Vaticana* 244, f. 17r. Avignone, 22 gennaio 1376. In: Lettres secrètes et curiales du pape Grégoire XI (1370–1378) intéressant les pays autres que la France, vol. 3, p. 1, doc. 3701.

103 "quod predicti Turchi et aliis infideles ad invadendum Siciliam". Edizione di una lettera inviata da Gregorio XI dopo aver ascoltato l'ambasceria genovese, in: RINALDI, Annales Ecclesiastici, vol. 7, p. 202. Originale in: AAV, *Registra Vaticana* 263, f. 89r. Avignone, 1° agosto 1371. In: Lettres secrètes et curiales du pape Grégoire XI (1370–1378) relatives à la France, vol. 1, p. 48, doc. 334.

104 Si cita per esempio la lettera inviata a Jean de Grailly, dai toni infuocati: RINALDI, Annales Ecclesiastici, vol. 7, p. 201. La missiva a Ludovico di Fiandra, riprendendo gli stessi temi, faceva invece leva sulla pace tra inglesi e francesi così da poter attuare il "passagium". AAV, *Registra Vaticana* 263, f. 90r. Avignone, 1° agosto 1371. In: Lettres secrètes et curiales du pape Grégoire XI (1370–1378) relatives à la France, vol. 1, p. 48, doc. 335. Ugualmente, anche l'inglese Giovanni de Buech venne inviatato a fare ciò, favorendo la pace tra i due regni. Ivi, doc. 334, p. 48. Avignone, 1° agosto 1371.

ad agire in Adriatico contro i turchi che dilagavano in Grecia e Albania[105]; il *passagium* dei cavalieri ospitalieri del 1373 avrebbe dovuto ricevere l'appoggio veneto-genovese, secondo quanto richiesto per lettera dal papa ai dogi.[106] Il 29 giugno 1373 Gregorio XI aveva fatto scrivere a Domenico Campofregoso perché accogliesse a Genova Giovanni Lascaris Caloferos. Domenico doveva ascoltare il suo discorso e comunicare se il comune ligure intendeva contribuire all'unione che si stava progettando contro i turchi, oltre ad accettare i consigli sulle vicende cipriote.[107] La guerra tra Genova e Cipro minacciava endemicamente la realizzazione della crociata e lettere di uguale tenore erano state spedite alla controparte cipriota.[108] Dinanzi al silenzio genovese, Gregorio XI aveva vergato un'altra lettera il 24 agosto 1373, intimando una risposta.[109] Lo scontro cipriota-genovese non si era placato: il pontefice, con il fine ultimo della crociata, nel 1374 aveva chiesto al mercante veneziano Federico Corner di farsi mediatore tra le parti[110], mentre nel 1375 Giovanni Lascaris era stato inviato nuovamente a Genova dal papa per aiutare la causa di Pietro II di Cipro.[111]

Non solo il comune ligure era tra i destinatari delle speranze papali, ma anche i genovesi slegati da un inquadramento istituzionale, come Francesco Gattilusio, capostipite di una signoria greco-genovese sull'isola di Lesbo e attivamente implicato nella causa antiturca nel Mediterraneo orientale.[112]

---

105 AAV, *Registra Vaticana* 268, f. 32v. Avignone, 15 maggio 1372. In: Lettres secrètes et curiales du pape Grégoire XI (1370–1378) intéressant les pays autres que la France, vol. 1, p. 104, doc. 745.

106 AAV, *Registra Vaticana* 269, f. 59v. Avignone, 28 giugno 1373. In: Lettres secrètes et curiales du pape Grégoire XI (1370–1378) intéressant les pays autres que la France, vol. 1, p. 271, doc. 1940.

107 AAV, *Registra Vaticana* 269, f. 61r. Avignone, 29 giugno 1373. In: Lettres secrètes et curiales du pape Grégoire XI (1370–1378) intéressant les pays autres que la France, vol. 1, p. 272, doc. 1946.

108 La lettera mandata lo stesso giorno dal papa al re di Cipro: AAV, *Registra Vaticana* 269, f. 61r. Avignone, 29 giugno 1373. In: Lettres secrètes et curiales du pape Grégoire XI (1370–1378) intéressant les pays autres que la France, vol. 1, p. 272, doc. 1947.

109 AAV, *Registra Vaticana* 269, f. 74r. Avignone, 24 agosto 1373. In: Lettres secrètes et curiales du pape Grégoire XI (1370–1378) intéressant les pays autres que la France, vol. 1, p. 294, doc. 2116.

110 AAV, *Registra Vaticana* 270, f. 72v. Avignone, 20 dicembre 1374. In: Lettres secrètes et curiales du pape Grégoire XI (1370–1378) intéressant les pays autres que la France, vol. 2, p. 91, doc. 3056.

111 AAV, *Registra Vaticana* 270, f. 191r-191v. Avignone, 1° gennaio 1375. In: Lettres secrètes et curiales du pape Grégoire XI (1370–1378) intéressant les pays autres que la France, vol. 2, p. 94, doc. 3077.

112 Sull'impegno di Francesco, di cui si parlerà successivamente in maniera più ampia: Christopher Wright, *The Gattilusio Lordships and the Aegean World 1355–1462*, Leiden 2014, pp. 326–328.

Francesco era uno dei principali interlocutori di Gregorio XI nel Levante cristiano e nell'autunno 1372 era stato invitato al congresso di Tebe[113], insieme ai veneziani duchi di Nasso e ai rappresentanti del doge di Venezia.[114] Per lo stesso congresso, oltre che al doge e al consiglio di Genova, erano inviate lettere anche all'abate del monastero cittadino di San Siro e al giurisperito Leonardo Montaldo, futuro doge, pur di sensibilizzare il governo ligure.[115] Francesco Gattilusio era il referente della politica orientale di Gregorio, che nel 1374 aveva richiesto il suo aiuto gli ambasciatori pontifici presso Costantinopoli, lì inviati per discutere dell'unione delle due Chiese.[116] Le trattative tra gli imperatori Paleologi e il papato vedevano spesso intermediari genovesi come Michele Malaspina, scelto dall'imperatore Giovanni V per discutere con il pontefice Urbano V.[117] Ancora Francesco Gattilusio nel 1374 era destinatario di una lettera di congratulazioni da parte di papa Gregorio.[118] Nel 1375 Gregorio XI aveva scritto all'arcivescovo di Genova per convincere il doge e il consiglio a impegnarsi contro gli infedeli. Il domenicano ligure Tommaso da Bogliasco, provinciale di Lombardia e maestro di teologia, era inviato a Genova in quanto nunzio apostolico per aiutare il vescovo nella predicazione.[119] Nello stesso anno il papa ribadiva che la crociata avrebbe dovuto prendere il largo dai porti del regno di Sicilia oppure, ovviamente, da quelli di Genova e Venezia.[120] L'imminente guerra di Chioggia avrebbe però dissestato i due comuni italiani, mentre

---

113 AAV, *Registra Vaticana* 268, f. 85v-88r. Avignone, 13 novembre 1372. In: Lettres secrètes et curiales du pape Grégoire XI (1370–1378) intéressant les pays autres que la France, vol. 1, pp. 161–162, doc. 1166, 1167, 1169, 1172. Anche: William MILLER, The Gattilusj of Lesbos (1355–1462), in: *Byzantinische Zeitschrift* 22 (1913), pp. 406–447, qui p. 410.

114 Al doge Andrea Contarini: AAV, *Registra Vaticana* 268, f. 86r. Avignone, 13 novembre 1372. In: Lettres secrètes et curiales du pape Grégoire XI (1370–1378) intéressant les pays autres que la France, vol. 1, p. 161, doc. 1167.

115 AAV, *Registra Vaticana* 268, f. 88r. Avignone, 13 novembre 1372. In: Lettres secrètes et curiales du pape Grégoire XI (1370–1378) intéressant les pays autres que la France, vol. 1, p. 162, doc. 1172.

116 MILLER, The Gattilusj of Lesbos (1355–1462), p. 410.

117 AAV, *Registra Vaticana* 246, f. 348r. Avignone, 16 ottobre 1364. In: Lettres secrètes et curiales du pape Urbain V (1362–1370) se rapportant à la France, vol. 2, p. 211, doc. 1305.

118 AAV, *Registra Vaticana*, 270, f. 63v. Avignone, 20 ottobre 1374. In: Lettres secrètes et curiales du pape Grégoire XI (1370–1378) intéressant les pays autres que la France, vol. 2, p. 74, doc. 2928. Anche: WRIGHT, The Gattilusio Lordships and the Aegean World, p. 329, nota 23.

119 AAV, *Registra Vaticana*, 271, f. 67r.-67v. Avignone, 27 ottobre 1375. In: Lettres secrètes et curiales du pape Grégoire XI (1370–1378) intéressant les pays autres que la France, vol. 2, p. 156, doc. 3539.

120 AAV, *Registra Vaticana*, 267, f. 46v-48r. Avignone, 8 dicembre 1375. In: Lettres secrètes et curiales du pape Grégoire XI (1370–1378) intéressant les pays autres que la France, vol. 2, p. 169, doc. 3634.

il papato era entrato nella crisi dello scisma e aveva perso il proprio ruolo di conduzione. Gli emissari genovesi di Antoniotto Adorno, a differenza del 1371, nel 1390 si erano direttamente rivolti alla corte francese di Carlo VI, piuttosto che al papa romano Bonifacio IX.[121] Nella spedizione franco-genovese di Mahdia la benedizione della flotta era divenuta problematica, poiché i partecipanti rispondevano a due obbedienze papali diverse. I cavalieri d'oltralpe si rifacevano al papa avignonese Clemente VII, che aveva concesso un'indulgenza per l'impresa, mentre i genovesi erano rimasti fedeli a Bonifacio IX.[122]

La tensione crociata nell'aristocrazia europea non aveva comunque visto inattivi i pontefici: Bonifacio IX il 3 giugno 1394 aveva inviato Giovanni di Montelupone a predicare la crociata in Bosnia, Croazia, Dalmazia e nei Balcani, ma in quest'occasione non ci sono riferimenti diretti al coinvolgimento di Genova e Venezia.[123] Il 15 e il 30 ottobre 1394 erano state invece stilate da Bonifacio due bolle di crociata, con ordine di predicazione anche nelle diocesi venete.[124] Mentre Genova era in preda alle lotte intestine negli anni di Nicopoli, Venezia al contrario era stata invasa da ambasciate straniere. Nella laguna erano giunti emissari bizantini, borgognoni, francesi e ungheresi per chiedere supporto navale. I più insistenti erano i rappresentanti di Sigismondo d'Ungheria, guidati dall'arcivescovo János Kanizsa, giunti nella città adriatica nel 1395. Dopo alcuni giorni di trattative, il doge e il senato avevano capitolato dinanzi alle richieste degli alleati: se i principi avessero condotto la campagna contro i turchi via terra, Venezia avrebbe fornito le galee sul mare, pari a un quarto della flotta totale.[125] La disfatta di Nicopoli aveva visto attivamente implicati privati genovesi – e veneziani in misura minore – come intermediari per il riscatto dei nobili presi prigionieri dai turchi.[126] Il dialogo avveniva direttamente tra i sovrani e gli abitanti delle città marinare, eludendo il ruolo di un papato soggetto a una crisi verticistica. Nell'alternanza dei governi mercantili, tra riluttanza a compromettersi in spedizioni d'oltremare – in cui vi era molto da perdere e poco da guadagnare – e una certa propositività nella lotta all'infedele – in cui giocava un grande ruolo la difesa della costellazione coloniale –, le due città erano rimaste protagoniste della crociata. Le lettere e gli appelli papali proseguono senza soluzione di continuità, richiedendo una

---

121 Setton, The Papacy and the Levant, vol. 1, p. 331.

122 Ivi, p. 333.

123 Delaville Le Roulx, La France en Orient, vol. 1, p. 228.

124 Setton, The Papacy and the Levant, vol. 1, p. 343.

125 Sulle ambasciate a Venezia nel 1395: *Ibidem*; Delaville Le Roulx, La France en Orient, vol. 1, pp. 229–230.

126 Su questa questione: Christopher Wright, An Investment in Goodwill. Financing the Ransom of the Leaders of the Crusade of Nikopolis, in: *Viator* 45/3 (2014), pp. 261–297.

risposta che però i comuni non erano in grado di fornire. Genova e Venezia giocavano su questo dilemma, poiché non potevano ignorare i richiami crociati, ma non erano in grado di rispondere, oppure non avevano interesse a farlo.

4.1.3 *La crociata, attrattiva finita?*

Le élites di governo delle due città si trovavano sottoposte a costanti pressioni per la propria partecipazione crociata: il loro contributo non era opzionale nella lotta contro l'infedele. Qual era l'opinione dei ricchi mercanti di Genova e Venezia? Trattavano questi impulsi come un fastidio per i propri interessi economici, erano restii a impiegare le proprie forze in imprese oltremare? Gli esponenti dei centri mercantili erano ormai disinteressati alla crociata, ora che vi era poco da guadagnare e molto da perdere? Molti fattori spingono a tematizzare la fine dell'attrattiva per il *passagium* a Genova e a Venezia. Le imprese dei secoli passati, in un insieme di guerra santa e profitti economici, sembravano trovare scarso spazio nel realismo di un mondo in preda a cambiamenti sistemici. Non è comunque facile indagare la permanenza di un'idea all'interno di un contesto sociale; il medesimo ambiente presentava inoltre una pluralità di livelli differenti e di esperienze individuali. È difficile tratteggiare un quadro generale. Alcuni dati sembrano indicare un calo di interesse verso la tensione crociata, mutata nella seconda metà del Trecento, insieme alla riduzione di prospettive esterne e una propensione a evitare il rischio.

I testamenti vergati in entrambe le città sono una fonte emblematica. La crociata era stata una presenza costante nei lasciti del XII e XIII secolo, con una discreta comparsa anche all'inizio del XIV, successivamente al trauma acritano. Gran parte dei testamenti genovesi sono conservati all'interno dei cartolari notarili dell'Archivio di Stato e costituiscono una mole documentaria immensa, ma di non immediata consultazione. Grazie ai dati del periodo 1155–1312 è possibile rintracciare la percentuale delle somme presenti nei lasciti e connotate con formule quali "ad reddencionem Sepulcri et Terre Sancte", "in subsidium Terre Sancte", "de partibus Ultramaris in primo passagio proxime venturo", o "si aliquando passagium generale fieret", per delineare così le tendenze relative alla pietà genovese nei confronti della crociata. La seconda metà del XII secolo, probabilmente anche a causa della scarsità di documentazione, aveva visto una presenza abbastanza contenuta di cifre devolute alla crociata, che si erano attestate intorno allo 0,9%, mentre un 3,7% era destinato all'ospedale genovese dei cavalieri di San Giovanni, che ospitava soprattutto pellegrini diretti in Terra Santa. Occorre non dimenticare un notevole 13,3% donato in quegli stessi anni per il riscatto dei prigionieri, in gran parte legati alle vicende levantine. La situazione era mutata nel primo trentennio del Duecento, quando, rispetto al totale dei lasciti in denaro, quelli destinati alla crociata erano saliti al 6,7%. Il dato è accompagnato da altre tipologie di lasciti pii legati alla questione crociata o all'oltremare, come il 6,8% devoluto all'ospedale di San Giovanni o il 7,5% ai riscatti per la liberazione dei prigionieri, che rendono la porzione riferita a *Outremer* abbastanza alta. Tra il 1227 e il 1253 le cifre destinate alla crociata dai defunti si erano attestate ancora intorno al 6,2%, mentre gli ospitalieri genovesi erano calati alla percentuale, comunque consistente, del 4,9%. I nuovi ordini mendicanti stavano rapidamente prendendo il sopravvento tra le donazioni pie compiute per l'anima del morente. I lasciti per la crociata nel periodo 1256–1314 si erano attestati nuovamente intorno al 6,6%, mentre quelli per ospedale e prigionieri erano diminuiti. Chi dettava le ultime volontà aveva Gerusalemme e la crociata all'interno del proprio immaginario mentale ancora negli anni successivi alla caduta di Acri: il *passagium* era un oggetto capace di intermediazione celeste, un'opera pia che generava un beneficio spirituale. Tra i lasciti religiosi, questo dato è uno dei più indicativi della persistenza della crociata nell'immaginario collettivo genovese. I donatori appartenevano a estrazioni sociali differenti e lasciavano un'ampia gamma di somme, dalle poche lire fino a grosse cifre, come quella del cardinale Ottobuono Fieschi, poi divenuto papa Adriano V, che aveva donato 20.000 "livres tournois" per l'allestimento di una crociata. In punto di morte si compiva un'azione pia destinando parte del proprio denaro al recupero di Gerusalemme dagli infedeli.[127]

Nella seconda metà del XIV secolo le tendenze nei lasciti testamentari sembrano radicalmente mutate. Individuando una serie di testamenti, con una ricerca condotta a carotaggio nell'archivio genovese e comprendente una variante abbastanza eterogenea di casi, di livelli sociali e di anni differenti, in un ventaglio di anni tra il 1359 e il 1404, non è stato rinvenuto alcun riferimento alla crociata.[128] Non sono stati ritrovati lasciti testamentari con riferimenti all'impresa d'oltremare, nemmeno tra i testamenti genovesi vergati in

---

127 MUSARRA, In partibus Ultramaris, pp. 634–637; Steven A. EPSTEIN, *Genoa and the Genoese, 958–1528*, Chapel Hill 1996, pp. 92, 117, 130, 185. Per line di carattere generale sulle tendenze dei testamenti a Genova: IDEM, *Wills and Wealth in Medieval Genova, 1150–1250*, Cambridge USA 1984. Il testamento di Ottobono Fieschi è invece edito in: Agostino PARAVICINI BAGLIANI, *I testamenti dei cardinali del Duecento*, Roma 1980, pp. 142–163.

128 Sono stati individuati circa 50 testamenti utili in quanto a lasciti pii per il tardo Trecento. I cartulari notarili consultati (sebbene non trattati in maniera sistematica rispetto alla ricerca testamentaria) sono stati: ASGe, *Notai Antichi* 304, 306, 375, 376, 388, 408, 411, 415, 416, 447, 459 I, 462, 468 I, 468 II, 469 I, 470, 477. A essi è possibile aggiungere una ventina di testamenti, in gran parte editi, rogati in oltremare, tra le colonie genovesi orientali, estremamente a contatto con le mobilitazioni crociate, il mondo musulmano e il quadrante levantino. Rimando alle edizioni, all'interno della collana *Notai genovesi in Oltremare*.

Oriente. L'assenza parla in maniera eloquente: non vi era più nessuno disposto a destinare il proprio denaro alla crociata? O proprio l'oggetto-crociata era ormai scivolato via dall'immaginario genovese e dal panorama dei lasciti pii, non rappresentando più una risposta adeguata della religiosità del tempo? La scomparsa della crociata nei testamenti è riconducibile a una tendenza generale del mondo euro-mediterraneo, come indica il paragone con la comunità marittimo-mercantile di Ragusa. Anche nel centro adriatico i lasciti testamentari avevano visto una parabola simile, con l'ampia presenza di donazioni per la crociata tra XIII e inizio del XIV secolo. La città dalmata è un osservatorio privilegiato, poiché per la sua posizione nei Balcani avvertiva con maggior insistenza il pericolo ottomano. Nella seconda metà del Trecento nella regione era evidente la trasformazione del *passagium* in lotta antiturca; eppure, gli ultimi lasciti in favore della crociata a Ragusa sono attestati poco dopo la metà del secolo: un testamento del 1362 lasciava disposizioni per una crociata per procura, oltre a diversi pellegrinaggi; uno del 1363 chiedeva la vendita della vigna del testatore e col ricavato di mandare un uomo al *passagium*.[129] Dopo questa data, non appare più alcun lascito crociato. L'insieme dei testamenti mostra una società in cui né l'aristocrazia, né il clero, né la borghesia sembravano desiderose di sacrifici in prima persona, barattati con lasciti monetari affinché altri operassero al posto loro. I pellegrinaggi, come la crociata, erano un affare da risolvere per procura.

Il mondo veneziano viveva un'identica parabola. Per il panorama marciano sono stati individuati testamenti relativi al periodo 1348–1399, rogati tra Venezia e il suo distretto o in comunità oltremare, quali Famagosta e Tana.[130] La tendenza è la medesima e in una singola occasione compare un lascito per la crociata, pur legato a circostanze particolari. Nel giugno 1364, nel pieno della mobilitazione per la spedizione promossa da Urbano V, contemporaneamente agli appelli di re Pietro I di Cipro e alla rivolta cretese, Nascimbene figlio di Viviano di Ferrara, abitante di Venezia, aveva dettato le sue ultime volontà. Nascimbene sembra una personalità particolarmente devota, come denota la lunga serie di lasciti pii a chiese, poveri, carcerati e ordini mendicanti;

---

129 Daniela ROMANO, I mercanti ragusei e le Crociate del tardo medioevo. Finanziamenti per la guerra e lasciti pro anima, in: *Anuario de estudios medievales* 38/2 (2008), pp. 867–883, qui p. 879.

130 I 71 testamenti veneziani consultati provengono dallo spoglio delle edizioni di documenti: LOMBARDO, Nicola de Boateriis; TAMBA, Bernardo de Rodulfis; Antonino LOMBARDO, *Zaccaria de Fredo notaio in Candia (1352–1357)*, Venezia 1968; Sergio PERINI, *Susinello Marino notaio in Chioggia Minore (1348–1364)*, Venezia 2001; Francesca PUCCI DONATI, *Ai confini dell'Occidente. Regesti degli atti dei notai veneziani a Tana nel Trecento 1359–1388*, Udine 2019.

intratteneva inoltre un rapporto personale con il frate minore Cosma da Napoli, che era transitato nella città e vi aveva probabilmente predicato. Nascimbene nel testamento ordinava di consegnare 400 bisanti a frate Cosma quando egli fosse nuovamente passato per la laguna; nel caso si fosse verificata la morte del francescano, quella cifra doveva essere devoluta per metà ai due conventi dei Minori a Cipro, mentre gli altri 200 bisanti si sarebbero dovuti destinare "in suffragio passagii Smirnarum".[131] Così gli aveva detto lo stesso frate Cosma in alcune lettere: "idem frater Cosmas sic michi ordinavit et scripsit per suas litteras speciales".[132] Risulta interessante la dicitura del *passagium*, legato all'obiettivo specifico e senza il suo carattere di universalità crociata. L'eventuale lascito testamentario, comunque di secondo livello e da effettuarsi solo in caso di morte del frate, era fatto per la difesa di Smirne, in cui il comune di Venezia era direttamente implicato. Stante il piccolo carotaggio rispetto alla gran massa di fonti, la Terra Santa sembra comunque uscita dagli orizzonti. Al di là di Nascimbene e del suo legame con frate Cosma, all'origine del lascito, nessun altro tra i genovesi o i veneziani dei testamenti consultati aveva in mente la crociata.

Anche gli imperatori bizantini erano coinvolti in questo cambiamento di visione. La seconda metà del XIV secolo era il periodo in cui gli imperatori greci avevano iniziato per la prima volta a intraprendere viaggi in Occidente: prima di quel momento nessun veneziano o genovese, al di fuori degli ambasciatori inviati a Costantinopoli o dei mercanti lì residenti, aveva mai visto un *basileus*, dopo il viaggio di Costante II nel 664. Il primo a rimettere piede sul suolo europeo era stato Giovanni V Paleologo, che dopo il proprio battesimo cattolico a Roma, era giunto a Venezia nel maggio 1370 e vi era rimasto quasi un anno, fino all'aprile 1371, nella speranza di ricevere aiuti contro gli ottomani.[133] Demetrio

---

131 "de predictis bisantiis .CCCC. dentur in suffragio passagii Smirnarum bisantii ducenti et relinqui ducenti bisantii dentur monasteriis Minorum Niccossie et Famaguste". LOMBARDO, Nicola de Boateriis, pp. 224–228, n. 212. Venezia, 26 giugno 1364.

132 *Ibidem.*

133 Il rapporto tra Bisanzio e le crociate è sempre stato problematico e denso di sfaccettature. Su questo si rimanda al recente studio: Jonathan HARRIS, *Byzantium and the Crusades*, London 2014. Più in generale, sulla concezione della guerra santa in ambiente bizantino: George T. DENNIS, Defenders of the Christian People: Holy War in Byzantium, in: *The Crusades from the Perspective of Byzantium and the Muslim World*, ed. Angeliki E. LAIOU / Roy P. MOTTAHDEH, Washington D.C. 2001, pp. 31–39; Yannis STOURAITIS, Jihād and Crusade: Byzantine Positions towards the notions of "holy war", in: *BYZANTINA ΣΥΜΜΕΙΚΤΑ* 21 (2011), pp. 11–63; Tia M. KOLBABA, Fighting for Christianity. Holy War in the Byzantine Empire, in: *Byzantion* 68 (1998), pp. 194–221; Nicola BERGAMO, Expeditio Persica of Heraclius: Holy War or Crusade?, in: *Porphyra* 12 (2008), pp. 94–107; Athina KOLIA-DERMITZAKI, Byzantium and the Crusaders in the Komnenian Era. Perception

Cydones ricorda la grande accoglienza tributata al Paleologo durante il suo ingresso a Venezia, sebbene tutto si fosse risolto nel nulla.[134] Giovanni V aveva consistenti debiti con i veneziani che si trascinavano da decenni, per i quali aveva impegnato persino i gioielli della corona. Sebbene i cronisti bizantini abbiano imputato il lungo soggiorno nella laguna a una sorta di detenzione del *basileus* insolvente, è più probabile che Giovanni fosse bloccato a Venezia per mancanza di fondi. La corte bizantina versava in una situazione talmente drammatica che era impossibilitata a pagare il proprio viaggio di ritorno.[135]

Nonostante l'ingombrante presenza dell'imperatore greco nella propria città per un intero anno, il gioco di assenze diviene indicativo. Nessuna delle cronache venete coeve dà notizia della presenza del *basileus*, del suo ingresso in laguna, del suo stanziamento e delle trattative che avevano avuto luogo tra Giovanni V e il senato. L'indebitamento e la permanenza dell'imperatore a Venezia erano all'origine della questione di Tenedo, che i veneziani insistevano perché fosse loro ceduta in cambio del condono del prestito. Il Paleologo era tuttavia restio ad accettare il patto e il figlio Manuele era giunto in laguna nell'inverno per aiutare il padre, portando aiuti finanziari e rafforzando la contrarietà alla cessione di Tenedo, probabilmente per timore della reazione genovese.[136] Nonostante gli sviluppi, la permanenza dell'imperatore nella capitale adriatica era rimasta completamente inosservata tra i cronisti. Anche Manuele, divenuto *basileus*, era tornato nuovamente a Venezia nel 1400 e il suo passaggio era stato ancora dimenticato dai cronisti cittadini, dato lo scarso rilievo politico che Bisanzio ricopriva. Solo a seguito della battaglia di Ankara del 1402, con il temporaneo ridimensionamento della minaccia ottomana e il rinnovato peso di Costantinopoli, Manuele II è ricordato nelle cronache durante il suo ulteriore passaggio a Genova e a Venezia nel 1403.[137] L'Oriente aveva perso gran parte della propria carica di fascino, oltre che di importanza politica, all'interno dell'immaginario collettivo. Ciò non significa ovviamente una sua totale scomparsa, anche nei livelli popolari più bassi: il mondo levantino era stato presente per troppi secoli nell'idealità veneziana e genovese per uscire di scena senza lasciare traccia. In una delibera del senato della laguna del 1365

---

and Reality, in: *Byzantium and the West: Perception and Reality (11th-15th c.)*, ed. Nikolaos CHRISSIS [et al.], New York 2019, pp. 59–83.

134 SETTON, The Papacy and the Levant, vol. 1, pp. 319–320; DEMETRIUS CYDONES, *Correspondance*, vol. 1, ed. Raimund-Josef LOENERTZ, Città del Vaticano 1956, Lib. VII, 71, pp. 102–103.

135 SETTON, The Papacy and the Levant, vol. 1, pp. 315–317.

136 Ivi, pp. 319–320. Anche SCHREINER, Gli imperatori bizantini nella cronachistica veneziana, pp. 118–119.

137 Ivi, p. 120.

sono condannati due malati mentali – due "stulti", di cui uno albanese – che dichiaravano di essere l'imperatore di Costantinopoli e percorrevano le calli di Venezia, diffondendo calunnie e volgarità contro il governo: essi erano bannati dalla città per sempre. I *basileus* erano figure in cui persino due malati mentali potevano esorcizzare le proprie critiche, ma erano ormai poco più che affari per pazzi.[138]

Al contrario delle numerose lettere di crociata ai governi nella seconda metà del XIV secolo, le notizie di una predicazione della crociata a livello popolare nei centri marittimi sono estremamente scarse. Caterina da Siena, a seguito della bolla di Gregorio XI del 1° luglio 1375, sembra avesse scritto due lettere, oggi perdute, al signore sardo Mariano IV d'Arborea e al doge di Genova per sensibilizzarli al *passagium*.[139] Probabilmente Caterina stessa, Raimondo di Capua e i discepoli della mistica, di ritorno da Avignone, erano transitati dalla riviera ligure e si erano imbarcati a Genova per raggiungere Pisa via mare dopo il novembre 1376.[140] Gran parte dell'attività di predicazione popolare, operata della santa o dei suoi compagni, si sarebbe tuttavia concentrata in Toscana, oppure sarebbe stata rivolta agli ecclesiastici avignonesi.[141] Le notizie di richiami popolari all'impresa d'oltremare nelle due capitali sono estremamente frammentarie. Le cronache cittadine non ne fanno menzione. A Venezia nel 1355 e nel 1356 era stata predicata la crociata, ma contro i nemici italiani del papato, come Francesco Ordelaffi di Forlì e Guglielmo Manfredi di Faenza.[142] Sebbene non vi siano notizie certe, è probabile che Pierre Thomas abbia predicato il *passagium* a Venezia durante la sua permanenza con Pietro I di Cipro nel 1364[143], mentre il suo soggiorno genovese era stato più travagliato.[144] Nel 1369 papa Urbano V aveva concesso un'indulgenza a tutti coloro, veneziani o liguri, che si fossero imbarcati nella spedizione prevista contro i mamelucchi, avessero inviato uomini per procura o avessero contribuito alle spese della crociata; tuttavia è improbabile che ne fosse derivata una predicazione nelle

138 Thiriet, Délibérations des assemblées Vénitiennes, vol. 2, p. 31, doc. 772. Venezia, 13 febbraio 1365.

139 Viglione, "... Rizzate el gonfalone della Santissima Croce", pp. 50–51.

140 Raimondo Da Capua, *Vita di Caterina da Siena: Legenda maior*, Milano 2013, p. 121, nota 42.

141 Viglione, "... Rizzate el gonfalone della Santissima Croce", pp. 53–81.

142 Predelli, I libri commemoriali, vol. 2, p. 236, n. 109. Avignone, 8 dicembre 1355; Ivi, p. 240, n. 129. Ancona, 8 febbraio 1356. Sulle crociate del cardinale Egidio Albornoz: Francesco Pirani, *Con il senno e con la spada: il cardinale Albornoz e l'Italia del Trecento*, Roma 2019.

143 Setton, The Papacy and the Levant, vol. 1, pp. 252–254.

144 De Mézières, The Life of Saint Peter Thomas, pp. 224–225.

città.[145] Nel 1380 il domenicano Raimondo di Capua, provinciale di Lombardia, aveva inviato frate Bartolomeo Ventura a Genova "ad predicandum crucem".[146] Raimondo, sostenitore del papa romano Urbano VI, nel 1380 aveva ricevuto l'incarico di penitenziere papale al fine di raccogliere denaro per la crociata, da lanciare tuttavia contro l'antipapa avignonese Clemente VII. Il denaro raccolto era stato depositato presso i banchieri genovesi Gabriele Pallavicino e Oberto Sauli.[147] Il savonese Antonio Barba, forse colpito della predicazione, aveva donato un fiorino d'oro per la crociata, consegnandolo al domenicano Nicolò Montaldo, ricevendo la croce nella chiesa dei predicatori a Genova e l'indulgenza tramite lettera apostolica di papa Urbano VI.[148]

Nel 1398, durante il momento di massima paura per l'aggressione ottomana, sappiamo di un'indulgenza papale concessa per l'aiuto al "domino imperatori Romeorum contra turchos".[149] Il comune di Genova aveva deputato tre ufficiali di Romania, ovvero Luciano Spinola di San Luca, Raffaele Vivaldi e Nicolò de Mascho, alla raccolta dei soldi delle elemosine: "super renperiendis ellimoxinis daudis actis dicte indulgencie".[150] Essi erano autorizzati da lettere apostoliche a prelevare il denaro delle indulgenze, che era stato raccolto da Bartolomeo, parroco della chiesa genovese dei Santi Nazaro e Celso. Si tratta di una delle uniche testimonianze rinvenute di questo tipo. Per il resto, nei documenti delle città mercantili rimane indicativa la traslazione del termine *passagium*, che aveva ripreso il proprio significato originario di "viaggio" e non fungeva più da riferimento per la crociata, com'era stato almeno per tutto il Duecento. Mentre nelle coeve lettere papali, "passagium" nella quasi totalità dei casi equivaleva a crociata, a Genova nello stesso 1398 si parlava di "passagio galearum Syrie"[151] per indicare una spedizione commerciale. Per quell'anno il convoglio levantino era tuttavia sospeso: il consiglio suggeriva "cautelis"[152], che era ormai la parola d'ordine per predisporre l'azione.

La crociata, più che opportunità, era ormai un problema da gestire affinché recasse meno danno possibile agli interessi dei comuni. I progetti di Pietro I di Cipro avevano recato preoccupazioni negli ambienti governativi della laguna, che da un lato collaboravano con l'allestimento della spedizione, dall'altro

---

145 PREDELLI, I libri commemoriali, vol. 2, p. 83, n. 510. Montefiascone, 27 luglio 1369.

146 ASGe, *Notai Antichi* 376, f. 154r. Genova, 18 maggio 1383.

147 Katherina WALSH, Della Vigna, Raimondo, in: *Dizionario Biografico degli Italiani*, vol. 37, Roma 1989, pp. 784–789.

148 ASGe, *Notai Antichi* 376, f. 152v.-154v. Genova, 18 maggio 1383.

149 ASGe, *Archivio Segreto, Diversorum* 498, doc. 635, f. 206r. Genova, 17 settembre 1398.

150 *Ibidem.*

151 ASGe, *Archivio Segreto, Diversorum* 498, doc. 524, f. 163r.-163v. Genova, 17 giugno 1398.

152 *Ibidem.*

osservavano con occhio prudente le mosse del monarca. Il senato avvertiva il pericolo che re Pietro potesse attaccare i territori turchi dell'Anatolia con i quali la città marciana aveva concluso accordi. Ciò sarebbe stato estremamente dannoso per l'isola di Creta, esposta alle ripercussioni degli emirati costieri. Il governo, dunque, il 3 luglio 1365 aveva ordinato a Giacomo Bragadin, provveditore di Creta, di inviare un ambasciatore agli emiri per spiegare il distanziamento di Venezia da un eventuale attacco contro di loro. La città assicurava che non avrebbe partecipato e che piuttosto sarebbe stata dalla parte delle vittime del re di Cipro: "ad excusandum nos et ad dandum intelligi quod hoc non sit de conscia vel scitu nostro".[153] Al tempo stesso, Bragadin doveva calmare i mercenari turchi giunti a Creta per sedare la rivolta. Venezia tentava di limitare gli eventuali danni dei sogni crociati nel Mediterraneo.[154] Ugualmente, nel 1366 erano state prese precauzioni per l'afflusso nella laguna di uomini armati al seguito di Amedeo VI di Savoia. Il conte aveva mobilitato un discreto contingente militare, che attendeva di imbarcarsi per dirigersi in Romania. Il senato intendeva sorvegliare il nobile sabaudo e le sue truppe crociate; per evitare disordini Amedeo era pregato di lasciare il grosso delle forze nei dintorni di Venezia e gli era permesso l'ingresso in città con solo 500 uomini.[155] L'accoglienza dei crociati era quantomeno cautelativa e creava non pochi grattacapi alle autorità. Amedeo, ancor prima di giungere nella laguna, era stato costretto a promettere al doge veneto che, durante il viaggio per l'Oriente, non avrebbe potuto molestare nessuno in acque siriane senza il consenso di Venezia, fintanto che fosse stato imbarcato sulle galee del comune.[156]

I tentativi di distanziamento dal *passagium* si sommavano a ulteriori problemi. Venezia, già nelle spedizioni egee della prima metà del Trecento, aveva tentato ripetutamente di controllare e indirizzare la crociata ai propri scopi.[157] La rivolta cretese del 1363–1364 avrebbe reso evidente tale dinamica: il senato informava re Pietro di Cipro che la ribellione stava assorbendo tutte le forze marciane. Il sovrano avrebbe dunque dovuto contribuire a domare la rivolta, condizione per la crociata: Venezia era pronta a mantenere le promesse, ma a patto di risolvere il problema cretese. Re Pietro avrebbe dovuto ovviamente

---

153 THIRIET, Délibérations des assemblées Vénitiennes, vol. 2, p. 34, doc. 781. Venezia, 3 luglio 1365.

154 "Similia verba etiam dicerentur illis Turchis qui irent ad nostrum servicium in partibus Crete". *Ibidem*.

155 Ivi, p. 37, doc. 791. Venezia, 28 marzo 1366.

156 PREDELLI, I libri commemoriali, vol. 3, p. 46, n. 258. Pavia, 6 aprile 1366.

157 Sul ruolo veneziano nelle crociate egee del 1334 e del 1342–1344: HOUSLEY, The Avignon Papacy and the Crusades, pp. 118–119.

proibire ai propri sudditi ogni contatto con i ribelli.[158] La stessa richiesta era stata fatta a Genova[159], che aveva garantito la propria neutralità sulla vicenda e aveva assicurato di non inviare più navi a Creta, al di fuori di quelle già cariche.[160] Oltre 300 mercenari inglesi, su cui il papato riponeva speranze per la crociata, erano stati ingaggiati dal senato per combattere a Creta.[161] Le stesse truppe crociate dovevano essere utilizzate per sopprimere la rivolta: gli uomini di Amedeo di Savoia nel 1364 avrebbero dovuto aiutare le forze veneziane a Creta e una volta pacificata l'isola, sarebbero stati condotti a Cipro o in qualunque altro luogo favorevole per la crociata.[162] Alle truppe cipriote sarebbe stato richiesto lo stesso, se la ribellione cretese non fosse stata soffocata in poco tempo.[163] Riguardo la difesa di Smirne, il governo veneto nel 1365 riconosceva la necessità di una nuova lega contro i turchi, ma non si sarebbe unito se non dopo che gli altri partecipanti avessero fornito la propria quota finanziaria per l'impresa. Se entro il 1° luglio 1365 non fossero state pagate le cifre, Venezia si sarebbe disimpegnata.[164] I centri marittimi non erano disposti a sostenere da soli il peso della lotta e la loro mancata mobilitazione, in diversi casi, si legava a questa inquietudine di fondo.

Al disinteresse si aggiungevano problemi reali, come la disastrosa condizione socio-politica in cui versava Genova nell'ultimo decennio del XIV secolo, coincidente con l'offensiva ottomana a Oriente. Il governatorato francese, in una città sconvolta dalle guerre civili, tentava di rifornire le colonie sotto pressione di Bayezid. In realtà, le preoccupazioni per le sorti di Costantinopoli erano vive a Genova e Venezia fin dal 1381. All'interno della pace di Torino era stata inserita una clausola grazie all'insistenza dell'intermediario Amedeo VI di Savoia, secondo cui sia Genova che Venezia erano tenute a portare aiuto al *basileus* nel caso i bizantini avessero abbracciato la fede cattolica.[165] Nel marzo 1382 nel consiglio di Genova erano discusse le ultime notizie orientali, poiché

---

158 Thiriet, Délibérations des assemblées Vénitiennes, vol. 1, p. 262, doc. 710. Venezia, 11 ottobre 1363.

159 Ivi, p. 263, doc. 715. Venezia, 20 novembre 1363.

160 Ivi, pp. 264–265, doc. 718. Venezia, 24–25 novembre 1363.

161 Ivi, p. 264, doc. 717. Venezia, 24 novembre 1363.

162 Ivi, vol. 2, p. 17, doc. 736. Venezia, 29 gennaio 1364.

163 Setton, The Papacy and the Levant, vol. 1, pp. 253–255.

164 Thiriet, Régestes de déliberations du Sénat, vol. 1, p. 82, doc. 296. Venezia, 24 maggio 1356.

165 "Dicto imperatore kaloiano se et suos ad fidem catolicam redducere recusante semper dicti ianuenses et veneti teneantur et debeant quandocumque pro parte dicti domini comitis [Savoia] fuerint requisiti eidem domino comiti sabaudie toto eorum posse prestare auxilium consilium et favorem contra dictum dominum imperatorem kaloianum. Sic et taliter quod ipsorum viribus et potencia mediante ad fidem catolicam Deo propicio

le discordie tra Giovanni V e i suoi figli minacciavano la sopravvivenza della capitale bizantina, che poteva cadere sotto gli attacchi di Murad, con grave "comunis Ianue detrimentum".[166] Gli ufficiali di Romania dovevano eleggere alcuni ambasciatori per intavolare trattative e salvare la città.[167] Un ventennio più tardi la situazione era drasticamente peggiorata, così come i tentativi genovesi di salvaguardare Costantinopoli e Pera. Erano state faticosamente allestite flotte di 4 o 5 galee dirette in Oriente, erano imposte nuove avarie, mentre i cittadini si sforzavano di far valere nuove e antiche immunità fiscali. Il tempo della prosperità era finito, come ricordava il governatore nel 1398, e le immunità erano state concesse "tempore oppulencie rei publice Ianuensis".[168] Ora, che ci si trovava nel "tempore tamen indigentie rei publice sicut est de presenti, et maxime durante guerre Romanie"[169], i cittadini dovevano impegnarsi nello sforzo collettivo per difendere l'Oriente dall'avanzata ottomana. I privilegi erano temporaneamente sospesi.[170]

Nonostante occasionali fiammate, che denotavano una certa impotenza nell'azione, pare che il disinteresse per la crociata fosse comune alle corti italiane. L'ambiente dei Visconti, a Milano, è emblematico da questo punto di vista e anzi, contro la dinastia erano anzi state bandite vere e proprie crociate interne, durante le lotte che avevano opposto il papato ai signori di Milano. Galeazzo II e Bernabò Visconti erano stati scomunicati e poi dichiarati eretici; la corte ambrosiana si era opposta tenacemente ai papi avignonesi, specialmente in quanto sovrani temporali.[171] I Visconti rappresentavano uno dei

---

convertatur". *I Libri Iurium della Repubblica di Genova*, ed. Francesca MAMBRINI, vol. 2/3, Genova 2011, p. 618, doc. 329. Torino, 8 agosto 1381.

166 ASGe, *Archivio Segreto, Diversorum* 497, doc. 69. Genova, 7 marzo 1382.

167 Nel documento si ricorda in maniera insistente il "periculum inminente civitas Costantinopolitana subiuget Domino prelibati Amorati turchi". *Ibidem*.

168 ASGe, *Archivio Segreto, Diversorum* 498, f. 107v.-110v., doc. 355. Genova, 23 aprile 1398.

169 "Tempore tamen indigentie rei publice sicut est de presenti, et maxime durante guerra Romanie pro qua non solum res publica Ianuensi, sed etiam totius Christianitatis et maxime partium orientalium tantum substinet periculum, quod sine maximis et ipsis Ianuensis inisportabilibus ex personis civitati non potet ipsi neque alii deberent imunitate gaudere". *Ibidem*.

170 "sicut ceteri cives expenses deffensis rei publice necessariis contribuere debere". *Ibidem*.

171 Curiosamente non vi è molta bibliografia aggiornata sulle vicende viscontee e sulle lotte italiane che li opposero al papato durante il Trecento. Gerolamo BISCARO, Le relazioni dei Visconti con la Chiesa, in: *Archivio storico lombardo* 63 (1937), pp. 119–192. Si rimanda agli studi di stampo più generale che descrivono le vicende milanesi da un punto di vista innanzitutto evenemenziale: *Storia di Milano*, vol. 5, Milano 1955; Francesco COGNASSO, *I Visconti*, Milano 1966; Maria Nadia COVINI, *Milano sotto il dominio dei Visconti (1287–1385)*, in: *Storia illustrata di Milano*, vol. 2, ed. Francesco DELLA PERUTA, Milano 1992, pp. 621–638. Interessante anche lo studio sulle dinamiche di autorappresentazione del

punti più alti della *realpolitik* della penisola e avevano condotto, durante lo scisma, una politica volutamente ambigua tra Roma e Avignone. Il realismo politico, segnato da congiure, intrighi e uno sguardo concentrato sul dominio dell'Italia, non sembrava lasciare alcun posto alla crociata e ai sogni di lotta contro i musulmani. Al contrario, Urbano V, dominato dalle esigenze superiori del *passagium*, aveva sacrificato il programma di conquiste del cardinale Albornoz e, per favorire la spedizione di Pietro di Cipro, aveva concluso nel 1364 un trattato tra la Santa Sede e i Visconti. La penisola, ora pacificata, non avrebbe più dovuto costituire un problema nell'attuazione dell'impresa d'oltremare. I signori di Milano intendevano piuttosto approfittare della crociata per aumentare il proprio peso politico. Il cinismo visconteo era utilizzato dai loro nemici italiani in senso propagandistico, alimentando una serie di maldicenze. Alla fine del 1366, all'indomani del sacco di Alessandria e durante il conflitto tra i mamelucchi, Cipro e i comuni marinari italiani, era giunta a Galeazzo Visconti una lettera proveniente dalla corte egiziana.[172] La missiva era stata scritta dall'emiro reggente Yelbogha in nome del sultano Al-Ashraf, all'epoca un bambino di dieci anni. Si trattava di una lettera patente per un ambasciatore di nome "Mahomet Semseddin", che doveva raccontare ai Visconti le novità provenienti dal Cairo – probabilmente la sconfitta di un emiro rivale nelle lotte di fazione egiziane –. Il tono dei rapporti tra il sultano e Galeazzo Visconti è del tutto amichevole: poiché i girifalchi, ovvero gli uccelli rapaci con cui il sultano usava sollazzarsi e andare a caccia, erano morti, l'ambasciatore era stato inviato a Milano con l'importante missione di ottenere nuovi girifalchi bianchi.[173] L'emiro chiedeva aiuto al signore di Milano, in virtù della loro amicizia, e ne domandava il prezzo. Nella lettera si aggiungeva di far pervenire

---

primo duca di Milano: Federico DEL TREDICI, I due corpi del duca. Modelli monarchici, fazioni e passioni nei funerali di Gian Galeazzo Visconti, in: *Società e Storia* 160 (2018), pp. 315–342.

172 Nicolae IORGA, *Notes et extraits pour servir à l'histoire des croisades au XV siècle*, vol. 4, Bucarest 1915, pp. 6–8, doc. 3. Il Cairo, 22 Safar 768 (28 ottobre 1366). La congiura contro l'emiro Yelbogha risale all'8 dicembre 1366 e la sua morte al 14 dicembre, dunque la data di redazione della lettera risulta compatibile con questi avvenimenti.

173 I girifalchi, nella lettera tradotta dall'arabo chiamati "cyriphalchum album", sono uccelli rapaci di colore biancastro e marrone, diffusi particolarmente in Scandinavia. Era abbastanza difficile ottenerli ed erano estremamente prestigiosi nel quadro della falconeria medievale, per cui la richiesta del sultano, oltre che un inutile vezzo, va inserita anche all'interno di un contesto simbolico di cui i falchi erano portatori. Sulla questione della falconeria nel Medioevo: Daniela BOCCASSINI, *Il volo della mente: falconeria e sofia nel mondo mediterraneo: Islam, Federico II, Dante*, Ravenna 2003; Laura ESPOSITO, La diffusione della falconeria araba nel Mediterraneo, in: *Scritti offerti dal Centro Europeo di Studi Normanni a Mario Troso*, ed. Giuseppe MASTROMINICO, Ariano Irpino 2012, pp. 99–122.

la risposta con uno dei cavalieri milanesi che si fossero recati in pellegrinaggio. I nobili lombardi sarebbero stati accolti in Egitto con tutti gli onori e riforniti di tutto il necessario, grazie "ab amicitia tua, que mentem nostram illo voto quod ardente optamus valeat refovere".[174] La risposta di Galeazzo, che nei confronti dell'emiro si definiva "vestros veros amicos"[175], era stata rapida e disponibile, poiché egli possedeva ovviamente il migliore girifalco di tutta la Cristianità, che avrebbe inviato insieme al cavaliere Pietro da Castiglione e al maestro falconiere Antoniolo detto "Cosinum", senza chiedere al sultano alcun compenso.[176] Lo stesso giorno il Visconti aveva scritto al doge veneziano per assistere il viaggio di Antoniolo, del girifalco e di Pietro da Castiglione, che doveva fare alcuni acquisti in Oriente per la corte ambrosiana.[177]

La crociata non riguardava Milano e i sovrani musulmani erano partner con cui scambiarsi ricchi doni. L'unico orizzonte della lotta viscontea era quello italiano e l'estero trovava posto solo nella politica matrimoniale della casata che, a causa dell'embargo papale di sposare Visconti, era costretta a muoversi fuori dalla penisola. L'unica comparsa orientale dei signori di Milano nel Trecento aveva a che fare con Valentina Visconti, figlia di Bernabò, che nel 1377 aveva sposato Pietro II, re di Cipro.[178] Nella documentazione viscontea emerge il totale disinteresse per i richiami alla crociata, di cui non vi è il minimo accenno. Sembra che i Visconti si fossero guadagnati, al contrario, la fama di amici degli infedeli. Nel 1390 Gian Galeazzo, in una lettera al doge di Venezia, negava la propria volontà di stringere un'alleanza con i turchi, come correva voce. Come il padre, tuttavia, egli nutriva una certa passione per gli animali esotici, poiché aveva inviato il famigliare Iacopo della Croce presso il sultanato ottomano per procurarsi alcune bestie feroci, dei "pardi", per il diletto del futuro duca.[179] Mentre Gian Galeazzo cercava fiere in Oriente, i regni occidentali si stavano preparando alla mobilitazione contro i turchi. Solo nel 1402, nel momento di maggior pericolo e nell'autorappresentazione pia di sé stesso,

174 "Subjungentes quod, si nunc et in futurum esset vel erit aliquis de militibus et aliis dominii vestri qui velet ad has partes peregre proficisci, placeat nobiles illos nobis per tuas literas facere notos atque caros, quia sibi de equis et aliis quibuscumque opportunis faciemus tua contemplacione secundum suam voluntatem honorabiliter provideri. Denique petimus responsivam de promissis ab amicitia tua, que mentem nostram illo voto quod ardente optamus valeat refovere". *Ibidem*.

175 Ivi, pp. 8–11, doc. 4. Pavia, 31 gennaio 1367.

176 Solo, aggiungeva, che il suo ambasciatore Pietro da Castiglione avesse un lasciapassare per poter girare liberamente le terre mamelucche. *Ibidem*.

177 PREDELLI, I libri commemoriali, vol. 3, p. 55, n. 320. Pavia, 31 gennaio 1367.

178 Luca ZENOBI, *Valentina Visconti, regina di Cipro*, in *Dizionario Biografico degli Italiani*, vol. 97, Roma 2020, pp. 811–813.

179 PREDELLI, I libri commemoriali, vol. 3, p. 208, n. 349. Milano, 25 luglio 1390.

Gian Galeazzo, a poca distanza dalla morte, esortava gli ecclesiastici, i podestà e i capitani del dominio a soccorrere con elemosine l'imperatore di Bisanzio. Si tratta dell'unico accenno all'aiuto dei cristiani orientali in più di mezzo secolo.[180] La parziale riluttanza di Genova e di Venezia è comprensibile in un simile contesto.

Il mutamento dei tempi era sintetizzato da Francesco Petrarca in molte sue lettere. In fondo, scriveva il poeta aretino, non erano le cose o i tempi a mutare in peggio, ma solo gli uomini: molti fatti che contribuivano al peggioramento del loro mondo erano causati dalle persone. Nei tempi antichi erano più rare le guerre e non si era mai sentito parlare di compagnie di ventura che devastavano i paesi.[181] All'epoca della sua giovinezza:

> Vi erano poi compagnie d'altro genere, quelle dei pellegrini, che si vedevano dirigersi in folta e devota schiera a Gerusalemme e a Roma. Ma i briganti andavano allora uno per uno, di notte e con paura; non osavano spiegare in pieno giorno le loro schiere in campo; non avevano capi armati da porre in testa alla banda; non si erano procurati con la loro ferocia e le loro stragi un nome terrificante.[182]

Il poeta, nella sua vecchiaia, si era trovato a vivere in un mondo brutale, segnato dai conflitti e dai gravi problemi. Un mondo in cui non vi era più spazio per la crociata e per i viaggi in Terra Santa. L'attrattiva era dunque finita?

4.1.4 *Ancora verso Gerusalemme. Pellegrini*

La Terra Santa era veramente uscita dall'immaginario veneziano e genovese nel corso del Trecento? La seconda metà del secolo è un momento prezioso per osservare i mutamenti nel rapporto tra la Gerusalemme terrena e le due città marinare italiane. I Luoghi Santi di Siria e Palestina non erano stati dimenticati, ma la relazione con essi stava perdendo ogni tipo di caratura conflittuale. I protagonisti di questo cambiamento erano i pellegrini, che proprio con i centri marinari continuavano ad avere un particolare legame: la Terra Santa non

---

180 Luigi Osio, *Documenti diplomatici tratti dagli archivi milanesi*, vol. 1, Milano 1864, pp. 369–371, doc. 245. Milano, 20 febbraio 1402.

181 "Rara bella inter regna vel populos de finibus aut de iniuriis gerebantur; societas contra omne genus humanum nulla usquam nostro evo fuerat. Erant societates mercatorum, quas ipsi vidimus, quibus ante omnes patria diu floruit mea, per quas quante commoditates afferuntur hominibus difficile est dictu, difficilius creditu: per has enim totus fere noster orbis regebantur, reges ac principes universi harum ope et consilio fulti erant". Petrarca, Le Senili, vol. 2, Lib. X, 2, pp. 1250–1252.

182 "Alterius generis societates peregrinorum, magno agmine, devota loca Ierosolimam Romamque petentium cernebantur. Fures ibant singulatim, noctu, pavidi; nulle furum diurne acies campis explicabantur, nulli armati societatum duces famam sibi gentium cladibus et propria feritate quesierant". Ivi, p. 1252.

era più un luogo da riconquistare militarmente, nonostante gli astratti appelli del papato, ma da frequentare pacificamente. Il pellegrinaggio non era certamente un fenomeno nuovo nel panorama medievale: l'originalità trecentesca, se riferita al piano della Siria-Palestina, stava piuttosto nella perdita di ogni tipo di dato bellico e un netto distanziamento con la tradizione del *passagium*. La scomparsa della trattatistica *de recuperatione Terre Sancte* verso la metà del XIV secolo mostra bene la scissione tra crociata ed esperienza gerosolimitana. I pellegrini cristiani diretti in Oriente avevano raggiunto il loro picco nel corso del XIII secolo, quando ogni anno transitavano a migliaia dal porto di Acri. La caduta della città nel 1291 aveva segnato il brusco interrompersi dei flussi penitenziali in *Outremer*, frenati anche dall'opposizione dei propagandisti della crociata e del papato, poiché le tasse imposte ai pellegrini avrebbero finanziato i mamelucchi. I pellegrinaggi erano lentamente ripresi solo nei primi decenni del Trecento: i primi resoconti di questa stagione risalgono agli anni 1320 e segnalano anche una relativa libertà di accesso ai Luoghi Santi.[183] Grazie agli sforzi diplomatici della corona d'Aragona, le condizioni di sicurezza per i pellegrini erano gradualmente migliorate nei territori mamelucchi.[184] Le modalità di viaggio, tuttavia, erano cambiate, i numeri erano calati e si trattava ormai di piccoli gruppi socialmente più selettivi, poiché il pellegrinaggio aveva visto lievitare i propri costi.[185] Dopo il 1320 papa Giovanni XXII aveva concesso licenze per visitare il Santo Sepolcro. Si era sviluppata una sorta di corsa ai Luoghi Santi tra domenicani e francescani, sostenuti rispettivamente da Giacomo II d'Aragona e da Roberto d'Angiò, per l'ottenimento della cura dei luoghi di Cristo.[186]

Nel 1333 la presenza cristiana in Terra Santa aveva conosciuto una svolta importante, con l'acquisizione di una casa sul Monte Sion concessa ai francescani. I frati Minori, grazie all'intermediazione e all'aiuto finanziario di Roberto d'Angiò e della moglie Sancha di Maiorca, potevano dimorare e celebrare nel Santo Sepolcro, mentre acquistavano appezzamenti di terreno. Nel giro di pochi anni era stato edificato un convento sul Monte Sion, nei pressi del

183 Andrew JOTISCHKY, The Mendicants as missionaries and travellers in the Near East in the thirteenth and fourteenth centuries, in: *Eastward bounds: Travel and travellers, 1050–1550*, ed. Rosamund S. ALLEN, Manchester-New York 2004, pp. 88–106.

184 Aziz Suryal ATIYA, *Egypt and Aragon. Embassies and diplomatic correspondence between 1300 and 1330*, Leipzig 1938, p. 45; Beatrice SALETTI, *I Francescani in Terrasanta (1291–1517)*, Padova 2016, p. 57.

185 David JACOBY, Western Merchants, Pilgrims, and Travelers in Alexandria in the Time of Philippe de Mézières (ca. 1327–1405), in: Philippe de Mézières and His Age, pp. 403–426, qui p. 416.

186 SALETTI, I Francescani in Terrasanta (1291–1517), p. 55.

Cenacolo. Al termine di un lungo processo diplomatico, la bolla papale del 1342 aveva sancito ufficialmente la nascita dell'organismo noto come Custodia francescana di Terra Santa.[187] La fondazione della Custodia, che segnava il ritorno dei latini nei luoghi di Cristo, avrebbe marcato un passo significativo nella dinamica dei pellegrinaggi: era ancora necessaria una crociata? O gli stessi frati Minori l'avevano resa inutile, permettendo la cura, l'accesso ai Luoghi Santi e l'accoglienza dei pellegrini, convivendo con le autorità mamelucche? I francescani erano riusciti dove le spedizioni militari avevano fallito: la storiografia si è interrogata a lungo sulla contrapposizione o meno tra crociata e missione.[188] L'analisi dei pellegrinaggi medievali può avvalersi di molti resoconti di viaggio, fonti diaristiche e odeporiche, che permettono di vagliare la percezione dell'Oriente presso i viaggiatori europei, la loro esigenza penitenziale e la logistica.[189]

---

187 Sulla Custodia e sulla presenza francescana in Terra Santa: Paolo EVANGELISTI, *Dopo Francesco, oltre il mito. I frati Minori fra Terra Santa ed Europa (XIII–XV secolo)*, Roma 2020; Fulvia SERPICO, I frati minori e il rinnovamento del pellegrinaggio a Gerusalemme nei secoli XIII–XV, in: *Frate Francesco* 75/1 (2009), pp. 141–164; ANDREW JOTISCHKY, The Franciscan return to the Holy Land (1333) and Mt Sion: pilgrimage and the apostolic mission, in: *The Crusader World*, ed. Adrian J. BOAS, Abingdon 2016, pp. 241–255.

188 Sull'ipotesi della Custodia francescana come vera erede della spinta crociata, si rimanda alle suggestioni contenute in: Antonio MUSARRA, *Gli ultimi crociati. Templari e francescani tra "crociata" e "missione" (XII–XIV secc.)*, Roma 2021. Sul rapporto tra queste due componenti: Benjamin Z. KEDAR, *Crociata e missione. L'Europa incontro all'Islam*, Roma 1991.

189 Nella produzione di Franco Cardini: Franco CARDINI, Reliquie e pellegrinaggi, in: IDEM, *Gerusalemme d'oro, di rame, di luce. Pellegrini, crociati, sognatori d'oriente fra XI e XV secolo*, Milano 1991, pp. 5–43; IDEM, *In Terrasanta. Pellegrini italiani tra Medioevo e prima età moderna*, Bologna 2002; IDEM / Luigi RUSSO, *Homo viator. Il pellegrinaggio medievale*, Viareggio 2019. Anche: Beatrice SALETTI, Sulla reiterazione dei miracoli nei pellegrinaggi tardo medioevali in Terrasanta, in: *Itineraria* 10 (2011), pp. 33–73; IDEM, Vestiti ala morescha: Pilgrims in disguise in late Medieval Accounts, in: *Annali online dell'Università di Ferrara. sezione lettere* 10/2 (2015), pp. 194–208; IDEM, La logistica dei pellegrinaggi in Terrasanta nei secoli XIV e XV, in: *Nuova Rivista Storica* 100/2 (2016), pp. 421–482. Nel panorama storiografico internazionale: Jean CHÉLINI / Henry BRANTHOMME (Ed.), *Le vie di Dio. Storia dei pellegrinaggi cristiani dalle origini al Medioevo*, Milano 2004; Jean RICHARD, *Il santo viaggio. Pellegrini e viaggiatori nel Medioevo*, Sesto San Giovanni 2014. Riguardo l'analisi filologica dei resoconti: Paolo TROVATO, Per le nozze (rinviate) tra storia e filologia. Sulle vulgate di alcuni pellegrinaggi tre- e quattrocenteschi (Lionardo Frescobaldi, Mariano da Siena, Alessandro Rinuccini) e sulle guide di Terrasanta, in: *Filologia italiana* 3 (2006), pp. 31–76. Il filone di studi sui pellegrinaggi si è addentrato nell'Età Moderna, quando la diffusione dei racconti aveva avuto nuovo impulso grazie alla stampa. F. Thomas NOONAN, *The road to Jerusalem. Pilgrimage and travel in the age of discovery*, Philadelphia 2007; Claudio SENSI / Patrizia PELLIZZARI (Ed.), *Viaggi e pellegrinaggi tra Tre e Ottocento – Bilanci e prospettive. Atti del convegno di Torino (26.3.2007)*, Alessandria 2008.

Proprio la logistica dei pellegrinaggi trecenteschi chiamava in causa Genova e Venezia.[190] La questione della Terra Santa era viva nei due centri marittimi: i pellegrini di gran parte dei paesi europei preferivano Venezia quale porto d'imbarco durante il tardo Medioevo, quando la città aveva ottenuto un sostanziale monopolio sul traffico di penitenti. La capitale veneta si era trovata così coinvolta nel clima religioso dell'epoca, divenendo uno dei maggiori centri di espressione devozionale. I buoni rapporti tra Venezia e i mamelucchi avevano creato un canale privilegiato per l'imbarco verso i territori del sultano; la situazione aveva beneficiato anche dell'interruzione dell'embargo papale sul traffico con i musulmani nel 1344 e della ripresa dei convogli.[191]

Per un pellegrino, imbarcarsi da Venezia significava anche poter contare sulla protezione dei consoli veneziani oltremare e sulla fitta rete di relazioni intessuta dai mercanti tra Egitto, Siria e Palestina. L'esclusione di Genova da questo tipo traffici sembra legata alla formazione di una consuetudine di Venezia quale principale porto d'imbarco, che aveva creato un circuito abitudinario per chi intendeva visitare il Santo Sepolcro.[192] Il flusso di pellegrini era cresciuto durante l'ultimo quarto del Trecento, toccando il più alto tasso d'imbarco nel periodo 1380–1420.[193] Si tratta di un dato significativo se legato all'osservazione sulla crescita del bisogno penitenziale nel crepuscolo del secolo. Vi erano due modalità principali per i pellegrini giunti a Venezia e diretti nel Levante: un imbarco sulle *mude* commerciali destinate in Oriente, oppure un posto sulle galee appositamente destinate al servizio di trasbordo dei pellegrini. I nobili e le personalità di spicco ottenevano un trattamento particolare e anche principi italiani e stranieri avevano compiuto la pratica devozionale, come Francesco Gonzaga nel 1398, il duca d'Austria Alberto IV nello stesso anno, il duca di

190 Eliyahu ASHTOR, Venezia e il pellegrinaggio in Terrasanta nel basso medioevo, in: *Archivio Storico Italiano* 143 (1985), pp. 197–223; David JACOBY, Pèlerinage médiéval et sanctuaires de terre sainte: la perspective vénitienne, in: IDEM, *Studies on the Crusader States and on Venetian Expansion*, Northampton 1989, pp. 27–58; IDEM, Western Merchants, Pilgrims, and Travelers in Alexandria, pp. 403–425.

191 IDEM, Pèlerinage médiéval et sanctuaires de terre sainte: la perspective vénitienne, p. 37. Più in generale sulle rotte dei pellegrinaggi medievali: IDEM, Evolving Routes of Western Pilgrimage to the Holy Land, Eleventh to Fifteenth Century: an Overview, in: *Unterwegs im Namen der Religion II / On the Road in the Name of Religion II*, ed. Klaus HERBERS / Hans Christian LEHNER, Stuttgart 2016, pp. 75–97.

192 Sulla percezione che i pellegrini avevano di Venezia: Èlisabeth CROUZET-PAVAN, Récits, images et mythes: Venise dans l'iter hierosolomytain (XIVe–XVe siècles), in: *Mélanges de l'école française de Rome* 96/1 (1984), pp. 489–535; Franco CARDINI, Venezia e Veneziani in alcune memorie di pellegrini fiorentini in Terrasanta (secoli XIV-XV), in: *Rivista di studi bizantini e slavi* 2 (1982), pp. 161–186.

193 JACOBY, Pèlerinage médiéval et sanctuaires de terre sainte, p. 36.

Geldern, Guglielmo II di Jülich nel 1391, l'arcivescovo di Genova nel 1405.[194] Nel 1376 il senato veneziano aveva concesso l'uso di una nave a Stephanus II Lackfi, voivoda della Transilvania, che intendeva visitare il Santo Sepolcro. Uguale concessione era stata fatta al suo omonimo nipote nel 1386.[195] Venezia era il porto d'imbarco per i nobili ungheresi e tedeschi, mentre non erano rari anche inglesi, francesi, borgognoni e aristocratici dell'Europa centrale. Si trattava comunque una presenza irregolare e a volte i principi d'alto rango chiedevano in prestito una galea al comune per il proprio uso personale. Il senato gliela concedeva senza pretendere alcun pagamento, privilegiando il mantenimento di buone relazioni con i loro paesi di provenienza: così a Henry di Lancaster, conte di Derby e futuro re d'Inghilterra, nel 1392 era stata offerta gratuitamente una galea dal comune veneziano.[196] La lista dei nobili che si imbarcarono per Gerusalemme da Venezia è vastissima e si lega a un certo gusto per i pellegrinaggi della cavalleria tardomedievale. Tra i più noti, ne fanno parte il maresciallo Boucicaut, che nel 1388 era partito da Venezia per il suo pellegrinaggio in Terra Santa[197] o il cavaliere francese Ogier d'Anglure, che aveva compiuto il proprio viaggio devozionale nel 1395–1396 su galee veneziane.[198] Molti tra i crociati di Mahdia e Nicopoli erano transitati dal porto lagunare per compiere il proprio codificato pellegrinaggio in Oriente. Questo tipo di trasbordo, spesso elargito a titolo gratuito dalle autorità veneziane e con permessi speciali, provocava scarsi introiti al comune, concentrato sul buon mantenimento delle relazioni con l'aristocrazia europea.

Parte dei pellegrini, benestanti o meno, compiva la traversata a bordo di galee mercantili. Il comune, dinanzi al crescente flusso di devoti, aveva permesso a molti l'imbarco sui legni della *muda* di Beirut, in partenza dalla città lagunare tra agosto e settembre. Vi sono numerosi permessi rilasciati dal senato veneto per l'imbarco di gruppi di pellegrini sulle galee di Beirut a partire dal 1382 fino alla fine del secolo.[199] I pellegrini arrivavano a Venezia in diversi

194 ASHTOR, Venezia e il pellegrinaggio in Terrasanta nel basso medioevo, pp. 198–199.

195 Andrea FARA, Ad limina apostolorum. Pellegrini e crociati di Transilvania presso il soglio apostolico, in: *Annuario dell'Istituto Romeno di Cultura e Ricerca Umanistica di Venezia* 9 (2007), pp. 107–141, qui p. 120.

196 ASHTOR, Venezia e il pellegrinaggio in Terrasanta nel basso medioevo, p. 201. Sul viaggio di Henry si veda: Lucy Toulmin SMITH, *Expeditions to Prussia and the Holy Land made by Henry, Earl of Derby (afterwards King Henry IV) in the years 1390–1 and 1392–3, being the accounts kept by bis treasurer during two years*, London 1894.

197 DELAVILLE LE ROULX, La France en Orient, vol. 1, p. 163.

198 La partenza di Ogier da Venezia è raccontata in D'ANGLURE, Le saint voyage de Jherusalem, pp. 3–6.

199 Ashtor ricorda nel suo articolo i permessi di imbarco di pellegrini su galee della *muda* di Beirut per gli anni 1382, 1389, 1391, 1392, 1393, 1394.

momenti dell'anno, dunque spesso dovevano cercare soluzioni alternative per non rischiare di attendere settimane, o mesi interi. Molti trovavano posto su navigli privati: nel luglio 1382 era data l'autorizzazione a 10 pellegrini diretti al Santo Sepolcro di imbarcarsi sulla cocca di Zanino de Cha da Zara, diretta da quelle parti; pochi giorni dopo il numero di pellegrini con il permesso di imbarco sulla stessa cocca era salito a 25.[200] Nel settembre 1391 il giovane Tommaso III di Saluzzo, all'epoca non ancora marchese, si era imbarcato insieme a una compagnia di nobili ungheresi e tedeschi, ottenendo il permesso del senato di andare "ad Zaffum cum una ex nostris galeis Baruti".[201] I permessi erano spesso conferiti a frati diretti in pellegrinaggio in Terra Santa, che potevano imbarcarsi gratuitamente sulle galee commerciali, come accaduto nel 1374 al francescano Çaparius con altri tre compagni.[202] Nel 1378 anche Roger de Anglia, frate predicatore che accompagnava altri due pellegrini al Santo Sepolcro, aveva trovato un passaggio sulle galee di Creta.[203] Non di rado i patroni di galee commerciali tentavano di estorcere denaro ai pellegrini, causando attriti e situazioni imbarazzanti per le autorità venete. Diverse volte il senato aveva dovuto impegnarsi a restituire il denaro ai nobili e ai pellegrini a cui era stato prelevato per il viaggio. Nel 1394 era ordinata la restituzione delle eccedenze del prezzo del nolo a un folto gruppo di pellegrini, tra cui molti francesi, che si erano recati al Santo Sepolcro con le galee di Beirut.[204] Solitamente le galee mercantili nel corso del viaggio si recavano a Giaffa, l'attracco più vicino per raggiungere Gerusalemme, e vi scaricavano i pellegrini. Si dirigevano poi nel porto di Acri, dove attendevano all'ancora tra gli 8 e i 12 giorni, terminando i traffici e dando tempo ai pellegrini di compiere le loro *cercae* nei Luoghi Santi. Le galee tornavano quindi a Giaffa per reimbarcare i pellegrini di rientro da Gerusalemme, prima di veleggiare verso Beirut. Nelle delibere del senato rivolte ai capitani delle *mude* si ordinava di "mittere una de galeis Zaffum cum omnibus peregrinis quos dicte galee levassent, que galea debeat expectare peregrinos ibi in Zaffo vel in portu de Acre diebus .XII et non ultra, et postea

200 La prima autorizzazione per 10 pellegrini è in: ASVe, *Senato Misti* 37, f. 97v. Venezia, 22 luglio 1382. Successivamente venne allargata a 25 persone: Ivi, f. 98v. Venezia, 28 luglio 1382.

201 ASVe, *Senato Misti* 42, f. 23v. Venezia, 12 settembre 1391.

202 Nel 1374 il francescano Çaparius aveva ottenuto con altri tre frati l'imbarco "super duabus galeis disarmatis ituris in Cretam et conduci in Cretam amore Dei". Essi poi avrebbero dovuto trovare un altro modo di proseguire dall'isola fino a Gerusalemme. ASVe, *Senato Misti* 34, f. 93r. Venezia, 28 marzo 1374. Edito in Giorgio FEDALTO, *La Chiesa latina in Oriente*, vol. 3, Verona 1978, p. 116, doc. 271.

203 ASVe, *Senato Misti* 36, f. 52v. Venezia, 9 marzo 1378. Edito in FEDALTO, La Chiesa latina in Oriente, vol. 3, p. 122, doc. 288.

204 PREDELLI, I libri commemoriali, vol. 3, p. 225, n. 414. Venezia, 2,4 e 5 dicembre 1394.

redire Barutum".[205] Il senato stava attento a non abbandonare nessun pellegrino per la strada, emanando ordini perentori ai patroni.[206]

L'imbarco sulle navi mercantili poteva generare incidenti tra i pellegrini, che vivevano il loro viaggio in un clima di accesa religiosità, e i mercanti, avvezzi ai trasferimenti via mare e con comportamenti più mondani. Il governo veneziano per evitare problemi aveva compiuto svariati tentativi di separare il traffico commerciale da quello religioso. Il 1382 è la prima data conosciuta per l'inizio di un vero e proprio servizio di linea di galee specializzate, che ogni anno facevano la spola tra Venezia e Giaffa portando esclusivamente pellegrini.[207] Nel 1382 il vescovo di Zagabria era autorizzato ad armare a Venezia una galea a sue spese, per recarsi con un folto seguito di pellegrini alla volta della Terra Santa se avesse voluto.[208] Da quell'anno si erano fatti ricorrenti i viaggi di galee appositamente armate per il trasporto di pellegrini e ribattezzate "galeis de Zaffum". I legni erano generalmente di proprietà di privati ma rigidamente sorvegliati dagli ufficiali del comune: si trattava di galee e di cocche in alcuni casi. I patroni avevano bisogno di permessi per poter "porre banco" al proprio legno e potevano incantare i posti ai pellegrini solo dopo aver effettivamente armato la galea, così da evitare frodi. Il senato controllava anche i prezzi e i pagamenti, nel tentativo di tutelare i pellegrini. Solo verso la metà del XV secolo il comune aveva tentato di stabilire una linea di galee gestita interamente dal potere pubblico, andando però incontro al fallimento: il traffico di pellegrini era ormai drasticamente calato rispetto al cinquantennio precedente.[209] I tentativi di separare il traffico commerciale e i pellegrinaggi erano stati continui, al punto che nel 1398 il governo veneziano aveva vietato l'imbarco sulle galee della *muda* di Beirut ai pellegrini non veneziani. Era uno sforzo irrealizzabile, perché i pellegrini non trovavano navi sufficienti che li portassero in Siria e il comune doveva concedere continuamente permessi speciali. Già nel 1401 il divieto era revocato.[210]

I registri veneziani sono affollati di permessi di imbarco per pellegrini su legni mercantili, a causa delle necessità di coloro che dovevano intraprendere il viaggio ed erano arrivati troppo presto o troppo tardi rispetto alla galea "peregrina", il mantenimento di buone relazioni con i paesi di provenienza dei devoti, i compromessi affinché altre città marinare (come Genova o Ancona)

---

205 ASVe, *Senato Misti* 43, f. 9r. Venezia, 4 giugno 1394.

206 ASVe, *Senato Misti* 43, f. 27v. Venezia, 29 agosto 1394.

207 Jacoby, Pèlerinage médiéval et sanctuaires de terre sainte, p. 38.

208 ASVe, *Senato Misti* 37, f. 67v. Venezia, 10 aprile 1382. Edito in Fedalto, La Chiesa latina in Oriente, vol. 3, pp. 124–125, doc. 296.

209 Ashtor, Venezia e il pellegrinaggio in Terrasanta nel basso medioevo, pp. 205–206.

210 Ivi, p. 203.

non si sostituissero al ruolo di Venezia quale porto d'imbarco. Le autorizzazioni potevano anche essere ibride, come quella emanata nel 1396 per i nobili padovani Michele de Rabbata e Morandino de Poraleis, che avevano fatto speciale richiesta per viaggiare separatamente dagli altri. Essi potevano salire sulla galea di Angelo Gradonico "non obstante quod non sit de galee deputatis pro peregrinis"[211] e dirigersi in Oriente. Una volta giunti dalle parti di Siria, verosimilmente a Beirut, i due si sarebbero dovuti imbarcare sulla galea di pellegrini che li avrebbe portati a Giaffa; il ritorno da Beirut poteva essere nuovamente fatto sulla galea di Gradonico.[212] La Terra Santa non era l'unica destinazione e nel XIV secolo si era affermata un'altra possibilità, sebbene meno frequentata, che prevedeva l'arrivo ad Alessandria d'Egitto. I pellegrini che sceglievano la via di Alessandria potevano visitare il santuario di Santa Caterina nel Sinai prima di dirigersi verso la Palestina, pregare presso i Luoghi Santi e cercare un altro imbarco che li riportasse in Europa.[213] I pellegrini erano una discreta presenza ad Alessandria, non eccessivamente numerosa ma costante, a partire dalla caduta dell'embargo papale nel 1344; per loro, tuttavia, non furono mai create galee speciali adibite al loro trasporto, dunque dovevano viaggiare su navigli commerciali. Tra i casi più famosi vi è quello del fiorentino Leonardo Frescobaldi, che ha lasciato un resoconto del suo percorso compiuto nel 1384.[214]

Si trattava di gruppi abbastanza consistenti: il 18 aprile 1382 era stato rilasciato un permesso per una compagnia di 25 pellegrini, diretti nel Sinai, che potevano trovare posto sulla galea di Francesco de Canali fino ad Alessandria.[215] Giunti nella città egiziana i pellegrini erano alloggiati in vari fondaci, come quello catalano, quello franco-provenzale e quelli di nazioni minori, che spesso non erano riempiti dalle merci dei loro concittadini. I catalani, particolarmente attivi nell'ospitalità ai pellegrini, davano ovvia priorità ai propri connazionali e permettevano l'ingresso qualora fossero rimasti posti liberi. In mancanza di spazio nel fondaco della propria nazione i pellegrini erano ospitati dal "console dei pellegrini", che si occupava di coloro che provenivano da

---

211 ASVe, *Senato Misti* 43, f. 144r. Venezia, 8 agosto 1396.

212 "Verum quando erunt in partibus Syrie debeant ascendere super galeis peregrinorum et cum eis ire in simul cum aliis peregrinis ad Zaffum, et quando reversi fuerint ascendant super galea gradonica predicta". *Ibidem.*

213 Sui pellegrinaggi cristiani nel Sinai: D. JACOBY, Christian Pilgrimage to Sinai Until the Late 15th Century, in: *Holy Space, Hallowed Ground. Icons from Sinai*, ed. Robert S. NELSON / Kristen M. COLLINS, Los Angeles 2006, pp. 79–93.

214 Tra gli studi del testo, denominato *Viaggio in Egitto e in Terra Santa*, per brevità si cita solo: Gabriella BARTOLINI / Franco CARDINI, *Nel nome di Dio facemmo vela. Viaggio in Oriente di un pellegrino medievale*, Roma-Bari 1991.

215 ASVe, *Senato Misti* 37, f. 68v. Venezia, 18 aprile 1382. Edito in FEDALTO, La Chiesa latina in Oriente, vol. 3, p. 125, doc. 297.

paesi senza installazioni nel porto egiziano. I fondaci di Venezia e Genova, data la mole dei commerci, erano generalmente pieni delle merci dei loro mercanti; il limitato spazio era occupato, al limite, dai pellegrini veneziani e genovesi in arrivo con i convogli.[216] Verso la fine del XIV secolo i pellegrini in transito a Venezia avevano raggiunto numeri notevoli e dagli anni 1380 avevano lasciato il porto lagunare, ogni estate, tra le 3 e le 8 galee cariche di devoti. Il numero di coloro che partivano dalla capitale veneta per i Luoghi Santi è stimato in 300–600 individui all'anno nell'ultimo ventennio del Trecento, picco dei viaggi.[217] All'inizio del Quattrocento il numero annuo delle galee di pellegrini si era abbassato tra le 2 e le 4, mentre nella seconda metà del secolo veleggiavano solo una o due galee verso Giaffa.[218] Le galee imbarcavano ognuna circa 60 pellegrini, toccando al massimo il centinaio. Nonostante ciò, l'impatto che i pellegrini avevano sui circuiti dell'economia veneziana era limitato e non si trattava tuttavia di un movimento di massa. Tolte le spese, i profitti di chi affittava le proprie galee non erano così ingenti.[219]

Gli imbarchi dei pellegrini verso la Terra Santa procedevano in piena regola e con picchi molto alti nel periodo 1398–1400, nel pieno del pericolo turco e indipendentemente da esso.[220] Si conferma la scissione tra il fatto bellico della crociata contro gli ottomani, e la frequentazione dei Luoghi Santi in Oriente, soggetti ai mamelucchi, che continuava senza particolari problemi. Le misure per la messa in sicurezza delle galee risalgono al XV secolo, segno che nel Trecento i veneziani possedevano ancora un ragionevole dominio dei mari del Mediterraneo sud-orientale e che i corsari, anch'essi cristiani, si astenevano dall'attaccare galee cariche di viaggiatori diretti sui luoghi di Cristo. Nel Quattrocento i pirati turchi, divenuti più audaci sul mare, attaccavano i convogli di pellegrini, che iniziavano a essere scortati da galee da guerra. I musulmani del Trecento non erano ancora in grado di operare attacchi sul mare, mentre nel secolo successivo i pellegrini erano divenuti un bersaglio particolare del loro odio.[221] In pellegrinaggio si poteva comunque morire e i veneziani erano implicati in transazioni economiche in questo senso. Il cavaliere scozzese Walter de

---

216 Quello dei pellegrini in molti casi era anche un affare lucroso, perché essi erano tenuti a pagare tutti gli accessori nel fondaco, come letti e cibo, sebbene non esistesse una legislazione univoca. JACOBY, Western Merchants, Pilgrims, and Travelers in Alexandria, pp. 419–422.

217 M. Margaret NEWETT, *Canon Pietro Casola's pilgrimage to Jerusalem*, Manchester 1907, pp. 36–38.

218 ASHTOR, Venezia e il pellegrinaggio in Terrasanta nel basso medioevo, p. 213.

219 Ivi, pp. 215–218.

220 Ivi, p. 207.

221 Ivi, p. 218.

Lesly aveva ritirato da due veneziani 400 ducati, parte di un deposito fatto da Albano de Winton e da altri due compatrioti prima di partire per il pellegrinaggio. Albano era morto durante l'itinerario e il cavaliere de Lesly, in quanto procuratore, aveva riscosso a Venezia gli averi del compagno.[222] Tecnicamente le galee di pellegrini non potevano imbarcare merci, ma anche in quest'ambito la pratica veneziana era contraddittoria, con la concessione di licenze ai patroni oppure con il commercio di frodo praticato dagli stessi.[223]

La laguna, per la ramificazione dei suoi collegamenti e per il suo ruolo acquisito di "polo sacro dei trasporti marittimi" era divenuta anche il canale privilegiato per il trasferimento di chierici, frati e uomini di Chiesa. Le altre città marinare, Genova compresa, avevano un ruolo estremamente ridotto in questo senso. Gli ecclesiastici, accompagnati da lettere di raccomandazione conservate nei fondi del senato, giungevano in laguna per intraprendere i propri viaggi. I vescovi che dovevano recarsi o tornare dal Levante si affidavano alle rotte veneziane. Nel 1356 il governo veneto aveva raccomandato che, qualora si fosse rinnovata la lega contro i turchi, ne fosse messo a capo l'arcivescovo di Creta in qualità di legato papale di Romania poiché, come aveva scritto direttamente il senato a papa Innocenzo VI, "infideles Turchi non cessant dampnificare humanum christianorum genus et specialiter terras et loca nostra".[224] I vescovi latini dei domini veneziani, come Patrasso, Negroponte, le diocesi cretesi o l'arcipelago egeo utilizzavano ovviamente i convogli veneziani per i propri spostamenti. Nel 1360 nel porto genovese di Chio aveva fatto la sua comparsa una "galeacia" veneziana di nome "Sanctus Petrus", di cui era patrono Liberale de Monte e al servizio del legato della Santa Sede, Pierre Thomas. Il prelato avrebbe fatto tappa a Corone, dove era vescovo, prima di dirigersi verso Smirne a bordo del legno veneto.[225] Anche i mendicanti sembravano preferire

---

222 Walter de Lesly ricevette 400 ducati da Costantino e Marco Zuccolo, a saldo degli 800 ducati depositati da Albano de Winton, da Stefano de Laglande e dal chierico Guglielmo prima di partire per il pellegrinaggio. PREDELLI, I libri commemoriali, vol. 3, p. 29, n. 145. Venezia, 17 aprile 1364.

223 ASHTOR, Venezia e il pellegrinaggio in Terrasanta nel basso medioevo, pp. 212–216.

224 ASVe, *Senato Misti* 27, f. 56v. Venezia, 30 gennaio 1356. Edito in FEDALTO, La Chiesa latina in Oriente, vol. 3, p. 73, doc. 165. L'arcivescovo avrebbe dovuto scrivere una lettera alla curia avignonese in cui chiedeva la legazione, inviandola tramite un procuratore veneziano che doveva mostrarla solo nel momento in cui l'unione fosse stata conclusa. ASVe, *Senato Misti* 27, f. 58v. Venezia, 15 febbraio 1356. Edito in FEDALTO, La Chiesa latina in Oriente, vol. 3, p. 73, doc. 166.

225 Siamo a conoscenza di questo viaggio perché il patrono veneziano, Liberale, aveva dichiarato di aver ricevuto da Giovanni di Livellato, burgense di Chio, una certa cifra per l'armamento della galeazza. Liberale da Monte dichiarò che si impegnava a ripagare entro 8 giorni da quando fossero arrivati a Smirne, dove erano diretti. Il loro viaggio sarebbe così

l'imbarco sotto il vessillo di San Marco e nel 1373 il ministro generale per la Romania dell'Ordine francescano, insieme ad altri due frati, aveva il permesso di viaggiare sulle galee veneziane per raggiungere l'Oriente.[226] Quasi un decennio dopo il nuovo ministro di Romania, Caterino da Venezia, si era recato a Negroponte con un compagno a bordo delle galee venete.[227] Anche i cavalieri degli ordini monastico-militari si avvalevano dei convogli marciani per dirigersi nel Levante. Nel 1359 erano saliti sulle galee venete, con l'autorizzazione del comune, fra' Giovanni di Colonia, tesoriere di Romania dell'Ordine Teutonico, con due servitori per recarsi a Corfù o a Corone. Egli aveva ottenuto speciali meriti agli occhi delle autorità veneziane per il suo impegno nella difesa di Modone e Corone.[228] Nel 1378 i due cavalieri ospitalieri Antonio de Riparia e Pietro de Parma avevano ottenuto un passaggio per Rodi sulle galee di Creta.[229] Venezia possedeva l'esclusiva del trasporto nel Levante?

A causa della mancanza di documentazione non conosciamo il coinvolgimento di Genova in questo genere di trasporti. Nel 1389 abbiamo notizia di Raffaele di Savignone, prevosto della chiesa genovese di Santa Maria delle Vigne, che aveva dichiarato di essere in possesso di lettere apostoliche di papa Urbano VI e dell'arcivescovo Giacomo Fieschi, per cui doveva imbarcarsi "ad partes ultramarinas que per soldani Babilonie detinenbur".[230] Si tratta tuttavia di casi sporadici e tutto lascia supporre che Genova non fosse interessata all'imbarco degli uomini di Chiesa sul mare. I suoi traffici marittimi si muovevano su altri piani. Venezia sembra la città deputata al trasporto di occidentali verso Oriente: viaggiatori, pellegrini, ecclesiastici, ambasciatori. Il centro lagunare custodiva gelosamente il primato: nonostante più guai che guadagni,

---

stato: "de portu Syi navigare ad partes Coroni, recto viagio, et deinde postmodum ad civitatem Smirnarum, recto etiam viagio". Laura Balletto, *Notai genovesi in Oltremare. Atti rogati a Chio nel XIV secolo dal notaio Raffaele de Casanova*, Bordighera 2015, pp. 199–200, doc. 52. Chio, 8 settembre 1360.

226 ASVe, *Senato Misti* 34, f. 66r. Venezia, 26 settembre 1373. Edito in Fedalto, La Chiesa latina in Oriente, vol. 3, p. 115, doc. 267.

227 ASVe, *Senato Misti* 37, f. 98r. Venezia, 25 luglio 1382. Edito in Fedalto, La Chiesa latina in Oriente, vol. 3, p. 126, doc. 301.

228 Giovanni de Colonia veniva raccomandato "de multa devotione et favore prestitis erga nostrum dominium et specialiter in laudabilibus subsidiis adhibitis ad honorem nostrum et conservationem castrorum nostrorum Coroni et Mothoni plurimum commendatur". ASVe, *Senato Misti* 28, f. 93r. Venezia, 10 marzo 1359. Edito in Fedalto, La Chiesa latina in Oriente, vol. 3, pp. 84–85, doc. 185.

229 ASVe, *Senato Misti* 36, f. 52v. Venezia, 9 marzo 1378. Edito in Fedalto, La Chiesa latina in Oriente, vol. 3, p. 122, doc. 289.

230 ASGe, *Notai Antichi* 469 I, f. 77r. Genova, 2 aprile 1389. Egli non voleva rivelare la propria missione e non voleva far vedere le lettere suddette al capitano della nave mercantile su cui sarebbe salito, ma aveva giurato sul Vangelo di non star operando alcuna frode.

il governo si impegnava affinché il traffico rimanesse saldamente in mani veneziane. Persino Pileo de Marini, arcivescovo di Genova, nel 1405 aveva deciso di imbarcarsi per la Terra Santa da Venezia invece che dal porto di cui era pastore e cittadino.[231]

La presenza di Genova era molto minore della preponderanza veneziana, ma non del tutto assente. Il centro adriatico pareva inoltre deciso a difendere il proprio monopolio, mentre gli stessi devoti dovevano stare attenti allo scontro tra le due città: nel 1350 una nave genovese diretta in Terra Santa, che trasportava pellegrini, era stata attaccata dai veneziani.[232] Stante la scarsa presenza genovese, Famagosta era uno snodo fondamentale e crocevia obbligato per i pellegrinaggi. I liguri sembrano attivi nell'ospitalità e nel 1328 abbiamo notizia di un mercante genovese che aveva stabilito un ospedale per i pellegrini nella città cipriota.[233] Iosep Zafeti, mercante nativo di Famagosta di probabile origine greca o ebraica, ha lasciato un testamento emblematico.[234] Iosep era originario di Cipro, dove aveva vissuto molti anni prima di trasferirsi a Montpellier, città in cui aveva dettato le sue ultime volontà l'8 ottobre 1381 e dove era morto. Le clausole religiose del suo testamento sono indicative della sensibilità spirituale espressa dal testatore: si tratta di una profonda sintesi della pietà laicale cristiana diffusa in ambiente mercantile. I lasciti sono soprattutto testimonianza dei legami tra i locali ciprioti e i liguri, e della presenza effettiva di pellegrini in transito nella Famagosta genovese. Sono nominati esecutori dei lasciti pii due genovesi, Eliano ed Enrico Camilla, definiti da Iosep "mihi amicos".[235] Il mercante aveva forti legami commerciali con famiglie genovesi, tra cui appunto i Camilla, i Cattaneo, i Lercari e i Nigrono, mentre traspare dal suo

---

231 La notizia, sebbene non sia riportata né nella voce del *Dizionario Biografico degli Italiani* relativa alla biografia di Pileo de Marini, né nello studio di Dino Puncuh sull'arcivescovo, si ricava dagli atti del senato veneziano in cui si dà autorizzazione a Pileo de Marini per partire nel maggio 1405 in direzione del Santo Sepolcro. ASVe, *Senato Misti* 46, f. 171r. Venezia, 14 marzo 1405. Edito in: Paul-Édouard-Didier RIANT, Pièces relatives au passage à Venise de pèlerins en Terre Saint, in: *Archives de l'Orient Latin* 2/2 (1883), pp. 237–250, qui p. 245. Ciò contrasta tuttavia con quanto riportato nella voce del *Dizionario* che lo dà a Genova durante l'ingresso dell'antipapa avignonese Benedetto XIII il 16 maggio 1405: Giovanni NUTI, Pileo de Marini, in: *Dizionario Biografico degli Italiani*, vol. 38, Roma 1990, pp. 552–555.

232 Il fatto risaliva al 1350, mentre il lamento presso le autorità venete per i danni ricevuti del cavaliere Sagramoro de Pomerii, che si stava recando in Terra Santa a bordo della nave genovese, era del 1361. PREDELLI, I libri commemoriali, vol. 2, p. 325, n. 268. Venezia, 19 settembre 1361.

233 JACOBY, Western Merchants, Pilgrims, and Travelers in Alexandria, p. 417.

234 Si veda l'articolo, privo però dell'edizione del documento: PETTI BALBI, Carità e danaro: il testamento del cipriota Joseph Zafeti (1381), pp. 55–62.

235 ASGe, *Notai Antichi* 469 I, f. 30r. Montpellier, 8 ottobre 1381.

testamento una certa solitudine a livello personale e parentale. Dalle clausole testamentarie emergono le simpatie filogenovesi del cipriota, che pur essendosi stabilito a Montpellier aveva ancora Famagosta al centro dei propri pensieri e si definiva testardamente *burgense* di quella città. Iosep Zafeti, avendo avuto tanta fortuna in vita con i propri commerci, ordinava l'edificazione a Famagosta di una cappella con un altare dedicato alla Trinità e un altro alla Vergine Maria, che avrebbe munito di paramenti sacri e di tutto il necessario a sue spese.

Con una complessa operazione di stampo economico-devozionale, egli stabiliva la presenza di tre presbiteri e due chierici per occuparsi della cappella e officiare le funzioni; per il loro mantenimento lasciava 6.000 fiorini d'oro e investimenti nelle *compere* del comune di Genova, con cui mantenere gli ecclesiastici a lungo termine. Alla stessa cappella destinava anche tutti i propri libri, oltre al compito per gli ecclesiastici di celebrare quotidianamente messe per la sua anima e per quella dei suoi parenti.[236] Il testatore lasciava la propria casa di Famagosta e un'altra adiacente, più piccola, affinché divenissero ospedali per accogliere i pellegrini: "pro uso pauperum et peregrinorum et aliorum qui Sanctum Sepulcrum dominicum in Jerusalem eundo vel redeundo pro tempore peregre visitare proponerent, ita quod mares in dicto maiori hospicio et femine seorsum in domo sibi adiacenti".[237] I due ospedali, uno per gli uomini e l'altro per le donne, dovevano essere intitolati allo Spirito Santo e avrebbero avuto un totale di 35 letti (20 per gli uomini e 15 per le donne). I patroni della cappella e degli ospedali erano Eliano ed Enrico Camilla; a loro sarebbero succeduti nel compito i figli maschi primogeniti o altre persone designate all'interno dell'*albergo* dei Camilla. In ultima istanza il capitolo della cattedrale di San Lorenzo, a Genova, avrebbe dovuto curare le istituzioni famagostane. I mercanti Eliano ed Enrico avrebbero dovuto inoltre inviare due schiavi per servire l'ospedale, che dopo sette anni di lavoro avrebbero dovuto essere affrancati e sostituiti da altri due: tutto ciò sarebbe stato sostenibile grazie ai lasciti e agli investimenti nel debito pubblico genovese.[238] Zafeti ordinava che la casa fosse ristrutturata grazie a una sostanziosa cifra, così da fornire una certa comodità ai viaggiatori, e desiderava che si approntasse persino un cimitero "in quo corpora peregrinorum et peregrinarum morientium in infrascripto hospitali meo costruendo humari possint et sepeliri".[239]

---

236 Iosep Zafeti aveva lasciato 2.000 fiorini d'oro per la costruzione della cappella e altri 500 per i paramenti sacri. I presbiteri avevano anche il compito di provvedere alla cura d'anime dei pellegrini che sarebbero transitati nei due ospedali. *Ibidem*.

237 Ivi, f. 6v. Genova, 15 marzo 1386.

238 Ivi, f. 30r.-34v. Montpellier, 8 ottobre 1381.

239 *Ibidem*.

L'attenzione del mercante filogenovese, con la sua religiosità operativa, era tutta rivolta ai pellegrini indigenti, a cui destinava i propri averi in una grande operazione caritativo-assistenziale. Il pellegrinaggio poteva assumere un particolare rilievo nella sensibilità religiosa di mercanti come Iosep Zafeti, che orbitava intorno al mondo ligure d'oltremare. L'esecuzione delle volontà di Zafeti sarebbe stata tuttavia problematica e i due Camilla si erano rivolti persino a papa Urbano VI nel 1386. Nonostante le sollecitudini papali, pare che l'arcivescovo genovese non abbia dato seguito alla faccenda, probabilmente per una certa diffidenza della chiesa genovese verso le fondazioni laicali poste in una diocesi straniera, seppur affidate a lei.[240] Il mercante cipriota aveva designato come eredi universali del proprio patrimonio Gesù e i pellegrini poveri; aveva deciso di far passare questo lascito per le mani e per la cura di mercanti genovesi, dei titoli di debito del comune ligure e addirittura della cattedrale cittadina, piuttosto che di quelle di Montpellier o della stessa Famagosta. Il Levante era rimasto, ancora nel XIV secolo, un crocevia di pellegrini che genovesi e veneziani potevano incontrare durante le loro navigazioni. Nel 1383 la flotta da guerra genovese inviata a Cipro aveva incrociato il "grippum" del compatriota Goffredo Spinola, su cui si trovava il giovane pellegrino tedesco "Henricus de Vester Stetem". Questi tornava dal viaggio a Gerusalemme, "dum venisset de Jherusalem et ab indulgentiis Terre Sancte"[241]; si era imbarcato sul legno presso Kyrenia, a Cipro, per dirigersi verso Rodi, da cui avrebbe continuato il proprio ritorno fino alla Germania.

Veneziani e genovesi non erano solo trasportatori o spettatori del flusso di devoti che si dirigeva in Oriente. Anche gli abitanti dei centri marittimi paiono coinvolti nel fenomeno, a dispetto di affaristi impermeabili ai moti spirituali del loro tempo. Liguri e veneti, sia in oltremare che nelle rispettive capitali, avevano sentito in molti casi il richiamo del Santo Sepolcro e si erano diretti a Gerusalemme. I veneziani, forse per la maggiore quantità di documentazione conservata, forse perché toccati dal numero di pellegrini che transitava per le calli della città, sembrano i più sensibili. Molti nobili o importanti cittadini erano partiti direttamente dalla laguna, come Benvenuto Negro di Torcello nel 1370, Francesco da Molin nel 1395, Giovanni Garzoni e Francesco Gerardo

---

240 Petti Balbi, Carità e danaro: il testamento del cipriota Joseph Zafeti (1381), pp. 60–61. Una supplica rivolta da Eliano ed Enrico Camilla a papa Urbano VI, mentre si trovava a Genova; il papa per favorire l'effettiva fondazione di cappella e ospedali, concesse una serie di ulteriori privilegi spirituali alle future fondazioni. Il documento è in: ASGe, *Notai Antichi* 469 I, f. 6r-7v. Genova, 15 marzo 1386.

241 ASGe, *Notai antichi* 381, f. 167v.-168r. Famagosta, 10 settembre 1383. Edito in Balard / Balletto / Schabel, Gênes et l'Outre-mer, pp. 315–317, doc. 90.

nel 1400.[242] Spesso i veneziani di cui abbiamo notizia, più che viaggi specifici verso la Terra Santa, univano il periodo delle cariche coloniali, o comunque la loro assidua frequentazione del Levante, con le pratiche devozionali: capitani di galee, mercanti, consoli, ambasciatori, mentre già si trovavano in Oriente, approfittavano dei tempi morti per compiere i propri viaggi devozionali. Nel 1356 il senato aveva dato il permesso di compiere un piccolo pellegrinaggio al capitano delle galee di Alessandria, Pietro Baseio, che, una volta scaricate le merci nella città egiziana, poteva scendere a terra "pro visitando locum ubi passus est beatus Marcus"[243], prima di tornare a bordo. Nel 1361 un capitano della stessa *muda*, Marco Giustiniani, poteva andare a sentire messa nella chiesa di San Marco ad Alessandria, a patto di tornare in tempo sulle galee.[244] Andrea Venier, console veneziano ad Alessandria nel 1364, era autorizzato a compiere un pellegrinaggio passando per Santa Caterina nel Sinai fino al Santo Sepolcro, lasciando il proprio figlio o qualcun altro che lo sostituisse durante l'assenza.[245] Il console veneziano di Damasco, Giovanni Barbarigo, nel 1382 aveva ottenuto un permesso di 15 giorni per visitare i Luoghi Santi se non era occupato da altri impedimenti[246]; nel 1398 il console di Alessandria, Perazzo Malipiero, poteva recarsi al monastero di Santa Caterina del Sinai dopo la partenza della *muda* veneziana, lasciando al suo posto un viceconsole.[247] Persino il bailo di Cipro, Bartolomeo Querini, nel 1370 aveva richiesto una grazia speciale al governo per andare in pellegrinaggio a Gerusalemme affinché "possit complere votum suum", come avevano già fatto Andrea Zeno e altri baili prima di lui.[248] Anche l'ambasciatore veneziano Iacopo Suriano, uno dei due emissari inviati al Cairo nel 1398 per trattare con il sultano, desiderava visitare Santa Caterina nel Sinai per adempiere al proprio voto. Il senato aveva

242 Operare una lista completa dei pellegrini veneziani è praticamente impossibile. JACOBY, Pèlerinage médiéval et sanctuaires de terre sainte, p. 43.

243 ASVe, *Senato Misti* 27, f. 98r. Venezia, 13 settembre 1356. Edito in FEDALTO, La Chiesa latina in Oriente, vol. 3, p. 75, doc. 170.

244 ASVe, *Senato Misti* 30, f. 20v. Venezia, 7 settembre 1361. Edito in FEDALTO, La Chiesa latina in Oriente, vol. 3, p. 92, doc. 201.

245 ASVe, *Senato Misti* 31, f. 76v. Venezia, 28 agosto 1364. Edito in FEDALTO, La Chiesa latina in Oriente, vol. 3, p. 99, doc. 201.

246 ASVe, *Senato Misti* 37, f. 97v. Venezia, 22 luglio 1382.

247 ASVe, *Senato Misti* 44, f. 52v. Venezia, 9 luglio 1398. Edito in FEDALTO, La Chiesa latina in Oriente, vol. 3, p. 158, doc. 391.

248 "Bartholomeo Quirino baiulo Cipri, exponenti quod habet votum visitare Sepulcrum Domini, concedatur quod, adveniente tempore concordii et pacis, ita quod possit complere votum suum, possit visitare Sepulcrum predictum pro bono anime sue de gracia speciali, sicut alias ser Andree Geno baiulo et multis aliis factum fuit, dimittendo regimen seu baiulatum fulcitum secundum usum". ASVe, *Senato Misti* 33, f. 56v. Venezia, 20 maggio 1370. Edito in MOZZATO, *Venezia – Senato. Deliberazioni miste, vol. 20*, p. 212, doc. 425.

acconsentito, specificando che quel viaggio si doveva compiere "ad suas expensas" fino al ritorno ad Alessandria. Intanto il socio, Luca Bragadin, poteva tornare a Venezia o aspettare il compagno ad Alessandria.[249] Questi pellegrini lasciavano spesso dei segni nei santuari visitati. Su una colonna del Santo Sepolcro è possibile leggere un'iscrizione in pittura rossa che reca: "1384 8 lugio / Piero Vendramini". Sullo stesso portale vi è un'incisione, di qualche anno più tarda, che mostra il cognome Dandolo.[250]

Su Genova disponiamo di informazioni più scarne. È forse possibile imputare questa lacuna a una minore sensibilità dei genovesi, legata anche al minor ruolo delle flotte liguri nella logistica dei pellegrinaggi oltremare. Occorre tuttavia riconoscere che Genova non viveva un modello di centralizzazione governativa pari a quello veneto, in cui i permessi di imbarco e le assenze dovevano passare per il vaglio del senato e degli organi pubblici e gran parte degli imbarchi e dei pellegrini non hanno lasciato traccia se non tra gli atti notarili. Un riferimento ideale alla pratica pellegrinaggio era comunque presente anche nella capitale ligure. Luchino Cigala, genovese residente a Famagosta, aveva fatto curiosamente un voto di pellegrinaggio non a Gerusalemme, a lui relativamente vicina, ma a Santiago di Compostela. Nel 1387 però, essendo ormai vecchio e non sentendosi in grado di affrontare i pericoli del viaggio, nonché lo "scisma in illis partibus vigens", aveva chiesto di commutare il proprio voto in un'altra opera di pietà. La curia genovese aveva deciso di sostituire il pellegrinaggio di Luchino con tre mesi di digiuno, di partecipazione quotidiana alla messa nella chiesa di San Francesco di Famagosta e di offerte alla stessa chiesa.[251] Alcuni nobili genovesi si erano invece diretti in Terra Santa: nel 1398 Gotifredo Doria era patrono di una galea, per la quale aveva già preso accordi con alcuni mercanti per dirigersi ad Aigues Mortes. Non sappiamo per quale motivo, il patrono era invece autorizzato ad andare in pellegrinaggio al Santo Sepolcro a Gerusalemme in compagnia di Alaramo de Mari, Costantino Lercari e il "domini Illustris domini Comitis Marchie".[252]

Anche i poteri pubblici delle città marinare erano attenti alle vicende gerosolimitane. La pace tra Venezia e l'Ungheria del 1356 conteneva una clausola in cui il senato consentiva di fornire a re Luigi 2 galee, da lui richieste per un pellegrinaggio al Santo Sepolcro e al contempo per lottare "contra Turcos aut

249 ASVe, *Senato Misti* 44, f. 75r. Venezia, 17 dicembre 1398. Edito in FEDALTO, La Chiesa latina in Oriente, vol. 3, p. 158, doc. 392.

250 JACOBY, Pèlerinage médiéval et sanctuaires de terre sainte, p. 44.

251 ASGe, *Notai antichi* 468 II, f. 73v.-74r. Genova, 26 luglio 1387.

252 ASGe, *Archivio Segreto, Diversorum* 498, doc. 583, f. 191r. Genova, 17 agosto 1398.

Saracenos".[253] Il trattato di pace del 1370 tra Venezia e il sultano mamelucco non ci è pervenuto, ma sappiamo di una clausola in cui si specificava che i pellegrini latini in visita ai Luoghi Santi non dovevano pagare tasse più alte di quelle anteriori all'attacco cristiano del 1365.[254] Il governo veneziano si era impegnato con la propria diplomazia per la salvaguardia dei luoghi di Cristo in Oriente e, rispondendo alle richieste dei frati francescani, nel 1371 si era adoperato per il trasporto da Venezia a Cipro di una grossa quantità di piombo, destinata al restauro della copertura della chiesa del Santo Sepolcro a Gerusalemme.[255] Tommaso Mocenigo, futuro doge veneziano, aveva compiuto il proprio viaggio in Terra Santa nel 1391: durante il suo dogato quattrocentesco egli era rimasto molto legato alla Custodia francescana, a cui aveva offerto sempre pieno appoggio.[256] Il patrizio Ruggero Contarini, mercante veneto dalla spiccata religiosità, nel suo carteggio lascia numerose tracce del proprio zelo nei confronti della Terra Santa. I rapporti tra Ruggero e il custode francescano sembrano particolarmente stretti, al punto che il mercante era divenuto suo procuratore a Venezia nel 1393 e nel marzo 1399 aveva raccolto un'oblazione di 1500 ducati, donata dal duca di Milano per il restauro della chiesa della Natività a Betlemme e inviata da Ruggero tramite la galea di Nicolò Mudazzo.[257] Nel maggio dello stesso anno Contarini riceveva la dolorosa notizia della morte di frate Gerardo, suo amico, e parlava della successione alla guida dei francescani in oltremare.[258] Nel dicembre 1399 Ruggero Contarini trattava con il futuro re d'Inghilterra, appena tornato dal pellegrinaggio, per discutere del finanziamento al restauro della chiesa del Monte Sion.[259] In quello stesso periodo il devoto mercante era soprattutto preoccupato che Gerusalemme, sotto il dominio mamelucco, potesse cadere in mano del sultano turco Bayezid: "de

---

253 THIRIET, Délibérations des assemblées Vénitiennes, vol. 1, p. 237, doc. 630. Venezia, 14 novembre 1356.

254 JACOBY, Western Merchants, Pilgrims, and Travelers in Alexandria, p. 418.

255 "Ad instantem supplicationem nobis factam pro parte religiosi viri fratris Gerardini, ordinis minorum, concedatur eidem quod possit extrahere de Veneciis et mittere in Ciprum milliaria quinque plombi pro cohopertura ecclesie Sancti Sepulcri". ASVe, *Senato Misti* 33, f. 117v. Venezia, 10 giugno 1371. Edito in FEDALTO, La Chiesa latina in Oriente, vol. 3, p. 111, doc. 255.

256 JACOBY, Pèlerinage médiéval et sanctuaires de terre sainte, p. 43.

257 Ruggero scriveva il 5 marzo 1399: "e spero in Dio, al tornar de la dita, nuy avemo nuove, che subito y poremo mandar y legnami et feramenta, i qual d'è quy tuti et apariadi et pagadi di dener de miser ducha de Milan". Giuseppe DALLA SANTA, *Uomini e fatti dell'ultimo trecento e del primo quattrocento da lettere a Giovanni Contarini, patrizio veneziano, studente ad Oxford e a Parigi poi patriarca di Costantinopoli*, Venezia 1916, p. 31.

258 *Ibidem.*

259 Ivi, p. 32.

Ieruxalem, ma dubiome molto che quelle chontrade non sia hochupade per Baixeto, el qual à quello el vuol per y pechadi et inniquitade di cristiani. Dio, per soa grazia, de volta y chuori nostri a chognosimento de tanti benefizij, et struzia le inniquitade di cristiani".[260]

Le due città marinare italiane alla fine del Trecento non avevano chiuso i rapporti con la Terra Santa. Semplicemente, le modalità di questo legame si erano ristrette ed erano cambiate, distaccandosi sempre più dall'istituzione militare della crociata come del commercio, che si dirigeva in Egitto piuttosto che nei porti siriani. Genova e soprattutto Venezia erano attive nel trasporto di pellegrini, divenendo centri sensibili al pellegrinaggio esse stesse. La sacralità di *Outremer* non era messa in discussione, ma sul piano pratico non si intendeva più combattere per esso. La custodia del Santo Sepolcro e dei santuari orientali era stata delegata ai frati francescani, che si adoperavano per accogliere i pellegrini, restaurare e salvaguardare i Luoghi Santi, rimarcare la presenza latina nelle terre del sultano. I francescani erano, forse, un nuovo tipo di più pacifici crociati: le città marinare se ne erano rese conto immediatamente. Lo sforzo bellico, nella seconda metà del Trecento, era rivolto verso altri poli. La guerra con l'infedele era una questione mediterranea, non gerosolimitana.

4.2 Reliquie da mercanti. Sensibilità e religiosità marittime

La crociata conduce verso l'analisi della sensibilità umana dei protagonisti delle vicende, della loro concezione del senso dell'esistenza, delle credenze e delle modalità di espressione. Al contempo, la risposta agli appelli crociati doveva interfacciarsi con la sensibilità comune, che poteva aiutare o meno il richiamo oltremarino. In tale nucleo problematico, è possibile tentare di individuare alcuni tratti emergenti dei sistemi di pensiero e della religiosità a Genova e Venezia, tra cui un certo senso di insicurezza esistenziale. Le lettere vergate dai mercanti, la percezione del tempo, la nuova onomastica, sono tutti segni che meritano un'indagine per approfondire il *milieu* socioculturale delle due città marinare. Gli abitanti dei centri, a larga maggioranza mercantile, non formavano ovviamente blocchi monolitici di interessi commerciali, ma piuttosto una pluralità di scelte individuali. Le fonti involontarie forniscono indizi sugli indirizzi della religiosità tardo-trecentesca, così come le devozioni, tra le quali si registra una progressiva perdita del tradizionale sguardo verso Levante e una tendenza di stampo più civico. Proprio il *passagium* oltremare, sfogo penitenziale del pieno Medioevo, sembrava aver esaurito questo compito nelle

260 Lettera di Ruggero Contarini del 30 gennaio 1399. Ivi, p. 33.

coscienze di liguri e veneti. Alla fine del XIV secolo le esplosioni religiose si erano canalizzate in altre direzioni, come le processioni dei Bianchi del 1399 nelle due città portuali. Il lungo filo rosso dell'analisi dell'ideale crociato permette l'apertura di squarci sui sistemi di pensiero e sui mutamenti in corso, anche nell'ambito più intimo di genovesi e veneziani.

4.2.1 *Un nuovo sentimento dell'esistenza*

I cambiamenti della metà del Trecento avevano avuto un inevitabile impatto sul modo di pensare e di percepire l'esistenza. La religiosità e il rapporto con il trascendente, le domande e il senso del destino andavano incontro a profondi mutamenti oppure si erano fatti latori di lunghe persistenze. Il tentativo di raccogliere alcune tendenze non è esente da rischi, come ogni studio del pensiero, poiché l'analisi è inevitabilmente parziale e guidata dalle fonti esistenti, dunque le linee esposte non sono assolute, benché paiano ragionevolmente maggioritarie. Il quadro interpretativo tracciato non intende rappresentare un affresco totale della sensibilità dell'epoca nei centri mercantili; tuttavia esimersi da questo tipo di analisi significherebbe privare il lavoro del suo strato più profondo.[261] Un paradigma da verificare in questo campo può essere quello di "memoria collettiva", interiorizzata e trasmessa all'interno di un gruppo o società; occorre tenere presente questa nozione, che presenta forti contaminazioni con l'antropologia sociale, in un'analisi che intenda affrontare i quadri mentali di un gruppo di persone, in un tempo delimitato e appartenenti a uno stesso contesto, da trattare pertanto come collettività.[262]

---

261 La storiografia ha già prodotto notevoli studi in questa direzione; Johan Huizinga e Alberto Tenenti, tra gli altri, hanno concepito nel secolo scorso lavori di grande finezza proprio per il tardo Medioevo: HUIZINGA, L'Autunno del Medioevo; TENENTI, Il senso della morte e l'amore della vita nel Rinascimento; Barbara W. TUCHMAN, *Uno specchio lontano. Un secolo di avventure e di calamità. Il Trecento*, Milano 1979; Philippe ARIÈS, *L'uomo e la morte dal Medioevo a oggi*, Roma 1979.

262 Pierre NORA, Mémoire collective, in: *La nouvelle histoire*, ed. Jacques LE GOFF / Roger CHARTIER / Jacques RAVEL, Paris 1978, pp. 398–401, qui p. 398. Si rimanda alle prime concettualizzazioni di questo paradigma sociologico, nato negli anni Venti del secolo scorso dalle idee di Maurice Halbwachs: Maurice HALBWACHS, *I quadri sociali della memoria*, Napoli 1996; IDEM, *La memoria collettiva*, Unicopli, Milano 1987; Marc BLOCH, Mémoire collective, tradition et costume, in: *Revue de synthèse* 11 (1925), pp. 73–83. La visione di Halbwachs è stata completata dai lavori dei coniugi Aleida e Jan Assmann, che si sono concentrati sulla trasmissione della memoria, anche nel senso di "archivi", e sulla ritualità, che permette di mantenere nella coscienza alcuni eventi cardine. Jan ASSMANN, *La memoria culturale. Scrittura, ricordo e identità politica nelle grandi civiltà antiche*, Torino 1997. Si rimanda anche alla distinzione compiuta da Aleida Assmann tra il concetto di "memoria funzione" e quello di "memoria archivio": Aleida ASSMANN, *Ricordare. Forme e mutamenti della memoria culturale*, Bologna 2002, pp. 148–157.

In alcuni studi sugli atteggiamenti dei mercanti genovesi e veneziani del Trecento è stato notato come la seconda metà del secolo sembri segnata da un malcelato sentimento di malinconia e tristezza della vita, negli ambienti mercantili.[263] I cronisti genovesi e veneziani, quali Giorgio Stella, Raffaino de Caresini, lo pseudo-Dandolo o Daniele di Chinazzo, offrono ampia testimonianza di questa percezione. Tale coscienza rimaneva legata a un'élite culturale e burocratica, oppure era condivisa da più ampi strati della popolazione? Il sentimento della tristezza della vita, intesa nel suo dato effimero e faticoso, non era un dato nuovo nel Medioevo; tuttavia, nell'epoca successiva alla grande peste, la percezione dell'infelicità sembrava particolarmente ribadita nell'intera società e permeava le coscienze. Le suggestioni di Huizinga, basate sull'ambiente cavalleresco borgognone, vanno nella medesima direzione, mostrando il grande rilevo dato alla miseria alla fine del Medioevo, non più solo appannaggio di minoranze devote. Va rilevata la diffusione sempre più ampia del termine "malinconia" e un'accentuata familiarità con la morte, che poteva colpire all'improvviso, complici le frequenti epidemie.[264] I toni cupi descritti da alcuni storici sembrano trovare riscontro in molti documenti, contraddistinti da una certa durezza. Nel retro dell'ultima pagina di un registro comunale genovese del 1398 è riportato un sonetto dai toni mesti, probabilmente scritto o composto dal notaio pubblico che vergava le pagine. Esso recita:

> Non sis ad risum facilis qui vis paradisum
> Nam nimis risus nimis est quondam nocivus
> Mors est sturtorum nimium inrideretur virorum
> Hoc inhonestatis puto signum vel levitatis
> Scis bonus et sapiens fuge risum elige plante
> Risus vitetur plantus cupiatur, ametur
> Ut fugias risum crucifixum respice Iesum Christum
> In cruce plagatum frentem per te lacrimatum.[265]

L'ignoto autore, nelle pause tra le deliberazioni del Consiglio, affermava che il riso in fondo era sintomo di disonestà che allontanava dal Paradiso: l'uomo intensamente pio doveva scegliere la contrizione e il pianto, se voleva

263 In particolare: KEDAR, Mercanti in crisi, pp. 123–172. Le modalità di indagine dello studioso, come alcune delle sue conclusioni, saranno largamente riprese, sebbene necessitino di alcuni inevitabili aggiornamenti e correzioni; altre posizioni saranno rafforzate da ulteriori materiali.

264 Ivi, pp. 126–129.

265 ASGe, *Archivio Segreto, Diversorum* 498, f. 268v. Genova, 1398. Il notaio che vergava il registro per l'anno 1398 era Giovanni de Alegro, tuttavia, non si è sicuri si possa attribuire a lui con certezza il sonetto in questione. Infatti sotto le parole del componimento sono riportati i nomi di Giuliano de Casi e Matteo Matus.

veramente conformarsi all'esempio di Cristo. Una certa pietà non era relegata agli ambienti devoti o monastici, ma si era infiltrata nei circoli laici cancellereschi o notarili. La caducità dell'esistenza era ribadita a fianco del componimento, dove era ripetuta dallo stesso notaio per tre volte la macabra frase "Palidus oscurus et vermibus esca futurus"[266], a rimarcare l'inevitabile destino di ogni uomo.

Una fonte eccezionale per lo studio della sensibilità umana del ceto mercantile è il carteggio di fine XIV-inizio XV secolo tra i fratelli veneziani Ruggero, Giovanni e Andrea Contarini.[267] Le loro lettere, che narrano avvenimenti e fatti privati di una famiglia mercantile veneziana, sono efficace sintesi della concezione del mondo, degli affetti, della spiritualità e del pensiero degli uomini che costituivano l'asse portante delle città marittime. I mercanti italiani sono stati spesso analizzati in maniera bidimensionale, quali puri protagonisti economici agenti secondo logiche di profitto. I mercanti non erano esenti da una propria dimensione religiosa e da una riflessione esistenziale, come ha mostrato il notevole caso di Francesco Datini.[268] I fratelli Contarini, nella diversificazione delle loro esperienze, rappresentano una sintesi delle possibilità offerte agli appartenenti alle dinastie mercantili: Giovanni, all'epoca del carteggio, era un chierico studente a Parigi e Oxford, dove stava completando la propria formazione prima dell'ordinazione sacerdotale; Ruggero dirigeva i propri affari da Venezia, rappresentando la figura del mercante stanziale, mentre il fratello Andrea era il prototipo del mercante-viaggiatore: nel 1392 era approdato a Beirut e poi a Damasco, prima di tornare a Venezia; nel 1395 era di nuovo a Damasco e ancora nel 1398 era in Oriente, in un susseguirsi di spedizioni commerciali fino almeno al 1407, che lo avevano portato ad affrontare peripezie per mare, l'incontro con corsari ed epidemie in Siria.[269] Si tratta di un riepilogo delle diverse possibilità, tutte racchiuse in un medesimo nucleo familiare. In molte occasioni all'interno delle lettere, che hanno toni intimi e informali, è possibile ritrovare osservazioni *en passant* sulla caducità delle cose terrestri, più volte ripetute nelle carte di Ruggero.[270] Il mondo era

---

266 *Ibidem.*

267 Il carteggio è stato scoperto e commentato all'inizio del Novecento da Giuseppe Dalla Santa. DALLA SANTA, Uomini e fatti dell'ultimo trecento e del primo quattrocento.

268 Su questa scia, si cita il lavoro sull'umanità di Francesco Datini, su cui si tornerà in seguito: Paolo NANNI, *Ragionare tra mercanti: per una rilettura della personalità di Francesco di Marco Datini (1335 ca-1410)*, Ospedaletto 2010.

269 DALLA SANTA, Uomini e fatti dell'ultimo trecento e del primo quattrocento, pp. 12–13.

270 Ivi, p. 28.

spesso accompagnato da aggettivi quali "tristo"[271]; nel 1393 egli scriveva a Giovanni: "vy savè bien che nuy che semo in questo miserro mondo non avemo may 1 hora de chontento".[272] In fondo, solo Dio poteva rimediare ai disastri e al male imperante, mentre emergeva l'impotenza della "ziente de qui zioxo".[273] Ruggero nel 1399 sperava, nel loro mondo segnato dalla malvagità e dalla violenza, che il Signore risanasse i cuori e le volontà dei cristiani, che in quel momento erano "pluy machuladi e pluy inclinadi a hogni hodio et inniquitade y fose may".[274] Le preghiere dei giusti erano l'unico baluardo, affermava l'anno seguente al fratello Giovanni, affinché Dio avesse pietà di loro e mettesse fine all'epidemia. Dovevano essere ascoltate almeno quelle suppliche, affermava un preoccupato Ruggero: "se le pregiere di zusti non placha el nostro Signor, romagno in gran spavento".[275]

Dal carteggio traspare la profonda religiosità dei Contarini. Il nocciolo del problema dell'analisi di una mentalità collettiva è legato a questo fattore: si trattava di casi isolati o di una condizione diffusa? Sono molte le richieste di Ruggero e di Andrea fatte a Giovanni, l'ecclesiastico della famiglia, di pregare per loro.[276] Ruggero stimava più di ogni altra cosa l'attenzione al volere di Cristo e l'adesione alla sua volontà: "Priego l'altisimo nostro Signor et rechoprador miser Jesu Christo che ve alumina a far la soa santa voluntade, et vardave da chontrario".[277] Particolarmente toccante è la descrizione della morte della moglie di Andrea durante la peste del 1400, che se ne era andata lieta con il crocifisso in mano "chomo se devesse voler andar a noze"[278], assistita fino alla fine da frate Bartolomeo de Pessa: il marito pregava di poter essere perdonato al medesimo modo, quando sarebbe toccato a lui andarsene.[279] Lo zio dei tre fratelli, anch'egli di nome Giovanni Contarini, era morto pochi anni dopo: Ruggero sperava ugualmente bene per la sua anima, perché si era confessato

271 Per lettera del 19 aprile 1393: "vy savè ben che nuy semo invelupadi in questo miserro et tristo mondo, e ch'inde chovien dir et dar de quello ch'el sa dar et far". Ivi, p. 38.

272 *Ibidem.*

273 "ve digo che sollo Dio è quello che po remediar et la soa chorte, et non le ziente de qui zioxo". *Ibidem.*

274 Ivi, p. 40.

275 Ivi, p. 16.

276 Anche Andrea chiese a Giovanni di "pregar instantissimamente prega Dio per mi e per tuti nuy, e de questo ve ne inchargo assai perché molto è de bixogno". Ivi, p. 18.

277 Ivi, p. 39.

278 Ivi, p. 17.

279 La moglie aveva continuato a ripetere prima di morire: "suscipe, suscipe me, domine Jesu". In fondo, afferma Andrea nella lettera, la morte mostra solo la vita che si è vissuto. "A la qual Dio fazia veraxio perdon, che cussì li piaqua de far a l'anema mia, quando li plaxerà a clamarme a si". *Ibidem.*

ben tre volte, aveva ricevuto l'eucarestia e l'estrema unzione.[280] La relazione con Dio non era tuttavia sempre quieta e poteva andare incontro a dubbi: così Andrea confidava a Giovanni il suo rapporto a tratti burrascoso con il Signore, chiedendo al fratello di pregare perché "a voler miser Domenedio faza paxe con mi".[281] Il clima religioso che si respirava tra questi mercanti era intenso, al punto che il figlio maggiore di Ruggero, Pietro Contarini, dopo aver intrapreso la carriera mercantile e aver compiuto due viaggi in Oriente nel 1397 e 1398, aveva deciso di lasciare il mondo e abbracciare la vocazione religiosa. Il figlio del ricco Contarini era entrato nell'Ordine mendicante dei Predicatori; il giovane Pietro non aveva voluto seguire lo zio Giovanni a Parigi ma aveva scelto di rimanere a Venezia a predicare, causando lo scontento di Ruggero. Il padre, pur dopo alcune resistenze, non era contrario alla sua scelta di vita religiosa: il figlio, superata una propria crisi personale e umana, finalmente era stato ordinato prete nel 1405. Ruggero era estremamente contento, sperava nella buona riuscita del figlio e aveva voluto predisporre una grande festa per la sua ordinazione.[282] La religiosità dei mercanti è stata spesso sottovalutata: i Contarini, di cui fortunosamente si conserva un lungo carteggio familiare, mostrano molti loro moti intimi. La loro visione del mondo risulta velata, in ogni maniera, da una certa malinconia e consapevolezza dell'effimero.

Tale malinconia non può essere considerata un tratto esclusivo se, come ha ricordato acutamente Huizinga, ogni epoca ha teso a lasciare più tracce delle sue sofferenze che della sua felicità.[283] Si scorge una religiosità tutta mercantile, già indagata per quanto riguarda Francesco Datini, in equilibro "tra la visione medievale di un'esistenza tesa tra il temporale e l'eterno e l'approssimarsi di nuove concezioni dell'età moderna".[284] Come nel caso dei fratelli Contarini, anche per Datini non si tratta di misurare l'effettiva aderenza pratica degli ideali religiosi nella vita del mercante, ma piuttosto ricostruire una serie di contrasti – anche e soprattutto interiori – che testimoniano l'esistenza di tale dimensione. La ricerca di contentezza in Datini non era riconducibile alla mera ricerca dell'utile o del guadagno.[285] Lo stesso ricco e laborioso Francesco Datini non lesinava accuse alla sua epoca, considerazioni sulla pochezza

280 Particolare enfasi era posta su "el Corpo de Christo e l'ultimo onzion". Ivi, p. 29.

281 Rispetto alla domanda su come andasse il suo rapporto con Dio, Andrea rispondeva "che volentier ne voria star meio". *Ibidem*.

282 Ivi, p. 30.

283 "È vero, ogni epoca lascia nella tradizione più tracce della sua sofferenza che della sua felicità". HUIZINGA, L'Autunno del Medioevo, p. 50.

284 NANNI, Ragionare tra mercanti, p. 85.

285 Ivi, p. 209.

delle cose di questo mondo e delusione per i comportamenti degli uomini.[286] Datini era una persona dalla fede profonda e si interrogava assiduamente sul senso dell'esistenza, non nascondendo la preoccupazione per la salvezza della propria anima e i timori di morire.[287] Dinanzi alla coscienza della vanità, era emersa una certa tendenza al disciplinamento e la contrapposizione al lusso inutile. A Genova e Venezia sempre più voci inneggiavano alla sobrietà e alla moralità. Un'ordinanza del comune genovese del 1398 era diretta ai "superfluis ornamentis" degli ufficiali pubblici, in un clima austero che avrebbe aperto le porte ai devoti dell'anno seguente.[288] Ciò poteva rispondere a un generale atteggiamento dei liguri, che già il poeta Fazio degli Uberti rilevava verso metà Trecento, scrivendo che i genovesi "sobrii sono nel mangiare e nel bevere".[289] Verso la fine del secolo questa contrarietà al non essenziale sembra inasprirsi, tanto che nel 1399 gli accompagnatori del capitano della flotta genovese diretta in Oriente erano ridotti a soli due trombettieri, annullando tutti gli altri.[290] Anche Ruggero Contarini criticava il lusso dei banchetti e della vita parigina del fratello Giovanni, "perché non me par queste maniere de andar per la via di Dio, ni spirito de puovero et umille, e la charitade de Dio et del prossimo non se stende in tante superfluitade".[291]

Occorre comunque non assolutizzare un clima cupo di pesantezza, che non era l'unica modalità di comportamento. Il tardo Trecento, genovese e veneziano, aveva conosciuto slanci di gioia e di ardimento, si continuava a viaggiare, a cercare soluzioni ai problemi quotidiani o guardare al futuro con una dose di positività. L'uomo medievale poteva vivere una forte dissociazione tra la teoria e la pratica. Ne danno testimonianza i novellieri, in gran parte toscani, che avevano i mercanti delle due città tra i protagonisti dei loro racconti comici. I genovesi, probabilmente per la maggiore prossimità geografica e di rapporti, sono i maggiori attori delle novelle, piuttosto che i veneziani, che compaiono in misura minore. I genovesi sembravano incarnare perfettamente lo spirito del mercante avventuroso e spregiudicato, che affrontava il mondo con arguzia e sapeva sempre cavarsela. Il lucchese Giovanni Sercambi, nelle

286 Ivi, pp. 223–229.

287 Ivi, pp. 245–249.

288 ASGe, *Archivio Segreto, Diversorum* 498, f. 155r.-155v., doc. 500. Genova, 7 giugno 1398.

289 Fazio Degli Uberti, *Il Dittamondo e le rime*, vol. 1, ed. Giuseppe Corsi, Bari 1952, Libro III, p. 199.

290 A questa scelta comunque potevano contribuire numerosi altri fattori, quali le casse del comune vuote e il clima di estremo rigore religioso imposto dai bianchi, che proprio nel luglio 1399 si trovavano a Genova e ne avevano condizionato la vita pubblica. ASGe, *Archivio Segreto, Diversorum* 499, f. 81r., doc. 284. Genova, 1° luglio 1399.

291 Dalla Santa, Uomini e fatti dell'ultimo trecento e del primo quattrocento, pp. 40–41.

sue novelle di stampo boccaccesco scritte nell'ultimo decennio del Trecento, narra del genovese Antoniotto Montaldo e di come fosse riuscito a rubare la moglie del sultano di Babilonia con l'astuzia.[292] Anche il figlio dell'imperatore di Costantinopoli, giunto a Genova, era rimasto ingannato e se ne era tornato a casa; storie simili, insieme ai mottetti sulla proverbiale avarizia dei liguri, riempivano la raccolta.[293] Un po' più dura è la novella di Marcovaldo Dandolo, che per gelosia aveva ucciso il doge di Venezia[294]; la piccante vicenda del mercante veneziano Stropione Correr e della moglie Briseide, che lo aveva tradito durante i suoi viaggi oltremare, mostra tutto l'acume del mercante, in grado di punire argutamente il gesto della moglie.[295] Anche il *Trecentonovelle* del fiorentino Franco Sacchetti, composto tra il 1392 e il 1400, presenta al suo interno racconti riguardanti i genovesi della sua epoca.[296] La più indicativa

292 Il *Novelliere* di Giovanni Sercambi è ambientato probabilmente durante la peste che colpì Lucca nel 1374, ma fu scritto negli ultimi anni del secolo. La novella di Antoniotto Montaldo è in: Giovanni SERCAMBI, *Il Novelliere*, vol. 3, ed. Luciano ROSSI, Roma 1974, novella CXLIIII, pp. 144–157.

293 Ivi, vol. 2, novella LXV, pp. 42–46. Invece la novella CXII cita Bruglioro da Corniglia come esempio di avarizia. Ivi, vol. 2, pp. 291–295. All'interno della grande bibliografia su Giovanni Sercambi, su temi affini rimando a: Piotr SALWA, *Narrazione, persuasione, ideologia: una lettura del Novelliere di Giovanni Sercambi, lucchese*, Lucca 1991; Giovanni SINICROPI, Le classificazioni tematiche nelle Novelle del Sercambi, in: *Quaderni lucchesi di studi sul medioevo e sul rinascimento* 2 (2001), pp. 7–38; Ilaria SABBATINI, "I' sono un pellegrin che non ò posa". Vizi e virtù dei viaggiatori in Giovanni Sercambi, in: *Il mondo della Francigena. Gli itinerari della Versilia medievale. Giornata di studio, Pietrasanta, 11 giugno 2016*, ed. Laura GALOPPINI / Tommaso Maria ROSSI, Pisa 2018, pp. 119–130.

294 SERCAMBI, Il Novelliere, vol. 2, novella CXXIIII, pp. 362–366.

295 Il racconto è estremamente interessante per i numerosi squarci che apre sulla vita mercantile. Stropione Correr, nella novella, si era imbarcato sulle galee della *muda* di Beirut e aveva lasciato la moglie Briseide a Venezia. Ma Briseide, mentre il marito lontano guadagnava oro, intendeva anch'essa "guadagnare carne", così lo tradì con un giovane chiamato Basino. La novella, con toni abbastanza osceni, è tutta basata sul parallelismo tra la mercanzia e gli organi sessuali. Nove mesi dopo era intanto un bambino, figlio del tradimento di Briseide. Stropione era stato intanto catturato dai saraceni ed era rimasto 14 anni in prigionia, prima di tornare. Briseide raccontò allora al marito che il figlio era stato concepito un giorno che aveva nevicato, proprio grazie alla neve, giustificandolo con la carnagione chiara del ragazzo. Stropione fece per credere a tutto, poi insistette per portare il figlio con lui in un nuovo viaggio a Damasco. Una volta arrivati in Siria, egli vendette il figlio del tradimento ai saraceni come schiavo: tornando raccontò alla moglie che, essendo nato dalla neve, il figlio si era sciolto sulla galea per il caldo. SERCAMBI, Il Novelliere, vol. 3, novella CXXVI, pp. 3–8.

296 Nella novella VIII un genovese aveva domandato a Dante come entrare in una casa di una donna per amore; nella novella LXXXII invece un genovese durante una festa della corte a Milano era giunto dinanzi a Bernabò Visconti, che aveva insistito per una gara di bevute tra lui e un suo familiare, gran bevitore: la vittoria era stata del ligure. Nella novella CCXXI Ilario Doria a Firenze con un inganno era riuscito a impadronirsi di un prezioso

sembra la novella di un giovane Spinola che, spazientito per la festa di nozze troppo lunga che gli impediva di consumare il matrimonio, si era imbarcato per Caffa al terzo giorno di festeggiamenti e vi era tornato ricco dopo più di due anni. L'autore non nasconde una certa ammirazione per lo spirito di avventura dei genovesi, capaci di intraprendere immensi viaggi per mare come se nulla fosse. Il giovane Spinola, dal canto suo, era contento di essere partito prima di aver giaciuto con la moglie, altrimenti avrebbe acceso nella donna il fuoco della passione che altri avrebbero alimentato in sua assenza.[297] Tuttavia, nonostante una vivacità non spenta nel tardo Trecento, pare forte il sottofondo di irrequietezza.

Dinanzi all'incertezza degli esiti, a un sentimento di insicurezza latente, dovuto a frequenti guerre, pestilenze e disastri, la fiducia nella positività del reale era messa a dura prova. Il mondo aveva troppe variabili su cui l'uomo era impotente: uomini giusti potevano finire vittime di epidemie, battaglie e spedizioni potevano fallire in un soffio. Accanto al Dio provvidenziale che si prendeva cura dei suoi figli, emergeva nel Trecento un'altra forza indipendente, slegata dalla morale o dai meriti individuali. Era la Fortuna, forza cieca che compare in molti scritti dell'epoca: personificazione del caso, sembrava guidare le sorti degli uomini senza un senso apparente. La Fortuna non eliminava Dio, che rimaneva all'interno del panorama teologico, ma sul piano pratico la morale tradizionale, duramente segnata dalle recenti esperienze, sembrava non bastare. Se crollava la fiducia in un Dio che aveva a cuore il destino degli uomini, che bisogno c'era di un Dio? La Fortuna sarebbe divenuta una delle grandi protagoniste del nascente Umanesimo.[298] I cronisti genovesi

---

calice d'argento, mentre nella novella CCLIV Un marinaio genovese catturato, grazie a una battuta spiritosa aveva mosso a pietà il crudele ammiraglio catalano che aveva preso la galea, facendolo smettere di giustiziare i prigionieri. I veneziani invece sono quasi totalmente assenti dalla raccolta e Venezia è solo la scenografia per racconti, che hanno spesso come protagonisti dei toscani. Franco SACCHETTI, *Il Trecentonovelle*, ed. Davide PUCCINI, Torino 2004, pp. 82–83, 239–242, 641–643, 667–668. Sulla concezione dell'Oriente e della Terra Santa nell'opera di Sacchetti, si veda: Irena PROSENC, La Terrasanta fra alterità e prossimità nel Trecentonovelle di Franco Sacchetti, in: *Cahiers d'études italiennes* 21 (2015), pp. 41–54.

297 Scrive Sacchetti, ammirando l'audacia genovese: "Or pensate l'animo de' Genovesi, che disse questo giovane: "Io vegno cozzí di Caffa", come fosse tornato dal Porto Alfino, ed egli era venuto trentacinque migliaia di miglia, che è de' maggiori navicari che si faccia". SACCHETTI, Il Trecentonovelle, novella CLIV, p. 424.

298 L'iconografia della Fortuna si sviluppò specialmente a partire dal XV secolo, trovando numerose raffigurazioni artistiche nel corso del Rinascimento. Essa è stata letta da Aby Warburg come "formulazione negativa del compromesso fra la 'medievale' fiducia in Dio e la fiducia in sé stesso dell'uomo rinascimentale". Aby WARBURG, *La rinascita del paganesimo antico. Contributi alla storia della cultura*, ed. Gertrud BING, Firenze

e veneziani permettono di cogliere queste sfumature e il ruolo sempre maggiore attribuito al caso. Come indicano esempi tratti dai documenti delle due città marinare, la stessa parola "rischio", che ancora nel XIII secolo possedeva un significato ambivalente, sia positivo che negativo, iniziava ad assumere un connotato esclusivamente minaccioso verso la fine del Duecento. Nell'epoca di massimo splendore una dose di rischio poteva permettere di aumentare il guadagno, ma nel momento di contrazione il rischio era solo un pericolo che minacciava le sostanze, da cui dunque era necessario difendersi.[299] Non è forse un caso che l'ambito assicurativo si sia diffuso con sempre maggiore forza dalla metà del XIV secolo.[300]

Il bisogno di sicurezza, lentamente interiorizzato, è presente anche negli epiteti dei documenti rivolti agli uomini notevoli: grazie a questi indizi di carattere involontario è possibile intuire le caratteristiche reputate positive in un determinato periodo. Negli atti agli uomini erano generalmente affiancati

---

1966, p. 238. Certo, il tema della fortuna è estremamente complesso ed esisteva già nel pieno Medioevo, come attestano le "ruote della Fortuna" diffuse nelle arti europee nel XII secolo. Si veda: Alan H. NELSON, Mechanical Wheels of Fortune, 1100–1547, in: *JWCI* 43 (1980), pp. 227–233; Paolo PISANI, *L'iconografia della ruota della fortuna*, Verona 2011. Dante parlava della dea Fortuna nella *Commedia*, al canto VII dell'*Inferno* mettendo in bocca a Virgilio la sua descrizione. Marcella RODDEWIG, Lectura Dantis: Inferno VII – Der Fortuna – Gesang, in: *Deutsches Dante-Jahrbuch* 71 (1996), pp. 99–124. Tuttavia, pare indicativo notare come la questione della fortuna, minoritaria nel corso dell'intera epoca in paragone agli interrogativi sulla teologia e su Dio, si imponga in tutta la sua forza tra i pensatori dal XIV secolo in poi. Nell'ambiente artistico del Gotico Internazionale di tardo Trecento la fortuna divenne uno dei motivi principali nella letteratura e nelle raffigurazioni, mentre anche Christine de Pizan a inizio Quattrocento compose un indicativo *Livre de la mutacion de fortune*. La stessa nascita del vocabolo "sfortuna", per indicare la sorte avversa con un singolo termine (che non esisteva in lingua latina) pare si possa collocare all'interno del XV secolo. La fortuna diventava dunque anche occasione, momento propizio e passeggero da afferrare mentre passava in maniera fugace. Si veda, sulla storia del concetto di Fortuna, la raccolta di saggi in lingua tedesca: Walter HAUG / Burghart WACHINGER (Ed.), *Fortuna*, Tübingen 1995. Riferiti all'ambito artistico e letterario: Alfred DOREN, Fortuna im Mittelalter und in der Renaissance, in: *Vorträge der Bibliothek Warburg* 2 (1922–1923), pp. 77–144; Howard Rollin PATCH, *The Goddess Fortuna in Mediaeval Literature*, Cambridge USA 1927. Su esempi veneziani e genovesi del cambiamento del concetto di Fortuna: KEDAR, Mercanti in crisi, pp. 129–132. Tuttavia, gli studi sul concetto di Fortuna nel tardo Medioevo non hanno avuto un grande esito storiografico nell'ultimo secolo: fattore sorprendente, se si pensa all'importanza di tale concetto nel pensiero dell'epoca.

299 Ivi, pp. 132–133. Anche: Benjamin Z. KEDAR, Again: Arabic "rizq", Medieval Latin "risicum", in: *Studi Medievali* 10/3 (1969), pp. 255–260.

300 Sulla crescita delle assicurazioni si cita per brevità: Federigo MELIS, *Origini e sviluppi delle assicurazioni in Italia (secoli XIV–XVI). I: Le fonti*, Roma 1975.

attributi positivi, quali "nobiles et sapientes viri".[301] Nel corso del Trecento era divenuto invece sempre più frequente l'utilizzo del termine "prudens" e in alcuni casi anche "circumspectus", che aveva valore gerarchicamente più elevato poiché affiancato a personaggi di alto livello istituzionale. I due termini andavano progressivamente a sostituire i precedenti "providus" e "discretus", istituendo di fatto la prudenza come la più alta virtù degli uomini di governo. L'onnipresenza di riferimenti alla prudenza risalta nei documenti del secondo XIV secolo, mentre l'audacia era stata scalzata quale fattore di lode. Gli ambasciatori genovesi diretti ad Alessandria nel 1382 erano "nobilis et prudentis virorum"[302] mentre quello stesso anno erano inviati a Costantinopoli "tres notabiles prudentes et legales cives"[303]; degli ambasciatori si lodava generalmente la "de industria bonitate et prudentia".[304] Non solo i pubblici ufficiali del comune[305], ma anche l'ammiraglio che partiva per la guerra doveva essere un "prudentem virum".[306] Al pirata Sologro di Negro si contrapponevano i "prudentium civium" Antonio Cattaneo e Antonio Regis, riflettendo nella condanna anche la contrapposizione tra i due poli di audacia e prudenza, in cui era stimabile la seconda.[307] L'attributo "prudens" è particolarmente frequente nella documentazione genovese degli anni 1380–1390 e la medesima evoluzione può essere riscontrata negli atti di governo veneziani, nonostante una tendenza più conservatrice della cancelleria veneta che faticava a cambiare formule e introdurre nuove espressioni.[308] La circospezione, nella seconda metà del XIV secolo, era divenuta una delle qualità essenziali per tutelarsi dai ribaltamenti della sorte. Nonostante ciò, gli uomini dell'epoca si accorgevano che anche la prudenza era un rimedio inefficace per l'imprevedibilità della Fortuna, raccogliendone un senso di impotenza visibile in alcuni proverbi veneziani e genovesi.[309] Tale sentimento era condiviso, se persino Francesco Petrarca tra il 1360 e il 1366 aveva dedicato un'intera opera al problema dell'affrontare le avversità

---

301 Kedar fornisce un ampio elenco di documenti veneziani riferiti al XIII e al primo XIV secolo. KEDAR, Mercanti in crisi, p. 138.

302 ASGe, *Archivio Segreto, Diversorum* 497, f. 7r., doc. 5. Genova, 8 gennaio 1382.

303 Ivi, f. 38v., doc. 69. Genova, 7 marzo 1382.

304 Ivi, f. 146v., doc. 309. Genova, 3 dicembre 1382.

305 ASGe, *Archivio Segreto, Diversorum* 500, f. 54v., doc. 189. Genova, 21 maggio 1399.

306 Così si trova citato Federico de Promontorio, capitano della flotta di 6 galee da guerra genovesi diretta in Romania. ASGe, *Archivio Segreto, Diversorum* 499, f. 81r., doc. 283. Genova, 1° luglio 1399.

307 Ivi, f. 168v., doc. 605. Genova, 18 novembre 1399.

308 KEDAR, Mercanti in crisi, pp. 138–143.

309 Ivi, pp. 148–149.

del caso.[310] L'uomo del tardo Medioevo vedeva le proprie certezze morali sulla bontà del mondo tacitamente colpite.

Nello stesso periodo emergeva una nuova concezione del tempo e del suo scorrere.[311] Il Trecento dei mercanti è stato definito come l'epoca della piena organizzazione, in cui la riuscita si legava alla rapidità dell'esecuzione: il costo del lavoro si misurava sul tempo e sulla velocità delle informazioni.[312] Lo scorrere del tempo era un bene prezioso che andava speso con parsimonia e non sprecato. Tuttavia, se è vero che l'ora aveva sostituito la giornata come unità lavorativa e che si riscontra una sempre maggior precisione negli atti notarili, che riportavano l'ora esatta di redazione del documento, rasentando una precisione maniacale[313], è stato anche notato, per quanto riguarda Genova, che la richiesta di precisione del tempo tra i mercanti risaliva già al XIII secolo e precedeva l'invenzione dell'orologio.[314] Proprio le città commerciali avevano contribuito a cambiare la concezione del tempo, poiché occorreva dominare le ore per programmare viaggi o darsi appuntamento in qualche luogo per stringere accordi e contratti.[315] L'orologio meccanico rispondeva perfettamente a questa esigenza e dopo il 1350 gli esemplari si erano diffusi rapidamente a Genova e Venezia. La nuova invenzione era stata subito adottata e aveva avuto

310 Si tratta del *De remediis utriusque fortune*, composta da una serie di dialoghi tra diverse entità allegoriche.

311 Gli studi sulla percezione del tempo nel Medioevo, incentivati da un saggio di Jacques Le Goff, si sono susseguiti nell'indagare questa questione. Jacques LE GOFF, *Tempo della Chiesa e tempo del mercante e altri saggi sul lavoro e la cultura nel Medioevo*, Torino 1977. Sulla più generale concezione del tempo nelle città italiane, in un'epoca di cambiamenti quali il XIII-XV secolo, si rimanda a: Alberto TENENTI, The sense of space and time in the Venetian world of the fifteenth and sixteenth centuries, in: *Renaissance Venice*, ed. John Rigbey HALE, London 1973, pp. 17–46; Alberto TENENTI, Temps et "ventura" à la Renaissance. Le cas de Venise, in: *Histoire économique du monde méditerranéen 1450–1650. Mélanges en l'honneur de Fernand Braudel*, vol. 1, Toulouse 1973, pp. 599–610; Sante POLICA, Il tempo di lavoro in due realtà cittadine italiane: Venezia e Firenze (secc. XIII-XIV), in: *Lavorare nel Medio Evo. Rappresentazioni ed esempi dall'Italia dei secc. X–XVI. Todi, 12–15 ottobre 1980*, Todi 1983, pp. 35–64; Alberto TENENTI, Ritmo del tempo e vita marittima mediterranea, secoli XV-XVII, in: *La Mediterrània. Antropologia i història. VII Jornades d'Estudis Històrics Locals celebrades a Palma del 23 al 25 de novembre de 1988*, ed. Isabel MOLL BLANES, Palma de Mallorca 1991, pp. 77–85.

312 AIRALDI, I genovesi e la "quarta dimensione", p. 101.

313 *Ibidem*; KEDAR, Mercanti in crisi, pp. 144–145.

314 Steven A. EPSTEIN, Business Cycles and Sense of Time in Medieval Genoa, in: *The Business History Review* 62/2 (1988), pp. 238–260, qui p. 239. L'autore nota anche come gli atti notarili genovesi avessero iniziato a segnare l'ora esatta della giornata già un secolo prima dell'invenzione dell'orologio.

315 Ivi, p. 260. Anche: Pinuccia Franca SIMBULA, La percezione del tempo nell'esperienza dei marinai e dei naviganti, in: *Studium medievale* 2 (2009), pp. 157–183.

un grande impatto sulla vita quotidiana, come segnala Giorgio Stella nella sua cronaca.[316] Nel giro di pochissimi anni alcuni orologi di piccole dimensioni erano già entrati nelle case dei ricchi abitanti delle città di mare.[317] L'antico, cadenzato computo delle ore ecclesiastiche, basato sulle preghiere della giornata, in poco più di un cinquantennio aveva lasciato spazio a un nuovo sistema basato su 24 ore: la realtà era razionalizzata, anche se non dominata. Proprio la diffusione di orologi, a partire dai due centri marittimi, sembra legarsi alla percezione della fugacità del tempo, che non andava sprecato.[318] Nel Trecento si moltiplicavano gli inviti a non perdere tempo e a non rimanere nell'ozio, data la scarsità di questo bene prezioso. Il passo verso l'angoscia del tempo che fugge era breve.[319]

I testamenti forniscono numerosi indizi involontari sull'accresciuta familiarità con la morte. In gran parte delle formule con cui si aprivano i testamenti nei periodi precedenti, nel XII e XIII secolo, le espressioni erano meno incentrate sull'inevitabilità della morte e avevano tono meno crudo. In questo periodo, le espressioni più ricorrenti sembrano legate non tanto alla morte stessa quanto al giudizio divino successivo: le varianti di "timens Dei iudicium" erano le più utilizzate dai notai genovesi e veneziani.[320] A volte non vi erano nemmeno formule introduttive, ma si iniziava direttamente con il nome del testatore e i suoi lasciti.[321] Scopo primario del testamento nel Duecento era la salvezza della propria anima, come affermavano i maestri di arte notarile del tempo,

316 Il cronista scrive, tra i maggiori avvenimenti della città, anche l'installazione del primo orologio a Genova nel 1353. Georgii et Iohannis Stellae Annales Genuenses, p. 153. In realtà esso fu installato nel 1354: Luigi Tommaso BELGRANO, Degli antichi orologi pubblici d'Italia, con aggiunta di notizie della posta in Genova, in: *Archivio Storico Italiano* 7 (1868), pp. 28–68, qui 46. A Venezia l'orologio di Rialto sembra essere di poco successivo, dato che fu riparato nel 1392 e dunque doveva già essere preesistente. Bartolomeo CECCHETTI, La vita dei veneziani nel 1300, in: *Archivio Veneto* 28 (1884), pp. 5–29, 267–296, qui pp. 267–268. Sul ruolo dell'orologio e i suoi impatti sulla vita: Carlo M. CIPOLLA, *Le macchine del tempo: l'orologio e la società (1300–1700)*, Bologna 1981.

317 A Venezia è registrata la presenza di orologi portatili, lì prodotti o di passaggio, già dal 1334. KEDAR, Mercanti in crisi, p. 146, nota 99. A Genova, nell'inventario dei beni del defunto Pietro Recanelli, stilato nel 1389, è citato un "orologium unum parvum" che si trovava nell'abitazione del testatore. ASGe, *Notai Antichi* 447, f. 115v. Genova, 4 agosto 1389.

318 KEDAR, Mercanti in crisi, p. 147.

319 AIRALDI, I genovesi e la "quarta dimensione", p. 101.

320 Un tipico incipit testamentario duecentesco era: "timens divinum iudicium cuius nescitur hora". Michel BALARD, *Notai genovesi in Oltremare. Atti rogati a Cipro da Lamberto di Sambuceto (11 Ottobre 1296–23 Giugno 1299)*, Genova 1983, p. 17, doc. 13. Famagosta, 28 ottobre 1296. Gli esempi sono centinaia ed è impossibile riportarli qui. Si rimanda, per un breve elenco, a: KEDAR, Mercanti in crisi, p. 128, nota 18.

321 Marta CALLERI, *I cartolari del notaio Stefano di Corrado di Lavagna (1272–1273, 1296–1300)*, Genova 2007, p. 123, doc. 100. Genova, 10 febbraio 1297; lo stesso in altri testamenti redatti

come ribadivano le arenghe in apertura e la lunga teoria di lasciti pii: il focus era tutto sull'aldilà.[322] Si nota invece la comparsa e il monopolio, ottenuto nel giro di pochi decenni durante il Trecento, di formule incentrate piuttosto sulla morte e sull'incertezza della sua ora, in concomitanza al clima umano conseguente alla peste del 1348.[323] Uno studio sul cambiamento delle formule notarili nei testamenti, per delineare un quadro generale, necessiterebbe di ampi paragoni con altre realtà italiane e altri periodi.[324] Riguardo i casi genovese e veneziano, è possibile notare l'effettivo indurimento degli incipit testamentari, che dalla metà del Trecento si concentrano progressivamente sull'ineluttabilità della morte, piuttosto che sul giudizio ultraterreno. Si trattava ovviamente di citazioni preesistenti, riprese dai testi sacri e inserite come arenghe nei testamenti. La frase ormai preponderante nell'apertura delle ultime volontà, durante la seconda metà del XIV secolo, era basata sulle varianti di "Cum nihil sit certius morte, et nihil incertius hora mortis": non vi è nulla di più certo della morte, ma nulla di più incerto dell'ora della morte. Il concetto, che traeva

---

del medesimo notaio, datati 1297 (doc. 118, 122, 123). Nei documenti 208, 242 e 322, sempre degli anni 1297–1298, compare la formula "timens divinum iudicium".

322 Eleonora RAVA, *"Volens in testamento vivere". Testamenti a Pisa, 1240–1320*, Roma 2016, p. XVI; Giovanni ROSSI, Il testamento nel medioevo fra dottrina giuridica e prassi, in: *Margini di libertà: testamenti femminili nel Medioevo. Atti del convegno internazionale, Verona, 23–25 ottobre 2008*, ed. Maria Clara ROSSI, Caselle di Sommacampagna 2010, pp. 45–70, qui pp. 53–54.

323 KEDAR, Mercanti in crisi, pp. 128–129. Sull'impatto delle pesti nei testamenti di area toscana: Simona RICCI, *De hac vita transire: la pratica testamentaria nel Valdarno Superiore all'indomani della peste nera*, Firenze 1998; Claudio BONANNO / Metello BONANNO / Luciana PELLEGRINI, I legati pro anima ed il problema della salvezza nei testamenti fiorentini della seconda metà del Trecento, in: *Ricerche Storiche rivista semestrale del centro piombinese di studi* 15 (1985), pp. 183–220. Per quanto riguarda Genova: Giovanna PETTI BALBI, Il borgo di Santo Stefano a Genova e la peste del 1348, in: *La Corona catalanoaragonesa, l'Islam i el món mediterrani. Estudis d'Història Medieval en homenatge a la doctora Maria Teresa Ferrer i Mallol*, ed. Josefina MUTGÉ I VIVES / Roser SALICRÚ I LLUCH / Carles VELA AULESA, Madrid 2013, pp. 573–580.

324 Gli studi sui testamenti sono molti e variegati in area italiana, all'interno del più vasto filone di lavori concernenti al notariato. Si rimanda a una breve bibliografia, incentrata particolarmente sui contributi relativi al XIV secolo. In generale: *Nolens intestatus decedere: il testamento come fonte della storia religiosa e sociale. Atti dell'Incontro di studio, Perugia, 3 maggio 1983*, Perugia 1985. Per un approccio economico ai testamenti dell'epoca: Ivana AIT, La catena invisibile: riflessioni sui testamenti dei secoli XIV-XV, in: *Per Enzo: studi in memoria di Vincenzo Matera*, ed. Lidia CAPO / Antonio CIARALLI, Firenze 2015, pp. 7–18. Sulle donne e sui testamenti femminili genovesi trecenteschi in particolare: Giovanna PETTI BALBI, Donna et domina: pratiche testamentarie e condizione femminile a Genova nel secolo XIV, in: Margini di libertà: testamenti femminili nel medioevo, pp. 153–182.

origine da sant'Agostino[325], era in realtà sporadicamente già presente in alcuni testamenti nel pieno Duecento, senza però aver mai attecchito profondamente.[326] Negli anni 1320–1340, a poca distanza dalla peste, l'uso non sembra essersi ancora affermato nei testamenti veneziani.[327] La vera esplosione di

325 KEDAR, Mercanti in crisi, p. 128, nota 20. Il tema era già ovviamente onnipresente all'interno della Bibbia, piena di rimandi sia nell'Antico che nel Nuovo Testamento alla certezza della morte da un lato, ma alla totale incertezza del suo momento dall'altro. La stessa frase si ritrova anche in autori classici quali Seneca e nel *De senectute* di Cicerone (20.74).

326 Il testamento del suddiacono papale Giacomo Carnario, poi vescovo di Vercelli, già nel 1234 riportava l'introduzione: "quod nil morte certius nihil tamen hora mortis incertius, quae est ideo nobis incerta, ut super omnibus sit suspecta". Si trattava comunque di minoranze colte e devote. Giovanni A. IRICO, *Joannis Andreae Irici rerum patriae libri III: ab anno urbis aeternae CLIV usque ad annum Chr. MDCLXXII*, Milano 1745, p. 81. Anche Giorgio Tamba riporta un esempio di un testamento bolognese del 31 marzo 1267 che inizia con queste parole. Giorgio TAMBA, Nolens intestatus decedere, in: *Tradizione e modernità del diritto ereditario nella prassi notarile. Atti dei Convegni Roma, 18 marzo 2016 – Genova, 27 maggio 2016 Vicenza, 1 luglio 2016*, Milano 2016, pp 251–254, qui p. 251. Tuttavia, nelle quattro intestazioni possibili proposte ai notai nel *Formularium tabellionum* di Irnerio, redatto a inizio XIII secolo, la frase "Cum nihil sit certius morte ..." non era in realtà contenuta. Giovanni Battista PALMIERI, *Appunti e documenti per la storia dei glossatori. Il "Formularium tabellionum" di Irnerio*, Bologna 1892, pp. 90–91. Per alcuni esempi di formulari notarili duecenteschi, specialmente per l'area veneta e toscana: Melchiorre ROBERTI, Un formulario inedito di un notaio padovano del 1223, in: *Memorie del R. Ist. Veneto di Scienze, lettere e arti* 27/6 (1906), pp. 1–104; Enrico BESTA, Un formulario notarile veronese del secolo decimoterzo, in: *Atti del R. Ist. Veneto di Scienze, lettere e arti* 64 (1904–1905), pp. 1161–1178; Guiscardo MOSCHETTI, *Il cartularium veronese del magister Ventura del secolo XIII*, Napoli 1990; Silio Pietro Paolo SCALFATI, *Un formulario notarile fiorentino della metà del dugento*, Firenze 1997.

327 Il prete-notaio veneziano Felice de Merlis, attivo tra il 1315 e il 1348, introduce parte dei testamenti che roga nel periodo 1321–1337 con la più ottimistica formula: "Divine inspirationis et donum Dei est ac provide mentis prelucens arbitrium ut antequam superveniat mortis iudicium sua quisque sibi precaveat solicitus ordinare". Andreina BONDI SEBELLICO, *Felice de Merlis prete e notaio in Venezia ed Ayas (1315–1348)*, vol. 2, Venezia 1978, doc. 1076, 1077, 1079, 1081, 1082, 1083, 1095, 1107, 1120, 1122, 1126. Già in quegli anni, molti testamenti contenevano invece l'incipit: "Cum dies et hora mortis omnibus sit incerta, recte unicuique iminet precavendum ne incautus occumbat et sic sua bona inordinata et indisposita derelinquat", e varianti. Tuttavia, si nota sempre la mancanza della prima parte dell'inciso, quella riferita all'ineluttabilità della morte, e la paura principale sembri piuttosto focalizzata sul lasciare i propri beni senza disposizioni nel caso la fine giunga all'improvviso. Ivi, doc. 1080, 1084, 1085, 1086, 1087, 1088, 1089, 1090, 1091, 1092, 1094, 1096, 1097, 1098, 1099, 1100, 1101, 1102, 1103, 1104, 1105, 1106, 1108, 1109, 1110, 1111, 1112, 1113, 1114, 1115, 1116, 1117, 1118, 1127. Il notaio usava le due formule abbastanza indifferentemente e in contemporanea, scegliendo in base al proprio arbitrio e forse ascoltando le preferenze del testatore. Nonostante ciò, è interessante notare un aumento dell'utilizzo della formula "cum dies et hora mortis sit incerta ..." nei testamenti dei tardi anni 1320 e degli anni

questo incipit si colloca intorno alla metà del Trecento, contemporaneamente ai rivolgimenti della crisi, delle carestie e delle epidemie. Da quel momento in poi, le formule iniziali delle ultime volontà sono praticamente tutte basate su questa frase, esprimendo i medesimi concetti sulla fugacità dell'esistenza in toni anche piuttosto macabri, mentre si facevano più rari i riferimenti all'aldilà in apertura. Si trattava certamente di un mutato uso dei notai, che traeva le basi da una comune sensibilità del periodo ed è pertanto profondamente indicativo dei cambiamenti.

Gli esempi e le variazioni più significative sono moltissimi, presi a campione dall'ampio ventaglio di testamenti di ambito veneto-genovese del secondo Trecento. Solo per citarne alcuni a titolo esemplificativo, nel 1374 il testamento della genovese Giovannina de Castello iniziava affermando: "Cum nichil sit certius morte nichil plus incertius hora mortis que semper in prudentis actio debet esse suspecta".[328] Altre intestazioni sono dello stesso tono e pongono l'accento sulla possibilità di una prossima fine.[329] I riferimenti alla caducità della vita sono ricorrenti: un testamento del 1401 iniziava con: "Quamquod prudentis aliquo mortis hora semper debeat suspecta consistere, inminente cum corporaliter languore eius potius formidatur eventus".[330] Il notaio Nicolò de Bellignano nel 1370 nell'incipit di un testamento si lasciava andare all'osservazione "Cum homo natus de muliere brevi tempore viva tac transeat velut umbra".[331] Il notaio veneziano Nicolò de Boateriis nel 1360 era dello stesso mesto tenore, sebbene con espressioni ancora più esplicite: "Quoniam omnes morimur et sicut aqua dilabimur et dies nostri transeunt velud umbra et sapientis est prospicere de futuris que previssa minus ledere sueverunt et cum nichil sit cercius morte et nil incertius hora mortis et quilibet de sua vilicatione teneatur Domino reddere rationem diesque".[332] La coscienza della fine

---

1330–1340, man mano che ci si avvicinava alle difficoltà di metà secolo, mentre la prima formula tendeva a scomparire dopo il 1335.

328 ASGe, *Notai Antichi* 376, f. 42v. Genova, 31 dicembre 1374.

329 "cum nil certius mortis et nil incertius mortis horam que contis debet suspecta consistere". ASGe, *Notai Antichi* 462, f. 94r. S.d., 1397. Un'altra variazione, presente in un testamento veneziano, era: "Cum nil certius morte corporea et incercius hora ipsius mortis in presenti seculo habeatur". TAMBA, Bernardo de Rodulfis, pp. 325–330, doc. 369. Venezia, 30 maggio 1397.

330 ASGe, *Notai Antichi* 411, f. 121v. Genova, 26 maggio 1401.

331 Egli continuava nel lungo proemio, senza dimenticare anche il giudizio ultraterreno: "divinum timens iudicium cuius hora contis mortalibus est incerta, contemplari sue ultime voluntatem". ASGe, *Notai Antichi* 375, f. 10v. Genova, 26 aprile 1370.

332 Il marangone Giuliano de Sur faceva testamento poiché la morte poteva arrivare all'improvviso, "quod mortis discrimen a quocumque evitari minime potest". LOMBARDO, Nicola de Boateriis, pp. 159–161, doc. 156. Famagosta, 15 ottobre 1360.

non toglieva il problema della comparsa dinanzi al tribunale divino, ma anche questo tema era espresso con nuove forme: "dies homini vite brevis sunt et nil certius morte nilque incertius hora mortis, itaque stabimus ante tribunali eterni Iudicis reddituri"[333], si scriveva nel 1398, per cui la testatrice Selvaggia Vitale insisteva sull'amministrazione dei sacramenti nel giorno della sua morte. Ancor più spontaneo rispetto alla fugacità dell'esistenza sembra essere il testamento del genovese Leone Lercari, in procinto di intraprendere un viaggio per mare verso Cipro, "sciens et cognoscientes quod nil in terra natum quod non veniat ad currasum et quod nil certius morte et nil incertius hora mortis, timens divine iudicem et nesciens finem dierum meorum".[334] Si poteva insistere sullo stesso argomento anche con citazioni bibliche, che arricchivano le arenghe e le trasformavano da formulari schematici a osservazioni sempre più espressive e angosciose: "vite sunt breviis et nil certius morte nilque incertius hora mortis, et iuxta evangelicam erudicionem: Estote parati quam nescitis diem nequi horam nolens quendam placuit Altissimo creatori decedere".[335]

Si tratta di informazioni da utilizzare cautamente come prova di un sistema di pensiero. Una dimostrazione analitica del cambio di formule introduttive nei testamenti richiederebbe una trattazione più estesa e il paragone con altre aree geografiche. I testamenti ovviamente si basavano su formulari e schemi fissi che andavano di moda nel ceto notarile di momento in momento e non rispecchiavano le parole dei testatori. Eppure l'adozione, in maniera molto forte, abbastanza repentina e universale, di determinate frasi di introduzione da parte dei notai in un medesimo periodo, che si era aperto circa in concomitanza con le prime epidemie ed era continuato nei decenni successivi, getta più di un sospetto sulle cause del fenomeno. Le formule introduttive rimandano alla sensibilità dei notai, soggetti come tutti ai traumi del periodo. Appare innegabile l'accresciuta paura della morte stessa, più ancora che dell'aldilà.[336]

---

333 ASGe, *Notai Antichi* 462, f. 120r. Genova, 24 maggio 1398.

334 Il testamento originale era stato redatto il 20 giugno 1404, "specialiter essendo iturus ad partes Ciprichas ultra marinas". ASGe, *Notai Antichi* 375, s. n. Genova, 28 febbraio 1407.

335 In questo caso si trattava del testamento di Raffaele, figlio del medico Nicolò Angeli, che era in procinto di imbarcarsi per "navigari ad diversas mondi partes", al fine di imparare anch'egli la scienza medica. ASGe, *Notai Antichi* 462, f. 111v. Genova, 9 maggio 1398.

336 Gli studi sulla coscienza della morte nella società medievale hanno avuto una grande fortuna nella seconda metà del Novecento: i testamenti sono stati un dato fondamentale in questo sviluppo. Gli studi sono stati incentivati dai lavori di Philippe Ariès e Jacques Chiffoleau. Jacques CHIFFOLEAU, *La compatibilité de l'au-delà. Les hommes, la mort et la religion dans la region d'Avignon à la fin du Moyen Âge (vers 1320-vers 1480)*, Roma 1980; Aron Jakovlevic GUREVIČ, Au Moyen Âge: conscience individuelle et image de l'au-delà, in: *Annales* 37 (1982), pp. 255–275; Philippe ARIÈS, *L'homme devant la mort*, Paris 1983; Lisane LAVANCHY, *Ecrire sa mort, décrire sa vie. Testaments de laïcs lausannois,1400–1450*,

Oltre alle formule iniziali, gli stessi testamenti veneziani e genovesi permettono di compiere osservazioni sui nuovi destinatari di donazioni e lasciti pii, mostrando i cambiamenti della religiosità nel tardo Trecento.[337] Oltre alla scomparsa della crociata nei lasciti testamentari, si notano lunghe serie di donazioni, in certi casi estremamente diversificate nei soggetti beneficiari. La spiritualità sembra concepita come proporzionale all'entità delle somme di denaro lasciate a opere devote, al numero di pellegrinaggi per procura richiesti, alla quantità di enti ecclesiastici fruitori.[338] Fra XIV e XV secolo i lasciti pii sono sempre più frazionati tra un numero elevato di istituzioni religiose differenti, moltiplicando i canali di intercessione per il defunto in una sorta di "garanzia della salvezza". Erano diffuse anche clausole di reversibilità delle donazioni, che potevano essere dirottate su altri enti – spesso fino al terzo grado –, dato che riflette l'incertezza sull'esecuzione delle ultime volontà.[339] Nel Trecento si facevano sempre più frequenti le indicative postille che davano disposizioni anche in caso di morte di chi ereditava.

Un tipico testamento pio, tra i molti esempi possibili, è quello di Violante de Vignolo, moglie del defunto Nicolò de Pagana, rogato a Genova il 24 ottobre 1383.[340] Violante chiedeva di essere sepolta nel monastero cittadino di San Siro a fianco del corpo del marito, all'interno della cappella fatta costruire da suo suocero Federico de Pagana; per la celebrazione del funerale lasciava 40 lire. Al di là dei lasciti personali a terzi, in ambito devoto Violante donava 20 lire a Margherita, schiava di Fabiano Pinelli, perché fosse liberata; lasciava 25 lire

---

Lausanne 2003. Il centro dell'attenzione degli studi francesi è stato le "attitudini davanti alla morte" e le pratiche funerarie nel Medioevo, producendo una serialità impressionante di lavori. Si è rilevato che a partire dal 1975 siano state prodotte in Francia oltre un centinaio di tesi di dottorato su questo argomento. Manon DURIER, La mort, les morts et les pratiques funéraires au Moyen Âge: bilan historiographique des thèses de 3e cycle françaises (1975–2011), in: *Annales de Janua* 1 (2013) [online]. Un importante approccio all'argomento dal punto di vista artistico è la raccolta: Humana fragilitas. Tra i lavori di Alberto Tenenti sul tema: TENENTI, La vita e la morte; IDEM, Il senso della morte e l'amore della vita nel Rinascimento. Per l'ambito italiano: Anna Laura TROMBETTI BUDRIESI (Ed.), *Un gallo ad Asclepio: morte, morti e società tra antichità e prima età moderna*, Bologna 2013. Si rimanda anche a: Herman BRAET / Werner VERBEKE (Ed.), *Death in the Middle Ages*, Leuven 1983; Albrecht CLASSEN (Ed.), *Death in the Middle Ages and early modern time. The material and spiritual conditions of the culture of death*, Berlin 2016.

337 Un fondamentale studio per il periodo precedente è: Steven A. EPSTEIN, *Wills and wealth in medieval Genoa, 1150–1250*, London 1984.

338 ROMANO, I mercanti ragusei e le Crociate del tardo medioevo, p. 870.

339 Ivana AIT, I costi della morte, in: *La morte e i suoi riti in Italia tra Medioevo e prima età moderna*, ed. Francesco SALVESTRINI / Gian Maria VARANINI / Anna ZANGARINI, Firenze 2007, pp. 275–322, qui pp. 285–288.

340 ASGe, *Notai Antichi* 411, f. 78v.-79v. Genova, 24 ottobre 1383.

ai frati eremitani di Multedo e 10 lire alle monache eremitane di Sarzano. La testatrice voleva che si celebrassero messe per la sua anima nell'abbazia di San Gerolamo della Cervara, sul monte di Portofino, a cui destinava 15 lire; altre messe nella chiesa di Santa Maria di Castello a Genova, per cui lasciava sempre 15 lire, e ulteriori nella chiesa di San Bartolomeo a Multedo, con la stessa cifra; anche i certosini della chiesa di San Bartolomeo a Rivarolo dovevano celebrare messe per lei, in cambio di 3 soldi e 15 lire. Violante lasciava poi ai poveri di Multedo, di cui era evidentemente originaria, 15 lire da convertire in vestiti per loro e altre 15 lire alle monache "repentitarum" di Multedo; la donna infine donava in punto di morte 10 lire alla propria schiava Anna e 15 alla schiava Catalina.

I testamenti permettono di individuare alcune tendenze, pur in assenza di percentuali precise.[341] Nella seconda metà del secolo vi era una vera e propria esplosione di lasciti destinati alle messe in suffragio dell'anima del defunto. Le messe salgono molto di percentuale rispetto ai periodi precedenti e nella seconda metà del Trecento circa un testatore su due vi faceva ricorso.[342] Il problema della salvezza della propria anima induceva a moltiplicare le cifre destinate alla sepoltura, alla celebrazione di messe (generalmente nel numero canonico di 1.000), all'acquisto di ceri o di candelabri, alle richieste di preghiera da parte di ordini mendicanti. Mentre a Genova si rileva una grande attenzione per le doti delle ragazze povere, a Venezia vi è un numero piuttosto alto di lasciti personali destinati a precisi uomini di Chiesa, con cui evidentemente i testatori avevano rapporti di conoscenza.[343] In entrambi i centri gli

341 Si è fatto riferimento, per un sondaggio sulle percentuali di lasciti nel periodo 1350–1400, a 51 testamenti genovesi e a 70 veneziani, tra inediti ed editi. Si tratta appunto di un numero che permette di ricostruire tendenze, ma non è sufficientemente grande per poter disporre di percentuali precise e che inoltre rischia di essere drogato dall'ambito di provenienza ristretto (un notaio che rogava testamenti solo per una certa tipologia di clientela, ecc ...). Steven Epstein utilizza, nella sua ricostruzione delle percentuali di lasciti testamentari a Genova per il periodo precedente a quello qui affrontato, un numero di testamenti che va da un minimo di 142 a un massimo di 234, a seconda dei momenti. EPSTEIN, Genoa and the Genoese, pp. 92, 117, 130, 185.

342 Si rimanda ancora al paragone con le cifre fornite da Epstein per i testamenti genovesi del periodo 1155–1314; una tabella sintetica delle cifre è fornita in: MUSARRA, In partibus Ultramaris, p. 635. Nella seconda metà del Trecento, su 51 testamenti genovesi in cui vi erano lasciti pii, ben il 41,6% recava donazioni per messe; percentuale che sale al 61,4% dei 70 testamenti veneziani ritrovati. Il 25% dei testamenti genovesi e il 30% di quelli veneziani ha lasciti per i poveri, mentre il 22,2% dei genovesi e il 10% dei veneziani presenta donazioni per gli ospedali.

343 Il 21,4% dei testamenti veneziani analizzati ha al suo interno lasciti personali a religiosi, mentre oltre il 32,8% destina parte dei soldi a vaghe opere pie, che avrebbero deciso gli esecutori, e ben il 41,2% a chiese rionali.

ordini mendicanti erano tra i grandi protagonisti delle donazioni testamentarie. Una tendenza generale, anche in altre regioni italiane, vede dall'inizio del XIV secolo la moltiplicazione di lasciti in denaro in favore dei poveri o delle istituzioni ospedaliere che li accoglievano. Era il segno di un problema di proporzioni sempre maggiori: negli squilibri trecenteschi gli indigenti aumentavano di numero e necessitavano di forme assistenziali.[344] Gli ospedali avevano preso sempre più piede nella società, divenendo destinatari di una religiosità operativa. Ambito intimamente legato ai pellegrinaggi e alla crociata delle origini, come attesta la vicenda dell'Ordine di San Giovanni, con la caduta della spinta verso Oriente nel Trecento gli ospedali erano rimasti soggetti devozionali a sé stanti, concettualmente slegati dal viaggio oltremare. In un mondo segnato da problemi "domestici", con lo sviluppo della povertà e di disuguaglianze profonde, la pietà si rivolgeva all'assistenza.[345] Anche opere d'arte minori mostrano questa sensibilità. Un rilievo votivo a sant'Antonio della metà del XIV secolo, parte della lastra sepolcrale della famiglia genovese Fieschi, mostra una scena di guarigione di malati. Probabilmente era un ex-voto per la guarigione di un figlio, dov'era scolpita gente supplicante, in ginocchio e a mani giunte, dai volti contriti: i poveri erano presenti anche nelle raffigurazioni nobiliari.[346] D'altronde, quando i problemi divenivano sempre più pressanti nel mondo circostante, perché occuparsi di imprese e posti lontani, come la crociata e l'Oriente, persino in città marinare come Genova e Venezia?

4.2.2 *Una questione di coscienza e di onomastica*

Il problema coinvolgeva i mutati rapporti mentali delle società mercantili con mondi lontani, con i musulmani con l'Oriente. Trattare con gli infedeli causava

---

344 Un esempio interessante per mettere in evidenza questa dinamica è la comunità di Fucecchio, in Toscana: Alberto MALVOLTI, L'anima e la roba. Testamenti fucecchiesi dei secoli XIII e XIV, in: *Erba d'Arno* 148–149 (2017), pp. 55–78, qui p. 61.

345 Per uno studio sugli ospedali genovesi del Medioevo: Carlo MARCHESANI / Giorgio SPERATI, *Ospedali genovesi nel Medioevo*, Genova 1981. Il tema degli ospedali a Venezia invece è molto controverso, dato che gran parte delle "scuole" offrivano assistenza. Si rimanda a: Brian PULLAN, *Rich and poor in Renaissance Venice: the social institutions of a catholic State, to 1620*, Cambridge (USA) 1971; Francesca ORTALLI, *"Per salute delle anime e delli corpi". Scuole piccole a Venezia nel tardo Medioevo*, Venezia 2001. Un inventario dei fondi archivistici ospedalieri veneziani è in: Giuseppe ELLERO (Ed.), *L'Archivio IRE. Inventari dei fondi antichi degli ospedali e luoghi pii di Venezia*, Venezia 1987. Per una bibliografia estensiva degli studi sugli ospedali medievali, si rimanda all'articolo di sintesi: Marina GAZZINI, Ospedali nell'Italia medievale, in: *Reti Medievali Rivista* 13/1 (2012), pp. 211–237.

346 Il rilievo votivo a sant'Antonio, tomba Fieschi (lastra di marmo, autore anonimo, seconda metà del XIV secolo) è conservato nel Museo di Sant'Agostino a Genova, dov'è oggi visibile.

problemi di coscienza nel Trecento? I guadagni dal commercio di beni proibiti con i centri islamici erano assimilati ad altri tipi di guadagni illeciti, come l'usura, ed erano riscattabili tramite pentimento e restituzione della somma indebitamente ricavata. Dalla seconda metà del XIV secolo, oltre ai pentimenti *in articulo mortis*, erano numerose le deroghe e le licenze di commercio con gli infedeli, concesse dalle autorità ecclesiastiche per lassi di tempo delimitati e in cambio di denaro. Le licenze, riguardanti beni "leciti", aumentavano tra i mercanti la tentazione di commerciare beni proibiti (legno, ferro, armi) e conseguentemente le richieste di assoluzione, alimentando un vero e proprio mercato di indulgenze.[347] Già l'Anonimo Genovese tra la fine del XIII e l'inizio del XIV secolo tuonava in senso moraleggiante, minacciando il castigo divino contro coloro che trafficavano con Alessandria d'Egitto. Il poeta era particolarmente severo con coloro che rompevano il *devetum Alexandrie* e commerciavano beni proibiti con i musulmani, considerati alla pari dei rinnegati. A Genova esisteva un sostrato di astio verso chi anteponeva il lucro senza scrupoli alla moralità cristiana: anche la pratica della mercatura non poteva essere finalizzata al guadagno sfrenato, dimenticando l'atteggiamento dettato dalla fede.[348] Sembra che il termine "alexandrini", per indicare coloro che praticavano il commercio proibito, fosse stato coniato proprio a Genova verso la metà del Trecento. I casi genovesi, tra ripensamenti, assoluzioni e licenze, sono molteplici nel corso della seconda metà del XIV secolo. Per la violazione del *devetum* esisteva l'ereditarietà della pena pecuniaria che il contravventore era tenuto a pagare. Ambrogio di Negro nel 1372, in punto di morte, aveva fatto testamento confessando i propri traffici proibiti con i musulmani e un sacerdote gli aveva dato l'assoluzione in virtù della grazia papale, con la concessione di indulgenze plenarie ai genovesi a causa della peste in città. Il congiunto Babilano di Negro, escluso dall'eredità, aveva tuttavia impugnato il testamento dichiarandone la non validità, in quanto il testatore era scomunicato.[349]

---

347 Giovanna PETTI BALBI, Il Devetum Alexandrie e i genovesi tra scomuniche e licenze (sec. XII-inizio XV), in: *Male ablata: la restitution des biens mal acquis* (*XIIe–XVe siècle*), ed. Jean-Louis GAULIN / Giacomo TODESCHINI, Roma 2019, pp. 51–86, qui pp. 52–53.

348 L'Anonimo Genovese scrisse un'intera rima "Contra eos in devetum Alex.", in cui definiva chi commetteva questo peccato un "can renegao". ANONIMO GENOVESE, *Poesie*, ed. Luciana COCITO, Roma 1970, n. LXI, p. 351. Su questo, anche: Andreina DAGLIO, La poesia religiosa dell'Anonimo Genovese. Appunti ed osservazioni, in: *Giornale storico e letterario della Liguria, n.s.* 17–18 (1941–1942), pp. 86–93, 156–165, 13–23.

349 I giurisperiti genovesi incaricati di vagliare il caso diedero ragione a Babilano, perché l'assoluzione riguardava solo la pena spirituale e non la restituzione economica, che non era avvenuta. La causa venne comunque risolta solo nel 1387. PETTI BALBI, Il Devetum Alexandrie e i genovesi, pp. 65–66.

Alcuni mercanti scomunicati si mostravano pentiti, pur non essendo possibile valutare la sincerità della loro contrizione, ma non erano in grado di ripagare quanto dovuto perché ridotti in povertà. Era il caso di Damiano Drago, che si era appellato al papa: Gregorio XI nel 1371 aveva comunicato all'arcivescovo di Genova di assolvere il mercante, a patto che avesse compiuto una lunga serie di opere devote.[350] Anche chi disponeva di una licenza papale per il commercio poteva portare di nascosto merci proibite, poi pentendosi e ottenendo l'assoluzione. L'assoluzione poteva essere reiterata in caso di particolari scrupoli spirituali, che pur non facevano desistere dall'operazione illecita: Domenico Cattaneo nel 1383 aveva ottenuto dal penitenziere francescano l'assoluzione per non aver rispettato il *devetum*, pagando 80 fiorini. Domenico in realtà sosteneva di essere già in possesso di un'assoluzione, ma di volerla ripetere per ulteriore cautela.[351] Pochi anni dopo Gregorio Lercari, possessore di licenza, aveva aiutato ad Alessandria cittadini che sapeva privi di licenza ed era stato complice di un socio che aveva violato il divieto; dunque, chiedeva l'assoluzione e la sospensione della scomunica.[352] Tecnicamente l'assoluzione prevedeva la restituzione dei guadagni, che sarebbero stati impiegati nell'organizzazione di una nuova crociata in Terra Santa. Con il decadere della possibilità di riconquista di Gerusalemme, i soldi erano invece incamerati dalla Chiesa e destinati altrove. I traffici con gli infedeli erano estremamente redditizi, dunque molti mercanti non intendevano farne a meno, desiderando al contempo l'assoluzione dalla scomunica. Il papato trecentesco, in maniera ancor più acuta nel corso dello scisma, aveva un estremo bisogno di liquidità e dunque non esitava a concedere eccezioni ai divieti e dispense in cambio di denaro. Non erano rare le licenze temporanee a intere comunità, come nel 1366 a genovesi e veneziani.[353] Nel 1399 una bolla del papa romano Bonifacio IX dava facoltà al comune di Venezia di commerciare con Alessandria per i seguenti 25 anni, fatta ovviamente eccezione per le merci proibite.[354] Si era

350 Tra le opere, doveva vistare quattro chiese di Roma offrendo a ognuna un cero del valore di 1 lira, digiunare un giorno a settimana per un anno intero, andare a piedi nudo per tre domeniche consecutive dal monastero genovese di San Siro fino alla cattedrale di San Lorenzo recando un cero da almeno 2 lire, e donare ai poveri 100 fiorini. Ivi, p. 69.

351 Ivi, pp. 73–74.

352 Gregorio Lercari nel 1386 dichiarò che a sua insaputa un suo socio aveva venduto parte del grano, caricato sulla galea, in terre degli infedeli a caro prezzo. Il mercante chiedeva quindi di essere liberato dalla scomunica: il papa accolse la supplica e concesse l'assoluzione, a patto di promettere di non farlo più, con un atteggiamento estremamente blando. *Ibidem*.

353 Setton, The Papacy and the Levant, vol. 1, pp. 274–275.

354 Predelli, I libri commemoriali, vol. 3, p. 271, n. 169. Roma, 30 settembre 1399.

creato un mercato di licenze per il commercio ad Alessandria, che pur essendo nominali erano soggette a un'intensa compravendita aggirando il problema.[355]

Per gli acquirenti, l'ottenimento di un permesso non era un fatto secondario, così come il sollevamento dalla scomunica. L'obbedienza papale, formale o meno, era profondamente percepita anche nelle società marittime. Grazie al denaro i mercanti potevano ottenere l'assoluzione e aggirare i divieti, garantendosi la salvezza dell'anima e l'onorabilità dei guadagni. I "soldi sporchi" di Alessandria erano così legittimati e ai mercanti erano cancellate le considerazioni d'infamia, che nel corpo sociale dovevano essere profonde. Chi la pensava come l'Anonimo Genovese, sia a Genova che a Venezia, doveva essere la maggioranza rispetto agli affaristi dai pochi scrupoli. Proprio per tornare a ricevere considerazione sociale, molti dei pentimenti dei "male ablata" non avvenivano in punto di morte ma assumevano una valenza pubblica; al contrario, quelli attuati *in articulo mortis* sembrano soggetti a un grado in più di sincerità, dinanzi alle preoccupazioni per la salvezza della propria anima e per il giudizio di Dio. La Chiesa aveva fatto leva sulla paura dell'aldilà al fine di rimpinguare le proprie casse. D'altro canto, la Chiesa tardomedievale aveva un atteggiamento più duttile nei confronti del denaro, dell'usura e della mercatura: molti mercanti aggiravano i divieti morali semplicemente pagando, in quella che è stata definita una generale "secolarizzazione della moralità".[356] Tuttavia, la florida circolazione di licenze o le richieste di assoluzione mostra come la violazione di un divieto canonico non cessasse di inquietare le coscienze: se non sempre quelle dei mercanti soggetti, sicuramente quelle della società che li circondava.

Per l'indagine del rapporto con l'Oriente e dell'atmosfera umana, l'onomastica personale è un tema dalle grandi potenzialità.[357] Genova e Venezia erano sempre state segnate dal rapporto con l'alterità e il musulmano aveva

---

355 PETTI BALBI, Il Devetum Alexandrie e i genovesi, p. 70.

356 Ivi, p. 86.

357 Tra di essi ovviamente Benjamin Kedar, nel lavoro già ampiamente citato, e Giovanna Petti Balbi per il caso genovese riferito alla stessa epoca. KEDAR, Mercanti in crisi, pp. 149–158; Giovanna PETTI BALBI, *Simon Boccanegra e la Genova del '300*, Genova 1991, p. 138; Giulia PETRACCO SICARDI, L'onomastica dei ceti dirigenti dopo Caffaro, in: *La Storia dei Genovesi*, vol. 8, Genova 1987, pp. 485–493. Per l'ambito veneziano: Gianfranco FOLENA, Gli antichi nomi di persona e la storia civile di Venezia, in: *Atti. Istituto Veneto di Scienze, Lettere ed Arti* 129 (1971), pp. 445–484; Lorenzo TOMASIN, Note di antroponimia veneziana medievale (con un testo inedito del primo Trecento), in: *Studi linguistici italiani* 26 (2000), pp. 130–148. Per il caso di Barcellona: Francisco MARSÁ, *Onomàstica barcelonina del siglo XIV*, Barcelona 1977. Per i risvolti spirituali degli studi sull'onomastica medievale: Sante BORTOLAMI, L'onomastica come documento di storia della spiritualità nel Medioevo europeo, in: *L'Anthroponymie document de l'histoire sociale des mondes*

sempre avuto un curioso posto nell'onomastica veneto-genovese. L'abitudine di chiamare i propri figli con i nomi di popoli o personaggi stranieri, spesso nemici, indica una consuetudine di rapporti con il mondo islamico per nulla scandalosa e socialmente accettata; si trattava anche di tentativi di esorcizzare il diverso, addomesticato e reso quotidiano tramite l'appropriazione dei suoi nomi. Saraceno, Turco, Soldano, Saladino e Solimano erano nomi abbastanza comuni nell'Occidente medievale durante il XIII secolo, grazie all'influsso delle crociate.[358] L'antroponimia medievale indicava uno struggente e sottile desiderio di mondi lontani e diversi, almeno fino all'esistenza di *Outremer*. Vi è invece una progressiva scomparsa nei due centri marittimi, verso la metà del Trecento, di nomi non ortodossi, al pari di una cristianizzazione generale dell'onomastica. I nomi esotici non erano più considerati un buon augurio: se prima del XIV secolo è possibile incontrare nella documentazione numerosi "Saladinus", dopo quella data non ve ne è più quasi nessuno.[359] La generale avanzata dei nomi cristiani nel corso del Trecento è un dato abbastanza certo, unitamente alla contrazione dei nomi laici: il dato è riscontrabile sia sulle persone che sulle navi e può avere diverse cause. I nomi correlati all'universo musulmano erano divenuti rari, a Genova come a Venezia. Tra i *populares*, nomi derivati dai santi come Antonio, Giovanni, Francesco o Nicolò avevano ottenuto un dominio incontrastato.[360] Persino il cronista Giorgio Stella notava una mutazione in meglio dei nomi, all'inizio del XV secolo.[361]

Questa tendenza è particolarmente visibile nel mondo popolare, piuttosto che nell'aristocrazia. A Genova i nuclei più conservatori avevano alcune tenaci resistenze intorno a nomi tradizionali, quali Guglielmo, Oberto, Enrico, sebbene l'onomastica cristiana si fosse fatta strada anche lì. Il desiderio esotico dei ceti nobiliari non era più risolto con nomi mutuati dall'universo orientale,

---

méditerranéens médiévaux. Actes du colloque international (Rome, 6–8 octobre 1994), Roma 1996, pp. 435–471.

358 Alcuni di questi erano già documentati a Pistoia nel 1219. David HERLIHY, Tuscan names, 1200–1530, in: *Renaissance Quarterly* 41 (1988), pp. 561–582, qui p. 567. Sulla diffusione di nomi arabi: Geo PISTARINO, Antroponimi arabi in Liguria: Tabacco, in: *Studi in onore di Angelo Monteverdi*, vol. 2, Modena 1959, pp. 613–622; Gabriella AIRALDI, Nomi personali arabi in Lunigiana (secoli XI-XIV), in: *Studi mediolatini e volgari* 19 (1971), pp. 7–20. Più in generale: Giovanni Battista PELLEGRINI, *Gli arabismi nelle lingue neolatine con speciale riguardo all'Italia*, Brescia 1972.

359 KEDAR, Mercanti in crisi, p. 155, nota 126.

360 Ivi, pp. 150–152. Benjamin Z. KEDAR, Noms de saints et mentalité populaire à Gênes au XIVe siècle, in : *Le Moyen Âge* 73 (1967), pp. 431–446.

361 "De virorum nominibus consuetudo in melius versa est; nam si videbitur inferius, quo vocabulo antiqui nostri presides dicerentur, nullius ferme sancti colligetur vocabulum". Georgii et Iohannis Stellae Annales Genuenses, p. 57.

bensì con il ricorso a quelli di ambito letterario o di origine classica. Tra i nobili genovesi vi erano persone chiamate Ginevra, Argone, Lancillotto, Percivalle, nomi a cui era stata data nuova linfa. La diffusione della nuova onomastica pare legata al tentativo psicologico-sociale di distinguersi dalla massa, anche grazie alla nuova cultura mercantile basata su schemi e poemi cavallereschi: i mercanti tentavano di eguagliare i cavalieri, assumendone i modelli e lo stile di vita.[362] L'aristocrazia mercantile era aperta a nuovi nomi, che giungevano ora dal mondo classicheggiante. Tra gli appartenenti alla famiglia genovese Lomellini è possibile incontrare nomi di chiara derivazione epica quali Giano, Alessandro, Agamennone, Ettore, o altri quali Salvago e Araone.[363] Certo, l'Oriente non era scomparso e un nome greco quale Teodora rimaneva estremamente diffuso. Saraceno Dandolo era un importante personaggio veneziano della seconda metà del XIV secolo[364]; "Saracinus" era ancora un nome diffuso nel Peloponneso[365] e a Genova era possibile incontrare Saracena, figlia di Imperiale de Savignone.[366] Il termine era anche usato come cognome, come nel caso di Pietro Saraceno, pescatore genovese.[367] Si tratta tuttavia di casi più rari che in precedenza, spesso nati da soprannomi verso chi frequentava i saraceni per commercio o dati ai discendenti di schiavi musulmani affrancati. Era più frequente il nome "Turchus": i riferimenti ai turchi nell'onomastica sopravanzavano quelli ai saraceni, segno che la popolazione anatolica aveva iniziato a ottenere spazio maggiore anche nell'immaginario cittadino.[368] Alla stessa maniera, avanzavano anche i riferimenti ai tartari, principale presenza servile nel XIV secolo nonché uno tra i canali commerciali privilegiati. Si chiamavano così nobili come Tartarino Salvago[369], o alcuni che lo avevano quale cognome, come Leonardo Tartaro.[370] I riferimenti a turchi e tartari, principali antagonisti

---

362 Per la stessa radice si diffusero così le aspirazioni a titoli e cariche, l'amore per le feste sfarzose e le residenze e ville fuori città. PETTI BALBI, Simon Boccanegra e la Genova del '300, p. 138.

363 Ivi, p. 171.

364 Michael KANPTON, Saraceno Dandolo, in: *Dizionario Biografico degli Italiani*, vol. 32, Roma 1986, pp. 504–506.

365 Questo insieme ad altri nomi che indicavano la provenienza geografico-etnica, quali Catalanus, Francus, Armeni. Jean LONGNON / Paul TOPPING, *Documents sur le Régime des terres dans la Principauté de Morée au XIV siècle*, Paris-Le Haye 1969, p. 225.

366 ASGe, *Notai Antichi* 381, f. 203r. Genova, 26 giugno 1385.

367 ASGe, *Notai Antichi* 470, f. 229v. Genova, 3 luglio 1394.

368 Per esempio, nel 1383 a Genova si trova un Turchus de Bogliasco. ASGe, *Notai Antichi* 381, f. 181r. Genova,14 novembre 1383. Lo stesso termine era anche usato come cognome, come nel caso di Andrea de la Turcha. ASGe, *Notai Antichi* 415, s.n. Genova, 15 aprile 1389.

369 ASGe, *Notai Antichi* 381, f. 77r. Genova, 20 gennaio 1382.

370 ASGe, *Notai Antichi* 415, doc. 191. Genova, 31 maggio 1389.

o componente servile, erano presenti nel panorama collettivo. Molti fattori possono essere elencati per indagare il fenomeno, tra cui l'uso mercantile di nominare i figli con la tratta percorsa – il caso di Francesco d'Assisi è solo il più eclatante – o il tentativo di esorcizzazione dell'alterità, in questa maniera dominata. La domesticizzazione dei confini mentali aveva dirottato i sogni di esotismo dall'Oriente, desiderio del Duecento, verso i riferimenti fiabeschi o classici; al contrario, le masse erano sempre più cristianizzate nell'onomastica.

La generale avanzata dei nomi cristiani era un processo in atto dal XIII secolo, visibile sulle persone e soprattutto sulla denominazione delle navi. Per la comparsa di persone nei documenti occorre infatti aspettare generalmente l'età adulta, dunque le tendenze sono ritardate di almeno una generazione e coinvolgono i genitori. I nomi dei bastimenti invece rappresentano la sensibilità dei patroni nel preciso momento del varo.[371] Fino alla metà del Duecento i nomi laici o beneauguranti, senza alcun riferimento ai santi, predominavano ovunque nell'universo navale, prima del crollo in percentuale dei nomi laici sulle navi nel corso del XIV secolo. I nomi di santi, le invocazioni al Signore o alla Vergine avevano preso piede dall'Inghilterra alla Sicilia, dalla Bretagna e dal Portogallo all'Adriatico, con una tendenza comune ravvisabile nonostante le divergenze di mole documentaria.[372] Il naviglio genovese permette uno studio accurato per la grande quantità di documentazione, che mostra all'inizio del Trecento il crollo totale dei nomi profani, passati da più della metà a uno scarso 1%. Il passaggio da nomi baldanzosi o beneauguranti, quali "Alegrancia", "Sparviero", "Bonaventura", "Falco", comuni ancora negli ultimi decenni del XIII secolo, al totale monopolio di dedicazioni dei legni ai santi, era avvenuto nel giro di poco tempo e sembra anticipare le tendenze europee.[373] Uno studio simile sui nomi delle navi veneziane è più complesso, a causa della minore quantità di fonti e poiché, per l'intero XIV secolo, le imbarcazioni sono

---

371 Se ne sono accorti già nel secolo scorso, tra gli altri, Giovanna Petti Balbi e Geneviève ed Henri Bresc. Giovanna PETTI BALBI, I nomi di nave a Genova nei secoli XII e XIII, in: *Miscellanea di storia ligure in memoria di G. Falco*, vol. 2, Genova 1966, pp. 65–86; Geneviève BRESC / Henri BRESC, Les saints protecteurs de bateaux 1200–1460, in: *Ethnologie française, n.s.* 9/2, (1979), pp. 161–178. In epoca più tarda, riferito alla zona di Bordeaux: Jacques BERNARD, *Navires et gens de mer à Bordeaux (vers 1400-vers 1550)*, vol. 2, Paris 1968, pp. 733–764.

372 I coniugi Bresc hanno messo in luce, con alcune tabelle, la generale tendenza europea. Si passa da un altissimo numero di documenti disponibili per l'Inghilterra e la Liguria, a uno piuttosto basso per il Regno di Napoli e per Venezia. Si vedano in particolare le tabelle in: BRESC / BRESC, Les saints protecteurs de bateaux 1200–1460, pp. 161–162.

373 Si rimanda alle appendici, relative al periodo 1270–1414, in: KEDAR, Mercanti in crisi, pp. 204–216.

indicate nei documenti con il femminile del cognome del patrono.[374] La tendenza della dedicazione dei battelli ai santi sembra comunque simile, anzi pare precedere l'onomastica religiosa genovese.[375] In entrambi i centri dagli anni Sessanta del XIV secolo si assiste alla moltiplicazione dei santi sotto la cui protezione mettere ogni nave: erano sempre più comuni i legni dedicati a due o perfino tre santi differenti, come avveniva peraltro anche in altre zone del continente.[376] L'Adriatico costituisce un mondo abbastanza peculiare in quanto a dedicazioni, in stretto rapporto con il panorama greco-orientale: mentre a Genova e nel Mediterraneo occidentale i primi posti della classifica sono detenuti da Maria, da Antonio, Caterina e Francesco, i veneziani e i cretesi adottavano volentieri per i propri bastimenti nomi quali Giorgio, Anastasio, Pantaleone, Demetrio, oltre a san Nicola di Bari, con un'attitudine originale che caratterizza i battelli veneto-adriatici.[377] L'aumento dell'onomastica religiosa non indica solo un accrescimento di devozione, ma soprattutto il desiderio di porre il bimbo o la nave sotto la protezione del determinato santo. Se i nomi beneauguranti lasciano trasparire un certo grado di fiducia nelle proprie capacità di riuscita, l'aumento dei nomi dei santi pare invece rimarcare il bisogno di protezione e di aiuto. I nomi dei santi delle navi, divenuti doppi o tripli nella seconda metà del Trecento, suddividono le invocazioni e dunque aumentano le possibilità di intercessione.[378] La ricerca di protezione pare una risposta comune all'insicurezza del XIV secolo.

4.2.3 *Epica civica e devozioni d'Oriente*

Nonostante la permanenza di mobilità dei mercanti verso Levante, l'Oriente pare possedere un ruolo minore, rispetto al Duecento, nella coscienza cittadina dei due centri marittimi. La chiusura di orizzonti sembra essere un dato rilevabile. I musulmani non erano comunque usciti di scena, sebbene si trattasse di turchi piuttosto che di saraceni. Alla fine del Trecento, il patrizio veneziano Ruggero Contarini nelle sue lettere utilizza come modo di dire, per indicare un brutto inganno, l'espressione "1 inganno che non se deveria aver fato a 1 turcho".[379] Si può osservare anche una traslazione di epica civica e di concezione del nemico: l'epopea veneto-genovese si spostava dalla lotta contro il saraceno, in Africa o in *Outremer*, alle guerre stesse con la rivale italiana.

---

374 Bresc / Bresc, Les saints protecteurs de bateaux 1200–1460, p. 161.
375 Kedar, Mercanti in crisi, p. 157.
376 *Ibidem*; Bresc / Bresc, Les saints protecteurs de bateaux 1200–1460, p. 170.
377 Questa tendenza era imitata in qualche caso da singoli genovesi e catalani. Ivi, p. 169.
378 Su questa linea interpretativa, che mi permetto di condividere: Kedar, Mercanti in crisi, pp. 154–155.
379 Dalla Santa, Uomini e fatti dell'ultimo trecento e del primo quattrocento, p. 25.

Tale fenomeno è riscontrabile nelle fonti cronachistiche, che lasciano ampio spazio alle descrizioni dei conflitti contro l'altra città. La guerra degli Stretti del 1350–1355 o quella di Chioggia del 1377–1381 occupano un alto numero di pagine nelle cronache veneziane e genovesi, costituendo il nucleo degli scritti. Al contrario, minimo spazio era riservato alle vicende orientali.[380] I conflitti tra le città possedevano un'alta carica simbolica e si nutrivano di una fitta serie di segni e immagini. Coniare moneta sui moli dell'avversario era considerato un segno di superiorità e l'astio di uno scontro secolare era rimarcato dal susseguirsi di *spolia* e di umiliazioni simboliche del nemico. Rubare i simboli del potere dell'avversario o mostrare la propria superiorità erano modalità per rafforzare la propria autorappresentazione e sopperire al bisogno interno di rassicurazioni sulla vittoria. L'epica diveniva sempre più cittadina, in un alto tasso di competizione con l'avversario.[381] Questa dinamica era ovviamente già presente nel Duecento: i pilastri acritani – provenienti a loro volta da Costantinopoli – erano stati saccheggiati dal quartiere genovese nel 1258 e adornavano piazza San Marco a Venezia, mentre le teste leonine prese ai veneziani nel 1261 sono ancora oggi incastonate sulla facciata medievale di Palazzo San Giorgio a Genova.[382] Il XIV secolo, e in particolare lo scontro del 1377–1381, aveva visto l'esplosione della guerra simbolica: nonostante il disastro di Chioggia, la flotta genovese di Matteo Maruffo era tornata in patria portando una lapide marmorea raffigurante il leone di San Marco, sottratta a Pola e oggi situata a lato della chiesa di San Marco al Molo a Genova.[383] Nello stesso 1380

380 Negli *Annales* del genovese Giorgio Stella, lo spazio dedicato alla guerra del 1350–1355 è ampio rispetto agli anni immediatamente successivi o seguenti (a cui sovente sono destinate poche righe); la guerra di Chioggia del 1377–1381 è descritta con una minuzia impressionante se paragonata al resto e occupa molte pagine. Georgii et Iohannis Stellae Annales Genuenses, pp. 150–154, 169–184. Nella cronaca del cancelliere Raffaino de Caresini, testimone oculare, la guerra di Chioggia ne costituisce il nucleo da cui si era sviluppato il resto e occupa più della metà dello scritto: De Caresini, Chronica a. 1344–1388, pp. 32–58. Daniele di Chinazzo compose una cronaca, come già visto, per trattare solamente dell'evento della guerra di Chioggia, il che indica l'importanza che aveva assunto il conflitto nella società veneziana. Di Chinazzo, Cronica de la guerra da Veniciani a Zenovesi.

381 Su questa dinamica, si rimanda a: Lombardo, Galee, bombarde e guerre di simboli, pp. 102–103. Su questa dinamica di costruzione identitaria: Giancarlo Schizzerotto, *Sberleffi di campanile. Per una storia culturale dello scherno come elemento dell'identità nazionale dal Medioevo ai giorni nostri*, Firenze 2015. Sugli *spolia* a Genova: Rebecca Müller, *'Sic hostes Ianua frangit'. Spolien und Trophäen im mittelalterlichen Genua*, Weimar 2002.

382 Musarra, Il Grifo e il Leone, p. 107.

383 Nella didascalia del leone di San Marco, osservabile nel lato sinistro rispetto all'ingresso posteriore della chiesa di San Marco al Molo a Genova, è possibile ancora leggere: "Iste

un altro leone veneziano, proveniente da Trieste, era stato preso e collocato sulla facciata di palazzo Giustiniani, nella capitale ligure, dove è oggi visibile.

Il Trecento è effettivamente l'epoca dell'innalzamento delle feste civili ed erano state istituite molte festività di santi nella cui ricorrenza erano accaduti importanti avvenimenti politici o militari. A Venezia, la festa di san Giovanni Decollato era stata istituita nel 1359 per ricordare la vittoria di Castro contro la flotta ligure, avvenuta il 29 agosto, mentre il 22 luglio, festa di santa Maria Maddalena, si celebrava la pace del 1356 tra veneziani e genovesi. La festa di san Marziale, che cade il 1° luglio, era divenuta ricorrenza civile per commemorare le vittorie del 1373 contro i padovani, Zara ribelle e i turchi. Anche la scampata congiura di Marino Falier era divenuta occasione di festa nel 1355, con la celebrazione ogni 16 aprile in onore di sant'Isidoro, da ringraziare per il pericolo evitato.[384] Il maresciallo Boucicaut, governatore di Genova, nel 1402 era intervenuto per riorganizzare l'ambito religioso della città, ordinando una drastica riduzione dei palii offerti in occasione di determinate festività. Quell'anno il 23 settembre, giorno di santa Tecla, contrariamente al solito, "non oblatum fuit palium, more sueto"[385] presso la chiesa di Sant'Agostino: la festa, abolita da Jean le Meingre, era stata istituita nel 1339 per celebrare l'elezione dogale di Simone Boccanegra.[386] Boucicaut aveva destituito una serie di ricorrenze civili con sembianze religiose. Solo quattro palii all'anno erano ora ammessi a Genova, tra cui quello dell'Epifania nella chiesa di San Giorgio, offerto "pro Ianuensium victoriis universis, cum nostratum beatus Georgius sit vexillifer", in cui il comune ricordava le proprie vittorie belliche. Erano aboliti, tra i molti, quelli di san Simone e Giuda o santa Tecla, mentre rimaneva quello del 24 aprile in onore di San Giorgio vessillifero della città; il 24 giugno era celebrata la natività di San Giovanni Battista nella cattedrale di San Lorenzo ed era istituita una nuova festa il 27 novembre, per ricordare quando "primo Ianua vexilla regis Francorum levavit et dominatum accepit". In un primo tempo era stato permesso di portare, nell'anniversario di alcune vittorie genovesi, un palio nell'abitazione degli eredi del comandante vittorioso, prima che cadesse anche questa consuetudine.[387]

La costruzione di un sentimento civico, modellato sugli scontri con il nemico, si può intravvedere anche in alcune opere scultoree dei centri marittimi. La lastra del sarcofago di Paganino Doria, oggi conservata nel museo genovese di

---

lapis in quo est figura sancti Marci delatus fuit a civitate Polae capta a nostris MCCCLXXX die XIII ianuarii".

384 Rigon, Devozioni di lungo corso: lo scalo veneziano, p. 410.

385 Georgii et Iohannis Stellae Annales Genuenses, p. 258.

386 Ivi, p. 132.

387 Ivi, p. 259.

Sant'Agostino, era stata commissionata dal comune, che aveva anche provveduto alla sepoltura dell'ammiraglio con denaro pubblico. Paganino era stato il grande artefice della vittoria genovese contro i veneziani nel 1354 a Portolongo, divenendo una sorta di eroe per i concittadini. Il suo sepolcro, di fattura modesta e commissionato sicuramente dopo il 1357, reca la figura di un santo in armatura, quasi sicuramente san Michele, che si rivolge a un milite inginocchiato. Entrambi, il santo e il suo protetto, portano scudi e stendardi recanti vistose croci rosse in campo bianco, con chiara caratterizzazione civica. La croce rossa non indicava l'impegno militare nella causa cristiana, nel corso di imprese crociate, ma era un riferimento diretto al comune: anche san Michele sembrava parteggiare per Genova, in un sottile gioco di riferimenti e di finti equivoci.[388] La chiesa gentilizia di San Matteo a Genova, legata alla famiglia Doria, nel Trecento continuava a riportare sulla facciata alcune iscrizioni che esponevano le vittorie contro le città rivali, ottenute grazie all'impegno dei membri del clan Doria: alla battaglia della Meloria contro i pisani (1284) e di Curzola contro i veneziani (1299), si erano aggiunte le descrizioni delle gesta del Bosforo (1352) e lo scontro di Pola (1379).[389] I monumenti religiosi continuavano a testimoniare l'impegno civico delle famiglie e la gloria del comune. Erano numerose le opere e i sepolcri, in onore di cittadini e dogi che avevano servito la patria, innalzati a spese pubbliche.[390]

Oltre all'epica civica, che sostituiva quella crociata, l'ambito delle reliquie, delle devozioni e dei *furta sacra* sembra mostrare i mutamenti e la perdita dell'Oriente. A Genova vi era una scarsa presenza di santi locali: le reliquie erano state traslate dall'Oriente in gran numero, specialmente in concomitanza con la prima crociata. Il legame con la Terra Santa era sempre stato

---

388 Non sembrano esistere studi sulla lastra marmorea che costituisce quanto rimane del sepolcro di Paganino Doria. Essa, originariamente collocata nella chiesa (non più esistente) di San Domenico, è oggi conservata all'interno del Museo di Sant'Agostino, a Genova, dov'è osservabile. Riguardo alla sua datazione, la data di morte di Paganino Doria è sconosciuta, anche se sicuramente successiva al 1357. Sull'ammiraglio Paganino Doria: Giovanni Nuti, Pagano Doria, in: *Dizionario Biografico degli Italiani*, vol. 41, Treccani, Roma 1992, pp. 431–435.

389 Per il testo delle iscrizioni di San Matteo, si rimanda ancora a: Corpus inscriptionum medii aevi Liguriae. 3. Genova: centro storico. Si veda anche: Musarra, Il Grifo e il Leone, pp. 240–241, 257–258; Barbara Bernabò / Rita Cavalli, San Matteo in Genova: chiesa gentilizia e "monumento" celebrativo della famiglia Doria, in: *Verso Genova medievale*, Genova 1989, pp. 25–40.

390 Per esempio, il sepolcro del 1384 di Leonardo Montaldo, commissionato a Genova con denaro pubblico e costato una cifra abbastanza cospicua. Clario Di Fabio, I sepolcri della regina Margherita, del cardinale Luca Fieschi e dei dogi Simone Boccanegra e Leonardo Montaldo: prezzi e valori in Giovanni Pisano e in tre monumenti funerari del Trecento genovese, in: *Bollettino dei musei civici genovesi* 22 (2000), pp. 7–20, qui p. 13.

essenziale nella costruzione dell'identità cittadino-devozionale, favorendo un complesso sistema di traslazioni. Il *passagium* oltremare era coronato con l'ottenimento di preziosi reperti sacri, che testimoniavano l'impegno nella causa cristiana, aumentavano il prestigio e nutrivano lo spirito.[391] Come in altre città, l'edificazione di santuari che richiamavano il Santo Sepolcro e le chiese gerosolimitane era divenuta comune, fornendo un legame simbolico con la terra di Cristo.[392] A Genova è documentata l'esistenza di una chiesa dedicata al Santo Sepolcro, nei pressi della commenda ospitaliera di Pre.[393] Tra le molte reliquie, le ceneri di san Giovanni Battista, annoverato tra i santi protettori del centro tirrenico, erano giunte da Antiochia nel 1099 durante la partecipazione genovese al primo *passagium*, ma il suo culto era divenuto predominante a Genova solo secoli dopo.[394] L'impulso alla venerazione di san Giovanni Battista era già stato dato da Iacopo da Varazze, che vi aveva dedicato un'opera apposita, fino alla collocazione delle ceneri nella cattedrale nel 1323. Pochi anni dopo, nel 1327, sotto la spinta della famiglia Fieschi il santo Precursore era stato dichiarato "Patrem civitatis": si trattava del primo tentativo di inaugurare un vero e proprio culto civico intorno alla sua figura.[395] La devozione, che inizialmente

391 Su questa dinamica, comune ad altri centri italiani: Franco CARDINI, Crociata e religione civica nell'Italia medievale, in: *La religion civique à l'époque médiévale et moderne (Chrétienté et Islam). Actes du colloque (Nanterre, 21–23 juin 1993)*, ed. André VAUCHEZ, Paris 1995, pp. 155–164, qui p. 158.

392 Sull'importanza dei richiami gerosolimitani in Europa durante il Medioevo: Adriaan Hendrik BREDERO, Jérusalem dans l'Occident médiéval, in: *Mélanges offerts à R. Crozet à l'occasion de son soixante-dixième anniversaire*, vol. 1, Poitiers 1966, pp. 259–71; Fausto PARENTE, La conoscenza della Terra Santa come esperienza religiosa dell'Occidente cristiano dal IV secolo alle crociate, in: *Popoli e paesi nella cultura altomedievale*, vol. 1, Spoleto 1983, pp. 231–326; Anna Imelde GALLETTI, Gerusalemme o la città desiderata, in: *Mélanges de l'École française de Rome. Moyen Âge* 96 (1984), pp. 459–487; Franco CARDINI, La devozione al Santo Sepolcro, le sue riproduzioni occidentali e il complesso stefaniano. Alcuni casi italici, in: *7 colonne e 7 chiese: la vicenda ultramillenaria del Complesso di Santo Stefano in Bologna*, Bologna, 1987, pp. 18–49; Renata SALVARANI, *La fortuna del Santo Sepolcro nel Medioevo. Spazio, liturgia, architettura*, Milano 2008.

393 Antonio MUSARRA, Memorie di Terrasanta. Reliquie, traslazioni, culti e devozioni a Genova tra XII e XIV secolo, in: Come a Gerusalemme. Evocazioni, riproduzioni, imitazioni dei luoghi santi, pp. 523–576, qui pp. 541–547.

394 Si veda: Valeria POLONIO, L'arrivo delle ceneri del Precursore e il culto al Santo a Genova e nel Genovesato in età Medievale, in: *San Giovanni Battista nella vita sociale e religiosa a Genova e in Liguria tra medioevo ed età contemporanea. Atti del convegno (Genova, 16–17 giugno 1999)*, ed. Claudio PAOLOCCI, Genova 2000, pp. 35–65.

395 Ivi, pp. 53–54. Iacopo da Varagine era già stato autore di una storia dell'arrivo delle ceneri del Precursore a Genova: IACOPO DA VARAGINE, Istoria sive legenda translationis beatissimi Johannis Baptiste, in: *Due opuscoli di Jacopo da Varagine*, ed. Amedeo VIGNA (Atti della Società Ligure di Storia Patria 10), Genova 1874, pp. 457–491.

faticava ad attecchire, aveva assunto una dimensione consistente solo verso la fine del Trecento, grazie agli stimoli dell'autorità pubblica, che voleva rafforzare l'identità civica legandosi a devozioni esclusive. Il filo fondamentale non era più il legame con l'Oriente, ma una devozione cittadina interna, polarizzata intorno alle ceneri di un santo conservato localmente, che in realtà fino alla prima metà del XIV secolo aveva avuto un impatto relativo.[396]

Il Sacro Catino era un'altra importante questione genovese, anch'essa importata probabilmente all'epoca della prima crociata. Nel XII e XIII secolo l'oggetto era tuttavia ritenuto importante non in quanto reliquia ma per il suo valore intrinseco, poiché si trattava di un grande e preziosissimo pezzo di smeraldo verde. La devozione al catino di manifattura orientale, i cui legami con il Levante erano evidenti, non si era tuttavia mai radicata dal punto di vista corale e popolare. Solo a partire dal XIV e XV secolo si era diffusa l'opinione che lo riteneva il recipiente usato da Gesù durante l'ultima cena, pur non creando mai un forte sentimento religioso intorno all'oggetto. Il Sacro Catino aveva comunque rappresentato uno dei molteplici punti di contatto tra Genova e la vicenda orientale.[397] Le reliquie e gli oggetti preziosi, fino alla fine del Duecento, provenivano dalla Terra Santa e da Oriente, sebbene non si fosse giunti mai alla creazione di veri e propri poli sacri alternativi al *passagium* o al pellegrinaggio a Gerusalemme, proprio per la grande consuetudine con la sponda opposta del Mediterraneo. Le reliquie e i manufatti di provenienza oltremarina erano fondamentali a Genova.[398] A Venezia il legame devozionale con l'Oriente era ancor più forte e diretto, in una linea senza soluzione di continuità fin dalle origini del centro lagunare. Il legame religioso con il Levante era sorto ben prima delle crociate: la rapacità e l'appropriazione di reliquie orientali risale già al IX e X secolo, quando erano giunti a Venezia alcuni resti di san Zaccaria, san Giovanni Battista, san Saba e ovviamente quelli di san Marco, trafugati da Alessandria d'Egitto, che avrebbero segnato il panorama delle devozioni lagunari.[399] Proprio le narrazioni della traslazione del corpo di san Marco, risalenti all'XI secolo, costituivano un tema fondamentale dell'agiografia veneziana. La

---

396 Valeria POLONIO, Devozioni di lungo corso: lo scalo genovese, in: Genova, Venezia, il Levante nei secoli XII–XIV, pp. 349–394, qui pp. 352–353.

397 Non ci si è voluti soffermare sulla discussione intorno al Sacro Catino, per cui si rimanda a: MUSARRA, Memorie di Terrasanta, pp. 549–553.

398 Ivi, pp. 567–568.

399 Antonio NIERO, Reliquie e corpi di santi, in: *Culto dei santi a Venezia*, ed. Silvio TRAMONTIN [et al.], Venezia 1965, pp. 181–208, qui pp. 192–195; Silvio TRAMONTIN, Influsso orientale nel culto dei Santi a Venezia fino al secolo XV, in: Venezia e il Levante fino al secolo XV, vol. 1, pp. 801–820, qui pp. 803–804.

basilica marciana era andata assumendo il carattere di santuario, divenendo meta di pellegrinaggio anche da parte di esterni.[400]

Le crociate, installandosi su questa feconda tradizione e sugli stretti rapporti con il mondo bizantino, avevano inaugurato anche a Venezia un'intensa stagione di caccia alle reliquie orientali. La serie di *furta sacra* si era aperta parallelamente a Genova: il corpo di san Nicola, dichiarato autentico rispetto a quello già trafugato e custodito a Bari, era giunto nella laguna nel 1100 proveniente da Mira, in Palestina. Lo stesso anno erano state rubate a Costantinopoli e portate a Venezia le reliquie di santo Stefano; erano giunti alla stessa maniera i resti di altri santi, trafugati in Oriente e portati nel centro veneto, come sant'Isidoro, sant'Anastasio e san Donato.[401] La stagione di *furta sacra* e di *translationes* era stata coronata dal saccheggio della Quarta Crociata, nel 1204, che aveva fruttato una nuova ondata di reliquie orientali. Da Costantinopoli erano stati prelevati i corpi di santa Lucia e san Simeone, un braccio di san Giorgio, un'ampolla contenente il sangue di Cristo, oltre a numerose icone e immagini sacre.[402] Venezia era l'erede di una santità che da Oriente si era spostata nella città lagunare, nuovo polo sacro che attingeva dai giacimenti del Levante. La sequenza di arrivi di reliquie durante il Duecento è impressionante: erano giunti alcuni resti di sant'Elena nel 1211, di santa Marina nel 1213, di san Giovanni d'Alessandria martire nel 1216, di san Paolo martire nel 1222, di san Paolo eremita nel 1240, di sant'Eutichio nel 1246, di san Giovanni Elemosinario nel 1249.[403] Le devozioni cittadine erano modellate da questo continuo afflusso, che aveva segnato anche le dedicazioni di chiese della laguna e della terraferma veneta. La basilica di San Marco aveva preso le sembianze di un gigantesco reliquiario dove conservare questo tesoro sacro. L'ambiente veneziano, a differenza di altre città italiane del XII e XIII secolo, sembrava restio all'introduzione di una devozione rivolta a contemporanei santi laici dediti a opere penitenziali – che pur esistevano e agivano –. Il culto lagunare era rimasto legato ai santi di luoghi lontani, provenienti da Oriente e resi vicini dalla

---

400 Sulla narrazione della traslazione del corpo di san Marco e i suoi sviluppi: Nelson MCCLEARY, Note storiche ed archeologiche sul testo della "Translatio sancti Marci", in: *Memorie storiche forogiuliesi* 27–29 (1931–1933), pp. 223–264; Silvio TRAMONTIN, Realtà e leggenda nei racconti marciani veneti, in: *Studi veneziani* 12 (1970), pp. 35–58; IDEM, Origini e sviluppi della leggenda marciana, in: *Le origini della Chiesa di Venezia*, ed. Franco TONON, Venezia 1987, pp. 167–186; Antonio NIERO, Questioni agiografiche su san Marco, in: *Studi veneziani* 12 (1970), pp. 18–27.

401 RIGON, Devozioni di lungo corso: lo scalo veneziano, pp. 398–399.

402 Ivi, p. 404; TRAMONTIN, Influsso orientale nel culto dei Santi a Venezia fino al secolo XV, pp. 807–808.

403 RIGON, Devozioni di lungo corso: lo scalo veneziano, p. 405; Antonio NIERO, I santi patroni, in: Culto dei santi a Venezia, pp. 87–95, qui pp. 87–88.

proiezione veneta oltremare. Le reliquie più prestigiose erano ovviamente provenienti da Costantinopoli e dalla Terra Santa.[404]

Nella seconda metà del Trecento, con la perdita di contatti con *Outremer*, la questione era cambiata in entrambi i centri. L'afflusso di reliquie da Oriente era terminato e le tendenze, a Genova come a Venezia, stavano mutando: i *furta sacra* non erano più rivolti a Levante, ma alla stessa zona italiana, che da importatrice si era trasformata in giacimento. Le guerre tra i due comuni marittimi sono indicative di questa tendenza. Nel 1354 l'ammiraglio genovese Paganino Doria, durante la guerra con Venezia, con la sua flotta aveva rubato i corpi di san Mauro e sant'Eleuterio custoditi a Parenzo, in Istria, e li aveva traslati nella chiesa genovese di San Matteo.[405] Nel 1380, nonostante il fallimento del tentativo di salvare i genovesi e padovani assediati nella laguna di Chioggia, la squadra di galee di Matteo Maruffo era accolta festosamente a Genova per aver riportato in patria una lunga serie di reliquie, rubate in diversi territori veneziani dell'Adriatico. Il bottino era ricco e i resti erano stati divisi tra il comune, i patroni e alcune chiese cittadine. Si conserva nell'archivio genovese una lista parziale delle prede: le reliquie erano state accolte con solenni processioni, alla presenza del clero e degli ufficiali del comune, e collocate all'interno della cattedrale di San Lorenzo, nonostante la magra rivincita che rappresentavano. Era un tentativo di bilanciare la cocente sconfitta militare.[406] Di molte reliquie nemmeno si sapeva a quale santo appartenessero, segno che il vero prestigio dei *furta sacra* stava nell'aver sottratto oggetti sacri al nemico. Nella stessa guerra il veneziano Carlo Zen, giunto in Liguria con una squadra di galee, era riuscito a trafugare alcune reliquie di san Venerio del Tino da Portovenere. Il cronista Giorgio Stella afferma tuttavia che si trattava di falsi, forse per

---

404 VAUCHEZ, La difficile émergence d'une sainteté des laïcs à Venise aux XIIe et XIIIe siècles, pp. 345–347.

405 POLONIO, Devozioni di lungo corso: lo scalo genovese, p. 389. Sul saccheggio del 1354 e sui successivi problemi per il recupero dei resti: Giuseppe CUSCITO, I santi Mauro ed Eleuterio di Parenzo. L'identità, il culto, le reliquie, in: *Atti del Centro di Ricerche Storiche Rovigno* 16 (1985–1986), pp. 33–70, qui pp. 53–56. Nel Settecento il vescovo Vincenzo Maria Mazzoleni riuscì a riottenere dai Doria due femori dei santi, che furono riportati a Parenzo, dove nel 1749 il vescovo Gaspare Negri consacrò finalmente un altare a san Mauro, come ricorda: Giovanni Battista CONTARINI, *Memorie storiche delle sacre reliquie de' SS. martiri Mauro ed Eleuterio protettori della città e diocesi di Parenzo*, Venezia 1749. Le reliquie furono interamente restituite da Genova a Parenzo solo il 10 giugno 1934: Elio MIGLIORINI [et al.], *Parenzo*, in *Enciclopedia Italiana*, Roma 1935.

406 La parte toccata al comune fu depositata nella cattedrale di San Lorenzo, all'interno di una cassa con tre serrature diverse, le cui chiavi erano date ad altrettante persone. Altre reliquie furono date a diverse chiese cittadine, come quella di San Giorgio e di San Luca, che ricevettero i resti dei rispettivi santi. La lista di reliquie è in: ASGe, *Archivio Segreto, Diversorum* 497, f. 45v.-46r. Genova, 6 marzo 1382.

sminuire la portata del gesto.[407] Gli orizzonti devozionali sembrano ristretti e la competizione civica sembrava il vero obiettivo. Il 26 settembre 1386 papa Urbano VI, in quel momento a Genova, aveva rilasciato un indicativo privilegio: a chi si fosse recato per la festa della natività di san Giovanni Battista a venerarne le reliquie, custodite nella cattedrale genovese, erano concesse le stesse indulgenze godute dalla basilica veneziana di San Marco per la solennità dell'Ascensione.[408] I genovesi non chiedevano nemmeno i termini esatti delle indulgenze, che non sono riportati sulla bolla pontificia, ma solo l'equiparazione alla chiesa e al santo patrono della città rivale. La venerazione dei santi, i benefici spirituali o i *furta sacra* erano una questione di prestigio civico.[409]

Anche la capitale veneta soffriva di un simile cambiamento di sguardo. Il flusso di reliquie orientali, ininterrotto fino alla fine del XIII secolo, era andato scemando durante il Trecento. La vita spirituale, controllata dalla classe dirigente, stava mutando di pari passo con le devozioni. Nella seconda metà del XIV secolo aveva preso piede una spiritualità dei laici che aveva faticato ad attecchire fino a quel momento, al punto che Philippe de Mézières non esitava a definire Venezia come uno dei centri della religiosità laicale d'Europa.[410] Il cambiamento delle devozioni rimane legato al tema delle traslazioni di reliquie. Per la caccia ai resti sacri si iniziava a guardare all'entroterra veneto, come mostra il corpo di sant'Eufemia, portato da Aquileia nel 1378[411], oppure all'Europa orientale e slava, come nel caso delle spoglie di san Gerardo Sagredo, veneziano martirizzato nell'XI secolo e portato nella laguna nel 1384.[412] Le traslazioni trecentesche potevano essere eventi interni alla città, con lo spostamento dei resti da una chiesa all'altra oppure in una posizione diverso all'interno della stessa.[413] Certo, l'afflusso di reliquie, di immagini o di icone greche

---

407 Il cronista Giorgio Stella affermò di aver parlato personalmente con l'abate del monastero del Tino, che giurava di non aver mai saputo a chi appartenessero le reliquie asportate dai veneziani, ma che non erano sicuramente di san Venerio. Georgii et Iohannis Stellae Annales Genuenses, p. 174.

408 La bolla è in: ASGe, *Bolle e brevi* 1554, doc. 12. Genova, 26 settembre 1386. Cita il fatto anche Giorgio Stella: Georgii et Iohannis Stellae Annales Genuenses, p. 193.

409 I *furta sacra* in particolare erano anche un modo per umiliare il nemico in maniera feroce, togliendogli i suoi riferimenti di protezione ultraterrena. POLONIO, Devozioni di lungo corso: lo scalo genovese, p. 390.

410 VAUCHEZ, La difficile émergence d'une sainteté des laïcs à Venise aux XIIe et XIIIe siècles, pp. 347–348.

411 NIERO, Reliquie e corpi di santi, p. 192.

412 Ivi, p. 205.

413 RIGON, Devozioni di lungo corso: lo scalo veneziano, p. 409.

da Oriente non si arrestò mai del tutto almeno fino al XV secolo.[414] Si trattava però di casi isolati, quasi tutti quattrocenteschi e con il fine di mettere in salvo il patrimonio sacro bizantino dall'avanzata dei turchi. Nella seconda metà del Trecento si assiste al totale immobilismo nella traslazione di oggetti sacri dal Levante.[415] Diminuita la corsa all'appropriazione di reliquie, la tendenza era di rivalorizzare degli antichi culti, spesso sparsi tra le diverse chiese, scuole e santuari della laguna, in occasioni di particolari eventi o pericoli. Venezia non doveva più legittimare la propria grandezza con nuove acquisizioni sacre, quanto difendere il proprio patrimonio religioso da assalti esterni, come la scorreria genovese del 1380, o da sottrazioni interne. Lo sforzo difensivo culminava con la redazione di cataloghi di reliquie conservate presso le varie scuole, spesso usate solo dalla confraternita che le possedeva e soggette a norme restrittive. La città lagunare era divenuta una sorta di nuova Bisanzio, erede della santità d'Oriente: nel Trecento si doveva guardare lei stessa dai *furta sacra*. Dal dinamismo delle nuove acquisizioni si era passati alla staticità della conservazione.[416] I nuovi arrivi potevano provenire da doni personali, come il pezzo della Vera Croce donato nel 1370 Philippe de Mézières alla scuola di San Giovanni Evangelista.[417] Tuttavia, erano i cavalieri disillusi dalla crociata a portare reliquie alla città, mentre i cittadini veneziani avevano smesso di avventurarsi nella loro caccia sui mari. A Venezia, nel Trecento, si preferiva difendere il patrimonio piuttosto che cercare di aumentarlo: l'Oriente, le crociate e le reliquie levantine sembravano appartenere a un'epoca ormai lontana.

Che posto avevano le devozioni di un personaggio come Boucicaut a Genova? Le testimonianze dell'epoca, probabilmente scritte o influenzate dall'ambiente del maresciallo, hanno presentato un ritratto di Jean Le Meingre che ricalca il modello del cavaliere perfetto, costruendo un'immagine romanzata e sfalsata.[418] Il suo ritratto letterario ha cristallizzato la figura di un uomo estremamente religioso, che rendeva onore a tutte le donne per amore alla Vergine Maria; il cronista Giorgio Stella descrive un Boucicaut pio, che andava a messa due volte al giorno, compiva digiuni e pellegrinaggi.[419] In realtà la figura

---

414 TRAMONTIN, Influsso orientale nel culto dei Santi a Venezia fino al secolo XV, pp. 808–809, 818–819.

415 L'unico caso tardo-trecentesco è quello relativo alle spoglie del beato Gentile da Matelica, frate francescano martirizzato nel 1340 in Persia. Si trattava di un santo moderno, rispetto ai più prestigiosi antichi padri orientali. RIGON, Devozioni di lungo corso: lo scalo veneziano, p. 409.

416 Ivi, pp. 411–412.

417 Kiril PETKOV, *The Anxieties of a Citizen Class. The Miracles of the True Cross of San Giovanni Evangelista, Venice 1370–1480*, Leiden 2014, pp. 15–16.

418 PUNCUH, Jean Le Meingre detto Boucicaut tra leggenda e realtà, pp. 299–302.

419 Georgii et Iohannis Stellae Annales Genuenses, p. 258.

del campione dell'ideale cavalleresco è stata soggetta a profonda revisione, che ne ha mostrato i tratti crudeli e violenti.[420] In ogni caso, il clima religioso d'oltralpe aveva fatto breccia con la dedizione di Genova alla Francia nel 1396 e l'afflusso dell'entourage dei governatori francesi, culminato con Le Meingre. Analizzando il dato artistico, a Genova nel tardo Trecento vi era stata una massiccia e continua penetrazione di artisti stranieri, che avevano condizionato il gusto culturale della committenza. La dimensione mercantile aveva inciso sulla mentalità e sul rapporto con l'arte: Genova era un centro di finanziamento e di raccolta, piuttosto che di produzione: una città artisticamente importatrice e redistributrice. Era costante il collegamento con il Nord Europa e in particolare con le capitali del gotico internazionale, tra Francia e Borgogna, che vedevano la presenza di mercanti genovesi attivi nel traffico di gioielli e oggetti artistici. I nessi ultramontani influenzavano il gusto e la sensibilità cittadina, culminata con il periodo di governatorato francese e testimoniata dalla precoce diffusione dell'arte fiamminga.[421] La produzione di opere legata a Boucicaut testimonia la propagazione di questa sensibilità franco-borgognona: una tavoletta eburnea del 1408, conservata nella chiesa parrocchiale di San Lorenzo a Portovenere, mostra all'interno della scena della Crocifissione lo stesso maresciallo inginocchiato nell'angolo, con la spada, il vestito nero profilato d'oro e le mani giunte, mentre un Giuseppe d'Arimatea riccamente vestito gli indicava Cristo in croce. Il *Livre de fais* racconta di Boucicaut che usualmente digiunava tutti i venerdì e vestiva di nero in ricordo della Passione: la tavoletta rientra nella stessa dimensione di autorappresentazione. La chiesa di Portovenere era stata al centro delle devozioni del maresciallo nella Settimana Santa del 1408, con le sue rigide pratiche penitenziali. I gigli sulla cornice rimandavano alla casa reale francese, mentre non mancano i riferimenti allo scisma, con il papa romano al posto del centurione che trafigge con la lancia il costato di Gesù.[422]

---

420 PUNCUH, Jean Le Meingre detto Boucicaut tra leggenda e realtà, p. 302. Dino Puncuh è stato molto critico e realista sulla figura di Boucicaut e sul suo governo genovese. Dino PUNCUH, Il governo genovese del Boucicaut nella lettera di Pileo de Marini a Carlo VI di Francia (1409), in: *Mélanges de l'École française de Rome. Moyen Âge* 90 (1978), pp. 657–687; IDEM, Il maresciallo Boucicaut e l'arcivescovo Pileo de Marini, in: *Il Maresciallo Boucicaut: governatore di Genova tra Banco di San Giorgio e Magistrato della Misericordia. Atti del convegno, Genova 24 maggio 2001*, Genova 2002, pp. 15–31.

421 Clario DI FABIO, Mercato suntuario e committenza artistica tra Genova, Lombardia, Francia, Borgogna e Inghilterra nell'autunno del Medioevo: "spie" e tipologie, in: *Entre l'Empire et la mer. Traditions locales et échanges artistiques*, ed. Mauro NATALE / Serena ROMANO, Roma 2007, pp. 11–40, qui pp. 20–22.

422 Ivi, p. 24. Sullo stesso oggetto: Clario DI FABIO, La "pace" di San Lorenzo di Portovenere, il Maresciallo di Boucicaut e Pedro de Luna. Un promemoria per la storia della cultura figurativa a Genova nell'"Autunno del Medioevo", in: *Bollettino d'arte, s. 6* 81 (1996), pp. 137–148.

Tramite il maresciallo Boucicaut una certa religiosità, espressa con i modi del variopinto autunno del Medioevo, era giunta sulle rive del Mediterraneo.

In questo quadro devozionale, l'Oriente, Gerusalemme e l'oltremare erano poco presenti. I grandi centri marittimi stavano cambiando le proprie sensibilità, chiusi al proprio interno, sazi di una gloria passata, oppure culturalmente rivolti verso altri lidi, dalla stessa terraferma italiana fino al Nord Europa. La Terra Santa era stata dimenticata? Un codice in volgare genovese del tardo XIV secolo – ma di datazione incerta –, prodotto dalla confraternita di San Bartolomeo legata alla chiesa di Santa Maria di Castello, raccoglie una serie di preghiere, litanie e omelie per i diversi periodi liturgici dell'anno. Si tratta di un notevole estratto per analizzare a livello popolare le devozioni e gli obiettivi delle preghiere dell'epoca, che si rincorrono nel testo.[423] Vi erano orazioni per il bene e per la pace "in tuta la crestianitae de ça da mar e de là da mar, unde è guerra e tribulation"[424], con la tenace permanenza dell'idea dell'oltremare. Si pregava per i governanti di Genova, perché potessero reggere con saggezza la città, e soprattutto "per li naveganti chi sum per l'universo mondo", affinché il Signore li conservasse nei pericoli del viaggio e perché tornassero a casa sani e salvi, svelando i contorni di una religiosità marittima.[425] Le invocazioni coinvolgevano anche i mercanti, affinché volgessero i prodotti dei loro traffici per la gloria di Dio, segno che la pratica della mercatura e il profitto non erano in contraddizione con la società cristiana.[426] Vi erano indicative aperture al mondo esterno, che non era ancora uscito del tutto dalla pietà popolare. Tra le preghiere della confraternita vi erano quelle per la sicurezza dei viaggi dei pellegrini, che andavano per il mondo verso i santuari[427], e addirittura per i non battezzati e per i popoli al di fuori della fede cristiana. I fedeli delle città

423 Si tratta del manoscritto italiano 112, conservato alla Bibliothèque National de France. Parte del testo, in rima e in prosa, è stato pubblicato in: Antonio Ive, Prose genovesi della fine del secolo XIV e del principio del XV, in: *Archivio glottologico italiano* 8 (1882–1885), pp. 1–97.

424 BNF, *Ms. italien* 112, f. 68r.

425 "Preghemo per li naveganti chi sum per l'universo mondo; per quelli de mar e per quelli de tera, e spetiarmenti per li frae de questa conpagnia beneita. Che lo nostro Segnor messer Yhesu Christe li aie a li lor perigi e necessitae, e li abia semper in la soa beneita guardia e li torne a casa lor, sayn et salvi con li soy dinai, mercatie e havei, per la bontae e misericordia soa". *Ibidem.*

426 "Preghemo per li mercanti e arteixi chi traffegam le cosse do lo mondo, che lo nostro Segnor li dea gratia che elli façam mercantie e traffegi leay, per quella via e mainera chi sea loso de Dee e salvation de le lor annime". *Ibidem.*

427 "Preghemo per tuti li pelegrim e pelegrinne, chi vam in pelegrinaio per l'universo mondo, che lo Segnor beneito gi dea gatia che elli possam far viagij iusti et santi, chi seam honor de Dee et salvation de le annime lor per la bontae e misericordia soa, e che elli pregem per noy e noy per lor". *Ibidem.*

mediterranee non avevano dimenticato l'esistenza di mondi lontani, pagani o musulmani.[428] In tutto ciò, un'invocazione tra le altre richiama l'attenzione. È quella per la Santa Madre Chiesa, per i suoi pastori, per i prìncipi e i sovrani della terra. Tra i loro compiti di guida, ne era sottolineato uno: "a multiplicamento de la santa fe catholica e a recoveramento de la sainta terra de otra mar".[429] Il recupero della Terra Santa era ancora ricordato, nel Trecento, tra i doveri ultimi di regnanti cristiani. Secoli di frequentazione d'oltremare, di avventure, di partecipazione al *passagium* avevano lasciato segni indelebili nella memoria e nelle preghiere delle popolazioni dei grandi porti mediterranei. La crociata era un sogno non del tutto scomparso, sebbene nella realtà sempre più lontano.

4.2.4 *I Bianchi del 1399, nuovi crociati?*

I moti di devozione permettono di misurare misurare gli scoppi di religiosità, le tendenze e i bisogni delle società. I flagellanti del 1348–1349 avevano avuto scarso successo in Italia, mentre il movimento che più fortemente aveva scosso la penisola era stato quello dei Bianchi del 1399. Il moto è stato ampiamente analizzato dalla storiografia, che si è concentrata sullo studio delle processioni in quanto fenomeno pubblico, con volontà di pacificazione, all'interno di un contesto cittadino.[430] I Bianchi sono stati inseriti tra le manifestazioni di religiosità civica, rappresentando un avvenimento religioso collettivo e simbolico

---

428 "Preghemo per tuti quelli chi no sum bapteçae, chi sum fora de la santa fe cristianna. Che lo nostro Segnor messer Yhesu Christe ye illumine li lor cor de la santa fe cristianna, e li reduga a lo so santo baptesmo, açochè elli possam andar a la soa beneita gloria". *Ibidem.*

429 "Preghemo per lo stao de la sancta mayre çexia; per messer lo papa e per li segnoy cardenay e per li rei, principi e baroni, chi an a reçe e a guiar tuta la humanna generation, che lo nostro Segnor beneito gi dea gratia, força e bairia che elli la possam reçe e guiá per quella maynera e via chi semper loço e honor e gloria sea de lo sanctissimo nome e honor e reverentia de la soa beneita passion e morte, a multiplicamento de la santa fe catholica e a recoveramento de la sainta terra de otra mar". Ivi, f. 67v.

430 Tra i lavori che si sono occupati specificatamente del fenomeno dei Bianchi del 1399: Arsenio FRUGONI, *La devozione dei Bianchi del 1399*, in: L'attesa dell'età nuova nella spiritualità della fine del medioevo, pp. 232–248; Giampaolo TOGNETTI, Sul moto dei bianchi nel 1399, in: *Bullettino dell'Istituto Storico Italiano per il Medio Evo* 78 (1967), pp. 205–343; Diana M. WEBB, Penitence and peace-making in city and contado: the Bianchi of 1399, in: *The Church in Town and Countryside*, ed. Derek BAKER, Oxford 1979, pp. 243–256; Daniel E. BORNSTEIN, *The Bianchi of 1399. Popular devotion in Late Medieval Italy*, Ithaca 1993. Si rimanda anche agli interventi contenuti negli atti del convegno: Francesco SANTUCCI (Ed.), *Sulle orme dei Bianchi dalla Liguria all'Italia Centrale. Atti del convegno storico internazionale, Assisi-Vallo di Nera-Terni-Rieti-Leonessa, giugno 1999*, Assisi 2001.

in rapporto con le autorità comunali, che ebbero reazioni diverse.[431] Dal punto di vista crociato-escatologico, tuttavia, i Bianchi forniscono nuove prospettive di indagine. Le origini del movimento sono tramandate da diverse cronache italiane, tutte però convergenti in un unico modello letterario, in cui Gesù stesso sarebbe apparso in un contesto lontano, extracittadino e non istituzionalizzato.[432] Giorgio Stella nei suoi *Annales Genuenses* riporta un'apparizione avvenuta in Provenza a contadini e uomini semplici[433], versione ripresa dalla cronaca del lucchese Giovanni Sercambi. Il pistoiese Luca Dominici parla di un contadino del Delfinato, a cui nel maggio 1399 era apparso Gesù sotto forma di un giovane, "avendo pensato per li nostri peccati disfare lo mondo".[434] La Vergine, all'interno della vicenda dei tre pani, avrebbe invece interceduto presso il Figlio, che si era presentato sotto mentite spoglie al contadino, in un dialogo indiretto in cui la Madonna cercava di mediare la volontà punitiva di Gesù. Il rimedio, secondo quanto detto al contadino, doveva essere una commozione della Cristianità intera, che si doveva avviare in processione, invocando misericordia e cercando di attuare la pace sulla terra.[435] Nella cronaca, Maria aveva

---

431 Stefania GIRAUDO, La devozione dei Bianchi del 1399: analisi politica di un movimento di pacificazione, in: *Reti Medievali Rivista* 14 (2013), pp. 167–195, qui pp. 169–170.

432 Ivi, p. 171.

433 "Huiusmodi quidem devotio in provintia, que nomine proprio Provintia dicta est, sumpsisse narratur initium: nam ibi quidam rustici et viri simplices, viso, ut dicitur, divino miraculo, ceperunt penitentes et contriti corde, involuti linteo, in Dei reverentiam iter agere et Dei auxilium invocare". Georgii et Iohannis Stellae Annales Genuenses, p. 236.

434 DOMINICI, Cronache, vol. 1, p. 51.

435 Nel racconto di Dominici, Gesù sarebbe apparso al contadino sotto forma di un bellissimo giovane, e senza farsi riconoscere gli avrebbe chiesto un pane, che il lavoratore però non aveva. Cristo disse invece di sì: il contadino meravigliato trovò subito tre pani. Il giovane allora disse al contadino di gettare i tre pani in una fonte, ma quest'ultimo rimase interdetto poiché non vi era nessuna fonte nel raggio di un miglio. Nuovamente Gesù disse di sì, al che il lavoratore si incamminò e trovò una fonte ai piedi di un albero. Lì sedeva una donna in lacrime e vestita di bianco, che in realtà era Maria. La donna chiese al contadino il motivo della visita, ed egli gli spiegò il suo intento di gettare i pani nella fonte. La Madonna allora lo supplicò di non farlo, anzi di tornare dal giovane e riferirgli che la donna non voleva che si gettassero. Il lavoratore, tornato indietro e raccontato, venne nuovamente mandato dal Cristo sotto mentite spoglie alla fonte, la donna insistette di nuovo e il contadino venne nuovamente invogliato a tornare da Gesù, in un gioco di rimbalzi tra la Madre che intercedeva per la salvezza e la decisione di Dio. Il contadino, nonostante le resistenze della donna, gettò infine un pane nella fonte. La cronaca di Dominici a quel punto scrive: "Allora la donna disse piangendo: "male hai fatto: per questo patirà lo terzo del mondo e se vi gitti un'altra parte, patirà le due parti, e se tutto lo getti tutto lo mondo perirà; però che io voglio che tu sappi che Colui che te lo comandò era Cristo e io sono la sua madre: elli aveva disposto di disfare il mondo per li peccati e io li sono stata innanzi per pregarlo non lo disfaccia e non ci è modo; per ciò che altra volta l'ha voluto

dato indicazioni al contadino sulla forma che il movimento doveva assumere. Ognuno dei penitenti che avrebbe preso parte alle processioni, uomo, donna o fanciullo, prete o frate, si sarebbe dovuto vestire con un abito di lino bianco, il capo coperto, una croce rossa cucita sul cappuccio e un'altra "croce vermiglia su la spalla".[436] La croce scarlatta sulla spalla era da secoli il tratto distintivo – seppur non esclusivo – di chi compiva il voto di crociata e partiva per l'impresa d'oltremare, permanendo quale simbologia forte all'interno dell'immaginario collettivo: così riportavano anche i manuali di predicazione di crociata del XIII secolo, con ripercussioni su un pubblico larghissimo.[437] Nelle testimonianze artistiche la somiglianza tra i Bianchi e i vecchi crociati è impressionante, come nel ciclo pittorico raffigurato da Cola di Pietro da Camerino nel 1401, sui muri della chiesa di Santa Maria a Vallo di Nera, in territorio spoletano. Il dipinto, con la freschezza di una cronaca, raffigura i penitenti nelle tuniche candide e crocesignate, intenti a compiere opere di carità, scambiarsi baci di pace e salmodiare inni alla Vergine.[438]

I penitenti dovevano invocare misericordia, oltre a osservare una serie di indicazioni comportamentali: nei nove giorni di processione non si dovevano spogliare né entrare in un letto, dovevano visitare almeno tre chiese, partecipare a una messa solenne, non mangiare carne, il sabato digiunare a pane e acqua, andare scalzi e intonare lo *Stabat Mater*, canto da loro stessi coniato.[439] Così avevano iniziato a girare le città dell'Italia centro-settentrionale, invocando pietà tramite la Madonna e incitando il perdono e la pace. L'invocazione della fine delle discordie civili aveva un ruolo centrale nella missione dei Bianchi ed era l'elemento di connessione delle brigate che componevano

---

disfare e a' miei preghi non l'ha disfatto"". Il contadino chiese allora quale fosse il rimedio da attuare, per far cambiare idea a Gesù: la Madonna affermò che occorreva andare in tutte le città e i castelli facendo processioni. Così ebbe inizio, nella cronaca di Luca Dominici, il movimento pacificatorio. Ivi, pp. 52–53.

436 Ivi, p. 54.

437 Intorno al 1265 Umberto da Romans compose un prontuario specifico rispetto alla predicazione della crociata, il *De predicatione s. Crucis contra Saracenos*. In esso specificava, tra i molti temi affrontati nella meccanica della predicazione, che la croce cucita sui vestiti andava portata sulla spalla destra. Interessante notare come non si trattasse di un testo teorico ma espressamente rivolto ai predicatori che dovevano operare a livello popolare e di convincimento. TYERMAN, Come organizzare una crociata, pp. 140–141.

438 Si veda in particolare: Sandro CECCARONI, Testimonianze del movimento dei Bianchi a Vallo di Nera agli inizi del XV secolo, in: *Spoletium. Rivista di Arte, Storia, Cultura* 27 (1982), pp. 39–44; più in generale: Elisabeth BLIERSBACH, I Bianchi nell'arte Umbro-Laziale, in: Sulle orme dei Bianchi dalla Liguria all'Italia Centrale, pp. 363–405.

439 DOMINICI, Cronache, vol. 1, pp. 53–54. La prima testimonianza dello *Stabat Mater*, con relativa trascrizione del testo dell'inno, è in: Georgii et Iohannis Stellae Annales Genuenses, pp. 237–238.

il variegato movimento penitenziale. In quasi tutti i centri urbani vi era stato uno sdoppiamento del movimento, dove accanto allo spontaneismo del contado, apparentemente senza alcuna organizzazione, era sorto un tentativo di appropriarsi del fermento da parte delle istituzioni ecclesiastiche cittadine. I vescovi o i governi comunali intendevano riorganizzare e disciplinare la devozione, inserendola in riti e processioni sotto la loro guida, con esiti diversi da città a città.[440] Il moto era stato alimentato dalla peste scoppiata nello stesso anno, aggiungendo questa tematica alla tensione originaria. Alle origini, il movimento si era prefisso l'obiettivo di fermare i conflitti che insanguinavano i centri urbani; con l'epidemia, le attese escatologiche erano aumentate.[441] I Bianchi, sull'ultimo scorcio del Trecento, avevano generato risposte ben diverse e più consistenti anche all'interno delle città marittime rispetto ai loro analoghi di un secolo e mezzo prima. Nel 1260 un grande moto di flagellanti aveva scosso la penisola italiana, ma le confraternite non avevano nemmeno raggiunto Venezia, probabilmente considerando il centro mercantile poco ricettivo all'iniziativa, sebbene alcune compagini di penitenti fossero sorte ugualmente nella laguna dando origine a diverse scuole.[442]

---

440 A Genova fu l'arcivescovo Giacomo Fieschi a inquadrare i devoti in una serie di processioni pubbliche; a Lucca e Pistoia, come documentano i cronisti, furono le massime autorità religiose e civili a tentare di mettersi in rapporto con i Bianchi. Ma a Lucca, quando si resero conto di non poter contenere i penitenti, le autorità organizzarono processioni parallele e concorrenti, mentre a Pistoia la frattura con i penitenti sorse solo successivamente, con l'arrivo della peste. A Orvieto, all'opposto, i Bianchi furono considerati un elemento di minaccia e disturbo; a Padova invece i Carraresi si posero subito alla guida del movimento, messo sotto il controllo degli ufficiali pubblici. GIRAUDO, La devozione dei Bianchi del 1399, pp. 194–195.

441 Il movimento dei Bianchi sotto questo aspetto ricorda molto le "Paci di Dio" dell'XI secolo, anch'esse strettamente legate alla crociata. Tra l'ampia bibliografia sulle Paci o Tregue di Dio, soggette a studi specialmente in ambito anglosassone: Thomas F. HEAD / Richard A. LANDES (Ed.), *The Peace of God: Social Violence and Religious Response in France around the Year 1000*, Ithaca 1992; Thomas F. HEAD, The Development of the Peace of God in Aquitaine (970–1005), in: *Speculum* 74/3 (1999), pp. 656–686; Herbert Edward John COWDREY, From the peace of God to the First Crusade, in: IDEM, *The Crusades and Latin monasticism, 11th-12th centuries*, Ashgate 1999, pp. 51–61; Thomas GERGEN, The Peace of God its legal practice in the Eleventh Century, in: *Cuadernos de historia del derecho* 9 (2002), pp. 11–27; Charles W. CONNELL, Origins of Medieval Public Opinion in the Peace of God Movement, in: *War and peace: critical issues in European societies and literature 800–1800*, ed. Albrecht CLASSEN / Nadia MARGOLIS, Berlin 2011, pp. 171–192; Mary S. SKINNER, Lay Initiative in the Early Peace of God Movement, 980–1020, in: *Papacy, crusade and Christian-Muslim relations Bird*, ed. Jessalynn Lea BIRD, Amsterdam 2018, pp. 21–44.

442 Sui flagellanti del 1260, in senso generale: Arsenio FRUGONI, Sui Flagellanti del 1260, in: *Bullettino dell'Istituto Storico Italiano per il Medio Evo* 75 (1963), pp. 211–238; Aurelia

Nel 1399 i Bianchi erano stati più audaci e avevano tentato il proprio ingresso nella capitale veneta. La parte più calda delle manifestazioni dei Bianchi era avvenuta durante i mesi estivi, in cui gruppi di devoti avevano visitato le campagne padovane, il Friuli e la marca trevigiana; solo con un certo ritardo, dovuto principalmente all'ostilità governativa, avevano provato a diffondersi in laguna, nel novembre 1399. Il rapporto di Venezia con i Bianchi fu contrastato e soggetto a un precoce oblio, vista la durezza con cui la vicenda era stata trattata. Nella cronaca di Antonio Morosini, contemporaneo agli avvenimenti, non se ne fa menzione alcuna per l'anno 1399: da un lato, segno dello scarso impatto che il moto penitenziale aveva avuto nel centro adriatico, dall'altro per l'allineamento dello scrittore al governo dogale che sperava probabilmente di insabbiare la questione, oltre alla personale sensibilità dell'autore, più interessato alle vicende politiche.[443] Le cronache esterne forniscono informazioni approfondite: la cronaca ferrarese di Iacopo Delaito narra dell'arrivo di un gruppo di Bianchi a Venezia, che aveva raccolto il favore di molti nel popolo, nonostante l'ostilità delle autorità.[444] I devoti erano stati tuttavia cacciati in maniera ignominiosa, "turpiter, et non sine ignominia repulsi fuerunt ab ipso Ducali Dominio cum punitione etiam aliquorum ex illis"[445], con il biasimo delle corti estere. Girolamo da Forlì, dal canto suo, afferma che il moto dei Bianchi aveva avuto luogo in tutte le città d'Italia tranne che a Venezia.[446] Ciò che sappiamo proviene da fonti di carattere privato, come il carteggio di Ruggero Contarini, che contiene una lettera datata 22 dicembre 1399, in cui si raccontano al fratello Giovanni gli avvenimenti del 18 novembre e dei giorni successivi.[447] La narrazione è contenuta anche nella cronaca del monastero del Corpus Domini, redatta da suor Bartolomea Riccoboni; il convento era direttamente coinvolto

---

Fresta, In margine al movimento dei Flagellanti e dei Bianchi, in: *Bollettino storico reggiano* 52 (1982), pp. 73–80; Giampaolo Tognetti, Quesiti sui flagellanti del 1260, in: *La Cultura. Rivista di Filosofia, Letteratura e Storia* 25 (1987), pp. 152–166.

443 Si vedano in particolare le pagine riferite agli anni 1399–1400, in cui non si fa menzione dei Bianchi. Morosini, Il Codice Morosini, pp. 196–201.

444 "Perrexerunt etiam Venetias, sed Ducale Dominium, ut taliter ibi fieret, noluit assentire, eo maxime respecta, quia negotiationibus multum officere habuissent, et dum favore aliquorum popularium, et quorumdam religiosorum ad illud impetrandum pertinaciter quodammodo laborarent". In quel tempo i Bianchi avevano pacificato molte discordie tra gli uomini, provocando "multae concordiae et conciliationes". Giacomo De Delayto, *Annales Estenses* (Rerum Italicarum Scriptores 18), Milano 1731, col. 957–958.

445 *Ibidem.*

446 Girolamo Da Forlì, *Chronicon Foroliviense ab anno MCCCXCVII usque ad MCCCCXXXIII* (Rerum Italicarum Scriptores 19), Milano 1731, col. 874–875.

447 Dalla Santa, Uomini e fatti dell'ultimo trecento e del primo quattrocento, p. 34.

nella vicenda in quanto legato a uno dei promotori del moto religioso, il domenicano fiorentino e futuro cardinale Giovanni Dominici.[448]

Il fermento spirituale, che già infiammava la penisola, attendeva di essere acceso anche a Venezia: se ne erano fatti animatori, oltre al domenicano, anche il prete Leonardo Pisani, di ascendenza patrizia, appassionato predicatore, e il nobile Antonio Soranzo.[449] Il 18 novembre Giovanni Dominici "in Veniexia, mosso da grandissima devocion e fiducia s'accordò con molti citadini e preti de far questa devocion in questa Terra".[450] Egli aveva celebrato una messa nella chiesa di San Geremia, prima che un gruppo di circa 150 persone, comprendente anche diversi nobili oltre a popolani, frati e religiosi, desse avvio a una "prezesion de questi bianchi".[451] I penitenti erano vestiti con la solita veste candida e "tuti chantando Misericordia"[452] erano giunti fino alla basilica dei Santi Giovanni e Paolo, con in testa il patrizio Antonio Soranzo che portava il crocifisso ligneo.[453] Sulla piazza i devoti avevano incontrato il capitano del Consiglio dei Dieci e le guardie, lì inviate per sciogliere la processione non autorizzata. Ne era derivata una zuffa con alcuni ferimenti, nella quale il capitano aveva strappato dalle mani di Soranzo il crocifisso e aveva spezzato le braccia alla statua, prima di disperdere la processione "con molti hobrobri e villanie".[454] Il Consiglio dei Dieci era riuscito in poco tempo a risalire ai capi

---

448 La cronaca di suor Bartolomea è passata inosservata per lungo tempo, mancando tutt'oggi un'edizione critica della versione originale in volgare veneziano. Una traduzione inglese è consultabile in: Bartolomea RICCOBONI, *Sister Bartolomea Riccoboni, Life and Death in a Venetian Convent: The Chronicle and Necrology of Corpus Domini, 1393–1436*, ed. Daniel Ethan BORNSTEIN, Chicago 2000. Riguardo al domenicano e poi cardinale Giovanni Dominici: Giorgio CRACCO, Banchini, Giovanni di Domenico, in: *Dizionario Biografico degli Italiani*, vol. 5, Roma 1963, pp. 657–664.

449 Leonardo Pisani era un prete molto popolare nella città, estremamente devoto a Caterina da Siena. Emmanuele Antonio CICOGNA, *Delle inscrizioni veneziane*, vol. 6, Venezia 1853, p. 138.

450 Ivi, p. 140.

451 Ruggero Contarini, riguardo al loro numero, afferma che: "siando asunà zircha 150, vestì de la vesta biancha, tra y qual de iera molti zentilomeni". DALLA SANTA, Uomini e fatti dell'ultimo trecento e del primo quattrocento, p. 34. Anche Bartolomea Riccoboni insiste sulla larga composizione sociale dei penitenti, di cui facevano parte nobili, religiosi, popolani, donne: "ordinata la Procession con molti signori e donne religiosi e seculari". CICOGNA, Delle inscrizioni veneziane, vol. 6, p. 140.

452 *Ibidem*.

453 "E ser Antonio Soranzo che portava el Cruzifixo". DALLA SANTA, Uomini e fatti dell'ultimo trecento e del primo quattrocento, p. 34.

454 CICOGNA, Delle inscrizioni veneziane, vol. 6, p. 141. Bartolomea Riccoboni narra nel dettaglio che: "Siando zonti sul Campo li era apariate el Cao di Diexe cum i suoi Officiali per parte de la Signoria, e branchà el Crucifixo de man a mis. Antonio Soranzo el qual andava inanci e rompe le brace del Crucifixo e desfexe la Procession". La suora spiega che ciò era

del moto penitenziale, ovvero Dominici, Pisani e Soranzo.[455] Ai tre era intimato "se reducere ad habitationes suas et de illis non recedere sine licentia"[456] in attesa del giudizio, che era stato eccezionalmente severo. Il 21 novembre, mentre gli accusati erano reclusi nelle loro case, i componenti del Consiglio avevano discusso le pene possibili: l'unico a proporre provvedimenti blandi era stato Giovanni Contarini, che aveva suggerito l'isolamento fino al 23 dicembre per Dominici, Pisani e Soranzo.[457] Era prevalsa la linea dura, per la quale frate Giovanni Dominici era bandito da Venezia per cinque anni, il prete Leonardo Pisani e il nobile Antonio Soranzo per un anno.[458] La cronaca di Bartolomea Riccoboni assume toni patetici narrando le sofferenze dei tre, immagine di quelle di Gesù Cristo.[459]

Una lettera dello stesso Dominici del dicembre 1400, scritta a un anno di distanza dagli avvenimenti, li ricorda con toni amaramente ironici,

---

avvenuto perché "Della qual cosa la Signoria molto indignata contro nostro padre, perché lui aveva ordenata questa procession senza sua licencia". *Ibidem*. Anche Ruggero Contarini ricorda che "y fo inschontradi et dado ad alguni d'esi de molti pugni, e desfato quella devozion". DALLA SANTA, Uomini e fatti dell'ultimo trecento e del primo quattrocento, pp. 34–35.

455 I componenti del Consiglio avevano iniziato subito a indagare su chi fossero i principali responsabili: "Inquisitores consilii de decem debeant istud factum diligenter inquire et examinare ut heri possit qui fuerunt principales motores et tractatores dicte congregationis et processionis". ASVe, *Consiglio dei Dieci, Deliberazioni miste* 8, f. 43r. Venezia, 18 novembre 1399. Essi erano stati individuati in una deliberazione appena successiva quali i "nobili viro pro Antonio Superatio, presbitero Leonardo Pisani et fratri Iohanni Dominici ordinis predicatorum". *Ibidem*.

456 *Ibidem*.

457 Giovanni Contarini proponeva, rispetto a Giovanni Dominici, "Quod iste frater Iohannes Dominici ordinis predicatorum confinetur in monasterio sanctorum Iohannis et Pauli usque ad diem vigesimumtercium mensis decembris proximus in quo tempore non possit de dicto monasterio exire sub pena essendi bannitus de Venetia per duos annos indi sequentes". Ivi, f. 43v. Venezia, 21 novembre 1399. Lo stesso per Leonardo Pisani e per Antonio Soranzo. Ivi, f. 44r-44v. Venezia, 21 novembre 1399.

458 Alcuni tra i consiglieri proposero pene intermedie, come il bando da Venezia di due anni per Giovanni Dominici e di 40 giorni per Pisani e Soranzo. Furono tuttavia scelte le più dure in assoluto tra le proposte presentate. Si decise invece di non procedere contro il frate Geronimo de Tursio, pur presente alla processione. Ivi, f. 43r.-45r. Venezia, 21 novembre 1399. Ricorda anche Ruggero Contarini: "el fo bandizà pre Lunardo e ser Antonio Soranzo de Veniexia per 1 ano, el benedeto frar Zian Domenego per 5 ani de Veniexia et del so destreto". DALLA SANTA, Uomini e fatti dell'ultimo trecento e del primo quattrocento, p. 35.

459 "E la nocte li fece Pregadi e quasi chome fo facto a ms. Jesu Xpo tuti cridava Crucifige eum, e mis. Pre Lunardo e mis. Antonio Soranzo fo sbandizà per un anno, perché anche essi era molto ferventi in quella devocion; e questo fo zuoba de nocte vegnando el venere". CICOGNA, Delle inscrizioni veneziane, vol. 6, p. 141.

rammentando la prigionia di tre giorni come se fossero stati i peggiori traditori del comune. Il domenicano, lamentando l'esilio dei tre dovuto semplicemente alla loro devozione, faceva notare come Dio avesse punito la città di Venezia con alcune disgrazie. Colui che aveva indirettamente ordinato di rompere il crocifisso, ovvero il doge Antonio Venier, era morto quasi esattamente un anno dopo, il 23 novembre 1400. Venezia aveva sofferto in quel periodo di alcune piaghe, tra cui l'affondamento di 4 galee, tante quanti erano i monasteri cittadini retti da Giovanni Dominici, e lo smarrimento in mare di un altro legno chiamato "Conca". Questo contrappasso mostrava l'iniquità del governo veneto, che doveva pentirsi.[460] Alla fallita processione dei Bianchi di novembre 1399 si erano aggregati alcuni dei veneziani più devoti, probabilmente legati alle scuole della città. Sebbene Ruggero Contarini affermi che "penso e son zerto Dio voia y chuori e non i abiti"[461], la durezza della repressione aveva sconcertato il mercante e molti altri con lui. Ruggero, che pur non aveva preso parte al moto devozionale, era inquieto per la conclusione della vicenda, causata dai loro peccati e poiché la città non meritava uomini tanto religiosi. Il mercante sembrava profondamente dispiaciuto dalla condanna al bando e pregava il Signore e la Vergine di avere pietà di loro, che ne erano stati complici. Si era trattato di un episodio amaro contro i servi di Dio.[462] La reazione pubblica aveva schiacciato sul nascere un'esigenza evidentemente condivisa in molti settori della società veneziana, che viveva un clima di profonda tensione religiosa. Ciò era in linea con il controllo che il centro lagunare tentava di operare sulla spiritualità cittadina: molti degli abitanti erano inquadrati in scuole o confraternite, che erano da oltre un secolo il principale sbocco per la religiosità comunitaria. Le confraternite non legate a un ambito professionale avevano acquisito grande importanza sociale. Le cosiddette Scuole Grandi, anche dette dei Battuti perché in occasione di alcune cerimonie vi si praticava la flagellazione, raccoglievano centinaia di membri; alle processioni e ai momenti devoti si aggiungeva un'intensa attività caritatevole e assistenziale. Vi facevano parte,

---

460 Giovanni Dominici faceva notare il contrappasso per cui lui stesso "reggeva quattro conventi, de' quali però son salvi gli abitatori: e quattro sono i legni e galee rotte nel mare". Il frate sperava comunque in un ritrovamento della Conca e nella sua salvezza, come la terra aveva salvato il terzo esule, Leonardo Pisani. Ivi, pp. 141–142.

461 Dalla Santa, Uomini e fatti dell'ultimo trecento e del primo quattrocento, p. 35.

462 La descrizione degli avvenimenti di Ruggero Contarini è colma di osservazioni quali: "per y nostri pechadi, perché non ieremo degni de tal". Egli, pur senza esserne stato direttamente interessato, era negativamente colpito dall'esilio: "Del qual bandizar ho sentido et sento tanto desplaxer cho sentise may, e priego Dio et la soa Mare abia miserichordia de nuy". Una successiva lettera di Ruggero, dell'aprile 1400, riprendeva la fine dei Bianchi a Venezia: "e dubiome el nostro falo chontra y servi de Dio et in chazarli, non de sia amaro". *Ibidem.*

insieme, nobili e popolani ed erano gestite interamente da laici, senza essere subordinate al patriarca o a qualunque autorità ecclesiastica. A regolarle provvedeva il Consiglio dei Dieci, che operava un rigido controllo e ne vietava la formazione di nuove senza il suo permesso. La vicenda dei Bianchi si scontrava con la gerarchia governativa di Venezia, che si estendeva anche all'ambito spirituale.[463]

Genova, al contrario, era stata una delle prime città italiane raggiunta dal moto del 1399. Nella capitale ligure non esisteva una gestione della vita religiosa da parte del potere pubblico simile a quello veneziano. Le manifestazioni devozionali, dunque, finivano con più facilità fuori controllo e si lasciavano andare a slanci passionali. A Genova il fenomeno dei Bianchi aveva preso una consistenza molto maggiore rispetto alla laguna veneta, ponendosi in posizione dialogica e alternativa alla crociata. Anche nel capoluogo ligure i flagellanti del 1260 avevano ricevuto inizialmente una scarsa accoglienza, finendo derisi quasi come pazzi. Dopo tre giorni di processioni, come testimoniano gli annalisti Iacopo Doria e Iacopo da Varazze, i genovesi si erano infine convertiti, avevano messo fine alle liti e avevano fatto penitenza, sferzandosi e visitando le chiese cittadine, creando condizioni favorevoli alla concordia. Dopo questo acceso moto, tuttavia, i flagellanti erano scomparsi senza lasciare tracce durevoli.[464] Nel 1399 a Genova si respirava un clima molto diverso: la città aveva sofferto l'ennesima epidemia negli anni 1397–1398, oltre a un decennio di guerre civili che avevano portato il sistema politico al collasso. Gli scontri armati si susseguivano per le strade e non erano stati placati nemmeno dalla dedizione francese del 1396, che aveva solo stemperato i conflitti. La popolazione era in uno stato di esasperazione: l'incredibile accoglienza che avrebbero avuto i Bianchi in Liguria era legata a una situazione difficile e rispondeva a esigenze diffuse. Un osservatore esterno come Luca Dominici testimonia la gravità della situazione genovese, dove la gente "uccidevansi insieme come bestie".[465] Alcune migliaia di penitenti erano giunte all'inizio di luglio dalla Valpolcevera, ottenendo la pacificazione e la restituzione dei beni

463 LANE, Storia di Venezia, p. 183. Sul grande ambito delle scuole a Venezia e sulla vita spirituale del tardo Medioevo: PULLAN, Rich and poor in renaissance; Lia SBRIZIOLO, Per la storia delle confraternite veneziane: dalle deliberazioni miste (1310–1476) del Consiglio dei Dieci. Le scuole dei Battuti, in: *Miscellanea Gilles Gérard Meersseman*, vol. 2, Padova 1970, pp. 715–763; ORTALLI, Per salute delle anime e delli corpi; Gianmario GUIDARELLI, Le Scuole Grandi veneziane nel XV e XVI secolo: reti assistenziali, patrimoni immobiliari e strategie di governo, in: *Mélanges de l'École française de Rome. Moyen Âge* 123 (2011), pp. 59–82; Pierandrea MORO / Gherardo ORTALLI / Mario PO (Ed.), *La Scuola grande di San Marco e le scuole in Venezia tra religiosità laica e funzione sociale*, Roma 2015.

464 KEDAR, Mercanti in crisi, p. 169.

465 DOMINICI, Cronache, vol. 1, p. 55.

usurpati, secondo la cronaca di Giorgio Stella. L'autore era stato un testimone oculare dei fatti, dando grande risalto alla vicenda dei Bianchi e rimanendone profondamente colpito: egli è la prima e principale fonte per la descrizione degli avvenimenti.[466] Il 5 luglio la processione aveva fatto il proprio ingresso a Genova, accompagnata da nobili rurali e abitanti dei borghi limitrofi. I devoti avevano riscosso una grande partecipazione, con scoppi di pianto durante le invocazioni di pace e pietà: anche coloro che prima li deridevano, "moti sunt in non parvum Dei timorem et zelum".[467] I penitenti suscitavano commozione, offrendo una risposta emotiva alle difficoltà del momento. Già dopo un paio di giorni l'arcivescovo Giacomo Fieschi sosteneva pienamente il movimento con una messa solenne, esortando il clero urbano nel persuadere gli abitanti a praticare le devozioni.[468]

In città e nei dintorni si erano intanto susseguiti i miracoli. Un ragazzo di Voltri era stato considerato morto per tre ore ma, dietro supplica della madre, i Bianchi avevano pregato per lui nella chiesa parrocchiale. Il ragazzo "surrexit inolumis", alzandosi sano, tra lo stupore di tutti e toccando il cuore anche dei più increduli. Il ragazzo era stato portato nel capoluogo e la fama dell'accaduto si era sparsa ovunque.[469] In questo clima di esaltazione, "cives et mulieres ad confessiones iverunt et multi unus ab altero poscebant veniam".[470] All'alba del 10 luglio 1399 era stata celebrata dall'arcivescovo una messa solenne; dopodiché una moltitudine di genovesi, tra aristocratici e popolani, donne e bambini, avevano indossato la veste candida adornata di croci rosse e avevano formato una gigantesca processione cittadina. Gli abitanti, resi penitenti, avevano portato le reliquie di san Giovanni Battista per i chilometri che li separavano dalla Valbisagno, guidati da Giacomo Fieschi che nonostante la vecchiaia aveva voluto partecipare in sella a un cavallo.[471] Dalla processione generale in poi,

---

466 Georgii et Iohannis Stellae Annales Genuenses, pp. 237–238.

467 Ivi, p. 238.

468 "Verum die lune iulii septima archiepiscopus Ianuensis, toto convocato clero in templo urbis maiori, concini fecit missam Sancti Spiritus valde solemnem, quam celebravit archiepiscopus ipse, ut civium mentes illustrarentur ad viam modo premisso devotam agendum in salutiferam pacem: ea nempe missa tantus fuit gentis numerus, quod totam id templum continere non poterat". *Ibidem.*

469 "Inter alia Vulturi, dum illi loco in dicto cultu appropinquaret turba fidelium, quidam puer, qui de sano mortuus quasi effectus fuerat et patiebatur quelibet mortis signa, nisi quod paliditas non erat in eo, recomendatus per matrem illis de cultu ipso, dum in ecclesia Beati Ambrosii de Vulturo clamaretur misericordia, qui circiter horas tres iacebat ut mortuus, surrexit incolumis". *Ibidem.*

470 Ivi, p. 239.

471 La processione partì dalla cattedrale di San Lorenzo e giunse fino al monastero di San Tommaso, e poi in Valbisagno presso il monastero di San Giovanni in Paverano, percorrendo

per nove giorni consecutivi escludendo la domenica, migliaia di cittadini avevano visitato le chiese e avevano compiuto pellegrinaggi dentro e fuori dalle mura della città. I Bianchi non erano più un movimento proveniente dall'esterno, ma traevano nuovo impulso dagli abitanti della città stessa.[472] L'entusiasmo non si era ancora spento dopo la fine della prima ondata devozionale nella città. Nel giro di qualche settimana una ex schiava del nobile Federico Vivaldi aveva detto pubblicamente che la Vergine le era apparsa in sogno, affermando che le processioni a Genova non erano state fatte con la purezza di cuore necessaria per frenare il furore di Cristo; dunque, occorreva compiere nuove devozioni. La donna era stata interrogata da teologi e notabili: appurato che diceva il vero, il vescovo Giacomo Fieschi il 28 agosto 1399 aveva promosso altri tre giorni di digiuno e sette di processioni.[473] Il mutamento di accoglienza rispetto alla precedente devozione duecentesca non può essere imputato semplicemente ai problemi degli anni precedenti, indicando piuttosto un deciso cambio di sensibilità. I genovesi della fine del XIV secolo erano stati travolti dalla tensione penitenziale, che li aveva resi protagonisti assoluti; l'eccitazione collettiva aveva causato frequenti incursioni del sovrannaturale nella realtà quotidiana. Lo scetticismo verso i Bianchi era stato vinto ancor prima del loro ingresso in città.[474]

---

un itinerario fuori dalle mura cittadine in luoghi rilevanti. Durante la cerimonia, il cronista riporta che vennero chiuse molte paci tra vecchi nemici, nel clima di commozione generale. *Ibidem*.

472 Giraudo, La devozione dei Bianchi del 1399, p. 177. Giorgio Stella riporta inoltre il numero di 17 confraternite di flagellanti che percorsero le vie di Genova, con processioni di oltre 1400 uomini che cantavano lo *Stabat Mater*.

473 Scrive Stella: "Quedam autem Frederici de Vivaldis nobilis Ianuensis serva facta libera, bonorum mulier operum viteque sancte, inquit se gloriosam Dei Genitricem in somniis aspexisse illi dicentem quod Ianue non fuerat pure et devote facta processio quodque, ut cessaret furor Ihesu Christi nati eius irati, fieret secundo processio". Georgii et Iohannis Stellae Annales Genuenses, p. 241. Nonostante la partecipazione scemasse rispetto alla prima ondata, nacque anche una nuova confraternita con il compito di celebrare ogni mese una messa dedicata alla Madonna nella cattedrale e a visitare tutte le chiese di Genova dedicate a Maria per almeno quattro volte l'anno. Dovevano essere vestiti di lino bianco, veste che avrebbero avuto anche per la sepoltura. Kedar, Mercanti in crisi, p. 171.

474 Ivi, pp. 171–172. Benjamin Kedar compie un'interessante osservazione quando nota le omissioni e l'epurazione, nel racconto di Giorgio Stella sui Bianchi, delle reazioni scettiche di alcuni personaggi ai penitenti, rispetto ai suoi omologhi cronisti del XIII secolo. Questo dato però supporta la tesi dell'autore, in quanto mostra come anche lo Stella lavorasse tenendo a mente i gusti del proprio pubblico: si denota una differenza di sensibilità per cui le critiche e l'indifferenza nei confronti dei flagellanti al termine del Trecento erano malamente tollerati.

Il movimento del 1399 aveva coagulato le attese penitenziali-escatologiche, colmando il vuoto lasciato dalla crociata. L'alternativa è evidenziata dal fatto che proprio a Genova i Bianchi erano entrati in un rapporto indiretto con la crociata contro gli infedeli. Il governo francese della città era alle prese, nello stesso momento, con il doppio problema delle entusiastiche processioni e del pericolo turco in Oriente. All'indomani del disastro di Nicopoli, la situazione levantina era tragica e accresceva le ansie. Costantinopoli e Pera nel 1399 erano assediate dagli ottomani e rischiavano la caduta. Le autorità genovesi, guidate dal governatore Colart de Colleville, tentavano con estrema difficoltà già dal 1397 di allestire ogni estate una spedizione in soccorso della Romania. Nel maggio 1399 i massari del comune stavano raccogliendo un prestito tra i cittadini per l'armamento della flotta diretta nel Levante[475], formata da 2 galee a spese del comune e altre 4 destinate alla spedizione del maresciallo Boucicaut.[476] L'intera squadra genovese sarebbe stata agli ordini di Federico de Promentorio.[477] Tuttavia, il comune si trovava in una condizione finanziaria disastrosa, dopo anni di disordini interni, e le casse pubbliche erano vuote. Gli ufficiali del 1399 erano in estrema difficoltà per allestire solo 6 galee, nonostante la questione di primaria importanza.[478] Il maresciallo Boucicaut era giunto a Genova nel luglio 1399, nel pieno dell'esplosione devozionale, ed era in procinto di partire per Costantinopoli, ma era irato di non trovare le galee di Romania pronte per tempo: gli ufficiali liguri si erano scusati, spiegando gli ostacoli che si erano interposti nell'armamento dei legni, non ultime le processioni dei Bianchi. Il clima di esaltazione religiosa collettiva aveva infatti fermato

---

475 Le discussioni del Consiglio degli Anziani vertevano sulla raccolta di fondi di due massari per la "expeditioni galearum armandorum pro subsidio Romanie". Nel documento vi è una lista di prestatori, che contribuirono ognuno per 100 fiorini. Tra di loro: Antonio Guarco, Giorgio Adorno, Antonio Mazuri, Giovanni de Garuano, Giovanni Calarius, Giovanni de Blasio, Clemente de Promentorio, Carlo Cicogna, Bartolomeo Rovellino, Pietro de Persio, Raffaele Lecavelli, Luciano Spinola, Raffaele Vivaldi, Nicola de Marco. ASGe, *Archivio Segreto, Diversorum* 499, f. 54v., doc. 182. Genova, 22 maggio 1399.

476 Il 26 maggio erano stati eletti i patroni delle due galee del comune che dovevano andare in soccorso della Romania, Bartolomeo Spinola e Metenino de Casali. Ognuno di loro doveva anticipare 1.100 fiorini d'oro per l'armamento delle galee. Esse dovevano aggiungersi alle altre quattro, destinate sempre al Levante. ASGe, *Archivio Segreto, Diversorum* 499, f. 58r., doc. 196. Genova, 26 maggio 1399.

477 ASGe, *Archivio Segreto, Diversorum* 499, f. 81r., doc. 283. Genova, 1° luglio 1399.

478 In un decreto il governatore Colart de Colleville si diceva intenzionato a fare di tutto perché la spedizione potesse avere luogo e a non rinviarla nonostante gli innumerevoli ostacoli che si ponevano. Fece così numerose concessioni e facilitazioni, affinchè entro luglio le galee potessero prendere il mare. ASGe, *Archivio Segreto, Diversorum* 499, f. 80r., doc. 279. Genova, 27 giugno 1399.

i lavori: "processiones ad honorem Dei et gloriose Marie Virginis facte sufficientes cause fuerunt ac impedimenta quibus galee ipse armari non potuerunt temporibus ordinandi".[479] Alla spedizione in armi contro gli infedeli si sostituiva una dimensione religiosa domestica e pacifica, che coinvolgeva tutti gli strati sociali. I Bianchi e la crociata paiono due forme alternative, in cui poteva accadere che la prima impedisse la realizzazione pratica della seconda. Cadevano così nel vuoto i proclami di Boucicaut per la sua spedizione in Romania, anch'essa "eundi in Dei nomine".[480]

Nei territori papali il fenomeno delle processioni dei Bianchi aveva incontrato una certa opposizione, proprio perché minacciava il monopolio pontificio della pace. Il papato romano nel momento critico dello scisma intendeva rimarcare la propria autorità e il proprio ruolo di guida: i Bianchi, che proponevano la pacificazione delle città con mezzi propri e dal basso, erano controproducenti.[481] D'altronde il movimento devozionale si era caricato di caratteri escatologici, man mano che scendeva verso meridione e al contempo dilagava l'epidemia di peste. Ai Bianchi si erano legati una serie di personaggi che minavano la credibilità dei devoti, da nuovi papi autoproclamati a semplici approfittatori, mentre il moto si parcellizzava in una serie di bande indipendenti. Nella città di Roma, stando a quanto racconta Luca Dominici, un vecchio che affermava di essere Giovanni Battista aveva raccolto un seguito di oltre tremila persone poiché era in grado di compiere un miracolo: dal suo crocifisso ligneo scendevano alcune gocce di sangue. Dopo alcune indagini compiute per conto del papa dal senatore veneziano Zaccaria, si era scoperto che l'impostore aveva inserito nel crocifisso miracoloso "un bocciuolo di cuoio cotto e entrovi sangue e acqua, perché non si rappigliasse, e meglio corresse e paresse più vera cosa".[482] Scoperto l'inganno, il sedicente Giovanni Battista era stato invitato a gettarsi nel fuoco e a uscirne vivo per provare la verità di quanto affermava. Dinanzi al suo rifiuto era stato arrestato e aveva confessato ogni impostura.[483] Così, fra eccessi e ansie miracolistiche era naufragato il movimento dei Bianchi,

479 ASGe, *Archivio Segreto, Diversorum* 499, f. 88r., doc. 313. Genova, 22 luglio 1399.

480 *Ibidem*.

481 GIRAUDO, La devozione dei Bianchi del 1399, p. 191.

482 DOMINICI, Cronache, vol. 1, p. 205.

483 Di fronte al rifiuto della prova del fuoco proposta dal senatore Zaccaria, il finto profeta aveva confessato ogni cosa, tra cui le modalità con cui attuava il falso miracolo facendo uscire sangue e acqua dal costato del crocifisso ligneo che portava con sé. Inoltre "confessò come elli era giudeo e che ciò che elli aveva fatto era fatto artificiosamente e per virtù diabolica e con arte e con inganni". Era finito condannato bruciato sul rogo. Ivi, p. 206.

che aveva raccolto migliaia di persone per le sue promesse di pace e penitenza. I devoti si erano mossi in lunghe processioni, con i loro mantelli bianchi adorni di croci rosse, in cammino verso a Roma, la nuova Gerusalemme per i novelli crociati domestici. Gli abitanti Genova e a Venezia, i due centri che erano stati protagonisti della spinta oltremare nei secoli passati, non facevano eccezione.

CAPITOLO 5

La frontiera del Mediterraneo orientale

5.1 Caratteristiche di uno spazio inquieto

La frontiera è un concetto interpretativo utile per quanto riguarda il mondo tardomedievale mediterraneo in rapporto alla crociata. Il Mediterraneo orientale presentava una costellazione di insediamenti latini, tra cui si muovevano genovesi e veneziani grazie a una secolare frequentazione dell'area. La regione, denominata unitariamente "Romania", spaziava dalle isole egee alla terraferma anatolica, dalle acque siriane al Mar Nero, può essere assimilata a una "zona grigia", dai molti compromessi e società ibride, agli antipodi dell'ideale crociato nella sua forma cavalleresca. All'interno di questo scacchiere complesso avvenivano le relazioni più strette tra i *cives* dei centri mercantili italiani e i musulmani, nelle loro diverse obbedienze politiche. Non è possibile ricostruire una storia dell'idea di crociata nel Trecento, per quanto riguarda genovesi e veneziani, solo dalla prospettiva dell'Occidente e della madrepatria italiana, poiché molti degli abitanti delle città marinare vivevano gran parte della propria vita tra i porti e le rotte orientali. Era sulla frontiera che si svolgeva ciò che rimaneva dell'epopea crociata.

5.1.1 *La crociata e la frontiera. Un oggetto storiografico*

Dalle ipotesi di Henri Pirenne, che aveva individuato nella rottura dell'unità mediterranea una svolta fondamentale per il passaggio dall'età tardoantica al Medioevo, era nata l'idea di uno spazio di confine tra rive differenti, che recava con sé l'idea di una frizione di tipo religioso.[1] La nozione di frontiera ha percorso l'intero periodo medievale, spostandosi lungo il Mediterraneo da Oriente a Occidente. Gli spazi di confine sono stati geograficamente diversi nel corso del tempo, dalla penisola iberica all'*Outremer* crociato, la frontiera marittima nordafricana e la Sicilia, fino alla Romania trecentesca. Occorre dunque riferirsi a più frontiere, diverse nel tempo, nello spazio e nei protagonisti, nonostante i tratti condivisi. È possibile affrontare lo studio della frontiera utilizzando la categoria interpretativa dello "spatial turn".[2] Assecondando i suggerimenti di

1 Si rimanda a: Henri PIRENNE, *Maometto e Carlomagno*, Roma-Bari 2015 (orig. 1937).

2 L'espressione, elaborata a partire dalle suggestioni di Michel Foucault e Henri Lefebvre, è indicativa della crescente propensione degli storici, a partire dagli anni Novanta del secolo scorso, a prestare attenzione alla dimensione spaziale nello studio del passato e, di

 | DOI:10.30965/9783657790852_006

tale movimento interdisciplinare, la questione dello spazio territoriale assume un ruolo di primo piano nell'analisi dei fenomeni, proprio perché lo spazio è il luogo delle relazioni. Il paradigma dello "spatial turn" ha posto una rinnovata attenzione sulle teorie delle relazioni tra poteri e sulla territorialità dello spazio politico, spingendo in maniera ambivalente sia verso l'indagine delle microstorie individuali che alle macro-visuali dei flussi globali.[3] Lo spazio, dunque, è concepito in maniera relazionale ancor prima che nei suoi limiti giuridici. L'azione politica arriva a prescindere dalla definizione giuridica di un territorio, ma si estende fin dove arrivano i legami istituiti dai suoi cittadini.[4] L'idea di frontiera porosa si inserisce in questa ipotesi, proprio per la mancanza di una definizione giuridica certa della "zona grigia" a cavallo tra più mondi. Il confine è un'area definita da una rete di relazioni – pacifiche o conflittuali – piuttosto che da schemi istituzionali, poco utili in questo contesto.

Sono state sottolineate di volta in volta le diverse caratteristiche, ritenute fondanti, della frontiera: mentre le opere nate durante l'età dei nazionalismi hanno guardato al rigido confine tra due stati, il mondo americano, forgiato dalla corsa verso Ovest, ha insistito sulla mobilità della frontiera. Le ambigue frontiere medievali potevano corrispondere a entrambe le visioni. Il campo di studi, specialmente nelle dinamiche interreligiose, ha ricevuto un rinnovato interesse dopo l'11 settembre 2001 in ambito generalista, che non sempre ha

---

conseguenza, a stringere legami serrati con gli specialisti della geostoria e della geografia culturale. L'idea di "spatial turn" prende spunto da un discorso tenuto dal filosofo francese Michel Foucault del 1967, pubblicato solo nel 1984: Michel FOUCAULT, Des espaces autres, in: *Architecture, Mouvement, Continuité* 5 (1984), pp. 46–49; anche Henri Lefebvre ha rielaborato queste stesse suggestioni. Nel febbraio 2004 anche l'Istituto Storico Tedesco di Washington ha contribuito alla conversazione in corso tra geografi e storici in un importante convegno: Thomas ZELLER, The Spatial Turn in History, in: *Bulletin of the GHI* 35 (2004), pp. 123–124. La bibliografia sullo "spatial turn" è variamente ampia; si rimanda a: Santa ARIAS / Barney WARF (Ed.), *The spatial turn. Interdisciplinary perspectives*, New York 2009.

3 Il concetto di spazio è tanto semplice quanto ostico, poiché necessita inevitabilmente di un approccio interdisciplinare per essere compreso. Il concetto di "spatial turn" è dunque stato legato fin dalle origini agli studi geografici e all'utilizzo del sistema GIS, che non si intende approfondire in questa sede. Lo studio del paesaggio, sia storico che attuale, inoltre è uno dei fattori fondamentali per questo approccio. Per una riflessione sull'attenzione al paesaggio come fattore di analisi storica: Angelo TORRE, A "Spatial Turn" in History? Landscapes, Visions, Resources, in: *Annales. Histoire, Sciences Sociales* 63/5 (2008), pp. 1127–1144.

4 Il tardo Medioevo effettivamente si presenta come un momento di decadenza della geografia politica come modalità di conoscenza certa. Angelo TURCO, Lo spatial turn come figura epistemologica. Una meditazione a partire dalla geografia politica della modernità, in: *Semestrale di studi e ricerche di geografia* 2 (2015), pp. 13–29, qui p. 16. Sugli effetti storiografici dello "spatial turn": Nicolangelo D'ACUNTO, Spazio e mobilità nella 'Societas Christiana' (secoli X-XIII). Introduzione a un tema storiografico, in: *Spazio e mobilità nella societas Christiana (secc. X–XIII)*, ed. IDEM / Giancarlo ANDENNA / Elisabetta FILIPPINI, Milano 2017, pp. 3–13.

corrisposto a un adeguato risvolto accademico. Mentre alcune indagini hanno insistito sull'antagonismo tra due alterità, dunque sull'identità costruita grazie all'opposizione all'altro[5], altre hanno invece enfatizzato le caratteristiche della società che viveva nella frontiera, differente da quella stabilita all'interno di un territorio omogeneo. La frontiera è stata considerata, in questo caso, quale area transculturale e di contatto: si tratta di una tendenza storiografica predominante negli ultimi decenni.[6] Queste due visioni storiografiche della frontiera hanno evidenti implicazioni attuali.[7] Sono state identificate almeno sei differenti concezioni attribuibili al termine "frontiera": una linea di demarcazione tra stati; lo spazio periferico di un regno o di un ente politico; la divisione tra due mondi religiosi o culturali; un'area a sé stante che ha portato alla formazione di una propria società di frontiera; un termine semantico per indicare uno spazio costruito culturalmente; infine una zona di transito tra vicini.[8]

La storiografia sull'Early Modern Age si è interrogata ampiamente sulla categoria di frontiera, che, nella sua accezione mediterranea, è stato inteso come un mondo permeabile, a tratti violento e dai confini non ben definiti. L'intuizione che ha sostenuto gli studi è stata quella della frontiera quale elemento fondamentale per lo sviluppo dell'uomo moderno: il filone che negli ultimi decenni ha indagato questi temi è legato principalmente dall'ambito spagnolo, che ha principalmente letto la frontiera mediterranea cinquecentesca nell'ottica di un proseguimento della *Reconquista* iberica.[9] Il confine

5 Samuel P. HUNTINGTON, *The Clash of Civilizations and the Remaking of World Order*, New York 1996.

6 Solo per i testi o le raccolte, che seguono questa linea interpretativa, riferiti allo studio della frontiera del mondo medievale: Jean-Michel POISSON (Ed.), *Frontière et peuplement dans le monde méditerranéen au Moyen Âge. Actes du colloque d'Erice, Trapani (Italie), tenu du 18 au 25 septembre 1988*, Roma-Madrid 1992; David ABULAFIA / Nora BEREND (Ed.), *Medieval frontiers: concepts and practices*, Aldershot 2002; Florin CURTA (Ed.), *Borders, Barriers, and Ethnogenesis: Frontiers in Late Antiquity and the Middle Ages*, Turnhout 2006.

7 Come scrive Nikolas Jaspert, l'idea di frontiera quale spazio permeabile e transculturale, "can easily be recognized as a counter narrative to the antagonistic interpretation of the 'clash of civilizations', as an attempt to identify modern notions of 'convivencia' and tolerance in the medieval period". Nikolas JASPERT, Military orders and the frontier: permeability and demarcation, in: *The Military Orders 6. Culture and Conflict*, vol. 2, ed. Jochen G. SCHENK / Mike CARR, Abingdon 2017, pp. 3–28, qui p. 5. La globalizzazione ha inoltre permesso di relativizzare lo spazio, grazie allo sviluppo dei mezzi di trasporto e di comunicazione, mentre il fascino per l'alterità e il contatto tra diverse culture sono evidentemente correlati con i recenti fenomeni migratori.

8 *Ibidem*.

9 Si vedano in particolare i lavori di Emilio Sola Castaño, che già nel 1988 teorizzava la continuazione della frontiera andalusa nello spazio mediterraneo. Emilio SOLA CASTAÑO, *Un Mediterráneo de piratas: corsarios, renegados y cautivos*, Madrid 1988.

marittimo del XVI secolo era divenuto l'archetipo per le nuove frontiere coloniali che si stavano aprendo a livello globale, dalle Americhe all'India, fino al Nord protestante.[10] Lo spazio *fronterizo*, dove si operava per interesse o tornaconto, sembrava l'esatto opposto dell'ideologia crociato-cavalleresca che si sforzava di mantenere viva in patria. I due poli delle genti della frontiera erano rappresentati dagli integerrimi soldati della fede, crociati o *gazi* musulmani, e dalle loro controfigure chiamate "rinnegati", che avevano fatto di quest'universo la propria casa. Nel XVI e XVII secolo l'invisibile confine che separava la riva islamica da quella cristiana era concepito dal mondo cattolico come una sorta di antemurale in difesa della fede dalla minaccia dell'Islam.[11] Si trattava al contempo di un confine permeabile in entrambi i sensi, come testimonia la folla di profughi o di persone che avevano cambiato schieramento e fede.[12] La

---

10 IDEM, Gentes de frontera en el Mediterráneo clásico del XVI: tornadizos y renegados como envés del cruzado, in: *Antemurales de la fe. Conflictividad confesional en la Monarquía de los Habsburgo, 1516–1714*, ed. Pedro GARCÍA MARTÍN / Roberto QUIRÓS ROSADO / Cristina BRAVO LOZANO, Madrid 2015, pp. 139–152, qui p. 139.

11 Il confine andava lungo il mare, dai *presidios* nordafricani della monarchia asburgica, verso la Sicilia e le coste italiane, lungo la Grecia adriatica per finire poi sui campi di battaglia delle pianure ungheresi. La bibliografia sui diversi fronti è variamente ampia e non si intende qui raccoglierla interamente. Tra i fronti di battaglia esisteva addirittura una precisa gerarchia di prestigio, in cui i teatri del Mediterraneo occupavano il primo posto, vere palestre di combattimento rispetto a quelli più semplici del Nuovo Mondo. Raffaele PUDDU, *Il soldato gentiluomo*, Bologna 1982, pp. 154–160. Si segnalano in particolare, per quanto riguarda l'esperienza interessantissima dei *presidios* spagnoli in Nord Africa e al loro conflitto endemico con i potentati musulmani locali: Fernand BRAUDEL, Les Espagnols et l'Afrique du Nord de 1492 a 1577, in: *Revue Africaine* 69 (1928), pp. 351–428; Miguel Ángel DE BUNES IBARRA, La presencia española en el norte de África: las diversas justificaciones de las conquistas en el Magreb, in: *Aldaba: revista del Centro Asociado a la UNED de Melilla* 25, 1995, pp. 13–34; IDEM, El marco ideológico de la expansión española por el norte de Africa, in: *Aldaba: revista del Centro Asociado a la UNED de Melilla* 26 (1995), pp. 113–134; Rafael GUTIÉRREZ CRUZ, *Los presidios españoles del norte de África en tiempos de los Reyes Católicos*, Melilla 1997; Beatriz ALONSO ACERO, *Cisneros y la conquista española del norte de África: cruzada, política y arte de la guerra*, Madrid 2005; Juan LABORDA BARCELÓ, Los presidios africanos de la Monarquía Hispanica en el siglo XVI: un nuevo tipo de guerra. El sostenimiento de la Goleta de Túnez, in: Antemurales de la fe. Conflictividad confesional en la Monarquía de los Habsburgo, pp. 121–137; Beatriz ALONSO ACERO, *España y el Norte de África en los siglos XVI y XVII*, Madrid 2017; Simone LOMBARDO, Un romanzo della frontiera mediterranea. Il caso di Bona e di Álvar Gómez (1535–1540), in: *Tiempos Modernos* 39/2 (2019), pp. 1–27.

12 Un imprescindibile lavoro sul tema dei convertiti mediterranei del Cinquecento e Seicento è: Bartolomé BENNASSAR / Lucile BENNASSAR, *I cristiani di Allah*, Milano 1991. Sempre su questo argomento: Beatriz ALONSO ACERO, Conversos musulmanes en la Berbería cristiana. El infortunio de la Cruzada Pacífica contra el Islam, in: *Hispania sacra* 51/103 (1999), pp. 119–142; IDEM, Fronteras transgredidas: conversos del islam en la Corte de los Austrias, in: Antemurales de la fe. Conflictividad confesional en la Monarquía de

"zona grigia", formalizzata dagli studi, aveva una propria cultura e le proprie capitali, tra cui figura innanzitutto la Napoli spagnola.[13] La contaminazione tra la ricerca sull'epoca moderna e quella medievale potrebbe permettere uno sviluppo delle suggestioni e aprire nuove piste d'indagine. Gran parte degli studi si è concentrata sulla visuale di un singolo schieramento e non ha osservato l'incrocio di mondi in quanto tale.[14]

La penisola iberica medievale, che ha raccolto più attenzioni storiografiche, è l'esempio più fulgido di un mondo costruito sulla frontiera, sulla contrapposizione e sulla convivenza, generando una grande quantità di studi.[15] La storiografia iberica ha beneficiato di una documentazione conservata eccezionalmente bene, che ha permesso di approfondire gli insediamenti e i possedimenti terrieri delle zone di confine. Alcuni studi hanno posto l'accento sull'attività militare e sul senso di insicurezza a causa delle incursioni nemiche: ne sarebbe derivata una società violenta, in cui a farne le spese era la

---

los Habsburgo, pp. 153–178. I lavori di Gennaro Varriale si concentrano sul tema dei profughi mediterranei, con una particolare attenzione al Regno di Napoli. Gennaro VARRIALE, Tra il Mediterraneo e il fonte battesimale. Musulmani a Napoli nel XVI secolo, in: *Revista de Historia Moderna. Anales de la Universidad de Alicante* 31 (2013), pp. 91–108; IDEM, Exiliados griegos en una capital de la frontera mediterránea, in: *Los exiliados del rey de España*, ed. José Javier RUÍZ IBÁÑEZ / Igor PÉREZ TOSTADO, Madrid 2015, pp. 185–206.

13 In particolare: Gennaro VARRIALE, *Arrivano li turchi. Guerra navale e spionaggio nel Mediterraneo (1532–1582)*, Novi Ligure 2014; IDEM, La capital de la frontera mediterránea. Exiliados, espías y convertidos en la Nápoles de los virreyes, in: *Estudis: Revista de historia moderna* 38 (2012), pp. 303–321.

14 In questo senso si collocano anche i grandi e imprescindibili lavori di Michel Balard e Freddy Thiriet, che hanno indagato la Romania a partire però dalla visuale genovese o veneziana, e non di per sé stessa. BALARD, La Romanie génoise; THIRIET, La Romanie vénitienne au Moyen Âge.

15 Particolarmente incentrati sul concetto di frontiera iberica medievale: Eduardo MANZANO MORENO, *La organización fronteriza en al-Andalus durante la epoca omeya: aspectos militares y sociales*, Madrid 1990; María Isabel PÉREZ DE TUDELA VELASCO, El concepto de frontera en la historiografía medieval hispana, in: *Castellum* 2 (1996), pp. 131–140; André BAZZANA, El concepto de frontera en el Mediterráneo occidental en la Edad Media, in: *Actas del congreso La Frontera Oriental Nazarí como Sujeto Histórico, Lorca-Vera, 22 a 24 de noviembre de 1994*, ed. Pedro SEGURA ARTERO, Almería 1997, pp. 25–46; Carlos DE AYALA MARTÍNEZ (Ed.), *Identidad y representación de la frontera en la España medieval (siglos XI–XIV)*, Madrid 2001; Pascal BURESI, The Appearance of the Frontier Concept in the Iberian Peninsula: At the Crossroads of Local, National and Pontifical Strategies (11th-13th Centuries), in: *Frontiers and Borderlands*, ed. Andrzej JANECZEK, Warszawa 2011, pp. 81–100; Philippe JOSSERAND, Frontier conflict, military cost and culture: the master of Santiago and the Islamic border in mid fourteenth-century Spain, in: The Military Orders 6. Culture and Conflict, vol. 2, pp. 29–45.

popolazione rurale.[16] Una contro-narrativa si incentra invece sul paradigma di *convivencia*, a tratti eccessivamente idilliaco sulla coesistenza interreligiosa. Tale linea interpretativa sottolinea l'alternanza di periodi di pace e di guerra, contraddicendo l'opposizione netta e la violenza endemica tra cristiani e musulmani: l'accento è sulle modalità di coabitazione.[17]

Il lavoro di Steven A. Epstein, dal titolo *Purity lost*, ha inteso raccogliere l'esperienza della trasgressione e dell'attraversamento delle frontiere del Mediterraneo orientale in un lasso di tempo abbastanza lungo, dal 1000 al 1400.[18] L'accento è stato posto sulla perdita di purezza dei meticci e di chi passava il confine, mentre proprio la purezza aveva un posto apicale nella scala di valori delle società medievali. Coloro che valicavano le frontiere levantine hanno ricevuto scarse attenzioni dalla storiografia in rapporto al dato geografico-politico, economico-commerciale o al paradigma del *clash of cultures*. I grandi lavori di sintesi mediterranea hanno infatti spesso concepito la divisione tra due rive culturalmente e ideologicamente contrapposte, dando meno spazio al mescolamento.[19] Vi sono vari *markers* per indagare le interconnessioni, tra cui il linguaggio che, se indicava divisione, permetteva però alle persone poliglotte di gettare ponti tra mondi linguisticamente differenti. Lo studio delle "mixed relationships" tende a concentrarsi inevitabilmente più sull'individuale che sul collettivo, proprio perché si ha spesso a che fare con parabole personali e circoscritte. Appare dunque giustificato un tipo di studio legato all'analisi di microstorie o microambienti regionali. Tuttavia, è possibile, partendo dalle vicende individuali, arrivare a un livello di mentalità condivisa? Si possono riconoscere

---

16 Secondo tale tendenza storiografica, la frontiera iberica appare segnata dalle *cabalgadas* e dai rapimenti casuali di persone oltre il confine, operati da entrambi i lati. Nikolas Jaspert chiama questa linea interpretativa "School of frontier strife". JASPERT, Military orders and the frontier: permeability and demarcation, p. 9. A riguardo: María MARTÍNEZ MARTÍNEZ, La cabalgada: un medio de vida en la frontera murciano-granadina (siglo XIII), in: *Miscelánea medieval murciana* 13 (1986), pp. 49–62; Francisco GARCÍA FITZ, Una frontera caliente. La guerra en las fronteras castellano-musulmanas (siglos XI–XIII), in: Identidad y representación de la frontera en la España medieval, pp. 159–180; IDEM, *Castilla y León frente al Islám: estrategias de expansión y tácticas militares (siglos XI–XIII)*, Sevilla 2002.

17 Sempre Jaspert denomina questa seconda tendenza "School of frontier harmony". Tra i titoli legati a essa: María Rosa MENOCAL, *La joya del mundo: musulmanes, judios y cristianos, y la cultura de la tolerancia en al-Andalus*, Barcelona 2003; José RODRÍGUEZ MOLINA, *La vida de moros y cristianos en la frontera*, Alcalá la Real 2007.

18 Steven A. EPSTEIN, *Purity lost. Transgressing boundaries in the Eastern Mediterranean, 1000–1400*, Baltimore 2007.

19 Epstein invece ha inteso porre il focus sulle interazioni e sul mescolamento, sebbene ammetta che occorre una certa onestà intellettuale per non forzare la storia delle relazioni in una moderna teoria del progresso. Ivi, pp. 3–4.

due tendenze opposte del mescolamento medievale del Mediterraneo orientale: da un lato l'accettazione del diverso, dall'altro la tensione derivata dal senso di superiorità del puro rispetto al meticcio.[20] Possiamo dunque ipotizzare durante il XIV secolo l'incubazione di quella frontiera mediterranea che avrebbe trovato piena espressione nel tardo XV e soprattutto nel XVI secolo.[21]

La nozione stessa di confine implica inoltre l'esistenza di almeno due o più universi, tra i quali si collocava questo spazio interstiziale. Se nel Cinquecento appare evidente il cozzare di due imperi – religiosamente divisi – con i loro satelliti, nel Trecento il Mediterraneo orientale era piuttosto un mosaico di potentati e fedi. Con il crollo della potenza bizantina, la regione egeo-anatolica era divenuta uno spazio dai poteri labili e intersecati, tra potentati latini, ortodossi e signorie private; la caduta del sultanato selgiuchide aveva frammentato anche il mondo turco; al contempo le potenze marittime erano nell'area con forme di dominazione semi-indipendenti dalle madrepatrie.[22] Dal punto di vista geografico per frontiera del Mediterraneo orientale si intende lo spazio compreso tra la Grecia adriatica a ovest e Cipro a est, lambendo le coste siriano-anatoliche la Piccola Armenia; a sud il limite è l'isola di Creta, in una fascia che corre fino a Costantinopoli. Le colonie latine del Mar Nero facevano parte di un diverso mondo di frontiera che pur ne condivideva tratti simili. I contemporanei avevano una certa coscienza unitaria di questo spazio, che era infatti chiamato con il termine "Romania".[23] Nella zona in cui erano possibili esperienze multiformi e parabole di affermazione personale al limite della legalità, grazie alla legge del più forte: la compagnia catalana nel ducato di Atene, poi sostituita dagli Acciaiuoli; la famiglia Zaccaria a Chio e poi la Maona genovese, i Gattilusio a Lesbo, il ducato veneziano di Nasso e la presa di potere

---

20 Ivi, p. 205. Il lavoro di Epstein mi sembra un paragone obbligato nello studio della frontiera.

21 Su questo argomento, sono interessanti i lavori del gruppo di ricerca "Colonizzazioni interne e migrazioni" dell'Università di Cagliari. Maurice AYMARD, Introduction: la structuration des espaces et des frontières, in: *Cahiers du Centre de Recherches Historiques* 42 (2008), pp. 7–15; Giampaolo SALICE, Migrazioni e colonizzazione interna nel Mediterraneo d'età moderna, un progetto di umanistica digitale, in: *RiMe, n.s.* 1/1 (2017), pp. 95–117.

22 Rimando alla bibliografia sulle singole tematiche citata progressivamente nel corso del presente lavoro.

23 Sull'utilizzo medievale del termine Romania, per indicare il cosmo del Mediterraneo orientale di eredità greco-bizantina, pare non esistano studi adeguati a oggi. L'argomento sembra estremamente interessante e si auspica la possibilità di approfondimenti, che leghino la diffusione semantica del termine – che pur aveva molteplici e mutevoli significati – alla concezione unitaria dello spazio levantino.

della famiglia Crispo, la compagnia navarrese in Acaia, senza considerare le lotte per il trono bizantino e le guerre tra beylicati turchi.

Questo tipo di frontiera non può essere disgiunto dal suo dato marittimo, come hanno già indicato alcuni studi sul tema.[24] Il mare era un orizzonte comune alle genti che lo frequentavano, vi navigano, vivevano e morivano. Ciò nonostante, gran parte della storiografia italiana degli ultimi decenni è apparsa poco interessata agli studi relativi all'ambiente marittimo, concentrandosi sul dato eminentemente terrestre. Il rischio è di osservare la storia del mare interno come a un insieme di blocchi continentali, dimenticando l'elemento che li legava. Anche per studi sulle figure dei mercanti, l'attraversamento delle acque spesso figura come fatto secondario, con conseguente poca attenzione rivolta ai mezzi e agli uomini professionisti del mare. Gli studi marittimisti, pur esistiti in ambito italiano, hanno sofferto di scarsa considerazione.[25]

24 Riguardo la frontiera marittima segnalo: José Enrique López De Coca Castañer, Consideraciones sobre la frontera marítima, in: Actas del congreso La Frontera Oriental Nazarí, pp. 391–408; Roser Salicrú i Lluch, La frontera marítima en el Mediterráneo bajomedieval, in: *III Estudios de frontera. Convivencia, defensa y comunicación en la frontera. En memoria de Don Juan de Mata Carriazo y Arroquia. Alcalá la Real, 1999*, Jaén 2000, pp. 681–709.

25 Antonio Musarra, *Medioevo marinaro. Prendere il mare nell'Italia medievale*, Bologna 2021. La storiografia italiana di studi marittimi nell'ultimo secolo in realtà vanta lavori notevoli a opera di importanti studiosi, nonostante non sia stata spesso tenuta in considerazione quanto meriterebbe. Lo studio del mare assomma in sé una pluralità di argomenti sfaccettati: si intende qui compiere una rapida rassegna tematica di quanto prodotto da studiosi italiani (tralasciando la produzione straniera riguardante soggetti italiani, che indicativamente rappresenta gran parte della mole scientifica sui temi marittimi mediterranei). L'elenco non è ovviamente esaustivo ma rimanda ai principali titoli. Fondamentale ruolo hanno avuto alcuni atti di convegni o raccolte miscellanee. Si segnalano: Ragosta (Ed.), Le genti del mare mediterraneo; *Navi e navigazione nei secoli XV e XVI. VI Convegno Internazionale di Studi Colombiani (Genova, 26–28 ottobre 1987)*, Genova 1990; *L'uomo e il mare nella civiltà occidentale: da Ulisse a Cristoforo Colombo. Atti del Convegno (Genova, 1–4 giugno 1992)*, Genova 1992; *Dio, il mare e gli uomini*, Caselle di Sommacampagna 2008; *La navigazione mediterranea nell'Alto Medioevo: 14–20 aprile 1977*, Spoleto 1978. Per alcuni classici lavori della storiografia italiana, di ambito generale sul mondo marittimo medievale: Camillo Manfroni, *Storia della marina italiana*, Livorno 1897–1902; Marco Tangheroni, *Commercio e navigazione nel medioevo*, Roma-Bari 1996; Giovanni Forcheri, Navi e navigazioni a Genova nel Trecento; Giuseppe Petralia, Le "navi" e i "cavalli": per una rilettura del Mediterraneo pienomedievale, in: *Quaderni storici* 103 (2000), pp. 201–222. Sul dato urbano-portuale legato al mare, tra i molti titoli si rimanda solo a: *Città di mare del Mediterraneo medievale: tipologie.* ***Atti del Convegno di Studi in memoria di Robert P. Bergman (Amalfi, 1–3 giugno 2001)***, Amalfi 2005; Pinuccia Franca Simbula, *I porti del Mediterraneo in età medievale*, Milano 2009. Sulla costruzione e sulle tipologie nautiche: Laura Balletto, I lavoratori nei cantieri navali (Liguria, secc. XII–XV), in: *Artigiani e salariati. Il mondo del lavoro nell'Italia dei secoli XII–XV. Atti*

Il Mediterraneo orientale si sviluppava invece tra acqua e di terra, tra due elementi compenetrati e indissolubili l'uno dall'altro. Il mare durante il tardo Medioevo è uno spazio dominato dai cristiani, che si scontravano tra loro con grandi conflitti o modalità ibride, quali la guerra di corsa e pirataggi. Le forze navali turco-mamelucche sembrano poco più che embrionali e relegate alla dimensione costiera. La pirateria cristiana generava un senso di insicurezza tra i naviganti, che spesso dovevano guardarsi da propri compatrioti senza scrupoli.[26]

del Decimo Convegno Internazionale (Pistoia, 9–13 ottobre 1981), Pistoia 1984, pp. 103–153; CICILIOT, The Genoese cocha; Mauro BONDIOLI, The Arsenal of Venice and the Art of Building Ships, in: *Boats, ships and shipyards*, Oxford 2003, pp. 10–13; Furio CICILIOT, *Le superbe navi. Cantieri e tipologie navali liguri medievali*, Savona 2005; BELTRAME / BONDIOLI, A hypothesis on the development of Mediterranean ship construction. Vi sono diversi interventi sulle ciurme delle galee e sugli arruolamenti, tra cui i lavori di Sandra Origone, Geo Pistarino, Pinuccia Simbula, Antonio Musarra. Alla bibliografia segnalata in precedenza si aggiunga: Lucia GRECO, Galeotti, ufficiali e mercanti sulle rotte delle galere veneziane del XV secolo, in: L'uomo e il mare nella civiltà occidentale, pp. 165–186; Amedeo FENIELLO, I mestieri del mare, in: *Storia del lavoro in Italia. Il Medioevo, Dalla dipendenza personale al lavoro contrattato*, ed. Fabio FABBRI, Roma 2017, pp. 280–311. Hanno contribuito alla discussione intorno al concetto di rivoluzione nautica medievale, già elaborata da Frederic C. Lane: Vilma BORGHESI, *Il Mediterraneo tra due rivoluzioni nautiche (secoli XIV–XVII)*, Firenze 1976; MUSARRA, L'influsso delle marinerie nordiche sullo sviluppo del naviglio mediterraneo. Su tematiche quali le tempistiche marittime, il tracciamento delle rotte e i percorsi: Alberto TENENTI, Ritmo del tempo e vita marittima mediterranea (secoli XV–XVII), in: La Mediterrània. Antropologia i història, pp. 77–86; Marco TANGHERONI, Trasporti navali e commercio marittimo nell'Italia del Quattrocento, in: *Revista d'História Medieval* 3 (1992), pp. 27–54; Ugo TUCCI, Gli itinerari marittimi nel tardo Medioevo, in: *Viaggiare nel Medioevo. Atti del VII convegno di studio della Fondazione Centro Studi sulla civiltà del Tardo Medioevo, San Miniato 15–18 ottobre 1998*, ed. Sergio GENSINI, Pisa 2000, pp. 39–58; Pinuccia Franca SIMBULA, La percezione del tempo nell'esperienza dei marinai e dei naviganti, in: *Studium medievale* 2 (2009), pp. 157–182; Fortunato LEPORE / Marco PICCARDI / Enzo PRANZINI, Latitudine senza latitudine Determinazioni astronomiche e carte per navigare dell'Europa tardo-medievale: le innovazioni di Francesco Beccari, in: *Studi Costieri* 27 (2017), pp. 33–110. Sulla guerra navale in senso generale: Antonio MUSARRA, La guerra sul mare, in: *Guerre ed eserciti nel Medioevo*, ed. Paolo GRILLO / Aldo Angelo SETTIA, Bologna 2018, pp. 279–307.

26 Per gli studi più recenti sulla pirateria: Michel MOLLAT, Essai d'orientation pour l'étude de la guerre de course et de la piraterie (XIIIe–XVe siècle), in: *Anuario de Estudios Medievales* 10 (1980), pp. 743–149; Pinuccia Franca SIMBULA, I pericoli del mare: corsari e pirati nel Mediterraneo basso medievale, in: Viaggiare nel Medioevo, pp. 369–402; BASSO, Pirateria, politica, ceti dirigenti: alcuni esempi genovesi del Tardo Medioevo. Rispetto ai mari occidentali invece: Pinuccia Franca SIMBULA, *Corsari e Pirati nei mari di Sardegna*, Cagliari 1993; Dominique VALÉRIAN, La course et la piraterie en Méditerranée occidentale à la fin du Moyen Âge: entre activité économique et instrument politique, in: *Les territoires de la Méditerranée, XIe–XVIe siècle*, ed. IDEM [et al.], Rennes 2013, pp. 35–49.

Il crocevia egeo-orientale era inoltre soggetto a un *melting pot* interetnico e interreligioso. Questo spazio dalla legalità incerta poteva divenire una zona franca per persone in fuga o in cerca di fortuna, uno spazio dove uomini spregiudicati potevano sperare di rimanere impuniti appellandosi ai diversi lati della contesa. La zona rimanda all'immaginario filmico del *Far West* americano, secondo un mondo endemicamente segnato dalla violenza e segnato da una pratica frequente di scontri. L'universo della frontiera vedeva un movimento continuo di persone, merci e idee, che denotava uno spazio dalle possibilità ancora aperte. Lo scontro si accompagnava ad altrettante occasioni di convivenza e incontri con l'alterità. Gli uomini della frontiera si muovevano sulle rovine di antichi imperi, mentre nuovi poteri erano in fase di gestazione. Nel Mediterraneo orientale era possibile incontrare genovesi, veneziani, greci delle isole, notabili bizantini, catalani, ciprioti, latini di Grecia, cristiani siriaci, armeni, ebrei, turchi ottomani o dei diversi emirati, saraceni, schiavi tartari, italiani della penisola, cavalieri ospitalieri, pellegrini tedeschi e francesi, dalmati e slavi imbarcati sulle galee. Nell'area convivevano idealisti e opportunisti, gente in cerca di fortuna economica o di una nuova vita, rinnegati, eredi di mondi in declino e rappresentanti di mondi in ascesa, mercanti e diplomatici, soldati e marinai, profughi ed emigrati. La frontiera orientale era un'esperienza unica rispetto agli spazi continentali. Il confine possedeva un'innegabile connotazione religiosa, che tuttavia non sembra formalizzata in maniera rigida. La coscienza di una differenza tra due mondi, cristiano e musulmano, però esisteva e sembra percepita in maniera acuta durante l'ultimo ventennio del Trecento. Il dato religioso era sempre in rapporto ad altre esigenze, appartenenze, considerazioni politiche e sociali, ma non sembra possibile relegarlo a un ruolo accessorio. La suddivisione in fronti religiosi durante il Medioevo non era comunque cristallizzata in schieramenti infrangibili e i conflitti erano bilanciati da una serie continua di scambi.[27] Quale coscienza della frontiera avevano gli uomini contemporanei? La domanda necessita di uno scavo approfondito nelle fonti dell'intero XIV secolo, ma certamente esisteva la percezione del Mediterraneo egeo-orientale quale spazio unico, denominato appunto "Romania" nei documenti, specialmente se vergati nei centri marittimo-mercantili.[28]

Inoltre, la frontiera e la crociata erano due realtà inscindibili? Poteva esistere una crociata senza una frontiera, e una frontiera mediterranea senza un ideale crociato che giustificasse la lotta? La crociata effettivamente nel suo

27 Per comodità rimando nuovamente a: EPSTEIN, Purity lost.

28 Occorre anche osservare che la coscienza di un'unità spaziale non indica necessariamente l'auto-percezione di uno spazio nei termini in cui lo si è fin qui definito.

dato pratico ed empirico si era sempre espressa in mondi di frontiera, che in alcuni casi aveva contribuito a creare. La questione semantica aiuta la comprensione dei rapporti tra le due dimensioni: la crociata appare legata fino al pieno XIII secolo all'ambito del viaggio ed era definita con termini quali "iter" e "passagium". La prima comparsa in un testo scritto della parola "crozada" risale all'inizio del Duecento e si colloca nell'ambito della frontiera iberica.[29] Grazie al contributo di questo fronte era stata elaborata l'idea di crociata come ente plurale, diretto contro nemici diversi, non solo musulmani. Le crociate erano bandite contro eretici o contro nemici del pontefice, non condotte solo in scenari orientali e oltremare, ma anche in territori più prossimi al mondo europeo. La crociata alla fine del Medioevo era aperta a fronti geograficamente differenti: la Terra Santa aveva il primo posto in un'ipotetica classifica, a cui seguivano le altre campagne contro i musulmani, poi i pagani e in ultimo le crociate regionali contro i nemici del papato.[30] La via iberica della lotta al musulmano aveva dunque posto la possibilità di una diversificazione della crociata. Con la scomparsa della Terra Santa nel XIV secolo si era aperta la strada della crociata in Romania, che aveva rimpiazzato nell'atto pratico lo scenario della Siria-Palestina.[31] La frontiera era dunque divenuta lo scenario essenziale della crociata trecentesca all'interno del suo processo di trasformazione e pluralizzazione di fronti e obiettivi, da "iter" verso Gerusalemme a lotta contro un nemico religioso. D'altronde, l'ideale crociato era in grado di fornire una carica ideologica al confine, fornendo un apparato teorico-dottrinale alla percezione della barriera. Durante il Trecento, crociata e frontiera del Mediterraneo orientale sembrano inestricabilmente legate. L'ideale crociato si intersecava ovviamente con interessi economici e calcoli politici; la lotta contro un nemico religioso contribuiva a gettare paglia nel fuoco della contesa. Non è possibile assolutizzare lo scontro alle sue motivazioni religiose, ma è altrettanto impossibile negarne la forza.[32] Il dato della frontiera è dunque inscindibile da uno studio sulle crociate del tardo Medioevo, con una particolare attenzione a singole vicende in quanto casi emblematici per illustrare un mondo complesso.

---

29 La prima apparizione della parola "crozada" risale al 1212, in un testo spagnolo. José Santiago Palacios Ontalva, Cruzada y cruzadas. Un fenómeno medieval proyectado hacia el futuro, in: Antemurales de la fe. Conflictividad confesional en la Monarquía de los Habsburgo, pp. 19–36, qui p. 23.

30 Housley, The Later Crusades, 1274–1580, pp. 3–4.

31 Palacios Ontalva, Cruzada y cruzadas. Un fenómeno medieval proyectado hacia el futuro, pp. 29–30.

32 Uno studio che si è mosso su questa linea, rispetto alla zona egea, è: Carr, Merchants Crusaders in the Aegean.

La frontiera aveva forgiato l'immaginario degli uomini mediterranei del basso Medioevo, anche quando erano tornati nel proprio porto.

5.1.2 *Le società orientali genovese e veneziana*

Negli imperi coloniali genovese e veneziano si erano formate società miste, comprendenti uomini provenienti dai centri mercantili e abitanti locali. Il termine "coloniale", nonostante la sua caratterizzazione semantica odierna, indica realtà profondamente segnate dalla presenza di comunità latine, spesso in posizione dominante, all'interno di mondi estranei.[33] Gli studi di Michel Balard e di Freddy Thiriet in questo campo sono stati fondamentali per gli universi genovese e veneziano.[34] Le società d'oltremare si muovevano in un panorama non facile, al crinale tra momenti di espansione e di crisi, sotto la pressione dei turchi e al contempo alimentate da forze imprenditoriali provenienti dalla madrepatria. La popolazione latina delle tre grandi colonie genovesi di Pera, Caffa e Chio stava andando incontro a mutamenti nel XIV secolo e la percentuale di liguri delle riviere o di italiani di altre provenienze si era fatta consistente, fermo restando il carattere nazionale della colonizzazione genovese.[35] I decenni di pace conosciuti a Caffa tra il 1350 e il 1378 avevano favorito l'accrescimento di una popolazione stabile di origine latina[36], mentre Chio, acquisizione più recente, attirava un'immigrazione più mobile per il suo ruolo di scalo nelle rotte a Oriente. Le colonie erano spesso la riproduzione della metropoli in oltremare nonché palcoscenico dei principali *alberghi* genovesi, che esercitavano una preponderanza commerciale. Le cariche amministrative degli insediamenti ricalcavano generalmente gli equilibri politici.[37] Nell'oltremare genovese non si notano particolari discriminazioni, come testimoniano

33 Per quanto riguarda la discussione sul termine "coloniale": Michel BALARD / Alain DUCELLIER (Ed.), *Coloniser au Moyen Âge*, Paris 1995.

34 Ci si riferisce ancora alle due fondamentali opere di Freddy Thiriet e Michel Balard.

35 BALARD, La Romanie génoise, vol. 1, pp. 249–254. La popolazione tra genovese e ligure rimase, anche nella seconda metà del XIV secolo, l'85% a Caffa e Pera, l'84% a Chio, considerando i latini. Ivi, p. 264.

36 Ivi, p. 258.

37 Michel BALARD, Les milieux dirigeants dans le comptoirs génois d'Orient (XIII-XV s.), in: IDEM, Le mer noire et la Romanie génoise (XIII-XV siècles), pp. 159–181, qui pp. 162–166. La storiografia sugli *alberghi* genovesi è molto ampia ed è stata rinnovata negli ultimi anni. Si segnalano solo alcuni tra i titoli più importanti: Edoardo GRENDI, Profilo storico degli alberghi genovesi, in: *Mélanges de l'École française de Rome. Moyen Âge* 87 (1975), pp. 241–302; Diane Owen HUGHES, Sviluppo urbano e struttura familiare a Genova, in: *Città, storia e società*, ed. Philip ABRAMS / Edward A. WRIGLEY, Bologna 1983, pp. 109–138; Giovanna PETTI BALBI, Strutture familiari nella Liguria medievale, in: *I liguri dall'Arno all'Ebro*, vol. 1, Bordighera 1985, pp. 68–91; Yoko KAMENAGA-ANZAI, Changing to a new Surname: an essay regarding the 'albergo' in Medieval Genoa, in: *Mediterranean World* 16

gli atti dei notai liguri in cui figurano nomi di greci, armeni, tartari, ebrei e orientali in generale. L'elemento greco-ortodosso era ovviamente il più compatto all'interno del blocco degli orientali e partecipava per certi versi alla vita amministrativa, economica e pubblica degli insediamenti. Pur senza detenere alcun incarico decisionale, i greci erano inclusi tra gli ufficiali subalterni e all'interno dell'apparato burocratico.

I genovesi rispettavano l'autorità dei metropoliti e della nobiltà locale, a cui avevano concesso i diritti e usi tradizionali, cercando l'associazione con i più eminenti per governare.[38] Nei confronti dei locali, soprattutto verso minoranze come armeni, ebrei o siriaci, i genovesi d'oltremare adottavano politiche flessibili e concilianti.[39] Le colonie, oltre che centri di smistamento per il traffico schiavistico, permettevano alle comunità locali di approfittare dell'indotto di ricchezza prodotto dall'attività economica dei dominatori latini. Le relazioni all'interno della società mista implicavano l'utilizzo di interpreti per i contatti quotidiani, generando un nuovo vocabolario utilizzato nella stesura dei documenti notarili oltremarini.[40] I contatti erano rafforzati dal fenomeno dei matrimoni misti, riscontrati particolarmente tra uomini liguri e donne locali, segno di un'emigrazione in gran parte maschile.[41] Mentre la costellazione genovese viveva di esperienze semi-indipendenti o private, il mondo veneziano sembra invece sottoposto a una spinta verso la centralizzazione amministrativa. La madrepatria teneva salde le redini del sistema oltremare attraverso la pluralità di cariche pubbliche. Le colonie dovevano essere soggette alla pace civile, garantita da un solido inquadramento civile ed etnico.[42] I veneziani d'Oriente, insediati nei territori in numero consistente a partire dalla Quarta Crociata, erano una minoranza privilegiata, possedevano gli stessi diritti e doveri dei cittadini di Venezia e soprattutto erano gli unici a poter praticare l'attività commerciale marittima, al di là di singole concessioni a sudditi greci. I nobili feudatari installati nelle colonie prendevano parte ai consigli locali e usufruivano di possedimenti fondiari, benché fossero sottoposti a obblighi stringenti.[43]

(2001), pp. 221–235; Paola Guglielmotti, *"Agnacio seu parentella". La genesi dell'albergo Squarciafico a Genova (1297)*, Genova 2017.

38 Balard, La Romanie génoise, vol. 1, pp. 272–274.

39 Sono ricordati persino alcuni ufficiali armeni nelle galee di Caffa. Ivi, pp. 283–287.

40 La convivenza tra occidentali e orientali ha contribuito fortemente allo sviluppo di una lingua franca per le comunicazioni. Ivi, pp. 315–318.

41 Gli unici casi di donne genovesi in sposa a uomini orientali, greci nell'occasione, sono riscontrati negli atti notarili di Chio. Ivi, pp. 320–322.

42 Freddy Thiriet, Problemi dell'amministrazione veneziana nella Romania, XIV-XV sec., in: Venezia e il Levante fino al secolo XV, vol. 1, pp. 773–782.

43 Thiriet, La Romanie vénitienne au Moyen Âge, pp. 271–279. Effettivamente la situazione cretese è la più ampia e interessante dell'intero panorama coloniale veneziano. Si

Il ceto mercantile-artigianale, generalmente concentrato nei centri abitati costieri, era formato da veneti di origine popolare o latini naturalizzati. Essi possedevano minore visibilità politica ma avevano un ruolo economico vitale, coesistendo con l'elemento autoctono, formato da greco-ortodossi e da comunità ebree e armene. La politica veneziana consisteva nel dare a ogni comunità la possibilità di continuare a vivere secondo i propri statuti precedenti, a patto di riconoscere l'autorità di Venezia. Nonostante le esigenze comuni, come l'astio verso il carico fiscale che era sfociato in rivolte condivise come quella del 1363–1364, i greci rimanevano in qualche modo inferiori ai veneto-latini. Non avevano accesso alle cariche pubbliche, il loro servizio militare era accettato solo in casi eccezionali ed erano esclusi dai settori più proficui dell'economia, così come il loro trattamento giuridico era diverso.[44]

A Creta la nobiltà autoctona, ovvero gli arconti, continuava a godere di una posizione importante anche sotto il dominio veneziano. L'aristocrazia greca aveva una propria clientela e un notevole prestigio sociale, godeva di privilegi, sedeva nelle assemblee e poteva sposarsi con cittadini veneziani. Tuttavia è evidente una certa distanza tra i due gruppi etnici, come mostrano i toni delle cronache veneziane nei confronti dei greci.[45] La popolazione greca era divisa in persone libere e dipendenti, più numerosi nelle aree rurali e sottoposti a un duro trattamento.[46] Nella vita quotidiana molte differenze tuttavia si affievolivano e vi erano atteggiamenti filoellenici in esponenti veneziani. A loro volta, molti greci erano rimasti fedeli a Venezia: proprio la rivolta del 1363–1364 avrebbe marcato un punto importante per la politica di San Marco, che avrebbe scelto la via della collaborazione con gli autoctoni.[47] Nelle città di

---

rimanda a: Manoussos I. MANOUSSACAS, L'isola di Creta sotto il dominio veneziano – Problemi e ricerche, in: Venezia e il Levante fino al secolo XV, vol. 1, pp. 473–514.

44 Sulla rivolta di San Tito nel 1363–1364: Sally MCKEE, *The Revolt of St Tito in fourteenth-century Venetian Crete: A reassessment*, in: *Mediterranean Historical Review* 9/2 (1994), pp. 173–204; Maria Maddalena SARNATARO, La rivolta di Candia del 1363–65 nelle fonti veneziane, in: *Studi Veneziani* 21 (1996), pp. 127–153; Matteo MAGNANI, La risposta di Venezia alla rivolta di San Tito a Creta (1363–1366): un delitto di lesa maestà?, in: *Mélanges de l'École française de Rome. Moyen Âge* 127/1 (2015), pp. 185–204; IDEM, Storia giudiziaria della rivolta di San Tito a Creta (1363–1366), in: *Reti medievali* 14/1 (2013), pp. 131–165.

45 In particolare, si segnala la cronaca del veneto-cretese di Lorenzo de Monaciis, con le sue dure opinioni sulla popolazione greca. THIRIET, La Romanie vénitienne au Moyen Âge, p. 288.

46 Proprio la concessione o la revoca della libertà spettava alle assemblee veneziane, che la utilizzavano come un elemento di controllo e dissuasione. Il senato in realtà, con un atteggiamento abbastanza paternalista, tentò in più occasioni di difendere i diritti dei propri sudditi greci dinanzi ai soprusi della nobiltà veneta. Sulla condizione dei contadini greci: Ivi, pp. 294–298.

47 Ivi, pp. 301–302.

Creta e nelle colonie più piccole, quali Negroponte, le differenze etniche tendevano a ridursi e, oltre ai quotidiani rapporti economici, nascevano relazioni familiari e matrimoni misti, con la conseguenza del bilinguismo. La società levantina genovese era caratterizzata da una politica religiosa tollerante verso i greco-ortodossi, con cui i liguri tendevano ad avere buoni rapporti. A Chio e Pera i greci conservavano le proprie chiese, i maonesi rispettavano la libertà di culto e dialogavano con i capi religiosi dell'isola.[48] La lontananza con l'Europa favoriva una certa solidarietà religiosa tra i latini e le autorità coloniali genovesi collaboravano con i vescovi cattolici.[49] Venezia, dal canto suo, aveva legato il proprio destino orientale a quello della Chiesa cattolica, che aveva il compito di vigilare sul clero ortodosso. Gli ecclesiastici, nell'orbita veneziana, si comportavano quasi come ausiliari del potere civile, che in cambio li proteggeva e garantiva loro una posizione privilegiata.[50] I cittadini veneziani occupavano quasi tutte le posizioni chiave nelle gerarchie ecclesiastiche del Levante e agivano in collaborazione con il potere civile. Venezia esigeva obbedienza da parte del clero come dai propri sudditi laici.[51] Il clero veneziano di Romania viveva spesso all'ombra del potere pubblico, che si occupava addirittura della moralità.[52] La tolleranza religiosa era in ogni caso assoluta e le strutture ortodosse erano sottoposte a quelle latine solo per ragioni di sicurezza. Malgrado la scomparsa delle diocesi ortodosse (con l'eccezione di Corone), la chiesa greca poteva continuare i propri compiti religiosi. I preti ortodossi erano relativamente liberi dalle autorità ecclesiastiche romane e risultavano legati piuttosto al governo civile veneziano. Il comune di Venezia prendeva dunque volentieri

---

48 Ivi, p. 324. Più in dettaglio per quanto riguarda Chio: Michel BALARD, Les Grecs de Chio sous la domination génoise au XIV siècle, in: IDEM, Gênes et la mer, vol. 2, pp. 905–914.

49 Frate Corrado, francescano eletto vescovo di Caffa nel 1359, era stato ricompensato dal comune con 62 lire e 10 soldi per la sua fama di santità e per la generosità nei confronti dei genovesi di cui aveva già dato prova. Le gerarchie ecclesiastiche dovevano avere una buona conoscenza dei luoghi, delle genti e delle particolarità: un lungo soggiorno in Crimea era il prerequisito indispensabile per la diffusione del cattolicesimo in posti così distanti dalla Cristianità. BALARD, La Romanie génoise, vol. 1, pp. 325–326.

50 THIRIET, La Romanie vénitienne au Moyen Âge, pp. 279–281.

51 Molti enti religiosi ricevevano addirittura sovvenzioni dal comune lagunare: sappiamo che nel 1374 il convento francescano di Corone riceveva una somma di 20 grossi all'anno. Ivi, p. 286.

52 Ivi, pp. 283–286. Tuttavia, in numerosi casi il governo riconosceva l'indipendenza giuridica degli ecclesiastici: nel 1358 il senato fece un richiamo a Giovanni Corner, rettore di Retimo, poiché egli non poteva agire contro il vescovo e i preti latini, avendone messi in prigione alcuni. THIRIET, Régestes de déliberations du Sénat, vol. 1, p. 87, doc. 322. Venezia, 22 febbraio 1358. Nel 1390 il senato aveva ordinato di far cessare lo scandalo di 4 frati Minori che vivevano come laici, dunque aveva ordinato il loro esilio. Ivi, p. 185, doc. 769. Venezia, 10 marzo 1390.

le parti degli ordini e dei monasteri greco-ortodossi. Vi erano persino figure di calogeri – monaci orientali – che servivano e combattevano per Venezia, come Jana Kalogeros che aveva ottenuto in ricompensa ai suoi servigi una piccola isola nel 1373.[53] Greci o latini, gli ecclesiastici dovevano comunque rispettare e collaborare con il potere pubblico.[54]

La difesa dell'universo orientale era infine un impegno gravoso ma ineluttabile per entrambi i comuni – o per gli organismi privati che se ne occupavano –. Genova si sforzava di difendere le proprie colonie tramite il controllo delle rotte marittime, procurando agli insediamenti i mezzi per difendersi da soli.[55] Le guarnigioni avevano dimensioni variabili: a Caffa vi era un numero modesto di uomini in servizio permanente, accresciuto in casi di pericolo e conflitto, mentre a Chio il presidio era abbastanza forte. I soldati aumentavano in base alle circostanze ed erano completamente di origine latina: i balestrieri erano ingaggiati a Genova o nel distretto e inviati oltremare; gli armati erano liguri nel 60–75% dei casi, il rimanente proveniente da altri centri dell'Italia settentrionale.[56] La difesa del Levante genovese rimaneva saldamente in mano agli occidentali, che solo eccezionalmente si appellavano ai locali e li arruolavano, salvo la notevole eccezione di Caffa che avrebbe fatto un ampio ricorso alla componente indigena nei propri eserciti.[57] Nel reclutamento marittimo aumentavano invece gli orientali tra i rematori, che erano però sistematicamente esclusi dal numero degli uomini d'arme imbarcati.[58] La madrepatria non interveniva direttamente nella difesa se non in situazioni gravi, allestendo spedizioni di soccorso, ma per il resto lasciava che le colonie autogestissero la belligeranza ordinaria. Questo fattore aveva reso inevitabile lo sviluppo di una politica estera indipendente delle singole colonie. I rapporti delle autorità

53 THIRIET, La Romanie vénitienne au Moyen Âge, p. 291. Il monaco guerriero Jana Kalogeros, detto fratello Meriol, aveva un brillante stato di servizio. Aveva combattuto nella ribellione di Creta del 1363–64, poi aveva contribuito a catturare una nave con 150 turchi a bordo, militando sotto il duca di Creta Giovanni Gradenigo; aveva dunque servito Venezia nella guerra contro Padova. In ricompensa, il comune gli donò anche 1140 iperperi, per colmare il suo debito con la vedova di Francesco Gradenigo. THIRIET, Régestes de délibérations du Sénat, vol. 1, p. 131, doc. 526. Venezia, 30 ottobre 1373.

54 THIRIET, La Romanie vénitienne au Moyen Âge, pp. 288–291. Sulla situazione cretese nel dettaglio: Nikolaos B. TOMADAKIS, La politica religiosa di Venezia a Creta verso i cretesi ortodossi dal XIII al XV secolo, in: Venezia e il Levante fino al secolo XV, vol. 1, pp. 783–800.

55 BALARD, La Romanie génoise, vol. 1, p. 441.

56 Ivi, pp. 443–444.

57 Michel BALARD, La défense de la Gazarie génoise, in: IDEM, Gênes et la mer, vol. 2, pp. 783–794.

58 BALARD, La Romanie génoise, vol. 1, p. 449.

coloniali genovesi con i poteri locali erano improntati a un grande pragmatismo, con l'adozione di politiche a breve termine volte a garantire la sopravvivenza degli insediamenti. I quadri dirigenti liguri non furono mai in grado di applicare una linea politica coerente per le colonie in Oriente.[59]

La prassi veneziana nella difesa dello *Stato da mar* sembra invece molto più compatta.[60] Le colonie erano fonte di prosperità e pertanto necessitavano una forte tutela. La politica lagunare durante il Trecento era stata di ammirevole continuità e si muoveva seguendo alcune direttrici principali, quali la difesa della Romania cristiana dagli assalti ottomani, le annessioni e i tentativi di occupare una posizione nell'Egeo nord-orientale per garantire la sicurezza delle rotte. Tale scelta esigeva però la mobilitazione di notevoli risorse dalle colonie, il cui sfruttamento aveva generato proteste. Una delle principali preoccupazioni di Venezia era garantire la sicurezza dei propri convogli, attuando un servizio di polizia marittima operato dalla squadra di galee del Golfo, che occasionalmente si spingeva oltre l'Adriatico, fino a Creta e Negroponte. Il senato nel corso del XIV secolo aveva obbligato gli armatori a fornire armi anche agli equipaggi delle galee mercantili; al contempo vietando ai propri sudditi di armare navi da corsa private.[61] Il modello era opposto a quello genovese e il comune si arrogava il monopolio della violenza sui mari, iniziando un'operazione che preannunciava il concetto di *state-building* volto alla difesa della collettività mercantile. Venezia non aveva mai affidato le proprie galee a ufficiali stranieri ma solo ai patrizi della laguna. Il cardine della difesa dell'oltremare era nella flotta, che agiva in collaborazione con le *mude*, a cui erano spesso affidati compiti di natura militare.[62]

Dalla metà del secolo l'apporto navale delle colonie levantine era aumentato, con la presenza sempre maggiore di galee armate a Creta, Negroponte o

---

59 Ivi, pp. 453–456. Chio è un caso emblematico per mostrare la duplicità di visione politica, tra alleanza con gli altri latini dell'area in funzione antiturca e, al contrario, le relazioni commerciali invece con questi ultimi. Ivi, pp. 467–471.

60 Tuttavia, mancano tutt'oggi studi complessivi sulla difesa marittima dello *Stato da mar* nel tardo Medioevo.

61 Sul rapporto tra Venezia e il fenomeno della pirateria levantina: Alberto TENENTI, Venezia e la pirateria nel Levante: 1300 c.-1460 c., in: Venezia e il Levante fino al secolo XV, vol. 1, pp. 705–771; Irene B. KATELE, Piracy and the Venetian State: the Dilemma of Maritime Defense in the Fourteenth Century, in: *Speculum* 63 (1988), pp. 865–889.

62 Sulla collaborazione militare tra flotte pubbliche e *mude* commerciali: Frederic C. LANE, Le galere di mercato, 1300–34: esercizio privato e di Comun, in: IDEM, Le navi di Venezia fra i secoli XIII e XVI, pp. 49–81; Bernard DOUMERC, Le rôle ambigu de la muda vénitienne: convoi marchand ou unité de combat, in: *Histoire maritime: Thalassocraties et période révolutionnaire. Actes des 114e e 115e Congres Nationaux des Sociétés Savantes* (*Paris, 5–9 avril 1989 et Avignon, 9–15 avril 1990*), Paris 1991, pp. 139–154.

negli avamposti greci.[63] Esistevano guarnigioni terrestri il cui costo era a carico delle assemblee locali. Le truppe erano composte esclusivamente da veneziani o latini, con una totale esclusione dell'elemento greco. A Creta erano addirittura proibiti i matrimoni misti con donne isolane e il senato aveva favorito l'insediamento in Oriente anche delle famiglie dei soldati.[64] Creta possedeva alcuni problemi congeniti, come il brigantaggio endemico e la difficoltà a mantenere l'ordine pubblico in zone montagnose, rendendo necessaria una vigilanza armata costante. Verso la fine del XIV secolo, con la crescita del pericolo turco, anche Venezia sarebbe divenuta più aperta al coinvolgimento militare, e non solo fiscale, degli autoctoni nella difesa.[65] Successivamente alla guerra di Chioggia, nella quale il mondo veneziano aveva dimostrato grande compattezza, gli insediamenti genovesi sembrano in preda a spinte centrifughe, sfilacciando i rapporti istituzionali con la madrepatria in preda a guerre civili. Al contrario, i principati veneti d'oltremare e i duchi dell'Arcipelago avevano rinunciato alla propria indipendenza per chiedere aiuto alla capitale, implorando soccorsi indispensabili di fronte alla pressione ottomana. I due modelli, sebbene opposti in certi campi, offrono più similitudini che distanze, offrendo il quadro di un Mediterraneo orientale legato inevitabilmente ai centri marittimi italiani.

5.1.3 *Profughi, esuli e minoranze*

Il Mediterraneo orientale era un'area di passaggio e nel Trecento appare segnato da una dinamica di spostamenti, causati dai sussulti politico-militari come dalla vitalità economico-sociale della regione. Molti fuggivano dinanzi alle conquiste oppure si muovevano in cerca di posti dove vivere in maggior sicurezza; altri erano profughi costretti ad andarsene, diversi erano migranti

---

63 IDEM, La difesa dell'impero, in: *Storia di Venezia. Dalle origini alla caduta della Serenissima*, vol. 3, ed. Girolamo ARNALDI / Giorgio CRACCO / Alberto TENENTI, Roma 1997, pp. 237–250. Le colonie dovevano portare profitti alla madrepatria senza rappresentare un esborso eccessivo: questo dato giustifica una certa reticenza verso l'espansione sul lato anatolico e l'acquisizione di nuove basi, che avrebbero rappresentato alcuni inconvenienti come il costo eccessivo per il mantenimento di guarnigioni per la loro difesa. Freddy THIRIET, Les itinéraires des vaisseaux vénitiens et le rôle des agents consulaires en Romanie gréco-vénitienne aux XIVe–XVe siècles, in: Le genti del mare mediterraneo, vol. 1, pp. 587–608, qui p. 600. In generale sui rapporti economici: Roberto Sabatino LOPEZ, Il problema della bilancia dei pagamenti nel commercio di Levante, in: Venezia e il Levante fino al secolo XV, vol. 1, pp. 431–452.

64 Il divieto tuttavia non sembra essere stato così stringente in altri luoghi della Romania, come Modone, dove i costumi paiono più rilassati e si assiste a matrimoni di soldati con donne autoctone. THIRIET, La Romanie vénitienne au Moyen Âge, p. 255.

65 Sulla difesa terrestre del mondo coloniale veneziano. Ivi, pp. 251–256.

economici. Intendo porre un focus sull'elemento autoctono greco, il più soggetto a queste migrazioni indotte, in compagnia di alcune minoranze significative. Oltre agli esili, l'Oriente era un luogo – o una costellazione di luoghi – dall'accentuato cosmopolitismo, in cui popoli diversi per etnia, credenza, lingua, abitudini vivevano a stretto contatto. Quali erano i ponti e quali le distanze?

Il destino dei greci dell'isola di Tenedo è uno tra i più indicativi per mostrare le vittime degli attriti tra gli imperi.[66] Tenedo, definita la "chiave degli Stretti"[67], è una piccola isola posta all'imboccatura dei Dardanelli, che permetteva il controllo delle rotte per gli Stretti e il Mar Nero. Nelle lotte dinastiche bizantine, Tenedo era stata concessa simultaneamente sia ai veneziani che ai genovesi in cambio del loro appoggio e i tentativi di Venezia di impadronirsi dell'isola erano stati all'origine della guerra di Chioggia. Tenedo era stata occupata dai veneziani, agli ordini di Marco Giustiniani, nell'ottobre 1376 e difesa dai liguri durante il conflitto, con il supporto della popolazione leale all'imperatore Giovanni V.[68] Con la pace di Torino del 1381, di fronte all'inflessibilità dei comuni, si era giunti alla decisione di smantellare completamente le difese dell'isola e desertificare il luogo. Alle autorità veneziane si era posto il problema del trasferimento della popolazione di circa 1200 greci, simpatizzanti verso la gestione veneziana. Attuare un esodo di massa non era una prospettiva semplice e il senato si era adoperato affinché i rifugiati fossero ricevuti a Creta e Negroponte. Gli esuli erano liberi di scegliere dove andare tra le colonie venete del Levante, ma non dovevano essere concentrati in un solo luogo quanto ripartiti in gruppi più piccoli. Il bailo Zanachi Mudazzo aveva convocato una quindicina di notabili greci dell'isola per informarli e promettergli una rendita annua.[69] Lo stesso

66 Tra i lavori dello storico francese rivolti a Tenedo: Freddy THIRIET, Venise et l'occupation de Ténédos au XIVe siècle, in: *Mélanges d'archéologie et d'histoire* 65 (1953), pp. 219–245; IDEM, A propos de personnes "deplacees" au XIVe siecle. Le transfert des Tenédiotes en Romanie venitienne (1381–1385), in: *Hommage à Paul Lemerle*, Paris 1981, pp. 521–529.

67 Tra i molti autori che la definiscono in questa maniera, si cita il cronista contemporaneo agli eventi, Daniele di Chinazzo, segno di una consapevolezza diffusa del ruolo di Tenedo: "perché l'è la boca del Mar Maor e lla chiave". DI CHINAZZO, Cronica de la guerra da Veniciani a Zenovesi, p. 20.

68 THIRIET, Venise et l'occupation de Ténédos au XIVe siècle, pp. 219–226; SETTON, The Papacy and the Levant, vol. 1, pp. 317–322.

69 In realtà di termini della pace di Torino prevedevano solo l'evacuazione delle truppe veneziane e la demolizione delle fortificazioni: era tuttavia evidente che senza soldati a difendere l'isola, la popolazione civile non poteva rimanere a fronteggiare gli attacchi ottomani. È vero che l'evacuazione non era obbligatoria, ma si presentava come l'unica soluzione per sopravvivere. THIRIET, A propos de personnes "deplacees" au XIVe siecle, p. 523.

Mudazzo, facendo fronte comune con gli isolani, si sarebbe poi opposto alla deportazione, che giudicava nefasta per gli interessi veneziani. Il suo rifiuto a obbedire aveva generato a una rivolta durata diversi mesi, che aveva messo in serio imbarazzo il governo di San Marco.[70] Mentre dalla laguna partivano 4 galee con 800 soldati per ridurre all'obbedienza i ribelli, nell'agosto 1382 erano varate misure in favore dei profughi, comprensive di rendite annuali, concessione di terreni ed esenzioni fiscali.[71] La riconquista era stata annunciata nell'agosto 1383.[72]

Venezia aveva iniziato il trasferimento dei tenedioti, ribadendo nelle istruzioni del 15 settembre 1383 di trattare gli esuli in maniera umana, curando anche le esigenze dei greci che abitavano nei territori riceventi. Ognuno avrebbe dovuto ricevere un bene dal valore equivalente a quello che aveva lasciato in patria; le proprietà dei profughi erano stimate e i dati trasmessi ai governatori

---

70 Le ragioni della rivolta in realtà paiono essere più complesse: Mudazzo stesso nel 1382 dichiarava di essere stato disposto a obbedire agli ordini governativi, ma che gli abitanti erano stati intimoriti dalle voci sparse dal genovese Raffaele di Quarto, secondo cui Genova si sarebbe vendicata contro coloro che avevano consegnato l'isola ai veneziani. Così Zanachi scriveva che i tenedioti si erano sollevati e avevano eletto lui come comandante, risoluti a rimanere liberi. Un emissario genovese replicò ancora che le parole di Raffaele di Quarto non erano vere. Predelli, I libri commemoriali, vol. 3, p. 156, n. 122. Tenedo, 11 gennaio 1382. Sembra che Raffaele di Quarto fosse stato un agente dei Gattilusio, che sobillò oltre al popolo greco anche le truppe veneziane, indietro con i pagamenti. Zanachi affermava che, per ottenere il male minore, aveva preso il comando dei ribelli, piuttosto che essi consegnassero l'isola ai genovesi, ma di voler sempre rimanere fedele a Venezia. Ivi, pp. 156–157, n. 123. Tenedo, 14 gennaio 1382. Il cronista Raffaino de Caresini fu particolarmente inclemente con Zanachi Mudazzo, criticandolo aspramente per la sua "temerariam rebellionem et lesae maiestatis crimen", nonostante il capitano di Tenedo facesse ciò proprio per il bene della sua patria. De Caresini, Chronica a. 1344–1388, pp. 58–59. La taglia che il senato aveva posto sul governatore ribelle era di 15.000 iperperi da vivo, poi portata a 20.000 nel luglio 1382, e di 10.000 iperperi da morto. La stessa moglie di Zanachi, a Venezia, era stata messa sotto sequestro in un monastero. Ivi, p. 60, nota 3. Il filogovernativo Raffaino de Caresini si era spinto ad affermare che la ribellione di Zanachi non sarebbe durata così tanto se non avesse potuto ricevere rifornimenti dai turchi, cosa che i veneziani non avevano potuto impedire a causa delle cattive condizioni marittime durante l'inverno: "Rebellio Zannacchi non tantum durasset, nisi a partibus Turchiae subventionem recepisset, quod prohiberi non poterat, tempore procelloso". Mudazzo si era arreso il 18 aprile 1383, a patto di aver salva la vita e restituiti i propri beni. Ivi, p. 61.

71 Thiriet, Délibérations des assemblées Vénitiennes, vol. 2, p. 53, doc. 845. Venezia, 15 agosto 1382.

72 L'estrema proposta del doge Andrea Venier perché l'isola non fosse desertificata ma venisse riconsegnata all'imperatore bizantino, era stata rifiutata dai genovesi per evitare che Tenedo cadesse in mano ai turchi nel giro di poco tempo. Thiriet, A propos de personnes "deplacees" au XIVe siecle, pp. 524–525.

di Creta, Negroponte e Cerigo. I notabili dovevano ricevere una rendita annua di 50 iperperi, mentre le famiglie più povere dovevano ricevere 10 ducati; tutti avrebbero ricevuto terreni e l'esenzione fiscale per vent'anni.[73] L'evacuazione aveva avuto luogo tra il novembre 1383 e il gennaio 1384 in buon ordine, nonostante il dramma collettivo.[74] Il governo lagunare, in occasione dell'esodo, si era comportato in maniera esemplare.[75] Il senato avrebbe dato prova di una singolare attenzione verso gli esuli anche negli anni a venire, come dimostrano diverse delibere per aiutare tenedioti indigenti a Creta negli anni 1384–1385.[76] Il ricollocamento degli abitanti di Tenedo aveva avuto risultati contrastanti, con un buon insediamento a Creta e difficoltà a Negroponte. Tenedo in fondo era una delle isole più prospere e fertili dell'Egeo, quindi un risarcimento difficilmente avrebbe potuto compensare la perdita. Il sogno di tornare in patria non si sarebbe spento nei rifugiati: nel 1390 i tenedioti si erano appellati al *basileus* Giovanni V, che aveva portato le loro richieste ai veneziani.[77] Le autorità di San Marco, se erano state benevole con la ricollocazione degli abitanti, erano state invece inflessibili sulla questione di Tenedo. Il senato si era opposto a ogni richiesta di ricostruire una fortezza sull'isola, la cui posizione chiave diveniva sempre più importante dinanzi all'avanzata ottomana, anche per conto di terzi, rifiutando le richieste del *basileus* Manuele II e degli ospitalieri. Venezia non voleva violare i termini della pace di Torino e soprattutto teneva a ribadire che l'isola, anche se desertica, era sua.[78]

---

73 Il totale della somma messa a disposizione per i più poveri era di 1500 iperperi. Le famiglie povere avrebbero ricevuto la cifra a loro spettante per metà alla partenza e per l'altra metà all'arrivo nel luogo in cui si fossero stabiliti. L'esenzione invece aveva l'unica eccezione dei dazi, ovvero delle imposte indirette. Thiriet, Régestes de déliberations du Sénat, vol. 1, pp. 160–161, n. 662. Venezia, 15 settembre 1383.

74 Il 29 gennaio 1384 il senato si felicitava della buona riuscita delle operazioni e scrisse ai governatori di Creta, Negroponte e Cerigo di ben accogliere i profughi.

75 Alcuni profughi avevano tentato, anzi, di trasformare il proprio esilio in un buon affare, speculando sui beni ricevuti. La situazione era tale che il 22 marzo 1384 il senato veneto, preoccupato di alcuni tenedioti che venedevano i loro beni cretesi appena ricevuti, comunicava ai rettori di Creta il divieto per i rifugiati di vendere i beni ricevuti per i prossimi dieci anni. Thiriet, Régestes de déliberations du Sénat, vol. 1, p. 162, n. 669. Venezia, 22 marzo 1384; Thiriet, A propos de personnes "deplacees" au XIVe siecle, pp. 526–527.

76 Il 30 agosto 1384 il senato aveva ordinato al duca di Creta di aiutare quattro rifugiati di Tenedo, che erano in uno stato di estrema povertà; inoltre dovevano concedere ai due tenedioti Giovanni Polo e Teodoro Amarando la rendita annuale di 30 iperperi, come loro promesso. Il 13 aprile 1385 il governo della laguna adottò misure in favore dei profughi installati a Negroponte, che vivevano in condizioni peggiori dei loro compatrioti a Creta e se volevano, potevano essere trasportati a Candia gratuitamente. Ivi, p. 527.

77 Thiriet, Régestes de déliberations du Sénat, vol. 1, p. 188, n. 780. Venezia, 4 ottobre 1390.

78 Thiriet, Venise et l'occupation de Ténédos au XIVe siècle, pp. 241–243.

Anche le comunità cristiane armene figurano tra le vittime ricorrenti e costrette a emigrare in questo contesto violento. A causa dell'insicurezza dei centri abitati del Mar Nero per la pressione tartara, diversi gruppi si erano diretti nella Creta veneziana. Nel giugno 1363 il senato veneto aveva scritto ai rettori di Creta di aiutare gli armeni del Mar Nero sull'isola, fornendo loro le migliori sistemazioni possibili.[79] Su richiesta di un patriarca armeno, il senato aveva concesso agli emigrati una chiesa per celebrare secondo il loro rito e un terreno per le loro dimore. Gli armeni sarebbero stati trattati come cittadini veneziani per i primi quattro anni di insediamento.[80] Preoccupati dalla minaccia tartara, molti cristiani orientali guardavano con speranza ai genovesi del Mar Nero. Gli armeni, che vivevano una secolare vicenda di oppressione che aveva alimentato in loro una mentalità escatologica, sembrano essere stati i più sensibili a questa tematica. Un manoscritto armeno narra dell'arrivo nel 1365 a Caffa dell'Anticristo sotto la forma del khan tartaro C'alibēg, che aveva massacrato i cristiani in tutto il paese e aveva seminato il terrore. I genovesi figuravano come espressione della Divina Provvidenza, nonché strumento dell'attuazione delle antiche profezie di Nersēs I il Grande, patriarca armeno del IV secolo[81]: Dio aveva inviato infatti un valoroso console dalla nazione "Hŕomayakan", ovvero Genova, che aveva conquistato Soldaia e scacciato i nemici di Cristo, ovvero Ismaeliti ed Ebrei, che i genovesi avevano massacrato e a cui avevano confiscato i beni.[82] Attese apocalittiche dettate dalla persecuzione, colonie liguri e crociata erano ambiti difficilmente distinguibili nel Mar Nero del Trecento, dove agli occhi dei cristiani orientali il vessillo con la croce rossa in campo bianco era il simbolo della salvezza per i fedeli di Cristo.

---

79 Thiriet, Régestes de déliberations du Sénat, vol. 1, p. 105, doc. 407. Venezia, 8 giugno 1363.

80 Ivi, p. 107, doc. 411. Venezia, 1° luglio 1363.

81 La famosa profezia del *catholicos* armeno Nersēs I sarebbe stata una sorta di visione a lui attribuita poco prima della morte. Egli avrebbe predetto una serie di avvenimenti come le Crociate, l'arrivo dell'Anticristo, la fine del mondo e il giudizio finale. Avedis K. Sanjian, *Colophons of Armenian Manuscripts, 1301–1480*, Cambridge USA 1969, p. 54, nota 5.

82 Il testo del manoscritto armeno prodotto a Caffa è nella traduzione inglese fornita da Sanjian nel suo imponente lavoro: "In this year [1365], there arrived the Antichrist and contagion, who is named C'alibēg, of the Ismaelite nation, who slaughtered the Christians, and who held the entire neighboring country in terror and in trembling by day and by night. But, as predicted by the Lord Nersēs, there arrived this year, through divine Providence, from among the courageous Hŕomayakan nation [that is, the Genoese] ... a ganjawlaws [consul] in our city as [military] commander. As instructed by the Hŕomayec'ik' [the Genoese], and with the help of God, he captured the city of Sulda [Sughdāķ] and seized whatever he found therein. And he slaughtered all the Ismaelites and Hebrews,who are enemies of Christ's Cross and of the Christians, and also confiscated their possessions". Ivi, p. 94.

Anche gli abitanti dell'arcipelago greco erano soggetti alle scorrerie turche e spesso erano costretti ad abbandonare le proprie isole per salvare la vita. Nel 1361 le autorità veneziane avevano dato il permesso ad alcuni greci di tornare sull'isola di Amorgos a patto che non fossero finiti in mani turche.[83] Due anni dopo si constatava che essi non avevano nemmeno potuto seminare il frumento a causa delle incursioni musulmane; il senato concedeva quindi l'importazione grano ad Amorgos a prezzo calmierato.[84] La ricerca di protezione si rispecchiava anche nei tentativi di dedizione di molti greci autoctoni alle potenze che potevano garantire difesa. Nel 1400 gli abitanti dell'isola di Tino, rimasti senza signore e timorosi di divenire un possesso privato di Pietro Zeno, avevano scritto al doge pregandolo di poter rimanere sudditi di San Marco. Piuttosto sarebbero emigrati sui territori della Signoria, abbandonando l'isola.[85] Le migrazioni coinvolgevano tutti i greci: nel 1399 Teodoro I Paleologo, despota di Mistrà, data la situazione critica della Morea davanti all'avanzata ottomana, aveva chiesto un eventuale asilo politico a Venezia per sé e per la propria famiglia.[86]

La Romania aveva avuto, tra le conseguenze delle epidemie, seri problemi di spopolamento. Le autorità pubbliche tentavano di controllare i movimenti di popolazione e di volgerli a proprio favore, così da colmare i vuoti demografici. Gli strascichi delle pestilenze erano stati pesanti anche nella gestione militare.[87] Gli appelli per attirare nuove persone sono molteplici e si susseguono durante la seconda metà del Trecento. Nel 1353, per ripopolare le città di Negroponte, Corone, Modone, La Canea, Retimo e Sitia, era concessa la cittadinanza veneziana a coloro che si fossero stabiliti all'interno delle mura, esclusi i giudei.[88] Molti greci erano fuggiti per timore delle razzie turche: nel

---

83 THIRIET, Régestes de déliberations du Sénat, vol. 1, p. 99, doc. 379. Venezia, 7 settembre 1361.

84 Nel dettaglio il senato concesse a Giovanni Ghisi, figlio del feudatario dell'isola Marino, il permesso di importare ogni anno 500 misure di grano cretese, a condizione che il prezzo restasse inferiore ai 30 iperperi per 100 misure di grano. Ivi, p. 107, doc. 412. Venezia, 8 luglio 1363.

85 PREDELLI, I libri commemoriali, vol. 3, p. 278, n. 192. Tino, 3 agosto 1400.

86 Il senato veneziano aveva accettato la richiesta dell'ambasciatore, che parlava a nome del figlio di Giovanni V Paleologo. THIRIET, Régestes de déliberations du Sénat, vol. 1, p. 224, doc. 972. Venezia, 30 dicembre 1399. Su Teodoro I Paleologo, despota di Morea: Donald MacGillivray NICOL, *The Reluctant Emperor: A Biography of John Cantacuzene, Byzantine Emperor and monk, c.1295–1383*, Cambridge 1996, pp. 158–159.

87 Nel 1352 a Creta, poiché numerosi feudatari veneziani erano deceduti per la malattia, le milizie senza più un capo sarebbero state accorpate a quelle di altri feudatari. THIRIET, Délibérations des assemblées Vénitiennes, vol. 1, p. 226, doc. 592. Candia, 8 marzo 1352.

88 THIRIET, Régestes de déliberations du Sénat, vol. 1, p. 74, doc. 260. Venezia, 21 giugno 1353.

1399, nonostante la pressione ottomana, tutti gli abitanti che avevano lasciato Argo a causa dei recenti attacchi erano invitati dai veneziani a tornare. In cambio sarebbero stati sollevati per i seguenti cinque anni dalle *angarie* tranne dai turni di guardia sulle mura della città; il podestà inoltre si sarebbe fatto carico di donare terreni e case ai rimpatriati.[89] Gli oltre 1200 esuli di Tenedo rappresentavano un'eccellente forza lavoro, che a Venezia interessava ricollocare nelle proprie colonie.[90] Il senato veneto aveva persino elaborato progetti di popolamento, che nel 1398 prevedevano l'insediamento di albanesi nella disabitata Argo.[91] Ciò nonostante, i greci erano tenuti lontano dall'utilizzo delle armi ogni volta che la situazione lo permetteva.[92] I problemi di carenza di uomini coinvolgevano anche gli imperatori di Costantinopoli, tanto che nel 1374, dietro richiesta del *basileus*, il doge veneziano aveva proibito agli armatori di prendere al proprio servizio gli equipaggi delle galeotte bizantine, di cui evidentemente il Paleologo aveva bisogno per armare una flotta.[93]

Alcuni greci al servizio dei centri mercantili avevano assunto una sorta di doppia identità. Il nobile Giovanni Lascaris Paleologo è definito "grecus et ianuensis" nelle fonti veneziane, che ne avevano decretato l'espulsione da Modone.[94] Vi sono molti casi di greci che avevano servito le bandiere di San Marco fino a meritare ricompense. Anche le autorità genovesi tendevano a separare i greci neutrali dai nemici, come nel caso di "Costam Morayti de Syo grecus", catturato su una nave veneta e rilasciato dal carcere di Malapaga.[95] Tutte le componenti etnico-sociali erano tenute a contribuire alla difesa, come

---

89 Ivi, p. 224, doc. 967. Venezia, 27 luglio 1399.

90 Thiriet, A propos de personnes "deplacees" au XIVe siecle, p. 529.

91 Thiriet, Régestes de déliberations du Sénat, vol. 1, p. 221, doc. 950. Venezia, 7 settembre 1398.

92 Appena fossero giunti i rinforzi da Venezia, vi era l'ordine ai castellani di Corone e Modone di congedare i greci arruolati fino a quel momento per coprire l'emergenza di effettivi. Thiriet, Régestes de déliberations du Sénat, vol. 1, p. 220, doc. 945. Venezia, 2 agosto 1398.

93 Ivi, p. 135, doc. 547. Venezia, 24 agosto 1374.

94 Ivi, p. 146, doc. 586. Venezia, 4 marzo 1377.

95 Egli era stato inizialmente scambiato per veneziano e arrestato: "detemptium et arestatum pro veneto in aliis venetis inventis et captis in illa navi venetorum capta pro homines navis Galexii Spinuli". ASGe, *Archivio Segreto, Diversorum* 496, doc. 140, f. 79r. Genova, 20 aprile 1380. L'isola di Chio in particolare sembra un notevole *melting pot*, dove le relazioni tra latini e greci autoctoni erano frequenti, come testimoniano le fonti notarili relative alla colonia della Maona genovese. Vi erano anche greci che adempivano al servizio militare per la Maona genovese, come nel caso di "Vassalo de Sigestro, comito galee Maone Syi". Enrico Basso, *Notai genovesi in Oltremare. Atti rogati a Chio da Giuliano de Canella (2 novembre 1380–31 marzo 1381)*, Atene 1993, pp. 70–72, doc. 23. Chio, 5 febbraio 1381.

mostra una delibera cretese del 1402 per armare 2 galee contro gli ottomani, di cui una a spese del comune veneziano. Per l'allestimento dell'altra, Venezia avrebbe contribuito per la quota di 6 carati, poi 6 carati a carico delle cavallerie di Creta, altrettanti forniti dagli ebrei locali, 3 carati dovuti dagli ecclesiastici latini dell'isola e 3 carati a carico del monastero ortodosso di San Giovanni di Stilo e dei calogeri sinaitici.[96] Non tutti i greci operavano però a favore dei cattolici e molti, anzi, guardavano con simpatia all'avanzata ottomana contro i dominatori latini. Alcuni si erano messi al servizio del sultano. Il senato di Venezia nel 1372 aveva dato l'ordine di uccidere il greco Nicola Thalassene, che si era messo a capo di una flottiglia pirata turca e costituiva un grave pericolo per il commercio in Romania.[97] Nel 1396 papa Bonifacio IX aveva ordinato di istituire un processo nei confronti di Macarone, vescovo greco-ortodosso di Atene, che aveva indotto molti ortodossi a sottomettersi ai turchi e a collaborare con loro. Per le sue azioni era stato catturato e tradotto in prigione a Venezia, dove pure non rinnegava le sue posizioni a favore degli infedeli.[98] Nel 1400 il senato della laguna notava preoccupato che un gran numero di cretesi fuggiva verso i territori ottomani e serviva sulle navi turche: conoscitori delle coste e delle abitudini veneziane, guidavano i comandanti musulmani nelle scorrerie. Occorreva dunque permettere il ritorno a tutti i greci fuggiti per debiti, offrendo compromessi ragionevoli con i creditori.[99]

La minoranza per antonomasia del mondo mediterraneo era ovviamente costituita dagli ebrei, che da sempre godono di una grande attenzione storiografica. La presenza giudaica all'interno dell'orbita veneziana è stata ampiamente indagata, mettendo in luce le pratiche di convivenza, il loro ruolo attivo nel quadro economico, seppur esclusi dal livello politico-amministrativo, e il rapporto con le autorità di San Marco.[100] Minore attenzione è stata posta

96 FEDALTO, La Chiesa latina in Oriente, vol. 3, p. 163, doc. 406. Venezia, 5 gennaio 1402.

97 THIRIET, Régestes de déliberations du Sénat, vol. 1, p. 127, doc. 507. Venezia, 23 marzo 1372.

98 PREDELLI, I libri commemoriali, vol. 3, p. 238, n. 25. Roma, 27 maggio 1396.

99 I debitori fuggiti da sei mesi potevano tornare e si dava loro la disponibilità di un anno per regolare i conti. I debitori andati in esilio da tre mesi possono tornare subito e in ogni caso i reggitori di Creta avrebbero analizzato i singoli casi, agendo da arbitri nelle contese, proponendo compromessi ragionevoli tra creditore e debitore, affinché i cretesi potessero rientrare. THIRIET, Délibérations des assemblées Vénitiennes, vol. 2, p. 84, doc. 966. Venezia, 1° giugno 1400.

100 In particolare per un'analisi degli ebrei nel panorama veneziano: Elyahu ASHTOR, Ebrei cittadini di Venezia?, in: *Studi veneziani* 17/18 (1975–1976), pp. 145–156; David JACOBY, Les Juifs à Venise du XIVe au milieu du XVIe siècle, in: IDEM, *Recherches sur la Méditerranée orientale du XIIe au XVe siècle. Peuples, sociétés, économies*, London 1979, pp. 163–216; IDEM, Venice, the Inquisition and the Jewish Communities of Crete in the Early

sugli ebrei degli insediamenti genovesi, dove pur costituivano una presenza importante. La comunità ebraica di Chio sembra essere particolarmente consistente e attiva, come testimoniano gli atti rogati dai notai Giuliano Canella e Donato di Chiavari nell'ultimo ventennio del Trecento.[101] Gli ebrei dell'isola non paiono soggetti a particolari restrizioni, anzi sembrano ben integrati nella società locale; essi avevano un proprio rabbino e abitavano in una propria contrada, esercitavano professioni importanti ed erano attivi nel commercio, pur non avendo accesso alle cariche pubbliche. Gli ebrei si servivano di notai latini, presso i quali facevano redigere i propri testamenti; vi erano giudei in affari con liguri e occidentali. Non erano infrequenti persino i matrimoni misti.[102] Nella Negroponte veneziana gli ebrei abitavano in mezzo ai cristiani e per paura degli assalti turchi si rifiutavano di risiedere "in judaycha", ovvero in un quartiere separato.[103] All'interno di quest'universo emergono anche storie come quella di Nicolò Querini, dal nome veneziano ma in realtà figlio dell'ebreo Leopsome di Negroponte. Il giovane, di cui non conosciamo il vero nome, si era convertito al cattolicesimo al tempo del bailo Nicolò Querini, suo padrino di battesimo di cui aveva preso il nome. La conversione gli aveva tuttavia causato la perdita di tutti i beni e l'estromissione dalla comunità ebraica, così il comune lo aveva soccorso donandogli due "poste pedestres" sull'Eubea. L'ex ebreo Nicolò, tuttavia, le preferiva a Creta, chiedendo uno scambio al senato.[104]

14th Century, in: EADEM, pp. 127–144; IDEM, Quelques aspects de la vie juive en Crète dans la première moitié du XVe siècle, in: EADEM, pp. 108–117; IDEM, Les Juifs vénitiens de Constantinople et leur communauté du XIIIe au milieu du XVe siècle, in: EADEM, pp. 397–410; IDEM, Venice and the Venetian Jews in the Eastern Mediterranean: Discussione, in: IDEM, *Studies on the crusader states*, Northampton 1989, pp. 29–63; IDEM, Jews and Christians in Venetian Crete: Segregation, Interaction, and Conflict, in: IDEM, *Medieval trade in the Eastern mediterranean and beyond*, London 2018, pp. 293–329. Più in generale, sul ruolo e la posizione degli ebrei nel Mediterraneo orientale nel tardo Medioevo: Elyahu ASHTOR, *The Jews and the mediterranean economy 10th-15th centuries*, London 1983; IDEM, The Jews in the Mediterranean trade in the later Middle Ages, in: *Hebrew Union College annual* 55 (1984), pp. 159–178; David JACOBY, The Jewish Communities in the Social Fabric of Latin Greece: between Segregation and Interaction, in: *A Companion to Latin Greece*, ed. Nickiphoros I. TSOUGARAKIS / Peter LOCK, Leiden 2015, pp. 255–287.

101 Si rimanda alle edizioni di documenti: BALARD, Notai genovesi in Oltremare. Atti rogati a Chio da Donato di Chiavari; BASSO, Notai genovesi in Oltremare. Atti rogati a Chio da Giuliano de Canella.

102 Laura BALLETTO, Chio dei Maonesi sulla fine del Trecento (dagli Atti del notaio Donato di Chiavari), in: *Anuario de estudios medievales* 20 (1990), pp. 133–147, qui pp. 137–139.

103 THIRIET, Régestes de déliberations du Sénat, vol. 1, p. 79, doc. 284. Venezia, 26 gennaio 1356.

104 Ivi, p. 123, doc. 484. Venezia, 12 marzo 1370.

Anche i cristiani orientali, di diverse obbedienze e denominazioni, si trovavano all'interno del complesso gioco di interazioni del Levante mediterraneo. I cristiani sudditi del sultanato mamelucco, copti, georgiani o siriaci sono stati spesso poco considerati dalla storiografia, pur comparendo sporadicamente nelle fonti latine.[105] Gli occidentali avevano coscienza dei loro correligionari "in partibus infidelium" e li chiamavano "cristiani di cintura" dal loro segno di riconoscimento. I latini faticavano a riconoscerli e, nonostante una simpatia generale, non riuscivano a evitare una certa diffidenza verso chi viveva immerso tra gli infedeli. I cristiani orientali non erano sconosciuti nel mondo europeo ed esistevano anche nell'immaginario di chi non si recava nel Levante. Una novella del lucchese Giovanni Sercambi aveva come protagonista un ricco cristiano di cintura, abitante nel regno di Gerusalemme, che si era recato con suo figlio a Babilonia e poi a Cipro.[106] L'elemento religioso contribuiva a identificare gli amici dai nemici, contribuendo a differenziare le guerre orientali dalle altre. In ogni caso non era facile distinguere i saraceni musulmani da quelli cristiani, nonostante la cintura che portavano.[107] Merita attenzione il caso di Braino, interrogato dal notaio Giovanni Bardi nel pieno della spedizione genovese di Nicolò Maruffo del 1383 a Cipro. Braino, figlio di Salamonis e abitante di Tripoli di Siria, il 6 agosto dichiarava di essere un "christianum de centura"[108]; si era imbarcato su una nave saracena partita da Tripoli, che aveva

105 Aziz Suryal Atiya, storico egiziano copto e tra i maggiori rinnovatori degli studi sulle *Later Crusades*, grazie alla sua provenienza e alla padronanza delle fonti documentarie orientali, in arabo e in copto, è stato particolarmente sensibile alla tematica delle minoranze cristiane in Medio Oriente durante il tardo Medioevo. Aziz Suryal ATIYA, A Fourteenth Century Fatwa on the status of Christians in the Mamluk Empire, in: *Studien zur Geschichte und Kultur des Nahen und Fernen Ostens: Paul Kahle zum 60. Geburtstag überreicht von Freunden und Schülern aus dem Kreise des Orientalischen Seminars der Universität Bonn*, ed. Wilhelm HEFFENING / Willibald KIRFEL, Leiden 1935, pp. 55–68; Aziz Suryal ATIYA, *A history of Eastern Christianity*, Notre Dame USA 1968; IDEM, *The Copts and Christian civilization*, Salt Lake City 1979.

106 SERCAMBI, Il Novelliere, vol. 2, novella CXXI, pp. 342–347.

107 Teoricamente tutti i cristiani residenti nella Dar Al-Islam, come anche gli ebrei, erano obbligati a indossare una cintura di un particolare colore (azzurra per i cristiani e gialla per gli ebrei) che rimarcasse la loro condizione di *dhimmi*, ovvero di popoli del Libro, protetti ma sottomessi all'Islam. La cintura dei cristiani era chiamata zunnār ed è citata in molte delle fonti di pellegrinaggio trecentesche. Descrive i cristiani di cintura, per esempio, il frate Angelo da Spoleto, che visitò i prigionieri cristiani al Cairo intorno al 1303: Girolamo GOLUBOVICH, *Biblioteca bio-bibliografica della Terra Santa e dell'Oriente francescano*, vol. 3, Firenze 1919, p. 70.

108 "Testes et actestationes testium productorum per Brainum, christianum de centura, quondam Salamonis de Tripoli, partium Syrie, de infrascriptis ut infra. Primo videlicet quod est christianus de centura, habitator et incola in Tripoli predicto. Item, quod hiis proxime diebus elapsis navigabat de Trippoli Jaffam et de Jaffa Rodum, quo tempore se invenit

fatto scalo a Giaffa, e si dirigeva verso Rodi quando era incappata nell'armata di galee genovesi, che l'aveva catturata. Il fatto di essere un cristiano orientale evidentemente conferiva a Braino uno statuto particolare rispetto agli altri prigionieri, ma per provarlo erano stati richiesti almeno altri quattro interrogatori. Saliba Asar di Famagosta il 7 agosto confermava le affermazioni di Braino, poiché ne conosceva il padre, cristiano, e anche il fratello di nome Mosè, speziale a Tripoli.[109] Anche un certo Helias conosceva il padre e il fratello, mercanti e "cristiani di cintura".[110] Un terzo testimone di nome Costantino di Pera affermava di aver visto Braino a Tripoli entrare nella chiesa dei cristiani orientali "et facere ibi signum crucis ut faciebat alii cristiani de centura".[111] Il cristiano siriano Chali certificava ancora che Braino era un suo compagno di fede.[112] L'accanimento mostra la necessità di certezza sulla fede del prigioniero arabo, suddito del sultano. Non conosciamo il rilascio o meno dell'indagato: è comunque lecito ipotizzare che i cristiani orientali, nei fatti, godessero di uno statuto privilegiato presso i latini, sebbene giuridicamente fossero nemici pari ai musulmani. A fianco della lotta tra entità politiche si colloca una differenziazione che non prendeva tanto le mosse da un dato etnico – liguri contro arabi – o di obbedienza istituzionale, ma era legata al dato religioso.

I cristiani di rito orientale spesso erano i primi a vivere le conseguenze degli scontri fra potenze politiche, come dopo l'assalto crociato ad Alessandria nel 1365. I cristiani che vivevano nelle terre del sultano mamelucco pativano sulla propria pelle le ripercussioni delle avventure dei franchi, non richieste né volute: mentre l'armata di Pietro I di Cipro si ritirava vittoriosa, i cristiani indigeni erano un capro espiatorio su cui sfogare i desideri di rivalsa. Un manoscritto armeno proveniente da Gerusalemme narra che, dopo la devastazione di Alessandria, nel 1366 le autorità mamelucche avevano messo in carcere i cristiani della regione, compresi i vescovi e i monaci; numerosi *rais* cristiani e preti, delle diverse confessioni siriache e armene, erano stati uccisi. Nell'ondata

---

cum armata galearum Ianue". ASGe, *Notai antichi* 381, f. 155r. Famagosta, 6 agosto 1383. Edito in Balard / Balletto / Schabel, Gênes et l'Outre-mer, p. 279, doc. 48.

109 ASGe, *Notai antichi* 381, f. 155v. Famagosta, 7 agosto 1383. Edito in Balard / Balletto / Schabel, Gênes et l'Outre-mer, pp. 279–280, doc. 49.

110 Helias aveva visto Braino lasciare la città "navigantem Jaffam super quondam navigio sarracenorum". ASGe, *Notai antichi* 381, f. 155v-156r. Famagosta, 7 agosto 1383. Edito in Balard / Balletto / Schabel, Gênes et l'Outre-mer, pp. 280–281, doc. 50.

111 ASGe, *Notai antichi* 381, f. 156r. Famagosta, 7 agosto 1383. Edito in Balard / Balletto / Schabel, Gênes et l'Outre-mer, pp. 281–282, doc. 51.

112 "Qui Brainus et frater sunt christiani de centura, et fidem tenent quam tenet ipse testis, et se signant signo sancte crucis Domini nostri Ihesu Christi". ASGe, *Notai antichi* 381, f. 156v. Famagosta, 7 agosto 1383. Edito in Balard / Balletto / Schabel, Gênes et l'Outre-mer, p. 282, doc. 52.

di violenza molti avevano fatto apostasia e si erano convertiti all'Islam. Anche molti cristiani orientali di Gerusalemme avevano passato gran parte dell'anno in prigione. Lo stesso cronista orientale affermava di star vergando quelle parole con grande paura e angoscia, aspettandosi di giorno in giorno di poter finire ucciso.[113] Altre testimonianze scritte narrano le persecuzioni cui erano stati soggetti i cristiani orientali durante la guerra del 1366–1370: benché sudditi del sultano, i mamelucchi guardavano ai cristiani autoctoni come una quinta colonna dei crociati in Oriente. Un ulteriore manoscritto armeno di provenienza gerosolimitana descrive che nel 1367 i cristiani indigeni erano stati messi in catene e portati a giudizio, in ragione dell'occupazione crociata di Alessandria.[114] La vita non era facile per le minoranze cristiane nei domini del sultano mamelucco, soggette a pressioni a causa degli assalti dei loro correligionari occidentali.

Nonostante questi vertici di scontro, il Levante vedeva generalmente molti tentativi di coesistenza andati a buon fine. A Genova durante il XIV secolo esisteva un *Officium Robarie*, con il compito di risarcire le vittime di atti di pirateria perpetrati da genovesi fuori controllo; erano compresi nei risarcimenti anche ebrei e musulmani danneggiati dai liguri.[115] Gli orientali erano insediati anche nelle due metropoli marittime, a Genova e Venezia. Non esisteva solo un'emigrazione genovese e veneziana nel Levante, ma anche un afflusso di genti mediterranee nelle capitali italiane. Si trattava in primo luogo di schiavi greci affrancati che rimanevano lì a vivere: verso l'ultimo quarto del Trecento era iniziato ad affermarsi il diritto alla libertà dei cristiani ridotti in schiavitù, saldamente dichiarato dai canonisti ecclesiastici. Dopo il 1380 il comune di Genova aveva accolto diverse domande di affrancamento di schiavi greci

113 Il cronista armeno, di cui è fornita un'edizione tradotta in lingua inglese, dopo la descrizione della situazione conclude affermando: "I copied this under much anguish and fear; and day in and day out we expected to be tortured or killed". SANJIAN, Colophons of Armenian Manuscripts, 1301–1480, pp. 94–95.

114 "By reason of the fact that the Franks had occupied Skander and had killed numerous and countless Tačiks and had carried off men and women as captives to the island of Kipros". Ivi, p. 96.

115 Sull'interessantissima esperienza dell'*Officium Robarie* genovese si rimanda a: Louis DE MAS LATRIE, L'Officium robarie, ou L'Office de la piraterie à Gênes au Moyen Âge, in: *Bibliothèque de l'École des Chartres* 53 (1892), pp. 264–272; Benjamin Z. KEDAR, L'Officium Robarie di Genova: un tentativo di coesistere con la violenza, in: *Archivio Storico Italiano* 525/3 (1985), pp. 331–372; Ausilia ROCCATAGLIATA, *L'Officium robarie del Comune di Genova, 1394–1397*, Genova 1989; IDEM, *L'Officium robarie del comune di Genova: da ufficio della pirateria a ufficio dei ribelli*, Genova 1990.

sudditi di Bisanzio.[116] Oltre agli ex schiavi, alcuni autoctoni di Romania cercavano fortuna in Occidente. Gran parte formava gli equipaggi delle galee, tra rematori greci e orientali: il traffico marittimo generava lo spostamento di un notevole capitale umano che si stabiliva in maniera più o meno temporanea nei porti frequentati. Il reclutamento degli orientali nelle ciurme delle galee era aumentato drasticamente all'epoca della guerra di Chioggia e si era mantenuto costante durante i conflitti di fine secolo. Oltre alle galee veneziane armate a Creta, nel 1380 persino 2 galee genovesi in Adriatico avevano equipaggi esclusivamente orientali.[117] Non era dunque difficile incontrare genti del Levante mediterraneo tra i caruggi di Genova o tra le calli di Venezia. In realtà, spesso avevano paghe basse per compiere i lavori più duri e gran parte di loro rimaneva nella miseria. Abbiamo diverse tracce della solidarietà tra compatrioti in paesi stranieri: a Genova esisteva una loggia dei Greci presso il Molo, dove a fine Trecento sono registrati due consoli.[118] Nonostante non vi fosse traccia di segregazione e non vi fossero quartieri di emigrati orientali nel capoluogo ligure, nel XIV secolo i levantini stabiliti in Italia conducevano una vita mediocre e raramente facevano fortuna.

Gli interpreti erano una categoria peculiare per fungere da ponti tra mondi diversi. Essi sono frequenti in calce agli atti e testimoniano un gruppo, più o meno silenzioso, in grado di parlare più lingue e dunque di porsi in un ruolo di intermediazione tra attori differenti. Gli interpreti erano presenti a vari livelli, dai minuti atti di vendite immobiliari ai trattati tra principi e sovrani. A Chio tra i documenti notarili possiamo trovare "Nicholao Moschambario, interprete curie Syi"[119], che mediava tra un fornaio greco e un cittadino ligure. Nello stesso tempo le autorità genovesi dell'isola facevano ricorso ad Antonio de Turri, latino che evidentemente conosceva il greco[120], mentre Vassallo de Sigestro era un comito greco delle galee genovesi che parlava il latino e agiva come mediatore nella vendita di una casa tra un'abitante indigena e un compratore occidentale.[121] I traduttori non erano solo dominati che imparavano la lingua dei dominatori, ma anche latini che apprendevano l'idioma locale. A

116 Michel BALARD, Le minoranze orientali a Genova (secc. XIII–XV), in: La storia dei Genovesi, vol. 3, pp. 71–90, qui p. 74.

117 Ivi, p. 80.

118 Molti trovavano assistenza nella loggia, soprattutto i sudditi bizantini o di Trebisonda. ORIGONE, Lineamenti per un aggiornamento storiografico su genovesi, Bisanzio e il Mar Nero, p. 119.

119 BASSO, Notai genovesi in Oltremare. Atti rogati a Chio da Giuliano de Canella, pp. 60–61, doc. 15. Chio, 25 gennaio 1381.

120 Ivi, pp. 62–63, doc. 17. Chio, 29 gennaio 1381.

121 La greca Ihera Michelina vendeva una casa a Giorgio Virmilia, abitante latino di Chio. In calce si citava il traduttore che rendeva possibile lo scambio davanti al notaio: "pro ea

Cefalonia un contratto di apprendistato coinvolgeva Francesco di Ragusa, che traduceva "de locutione sclavona in latinum".[122] Giorgio Margat, abitante di Famagosta, era invece un cristiano siriano che oltre all'arabo conosceva la lingua latina.[123] Dal livello della vita quotidiana si poteva passare direttamente ai trattati internazionali, che necessitavano ovviamente di interpreti. L'ambasciatore veneziano Pietro Giustiniani, che nel 1370 si era diretto in Egitto per concludere la pace con il sultano, portava con sé il traduttore Nicoletto Girardo, conoscitore dell'arabo.[124] Nel 1383 le negoziazioni tra i genovesi di Caffa e il signore tartaro di Solghat erano state concluse grazie all'interprete Luchino Calligepari, che parlava la "lingua uganesca".[125] Le lingue sono uno dei *markers* per valutare le distanze e le interconnessioni: coloro che le padroneggiavano erano in grado di superare le divisioni e unire mondi linguisticamente separati. Il Mediterraneo orientale era fatto di movimenti di popolazioni, di profughi e di singoli in grado di gettare ponti. Lo spazio della frontiera appare spesso segnato da vicende tragiche, da esili comunitari ma anche da comunanze di destini nel sistema composito delle società che abbiamo definito "coloniali". La spinta crociata doveva fare i conti con un panorama complesso.

5.2 L'ideale e l'opportunismo. Vicende personali e drammi collettivi

5.2.1 *Un violento mondo di confine*

La frontiera del Mediterraneo orientale era uno spazio politicamente e culturalmente frastagliato, in cui le divisioni rischiavano di trasformarsi rapidamente in violenza. Gran parte dell'attenzione storiografica si è soffermata sull'elemento mercantile e sui rapporti tra gli autoctoni e le autorità coloniali, dando minor peso agli elementi di disturbo delle relazioni. Una serie di conflitti si era svolta nello scacchiere della Romania tra i diversi potentati, veneziani e genovesi, ottomani, bizantini, catalani, signorie latine ed emirati turchi. La documentazione, difficile da studiare per la sua vastità, varietà e molteplicità di enti produttori, documenta l'inquietudine dell'area. Nonostante gli sforzi

---

interpetrante de greca lingua in latina Vassalo de Sigestro". Ivi, pp. 70–72, doc. 23. Chio, 5 febbraio 1381.

122 Ivi, pp. 41–42, doc. 3. Cefalonia, 6 dicembre 1380, Cefalonia.

123 ASGe, *Notai antichi* 381, f. 156v. Famagosta, 7 agosto 1383. Edito in Balard / Balletto / Schabel, Gênes et l'Outre-mer, p. 282, doc. 52.

124 Mozzato, *Venezia – Senato. Deliberazioni miste, vol.* 20, p. 201, doc. 412. Venezia, 13 maggio 1370.

125 La copia di questo trattato del 27 novembre 1380, stilata nel 1383, è in: ASGe, *Archivio Segreto, Materie politiche* 2728, doc. 24. Genova, 28 luglio 1383.

per mantenere la legalità, spesso la forza era la legge sovrana della frontiera. Vi sono numerose testimonianze di scontri navali sui mari egeo-orientali, non semplicemente in occasione dei grandi conflitti ma piuttosto come schermaglie, vere protagoniste della vita quotidiana di Romania. La casistica di queste scaramucce è pressoché infinita e spesso i genovesi vi operavano in qualità di corsari o pirati. Essi potevano giungere persino ad attaccare legni di connazionali, come nel caso di Andalo de Mari che nel 1394 era stato costretto a fermarsi con la sua cocca "Corpus Christi" a Chio invece che proseguire fino ad Alessandria perché assalito "super insullam Cetri" dalla cocca del genovese Andrea Lomellini, che si era impadronito del materiale di bordo e aveva costretto 19 uomini dell'equipaggio a seguirlo con la forza.[126] Nel settembre 1383 il genovese Goffredo Spinola, patrono di un grippo partito da Kyrenia, era stato depredato da una delle galee da guerra del comune di Genova, di proprietà di Nicola de Illioni.[127] Gregorio Cigala invece, nel 1394, era partito con la propria cocca da Pera ma a Chio aveva saputo della presenza di 2 navi catalane che pirateggiavano nei pressi di Rodi, così aveva deciso di puntare direttamente su Famagosta senza fare ulteriori soste.[128] Nemmeno le flotte pubbliche di Genova riuscivano ad abbandonare l'abitudine al saccheggio marittimo, come mostra la spedizione di Nicolò Maruffo. I patroni che avevano preso parte alla spedizione erano caratterizzati da grande indisciplina e mischiavano interessi privati a quelli ufficiali, come Daniele Pallavicino che era stato condannato per avere abbordato una cocca provenzale.[129] Il nobile si era giustificato dicendo di essere stato derubato in passato delle sue mercanzie "piratico modo" da Nicolino Claveti di Marsiglia, patrono di due galee corsare, dunque stava semplicemente esercitando il proprio diritto di rappresaglia.[130]

I veneziani erano concentrati sulle operazioni di polizia dei mari, che conducevano a frequenti scontri e costanti preoccupazioni. Nel 1369 si ribadiva che la galea di Negroponte, difesa dell'isola, doveva versare agli eredi dei morti

126 BALARD, Notai genovesi in Oltremare. Atti rogati a Chio da Donato di Chiavari, pp. 162–164, doc. 60. Chio, 18 luglio 1394.

127 ASGe, *Notai Antichi* 381, f. 166v.-167r. Edito in BALARD / BALLETTO / SCHABEL, Gênes et l'Outre-mer, p. 313, doc. 89. Famagosta, 10 settembre 1383.

128 Gregorio era stato costretto così a stipulare un nuovo contratto con i mercanti imbarcati, annullando il precedente che prevedeva scali a Teologo e Rodi. Infatti "in presenti portu Syi nova fuerunt sicut due naves Catalanorum cursalium sunt in partibus Roddi". BALARD, Notai genovesi in Oltremare. Atti rogati a Chio da Donato di Chiavari, pp. 203–205, doc. 73. Chio, 22 agosto 1394.

129 ASGe, *Notai Antichi* 381, f. 179v. Edito in BALARD / BALLETTO / SCHABEL, Gênes et l'Outre-mer, p. 352, doc. 135. La Pegola, 5 novembre 1383.

130 ASGe, *Notai Antichi* 381, f. 179v.-180r. Edito in BALARD / BALLETTO / SCHABEL, Gênes et l'Outre-mer, pp. 352–354, doc. 136. Isola di Sapienza, 10 novembre 1383.

la parte del bottino ottenuto nei combattimenti. I turchi e gli altri stranieri catturati sarebbero stati invece di proprietà del comune.[131] Qualche anno dopo, il senato cedeva una galea sottile all'arcivescovo di Patrasso per difendere i propri domini dalle scorrerie.[132] I quadri dirigenti veneti guardavano con preoccupazione agli assembramenti di imbarcazioni di altri paesi, che monitoravano anche in tempo di pace. Nel maggio 1370 il capitano della squadra veneta del Golfo aveva inviato una galea in ricognizione a Costantinopoli per raccogliere notizie sulla flotta che i genovesi stavano armando a Pera.[133] Qualche mese dopo, lo stesso capitano era avvisato della minaccia delle galee catalane che navigavano al largo della Sicilia.[134] Nel 1372 destavano nuovamente preoccupazione i movimenti di galee genovesi.[135] Nel 1364 invece il senato aveva ordinato di controllare i preparativi navali del *basileus*, che stava armando una ventina di galee: il capitano del Golfo, Andrea Zen, doveva tenere sotto controllo la questione.[136] In tale contesto magmatico alcuni mercanti-pirati potevano raggiungere una certa notorietà, come nel caso del genovese Sologro di Negro, che aveva percorso il Mediterraneo negli ultimi anni del Trecento, conducendo attacchi indiscriminati contro chiunque. Al contempo, Sologro intratteneva rapporti commerciali con alcuni compatrioti, con cui trafficava: il confine tra pirata e mercante era labile.[137] Il comune di Genova aveva bandito Sologro di Negro, che non aveva rispetto per nessuno e agiva anche contro cittadini genovesi.[138] Le vittime a bordo di una nave aragonese depredata da Sologro nel 1397

---

131 "Turchi vero et alie persone que caperentur, sint nostri comunis et non dentur alicui speciali persone". THIRIET, Délibérations des assemblées Vénitiennes, vol. 2, p. 42, doc. 809. Negroponte, 7 marzo 1369.

132 FEDALTO, La Chiesa latina in Oriente, vol. 3, p. 124, doc. 294. Venezia, 14 novembre 1381.

133 MOZZATO, *Venezia – Senato. Deliberazioni miste, vol. 20*, p. 212, doc. 424. Venezia, 20 maggio 1370.

134 Ivi, p. 329, doc. 625. Venezia, 1° dicembre 1370.

135 Quell'anno furono segnalati al capitano del Golfo alcuni movimenti sospetti di galee genovesi, intimandogli di raddoppiare la vigilanza. THIRIET, Régestes de déliberations du Sénat, vol. 1, p. 129, doc. 511. Venezia, 11 luglio 1372.

136 THIRIET, Délibérations des assemblées Vénitiennes, vol. 2, p. 24, doc. 751. Venezia, 23 maggio 1364.

137 Sebbene egli stesso, in sede processuale, avesse tentato di passare come corsaro, era in realtà più vicino ai predoni del mare. Sul genovese e sugli strascichi giudiziari delle sue azioni: Emily Sohmer TAI, Restitution and the Definition of a Pirate: The Case of Sologrus de Nigro, in: *Mediterranean Historical Review* 19/2 (2004), pp. 34–70.

138 Egli compiva "damno atque ignominia reipublice Ianuensis" ASGe, *Archivio Segreto, Diversorum* 499, doc. 605, f. 168v. Genova, 18 novembre 1399. Il governatore francese della capitale ligure nel 1399 si era sollevato da ogni responsabilità, informandone il doge di Venezia e dando a chiunque la facoltà di catturarlo. ASVe, *Libri Commemoriali* 9, c. 88r. Regesto in PREDELLI, I libri commemoriali, vol. 2, p. 270, n. 160. Genova, 11 luglio 1399.

avevano dichiarato che a bordo della galea del pirata vi erano addirittura alcuni cavalieri ospitalieri. Gli appartenenti all'Ordine di San Giovanni erano stati effettivamente legati in diversi momenti ai corsari genovesi, nella strana commistione tra crociati e mercanti-predoni.[139] Non era raro, tuttavia, il nulla osta dei poteri civili rispetto alle depredazioni marittime, con la formalizzazione di un rapporto di guerra di corsa. Questo regime di violenza controllata tendeva a escludere chi non si sottometteva all'autorità pubblica. Nel 1375 la legislazione promulgata dal doge di Genova, Domenico Campofregoso, stabiliva la pena capitale per chi pirateggiava senza l'approvazione del comune, legittimando le azioni condotte sotto l'egida del potere pubblico e denunciando al contempo la presenza di individui fuori controllo.[140]

Spesso i mercanti o gli stessi poteri politici si trasformavano in depredatori. Il veneziano Marco Venier era a Tripoli nel maggio 1357, quando era arrivata una cocca dei saraceni "de Tonixtu" patronizzata dal genovese Ottaviano Travie. Il capitano ligure aveva invitato alcuni mercanti veneziani a bordo, tra cui lo stesso Marco Venier e il dragomanno Angelo Bambochier: i marinai liguri erano saltati loro addosso, li avevano chiusi nella stiva insieme ad altri passeggeri ed erano partiti per Rodi, sequestrando il denaro. Marco Venier aveva dichiarato di essere stato abbandonato su uno scoglio nei pressi di Creta e di essersi salvato rocambolescamente, mentre Ahmed Ibn el Mekki, signore di Tripoli, aveva confiscato le merci del veneziano dopo il suo rapimento. Nonostante le proteste di Venier, il cadì diceva di aver solo eseguito gli ordini del sultano, sequestrando le merci in risarcimento dei beni dei saraceni che si trovavano sulla cocca di Ottaviano. L'infuriato Marco Venier aveva dichiarato allora che si sarebbe rifatto depredando i beni dei tripolini, ovunque li avesse incontrati lungo il Mediterraneo.[141] Molti dati testimoniano un comune bisogno di sicurezza tra i naviganti dei mari levantini. Il *Liber Gazarie*, raccolta di diritto marittimo genovese stilata nei primi decenni del XIV secolo, era particolarmente attento alle norme per la sicurezza delle imbarcazioni.[142] La legislazione era stringente sull'obbligo di imbarcare armi, armature e balestrieri anche sulle galee da mercato. I vincoli erano suddivisi secondo un criterio geografico, a seconda delle rotte. Per le galee genovesi dirette nel Mediterraneo

139 Ne era risultata una vertenza tra il re d'Aragona e i cavalieri di Rodi, prolungata nei primi anni del Quattrocento. TAI, Restitution and the Definition of a Pirate, pp. 48–52.

140 Ivi, p. 44.

141 Venier chiedeva un risarcimento di 15.000 doppie per le sue merci. George Martin THOMAS / Riccardo PREDELLI, *Diplomatarium veneto-levantinum*, vol. 2, Venezia 1899, pp. 43–46, doc. 22. Tripoli, 26 giugno 1358.

142 FORCHERI, Navi e navigazione a Genova nel Trecento.

il Gran Maestro di Rodi e il re di Cipro di interrompere ogni relazione, anche commerciale, con i ribelli.[157] Nonostante Genova avesse assicurato la propria neutralità, il senato si era lamentato con il doge ligure perché i coloni genovesi di Pera avevano allestito una nave carica di armi per aiutare i cretesi nella loro resistenza.[158] Alcuni ribelli avevano trovato rifugio a Rodi dopo la disfatta, dunque si pregava il Gran Maestro degli ospitalieri di togliere loro il permesso di residenza sull'isola.[159] Le difficoltà politiche si legavano a un mondo squassato da problemi endemici: nel 1370 il senato ordinava alle galee della *muda* di Romania di navigare al largo, per non toccare le coste dalmate e della Slavonia, pericolose a causa della "maxima epidemia" di peste.[160]

I problemi di spopolamento, dovuti alle epidemie e all'atmosfera conflittuale, preoccupavano le autorità veneziane. Una dozzina d'anni dopo la rivolta, Creta risultava ancora spopolata a causa delle pesti e della fuga di molti che rischiavano il carcere per debiti[161]; Negroponte versava in situazioni uguali, anche per il clima di tensione della zona.[162] Nel 1390 un'ondata pestilenziale aveva colpito Corone e la zona cretese di La Canea.[163] Il Levante aveva un costante fabbisogno di uomini in armi che i centri marittimi faticavano a soddisfare. Le guarnigioni di Negroponte erano continuamente decimate da epidemie, diserzioni e dai frequenti scontri. Nel 1358 insieme al nuovo bailo erano lì inviate 3 nuove compagnie di fanti, mentre le 4 di guarnigione erano accorpate in 2 sole compagnie, a causa della perdita di effettivi.[164] Nel 1376, a causa della peste e degli scontri con i turchi, erano inviate a Negroponte ulteriori 4 nuove compagnie da 100 soldati.[165] Anche Corone e Modone, avamposti sulla linea del fronte, risaltano per la loro frequente fame di uomini. Andrea Foscolo, da Corone, si lamentava con i patrizi nella laguna per la carenza di soldati nel

---

157 Ivi, vol. 1, p. 261, doc. 708. Venezia, 8 ottobre 1363.

158 Le istruzioni del senato furono date a Giovanni Chiriano, ambasciatore veneto a Genova, chiedendo che il doge ligure istituisse sanzioni contro i propri coloni disubbidienti e ordinasse ai consoli di Pera e Chio di cessare questi atti ostili nei confronti di Venezia. Copie delle lettere sarebbero state consegnate ai patroni di tutte le galee che si sarebbero recate in Oriente con la crociata di Amedeo VI di Savoia. Ivi, vol. 2, p. 37, doc. 792. Venezia, 22 aprile 1366.

159 Ivi, vol. 2, p. 35, doc. 787. Venezia, 17 ottobre 1365.

160 MOZZATO, *Venezia – Senato. Deliberazioni miste, vol. 20*, p. 258, doc. 507. Venezia, 19 luglio 1370.

161 THIRIET, Régestes de déliberations du Sénat, vol. 1, p. 145, doc. 580. Venezia, 8 luglio 1376.

162 Ivi, p. 145, doc. 584. Venezia, 30 dicembre 1376.

163 Il rettore di Retimo aveva persino deciso la costruzione di un nuovo ospedale. Ivi, p. 187, doc. 774. Venezia, 26 maggio 1390.

164 Ivi, p. 89, doc. 331. Venezia, 28 giugno 1358.

165 Ivi, p. 145, doc. 584. Venezia, 30 dicembre 1376.

presidio[166]; Modone nel 1358 risultava spopolata e i suoi teorici 300 uomini di guarnigione erano diminuiti a causa di epidemie e guerre.[167] Spesso i castellani dovevano provvedere da soli al reclutamento locale di nuovi soldati per rimpiazzare le perdite.[168] Nel 1398 la peste aveva diminuito ancora le guarnigioni di Corone e Modone, nelle quali erano stati arruolati molti greci per coprire i vuoti.[169] Il numero dei combattenti era un problema serio, tanto che nel 1385 Venezia aveva accordato a Manuele Paleologo i rifornimenti in corazze e armi, ma aveva negato i 70 balestrieri che il principe aveva richiesto, poiché non ne aveva abbastanza per le proprie galee. Allo stesso tempo non poteva inviare nessuna galea da Negroponte, poiché i legni erano già impegnati a difendere l'Eubea. Il comune veneto poteva al massimo proporre le sue buone relazioni con Murad per aiutare i bizantini.[170] In certe situazioni Venezia doveva ricorrere all'aiuto di condottieri stranieri per gestire la situazione oltremare. Nella ribellione cretese erano stati assoldati mercenari; anche nel 1390 era stato stretto un patto tra il comune e Amedeo VII di Savoia, che avrebbe trasportato le proprie truppe in Acaia per combattere ad Argo.[171]

Per il resto, la Romania era teatro di episodi violenti o ruberie, come mostra il microcosmo della spedizione genovese del 1383. I furti erano all'ordine del giorno, come nel caso del marinaio Duracino di Durazzo che era stato accusato di aver rubato la borsa di Nicola Bassora, abitante di Corone, con dentro 3 ducati d'oro.[172] Spesso a subire i danni erano gli abitanti dei porti toccati dalle galee e i consiglieri di Famagosta avevano ordinato di restituire i beni prelevati ai cittadini.[173] Nel 1395 il duca veneziano di Cefalonia aveva invece querelato il concittadino Nicolò Venier, patrono di una galea, che al passaggio dall'isola aveva rubato animali e rapito alcuni villani.[174] A Creta erano comunque

166 Ivi, p. 83, doc. 304. Venezia, 27 agosto 1356.

167 Il senato ordinava di riportare i soldati a quella cifra. Ivi, p. 88, doc. 326. Venezia, 21 aprile 1358.

168 Nel febbraio 1362 erano stati reclutati 30 nuovi soldati per rinforzare Negroponte. Ivi, p. 100, doc. 385. Venezia, 9 febbraio 1362. Un anno dopo, il castellano di Modone chiedeva l'autorizzazione per il reclutamento di 25 soldati per rimpolpare i ranghi. Ivi, p. 104, doc. 399. Venezia, 11 febbraio 1363.

169 Il senato veneto aveva dunque inviato rispettivamente 20 e 50 soldati, mentre greci e invalidi dovevano essere congedati. Ivi, p. 220, doc. 945. Venezia, 2 agosto 1398.

170 Ivi, p. 168, doc. 693. Venezia, 18 aprile 1385.

171 Gli uomini di Amedeo VII consistevano in 300 cavalieri e 600 fanti. Ivi, p. 187, doc. 779. Venezia, 20–24 settembre 1390.

172 ASGe, *Notai antichi* 381, f. 143v. Corone, 10 luglio 1383. Edito in BALARD / BALLETTO / SCHABEL, Gênes et l'Outre-mer, p. 248, doc. 9.

173 ASGe, *Notai antichi* 381, f. 147r. Famagosta, 5 agosto 1383. Edito in BALARD / BALLETTO / SCHABEL, Gênes et l'Outre-mer, p. 261, doc. 37.

174 PREDELLI, I libri commemoriali, vol. 3, p. 226, n. 417. Cefalonia, 30 aprile 1395.

frequenti le risse tra gli abitanti e gli “stipendiarii” del comune.[175] Chi era vittima di un naufragio vedeva le proprie sciagure raddoppiate: nel panorama levantino lo *ius naufragii* era una pratica ancora adoperata e i naufraghi sopravvissuti erano spesso depredati dalle popolazioni costiere, specie se di diversa appartenenza religiosa.[176]

Spesso la situazione era fuori controllo e lo scavo documentario mostra l’endemicità di scontri che caratterizzavano l’area della frontiera. A volte i piccoli signori feudali, latini o greci, potevano imprigionare ufficiali o cittadini delle due città italiane.[177] Un esempio indicativo delle tensioni nella zona di confine è il clima di belligeranza più o meno latente tra i Tocco, dinastia italiana che nel Trecento dominava Cefalonia prima della dedizione veneziana, e gli Spata, famiglia albanese che governava il despotato d’Epiro. I Tocco dovevano difendere l’isola greca dalle incursioni dei turchi, chiamati dagli Spata. Carlo Tocco, assunto il potere, aveva ricambiato gli assalti con una politica aggressiva verso gli Spata, condotta tramite raid via mare tra Leucade, Vodizza e la costa epirota.[178] Venezia nel 1390 affermava di non voler schierarsi nel conflitto, mentre la guerra tra i Tocco signori del mare e gli Spata signori della terraferma perdurava per tutta la seconda metà del XIV secolo.[179] Il problema principale era che i perdenti si sarebbero gettati nelle braccia degli ottomani pur di avere vendetta.[180] Dinanzi all’avanzata turca e alla miopia dei principati latini, molte

175 THIRIET, Régestes de déliberations du Sénat, vol. 1, p. 141, doc. 571. Venezia, 14 febbraio 1376.

176 Nel 1362 la nave cretese di Nicolò Mazamurdi aveva fatto naufragio nei pressi di Karapathos. I beni e il carico erano dunque stati depredati dagli abitanti turchi del litorale, al che diversi mercanti veneziani porsero le proprie lamentele all’emiro di Teologo, signore di quel territorio. THIRIET, Délibérations des assemblées Vénitiennes, vol. 1, p. 252, doc. 685. Venezia, 29 maggio 1362. Sullo *ius naufragii* e sulla concezione giuridica del naufragio nel corso del Medioevo: Domenico SCHIAPPOLI, *Il ius naufragii secondo il diritto della Chiesa*, Roma 1938; Rose MELIKAN, Shippers, salvors, and sovereigns: Cempeting interests in the medieval law of Shipwreck, in: *The Journal of Legal History* 11/2 (1990), pp. 166–178; Gianfranco PURPURA, Ius naufragii, sylai e lex Rhodia. Genesi delle consuetudini marittime e mediterranee, in: *Annali dell’Università di Palermo* 47 (2002), pp. 275–292; Cecilia SEVERONI, Il soccorso marittimo dalle origini all’età moderna, in: *Tradizione giuridico marittima del Mediterraneo tra storia e attualità*, ed. Paolo ALBERINI / Salvatore CORRIERI / Giuliano MANZARI, Roma 2006, pp. 393–470.

177 Così nel 1350, quando don Pedro, signore di Solone, aveva catturato il veneziano Cristoforo de Medio. Compito del capitano del Golfo, insieme a quello di cacciare i pirati turchi, era di liberare Cristoforo. Ivi, p. 69, doc. 238. Venezia, 14 marzo 1350.

178 Il trono albanese era inoltre conteso dai due fratelli Gjin e Sguros, complicando ulteriormente la situazione. *Cronaca dei Tocco di Cefalonia di anonimo*, ed. Giuseppe SCHIRÒ, Roma 1975, pp. 31–32.

179 Ivi, p. 33.

180 *Ibidem*.

comunità greche della zona preferivano sottomettersi a Venezia.[181] Spesso il leone di San Marco non riusciva a sobbarcarsi gli oneri della difesa di tutti coloro che gli si offrivano e nel 1397 aveva rifiutato la sottomissione di Corinto, che gli si stava offrendo liberamente, perché non era in grado di difenderla dai turchi.[182] La frontiera orientale era anche teatro di vicende particolari e di ripensamenti sulla vita. Il genovese Antonio de Facio dimorava a Pera al tempo della guerra di Chioggia: quando le galee venete avevano attaccato la colonia, Antonio, temendo la morte o la cattura, aveva afferrato una balestra e aveva cominciato a bersagliare le galee nemiche, provocando la morte di alcuni uomini.[183] Profondamente turbato da ciò che aveva fatto, aveva abbandonato tutto e per otto anni aveva condotto una vita eremitica tra Gazaria e Romania "non ad pompam mundanorum seu ecclesiasticorum honorum sed pro tue anime consolatione".[184] Papa Urbano VI concedeva l'assoluzione al penitente e gli permetteva l'accesso agli ordini sacri.[185]

I ripensamenti potevano essere legati all'appartenenza religiosa, come indicano i rinnegati, fenomeno iconico di ogni società di frontiera che ha attirato

---

181 Gli abitanti di Lepanto, per esempio, disperati per l'avanzata ottomana nei Balcani, si donarono a Venezia nel 1394. THIRIET, Régestes de déliberations du Sénat, vol. 1, p. 203, doc. 859. Venezia, 24 luglio 1394.

182 Ivi, p. 218, doc. 933. Venezia, 29 aprile 1397.

183 "Tu in terra de Peyra ianuensis diocesis que per dictum commune Ianuense tenetur tunc existens, per dilectos filios universitatis ipsius terre etiam per captionem persone tue ad capiendum arma et quasdam galeas dictorum communis Ianuensis tunc ibi existentes intrandum fuisti compulsus; et cum nonnulli ex prefatis communis Veneciarum cum certis eorum galeis huiusmodi galeas ipsius communis Ianuensis hostiliter invasissent, tu timens mortem et captionem, non insultando sed fugiendo, pro tui et patrie tue defensione et liberatione certa tela cum quadam balista versus dictas galeas ipsius communis Veneciarum iactavisti, et hinc inde per gentes in eisdem galeis existentes multa alia tela iactata fuerunt ex quibus nonnulli homines expirarunt". Luigi Tommaso BELGRANO, Prima serie di documenti riguardanti la colonia di Pera, in: *Atti della Società ligure di Storia Patria* 13 (1877), pp. 97–336, qui pp. 144–145, doc. 28. Portovenere, 19 dicembre 1386.

184 *Ibidem*.

185 "Cum autem sicut eadem petitio subiungebat tu qui ut asseris in partibus Gazarie et alta Romania per octo annos vel circa vitam heremiticam et pauperem duxisti, non ad pompam mundanorum seu ecclesiasticorum honorum sed pro tue anime consolatione ascribi desideras milicie clericali et ad sacros ordines perveniri pro parte tua fuit nobis humiliter supplicatum ut, cum ex hoc propter noticias in dictis partibus Gazarie christianos partium ipsarum in melius fovere et multos paganos ad fidem reducere speres providere, tibi super hoc de oportune dispensacionis gratia dignaremur. Nos igitur volentes te premissorum meritorum tuorum intuitu favoribus prosequi gratiosis, huiusmodi supplicationibus inclinati tecum, si de interfectione cuiuspiam te conscientia non demordet ut premittis, et quibuscumque constitutionibus apostolicis contrariis nequaquam obstantibus, ad omnes etiam sacros ordines statutis a iure temporibus promoveri et in eis ministrare libere et licite valeas auctoritate apostolica tenore presentium dispensamus". *Ibidem*.

l'attenzione degli studiosi. Spesso nel Medioevo mediterraneo o iberico un ente politico trovava conveniente divenire un alleato temporaneo di potentati infedeli contro i propri correligionari, recando con sé accuse di tradimento. Si trattava però di necessità temporanee, differenti dal cambio di fronte.[186] Il rinnegamento comprendeva invece scelte personali nell'assunzione di una nuova identità, pur con molteplici sfumature, volontarie o meno, che andavano dall'ipocrisia privata fino al pubblico rinnegamento simbolico. Le attrazioni, reali o immaginarie, verso mondi esotici spingevano al cambiamento. La situazione era ambigua e anche il mercenario poteva combattere contro il proprio popolo o i propri correligionari. Il rinnegamento medievale non era per forza legato alla conversione, a differenza dell'Età Moderna. Non è comunque facile individuare i rinnegati a causa del pudore delle fonti e proprio perché slegati da ogni dinamica celebrativa di sé stessi. Vi sono comunque testimonianze di rinnegati da ambo le direzioni nell'*Outremer* crociato del XII e XIII secolo.[187] La frontiera levantina era un rifugio per i rinnegati, sebbene coloro che cambiavano schieramento potessero incrinare equilibri fragili. A Caffa i convertiti dall'Islam e lì rifugiati erano stati più volte rispediti al luogo di provenienza. I governatori genovesi non intendevano far diventare la colonia sul Mar Nero un per i rinnegati musulmani e così incrinare i rapporti con i khan tartari.[188] Nel XIV secolo l'opportunismo economico risultava talmente spinto in alcuni casi da rasentare il tradimento della Cristianità. Segurano Salvago, mercante genovese operante nei primi decenni del Trecento, costituisce un caso emblematico.[189] Segurano era un trafficante di schiavi che riforniva i mamelucchi, al punto da diventare amico personale del sultano e sfidare l'embargo papale nel commercio di beni proibiti. Probabilmente a Genova vi erano persone che pensavano che Salvago si fosse spinto troppo oltre nella sua condotta spregiudicata, guadagnandosi la condanna delle autorità ecclesiastiche. Tuttavia, Segurano non si era mai convertito all'Islam e non era divenuto un apostata.[190] Era dunque un rinnegato, o solo un opportunista senza scrupoli?

186 EPSTEIN, Purity lost, p. 137.

187 Ivi, pp. 153–159.

188 Ivi, p. 169.

189 Benjamin Z. KEDAR, Segurano-Sakran Salvaygo: un mercante genovese al servizio dei sultani mamalucchi, c. 1303–1322, in: *Fatti e idee di storia economica nei secoli XII–XX. Studi dedicati a Franco Borlandi*, ed. Carlo M. CIPOLLA / Roberto Sabatino LOPEZ, Bologna 1977, pp. 75–91.

190 Segurano Salvago fu ucciso nel 1322–1323 dal khan mongolo durante un periodo di ostilità con i mamelucchi che stava servendo. Si trattava di un doveroso contrappasso, o della mano della giustizia divina, agli occhi dei contemporanei. EPSTEIN, Purity lost, pp. 160–166.

Anche la seconda metà del secolo aveva conosciuto personaggi dalla lealtà ambigua. Pietro Maria di Savona era un armatore ligure che nell'ultimo decennio del Trecento aveva combattuto "in Turchia ad stipendium prefati Baxite et aliorum dominorum Turchie"[191], militando sotto il sultano contro i cristiani, "de Peyra et alios subditos Comunis Ianue offenderit realiter et personaliter, eos captivando, derubando, occidendo et quecumque damna inferendo".[192] Sembra tuttavia che Pietro, licenziatosi da Bayezid, abbia fatto penitenza e aiutato i nobili francesi prigionieri dopo Nicopoli. Si era messo al servizio del conte di Nevers, accompagnandolo dopo la liberazione fino in Francia.[193] Non è possibile giudicare la sincerità del patrono: grazie all'intercessione del cadetto borgognone e del re di Francia, Pietro era stato assolto dai suoi trascorsi al servizio dei musulmani. Il comune di Genova era di fatto costretto a concedere la grazia; tuttavia, il governo cittadino aveva alcune reticenze e Pietro Maria non poteva più recarsi nel Levante senza la sua autorizzazione. Anche i centri marittimi sembrano poco scandalizzati dall'uso di infedeli per i propri scopi. Nel 1365, durante la rivolta cretese, per schiacciare velocemente le ultime sacche di ribelli il governo veneto ordinava di ingaggiare 5.000 soldati turchi, di cui 1.000 immediatamente.[194] Poco più di un mese dopo, conosciamo la loro effettiva presenza sull'isola agli ordini di Venezia.[195] Anche un consiglio di guerra svolto a Famagosta nel 1383 tra i principali ufficiali della flotta genovese, per discutere sulla conduzione della campagna militare a Cipro, aveva visto la proposta di ingaggiare mercenari turchi nell'emirato di Karaman.[196] L'opzione aveva trovato ampio consenso tra i comandanti, indicando la non estraneità all'impiego di infedeli contro altri cristiani latini. Solo con una maggior definizione degli organismi statuali sarebbe divenuto più semplice distinguere il rinnegato dal soldato di ventura.

Riferendosi ai documenti, il tardo Medioevo sembra conoscere una minore tendenza al rinnegamento in ambito religioso rispetto all'Epoca Moderna, che

191 Belgrano, Prima serie di documenti riguardanti la colonia di Pera, pp. 179–180, doc. 44. Genova, 14 aprile 1399.

192 *Ibidem.*

193 "Multa grata servicia intulit illustri principi domino Duci Nivernensi aliisque pluribus proceribus et magnatibus galicis in partibus Turchie se reperientibus, et demum cum eis ad partes Galie se transduxit". *Ibidem.*

194 Thiriet, Délibérations des assemblées Vénitiennes, vol. 2, p. 33, doc. 776. Venezia, 24 maggio 1365.

195 Ivi, vol. 2, p. 34, doc. 781. Venezia, 3 luglio 1365.

196 Il verbale del consiglio, a cui parteciparono 66 comandanti genovesi, si trova in: ASGe, *Notai antichi* 381, f. 148r-150r. Famagosta, 1° agosto 1383. Edito in Stefania Mangiante, Un consiglio di guerra dei genovesi a Cipro nel 1383, in: *Atti della Società Ligure di Storia Patria, n.s.* 3/2 (1963), pp. 253–262.

avrebbe conosciuto un fenomeno di ampie dimensioni. L'apostasia sembra un atteggiamento abbastanza distante dal pensiero medievale. L'attrazione per l'alterità era evidente in molti casi, ma il disconoscimento della propria identità religiosa era abbastanza raro. Certo, in un resoconto veneziano del 1392 sulle trattative in Barberia, era citato Mulai Zaccaria, fratello del re di Tunisi dall'innegabile cognome genovese: si trattava di un errore di trascrizione di un nome arabo, o di un rinnegato ligure che era entrato a far parte della corte reale?[197] Nel 1367 alcuni ambasciatori ciprioti al Cairo avevano incontrato un rinnegato genovese che si faceva chiamare Nasir ad-Din, mentre nel 1384 uno dei principali interpreti del sultano d'Egitto era un veneziano divenuto musulmano.[198] Si tratta tuttavia di casi incerti e singolari, quasi nulla in confronto alla vasta folla di rinnegati della prima Età Moderna. Pochi dei latini al servizio degli ottomani nel Trecento si erano convertiti all'Islam, mentre al contrario nessuno dei corsari europei al servizio degli ottomani nel Cinquecento era rimasto cristiano. La frontiera nei secoli era cambiata, così come la presenza di rinnegati, prodotto del mondo di confine che era anche divenuto la loro casa.

5.2.2 *Cristiani e musulmani, un conflitto endemico?*

La conflittualità non era in contraddizione ma bensì affiancata a diverse forme di convivenza, contatti commerciali e interscambi culturali. L'endemicità degli scontri appare più evidente seguendo una linea di demarcazione religiosa che aveva segnato il Mediterraneo fin dalla prima apparizione dell'Islam sulle sue rive. Tra cristiani e musulmani vi era un conflitto endemico, seppur segnato da numerose paci e tregue? Il paradigma del *clash of civilization* è tanto riduttivo della complessità delle relazioni cristiano-musulmane, quanto la propensione a guardare ai conflitti come se una tensione marcata dall'elemento religioso non esistesse.[199] Questi due poli sono facce di una stessa medaglia storiografica che non intende guardare l'insieme di sfaccettature. Per il Trecento cristiani e musulmani sono spesso stati trattati in quanto partner commerciali, con momenti di scontro causati da attriti meramente politico-economici. Effettivamente, la mole dei traffici tra i due universi era notevole, i centri

---

197 Nel documento è citato il segretario di "Mulle Zacharie", che dialogò con l'ambasciatore Iacopo Vallaresso rispetto al rilascio dei prigionieri. Louis De Mas Latrie, *Traités de paix et de commerce et document divers concernant les relations des Chrétiens avec les Arabes de l'Afrique septentrionale au Moyen Âge*, vol. 2, Paris 1866, p. 239. Tunisi, 5 luglio 1392.

198 Kedar, Mercanti in crisi, pp. 198–199.

199 Per un affondo sul problema: Emanuel Buttigieg, 'Clash of Civilizations', Crusades, Knights and Ottomans: an Analysis of Christian-Muslim Interaction in the Mediterranean, in: *Religion and Power in Europe: Conflict and Convergence*, ed. Joachim Carvalho, Pisa 2007, pp. 203–219.

marittimi preferivano la pace alla guerra con gli infedeli e la loro prosperità transitava dalle città musulmane. Sarebbe dunque ingenuo porre l'elemento religioso come principale causa della lotta; tuttavia si può affermare che esso fosse assente? Esisteva una propensione allo scontro con l'Altro, che nel mondo medievale era inevitabilmente un Altro dal punto di vista della fede? Pur senza trattarsi di scontro di civiltà, la dimensione religiosa era un fattore che alimentava la lotta tra due universi che, pur ampiamente compenetrati, seguitavano a rimanere diversi e, spesso, nemici. Il conflitto era una componente fondamentale dell'elaborazione politica anche nel mondo cittadino, come hanno segnalato diversi studi.[200] Vi era una componente culturale nella propensione alla violenza all'interno della società medievale; il conflitto stesso non pare semplicemente un elemento alieno e destabilizzante dell'ordine costituito, ma una struttura portante delle relazioni ordinarie tra uomini, famiglie ed enti. Il dato religioso in questo senso è stato scarsamente considerato, se non inserendolo appunto in un'ottica di *clash of civilization*. La componente religiosa del conflitto risalta proprio nel contesto mediterraneo, dove si confrontavano macro-mondi di fedi differenti. Una traslazione storiografica della concezione del conflitto strutturale anche nel contesto euro-mediterraneo non può prescindere dalla contrapposizione religiosa, che tendeva a esasperare – se non

---

200 Andrea Zorzi ha indicato come il conflitto potesse assumere valore costituzionale di una società, ricordando che "la società comunale fu, in realtà, una società del conflitto per eccellenza". Andrea ZORZI, Conflitto e costituzione nell'Italia comunale, in: *From Florence to the Mediterranean and beyond. Essays in honour of Anthony Molho*, Firenze 2009, pp. 321–342, qui pp. 321–322, 330. Fino ai tempi recenti ha prevalso una valutazione negativa delle pratiche conflitto, della vendetta e della pacificazione, che era dovuta all'irrequietezza dell'aristocrazia e destabilizzava il sistema comunale. Il comune, dunque, secondo la narrazione classica, avrebbe semplicemente provveduto a disciplinare la violenza, soprattutto per opera dei ceti che traevano maggiori benefici dalla produzione commercio e che dunque cercavano l'ordine pubblico. Questa visione presuppone un impianto teleologico di monopolio statale della violenza, per cui la pratica della vendetta e del conflitto privato erano una dimensione antisociale e antistatale. Le critiche a tale visione sono sintetizzate nel contributo di Zorzi. Il conflitto appare piuttosto come una relazione sociale di tipo ordinario, secondo una consapevolezza emersa anche nella storiografia italiana degli ultimi anni. Sulle stesse tematiche: Jean-Claude MAIRE VIGUEUR, *Cavaliers et citoyens. Guerre, conflits et société dans l'Italie communale, XIIe–XIIIe siècles*, Paris 2003; Andrea ZORZI, "Fracta est civitas magna in tres Partes". Conflitto e costituzione nell'Italia comunale, in: *Scienza e Politica* 39 (2008), pp. 61–87; IDEM (Ed.), *Conflitti, paci e vendette nell'Italia comunale*, Firenze 2009. È stato riconosciuto uno sfondo conflittuale del Medioevo, tradizionalmente osservato in chiave di scontro a livello sociale dagli storici marxisti e a livello politico dagli storici non marxisti. Dominique BARTHÉLEMY, *Chevaliers et miracles. La violence et le sacré dans la société féodale*, Paris 2004. Sulla conflittualità nella dimensione politica: Gianfranco MIGLIO (Ed.), *Amicus (inimicus) hostis. Le radici concettuali della conflittualità 'privata' e della conflittualità 'politica'*, Milano 1992.

causare – la lotta. Sembra dunque centrale un'analisi delle tensioni carsiche e del conflitto latente, sempre in grado di riesplodere, tra cristiani e musulmani.

Nella seconda metà del Trecento la necessità di creare un fronte comune dinanzi alla minaccia musulmana aveva generato le uniche occasioni in cui Genova e Venezia avevano intavolato trattative per un'alleanza. In nessun altro caso le due città marinare erano state in grado di collaborare durante il XIV secolo, se non contro potentati islamici. Al rifornimento della Smirne crociata contribuivano entrambi i comuni e il comandante del presidio, il genovese Pietro Recanelli, per resistere alle minacce turche riceveva approvvigionamenti dai legni veneti.[201] Nel 1362 il senato veneziano aveva presentato un progetto di alleanza a Genova e ai bizantini in funzione antiottomana.[202] Il progetto prevedeva l'allestimento di una flotta formata da 2 galee veneziane, altrettante genovesi e 4 bizantine, in risposta alla domanda di soccorso di Giovanni V Paleologo. La flotta, di dimensioni contenute ma evidentemente sufficienti, avrebbe dovuto sorvegliare il Bosforo e il Mar di Marmara per impedire al naviglio turco l'attraversamento degli Stretti. Le galee avrebbero dovuto difendere la capitale bizantina, permettere la libera navigazione cristiana e impedire l'espansione turca[203]. L'alleanza era naufragata ancor prima di nascere a causa delle condizioni poste dagli stessi veneziani, che chiedevano il possesso dell'isola di Tenedo come condizione imprescindibile per la propria partecipazione. Le cattive relazioni veneto-genovesi e la rivolta di Creta erano state la pietra tombale sulla proposta di lega, che tuttavia mostra la disponibilità a larghe intese cristiane. La collaborazione coinvolgeva autorità pubbliche e privati, come mostrano sia la crociata di Alessandria del 1365 che la spedizione di Amedeo VI di Savoia, nelle cui flotte partecipavano legni genovesi e veneziani.

201 Sulla figura di Pietro Recanelli: Simone LOMBARDO, La croce, il mastice e la figlia del Doge. Il mondo di Pietro Recanelli, mercante genovese, maonese di Chio e crociato del Trecento, in: *Nuova Rivista Storica* 105 (2021), pp. 613–642.

202 Freddy THIRIET, Una proposta di lega antiturca tra Venezia, Genova e Bisanzio nel 1362, in: *Archivio Storico Italiano* 113 (1955), pp. 321–334.

203 Il comando sarebbe stato alternato di giorno in giorno tra un capitano genovese e uno veneziano, salvo l'intervento del *basileus* che avrebbe potuto richiedere il comando assoluto. Inoltre, in caso di necessità nei termini della proposta era prevista la mobilitazione di altre 2 galee veneziane e 2 genovesi. Al *basileus* sarebbero spettate le eventuali terre recuperate, che erano state perse dai bizantini a causa dei turchi negli ultimi 25 anni, mentre tutte le altre sarebbero state divise tra gli alleati. Si invitavano a partecipare tutti i potentati cristiani della zona, cattolici o ortodossi: Trebisonda, il regno di Cipro, lo zar di Bulgaria e gli ospitalieri di Rodi. Ivi, pp. 323–324.

Gli armatori del conte sabaudo erano 10 patroni veneti e 11 genovesi, che navigavano fianco a fianco.[204]

Nel corso della guerra contro i mamelucchi le due città mercantili avevano adottato politiche comuni e nel 1369, esasperate dall'insicurezza e schizofrenia della corte sultaniale, avevano scelto la linea dura, intavolando le trattative per una lega marittima. Il patto, stipulato nel luglio 1369, aveva il benestare di papa Urbano V, che concedeva i tradizionali privilegi della crociata all'armata. L'alleanza veneto-genovese prevedeva l'allestimento di una squadra di 2 galee per ciascun comune, che avrebbero dovuto operare un blocco navale ai porti egiziani.[205] La lega aveva avuto solo un effetto deterrente ma aveva raggiunto il suo scopo.[206] Solo un quindicennio prima le due marine si erano combattute lungo tutto il Mediterraneo, meno un decennio dopo si sarebbero confrontate in un'altra guerra. L'unica possibilità di collaborazione era quella che le opponeva al mondo musulmano in Oriente, sia turco che mamelucco. Ancora nel 1371 il doge di Genova si era fatto promotore di un'alleanza per fronteggiare i turchi, pur con scarsi risvolti pratici.[207] La possibilità di collaborazione tra le due città marittime italiane era legata più in generale a imprese contro l'universo musulmano. Nel 1388 Genova aveva imbastito una spedizione navale verso la Barberia, invitando Pisa, Napoli, Lucca, Firenze, Siena e soprattutto Venezia a partecipare all'armata.[208] Venezia aveva deciso di aderire con 5 galee, che si sarebbero incontrate a maggio presso Trapani con gli alleati. Per rassicurare i veneti, le lettere genovesi asserivano che il sultano d'Egitto aveva assicurato di astenersi da rappresaglie contro i mercanti dei due comuni a seguito dell'attacco militare in Barberia.[209] Nell'Egeo gli anni Novanta del Trecento, di fronte all'avanzata ottomana, erano stati vissuti nel segno della collaborazione tra veneziani e genovesi. Alla fine del secolo era evidente la necessità di

---

204 I loro nomi possono essere ricavati dal rendiconto della spedizione: Bollati Di Saint-Pierre, Illustrazioni della spedizione in Oriente di Amedeo VI. Anche: Setton, The Papacy and the Levant, vol. 1, pp. 296–297.

205 Predelli, I libri commemoriali, vol. 3, pp. 82–83, n. 506. Genova, 2 luglio 1369. Ivi, p. 83, n. 509. Montefiascone, 26 luglio 1369.

206 Del medesimo parere: Housley, The Avignon Papacy and the Crusades, pp. 212–213.

207 AAV, *Registra Vaticana* 263, f. 89r. Avignone, 1° agosto 1371. In Lettres secrètes et curiales du pape Grégoire XI (1370–1378) relatives à la France, vol. 1, p. 122, doc. 334.

208 Genova aveva già allestito una flotta di 10 galee. Predelli, I libri commemoriali, vol. 3, p. 190, n. 275. Genova, 22 gennaio 1388.

209 Ivi, p. 190, n. 278. Genova, 2 marzo 1388. Le galee genovesi ebbero comunque continui ritardi: dovevano partire dal porto della capitale il 1° maggio, poi spostarono la partenza al 15 maggio e poi ancora al 20 o 25 del mese; i veneziani invece erano riusciti a mettere in mare la squadra entro l'8 maggio, come previsto. Ivi, pp. 190–191, n. 281, 282, 283. Genova, 1° aprile-6 maggio 1388.

formare una barriera comune contro il sultano Bayezid, che rischiava di fagocitare l'intero sistema di equilibri della Romania, spazzando la presenza bizantina e latina. Gran parte dei documenti mostra i tentativi di coordinamento tra le forze navali genovesi e le squadre veneziane. Dopo Nicopoli e il pericolo della caduta di Bisanzio, la collaborazione tra genovesi e veneti era un'opzione obbligata.[210]

I domini veneziani nel Levante vivevano rapporti controversi con gli emirati turchi d'Anatolia, prima dell'avvento ottomano. L'emiro Hizir, signore turco di Aydin nel 1348–1360, aveva continuato la tradizione paterna degli emiri-pirati e organizzava razzie contro i territori veneziani dell'Egeo, come Santorini, Karpathos e Creta.[211] Teologo e Palatia erano nondimeno piazze commerciali importanti nella tratta di schiavi, allume e grano, e il governo cretese aveva interesse a mantenere relazioni pacifiche con i turchi, anche perché l'isola era la prima a subire rappresaglie in caso di scontro.[212] Nelle clausole delle negoziazioni del 1348 era richiesto il disarmo della flotta corsara e la repressione della pirateria turca da parte dell'emiro, tuttavia le ostilità tra Venezia e Aydin erano riprese nel 1350.[213] Quell'anno i cretesi avevano inviato rinforzi a Smirne e Hizir minacciava di invasione la zona orientale di Creta; le autorità veneziane avevano fortificato Sitia mentre circa 200 turchi erano sbarcati nel maggio devastando i raccolti.[214] Durante la guerra veneto-genovese Hizir aveva favorito questi ultimi. Concluse le ostilità con i liguri, le autorità veneziane erano tornate a confrontarsi con l'emiro turco, pregandogli di restituire un "grippum" cretese sequestrato e detenuto a Palatia, oltre a intimare a Hizir di fermare

---

210 Quanto qui dichiarato sarà sviluppato successivamente; si rimanda intanto a SETTON, The Papacy and the Levant, vol. 1, pp. 357–373.

211 Su Umur, predecessore dell'emiro Hizir e principale antagonista delle crociate di Smirne, causate anche dalla sua attività piratesca: LEMERLE, L'émirat d'Aydin, Byzance et l'Occident. Più in generale, per le origini degli emirati turchi marittimi in Anatolia: Halil INALCIK, The Rise of the Turcoman Maritime Principalities in Anatolia, Byzantium, and the Crusades, in: *Byzantinische Forschungen* 9 (1985), pp. 179–218.

212 Sulle relazioni tra Venezia e gli emirati costieri di Aydin e Menteshe nel XIV secolo: ZACHARIADOU, Trade and crusade.

213 Freddy THIRIET, Les relations entre Crète et les Émirats Turcs d'Asie Mineure au XIVe siècle (vers 1348–1360), in: IDEM, *Etudes sur la romanie greco-vénitienne (X^e^–XVe siècle)*, London 1977, pp. 213–221, qui pp. 216–217.

214 Il 28 giugno 1350 i feudatari candioti avevano ricevuto notizia di una flotta di 26 legni turchi che da Teologo era diretta a Creta, minacciando un secondo sbarco. THIRIET, Délibérations des assemblées Vénitiennes, vol. 1, p. 222, doc. 577. Candia, 26–28 giugno 1350. Non abbiamo notizie certe, tuttavia, sull'effettiva entità di questo secondo sbarco, né se fosse effettivamente avvenuto o meno.

il conio di ducati veneziani falsi.[215] Il Gran Consiglio di Creta aveva sospeso ogni relazione commerciale con Aydin, che nel 1358 aveva ceduto restituendo 11 prigionieri veneziani utilizzati come galeotti. La pace era stata conclusa il 21 settembre 1358: l'emiro si impegnava a punire i pirati e permetteva l'installazione di un console veneto a Teologo.[216] L'area marittima compresa tra Creta e l'Anatolia rimaneva però uno spazio inquieto e nel 1359 il governo di Candia protestava per il furto di beni a cittadini veneziani e per la morte di un cretese a causa dei maltrattamenti dei turchi.[217] La guerra di corsa si sarebbe mantenuta endemica; i rapporti tra i turchi di Aydin e Venezia erano scossi da perturbazioni costanti. Nel 1357, nell'ambito della difesa di Smirne, era stato concluso un patto tra Venezia, Cipro e gli ospitalieri, per lo stanziamento di 6 galee in Romania per combattere contro i turchi. L'alleanza sarebbe durata cinque anni, in cui si sarebbero condotte le operazioni belliche.[218] Sembra di poter riconoscere un primo livello diplomatico, fatto di relazioni ufficiali con gli emiri musulmani della zona, e un secondo, informale, fatto di guerriglia marittima contro i turchi nelle zone costiere.

Anche i genovesi di Chio, nella stessa zona, avevano problemi frequenti con l'emirato. Nel 1364 la Maona dell'isola nominava Bartolomeo Longo e Raffaele Giustiniani quali procuratori per trattare trilateralmente con l'emiro Isa, successore di Hizir, e con Giovanni Kalothetos, ex signore bizantino di Focea Vecchia, al fine di "pacta faciendum et pacem".[219] La guerra di corsa era una costante nella frontiera egea, come testimonia la mole di documenti. L'emiro Isa, successore di Hizir, non sembrava aver adottato un atteggiamento diverso dai suoi predecessori: sebbene nel 1360 avesse fatto arrestare tre *rais* che avevano depredato una barca veneziana di Corone[220], l'anno seguente le autorità coloniali osservavano che l'emiro osservava la pace con i veneziani di Creta, ma non con gli altri veneziani di Romania. I suoi sudditi avevano attaccato navi venete di Corone e di Andros, depredandole e vendendo i prigionieri come

215 Ancora nel 1358 si segnalano i timori per una nuova possibilità di sbarco dei turchi a Creta. Ivi, vol. 1, p. 239, doc. 639. Candia, 13 marzo 1358.

216 Il "grippum", tipo di naviglio, al centro della contesa apparteneva al cretese Leone Marmara. THIRIET, Les relations entre Crète et les Émirats Turcs, pp. 218–219.

217 THIRIET, Délibérations des assemblées Vénitiennes, vol. 1, p. 242, doc. 648. Candia, 9 febbraio 1359.

218 Le forze si sarebbero dovute radunare a Smirne. THOMAS / PREDELLI, Diplomatarium veneto-levantinum, vol. 2, pp. 35–37, doc. 19. Venezia, 20 marzo 1357.

219 BALLETTO, Notai genovesi in Oltremare. Atti rogati a Chio, pp. 244–246, doc. 10. Chio, 8 ottobre 1364.

220 THIRIET, Délibérations des assemblées Vénitiennes, vol. 1, p. 247, doc. 665. Venezia, 26 maggio 1360.

schiavi.[221] Nel settembre 1361 i veneziani protestavano con l'emiro di Aydin perché punisse coloro che avevano ucciso gli equipaggi delle navi di Corone, anche nel caso di *rais* indipendenti.[222] Nel 1368 un emissario veneziano era inviato a Teologo per una serie di reclami all'emiro, tra cui la liberazione dei veneti imprigionati.[223] Nel 1376 il duca di Creta doveva inviare un nuovo ambasciatore per reclamare una nave veneziana catturata dai turchi.[224] Anche i cristiani, in particolare genovesi, attuavano lo stesso tipo di razzie marittime e Chio era divenuta un centro della guerra di corsa. Nel 1360 i genovesi Nicolò de Oliverio, Iacopo Pinu de Coronata e Antonio de Coronata si erano messi in società per riparare un naviglio turco che Nicolò aveva appena acquistato all'asta pubblica dal governatore Pietro Recanelli. Si trattava di un legno turco da 15 banchi di voga, catturato dai maonesi durante una scorreria sul mare.[225] La galeotta doveva essere in condizioni pessime dato il costo di solo 31 fiorini, meno del prezzo medio di una schiava, a riprova dello scarso valore attribuito alle imbarcazioni turche.[226]

Il tratto marittimo compreso tra Corone, Modone, Nauplia e l'Eubea era un fronte di battaglia. Le autorità veneziane si confrontavano quotidianamente con una serie di schermaglie che li opponevano sul mare principalmente ai turchi, indipendentemente dai trattati di pace siglati con gli emiri. I numerosi esempi sono indicativi. Nel febbraio 1350 i feudatari veneziani di Negroponte avevano domandato al senato l'autorizzazione per l'armamento di una flotta contro i turchi.[227] Nel 1352 il senato lagunare aveva assentito alla richiesta dei castellani di Modone e Corone, che intendevano creare una lega con i principati franchi della Grecia per combattere gli ottomani[228], mentre l'anno seguente,

---

221 Ivi, p. 250, doc. 675. Venezia, 4 luglio 1361.

222 Ivi, p. 251, doc. 679. Venezia, 13 settembre 1361.

223 Thiriet, Régestes de déliberations du Sénat, vol. 1, p. 115, doc. 451. Venezia, 2 marzo 1368.

224 Tra i prigionieri vi era anche il patrono, Marco Caldo di Negroponte. Ivi, p. 144, doc. 577. Venezia, 23 aprile 1376.

225 "hiis diebus captum fuit per istos de Syo et huc conductum". Documento edito in: Balletto, Notai genovesi in Oltremare. Atti rogati a Chio, pp. 165–167, doc. 36. Chio, 30 giugno 1360. La nave, probabilmente una piccola galeotta, era qualificata come: "lignum unum suum turcheschum bancorum XV cum omnibus apparatibus suis".

226 Gli altri due soci avevano dovuto sborsare ulteriori 62 fiorini per le riparazioni e le modifiche da apportare per rendere il legno da 18 banchi. *Ibidem*.

227 Thiriet, Régestes de déliberations du Sénat, vol. 1, p. 68, doc. 236. Venezia, 28 febbraio 1350. I governatori potevano usare i proventi dei dazi sul commercio per difendere l'isola. Ivi, p. 69, doc. 238. Venezia, 14 marzo 1350.

228 L'unione poteva dunque essere stretta in Grecia "cum Francigenis circavicinis". Il comune veneziano avrebbe fornito 2 galee e una nave da trasporto: il pagamento sarebbe stato a carico dei principati latini e della Chiesa per 2/3, e delle colonie di Corone e Modone per 1/3. Ivi, p. 73, doc. 256. Venezia, 24 luglio 1352.

nel corso della guerra con i genovesi, erano comunque armate a Candia 2 galee per la difesa di Negroponte dai turchi.[229] Nel 1356 il senato, dato che "infideles Turchi, qui sunt in maxima quantitate, non cessant dampnificare loca christianorum timentes propterea multitudinem ipsorum Turchorum"[230], si stava adoperando per formare una "unionem contra Turcos predictos", insieme al papato, al re di Cipro e agli ospitalieri. Alla fine del 1357 tuttavia il governo veneto era informato della disastrosa fine della galea di guardia a Negroponte, che era stata "insidiose capta cum omnibus hominibus a Turchis".[231] L'intera isola si trovava così in pericolo si ordinava a 2 galee cretesi di dirigersi immediatamente verso l'Eubea.[232] Nel 1369, viste le flottiglie turche che infestavano i mari, il senato ordinava al capitano del Golfo di dirigersi immediatamente a Negroponte per proteggerla.[233] Nella stessa primavera la galea di Negroponte aveva sostenuto diversi combattimenti.[234] Nel 1375 il duca di Naxos aveva chiesto una galea per difendere le proprie isole dai pirati turchi alle autorità veneziane di Creta, che gliene avevano venduta una non molto recente.[235] A Candia, l'anno seguente, bisognava decidere se armare o meno una flotta per combattere i turchi.[236] Alla conclusione della guerra di Chioggia, i veneziani nel 1381 avevano concesso a Maria d'Enghien una galea per difendere Nauplia e Argos dagli attacchi ottomani.[237]

Anche il fiorentino Neri I Acciaiuoli, signore di Corinto, nel 1383 sembrava avere il desiderio di combattere i turchi e intendeva armare una galea a sue spese, se i veneziani gliel'avessero fornita.[238] Lo stesso Neri Acciaiuoli con-

---

229 Ivi, p. 73, doc. 259. Venezia, 14 marzo 1353.

230 FEDALTO, La Chiesa latina in Oriente, vol. 3, p. 74, doc. 168. Venezia, 27 agosto 1356. Il senato sperava, con la grazia di Dio, di poter concludere questa unione, "et taliter quod dictis Turchis poterit uniamiter resisti et loca nostra ad honorem Dei poterunt viribus conservari".

231 Ivi, p. 81, doc. 178. Venezia, 28 dicembre 1357.

232 *Ibidem.*

233 "Quia occasione istorum novorum habitorum de lignis turchorum que armantur expedit, providere de securitate insule nostre Negropontis". MOZZATO, *Venezia – Senato. Deliberazioni miste, vol. 20*, p. 51, doc. 108. Venezia, 9 aprile 1369.

234 Una delibera specifica i proventi del bottino per i membri dell'equipaggio deceduti in combattimento, e la destinazione dei turchi catturati, che sarebbero divenuti proprietà del comune di Venezia. THIRIET, Délibérations des assemblées Vénitiennes, vol. 2, p. 42, doc. 809. Negroponte, 7 marzo 1369.

235 THIRIET, Régestes de déliberations du Sénat, vol. 1, p. 139, doc. 562. Venezia, 16 giugno 1375.

236 Ivi, p. 141, doc. 571. Venezia, 14 febbraio 1376.

237 Ivi, p. 150, doc. 609. Venezia, 14 novembre 1381.

238 Il senato aveva messo a disposizione di Neri una delle galee di Candia, che Neri avrebbe equipaggiato e che avrebbe dovuto aiutare la galea di Negroponte a combattere il naviglio

duceva tuttavia una politica ambigua, come mostrano le proteste veneziane contro l'assistenza che il signore fiorentino prestava ai legni turchi.[239] Nel 1388 il bailo di Negroponte scriveva addirittura ai sudditi di Neri di smetterla di aiutare i turchi sul mare e di combatterli come da accordi.[240] Negli anni 1380–1390 i feudatari di Creta potevano armare galee a proprie spese per combattere i turchi mentre, a causa degli attacchi ottomani, le barche non potevano più uscire dal porto di Nauplia senza la protezione di una galea.[241] Nel 1391 i rettori di Creta avevano ricevuto l'ordine di inviare 2 galee nell'Arcipelago per dare la caccia ai pirati turchi, nonostante il comune rimarcasse la propria neutralità ufficiale con il sultano.[242] Il confronto con il mondo ottomano si giocava anche a Costantinopoli: nel 1374 erano stati inviati nella capitale bizantina, su un legno veneziano, gli arcivescovi di Tebe e Patrasso, due maestri di teologia e due cavalieri ospitalieri per esortare il *basileus* Giovanni V a resistere agli ottomani.[243] La guerra di corsa infuriava tra gli Stretti, al punto che il veneziano Domenico Michiel, capitano della squadra del Golfo, era stato scagionato per i danni che aveva recato a una nave, di proprietà cristiana ma noleggiata ad alcuni turchi a Gallipoli.[244] Anche il Mar Nero, nonostante il monopolio cristiano della navigazione, poteva diventare un lago avverso: nel 1360 l'emiro turco di Sinope, sulla costa settentrionale dell'Anatolia, stava armando galee con intenzioni ostili. Il capitano del Golfo doveva dunque dirigersi a Costantinopoli con 4 galee e da lì coordinare la sua azione con i genovesi contro la minaccia musulmana.[245] La colonia ligure di Caffa era al centro di turbolenti conflitti con i khanati tartari della zona e durante la guerra del 1385–1387 con il signore di Solghat, il governo genovese aveva informato i veneziani che a causa degli scontri il Mar Nero non era sicuro.[246] Nel 1387 il senato della laguna

---

turco. Ivi, p. 156, doc. 639. Venezia, 20 febbraio 1383. Neri si era alleato con i catalani e Venezia per difendere la Grecia continentale dagli ottomani, ottenendo alcune vittorie e lettere di felicitazioni dalla laguna: il veneziano Giovanni Alberto, al rientro da Atene, nel 1385 annunciava una vittoria di Neri Acciaiuoli contro i turchi, ottenuta con la collaborazione delle forze di Negroponte. Il senato si felicitava con il fiorentino e lo spingeva a continuare la lotta comune. Ivi, p. 171, doc. 707. Venezia, 6 febbraio 1386.

239 Ivi, p. 170, doc. 700. Venezia, 7 luglio 1385.

240 Ivi, p. 179, doc. 741. Venezia, 23 luglio 1388.

241 Ivi, p. 165, doc. 682. Venezia, 15 ottobre 1384; ivi, p. 189, doc. 784. Venezia, 21 febbraio 1391.

242 Ivi, p. 189, doc. 786, 789. Venezia, 6 marzo, 20–22 maggio 1391.

243 Ivi, p. 132, doc. 533. Venezia, 4 aprile 1374.

244 I turchi trasportavano sulla nave cristiani bulgari (probabilmente schiavi) e merci ed erano diretti a Focea. PREDELLI, I libri commemoriali, vol. 3, p. 17, n. 80. Pera, 27 agosto 1363.

245 THIRIET, Régestes de déliberations du Sénat, vol. 1, p. 95, doc. 360. Venezia, 31 marzo 1360.

246 PREDELLI, I libri commemoriali, vol. 3, p. 188, n. 264. Genova, 18 giugno 1387.

inviava lettere al console veneto di Tana per comunicargli la proibizione di portare saraceni e tartari sui legni veneziani se si dirigevano verso i paesi turchi.[247]

Lo scontro sembrava rivolto principalmente ai turchi e i primi attori – forse anche a causa della documentazione più esplicita – sembrano essere stati i veneziani del Levante. L'analisi dei rapporti tra i veneziani e gli ottomani ha spinto gli studiosi su posizioni storiografiche contrastanti. La pirateria turca danneggiava il mondo veneto e non risparmiava il naviglio ligure, su cui possediamo meno informazioni, data la minor centralizzazione statuale che ha un riflesso nella documentazione, dispersa o mancante. I corsari genovesi e catalani compivano tipologie di danni diverse nei confronti dei veneziani, poiché attaccavano il naviglio mercantile ma non compivano incursioni sulle coste o colpivano le popolazioni costiere.[248] I sudditi greci di Venezia temevano i turchi, non i genovesi o gli aragonesi. Il senato della laguna non era in perenne conflitto con il sultano, ma i cristiani di Romania si confrontavano più o meno continuamente con i turchi. Questo tipo di conflitto informale coinvolgeva in maniera tangenziale anche i mamelucchi.[249] Gli scontri sul Mar Egeo potevano coinvolgere anche i saraceni. Il senato veneziano nel 1386 aveva interdetto l'armamento di navi corsare da parte dei cristiani dell'Arcipelago greco, perché queste attaccavano i sudditi del sultano d'Egitto, creando difficoltà al commercio veneto.[250] Nel 1391 il duca di Naxos, Francesco Crispo, aveva inviato una galeotta comandata da Giorgio Sanudo contro i saraceni, che aveva fatto schiavi con incursioni costiere. Il governo della laguna, interessato a mantenere relazioni pacifiche con i mamelucchi, invitava il nobile a fermarsi per non danneggiare i rapporti commerciali con l'Egitto.[251] Vi era distanza tra la diplomazia ufficiale e l'operato comune che faceva della depredazione del musulmano un'attività ricorrente e redditizia. La comunanza di destini dei cristiani può essere rintracciata negli appelli di Maria di Korikos, regina d'Armenia, i cui ambasciatori erano giunti a Genova e a Venezia nel 1369 chiedendo un'alleanza contro i mamelucchi. Il regno cristiano d'Armenia, in procinto di cadere dinanzi alle pressioni musulmane, chiedeva di essere incluso in un'eventuale

---

247 Ivi, p. 189, n. 274. Venezia, 1387.

248 Ruthy Gertwagen e Stefan Stantchev hanno messo l'accento sui danni operati da genovesi e catalani ai veneziani, tralasciando però il dato delle scorrerie sui litorali. Ruthy Gertwagen, Venice's Policy Towards the Ionian and Aegean Islands, c. 1204–1423, in: *International Journal of Maritime History* 26 (2014), pp. 529–548, qui pp. 546–548; Stefan Stantchev, Venice and the Ottoman Threat, 1381–1453, in: Reconfiguring the fifteenth-century crusade, pp. 161–205, qui pp. 185–187.

249 Nel 1383–1386 la guerra tra Genova e il sultano d'Egitto aveva tra le sue cause l'attività piratesca dei liguri in Oriente contro i saraceni. Ashtor / Kedar, Una Guerra fra Genova e i Mamlucchi negli anni 1380, p. 15.

250 Thiriet, Régestes de déliberations du Sénat, vol. 1, p. 172, doc. 712. Venezia, 12 agosto 1386.

251 Ivi, vol. 1, p. 192, doc. 802. Venezia, 7 settembre 1391.

pace con il sultano d'Egitto. Il doge genovese, Gabriele Adorno, aveva risposto positivamente alle richieste per la formazione di un'unione.[252] Il senato della laguna aveva confermato, in maniera abbastanza generica, che nel prossimo *passagium generale* si sarebbe tenuto conto della situazione armena. Solo i cristiani orientali, minacciati nella loro esistenza, guardavano all'unità di fede, mentre i ceti dirigenti delle città mercantili erano vagamente disinteressati?

L'ultimo decennio del XIV secolo, a partire dall'inizio dell'assedio di Costantinopoli nel 1394, ha segnato un momento peculiare nella collaborazione cristiana in Romania. La caduta della capitale sarebbe stata "detrimentum et damnum maximum totius christianitatis"[253]: i documenti veneziani e genovesi presentano i medesimi toni allarmati e invitano all'azione "ad subsidia locorum christianorum in partibus Romanie et contra perfidos hostes collentium fidei Christi".[254] I governi di Genova e Venezia cercavano la collaborazione militare nel fronteggiare la minaccia ottomana, unendo le forze per rifornire Costantinopoli e Pera.[255] Gli anni dell'assedio di Costantinopoli avevano fatto convergere interessi commerciali, sentimenti di pericolo e possibilità della caduta del mondo greco-latino in Oriente, con la creazione di un fronte comune cristiano. Nell'alleanza di fine secolo erano presenti tutti i non musulmani che si affacciavano sul quadrante levantino. La situazione, come tutti i conflitti medievali, non era di guerra totale: si trattava piuttosto di conflitti elastici. I veneziani cercavano la pace con i mamelucchi, mentre erano più propensi allo scontro con gli ottomani; i genovesi, che possedevano una politica ufficiale meno coerente, non erano restii a scoppi bellici violenti, sia contro i mamelucchi che nel Mar Nero, mentre con i turchi avevano tentato di operare una politica di buon vicinato. Nonostante queste linee generali, gli armatori genovesi tendevano a non farsi scrupoli nel combattere indipendentemente sui mari. La ricostruzione storiografica ha privilegiato la dimensione politico-diplomatica, mentre la pratica mediterranea pare fatta, al suo livello più basso, di un forte sentimento di appartenenza religiosa. Si trattava di uno stato conflittuale a livello endemico, osservabile nella guerra piratesca. Dal punto di vista degli uomini che solcavano le isole del Mediterraneo orientale vi era una propensione allo scontro con l'alterità religiosa, nonostante la continuità commerciale. La violenza non assume valore destabilizzante per l'ordine che gli enti politici si sforzavano di mantenere, ma era quasi un elemento fondante dell'universo levantino. La gestione politica genovese e veneziana tendeva a utilizzare queste tensioni per

252 Si prevedeva la creazione di una "unio, sicut notum est, erit magnus et notabilis favor regno Armenie et omnibus Christianis partium Orientis". MOZZATO, *Venezia – Senato. Deliberazioni miste, vol. 20, p*p. 137–138, doc. 284. Venezia, 11 ottobre 1369.

253 FEDALTO, La Chiesa latina in Oriente, vol. 3, pp. 156, doc. 387. Venezia, 2 dicembre 1396.

254 ASGe, *Archivio Segreto, Diversorum* 499, doc. 279, f. 80r. Genova, 27 giugno 1399.

255 PREDELLI, I libri commemoriali, vol. 3, p. 242, n. 41. Pera, 28 ottobre 1396.

i propri fini, appropriandosene e sfoderando il confronto religioso quando si legava ai propri interessi. Le oligarchie mercantili da un lato utilizzavano le passioni degli uomini, dall'altro non ne sembrano esenti. La lunga frequentazione non toglieva una dimensione di scontro con l'infedele.

Lo spazio della frontiera aveva il suo principale confine lungo l'asse che divideva i due mondi religiosi. Le autorità musulmane paiono ragionare in maniera simile: i sudditi cristiani, frutto di recenti o antiche acquisizioni territoriali, erano soggetti a una tolleranza a fisarmonica, legata ai ripensamenti e alle attitudini dei singoli sovrani. Le tensioni potevano scoppiare in certe occasioni, come denotano le persecuzioni dei cristiani orientali dopo il sacco di Alessandria del 1365. Gli attriti politici del Mediterraneo orientale erano caricati di sentimenti religiosi, non semplicemente una patina di problemi strutturali. La barriera tra cristiani e musulmani non era assoluta e si presentava estremamente permeabile; sarebbe altresì errato affermare che tale barriera non sia esistita.

5.2.3 *Uomini di frontiera: la crociata pragmatica*

L'insieme delle vicende individuali, fiorite sulla frontiera del Mediterraneo orientale, restituisce il quadro sfaccettato di un'umanità inquieta, segnata da tensioni materiali e ideologiche. Queste storie personali formano un mosaico per indagare le spinte essenziali del movimentato panorama orientale durante il crepuscolo del Trecento. Diverse spinte si intrecciavano, tra commercio e pulsione crociata, rendendo spesso difficile distinguere le reali motivazioni e gli obiettivi. D'altronde, moventi economici e spirituali non erano necessariamente in contraddizione tra loro e non vi era un *aut-aut* tra ricerca di guadagno e salvezza dell'anima. La crociata, la devozione religiosa, la ricerca del potere e il successo commerciale erano spesso lati diversi di una stessa medaglia. Proprio genovesi e veneziani, mercanti-guerrieri mettono in risalto questa dinamica di non estraneità tra pratica economica e crociata. Appare così evidente l'impossibilità di una categorizzazione che divida in maniera netta la figura del cavaliere della fede e quella dell'opportunista mercante d'oltremare.[256] I mercanti non erano privi di idealità e religiosità e la loro scarsa propensione ai sogni cavallereschi aveva contribuito ad attuare una sorta di "crociata pragmatica". Per questi uomini vi era un mescolamento tra cariche nelle colonie,

---

256 La mancanza di contraddizione è stata ben evidenziata proprio a partire dai casi genovesi e veneziani: Antonio MUSARRA, "Mercatores" o "cives et bellatores Dei"? I Genovesi e la prima crociata tra istanze religiose, politiche e commerciali, in: *Storia dei Mediterranei. Popoli, culture materiali e immaginario dall'età antica al Medioevo*, ed. Sebastiano TUSA, Ragusa 2018, pp. 324–361, qui pp. 353–354.

impegno nella crociata e appalti finanziari, evidente in un approccio prosopografico di esperienze solo apparentemente contraddittorie.

Non vi era problema, in diverse fasi della vita, a commerciare mastice o schiavi e al contempo a essere sensibili a richiami crociati. Il genovese Benedetto Panzano si trovava a Chio nel 1359, probabilmente per affari legati alla Maona. Forse Benedetto aveva incontrato sull'isola greca il legato papale Pierre Thomas, in quel momento in Oriente al fine di "ad confusionem et persecucionem Turcorum, maleditorum infidelium Sancte Romane Ecclesie".[257] Panzano si era probabilmente convinto a prendere la croce e aveva ricevuto a Chio l'assoluzione destinata ai crociati, uguale a quella che "dominus noster papa dare consuevit illis qui pro acquisicione Terre Sancte in Ierusalem transiverunt, videlicet pena et culpa".[258] Il mercante si era messo al servizio di Pierre, impegnandosi a seguirlo a Cipro e poi da lì a Smirne.[259] Benedetto Panzano aveva dismesso i propri traffici e aveva promesso di unirsi alla comitiva del legato apostolico per un anno al fine di attuare la crociata. Pierre Thomas in effetti si era trovato spesso implicato con veneziani e genovesi e almeno uno dei suoi viaggi era stato compiuto a bordo di una "galeacia" di nome San Pietro, che aveva probabilmente affittato dal patrono veneziano Liberale da Monte. Il legno era ancorato a Chio nel settembre 1360, poi si sarebbe dovuto dirigere a Corone, dove era vescovo Pierre, e infine giungere a Smirne.[260]

Numerosi mercanti si erano meritati l'epiteto di amici dei turchi, operando effettivamente in collaborazione con i musulmani eppur rimanendo, paradossalmente, attivi nella causa cristiana. Un ricco mercante genovese di Pera, Filippo Demerode, insieme a un altro perota, Bonifacio da Sori, aveva reso possibile un patto stretto tra il comune di Genova, all'epoca governato da Luchino dal Verme, e il sultano ottomano Orkhan nel 1356. Il buon esito delle negoziazioni tra Genova e il sultano, iniziate durante la guerra degli Stretti, era legato agli interessi di Pera. Filippo Demerode e Bonifacio da Sori già da tempo intrattenevano rapporti commerciali con i turchi, al punto da essere chiamati

257 BALLETTO, Notai genovesi in Oltremare. Atti rogati a Chio, pp. 156–157, doc. 31. Chio, s.d. (dopo l'8 novembre 1359).

258 *Ibidem*.

259 Nella fortezza cristiana in Anatolia avrebbero dovuto "tractandi et operandi de persecucione et confusione predictis dictorum infidelium Turcorum". *Ibidem*.

260 Sebbene non vi sia la certezza della presenza del legato papale a bordo in quel momento, dato che nel documento non vi sono affermazioni in questo senso, essa tuttavia è molto probabile. Il viaggio è così descritto: "de portu Syi navigare ad partes Coroni, recto viagio, et deinde postmodum ad civitatem Smirrarum, recto etiam viagio". Ivi, pp. 199–200, doc. 52. Chio, 8 settembre 1360.

"servioi e amixi"[261] di Orkhan. I due avevano operato da intermediari per l'alleanza tra ottomani e genovesi. Il sultano, grato per il ruolo di Filippo e Bonifacio, aveva insistito con il governo genovese perché fossero loro concesse franchigie e immunità fiscali dal comune d'origine.[262] Il consiglio genovese, nonostante fosse restio a concedere privilegi di questo, aveva deciso di accordare le immunità per acconsentire alle richieste di Orkhan. Luchino aveva sigillato questa concessione con il proverbio in volgare "chi no da de zo che dol no ha de zo che vol": chi non dà ciò che gli duole, non ha ciò che vuole.[263] Filippo Demerode figurava ormai tra gli uomini di fiducia del sultano ottomano, sarebbe divenuto uno degli uomini più ricchi della colonia e avrebbe dato vita a un'importante dinastia perota.[264]

Nel 1386 Giovanni e Benedetto Demerode, due dei figli ed esecutori testamentari delle volontà paterne, avevano rivolto un appello a papa Urbano VI. Filippo, ormai defunto, aveva ordinato che dopo la sua morte fossero prelevati ogni anno 500 iperperi dall'eredità, di cui una parte andava utilizzata per riscattare cristiani nelle mani dei turchi.[265] Si trattava di una strana forma di rimorso sul proprio operato? Gli eredi si erano però rivolti al papa poiché i beni si trovavano nei territori che in quel momento erano stati conquistati dai medesimi turchi; inoltre, a causa delle recenti guerre e dell'oppressione degli infedeli, il possesso o la rendita degli stessi erano molto diminuiti dopo la

---

261 BELGRANO, Prima serie di documenti riguardanti la colonia di Pera, p. 126, doc. 17. Genova, 21 marzo 1356.

262 "Ipse dominus Orchanus nobis scripserit per suas litteras speciales quod pro suo amore et honore velemus facere Philipum Delomede et Bonifatium de Sauro burgenses Peyre liberos et franchos". Ivi, p. 127, doc. 18. Genova, 21 marzo 1356. Luchino dal Verme aveva risposto al sultano: "noi si como quelli che semo a tuti li vostri piaxer et servixi apareiai, si mandemo comandando a li nostri de Peyra chi fazam la dicta franchexa a quelli Filipo et Bonifatio como voi comandai; si che la dicta francheza serà faita per lo vostro amor e per lo vostro honor". Ivi, p. 126, doc. 17. Genova, 21 marzo 1356.

263 "Pro suo amore et honore velemus facere Philipum Delomede et Bonifatium de Sauro burgenses Peyre liberos et franchos tamquam ille qui pulsatus est ab eis. Nos autem facto consilio de hoc, et deliberatione habita, quamquam durum, grave et damnosum omnibus existat facere concessionem dicte immunitatis; actamen, consideratis servitiis et meritis dicti Orchani, recordantes quod proverbialiter dici solet chi no da de zo che dol no ha de zo che vol, deliberamus et deliberavimus quod dicta gratia fiat et concedatur". Ivi, p. 127, doc. 18. Genova, 21 marzo 1356. Di fatto le franchigie erano durate solo una manciata d'anni ed erano state revocate ai due da Simone Boccanegra nel 1361. Antonio LOBERO, *Memorie storiche della Banca di S. Giorgio*, Genova 1832, p. 24.

264 Su di loro: Michel BALARD, La societé pérote aux XIV et XV siècles: autur des Demerode et des Draperio, in: IDEM, Gênes et la mer, vol. 1, pp. 469–489.

265 "redimendo et extrahendo Christi fideles carceratos de manibus turchorum". BELGRANO, Prima serie di documenti riguardanti la colonia di Pera, pp. 140–144, doc. 27. Genova, 14 aprile 1386.

morte di Filippo. I figli, dunque, non erano più in grado di fornire annualmente la cifra da destinare ai lasciti pii.[266] Urbano VI aveva rimesso la decisione all'arcivescovo di Genova, che ordinava ai figli di Filippo Demerode di sospendere i lasciti e al contempo di investire 1.000 lire nelle *compere* del comune, così da avviare una rendita fissa e adempiere alle istruzioni testamentarie.[267] Dopo una vita a trattare con gli ottomani, Filippo Demerode aveva destinato parte dei propri lasciti per riscattare i cristiani caduti prigionieri dei turchi; ma proprio a causa della loro aggressività i suoi beni si erano ridotti, rendendo impossibile compiere questo desiderio. Una sintesi efficace della parabola e delle contraddizioni levantine.

La lotta antiturca mostra molti esempi di vigore. Nel 1402 il senato veneziano aveva premiato il coraggio e la fedeltà di Ordelaffio Falier nei combattimenti contro i turchi, aumentando il salario annuale da 200 a 250 iperperi.[268] Alcuni aristocratici bizantini, impegnati nella lotta e coscienti del tracollo della propria patria, cercavano protezione nelle città mercantili. Alessio, gran primicerio di Costantinopoli, era autore di una lettera in greco del 1373, a noi pervenuta nella sua traduzione in dialetto veneto. Egli con i suoi due fratelli era riuscito a conquistare dai turchi alcuni castelli, che gli erano stati concessi poi dall'imperatore. Dopo la morte dei fratelli aveva combattuto con la flotta veneziana del Golfo contro gli infedeli. Il nobile bizantino, in virtù del suo impegno bellico nella causa cristiana, chiedeva al governo della laguna di essere ascritto alla nobiltà veneziana e dichiarava di essere pronto a subirne tutti gli oneri.[269] Le vicende del Mediterraneo orientale davano origine a strani intrecci, come un capitano basco di nome Fortunato Sanchez de Vitoricha che nel 1396, con 2 legni di sua proprietà, serviva sul mare il re di Cipro contro i turchi. Il veneziano

266 "Bono hereditatis dicti Philippi qui in partibus turchorum et aliorum infidelium ut asseritur consistent, propter guerras et oppressions ipsorum turchorum et aliorum infidelium post ipsius Philippi obitum adeo diminuta existant quod prefatis heredibus ad quos eadem bona devenerunt impossibile redditur huiusmodi legatum annuatim exolvere". *Ibidem*.

267 "De dicta hereditate tollantur et extrahantur mille libre monete ianuensis assignando in manibus nostris quas in locis Compere seu Comperarum Communis Peyre ponere et assignare intendimus". *Ibidem*.

268 Thiriet, Délibérations des assemblées Vénitiennes, vol. 2, p. 90, doc. 998. Venezia, 17 dicembre 1402. Invece nel 1398, il consiglio genovese aveva dato il permesso a Giurio Calvi di imbarcarsi sulle galee dirette in Romania per andare a combattere lì contro la minaccia ottomana. ASGe, *Archivio Segreto, Diversorum* 498, doc. 455, f. 141r. Genova, 25 maggio 1398.

269 Predelli, I libri commemoriali, vol. 3, p. 109, n. 710. Cristopoli, agosto 1373. La richiesta venne accolta e la cittadinanza veneziana accordata. Ivi, p. 111, n. 721. Venezia, 10 gennaio 1373.

Marco Falier, con il pretesto che nessuno dovesse combattere i musulmani in quelle acque, aveva saccheggiato una delle navi spagnole con le sue 4 galee. Lo stesso Sanchez, recandosi a Venezia per chiedere spiegazioni, era stato fatto prigioniero sul mare dai turchi.[270] Anche tra i latini di Grecia poteva vivere una certa tensione crociata. Nel 1379 una lettera aveva informato Lorenzo Acciaiuoli che messer Busone da Fabriano, bailo del principato di Morea, aveva deciso di lasciare le proprie cariche nel mondo secolare e si "è fatto friere di San Giovani".[271] Molti individui, genovesi e veneziani, avevano dato avvio a iniziative indipendenti volte allo scontro con il mondo musulmano, sebbene non sia facile distinguere le motivazioni economiche dalle altre.

Il genovese Francesco Gattilusio è un esempio della mescolanza tra avventura d'oltremare, pirateria, conquista di terre e potere, relazioni interetniche e sensibilità all'ideale crociato.[272] Il suo impegno nella lotta antimusulmana dimostrava una personalità sensibile su questi temi, anche per ovvie ragioni territoriali e di lealtà politica. Francesco Gattilusio aveva una visione più ampia dei coloni liguri in Oriente, che potevano sempre fare affidamento su un retroterra, mentre il signore di Lesbo capiva di non avere alternative. Egli, appartenente a più mondi che non aveva rinnegato, genovese e bizantino al tempo stesso, aveva saputo fare della crociata uno dei vettori del proprio operato.[273] Gli eredi di Francesco si erano trovati a fare i conti con l'accresciuta aggressività ottomana. Il figlio, Francesco II Gattilusio, dopo la tragica morte del padre era divenuto uno dei protagonisti dell'alleanza difensiva firmata nel 1388 tra lui stesso, il re di Cipro, i maonesi di Chio e la colonia di Pera.[274] Nel 1396, durante l'assedio di Bayezid alla capitale bizantina, Francesco II si trovava a

270 L'episodio aveva generato le proteste del re di Castiglia, che chiedeva al governo veneto un risarcimento per i propri sudditi. La protesta era stata presentata a Venezia dal capitano García Pérez de Vitoricha di Bilbao due anni dopo, nel 1398. Ivi, p. 250, n. 81. Venezia, 4 febbraio 1398.

271 Jean LONGNON / Paul TOPPING, *Documents sur le Régime des terres dans la Principauté de Morée au XIV siècle*, Paris 1969, p. 196.

272 La bibliografia su Francesco Gattilusio è abbastanza ampia. MILLER, The Gattilusj of Lesbos (1355–1462); Andreas MAZARAKIS, Il contesto istituzionale della dominazione e l'amministrazione dei Gattilusio a Mitilene (1355–1462), in: *Cercetări numismatice* 12–13 (2006–2007), pp. 249–269; Giustina OLGIATI, I Gattilusio, in: *Dibattito su famiglie nobili del mondo coloniale genovese nel Levante. Atti del Convegno, Montoggio, 23 ottobre 1993*, ed. Geo PISTARINO, Genova 1994, pp. 85–99; Geo PISTARINO, Il secolo dei Gattilusio signori nell'Egeo (1355–1462), in: *Oi Gatelouzoi tès Lesbou*, ed. Andreas MAZARAKIS, Athēna 1996, pp. 281–306; WRIGHT, The Gattilusio Lordships and the Aegean World.

273 Ivi, pp. 326–330.

274 Luigi Tommaso BELGRANO, Seconda serie di documenti riguardanti la colonia di Pera, in: *Atti della Società ligure di Storia Patria* 13 (1877), pp. 931–1003, qui pp. 953–965, doc. 8. Rodi, 1° dicembre 1388.

Costantinopoli e aveva accolto sulla poppa della sua galea il rappresentante del comune di Pera, Antonio di San Nazzaro, che lo accusava di non aver rispettato i termini dell'alleanza, dato che la colonia genovese assediata attendeva l'aiuto del signore di Lesbo. Francesco II rispondeva che avrebbe tenuto fede ai patti: se i peroti fossero usciti dalle mura per dar battaglia alle forze ottomane, sarebbe intervenuto con i propri uomini.[275]

All'interno del panorama levantino genovese si può notare una commistione tra cariche nelle colonie, impegno nella crociata e appalti economici, ben sintetizzato in vicende di uomini come Pietro Recanelli.[276] Pietro era nato a Voltri, poco distante da Genova, nella prima metà del secolo, ma la sua prima apparizione si colloca in Oriente. Mercante implicato dal 1348 in alcune transazioni di mastice, era venuto presto in contatto con gli armatori genovesi che avevano appena ottenuto Chio[277], divenendo poi il comandante della spedizione militare, allestita della Maona vecchia, che nel 1350 aveva tolto Focea Nuova al despota ribelle greco Giovanni Kalothetos.[278] Quando alla fine degli anni Cinquanta alla società originaria se n'era sostituita una di nuova fondazione, la cosiddetta Maona nuova, Recanelli era divenuto uno degli appaltatori principali. Pietro era succeduto nel 1359 a Simone Vignoso come luogotenente dell'isola, divenendo presto l'anima operativa della Maona.[279] Il suo mandato come massario generale di Chio e Focea era scaduto il 1° maggio 1360.[280] Forse seguendo l'esempio di altri genovesi, come lo stesso Francesco Gattilusio, Recanelli aveva tentato la fortuna nell'Egeo. Nel 1361 aveva provato a sposare Fiorenza Sanudo, vedova di Giovanni delle Carceri, morto nel 1359, e figlia del veneziano duca dell'Arcipelago, Giovanni di Nasso, di cui era erede. Il progetto

275 Ivi, pp. 965–967, doc. 9. Costantinopoli, 15 giugno 1396.

276 LOMBARDO, La croce, il mastice e la figlia del Doge.

277 ARGENTI, The Occupation of Chios by the Genoese, vol 3, pp. 500–508, doc. 22. Pera, 23 maggio 1348.

278 Michel Balard propende per la riconquista entro il luglio del 1349, sulla base di un atto in cui il governatore di Focea Nuova sarebbe stato in carica da 16 mesi al tempo del novembre 1350. BALARD, La Romanie génoise, vol. 1, p. 125, rifacendosi a: ASGe, *Notai Antichi* 236, f. 39r. Carl Hopf invece cita il 1350 come anno della riconquista maonese, rifacendosi alla fonte di Niceforo Gregoras: Carl HOPF, Storia dei Giustiniani di Genova, in: *Giornale Ligustico di Archeologia, Storia e Belle Arti* 7–8 (1881), pp. 316–330, 362–373, 400–409, 471–477, qui p. 403.

279 "Petrus Rechanellus, eciam particeps et socius in dicta societate, apalto seu conducione pro libris III ianuinorum". Antonella ROVERE, *Documenti della Maona di Chio (secc. XIV–XVI)*, Genova 1979, p. 100, doc. 3. Chio, 21 agosto 1358.

280 BALLETTO, Notai genovesi in Oltremare. Atti rogati a Chio, pp. 173–175, doc. 40. Chio, 3 agosto 1360. Un castellano greco chiamato "magister Scharamanga" è ricordato tra i debitori di Pietro Recanelli, ormai ex governatore, per la consistente somma di 441 fiorini, 14 denari e 1 gigliato. Ivi, pp. 208–209, doc. 57. Chio, 22 settembre 1360.

di matrimonio aveva tuttavia suscitato le preoccupazioni del senato di Venezia, che non voleva che Nasso cadesse in mani genovesi. Il senato aveva posto il proprio veto.[281] La proposta di matrimonio dimostra la prosperità economica di Recanelli, che era uno degli astri nascenti dell'Oriente latino. Allo scadere del mandato, Pietro aveva acquisito per sé un privilegio da parte della Maona, con il diritto esclusivo per la commercializzazione di 30 cantari all'anno di mastice, valido per tre anni. La zona della vendita della merce, di pertinenza esclusiva di Recanelli, era quella delle coste orientali, dall'Egitto a Rodi e alla Turchia.[282] Al termine dei tre anni, il diritto sarebbe stato esteso all'esportazione di 60 cantari di mastice l'anno per altri tredici anni, sempre verso Levante.[283] Pietro Recanelli era diventato uno dei re del mastice, dominandone il mercato per un ventennio.

Tornato a Genova, nel 1365 Pietro aveva sposato Margherita Adorno ed era divenuto genero del doge Gabriele, anch'egli azionista della Maona, ritrovandosi implicato negli affari del comune.[284] Recanelli costituiva il braccio operativo sull'isola di Chio, uomo d'azione oltre che azionista.[285] Questa era la

281 La duchessa Maria, madre di Fiorenza Sanudo, rispondendo alle lettere che la interpellavano da parte del governo veneziano, dichiarò falsa la voce di matrimonio con una persona non gradita al Senato, al quale avrebbe sempre chiesto il consenso per dare in sposa sua figlia. PREDELLI, I libri commemoriali, vol. 2, p. 327, n. 281. Negroponte, 9 dicembre 1361. La stessa Fiorenza aveva scritto a Venezia lettere del medesimo tenore: Ivi, p. 327, n. 282. Negroponte, 9 dicembre 1361. Nel caso in cui il matrimonio si fosse comunque tenuto, il governo veneziano autorizzava il bailo di Negroponte a utilizzare la forza e dispiegare una galea cretese, occupando il castello di Oréos fino alla maggiore età dei figli di Fiorenza. Era poi inviata una lettera al duca Giovanni, incitandolo a trovare un buon marito per Fiorenza a Negroponte, Venezia o Creta. THIRIET, Régestes de déliberations du Sénat, vol. 1, p. 99, doc. 381. Venezia, 25 ottobre 1361.

282 "Partibus subditis soldano Babilonie et a Roddo ultra versus Turchiam et in Turchia illa versus Ermeniam". BALLETTO, Notai genovesi in Oltremare. Atti rogati a Chio, p. 184, doc. 46. Chio, 26 agosto 1360.

283 "de mastico cantaria sexaginta ad cantarium de Cipro predictum quolibet anno successive videlicet de anno in annum hinc ad annos tredecim proxime venturos". Il prezzo concordato era di 900 bisanti bianchi di Cipro al cantare.Il pagamento sarebbe stato effettuato ogni quattro mesi a Famagosta. *Ibidem.*

284 Recanelli è ricordato da Giorgio Stella nella repressione dei tumulti del 1365, inviato come capitano contro la rivolta dei Doria a Sassello, nell'entroterra: "Petrus Recanellus, gener Gabrielis ducis, constitutus gentis capitaneus Saxellum perrexit opidum; nam contra ipsum Ianue ducem conspirabant et rebelles errant illi de Auria ipsius loci domini; ipse quidem capitaneus, qui illuc iverat cum exercitu magno, Saxellum obtinuit". Georgii et Iohannis Stellae Annales Genuenses, p. 158.

285 Recanelli era tra i fondatori dell'albergo Giustiniani, sebbene non abbia mai voluto prenderne il cognome. Sulla prima attribuzione del cognome: ARGENTI, The Occupation of Chios by the Genoese, vol. 1, p. 134.

parabola di un mercante genovese che aveva avuto successo in oltremare. In realtà quella di Recanelli era stata un'esistenza multiforme, che aveva visto l'alternarsi tra l'impegno per la causa crociata e lo sforzo diplomatico, con l'attività economica. Lasciato il governo di Chio e Focea, Recanelli nel 1361 era capitano papale della fortezza di Smirne, in un contesto che conosceva bene.[286] Nell'aprile Pietro aveva nominato a Genova un proprio procuratore per richiedere al Gran Maestro di Rodi i 5.000 fiorini dovuti per il sostentamento della piazzaforte.[287] Pietro Recanelli non era solo un mercante, ma un misto di avventuriero e uomo d'affari che si era trovato a comandare una guarnigione della frontiera cristiana. Nel novembre 1362 era stato riconfermato da papa Urbano V come capitano di Smirne e in quanto tale avrebbe dovuto ricevere 6.000 fiorini l'anno.[288] Il 12 maggio 1363 il mercante di mastice era riconfermato nuovamente da Urbano V come capitano di Smirne. Nell'inquieta base le minacce non venivano solo dall'esterno e Recanelli aveva dovuto confrontarsi con i disordini del 1363.[289] Il difficile comando della guarnigione di Smirne doveva essere alternato tra Recanelli e un altro genovese, Ottobuono Cattaneo, che è ricordato come capitano nel 1364 e poi ancora nel febbraio 1372.[290] L'attività crociato-militare era una parentesi che non ne escludeva contemporaneamente altre, di stampo commerciale o politico. Durante il proprio capitaneato, Pietro Recanelli aveva ottenuto una crisobolla del *basileus* Giovanni V, con cui

---

286 HOPF, Storia dei Giustiniani di Genova, p. 406. Un dispaccio del senato veneziano dell'ottobre 1361 definiva Pietro Recanelli "Ianuensem, capitaneum Smyrnarum". Ernst GERLAND, *Neue Quellen zur Geschichte des lateinischen Erzbistums Patras*, Leipzig 1903, p. 139. Regesto in THIRIET, Régestes de déliberations du Sénat, vol. 1, p. 99, doc. 381. Venezia, 25 ottobre 1361.

287 Il saldo totale era di 10.000 fiorini, di cui metà avrebbe dovuto essere fornito dagli ospitalieri di Rodi e l'altra parte dal papato. Giovanna Petti Balbi in: PETTI BALBI, Simon Boccanegra e la Genova del '300, p. 388, cita un documento conservato in: ASGe, *Notai Ignoti* XIX.4. Genova, 25 aprile 1361, con questo contenuto. Tuttavia, il documento non è stato rintracciato in questo fondo né in altri affini, probabilmente perché lo spoglio archivistico è avvenuto prima del riordinamento del prof. Bologna, come segnala la stessa autrice.

288 La metà dei quali avrebbero dovuto essere forniti dagli ospitalieri e i restanti dal pontefice, per il pagamento delle spese dei suoi uomini. AAV, *Registra Vaticana* 245, f. 188v. Avignone, 19 novembre 1362. La seconda nomina di Pietro Recanelli è citata in: IORGA, Philippe De Mézières, p. 158, nota 2.

289 Nella città era stata pubblicamente contestata l'autorità del vicario papale, il francescano Pietro Patricelli di Fano. SETTON, The Papacy and the Levant, vol. 1, p. 247. La lettera del papa ai vescovi è in: AAV, *Registra Vaticana* 252, f. 181r. Avignone, 16 giugno 1363. In Urbain V (1362–1370). Lettres communes analysées d'apres les registres dits d'Avignon et du Vatican, vol. 2, p. 107, doc. 5784.

290 IORGA, Philippe De Mézières, p. 205; AAV, *Registra Vaticana* 264, f. 201r. Avignone, 16 febbraio 1372. In Lettres secrètes et curiales du pape Grégoire XI (1370–1378) intéressant les pays autres que la France, vol. 1, pp. 79–80, doc. 552.

l'8 giugno 1363 l'imperatore si impegnava a cedere definitivamente Chio alla Maona dietro il pagamento di 500 iperperi annui.[291] Recanelli si era assentato in alcuni periodi dalla fortezza anatolica, come mostrano i suoi incarichi a Genova nel 1365, proprio durante la crociata di Pietro I di Cipro.[292] Tornato a Smirne, Recanelli aveva avuto un ruolo di primo piano nei negoziati tra il sultano mamelucco e il sovrano cipriota. Nel 1367 si era diretto in Egitto per concludere le trattative di pace; nel febbraio successivo era sbarcato a Cipro insieme a un altro genovese, Giovanni Imperiale, accompagnando gli ambasciatori mamelucchi provenienti da Alessandria.[293] Pietro Recanelli era stato mediatore nei negoziati e nel maggio 1368 era giunto a Roma per conferire con il re Pietro I, insieme al genovese Damiano Cattaneo e ai veneziani Francesco Bembo e Nicolò Falier.[294] Il mercante era stato un personaggio di rilievo nella composizione del conflitto, in un intreccio di ruoli tutti coincidenti con la sua figura. L'esistenza di Pietro Recanelli mostra la compresenza di molteplici fattori, tra intraprendenza economica, impegno per la difesa dei cristiani d'Oriente, strategie familiari e attività diplomatica, sposando sia ruoli per conto del papato che guadagni personali o del proprio comune d'origine. Recanelli era stato toccato da richiami universali e non aveva disdegnato di servire altre potenze, nonostante le polemiche sul suo operato.[295] Il mercante-crociato era morto dopo il 1380, lasciando un ricchissimo testamento.[296] L'inventario dei suoi beni era colmo di oggetti di provenienza orientale, specialmente di fattura musulmana, indice di una vita trascorsa quasi interamente nel Levante.[297] Pietro, oltre che mercante, era stato un uomo d'azione che aveva combattuto per

291 HOPF, Storia dei Giustiniani di Genova, p. 407.

292 Già nell'ottobre 1364 il governatore di Chio Francesco Giustiniani, dall'isola, aveva nominato procuratori per i propri affari nella capitale il fratello Leonardo Giustiniani e il "dominum" Pietro Recanelli. BALLETTO, Notai genovesi in Oltremare. Atti rogati a Chio, pp. 247–249, doc. 11. Chio, 16 ottobre 1364.

293 IORGA, Philippe De Mézières, p. 355.

294 Gli emissari avevano tentato di far giungere a un accordo il sovrano e i mamelucchi, offrendosi come garanti. PREDELLI, I libri commemoriali, vol. 3, p. 72, n. 425–426. Roma, 19–20 maggio 1368. La missione è citata in: IORGA, Philippe De Mézières, p. 374.

295 Sembra vi siano state alcune lamentele per il mancato pagamento delle paghe alla guarnigione di Smirne, lamentele condivise con il suo successore genovese Ottobuono Cattaneo. SETTON, The Papacy and the Levant, vol. 1, p. 328; LOMBARDO, La croce, il mastice e la figlia del Doge, pp. 633–634.

296 Nel testamento, vergato l'11 maggio 1380, erano elencate una serie di proprietà terriere sull'isola di Chio. Ivi, p. 637.

297 L'inventario è in: ASGe, *Notai Antichi* 447, f. 115v. Genova, 4 agosto 1389. Edito in LOMBARDO, La croce, il mastice e la figlia del Doge, pp. 639–642.

larga parte della propria esistenza, come testimonia l'inventario.[298] Vi figurano anche alcuni testi devozionali, un evangelistiario e un "libretus parvus de officio beate Marie", che indicano una personalità non insensibile al dato religioso.[299] Pietro Recanelli sembra l'estrema sintesi della complessità dell'Oriente genovese nel suo rapporto con il richiamo crociato.

Carlo Zen è un corrispettivo veneziano di Recanelli. Lo Zen era stato un eroe delle guerre di San Marco e sarebbe divenuto il soggetto di una cronaca quattrocentesca, scritta dal nipote Iacopo, che ne narrava le gesta e ne avrebbe alimentato il mito, elevandolo tra i grandi combattenti della Venezia tardomedievale.[300] Anche la crociata era una forza sotterranea che conviveva nell'animo del comandante fin dalle origini familiari: la *Vita Caroli Zeni* inizia con la narrazione dalle imprese del padre Pietro Zen, che aveva collaborato alle vittorie contro i turchi nel 1334 e nel 1335.[301] L'ammiraglio si era distinto anche nel corso della crociata di Smirne; il successo cristiano del 1343 era stato ottenuto grazie al contributo della flotta veneta comandata da Pietro Zen.[302] Molti capi della crociata, tuttavia, nel 1345 avevano subito una tragica imboscata da parte dei turchi, nei pressi della chiesa abbandonata di San Giovanni. I comandanti, tra cui Pietro Zen, erano stati sorpresi mentre celebravano la messa e uccisi in gran numero.[303] Carlo era rimasto orfano a undici anni: la questione del *passagium* si era affacciata fin dalla tenera età nella vita del futuro capitano. Il patrizio era destinato alla carriera ecclesiastica ed era stato inviato a studiare diritto presso l'università di Padova, contrariamente alla sua indole. Nonostante il suo

---

298 Nella casa si trovavano le sue armi: una corazza completa, "coyracia una cum brazalibus et musachius", due elmi della tipologia a "cervelerie", la sua "spata una guarnita argento", uno stocco sempre argentato: "Item stochus unus guarnitus argento", e alcune daghe. Ivi, p. 640.

299 *Ibidem*. Anche: Giovanna PETTI BALBI, *Governare la città. Pratiche sociali e linguaggi politici a Genova in età medievale*, Firenze 2007, p. 250.

300 ZENO, Vita Caroli Zeni. Ovviamente questa fonte, dai chiari intenti celebrativi, deve essere trattata con dovuta cautela. Tuttavia l'opera è un passaggio obbligato, in quanto unico scritto di cui disponiamo per il racconto di molteplici aspetti della vita di Carlo Zen. Nonostante la popolarità, Carlo Zen sarebbe un personaggio meritevole di maggiori analisi scientifiche, che non hanno avuto particolare interesse nella ricostruzione della sua avventurosa personalità. Si può segnalare per ora solamente la monografia: Nicola BERGAMO, *Carlo Zen: l'eroe di Chioggia*, Perugia 2018.

301 Sulla lega navale di quegli anni e i suoi esiti: CARR, Merchant Crusaders in the Aegean, pp. 99–101.

302 ZENO, Vita Caroli Zeni, p. 8.

303 "Ita Petrus extremum martyr clausit diem, anno aetatis suae quadragessimo tertio". *Ibidem.* Sull'operato di Pietro Zeno e sull'imboscata del 1345: SETTON, The Papacy and the Levant, vol. 1, pp. 192–193; CARR, Merchant Crusaders in the Aegean, pp. 76, 91.

stato chiericale, pare avesse vissuto una giovinezza abbastanza turbolenta.[304] I fatti lasciavano presagire un carattere irascibile, dedito più ai fatti d'arme che al servizio liturgico. Verso la fine degli anni 1350' Carlo Zen si era recato presso il proprio canonicato a Patrasso. La città era però stata attaccata dai turchi e lo Zen, stando al suo biografo, aveva combattuto in prima persona prima di ammalarsi.[305] Costretto a tornare a Venezia, nel 1362 era rimasto colpito dagli appelli del re di Cipro, giunto nella laguna. Sembra che il giovane avesse seguito Pietro di Lusignano nei suoi viaggi per le corti di Francia e Inghilterra.[306] Tornato a Patrasso, nel 1366 Carlo aveva diretto la difesa del castello per conto dell'arcivescovo dall'attacco delle truppe di Maria di Borbone e di suo figlio.[307] Il carattere turbolento del chierico lo aveva portato a sfidare a duello il nobile Simon d'Ormoy; a seguito di questi avvenimenti aveva rinunciato all'abito ecclesiastico e aveva sposato Margherita di Chiarenza.[308]

Da quel momento in poi la vita di Carlo Zen era stata un susseguirsi di combattimenti, incarichi civili, duelli e alcuni periodi dedicati al commercio. Era stato nominato dal governo veneto bailo d'Acaia, poi rimosso dopo breve tempo, poi aveva preso parte a spedizioni mercantili.[309] Tra le vicissitudini levantine, egli aveva tentato la liberazione dell'imperatore bizantino Giovanni V Paleologo, imprigionato dal figlio Andronico durante la rivolta del 1376, supportata dai genovesi.[310] Lo scontro tra Venezia e Genova era stato la svolta della vita di Carlo, inviato nel 1377 con una galea in difesa di Tenedo. Le gesta dello Zen durante la guerra di Chioggia sono effettivamente notevoli e costituiscono un corpus da cui si era alimentato il mito dell'ammiraglio, ferito a più riprese in

304 Pare che in giovinezza fosse stato derubato, picchiato, abbandonato da un fuorilegge e soccorso da alcuni marinai. ZENO, Vita Caroli Zeni, pp. 9–10.

305 "Erat autem illi, adversum religionis nostrae hostes Turchos, bellum fere perpetuum, continuumque prope certamen". Ivi, p. 10.

306 Contemporaneamente concorreva per alcuni episcopati greci. Tra i candidati per il vescovato di Modone vacante, vi era Carlo Zen. ASVe, *Senato Misti* 30, f. 131r. Venezia, 4 febbraio 1363. Nel 1365 Carlo figurava invece tra i concorrenti per l'episcopato di Corone: ASVe, *Senato Misti* 31, f. 55r. Venezia, 19 marzo 1365.

307 ZENO, Vita Caroli Zeni, p. 11.

308 Ivi, p. 12.

309 Dopo la morte della moglie si era risposato con Cristina Giustiniani, si era diretto a Costantinopoli e poi nel 1371 a Tana per attività legate al commercio. *Ibidem*. In un suo testamento del 1371 egli dichiarava che si stava dirigendo a Tana con intenti commerciali. ASVe, *Cedole chiuse*, busta 590. Venezia, 22 marzo 1371.

310 SETTON, The Papacy and the Levant, vol. 1, p. 321.

Oriente.[311] Richiamato in patria per soccorrere i veneziani durante l'assedio di Chioggia, aveva ribaltato l'esito dello scontro nella prima metà del 1380.[312]

Carlo Zen era rimasto sensibile per tutta la vita alla lotta contro gli infedeli nel Levante. Condivideva questo sentimento con molti dei quadri di comando veneziani e persino durante la guerra con i genovesi gli uomini di Carlo non avevano smesso di combattere parallelamente i turchi. Un distaccamento di 6 galee era impegnato in operazioni di corsa contro il naviglio ligure nelle acque anatoliche, imbattendosi anche in imbarcazioni turche. Nel luglio 1379 avevano attaccato "uno legno de Turchi, i qual fo tuti taiadi in peçe et afondà el dito legno".[313] Intanto 2 galee veneziane erano dirette a Pera per aiutare l'assedio della colonia genovese; nel tragitto avevano avvistato in un castello in mano ai turchi lo avevano assalito. Uno dei comandanti era Bertuccio Pisani, fratello dell'ammiraglio Vittor Pisani: "Et andando le dite do galie se aprexentà a I chastelo che ha nome San Mandrachi, che è apresso Tenedo, per scharamuçar lì, el qual chastelo iera de Turchi. E fo ferido el dito miser Bertuçi de I freça e morì adeso".[314] Nel 1381 Carlo Zen, pur conducendo la flotta contro i genovesi, aveva lasciato 6 galee all'imboccatura dell'Adriatico per timore di

311 Carlo Zen aveva difeso Tenedo con 3 galee ai suoi ordini, aveva combattuto contro i genovesi da cui era stato ferito a una mano e a un ginocchio. Partecipò alle operazioni marittime contro gli ungheresi nel 1378, prima di esser nominato provveditore della flotta di Vittor Pisani. Carlo nel 1379 comandava una squadra di galee nei mari di Sicilia, dove aveva catturato diverse navi e condotto la guerra di corsa; si era poi diretto lungo il Tirreno fino a Portovenere, devastando la riviera ligure e rubando alcune reliquie, in un atto dal profondo valore simbolico. Sul furto di reliquie operato da Carlo Zen a Portovenere: LOMBARDO, Galee, bombarde e guerre di simboli, p. 103. Carlo aveva quindi intrapreso la rotta per Costantinopoli continuando a combattere in Oriente, tentando la conquista della colonia genovese di Famagosta e catturando la nave Becchignona, che portava una quantità enorme di ricchezze e merci. Nel corso dell'assalto alla Becchignona, estremamente propagandato dai cronisti veneti quale grande vittoria, era stato ferito a un piede e aveva perso un occhio durante il duro combattimento con i genovesi. DE CARESINI, Chronica a. 1344–1388, p. 42.

312 Nelle battaglie della laguna era stato ancora ferito gravemente dai genovesi e aveva rischiato la morte. Daniele di Chinazzo ricorda come Carlo Zeno fu ferito "d'un vereton in la gola e fo a rixego de morte". DI CHINAZZO, Cronica de la Guerra da Veniciani a Zenovesi, p. 102. Ormai coperto di gloria, era succeduto a Vittor Pisani nella conduzione delle flotte venete e aveva combattuto fino alla pace del 1381. Sull'operato dello Zeno a Chioggia: LOMBARDO, Galee, bombarde e guerre di simboli, pp. 112–119.

313 DI CHINAZZO, Cronica de la Guerra da Veniciani a Zenovesi, p. 215.

314 Ivi, p. 217.

possibili attacchi turchi.[315] Dato il suo impegno e la sua autorevolezza, nel 1398 sarebbe stato proprio lo Zen a essere designato dal senato come ambasciatore presso la corte di Francia per invocare aiuto contro gli ottomani.[316]

La fama di Carlo Zen è principalmente legata alla vittoria ottenuta contro le galee genovesi del maresciallo Boucicaut nel 1403. A Carlo, all'epoca capitano del Golfo, era stato ordinato di intercettare nei pressi di Modone la flotta ligure, che si era diretta a Cipro. Dopo aver rimarcato i diritti commerciali sull'isola, la squadra genovese si era avventurata in una serie di raid contro le coste siriane, in linea con le velleità crociate di Jean Le Meingre. Pare che il maresciallo francese avesse invitato Carlo Zen a unirsi alle sue forze contro i saraceni, ma il veneziano aveva risposto che non possedeva l'autorità per impiegare le galee di San Marco in un'impresa del genere, prima di sconfiggere i genovesi.[317] Paradossalmente, la più celebre impresa di Carlo Zen è quella condotta contro forze crociate. Per tentare di riparare questa contraddizione, anche l'autore della *Vita Caroli Zeni* ribadisce che la flotta genovese, in realtà, non era rivolta in Siria ma contro i veneziani.[318] Tornato in patria, Carlo era stato coinvolto in alcune accuse e condannato al carcere. Disilluso dalla politica veneziana, come decine di altri nobili aveva deciso di compiere il proprio pellegrinaggio in Terra Santa. La tensione all'Oriente era stata costante nella vita del patrizio: entro il 1410 Carlo si era imbarcato su una galea diretta a Gerusalemme per sciogliere il proprio voto e visitare i luoghi di Cristo.[319] Sulla via

---

315 La squadra era agli ordini di Andrea Dandolo. "segondo chome lui aveva per uxança per chaxon de Turchi che andava daniçando per quelle acque molto forte". Ivi, p. 211.

316 Il governo di Genova, saputo che Venezia aveva inviato Carlo Zeno in Francia quale ambasciatore per chiedere aiuto contro il sultano, decise di fare lo stesso e mandare una propria ambasciata. PREDELLI, I libri commemoriali, vol. 3, p. 267, n. 146. Genova, 14 novembre 1398.

317 SETTON, The Papacy and the Levant, vol. 1, p. 385. Durante gli assalti a Tripoli, Beirut, Sidone e Laodicea, i genovesi avevano saccheggiato merci e navi veneziane, violando le clausole della pace del 1381 e portando così allo scontro. Boucicaut sulla via del ritorno aveva incontrato le galee di Carlo Zen: nella battaglia di Modone del 7 ottobre 1403 il veneziano aveva sconfitto in maniera decisiva i genovesi. Ivi, pp. 388–390. Sulla battaglia di Modone: DELAVILLE LE ROULX, La France en Orient, vol. 1, pp. 447–457.

318 ZENO, Vita Caroli Zeni, p. 103.

319 "Proinde quum primum illi facultas oblata est, liberque soluto aditus patuit, potissimum omnium ad sacros cultus religionemque ingerens animum, Hierosolimam petere, venerandaque loca, a quibus Christiana salus traxit originem, invisere ac venerari constituit. Parata itaque atque expedita triremi, librorumque illi ac vestium suppellectili plurima imposita, Venetiis solvens, Hierosolimam vectus est. Ibique persolvendis, quae devotus praeferebat animus, supplicationibus sacrisque cerimoniis religiose incubuit, impensiori divinorum cura et voluptate affectus, quam unquam antea humanis inheserat. Quum aliquandiu id loci traheret moram, alter ex Scotiae Regis liberis, Petro illi nomen erat, religionis quoque gratia pellectus, ad Hierosolimam urbem venit". Ivi, p. 124.

del ritorno la galea su cui doveva viaggiare aveva fatto naufragio, ma lo Zen, in quanto famoso combattente, era stato chiamato dal re Giano di Cipro per aiutarlo a scacciare i genovesi dall'isola.[320] Carlo Zen era trapassato nel 1418 e, nonostante le controversie, Venezia aveva tributato grandi onori a uno dei suoi ammiragli.[321]

La turbolenta esistenza di Carlo si era svolta tra vicissitudini contrastanti: destinato alla carriera ecclesiastica, aveva intrapreso la strada militare, combattendo in Oriente contro gli ottomani, i genovesi e gli altri nemici di Venezia. La tensione crociata era, a tratti, riaffiorata come una costante, dall'eredità paterna fino al pellegrinaggio di Terra Santa in vecchiaia. I mercanti-guerrieri del Trecento, mentre rimbalzavano tra la capitale e i porti del Levante, erano personalità complesse e dalle molte sfaccettature. Negli studi è spesso privilegiata l'indagine dell'occupazione principale, ovvero la pratica della mercatura, tralasciando l'idealità di questi personaggi turbolenti. Essi, piuttosto, sembrano in grado di sfondare le categorie storiografiche e di entrare nell'ambito della crociata tardomedievale, con un atteggiamento più o meno sincero, più o meno opportunista. Per genovesi e veneziani, ancora nella seconda metà del XIV secolo, non vi era contraddizione tra l'essere mercanti, consoli, azionisti, guerrieri, ambasciatori, funzionari o crociati, nel corso di diverse fasi della loro vita.

5.2.4 *Prigionieri*

Il flusso di prigionieri nelle mani di potenze nemiche era uno dei maggiori risultati della frontiera. L'esperienza della prigionia era frequente nel Medioevo marittimo, accentuata dallo stato d'inquietudine della fascia mediterranea orientale. La prigionia rappresentava uno degli stati più deboli in cui un uomo avesse potuto trovarsi durante l'epoca medievale, in assenza di una serie di tutele che sarebbero nate successivamente. In una situazione di corpi statali spesso deboli o dalla scarsa proiezione estera e di flusso di notizie piuttosto lento, la liberazione dei prigionieri cristiani era in mano a ordini religiosi e poteva richiedere lunghi periodi, in cui il *captivo* rischiava il decesso o la riduzione in schiavitù, che avrebbe reso ancor più difficile un'eventuale

320 Ivi, p. 125.

321 Alla morte di Carlo Zeno vi fu una grande orazione funebre a opera di Leonardo Giustiniani, che lo difese dalle accuse di tradimento. Edita in: ZENO, Vita Caroli Zeni, pp. 141–146. Su questo: John M. MCMANAMON, The lettered public for the funeral orations of Poggio Bracciolini on Francesco Zabarella and Leonardo Giustiniani on Carlo Zeno, in: *Traditio* 75 (2020), pp. 311–384.

liberazione.[322] L'esempio veneziano permette di indagare le modalità di riscatto dei propri cittadini prigionieri nell'universo musulmano, che rappresentavano un annoso dilemma per le autorità di San Marco. I veneziani catturati nel Levante erano aumentati nel corso del XIII secolo, ma la città non era mai giunta a elaborare uno status del prigioniero, consolidando piuttosto un orientamento di massima, derivato dall'etica cristiana e incardinato sul principio di reciprocità. Questo elementare atteggiamento poteva facilitare le condizioni di vita dei veneziani nelle carceri nemiche.[323] Le trattative per i riscatti erano in genere collegate a più ampi accordi con i sovrani musulmani, in cui erano inserite clausole sulla liberazione dei prigionieri. Il riscatto dei *captivi* era compreso tra i compiti di diverse figure attinenti all'orbita veneziana e che conducevano trattative estere, tra nunzi, consoli e ambasciatori.[324] Nel 1387 Daniele Corner, ambasciatore veneto presso Murad, era incaricato di ottenere la liberazione dei veneziani presi prigionieri dai turchi durante l'invasione di Varnes Bey della Morea e il suo attacco a Negroponte.[325] Il comune veneto affidava spesso la liberazione di veneziani prigionieri a mercanti ed emissari non

---

322 La *captivitas* nel Medioevo, generata direttamente o indirettamente da eventi bellici, è stata oggetto di una certa attenzione storiografica. Tra gli altri, occorre citare padre Giulio Cipollone e Hannelore Zug Tucci: il primo, appartenente all'Ordine dei Trinitari, si è concentrato sulle dinamiche di redenzione tra Cristianità e Islam, raccogliendo i frutti dei lavori antecedenti sul tema della prigionia tra universi religiosi differenti. Giulio CIPOLLONE (Ed.), *La Liberazione dei "captivi" tra Cristianità e Islam: oltre la crociata e il Gihad: tolleranza e servizio umanitario. Atti del Congresso interdisciplinare di Studi Storici (Roma, 16–19 settembre 1998) organizzato per l'VIII centenario dell'approvazione della regola dei Trinitari da parte del Papa Innocenzo III, il 17 dicembre 1198 / 15 safar, 595 H*, Città del Vaticano 2000. Sul tema in maniera più generale: James William BROADMAN, Community identity and the redemption of the captives, in: *Anuario de estudios medievales* 36 (2006), pp. 241–252; Hannelore ZUG TUCCI, *Prigionia di guerra nel Medioevo. Un'altura in mezzo alla pianura: l'Italia dell'"Incivilimento"*, Venezia 2016. Con attenzione alla cattività interreligiosa: Paul-Luois MALAUSSÉNA, Promissio Redemptionis: le rachat des captifs chrétiens en pays musulman à la fin du XIV siècle, in: *Annales du Midi* 80 (1968), pp. 255–281.

323 Sul rapporto tra Venezia e i prigionieri, non solo legati al mondo musulmano: Hannelore ZUG TUCCI, Venezia e i prigionieri di guerra nel Medioevo, in: *Studi Veneziani* 14 (1987), pp. 15–90.

324 Il console di Tunisi e il bailo di Costantinopoli si ritrovavano spesso coinvolti nella faccenda. Riccardo FACCHINI, Ad procurandum redemptionem et liberationem. Il riscatto dei captivi veneziani in partibus infidelium (1332–1453), in: *Società e Storia* 162 (2018), pp. 657–687, qui pp. 665–668.

325 Daniele Corner doveva anche ottenere la restituzione delle merci confiscate sulla nave di Ermolao Bon e insistere sul fatto che gli ottomani si astenessero nel perpetrare ulteriori attacchi ai domini di San Marco. THIRIET, Régestes de déliberations du Sénat, vol. 1, p. 177, doc. 736. Venezia, 3 ottobre 1387. Tuttavia, la missione di Corner non aveva ottenuto risultati, così il senato si era premurato di inviare Alvise Dandolo per trattare la liberazione. Ivi, p. 179, doc. 742. Venezia, 24 luglio 1388.

ufficiali. Gli stessi *captivi* potevano essere utilizzati come intermediari da parte di chi li deteneva: nel 1370 il sultano d'Egitto aveva rilasciato due mercanti presi prigionieri, il veneziano Marco Priuli e il genovese Bartolomeo Mallone. I due si erano diretti a Cipro per portare le proposte di pace a nome del sultano, seguiti da Pietro Cattaneo e Bernardo de Conte, con lo stesso compito.[326]

Per quanto riguarda i genovesi, l'assenza di clausole relative al rilascio dei prigionieri negli accordi stretti con potentati musulmani è singolare. Nel trattato siglato l'8 giugno 1387 tra Genova e Murad non vi è alcun accenno al rilascio dei prigionieri. Significava che non vi erano prigionieri liguri nelle carceri del sultano?[327]. Si può immaginare, dato il generale atteggiamento genovese, che i vertici del comune fossero poco propensi ad agire direttamente per la liberazione dei concittadini – se non in casi di eccezionale rilievo – e a delegare ad agenti esterni. In compenso, il trattato tra Genova e i bizantini del 1352 prevedeva il mutuo rilascio dei prigionieri di guerra da ambo le parti.[328]

I mercanti genovesi e veneziani che si trovavano nelle terre mamelucche erano i primi soggetti alle ripercussioni degli eventi bellici o delle tensioni politiche del Mediterraneo. La crociata di Alessandria nel 1365 aveva causato l'imprigionamento dei latini nelle terre del sultano. Le trattative per la loro liberazione avevano viste impegnate le autorità pubbliche dei due comuni. Nel marzo 1366 papa Urbano V aveva risposto al doge genovese Gabriele Adorno sulla redenzione dei prigionieri genovesi, catturati in rappresaglia, per i quali il comune era autorizzato a inviare 2 galee in Egitto.[329] Le galee avrebbero trasportato i saraceni catturati durante il sacco di Alessandria e portati a Genova, con i quali si sarebbe potuto effettuare uno scambio di prigionieri, fermo restando il divieto di ogni trattativa di pace.[330] L'anno seguente il pontefice

326 IORGA, Philippe De Mézières, p. 401.

327 In quest'occasione il comune negoziava in una situazione di inferiorità rispetto a Murad e il trattato è sorprendentemente carente di dettagli, il che potrebbe significare che si trattava un patto minore, da rapportare ad altri non pervenuti. FLEET, The Treaty of 1387 between Murād I and the Genoese, p. 32.

328 Camillo MANFRONI, Le relazioni fra Genova, l'Impero Bizantino e i Turchi, in: *Atti della Società Ligure di Storia Patria* 28 (1898), pp. 575–858, qui p. 711.

329 Erano stati presi "propter captionem et spoliationem civitatis Alexandrine". AAV, *Registra Avenionensia* 163, f. 181r. Avignone, 4 marzo 1366. In Urbain V (1362–1370). Lettres communes analysées d'apres les registres dits d'Avignon et du Vatican, vol. 5, p. 334, doc. 17649.

330 "duas galeas mercibus oneratas cum quibusdam Sarracenis utriusque sexus captis in captione predicta et ad dictam civitatem Ianuensis ductis, cupiunt destinare, conceditur licentia duci faciendi duas galeas semel duntaxat ad Alexandrie et alias partes et terras ultramarinas que per dictum soldanum detinentur, cum nautis et aliis personis ad regimen predictorum galearum opportunis, mercimoniis eorum duntaxat civium et subditorum oneratas, cum dictorum mercimoniorum mercatoribus quos ad hoc assumpserint quique sint concives et subditi, exceptis armis, ferro, lignaminibus et aliis prohibitis, ita

aveva concesso anche ai veneziani l'invio di 2 galee ad Alessandria per ottenere il rilascio dei cittadini detenuti dal sultano.[331] Il conflitto tra la lega cristiana e i mamelucchi non aveva interrotto completamente il commercio, ma provocava incidenti e imprigionamenti di coloro che navigavano verso i territori sultaniali. Nel novembre 1366 era giunta a Famagosta la notizia della cattura del patrono di una nave veneziana e di alcuni suoi marinai presso Tripoli di Siria.[332] Quasi contemporaneamente altri *captivi* avevano scritto una lettera in dialetto veneto al capitano del Golfo, narrando del loro arrivo ad Alessandria su 5 galee veneziane, in compagnia di una genovese e di una catalana. Gli ufficiali del sultano pretendevano di aver trovato sui legni alcuni sudditi di Cipro, con cui erano in guerra, e ne avevano ordinato la consegna. All'arrivo di 4 galee mamelucche i latini avevano combattuto; un totale di 46 firmatari della lettera, tra marinai e mercanti, erano stati presi e imprigionati.[333] Diversi anni dopo, nel 1380, il Consiglio degli Anziani ordinava agli ufficiali genovesi di non molestare Antonio Salvago per l'esazione delle tasse e delle avarie riguardanti gli anni compresi tra il 1368 e il 1371, poiché egli in tutto quel tempo era stato detenuto nelle carceri dei saraceni.[334] Si trattava di un corsaro catturato o di un mercante imprigionato in Egitto?

Nel 1381–1382 era giunta nelle città italiane la notizia che mercanti e consoli occidentali erano stati malmenati e imprigionati ad Alessandria e Damasco e le loro merci sequestrate. I genovesi avevano preso velocemente una decisione sul modo di reagire e già l'8 gennaio erano stati eletti due ambasciatori, il nobile Cosma Italiano e il popolare Marchione de Petrarubea (Priarüggia, attualmente zona di Genova) diretti alla corte sultaniale.[335] Ne era derivata una guerra di alcuni anni. Nel giugno 1385 una squadra navale genovese era entrata in combattimento con i musulmani, che avevano ucciso diversi liguri e portati altrettanti al Cairo come prigionieri, dove pare fossero stati decapitati.[336] Nel 1399, il genovese Benedetto Grimaldi non doveva essere molestato dagli esattori delle tasse del comune ligure, poiché si trovava nelle carceri

ut cum dicto soldano vel eius gentibus ultra redemptionem dictorum concivium detentorum per eum et restitutionem prefatorum Sarracenorum". *Ibidem*. La stessa concessione sarà fatta a Venezia quasi un anno più tardi, il 22 gennaio 1367.

331 PREDELLI, I libri commemoriali, vol. 3, p. 55, n. 319. Montpellier, 22 gennaio 1367.

332 Ivi, p. 52, n. 301. Famagosta, 12 novembre 1366.

333 Ivi, pp. 52–53, n. 302. Beirut, 18 novembre 1366.

334 'Scribendo seu faciendo sibi in cassacionem qualibus quod illa fecerit de mandato dictorum domini ducis et consilii quia eis constitit sit dictis Anthonis dictis IIIIor annis stetit mancipatus in carceribus sarracenorum". ASGe, *Archivio Segreto, Diversorum* 496, doc. 26, f. 25v. Genova, 27 gennaio 1380.

335 ASGe, *Archivio Segreto, Diversorum* 497, doc. 5, f. 7r. Genova, 8 gennaio 1382.

336 ASHTOR / KEDAR, Una Guerra fra Genova e i Mamlucchi negli anni 1380, pp. 29–30.

dei saraceni.[337] La guerra di corsa, oltre che causa frequente della *captivitas*, poteva anche essere strumento complementare alla diplomazia per ottenere la liberazione di prigionieri. I veneziani, non attuando se non in rarissime occasioni l'attività corsara a causa della forte contrarietà del comune, erano più vittime che autori della pirateria. Nel 1360 diversi veneti erano caduti nelle mani dei corsari tripolini: in risposta il senato aveva ordinato al capitano del Golfo di catturare quante più imbarcazioni nordafricane possibili, per barattare il rilascio dei prigionieri veneziani.[338] Proprio il regno hafside era uno dei più problematici in quanto a pirateria e rilascio dei *captivi*, come mostra la spedizione crociata di Mahdia del 1390.

In un cartulare notarile genovese attribuito a Giuliano Canella[339] si trova l'interrogatorio di Raffaele Agacia di Voltri, che nel 1391 si trovava nelle carceri di Tunisi da oltre 5 anni.[340] Nella città correva voce che nessuno dei mercanti, "tam ianuenses quam pisanis" fosse libero di andarsene poiché il re non concedeva licenza, fatto confermato dal pisano Raniero de Casina e dal genovese Tommaso Lecavello. Nel giugno 1391 Raffaele Agacia, detenuto in carcere, aveva udito dell'arrivo di Oliviero de Marini, ambasciatore di Genova, tanto che tutti i prigionieri erano galvanizzati dalla prospettiva di un'imminente liberazione.[341] Tuttavia, le relazioni tra l'ambasciatore Oliviero de Marini e il sovrano hafside erano andate incontro a problemi, che avevano costretto l'emissario a tornare a Genova dopo una permanenza forzata a Tunisi.[342] La pace era stata firmata nella città africana solo il 17 ottobre 1391 grazie all'invio di due nuovi ambasciatori, Gentile Grimaldi e Luchino de Bonavey. Il trattato era incentrato sul rilascio di prigionieri, ponendo come condizioni il "relassare omnes ianuenses tam maschulos quem feminas captos et captivos quos et quas habebat et habet in toto territorio sue regiem maiestatem".[343] Dopo la firma dell'accordo, era stata proprio una lettera dei prigionieri genovesi liberati a giustificare l'operato

337 ASGe, *Archivio Segreto, Diversorum* 499, doc. 456, f. 127v. Genova, 20 settembre 1399.

338 Il rilascio sarebbe effettivamente avvenuto nel 1362. FACCHINI, Ad procurandum redemptionem, pp. 672–673.

339 In realtà, nonostante quanto dichiarato a catalogo, si tratta di un cartulare misto composto da almeno tre notai diversi. La mancanza di serialità ha posto numerosi dubbi sulle date, che non sono indicate per quanto riguarda l'anno. Per gli atti in questione si trattava probabilmente del notaio Antonio Bercaneca.

340 "ipse testis stetit captivus in carceribus Tunexis annis quinque et ultra". Il testimone, Raffaele Agacia, aveva 29 anni ed era riuscito alla fine a tornare a Voltri. ASGe, *Notai Antichi* 478, f. 61v-62r. Genova, 28 novembre (1391).

341 *Ibidem*.

342 Ivi, f. 62r.-64v. Genova, 29 novembre (1391).

343 ASGe, *Archivio Segreto, Materie politiche* 2729, doc. 36. Tunisi, 17 ottobre 1391.

di Oliviero de Marini, su cui il comune aveva aperto un'inchiesta.[344] Nonostante la pace, gli scontri con i legni barbareschi erano continuati negli anni seguenti. Nel 1398, un vittorioso combattimento tra le galee genovesi di Giorgio Granello e alcune galeotte tunisine aveva provocato la liberazione di molti cristiani siciliani, che si trovavano prigionieri sulle imbarcazioni nordafricane perché erano stati catturati nel corso delle scorrerie precedenti.[345]

Anche l'ambasciatore veneziano Giacomo Vallaresso, giunto a Tunisi nel 1392, aveva stipulato un accordo con il sovrano Abu al-Abbas. Tra i testimoni del trattato vi era il benedettino fra' Placido, reggente della chiesa cristiana di Tunisi, che dunque esisteva e doveva occuparsi anche della salute spirituale dei prigionieri.[346] Vallaresso aveva colto l'occasione per liberare dalla schiavitù 35 veneziani, detenuti tra Tunisi e Bona e partiti per Venezia; ne avrebbe inviati in patria altri quando gli sarebbero stati consegnati.[347] Giacomo chiedeva al senato istruzioni per casi come quello di Gerardo Fanuci di Lucca, schiavo cristiano a Bona, che pretendeva di passare per veneziano così da essere liberato.[348] Non tutti avevano la fortuna di essere cittadini di uno dei grandi centri marinari e per chi proveniva da più piccole città italiane dallo scarso potere contrattuale, la strada per la liberazione era molto più difficile. Nel sistema veneziano i metodi di finanziamento per riscattare i prigionieri erano diversi, ma la fonte primaria era quella pubblica. Il denaro per il riscatto era generalmente preso in prestito in loco e poi rimborsato successivamente: ciò a causa della rapidità con cui i detenuti potevano passare dallo stato di *captivus* a quello di schiavo e il rischio di apostasia. Il senato veneziano utilizzò soldi pubblici per liberare i propri cittadini in molteplici occasioni, come nel 1361 o nel 1397.[349] Per i veneziani catturati dalla monarchia hafside, la cifra per il riscatto durante la seconda metà del Trecento si era attestata intorno ai 6–7 ducati a prigioniero.[350] Spesso lo scambio di doni poteva produrre il rilascio dei *captivi*. Abbiamo meno dati per quanto riguarda Genova, ma possiamo dedurre che il sistema fosse sostanzialmente simile. In certi casi i privati e i familiari dei prigionieri dovevano spendere per la liberazione dei propri cari detenuti "in partibus infidelium", secondo un modello che sarebbe proseguito

344 "etiam per literas captivorum ianuensis ipsum Oliverium huisse iusta excusationem in protrahendo". ASGe, *Notai Antichi* 478, f. 89r.-90v. Genova, 9 dicembre (1391).

345 Georgii et Iohannis Stellae Annales Genuenses, p. 235.

346 Predelli, I libri commemoriali, vol. 3, pp. 215–216, n. 381. Tunisi, 4 luglio 1392.

347 Ivi, p. 216, n. 382. Tunisi, 5 luglio 1392.

348 Ivi, p. 216, n. 383. Tunisi, 5 luglio 1392.

349 Facchini, Ad procurandum redemptionem, pp. 675–676. Sui riscatti del 1397: ASVe, *Senato Misti* 44, f. 19v. Venezia, 11 settembre 1397.

350 Facchini, Ad procurandum redemptionem, p. 676.

fino al Cinquecento con l'istituzione di magistrature pubbliche atte al riscatto dei cristiani oltremare.[351] Anche la componente caritatevole giocava un ruolo importante e i costi della missione di Vallaresso nel 1392 erano in parte stati coperti da 680 ducati raccolti a Venezia tramite elemosine.[352] Esisteva un mondo assistenziale privato che si muoveva per la liberazione dei cristiani in mano musulmana.

L'esborso di denaro rimaneva comunque il mezzo privilegiato per la liberazione dei propri cittadini. Il senato veneziano sembrava non voler coinvolgere, nelle dinamiche di affrancamento, attori terzi quali ordini religiosi. La tendenza delle autorità veneziane a non implicare enti caritatevoli era legata a molteplici fattori tra cui la forte autocoscienza politica cittadina; lo stesso ceto governativo era composto da famiglie mercantili, i cui componenti erano spesso i primi a rischiare la prigionia in Oriente. Il medesimo atteggiamento non valeva per i forestieri e solo i veneziani erano riscattati. Tale tipologia di intervento, secondo le formule linguistiche delle delibere senatoriali, era un'opera pia e meritoria, in un cosmo pur sempre impregnato di etica cristiana. Al di là della retorica dello slancio caritatevole, andava salvaguardato il buon nome di Venezia, che non abbandonava i propri cittadini in mani nemiche. Secondo quanto emerge dalle fonti, le condizioni di prigionia erano spesso miserabili e lo stato di *captivi* si tramutava velocemente in quello di *servus*. Gli schiavi erano venduti e dispersi; gli interlocutori in quel caso non erano più le autorità pubbliche musulmane, ma i padroni privati.[353] Spesso la storiografia ha rischiato di assolutizzare il polo caritatevole oppure quello politico-diplomatico nella redenzione dei prigionieri, non considerando la compenetrazione possibile tra le due dimensioni. I prigionieri nelle mani degli infedeli non erano un semplice accessorio all'interno delle trattative diplomatiche.

Una circostanza particolare era stato il riscatto dei nobili francesi e borgognoni presi a Nicopoli nel 1396. Nella questione i genovesi d'oltremare risultano i più implicati in assoluto. I principi europei avevano attivato una massiccia campagna diplomatica per riportare a casa i sopravvissuti alla

---

351 Enrica LUCCHINI, *La merce umana. Schiavitù e riscatto dei Liguri nel seicento*, Roma 1990; Luca LO BASSO, Il prezzo della libertà. L'analisi dei libri contabili del Magistrato per il riscatto degli schiavi della Repubblica di Genova all'inizio del XVIII secolo, in: *Le commerce des captifs: les intermédiaires dans l'échangeet le rachat des prisionniers en Méditerranée, XVe–XVIIIe siécle*, ed. Wolfgang KAISER, Roma 2008, pp. 267–282; Andrea PELIZZA, *Riammessi a respirare l'aria tranquilla. Venezia e il riscatto degli schiavi in età moderna*, Venezia 2013.

352 ASVe, *Senato Misti* 41, f. 133v. Venezia, 11 aprile 1391.

353 Diversi documenti lasciano intendere il timore che i prigionieri divenuti schiavi, per uscire dalla loro condizione senza speranza, potessero fare apostasia. FACCHINI, Ad procurandum redemptionem, pp. 679–682.

battaglia e i coloni liguri d'Oriente erano stati i maggiori prestatori di denaro, agendo anche in qualità di intermediari con il sultano.[354] L'anticipo di soldi per il riscatto era spesso un investimento calcolato con cui ottenere patronati e affiliazioni ai nobili signori che ne beneficiavano. La sconfitta di Nicopoli aveva creato un clima di partecipazione collettiva al dramma, che avrebbe aumentato il prestigio di chi aiutava gli sventurati crociati. Nel riscatto si mischiavano calcoli, interessi economici e dovere religioso per le sorti della Cristianità. I genovesi d'Oriente erano i più esposti all'avanzata ottomana: i legami creati con l'anticipo dei riscatti avrebbero spinto i sovrani occidentali a rinnovare le loro promesse di aiuto ai latini di Romania. La redenzione dei prigionieri era fatta di spinte ambivalenti: non erano solo i riscattati a chiedere aiuto, ma anche i liberatori a investire nei riscatti per ottenere una qualche forma di soccorso, nel torbido mondo della frontiera.[355]

Il microcosmo della frontiera del Mediterraneo orientale possedeva dunque caratteristiche proprie. La violenza del panorama sembra caratterizzarlo come spazio dell'anti-idealità crociata. L'ideale cavalleresco con tanta presa nel mondo francese e descritto da Huizinga, che lo classificava come fuga dalla crudezza della vita[356], si scontrava con la dura realtà della frontiera. Le minoranze erano le prime vittime degli attriti fra gli imperi in assenza di supporti politici. L'alternanza tra movimento, ricerca di protezione e opportunismo era una costante nel mondo levantino, da parte di individui o interi gruppi. I protagonisti di questo mondo crudo erano gli appartenenti ai ceti mercantili veneto-genovesi, che condividevano lo spazio del Levante con catalani, greci, italiani, turchi e saraceni. Dinanzi a una realtà complessa, l'impegno nella causa cristiana assumeva contorni più sfumati per adattarsi alle circostanze, in un atteggiamento più duttile della ferrea intransigenza cavalleresca. La fede religiosa non sembra un accessorio di questo mondo sfaccettato, confermandosi come uno tra i principali fattori di divisione o comunanza. La barriera era permeabile e prosa, permettendo il transito continuo di persone; nondimeno, si trattava di una barriera. La fede aveva causato conflitto e aveva causato

---

354 Tra i più implicati nell'anticipo di somme vi erano Francesco II Gattilusio, diversi mercanti genovesi di Pera e Chio, mentre i veneziani figurano solo in minima parte. WRIGHT, An Investment in Goodwill, pp. 265–268. Come ricorda Christopher Wright, tra i prestatori di denaro per i riscatti dei crociati franco-borgognoni, comprendendo anche gli affiliati alla dinastia Gattilusio, compaiono 28 genovesi e solamente due veneziani, oltre al doge veneto che forniva denaro da parte del comune. La lista completa è in: Ivi, pp. 291–296.

355 Il duca di Borgogna non si era dimenticato di ringraziare i centri marittimi per questo. PREDELLI, I libri commemoriali, vol. 3, p. 247, n. 68. Parigi, 19 settembre 1397.

356 HUIZINGA, L'Autunno del Medioevo, pp. 152–161.

incontro. L'interazione tra persone di diverse credenze e culture, che si incrociavano sui mari di Romania, avrebbe generato un'incontrovertibile ricchezza e singolarità delle esperienze possibili in quest'area. Lo spazio della frontiera pare lo spazio in cui non era possibile applicare la teoria crociata pura, ma occorreva sporcarsi le mani. Così, il puro e il meticcio erano affiancati e convivevano, accanto a Philippe de Mézières vi erano opportunisti senza scrupoli, pronti ad approfittare della crociata per aumentare i propri guadagni. Era, in fondo, lo spazio di un ideale molto più pragmatico, calato in un contesto dove la realtà non era nettamente divisa in bianco e nero. L'ideale crociato andava adattato di volta in volta alle circostanze, perché chi viveva sulla frontiera aveva coscienza che la realtà era più complessa di un imperativo astratto.

CAPITOLO 6

Pubblico disinteresse, privata iniziativa. L'epoca delle imprese (1348–1381)

6.1 Un movimentato quadro mediterraneo

Le vicende legate alla crociata nella seconda metà del Trecento avevano coinvolto Genova e Venezia. La storiografia ha prodotto notevoli sintesi degli sviluppi genovesi e veneziani nel XIV secolo, dal punto di vista politico interno, dei traffici commerciali e della proiezione mediterranea, lasciando tuttavia poco spazio allo studio dei liguri e veneti dinanzi al richiamo crociato. È possibile riconoscere diverse tendenze pratiche dei due governi nei confronti del *passagium*. Genova in particolare si distingue per la distanza tra la posizione ufficiale del comune e l'iniziativa privata dei suoi cittadini: il governo genovese era restio a lasciarsi coinvolgere istituzionalmente nelle imprese crociate del XIV secolo, con una politica di disinteresse pubblico abbastanza costante almeno fino all'ultimo ventennio del Trecento. Le lettere e suppliche papali indirizzate ai dogi di Genova avevano ricevuto scarse risposte, nel tentativo di declinare le richieste. Questa linea interpretativa rischia, tuttavia, di essere influenzata dal confronto con il più coerente sistema veneziano. Genova nel Trecento era soggetta a frequenti cambi di regime e lotte intestine, che non avevano permesso l'attuazione di politiche estere di lunga durata. All'interno dello stesso *Officum Gazarie*, ovvero l'organo trecentesco preposto alla regolamentazione della navigazione commerciale, vi erano tendenze contrastanti: una linea era più spregiudicata, mentre il doge Simone Boccanegra era portavoce della volontà di mediare tra interessi mercantili e realismo politico, assecondando i progetti del papato contro i musulmani o mantenendo buone relazioni con Pisa e Venezia.[1] Il comune veneto al contrario sembrava in grado di adottare una politica estera coerente nel tempo e nello spazio. Venezia

---

1 Petti Balbi, Simon Boccanegra e la Genova del '300, p. 382. L'*Officium Gazarie*, che emanò anche un famoso *Liber* legislativo nella prima metà del XIV secolo, era formato da *Octo sapientes* che originariamente dovevano occuparsi della navigazione per quanto riguardava il Mar Nero, ampliando in poco tempo la propria competenza alla materia di navigazione in generale, compresa quella atlantica e diretta alle Fiandre, oltre che in Romania e nel Mediterraneo. Si veda anche: Musarra, La marina da guerra genovese, pp. 87–88; John E. *dotson*, *Safety* regulations for galleys in mid-fourteenth century *Genoa*: Some thoughts on *medieval risk* management, in: *Journal of Medieval History* 20 (1994), pp. 327–336.

 | DOI:10.30965/9783657790852_007

poteva indubbiamente vantare un sistema di governo più stabile della rivale tirrenica e aveva avuto la propria definizione istituzionale entro il Trecento. I momenti di assestamento non avevano mai messo a repentaglio l'ordine costituito, dando origine al mito del "buon governo" veneziano e, all'opposto, all'antimito della tirannia oligarchica veneziana.[2] Il fallimento della congiura di Marino Falier nel 1355 sembrava confermare l'inespugnabilità dell'ordine istituzionale del comune.[3] Freddy Thiriet ha rimarcato la continuità della politica orientale di Venezia, almeno nelle sue grandi linee fino alla rivolta cretese del 1363–1364: la volontà veneziana di difesa della Romania, in una sorta di "barriera antiturca", necessitava la mobilitazione di risorse levantine e al tempo stesso causava reiterati tentativi di occupare una forte posizione nell'Egeo nord-orientale.[4] Lo sfruttamento dei domini orientali di San Marco, che aveva generato vivaci proteste tra i feudatari locali, era volto al rifornimento e alla difesa delle piazzeforti di frontiera come Smirne, Modone, Corone e Negroponte, oltre all'allestimento di galee di pattuglia. L'apparente compattezza del fronte veneziano, pur oggetto di discussione, risalta dinanzi alla parcellizzazione genovese, soggetta a posizioni politiche centrifughe o indipendenti dagli orientamenti della madrepatria. Il Mediterraneo orientale era il teatro del turbolento rapporto tra genovesi, veneziani e l'ideale crociato, che avrebbe saputo dar prova di notevoli colpi di coda.

6.1.1 *Genovesi amici dei turchi?*

Genova e Venezia, già all'indomani della Peste Nera, erano state trascinate in una guerra che le aveva opposte lungo l'intero asse mediterraneo. Il conflitto del 1350–1355 aveva coinvolto anche il regno d'Aragona e l'impero bizantino, alleati di Venezia, testimoniando la capacità di ripresa dei centri mercantili subito dopo la tragedia demografica. I catalani e i liguri si erano scontrati per il dominio della Sardegna, mentre erano state combattute battaglie navali sul Bosforo, e a Sapienza. La guerra panmediterranea, che aveva coinvolto anche i Visconti, si era conclusa con una tregua che rimandava solamente una

2 Claudio Azzara, Verso la genesi dello stato patrizio. Istituzioni politiche a Venezia e a Genova nel Trecento, in: Genova, Venezia, il Levante nei secoli XII–XIV, pp. 175–188, qui pp. 179–180.

3 Lane, Storia di Venezia, pp. 214–215.

4 L'area era il principale teatro della lotta contro gli ottomani e al contempo sarebbe divenuta una base d'appoggio veneziana per tentare l'ingresso commerciale nel Mar Nero, da cui erano stati estromessi dai genovesi "Cette politique était, nous le savons, fondée sur une solide défense de toute la Romanie gréco-latine, mais une telle politique n'était possible qu'en mobilisanttoutes les ressources de l'empire colonial". Thiriet, La Romanie vénitienne au Moyen Âge, p. 174.

risoluzione successiva, radicalizzando i motivi di contrasto e catalizzando l'attenzione sul confronto con i rivali. I motivi di attrito non erano venuti meno, aprendo a un nuovo ventennio di tensioni tra le due città.[5] La terza guerra veneto-genovese ha rappresentato per Venezia la rottura definitiva del fronte cristiano nel Levante, che costituiva la migliore assicurazione per la difesa dell'impero coloniale di Romania contro l'avanzata turca.[6] Proprio il conflitto era stato l'origine dell'avvicinamento tra genovesi e ottomani, tra i caratteri peculiari della politica ligure nel Levante per un decennio. Durante la guerra, la colonia di Pera era emersa quale centro nevralgico del dominio della Romania genovese: nel XIV secolo l'insediamento era cresciuto insieme ai suoi redditi; il podestà del luogo ricopriva un ruolo istituzionale importante, di pari passo con gli investitori appartenenti alla nobiltà ghibellina. Questi fattori permettevano la conduzione di una politica semiautonoma degli abitanti di Pera, che intendevano compiere proprie scelte indipendenti e attuare alleanze particolari. I peroti potevano vivere un grande attrito politico verso la madrepatria, nel contesto delle lotte guelfo-ghibelline, oltre a rapporti estremamente tesi verso l'impero bizantino, a differenza dei genovesi della metropoli. L'atteggiamento filoturco, dunque, era uno strumento operativo dettato dai coloni di Pera più che dalle scelte del comune ligure.[7] La guerra civile che aveva sconvolto il casato Paleologo negli anni 1341–1347 era stata lo spartiacque nel triangolo di rapporti tra bizantini, genovesi e turchi. Nel corso della guerra degli Stretti, l'ammiraglio ligure Paganino Doria, comandante della squadra che nel 1351 operava nel Levante, aveva intrattenuto buoni rapporti con gli ottomani durante la propria spedizione. A partire dai mesi autunnali del 1351 e all'inizio del 1352 il sultano Orkhan aveva fornito un aiuto decisivo a Paganino nel corso delle operazioni, permettendo alle navi genovesi di caricare farina presso le coste anatoliche. I rapporti erano divenuti ancora più stretti dopo la vittoria della battaglia del Bosforo.[8]

5 Sulla Guerra degli Stretti del 1350–1355: MUSARRA, Il Grifo e il Leone, pp. 222–245.

6 Così legge il conflitto Freddy Thiriet: THIRIET, La Romanie vénitienne au Moyen Âge, p. 168.

7 ORIGONE, Lineamenti per un aggiornamento storiografico su genovesi, Bisanzio e il Mar Nero, p. 114.

8 La flotta da guerra genovese, al comando di Paganino Doria, giunta nelle parti di Levante comprese rapidamente il pericolo che rappresentava per essa l'unione delle forze di veneziani, greci e catalani. L'ammiraglio rivolse il suo sguardo verso gli emiri turchi dell'Asia Minore già a partire dal novembre 1351, mese in cui sono segnalati inviati di Orkhan negli atti genovesi. Un'ambasciata venne inviata da Paganino Doria al sultano Orkhan il 3 marzo 1352, in seguito a uno scambio di informazioni sul nemico e un concreto appoggio operativo fornito dagli ottomani alla flotta ligure. Rimane il dubbio se in questo contesto si possa già parlare di una vera e propria alleanza tra turchi e genovesi, e non piuttosto uno stretto scambio di lettere e di favori, che ebbe come epilogo la battaglia del Bosforo. BALARD, A propos

La turcofilia genovese è documentata nel corso degli anni 1350', rimarcata della storiografia e descritta ora con scandalo, ora come segno di cinismo del centro mercantile. Nata durante una contingenza particolare che opponeva Genova, da sola, alle maggiori potenze navali del Mediterraneo, l'alleanza non si era limitata al tempo dello scontro. La buona disposizione del governo genovese verso il sultano era stata confermata nel 1356, al termine della guerra.[9] Luchino dal Verme, all'epoca governatore milanese di Genova, non esitava a definire Orkhan "payre de li nostri de Peyra"[10] in una lettera a lui indirizzata il 21 marzo 1356, per il suo comportamento durante il conflitto appena trascorso. Per insistenza del sultano, il comune genovese era costretto a concedere alcune franchigie a due cittadini peroti che avevano ricoperto un ruolo essenziale nelle negoziazioni turco-genovesi – e con cospicui interessi economici nelle terre del sultano –. La concessione, di carattere assolutamente eccezionale, era stata fatta per amicizia al sultano, "per lo vostro amor e per lo vostro honor".[11] Il governatore Luchino dal Verme, in una lettera indirizzata al podestà di Pera, per giustificare l'accondiscendenza verso il sultano ricordava che l'ingratitudine verso gli alleati era il più odioso dei peccati: "inter alia vicia que Deo et hominibus odiosa sunt vitium ingratitudinis tenet locum".[12] Occorreva dunque ricordare "quantum favorem, quantam utilitatem et quantum bonum et gratias habuimus a domino Orchano amirato Turchie ad destructionem et mortem tam venetorum quam grecorum".[13] Nella città ligure i veneziani o i catalani erano considerati veri nemici, piuttosto che i musulmani: il gioco di dominio sul mare era una partita aperta con altre potenze cristiane. In un documento del 1358, non erano gli infedeli, saraceni o turchi, ma ancora i

---

de la bataille du Bosphore, pp. 443–444. La collaborazione fu continua ed ebbe l'appoggio diretto di alcune spie turche, confermandosi poi in una vera e propria alleanza, che spinse rapidamente il Cantacuzeno alla pace. Ivi, p. 450. Anche: Giovanni NUTI, Pagano Doria, in: *Dizionario Biografico degli Italiani*, vol. 41, Roma 1992, pp. 431–435.

9 PETTI BALBI, Simon Boccanegra e la Genova del '300, pp. 396–397.

10 BELGRANO, Prima serie di documenti riguardanti la colonia di Pera, p. 125, doc. 17. Originale in ASGe, *Archivio di S. Giorgio, Regulae Comperarum Capituli* 5, f. 305. Genova, 21 marzo 1356.

11 I destinatari dei privilegi erano Filippo Demerode e Bonifacio da Sori, "burgenses" di Pera che avevano avuto un ruolo di collegamento nella definizione dell'amicizia tra il sultano e Genova. Ivi, p. 126.

12 BELGRANO, Prima serie di documenti riguardanti la colonia di Pera, pp. 126–127, doc. 18. Originale in: ASGe, *Archivio di S. Giorgio, Regulae Comperarum Capituli* 5, f. 305. Genova, 21 marzo 1356. Poco più tardi nella lettera è ricordato un proverbio in volgare dello stesso tenore: "consideratis servitiis et meritis dicti Orchani, recordantes quod proverbialiter dici solet chi no da de zo che dol no ha de zo che vol, deliberamus et deliberavimus quod dicta gratia fiat et concedatur". *Ibidem*.

13 Ivi, p. 127, doc. 18.

"venetos, catalanos et grecos tunc Comunis Ianue inimicos mortales"[14], contro i quali Orkhan aveva a suo tempo mostrato il proprio aiuto. Nessun accenno alla contrapposizione religiosa sembra turbare la coscienza dell'establishment governativo genovese.[15]

Nel 1354 la città di Gallipoli, sul lato europeo del Bosforo, era caduta in mani ottomane durante la guerra mediterranea, senza che genovesi o veneziani fossero intervenuti in alcun modo – sebbene paia che il trasbordo delle truppe turche fosse stato offerto da pescatori greci –.[16] L'evento sembra allora ritenuto di importanza relativa ed è ignorato dalla quasi totalità delle fonti occidentali, nonostante rappresentasse l'ingresso ottomano nei Balcani. Nel 1358 il figlio del sultano, Suleyman, si impegnava piuttosto a non molestare le navi genovesi presso gli Stretti, di cui ora deteneva un controllo parziale.[17] L'alleanza era proseguita nel marzo 1360, quando il sultano Orkhan, "specialiter magnifici Organi Turchi", appare citato come principale alleato di Genova e dunque tenuto a rispettare la tregua siglata con Pietro IV d'Aragona.[18] I documenti ufficiali non sembrano mostrare alcun pudore a riguardo dell'amicizia con il potentato musulmano. Quali erano le ragioni di quest'alleanza? I vantaggi commerciali per i genovesi erano relativi e il legame con gli ottomani sembra piuttosto funzionale alla pressione verso i bizantini.[19] Lo stato ottomano

---

14 Ivi, doc. 21, p. 129. Genova, 20 novembre 1358.

15 Certo appartenente al formulario cancelleresco anche verso sovrani stranieri, tuttavia pare interessante ricordare la chiusura della lettera in volgare diretta da Luchino dal Verme al sultano musulmano Orkhan: "Lo Segnor De si ve guarde aora e sempre". Ivi, p. 126, doc. 17. Genova, 21 marzo 1356. Si rimanda anche a: MANFRONI, Le relazioni fra Genova, l'Impero Bizantino e i Turchi, pp. 714–715.

16 Kate FLEET, Early Turkish naval activities, in: *The Ottomans and the sea*, ed. IDEM Roma 2001, pp. 129–138, qui p. 136. Sul terremoto che portò alla conquista turca di Gallipoli del 1354: Elizabeth A. ZACHARIADOU, Natural Disasters: Moment of Opportunity, in IDEM, *Natural Disasters in the Ottoman Empire*, Réthymnon 1999, pp. 7–11.

17 BALARD, La Romanie génoise, vol. 1, p. 85.

18 Si legge all'interno del trattato: "bonam veram et cordialem pacem deo propicio perpetuo duraturam inter partes predictas omnesque adherentes sequaces, coadiuctores, valitores, colligatos et subdictos partium predictarum et specialiter magnifici Organi Turchi magni, colligati dicti domini .. ducis et comunis Ianue, omnesque ranchores omniaque odia qui et que occaxione orta erant et oriebantur remictimus et totaliter abolemus et pro abolitis et remissis de cetero haberi volumus et mandamus". I Libri Iurium della Repubblica di Genova, vol. 2/3, pp. 222–223, doc. 282. Asti, 27 marzo 1360. In realtà il sultano era già morto in quel momento.

19 Camillo Manfroni, alla fine dell'Ottocento, si mostrava scettico sui vantaggi commerciali che i genovesi potevano trarre dalla lega con gli ottomani, portando a sostegno della sua affermazione i successivi trattati stipulati con il sultano, da cui risultano benefici mediocri per i mercanti liguri. Lo storico propendeva appunto per un legame con gli ottomani quale strumento di pressione verso i bizantini. Le sue argomentazioni meritano in ogni

dominava la zona interna della penisola anatolica, a differenza di partner marittimi come l'emirato di Aydin. Si trattava comunque di mercati marginali nelle rotte genovesi.[20] Al di fuori dei moderati scambi di schiavi, l'unico bene realmente interessante era il grano, portando allo sviluppo del traffico con i turchi dell'interno.[21] Il rapporto preferenziale con il sultanato ottomano era nato in un momento di estrema necessità per il comune genovese, ed era uno strumento di minaccia all'impero bizantino, che tendeva pericolosamente verso l'asse veneto a un secolo di distanza dal trattato di Ninfeo. I greci, ancora dominatori di gran parte dei circuiti degli Stretti, erano una fonte a cui attingere nuovi privilegi commerciali. Giovanni V Paleologo, per uscire dalla crisi della guerra civile e ottenere aiuto contro i turchi ottomani, avrebbe tentato di ripercorrere la strada del rapporto privilegiato con i genovesi anche dopo il conflitto. Il *basileus* aveva evitato tuttavia coinvolgimenti diretti con il comune genovese, ormai invischiato in strette relazioni con Orkhan, e si era rivolto piuttosto a gruppi o singoli individui indipendenti dalla colonia di Pera: così aveva fatto, per esempio, con Francesco Gattilusio.[22] La vicinanza tra Genova e il sultano era legata agli interessi di Pera, i cui cittadini erano stati parte attiva nell'alleanza e si erano adoperati affinché essa divenisse realtà, come mostra il ruolo di Filippo Demerode e Bonifacio da Sori. I due da tempo intrattenevano intensi rapporti commerciali con i turchi, tanto che Orkhan aveva insistito in prima persona per il rilascio dei privilegi. I turchi stessi, a questa altezza cronologica, non paiono considerati come una seria minaccia dal ceto dirigente genovese d'oltremare.

Gli ottomani erano un popolo ancora in gran parte legato alla propria eredità delle steppe e l'affermazione in Anatolia del sultanato di Orkhan era ancora lungi dall'essere definitiva. I latini frequentavano ampiamente il territorio turco, che era un'area sorprendentemente affollata di viaggiatori, mercanti, ecclesiastici e pellegrini: si trattava di un panorama fatto non solo di minacce e resistenza ma anche di intense correlazioni.[23] Mentre il mondo greco osservava preoccupato l'avanzata turca, la mentalità genovese era essenzialmente

caso di essere aggiornate dalla più moderna storiografia. MANFRONI, Le relazioni fra Genova, l'Impero Bizantino e i Turchi, pp. 718–719.

20 Vi era una tratta di schiavi verso l'Anatolia, in mano a veneziani e genovesi, diretta però verso Teologo e Palatia, al di fuori dei domini di Orkhan, e gli stessi turchi erano venduti come schiavi. Kate FLEET, *European and Islam Trade in the Early Ottoman State*, Cambridge 1999, pp. 37–43.

21 Ivi, pp. 59–67.

22 ORIGONE, Lineamenti per un aggiornamento storiografico su genovesi, Bisanzio e il Mar Nero, p. 117.

23 IDEM, La risposta del mondo mercantile all'avanzata dei turchi, in: *Porphyra* 25 (2016), pp. 134–144, qui pp. 136–138.

marittima. I liguri tardavano a valutare pericolosa per i propri interessi, almeno nel breve periodo, una potenza esclusivamente terrestre. Sul mare la presenza ottomana era all'epoca pressoché inesistente, se non nel caso di sporadici pirati.[24] Raramente un battello ottomano poteva compiere qualcosa di più di un atto di disturbo, cui erano usi piuttosto gli emirati costieri. Nella vicenda ligure si rintraccia tuttavia il binomio tra posizioni pubbliche, o quantomeno istituzionali, e individualità private, che in molti casi agivano secondo altri criteri, sensibilità e direttive. Questo dato è evidente nei rapporti orientali con i musulmani, con le proprie storie parallele. Il rapporto con i turchi era stato conflittuale per Pietro Recanelli, comandante della fortezza di Smirne e governatore della Maona di Chio. L'alleanza con gli ottomani non era un dato inconfutabile e incontrovertibile per tutti i genovesi dell'area. Halil, ragazzo figlio di Orkhan e della principessa bizantina Teodora, era stato catturato nel 1357 da alcuni pirati, portato a Focea, presso il governatore ribelle bizantino Giovanni Kalothetos, e in seguito riscattato dall'imperatore Giovanni V per ordine del sultano. Il rapimento, attribuito a pirati genovesi, pare esser stato invece attuato da greci: non sarebbe sorprendente, tuttavia, la responsabilità di liguri fuori controllo.[25]

L'alleanza turco-genovese aveva provocato malumori presso la corte papale. Gli interessi papali si erano ridestati di fronte alla possibilità di un'unione delle chiese, paventata dall'imperatore Giovanni V Paleologo nel 1355, che avrebbe dovuto condurre a una grande crociata contro gli ottomani e i greci ribelli.[26] Dinanzi a questa possibilità, il 1° aprile 1356 Innocenzo VI aveva inviato appelli a Ugo di Lusignano, re di Cipro, affinché mandasse galee in soccorso a Smirne, insieme a quelle degli ospitalieri e di Venezia.[27] Una lettera dello stesso tenore era indirizzata al doge veneziano.[28] Rimaneva aperto il problema di Genova.[29] L'amicizia con i turchi era tollerata, sebbene con fastidio, ma nel caso

24 FLEET, Early Turkish naval activities, pp. 132–133.

25 Donald MacGillivray NICOL, *The Last Centuries of Byzantium, 1261–1453*, Cambridge 1993, p. 261.

26 HOUSLEY, The Avignon Papacy and the Crusades, pp. 218–219.

27 AAV, *Registra Vaticana* 238, f. 44r. Avignone, 1° aprile 1356. In: Innocent VI (1352–1362). Lettres secrètes et curiales, vol. 4, p. 43, doc. 2006.

28 PREDELLI, I libri commemoriali, vol. 2, p. 246, n. 153. Avignone, 1° aprile 1356.

29 Nella lettera inviata dal papa a Ugo di Cipro si legge, riguardo alla posizione dei genovesi: "eodem duce ac dilectis filiis commune civitatis Ianuensis dissidentibus invicem ac proinde ordinatione huiusmodi minus debite observata, memorati Turchi resumpserunt audaciam et per mare ipsum hostiliter discurrentes eisdem fidelibus gravamina et dampna plurima intulerunt et inferunt". AAV, *Registra Vaticana* 238, f. 44r. Avignone, 1° aprile 1356. In: Innocent VI (1352–1362). Lettres secrètes et curiales, vol. 4, p. 43, doc. 2006.

di una conversione del *basileus* bizantino al cattolicesimo si sarebbe dovuta rompere.[30] Il 6 agosto 1356 il pontefice ricordava al doge di Genova che: "vos cum infidelibus Turchis unionem et ligam duxeritis".[31] Al contrario di un certo attivismo veneziano degli anni Cinquanta nella causa contro i turchi risulta evidente il disinteresse delle istituzioni genovesi. Gli appelli di Innocenzo VI per la difesa di Smirne erano caduti nel vuoto tra l'establishment ligure, mentre il senato lagunare amava rappresentarsi in prima linea nella lotta contro i musulmani nella zona egea. Il disimpegno genovese, tuttavia, non era totale. Non conosciamo l'esito delle lettere pontificie che tentavano di sensibilizzare l'arcivescovo di Genova nel 1359 sulle atrocità commesse dai turchi, né se sia stata effettivamente predicata la crociata con le annesse indulgenze, come concesso.[32] È invece attestato l'invio di 4 galee genovesi, al comando del capitano Nicolò Lavorabem, verso Rodi tra il 1357 e il 1358; la mancanza di numerose carte nel registro non permette di conoscere le date esatte né gli scopi della missione.[33] La spedizione era probabilmente indirizzata alla difesa delle piazzeforti anatoliche in mano ai cristiani e a sostegno dei cavalieri di San Giovanni, con i quali il comune ligure aveva stretto i rapporti.[34] Genova era disposta a combattere contro gli infedeli, a patto di non confliggere con i propri alleati ottomani.

6.1.2 *Epopee private: da Tripoli ai Gattilusio (1355)*

Il sacco di Tripoli di Barberia nel 1355 permette di mostrare le due linee di condotta genovese, tra disimpegno del potere pubblico e azione indipendente di privati cittadini. Verso il termine del conflitto con i catalani, Filippino Doria

---

30 "Requirimus et hortamur vobis in remissionem peccaminum injungentes quatinus ab omni confederatione, unione seu liga, si quam cum Turchis habetis eisdem penitus discedatis et Iohanni Paleologo, imperatori Grecorum illustri, si, ut promisit, ad fidem catholicam pure ac simpliciter revertatur, adversus illos assistatis favoribus oportunis". AAV, *Registra Vaticana* 238, f. 157r. Avignone, 6 agosto 1356. In: Innocent VI (1352–1362). Lettres secrètes et curiales, vol. 4, p. 156, doc. 2312.

31 *Ibidem.*

32 SETTON, The Papacy and the Levant, vol. 1, p. 233.

33 Sono riportati diversi conti per la spedizione di 4 galee dirette a Rodi, sotto il comando di Nicolò Lavorabem, in: ASGe, *Antico Comune, Galearum marinariorum introitus et exitus* 698, f. 33r., e nei fogli seguenti. La prima data segnata per il riepilogo dei pagamenti è del 3 febbraio 1358, tuttavia non è chiaro se essa si riferisca ai preparativi della spedizione o se essa si fosse già conclusa a quella data. La mancanza dei documenti principali non permette di estrapolare informazioni più dettagliate, mentre gli strascichi amministrativi arrivarono fino al 1359. Tra i patroni delle galee di Rodi vi è anche Tommaso de Illioni, che nel 1366 sarà podestà di Pera durante la crociata di Amedeo VI di Savoia e vi avrà un ruolo importante.

34 ORIGONE, La risposta del mondo mercantile all'avanzata dei turchi, p. 136.

aveva allestito per ordine del comune una flotta di 15 galee, il cui scopo originario era probabilmente la riconquista di Alghero, in Sardegna.[35] La pace stipulata con l'Aragona, mentre la squadra era già in viaggio, aveva però reso inattuabili gli obiettivi, come afferma il fiorentino Matteo Villani.[36] Doria si era dunque diretto in Sicilia, facendo scalo a Trapani e apprendendo informazioni dal Nord Africa, dove Tripoli si era ribellata e si autogovernava. Il comandante genovese aveva dato ordine di dirigersi verso meridione, pur tenendo segreta la propria decisione. La spedizione si era risolta fino a quel momento con un nulla di fatto, rappresentando un grosso onere e nessun guadagno per i patroni, che intendevano ripagare le spese di allestimento.[37] Il 24 aprile, festa del patrono genovese San Giorgio, le galee erano in vista della città: Filippino aveva inviato alcuni uomini a terra con il permesso del nuovo tiranno, con la scusa di effettuare provviste, per perlustrare le scarse difese. Dopo aver preso il largo, il comandante aveva svelato il proprio piano, che i patroni avevano accettato di buon grado. Le galee liguri avevano attaccato prima del sorgere del sole, spingendosi nel porto e cogliendo di sorpresa i locali. Gli attaccanti, dopo essersi impadroniti di due navi cariche di spezie da Alessandria, erano entrati in città, ma gli abitanti non erano riusciti a organizzare alcuna resistenza e il tiranno si era dato alla fuga.[38] Il saccheggio non aveva conosciuto limiti per diversi giorni. Il bottino descritto da Villani era stimato in più di un milione e mezzo di fiorini d'oro, oltre a migliaia di prigionieri ridotti in schiavitù.[39]

35 La ricostruzione dell'impresa, attuata finora da Laura Balletto, è tuttavia discussa, specialmente per quanto riguarda gli obiettivi originari della spedizione. Esiste anche l'ipotesi che Filippino abbia pensato all'attacco su Tripoli fin dall'inizio: in particolare ci si riferisce a un'osservazione dello storico genovese seicentesco Agostino Calcagnino, che dice di una nota da lui ritrovata, in cui alcuni patroni eleggevano Filippo Doria capitano delle galee direttamente per l'impresa di Tripoli. BALLETTO, L'impresa del genovese Filippo Doria contro Tripoli, p. 95.

36 Matteo Villani nella sua cronaca, maggiore e più dettagliata fonte riguardo alla spedizione, scrive: "era l'intenzione del comune di fare prendere la Loiera in Sardigna per alcuno trattato". Croniche di Giovanni, Matteo e Filippo Villani, vol. 2, p. 174. L'altra grande fonte cronachistica per l'impresa invece, che narra le vicende dal punto di vista arabo, è l'opera storica di Ibn Khaldū'n, qui presentata in traduzione: IBN KHALDOUN, *Histoire des Berbères et des dynasties musulmanes de l'Afrique septentrionale, traduite de l'arabe par le Baron De Slane*, ed. Paul CASANOVA, vol. 3, Paris 1999.

37 In assenza di fonti notarili, particolarmente scarne sull'evento, occorre fare affidamento sul racconto di Matteo Villani. Laura Balletto, nonostante lo spoglio, lamenta uno strano silenzio intorno a quest'impresa dal punto di vista dell'armamento. BALLETTO, L'impresa del genovese Filippo Doria contro Tripoli, p. 96.

38 Ivi, pp. 92–93.

39 Ivi, p. 93; Matteo Villani calcola il bottino in "ornamenti d'oro e d'argento il valere di più di diciannove centinaia di migliaia di fiorini d'oro, e settemila prigioni tra uomini, femmine, e fanciulli". Croniche di Giovanni, Matteo e Filippo Villani, vol. 2, p. 175.

Dopo la conquista, una galea era stata inviata a Genova per informare la madrepatria della vittoria e attendere nuove disposizioni. Il comune, tuttavia, era tutt'altro che entusiasta di fronte alle notizie nordafricane. L'iniziativa personale di Doria contro una città musulmana rischiava di provocare ripercussioni sui mercanti genovesi negli empori mamelucchi o tunisini e compromettere le relazioni dei Genova con i potentati della zona. Gli emissari di Filippino non avevano ricevuto alcuna risposta dal Consiglio degli Anziani ed erano trattati come corsari che avevano agito di propria iniziativa, nonostante battessero la bandiera del comune. Matteo Villani nella cronaca pone l'accento sull'illegalità della spedizione, nonostante si fosse diretta contro i musulmani: erano lontani i tempi di Almería e Tortosa, in cui una simile dinamica di scontro religioso era stata glorificata.[40] Mentre il governo ligure sconfessava pubblicamente l'operato di Doria, i suoi uomini occupavano Tripoli da oltre un mese, finché il signore di Gabes aveva accettato di pagare 50.000 doppie d'oro per riscattare la città. Le galee, messe al bando da Genova, erano salpate cariche d'oro, merci e schiavi ed erano state costrette a rimanere per mare durante tutta l'estate, dedicandosi inevitabilmente alla guerra di corsa. L'attesa si era prolungata fin quando il comune non si era assicurato che mercanti e fondaci genovesi "in partibus infidelis" non avessero subito danni o vendette: Filippino e i suoi uomini erano stati quindi riammessi nella metropoli.[41] L'impresa era stata oggetto di una serie di attenzioni legalistiche: l'intraprendenza privata, anche se giustificata in nome della fede e con un ingente guadagno economico, incontrava una tiepida accoglienza quando metteva a repentaglio il sistema di equilibri diplomatici che Genova aveva intessuto con i propri partners commerciali della riva islamica. Le fonti genovesi sono particolarmente silenziose sull'avventura tripolina del 1355. Il risultato principale della spedizione

---

40 Scrive ancora il fiorentino Matteo Villani, con l'occhio di un osservatore esterno: "I governatori di quel comune, e appresso i buoni cittadini si turbarono forte del tradimento fatto a coloro che non erano nemici, e non avevano guardia di loro, non ostante che fossono Saracini, e temettono forte ch'e' cittadini di Genova, ch'erano in Tunisi e in Egitto tra' Saracini, e in loro mani colle loro mercatanzie, non fossono per questo a furore presi e morti". Ivi, p. 175. Di fronte all'impresa nordafricana il cronista nota come i cittadini di Genova fossero "mal contenti", mentre gli inviati dell'ammiraglio tornavano a Tripoli, dove l'armata di Filippino rimase "sapendo che tutti erano corsali". *Ibidem*.

41 Ancora nella cronaca di Villani: "lungamente stettono ora in una parte, ora in un'altra, tanto che il loro comune fu rassicurato de' loro cittadini ch'erano in Alessandria e in Tunisi, che per questa novità di Tripoli non aveano ricevuto danno. Allora ribandirono quelli delle galee, i quali aveano sbanditi per lo fallo commesso, e dierono loro licenza che potessono tornare a Genova". Ivi, p. 178. La riammissione in città dovette avvenire entro settembre, alla scadenza dei tre mesi di bando, se già in quel mese abbiamo a Genova i primi atti di vendita di schiavi provenienti da Tripoli.

era stato il grande afflusso di schiavi nordafricani sulla piazza ligure, di cui abbiamo testimonianza grazie agli atti notarili.[42] La probabile connivenza del comune con i patroni della spedizione di Barberia era parallela al pubblico distacco dall'operato dell'ammiraglio, di fronte all'inaspettato risalto internazionale.[43] Negli anni successivi il comune intendeva ricucire completamente le relazioni con i potentati musulmani della zona. Nell'agosto 1358 era inviata un'ambasceria composta da Domenico Bibia e dal suo interprete Giorgio Ricio presso il sovrano di Fez, anche se non sappiamo con quale scopo.[44]

Lo stesso anno del raid su Tripoli si colloca l'impresa di Francesco Gattilusio in Oriente, che mostra l'intraprendenza personale di cittadini genovesi e aveva dato origine a una signoria durata oltre un secolo. L'annalista Giorgio Stella mostra in realtà un certo disinteresse per la vicenda, citando il patrizio solo in occasione della presa di potere e in una singola frase, senza poi farne più menzione nell'intera cronaca:

> Et eo anno Kaloiane, imperator Grecorum, auxilio nobilis viri Francisci Gatelusi civis Ianue, preceptoris et patroni galee unius, quemdam nominatum Catacosino qui sibi imperium occupabat expulit, in suetum dominium rediens: ipse autem imperator retribuens ea causa ipsi Francisco in uxorem dedit sororem suam et insulam, que Lesbos seu Metelinum vocatur.[45]

---

42 Il primo atto di vendita di uno schiavo di 14 anni "de Tripori de Barbaria" risulta stipulato il 24 settembre 1355, tra Margoni di Camogli e Simone di Avegno. ASGe, *Notai Antichi* 217, f. 45v.-46r. Genova, 24 settembre 1355. Laura Balletto nel suo studio ha individuato oltre una ventina di contratti di vendita di schiavi tripolini tra il 1355 e il 1362, dove in alcuni casi venivano venduti insieme un gran numero, fino a quindici in un solo contratto, per un totale di 37 schiavi. I venditori erano sempre liguri mentre gli acquirenti in gran parte stranieri; questo momento rappresentò un picco di presenza servile di Barberia nel marcato genovese, in palese contrasto con la tendenza e le percentuali che si stavano affermando all'epoca e il pressoché assoluto predominio sul mercato degli schiavi tartari. L'impresa di Filippino Doria fece salire le percentuali dei saraceni in schiavitù vicino al 40%, ben lontano dal 2% circa calcolato da Michel Balard a quell'altezza cronologica. BALLETTO, L'impresa del genovese Filippo Doria contro Tripoli, pp. 98–111.

43 Forse il comune conosceva i piani di Filippino fin dall'inizio. Una serie di atti notarili propende a far pensare in questa direzione, tra cui anche la galea di Giovanni Beltrame che era stata armata con lo scopo "de viagio Tripori de Barbaria". ASGe, *Notai Antichi* 217, f. 74v. Genova, 18 febbraio 1356. Essa era probabilmente la stessa galea, sempre da lui patronizzata, che stava venendo armata per conto del comune di Genova nel febbraio 1355. Si dimostra di quest'opinione Laura Balletto, che reputa che il comune fosse coinvolto seppur in maniera non ufficiale.

44 ASGe, *Antico comune, Magistrorum rationalium introitus et exitus* 52, f. 75r. Genova, 23 agosto 1358. Nell'atto vi è registrato il pagamento di 798 genovini in favore di Domenico e della sua comitiva. Citato in: PETTI BALBI, Simon Boccanegra e la Genova del '300, p. 362.

45 Georgii et Iohannis Stellae Annales Genuenses, p. 154.

Francesco Gattilusio nel 1354 aveva armato 2 galee dirette nell'Egeo, dove la convulsa situazione geopolitica prometteva opportunità.[46] La sua posizione non ben definita era in bilico tra quella di corsaro e di imprenditore marittimo dotato di una propria forza navale. Nella mente di Francesco non era probabilmente estranea la possibilità di ritagliarsi un proprio dominio personale nella zona.[47] Gattilusio si era imbattuto in Giovanni V Paleologo, esiliato sull'isola di Tenedo dopo essere stato usurpato da Giovanni VI Cantacuzeno. L'ex imperatore si era accordato con il patrono genovese per recuperare il trono: in cambio dell'aiuto delle galee liguri, Giovanni avrebbe concesso la mano di sua sorella, Maria Paleologina, e un altro premio non specificato.[48] Giovanni V in una notte del novembre 1354 era stato trasportato fino al Corno d'Oro e grazie a un piccolo numero di soldati, tra cui probabilmente vi erano genovesi, era riuscito a riprendere il potere.[49] Mentre gli uomini del Paleologo avevano preso possesso del palazzo di Blacherne, Giovanni VI Cantacuzeno aveva rinunciato alla corona e si era ritirato in monastero. A distanza di qualche mese Francesco Gattilusio aveva sposato Maria e aveva ricevuto in dote la signoria ereditaria dell'isola di Lesbo – che tuttavia rimaneva territorio bizantino –, prendendone possesso il 17 luglio 1355.[50]

L'isola era soggetta a una singolare forma di governo, poiché i Gattilusio avevano ottenuto un dominio ereditario, secondo una pratica occidentale che non

46 Enrico Basso, Francesco Gattilusio, in: *Dizionario Biografico degli Italiani*, vol. 52, Roma 1999, pp. 608–611.

47 Di questa opinione almeno è lo storico bizantino Dukas, che tuttavia aveva scritto un secolo dopo gli avvenimenti. Analizzato in: Wright, The Gattilusio Lordships and the Aegean World, p. 39.

48 Lo storico Dukas riteneva che solo l'accordo matrimoniale fosse stato stipulato tra Giovanni V e Francesco Gattilusio a Tenedo, prima degli eventi di Costantinopoli, mentre la concessione di Lesbo fosse stata strappata in un secondo momento grazie al ruolo avuto dal genovese. Questa versione fa leva tuttavia sull'aggressività del patrono, che invece nei racconti più vicini agli eventi del 1355, come quello di Niceforo Gregoras, non è menzionato a Costantinopoli nel corso dell'azione principale. Sembra più probabile che Giovanni V abbia voluto assumersi il rischio di ricompensare volontariamente il genovese per la sua lealtà, inserendolo al contempo nella feudalità bizantina. Wright, The Gattilusio Lordships and the Aegean World, pp. 79–82.

49 La partecipazione di Francesco Gattilusio con la propria truppa all'infiltrazione del palazzo di Blacherne insieme a Giovanni V Paleologo è discussa, a seconda dei cronisti che ne hanno raccontato, e forse frutto di abbellimenti successivi per la mitizzazione delle origini della famiglia. Ciò che invece è certo è la presenza di Francesco a Costantinopoli, che organizzò il trasporto di Giovanni V da Tenedo alla capitale e rese possibile la congiura, anche se non è sicura la sua parte attiva ai combattimenti. Ivi, p. 81; Basso, Francesco Gattilusio.

50 Wright, The Gattilusio Lordships and the Aegean World, p. 40; Miller, The Gattilusj of Lesbos (1355–1462), p. 408.

esisteva a Bisanzio, ed erano strettamente legati alla casata imperiale con vincoli parentali. Ciò non significava tuttavia la traslazione di Lesbo all'interno del sistema coloniale genovese: il contesto istituzionale di Mitilene non somigliava a nessun altro tra quelli delle postazioni genovesi nel Levante.[51] La signoria di Francesco Gattilusio era rimasta, pur con modifiche, all'interno dell'impero di Bisanzio, senza un trapianto di modelli amministrativi genovesi.[52] Francesco aveva confermato da subito la propria lealtà all'imperatore greco, tramite l'inserimento della simbologia paleologa all'interno del proprio stemma e con il supporto offerto nelle campagne militari in Tracia degli anni successivi. Nel 1357 il vassallo genovese aveva assistito Giovanni V nella spedizione contro il rivoltoso Giovanni Kalothetos, legato ai Cantacuzeno e rappresentante nominale bizantino a Focea Vecchia. La vicenda si era incrinata con la cattura di Halil, figlio del sultano ottomano Orkhan, che era stato portato a Focea Vecchia. Il sovrano turco si era rivolto a Giovanni V per ottenere il rilascio del figlio e l'imperatore si era adoperato per guadagnare credibilità agli occhi del pericoloso vicino.[53] Giovanni aveva ordinato il rilascio del giovane principe ottomano, ma di fronte al rifiuto di Kalothetos era stato costretto a condurre l'assedio di Focea Vecchia contro il governatore ribelle. Francesco Gattilusio aveva contribuito con uomini e naviglio.[54] Giovanni V era nella paradossale situazione di dover salvare un principe turco musulmano, catturato da pirati greci o genovesi e detenuto da un governatore ribelle bizantino di fede ortodossa. Nella stessa occasione l'imperatore era stato avvertito dal Gattilusio di un complotto ordito da alcuni turchi ai suoi danni. L'assedio in ogni caso era fallito e Giovanni era stato costretto a pagare per il rilascio di Halil.[55]

Francesco Gattilusio era un uomo all'incrocio tra più mondi, affermato nell'Oriente bizantino e legittimato dal potere imperiale. Questo fatto lo differenziava dagli altri signori latini nei rapporti con i sudditi greci, di cui aveva saputo accattivarsi le simpatie. Francesco si era naturalizzato nel nuovo contesto di adozione, imparando anche la lingua greca[56]; aveva inserito le gerarchie della Chiesa ortodossa nell'amministrazione, affiancandovi un arcivescovo

---

51 Pistarino, Il secolo dei Gattilusio signori nell'Egeo, pp. 283–288.

52 Non ci si intende addentrare in questa sede all'interno del problema, per la cui analisi più approfondita: Mazarakis, Il contesto istituzionale della dominazione e l'amministrazione dei Gattilusio.

53 Nicol, The Last Centuries of Byzantium, 1261–1453, p. 261.

54 Wright, The Gattilusio Lordships and the Aegean World, pp. 40–41.

55 Sempre nel racconto di Dukas, un emiro turco alleato degli assedianti, con ogni probabilità quello di Saruchan, aveva organizzato una congiura per prendere prigioniero il Paleologo. Avvertito da Francesco Gattilusio, fu lui invece ad arrestare i turchi, che poi tuttavia rilasciò in cambio di un riscatto. *Ibidem*.

56 Basso, Francesco Gattilusio, pp. 608–611.

cattolico per la piccola comunità dell'isola.[57] La chiesa di Mitilene era dedicata a San Giovanni Battista, con chiara ispirazione genovese, patria che Francesco non aveva rinnegato.[58] La duplicità di appartenenza è visibile nella monetazione di entrambi i rami dei Gattilusio, i signori di Enos e quelli di Lesbo: da un lato le monete recavano l'Agnus Dei, riconducibile a Genova, dall'altro lato raffiguravano lo stemma inquartato dei Paleologi.[59] Già nel 1356 papa Innocenzo VI aveva intuito il possibile ruolo dell'ibrido Francesco Gattilusio come ponte tra l'Occidente e Bisanzio, nei suoi tentativi di unione religiosa. Il genovese aveva ricevuto lettere del pontefice, che raccomandavano di fornire assistenza ai suoi inviati presso l'imperatore bizantino.[60] Francesco aveva adottato una propria politica indipendente nei confronti della crociata antiturca, differenziata da quella del comune d'origine e piuttosto in linea con quella bizantina. Era stato uno dei più bellicosi signori dell'Egeo settentrionale nella guerra di corsa contro i turchi e nel 1366 aveva avuto un ruolo attivo nella crociata di Amedeo VI, che aveva soggiornato forse a Mitilene nel suo avvicinamento a Costantinopoli.[61] Il signore di Lesbo aveva unito le proprie forze a quelle dei crociati e aveva preso parte personalmente all'assalto su Gallipoli. Data l'inferiorità numerica cristiana, Amedeo aveva accolto il suggerimento di Francesco Gattilusio di ritirare i propri uomini sulle galee durante la seconda notte di assedio, per riprendere i combattimenti il giorno seguente; in quella notte i turchi avevano abbandonato la fortezza. Il signore di Mitilene all'alba aveva informato il comandante della fuga del nemico.[62] Francesco avrebbe dimostrato nuovamente lealtà a Giovanni V, seguendo il Conte Verde nel corso

57 WRIGHT, The Gattilusio Lordships and the Aegean World, pp. 286–302.

58 MILLER, The Gattilusj of Lesbos (1355–1462), pp. 411–412. Su questo punto, si rimanda a: Enrico BASSO, I Gattilusio tra Genova e Bisanzio. Nuovi documenti d'archivio, in: Chemins d'Outre-Mer, vol. 1, pp. 63–74.

59 Giuseppe LUNARDI, *Le monete delle colonie genovesi*, Genova 1963, pp. 243–259; in particolare le tavole G1, G2, G4, G5, G6, G7.

60 MILLER, The Gattilusj of Lesbos (1355–1462), p. 410; WRIGHT, The Gattilusio Lordships and the Aegean World, p. 345.

61 Nel resoconto delle spese della spedizione di Amedeo, per il 18 agosto 1366 è registrata la spesa di un fiorino in favore del menestrello del signore di Mitilene. BOLLATI DI SAINT-PIERRE, Illustrazioni della spedizione in Oriente di Amedeo VI, p. 50, doc. 154. Il 21 agosto invece venne pagato con 3 fiorini un uomo di Francesco Gattilusio che con un suo legno doveva portare una lettera per conto di Amedeo a Gallipoli, quasi sicuramente per informare Gaspard de Mantmayeaur della partenza della flotta e dell'imminente arrivo del conte sul Bosforo: "Libravit manu Anthonii de Chapingio, die XXI augusti, de mandato domini, prout retulit idem Anthonius, cuidam lignerio domini de Matelin, qui quasdam literas domini portavit apud Gallipuli domino Gaspardo de Monte Maiori, ex dono sibi facto per dominum, III florenos boni ponderis". Ivi, p. 50, doc. 155.

62 SETTON, The Papacy and the Levant, vol. 1, p. 299.

dell'intera spedizione e partecipando alla cattura di Mesembria in Bulgaria.[63] Francesco Gattilusio si era mostrato sensibile alla questione turca, proprio perché i suoi domini si trovavano in prima linea dinanzi all'avanzata ottomana. Si trattava della posizione di un privato cittadino genovese, divenuto un signore bizantino leale a un imperatore orientale di cui non era nato suddito. L'intraprendenza di singoli poteva portare molto lontano, a percorrere una strana strada della crociata.

6.1.3 *Il soccorso di Smirne e gli equilibri del Levante*

Il centro delle attenzioni crociate del Levante alla metà del Trecento era, senza dubbio, il presidio di Smirne. La crociata lanciata da Clemente VI, a cui avevano partecipato veneziani, ciprioti, ospitalieri, cavalieri francesi e forze pontificie, nel 1344 aveva attaccato Smirne, città sulla costa anatolica che Umur, emiro turco di Aydin, aveva reso la propria base navale. I cristiani avevano catturato il porto e la fortezza ma non la cittadella superiore, che sarebbe sempre rimasta in mano ai turchi. La spedizione di Umberto di Vienne del 1346 non aveva condotto a nuovi risultati e nonostante l'opposizione papale si era giunti a un armistizio favorevole con il figlio di Umur, Hizir, nel 1348.[64] L'accordo aveva scontentato le speranze crociate di Clemente e il senato veneziano, che intendeva proseguire l'offensiva contro i turchi. Entro il maggio 1350 erano stati richiamati ad Avignone gli ambasciatori di Cipro, Venezia e degli ospitalieri, per discutere la situazione smirniota, mediando tra la necessità di ratificare la pace, i bisogni finanziari e le volontà di continuare gli scontri.[65] Nel gennaio 1350 il consiglio veneto di Candia aveva designato una commissione di cinque uomini per esaminare le richieste dell'arcivescovo di Smirne, che lamentava l'assedio continuo e le misere condizioni dei cristiani. Le autorità veneziane di Creta avrebbero dovuto determinare le misure di soccorso che i feudatari dell'isola potevano prendere in favore dei cristiani ammalati o feriti.[66] I veneziani si dichiaravano pronti alla ripresa della guerra ma chiedevano al papa il concorso dei genovesi, mentre le nubi di guerra si ammassavano su entrambe le città. Clemente VI effettivamente il 7 maggio 1350 aveva scritto al doge di Genova per pregarlo di mandare alcuni emissari ad Avignone, al fine di includerlo nella

---

63 Francesco Gattilusio aveva comandato uno dei distaccamenti che avevano attaccato la città dal mare nel corso dei duri combattimenti. Ivi, p. 302. Anche: MILLER, The Gattilusj of Lesbos (1355–1462), p. 409.

64 SETTON, The Papacy and the Levant, vol. 1, p. 214.

65 Ivi, pp. 218–219.

66 THIRIET, Délibérations des assemblées Vénitiennes, vol. 1, p. 220, doc. 567. Candia, 18 gennaio 1350.

nuova lega contro i turchi, ma gli sforzi erano stati vani.[67] Le discussioni tra i rappresentanti delle quattro potenze crociate, avvenute durante l'estate, avevano visto prevalere la linea belligerante: l'11 agosto 1350 era siglata una nuova lega contro i turchi, della durata di dieci anni, tra il papa, Venezia, il regno di Cipro e l'Ordine di San Giovanni. Il sovrano cipriota avrebbe dovuto allestire 2 galee annuali, il doge veneto 3 e altrettante il gran maestro di Rodi, per provvedere alla custodia di Smirne e alle operazioni navali contro i turchi.[68] Tuttavia, il conflitto scoppiato tra i comuni marittimi italiani aveva creato immediate difficoltà all'attuazione dell'alleanza e alla difesa di Smirne.

Nel gennaio 1351 il papa si lamentava con il doge Andrea Dandolo perché non aveva tenuto fede ai patti e non aveva inviato le 3 galee promesse, adducendo come giustificazione la guerra con i genovesi. Clemente VI invitava il governo lagunare all'adempimento dei propri doveri; le stesse galee sarebbero state poste sotto la protezione pontificia e ne sarebbero stati informati i genovesi, che non avrebbero potuto attaccarle.[69] Venezia non era però in grado di fornire il contingente navale necessario perché impegnata militarmente con tutte le proprie forze: la guerra marittima stava distruggendo gli equilibri del quadrante egeo.[70] Nel settembre 1351 papa Clemente era costretto a ordinare al vescovo di Nicosia, a Cipro, di sospendere la predicazione della crociata poiché il regno isolano era colpito dalla peste, era circondato da musulmani e non doveva perdere militi inutilmente: dunque "mandamus quatinus a predicatione crucis cessetis".[71] Lo stesso giorno il pontefice aveva sciolto gli ospitalieri dal mantenimento di 3 galee contro i turchi, anche se permaneva l'obbligo di inviare 3.000 fiorini per il sostentamento della piazzaforte.[72] Il nuovo papa Innocenzo VI aveva rinnovato gli sforzi per la difesa di Smirne, sotto un assedio

67 *Clément VI (1342–1352). Lettres closes, patentes et curiales intéressant les pays autres que la France*, vol. 1, ed. Eugène Déprez / Guillaume Mollat, Paris 1960, pp. 304–305, doc. 2193. Avignone, 7 maggio 1350.

68 Predelli, I libri commemoriali, vol. 2, p. 184, n. 352. Avignone, 11 agosto 1350. Lo stesso giorno Ugo di Cipro si impegnava a porre fine alle discordie con Pietro, conte di Tripoli, affinché i turchi non se ne approfittassero. In: Clément VI (1342–1352). Lettres closes, patentes et curiales intéressant les pays autres que la France, vol. 1, p. 318, doc. 2278. Avignone, 11 agosto 1350.

69 Predelli, I libri commemoriali, vol. 2, p. 187, n. 366. Avignone, 13 gennaio 1351.

70 Setton, The Papacy and the Levant, vol. 1, p. 222.

71 "Propter mortalitatis pestem, que ipsum regnum, sicut et nonnullas alias partes orbis inaudita clade vestavit, expedit regnum ipsum quodque undique infidelium circumcingitur incolatu non vacuari bellatoribus […] mandamus quatinus a predicatione crucis cessetis". Clément VI (1342–1352). Lettres closes, patentes et curiales intéressant les pays autres que la France, vol. 1, p. 351, n. 2496. Avignone, 8 settembre 1351.

72 *Clément VI (1342–1352). Lettres se rapportant a la France*, vol. 3, ed. Eugène Déprez / Guillaume Mollat, Paris 1959, p. 210, doc. 5053. Avignone, 8 settembre 1351.

più o meno perenne, ma doveva confrontarsi con la stessa situazione. A poco erano valsi gli appelli papali al senato lagunare di pagare i 3.000 fiorini annui per la guarnigione anatolica.[73] L'impegno nella lotta antiturca era sostenuto solo dagli ospitalieri, che nel 1351 avevano occupato per poco tempo il castello di Carystus nell'Eubea, nonostante i malumori veneziani, per contrastare gli assalti ottomani.[74] Innocenzo VI nel 1353 aveva inviato lettere a Genova, alla corte d'Aragona e a Venezia per informare le potenze di un salvacondotto assegnato a 2 navi, noleggiate dal papa con i fondi stanziati per la crociata, che dovevano portare rifornimenti a Smirne e non potevano essere molestate dai contendenti.[75]

Le ostilità si erano aperte nuovamente nel 1350 tra i veneziani e l'emiro Hizir. L'emirato, che proseguiva una tradizione corsara ai danni del naviglio cristiano, era comunque una piazza commerciale importante e il governo cretese non era in accordo con le scelte belligeranti della madrepatria, proprio a causa delle ripercussioni sull'isola.[76] Il signore di Aydin nel 1350 aveva minacciato a più riprese l'invasione di Creta e nel maggio un contingente turco era riuscito a sbarcare nella parte orientale e a devastarne i campi. Le autorità locali avevano ordinato il rafforzamento delle difese di Sitia, mentre nel giugno una flotta turca intimoriva i veneziani per la possibilità di un nuovo sbarco.[77] Lo scoppio della guerra con i genovesi aveva bloccato lo sviluppo in grande stile delle ostilità, che si erano mantenute a bassa intensità per gli anni successivi. Nel 1352 Hizir domandava l'invio di ambasciatori veneti per il ristabilimento della pace con Venezia. L'ambasciatore di San Marco aveva presentato una serie di richieste, tra cui il libero commercio dei cretesi nel territorio di Aydin, la cessazione della pirateria turca, la sospensione dell'aiuto ai genovesi, oltre alla conferma dei privilegi in vigore.[78] L'anno seguente era stato inviato l'emissario veneziano Francesco da Firmo[79], ma nel 1355 vi erano ancora scontri con l'emiro.[80] La zona anatolica non cessava di destare preoccupazioni tra i ceti dirigenti veneti,

73 PREDELLI, I libri commemoriali, vol. 2, p. 217, n. 21. Avignone, 3 novembre 1353.

74 Anthony T. LUTTRELL, The Hospitallers at Rhodes, 1306–1421, in: A History of the Crusades, vol. 3, pp. 278–313, qui pp. 296–297.

75 La richiesta a genovesi e catalani è in: Innocent VI (1352–1362). Lettres secrètes et curiales, vol. 1, p. 215, n. 642. Avignone, 28 novembre 1353. Ai veneziani in: PREDELLI, I libri commemoriali, vol. 2, p. 218, n. 23. Avignone, 28 novembre 1353.

76 ZACHARIADOU, Trade and crusade.

77 THIRIET, Les relations entre Crète et les Émirats Turcs, pp. 217–218; THIRIET, Délibérations des assemblées Vénitiennes, vol. 1, p. 222, doc. 577. Candia, 26–28 giugno 1350.

78 Ivi, p. 228, doc. 596. Candia, 15 agosto 1352.

79 Ivi, p. 229, doc. 602. Candia, 5 aprile 1353.

80 In quell'anno molti sudditi cretesi erano stati arrestati da Hizir; per rappresaglia alcune navi turche erano state trattenute a Creta. Ivi, p. 234, doc. 617. Candia, 9 aprile 1355.

poiché i loro domini erano più direttamente coinvolti rispetto ai liguri, per i quali era semplicemente una zona frequentata dalle rotte commerciali.

Le velleità crociate si intersecavano con gli interessi del comune lagunare. L'impegno veneziano a Smirne sarebbe stato di un'ammirevole costanza per l'intero decennio. Con la conclusione della lotta veneto-genovese erano risorte le speranze papali sulla lega antiturca, alimentate dalle aspettative di conversione dell'imperatore bizantino Giovanni V al cattolicesimo.[81] Innocenzo VI aveva tentato la ripresa dell'accordo del 1350, tecnicamente non ancora scaduto, e il 1° aprile 1356 aveva richiamato i veneziani a fornire 3 galee per Smirne, poiché i turchi avevano guadagnato grandemente in audacia nel corso della guerra degli Stretti. I legni veneziani si sarebbero dovuti unire a quelli ciprioti e degli ospitalieri entro luglio.[82] Gli stessi domini veneti in Grecia erano soggetti alle pressioni turche e necessitavano di soccorso. Nell'agosto 1356 i governatori di Modone e Corone informavano che i turchi "non cessant dampnificare loca christianorum"[83]: per resistere ai loro assalti occorreva dare vigore alla nuova "unionem contra Turcos predictos, in qua esse debent rex Cipri et fratres Hospitalis Yerosolimitani", su cui il senato della laguna aveva scritto lettere al papa e a diversi cardinali.[84] Le politiche crociate si sposavano con il bisogno contingente di difesa dell'impero veneto d'oltremare. Tuttavia, Venezia si trovava impegnata nello scontro con gli ungheresi, che sarebbe costato nel giro di due anni la perdita di gran parte della Dalmazia: ancora una volta, nel 1357, il contributo di 3.000 fiorini per la fortezza di Smirne non poteva essere pagato.[85]

Nel marzo 1357 Innocenzo VI convocava ad Avignone i rappresentanti delle quattro potenze, perché facessero approvare dai rispettivi governi una serie di clausole. La nuova lega, della durata di cinque anni, aveva inizio l'8 settembre 1357 e ognuno dei partecipanti avrebbe dovuto fornire 2 galee, per una flotta del totale di 6 legni. Nel caso gli ospitalieri fossero stati in grado di armarne una terza, anche Venezia avrebbe dovuto fare altrettanto.[86] Un mese dopo, il

81 Nel 1356 Innocenzo VI inviò una serie di lettere per richiamare all'aiuto del *basileus* contro i turchi. SETTON, The Papacy and the Levant, vol. 1, p. 227.

82 PREDELLI, I libri commemoriali, vol. 2, p. 246, n. 153. Avignone, 1° aprile 1356.

83 FEDALTO, La Chiesa latina in Oriente, vol. 3, p. 74, doc. 168. Venezia, 27 agosto 1356.

84 "pro qua velocius percomplenda scripsimus litteras nostras domino pape et aliquibus ex cardinalibus". *Ibidem*.

85 Papa Innocenzo VI si lamentò fortemente della negligenza del senato, nonostante le sue insistenze. PREDELLI, I libri commemoriali, vol. 2, p. 264, n. 241. Avignone, 20 giugno 1357. La storiografia italiana sul conflitto veneto-ungherese del 1356–1358 e sulla pace di Zara non è molto sviluppata, mentre si registrano alcune opere in lingua ungherese. Si rimanda pertanto a: Filippo NANI MOCENIGO, Veneziani ed ungheresi fino al secolo XV, in *Ateneo veneto* 28 (1905), pp. 3–32.

86 PREDELLI, I libri commemoriali, vol. 2, p. 261, n. 225. Avignone, 22 marzo 1357.

papa sollecitava il doge veneziano per approvare il trattato a difesa dei cristiani d'Oriente.[87] Effettivamente, il senato veneto il 20 agosto 1357 aveva approvato una risoluzione per inviare 2 galee a difesa di Smirne.[88] Anche la difesa della Morea dagli ottomani era divenuta una questione pressante e nel 1356–1357 vi erano stati progetti per il trasferimento degli ospitalieri nel principato d'Acaia, probabilmente a Corinto, che erano naufragati per la contrarietà dei regnanti latini.[89] Dopo il 1356 non sono più registrate azioni militari significative nei dintorni di Smirne. In compenso, nel dicembre 1357 la galea di Negroponte era stata catturata dai turchi e l'intera isola veneziana si trovava indifesa.[90] La pace tra Venezia e l'emirato di Aydin era stata conclusa il 21 settembre 1358, con il ritorno del console veneto nella capitale; nonostante la ratifica del trattato, nel 1359 nuovi incidenti tra i turchi e i sudditi di San Marco avevano scosso le relazioni dell'area.[91] Nel 1360 l'emiro rispettava le clausole del patto, facendo arrestare tre rais che avevano depredato una nave di Corone[92]; l'anno seguente le autorità veneziane facevano tuttavia notare che il sovrano turco rispettava la pace con i cretesi ma non con gli altri veneziani, che attaccava, depredava e vendeva come schiavi.[93]

La zona egea negli anni Cinquanta ribolliva di scontri tra i turchi e le potenze cristiane, con una politica di opposizione segnata da frequenti tregue. Nel 1359 una squadra navale da Rodi, guidata dal futuro Gran Maestro dell'Ordine, Raymond Bérenger, era riuscita a dare alle fiamme ben 35 imbarcazioni turche fuori Megara, in Grecia.[94] Nel maggio era stato nominato in qualità di legato papale in Oriente Pierre Thomas, carmelitano francese già vescovo di Patti, che si era adoperato per l'unificazione con la Chiesa ortodossa. Pierre nel 1359 si trovava a Venezia con il neoeletto capitano di Smirne, Nicolò Benedetti: a bordo di una galea veneziana i due avevano raggiunto la città crociata

---

87 Ivi, p. 262, n. 228. Avignone, 30 aprile 1357. Sulle dinamiche della lega del 1357 anche: SETTON, The Papacy and the Levant, vol. 1, p. 231.

88 Ivi, p. 228.

89 LUTTRELL, The Hospitallers at Rhodes, 1306–1421, p. 297.

90 FEDALTO, La Chiesa latina in Oriente, vol. 3, p. 81, doc. 178. Venezia, 28 dicembre 1357.

91 La pace del 1358 è descritta in: THIRIET, Les relations entre Crète et les Émirats Turcs, pp. 218–219. Per quanto riguarda l'incidente del 1359, che vide la morte di un cretese: THIRIET, Délibérations des assemblées Vénitiennes, vol. 1, p. 242, doc. 648. Candia, 9 febbraio 1359.

92 Ivi, p. 247, doc. 665. Candia 26 maggio 1360.

93 Si accusava infatti l'emiro di aver permesso l'attacco a navi di sudditi veneziani di Corone e di Andros, derubandole e uccidendo l'equipaggio. Ivi, p. 250, doc. 675. Candia, 4 luglio 1361. Ancora nel settembre si domandava la punizione degli autori del fatto. Ivi, p. 251, doc. 679. Candia, 13 settembre 1361.

94 LUTTRELL, The Hospitallers at Rhodes, 1306–1421, pp. 296–297.

in Anatolia, da dove il legato papale aveva continuato il viaggio verso Costantinopoli. Il carmelitano nella capitale bizantina aveva incontrato l'imperatore Giovanni V, che aveva incoraggiato a continuare la guerra con i turchi. La galea di Pierre Thomas, su cui erano imbarcati rematori cretesi, si era unita a una bizantina per lanciare un attacco contro i turchi a Lampsacus, sul lato asiatico dei Dardanelli, nei pressi di Gallipoli. Philippe de Mézières, nella biografia dell'amico, racconta la conquista della città da parte del legato, che aveva imbarcato sulla galea un contingente formato da una cinquantina di ospitalieri, veneziani, genovesi, inglesi e greci. Dopo la cattura di Lampsacus, mentre gli uomini sostavano sulla costa, gli ottomani avevano teso loro un'imboscata e le ciurme cristiane erano fuggite confusamente sulle galee. Il legato aveva organizzato la resistenza con gli ospitalieri e alcuni latini, affrontando i turchi nonostante l'inferiorità numerica per permettere la ritirata sulle galee in buon ordine. Secondo il racconto di Mézières, solo 7 cavalieri erano caduti combattendo, mentre altri cristiani erano morti tentando di scappare in mare; al contrario gli infedeli avevano perso centinaia di uomini e il loro capo, con cifre che lasciano perlomeno qualche perplessità.[95] Pierre Thomas aveva tentato di rivitalizzare la lotta crociata fin dal suo arrivo in Oriente.

Vi erano stati anche esperimenti per organizzare una resistenza condivisa contro gli ottomani. Un documento del 1362 fa luce sul progetto di un'alleanza congiunta veneto-genovese-bizantina per salvaguardare le sorti dell'impero.[96] Il governo veneziano aveva inviato istruzioni agli ambasciatori Francesco Bembo e Domenico Michiel, presso Costantinopoli, per trattare la lega con il *basileus* contro i turchi. La conquista ottomana si era allargata nel giro di pochi anni alla Tracia, con la caduta di Adrianopoli intorno al 1361. La prima domanda di soccorso sembra in realtà formulata da Giovanni V ai dogi dei centri marinari: Venezia era decisa a sostenere l'imperatore, poiché la conquista turca di Costantinopoli avrebbe chiuso il traffico del Mar Nero, dove le *mude* venete erano tornate a partire dal 1358. I negoziati erano giunti a uno stato abbastanza avanzato: nella lega erano previste 2 galee veneziane, altrettante genovesi e 4 bizantine per i successivi due anni. Una modesta forza di 8 galee sarebbe bastata a mettere in sicurezza l'area, indice dell'inconsistenza ottomana sul mare; in caso di emergenza si potevano richiamare altre 2 galee veneziane, ma i genovesi dovevano fare altrettanto. I legni avrebbero dovuto combattere dalla primavera fino alla fine di ottobre, senza tornare nella capitale bizantina,

95 De Mézières, The Life of Saint Peter Thomas, pp. 84–86; Iorga, Philippe De Mézières, pp. 140–141.

96 Thiriet, Una proposta di lega antiturca tra Venezia, Genova e Bisanzio nel 1362, pp. 321–334.

sorvegliando la zona dai Dardanelli fino al Bosforo, ovvero il Mar di Marmara e gli Stretti. L'obiettivo della squadra navale era quello di impedire il passaggio alle imbarcazioni turche che trasbordavano uomini sulla riva europea. Il comando sarebbe stato esercitato a turno dal capitano veneziano e da quello genovese, a meno della discesa in campo dell'imperatore in persona, che avrebbe guidato le operazioni. La lega doveva mantenere gli Stretti aperti ai cristiani e chiusi per i turchi.[97] Erano previste, sottovalutando la forza ottomana, anche clausole relative alla spartizione dei nuovi territori conquistati ai musulmani, che sarebbero tornati ai bizantini se persi negli ultimi 25 anni.[98]

Venezia intendeva un proprio ruolo di leader nella futura lega, ma la costituzione dell'alleanza era soggetta alla questione di Tenedo, vero obiettivo di San Marco. I veneziani intendevano prendere possesso dell'isola greca, promessa loro dall'imperatore nel 1352, nel corso della guerra contro i genovesi, in cambio del versamento di 20.000 fiorini d'oro. La cessione non aveva mai avuto luogo per la riluttanza di Giovanni V, che aveva piuttosto dato i gioielli della corona in pegno a Venezia.[99] Gli emissari della laguna dovevano richiedere la cessione di Tenedo, condizione imprescindibile per l'avverarsi della lega. Gli ambasciatori, con uno sfoggio di forza per sostenere la richiesta, sarebbero stati scortati da 4 galee. Il progetto dell'alleanza si scontrava anche con le relazioni veneto-genovesi, che erano rimaste fredde dopo la tregua del 1355 e segnate da incidenti sul Mar Nero. Il *basileus* dal canto suo non intendeva abbandonare Tenedo, dall'ampio valore strategico e che gli si era dimostrata fedele durante i torbidi del 1355, a nessuno dei due contendenti.[100] Le politiche turcofile di Genova ostacolavano la formazione della lega contro gli infedeli: gli indugi erano condivisi dal doge Simone Boccanegra e dalla classe dirigente, che non poteva permettere ai veneziani di impadronirsi di Tenedo e di minacciare le posizioni liguri nell'Egeo nord-orientale. I quadri genovesi preferivano mantenere buoni rapporti con i turchi piuttosto che assecondare gli sforzi della Cristianità, che in realtà nascondevano vantaggi evidenti per Venezia.[101] L'alleanza era giunta a un punto morto. A riprova del fallimento della lega, il

97 Gli ambasciatori veneti erano incaricati, nel caso di riuscita della lega, di estendere il coinvolgimento anche al *basileus* greco di Trebisonda, al re di Cipro, allo zar di Bulgaria e agli ospitalieri di Rodi. THIRIET, Una proposta di lega antiturca tra Venezia, Genova e Bisanzio nel 1362, pp. 323–324.

98 *Ibidem*.

99 Sulla complessa diatriba di Tenedo: SETTON, The Papacy and the Levant, vol. 1, pp. 314–322.

100 THIRIET, Una proposta di lega antiturca tra Venezia, Genova e Bisanzio nel 1362, pp. 326–328.

101 PETTI BALBI, Simon Boccanegra e la Genova del '300, pp. 324–325.

valore degli incanti veneziani della *muda* di Romania nel 1362 era molto alto e indicativo della pace nei Dardanelli. D'altronde non erano inviate galee armate ma solo da mercato.[102]

Al di là di ipotetiche leghe, le attenzioni crociate della metà del Trecento ruotavano ancora attorno alla città di Smirne. È difficile studiare la vita effettiva del presidio durante i decenni in analisi, per la mancanza di fonti dettagliate che indichino i consumi, i movimenti di uomini, lo stato di conflitto logorante. Le missive papali sono di carattere generale e non indicano i fabbisogni del luogo, che è tuttavia sempre descritto come in condizioni difficili. Il mantenimento della piazzaforte crociata era perennemente in bilico: i latini si sostentavano grazie ai rifornimenti via mare, che giungevano nel porto, mentre erano circondati da un universo ostile.[103] La cittadella era situata al di fuori del centro, sulla cima del monte Pagos, a circa 200 metri d'altezza e sovrastante l'abitato di Smirne, ed era rimasta in mano ai turchi che dominavano dunque tutta l'area. I crociati invece possedevano il "Liman Kalesi", la fortezza bizantina che difendeva il porto, e la città racchiusa da mura. Il veneziano Orso Dolfin, già arcivescovo di Creta, nel 1356 era stato nominato da Innocenzo VI legato papale per l'Oriente e capitano di Smirne.[104] La somma di cariche nella figura del presule lascia intuire la scarsa presenza sul campo. L'incarico era durato infatti poco tempo: nel 1359 era già rimpiazzato da Pierre Thomas in qualità di legato, mentre era nominato capitano di Smirne l'ospitaliere fiorentino Nicolò Benedetti. I due erano giunti nel caposaldo crociato, partendo da Venezia, quello stesso anno: Pierre Thomas durante la breve sosta aveva trovato il presidio in condizioni disastrose e la guarnigione non pagata da mesi. Il legato aveva predicato a Smirne e aveva raccolto denaro, a cui aveva aggiunto i propri fondi personali per pagare i soldati di guardia, con i contributi delle comunità genovese e veneziana, oltre che di Cipro e Rodi.[105] Nicolò Benedetti, durante il suo comando, aveva ordine di rafforzare le difese e mantenere una guarnigione di 150 soldati latini, oltre a 2 galee.[106] L'8 giugno 1359 il senato veneziano

---

102 Thiriet, Una proposta di lega antiturca tra Venezia, Genova e Bisanzio nel 1362, p. 329.

103 Sul governo dei cavalieri ospitalieri a Smirne, fino all'assedio di Tamerlano del 1402, esiste solo il lavoro: Jürgen Sarnowsky, Die Johanniter und Smyrna 1344–1402, in: *Römische Quartalschrift für christliche Altertumskunde und Kirchengeschichte* 87 (1992), pp. 47–98.

104 Maria Pia Pedani, Orso Dolfin, in: *Dizionario Biografico degli Italiani*, vol. 40, Roma 1991, pp. 561–562.

105 Pierre Thomas, prima di proseguire verso Costantinopoli, aveva predicato a Smirne chiedendo elemosine "et quidquid habere poterat de Cypro, de Rhodo, de communitatibus Ianuensibus et Venetis in tali usu se gloriabatur ponere". De Mézières, The Life of Saint Peter Thomas, p. 89.

106 Luttrell, The Hospitallers at Rhodes, 1306–1421, p. 297; Setton, The Papacy and the Levant, vol. 1, p. 234.

votava una risoluzione in cui ordinava al duca di Creta di mantenere 2 galee, assegnate alla lega contro i turchi, stanziando cifre importanti per questo.[107] In compenso, Venezia si rifiutava di pagare 3.000 fiorini l'anno per la piazzaforte di Smirne, affermando che l'aveva fatto solo una volta, ma non aveva mai promesso di un versamento regolare.[108]

Il mandato di Benedetti era durato solo un paio d'anni: nel 1361 era nominato, quale capitano di Smirne, il genovese Pietro Recanelli, personalità di spicco della Maona di Chio, in un contesto che evidentemente conosceva bene.[109] Il mercante, pur con notevoli difficoltà nel reperimento dei fondi necessari al sostentamento della piazzaforte[110], pare fosse apprezzato per il proprio impegno in Oriente.[111] Recanelli probabilmente era il miglior equilibrio tra gli interessi commerciali della Maona genovese, installata a Chio e Focea, e le esigenze di difesa della città crociata. Lo stesso Pietro nel 1361 aveva tentato il proprio matrimonio con Fiorenza Sanudo, al fine di ereditare la signoria di Nasso.[112] Gli anni del capitanato di Recanelli erano stati abbastanza turbolenti, mentre le difficoltà finanziarie rimanevano costanti.[113] Lo storico dell'Ordine ospitaliero, Giacomo Bosio, nel Cinquecento riporta una buona opinione sul mercante-capitano, che aveva rassegnato le proprie dimissioni dopo un decennio: "Pietro Racanelli Genovese governata con assai buona sodisfattione del Papa quella Città alcuni anni e desiderando finalmente di ritirarsi,

---

107 Erano infatti inviati, nel giugno 1359, 2.000 ducati al governo cretese per l'armamento delle galee; successivamente sarebbero stati inviati altri 4.000 ducati con la *muda* di marzo e ulteriori 4.000 con quella di settembre. ASVe, *Senato Misti* 29, f. 7v. 8 giugno 1359.

108 Setton, The Papacy and the Levant, vol. 1, p. 236.

109 Nell'ottobre 1361, come già ricordato in precedenza, Pietro Recanelli era definito "Ianuensem, capitaneum Smyrnarum". Gerland, Neue Quellen zur Geschichte des lateinischen Erzbistums Patras, p. 139. Regesto in Thiriet, Régestes de déliberations du Sénat, vol. 1, p. 99, doc. 381. Venezia, 25 ottobre 1361. Recanelli, dunque, occupava il posto di comandante già da due anni, a differenza di quanto affermato da Setton e Zachariadou, i quali scrivono di come la guarnigione di Smirne fosse agli ordini di capitani genovesi (Pietro Recanelli e Ottobuono Cattaneo) a partire dal 1363 e fino al 1374. Zachariadou, Trade and crusade, p. 127.

110 Nell'aprile Recanelli 1361 aveva nominato a Genova un proprio procuratore per richiedere al Gran Maestro di Rodi i 5.000 fiorini a lui dovuti per il sostentamento della piazzaforte, come da direttive pontificie: come già ricordato, la cifra totale era di 10.000 fiorini.

111 Hopf, Storia dei Giustiniani di Genova, p. 406. Lo studioso, per quanto riguarda le opinioni veneziane, cita il manoscritto n. 142 appartenente al fondo Gino Capponi, f. 32v., conservato alla Biblioteca Nazionale Centrale di Firenze.

112 Lombardo, La croce, il mastice e la figlia del Doge, pp. 629–630.

113 Pietro Recanelli era stato confermato comandante un anno dopo, nel 1362, e gli era destinata la somma di 6.000 fiorini per la guarnigione: AAV, *Registra Vaticana* 245, f. 188v. Avignone, 19 novembre 1362. La seconda nomina di Pietro Recanelli è citata in: Iorga, Philippe De Mézières, p. 158, nota 2.

mandò un suo Procuratore chiamato Pietro del Seti in Avignone, a rinunciare quel carico".[114]

Il governo di Smirne, che si interfacciava con problemi costanti, pagamenti non ricevuti e uno stato perenne di assedio, era un compito ingrato. Nel 1371 era succeduto a Recanelli un altro genovese, Ottobuono Cattaneo, già implicato nelle vicende smirniote e allora residente a Rodi.[115] Al termine dell'incarico il pontefice aveva ordinato la revisione dei conti dell'amministrazione decennale di Recanelli. Nel 1373 l'ex comandante era inquisito per mancati pagamenti alle truppe e addirittura minacciato di scomunica.[116] Le vicissitudini finanziarie di Smirne erano disastrose, in un concorso di colpa tra somme non arrivate dall'Occidente e capitani poco chiari nella gestione degli introiti. Anche Ottobuono si era dovuto interfacciare con lo stesso problema: nel 1372 papa Gregorio XI sollecitava i collettori delle decime al pagamento della somma al capitano di Smirne, incalzando il re di Cipro all'invio del denaro e informando Cattaneo dei provvedimenti.[117]

---

114 Giacomo Bosio, *Dell'istoria della sacra religione ed ill.ma militia di San Giovanni*, vol. 2, Roma 1594, p. 74.

115 "Per il che haveva il Papa con un'altra lettera ordinato al Gran Maestro, che deputar dovesse a quel governo, per dieci anni a venire, Ottobone Cataneo Gentilhuomo Genovese, all'hora abitante in Rodi, con provisione e stipendio di seicento fiorini d'oro l'anno". *Ibidem*. Giacomo Bosio tuttavia data il fatto al 1372, mentre il passaggio di consegne tra Recanelli e Cattaneo avvenne nel marzo 1371: Passaggio di consegne tra Recanelli capitano, e Ottobuono Cattaneo, abitante a Rodi. In: Lettres secrètes et curiales du pape Grégoire XI (1370–1378) relatives à la France, vol. 4, p. 740, doc. 2140. Avignone, 7 marzo 1371.

116 AAV, *Registra Vaticana* 264, f. 207v. S.l., 1373. In: Lettres secrètes et curiales du pape Grégoire XI (1370–1378), intéressant les pays autres que la France, vol. 1, pp. 79–80, doc. 552. Erano state inviate lettere da parte del papa all'arcivescovo di Genova e all'abate della chiesa cittadina di San Siro, per chiedere spiegazioni a Recanelli sul fatto, giustificando il denaro non dato: AAV, *Registra Vaticana* 269, f. 5r. Avignone, 19 gennaio 1373. In: Lettres secrètes et curiales du pape Grégoire XI (1370–1378), intéressant les pays autres que la France, vol. 1, p. 196, doc. 1406. Il pontefice scrisse direttamente a Recanelli una "gravis querela" perché pagasse gli stipendi arretrati agli uomini di Smirne o dicesse i motivi per cui si era trovato impossibilitato a farlo. AAV, *Registra Vaticana* 269, f. 5v. Avignone, 20 gennaio 1373. In: Lettres secrètes et curiales du pape Grégoire XI (1370–1378), intéressant les pays autres que la France, vol. 1, p. 197, doc. 1411. Nel 1374 il papa minacciò Pietro di scomunica se non avesse pagato i suoi ex soldati entro un mese: AAV, *Registra Vaticana* 266, f. 27r. Avignone, 13 giugno 1374. In: Lettres secrètes et curiales du pape Grégoire XI (1370–1378), intéressant les pays autres que la France, vol. 2, p. 43, doc. 2705.

117 AAV, *Registra Vaticana* 264, f. 201r. Avignone, 16 febbraio 1372. In: Lettres secrètes et curiales du pape Grégoire XI (1370–1378), intéressant les pays autres que la France, vol. 1, pp. 79–80, doc. 552. A Ottobuono Cattaneo: AAV, *Registra Vaticana* 268, f. 311r. Avignone, 15 agosto 1372. In: Lettres secrètes et curiales du pape Grégoire XI (1370–1378), intéressant les pays autres que la France, vol. 1, pp. 129–130, doc. 937. A Cipro: AAV, *Registra Vaticana*

Ottobuono, come lamentava al papa l'arcivescovo di Smirne, il carmelitano Raimondo di San Michele, trascurava completamente i propri doveri: di rado, se non mai, risiedeva nella città anatolica, con il centro in uno stato di tremenda indigenza.[118] La guarnigione non riceveva la paga da mesi, era mal equipaggiata e, come scrive Giacomo Bosio, "per l'assenza e trascuraggine del governatore nascevano ogni giorno in quel presidio maggiori alterazioni, confusioni e disordini in modo che quella città, la quale stava in mezo alle forze de' Turchi, correva gran pericolo di perdersi".[119] Il genovese era stato rimosso dal comando per il suo operato inadeguato e grazie alle querele congiunte dei soldati, dei veneziani, dei genovesi e dei cretesi; la difesa di Smirne era stata affidata dal papa integralmente all'Ordine di San Giovanni per i successivi cinque anni.[120] Il Gran Maestro degli ospitalieri aveva tentato di rifiutare il compito, protestando che i cavalieri da soli non avevano forze sufficienti per difendere la città e sostenerne le spese, senza l'aiuto degli altri collegati. Gregorio XI tuttavia non voleva sentire ragioni e aveva insistito sui 3.000 fiorini che dovevano giungere ogni anno dalle decime ecclesiastiche di Cipro, destinate a Smirne.[121] Dal 1374 fino alla caduta della piazzaforte, avvenuta a opera di Timur Lang nel 1402, il carico della gestione di Smirne era completamente sulle spalle degli ospitalieri, che lamentavano periodicamente una situazione disperata. Smirne rappresenta forse la sintesi del fallimento delle leghe di metà secolo. In essa, veneziani e genovesi risultavano sempre, inevitabilmente, implicati: non esisteva vicenda crociata che non vedesse liguri e veneti.

268, f. 311r. Avignone, 15 agosto 1372. In: Lettres secrètes et curiales du pape Grégoire XI (1370–1378), intéressant les pays autres que la France, vol. 1, p. 129, doc. 936.

118 AAV, *Registra Vaticana* 270, f. 37v. Avignone, 13 giugno 1374. In: Lettres secrètes et curiales du pape Grégoire XI (1370–1378), intéressant les pays autres que la France, vol. 2, p. 43, doc. 2700.

119 Bosio, Dell'istoria della sacra religione, vol. 2, p. 79. Effettivamente ancora nel 1374 i collettori che non avevano consegnato le somme dovute: AAV, *Registra Vaticana* 266, f. 24v-25r. Avignone, 13 giugno 1374. In: Lettres secrètes et curiales du pape Grégoire XI (1370–1378), intéressant les pays autres que la France, vol. 2, p. 43, doc. 2698–2699.

120 AAV, *Registra Vaticana* 266, f. 51r. In: Lettres secrètes et curiales du pape Grégoire XI (1370–1378), intéressant les pays autres que la France, vol. 2, p. 66, doc. 2876. Avignone, 21 settembre 1371.

121 Bosio, Dell'istoria della sacra religione, vol. 2, p. 80.

Tabella 5

Capitani di Smirne

1348-?	Barnaba da Parma[122]
1356–1359	Orso Dolfin, arcivescovo di Creta
1359–1361	Nicolò Benedetti, ospitaliere
1361–1371	Pietro Recanelli, genovese
1371–1374	Ottobuono Cattaneo, genovese[123]
1374	governo di Smirne assegnato agli ospitalieri
?-1381	Jacques di Lione, ospitaliere
1381-?	Ugolino Girardo, ospitaliere

6.2 I richiami della crociata

6.2.1 *Veneziani e genovesi alla crociata di Alessandria (1363–1365)*

La spedizione ad Alessandria del 1365 era stata l'apice dell'attività crociata nel Levante. Gli anni 1360' sembrano marcati da un particolare attivismo, incentivato dal nuovo sovrano di Cipro, Pietro I di Lusignano, che aveva fatto della crociata la principale bandiera del proprio governo. Genova e Venezia, grandi centri marittimi del Mediterraneo, non potevano sottrarsi a questa tensione. Il *passagium* aveva avuto i suoi grandi campioni, il re Pietro e Philippe de Mézières, il legato Pierre Thomas e il pontefice Urbano V, ma non è stato ancora indagato il ruolo delle due città mercantili, direttamente implicate nella spedizione e prime a subirne le conseguenze. L'atteggiamento ambivalente di Genova e Venezia rispetto al sogno del sovrano cipriota pare segno del dilemma tra coscienza pragmatica della complessità orientale, a cui era legata la prosperità commerciale, e il bisogno di obbedire agli appelli papali. Genova e Venezia erano, ancora una volta, elementi imprescindibili per l'attuazione della guerra contro gli infedeli. Come si erano comportati i centri durante la crociata di re Pietro?

122 Clément VI (1342–1352). Lettres closes, patentes et curiales intéressant les pays autres que la France, vol. 1, p. 229, doc. 1697. Avignone, 17 agosto 1348.

123 Passaggio di consegne tra Recanelli capitano, e Ottobuono Cattaneo, abitante a Rodi. Lettres secrètes et curiales du pape Grégoire XI (1370–1378) relatives à la France, vol. 4, p. 740, doc. 2140. Avignone, 7 marzo 1371. Rimosso nel 1374 perché negligente ai suoi doveri: LUTTRELL, The Hospitallers at Rhodes, 1306–1421, p. 301.

Il sacco di Alessandria aveva avuto grande risalto tra i contemporanei. Gran parte della storiografia si è focalizzata sul protagonismo cipriota, sulla figura del monarca Lusignano o sulle cronache legate all'attacco, che aveva incitato la produzione di scritti e componimenti poetici.[124] Il regno di Cipro, frontiera avanzata della presenza cristiana nel Mediterraneo orientale, aveva un ruolo di crocevia per i traffici con Siria ed Egitto, confermato dalla fine dell'embargo papale e dalla caduta della città armena di Ayas nelle mani dei mamelucchi.[125] Mentre Ugo IV di Cipro aveva mantenuto buoni rapporti con il sultano d'Egitto, opponendosi alla trasformazione della crociata di Smirne in un *passagium* contro i mamelucchi, il suo successore era di avviso opposto. Pietro di Lusignano è una personalità eccezionale nel Mediterraneo tardomedievale, che aveva dedicato alla crociata tutta la propria vita. Poco tempo dopo l'incoronazione aveva intrapreso una serie di attacchi sulla costa anatolica, occupando Korykos nel 1360 e Atalya nel 1361. La politica di Pietro da un lato mirava ad affermare l'egemonia del regno sull'estremo Levante del Mediterraneo, dall'altro era nutrita del sogno di riconquistare la Terra Santa.[126] L'ambizione del

---

124 Sulle politiche crociate del regno di Cipro: Peter W. EDBURY, The crusading policy of King Peter I of Cyprus, 1359–1369, in: *The Eastern Mediterranean Lands in the period of the Crusades*, ed. Peter Malcolm HOLT, Warminster 1978, pp. 90–105; Peter W. EDBURY, *The Kingdom of Cyprus and the Crusades, 1191–1374*, Cambridge 1991; Harry LUKE, The kingdom of Cyprus, 1291–1369, in: A History of the Crusades, vol. 3, pp. 340–360. Sulla figura di Pietro I: Kevin BROWNLEE, The Figure of Peter I and the Status of Cyprus in Le songe du vieil pelerin: Crusade Ideology, Salvation History, and Authorial Self-Representation, in: Philippe de Mézières and His Age, pp. 165–188. Riguardo la crociata di Alessandria del 1365, tra i contributi più recenti: Kenneth Scott PARKER, Peter I de Lusignan, the Crusade of 1365, and the Oriental Christians of Cyprus and the Mamluk Sultanate, in: *Medieval Cyprus: a place of cultural encounter*, ed. Michael GRÜNBART / Sabine ROGGE, Münster 2015, pp. 53–72; CHRIST, Non ad caudam sed ad caput invadere.

125 JACOBY, Medieval Trade in the Eastern Mediterranean and Beyond.

126 Pietro I aveva rivolto la propria attenzione alla zona della Piccola Armenia, in Cilicia, e all'Egitto, tralasciando gli interessi del padre verso la Romania. Nel gennaio 1360 il neo-sovrano, con il supporto di Pierre Thomas aveva risposto agli appelli degli abitanti di Korykos, porto della Cilicia armena da anni soggetto agli attacchi dei turchi, che offrivano al re il possesso della città. Il sovrano aveva inviato due galee cipriote appartenenti alla lega di Smirne per occupare il porto senza chiedere alcun permesso alla curia papale, stanziandovi poi una guarnigione. SETTON, The Papacy and the Levant, vol. 1, pp. 238–239. Nonostante il successo i veneziani videro con sospetto la manovra, considerata una diversione delle risorse della lega destinate alla difesa di Smirne. HOUSLEY, The Avignon Papacy and the Crusades, p. 40. La politica aggressiva di Pietro si era esplicitata ancor di più l'anno successivo, animata dallo zelo di Pierre Thomas: nella primavera del 1361 il sovrano era riuscito a raccogliere gradualmente una flotta di oltre un centinaio di vascelli, tra cui anche due galee papali e quattro degli Ospitalieri. L'armata, partita da Famagosta, aveva come obiettivo la città di Atalya sul litorale dell'Asia Minore, appartenente al beylicato di Tekke, uno dei numerosi piccoli potentati turchi della penisola anatolica. Le forze

monarca cipriota era grande: in una lettera, datata 15 giugno 1362 e inviata al governo di Firenze, chiedeva aiuto annunciando la sua intenzione di guidare una spedizione per il recupero di Gerusalemme e dei Luoghi Santi, impresa per cui avrebbe consacrato sé stesso e il proprio regno.[127]

Nell'ottobre 1362 Pietro I era salpato da Cipro diretto in Europa, al fine di raccogliere uomini e mezzi e far risuonare i propri appelli tra le corti occidentali. Nel suo viaggio era accompagnato da un piccolo seguito di nobili e dai fedeli vicari Pierre Thomas e Philippe de Mézières. La spedizione aveva fatto tappa a Rodi prima di approdare nella laguna veneta il 5 dicembre. Il sovrano cipriota guardava a Venezia come base logistica per i propri viaggi, punto di arrivo e di appoggio per gli anni seguenti. Pierre Thomas, diretto a Costantinopoli, era transitato alcuni anni prima per la laguna, nel settembre 1356, e vi era rimasto sei mesi per tentare inutilmente di trattare la pace tra Venezia e l'Ungheria. Il prelato aveva già avuto a che fare con le dinamiche del governo veneto, che conosceva bene.[128] Nella città era doge Lorenzo Celsi, che poco prima dell'elezione era stato capitano del Golfo e aveva condotto insieme a 2 galee di Cipro e Rodi un'azione contro i turchi a Gallipoli, distruggendo alcune navi nemiche in cui si sospettava la presenza di genovesi.[129] La società veneziana in quegli anni era travagliata da fratture nel patriziato, diviso tra "oltranzisti", favorevoli alla chiusura oligarchica e "moderati", che spingevano per una partecipazione più larga al commercio e alla vita politica.[130] Il doge Lorenzo

---

cristiane erano sbarcate nei pressi dell'abitato il 23 agosto 1361 e lo avevano conquistato il giorno successivo. L'emiro turco aveva compiuto alcuni tentativi infruttuosi di recuperare la propria capitale, mentre le forze cipriote avevano fatto ritorno sull'isola un mese dopo, il 22 settembre 1361, avendo conseguito una vittoria di non poco rilievo. Marie-Anna Chevalier, Le rôle de la papauté dans la politique arménienne des Hospitaliers au XIVe siècle, in: *La Papauté et les croisades / The Papacy and the Crusades. Actes du VIIe Congrès de la Society for the Study of the Crusades and the Latin East/ Proceedings of the VIIth Conference of the Society for the Study of the Crusades and the Latin East*, ed. Michel Balard, Farnham 2011, pp. 231–256, qui pp. 245–246.

127 La lettera era stata quasi sicuramente vergata dal cancelliere Philippe de Mézières, che si trovava alla corte di Nicosia. De Mas Latrie, Histoire de l'ile de Chypre, vol. 2, pp. 236–237. Nicosia, 15 giugno 1362. Si veda anche: Housley, The Avignon Papacy and the Crusades, p. 40.

128 Setton, The Papacy and the Levant, vol. 1, p. 227.

129 Così narra Gian Giacomo Caroldo nella sua cronaca cinquecentesca, che però occorre prendere con le dovute precauzioni. Citato in Laura Ginnasi, Lorenzo Celsi, in: *Dizionario Biografico degli Italiani*, vol. 23, Roma 1979, pp. 475–478.

130 Gli oltranzisti più intransigenti spingevano per il ripristino dell'*officium de navigantibus*, come modalità per controllare la partecipazione ai traffici. Si veda: Roberto Cessi, L'"officium de navigantibus" e i sistemi della politica commerciale veneziana nel sec. XIV, in: *Politica ed economia di Venezia nel Trecento. Saggi*, Roma 1952, pp. 37–47.

Celsi aveva una personale tendenza al lusso, che spiega le fastose accoglienze tributate a visitatori esteri come, appunto, Pietro I.[131] Il monarca cipriota era stato ricevuto festosamente e ospitato nel palazzo Corner-Piscopi sul Canal Grande, proprietà di Andrea Zane, podestà di Treviso.[132] Nella città il sovrano aveva avuto occasione di discutere con il doge, da cui aveva ricevuto assicurazioni sull'impegno di Venezia nella crociata e la notizia che il senato aveva deliberato di armare 12 galee in supporto.[133] Pietro, accompagnato dal suo seguito, aveva lasciato Venezia il 2 gennaio 1363, diretto dal papa ad Avignone, toccando prima la grande rivale tirrenica: Genova.[134]

La città ligure aveva visto ritorno al potere di Simone Boccanegra, con un colpo di mano dopo la parentesi viscontea, e la politica dogale era volta alla repressione di ogni opposizione, generando un clima di malumori all'interno del ceto aristocratico.[135] Era iniziata la conversione di scelte, commerciali e politiche, di Simone Boccanegra verso Occidente, che ricalcava le tendenze di gruppi di mercanti. Il crescente numero di fortificazioni degli insediamenti genovesi sulle coste del Mar Nero, tra Crimea e Bulgaria, dimostravano intanto che l'area orientale era tutt'altro che sicura.[136] I buoni rapporti con i potentati infedeli non bastavano a mantenere in sicurezza l'oltremare genovese. Pure, lo sviluppo dell'attitudine filoturca aveva messo a dura prova il legame di Genova con i pontefici. L'elemento che coagulava Simone Boccanegra e papa Innocenzo VI era l'atteggiamento antivisconteo, ma sullo scacchiere orientale il governo ligure era reticente a un impegno comune contro i musulmani. Gran parte del ceto mercantile della città preferiva continuare ad avere buoni rapporti con i turchi piuttosto che assecondare imprese rischiose.[137] Nonostante l'atteggiamento favorevole verso gli ottomani, Simone Boccanegra non sembrava ostile alla crociata di re Pietro. Nel suo percorso europeo il sovrano cipriota aveva toccato la metropoli ligure nei primi giorni del febbraio 1363 e vi aveva soggiornato oltre un mese, tanto quanto a Venezia.[138] Il re era stato accolto con grandi

131 GINNASI, Lorenzo Celsi.

132 DE MÉZIÈRES, The Life of Saint Peter Thomas, pp. 102–104; IORGA, Philippe De Mézières, pp. 142–147.

133 ASVe, *Senato Misti* 30, f. 119v. Venezia, 30 novembre 1362. Anche: IORGA, Philippe De Mézières, p. 148.

134 SETTON, The Papacy and the Levant, vol. 1, pp. 242–243.

135 PETTI BALBI, Simon Boccanegra e la Genova del '300, pp. 40–41.

136 Proprio tra la seconda metà degli anni Cinquanta e i primi anni Sessanta si assiste a un grande sviluppo delle fortificazioni genovesi in Gazaria. A Cembalo fu iniziata la costruzione di una cittadella fortificata nel 1357, nel 1360 Chilia è considerata un "castrum", nel 1363 si innalza il bastione di Samastri. Ivi, p. 396.

137 Ivi, p. 381.

138 IORGA, Philippe De Mézières, pp. 150–151.

onori insieme a tutto il suo cavalleresco seguito, tra festeggiamenti e grandi spese da parte del comune per ordine di Boccanegra.[139] Il favore con cui il doge guardava a re Pietro, tuttavia, aveva avuto un tragico epilogo proprio durante la visita dell'aspirante crociato. Nel palazzo di Pietro Malocello, situato nei pressi del borgo di Sturla, era stato dato un banchetto in onore del monarca: il nobile genovese, già camerario di Cipro dal 1360, era stato creato cavaliere dallo stesso Pietro di Lusignano, re titolare di Gerusalemme.[140] Nel corso della festa, il doge Simone Boccanegra era stato avvelenato da una congiura di nobili.[141] L'uscita di scena in maniera drammatica della personalità che aveva segnato per decenni la scena politica genovese, e con il quale Pietro sembrava in procinto di avviare una collaborazione mediterranea, avrebbe avuto profonde ripercussioni sulla conduzione della crociata.

Il re di Cipro, nel tentativo di accattivarsi gli aiuti della potenza marittima per la spedizione, il 5 marzo 1363 aveva rinnovato le concessioni fatte ai genovesi da re Enrico I di Cipro un secolo e mezzo prima: dal canto suo, il comune tentava di sfruttare lo stato di necessità del sovrano.[142] Durante la permanenza a Genova il papa aveva nominato Pierre Thomas arcivescovo di Creta, sebbene la notizia fosse giunta più tardi.[143] Dopo la conclusione del trattato e la morte di Boccanegra, Pietro I aveva ripreso la strada per Avignone, deciso a incontrare il papa e ricevere supporto per la propria impresa. A Genova aveva lasciato speranze, dettate da una calorosa accoglienza e promesse di collaborazione,

139 Iorga registra la spesa di oltre diecimila lire genovesi all'interno degli "introitus et exitus" per il 1364. *Ibidem*. Lo stesso Giorgio Stella ricorda: "fuit multo honore susceptus in Ianua, ubi infantem Baptistam, natum Simonis Bucanigre ducis, militem dignum constituit". Georgii et Iohannis Stellae Annales Genuenses, p. 157.

140 Quartapelle, Il vero ed il 'falso' Lanzarotto Malocello, p. 25.

141 Simone Boccanegra, dopo un giorno di agonia, morì il 14 marzo 1363 e i suoi congiunti furono prontamente esiliati, con un repentino cambio di governo preparato dall'atmosfera di repressione che aveva azzerato la popolarità del doge. I fratelli del defunto, Bartolomeo, Giovanni e Nicolò, presenti nel palazzo del comune genovese vennero arrestati, mentre Simone venne inumato frettolosamente nella chiesa di San Francesco. Secondo un'altra ipotesi, invece che avvelenato, la morte del doge potrebbe essere sopravvenuta in realtà a seguito di una grave malattia e la versione dei fatti relativa all'avvelenamento sorta successivamente, prima di essere accreditata nel racconto di Giorgio Stella. Petti Balbi, Simon Boccanegra e la Genova del '300, pp. 40–43.

142 La serie di privilegi era stata accordata il 10 giugno 1232. Tra i testimoni dell'atto figura anche "Philipo de Mayzeriis Regni Chipri canzellario". ASGe, *Liber Iurium II*, f. 329r. Genova, 5 marzo 1363. In: I Libri Iurium della Repubblica di Genova, vol. 2/3, p. 489, doc. 316.

143 Pierre Thomas fu fatto arcivescovo di Creta il 6 marzo 1363. AAV, *Registra Avenionensia* 155, f. 33v.-34r. Avignone, 6 marzo 1363. Anche: De Mézières, The Life of Saint Peter Thomas, pp. 104–105.

ma l'instabilità degli umori era una costante nel centro ligure. Poco prima che Pietro I lasciasse la sua isola, papa Innocenzo VI era morto ed era stato eletto al suo posto l'austero monaco benedettino Guillaume de Grimoard con il nome di Urbano V: la sua personalità avrebbe marcato il movimento crociato, che proprio durante il suo pontificato avrebbe visto le più grandi spedizioni del secolo.[144] Pierre Thomas aveva preceduto il re di Cipro ad Avignone, come il re di Francia, Giovanni II, che attendeva presso la città papale dal novembre 1362. La partecipazione alla crociata della monarchia francese, finalmente libera dallo scontro con l'Inghilterra grazie alla tregua di Bretigny del 1360, era una delle grandi speranze del Lusignano e del pontefice. Pietro I era giunto ad Avignone il 29 marzo 1363, nel corso della Settimana Santa: il 31 marzo, venerdì santo, durante la funzione religiosa il papa aveva consegnato con le sue mani la croce a Giovanni II di Francia, a Pietro I di Lusignano e al cardinale Talleyrand de Périgord.[145] La partenza del *passagium generale* era prevista per la primavera 1365, mentre Pietro I avrebbe dovuto precedere il sovrano francese in un più piccolo *passagium particulare*. Il tour europeo del re di Cipro era iniziato poco dopo, nel tentativo di raccogliere fondi e sensibilizzare le coscienze.[146]

La ribellione scoppiata a Creta nell'agosto del 1363 aveva però distolto l'attenzione e le forze di Venezia. I feudatari dell'isola, sia greci che latini, erano inondati di nuove imposte da parte delle autorità della laguna, tra gli armamenti della lega di Smirne, le crisi con gli emirati anatolici, le forniture di

---

144 HOUSLEY, The Avignon Papacy and the Crusades, pp. 40–41. È emblematico il fatto che uno dei primi provvedimenti di Guillaume, una manciata di giorni dopo aver ricevuto la tiara il 7 novembre 1362, fosse proprio quello di confermare per i successivi tre anni una decima dell'arcivescovo di Nicosia da destinare alla difesa di Smirne, a rimarcare l'attenzione del nuovo pontefice per la causa orientale. SETTON, The Papacy and the Levant, vol. 1, p. 243, nota 97. Su Urbano V: Ettore SABBADINI, Un pontefice avignonese pacificatore dell'Italia: Urbano V (Benedettino), in: *Rivista cistercense* 2 (1985), pp. 241–257; Michel HAYEZ, Urbano V, in: *Enciclopedia dei Papi*, vol. 2, Roma 2000, pp. 542–550; Maurice SAINT-PIERRE, Urbain V, pape gévaudanais (1309–1370), in: *Revue du Gevaudan, des Causses et des Cevennes* 19 (2005), pp. 58–84; Yves CHIRON, *Urbain V: le bienheureux*, Versailles 2010; Paul-Antonin AMARGIER, Urbain V face aux maux de son temps, in: *Revue du Gevaudan, des Causses et des Cevennes* 35/1 (2013), pp. 37–44.

145 Giovanni II fu nominato comandante generale della spedizione, oltre a ricevere decime per sei anni e una serie di lasciti e donazioni per il finanziamento della crociata, mentre il cardinale Talleyrand divenne il legato papale del *passagium*. Nessuno dei due in realtà sarebbe vissuto abbastanza per prendere parte alla crociata. SETTON, The Papacy and the Levant, vol. 1, p. 245. Papa Urbano V inviò una serie di lettere ai maggiori governanti occidentali, tra cui l'imperatore Carlo IV, Carlo di Navarra, Edoardo III d'Inghilterra, invitandoli a mantenere la pace con la Francia e a partecipare alla crociata. HOUSLEY, The Avignon Papacy and the Crusades, p. 41.

146 Ivi, p. 42.

grano, la tassazione sempre più pesante. I precedenti moti di ribellione erano stati un preludio alla grande insurrezione del 1363, che aveva fatto tremare le fondamenta del sistema veneziano del Levante. Le proteste cretesi avevano creato un fronte comune di resistenza che raggruppava feudatari veneziani e arconti greci, sotto la guida di influenti famiglie come i latini Venier e Gradenigo o i bizantini Calergi. Proprio a causa dei bisogni della crociata di Pietro I di Cipro, il senato aveva deciso di aggravare alcune tasse e di istituirne di nuove: Tito Venier, di fronte all'eccessiva pressione fiscale, aveva proclamato la secessione dell'isola, che si era sollevata in maniera violenta.[147] La rivolta di San Tito avrebbe segnato uno spartiacque nella presenza veneziana del Levante, come ha segnalato Freddy Thiriet, marcando gli indirizzi della politica estera successiva e la minore aggressività nel Mediterraneo orientale. La crisi cretese aveva rivelato un punto fragile del sistema coloniale veneziano, compromettendo la politica di difesa attiva della Romania cristiana e dunque l'abbandono di Venezia della lega di Smirne.[148] A fronte delle preoccupanti notizie giunte dall'isola, il senato veneziano l'11 ottobre 1363 aveva scritto a Pietro I che, a meno di una rapida vittoria contro i ribelli, ci sarebbero stati impedimenti per lo svolgimento della crociata: il governo aveva bisogno di tutte le proprie navi e galee per trasportare truppe e recuperare Creta, ma si dichiarava comunque disposto a fare il possibile per la causa crociata una volta superata la crisi.[149] Pietro I, che nel novembre rispondeva da Londra, si dichiarava disposto a raggiungere Venezia velocemente con una schiera di nobili e contribuire alla soppressione della rivolta.[150]

L'inverno del 1363–1364 era stato colmo di preoccupazioni. Pierre Thomas e Philippe de Mézières, che si trovavano a Bologna per mediare per la pace in Italia il 24 gennaio 1364 avevano scritto al doge che attendevano circa 2.000 crociati entro marzo, pronti a partire da Venezia, a cui chiedevano la disponibilità del trasporto navale. Pochi giorni dopo Lorenzo Celsi rispondeva facendo notare le difficoltà logistiche e richiamando i due emissari ciprioti a Venezia per parlare.[151] Il 29 gennaio il doge aveva scritto anche a Pietro I, informandolo dell'ingaggio veneziano di 1.000 cavalieri e 2.000 uomini appiedati per sopprimere l'insurrezione cretese. Se i crociati di re Pietro, insieme agli uomini del conte Amedeo VI di Savoia, che aveva fatto il voto del *passagium*, fossero

147 Sulla rivolta di Creta del 1363–1364, rimando nuovamente a: SETTON, The Papacy and the Levant, vol. 1, pp. 249–251; SARNATARO, La rivolta di Candia del 1363–65 nelle fonti veneziane; MAGNANI, La risposta di Venezia alla rivolta di San Tito a Creta (1363–1366).

148 THIRIET, La Romanie vénitienne au Moyen Âge, pp. 174–175.

149 DE MAS LATRIE, Histoire de l'ile de Chypre, vol. 3, p. 742. Venezia, 11 ottobre 1363.

150 SETTON, The Papacy and the Levant, vol. 1, p. 251.

151 DE MAS LATRIE, Histoire de l'ile de Chypre, vol. 3, p. 745, nota 1. Venezia, 28 gennaio 1364.

giunti nella laguna entro marzo, i legni veneziani li avrebbero portati a Creta, dove avrebbero aiutato a combattere i ribelli. Dopo la buona riuscita delle operazioni, la flotta veneta li avrebbe poi trasportati dove volevano nel Levante.[152] Mézières e Thomas, arcivescovo della diocesi in rivolta, erano giunti a Venezia agli inizi di febbraio 1364: in senato erano emerse le molte opposizioni al *passagium* e gli impedimenti per la crociata, fintanto che l'insurrezione non fosse stata domata. Philippe de Mézières descrive le discussioni, che erano durate oltre una decina di giorni, tra i due ambasciatori ciprioti e quattro savi veneziani, due chierici e due laici, deputati a vagliare i termini per supportare la spedizione di re Pietro. L'abilità retorica e la personalità travolgente di Pierre Thomas, secondo quanto riportato, erano alla fine riuscite a smuovere le opposizioni: i veneziani avevano offerto, in maniera straordinariamente generosa, il trasporto di 2.000 crociati a cavallo a spese del comune di Venezia.[153] Il senato, al termine delle discussioni, il 22 febbraio aveva scritto a Pietro di Cipro che le navi veneziane disponibili avrebbero prelevato 1.000 cavalieri nell'area di Otranto, se si fossero presentati entro giugno 1364, e li avrebbero trasferiti nelle terre degli infedeli, senza portarli a Creta e senza costi.[154] Il rimanente migliaio di uomini a cavallo avrebbe invece potuto noleggiare legni veneti privati, per cui il comune si offriva da intermediario; inoltre, il sovrano cipriota avrebbe potuto armare 3 o 4 galee, a sue spese, nella laguna veneta.[155]

Il senato aveva deciso di assecondare le pressioni del papa e di Pietro I per l'attuazione del *passagium*: il mondo avrebbe dovuto osservare ed emulare l'esempio di Venezia. Tuttavia, Amedeo e molti nobili del suo seguito non sarebbero stati pronti a partire prima di agosto e il progetto sarebbe naufragato precocemente. Al contempo il comune inviava ai due rappresentanti di Cipro istruzioni per la loro intercessione presso il papa, sia per ottenere permessi di navigazione per navi mercantili verso l'Egitto, sia perché Urbano V riconoscesse lo status di crociati anche a coloro che combattevano contro i ribelli di

152 Ivi, pp. 744–745. Anche: Thiriet, Délibérations des assemblées Vénitiennes, vol. 2, p. 17, doc. 736. Venezia, 29 gennaio 1364.

153 De Mézières, The Life of Saint Peter Thomas, pp. 115–117.

154 "facere levari de partibus Otranti medietatem, usque medietatem mensis Iunii proximi, salvo justo impedimento, et ipsos cum eorum armis et victualibus opportunis, pro equis, pro viagio et pro tribusmensibus, pro personis, facere transduci et deponi ad terras infidelium, contra quas est indictum passagium, ubi vobis melius placuerit, absque solutione alicuius nauli". De Mas Latrie, Histoire de l'ile de Chypre, vol. 3, p. 745. Venezia, 22 febbraio 1364.

155 "contenti eramus ut armari possent usque tres vel quatuor galee sicut petebant". Ivi, p. 746. Venezia, 22 febbraio 1364.

Creta.[156] Il senato dava la libertà ai propri provveditori nel Levante di negoziare con chiunque per sedare la rivolta, salvo gli infedeli: nonostante questo divieto, era comunque permesso trattare con gli emiri turchi dell'Anatolia per il rifornimento delle truppe sull'isola.[157] La salvaguardia dei propri domini giustificava anche l'utilizzo di mercenari musulmani. Già nel gennaio 1364 gli ambasciatori veneziani si erano assicurati l'amicizia degli emirati costieri in Anatolia.[158]

Il governo di Venezia nella primavera del 1364 era libero di occuparsi della situazione cretese: era stato assoldato il condottiero milanese Luchino dal Verme, che si era imbarcato nella laguna con la propria compagnia il 10 aprile. Durante le operazioni contro gli insorti i capitani veneziani osservavano con sospetto il *basileus*, che poteva sfruttare l'occasione per supportare gli antichi sudditi greci di Creta.[159] Nonostante alcune sacche di resistenza sull'isola, la rivolta era stata domata in maniera fulminea e già il 4 giugno 1364 giungevano sul Canal Grande le notizie di vittoria portate da una galea candiota, causando festeggiamenti ed esplosioni di gioia nella città, ben narrati da Petrarca, testimone oculare degli avvenimenti.[160] Le flotte venete potevano essere utilizzate nella spedizione crociata: il 5 luglio 1364 Pierre Thomas era stato nominato patriarca latino di Costantinopoli e legato papale per l'Oriente, con l'autorizzazione di ordinare la predicazione del *passagium*. Il prelato francese, appena tornato a Venezia dai suoi viaggi, era divenuto una delle personificazioni stesse della crociata.[161] Il 24 giugno 1364 Urbano V aveva ribadito l'indulgenza a tutti coloro che si fossero recati a combattere contro i turchi.[162] Le forze che avevano risposto all'appello del papa stavano affluendo nella città lagunare nell'estate del 1364, ma nessuno dei grandi sovrani dell'Occidente tuttavia era comparso e lo stesso Pietro I era lontano. Molti nobili e cavalieri, compreso che l'attesa di

---

156 THIRIET, Délibérations des assemblées Vénitiennes, vol. 2, p. 19, doc. 743. Venezia, 26 febbraio 1364.

157 Ivi, pp. 19–21, doc. 744. Venezia, marzo 1364.

158 L'ambasciatore veneziano in Turchia, Angelo Michiel, avrebbe dovuto portare dei doni per un valore di 120 ducati. Egli era accompagnato da un tal Ozias, buon conoscitore dei luoghi e delle genti. Ivi, p. 16, doc. 729. Venezia, 10 gennaio 1364.

159 Il senato inviò istruzioni al capitano del Golfo, Andrea Zane, che aveva saputo dei preparativi navali dell'imperatore bizantino, ordinando di vigilare sulle galee di Costantinopoli. Ivi, p. 24, doc. 751. Venezia, 23 maggio 1364.

160 SETTON, The Papacy and the Levant, vol. 1, pp. 254–257. Sui fatti si segnala soprattutto: Marco TABARRINI, *Francesco Petrarca e Luchino dal Verme condottiero dei veneziani nella guerra di Candia*, Roma 1893.

161 SETTON, The Papacy and the Levant, vol. 1, p. 255; DE MÉZIÈRES, The Life of Saint Peter Thomas, pp. 119–120.

162 "Universis proficscentibus contra Turchos indulgentias consuetas elargitur". AAV, *Registra Vaticana* 246, f. 238r. Avignone, 24 giugno 1364. In: Lettres secrètes et curiales du pape Urbain V (1362–1370) se rapportant à la France, vol. 1, p. 161, doc. 1033.

imbarco era vana e che la crociata non sarebbe avvenuta, se ne erano andati, tra le lacrime di Pierre Thomas che vedeva i propri sforzi fallire: "milites recesserunt cum dolore voltu tristi, de passagio desperati".[163] Venezia osservava le partenze o le mancate mobilitazioni della crociata: data la mancata comparsa del monarca cipriota, il senato si sentiva sollevato della promessa del febbraio precedente. Pietro di Cipro era giunto a Venezia, in ritardo, solo l'11 novembre 1364, con il morale a terra e tuttavia deciso solo a rinviare l'impresa, senza annullarla.[164] Anche l'imperatore bizantino Giovanni V si era mostrato interessato alla spedizione nel caso fosse stata condotta contro i turchi: una lettera del *basileus* era giunta alla curia avignonese il 16 ottobre 1364 portata da un genovese, Michele Malaspina, che era stato scelto per il ruolo di intermediario.[165] Re Pietro, nonostante le delusioni, era comunque stato "a Venetis magnifice receptus"[166] e aveva trascorso i mesi invernali nella laguna, alloggiato nel palazzo di proprietà di Federico Corner, mercante con forti interessi a Cipro. Proprio quest'occasione avrebbe rafforzato il rapporto che legava Corner a Pietro di Lusignano; il veneziano gli aveva concesso un importante prestito di 60.000 ducati, che era stato ricompensato con la nomina a cavaliere e soprattutto con l'importante concessione del casale di Piscopi, nel meridione dell'isola, sede di importanti piantagioni di canna da zucchero. Federico Corner, che avrebbe cambiato il nome della propria casata in Corner-Piscopi, sarebbe divenuto nella seconda metà del Trecento il re dello zucchero sul mercato veneziano.[167] L'aiuto dato al monarca nei suoi progetti di spedizione poteva generare importanti guadagni per alcuni privati veneziani: era uno degli effetti collaterali della crociata, che i cittadini dei centri mercantili conoscevano bene.

Mentre la rivolta cretese sembrava essere finalmente domata, era sopraggiunta una nuova crisi legata invece al centro tirrenico, che aveva messo nuovamente a repentaglio la spedizione. Le città marinare da un lato erano imprescindibili per l'attuazione della crociata oltremare, ma dall'altro rappresentavano esse stesse degli ostacoli. Anche in questo caso l'origine della crisi era a Oriente, stando alla versione tramandata dai cronisti ciprioti: nell'estate

163 DE MÉZIÈRES, The Life of Saint Peter Thomas, p. 120.

164 SETTON, The Papacy and the Levant, vol. 1, p. 260.

165 AAV, *Registra Vaticana* 246, f. 348r. Avignone, 16 ottobre 1364. In: Lettres secrètes et curiales du pape Urbain V (1362–1370) se rapportant à la France, vol. 2, p. 211, doc. 1305.

166 DE MÉZIÈRES, The Life of Saint Peter Thomas, p. 121.

167 LANE, Storia di Venezia, p. 170. Su Federico Corner sorprendentemente non esistono molti studi, al di là delle numerose citazioni occasionali contenute in diversi lavori di stampo economico. Si rimanda alla voce, l'unica a trattare il personaggio in maniera organica: Giorgio RAVEGNANI, Federico Corner, in: *Dizionario Biografico degli Italiani*, vol. 29, Roma 1983, pp. 179–181.

1364 nel golfo di Atalya erano state armate 4 galee di Cipro per prestare soccorso alle piazzeforti cilicie, frutto delle campagne militari di Pietro. Due marinai genovesi imbarcati su una di queste avevano abbandonato la galea dopo aver ricevuto il loro salario: ricatturati, era stato tagliato loro l'orecchio destro come di consueto. Più tardi i due erano saliti su una galea genovese e per vendicarsi avevano ucciso i ciprioti a bordo, dirigendosi poi con la galea a Chio. Si era dunque innescata una diatriba nella quale il principe di Antiochia aveva sospeso i privilegi dei genovesi a Cipro e aveva richiesto al podestà di Chio, Guglielmo Ermirio, la consegna dei due marinai; la stessa galea genovese lungo il viaggio di ritorno era stata attaccata da una nave siciliana al servizio di Cipro. L'animo del podestà Ermirio, che si trovava a Famagosta, si era scaldato e aveva imprigionato un soldato pisano al soldo dei ciprioti, ma di fronte alle sue proteste aveva ordinato di tagliargli la lingua. La situazione minacciava di degenerare e Jean de Sur, ammiraglio del regno di Cipro, si era recato dal podestà genovese per invitarlo ad andarsene senza ulteriori problemi. Aveva causato il risultato opposto e nella rissa che ne era seguita diversi genovesi erano finiti uccisi. La questione era cresciuta in maniera seria, al punto che una commissione di quattro nobili ciprioti era stata inviata presso Ermirio per discutere la situazione, giungendo a un nulla di fatto. Il punto di non ritorno era stato passato per contrasti che avevano in realtà natura giurisdizionale.[168]

Queste notizie avevano raggiunto la Liguria e già e nel settembre 1364 un inviato genovese era arrivato a Cipro per indagare sugli avvenimenti. Tutti i connazionali avevano l'ordine di lasciare l'isola entro febbraio, mentre si concretizzava la possibilità di una guerra.[169] Pietro I era rimasto fulminato dalle novità mentre si trovava in Germania. Papa Urbano V, che vedeva ancora una volta l'impresa sgretolarsi tra le mani, intendeva salvare la situazione: la discordia non minacciava solo l'allestimento della spedizione, ma la sopravvivenza stessa del regno cristiano nel Mediterraneo orientale. Una prima lettera era stata vergata dal pontefice il 17 giugno 1364 all'indirizzo del doge Gabriele Adorno, intimando al governante di considerare la causa della Cristianità.[170] Il 19 giugno il papa aveva ingiunto a Pietro di piegarsi a riparare le eventuali

168 Laura BALLETTO, Tra Genova e l'isola di Cipro nel basso Medioevo, in: Genova. Una "porta" del Mediterraneo, vol. 1, pp. 31–62, qui p. 45.

169 La narrazione aneddotica degli avvenimenti è basata in gran parte sulle cronache di Machaeras e di Amadi, che pur da un'ottica cipriota trattano la vicenda in maniera particolareggiata. IORGA, Philippe De Mézières, pp. 255–257.

170 La lettera è citata in: DE MÉZIÈRES, The Life of Saint Peter Thomas, p. 222. Essa non è presente nei regesti delle lettere papali di Urbano V a opera di Lecacheux e Mollat: Lettres secrètes et curiales du pape Urbain V (1362–1370) se rapportant à la France; tuttavia è citata anche da Iorga in: AAV, *Registra Vaticana* 246, f. 220v.

offese arrecate ai genovesi, pur di non impedire la santa impresa.[171] Nel giro di una settimana era giunta ad Avignone la notizia che a Genova si stavano armando galee contro Cipro.[172] Il 25 giugno il pontefice aveva spedito una nuova missiva con tono quasi supplicante, nella quale il papa stesso si offriva di risarcire i danni in caso re Pietro avesse rifiutato, nel disperato tentativo di distogliere il doge dalle sue intenzioni bellicose.[173] Lo stesso giorno era stato incaricato il prevosto Filippo di Varese Ligure, che si trovava presso la curia, di portare lo stesso messaggio oralmente al doge Adorno.[174]

Di fronte al silenzio del doge genovese, la cui linea politica si era molto distanziata dalla calorosa accoglienza del predecessore Simone Boccanegra, il papa si era rivolto al fratello di Gabriele, Gianotto Adorno, che era passato per Avignone tornando dalla Francia verso Genova, chiedendogli di intercedere e affidandogli un'altra lettera, datata 2 luglio 1364.[175] La risposta di Gabriele Adorno e del Consiglio degli Anziani era giunta dopo una lunga attesa: essi acconsentivano alle richieste del pontefice e attendevano la giustizia del re contro i colpevoli. Il papa aveva informato Pietro della possibilità di porre fine a questa "rixosa discordia"[176], pregandolo di trattare la vicenda con la solita buona disposizione, al fine di concludere in "isto tempore passagii generalis".[177] Nella ricomposizione della questione, che minacciava di trasformarsi in guerra e mandare in frantumi i piani di Urbano e del re cipriota, i veneziani si erano offerti come mediatori. Nel dicembre 1364 una missione diplomatica veneziana guidata da Francesco Bembo e Zaccaria Contarini aveva però fallito l'intento.[178] La delicatezza della questione è indicata dal fatto che il 28 gennaio 1365 re Pietro I, dal suo alloggio di Venezia, aveva inviato a Genova il medico Guy da Bagneul e il legato Pierre Thomas per sradicare la zizzania dalla

---

171 AAV, *Registra Vaticana* 246, f. 219r. Avignone, 19 giugno 1364. In: Lettres secrètes et curiales du pape Urbain V (1362–1370) se rapportant à la France, vol. 1, p. 159, doc. 1027.

172 Scrive Philippe de Mézières nella biografia di Pierre Thomas: "Ipsi vero verbis regis non acquieverunt, immo galeas plures praeparaverunt ad guerram regi faciendam". DE MÉZIÈRES, The Life of Saint Peter Thomas, p. 122.

173 AAV, *Registra Vaticana* 246, f. 219v. Avignone, 25 giugno 1364. In: Lettres secrètes et curiales du pape Urbain V (1362–1370) se rapportant à la France, vol. 1, p. 161, doc. 1034.

174 "Eisdem de discordia scribit, ipsos rogans ut Philippo de Varesio, praeposito Ianuensi, quem ad eos deputat, fidem in hac parte adhibeant". AAV, *Registra Vaticana* 246, f. 228r. Avignone, 25 giugno 1364. In: Lettres secrètes et curiales du pape Urbain V (1362–1370) se rapportant à la France, vol. 1, p. 161, doc. 1035.

175 IORGA, Philippe De Mézières, p. 259.

176 AAV, *Registra Vaticana* 246, f. 255r. Avignone, 17 luglio 1364. In: Lettres secrètes et curiales du pape Urbain V (1362–1370) se rapportant à la France, vol. 1, p. 174, doc. 1102.

177 *Ibidem*.

178 DE MÉZIÈRES, The Life of Saint Peter Thomas, p. 223; THIRIET, Délibérations des assemblées Vénitiennes, vol. 2, p. 28, doc. 764. Venezia, 1° dicembre 1364.

crociata.[179] I rappresentanti di Cipro erano stati ricevuti a Genova in un clima gelido, ben diverso dalla festa di due anni prima. L'umore della popolazione era ostile e addirittura istigato dal diavolo, secondo il resoconto di Philippe de Mézières.[180] Il legato, ospitato nella commenda di San Giovanni di Prè, era stato oggetto del lancio di pietre, mentre in città si levavano voci per la guerra contro Cipro.[181]

Il papa, "multa nostra cordis amaritudine intellecta"[182], sembrava risoluto perché la situazione non degenerasse in aperto conflitto: il 20 febbraio 1365 aveva inviato stringenti istruzioni al legato perché non se ne andasse senza una pace o quantomeno una tregua tra le due parti, mentre lo stesso giorno spediva lettere a re Pietro e al doge genovese.[183] Quando Urbano V aveva saputo che Pierre Thomas era tornato a Venezia, probabilmente per ridiscutere con il sovrano i termini delle trattative, aveva espresso rammarico per il ritardo alla spedizione d'oltremare.[184] Il papa non cessava di esortare la sincera devozione

---

179 Il 28 gennaio nel palazzo Corner a Venezia in cui si trovava, re Pietro I nominò Pierre Thomas e Guy de Bagneul suoi procuratori, con il compito della: "prosecutionem, executionem et consumationem sancti passagii iam indicti et zizaniarum callido satori cupient pro discentionibus et discordys pacem et tranquillam dilectionem seminando totis iuribus ne sanctum eius occasione et in deffectu suo passagium impediatur". Tra i testimoni dell'atto figurano anche "Hugone de Lizignano" e naturalmente "Philippo de Maizerys". ASGe, *Archivio Segreto, Materie Politiche* 2737 A, doc. 93. Venezia, 28 gennaio 1365. Forse anche Philippe de Mézières, che racconta con nitidezza e gran numero di particolari l'ambasciata di Pierre Thomas, potrebbe aver accompagnato l'amico prelato, sebbene il suo nome non sia mai menzionato dai documenti rispetto al viaggio. Egli ricorda però, nel *Songe du vieil pelerin* i pericoli corsi a Genova durante la giovinezza, dove rischiò quasi di essere ucciso. Potrebbe tuttavia riferirsi al banchetto con cui fu avvelenato il doge Simone Boccanegra, nella precedente visita a cui effettivamente era presente anche il cancelliere di Cipro.

180 "Ianuensibus qui semper eius amici antea fuerant diabolo instigante cum opprobrio receptus fuit". DE MÉZIÈRES, The Life of Saint Peter Thomas, p. 123. Sul resoconto di Mézières della visita a Genova, veda anche: BALARD, Philippe de Mézières et les républiques maritimes italiennes, pp. 272–273.

181 "Intrante autem legato Ianuam, quasi lapidatus fuit, ne cubi caput reclinaret invenit: in civitate murmurantes, et lapides in familiam legati iactantes, una voce guerram contra Cyprum clamantes. Familia vero legati de vita eorum et domini sui desperabant et mortem expectabant, videns populi rumorem et eius malam voluntatem". DE MÉZIÈRES, The Life of Saint Peter Thomas, p. 123.

182 AAV, *Registra Vaticana* 247, f. 50v. Avignone, 20 febbraio 1365. In: Lettres secrètes et curiales du pape Urbain V (1362–1370) se rapportant à la France, vol. 1, p. 268, doc. 1602.

183 *Ibidem* rispetto alla lettera a Pietro I; la missiva al doge in: AAV, *Registra Vaticana* 247, f. 51r.-52v. Avignone, 20 febbraio 1365. Si veda anche, per le istruzioni segrete al legato Pierre Thomas: DE MÉZIÈRES, The Life of Saint Peter Thomas, p. 224.

184 Il pontefice aveva scritto a Gabriele Adorno il 22 marzo, profondamente intristito per la mancata risoluzione della vicenda e le discordie tra i cristiani: "tamen satis dolemus

di Gabriele Adorno, "considerantes periculum quod ex discordia vestra et dicti dicti regis possit, quod absit, toti christianitati"[185]; rifiutava anzi di discutere con gli emissari genovesi ad Avignone le clausole di altre questioni oltremarine prima che fosse risolta la controversia con Cipro.[186] In caso estremo i rappresentanti delle due potenze dovevano essere condotti presso la curia papale.[187] Pierre Thomas aveva rimesso piede nel centro ligure e nonostante la superbia dei genovesi, i quali "de timore Dei parum curando"[188], aveva finalmente concluso la pace. Nella biografia a opera di Mézières, il legato papale era riuscito nella non facile impresa di scuotere i cuori di pietra dei genovesi con le sue parole e la sua pazienza, "corda Ianuensium mollificavit et ad pacem convertit".[189] Il trattato era stato siglato ufficialmente il 18 aprile 1365, ponendo fine all'ennesima discordia che aveva minato le fondamenta della crociata a cui Pietro I, Urbano V e molti avevano consacrato l'esistenza. Nel concordato si rinnovavano una serie di antiche immunità di cui godevano i *cives* genovesi sull'isola.[190] I genovesi da una posizione di forza avevano strappato ciò che volevano al re Lusignano.

Il cambio di atteggiamento, dopo la prima accoglienza di Pietro I a Genova, pare legato al ricambio politico dei vertici istituzionali come alla volontà rapace del comune. Secondo Mézières i genovesi erano bellicosi e attenti solo ai propri interessi, ma in fondo disinteressati delle sorti della comunità cristiana. Sappiamo da una lettera datata 18 maggio 1365 che Pietro di Cipro aveva

---

quod in tali et tanto negotio interveniat mora prolixa, que in ultramarinis negotiis grande allatura est verisimiliter detrimentum". AAV, *Registra Vaticana* 247, f. 66r. Avignone, 22 marzo 1365. In: Lettres secrètes et curiales du pape Urbain V (1362–1370) se rapportant à la France, vol. 1, p. 281, doc. 1649.

185 *Ibidem*.

186 AAV, *Registra Vaticana* 247, f. 67v.-68r. Avignone, 26 marzo 1365.

187 Così venne ordinato per lettera del 26 marzo da papa Urbano V a re Pietro, che deve tenersi pronto a inviare ambasciatori presso il pontefice nel caso di fallimento delle trattative di pace. Il comune di Genova avrebbe fatto lo stesso. AAV, *Registra Vaticana* 247, f. 67r. Avignone, 26 marzo 1365. In: Lettres secrètes et curiales du pape Urbain V (1362–1370) se rapportant à la France, vol. 1, p. 281, doc. 1650.

188 De Mézières, The Life of Saint Peter Thomas, p. 123.

189 *Ibidem*.

190 I privilegi erano di diverso tipo, dalla libertà di movimento e di traffici dei cittadini genovesi all'interno del regno di Cipro, alla loro immunità giuridica, alla libera entrata e uscita di navigli genovesi dai porti ciprioti, fino ad agevolazioni fiscali. ASGe, *Liber Iurium II*, f. 330r-333v. Genova, 18 aprile 1365. In: I Libri Iurium della Repubblica di Genova, vol. 2/3, pp. 491–507, doc. 317. Il trattato è importantissimo dal punto di vista giuridico e definisce, dopo quello del 1232, in maniera chiara i privilegi dei genovesi sull'isola, permettendo di misurarne la profonda penetrazione all'interno delle sue strutture e basi. Si trattava di concessioni molto ampie, eccezionalmente favorevoli ai cittadini della superba. Più nel dettaglio: Balletto, Tra Genova e l'isola di Cipro nel basso Medioevo, pp. 45–49.

ringraziato il doge Gabriele Adorno, che a conclusione della pace aveva subito messo a disposizione 3 galee genovesi per l'impresa d'oltremare. La ricomposizione dell'inimicizia era stata fulminea. Il sovrano dava precise istruzioni agli uomini del comune: accettava l'offerta delle 3 galee, che avrebbero preso servizio dall'inizio di giugno e avrebbero dovuto raggiungere la flotta del re, si fosse trovata nei pressi di Atalya o nel suo regno, a Famagosta.[191] L'obiettivo della crociata era mantenuto scrupolosamente segreto. Pietro ringraziava per la proposta presentata dai nunzi genovesi ad Avignone, i quali avevano insistito perché il sovrano cipriota fosse anche insignito dell'onore del "capitaneatus super unione"[192] dei cristiani in partenza. I genovesi nella missiva erano divenuti "amici karissimi"[193]: si trattava di un totale cambio di fronte, nel quale il comune, ben disposto dopo le favorevoli clausole strappate con il trattato del 18 aprile 1365, poteva finalmente appoggiare la crociata. Ostacolato da divergenze con il re di Cipro, assassinii di dogi e cambi politici al suo interno, il gruppo governativo aveva ceduto all'appello del pontefice. Le 3 galee erano state effettivamente inviate: scopo dei legni era piuttosto il sospettoso controllo della spedizione crociata, come stavano ugualmente facendo le galee veneziane al seguito di Pietro?[194] Effettivamente il comune, il 26 aprile 1365, aveva ordinato l'imbarco su una galea diretta in Egitto dei due ambasciatori Ughetto di Negro e Nicolò de Goano, probabilmente per annunciare al sultano la prossima partenza del re cipriota.[195]

---

191 "De vostris tres galee armate nostro debent beneplacito de servire dolentes ab intimis quod eas non possumus in nostro presenti habere recessu cum transfectacio nostra ad presens instet actamen ordinetis quod in kallendis Iunii pro recessu ipsarum termino galearum prestatuto versus regnum nostrum cum vostro potestate recedant et cum aplicuerint reddum ubi simus inquirant. Et si Satalie fuerimus vel alicubi circha ad nos accedant quas animo expectamus lectanti ac eas intendimus cum ipso potestate honorifice recipere ut optamus. Si vero fuerimus in regno nostro versus Famagostam directe dirrigant gressus suos quas ibi si non fuerimus convenienti recipi procurabimus cum honore, in super si nostras literas vobis adeo tardavimus destinare vostra amicitia non miratur quia usque ad quartam diem ante datam presentium prefatus magister Guido ad nostrum aspectum pre egritudine qua fuit occupatus in via venire tardavit". ASGe, *Liber Iurium II*, f. 333v.-334r. Venezia, 16 maggio 1365. In: I Libri Iurium della Repubblica di Genova, vol. 2/3, pp. 508–509, doc. 318.

192 *Ibidem*.

193 *Ibidem*.

194 Mentre se dal punto di vista veneziano è documentato il sospetto con cui il Senato guardava la spedizione crociata di re Pietro e le precise istruzioni date al capitano del Golfo, di controllare i movimenti della flotta, per quanto riguarda il caso genovese sono solo supposizioni, non esistendo alcun documento che lo attesti. SETTON, The Papacy and the Levant, vol. 1, pp. 261–263.

195 IORGA, Philippe De Mézières, p. 267.

Nei primi mesi del 1365 Pietro I, Philippe de Mézières e Pierre Thomas avevano lavorato per reclutare nuovamente crociati da Francia, Germania e Inghilterra e che si stavano radunando presso la città lagunare. Nella prima settimana di giugno, il sovrano di Cipro aveva inviato alcune navi a Rodi cariche di armati e di 500 cavalieri.[196] Il 14 giugno il senato veneto ordinava al conte di Pola di armare un legno, patronizzato da Cristoforo Bianco, per portare il re a Rodi, imbarcando altri 30 soldati oltre alle truppe ordinarie.[197] I veneziani, pur supportando i piani del monarca, intendevano tenere sotto stretta sorveglianza le sue forze, dato che l'obiettivo della spedizione era ancora sconosciuto e poteva essere dannosi per i loro interessi levantini. Gli stessi protagonisti della crociata tentavano di depistare i sospetti: Pierre Thomas il 19 giugno aveva dichiarato al senato veneto che intendeva seguire re Pietro solo fino a Rodi, prima di tornare a Modone.[198] Il 26 giugno, giorno prima della partenza della flotta, il doge e il Consiglio dei Quaranta avevano ordinato al capitano del Golfo di inviare 3 galee per seguire la spedizione del re di Cipro ovunque fosse andata, fino a Rodi o Atalya, e notificare i movimenti.[199] La galea del sopracomito Nicolò Polani era stata fornita a spese del comune per trasportare il re in persona: una volta sbarcato, doveva ricongiungersi alla flotta del Golfo, che a sua volta doveva dirigersi il più velocemente possibile verso Corone e Modone e sorvegliare la spedizione crociata. Il governo veneziano, preoccupato dalle possibili ripercussioni, desiderava essere informato istantaneamente delle mosse di Pietro, "de die in diem, et de tempore in tempus, nos continuo informare debeatis de progressibus dicti domini regis, et ad quem locum vel loca descendat et iverit cum gente sua, et de intencione eius".[200] La stessa missione era affidata agli ufficiali di Creta e ai castellani di Corone e Modone, che dovevano inviare due vascelli a Venezia con le ultime notizie.[201] Il 3 luglio il governo veneto aveva timore che il re di Cipro potesse attaccare gli emirati turchi con i quali Venezia era in pace: ordinava dunque a Giacomo Bragadin, provveditore dell'isola, di inviare un messaggero agli emiri, per spiegare che Venezia non avrebbe partecipato all'eventuale aggressione e che sarebbe stata piuttosto con le vittime del sovrano cipriota. Al tempo stesso, Bragadin

196 SETTON, The Papacy and the Levant, vol. 1, p. 261.

197 THIRIET, Délibérations des assemblées Vénitiennes, vol. 2, p. 33, doc. 777. Venezia, 14 giugno 1365.

198 ASVe, *Senato Misti* 31, f. 100r. Venezia, 19 giugno 1365. Edito in FEDALTO, La Chiesa latina in Oriente, vol. 3, p. 100, doc. 222. Venezia, 19 giugno 1365.

199 DE MAS LATRIE, Histoire de l'ile de Chypre, vol. 3, p. 751. Venezia, 26 giugno 1365.

200 Ivi, p. 752. Venezia, 27 giugno 1365.

201 IORGA, Philippe De Mézières, p. 277; THIRIET, Délibérations des assemblées Vénitiennes, vol. 2, p. 33, doc. 779. Venezia, 27 giugno 1365.

avrebbe dovuto calmare i mercenari turchi che servivano a Creta sotto le bandiere di San Marco.[202] Venezia, pur partecipando alla crociata, tentava di tutelarsi da ripercussioni catastrofiche per i suoi interessi.

Pietro I era salpato dalla laguna, tra molti onori e grandi speranze, la mattina del 27 giugno 1365, sognando, come ricorda Guillaume de Machaut nel suo poema, "loange et gloire, / grace, honneur, triumphe et victoire. / Et que nostre foy essauciée / en soit, honnourée et prisiée!".[203] Il "re leone" era montato sulla sua galea, seguito dalla gente d'armi che non attendeva altro. Il tempo delle imprese crociate, dopo fatiche e rinvii, era finalmente giunto.[204] A differenza degli esperti veneziani e genovesi che lo accompagnavano, a casa tra il rollio dei legni sulle onde, il re di Cipro soffriva il mal di mare, come presumibilmente molti dei suoi uomini: il viaggio sulla flotta si era trasformato in un inferno per il monarca, che non dormiva, mangiava o beveva.[205] Dato il decadimento delle promesse del senato veneto dell'anno precedente, Pietro aveva pagato di tasca propria i costi delle navi e di 600 armati, a eccezione di una galea veneziana, fornita a titolo gratuito dal comune: "una sola galea excepta a dominatione Venetorum regi accomodata".[206] Le dimensioni della flotta cristiana giunta a Rodi e poi a Cipro è soggetta a stime discordanti, sebbene tutti gli autori ricordino la presenza di legni veneziani e genovesi. Il cronista cipriota Leontios Machaeras contava 16 galee agli ordini di Pietro I, a cui si sarebbero poi aggiunte le 3 galee genovesi. Non si comprende se gli ospitalieri di Rodi avessero fornito 4 galee o trasporti per cavalli; dal regno di Cipro erano giunti 108 vascelli di vario tipo, tra cui 33 trasporti per cavalli e una decina di navi mercantili ad alto bordo.[207] Le cronache di osservatori arabi, vittime dell'assalto, forniscono numeri diversi: secondo il racconto di An-Nuwayri erano apparse davanti ad Alessandria 70 navi cristiane, di cui 14 veneziane e 2 genovesi[208];

---

202 Ivi, p. 34, doc. 781. Venezia, 3 luglio 1365.

203 Guillaume De Machaut, *La prise d'Alexandrie, ou Chronique du roi Pierre Ier de Lusignan*, ed. Louis De Mas Latrie, Genève 1877, p. 50.

204 Scrive ancora Guillaume de Machaut: "Li roys monta en sa galée, / Qui fu bien et bel aournée, / si qu'il n'i avoit nul deffaut / de tout ce qu'en galée faut; / et toute sa gent ensement / entrerent ordeneement / dedens leurs vaissiaux, sans atendre". *Ibidem*.

205 Riporta Machaut: "Malade si tres durement / et si tres perilleusement, / qu'en la mer ja ne dormira / ne buvera, ne mangera". Ivi, p. 51.

206 De Mézières, The Life of Saint Peter Thomas, p. 125.

207 Setton, The Papacy and the Levant, vol. 1, p. 264.

208 Jo Van Steenbergen, The Alexandrian crusade (1365) and the Mamluk sources: reassessment of the "Kitab al-Ilmam" of an-Nuwayri al- Iskandarani (+ A.D. 1372), in: *East and West in the Crusader States: context – contacts – confrontations 3. Acta of the Congress held at Hernen Castle in September 2000*, ed. Krijnie N. Ciggaar / Adelbert Davids / Herman G.B. Teule, Leuven 2003, pp. 123–137, qui p. 125.

al-Maqrizi alza il numero delle navi venete a 24 mentre le genovesi erano sempre 2.[209] Che fossero stipendiati dal monarca o fossero inviati gratuitamente al servizio di Pietro dai rispettivi comuni, vi erano molti veneziani e genovesi alla crociata di Alessandria. Esistono già grandi sintesi degli eventi durante l'assalto alla città egiziana nell'ottobre 1365, in cui però è stata tralasciata la presenza di uomini e mezzi veneto-genovesi.

I cittadini dei centri mercantili non avevano solo preso parte al saccheggio o guadagnato dal noleggio delle imbarcazioni, ma erano stati anche vittime, dirette o indirette, della crociata. Durante l'assalto cristiano alla città egiziana, la polizia musulmana aveva prelevato una cinquantina di latini residenti, per lo più mercanti, incluso il console veneziano Andrea Venier, e li aveva tenuti in ostaggio nei pressi del borgo di Damanhur. Vi era anche stata l'esecuzione di un latino, che stava incoraggiando gli altri a resistere.[210] La campagna aveva avuto ripercussioni negative sugli interessi veneti e liguri non solo per la rottura dei rapporti commerciali ma anche nell'immediato, dato che nel corso della furia del sacco di Alessandria erano stati distrutti dai crociati i fondaci dei genovesi, dei catalani e dei marsigliesi, come attestano i cronisti arabi.[211] Le avventure crociate erano contraddittorie per i comuni italiani, che avevano un atteggiamento ambiguo nei loro confronti: da un lato erano occasione di guadagno per alcuni armatori e per il rinnovo dei privilegi, dall'altro provocavano danni economici, materiali e personali, ai cittadini che frequentavano quelle terre. Mentre i crociati facevano ritorno in Occidente, portando racconti della vittoria, genovesi e veneziani rimanevano nei territori del sultano, con conseguenze per i loro rapporti con il mondo musulmano.

In ogni caso, navi e galee, veneziane e genovesi, sono attestate nella spedizione, partecipando alla presa e al sacco di Alessandria. Forse alla flotta cristiana potevano essersi accodati anche navigli privati: Philippe de Mézières, particolarmente feroce nei confronti dei liguri, all'interno del *Songe du vieil pelerin* ricorda 5 legni genovesi ad Alessandria con centinaia di uomini di equipaggio, che tuttavia avevano mantenuto un atteggiamento neutrale durante la battaglia e si sarebbero sfogati solo con la razzia di bottino.[212] Mézières,

---

209 Ivi, p. 129.

210 SETTON, The Papacy and the Levant, vol. 1, p. 269.

211 Così racconta, in maniera quasi ironica, il cronista An-Nuwayri. JACOBY, Western Merchants, Pilgrims, and Travelers in Alexandria, p. 409.

212 Secondo il cavaliere francese addirittura i capitani dei vascelli genovesi avrebbero addirittura offerto al luogotenente musulmano di difendere Alessandria per conto del sultano contro i crociati, mostrando un'assoluta mancanza di scrupoli e di fronte all'incredulità degli altri comandanti cristiani. Ma egli d'altronde è l'unico a riferire questo episodio che sembra alquanto improbabile e inventato per astio. IORGA, Philippe De Mézières, p. 298.

tuttavia, scriveva quarant'anni dopo gli avvenimenti ed era animato da odio nei confronti dei genovesi che avevano distrutto il suo regno di Cipro, il che rende la versione discutibile.[213] Alla crociata di Alessandria aveva preso sicuramente parte il genovese Pietro Malocello, camerario del regno cipriota, che già aveva offerto il banchetto a Pietro I e che dopo il raid egiziano era rimasto al capezzale di Pierre Thomas, morente, a Famagosta il 3 gennaio 1366.[214] Una lettera del legato Pierre, vergata all'indomani dei fatti alessandrini e indirizzata sia al papa che all'imperatore Carlo IV, è indicativa del ruolo di veneziani e genovesi nelle spedizioni crociate del Mediterraneo. Nel racconto dell'impresa il paragone con i due centri era immediato: i cristiani avevano infatti catturato, con l'aiuto di Dio, una città "ut Parisius habitata, ut Venetiae grata, ut Ianua rata, plena divitiis, iocunda deliciis".[215] Nella carta si reiteravano gli appelli per una nuova crociata, nella quale proprio veneti e liguri avrebbero dovuto fornire il naviglio necessario.[216] La partecipazione di Genova e Venezia era ritenuta imprescindibile per il successo. Eppure, lo stesso Pierre Thomas notava l'atteggiamento ambivalente che i mercanti avevano nei confronti degli infedeli: narrava infatti come dopo il fallimento dell'impresa di Alessandria, nonostante la scomunica per tutti coloro che avessero commerciato con l'Egitto, una galea veneziana si fosse recata ugualmente nel porto africano. Dio aveva punito l'affronto, poiché una tempesta aveva colpito la galea al ritorno verso Cipro, facendola naufragare con uomini e merci: "Nam quidam Venetus parvipendens sententiam legati cum una galea versus Alexandriam viam arripuit, sed tantam fortunam a Deo habuit, quod reversus est in Cyprum et ibi periclitavit, naufragium faciens, galeam et quidquid habebat perdidit, et vix personam evasit".[217] Così si era conclusa la contradditoria partecipazione genovese e veneziana alla crociata di Alessandria di Pietro I di Cipro; crociata a cui gli stessi mercanti erano stati fortemente incitati a partecipare, crociata che avevano costretto a rimandare e quasi fatto fallire. Le conseguenze di quest'avventura, negli anni a seguire, sarebbero state portate proprio da Genova e Venezia.

6.2.2 *Gli armatori di Amedeo VI di Savoia (1366–1367)*

A differenza del *passagium* di Alessandria, la spedizione di Amedeo VI di Savoia dell'anno seguente aveva suscitato minori prese di posizione da parte del comune veneziano e nessuna da parte di quello genovese. L'impresa del

213 Balard, Philippe de Mézières et les républiques maritimes italiennes, pp. 277–278.
214 De Mézières, The Life of Saint Peter Thomas, p. 144.
215 Ivi, p. 136.
216 "Veneti et Ianuenses et maritimi sufficiens navigium". Ivi, p. 140.
217 Ivi, p. 141.

nobile sabaudo prendeva origine dallo stesso appello alla crociata di Urbano V del 1363 e ne costituiva un'appendice ritardataria. I membri del senato veneto o del Consiglio degli Anziani ligure, risolta la complessa vicenda di Pietro di Cipro e inviate le galee con la flotta cristiana, ritenevano di avere assolto il proprio compito crociato. L'assalto egiziano aveva trascinato i ceti mercantili in una guerra contro i mamelucchi che non avevano preventivato né voluto, che danneggiava i commerci orientali, unendo le due concorrenti marittime in uguali problemi. Era rimasta in sospeso, dopo l'avventura alessandrina, anche la partecipazione crociata di re Luigi d'Ungheria, che aveva promesso la mobilitazione delle proprie forze contro i turchi. Nel febbraio del 1366 il sovrano aveva inviato due emissari a Venezia chiedendo il trasporto navale delle truppe e rassicurando il governo della laguna sulle proprie intenzioni di dirigersi contro i turchi in Romania.[218] Gli inviati ungheresi avevano confermato l'amicizia del re con Venezia e chiedevano il permesso di armare un numero compreso tra le 2 e le 5 galee nell'arsenale veneto, anticipando la volontà di Luigi di una spedizione verso Atalya, così da distogliere gli ottomani dall'attacco a Costantinopoli. Agli inizi di marzo il patrizio veneziano Leonardo Dandolo era stato inviato dal senato presso la corte ungherese, così da discutere direttamente i termini della questione. Leonardo aveva comunque dovuto ricordare al sovrano che Venezia era in pace con gli emiri di Palatia ed Efeso.[219] Dalla prima metà dell'anno 1366 in Ungheria erano stati raccolti fondi, decime ed elemosine e predicata la crociata con il rilascio di indulgenze. Re Luigi aveva scritto al doge il 20 giugno ringraziandolo dell'offerta delle galee armate per sei mesi a spese di Venezia e da utilizzare contro i turchi.[220] Il senato, tuttavia, era preoccupato per la violazione dei trattati faticosamente conclusi con gli emiri anatolici: nel settembre il monarca ungherese aveva proposto di prendere solo gli scafi delle galee venete, ingaggiando lui stesso gli equipaggi così da non destare sospetti tra i *bey* turchi sulla provenienza delle galee e assicurando l'estraneità di Venezia dalla faccenda.[221] Le negoziazioni si erano prolungate per mesi: re Luigi temporeggiava, mantenendo la parte del crociato e iniziando contatti anche con Ragusa per ottenere le galee. Tuttavia, ancora nel dicembre 1366 del suo *passagium* non si era fatto nulla.[222]

---

218 IORGA, Philippe De Mézières, p. 330.

219 SETTON, The Papacy and the Levant, vol. 1, pp. 287–288. Il 28 febbraio 1366 il senato aveva autorizzato Leonardo Dandolo a prelevare denaro per le spese di viaggio verso l'Ungheria: ASVe, *Senato Misti* 31, f. 131v. Venezia, 28 febbraio 1366.

220 PREDELLI, I libri commemoriali, vol. 3, p. 47, n. 263. Szekler, 20 giugno 1366.

221 Ivi, p. 50, n. 284. Buda, 20 settembre 1366.

222 SETTON, The Papacy and the Levant, vol. 1, pp. 289–290. Luigi d'Ungheria, approntando le truppe per la crociata convocata da papa Urbano V, aveva deciso di utilizzarle per

Le promesse di crociata di Luigi d'Ungheria, insieme alla delicata situazione con il sultano mamelucco, avevano canalizzato gran parte delle attenzioni del ceto governativo della laguna. Nella complessa circostanza all'indomani del sacco di Alessandria, le autorità veneziane avevano avuto a che fare con un'altra mobilitazione, forse la più cavalleresca tra le spedizioni crociate della seconda metà del Trecento, ovvero l'avventura in Oriente del conte Amedeo VI di Savoia. La spedizione del conte sabaudo, che aveva aderito all'appello di Avignone come molti nobili di area francofona, dispone di fonti straordinarie per la sua indagine. In particolare, ha attirato l'attenzione degli studiosi il libro di conti del chierico Antonio Barbier, edito all'inizio del Novecento. Barbier, tesoriere di Amedeo VI, aveva tenuto nota delle spese e delle entrate nel corso dell'intera spedizione, dagli inizi di giugno 1366 fino al luglio 1367, coprendo anche alcuni tratti italiani del viaggio, con una dovizia di particolari che permette di analizzare lo svolgimento di una spedizione oltremare, oltre alle abitudini aristocratiche di Amedeo e agli atteggiamenti di un nobile alpino in visita nel Mediterraneo. Sul libro di Antonio Barbier si sono basate molte ricostruzioni storiche della crociata del conte di Savoia e del suo seguito.[223] I conti permettono di conoscere la partecipazione veneto-genovese alla crociata, in quanto supporto logistico, finanziario e presenza di privati di ambo i centri: ancora una volta, gli abitanti delle città marinare erano implicati a fondo nelle imprese orientali.[224] Risolti i problemi nei propri domini, recuperati finanziamenti adeguati e affidato il governo alla consorte Bona, nel febbraio 1366

---

conquistare il regno bulgaro indipendente di Vidin, riducendo il reggente Ivan Stratsimir in prigionia. Per le turbolente questioni balcaniche e riguardanti il regno di Bulgaria in questi anni, si rimanda a: John V.A. FINE, *The Late Medieval Balkans. A Critical Survey from the Late Twelfth Century to the Ottoman Conquest*, Ann Arbor 1987, pp. 366–368.

223 Il libro Antonio Barbier è interamente edito in: BOLLATI DI SAINT-PIERRE, Illustrazioni della spedizione in Oriente di Amedeo VI. Sulla spedizione di Amedeo occorre riferirsi al primo, essenziale lavoro ottocentesco: DATTA, Spedizione in oriente di Amedeo VI. Si segnalano i successivi contributi: Luigi AVONTO, Cavalieri e soldati di ventura vercellesi alla spedizione di Amedeo VI di Savoia in Levante, in: *Bollettino storico vercellese* 4 (1974), pp. 59–78; ORIGONE, Una spedizione militare del tardo Medioevo, pp. 451–464; Matteo MAGNANI, The Crusade of Amadeus VI of Savoy between History and Historiography, in: *Italy and Europe's Eastern Border. 1204–1669. Act of the International Conference, Rom, November 2010*, ed. Iulian Mihai DAMIAN [et al.], Frankfurt am Main 2012, pp. 215–236. Sulla figura del conte sono ancora validi: Francesco COGNASSO, Amedeo VI, conte di Savoia, in: *Dizionario Biografico degli Italiani*, vol. 2, Roma 1960, pp. 743–747; Eugene Lionel COX, *The Green Count of Savoy Amadeus VI, and Transalpine Savoy in the XIVth century*, Princeton 1967.

224 Non è stato possibile consultare l'unico lavoro sul tema, in realtà di poche pagine e scritto in lingua bulgara: Simeon HINKOVSKI, Хинковски, С. Генуезкото участие в похода на граф Амедей VI Савойски срещу България (1366–1367) [Genoese participation in the march of Count Amadeus VI of Savoy against Bulgaria (1366–1367)], in: *Bulgaria mediaevalis* 6 (2015), pp. 411–416.

il conte di Savoia era partito alla volta di Milano e poi Pavia, dove la sorella Bianca era moglie di Galeazzo Visconti. Il fattore economico era tra i principali problemi nell'allestimento della spedizione: Amedeo era dovuto ricorrere ai banchieri di Lione e allo stesso cognato Galeazzo, che aveva anticipato una somma vicina ai 20.000 fiorini, metà dei quali donata a titolo personale.[225]

Dopo una breve tappa nei propri domini, Amedeo era nuovamente comparso a Pavia nel maggio 1366: in una strana simbiosi di eventi mondani e religiosi, aveva potuto assistere al battesimo del pronipote, figlio del giovanissimo Gian Galeazzo, e alla successiva festa. Durante il banchetto, tra i fiori della corte e l'attesa dell'imminente impresa d'oltremare, si erano aggiunti alla spedizione una serie di nobili mentre Galeazzo, preso dall'ebbrezza del momento, aveva donato ulteriori soldi, mettendo anche al servizio di Amedeo alcuni cavalieri e una formazione di fanteria leggera; persino Bianca aveva donato nuove cifre al fratello in partenza. Dal resoconto di Antonio Barbier si possono ricavare i nomi di oltre un centinaio di aristocratici partecipanti alla spedizione, la maggior parte di area franco-borgognona e alpina, come il potente Aimone III di Ginevra.[226] Amedeo ricercava il supporto veneziano per la propria impresa marittima, chiedendo al comune la possibilità di noleggiare 5 galee e 2 fuste per il trasporto dei propri uomini. Il governo di Venezia, in preda ai problemi creati da Pietro di Lusignano, era diffidente a concedere il proprio supporto a nuove spedizioni levantine, pur senza poterlo negare apertamente. Il 6 aprile 1366 il conte di Savoia, come requisito per l'aiuto dei legni veneti, era stato costretto a giurare che non si sarebbe diretto in Terra Santa o nelle acque siriane senza l'esplicito consenso di Venezia.[227] A queste condizioni, il senato della laguna gli aveva accordato 2 galee, una comandata da Saraceno Dandolo e l'altra dal celebre condottiero Luchino dal Verme, che però non avrebbe mai preso parte alla spedizione.[228] L'ipotesi della crociata in Terra Santa andava sfumando e non solo per l'ostilità veneziana. Amedeo VI, stretto da vincoli parentali oltre che dal voto compiuto, sarebbe andato in aiuto di suo cugino, l'imperatore Giovanni V Paleologo: proprio il movente familiare è interessante nell'attuazione della crociata sabauda, che racchiudeva elementi religiosi, cavallereschi, di stirpe e di prestigio personale.[229]

---

225 Amadeo si era fatto anticipare 10.000 fiorini da due banchieri di Lione, che avevano ottenuto come garanzia la riscossione delle decime e dei privilegi papali per due anni; Galeazzo aveva prestato al cognato 9.600 fiorini, a cui aveva appunto aggiunto una donazione di altri 10.000 fatta a titolo personale.

226 Setton, The Papacy and the Levant, vol. 1, pp. 291–292.

227 Predelli, I libri commemoriali, vol. 3, p. 46, n. 258. Pavia, 6 aprile 1366.

228 ASVe, *Senato Misti* 31, f. 139r. Venezia, 6 giugno 1366.

229 Magnani, The Crusade of Amadeus VI of Savoy between History and Historiography, pp. 215–220.

Il Conte Verde si era messo in viaggio da Milano verso Venezia, scegliendo il porto adriatico come base logistica per la propria spedizione. Ciò, nonostante la maggiore prossimità geografica dei domini franco-piemontesi di Amedeo a Genova e dei suoi legami con i Visconti di Milano, per i quali il centro ligure era il più naturale sbocco sul mare. La città lagunare si confermava come il maggiore scalo per le comunicazioni con l'Oriente nel XIV secolo, relegando Genova a un ruolo di secondo piano. Anche il comune ligure è stato considerato dalla storiografia defilato rispetto all'impresa di Amedeo, che non pareva avere contatti l'istituzione. Il ruolo pubblico di Genova nella crociata sabauda era stato di basso profilo, al contrario di Venezia, che si configurava sempre come l'interlocutore principale di Amedeo VI sulle questioni marittime.[230] In realtà una lettera di Urbano V del 17 marzo 1366 era stata indirizzata al doge Gabriele Adorno, al quale si chiedeva di armare 2 galee per permettere il *passagium* del nobile francese Florimont de Lesparre, che insieme ad altri cavalieri della regione di Bordeaux si era aggregato alla crociata di Amedeo.[231] Occorre guardare nell'ambito dei privati per ottenere visioni più complete. Con i fondi racimolati in diverse direzioni, Amedeo VI stava provvedendo all'allestimento della flotta. Intanto, il conte di Savoia era giunto a Venezia tra la sera del 7 e il mattino dell'8 giugno 1366. Nella decina di giorni che aveva passato nella città lagunare, Amedeo era stato alloggiato nel palazzo di Francesco da Carrara, accanto alla chiesa di San Polo. Il governo, preoccupato per l'ordine pubblico, aveva concesso l'ingresso a Venezia solo a 500 dei suoi uomini, mentre il grosso dei crociati avrebbe atteso nei dintorni, tenuto sotto stretta sorveglianza.[232] Dai conti di Antonio Barbier è possibile ricavare indizi sulla personalità del nobile sabaudo, che si comportava come un aristocratico turista piuttosto che come un crociato in partenza. Amedeo VI di Savoia era il protagonista indiscusso della propria spedizione cavalleresca: egli, rappresentante dei vertici feudali del tardo Medioevo, a capo di un piccolo dominio minacciato da potenti vicini, aveva già dato prova delle proprie qualità di combattimento e come segno di riconoscimento, durante i tornei a cui aveva partecipato, era solito sfoggiare abiti, bardature e vessilli di colore verde, che gli avevano valso appunto il soprannome di "Conte Verde". All'epoca della partenza aveva 32 anni ed era nel

230 Setton, The Papacy and the Levant, vol. 1, pp. 291–293. Nella complessa trama di rapporti che lega i preparativi della spedizione del conte di Savoia e nel quale furono coinvolti Galeazzo Visconti e il Senato veneziano, non figura mai alcun contatto o riferimento con Genova.

231 AAV, *Registra Vaticana* 248, f. 66r. Avignone, 17 marzo 1366. In: Lettres secrètes et curiales du pape Urbain V (1362–1370) se rapportant à la France, vol. 3, p. 377, doc. 2162.

232 Thiriet, Délibérations des assemblées Vénitiennes, vol. 2, p. 37, doc. 791. Venezia, 28 marzo 1366.

pieno delle proprie forze: immerso nell'ethos aristocratico transalpino, vedeva nell'impresa d'oltremare una possibilità di affermazione del proprio valore, nonostante l'investimento economico a fondo perduto.

Il conte di Savoia era particolarmente amante del lusso e affascinato da oggetti e abiti preziosi, che poteva comprare nel corso del suo soggiorno veneziano, oltre a visitare chiese e monumenti e dando prova di aristocratica liberalità. Il libro di Barbier riporta gli acquisti di Amedeo a Venezia, tra cui del panno verde per foggiare un mantello e accessori d'abbigliamento, numerosi vestiti, un pettine d'avorio, inchiostro, quaderno e carta per la corrispondenza, pergamene, cera rossa, bicchieri per il proprio servizio personale, materassi, cuscini e coperte, forzieri e bauli, pezzi di ambra, cibo per la cucina della sua galea, vino. Aveva approfittato delle maestranze veneziane per far riparare una scatola da confetti, due candelabri d'argento e un cofano, oltre a comprare medicine e unguenti presso la farmacia di Pietro de Colonna, in previsione della spedizione.[233] La crociata del conte si nutriva di un complesso apparato scenografico: sempre nella laguna aveva commissionato una serie impressionante di insegne, tra cui un grande stendardo di seta delle dimensioni di 4 braccia per 8 per la sua galea, poi una bandiera di 4 braccia per 5 di lunghezza, 12 bandiere medie; aveva fatto realizzare due pennoncelli con un lato raffigurante il suo emblema, ovvero un elmo sormontato da una testa di leone alata con un piccolo mantello tempestato di croci, e dall'altro lato la croce bianca in campo rosso dei Savoia, oltre a 60 bandiere minori.[234] Si era fatto fabbricare dal veneziano Pietro Tuare altre 20 grandi bandiere, probabilmente una per ciascuna galea della spedizione, che dunque dovevano essere in quel numero.[235] Il 19 giugno era pagato pittore che aveva dipinto la galea del conte.[236] Le molte spese per gondole e barche, registrate a Venezia in quei giorni, indicano Amedeo in giro per la città come un visitatore: l'11 giugno entrava nella basilica di San Marco, dove lasciava un fiorino di elemosina per i poveri e un altro al custode del campanile, che aveva permesso al conte e ai suoi compagni

233 L'elenco degli acquisti compiuti tra l'8 e il 18 giugno, tutti registrati con le relative spese, è in: BOLLATI DI SAINT-PIERRE, Illustrazioni della spedizione in Oriente di Amedeo VI, pp. 27–36, n. 1–49.

234 Ivi, pp. 34–35, n. 47. Lo stemma araldico di Amedeo VI è osservabile su una lapide proveniente dal castello di Racconigi e oggi conservata presso la collezione della Residenza di Venaria Reale.

235 Ivi, p. 35, n. 48. Il problema del numero delle galee rimane insoluto: nelle fonti si trovano 22 patroni, tra genovesi, veneziani e marsigliesi; le bandiere erano tuttavia 20, ma in esse era esclusa la galea di Amedeo, che avrebbe avuto una sua bandiera propria (la prima) e dunque portato il conto delle galee a 21?

236 "Libravit ibidem dicta die, manu predicta, cuidam pictori qui pigit galeam Domini", pagato 6 fiorini. Ivi, p. 36, n. 58.

di salire in cima per ammirare il panorama.[237] Lo stesso giorno la comitiva si era recata a Santa Lucia, dove Amedeo aveva lasciato un altro fiorino per i poveri. Il 13 giugno con tre barche che portavano "pluribus gentibus eiusdem pro eundo per civitatem", il nobile sabaudo si era recato alla chiesa di San Giorgio e a quella di Sant'Antonio, lasciando un fiorino in entrambe, oltre a 32 soldi donati ai poveri.[238] D'altronde le elemosine a monasteri e luoghi pii sarebbero state una costante nel corso del viaggio: in Istria Amedeo avrebbe fatto donazioni ai francescani di Pola, ai domenicani di Cittanova, poi a tutti i monasteri di Ragusa e persino a una donna che tornava dal pellegrinaggio al Santo Sepolcro.[239] A Venezia i crociati avevano anche tempo per divertirsi e il conte di Savoia aveva pagato 4 fiorini a "pluribus buffonis de Veneciis".[240] Nel corso del viaggio Amedeo pagò i menestrelli a Zara e a Negroponte, che ne avevano allietato la permanenza.[241] Si trattava di una raffinata spedizione penitenziale, in cui il conte seminava elemosine e dava prova della propria liberalità.

Nei mesi precedenti, Amedeo VI aveva provveduto all'organizzazione della squadra di galee che lo avrebbe portato in Oriente, in cui figurano armatori genovesi e veneziani. Quando il governo veneto, che aveva guardato in maniera diffidente la concentrazione di forze nella propria capitale, ebbe la certezza che la spedizione del conte non si sarebbe diretta contro i mamelucchi, concesse la possibilità di affittare un numero maggiore di galee rispetto a quelle concesse inizialmente.[242] Galeazzo Visconti aveva contribuito per metà al costo di 4 galee prese in affitto da patroni veneziani. Anche il mercante veneziano Federico Corner, amico di Pietro I di Cipro e sensibile alla causa crociata, aveva prestato somme notevoli ad Amedeo; Corner stesso aveva pagato una galea agli ordini del patrono Francesco de Cola, e aveva accompagnato la spedizione a Costantinopoli.[243] Il numero delle galee che presero parte all'avventura oltremare di Amedeo VI è discusso: Pietro Datta nota 6 galee veneziane,

237 Non si spiega in alter maniere la donazione di un fiorino: "Dominus dedit dicta die custodienti clavem campanilis sancti Marci". Amedeo VI non si spostava da solo, ma su due barche dove stavano i cavalieri che lo accompagnavano. Ivi, p. 29, n. 19.

238 *Ibidem*.

239 Ivi, pp. 38–41, n. 68, 77–80, 91.

240 Ivi, p. 33, n. 41.

241 Ivi, p. 40, n. 82; p. 48, n. 143.

242 Due galee erano appunto state armate a spese del comune veneziano e offerte alla spedizione: ASVe, *Senato Misti* 32, f. 1r-2v. Venezia, 20 e 24 luglio 1366.

243 Setton, The Papacy and the Levant, vol. 1, p. 294, nota 31. La galea del mercante veneziano Federico Corner è citata innumerevoli volte nel registro di Antonio Barbier: Bollati Di Saint-Pierre, Illustrazioni della spedizione in Oriente di Amedeo VI, p. 37, n. 59; p. 66, n. 227; p. 186, n. 811 (che registra la presenza di Federico Corner a Costantinopoli); pp. 198–199, n. 892–894.

6 genovesi e 3 marsigliesi[244]; secondo Nicolae Iorga le galee marsigliesi erano 4[245], mentre Kenneth Meyer Setton indica un totale di 20 galee, nonostante riscontri i nomi di 22 patroni in totale.[246] Un documento in volgare francese del giugno 1366 riporta le istruzioni di Amedeo sul comportamento che la squadra di galee doveva tenere in mare, i fanali da accendere e l'ordine di battaglia. In esso è prevista la collocazione a coppie di 14 galee, indicate però con il nome del nobile crociato imbarcato, più altre 4 indicate come "du cappitain des galees de Jennes, la galee de Jeme Martin, la galee George de Lion et la galee Joham Tachi" che dovevano accompagnare la capitana di Amedeo VI di Savoia, due a destra e due a sinistra.[247] Il numero di galee della flotta del conte di Savoia doveva essere almeno di 18 o 19. Effettivamente il governo veneziano aveva permesso il noleggio di un discreto numero di legni: nei registri di pagamento sabaudi figurano i nomi di dieci patroni veneziani, di cui due forse erano comandanti di navi da trasporto e i rimanenti otto di galee. Si trattava di Saracino Dandolo, citato quale "capitaneo galee Domini", poi Giovanni de Conte, Bartolomeo Bon, Donato Scagnier, Marino Soverani, Giovanni Davidor, Dardi Bon e Francesco di Cola, capitano della galea di Federico Corner.[248] I patroni veneziani Nicolò Marini detto "Casso" e Giuliano Neri, nonostante siano descritti come "patroni galearum", comandavano probabilmente 2 navi da trasporto che accompagnavano la flotta.[249] Questi legni avevano lasciato la

244 Datta, Spedizione in oriente di Amedeo VI, pp. 60–62.

245 Iorga, Philippe De Mézières, p. 334.

246 Setton, The Papacy and the Levant, vol. 1, pp. 294–296.

247 Questo l'ordine a coppie delle 14 galee, in caso di combattimento sul mare: "Item est ordonne que la galee de messire Guillelme de Granczon sera decoste celle de monsieur de Geneve, la galee du signeur de La Spera sera decoste la galee de ceulx de Chalon, la galee de Tristain de Chalon sera decoste la galee du seigneur de l'Espera, la galee du seigneur de Basset sera decoste la gallee de Tristain de Chalon, la galee Johan de Vergey sera decoste la galee du seigneur de Basset, la galee de messire Aymard de Clarmont sera decoste celle de messire Guillelme de Grancon, la galee du seigneur d'Ais et de messire Johan de Grolee sera decoste la gallee messire Aymard de Clarmont. Item est ordonne que toutes les galees dessus dictes seront enchainees toutes ensemble ou cas que mondiet Seigneur se combatroit sur mar". Iorga, Philippe De Mézières, pp. 340–341.

248 I nomi dei patroni veneziani sono contenuti all'interno dei pagamenti in: Bollati Di Saint-Pierre, Illustrazioni della spedizione in Oriente di Amedeo VI. I loro nomi sono i seguenti: Giovanni de Conte (Ivi, p. 46, doc. 129); Bartolomeo Bon (Ivi, p. 53, doc. 180); Saraceno Dandolo (citato nel registro come: "Seraceno de Veneciis, capitaneo galee Domini" (Ivi, p. 53, doc. 175); Donato Scagnier (Ivi, p. 53, doc. 176); Marino Soverani (Ivi, p. 60, doc. 212); Giovanni Davidor (Ivi, pp. 50–51, doc. 159); Dardi Bon (Ivi, p. 37, doc. 63), Francesco di Cola (Ivi, p. 72, doc. 261).

249 Sono citati Niccolò Marini (Ivi, p. 42, doc. 98) e Giuliano Neri (Ivi, p. 71, doc. 257). Setton esprime l'opinione che si trattasse in realtà di navi da trasporto: effettivamente nel doc. 300 sono trattate in maniera diversa le galee e i "marineriis conductarum Nycolai

laguna il 19 giugno 1366, dopo che il loro comandante aveva ricevuto la solenne benedizione in piazza San Marco.[250]

Amedeo aveva dovuto guardare anche fuori Venezia per ottenere un numero maggiore di imbarchi. Compaiono complessivamente, nel registro di Antonio Barbier, anche i nomi di undici patroni "galearum" genovesi, che dunque costituivano la maggior forza navale presente alla spedizione crociata, sebbene il proprio comune non figuri a nessun titolo nell'impresa. Si trattava di Giovanni di Magnari, qualificato come "capitaneo galearum ianuensium"[251], Ettore Vincenti, Paolo Iusticierio, Marco di Canava, Paolo di Banca, Lanfranco Pansa, Ottobono Groppo, Isnardo di Gaico, Simondo Carmayn, Martino Campofregoso e Domenico Vairolo.[252] I nomi dei patroni, in gran parte sconosciuti, indicano la mancanza di esponenti della grande nobiltà genovese: sembrano quasi tutti di fazione popolare e provenienti dalla metropoli ligure. Il 24 novembre 1366, mentre la flotta crociata si trovava in Bulgaria e la stagione era avanzata, i tre patroni Isnardo di Gaico, Lanfranco Pansa e Marco di Canava avevano ottenuto dal conte il permesso di tornare a Genova e di risolvere il pagamento

---

Casso et Iuliani Nigri". Ivi, p. 85, doc. 300. Anche Sandra Origone è del parere che all'interno della flotta si trovassero navi da trasporto oltre alle galee, viste le diversità dei pagamenti nel numero dei marinai: ORIGONE, Una spedizione militare del tardo Medioevo, pp. 457–458.

250 IORGA, Philippe De Mézières, p. 334.

251 Egli era stato pagato il 10 settembre per il contratto di cinque mesi con cui si era impegnato a servire il Conte Verde. Il ruolo di capitano delle galee, a lui attribuito, indica che anche nei noli di galee private esisteva una gerarchia di comando, dunque gli appaltatori eleggevano un capitano della spedizione a cui obbedire. Si veda anche la nota seguente. BOLLATI DI SAINT-PIERRE, Illustrazioni della spedizione in Oriente di Amedeo VI, pp. 54–55, doc. 190.

252 Ettore Vincenti: "Hectori Vincencio", pagato per la prima volta il 18 settembre, nonché referente per l'appalto di altri patroni. Piuttosto che Giovanni di Magnari, sembra essere stato lui il vero comandante delle galee genovesi, che in quanto private avevano una gerarchia piuttosto fluida (Ivi, p. 66, doc. 229). Marco di Canava, Paolo di Banca e Lanfranco Pansa compaiono anch'essi il 18 settembre: "Paulo de Banca, Lanfranco Pancie et Marco de Canava, patronis trium aliarum galearum Ianue" (Ivi, p. 66, doc. 230). Ottobono Groppo, "Othoboni de Groppo", appare in un documento del 30 settembre (Ivi, p. 68, doc. 243). Isnardo di Gaico, "Ysnardo de Gaico" compare in un ordine di pagamento il 29 ottobre, per un contratto stipulato dal notaio Antonio Marega di Genova (Ivi, p. 83, doc. 286). Paolo Iusticiario era stato pagato a Sozopoli il 17 ottobre (Ivi, p. 82, doc. 281). Simondo de Carmayn, "Symondo de Carmayn" era stato pagato il 2 giugno 1367 secondo i patti stabiliti l'anno precedente (Ivi, p. 135, doc. 552). Domenico Vairolo e Martino Campofregoso sono invece i due patroni delle galee di Pera che erano state concesse a titolo gratuito dal comune al conte Amadeo VI, al suo arrivo al borgo, come supporto nella successiva spedizione per liberare l'imperatore Giovanni V (Ivi, p. 95, doc. 365).

finale del contratto.[253] Si trattava probabilmente di patroni di secondo livello, che di fronte al disinteresse dei grandi armatori si erano resi disponibili per il *passagium* di Amedeo. I mercanti erano sensibili al connubio offerto da possibilità di guadagno grazie all'affitto dei propri legni, il commercio e la causa crociata in Romania. I patroni avevano affari da curare nel Levante e la spedizione delle truppe cristiane poteva aiutare i loro interessi. Amedeo aveva ingaggiato anche 3 galee marsigliesi – di cui una proveniente da Aigues-Mortes –, di proprietà di Jean Casse, Geyme Martin e Raymond Bonzan, che sarebbe morto nel corso della spedizione e fu rimpiazzato da Roland Aymone.[254] Le galee erano differenti per stazza e uomini d'equipaggio, come indicano le cifre diverse nei pagamenti, soprattutto per quanto riguarda le galee marsigliesi, probabilmente più grosse.[255] La squadra veneziana di Amedeo VI, partita con il conte da San Nicolò al Lido, aveva seguito la rotta adriatica delle *mude*, toccando Pola, Ragusa, Corfù, Modone e Corone. Quest'ultima località era il punto di ritrovo concordato con le galee genovesi e provenzali, che evidentemente avevano imbarcato parte delle truppe crociate nel Tirreno e si erano ricongiunte alla fine di luglio con la flotta del Conte Verde.[256]

Il senato veneziano guardava con preoccupazione l'assembramento di galee genovesi che accompagnavano Amedeo nel Levante: a luglio, per timore dei liguri, aveva dato ordine alla guarnigione di Negroponte di armare la propria galea e aggregarsi alle 2 galee del Golfo per scortare la *muda* di Romania.[257] Verso la fine di agosto il governo veneto ribadiva il pericolo che costituivano i genovesi al seguito di Amedeo VI, invitando il bailo di Costantinopoli e il capitano del Golfo a osservare i loro movimenti per informarne le autorità della laguna.[258] Il governo veneziano era per certi versi giustificato nelle sue preoccupazioni: solo qualche mese prima aveva inviato lamentele al doge di Genova per le azioni dei peroti, che avevano rifornito con una nave carica di armi i ribelli cretesi che ancora resistevano. Le autorità veneziane avevano addirittura

253 Si era risolto anche il pagamento del sesto mese ai tre patroni, che era previsto appunto come tempo necessario per il ritorno a Genova: "sextus et ultimus mensis fuit eisdem computatus pro regressu ipsorum faciendo apud Ianuam". Ivi, p. 92, doc. 354.

254 Per la comparsa dei patroni marsigliesi nei conti di Antonio Barbier: "Iohanni Casse, Reigmondo Bouczani, et Geyme Martini, patronis trium galearum Domini de Marseillia". Ivi, p. 60, n. 214. Raymond Bonzan non era sopravvissuto alla crociata, come indica la risoluzione finale degli stipendi delle galee: "Rolandus Aymonis, patronus diete galee post mortem ipsius Reigmondi". Ivi, p. 166, n. 701.

255 Datta, Spedizione in oriente di Amedeo VI, p. 62; Origone, Una spedizione militare del tardo Medioevo, pp. 457–458.

256 Setton, The Papacy and the Levant, vol. 1, p. 297.

257 Thiriet, Régestes de déliberations du Sénat, vol. 1, p. 112, doc. 435. Venezia, 20 luglio 1366.

258 Ivi, p. 112, doc. 436. Venezia, 25 agosto 1366.

chiesto copie delle lettere genovesi dirette ai consoli di Pera e di Chio, in cui si ordinava di cessare gli atti ostili contro i veneziani. Le copie erano state consegnate ai patroni veneti che accompagnavano Amedeo VI nella spedizione.[259] Le spedizioni crociate mettevano in luce gli attriti tra le due città marittime. La flotta era a Negroponte il 2 agosto 1366 e poi aveva sostato a Lesbo, presso Francesco Gattilusio, che si era unito personalmente alla spedizione. Amedeo era salpato da Mitilene il 21 agosto diretto ai Dardanelli, dov'era il primo obiettivo della crociata contro i turchi. L'assalto a Gallipoli era stato il momento apicale della spedizione del conte, rappresentando anche l'ultima sostanziale vittoria cristiana contro gli ottomani nel Trecento. La fortezza che controllava l'ingresso negli Stretti, in mani turche da una decina d'anni, era stata la chiave per la comparsa ottomana nei Balcani: la riconquista cristiana aveva avuto un grande impatto, seppur troppo tardi per evitare il consolidamento dei turchi in Tracia. Nel corso dell'attacco a Gallipoli si era distinto Francesco Gattilusio insieme a molti nobili cavalieri francesi.[260] Le galee genovesi e veneziane avevano partecipato attivamente all'assalto su Gallipoli; quelle liguri sono menzionate nei pagamenti a partire dal 10 settembre 1366, con compiti di tipo logistico e operativo.[261]

Dopo la vittoria, la flotta di Amedeo aveva fatto il proprio ingresso a Costantinopoli tra il 2 e il 3 settembre 1366.[262] Durante la permanenza nella capitale bizantina si erano fatti ancora più stretti i legami tra il conte di Savoia, i veneziani e soprattutto i coloni genovesi di Pera. La spedizione si era legata sempre più ai liguri d'Oriente. Tra gli armatori di galee noleggiate vi erano anche genovesi d'oltremare come forse Simondo Carmayn, che nonostante sia qualificato "de Ianua", era arrivato da Pera a Venezia per servire nella spedizione

---

259 Il documento contiene le istruzioni inviate all'ambasciatore veneziano a Genova, Giovanni Chiriano, che avrebbe dovuto presentare le richieste al doge. Venivano richieste in particolare sanzioni severe contro i coloni di Pera che avevano aiutato i rivoltosi cretesi, nel momento che aveva fatto traballare gli interessi della presenza veneziana in Romania. Thiriet, Délibérations des assemblées Vénitiennes, vol. 2, p. 37, doc. 792. Venezia, 22 aprile 1366.

260 Setton, The Papacy and the Levant, vol. 1, pp. 298–300. In particolare, sulle conseguenze della caduta di Gallipoli e l'ingresso ottomano in Europa: Raúl Estangüi Gómez, *Byzance face aux Ottomans. Exercice du pouvoir et contrôle du territoire sous les derniers Paléologues* (*milieu XIV*[e] *– milieu XV*[e] *siècle*), Paris 2014, pp. 123–124.

261 Il 18 settembre Amedeo VI rimborsò 20 fiorini al patrono di una galea genovese non specificata, per aver atteso quattro giorni presso Nauplia l'arrivo di altre galee per suo ordine: "quos penes se detinebat pro expensis suis quatuorum dierum, quas se fecisse dicebat apud Napulas, alias galeas Domini ibidem expectando". Bollati Di Saint-Pierre, Illustrazioni della spedizione in Oriente di Amedeo VI, p. 66, doc. 231.

262 Setton, The Papacy and the Levant, vol. 1, p. 301.

di Amedeo, da cui era stato ingaggiato con la propria galea per lo stipendio di 900 ducati mensili.[263] Anche Martino Campofregoso, unico esponente di un *albergo* di spicco tra i patroni genovesi, era un abitante di Pera. Insieme a Domenico Vairolo comandava una delle 2 galee che la colonia genovese aveva messo a disposizione del conte Amedeo a titolo gratuito, a sostegno della spedizione dopo il suo arrivo a Costantinopoli.[264] A causa delle indiscrezioni apprese a Costantinopoli, la spedizione si era indirizzata alla liberazione dell'imperatore Giovanni V, cugino di Amedeo trattenuto sulla via del ritorno dallo zar bulgaro – o forse semplicemente impossibilitato a tornare –.[265] Quando era divenuto chiaro che l'impresa si sarebbe rivolta al soccorso di Giovanni V, alle 2 galee bizantine offerte da Elena Cantacuzena, madre del *basileus*, si erano aggiunte "duarum galearum quas Comune Pere domino generose concessit in subsidio".[266] I peroti vedevano nella spedizione del Conte Verde una possibilità di sicurezza per la propria colonia, in un momento in cui l'alleanza con i turchi si stava deteriorando? Amedeo era stato accolto con grandi onori a Costantinopoli e Pera, dove aveva soggiornato; il podestà genovese gli aveva inoltre fatto dono di alcuni cavalli.[267] Nel quartiere genovese il nobile aveva compiuto acquisti per i suoi uomini[268] e non aveva dismesso il proprio stile di vita cavalleresco nel bel mezzo dell'epopea di cui era protagonista.[269] Sempre nella colonia erano stati effettuati i rifornimenti di grano e vettovaglie, a opera

263 "quibus domino cum dicta galea servivit veniendo de Pera apud Venecias sub stipendiis novies centum ducatorum per mensem". Il suo nome potrebbe indicare una provenienza più orientale che ligure. Bollati Di Saint-Pierre, Illustrazioni della spedizione in Oriente di Amedeo VI, p. 167, doc. 703.

264 Martino Campofregoso è attestato come "patrono unius galee Pere", anche se non vi sono indicazioni sulla sua residenza. Probabilmente apparteneva a una delle ramificazioni dei Campofregoso, che aveva fatto fortuna a Pera, dove si era stabilito. Ivi, p. 95, doc. 365.

265 Lo zar bulgaro Ivan Aleksandăr, sovrano del regno principale di Bulgaria, sospettoso della visita bizantina presso la corte di Buda, non aveva concesso a Giovanni V il permesso di tornare a Costantinopoli attraversando le sue terre, di fatto impedendogli la navigazione lungo il Danubio e relegandolo a Vidin. Quella di Giovanni V non fu una vera prigionia, come la narrazione successiva avrebbe invece affermato, ma semplicemente la negazione di un lasciapassare, che nei fatti aveva però bloccato l'imperatore.

266 Bollati Di Saint-Pierre, Illustrazioni della spedizione in Oriente di Amedeo VI, p. 84, doc. 296.

267 "Equos datos per Potestatem Pere domino". Ivi, pp. 58–59, doc. 206.

268 Sono registrate le spese per l'acquisto di panni e mantelli da botteghe di Pera. Ivi, p. 59, doc. 207–208; mentre il medico comprò una lunga lista di articoli medici sempre nel quartiere. Ivi, p. 69, doc. 247.

269 Il conte, in uno dei tanti gesti di magnanimità, donò al menestrello del podestà di Pera cinque fiorini come mancia. Ivi, p. 59, doc. 206.

di mercanti genovesi[270], oltre alla produzione di una copertura per la galea di Ettore Vincenti e la fabbricazione di otto bandiere da mettere sui pennoni, una delle quali avrebbe recato una "ymaginis beate Marie".[271] Amedeo VI si era anche recato nel "burgo Veneciarium" di Costantinopoli a fare acquisti.[272]

Amedeo aveva preso la via del Mar Nero il 4 ottobre, seguito da almeno 7 galee genovesi che si sentivano a casa nel "mare Maius".[273] La flotta, ridimensionata, era inoltre composta da 2 galee bizantine, le 3 galee marsigliesi e solo 3 galee veneziane di Giovanni de Conte, Francesco di Cola e Dardi Bon, oltre alle 2 navi venete da trasporto.[274] Durante le operazioni sul litorale bulgaro, la spedizione aveva perso completamente il proprio tono di *passagium* contro gli infedeli e si riduceva a combattere altri cristiani. L'affondamento di navi turche nel porto di Sozopoli, durante la cattura della città, non era riuscito a restituire la giustificazione religiosa alla spedizione militare che aveva perso i propri connotati originari. L'armata di Amedeo aveva conquistato Mesembria e assediato Varna, fino al ritorno di Giovanni V Paleologo nei primi mesi del 1367.[275] Al ritorno dalla campagna bulgara, nell'aprile 1367, il conte di Savoia soggiornava nuovamente a Pera: la sua residenza nel quartiere genovese gli aveva permesso di trovare assistenza finanziaria, in un momento in cui i rapporti con la corte di Costantinopoli si stavano incrinando proprio a causa

270 Il mercante Bernabò di Santo Stefano di Pera si occupò del reperimento di 32 modi di grano per il biscotto delle galee veneziane, oltre che dei rifornimenti di quattro quintali di carne. Ivi, pp. 72–73, doc. 265–266.

271 Il resoconto per la spesa delle bandiere è estremamente dettagliato e reca anche i colori delle stesse, con i debiti da pagare ai rispettivi sarti e tintori. Interessante l'attenzione simbolica rivolta anche alla spedizione navale da parte del conte. Ivi, pp. 79–80, doc. 271.

272 Vi sono notate infatti le spese per il viaggio verso il quartiere veneziano della capitale bizantina: Ivi, p. 64, n. 222. Ancora, il 3 ottobre 1366 si citano le "expensas supradictas factas apud Constantinopolin in burgo de Veneciis", Ivi, p. 72, n. 263.

273 Tra il 17 e 19 ottobre 1366 a Sozopoli furono pagati 600 fiorini a sei galee genovesi che avrebbero seguito il conte in Bulgaria: figurano quelle di Ettore Vincenti, Paolo Iusticierio, Marco di Canava, Lanfranco Pansa, Ottobono Groppo, Isnardo di Gaico. Ivi, pp. 82–83, doc. 280–286. Al conto vanno aggiunte le due galee offerte da Pera, comandate da Martino Campofregoso e Domenico Vairolo, e alla galea di Giovanni de Magnari. Ivi, pp. 84–85, n. 299.

274 Il 23 ottobre vi furono alcune generose donazioni ai marinai delle 5 galee genovesi di Ettore Vincenzi, Paolo Iusticerio, Ottobono Groppo, Marco de Canava e Giovanni di Magnari, per 10 fiorini a galea; la stessa cifra fu donata alle 2 galee di Pera, alle 2 galee bizantine, a 2 galee marsigliesi e alle 3 galee veneziane di Giovanni de Conte, Francesco di Cola e Dardi Bon. Ai marinai delle due navi veneziane di Nicolò detto "Casso" e Giuliano Neri furono invece donati 6 fiorini, dato il numero minore degli imbarcati. Ivi, pp. 84–85, n. 295–300. La terza galea marsigliese, di Raymond Bonzan, pur non comparendo nell'elenco delle donazioni, è citata successivamente. Ivi, p. 86, n. 308.

275 Setton, The Papacy and the Levant, vol. 1, pp. 301–306.

dell'insolvenza del *basileus* e Amedeo doveva pagare quanto dovuto a chi lo aveva servito.[276] La presenza dei genovesi nella cavalleresca impresa si era fatta sempre più profonda. Tra i creditori di Amedeo vi erano lo stesso podestà di Pera e il patriarca di Costantinopoli, oltre ai patroni, agli stipendi per i propri uomini, ai rifornimenti di vettovaglie durante l'inverno passato in Bulgaria o ai viveri per la guarnigione di Gallipoli, insieme alle spese per i nuovi acquisti che il conte doveva fare nella colonia per i suoi uomini, la maggior parte dei quali era ormai allo stremo.[277] Il Conte Verde a Pera aveva contratto prestiti in denaro da mercanti veneziani, come Federico Corner, Pietro Premarin, Marco Zen, Pietro Regule, e soprattutto genovesi, tra i quali Cassano Salvago, Nicolò Imperiale, Lorenzo Malocello, Priano Salvago, Giovanni Basso, Mornello Cigala e Raffaele di Negro, o coloni peroti, tra i quali Francesco Marabotto, Dornerio de Paranaigina, il podestà Tommaso de Illioni o Filippo Demerode, lo stesso artefice dell'alleanza con il sultano Orkhan un decennio prima. Durante il viaggio di ritorno il conte di Savoia era stato costretto a chiedere ulteriori prestiti ai veneziani Agostino Agrigneti, Giorgio Gorro e Bartolomeo Michiel. Negli accordi la restituzione doveva avvenire presso Genova o Venezia, in genere entro tre mesi dalla data di presentazione della lettera di cambio nelle città.[278]

I genovesi di Pera avevano offerto ospitalità, supporto logistico e finanziario al nobile sabaudo e aveva messo a disposizione a proprie spese 2 galee. Un banchetto di commiato era stato allestito a Pera il giorno dell'Ascensione, 3 giugno 1367, a cui avevano partecipato numerosi nobili.[279] L'adesione indicava l'avvicinamento delle politiche di Pera, al cui interno esisteva una buona componente greca, a Giovanni V.[280] L'alleanza con i turchi sembrava sfilacciata, almeno in questo frangente, e la scelta ottomana era una posizione discutibile nello stesso insediamento ligure, dettata da contingenze ma ritrattabile in caso di alternative. L'impresa del conte, con il suo cavalleresco seguito, aveva galvanizzato gli animi oltre ad aver generato un interessante giro d'affari. Genovesi e veneziani erano profondamente inseriti nelle imprese crociate d'oltremare, come quella del conte Amedeo di Savoia, anche quando il comune d'origine

276 ORIGONE, Una spedizione militare del tardo Medioevo, pp. 460–461. Egli soggiornava in una casa nei sobborghi di Pera, sebbene facesse frequenti viaggi attraverso il Corno d'Oro, diretto a Costantinopoli, probabilmente per conferire con l'imperatore Giovanni V.

277 In molti degli acquisti aveva trovato il supporto di contatti peroti, come il sensale del luogo che seppe procurargli buoni affari e fu per questo ricompensato. BOLLATI DI SAINT-PIERRE, Illustrazioni della spedizione in Oriente di Amedeo VI, p. 128, doc. 506.

278 La serie di documenti che contiene la lista di prestiti ricevuti, comprendente in gran parte mercanti veneziani e genovesi, è in: ivi, pp. 12–16, doc. L–LXXVII.

279 SETTON, The Papacy and the Levant, vol. 1, p. 307.

280 Sullo sviluppo di Pera alla fine del XIV secolo, riferita al momento del passaggio di Amedeo VI, si rimanda a: BALARD, La societé pérote aux XIV et XV siècles, p. 472.

non si esprimeva direttamente o prendeva posizioni ufficiali caute. I privati invece intervenivano a titolo personale, offrendo il proprio supporto, il noleggio dei legni e larghi prestiti: la storiografia ufficiale ha dato scarso peso a questa presenza silenziosa. Amedeo era partito da Venezia e vi era tornato al termine della propria avventura il 29 luglio 1367, toccando i porti veneziani del Levante, quali Negroponte, Corone, Modone[281]; durante i suoi periodi costantinopolitani aveva sempre soggiornato nella colonia di Pera, dove aveva ricevuto prestiti e donazioni; i rifornimenti alle truppe arrivavano principalmente tramite canali genovesi, come ogni sorta di acquisti passava per i latini delle due città marinare. L'autorizzazione del senato lagunare era essenziale nell'allestimento iniziale, proprio perché la città di San Marco tentava di mantenere il ruolo guida nelle spedizioni contro i turchi nell'Egeo; il ruolo del genovese Francesco Gattilusio rimane importante nel supporto all'armata; i canali di finanziamento del conte di Savoia erano forniti da prestatori veneti e liguri, sia in Italia che in oltremare. Quella del 1366 fu effettivamente una crociata di genovesi e veneziani, che seppur in penombra erano implicati a vario titolo, come datori di denaro, mercanti o armatori, nonché combattenti essi stessi. Negli abitanti dei centri mercantili convivevano, senza contraddizione, la partecipazione a scopo di lucro e le opportunità finanziarie, mescolate al guadagno spirituale del combattimento. Com'era sempre stato, d'altronde, per i genovesi e i veneziani dai tempi delle crociate in Terra Santa.

6.2.3 *Prove di forza contro i mamelucchi*

Il raid di Pietro I ad Alessandria aveva trascinato il regno di Cipro nella guerra con il sultano mamelucco; il legato papale Pierre Thomas, dopo il ritorno della spedizione, aveva vietato il commercio con gli infedeli sotto pena di scomunica. La miracolosa impresa nella città egiziana secondo il prelato andava condotta a compimento, poiché ai crociati, che erano riusciti nella cattura grazie all'aiuto divino, era mancata la fede necessaria per mantenere la conquista. La crociata andava rinnovata, si appellava Pierre Thomas, per il quale genovesi e veneziani avrebbero dovuto contribuire con le loro flotte all'epilogo vittorioso.[282] Genova e Venezia erano state trascinate loro malgrado nel conflitto: la più immediata ripercussione della vittoria era stata la carenza di spezie nell'intero continente europeo.[283] I cristiani e i mercanti veneziani che si trovavano

281 ORIGONE, Una spedizione militare del tardo Medioevo, p. 461.

282 SETTON, The Papacy and the Levant, vol. 1, pp. 272–273; anche: DE MÉZIÈRES, The Life of Saint Peter Thomas, pp. 135–142.

283 Si può notare effettivamente un grande rincaro nei prezzi del pepe a Genova seguito della spedizione di Pietro I; proprio il pepe era una delle principali merci di esportazione, che da solo costituiva il 30–35% delle merci che arrivavano dall'Egitto su navi genovesi,

nelle terre del sultano, come ricorda Guillaume de Machaut nel suo poema, erano state le prime vittime dell'impresa egiziana. Oltre ai cristiani copti, incarcerati e obbligati a pagare forti tasse per contribuire al riscatto dei saraceni prigionieri, anche i veneziani erano stati imprigionati dalle autorità mamelucche: "Là avoit il Venitiens / Et pluseurs autres Crestiens / qui fuerent pris et enferré / feru, batu et aterré".[284] Le loro merci erano sequestrate e, secondo il poeta, il doge aveva subito inviato messaggi al sultano per lamentarsi del fatto, chiedendo il rilascio. Il sovrano mamelucco aveva rifiutato di piegarsi alla richiesta, a causa della villania veneta. I veneziani avevano allora esposto al re di Cipro i danni ricevuti dal sultano a causa della sua impresa crociata.[285]

La guerra non giovava a nessuno. Il sultano aveva fatto il primo passo verso Venezia e Genova, indicando che era bisognoso della pace quanto le città marinare: nell'inverno 1365–1366 aveva inviato emissari alle due potenze per chiedere un armistizio e riprendere i commerci. Mentre il sovrano cipriota progettava una nuova spedizione, il papa vietava a Genova e Venezia di proseguire le trattative senza esplicita autorizzazione della Santa Sede, dato che la crociata era ancora in atto.[286] La conduzione dei negoziati tra Venezia e il sultano mamelucco, con il relativo invio di emissari e le missive papali, è stata indagata in maniera approfondita, a differenza dell'omologo caso genovese, rimasto pressoché ignorato.[287] Il senato della laguna si stava adoperando dal gennaio 1366 in trattative con il Cairo, dove erano già stati inviati gli ambasciatori Francesco Bembo e Pietro Soranzo.[288] Altri due emissari veneziani, Marino Venier e Giovanni Foscarini, erano stati mandati ad Avignone per ottenere dal pontefice il permesso di negoziare. Il 6 giugno 1366 i due erano informati per lettera dal doge che Bembo e Soranzo, presso la corte del Cairo, avevano stipulato con successo una tregua con il sultano, presente nei *Libri Commemoriali*.[289] I due ambasciatori dall'Egitto si erano poi diretti a Cipro per tentare la

---

come si evince dai registri del 1368–1371. ASHTOR, Il volume del commercio levantino di Genova nel secondo Trecento, pp. 405–406.

284 DE MACHAUT, La prise d'Alexandrie, pp. 115–116.

285 Ivi, p. 118.

286 "Sollicitabantur porro Veneti ac Ligures ab Aegypto soldano, ut initum foedus cum Petro Cypri Rege dissolverent". I riferimenti alla proposta del sultano sono in: RINALDI, Annales Ecclesiastici, vol. 7, p. 134.

287 La ricostruzione delle trattative tra Venezia, il papa e il sultano è in: SETTON, The Papacy and the Levant, vol. 1, pp. 274–277.

288 Il 29 gennaio 1366 era stata concessa una lettera patente per due ambasciatori veneziani, Francesco Bembo e Pietro Soranzo, per andare al Cairo a negoziare. DE MAS LATRIE, Histoire de l'ile de Chypre, vol. 3, p. 753.

289 Nei *Commemoriali* vi è la traduzione in dialetto veneto dall'arabo del trattato, concluso grazie alla mediazione del console veneto Andrea delle Grazie e dei due ambasciatori. In

mediazione della pace tra re Pietro e i mamelucchi: il sultano e persino i cavalieri di Rodi desideravano una tregua, dunque la questione dipendeva dalla volontà della curia e del sovrano cipriota.[290] Venier e Foscarini incontravano difficoltà ad Avignone per ottenere la licenza di commercio con l'Egitto a causa delle pressioni del re di Cipro: il medico Guy da Bagneul, al servizio di Pietro, aveva convinto il papa dell'invalidità del trattato tra i veneziani e il sultano.[291] Il governo lagunare, tuttavia, chiedeva insistentemente a Urbano V di permettere la ripresa dei commerci con Alessandria. Il papa, preso tra spinte contrastanti, pare cedere alle domande veneziane. Il 23 giugno 1366 il pontefice emanava una bolla in cui concedeva a Venezia la ripresa dei traffici con i mamelucchi, con il permesso quell'anno di inviare 4 navi e 8 galee ad Alessandria o in altre terre del "soldanum Babilonie" per commerciare, a patto ovviamente di non portare legno, ferro o armi.[292] Nonostante i divieti papali, gli scambi di emissari veneti ed egiziani erano frequenti nella prima metà del 1366.

Seppur con una minore disponibilità di fonti e dati, possiamo supporre per Genova un percorso parallelo a quello veneziano nelle vicende successive al sacco di Alessandria. Nel marzo 1366 il papa aveva risposto alla richiesta genovese relativa alla liberazione dei propri cittadini presi prigionieri dal sultano dopo l'attacco. La lettera indirizzata al doge Gabriele Adorno riguardava la redenzione dei prigionieri genovesi, catturati in rappresaglia "propter captionem et spoliationem civitatis Alexandrine"[293], dunque il comune era autorizzato a inviare 2 galee nelle terre degli infedeli. Le galee avrebbero trasportato i saraceni catturati durante il sacco di Alessandria e portati a Genova, a riconferma dell'azione dei liguri durante la crociata, per effettuare uno scambio di prigionieri, fermo restando ogni divieto di trattativa per quanto riguardava la pace.[294] La stessa concessione era stata fatta dal papa a Venezia quasi un

esso il sultano dava sicurezza e libertà di commercio a tutti i veneziani nei suoi territori. PREDELLI, I libri commemoriali, vol. 3, p. 48, n. 268. Prima metà del 1366.

290 "clare et manifeste habuimus ab ambaxatoribus nostris predictis et a consule nostro Alexandrie, qui fuit in Rodo veniendo modo Venecias, disposicio soldani et illorum de Rodo similiter est optima ad concordium". DE MAS LATRIE, Histoire de l'ile de Chypre, vol. 3, pp. 755–756. Venezia, 6 giugno 1366.

291 "specialiter ad quorum peticionem scripte fuerunt prime littere misse nobis per dominum nostrum papam, in quibus continebatur quod aliquem tractatum non faceremus cum soldano, nec observaremus, si factum esset absque licentia Sedis Apostolice". Ivi, pp. 755–756. Venezia, 14 giugno 1366; SETTON, The Papacy and the Levant, vol. 1, p. 274.

292 La bolla pontificia concessa a Venezia in: AAV, *Registra Vaticana* 255, f. 37r. Avignone, 23 giugno 1366. In: Urbain V (1362–1370). Lettres communes analysées d'apres les registres dits d'Avignon et du Vatican, vol. 5, p. 227, doc. 17220.

293 AAV, *Registra Avenionensia* 163, f. 181r. Avignone, 4 marzo 1366.

294 "duas galeas mercibus oneratas cum quibusdam Sarracenis utriusque sexus captis in captione predicta et ad dictam civitatem Ianuensis ductis, cupiunt destinare, conceditur licentia duci faciendi duas galeas semel duntaxat ad Alexandrie et alias partes et terras

anno più tardi, il 22 gennaio 1367.[295] Qualche mese dopo, all'identica maniera di Venezia, che aveva ricevuto il privilegio il 23 giugno 1366, anche il doge di Genova l'8 luglio aveva ottenuto una bolla che permetteva di commerciare con gli infedeli, identica a quella per i veneziani.[296] Gli inviati di Pietro di Lusignano ad Avignone, tuttavia, chiedevano la sospensione del privilegio. Urbano V, stante la guerra in corso tra Cipro, Rodi e il sultano, notava il danno per la causa cristiana del commercio di veneziani e genovesi con i mamelucchi: il 17 agosto sospendeva le grazie appena concesse. Invitava comunque il doge di Venezia a farsi da mediatore per una tregua tra il sultano d'Egitto e il re di Cipro.[297] Il senato lagunare aveva reagito immediatamente alla revoca, vietando il 23 e 25 agosto 1366 a qualunque veneziano di servire nell'armata di re Pietro di Cipro o di portare rifornimenti, consistenti in militi, armi e cavalli sull'isola a bordo dei legni di San Marco.[298] Il pontefice nell'ottobre 1366 chiedeva al comune di Venezia di revocare il divieto di trasporto verso Cipro e Rodi. Il comune lagunare voleva fornire rassicurazioni al sultano, con cui cercava buoni rapporti, e costringere alla pace l'intransigente monarca cipriota bloccando i rifornimenti. Papa Urbano V non poteva avvallare una misura così drastica, che metteva i potentati cristiani d'Oriente in difficoltà.[299] Il papa non desiderava comunque la guerra a ogni costo: a partire dal tardo 1366 aveva compiuto spinte presso il doge veneziano per la stipulazione di una pace vantaggiosa per Cipro e gli ospitalieri.[300]

---

ultramarinas que per dictum soldanum detinentur, cum nautis et aliis personis ad regimen predictorum galearum opportunis, mercimoniis eorum duntaxat civium et subditorum oneratas, cum dictorum mercimoniorum mercatoribus quos ad hoc assumpserint quique sint concives et subditi, exceptis armis, ferro, lignaminibus et aliis prohibitis, ita ut cum dicto soldano vel eius gentibus ultra redemptionem dictorum concivium detentorum per eum et restitutionem prefatorum Sarracenorum". *Ibidem.*

295 Predelli, I libri commemoriali, vol. 3, p. 55, n. 319. Montpellier, 22 gennaio 1367.

296 Il privilegio indirizzato al doge di Genova in: AAV, *Registra Vaticana* 255, f. 37r. Avignone, 8 luglio 1366. In: Urbain V (1362–1370). Lettres communes analysées d'apres les registres dits d'Avignon et du Vatican, vol. 5, pp. 375–376, doc. 17808.

297 Predelli, I libri commemoriali, vol. 3, p. 48, n. 273. Avignone, 17 agosto 1366. Una stessa lettera era inviata al patriarca di Venezia, ribadendo la sospensione della licenza tranne per coloro che erano già partiti. Ivi, p. 49, n. 274. Avignone, 17 agosto 1366.

298 "de armis et equis non portandis in Ciprum". De Mas Latrie, Histoire de l'ile de Chypre, vol. 2, p. 285. Venezia, 23 agosto 1366. Due giorni dopo era aggiunto che: "prohibeat quod nullus nostrorum fidelium vadat super dicta armata". Ivi, p. 286. Venezia, 25 agosto 1366.

299 Predelli, I libri commemoriali, vol. 3, p. 52, n. 296. Avignone, 15 ottobre 1366.

300 Di fronte alla possibilità per il papato del ritorno nella sede romana e le guerre europee che distoglievano risorse e attenzioni alle questioni mediterranee, l'unica possibilità per una buona risoluzione del conflitto con i musulmani era la pace. Setton, The Papacy and the Levant, vol. 1, p. 276.

Il conflitto tra l'isola cristiana e i mamelucchi sarebbe continuato negli anni a venire, rendendo il commercio difficoltoso e insicuro: genovesi e veneziani erano comunque ben accetti in Egitto e singole licenze furono rilasciate dal papato per permettere a navi e galee di attraccare nelle terre del sultano; senza dubbio era fiorito un certo volume di commercio clandestino. La carenza di spezie e di materie orientali era un problema che cominciava a farsi pesante in Occidente.[301] Pietro I continuava i suoi raid lungo il litorale siro-palestinese finché le negoziazioni con i mamelucchi ripresero dietro la pressione di catalani, veneziani e genovesi, ma il sultano Yelbogha fu assassinato nel dicembre 1366 e tutto si era risolto nuovamente in un nulla di fatto. Questa situazione di stallo mercantile, contrabbando marittimo con gli infedeli, pressioni sul papato per la conclusione di una pace e guerra di corsa contro i musulmani, si era protratta per lungo tempo. La tensione tra re Pietro e Venezia si era fatta tale che il 1° maggio 1367 il senato aveva esteso il divieto di recarsi a Cipro e Rodi ai mercanti veneti, sotto pena di 1.000 ducati, fatte salve alcune deroghe.[302]

I genovesi di Famagosta, impossibilitati a commerciare legalmente con l'Egitto, avevano saputo approfittare della situazione riconvertendosi in corsari e trasformando il porto cipriota in una base per le incursioni. Abbiamo testimonianza di catture di un mercante tripolino che cercava di lasciare Alessandria e la presa di una nave saracena al largo di Damietta da parte di corsari genovesi nella primavera 1368, tutte prede portate a Famagosta.[303] Nel maggio di quell'anno il sovrano di Cipro, in viaggio in Italia, aveva accettato finalmente la mediazione di Genova e Venezia per la stesura di un accordo di pace con i mamelucchi. Il 19 maggio 1368 Pietro I, che si trovava a Roma, aveva ricordato al senato veneziano la stipulazione di un trattato di pace con i plenipotenziari del sultano l'anno prima, che però lo stesso sovrano mamelucco non aveva ratificato. Successivamente gli si erano offerti come mediatori due veneziani, Nicolò Falier e Francesco Bembo, e due genovesi, Damiano Cattaneo e Pietro Recanelli, in nome dei rispettivi comuni. Il 20 maggio in seguito alle esortazioni del papa e dei comuni marittimi, il regnante cipriota aveva accettato la

301 *Ibidem.*

302 Per esempio, nel marzo 1368 era data licenza di viaggio ad alcuni religiosi domenicani che dovevano recarsi a Famagosta, poi a un impiegato di Federico Corner, che aveva piantagioni di zucchero a Cipro, a un servente degli ospitalieri e a un cavaliere dello stesso ordine, a un mercante toscano, a un cittadino cipriota che doveva condurre sua moglie a Venezia e ad altri. Nello stesso documento si dà anche notizia della data di inizio del divieto, quasi un anno prima. THIRIET, Délibérations des assemblées Vénitiennes, vol. 2, p. 40, doc. 803. Venezia, 14 marzo 1368.

303 Delle azioni dei corsari genovesi, tra gli altri raid ciprioti, da testimonianza Machaeras nella sua cronaca. SETTON, The Papacy and the Levant, vol. 1, p. 280.

mediazione di Genova e Venezia. Due inviati genovesi e veneziani avrebbero dovuto rappresentarlo presso la corte musulmana, mantenendo ferme le sue prerogative: da parte genovese era stato scelto Cassano Cigala mentre per i veneti Paolo Giustiniani. Nonostante la buona disposizione del re, che aveva scritto al fratello di prepararsi a liberare i saraceni catturati in previsione della pace, i negoziati naufragarono ancora: i due emissari, salpati da Rodi nel giugno, si erano scontrati con gli emiri ostili all'idea di una tregua con Cipro.[304]

L'assassinio di re Pietro I nel gennaio 1369 aveva segnato la ripresa in grande stile del conflitto, con rinnovati assalti ciprioti sulle coste levantine, mentre il fallimento della pace per colpa degli stessi mamelucchi aveva provocato una reazione aggressiva verso il Cairo da parte di Genova e Venezia.[305] Le due città, esasperate dalla lunga stagione di insicurezza e dall'instabilità della corte sultaniale, avevano adottato politiche comuni per un problema che le univa. Esse avevano optato per la linea dura: il 2 luglio 1369 Gabriele Cattaneo e Tommaso de Illioni, probabilmente lo stesso podestà di Pera che aveva assistito il conte Amedeo VI nella crociata[306], erano nominati plenipotenziari del comune di Genova con il compito di trattare con il doge di Venezia la questione.[307] Il 26 luglio papa Urbano V dava ai due comuni licenza di concludere un'alleanza contro il sultano d'Egitto, che aveva sequestrato beni e cittadini genovesi e veneziani, oltre che pellegrini cristiani di altre nazioni con le loro merci.[308] Alcuni anni dopo, nel 1380, il genovese Antonio Salvago aveva ottenuto dal Consiglio degli Anziani il permesso di non essere molestato dagli ufficiali del comune per l'esazione delle tasse e delle avarie dei quattro anni tra il 1368 e il 1371, poiché egli in tutto quel tempo era stato detenuto nelle carceri dei saraceni.[309] La prigionia era stata molto lunga: si trattava di un corsaro catturato durante una delle azioni di guerra o di un mercante imprigionato in Egitto?

---

304 PREDELLI, I libri commemoriali, vol. 3, p. 72, n. 425–426. Roma, 19–20 maggio 1368. L'ordine dato da Pietro I di prepararsi alla restituzione dei saraceni prigionieri è in: ivi, p. 73, n. 434. Roma, 20 giugno 1368. Sul fallimento del negoziato: SETTON, The Papacy and the Levant, vol. 1, p. 281.

305 Peter W. EDBURY, The Murder of King Peter I of Cyprus, in: IDEM, *Kingdoms of the Crusaders: From Jerusalem to Cyprus*, Aldershot 1999, pp. 219–233.

306 Sempre Tommaso de Illioni era uno dei capitani delle galee inviati in Adriatico durante la guerra di Chioggia nel 1380 contro Venezia. Probabilmente si tratta dello stesso uomo. ASGe, *Archivio Segreto, Diversorum* 496, doc. 27, f. 26r. Genova, 28 gennaio 1380.

307 PREDELLI, I libri commemoriali, vol. 3, pp. 82–83, n. 506. Genova, 2 luglio 1369.

308 Ivi, p. 83, n. 509. Montefiascone, 26 luglio 1369.

309 "Scribendo seu faciendo sibi in cassacionem qualibus quod illa fecerit de mandato dictorum domini ducis et consilii quia eis constitit sit dictis Anthonis dictis IIIIor annis stetit mancipatus in carceribus sarracenorum". ASGe, *Archivio Segreto, Diversorum* 496, doc. 26, f. 25v. Genova, 27 gennaio 1380.

Il pontefice, alla stipula del patto del 1369, aveva interdetto a ogni cristiano il commercio con i mamelucchi, sospendendo le grazie concesse fino ad allora e garantendo invece indulgenze a chiunque avesse partecipato alla guerra con le flotte dei due comuni, rendendo l'alleanza veneto-genovese qualcosa di estremamente simile a una crociata.[310] L'alleanza doveva durare oltre un anno e si sarebbe concretizzata con l'invio di 2 galee per ciascuno dei comuni in acque egiziane, che sarebbero salpate entro agosto e avrebbero istituito un blocco navale.[311]

Era uno degli unici casi nel XIV secolo di collaborazione veneto-genovese. La lega, fallita nel 1362, era possibile solo in caso di lotta condivisa contro un potentato musulmano e nell'incrocio dei rispettivi interessi economici. Quest'unione si era risolta in un nulla di fatto?[312] Il doge di Venezia il 17 agosto 1369 assicurava al proprio collega genovese che le galee venete sarebbero salpate dalla laguna entro la fine del mese, ma abbiamo scarse notizie sul loro viaggio.[313] Il comune di San Marco il 31 agosto ordinava a chiunque detenesse beni di sudditi del sultano, in tutti i territori compreso Cipro, di farne denuncia scritta alle autorità, così che si potesse procedere al sequestro.[314] Anche nei registri *Galearum* del comune di Genova è segnalata la partenza di 2 galee nell'agosto, dunque entro il termine del trattato. Si trattava di 2 legni, dal nome sconosciuto, patronizzati da Pellegrino Marabotto e da Giovanni Iancho de Arenzano, che hanno lasciato alcuni di libri di matricole degli imbarcati, con

---

310 PREDELLI, I libri commemoriali, vol. 3, p. 83, n. 510. Montefiascone, 27 luglio 1369.

311 Nei termini dell'alleanza, essa non si sarebbe dovuta concludere prima del Natale 1370, mentre la flotta sarebbe stata costituita da quattro galee, due veneziane e due genovesi. Il comando sarebbe stato alternato per giornate, nell'impossibilità di far accettare alla rivale il comando di un proprio capitano. Gli ospitalieri di Rodi così come il regno di Cipro erano caldamente invitati a entrare nell'alleanza, che aveva come scopo di danneggiare ogni attività navale mamelucca al largo della costa egiziana e siriana, oltre a impedire ogni commercio di altri cristiani con i musulmani. Di fatto era previsto un blocco navale più o meno totale per l'Egitto, facendo diventare impossibile recarsi nel paese anche per altri sudditi musulmani. La campagna del 1370 sarebbe durata da maggio a novembre; le parti avrebbero osservato questi termini sotto pena di 20.000 fiorini d'oro. Ivi, p. 84, n. 512. Montefiascone, 28 luglio 1369. Il papà obbligò il Gran Maestro dei cavalieri ospitalieri di Rodi, Raymond Bérenger, ad aderire all'alleanza: Ivi, p. 85, n. 514. Montefiascone, 29 luglio 1369.

312 Kenneth Meyer Setton pare di quest'opinione: "Little or nothing came from the Veneto-Genoese alliance". SETTON, The Papacy and the Levant, vol. 1, p. 283.

313 PREDELLI, I libri commemoriali, vol. 3, p. 86, n. 520. Venezia, 17 agosto 1369.

314 MOZZATO, *Venezia – Senato. Deliberazioni miste, vol. 20*, pp. 114–115, doc. 248. Venezia, 31 agosto 1369.

un dettagliato resoconto degli scali per l'intero viaggio.[315] Andavano a fare la guerra in Egitto? L'intestazione dei cartulari lascia dubitare delle intenzioni belliche con le quali si muovevano, dato che la loro missione è descritta, l'11 agosto 1369, come "ire ad partes orientalles sive in Alessandriam videlicet in anbassariam".[316] Le galee portavano Brancaleone Spinola, definito "capitaneus et ambasiator"[317], con evidenti scopi diplomatici più che di scontro navale. Il numero degli armati a bordo, d'altronde, tra *socii* e balestrieri, era di 32 e 31 unità, in linea con le usuali norme di navigazione per le rotte orientali e non in sovrannumero come nel caso di azioni di guerra, nelle quali i soldati potevano raggiungere il centinaio.[318] Le galee avevano lasciato Genova il 31 agosto, tenendo la consueta rotta per la Corsica, Sicilia e Calabria; il 12 ottobre erano a Cefalonia, il 26 toccavano Chio e il 3 novembre attraccavano a Rodi. Erano salpate dall'isola dei cavalieri ospitalieri nella notte dell'11 novembre per dirigersi verso la terra africana, che avevano avvistato il 15 novembre. Il resoconto ricorda la sosta di tre giorni presso Alessandria, fino al 18, non sappiamo in quale modalità; si erano dirette dunque verso Rosetta, dov'erano rimaste in attesa, prima di tornare nuovamente ad Alessandria, che avevano lasciato definitivamente il 30 novembre. L'intera permanenza in acque egiziane era durata un paio di settimane, giusto il tempo di deporre un emissario, permettere le negoziazioni e attendere il suo ritorno, non certo per condurre azioni di guerra

315 Il primo cartulare è conservato in: ASGe, Antico Comune, *Galearum marinariorum rationes* 645; ed è un registro delle matricole di tutti gli imbarcati a bordo della galea di Pellegrino Marabotto, redatto dallo scriba della galea Bartolomeo Vacca. Anche il secondo cartulare relativo alla spedizione dell'agosto 1369 è un libro di matricole, in: ASGe, Antico Comune, *Galearum marinariorum introitus et exitus* 707; ed è relativo a entrambe le galee dirette ad Alessandria, "patroni dominis Pelegro Maraboto ex una, ex allia Iohanne Iancho de Arenzano". La serie dei registri delle matricole è una tipologia peculiare della documentazione archivistica genovese, molto più dettagliata che per gli armati di terra, dove sono segnati i conti aperti degli uomini divisi per tipologie: *marinarii, socii* e i ruoli di stato maggiore della nave. Per ogni uomo sono indicati i propri dati, la provenienza, le somme dovute, spesso anche i fuggitivi – con annesso luogo della fuga –, i relativi fideiussori. Verso la fine vi è in molti casi un registro di contabilità generale. Si rimanda più nel dettaglio, per questa tipologia di fonte, a: Polonio, L'amministrazione della res publica genovese, pp. 272–273.

316 ASGe, Antico Comune, *Galearum marinariorum rationes* 645, f. 1r. Genova, 11 agosto 1369.

317 ASGe, Antico Comune, *Galearum marinariorum introitus et exitus* 707, f. 1r. Genova, 11 agosto 1369.

318 Sulla galea di Pellegrino Marabotto sono registrati 32 armati, su quella di Giovanni Iancho invece 31; il complessivo tra rematori e marinai a bordo era rispettivamente 184 per Marabotto e 178 per Iancho. Ivi. Per le norme sul numero di balestrieri imbarcati durante la navigazione sulle rotte di Levante, attestato intorno ai 30 a partire dalla metà del Trecento: Forcheri, Navi e navigazione a Genova nel Trecento; Musarra, La marina da guerra genovese.

di corsa. Il 5 dicembre i legni genovesi erano già tornati a Rodi, l'11 erano a Chio e per la fine dell'anno si trovavano a Messina, sulla rotta per la madrepatria.[319]

Si era trattato di un viaggio diplomatico: nonostante i termini dei patti che inneggiavano alla guerra, il primo intento era la pace, ma da una posizione di forza. Il dispiegamento navale di un paio di galee per portare ambasciatori aveva un chiaro intento intimidatorio – nel 1382, in una simile occasione di tensione, il comune di Genova aveva utilizzato una sola galea per parlamentare –, così come la costituzione di un'alleanza veneto-genovese contro i mamelucchi.[320] L'ipotesi bellica non era esclusa, ma il ricorso alla violenza era uno strumento di minaccia, mentre il primo obiettivo rimaneva quello di una ricomposizione del conflitto. Nel caso di un nuovo rifiuto, i due comuni sarebbero stati pronti a passare all'azione vera e propria. Neppure in quest'occasione i negoziati erano andati a buon fine, anche se non ci è giunta notizia di azioni militari di rilievo svolte tra la tarda estate e l'autunno del 1369. La regina della Piccola Armenia, Maria di Korikos, era tuttavia interessata ai termini dell'alleanza del 1369, inviando ambasciatori a Venezia e domandando che l'Armenia fosse inclusa nell'eventuale pace stipulata con il sultano d'Egitto. Il senato rispondeva l'11 ottobre a riguardo di una nuova crociata, impegnandosi nel "passagium generale, quod presentialiter fieri non potest ob guerras vigentes in partibus occidentalibus".[321] L'alleanza era stata creata, in fondo, "favor regno Armenie et omnibus Christianis partium Orientis".[322] Il doge genovese, Gabriele Adorno, aveva scritto a Venezia domandando che il regno armeno fosse incluso nelle trattative con i mamelucchi, trovando l'accordo del governo veneto.[323]

Nonostante il fallimento delle negoziazioni estive, gli armamenti di Cipro, Rodi, Genova e Venezia durante l'inverno del 1369–1370 in previsione della campagna cristiana dell'anno successivo avevano preoccupato il sultano, i cui domini avevano sofferto per le incursioni. Il sovrano musulmano aveva liberato

319 La lista delle tappe del viaggio delle due galee, che meriterebbe un'analisi più approfondita ed ha un ottimo valore emblematico per quanto riguarda le tempistiche di una rotta di navigazione trecentesca, si interrompe con la sosta a Messina sulla via del ritorno. Essa si trova in: ASGe, *Antico Comune, Galearum marinariorum rationes* 645, f. 125v.

320 In altre occasioni, come nel 1382, era prassi mandare una sola galea per inviare ambasciatori presso la corte mamelucca: MUSARRA, Il mastro a doppia registrazione di una galea genovese del Trecento, pp. 159–176.

321 MOZZATO, *Venezia – Senato. Deliberazioni miste, vol. 20*, pp. 137–138, doc. 284. Venezia, 11 ottobre 1369.

322 *Ibidem.*

323 "Et quia dominus dux Ianue nobis curialiter scripsit, dicens quod in casu quo nobis placeat foret contentus quod regnum Armenorum, in quantum fieri posset, includeretur in pace, respondeatur ei regraciando sibi de sua curialitate et quod similiter placet nobis ut dictum regnum includatur, si fieri poterit". *Ibidem.*

due mercanti prigionieri, il veneziano Marco Priuli e il genovese Bartolomeo Mallone, che si erano diretti a Cipro per portare proposte di pace, seguiti da Pietro Cattaneo e Bernardo de Conte, con lo stesso compito.[324] Genova aveva inviato un nuovo console ad Alessandria e Venezia il 7 maggio 1370 aveva imitato la rivale, "pro essendo conformes in totum deliberacioni Ianuensium", eleggendo un nuovo console che avrebbe viaggiato sulle galee dell'unione e che sarebbe entrato in carica dopo la conclusione della pace.[325] Era poi stato inviato in Egitto l'ambasciatore Pietro Giustinian, accompagnato dall'interprete Nicoletto Girardo.[326] Venezia desiderava il ristabilimento di pacifiche relazioni con il mondo mamelucco e il bailo di Cipro poteva andare in pellegrinaggio al Santo Sepolcro "adveniente tempore concordii et pacis".[327] Il centro lagunare nel luglio aveva ordinato al suo notaio presso la curia avignonese, Tommaso Bonincontro, di richiedere al papa il permesso di navigazione verso Alessandria una volta stipulata la pace.[328] Ancor prima della conclusione della tregua, il senato veneto aveva dato ordine di armare 4 galee in direzione di Cipro, 2 delle quali si sarebbero dirette nel porto egiziano appena avessero avuto comunicazione del successo dei negoziati e dell'autorizzazione del papa nella ripresa dei traffici.[329] In caso di un altro insuccesso delle ambasciate, tutte le galee si sarebbero dovute dirigere su Cipro.[330] Le trattative erano proseguite durante l'estate 1370 grazie alla mediazione dei genovesi di Famagosta, per essere ratificate tra la fine di settembre e l'inizio di ottobre: pur non essendo pervenuto il trattato stipulato nel 1370, le condizioni erano verosimilmente analoghe a quelle del 1368.[331] Il 15 settembre 1370 il senato veneziano incitava ancora il notaio Tommaso Bonincontro ad Avignone perché ottenesse

---

324 IORGA, Philippe De Mézières, p. 401.

325 "sed non descendat in terram nisi postquam facta et complecta fuerit pax". MOZZATO, *Venezia – Senato. Deliberazioni miste, vol.* 20, p. 199, doc. 408. Venezia, 7 maggio 1370.

326 *Ivi*, p. 201, doc. 412. Venezia, 13 maggio 1370.

327 Ivi, p. 212, doc. 425. Venezia, 20 maggio 1370.

328 Ivi, p. 242, doc. 473. Venezia, 4 luglio 1370.

329 Ivi, pp. 267–271, doc. 528–530. Venezia, 12 agosto 1370.

330 "Si vero non haberemus nova certa de pace vel ad tale tempus quod possimus habere graciam a domino papa de navigando in Alexandriam usque ad tempus dictarum galearum, tunc in bona gracia dicte IIII galee vadant et prosequantur viagium suum in Ciprum". *Ibidem.*

331 La fonte principale per questi avvenimenti è la cronaca cipriota di Machaeras, anche se difficilmente il sultano sarebbe venuto a conoscenza dell'assassinio di re Pietro I con gli ambasciatori del 1370, come riferito dal cronista, dato che gli emissari genovesi dell'autunno precedente pare plausibile non abbiano potuto tacere la notizia. Iorga riporta che il trattato di pace venne firmato al Cairo il 25 agosto 1370; successivamente gli inviati giunsero a Famagosta il 29 settembre per la ratificazione da parte cipriota. IORGA, Philippe De Mézières, p. 402, nota 4.

la licenza di commercio con i musulmani prima che finisse il tempo utile per la navigazione.[332] Pur restando la proibizione della Chiesa, le autorità della laguna il 29 settembre avevano revocato il divieto di commerciare con i territori del sultano per i cittadini veneti.[333] Al contempo avevano deciso di chiedere a Giacomo di Lusignano, fratello del defunto re Pietro I, il risarcimento dei danni subiti dal console veneziano, Andrea Venier, e dai mercanti durante il sacco di Alessandria del 1365, che d'altronde era stato attuato contro le promesse del sovrano cipriota.[334]

Dopo cinque anni di guerra e pirateria, la pace era tornata e il commercio latino verso il Levante era restaurato con i porti di Egitto e Siria. La lega tra Venezia e Genova, se pur solo con effetto deterrente, era giunta al suo scopo, mettendo in luce la collaborazione tra le due città nei confronti degli infedeli in determinati frangenti.[335] Si era concluso un lungo periodo di guerra marittima con i mamelucchi nel Mediterraneo sud-orientale, che aveva causato profonde difficoltà economiche. Il commercio alessandrino era una fonte di entrate estremamente importante per i panorami genovese e veneziano, che anche durante gli anni del conflitto non aveva mai smesso di esistere seppur con una notevole flessione, prima di riprendere nel 1371. Nel corso della guerra sono registrate 4 galee genovesi annuali che commerciavano presso il porto di Alessandria, per ogni anno compreso tra il 1367 e il 1371, salvo il 1369, momento dell'alleanza e della spedizione diplomatica. La somma del valore dei carichi registrati era passata da 209.549 lire nel 1367 a 483.973 lire nel 1371, più del doppio, una volta tornata la normalità.[336] Gli interessi commerciali avevano lasciato posto allo scontro religioso, sostenuto da Pietro I di Lusignano e avvallato da papa Urbano V, a danno dei cittadini, delle merci e delle entrate delle due città italiane. Genova e Venezia erano state, alla pari del regno di Cipro, le grandi protagoniste di questa stagione crociata.

6.2.4 *Dagli allarmi turchi alla questione di Tenedo*

Mentre infuriava la guerra con i mamelucchi, il quadrante egeo-balcanico diveniva sempre più problematico. Nell'agosto 1369 il *basileus* Giovanni V si

---

332 MOZZATO, *Venezia – Senato. Deliberazioni miste, vol. 20*, p. 290, doc. 569. Venezia, 15 settembre 1370.

333 Ivi, pp. 296–297, doc. 581. Venezia, 29 settembre 1370.

334 "specialiter attento quod dominus rex non servavit promissionem nobis per eum factam de non eundo in Alexandriam usque per totum mensem octubris tunc temporis". Ivi, pp. 296–297, doc. 581. Venezia, 29 settembre 1370.

335 Su questa linea di analisi: HOUSLEY, The Avignon Papacy and the Crusades, pp. 212–213.

336 Michel BALARD, Le commerce génois à Alexandrie (XIe–XIVe siècle), in: Gênes et la mer, vol. 1, pp. 269–282, qui p. 279.

era recato a Roma, insieme a molti dignitari bizantini, dove nell'ottobre si era convertito al cattolicesimo con una fastosa cerimonia. La speranza di ricevere aiuti dall'Occidente contro i turchi aveva spinto il Paleologo a compiere questo passo, che gli avrebbe inimicato parte del mondo ortodosso più intransigente. Non si era tuttavia verificata l'unione tra le due chiese e la conversione era rimasta a titolo personale; il risultato era stato deludente per i greci, che nei fatti non avrebbero ricevuto soccorso contro l'avanzata ottomana.[337] Dopo la conversione, Giovanni V aveva lasciato Roma nel marzo e si era recato a Venezia, dov'era giunto con 4 galee nella tarda primavera del 1370. Il *basileus*, primo sovrano bizantino a mettere piede nella laguna da secoli, era stato ricevuto con grandi onori. Le sue finanze erano però esaurite ed egli era in uno stato di bisogno tale da non poter nemmeno coprire le spese del ritorno: l'imperatore Giovanni V si trovava nell'imbarazzante situazione di essere praticamente prigioniero a Venezia nonché di debitore insolvente.[338] Il suo soggiorno, di cui abbiamo notizia grazie alla cronaca cinquecentesca di Gian Giacomo Caroldo, sarebbe durato quasi un anno e sarebbe stato marcato da indigenza e negoziati controversi.[339] L'accordo che il governo veneto tentava di stringere con l'imperatore riguardava la questione di Tenedo. I veneziani suggerivano la consegna dell'isola, posizione chiave per il dominio dei Dardanelli, in cambio della restituzione dei gioielli della corona bizantina, dati in pegno un trentennio prima per un prestito di 30.000 ducati e conservati a Venezia, l'annullamento del debito stesso, oltre a ulteriori 25.000 ducati e 6 navi da trasporto.[340] Le cifre avrebbero permesso a Giovanni V di tornare nella propria capitale, tuttavia le discussioni si erano protratte per l'intera permanenza del *basileus* in laguna. Il patto era stato chiuso nel luglio 1370, ma le clausole dell'accordo non furono adempiute, Tenedo non fu consegnata e Giovanni non riebbe i gioielli, anche a causa della riluttanza del Paleologo ad accettare la proposta veneziana.[341]

---

337 Sulla conversione e sul viaggio italiano dell'imperatore: Oskar HALECKI, *Un empereur de Byzance à Rome. Vingt ans de travail pour l'union des églises et pour la défense de l'Empire d'Orient 1355–1375*, London 1972.

338 Raymond-Joseph LOENERTZ, Jean V Paleologue a Venise (1370–1371), in: *Revue des études byzantines* 16 (1958), pp. 217–232, qui pp. 217–219.

339 Per quanto riguarda la permanenza veneziana di Giovanni V, ci si riferisce all'articolo sopra citato, poi a: HALECKI, Un empereur de Byzance à Rome, pp. 228–234; Oskar HALECKI, Two Palaeologi in Venice, 1370–1371, in: *Byzantion* 17 (1944–1945), pp. 331–335; SETTON, The Papacy and the Levant, vol. 1, pp. 314–320. Anche: Georg OSTROGORSKY, *Storia dell'impero bizantino*, Torino 1993, pp. 484–485.

340 Pare che il senato abbia anche offerto un primo prestito di 4.000 ducati all'imperatore, che però avrebbe rifiutato. Ivi, p. 317.

341 Ivi, pp. 319–320.

Non conosciamo i motivi della ritrosia dell'imperatore, che pure sono abbastanza intuibili. Privarsi di un territorio così importante, che aveva già offerto rifugio a Giovanni V durante le guerre civili, costituiva un danno per il traballante impero bizantino; cederlo a uno dei due centri marinari significava poi inimicarsi inevitabilmente l'altro. Il ribelle Andronico IV, rimasto a Costantinopoli durante il viaggio del padre, era in contatto con i genovesi, che si erano strenuamente opposti al progetto. Andronico si era rifiutato di eseguire l'ordine di consegnare l'isola ai veneziani, guardando piuttosto ai suoi alleati liguri? Il genovese Francesco Gattilusio, fedele vassallo del Paleologo quanto legato alla propria madrepatria, aveva accompagnato Giovanni V a Roma e probabilmente aveva avuto una certa influenza.[342] L'imperatore si trovava tra due fuochi e senza avere abbastanza denaro per armare le proprie galee come per restituire gli anticipi ricevuti, nonostante la buona disposizione del senato veneziano, che aveva tentato di facilitare il ritorno del sovrano.[343] Giovanni V fu salvato solo dall'intervento del figlio Manuele Paleologo, despota di Mistrà, che era accorso a Venezia nel pieno dell'inverno 1370–1371. I due potevano finalmente partire dalla laguna all'inizio di aprile 1371: Venezia era stata, ancora una volta, al centro delle discussioni per i destini della Cristianità orientale. Il *basileus* aveva soggiornato per qualche tempo a Tessalonica, presso Manuele, ed era tornato a Costantinopoli duramente provato solo il 28 ottobre 1371, dopo due anni di assenza e senza essere riuscito a ottenere nulla di ciò che si era prefissato.[344] Nonostante gli sforzi e l'umiliazione, pur di tentare di salvare il proprio stato dalla minaccia turca, il viaggio europeo era stato salutato con malinconica rassegnazione dagli osservatori bizantini. Il filolatino Giovanni Lascaris Caloferos lo aveva definito una vana fatica[345]; dello stesso parere era Demetrio Cydones, che aveva seguito il proprio sovrano e si era speso per la sua causa, definendo il viaggio in Italia come totalmente inutile e controproducente.[346] Venezia rimaneva comunque legata alla difesa dell'impero bizantino, che nel 1372 riforniva di armi e corazze.[347] Il destino di Costantinopoli, e la crociata con esso, passava ancora per Genova e Venezia, sebbene irrimediabilmente segnato dalla loro rivalità.

---

342 LOENERTZ, Jean V Paleologue a Venise (1370–1371), pp. 226–228.

343 HALECKI, Two Palaeologi in Venice, 1370–1371, pp. 333–335.

344 SETTON, The Papacy and the Levant, vol. 1, p. 320.

345 LOENERTZ, Jean V Paleologue a Venise (1370–1371), p. 230.

346 Frances KIANKA, Byzantine-Papal Diplomacy: The Role of Demetrius Cydones, in: *The International History Review* 7/2 (1985), pp. 175–213, qui pp. 200–201.

347 Nel 1372 furono consegnate a Giovanni V 400 corazze e 300 giavellotti che aveva acquistato da Venezia. THIRIET, Régestes de déliberations du Sénat, vol. 1, p. 127, doc. 507. Venezia, 23 marzo 1372.

Il viaggio dell'imperatore bizantino era caratterizzato dalla presa di coscienza del pericolo turco. Le avvisaglie vi erano tuttavia già da tempo. La crociata mediterranea non era costituita da un blocco monolitico, ma poteva essere sorprendentemente settoriale con l'avvallo del papato stesso, in un contesto dove i nemici della Cristianità erano molteplici e su fronti diversi. Nel giugno 1367 il papa aveva risposto all'appello di un gruppo di cittadini genovesi che da poco condividevano il cognome Giustiniani, rappresentanti degli interessi della Maona di Chio. Poiché essi stavano sostenendo grandi spese per difendere l'isola, Focea Nuova e i luoghi adiacenti "contra Turchos fidei christiane inimicos"[348], Urbano V concedeva ai genovesi di inviare 3 galee da Chio ad Alessandria cariche di merci, nel pieno dello scontro con il sultano egiziano.[349] Veniva così a costituirsi lo strano paradosso di un pontefice che permetteva di finanziare una guerra contro i turchi tramite il commercio con altri infedeli mamelucchi. Mentre i cristiani latini conducevano il conflitto con i mamelucchi a sud, un consistente pericolo si approssimava dalla penisola anatolica. I genovesi di Pera con il loro supporto alla crociata di Amedeo VI si erano collocati sul crinale tra vecchia amicizia e consapevolezza della minaccia ottomana. Nonostante il successo, la spedizione del conte di Savoia aveva prodotto frutti effimeri. Urbano V era morto subito dopo aver visto la pace con i saraceni e il suo successore, Gregorio XI, era stato investito dalle notizie sull'avanzata turca in Tracia. Gli ottomani erano dilagati nei Balcani nel corso degli anni Sessanta e il 26 settembre 1371 avevano inflitto ai serbi una disastrosa sconfitta nella battaglia di Maritsa, che di fatto avrebbe segnato la fine dell'indipendenza del regno serbo.[350] Mentre Giovanni V tornava in patria, i primi a

---

348 AAV, *Registra Vaticana* 256, f. 54v. Avignone, 14 giugno 1367. In: Urbain V (1362–1370). Lettres communes analysées d'apres les registres dits d'Avignon et du Vatican, vol. 6, p. 202, doc. 19800.

349 "conceditur licentia ducendi seu duci faciendi semel duntaxat de ipsa insula tres galeas ad Alexandrie et alias partes et terras ultramarinas que per soldanum Babilonie detinentur, cum nautis et aliis personis ad conductionem galearum predict. opportunis, per se seu alios cives Januen., mercimoniis oneratas et cum mercatoribus dictorum exceptis armis, ferro, lignaminibus et aliis prohibitis". *Ibidem*. I cittadini azionisti che avevano rivolto la supplica erano il doge Gabriele Adorno, Francesco seniore, Nicolò, Tommaso, Paolo, Andreolo, Francesco juniore e Pietro "dictis Iustinianis"; poi i fratelli Bartolomeo e Nicola de Caneto de Casanova, e infine i tre fratelli Francesco, Andrea e Tommaso, figli del defunto Raffaele Giustiniani, differenziati dai primi. L'albergo dei Giustiniani era stato istituito solo qualche anno prima, tra il 1362 e il 1364. Ancora: LERCARI, La vicenda storica dell'albergo Giustiniani; BALARD, I Giustiniani: un modello degli 'alberghi'?

350 Sulla battaglia di Maritsa: FINE, The Late Medieval Balkans, pp. 406–407; ESTANGÜI GÓMEZ, Byzance face aux Ottomans; Toni FILIPOSKI, Before and After the Battle of Maritsa (1371): The Significance of the Non-Ottoman Factors in the Ottoman Conquest of the Balkans, in: *The Ottoman conquest of the Balkans. Interpretations and research*

lanciare avvisaglie sul pericolo turco nell'estate di quell'anno erano stati i genovesi, liberati dall'impegnativa situazione egiziana, mentre il senato di Venezia era concentrato nelle negoziazioni per Tenedo.

Un'ambasciata di Genova era giunta alla corte papale di Avignone alla fine del luglio 1371 per informare di un preoccupante raggruppamento di forze turche nei Balcani, mentre si diffondeva il timore "quod predicti Turchi et aliis infideles ad invadendum Siciliam".[351] I genovesi, allarmati, spingevano per un *passagium* nel quale avrebbero messo a disposizione una flotta allestita in Sicilia entro il marzo seguente.[352] Gregorio XI aveva scritto una serie di lettere il 1° agosto per convincere principi europei ad aiutare i genovesi nei loro propositi di crociata: nella missiva a Jean de Grailly l'apertura era dedicata alla "Terra Sancta per immundissimus Saracenos occupata"[353], ma l'appello si volgeva alla minaccia rappresentata dai turchi per la fede cristiana nelle terre orientali. L'identità della crociata in questo momento di passaggio è ben rappresentata nella lettera, in cui le due componenti, di recupero della Terra Santa e di più generale guerra di difesa contro l'assalto degli infedeli, non erano scisse, ma coesistevano in un'unica dimensione. Il conte Luigi di Fiandra aveva ricevuto una lettera dello stesso tenore[354]; entrambi dovevano esortare la pace tra inglesi e francesi così da poter partecipare alla lotta antiturca. Il comune di Genova era il più attivo agli occhi del pontefice, mentre il doge veneziano Andrea Contarini era sollecitato per lettera.[355] Il 21 agosto Gregorio XI scriveva a Domenico Campofregoso invitandolo a perseverare nella crociata.[356] Tuttavia, l'iniziativa nata da Genova e rilanciata dal pontefice sarebbe caduta nel vuoto; quando le armate ottomane si erano dirette verso l'interno dei Balcani invece che sul mare, sconfiggendo i serbi a Maritsa, l'emergenza italiana

---

debates, ed. Oliver Jens SCHMITT, Wien 2016, pp. 65–78. Sulla caduta dell'impero serbo: George C. SOULIS, *The Serbs and Byzantium during the reign of Tsar Stephen Dušan (1331–1355) and his successors*, Washington 1984.

351 Edizione della lettera inviata da Gregorio XI successivamente all'ambasceria genovese, in: RINALDI, Annales Ecclesiastici, vol. 7, p. 202. Originale in: AAV, *Registra Vaticana* 263, f. 89r. Avignone, 1° agosto 1371. In: Lettres secrètes et curiales du pape Grégoire XI (1370–1378) relatives à la France, vol. 1, p. 48, doc. 334.

352 *Ibidem*.

353 RINALDI, Annales Ecclesiastici, vol. 7, p. 201.

354 AAV, *Registra Vaticana* 263, f. 90r. Avignone, 1° agosto 1371. In: Lettres secrètes et curiales du pape Grégoire XI (1370–1378) relatives à la France, vol. 1, p. 48, doc. 335.

355 AAV, *Registra Vaticana* 263, f. 90v. Avignone, 6 agosto 1371. In: Lettres secrètes et curiales du pape Grégoire XI (1370–1378) relatives à la France, vol. 1, p. 49, doc. 342.

356 AAV, *Registra Vaticana* 263, f. 99v. Avignone, 6 agosto 1371. In: Lettres secrètes et curiales du pape Grégoire XI (1370–1378) intéressant les pays autres que la France, vol. 1, p. 95, doc. 266. Una citazione della lettera è in: HALECKI, Un Empereur de Byzance à Rome, p. 251, nota 2.

sembrava momentaneamente rientrata. Il *passagium* previsto per il marzo successivo non si sarebbe mai avverato. La situazione mostra un certo attivismo del comune ligure, che si muoveva con fasi altalenanti rispetto alla crociata, seguendo del resto le tendenze presenti nella sua politica interna.

Gli anni Settanta del Trecento, coincidenti con il pontificato di Gregorio XI, erano dunque quelli della presa di coscienza del pericolo ottomano anche da parte dei ceti dirigenti delle città mercantili. Per far fronte a questa minaccia e pianificare risposte tra i potentati cristiani della regione, il papa intendeva allestire un fronte di resistenza comune tentando di organizzare un congresso a Tebe, da svolgersi nel novembre 1373. Gli invitati di spicco erano ovviamente Genova e Venezia, l'impero bizantino, il sovrano di Cipro e gli ospitalieri di Rodi, oltre alle signorie latine dell'Egeo e di Grecia. Gregorio insisteva particolarmente nei confronti dei genovesi, contattando oltre al doge, anche l'abate del monastero di San Siro a Genova e il giurisperito Leonardo Montaldo, per convincere il comune a inviare propri rappresentanti. Gli inviti del 1372, pur non ottenendo alcuna risposta pratica, mostrano la consapevolezza della pressione ottomana sul Mediterraneo nord-orientale.[357] La fine del conflitto con i mamelucchi aveva aperto alla questione turca, vero problema della seconda metà del Trecento. Nonostante ciò, Genova e Venezia erano state catturate dalle tensioni reciproche. Gli anni Settanta erano stati per Genova un periodo di relativa stabilità politica, dettati dalla direzione del doge Domenico Campofregoso, rimasto in carica per ben otto anni. Si trattava del dogato più lungo dell'intero secolo: Domenico, grazie alle sue doti di equilibrio e alla politica volta a ricompattare la parte popolare, aveva legato il suo nome a una serie di innovazioni legislative soprattutto dal punto di vista mercantile.[358] Le riorganizzazioni giuridiche, come quella del 1363, avevano tentato di stemperare le diarchie presenti nel sistema genovese, tra cui quelle tra *mercatores* e nobili, tra doge e Anziani, tra guelfi e ghibellini. Il nuovo assetto che, con molte difficoltà, aveva preso forma era forse l'aspetto più duraturo del progetto dell'ormai defunto Simone Boccanegra, limitando gli scontri interni fino alla guerra di Chioggia.[359]

357 Gregorio XI aveva inviato lettere anche ai nobili siciliani, al re d'Ungheria. AAV, *Registra Vaticana* 264, f. 76r.-77v.; *Registra Vaticana* 268, f. 85v.-88r., 94v.-95r. Avignone, 13 novembre 1372. In: Lettres secrètes et curiales du pape Grégoire XI (1370–1378) intéressant les pays autres que la France, vol. 1, pp. 161–162, n. 1166, 1167, 1169, 1172–1174, 1177.

358 Giovanna PETTI BALBI, Tra dogato e principato: il Tre e il Quattrocento, in: *Storia di Genova: Mediterraneo, Europa, Atlantico*, ed. Dino PUNCUH, Genova 2003, pp. 233–324, qui p. 245.

359 *Ibidem*.

Questa situazione aveva permesso il rinnovamento delle proiezioni e delle ambizioni mediterranee del comune ligure, che tentava di guadagnare posizioni nel quadrante orientale. Nel 1373 era scoppiato il conflitto per Cipro, al culmine di una serie di scontri più o meno latenti dai tempi del sovrano Pietro I. Il *casus belli* consisteva in una questione di precedenza durante la cerimonia di incoronazione di Pietro II, nella quale i mercanti liguri reclamavano il diritto a collocarsi alla destra del re; la lite era degenerata in un moto antigenovese capitanato da veneziani e ciprioti. La metropoli ligure aveva risposto con l'invio di una poderosa flotta al comando di Pietro Campofregoso, fratello del doge, che si era portata a Cipro in supporto alla colonia di Famagosta. I genovesi avevano imposto al nuovo sovrano una pace onerosa e gravi indennizzi, trattenendo come ostaggi a Genova alcuni membri dell'alta società cipriota, sancendo di fatto l'egemonia genovese sull'isola. La città di Famagosta era ceduta a Genova come pegno per i crediti e governata tramite una Maona appositamente sorta a finanziare la spedizione: si trattava dell'ennesimo caso di dominio indiretto in oltremare, in cui il comune stesso figurava tra i principali azionisti della società. L'affare di Famagosta e la sua gestione sarebbero divenuti uno dei cardini delle politiche genovesi in oltremare nell'ultimo quarto del XIV secolo.[360] Nonostante la nuova posizione di forza, la potenza mercantile genovese nel Levante sembra in declino nella seconda metà del Trecento. Il volume commerciale con i paesi musulmani, anche dopo la ripresa dei traffici con i mamelucchi nel 1371 e il colpo di coda cipriota del 1373, era diminuito sensibilmente rispetto all'inizio del secolo, sorpassato di gran lunga dalla rete commerciale e dai guadagni dei veneziani.[361] La reazione del governo lagunare alla presa di Famagosta e al protettorato genovese sull'isola era stata immediata: le *mude* mercantili venete, che fino a quel momento avevano toccato Cipro, a partire dal 1374 si dirigevano direttamente da Creta

---

360 Le vicende del 1373–1374 tra Genova e Cipro hanno generato una vasta bibliografia, tra cui: Peter W. EDBURY, Cyprus and Genoa: the Origins of the War of 1373–1374, in: Kingdoms of the Crusaders: From Jerusalem to Cyprus, pp. 109–126; Michel BALARD, Les Génois dans le royaume medieval de Chypre, in: *Istoría tês Kúprou*, Vol. IV, ed. Théodore PAPADOPOULLOS, Nicosia 1995, pp. 259–332; Antonio MUSARRA, The Role of Famagusta in Genoese Maritime Routes between the Fourteenth and Fifteenth Century, in: *Famagusta Maritima. Mariners, Merchants, Pilgrims and Mercenaries*, ed. Michael J.K. WALSH, Leiden-Boston 2019, pp. 130–143; un'analisi più dal punto di vista dei trattati in: BALLETTO, Tra Genova e l'isola di Cipro nel basso Medioevo, pp. 50–54. La Maona invece è stata indagata in: Giovanna PETTI BALBI, La maona di Cipro del 1373, in: *Rassegna storica della Liguria* 1 (1974), pp. 269–285; Catherine OTTEN-FROUX, I Maonesi e la Maona vecchia di Cipro, in: *La Storia dei Genovesi*, vol. 12, Genova 1994, pp. 95–118.

361 ASHTOR, Il volume del commercio levantino di Genova nel secondo Trecento, pp. 429–432.

verso Alessandria, Beirut e i porti siro-palestinesi, aggirando il regno cristiano. I veneziani si dirigevano direttamente alle fonti di approvvigionamento, rendendo quasi inutile la manovra genovese.[362]

Anche nella città di San Marco il decennio successivo alla rivolta di Creta corrispondeva a un periodo di assestamento. Nel corso del XIV secolo Venezia aveva iniziato a volgere lo sguardo verso l'entroterra, in un processo poi reso evidente dopo la guerra di Chioggia. Oltre alla proiezione adriatica, rimarcata dalla sottomissione di Trieste nel 1368–1369, l'attenzione era rivolta ai potentati veneto-friulani. Mentre i rapporti con la Verona scaligera nella seconda metà del Trecento erano relativamente tranquilli, nel 1372–1373 era scoppiata con Padova la cosiddetta "guerra dei confini". Gli schieramenti erano simili al precedente conflitto del 1356–1358 e si sarebbero ripetuti in futuro, nella guerra di Chioggia, con Francesco I da Carrara e Luigi d'Ungheria alleati contro Venezia e la partecipazione intermittente del patriarca d'Aquileia. Lo scontro si era concluso con una pace molto dura per il signore di Padova, pur senza annullare il pericolo per Venezia nei suoi confini terrestri.[363] Le tensioni con Genova avevano poi catalizzato l'attenzione del centro lagunare, nei prodromi del più grande conflitto su scala mediterranea della seconda metà del XIV secolo. Il preoccupato senato veneziano ordinava continue ricognizioni per controllare le flotte liguri nel Mediterraneo orientale. Nel maggio 1370 il capitano del Golfo aveva inviato un legno per osservare una squadra navale che sembrava i genovesi stessero armando presso Pera[364]; nel 1372 occorreva vigilare sui movimenti sospetti di galee genovesi nell'Egeo[365], e nel dicembre dello stesso anno, in risposta agli armamenti liguri, anche il governo veneziano ordinava l'allestimento di galee.[366] Dopo la presa di Famagosta, nel febbraio 1374 era stata creata la tratta diretta Creta-Siria, poiché la rotta di Cipro era divenuta troppo pericolosa per il naviglio veneziano.[367] Nel luglio 1376, alla vigilia della

---

362 LANE, Storia di Venezia, p. 223. Il senato veneziano tra febbraio e marzo 1374 istituiva tre viaggi annuali da Creta alla Siria; le galee potevano sostare fino a 22 giorni a Beirut durante il primo viaggio e 15 giorni nel corso dei due viaggi successivi. THIRIET, Régestes de déliberations du Sénat, vol. 1, p. 132, doc. 531. Venezia, 4 marzo 1374.

363 In generale sulle dinamiche di affermazione di Venezia nell'entroterra durante il Trecento, si rimanda al saggio: Gian Maria VARANINI, La formazione dello stato patrizio – Le sfide esterne: Venezia e l'entroterra (1300 circa – 1420), in: *Storia di Venezia*, vol. 3, Roma 1997, pp. 159–236. Sulla guerra veneto-padovana del 1372–1373: Paolo SAMBIN, La guerra del 1372–73 tra Venezia e Padova, in: *Archivio veneto* 38–39 (1946–1947), pp. 1–76.

364 MOZZATO, *Venezia – Senato. Deliberazioni miste, vol.* 20, p. 212, doc. 424. Venezia, 20 maggio 1370.

365 THIRIET, Régestes de délibérations du Sénat, vol. 1, p. 129, doc. 511. Venezia, 11 luglio 1372.

366 Ivi, p. 129, doc. 516. Venezia, 9 dicembre 1372.

367 Ivi, p. 132, doc. 530. Venezia, 28 febbraio 1374.

guerra, si segnalavano numerose galee genovesi in tutta la Romania.[368] Le avvisaglie della minaccia turca permanevano e preoccupavano il governo lagunare di tanto in tanto. Nell'aprile 1374 il senato approvava l'invio presso l'imperatore bizantino degli arcivescovi latini di Tebe a Patrasso, oltre a due teologi, a due ospitalieri e a Giovanni Corsini, per incoraggiare Giovanni V a resistere agli ottomani; i patrizi veneziani reputavano però inutile aggiungere galee a quest'ambasciata.[369] Qualche mese più tardi, la flotta armata da Murad preoccupava gli osservatori veneziani.[370] Mentre anche il duca veneziano dell'Arcipelago si trovava sempre più soggetto alle scorrerie turche, nel 1376 si era aperta una nuova crisi tra le autorità di Creta e gli emirati turchi dell'Anatolia.[371]

Le tensioni tra veneziani e genovesi si erano fatte pesanti anche nel Mar Nero, insieme all'ostilità del *basileus* di Trebisonda.[372] La questione di Tenedo rimaneva incompiuta, con le autorità venete che reclamavano l'isola di fronte all'offensiva genovese nel Mediterraneo orientale. Per compiere pressioni su Giovanni V, una flotta di 10 galee veneziane, al comando di Marco Giustinian, si era presentata a Costantinopoli nella primavera 1376 per reclamare Tenedo, che sarebbe stata effettivamente occupata nell'ottobre di quell'anno.[373] Nel gennaio 1377 era bailo dell'isola Antonio Venier, che si preoccupava di trovare paramenti per permettere la celebrazione di messe cattoliche a Tenedo.[374] L'isola era stata promessa da Andronico ai genovesi: proprio la questione di Tenedo aveva acceso la miccia per lo scoppio del quarto conflitto tra Genova e Venezia, che avrebbe segnato il Mediterraneo negli anni successivi. La guerra di Chioggia, sviluppata tanto in Adriatico quanto in Oriente, è sorprendentemente poco affrontata dalla storiografia recente. Il conflitto ha un valore di spartiacque nell'esperienza dei due centri, che giocavano sul crinale di una resa dei conti definitiva per il dominio dei mari. La guerra era uno scontro

368 Ivi, p. 145, doc. 581. Venezia, 26 luglio 1376.

369 Ivi, p. 132, doc. 533. Venezia, 4 aprile 1374.

370 Ivi, p. 134, doc. 541. Venezia, 14 luglio 1374.

371 I rettori di Creta avevano ceduto al duca di Nasso una galea, non troppo recente, per difendere i propri domini dai pirati turchi, come da sua richiesta. Ivi, p. 139, doc. 562. Venezia, 16 giugno 1375. Sempre i governanti cretesi potevano decidere nel 1376 se armare una flotta per agire contro gli stessi turchi. Ivi, p. 141, doc. 571. Venezia, 14 febbraio 1376. L'emiro di Efeso infatti quell'anno, in conseguenza al clima di tensioni crescenti, aveva catturato una nave veneziana al largo di Negroponte, con a bordo un certo numero di mercanti. Le autorità venete inviarono per reclamare sulla questione gli ambasciatori Bertuccio Pisani e Nicolò Duodo. Ivi, p. 144, doc. 577. Venezia, 23 aprile 1376.

372 Thiriet, La Romanie vénitienne au Moyen Âge, p. 177.

373 *Ibidem*; Thiriet, Venise et l'occupation de Ténédos au XIVe siècle, p. 227.

374 Thiriet, Régestes de déliberations du Sénat, vol. 1, p. 145, doc. 585. Venezia, 6–10 gennaio 1377.

tra due concezioni sistemiche diverse, per certi versi molto simili e per altre agli antipodi.[375] Lo scontro aveva visto una forte caratterizzazione simbolica e scenografica, evidente nell'utilizzo di segni e immagini per screditare l'avversario e contribuire all'autorappresentazione cittadina, oltre a colmare i bisogni psicologici di rassicurazioni sulla vittoria.[376] La guerra con il centro rivale implicava una mobilitazione totale in tutti i campi, finanziario, militare e, non ultimo, ideologico. L'opposizione agli infedeli, turchi, tartari o mamelucchi, era passata in secondo piano durante il confronto con i nemici italiani. Il conflitto del 1378–1381 era una guerra panmediterranea combattuta su fronti terrestri e marittimi, dal Tirreno all'Oriente, passando per Pera, Cipro, l'Egeo e le isole adriatiche. I Visconti di Milano si erano schierati con Venezia, mentre Genova aveva ottenuto l'appoggio dei Carrara di Padova, del re d'Ungheria e del patriarca di Aquileia.

Si trattava della più grave sfida sostenuta da Venezia nella sua storia, che era andata vicina alla distruzione quando i genovesi l'avevano insidiata nel suo stesso mare, fino al disastro ligure nella laguna di Chioggia e alla definitiva riscossa veneziana. La pace di Torino dell'8 agosto 1381, ottenuta grazie all'intermediazione di Amedeo VI di Savoia, aveva tentato di ristabilire l'equilibrio precedente imponendo lo smantellamento delle difese dell'isola di Tenedo. La soluzione non accontentava nessuno e lasciava ulteriormente sguarnito il Bosforo di fronte al passaggio dei turchi. La guerra si era conclusa senza un vincitore e le due città erano vicine al tracollo finanziario. Si era trattato di uno sforzo immenso per i comuni, che avevano armato grandi flotte mobilitando tutte le proprie risorse, con la conseguenza di un aumento impressionante del debito pubblico in entrambe le città, che avrebbe segnato profondamente i decenni successivi. Era stato un punto di non ritorno sia per Venezia che per Genova: quest'ultima in particolare avrebbe sofferto un declino più evidente, finendo preda di una pesante instabilità politica dopo il 1381, culminata con la

---

375 Il più completo studio è ancora oggi il lavoro ottocentesco di Luigi Agostino Casati, che contiene anche numerose edizioni di documenti: Luigi Agostino CASATI, *La guerra di Chioggia e la pace di Torino. Saggio Storico con documenti inediti*, Firenze 1866. Hanno affrontato l'argomento anche: Francesco SURDICH, *Genova e Venezia fra Tre e Quattrocento*, Genova 1970; Mihail VOLKOV, La rivalità tra Venezia e Genova nel secolo XIV, in: *Saggi e documenti*, vol. 4, Genova 1983, pp. 143–181; Maurizio ROSADA, La guerra di Chioggia negli scritti di Vittorio Lazzarini, in: *Atti e memorie della Società Dalmata di Storia Patria* 11 (1983), pp. 155–171; LOMBARDO, Galee, bombarde e guerre di simboli. Il lavoro generale di Antonio Musarra sugli scontri tra le due città si occupa anche dell'ultimo grande conflitto veneto-genovese: MUSARRA, Il Grifo e il Leone, pp. 246–270. Per l'analisi delle diversità sistemiche dei due centri, tra concezione generalmente pubblico-collettivista di Venezia e una più privatistica a Genova: ivi, pp. 15–24.

376 LOMBARDO, Galee, bombarde e guerre di simboli, pp. 101–104.

dedizione francese del 1396.[377] Venezia si sarebbe ripresa con maggiore velocità rispetto alla meno popolosa rivale tirrenica, che era stata costretta a fare ricorso all'arruolamento massiccio di uomini delle colonie e delle riviere, a prestiti forzosi da parte dei cittadini con *compere* e mutui, con una pressione fiscale molto più pesante. Le profonde ripercussioni dell'evento su Genova e Venezia giustificano la guerra di Chioggia come spartiacque anche dell'impegno crociato, a causa della limitazione della proiezione di potenza marittima. Dopo il 1381 lo scenario del Mediterraneo, in particolare orientale, non sarebbe più stato lo stesso. Il combattimento tra le due città, lasciando profondi strascichi nel Levante, avrebbe aperto ulteriormente la strada all'avanzata ottomana.

377 Lo spartiacque del conflitto è stato colto anche per quanto riguardava l'Oriente da Freddy Thiriet e da diversi studiosi dei due comuni. THIRIET, La Romanie vénitienne au Moyen Âge, pp. 177–178; PETTI BALBI, Tra dogato e principato: il Tre e il Quattrocento, pp. 264–265.

CAPITOLO 7

Guerre e commercio sui mari d'Oriente (1381–1402)

7.1 Il tempo di Genova irrequieta

Il periodo successivo alla guerra di Chioggia era caratterizzato da un elevato livello di aggressività estera di Genova, di pari passo con la crescente instabilità istituzionale e la crisi politica. Era il canto del cigno di una potenza che, insicura delle proprie forze, reagiva in maniera conflittuale? La generale tensione internazionale andava nella direzione di una conflittualità con i musulmani, incentivata dall'emergenza turca. I genovesi alternavano strumenti di violenza a tentativi di ricomposizione con le potenze del Mediterraneo orientale. Gli unici sforzi collettivi giustificati erano quelli per salvare le proprie posizioni oltremare, da Cipro all'Egeo. Tale reazione aggressiva appare piuttosto disordinata e priva di una linea di intervento comune, con singole esplosioni di forza che avevano segnato gli anni di Genova inquieta.

7.1.1 *Genovesi al servizio di papa Urbano VI*

La linea di intervento mediterranea dei liguri era stata indicata dal doge Antoniotto Adorno, che aveva dato origine a quella che è stata definita una criptosignoria.[1] L'Adorno aveva avviato un'offensiva diplomatica su vasta scala mediterranea, stringendo trattati con il re di Tunisi nel 1383[2], con il sovrano d'Aragona, con il principato bulgaro di Ivancho, con il sultano ottomano Murad e con i tartari di Solghat, con Luigi II di Sicilia e con il regno di Castiglia. L'ampio prestigio internazionale aveva fatto diventare Antoniotto, alla conclusione del terzo dogato nel 1392, una voce autorevole sullo scenario italiano, guadagnando una notevole fama personale.[3] La sua politica si era imposta anche in uno scenario religioso turbolento, con l'inizio dello scisma della Chiesa. Il soggiorno del papa romano Urbano VI nel centro ligure tra il 1385 e il 1386 aveva rinfocolato un'atmosfera eccitata e rientrava probabilmente in un progetto di Antoniotto, che intendeva porsi come mediatore per la ricomposizione della crisi.[4] L'Adorno si era avvicinato al pontefice utilizzando i canali ecclesiastici

---

1 Petti Balbi, Tra dogato e principato: il Tre e il Quattrocento, pp. 251–253.

2 Sul trattato con il regno tunisino, che sarà affrontato successivamente: Giovanna Petti Balbi, Il trattato del 1383 tra Genova e Tunisi, in: Saggi e Documenti, vol. 1, pp. 295–322.

3 Ivi, p. 291.

4 Sulla permanenza di Urbano VI a Genova: Sandra Macchiavello, Sintomi di crisi e annunci di riforma (1321–1520), in: *Il cammino della Chiesa genovese dalle origini ai nostri*

© Brill Schöningh, 2023 | DOI:10.30965/9783657790852_008

della famiglia Fieschi, che era rientrata in città nel 1378 dopo un lungo esilio politico.[5] Il doge si era avvalso dell'arcivescovo Giacomo Fieschi, del cardinale Ludovico Fieschi suo nipote e del neo-arcivescovo di Nicosia, Luchino Adorno, che erano stati al centro delle trattative con Urbano VI, nel 1385 assediato a Nocera da Carlo III di Durazzo.

I tre prelati erano portavoce delle richieste di soccorso del papa: il doge e il consiglio si dichiaravano pronti ad allestire una flotta, chiedendo però un contributo di 60.000 fiorini per le spese della spedizione. Le galee erano state affidate al comando di Clemente Fazio ma, nel timore dell'insolvenza del pagamento, i negoziati si erano protratti fino all'estate del 1385. L'arcivescovo Giacomo Fieschi aveva versato una caparra al comune a garanzia della somma pattuita; il papa era stato costretto a ipotecare una serie di possedimenti ecclesiastici sulla riviera di Ponente, tra cui Pietra Ligure, Toirano, Bergeggi e Spotorno, tutte cedute alla metropoli.[6] Il patto era stato siglato il 1° luglio[7], quando il Santo Padre si trovava a Nocera "cristianorum obsessus per varias et diversas gentes inimicas et odiosas".[8] Dopo pochi giorni il papa aveva forzato l'assedio, aveva percorso parte del Meridione e si era imbarcato con la curia sulle 10 galee genovesi presso Trani. I legni lo avevano condotto nella capitale ligure, ripetendo quanto successo circa un secolo e mezzo prima con il papa genovese Innocenzo IV.[9] Il papa, in fuga dai problemi del Mezzogiorno e dalle lotte

giorni, ed. Dino PUNCUH, Genova 1999, pp. 211–264, qui pp. 229–232; G.M. BASOLA, Urbano VI a Genova e l'eccidio dei cardinali, in: *Bollettino Ligustico* 29 (1977), pp. 67–70; Gaetano COGO, Delle relazioni tra Urbano VI e la Repubblica di Genova, in: *Giornale Ligustico* 22 (1897), pp. 442–457; Lorenzo TACCHELLA, *Il pontificato di Urbano VI a Genova (1385–1386) e l'eccidio dei cardinali*, Genova 1976. Per una contestualizzazione più generale: Noël VALOIS, *La France et le Grand Schisme d'Occident*, Paris 1896–1902; Emanuel P. WARDI, *Le strategie familiari di un doge di Genova. Antoniotto Adorno (1378–1398)*, Torino 1996.

5 TACCHELLA, Il pontificato di Urbano VI a Genova, pp. 41–44.

6 La cessione fu in realtà stipulata il 17 dicembre 1385, quando il pontefice era già a Genova e si trovava completamente impossibilitato a pagare i 60.000 fiorini del nolo al comune. Pressato dai creditori, Urbano VI cedette a Genova alcuni borghi ecclesiastici della riviera di Ponente, appartenenti ai vescovati di Albenga e Noli, suscitando però le vive proteste dei possessori. L'atto è in: ASGe, *Archivio Segreto, Materie Politiche* 2729, doc. 21. Genova, 17 dicembre 1385. In: *I Libri Iurium della Repubblica di Genova*, ed. Michela LORENZETTI / Francesca MAMBRINI, vol. 2/2, Genova 2007, pp. 703–714, doc. 205. Le rimostranze di numerose ambasciate, giunte da Albenga appositamente per protestare dinanzi al papa, sono contenute nella filza notarile: ASGe, *Notai antichi* 459 I.

7 Giacomo Fieschi aveva firmato il trattato a nome del pontefice: il patto prevedeva il salvataggio di Urbano VI, scortarlo fino all'imbarco con la sua corte e quindi trasferirlo a Genova. Il documento è conservato in: ASGe, *Archivio Segreto, Materie Politiche* 2729, doc. 20. Genova, 1° luglio 1385. Si veda anche: TACCHELLA, Il pontificato di Urbano VI a Genova, pp. 41–44.

8 ASGe, *Archivio Segreto, Materie Politiche* 2729, doc. 20. Genova, 1° luglio 1385.

9 TACCHELLA, Il pontificato di Urbano VI a Genova, p. 45.

dello scisma, era approdato trionfalmente a Genova il 23 settembre 1385 con la propria corte e alcuni cardinali prigionieri.[10] Nella città si era trasferita l'intera corte papale per oltre un anno, mentre Urbano VI aveva sempre risieduto nella commenda di San Giovanni di Prè, all'estremità occidentale del centro abitato, senza mai uscirne. Il soggiorno del pontefice, pur chiuso all'interno dell'edificio degli ospitalieri, aveva avuto grandi ricadute in città, che si era ritrovata improvvisamente a essere il centro della Cristianità di obbedienza romana.[11] Il via vai di cardinali, prelati e ambasciatori si era fatto intenso nel corso dei 14 mesi della Genova papale, nonostante l'isolamento del Santo Padre, che si ostinava nei suoi progetti di vendetta contro gli Angiò-Durazzo di Napoli.[12] L'inflessibilità di Urbano VI aveva però frustrato le ambizioni di Antoniotto Adorno a essere arbitro dello scisma, così come le aspettative di benessere cittadino non si erano realizzate.

Genova, in compenso, aveva guadagnato un relativo prestigio. Il re di Boemia, Venceslao IV, aveva scritto una lettera di congratulazioni al doge, in cui ammirava il "fidei vestre zelo"[13] dei genovesi. Il soggiorno pontificio, tuttavia, era funestato da fratture crescenti e durante gli ultimi mesi di permanenza di Urbano VI a Genova era avvenuto il cosiddetto "eccidio dei cardinali", in cui cinque dei sei porporati ribelli erano stati giustiziati.[14] L'irrigidimento del papa aveva generato malcontento e addirittura un tentativo fallito di assalto notturno alla commenda di Prè per liberare i cardinali prigionieri, a cui Urbano aveva reagito con crudeltà.[15] I rapporti tra il doge e il papa si erano deteriorati e il Santo Padre si preparava a lasciare la città, non prima dell'esecuzione dei cardinali.[16] Il 16 dicembre Urbano VI lasciava il porto di Genova su 2 galee, diretto

---

10 Ivi, p. 47.

11 Sull'innalzamento del prezzo dei viveri e degli alloggi a Genova: ivi, pp. 55–57.

12 Ivi, p. 67.

13 ASGe, *Archivio Segreto, Materie Politiche* 2729, doc. 22. S.l., 20 marzo 1386. I liguri, unici tra gli abitanti d'Italia, avevano liberato Urbano dall'assedio: Venceslao, dunque, sollecitava la continua protezione del papa e auspicava che l'ospitalità della curia continuasse nel centro portuale.

14 Per la loro liberazione si erano svolte pressioni sul doge Antoniotto da parte dei familiari e del clero genovese, senza alcun frutto, mentre Urbano rifiutava sistematicamente ogni proposta di pace da parte della regina Margherita di Durazzo, che pure non aveva mai lasciato l'obbedienza romana. Uno di loro, il cardinale inglese Adam Easton, era stato graziato grazie alle sollecitazioni del re d'Inghilterra Riccardo II; tra i cinque uccisi vi era anche un ligure, il francescano Bartolomeo de Cogorno, di nobile famiglia. Sull'eccidio dei cardinali a Genova: TACCHELLA, Il pontificato di Urbano VI a Genova, pp. 29–32, 91–98.

15 Egli ordinò infatti di far incarcerare e torturare una serie di curiali sospettati di complicità con i congiurati, capitanati da Pileo de Prata e Galeotto de Petramala. Ivi, pp. 93–94.

16 "Ipsoque anno, dum non concordarent is Urbanus et dux, festinanter cum cardinalibus suis duas ascendit Ianuensium galeas die sexta decima decembris ex voluntate ducis

a Lucca.[17] Il controverso soggiorno papale aveva avuto comunque incidenza grazie alle possibilità offerte a singoli individui come alla chiesa diocesana. Il pontefice aveva esercitato un profondo peso sulle novità ecclesiastiche locali e sulla concessione di cariche a prelati liguri.[18] Urbano si era avvalso sempre di mercanti e banchieri genovesi per le operazioni finanziarie del proprio pontificato: la questione economica era al centro del suo turbamento durante il periodo genovese e molti operatori liguri si erano specializzati nella gestione di collettorie apostoliche.[19] Numerosi mercanti avevano ottenuto licenze per il commercio con gli infedeli, verso l'Egitto o paesi d'oltremare soggetti al "Soldano Babilonie", come, tra gli altri, Gregorio Lercari[20], il maonese di Chio Giovanni Imperiale[21], Iannone Malocello e Oberto Sauli[22], Galeotto Doria al quale era stato concesso l'invio di 3 navi ad Alessandria.[23] Il 15 gennaio 1386 una bolla papale, indirizzata al doge Antoniotto, autorizzava tutti i "cives ianuenses in civitate Famagustani residentes et qui residebunt in futurum"[24] a commerciare liberamente per cinque anni con i mamelucchi, permettendo l'invio di "naves, galeas" e quant'altro.[25] Una concessione papale era stata fatta ai due fratelli Giovanni e Benedetto Demerode, eredi del *burgense* di Pera, Filippo, per operare cambiamenti nella parte di eredità relativa alle donazioni pie, poiché le terre e i beni del defunto padre si trovavano ormai in gran parte nelle mani degli ottomani.[26] Persino l'ambito devozionale era stato toccato dalla permanenza di Urbano, con la ratificazione dell'indulgenza plenaria a tutti coloro

eiusdem et Lucam accessit". Georgii et Iohannis Stellae Annales Genuenses, p. 193. Pochi giorni prima della partenza cinque cardinali prigionieri, accusati di far parte di un complotto, erano stati uccisi. Le modalità dell'esecuzione avevano destato scalpore tra i contemporanei, sebbene siano rimaste tuttavia contradditorie tra annegamento in mare, gettati in una fossa di calce viva e sgozzamento notturno nelle carceri della commenda. I corpi non erano mai più stati trovati.

17 Tacchella, Il pontificato di Urbano VI a Genova, pp. 96–98.

18 Macchiavello, Sintomi di crisi e annunci di riforma, pp. 230–231.

19 Tacchella, Il pontificato di Urbano VI a Genova, pp. 80–81; Macchiavello, Sintomi di crisi e annunci di riforma, p. 230.

20 ASGe, *Notai antichi* 468 I, f. 47v.-48v. Genova, 26 aprile 1386.

21 Ivi, f. 57r.-57v. Genova, 16 maggio 1386.

22 Ivi, f. 58r. Genova, 17 maggio 1386.

23 Ivi, f. 61v. Genova, 9 agosto 1386. Sulle licenze concesse da Urbano VI ai genovesi durante la sua residenza in città: Petti Balbi, Il Devetum Alexandrie e i genovesi, pp. 74–75.

24 L'exemplum della bolla, copiato dal notaio Oberto Foglietta nel suo cartulare, è conservato in: ASGe, *Notai antichi* 468 I, f. 59v.-60r. Genova, 15 gennaio 1386.

25 Il commercio era consentito "ad Alexandrie et alias partes ac terras ultramarinas que per soldani Babilonie detinentur". *Ibidem*.

26 Ivi, f. 46v.-47v. Genova, 14 aprile 1386. Si tornerà successivamente su questo interessantissimo testamento di Filippo Demerode, lo stesso che aveva permesso l'alleanza turco-genovese degli anni Cinquanta.

che avessero fatto visita alle reliquie di san Giovanni Battista, custodite nella cattedrale, il giorno della sua festività, ricalcando il privilegio veneziano per san Marco.[27]

Anche i patroni genovesi si erano messi al servizio della Santa Sede. Clemente Fazio, ammiraglio delle galee che avevano tratto in salvo Urbano VI, aveva prestato giuramento alla presenza del papa il 5 dicembre 1385 ed era stato nominato maresciallo pontificio, come ringraziamento per il servizio svolto.[28] Pietro Piccono, patrono di galee, tra gli eroi dalla guerra di Chioggia, era entrato al servizio del papa da qualche anno.[29] Urbano ordinava di risolvere lo stipendio dovuto a Piccono per "armando unam galeam ad stipendia domini nostri"[30], che aveva servito il pontefice per tre mesi nel 1382.[31] Gli armatori liguri potevano alternare il servizio pontificio e quello al comune sui mari: Pietro Piccono, avvezzo alla guerra, era stato uno di coloro che, lasciati gli ordini papali, nel 1383 aveva contribuito allo scoppio del conflitto con i mamelucchi a causa del suo atteggiamento belligerante.[32] La guerra si legava alle vicende di Giacomo di Lusignano, prigioniero nel carcere genovese di Malapaga dal 1374. Alla morte del re Pietro II, Giacomo era stato designato come nuovo sovrano cipriota e, dopo aver accettato a Genova condizioni favorevoli ai maonesi di Cipro, era stato liberato e condotto sull'isola da una squadra di 10 galee

27 ASGe, *Bolle e brevi* 1554, doc. 12. Genova, 26 settembre 1386. Ne parla anche Giorgio Stella nei termini del paragone con Venezia: "Urbanus concessit litteras quibus anno singulo intrantes Iohannis Baptiste usque ad vesperas eiusdem nativitatis dei inclusive, si suorum delictorum vere penitentes et confessi fuerint, tantam indulgentiam spiritualis consequantur pene, quantam festo ascensionis Domini vere confessi et penitentes templum ingressi Sancti Marcii de Venetiis consequuntur; ea namque indulgentia sancti Marci generalis et plenaria dicitur super noxis et criminibus conctis". Georgii et Iohannis Stellae Annales Genuenses, p. 193; MUSARRA, Memorie di Terrasanta.

28 AAV, *Instrumenta Miscellanea* 3362, f. 10r. Genova, 5 dicembre 1385. Edito in TACCHELLA, Il pontificato di Urbano VI a Genova, pp. 110–112.

29 Dice di lui Giorgio Stella, narrando della guerra in Adriatico nel 1378: "reliquis tribus Petrus Piconus presidens capitaneus virili sedulitate Venetis intulit plura damna". Georgii et Iohannis Stellae Annales Genuenses, p. 171.

30 ASGe, *Notai antichi* 468 I, f. 48v. Genova, 13 aprile 1386.

31 La Camera Apostolica doveva ancora versargli 673 fiorini e 5 soldi. "Cum facto computo per clericos Apostolice Camere cum honorabili viro Petro Piccono cives ianuensis, tam de receptis quod de expositis per ipsum armando unam galeam ad stipendia domini nostri propter navigantem de anno domini nostri Iesu Christi millesimotrecentesimo octuagesimo secundo, indictione quinta, pro tribus mensibus ipsius anni, in qua galea idem Petrus fuit patronus idem restet habere et excipere ab Apostolica Camera supradicta pro complemento solutionis dictorum stipendiorum sexcentos septuagintatres florenos auri de Ianua, soldos quinque monete ianuensis". *Ibidem*.

32 ASHTOR / KEDAR, Una Guerra fra Genova e i Mamlucchi negli anni 1380, pp. 9–13.

genovesi, per essere intronizzato.[33] La flotta, che nell'estate 1383 si trovava a Famagosta al comando di Nicolò Maruffo, era stata offerta al neo-regnante in cambio di un prezzo di nolo: nel porto cipriota aveva incontrato Pietro Piccono, di ritorno dalla Siria con notizie controverse.[34]

7.1.2 *La guerra dimenticata tra Genova e i mamelucchi (1383–1386)*

È possibile ricostruire il conflitto tra Genova e i mamelucchi, a lungo tralasciato dalla storiografia, grazie alle notizie contenute nel cartulare di Giovanni Bardi e di alcune cronache arabe.[35] Lo scontro, ignorato già tra i contemporanei, non era nato da motivazioni religiose, che non sono mai accennate nelle fonti, ma quale epilogo di tensioni per i soprusi subiti dai mercanti o, viceversa, dalla presenza di pirati genovesi. Di fronte alla richiesta europea di merci orientali alla fine del Trecento, le autorità mamelucche cercavano di estorcere il più possibile agli occidentali: le controversie tra mercanti, consoli e organi locali degeneravano in azioni di forza dei governatori, che potevano provocare reazioni aggressive da parte delle città marinare grazie all'iniziativa di alcuni comandanti. La possibilità di effettuare rappresaglie contro i porti egiziani aveva lo scopo di indurre le autorità musulmane a politiche più miti. Alessandria era rimasta un porto di primaria importanza nel panorama commerciale genovese.[36] Le esportazioni dalla madrepatria erano principalmente costituite da olio, drappi e corallo, le principali merci dirette in Egitto, insieme al mastice e all'allume, in cui i genovesi si erano specializzati, mentre le spezie continuavano a dominare il mercato d'importazione.[37] Il possesso di Famagosta

---

33 Giacomo di Lusignano aveva firmato il 19 febbraio 1383, nella cattedrale di Genova, un trattato che gli imponeva pesantissimi oneri finanziari nei confronti della Maona di Cipro, la quale avrebbe ricevuto in garanzia la città di Kyrenia con il suo castello, oltre a stipulare la propria rinuncia definitiva al porto di Famagosta. BALLETTO, Tra Genova e Cipro nel basso Medioevo, pp. 55–56. Sulle complesse vicende genovesi-cipriote del 1383–1385 si rimanda al lavoro: Catherine OTTEN-FROUX, Le retour manqué de Jacques I en Chypre, in: *Les Lusignans et l'Outre-Mer. Actes du colloque Poitiers-Lusignan 20–24 octobre 1993*, Poitiers 1994, pp. 228–240; Peter W. EDBURY, The aftermath of defeat: Lusignan Cyprus and the Genoese, 1374–1382, in: EADEM, pp. 132–140.

34 ASHTOR / KEDAR, Una Guerra fra Genova e i Mamlucchi negli anni 1380, p. 15.

35 *Ibidem.*

36 COULON, "Ad partes Alexandrie": les relations des Génois avec l'Égypte, pp. 79–81. Damien Coulon si oppone alla visione, da lui giudicata troppo netta, di Ashtor, che afferma un notevole calo commerciale verso l'Egitto, in: ASHTOR, Il volume del commercio levantino di Genova nel secondo Trecento, p. 430. Della stessa linea di Ashtor è stato John Day, che nello studio del volume commerciale tramite le dogane di Genova nel 1376–1377, giunse alla medesima conclusione. DAY, Les douanes de Gênes, 1376–1377, vol. 1, p. XXVII.

37 ASHTOR, Il volume del commercio levantino di Genova nel secondo Trecento, pp. 415–416; COULON, "Ad partes Alexandrie": les relations des Génois avec l'Égypte, p. 87.

stimolava la frequentazione delle piazze mamelucche, con rapporti mai del tutto pacifici.[38] Tra la fine del 1381 e il 1382 era giunta in Occidente la notizia che i mercanti latini erano stati malmenati e imprigionati ad Alessandria e Damasco e le loro merci sequestrate. Il governo genovese già l'8 gennaio aveva eletto due ambasciatori, Cosma Italiano e Marchione de Petrarubea con l'ordine di dirigersi alla corte sultaniale.[39] La galea *Sant'Antonio*, con a bordo i due emissari, aveva lasciato Genova il 20 marzo per toccare una prima volta Alessandria tra il 3 e l'8 maggio; successivamente vi era sostata ancora per oltre un mese, dal 10 agosto fino al 22 settembre 1382. Tra questi due scali la galea si era recata a Famagosta più volte, da cui era ripartita alla volta di Beirut, Tripoli e Alaya.[40]

I frequenti ancoraggi a Beirut destano l'ipotesi che gli ambasciatori genovesi volessero trattare con il governatore mamelucco di Damasco, così da indurlo alla rivolta contro il sultano. Quest'ipotesi non tiene però in conto il fatto che la *Sant'Antonio* era una galea commerciale dove gli ambasciatori del comune erano passeggeri, dunque le sue soste rispondevano a una logica più mercantile che diplomatica.[41] La missione non aveva prodotto i risultati sperati e la *Sant'Antonio* era rientrata a Genova il 21 novembre, lasciando spazio a risoluzioni più drastiche. Il consiglio del 3 dicembre 1382, dopo aver ascoltato la relazione degli ambasciatori, provvedeva all'elezione di quattro ufficiali per trattare la questione della "detempcionis et arrestacionis personarum et rerum Ianuenses".[42] L'anno successivo Giacomo di Lusignano era stato inviato a riprendere possesso di Cipro; contemporaneamente Pietro Piccono era mandato con 2 galee per intavolare nuove trattative, con l'ordine di dirigersi a Beirut per trattare con il governatore di Damasco, piuttosto che al Cairo. È stata avanzata l'ipotesi che i genovesi fossero interessati all'occupazione di Beirut, sul modello di Famagosta e delle colonie sul Mar Nero: la concessione andava

---

38 Ivi, p. 81.

39 ASGe, *Archivio Segreto, Diversorum* 497, doc. 5, f. 7r. Genova, 8 gennaio 1382. Vi era tanta fretta di partire che, a fronte dei ritardi nell'armamento della galea mercantile *Sant'Antonio*, sulla quale i due emissari avevano trovato un passaggio per il Levante, il comune si trovava a procedere "contra Silvestrus de Marinis patrono galee iture ad Alexandria de Egipto cum ambassadores communis Ianue". La partenza, prevista per il 1° marzo, era stata ritardata di una ventina di giorni ed era avvenuta dietro il sollecito del governo. ASGe, *Archivio Segreto, Diversorum* 497, doc. 57, f. 34r. Genova, 25 febbraio 1382.

40 Per una analisi del viaggio, del quale ci è rimasto un registro ben conservato in: ASGe, *Antico Comune, Galearum* 724, oltre che della natura di questa peculiare fonte, si rimanda a: MUSARRA, Il mastro a doppia registrazione di una galea genovese del Trecento.

41 ASHTOR / KEDAR, Una Guerra fra Genova e i Mamlucchi negli anni 1380, p. 8; MUSARRA, Il mastro a doppia registrazione di una galea genovese del Trecento, pp. 160–162.

42 ASGe, *Archivio Segreto, Diversorum* 497, doc. 309, f. 146v. Genova, 3 dicembre 1382.

ottenuta per via diplomatica con il governatore di Damasco, così da liberarsi delle estorsioni mamelucche.[43] In ogni caso, quando Piccono era arrivato nel Levante la situazione era mutata: sembra che nel maggio 1383 alcuni mercanti cristiani avessero tentato la fuga da Alessandria sulle navi ma, inseguiti dalle guardie mamelucche, avevano dato avvio a uno scontro marittimo in cui avevano avuto la meglio. In rappresaglia il governatore egiziano aveva arrestato tutti i mercanti latini rimasti in città e sequestrato i loro beni. Pochi giorni dopo una squadra navale genovese, probabilmente per ordine delle autorità coloniali, in reazione aveva compiuto un raid su At-Tina, nel litorale egiziano, catturando alcuni abitanti. Il 20 giugno 1383 Genova aveva emanato il divieto di commercio con Alessandria e i domini del sultano.[44] Iniziava così la guerra tra Genova e i mamelucchi.

Veneziani e catalani erano riusciti a risolvere la crisi in maniera diplomatica e a riprendere i commerci con l'Egitto già nella seconda metà del 1383.[45] Pietro Piccono era giunto a Beirut il 6 luglio, dove per consegnare le lettere aveva intavolato uno scambio di messaggeri, tra cui vi erano due greci di Corone, poi due lombardi e un veneziano; infine Piccono aveva deciso di inviare a terra il proprio interprete, Antonio de Matha di Famagosta, prima di tornare a Famagosta per attendere la risposta.[46] A Cipro aveva incontrato l'armata di Nicolò Maruffo, che aveva trasportato Giacomo di Lusignano, poi era tornato a Beirut il 2 agosto con 4 galee.[47] Piccono nel suo rapporto dichiarava che il governatore mamelucco gli aveva detto che la risposta del sultano ancora non era giunta: il genovese, sorpreso da tanto ritardo, aveva accettato rimanere in attesa solo se rifornito di viveri dai locali, condizione che il governatore aveva rifiutato categoricamente. Frattanto era giunta alle orecchie del comandante la testimonianza di un ex schiavo arabo "qui sciebat linguam latinam"[48]: egli dichiarava

43 Ashtor / Kedar, Una Guerra fra Genova e i Mamlucchi negli anni 1380, pp. 9–10.

44 Ivi, p. 13.

45 La flotta di Maruffo aveva incontrato a Rodi, il 27 ottobre 1383, una nave catalana proveniente da Alessandria, dove aveva caricato pepe nel fondaco della propria nazione (che era quindi aperto e attivo), mentre il capitano, un maiorchino di nome Nicolas Theri, era stato accusato di avere a bordo una certa quantità di rame appartenuto a genovesi. ASGe, *Notai antichi* 381, f. 177v. Rodi, 27 ottobre 1383. Edito in Balard / Balletto / Schabel, Gênes et l'Outre-mer, p. 339, doc. 112.

46 Ivi, p. 14.

47 Sulle informazioni relative alla spedizione del 1383: Christopher Schabel, Like God from Heaven, but they don't call him King. The Rebellion against James I of Cyprus, in: *Cahiers du Centre d'Etudes Chypriotes* 43 (2013), pp. 379–392.

48 ASGe, *Notai antichi* 381, f. 152v-153v. Famagosta, 4 agosto 1383. Edito una prima volta in Ashtor / Kedar, Una Guerra fra Genova e i Mamlucchi negli anni 1380, pp. 35–39; rivisto in Balard / Balletto / Schabel, Gênes et l'Outre-mer, pp. 271–275, doc. 44.

che gli altri mercanti veneziani, catalani e provenzali avevano informato il sultano che i corsari che molestavano il Levante, gli "asapi", erano genovesi. Il testimone affermava dunque che il sultano non era intenzionato a concludere la pace fintanto che si fossero svolti episodi di pirateria. Le galee erano ripartite da Beirut, fermandosi poco distante per rifornirsi d'acqua potabile, ma erano state bersagliate di frecce dai litoranei, che si erano impegnati in una schermaglia sulla spiaggia. Questo è quanto dichiarato dal patrono nel porto di Famagosta il 4 agosto 1383.[49] Il rapporto sembra un pretesto per giustificare il desiderio di Maruffo di attaccare la costa siriana piuttosto che l'Egitto.[50] La situazione mostra in maniera evidente l'attività degli "asapi" che molestavano i mari del Mediterraneo sud-orientale, danneggiando il sultano.[51] I corsari, probabilmente genovesi, agivano in maniera indipendente dal comune ligure, che pur non aveva mai negato le accuse.

Alla decisione dell'attacco concorrevano anche altre motivazioni, perché il comandante doveva gestire anche l'inattività forzata dei marinai a Cipro, che si lasciavano andare a disordini turbolenti. I patroni faticavano a mantenere la disciplina tra gli uomini e anzi, erano essi stessi i protagonisti di liti e scontri. L'armata genovese di Maruffo, in cerca di sfoghi, aveva bisogno di un'occupazione bellica, nonostante gli ordini di attaccare Beirut non provenissero da Genova. Nicolò Maruffo aveva anche ottenuto il permesso di Giacomo di Lusignano, che aveva noleggiato le galee, di attaccare i musulmani durante una decina di giorni.[52] La notte del 9 agosto 1383 le 12 galee genovesi avevano preso il largo e il 15 avevano assalito Sidone, conquistando una torre; tuttavia il bottino era stato scarso, dato che gli abitanti avevano già messo in salvo i

49 "Et navigavit ad alium locum, ubi est flumen quod dicitur de Gibeleto, pro accipiendo et auriendo aquam, quia ipsa dicte galeis fuerunt iaculate multe sagite cum arcubus". *Ibidem.*

50 Piccono, tra l'altro, avrebbe potuto rifornirsi di acqua direttamente nella vicina Famagosta. Nel rapporto del 5 settembre 1383 Maruffo addossava la responsabilità della propria scelta all'attacco subito da Piccono in Siria e al fatto che il sultano mai avrebbe voluto fare la pace. Ashtor / Kedar, Una Guerra fra Genova e i Mamlucchi negli anni 1380, pp. 16–17.

51 La pace non sarebbe avvenuta, secondo l'ex schiavo, perché come informavano gli altri occidentali di Alessandria "quod Asapi erant sub dominio comunis Ianue, et quod comuni Ianue erat bailia et potestas prohibendi ne ipsi Asapi damnificarent terram dicti domini soldani, di dictum comune Ianue volebat, et quod, non prohibente dicto comune Ianue ut hic proxime dicitur, quod numquam comune Ianue cum dicto domino soldano finem nec pacem haberet". ASGe, *Notai antichi* 381, f. 152v-153v. Famagosta, 4 agosto 1383. Edito in Balard / Balletto / Schabel, Gênes et l'Outre-mer, pp. 271–275, doc. 44.

52 Il testo del patto, nel quale si dava il permesso che la flotta "vadat ad partes Soldani Babilonie", è in ASGe, *Notai antichi* 381, f. 157r. Famagosta, 9 agosto 1383. Edito in Balard / Balletto / Schabel, Gênes et l'Outre-mer, p. 284, doc. 56.

propri averi.[53] Nel suo rapporto, indirizzato al doge, Maruffo negava un attacco a Beirut, sebbene le fonti arabe forniscano una versione opposta.[54] Dopo la notizia dell'attacco a Sidone, le truppe mamelucche di rinforzo erano arrivate contemporaneamente alla flotta genovese e la squadra ligure aveva effettivamente desistito dallo sbarco. Tuttavia, mentre la cavalleria musulmana tornava nella capitale, le galee avevano fatto tappa a Famagosta per lasciare navi e merci catturate, per ricomparire dopo poco tempo dinanzi alla riva nemica. In questa seconda occasione si era sviluppato uno scontro, taciuto nel rapporto di Maruffo, in cui le galee liguri erano penetrate nel porto e si erano impossessate di 2 navi da carico veneziane, usandole come piattaforma per i propri balestrieri. I musulmani, sotto il tiro dei cristiani, si erano ritirati dalla costa, permettendo lo sbarco ai genovesi, che avevano piantato la bandiera crociata di San Giorgio sulle rovine della torre. Il contrattacco mamelucco aveva abbattuto la bandiera e aveva costretto i cristiani a ritirarsi verso il mare. La notizia dell'assalto era giunta a Damasco nella notte, tramite un sistema di segnali di fuoco, ma le truppe del governatore erano giunte quando i genovesi erano ormai lontani: questa è la versione fornita dalle cronache arabe.[55]

L'ammiraglio genovese aveva preferito non menzionare la propria fallimentare iniziativa e, impegnato dalle questioni cipriote, solo nel settembre era riuscito a organizzare un nuovo attacco secondo le istruzioni ricevute, ora diretto in Egitto. Una tempesta scoppiata in alto mare e la "ventum contrarietate" avevano fatto indietreggiare la squadra, deviando su un nuovo assalto al litorale siro-palestinese.[56] Nel frattempo il sultano aveva inviato truppe a rafforzare i principali porti, non possedendo evidentemente forze sufficienti per un confronto sul mare. Nel secondo attacco a Beirut i genovesi erano riusciti a sbarcare a terra e uccidere diversi musulmani, ma l'arrivo della fanteria

---

53 ASHTOR / KEDAR, Una Guerra fra Genova e i Mamlucchi negli anni 1380, p. 19.

54 La flotta sarebbe giunta dinanzi a Beirut il 15 agosto, ma "prospecta nimia Sarracenorum equestrium caterva, et viso quod attemptare locum non sine immenso periculo gentis nostre, et perveniente interim ad nos quodam grippo de Famagosta pro parte capitanei Famaguste [...] propterea nocte sequenti discessimus navigantes Famagustam". ASGe, *Notai antichi* 381, f. 160r-161v. Famagosta, 5 settembre 1383. Il rapporto è edito, oltre che nell'articolo di Ashtor e Kedar, anche in: BALARD / BALLETTO / SCHABEL, Gênes et l'Outre-mer, pp. 293–300, doc. 74; ASHTOR / KEDAR, Una Guerra fra Genova e i Mamlucchi negli anni 1380, p. 20.

55 Ivi, pp. 20–23.

56 "auditis omnibus comitis dicentibus fore immensum periculum tenere dictum viagium, et similiter pilotis sic dicentibus, mutaverunt dictum viagium fieri debere ad partes Sirie et ad offensionem locorum Sirie". ASGe, *Notai antichi* 381, f. 175r. Capo Bianco (Cipro), 25 settembre 1383. Edito in BALARD / BALLETTO / SCHABEL, Gênes et l'Outre-mer, pp. 332–333, doc. 101.

mamelucca aveva costretto i latini a ritirarsi dopo un aspro combattimento.[57] L'accanimento di Nicolò Maruffo verso la città libanese poteva rispondere a diverse logiche: il saccheggio dell'emporio, oltre a favorire Famagosta, poteva costituire un indennizzo per la flotta, che vedeva sfumare i guadagni previsti a causa del fallimento di Giacomo di Lusignano nell'installarsi sul trono di Cipro. La flotta ligure aveva levato le ancore nell'ottobre 1383.[58] Nel rapporto sulla condizione generale delle galee il 20 settembre 1383, prima dell'ultimo assalto su Beirut, è annotata la perdita totale di 73 marinai, 2 piloti e 28 tra balestrieri e *socii*.[59] Un nuovo rapporto stilato il 14 ottobre a Famagosta su 4 galee, le indica con un numero quasi completo di uomini, tutte con una trentina di balestrieri a bordo, avendo probabilmente ricevuto rinforzi nella colonia.[60] Il conflitto tra Genova e i mamelucchi si era configurato come guerra di corsa sui mari, con razzie in navigazione e saccheggi sulla costa. Il 6 agosto 1383 era stato interrogato Salvo Sosomena, *burgense* di Famagosta esiliato da diversi anni, catturato con la nave su cui viaggiava lungo le coste della Turchia.[61] Nella stessa zona era stato abbordato e depredato persino il grippo di Goffredo Spinola,

---

57 Ashtor / Kedar, Una Guerra fra Genova e i Mamlucchi negli anni 1380, pp. 25–26.

58 Scrive Giorgio Stella: "Circa eius anno principium, die videlicet decembris vigesima nona, premissus Nicolaus Maruffus cum galeis decem ad patriam appulit, qui navigarat in Ciprum". Georgii et Iohannis Stellae Annales Genuenses, p. 190.

59 Nel rapporto, stilato in maniera disorganica, è così segnato: sulla galea di Luca Grimaldi mancavano 3 balestrieri e 9 marinai, in quella di Antonio Mazurri sono invece notati come presenti 34 balestrieri e un numero completo di marinai. La galea di Gaspare Cochalosa aveva alcuni *socii* infermi, mancavano 11 marinai e il piloto; galea di Goffredo Salvago: persi 4 balestrieri e 17 marinai; galea di Daniele Pallavicino: mancava 1 balestriere e 8 marinai. Da quella di Nicolò de Illioni erano assenti 3 balestrieri e 17 marinai; galea di Odoardo Usodimare: numero completo di uomini. Galea di Bartolomeo de Marini: perdita di 3 balestrieri e 2 marinai; galea di Giovanni de la Cella: mancavano 12 balestrieri, marinai a posto; galea di Pietro de Persio: persi 2 balestrieri, 4 marinai e il piloto; galea di Bernabò de Savignone: tutti i balestrieri presenti, mancavano 5 marinai. ASGe, *Notai antichi* 381, f. 175r. Limassol, 20 settembre 1383. Edito in Balard / Balletto / Schabel, Gênes et l'Outre-mer, pp. 331–332, doc. 100.

60 Nel dettaglio: sulla galea di Bartolomeo de Marini c'erano 167 marinai e 30 *socii*, in quella di Gaspare Cochalosa (che aveva perso 12 balestrieri secondo il rapporto precedente): 159 marinai e 31 tra *socii* e balestrieri, ma 3 marinai malati vennero lasciati a terra. Galea di Daniele Pallavicini: 159 marinai, più Giovanni Brat che si è aggiunto per tornare a Genova, 31 *socii* più Giovanni de la Petra che ha chiesto un passaggio per andare a Genova; galea di Giovanni de La Cella: 162 marinai, 31 *socii*. Vi erano anche uomini che si erano aggiunti agli equipaggi per approfittare del passaggio fino alla capitale ligure, come il marinaio Giovanni Brat e il soldato Giovanni de la Petra. ASGe, *Notai antichi* 381, f. 176r. Isola di Santa Caterina (Famagosta), 14 ottobre 1383. Edito in Balard / Balletto / Schabel, Gênes et l'Outre-mer, pp. 335–336, doc. 106.

61 ASGe, *Notai antichi* 381, f. 154r-154v. Famagosta, 6 agosto 1383. Edito in Balard / Balletto / Schabel, Gênes et l'Outre-mer, p. 352, doc. 135.

cittadino genovese, che protestava con l'ammiraglio per riavere le proprie merci.[62] Anche il cristiano Braino era stato preso su una nave saracena che aveva incontrato l'armata ligure mentre navigava da Giaffa a Rodi.[63] La corsa sui mari non si limitava ai legni degli infedeli, come mostra l'operato di Daniele Pallavicino, che aveva attaccato una nave provenzale dichiarando che stava esercitando il proprio diritto di rappresaglia per i danni subiti tempo addietro dal pirata Nicolino Claveti di Marsiglia.[64]

La guerra marittima lasciava ampi margini ai patroni delle galee, che mischiavano gli interessi del comune ai personali. Nel timore di nuovi raid sui centri portuali, il sultano aveva inviato truppe a Damietta e Alessandria, mentre nel maggio 1384 un paio di navi genovesi avevano attaccato il porto di Rosetta senza che i mamelucchi sapessero reagire in tempo.[65] Il sultano nel 1385 aveva iniziato l'armamento di una squadra navale e nel giugno una flotta musulmana partita da Damietta si era scontrata con alcune navi genovesi, uccidendone diversi e portandone altrettanti al Cairo come prigionieri, dove pare fossero stati decapitati.[66] Le notizie sulla guerra provengono in maggioranza da cronache arabe, pur in maniera frammentaria. Ai genovesi interessava la ripresa dei traffici con Alessandria, pur preoccupandosi di mantenere un alto numero di combattenti e galee nella zona.[67] La politica estera di Antoniotto Adorno, tornato sul seggio dogale, puntava a concludere la pace, e nel luglio 1385 il Consiglio degli Anziani, che aveva inviato emissari alla corte del Cairo ed era alle prese con la questione papale, era finalmente informato della "nova pacis celebrantur per ambaxiatores comunis Ianue cum domino Soldano Babilonie".[68] La tregua era stata annunciata da lettere veneziane, che ne avevano

---

62 L'imbarcazione, partita da Kyrenia, aveva incontrato la flotta del comune. ASGe, *Notai antichi* 381, f. 166v.-167r. Famagosta, 10 settembre 1383. Edito in Balard / Balletto / Schabel, Gênes et l'Outre-mer, p. 313, doc. 89.

63 ASGe, *Notai antichi* 381, f. 155r. Famagosta, 6 agosto 1383. Edito in Balard / Balletto / Schabel, Gênes et l'Outre-mer, p. 279, doc. 48.

64 ASGe, *Notai antichi* 381, f. 179v-180r. La Pergola, 5 novembre 1383; isola di Sapienza, 10 novembre 1383. Edito in Balard / Balletto / Schabel, Gênes et l'Outre-mer, pp. 352–354, doc. 135–136.

65 Ashtor / Kedar, Una Guerra fra Genova e i Mamlucchi negli anni 1380, p. 29.

66 Ivi, pp. 29–30.

67 Gli ufficiali di Massaria registrano nell'agosto le spese per 50 casse di verrettoni da balestra che erano già state inviate a Famagosta con la nave di Iane di Negro. ASGe, *Antico Comune, Massaria* 17, doc. 74, f. 72v. Genova, 22 agosto 1385. Due ufficiali del comune erano incaricati di risolvere gli stipendi delle galee del comune e dei *socii* che si trovavano a Cipro e dalle parti di Alessandria. Ivi, doc. 73, f. 72r. Genova, 8 agosto 1385.

68 Ivi, doc. 72, f. 71v. Genova, 27 luglio 1385.

avuto notizia prima dello stesso governo genovese.[69] Nonostante il trattato la guerra era continuata, tanto che il sultano aveva dato ordini per la costruzione di galee sul Nilo tra il 1385 e il 1386.[70] Si trattava probabilmente di atti da corsa di "asapi" genovesi che avevano continuato ad attaccare il naviglio egiziano. L'armamento dei legni egiziani si era protratto fino alla primavera del 1386, mentre tra l'aprile e il 1° luglio 1386 a Genova erano rendicontate le spese di "Simone Lecavellum, ambaxiator icturo Alixandria"[71], partito nel pieno dell'estate verso la metropoli egiziana.

I patroni delle galee dell'armata genovese del 1383 avevano tentato di ricavare il più possibile dalla spedizione, nonostante i tentativi di mantenere l'ordine, e raccoglievano tangenzialmente schiavi da rivendere sul mercato cittadino. Nicolò Maruffo aveva ribadito più volte, con scarso successo, il divieto di caricare schiavi a Cipro, a Rodi e sulle isole greche, minacciando multe di 50 fiorini.[72] Il patrono Luca Grimaldi aveva imbarcato illegalmente a Kos sette uomini "loquentes linghua greca"[73], probabilmente schiavi cristiani. Maruffo aveva condotto un'inchiesta contro il riottoso patrono Gaspare Cochalosa, accusato di aver permesso l'imbarco sulla propria galea di una schiava a Famagosta.[74] I disordini danneggiavano i locali, soggetti a furti o intrusioni nelle proprie case.[75] Era un mondo di violenti e di mercanti che utilizzavano la guerra

69 Il 22 luglio doge ringraziò per lettera i veneziani per la comunicazione dell'avvenuta pace, data loro dal console veneto di Alessandria. PREDELLI, I libri commemoriali, vol. 3, p. 174, n. 204.

70 ASHTOR / KEDAR, Una Guerra fra Genova e i Mamlucchi negli anni 1380, pp. 31–32.

71 ASGe, *Antico Comune, Massaria* 18, doc. 57, f. 66v. Genova, 26 aprile 1386. Lecavello doveva agire in collaborazione con il console genovese di Alessandria, che in quel momento era Nicolò Centurione. Anche: Ivi, doc. 16, f. 9r. Genova, 1° luglio 1386; Ivi, doc. 24, f. 35v. Genova, 19 ottobre 1386 (con l'ambasciata già tornata); doc. 58, f. 67r. Genova, 1° luglio 1386; doc. 156, f. 253v. Genova, 20 aprile 1386. Sono tutti articoli di rendicontazione delle spese sostenute dagli ambasciatori per il viaggio in Egitto.

72 ASGe, *Notai antichi* 381, f. 178v. Rodi, 1° novembre 1383. Edito in BALARD / BALLETTO / SCHABEL, Gênes et l'Outre-mer, p. 346, doc. 124.

73 *Ibidem*. Edito in BALARD / BALLETTO / SCHABEL, Gênes et l'Outre-mer, p. 347, doc. 126.

74 Il capitano della colonia chiedeva di requisire la schiava e di arrestare il soldato che l'aveva presa, ma il comandante della nave gli aveva risposto che non era tenuto a obbedire agli ufficiali di terra, minacciandolo di una daga nel petto se ci avesse provato. ASGe, *Notai antichi* 381, f. 182r. S.l., 22 novembre 1383. Edito in BALARD / BALLETTO / SCHABEL, Gênes et l'Outre-mer, pp. 363–364, doc. 154.

75 Matteo di Monterosso era condannato alla fustigazione perché si era introdotto nell'abitazione di una vedova a Famagosta e le aveva rubato un mantello. ASGe, *Notai antichi* 381, f. 159r. Famagosta, 26 agosto 1383. Edito in BALARD / BALLETTO / SCHABEL, Gênes et l'Outre-mer, p. 288, doc. 62. Il marinaio Giovanni di Carignano era denunciato da Caterina Jacobi di Famagosta perché era entrato nella sua casa, probabilmente ubriaco, nella notte del 22 agosto 1383. Quando lei gli aveva intimato di uscire, lui per la rabbia aveva distrutto

per il profitto. L'elemento religioso dello scontro non era tuttavia inesistente e contribuiva a distinguere gli amici dai nemici, acuendo i contrasti. Il conflitto tra potenze cristiane e musulmane era differente da altre guerre. Un abitante tripolino di nome Braino, catturato dai genovesi su una nave saracena, era un cristiano di rito orientale, come mostrano diversi interrogatori: l'appartenenza religiosa, che ci si impegnava a dimostrare, differenziava il prigioniero – che pur rimaneva suddito del sultano mamelucco – dagli altri musulmani imprigionati.[76] È ragionevole ipotizzare che i cristiani orientali godessero di uno *status* privilegiato da parte dei cristiani latini, sebbene giuridicamente si trattasse di nemici. La fede non era la causa della lotta, ma nella pratica vi si sovrapponeva, almeno in certe occasioni o episodi.

7.2 I rapporti con gli infedeli

7.2.1 *Politiche elastiche dei comuni marittimi verso i turchi*

I turchi, in particolar modo ottomani, erano uno dei maggiori problemi per i ceti dirigenti di Genova e Venezia, che avevano adottato politiche ambigue. Con il termine *turcos* ci si riferiva a un insieme di popoli musulmani diversi. Lo stato ottomano nell'ultimo quarto del Trecento aveva assunto un ruolo di preminenza nella penisola anatolica, ma i latini avevano a che fare con una costellazione di altri emirati sorti dal declino del sultanato selgiuchide, come quello di Karaman nella costa meridionale della Turchia, quello di Menteşe più a ovest, il beylicato di Tekke, l'emirato di Aydin che controllava la zona di Smirne e aveva per capitale l'antica Efeso; il beylicato di Germiyan e diversi altri che non lambivano il mare. Sebbene il termine usato per riferirsi a tutti costoro fosse il medesimo da parte degli occidentali, le attitudini verso le singole potenze erano diversificate. Il sultano ottomano Murad – non vi è certezza sul momento in cui i successori di Othman abbiano iniziato a utilizzare il titolo di *sultano* – aveva guidato l'annessione del beylicato di Germyan negli anni 1370' e di quello di Tekke nel decennio successivo, oltre a lanciare una campagna contro Karaman. Alla fine del suo regno, gli ottomani controllavano la penisola anatolica dal Bosforo alla costa meridionale. Il figlio Bayezid aveva completato la conquista dei beylicati di Menteşe e Aydin intorno al 1390,

---

una serie di oggetti del valore di 18 fiorini. ASGe, *Notai antichi* 381, f. 163–164r. Famagosta, 9 settembre 1383. Edito in Balard / Balletto / Schabel, Gênes et l'Outre-mer, p. 306, doc. 81.

76 I testimoni erano Saliba Asar di Famagosta, Helias e Chalì, tutti arabi e correligionari cristiani. ASGe, *Notai antichi* 381, f. 155r.-156v. Famagosta, 6–7 agosto 1383. Edito in Balard / Balletto / Schabel, Gênes et l'Outre-mer, pp. 279–282, doc. 49–52.

attaccando nuovamente Karaman: alla fine del secolo gli ottomani erano divenuti la potenza egemone.[77] Descrivere un atteggiamento generale dei latini nei confronti del turco è un'operazione difficile, a causa delle divergenze di opinioni e di emirati. Da un lato i *turcos* erano omogenei in senso etnico-religioso agli occhi dei cristiani, ma dall'altro questi ultimi erano coscienti delle singole entità politiche. Con i turchi si poteva trattare e non esisteva una rigida barriera confessionale.

Un esempio sulle modalità di rapporto con i turchi è il verbale di un consiglio di guerra dei genovesi a Cipro, tenuto durante la crisi del 1383.[78] Il tentativo di porre sul trono Giacomo di Lusignano aveva generato un movimento ribelle sull'isola, alimentato dalla nobiltà contro l'invadenza politica ed economica di Genova. Il 1° agosto 1383 nel palazzo reale di Famagosta si erano riuniti gli ufficiali liguri della colonia e i comandanti della flotta per discutere i provvedimenti nella conduzione della campagna di guerra. Tra le 66 persone che avevano preso parte al consiglio, Lanfranco Doria aveva intavolato per primo l'idea di inviare 2 galee presso i turchi di Karaman per caricare soldati di rinforzo, "tota gens que sit sufficiens ad destructionem insule"[79], mentre altre galee avrebbero assediato Paphos. Quasi tutti gli interventi successivi si erano confrontati con questa eventualità, approvata dalla maggioranza. Gandolfo de Fossato aveva proposto di inviare navi in Turchia per caricare 200 cavalli, mentre Giovanni de Mari indicava di stanziare i turchi in difesa di Famagosta invece che adoperarli negli assedi. Luchino de Bonavei esclamava che "Turchi ponantur super insulam et breviter"[80] e che 2 galee avrebbero dovuto fornire supporto logistico; Giacomo Grillo e Federico Salvago erano dell'opinione di non perdere tempo e di inviare subito un'ambasciata al bey di Karaman. Giacomo Pallavicino proclamava che avrebbero schiacciato i ribelli "cum galeis et brachio Turchorum"[81], Babilano Cibo lodava il progetto e suggeriva celerità. L'avanzamento della proposta indica rapporti amichevoli tra Genova e il beylicato di Karaman, al punto da indurre gli ufficiali alla ricerca di aiuti militari nel potentato musulmano contro i ribelli cristiani di Cipro. L'opzione

---

77 FLEET, European and Islam Trade in the Early Ottoman State, pp. 5–6.

78 Il verbale pervenuto, presente nel cartulare di Giovanni Bardi, è un esempio unico nell'intero Medioevo genovese di discussione sulle decisioni da prendere nel corso di una campagna militare. MANGIANTE, Un consiglio di guerra dei genovesi a Cipro nel 1383, pp. 255–262; si limita a un breve commento iniziale e all'edizione integrale del documento, senza approfondire i vari aspetti, come d'altronde auspicato dall'autrice verso nuovi e futuri studi.

79 ASGe, *Notai antichi* 381, f. 148r-150r. Famagosta, 1° agosto 1383. In: MANGIANTE, Un consiglio di guerra dei genovesi a Cipro nel 1383, p. 256.

80 Ivi, p. 257.

81 *Ibidem*.

aveva trovato ampio consenso, mostrando la possibilità di alleanze tra turchi e genovesi, senza particolari rimostranze o rimorsi etico-religiosi. Alcune opinioni si discostavano e proponevano soluzioni alternative, dalla liberazione di schiavi dell'isola per rinforzare gli eserciti del re, alla richiesta di aiuto agli altri avamposti genovesi in Oriente, fino alla possibilità di deportare nuovamente Giacomo di Lusignano a Genova.[82] Solo cinque persone si erano opposte apertamente all'utilizzo dei turchi: per Carlotto Spinola e Antonio Senestrario bastava la potenza genovese a sconfiggere i ribelli, mentre Guglielmo de Loreto si opponeva fortemente all'amicizia con gli infedeli. Per lui sarebbe stato più opportuno inviare le galee a espugnare le terre del sultano e chiedere aiuto ai compatrioti di Chio e Lesbo. L'opinione sull'alleanza con i turchi rientrava nel novero dei pareri personali.

Anche Venezia aveva utilizzato mercenari turchi nelle sue crisi orientali, nonostante la diffidenza con cui guardava all'operazione. Nell'ottobre 1363 per schiacciare la rivolta cretese il senato aveva discusso la proposta dei provveditori dell'isola di un'alleanza con gli emirati costieri turchi. L'assemblea veneziana aveva però consigliato prudenza, rimandando al futuro una scelta così delicata. Si sperava di vincere i rivoltosi senza il ricorso a truppe musulmane sull'isola.[83] I mercenari turchi erano stati ingaggiati in seguito e avevano partecipato attivamente alla campagna di Creta. Nel maggio 1365, un anno dopo la soppressione della rivolta, persistevano sacche di ribelli nell'entroterra, contro cui le autorità veneziane avevano ordinato di arruolare 5.000 soldati turchi: era l'ultimo tentativo per annientare in poco tempo i ribelli.[84] I turchi nel Trecento avevano una lunga consuetudine al servizio di potentati cristiani del Levante. Si collaborava principalmente con gli emirati anatolici minori piuttosto che con la potenza ottomana. La minaccia del sultano gravava anche su Pera e la tradizionale collaborazione ottomano-genovese aveva avuto una brusca fine con la guerra di Chioggia.[85] Nel 1379, durante la fase più acuta del conflitto, gli ottomani si erano presentati sotto le mura della colonia ligure per assediarla. Secondo Giorgio Stella e i cronisti veneziani, Murad si era alleato con l'imperatore bizantino e i veneziani contro i genovesi. Nel resoconto di Stella si narrava la resistenza dei peroti contro i veneti e i loro alleati: "intra Ianuenses et

82 Tra coloro che avevano esposto queste opinioni all'interno del consiglio vi erano Stefano de Magnerri, Ianotus Squarciafico e Lodisio di Negro, Meliadue Pallavicino, Babilano Apano, Giacomo Begeuda, Accelino Scoto, mentre Luchino Cigala, Tommaso Castagna e Damiano Squarciafico spingevano per la deportazione del re. *Ibidem*.

83 Thiriet, Délibérations des assemblées Vénitiennes, vol. 1, pp. 261–261, doc. 709. Venezia, 8–9 ottobre 1363.

84 Ivi, vol. 2, p. 33, doc. 776. Venezia, 24 maggio 1365.

85 Basso, I Gattilusio tra Genova e Bisanzio: nuovi documenti d'archivio, pp. 64–65.

hos ipsorum emulos Venetos, Grecos, Teucros, Burgaros et alios orientales legi cristiane contrarios inimicitie vigerent et bella, Ianuenses de Peira illis resistebat, ut poterant".[86] Mentre il *basileus* Giovanni V attaccava la colonia dal mare, Daniele di Chinazzo ricordava che "per tera el Turcho ge tegniva champo intorno e iera in liga cum l'imperador Chaloiani".[87] Lo scontro con gli ottomani si era concluso con una pace separata firmata tra Genova e il sultano nello stesso anno, nonostante la contrarietà dei veneziani.[88] Qualche anno più tardi, nel 1382, i genovesi promettevano di difendere il *basileus* contro chiunque avesse osato prendere le armi contro di lui, tranne contro i turchi ottomani.[89] Genova non aveva nessuna intenzione di inimicarsi di nuovo lo scomodo vicino, con cui aveva da poco firmato la pace.

Nel 1387, nel corso di un'offensiva diplomatica genovese, era stato concluso un trattato con il Murad, unico esempio sopravvissuto per il XIV secolo. Il patto era stato firmato l'8 giugno 1387 presso la residenza di "Mallaina", vicino a Bursa, dai plenipotenziari genovesi Gentile Grimaldi e Ianonus de Bosco.[90] Nel trattato, in cui era nominato Giovanni Demerode, già collettore delle tasse a Pera per conto di Murad, si concedeva l'esenzione per i mercanti ottomani dalle gabelle sulle merci comprate o transitate nell'insediamento ligure. La concessione del libero commercio per i turchi a Pera indica l'importanza del mantenimento di buone relazioni con Murad. Il trattato è sbilanciato: mentre i genovesi concedevano l'esenzione dalle tasse agli ottomani, non avveniva il contrario per i mercanti genovesi, che potevano commerciare nelle terre del sultano pagando le solite imposte.[91] La clausola sulla restituzione degli schiavi fuggiti che avevano trovato rifugio in territorio altrui implicava la loro

86 Georgii et Iohannis Stellae Annales Genuenses, p. 176.

87 Musulmani e cristiani bombardavano il borgo con mangani, riducendo Pera alla fame. DI CHINAZZO, Cronica de la Guerra da Veniciani a Zenovesi, p. 217.

88 "Teucri Ianuensium corde et actibus magnum robur, anno ipso cum Ianuensi natione, contra voluntatem Venetorum, quibus fodere iuncti erant, venerunt ad pacem". Georgii et Iohannis Stellae Annales Genuenses, p. 177.

89 "salvo contra Moratbey et suos turchos". ASGe, *Archivio Segreto, Materie Politiche* 2729, doc. 11. Costantinopoli, 2 novembre 1382.

90 L'originale in: ASGe, *Archivio Segreto, Materie Politiche* 2729, doc. 26. Mallaina, 8 giugno 1387. Edito e commentato in FLEET, The Treaty of 1387 between Murād I and the Genoese, pp. 13–33. Il titolo conferito a Murad, ovvero "dominus armiratorum Turchi", in realtà non sembra essere un segno della coscienza politica che i genovesi nutrivano rispetto al ruolo di preminenza del sultano – è possibile già utilizzare questo termine – ottomano sugli altri turchi, poiché lo stesso titolo non era applicato con costanza, sebbene appaia con frequenza riferito ai regnanti ottomani piuttosto che agli altri emirati della zona. Ivi, pp. 18–20.

91 I genovesi pagavano la rata ridotta che spettava a saraceni, greci e veneziani, a cui erano equiparati. Ivi, pp. 26–27.

restituzione vicendevole. Tuttavia, se per gli schiavi scappati dai turchi e rifugiatisi a Pera non erano previste eccezioni e nel caso un abitante avesse voluto tenerne uno avrebbe dovuto pagare il prezzo del fuggitivo più ulteriori 100 iperperi al comune della colonia – chiaro elemento volto a scoraggiare la pratica –, viceversa il sultano era tenuto a restituire gli schiavi scappati, "salvo et specialiter reservato si tallis sclavus vel sclava sic fugientes ut supra essent vel esset Saraceni vel Saracenus".[92] Il termine era inteso come un generico "musulmano" e non semplicemente suddito ottomano. In questo caso il sultano era semplicemente tenuto a pagare un "veri et iusti preci"[93] al comune di Pera. La disparità indica la posizione di forza di Murad, che poteva imporre condizioni favorevoli non solo per i propri sudditi ma per tutti gli schiavi appartenenti alla *umma* musulmana, mentre i genovesi non erano in grado, o non volevano, fare altrettanto. Genova aveva accettato le condizioni di una controparte più forte. Gli ottomani sembravano inarrestabili nei Balcani: i liguri, nei negoziati con Murad, non avevano ottenuto più di quanto avessero già, senza avanzare nuove pretese.[94] Nel 1389, dopo la battaglia di Kosovo con i serbi e la morte di Murad, i genovesi avevano condotto un negoziato con il nuovo sultano Bayezid tramite il podestà di Pera, che aveva confermato le paci precedenti, con una prassi comune a tutte le *nationes* latine al momento dell'ascesa al trono ottomano di un nuovo sovrano.[95]

A differenza del caso genovese, che non ha destato particolari approfondimenti, Venezia è stata al centro di discussioni storiografiche sullo stesso tema, che si legava agli sforzi per l'annessione di nuovi territori in Oriente durante la seconda metà del Trecento. Freddy Thiriet ha definito l'espansionismo veneziano nell'Egeo come una risposta al caos della regione, nel tentativo di formare una diga coerente contro l'avanzata turco-ottomana[96]. Christine Hodgetts e Peter Lock hanno legato l'espansionismo veneziano non solo alla minaccia turca ma anche a quella genovese[97], mentre Ruthy Gertwagen ha identificato proprio i genovesi, piuttosto che gli ottomani, quale principale fonte di preoccupazione per le autorità venete del Levante.[98] L'annessionismo

---

92 Ivi, p. 15.

93 *Ibidem.*

94 BASSO, Genova: un impero sul mare, pp. 93–94.

95 ASGe, *Notai Antichi* 476, doc. 10. Pera, 26 ottobre 1389.

96 THIRIET, La Romanie vénitienne au Moyen Âge, p. 354.

97 Christine HODGETTS / Peter LOCK, Some Village Fortifications in the Venetian Peloponnese, in: *The Archaeology of Medieval Greece*, ed. Peter LOCK / Guy D.R. SANDERS, Oxford 1996, pp. 77–90, qui p. 77.

98 GERTWAGEN, Venice's Policy Towards the Ionian and Aegean Islands, pp. 546–548; IDEM, The Venetian Colonies in the Ionian and Aegean Seas in Venetian Defense Policy in the fifteenth Century, in: *Journal of mediterranean studies* 12 (2002), pp. 351–384, qui p. 353.

veneziano, principale linea di condotta ravvisabile nella politica veneta d'oltremare, per Benjamin Arbel era guidato dalla ricerca di sicurezza dei mari, insieme all'acquisizione di risorse naturali[99]; Monique O'Connell ha mostrato l'orgoglio cittadino nel mantenere un impero oltremare e ha legato questa spinta all'auto-rappresentazione della città.[100] Stefan Stantchev afferma invece che non vi era una linea guida preventiva nell'espansione veneziana, ma si trattava di una serie di decisioni prese volta per volta, all'interno di un contesto politicamente caotico come quello di Romania. Al contrario di quanto ha scritto Thiriet, Venezia non intendeva erigere coscientemente una diga difensiva antiottomana.[101] Lo stesso Stantchev ha coniato per i veneziani l'efficace espressione di "part-time crusader"[102], che aiutavano l'impero bizantino e i cristiani d'Oriente contro gli ottomani solo quando le occasioni lo permettevano. Secondo l'autore, gli ottomani per i veneziani erano solo un partner commerciale minore in un contesto geopolitico secondario. I rapporti tra Venezia e i turchi ottomani dopo il 1381 sono in ogni caso un nodo storiografico rilevante.

Nonostante la tradizionale amicizia con i genovesi, Murad aveva cercato la collaborazione con i veneziani a partire dagli anni 1360'. Nel 1365 Orio Pasqualigo, bailo veneziano di Costantinopoli, aveva informato il senato delle eccellenti disposizioni d'animo del sovrano ottomano nei loro confronti. Dalla laguna si ordinava a Pasqualigo di esigere dall'imperatore Giovanni V la fine degli attriti tra veneziani e bizantini, ventilando la minaccia di avvicinamento ai turchi. In caso di inflessibilità del *basileus*, Pasqualigo avrebbe dovuto scrivere a Murad per conoscere i vantaggi offerti ai veneziani e la zona in cui i mercanti di San Marco avrebbero potuto stabilirsi nei domini ottomani.[103] L'amicizia con i turchi era un utile strumento di pressione sui governanti greci. Qualche anno più tardi il sultano tornava a proporre ai veneziani un insediamento nelle sue terre: nel 1368 Murad offriva allo stesso Orio Pasqualigo un luogo sul Bosforo chiamato Scutari, in cui i mercanti veneziani avrebbero potuto installarsi e trafficare senza il pagamento di dazi o tasse, creando un borgo speculare alla Pera genovese. Vi era persino la possibilità di fortificare l'eventuale colonia.[104] La formazione di insediamenti latini nelle terre ottomane

---

99 Benjamin ARBEL, Venice's Maritime Empire in the Early Modern Period, in: *A Companion to Venetian History*, ed. Eric R. DURSTELER, Leiden 2013, pp. 125–254, qui pp. 137–139.

100 Monique O'CONNELL, *Men of Empire: Power and Negotiation in Venice's Maritime State*, Baltimore 2009, p. 5.

101 STANTCHEV, Venice and the Ottoman Threat, p. 169.

102 Ivi, p. 167. La prospettiva di ricerca dello studioso è però legata principalmente al Quattrocento.

103 THIRIET, Régestes de déliberations du Sénat, vol. 1, p. 109, doc. 423. Venezia, 15 aprile 1365.

104 Ivi, doc. 461, p. 118. Venezia, 26 aprile 1368.

era tuttavia una questione delicata e non scevra da pericoli, che avrebbe scatenato la reazione genovese. Nel dicembre dello stesso anno la questione della base veneziana nei domini di Murad era ancora dibattuta dal senato, che ordinava all'ambasciatore Iacopo Bragadin di rimandare le trattative, data la loro delicatezza.[105] Per Venezia l'alleanza con il monarca ottomano era una possibilità reale, come già accaduto durante la guerra di Chioggia. Il più attivo nella ricerca dell'amicizia con i veneti sembra essere stato proprio Murad, che nel 1384 aveva inviato un ambasciatore per rinnovare la proposta di un'operazione militare congiunta contro i genovesi di Pera; il senato della laguna aveva declinato l'offerta turca poiché voleva rispettare la pace con Genova.[106] Ciò nonostante, i patrizi ringraziavano per le prove di lealtà del sultano, che aveva concesso favori ai veneziani. Il governo veneto provvedeva anche a fornire cani da caccia a Murad, come egli aveva richiesto.[107]

Nel luglio 1384 l'ambasciatore Marino Malipiero doveva trattare con il sultano per esentare i mercanti veneziani dal dazio sul grano e ottenere la libera esportazione dell'allume al prezzo fisso di 4 iperperi al cantaro. Si discuteva ancora dell'insediamento veneziano sul lato turco del Bosforo, che Murad era tornato a offrire e che il senato era tuttavia restio ad accettare.[108] Venezia d'altronde non era sorda alle richieste di aiuto bizantine e tentava di giocare su entrambi i fronti: nel 1385 i veneti inviavano rinforzi, in armi e armature, a Manuele Paleologo a Tessalonica, assediato dagli ottomani.[109] L'avanzata turca era preoccupante per le autorità della laguna e si legava alla questione di Tenedo, il cui riarmo in funzione difensiva contro gli ottomani era stato proposto a più riprese dai veneziani.[110] Tessalonica, ultima metropoli bizantina oltre alla capitale, era caduta nelle mani di Murad nell'aprile 1387 dopo un assedio durato tre anni, sancendo la conquista musulmana della costa macedone.[111] Anche i tentativi veneziani di convincere gli attori politici minori della zona

---

105 Mozzato, Venezia – Senato. Deliberazioni miste, vol. 20, p. 16, doc. 33. Venezia, 22 dicembre 1368.

106 Thiriet, Régestes de déliberations du Sénat, vol. 1, p. 162, doc. 667. Venezia, 10 marzo 1384.

107 *Ibidem.*

108 L'ambasciatore doveva anche ottenere la liberazione di Angelo Bembo e Lazzaro Darpino, catturati dai turchi a Tenedo. Ivi, p. 165, doc. 678. Venezia, 22 luglio 1384.

109 Il senato deliberava l'invio di 200 armature e 20.000 verrettoni a Manuele, oltre a tentare di ristabilire la pace tra Murad e i bizantini. Thiriet, Régestes de déliberations du Sénat, vol. 1, p. 168, doc. 693. Venezia, 18 aprile 1385.

110 Thiriet, La Romanie vénitienne au Moyen Âge, pp. 356–357.

111 Ostrogorsky, Storia dell'impero bizantino, p. 489. Sul regno di Manuele Paleologo nella città: George T. Dennis, *The reign of Manuel II Palaeologus in Thessalonica, 1382–1387*, Roma 1960.

egea a resistere, come nel caso di Nerio Acciaiuoli nel 1385 e 1388, avevano avuto scarso successo.[112] Gli ambasciatori Daniele Corner nel 1387 e Alvise Dandolo nel 1388 erano stati inviati presso la corte sultaniale per sondare le intenzioni di Murad, che pur continuava a mostrarsi benevolo verso i veneziani.[113] Corner doveva ottenere la liberazione dei prigionieri veneziani catturati durante l'invasione turca della Morea, a opera di Ewrenos bey, e nell'attacco ottomano a Negroponte, ma non aveva ottenuto alcun risultato.[114] Alvise Dandolo, subito dopo, aveva avuto il compito di frenare l'immaginazione di Murad, dissuadendolo della strana idea che si era fatto dell'amicizia con i veneziani, intesa alla stregua di un vassallaggio. Ci si premurava di correggere ciò che era "in ymaginatione domini Morati"[115]: Venezia non avrebbe mai inviato proprie truppe per partecipare alle campagne militari ottomane, affermava il senato nelle istruzioni per l'ambasciatore.[116] Nella delibera si legge che "si aliquos dubium circa hoc est in mente domini Morati fuit error interpretationis".[117]

Dopo morte in battaglia di Murad nel 1389, il doge veneto aveva inviato un ambasciatore per ottenere dal nuovo sultano Bayezid la riconferma dei patti con i veneziani. Il senato, dopo le ovvie condoglianze, chiedeva a Bayezid il mantenimento delle franchigie per i veneziani e, nel caso fosse uscito l'argomento, si sarebbe scusato per le azioni della galea di Pietro Zen contro i turchi: il fatto è interessante per mostrare un livello di conflittualità endemica tra naviglio veneto e ottomano.[118] Per questo delicato compito era stato scelto Francesco Querini, che doveva ottenere l'accesso ai porti turchi per il commercio del grano, compresi quelli dell'emirato di Aydin, che nel 1390 era passato sotto la dominazione ottomana.[119] Nel maggio 1390 il nuovo sultano ordinava di non molestare i veneziani, estendendo gli accordi ai territori recentemente acquisiti e promettendo la sicurezza di tutti i mercanti in Turchia.[120] Fino al

112 Stantchev, Venice and the Ottoman Threat, p. 168.

113 Sull'invio di Daniele Corner, Thiriet, Régestes de déliberations du Sénat, vol. 1, p. 177, doc. 735. Venezia, 28 settembre 1387.

114 Ivi, pp. 177–178, doc. 736. Venezia, 3 ottobre 1387.

115 ASVe, *Senato Misti* 40, f. 126v. Venezia, 24 luglio 1388.

116 Il senato specificava che mai "mitteremus exercitum nostrum ad nostras expensas ad subsidium domini Morati". *Ibidem*. Il regesto delle istruzioni date ad Alvise Dandolo è in Thiriet, Régestes de déliberations du Sénat, vol. 1, p. 179, doc. 742. Venezia, 24 luglio 1388.

117 ASVe, *Senato Misti* 40, f. 127r. Venezia, 24 luglio 1388.

118 Thiriet, Régestes de déliberations du Sénat, vol. 1, p. 182, doc. 760. Venezia, 23 luglio 1389.

119 Querini doveva poi assicurare che i veneziani non erano responsabili della vendita di tre schiavi turchi a Efeso, poiché era avvenuta quando ancora non era sotto la dominazione di Bayezid. Ivi, p. 184, doc. 768. Venezia, 6 marzo 1390.

120 Predelli, I libri commemoriali, vol. 3, pp. 206–207, n. 341, 346. S.l., 21 maggio 1390.

1392 il rapporto tra Venezia e il sultano era rimasto piuttosto amichevole, formando un quadro speculare alla turcofilia genovese.

I rapporti tra la città di San Marco e i sultani ottomani erano andati comunque incontro a molteplici ripensamenti. Venezia era interessata alla difesa del proprio impero d'oltremare, specialmente nei punti d'appoggio necessari alla navigazione. Si era aperto un *modus vivendi* tra le potenze, in cui i turchi dominavano la terra e i due comuni italiani controllavano il mare, con poche ingerenze tra le due sfere. Gli ottomani non avevano il monopolio dei problemi per i veneziani in Romania: basti ricordare il groviglio di preoccupazioni causate in Grecia da Nerio Acciaiuoli, Teodoro Paleologo o Carlo Tocco di Cefalonia.[121] Tuttavia, dalla fine del Trecento in poi, gli ottomani erano divenuti il maggiore nemico di Venezia anche sul mare. Conclusi i grandi scontri con i genovesi, tra il 1396 e il 1718 la città lagunare avrebbe scatenato ben 11 guerre contro i turchi.[122] A partire dall'ultimo trentennio del XIV secolo il senato veneto monitorava costantemente i movimenti del naviglio da guerra turco con un efficace apparato di controllo. Tuttavia, si registrano solo scaramucce e mai battaglie navali in grande stile tra Venezia e gli ottomani. I danni inflitti dalla pirateria turca sono stati equiparati a quelli causati dalla pirateria genovese e catalana, ridimensionando il pericolo ottomano e mostrando i ridotti armamenti di pattuglia in risposta, a differenza dei conflitti con la rivale tirrenica.[123] Tuttavia, i turchi razziavano le coste e terrorizzavano le popolazioni egee, mentre catalani e genovesi attaccavano tendenzialmente solo legni mercantili in navigazione, senza accanirsi sugli abitanti litoranei. Si trattava di due tipologie di danno diverse. Il conflitto con Bayezid sarebbe scoppiato in breve tempo, scuotendo le acque del Mediterraneo nord-orientale.

Nelle vicende non erano implicati solo i comuni marinari, ma anche i privati cittadini e i signori indipendenti originari delle città. Nell'alleanza antiturca del 1388, figurano i genovesi Gattilusio, signori di Lesbo e di Enos, che da Mitilene si erano spesi militarmente contro i turchi, partecipando a spedizioni crociate. Francesco Gattilusio era attivamente implicato contro i turchi, per mare e per terra, durante la fine del Trecento.[124] Il genovese grecizzato aveva inoltre accompagnato l'imperatore Giovanni V durante il viaggio in Occidente e la conversione al cattolicesimo, rimanendo coinvolto nella questione dell'unione tra le chiese.[125] Nel 1374 una lettera di congratulazioni inviata a

121 Stantchev, Venice and the Ottoman Threat, p. 177.

122 Arbel, Venice's Maritime Empire in the Early Modern Period, p. 199.

123 Stantchev, Venice and the Ottoman Threat, pp. 188–190.

124 Wright, The Gattilusio Lordships and the Aegean World, pp. 326–328.

125 Francesco Gattilusio in particolare figura tra i testimoni dell'atto di conversione al cattolicesimo, redatto a Roma il 18 ottobre 1369 dinanzi a papa Urbano V. Basso, Francesco

Francesco da papa Gregorio XI suggerisce una sua vittoria contro i turchi.[126] L'attivismo bellico poteva esporre i sudditi dei Gattilusio a rappresaglie e la comunità cristiana armena, precedentemente stanziata a Lesbo, aveva preferito trovare riparo presso gli ospitalieri sull'isola di Kos, più protetta dai raid nemici rispetto al dominio dei Gattilusio. Francesco poteva proporre una sicurezza relativa agli abitanti.[127] Pur calato all'incrocio fra diversi mondi, Francesco Gattilusio, nato nella capitale ligure, era rimasto un *civis* genovese per tutta la vita, senza mai abdicare alla propria appartenenza originaria.[128] Nel momento più critico della guerra di Chioggia aveva rotto la propria neutralità schierandosi apertamente con Genova, in probabile accordo con l'imperatore bizantino.[129] Francesco aveva partecipato finanziariamente all'allestimento della flotta di galee al comando di Pietro Doria diretta in Adriatico – la sorella dell'ammiraglio avrebbe sposato un figlio del Gattilusio alcuni anni dopo –. Il suo schieramento aveva avuto un grande impatto psicologico tra i genovesi e

---

Gattilusio. Nel 1374 era ancora destinatario degli appelli del papa perché aiutasse la missione dei due emissari pontifici presso la corte di Costantinopoli, al fine di consolidare l'unione delle Chiese. Il pontefice aveva scritto all'imperatore Giovanni V di accogliere benignamente l'inviato papale Filippo Cicandilis, che doveva appunto discutere dell'unità religiosa tra latini e greci: AAV, *Registra Vaticana* 270, f. 68v. Avignone, 12 dicembre 1374. In: Lettres secrètes et curiales du pape Grégoire XI (1370–1378), intéressant les pays autres que la France, vol. 2, p. 87, doc. 3025.

126 ASV, *Registra Vaticana* 270, f. 63v. Avignone, 20 ottobre 1374. In: Lettres secrètes et curiales du pape Grégoire XI (1370–1378), intéressant les pays autres que la France, vol. 2, p. 74, doc. 2928.

127 MILLER, The Gattilusj of Lesbos (1355–1462), p. 411.

128 I legami tra i Gattilusio e Genova furono persistenti, soprattutto per quanto riguardava le prime due generazioni di signori dell'Egeo. Nonostante il distacco istituzionale dal comune, essi continuarono a collaborare con gli interessi della comunità genovese del Levante, impegnandosi contri i medesimi nemici o rivali commerciali dei liguri: la loro attività di pirateria venne rivolta principalmente contro catalani e veneziani. Essi furono implicati nella questione di Tenedo, quando Venezia, successivamente alla pace di Torino, accusò i Gattilusio e Genova di essere in lega per la presa di possesso dell'isola, cosa che fu all'origine dei problemi successivi. Mitilene era di fatto considerata dagli stessi genovesi d'oltremare come parte del network della madrepatria in Oriente, su cui si poteva fare affidamento. La collaborazione, oltre alla guerra di Chioggia, fu segnata anche da una politica matrimoniale che vide la casata levantina legarsi sempre più strettamente ai clan dei Doria e dei Campofregoso: Francesco II sposò addirittura Valentina Doria, sorella minore dell'ammiraglio Pietro. Ciò nonostante, si denota un progressivo distacco dei Gattilusio dalla città d'origine a partire dal primo Quattrocento, reso evidente dalla scomparsa di membri dell'albergo residenti nella capitale e il progressivo disimpegno negli investimenti nel debito pubblico del comune. WRIGHT, The Gattilusio Lordships and the Aegean World, pp. 144–162.

129 BASSO, *I Gattilusio tra Genova e Bisanzio: nuovi documenti d'archivio*, pp. 64–67.

il comune aveva ricompensato il signore con l'esenzione perpetua dalle tasse.[130] I rapporti tra Genova e Lesbo erano rimasti stretti sotto le prime due generazioni di signori di Mitilene, senza mai formalizzarsi in legami scritti, ma riguardando ambiti specifici, come la difesa comune dei genovesi e delle colonie oltremare. Per il resto, la signoria dei Gattilusio rimaneva indipendente.[131]

La sensibilità alla lotta contro i turchi aveva coinvolto anche Iacopo, che aveva preso il nome di Francesco II e le redini del governo dopo la tragica morte del padre nel 1384.[132] La signoria bizantino-genovese era uno dei pezzi fondamentali nella scacchiera per il controllo delle rotte di Romania. Francesco II alla fine del secolo non si era astenuto dalla partecipazione alle vicende collettive della Cristianità greco-latina, poiché la sua isola era un avamposto geografico dinanzi ai turchi. Manuele Paleologo, all'epoca governatore di Tessalonica, dopo la caduta della città del 1387 si era rifugiato a Lesbo, presso la corte di Francesco II.[133] L'affare ottomano coinvolgeva anche genovesi e veneziani distanti dagli organi istituzionali dei propri comuni d'origine e che forse avevano ancor più a cuore le sorti del mondo levantino.

7.2.2 *Diplomazia e annessioni tra Mediterraneo e Mar Nero*

Gli anni successivi alla guerra di Chioggia erano segnati dalle offensive diplomatiche di Genova e Venezia nel Mediterraneo, mostrando il tentativo di regolare uno scacchiere sempre più complesso, in cui il sistema di rapporti nato alla metà del Trecento iniziava a cedere sotto i colpi di nuovi protagonisti. Queste tendenze erano sostenute da due dogi attenti al piano internazionale, come Antoniotto Adorno per Genova e Antonio Venier per Venezia. Il doge veneto si mostrava prudente nella politica italiana, ma sul versante marittimo aveva dato grande impulso a una serie di annessioni, basate più su acquisti monetari e diplomazia che su conquiste armate.[134] I rapporti tra

130 *Ibidem.*

131 MAZARAKIS, Il contesto istituzionale della dominazione e l'amministrazione dei Gattilusio, p. 252.

132 Nell'agosto 1384 un disastroso terremoto colpì l'isola di Lesbo, provocando il crollo del palazzo dei Gattilusio a Mitilene e uccidendo l'intera famiglia, compreso il capostipite Francesco, insieme ai figli Andronico e Domenico. L'unico a sopravvivere fu Iacopo, che venne trovato in un giardino dove era stato scaraventato dal sisma. Egli prese il nome di Francesco II e venne riconosciuto come legittimo signore dell'isola, sebbene per la minore età dovette sottostare alla tutela dello zio Nicolò Gattilusio, signore di Enos. Enrico BASSO, Iacopo Gattilusio, in: *Dizionario Biografico degli Italiani*, vol. 52, Roma 1999, pp. 614–616.

133 FINE, The Late Medieval Balkans, p. 427.

134 Marco POZZA, Antonio Venier, in: *Dizionario Biografico degli Italiani*, vol. 98, Roma 2020, pp. 545–548.

genovesi e veneziani erano costantemente regolati, poiché le città non intendevano rischiare un'altra guerra. Nel 1383 i veneziani si erano lamentati con le autorità genovesi per la cattura della galeazza di Marino Malipiero da parte del ligure Silvestro de Marini; nello stesso periodo le autorità di Caffa avevano sequestrato le merci di alcuni mercanti veneziani, contravvenendo ai trattati. Il doge di Genova aveva risposto che Malipiero aveva violato le clausole della pace, essendo entrato nel porto di Cerigo: nonostante ciò, le autorità liguri rimandavano a Venezia la galeazza con le merci, che si trovava a Chio. Allo stesso tempo era ordinato ai governanti di Caffa di restituire la mercanzia ai veneti.[135] Il senato veneto si lamentava ancora nel 1385 con il doge di Genova, perché i coloni di Pera e i genovesi di Romania continuavano a impedire la libera circolazione di veneziani nel Mar Nero.[136] Gli incidenti non erano rari, come mostra la querela genovese presentata a Venezia nel 1387, perché alcuni mercanti veneziani di Modone avevano acquistato a Zonchio, pur sapendone la provenienza, le merci che il pirata Guglielmo Raimondo aveva saccheggiato alla nave genovese di Ambrogio de Mari, oltre ad altri beni rubati a Sapienza. Il castellano veneto di Modone aveva respinto le richieste dei liguri danneggiati, concedendo invece riparo allo stesso pirata con le sue 3 navi. In ottemperanza ai trattati, dovevano arrivare risarcimenti al più presto.[137]

Gli emissari veneziani erano inoltre impegnati in una serie di negoziazioni con i diversi potentati d'Oriente. Nel novembre 1383 l'imperatore bizantino Giovanni V aveva scritto un'amara lettera al doge veneziano, narrando che l'ambasciatore Alvise Contarini, durante il rinnovo dei trattati con i greci, avesse preteso con modi arroganti l'introduzione di due nuovi articoli, riguardanti la restituzione delle merci tolte ai veneti dal ribelle Andronico e un'ulteriore rinuncia dell'impero ai propri diritti. Il *basileus* si opponeva alle nuove clausole, sebbene fosse intenzionato al rinnovo.[138] L'anno seguente, Giovanni V accusava davanti al senato lagunare Alvise Contarini, che avanzava pretese e non voleva trattare con i bizantini.[139] Anche i traffici con i mamelucchi erano al centro di un'intensa attività diplomatica, volta a ottenere licenze da parte del papato proprio mentre Genova si trovava in guerra con il sultano d'Egitto. Urbano VI, a corto di fondi, faticava a dire di no. A Napoli, nell'aprile 1384, il

---

135 Le merci sequestrate a Caffa appartenevano veneziani Marco Zaccaria, Giovanni Servidio, Pietro Bonaventura e Primo detto Ragossio. PREDELLI, I libri commemoriali, vol. 3, p. 164, n. 161–162. Genova, 9 giugno 1383.

136 THIRIET, Régestes de déliberations du Sénat, vol. 1, p. 167, doc. 689. Venezia, 15 febbraio 1385.

137 PREDELLI, I libri commemoriali, vol. 3, p. 188, n. 263. Genova, 18 giugno 1387.

138 Ivi, p. 166, n. 168. Costantinopoli, 25 novembre 1383.

139 Ivi, p. 171, n. 187. Costantinopoli, 12 giugno 1384.

pontefice romano concedeva per un anno il commercio verso Alessandria ai veneziani con tutti i legni che avessero voluto[140]; una successiva bolla del 28 dicembre 1385 rinnovava la licenza fino al 1° febbraio 1387.[141] Urbano VI già il giorno seguente aveva prolungato la validità della concessione per i veneziani fino al 1° febbraio 1388.[142] Il divieto di recare merci proibite era spesso evaso: nel 1386 l'ospitaliere Guglielmo di Ramón de Moncada riferiva che una galea veneziana giunta nel porto di Rodi aveva risposto alle sue richieste di ispezione con un attacco armato. Guglielmo aveva allora ordinato l'arresto e aveva trovato sulla galea merci proibite dirette nei paesi dei saraceni. In omaggio a Venezia aveva tuttavia rilasciato il legno e i beni, informando il doge per evitare false accuse.[143]

Nel 1387 entrambi i comuni avevano inviato contemporaneamente ambasciate a Murad. Nello stesso anno gli ambasciatori genovesi erano stati protagonisti di una grande campagna diplomatica orientale: pochi giorni prima dell'accordo con gli ottomani, ne era stato ratificato un altro con gli emissari del principe bulgaro Ivancho, datato 27 maggio 1387.[144] Nel documento i genovesi si ponevano da una chiara posizione di forza, diversamente da quanto stipulato con Murad. I liguri ottenevano un territorio sulle sponde del Mar Nero per un proprio insediamento, con la possibilità di costruire una loggia e una chiesa, oltre all'utilizzo dei porti bulgari.[145] Le questioni economiche occupavano gran parte del trattato, mentre in filigrana permaneva il timore dell'offensiva turca. Venezia nella pratica era esclusa dal Mar Nero e gli unici interlocutori cristiani, per le autorità bulgare, erano i genovesi, su cui riponevano qualche speranza di

---

140 Ivi, p. 169, n. 181. Napoli, 18 aprile 1384.

141 Ivi, p. 177, n. 212. Genova, 28 dicembre 1385.

142 Ivi, p. 177, n. 213. Genova, 29 dicembre 1385.

143 Ivi, p. 180, n. 228. Rodi, 20 luglio 1386.

144 ASGe, *Archivio Segreto, Materie Politiche* 2729, doc. 24. Pera, 27 maggio 1387. Edito in Antoine-Isaac Silvestre DE SACY, Pièces diplomatiques tirée des archives de la république de Gênes, in: *Notices et extraits des manucrits de la Bibliothèque du Roi*, vol. 11, Paris 1827, pp. 1–96, qui pp. 65–71. Per l'analisi del trattato: Vladimir KUTIKOV, Un'interessante clausola economica nell'accordo del 1387 fra il principe Ivanko e i Genovesi, in: *Genova e la Bulgaria nel Medioevo*, Genova 1984, pp. 289–305; Enrico BASSO, Il trattato con il principe Ivanko e la diplomazia genovese nel Mar Nero alla fine del '300, in: *Atti dell'Accademia Ligure di Scienze e Lettere* 47 (1990), confluito e rivisto in: IDEM, Genova: un impero sul mare, pp. 85–97.

145 Sul rapporto tra Genova e i bulgari nel XIV secolo: Elisaveta TODOROVA, Gli insediamenti genovesi alle foci del Danubio: Vicina, Chilia, Licostomo, in: Genova e la Bulgaria nel Medioevo, pp. 427–459; Michel BALARD, Les Génois et les regions bulgares au XIVe siècle, in: *Byzantino-bulgarica* 7 (1981), pp. 87–98; oltre all'edizione di fonti: Geo PISTARINO, *Notai genovesi in Oltremare. Atti rogati a Chilia da Antonio di Ponzò (1360–61)*, Bordighera 1971.

supporto contro l'avanzata musulmana. Gli ambasciatori genovesi, in maniera molto pragmatica, avevano però condotto negoziati paralleli con Murad e con i tartari musulmani, oltre al principe Ivancho. Il mondo a cui si riferivano questi trattati stava per scomparire sotto i colpi dei turchi, mettendo in crisi l'esperienza del Mar Nero.[146] Un altro trattato era stato stretto in Crimea: ancora Gentile Grimaldi e Ianonus de Bosco avevano concluso con il khan tartaro Toktamysh, all'interno della sua tenda posta davanti a Solghat, il terzo accordo dell'estate, il 12 agosto 1387.[147]

La situazione in Gazaria era stata problematica nel corso degli anni 1380' a causa del confronto con i potentati musulmani della zona. Il 27 novembre 1380, per pacificare uno degli innumerevoli fronti della guerra di Chioggia, Ianonus de Bosco, all'epoca console di Caffa, era riuscito a scendere a patti con Konak Beg.[148] L'Orda d'Oro era tuttavia squassata da lotte interne per il potere e, solo pochi mesi dopo, la conferma delle condizioni si era dovuta ripetere con Toktamysh, uscito vincitore tra i pretendenti al trono, con un nuovo documento del 24 febbraio 1381.[149] A lungo si è creduto che i due trattati, a noi pervenuti come copie autentiche stilate nel 1383, fossero in realtà copie dello stesso, confondendo gli studiosi. È effettivamente difficile distinguerli anche a causa del cattivo stato di conservazione: sono sostanzialmente identici, differendo solo per i nomi dei rappresentanti tartari e per la datazione.[150] Mentre gli originali erano scritti in "lingua uganesca", grazie all'interprete Luchino Calligepari, le copie del 1383 sono in volgare genovese, probabilmente tradotte successivamente da originali in latino.[151] Nei trattati si riconoscevano i possessi dei genovesi in Crimea, mentre i liguri promettevano fedeltà al khan tartaro,

---

146 Basso, Genova: un impero sul mare, pp. 95–96.

147 ASGe, *Archivio Segreto, Materie Politiche* 2729, doc. 27. Piana di Solghat, 12 agosto 1387. Edito in De Sacy, Pièces diplomatiques tirée des archives de la république de Gênes, pp. 62–65.

148 La copia di questo trattato del 27 novembre 1380, stilata nel 1383, è in ASGe, *Archivio Segreto, Materie Politiche* 2728, doc. 24. Genova, 28 luglio 1383.

149 Ivi, doc. 23. Genova, 28 luglio 1383.

150 Questa supposta identità ha creato confusione tra gli studiosi che si sono premurati di editarli. Il trattato del 1381 è trascritto in: Agostino Olivieri, *Carte e cronache manoscritte per la storia genovese esistenti nella Biblioteca della R. Università ligure indicate ed illustrate per A. Olivieri*, Genova 1855, p. 73; successivamente anche: Cornelio Desimoni, Trattato dei Genovesi col chan dei Tartari nel 1380–1381, scritto in lingua volgare, in: *Archivio Storico Italiano* 20 (1887), pp. 161–165. De Sacy invece ha editato il documento del 1380, anche lui credendo si trattasse di una copia dello stesso: De Sacy, Pièces diplomatiques tirée des archives de la république de Gênes, pp. 52–55. Per approfondire la questione: Basso, Genova: un impero sul mare, pp. 99–100.

151 "Translati de dicta lingua ugaresca in lingua latina". ASGe, *Archivio Segreto, Materie Politiche* 2728, doc. 24. Genova, 28 luglio 1383.

ottenendo in cambio la libertà di soggiorno e di commercio nei suoi territori. I documenti, sebbene seguissero le norme stilistiche genovesi, si rifacevano al modello cancelleresco dei tartari. Non sorprende l'assenza del segno della croce nel punto in cui dovevano firmare i testimoni, mentre la data di redazione dei documenti è solo quella islamica: "a vinti VIII dì de lo meyse de Sochada"[152] in un caso, "millesimo de li sarreni setecento oyanta doy, lo dece di de lo meyse de Sabam"[153] nell'altro. Pur senza essere in una condizione di debolezza, gli emissari genovesi, come da prassi, si erano piegati agli schemi della controparte musulmana pur di concludere le concessioni.

Le tensioni si erano fatte invece irreparabili con il signore di Solghat, uno dei principati tartari semiautonomi della Crimea. Mentre si tentava di concludere il conflitto tra i liguri e i mamelucchi nel Mediterraneo e papa Urbano VI era in procinto di navigare verso Genova, nel 1385 i cattivi rapporti erano sfociati in guerra aperta tra la colonia di Caffa e la signoria di Solghat. Il conflitto, definito "bellum de Sorcati" nelle fonti, prendeva le mosse dai tentativi dei tartari di sobillare alla ribellione le popolazioni locali contro i genovesi.[154] L'attività dei coloni era stata fin da subito frenetica: i liguri, forti della propria autonomia decisionale, avevano creato degli *officia* sul modello di quelli della madrepatria per sovrintendere alle operazioni militari. Armi e munizioni affluivano dalla capitale o da Pera, insieme all'arrivo di specialisti nell'uso delle bombarde o della fabbricazione di verrettoni. Non si trattava di un conflitto religioso: le truppe di Caffa erano multietniche, con la presenza di latini delle più diverse provenienze, armeni, persiani, islamici, greci. Il governo di Caffa, città lontana dall'Occidente e dalle sue vie di collegamento, non aveva nessuna remora nell'assoldare genti di razze e religioni diverse e a trattarle su un piano di parità. Questo atteggiamento estremamente pragmatico e aperto alla diversità, etnica come religiosa, era la carta d'identità dell'insediamento genovese, dove non si esitava ad affidare incarichi delicati anche a personaggi non liguri.[155] È altrettanto vero che a Caffa erano stati colpiti per rappresaglia tutti i commercianti musulmani con il sequestro dei loro beni, salvo poi dimostrare di non essere sudditi di Solghat e ottenere la restituzione.[156]

La guerra si era protratta, al di là degli scontri, con missioni diplomatiche clandestine e attività di spionaggio in territorio nemico, con almeno otto agenti

---

152 *Ibidem*.

153 Ivi, doc. 23. Genova, 28 luglio 1383.

154 Sul conflitto del 1385–1386 in Crimea, si veda appunto: Enrico Basso, Il "bellum de Sorcati" ed i trattati del 1380–87 tra Genova e l'Orda d'Oro, in: *Studi Genuensi* 8 (1990), ora inserito e rivisto in: Idem, Genova: un impero sul mare, pp. 97–116.

155 Ivi, pp. 101–102.

156 Ivi, p. 106, nota 70.

segreti impegnati nelle operazioni per conto dei genovesi.[157] Le ostilità erano state placate grazie all'intervento diplomatico e soprattutto alla collaborazione del gran khan Toktamysh, che aveva bisogno di mantenere buone relazioni con Caffa in vista dell'imminente scontro con Timur Lang. Il khan aveva persino fornito un contingente di truppe tartare al fianco dell'esercito genovese che si dirigeva contro Solghat nel luglio 1387. Il trattato di quell'anno prevedeva la restituzione ai mercanti dei beni sequestrati, tra cui gli schiavi, merce primaria dell'economia del Mar Nero. I genovesi, già prostrati da un decennio di guerre su tutti i fronti, desideravano una rapida conclusione del conflitto orientale. Caffa, ben inserita nelle dinamiche che l'avevano resa quasi capitale del *Mare Maius*, aveva mostrato di poter gestire una politica internazionale largamente indipendente dalla madrepatria, che non esitava a concederle autonomia decisionale.[158] Il conflitto con i tartari musulmani sul Mar Nero aveva mostrato anche la possibilità di collaborazione di Genova e Venezia, i cui interessi si trovavano ancora uniti contro un potentato musulmano. Il governo genovese nel maggio 1387 informava i veneziani che, a causa del fallimento delle trattative con il khan di Solghat, non era riuscito a porre termine alla guerra: i liguri chiedevano che Venezia vietasse ai propri cittadini di recarsi o commerciare nelle terre dei tartari, al fine di evitare spiacevoli inconvenienti.[159] Il doge di Genova aveva ordinato ai suoi ufficiali nel Mar Nero di trattar bene i veneziani, ma a causa dello scontro informava che potevano accadere incidenti.[160] Venezia dal canto suo sembrava disposta a collaborare in un unico fronte cristiano e ordinava al console di Tana e al capitano del Golfo di vietare il trasporto di tartari e saraceni verso i paesi turchi.[161]

Il piano della diplomazia genovese in Oriente, estremamente vivace all'indomani della guerra di Chioggia, era diverso da quello del leone di San Marco. Sotto il dogato di Antonio Venier la politica di annessionismo aveva caratterizzato l'atteggiamento veneziano nel Levante, con una progressione evidente nell'elenco di basi e territori entrati nell'orbita veneziana, seppur letta dalla storiografia in maniere differenti. La visione delle annessioni al fine di

157 Le informazioni si possono desumere dal registro della *Massaria Caffe* relativo al 1386–1387, in: ASGe, *Archivio di S. Giorgio* 34, reg. 590/1226bis. Anche BASSO, Genova: un impero sul mare, p. 103.

158 Sul ruolo di Caffa in rapporto con il mondo del Mar Nero: Michel BALARD, Gênes et la Mer Noire (XIIIe–XVe siècles), in: IDEM, La mer Noire et la Romanie génoise (XIIIe–XVe siècle), pp. 31–54; IDEM, Les Génois en Crimée aux XIIIe–XIVe siècles, in: IDEM, Gênes et la mer, vol. 2, pp. 769–782.

159 Restavano invece aperti ai veneziani tutti gli altri insediamenti genovesi in Oriente. PREDELLI, I libri commemoriali, vol. 3, p. 187, n. 260. Genova, 31 maggio 1387.

160 Ivi, p. 188, n. 264. Genova, 18 giugno 1387.

161 Ivi, p. 189, n. 274. Venezia, 1387.

creare un cordone di protezione, sia delle rotte commerciali che dell'universo marittimo egeo, ha una sua plausibilità. L'attuazione, negli anni 1380–1400, da Corfù alle Sporadi, sembra assolutamente sistematica, indicando quantomeno la possibilità di un piano coerente. L'annessione di Corfù è la più indicativa, sia per la posizione strategica dell'isola, all'imbocco dell'Adriatico, sia perché era stata occasione di confronto tra genovesi e veneziani. Entrambi i comuni intendevano prendere possesso di Corfù, facendo leva sulle divisioni dell'aristocrazia dell'isola. I negoziati tra le parti si erano protratti dal 1382, con i reiterati invii di galee venete e le trattative dei genovesi con i maggiorenti dell'isola. Venezia, in difficili condizioni finanziarie dopo gli sforzi del conflitto, avrebbe voluto acquistare l'isola senza ulteriori oneri; il centro lagunare doveva prendere possesso di Corfù a ogni costo per salvaguardare le proprie rotte adriatiche. Il pericolo turco e l'incapacità delle piccole comunità indipendenti di difendersi da sole avevano scatenato la competizione tra Venezia e Genova.[162] Con il supporto di locali, Venezia nel 1386 era riuscita a occupare alcune parti strategiche dell'isola, tra cui Castel Vecchio e Castel Nuovo. Il 28 maggio 1386 una delegazione di procuratori di Corfù era incaricata di recarsi nella laguna per offrire la sottomissione pacifica dell'isola al comune sotto alcune condizioni e la conservazione dei privilegi.[163] Venezia aveva accettato la consegna dell'isola, in balia di opposti schieramenti dopo la morte del re di Napoli, Carlo III, l'8 gennaio 1387.[164]

I veneziani erano riusciti a occupare nel 1386 anche il castello di Butrinto, sulla costa albanese dinanzi a Corfù, e nel settembre anche la fortezza di Sajata, sempre sul litorale albanese.[165] L'intera isola era stata ufficialmente resa dominio di San Marco nel 1394 ma il suo possessore legale, ovvero il re di Napoli Ladislao II, aveva rinunciato ai diritti su Corfù solo nel 1402, dietro pagamento dell'acquisto.[166] Venezia guardava con gelosia l'isola, tanto che la flotta genovese destinata alla crociata di Mahdia nel 1390 aveva destato preoccupazioni tra i quadri dirigenti veneti per il timore che potesse dirigersi a Corfù.[167] Più complicata era la questione di Durazzo, dove si presentava nuovamente il problema dell'ingerenza genovese in Adriatico. Nel 1387 Carlo Topia, principe

162 Ruthy GERTWAGEN, The Island of Corfu in Venetian Policy in the Fourteenth and Early Fifteenth Centuries, in: *International journal of maritime history* 19/1 (2007), pp. 181–210, qui pp. 193–199. In generale: Eugenio BACCHION, *Il dominio veneto su Corfù (1386–1797)*, Venezia 1956.

163 PREDELLI, I libri commemoriali, vol. 3, pp. 178–179, n. 220–221. Corfù, 28 maggio 1386.

164 Ivi, p. 184, n. 246. Venezia, 8 gennaio 1387.

165 GERTWAGEN, The Island of Corfu in Venetian Policy, p. 201.

166 Ivi, p. 202.

167 Ivi, p. 205.

d'Albania e signore della città, aveva chiesto ai genovesi la protezione contro i turchi, dopo che Venezia aveva declinato un simile invito per non inimicarsi la potenza ottomana.

Le autorità liguri informavano la controparte veneziana che gli ambasciatori ungheresi avevano chiesto la protezione di Genova per i porti di Dalmazia, dunque i veneti dovevano trattare i dalmati alla stessa maniera dei cittadini genovesi.[168] Le autorità della laguna, appena realizzata la minaccia della presenza genovese in quello che chiamavano il "Golfo di Venezia", si erano adoperate per il fallimento dei negoziati tra Topia e i liguri e avevano offerto il proprio aiuto al signore albanese.[169] Gli ambasciatori veneti nel 1388 promettevano aiuto militare a Durazzo contro gli ottomani.[170] Il figlio di Carlo, Giorgio Topia, nel 1392 firmava la cessione di Durazzo a Venezia, così da poterla proteggere dagli assalti turchi. La città, come da accordi, sarebbe stata consegnata a Saraceno Dandolo, capitano del Golfo, e il vessillo di San Marco avrebbe sventolato sul castello, ferma restando la sovranità del signore. Topia era morto nello stesso 1392 e Durazzo era passata definitivamente nelle mani dei veneziani in cambio della sua difesa.[171] L'annessionismo veneziano sulle sponde dell'Adriatico provocava timore e Carlo Tocco, signore latino di Cefalonia e Leucade, nel dicembre 1389 aveva siglato in tutta risposta un'alleanza con i genovesi. Nonostante Tocco fosse un cittadino veneziano, non era molto devoto alla capitale lagunare e aveva concesso ai genovesi una base navale sulle sue isole. Per le pressioni di Venezia, che aveva attuato persino un blocco navale su Cefalonia e Leucade, Carlo Tocco aveva dovuto troncare la collaborazione con Genova nel 1395.[172] Intanto nel 1393 Venezia aveva occupato Alessio, sulla costa albanese; nel 1396 aveva proceduto alla presa di Scutari e Drivasto, tutte convinte a mettersi sotto la protezione veneziana per paura dei turchi.[173] Le recenti acquisizioni avevano permesso a Venezia di consolidare il proprio dominio sull'Adriatico e di osservare da vicino i movimenti ottomani nell'entroterra.

Mentre la marina ottomana era poco sviluppata e poteva al massimo spingersi ad azioni piratesche, senza essere un serio ostacolo al dominio dei mari

---

168 PREDELLI, I libri commemoriali, vol. 3, p. 185, n. 251. Genova, 12 marzo 1387.

169 GERTWAGEN, The Island of Corfu in Venetian Policy, p. 204; PREDELLI, I libri commemoriali, vol. 3, p. 198, n. 316. Venezia, 27 febbraio 1389.

170 ASVe, *Senato Misti* 40, f. 126r.-127v. Venezia, 24 luglio 1388.

171 Negli accordi Giorgio Topia sarebbe rimasto signore della città fino alla sua morte, dopo di che Durazzo sarebbe passata a Venezia. PREDELLI, I libri commemoriali, vol. 3, p. 216, n. 384. Venezia, 18 agosto 1392.

172 THIRIET, La Romanie vénitienne au Moyen Âge, p. 357; GERTWAGEN, The Island of Corfu in Venetian Policy, p. 205.

173 Giuseppe VALENTINI, Dell'amministrazione veneta in Albania, in: Venezia e il Levante fino al secolo XV, vol. 1, pp. 843–910, qui pp. 850–852, 903.

e delle isole, sulla terraferma la Grecia era invece gravemente minacciata dai turchi. Venezia si era adoperata per prendere possesso dei migliori punti d'appoggio marittimi nel Peloponneso, anticipando l'invasione ottomana e salvaguardando così la rotta verso Negroponte. Maria d'Enghien (da non confondere con l'omonima cugina), figlia di Guglielmo, signora di Nauplia e Argo e vedova del nobile veneziano Pietro Corner, aveva deciso di vendere i propri possedimenti al comune veneto nel 1388. Nell'accordo Maria cedeva i diritti sulle due città a Venezia, in cambio di un versamento annuo di 500 ducati d'oro a lei e agli eredi, oltre a un ulteriore vitalizio di 200 ducati annui.[174] Maria d'Enghien, poco più che adolescente, si impegnava inoltre a sposare un nobile veneziano, così che nessuno potesse accampare pretese sui porti greci.[175] Mentre il provveditore veneto Pierazzo Malipiero era riuscito a occupare Nauplia senza problemi, aveva trovato invece Argo nelle mani del despota bizantino Teodoro Paleologo. Ne sarebbe derivata una guerra di ben cinque anni, che aveva coinvolto anche il duca d'Atene, Nerio Acciaiuoli, contro i veneziani, finché nel 1394 Teodoro non aveva accettato di rimettere Argo a Venezia.[176] Negli stessi anni, la città di San Marco completava il proprio dominio sull'Eubea e rinforzava il protettorato sul ducato di Nasso. Il duca Nicolò dalle Carceri era stato assassinato nel 1383 dal suo vassallo Francesco Crispo, che ne aveva preso il posto.[177] Il senato aveva ordinato ai rettori di Creta e Negroponte di intervenire per salvaguardare i diritti di Venezia, sostenendo Crispo e occupando la fortezza di Loreo. La successione di Nicolò dalle Carceri era abbastanza complessa e si era tradotta in un accrescimento dell'influenza di Venezia nell'arcipelago egeo, con l'approvazione dei locali che preferivano la gestione diretta veneziana piuttosto che la dominazione di piccoli signori indipendenti.[178] Alla morte di Giorgio III Ghisi, nel 1390, gli abitanti greci di Tino e Mykonos avevano reclamato la loro sottomissione diretta a Venezia, che il senato aveva accettato. Le due isole erano poste sotto la giurisdizione del bailo di Negroponte.[179] In un contesto sempre più pericoloso, i soccorsi dalla madrepatria

---

174 PREDELLI, I libri commemoriali, vol. 3, p. 195, n. 301. Venezia, 12 dicembre 1388.

175 Ivi, p. 195, n. 303. Venezia, 17 dicembre 1388.

176 Sulle vicende di Argo e Nauplia: THIRIET, La Romanie vénitienne au Moyen Âge, p. 359; Roberto CESSI, Venezia e l'acquisto di Nauplia ed Argo, in: *Nuovo Archivio Veneto* 30 (1915), pp. 147–173; Anthony LUTTRELL, The Latins of Argos and Nauplia: 1311–1394, in: *Papers of the British School at Rome* 34 (1966), pp. 34–55.

177 IDEM, Niccolò dalle Carceri, in: *Dizionario Biografico degli Italiani*, vol. 32, Roma 1986, pp. 74–76.

178 THIRIET, La Romanie vénitienne au Moyen Âge, p. 360.

179 THIRIET, Régestes de déliberations du Sénat, vol. 1, p. 187, doc. 777. Venezia, 24 luglio 1390.

veneta divenivano essenziali per interdire ai turchi l'accesso al mare. Gli anni successivi al 1394 avrebbero segnato un punto di svolta nelle vicende orientali.

7.2.3 *Le "crociate" di Barberia. Le spedizioni in Nord Africa (1388–1390)*

Un ulteriore fronte aperto tra i comuni marittimi italiani e il mondo musulmano era quello del Nord Africa, che fin dall'XI secolo aveva visto il confronto tra potentati locali e flotte pisane, genovesi, veneziane, siciliane e catalane.[180] Si trattava di un mondo profondamente diverso da quello levantino, all'interno di un contesto in cui le forze marittime cristiane avevano una potenza complessiva superiore ma soffrivano della pesante incertezza causata dai corsari di Barberia. Non vi era, come in Oriente, la necessità di difesa dall'imminente pericolo ottomano, in un panorama politico estremamente frammentato. L'area maghrebina era per certi versi molto più semplice, con una chiara divisione tra potenze mercantili cristiane, concorrenti tra di loro, e la zona terrestre, soggetta a diverse signorie facenti riferimento a Tunisi. I trattati siglati con il regno di Tunisi erano numerosi e i cristiani intendevano mettere in sicurezza il bacino del Mediterraneo occidentale. La recrudescenza della pirateria musulmana era tornata a essere, nell'ultimo quarto del secolo, un problema reale.[181] Il fronte di Barberia avrebbe partecipato dunque alla spinta della crociata nel Mediterraneo, raccogliendo le aspirazioni del mondo franco-borgognone, che si saldavano con i bisogni dei comuni marittimi. Una prima spedizione in Barberia era stata imbastita nel 1388 dietro iniziativa genovese: per indagarla disponiamo di scarsa documentazione e di veloci riferimenti nelle cronache, principalmente negli *Annales* di Giorgio Stella.[182] I rapporti tra Genova e Tunisi erano in realtà stati buoni nel corso del Trecento, con la presenza addirittura di un servizio marittimo postale tra le due città all'inizio del secolo. I genovesi avevano una posizione privilegiata nel regno nordafricano e una forte penetrazione commerciale, fissata con il trattato del 1343 tra il re hafside e i rappresentanti del comune ligure. I genovesi erano liberi di muoversi, commerciare, aprire consolati e fondaci all'interno del regno; pagavano una quota minore di dazi e dovevano concedere al sovrano il nolo delle imbarcazioni,

---

180 Sulle prime spedizioni in Nord Africa nell'XI secolo, tra cui quella di Mahdia del 1087: Carl Erdmann, *The Origin of the Idea of Crusade*, Princeton 1977; Herbert Edward John Cowdrey, The Mahdia Campaign of 1087, in: *The English Historical Review* 92 (1977), pp. 1–29; Alasdair C. Grant, Pisan Perspectives: The Carmen in victoriam and Holy War, c.1000–1150, in: *The English Historical Review* 131 (2016), pp. 983–1099.

181 Louis De Mas Latrie, *Traités de paix et de commerce et documents divers concernant les relations des chrétiens avec les Arabes de l'Afrique septentrionale au Moyen Âge*, vol. 1, Paris 1866, pp. 236–238.

182 Georgii et Iohannis Stellae Annales Genuenses, pp. 193–194.

se lo avesse richiesto. Il dato problematico era la pirateria maghrebina, che entrambi i firmatari si impegnavano a combattere.[183] Queste relazioni amichevoli erano andate incontro ad alcune difficoltà, come testimonia il trattato, a noi non pervenuto, firmato il 18 agosto 1383 dal procuratore genovese Federico Lecavello, in cui ci si accordava per il rilascio di prigionieri genovesi.[184] I tradizionali buoni rapporti tra Genova e il regno tunisino sembravano essersi incrinati proprio a causa della pesante pirateria nordafricana, come possiamo supporre in mancanza di fonti.[185]

I genovesi avevano dato vita nel 1388 a una coalizione per debellare il pericolo dal Mediterraneo occidentale e distruggere i covi pirata di Djerba e Gabes. Nel gennaio 1388 il doge Antoniotto Adorno inviava lettere al collega veneziano per invitarlo a partecipare alla flotta in allestimento e informava di avere scritto anche a Pisa, Napoli, Lucca, Firenze e Siena.[186] Il senato lagunare aveva accordato la propria partecipazione e Antoniotto informava i veneziani che le galee genovesi sarebbero salpate il 1° maggio 1388 verso la Barberia. I genovesi davano appuntamento alle 5 galee che Venezia aveva promesso per il 15 maggio presso Trapani; informavano inoltre che il sultano non era ostile alla spedizione militare e non avrebbe attuato ripercussioni contro i mercanti dei comuni. I timori che si erano diffusi su questo fatto provenivano da voci false.[187] L'allestimento della squadra di 12 galee genovesi, al comando del fratello del doge Raffaele Adorno, era stato soggetto ai consueti ritardi: la partenza da Genova era stata rimandata al 15 maggio, poi al 20 o 25 del mese.[188] La forza principale della flotta era costituita dai legni genovesi, mentre Venezia aveva promesso 5 galee, che sarebbero dovute partire l'8 maggio 1388, ma la città lagunare non aveva motivi sufficienti per una rottura con il re di Tunisi, Abu al-Abbas: non sappiamo se i legni di San Marco si siano mai presentati all'appuntamento.[189]

---

183 Il trattato del 7 aprile 1343 aveva fissato i rapporti per quasi un secolo, dato che il trattato del 1433 tra Genova e Tunisi non faceva che riprodurlo. PETTI BALBI, Il trattato del 1383 tra Genova e Tunisi, pp. 305–306. Il trattato del 1433 è edito in: DE MAS LATRIE, Traités de paix et de commerce, vol. 2, pp. 134–142. Tunisi, 19 ottobre 1433.

184 Si fa menzione del trattato del 18 agosto 1383, mai rinvenuto, nel successivo documento del 1391 tra Genova e Tunisi. Si rimanda all'articolo di Giovanna Petti Balbi sopra citato. Anche: MARENGO, Genova e Tunisi (1388–1515), pp. 23–24.

185 Sul modo di conduzione della guerra di corsa da parte dei maghrebini: ivi, pp. 25–26.

186 PREDELLI, I libri commemoriali, vol. 3, p. 190, n. 275. Genova, 22 gennaio 1388.

187 Ivi, p. 190, n. 278. Genova, 2 marzo 1388.

188 Ivi, p. 191, n. 281, 283. Genova, 1° aprile-6 maggio 1388.

189 Ivi, p. 191, n. 283. Genova, 6 maggio 1388; DE MAS LATRIE, Traités de paix et de commerce, vol. 1, p. 239. Nella maggior parte dei resoconti e dei lavori storiografici la presenza di 5 galee veneziane è ignorata, sebbene nei *Libri Commemoriali* si dia notizia del loro effettivo allestimento. Nella voce del *Dizionario Biografico degli Italiani* relativa a Manfredi di

Pisa aveva partecipato con 5 galee, sotto il comando di Francesco Orlandi. In realtà il comune pisano aveva autorizzato solo i cittadini che avevano subito danni a partecipare all'aggressione tunisina, così da far valere il proprio diritto di rappresaglia.[190] Questo sarebbe stato l'appiglio giuridico del comune di Pisa, in seguito, per scusarsi con il monarca di Tunisi, affermando che coloro che avevano partecipato all'impresa erano patroni privati e negando ogni coinvolgimento istituzionale.[191] Infine 3 galee erano salpate dal regno di Sicilia, capitanate dal conte di Modica, Manfredi Chiaramonte. I siciliani avevano secolari mire sul Nord Africa e intendevano riprendere Djerba, già appartenuta al regno tra il 1311 e il 1335.[192] Oltre alle 20 galee alleate, i genovesi avevano messo a disposizione 6 piccole imbarcazioni adatte alle coste sabbiose della Tunisia.[193] La flotta cristiana aveva occupato le isole del golfo di Gabes nell'agosto 1388 grazie al dispiegamento di forze. I genovesi avevano venduto a Manfredi Chiaramonte i diritti di conquista sulle isole nordafricane in cambio di 36.000 fiorini, con grande guadagno per i patroni liguri, come ricorda Giorgio Stella.[194] Manfredi aveva installato una guarnigione siciliana sull'isola di Djerba, divenuta suo feudo personale, sottoposto alla corona aragonese di Sicilia e dunque al papato. Lo stesso papa romano Urbano VI aveva benedetto l'impresa cristiana verso il Nord Africa con una bolla del 18 aprile 1388, offrendo l'indulgenza e i simboli della crociata. Manfredi Chiaramonte si proponeva di completare la conquista con la presa delle isole Kerkenna, ma avrebbe perso la stessa Djerba nel 1390.[195]

La minaccia piratesca non era tuttavia venuta meno e i genovesi, interessati alla sicurezza delle rotte tirreniche, si preparavano per una spedizione più consistente. La campagna del 1388 aveva galvanizzato gli animi e posto l'attenzione sulla soppressione pericolo musulmano nel Mediterraneo occidentale.

Chiaramonte si afferma però la loro presenza in Barberia, senza tuttavia dichiararne il documento. Occorre rimanere nel campo intuitivo data la contraddittorietà delle fonti. Salvatore FODALE, Manfredi Chiaramonte, conte di Modica, in: *Dizionario Biografico degli Italiani*, vol. 24, Roma 1980, pp. 535–539.

190 *Ibidem*.

191 SETTON, The Papacy and the Levant, vol. 1, p. 331, nota 23; DE MAS LATRIE, Traités de paix et de commerce, vol. 1, p. 243.

192 MARENGO, Genova e Tunisi (1388–1515), p. 24.

193 PREDELLI, I libri commemoriali, vol. 3, p. 191, n. 282. Genova, 14 aprile 1388.

194 Georgii et Iohannis Stellae Annales Genuenses, p. 194.

195 FODALE, Manfredi Chiaramonte, conte di Modica. Nella bolla di Urbano VI era concessa l'indulgenza crociata ai partecipanti della spedizione: "concedimus indulgentiam et veniam peccatorum, quae concedi per sedem Apostolicam proficientibus in Terrae Sanctae subsidium consuevit". L'arcivescovo di Messina aveva il compito di far predicare in Sicilia l'editto, mentre i partecipanti all'impresa avrebbero dovuto portare il simbolo della croce, qualificando l'impresa come una crociata. RINALDI, Annales Ecclesiastici, vol. 7, p. 505.

Il nuovo obiettivo era Mahdia, porto chiave in Barberia, ma un'avventura del genere richiedeva una forte leadership che Genova non poteva offrire e pensava di ricercare in Francia. La spedizione di Mahdia del 1390 è stata oggetto di alcuni studi, che hanno fatto affidamento principalmente alle cronache francesi e ai resoconti arabi.[196] I registri genovesi del fondo *Antico Comune, Galearum*, conservano eccezionalmente i registri della flotta che era salpata nel 1390 da Genova e consentono di approfondire la logistica dell'operazione. Si tratta di un gruppo di libri, catalogati dal n. 729 al n. 733, che contengono elenchi di tutto ciò che serviva per l'allestimento e la gestione di una flotta da guerra: inventari di materiali nautici consegnati ai singoli patroni dell'armata, note di spese, il rendiconto contabile della spedizione, entrate e uscite in partita doppia, note per la costruzione di macchine d'assedio, liste dei marinai fuggiti e delle perdite o rifornimenti di cibo.[197]

La spedizione del 1390 aveva rappresentato un momento fondamentale nello svolgimento della tensione crociata nel Mediterraneo, sovrapponendosi in agli interessi del comune mercantile ligure. Nell'opera del cronista Giorgio Stella ogni tipo di caratterizzazione religiosa dello scontro tendeva a scomparire e i nemici africani erano chiamati "barbaros", giocando sul doppio significato di barbari e di abitanti della Barberia.[198] Non si trattava di una posizione singolare del cronista e ugualmente nei *Galearum* genovesi si parlava della spedizione "gallearum armatarum in Ianue Africe ad offensionem barbarorum".[199]

---

196 DELAVILLE LE ROULX, La France en Orient, vol. 1, pp. 166–200; Léon MIROT, Une expédition française en Tunisie au XIVe siècle: Le siège de Mahdia (1390), in: *Revue des études historique* 97 (1931), pp. 357–406. In seguito, Kenneth Meyer Setton si è concentrato sull'analisi fattuale della campagna. SETTON, The Papacy and the Levant, vol. 1, pp. 330–341. La tesi di dottorato in tedesco di Urs Brachthäuser adotta un approccio di storia totale nella ricostruzione della preparazione e dello svolgimento dell'impresa. Brachthäuser compie un'interessante ricostruzione della spedizione, prendendo le mosse dall'analisi degli aspetti sociali, economici, culturali e religiosi che ne stavano alla base, dando però paradossalmente poco spazio all'evento in sé: BRACHTHÄUSER, Der Kreuzzug gegen Mahdiya 1390, pp. 52–53. L'autore rifiuta in maniera abbastanza netta la designazione di questa campagna come crociata, definizione ritenuta problematica e limitante. Ivi, p. 729. Brachthäuser fa particolare affidamento sulle fonti narrative, tra cui spiccano le cronache di Jean Froissart e Jean Cabaret d'Orville, oltre ai resoconti arabi, e alla storiografia relativa alla cavalleria francese, mentre pare poco indagata la documentazione archivistica genovese.

197 ASGe, *Antico Comune, Galearum marinariorum introitus et exitus* 729–733. La descrizione dei singoli fondi è in: POLONIO, L'amministrazione della res publica genovese, pp. 301–303.

198 Georgii et Iohannis Stellae Annales Genuenses, p. 194.

199 ASGe, *Antico Comune, Galearum marinariorum introitus et exitus* 731, f. 1r. Genova, 12 giugno 1390.

Una contrapposizione religiosa non è mai menzionata dalla documentazione archivistica. Non si può dire lo stesso del cronista francese Froissart, che rappresenta bene l'anima dei cavalieri d'oltralpe che partecipavano all'impresa.[200] La campagna è stata inserita all'interno delle *Later Crusades* dagli storici: benché sia improprio definirla crociata, è altrettanto difficile prescindere da tale inquadramento e dall'entusiasmo per la lotta all'infedele. Il pericolo turco chiamava gli attori mediterranei al confronto con gli ottomani nel Levante, ma lo zelo franco-borgognone poteva essere dirottato dalle potenze marittime verso un altro fronte che prevedeva sempre il confronto con i musulmani. Si sarebbe trattato dell'ultima invasione cristiana nel Nord Africa, seguita da un secolo di stallo e dalla ripresa d'interesse solo con la spinta spagnola dei *presidios*, al principio del XVI secolo, e la spedizione di Tunisi del 1535 capitanata da Carlo V.[201]

Nel dicembre 1389 un'ambasciata genovese aveva raggiunto la corte di Carlo IV a Tolosa, lanciando un appello per combattere i nemici della fede sull'altra sponda del Mediterraneo.[202] In quello stesso momento lo spirito di mobilitazione crociata coinvolgeva l'area francese. Philippe de Mézières finiva di vergare il suo *Songe du vieil pèlerin*, che non era passato inosservato nei circoli nobiliari di Carlo VI, mentre la memoria della spedizione africana di re Luigi il Santo era sempre viva in Francia e costituiva un metro di paragone per ogni monarca. Le circostanze per una spedizione sembravano favorevoli: nel giugno 1389 era stata siglata una tregua di tre anni tra francesi e inglesi, disimpegnando l'aristocrazia dalle guerre continentali. Carlo VI aveva accordato l'aiuto agli emissari genovesi, nominando suo zio Luigi II di Borbone a capo del contingente francese.[203] Secondo Cabaret d'Orville e Froissart erano stati proprio i genovesi a proporre Luigi come capitano della spedizione.[204] Entrambi i cronisti si soffermano sul numero di nobili che avevano aderito alla chiamata, provenienti dalle diverse zone della Francia, dalla Bretagna, Normandia, Inghilterra, perfino dall'Aragona. Per non lasciare il proprio regno sguarnito, Carlo VI aveva posto a 1500 il limite di cavalieri volontari, dei cui nomi possediamo lunghe liste.[205] Solo una volta decisa la partecipazione francese e mobilitati gli animi,

200 Brachthäuser, Der Kreuzzug gegen Mahdiya 1390, pp. 55–60.

201 Come opera di sintesi: Marco Pellegrini, *Guerra santa contro i Turchi. La crociata impossibile di Carlo*, Bologna 2015.

202 Setton, The Papacy and the Levant, vol. 1, p. 332.

203 Brachthäuser, Der Kreuzzug gegen Mahdiya 1390, pp. 415–423.

204 Setton, The Papacy and the Levant, vol. 1, p. 332.

205 Delaville Le Roulx fornisce una lista di 180 nomi di nobili nel suo lavoro: Delaville Le Roulx, La France en Orient, vol. 2, pp. 14–17. Mirot invece elenca 231 cavalieri partecipanti alla crociata, di cui 76 non avrebbero fatto ritorno, in: Mirot, Une expédition

il re di Francia aveva informato il papa avignonese Clemente VII. Carlo VI e il duca di Borbone nel febbraio 1390 si erano recati nel palazzo di Avignone per richiedere la benedizione papale e le indulgenze crociate, subito concesse. Il *passagium* non era deciso dai pontefici ma nasceva indipendentemente, a partire dai principi secolari; ai papi dello scisma era solo chiesto di avvallare spiritualmente una spedizione già in allestimento.[206]

Genova era il punto di ritrovo per i partecipanti. Antoniotto Adorno aveva ordinato l'armamento di una grande flotta, in preparazione già nell'autunno 1389, prima ancora dell'arrivo dell'ambasciata ligure presso la corte francese. Il governo genovese sembrava deciso a compiere la spedizione a ogni costo. Il materiale navale consegnato l'8 ottobre a Oliviero Doria per la sua galea, a titolo d'esempio, è interessante per inquadrare i preparativi marittimi.[207]

Tabella 6

Materiale consegnato alla galea di Oliviero Doria in preparazione per la campagna Genova, ottobre 1389

"reme con putatus"	126
"agumene tortize", gomene	2
"prodexius unus novus", prodese	1
"sparcina", fune da ormeggio	1
"pavensis", pavesi	87
"coyracie"	106
"bombarda cum suo cepo"	1
"candelabri ligni"	15
"fanali cum lanterna"	1
"lanterne"	10
Casse di verrettoni "solidati", saldati in ferro	1
Casse di verrettoni "alsari"	4
Casse di verrettoni "de turno"	1
"barilia pro aqua"	43
"arbor de propra con suis antenis", albero di scorta	1

française en Tunisie au XIVe siècle, pp. 397–406. Incrociando i due autori si ottengono 232 nomi differenti: Setton, The Papacy and the Levant, vol. 1, p. 333, nota 32.

206 Delaville Le Roulx, La France en Orient, vol. 2, p. 172; Setton, The Papacy and the Levant, vol. 1, p. 333.

207 ASGe, *Antico Comune, Galearum marinariorum introitus et exitus* 729, f. 4r.-4v. Genova, 8 ottobre 1389.

Il numero di galee partecipanti alla spedizione non è chiaro. Giorgio Stella, probabile testimone oculare con accesso alla documentazione del comune, afferma che si trattava di "galearum quadraginta contra barbaros" oltre a "alia magna navigia circa viginti".[208] Altri studiosi, basandosi su fonti letterarie francesi, stimano il numero di legni genovesi in 22 galee e 18 navi[209], o in 34 galee.[210] Nei registri *Galearum* vi sono elenchi contrastanti e quasi sempre parziali, che riportano nomi di armatori diversi.[211] Intersecando le liste e i riferimenti sparsi, tra cui due elenchi all'interno dei registri 729 e 731, si possono riscontrare i nomi di 40 diversi patroni di altrettante galee. Alcuni armatori compaiono solo in un momento, facendo sorgere l'ipotesi che alcune galee non fossero partite da Genova e si fossero ricongiunte alla flotta successivamente, come nel probabile caso di due patroni del ponente ligure.[212] Gli armatori genovesi tra autunno 1389 e primavera 1390 si erano adoperati nel reclutamento e allestimento di una delle più grandi flotte che Genova avesse messo in campo dai tempi della guerra di Chioggia. Almeno 4 galee portavano a bordo una "bombarda cum suo cepo", mentre la galea di Quilico Usodimare ne aveva addirittura due. L'uso delle armi da fuoco si diffondeva anche nel panorama navale, dopo il battesimo degli scontri nella laguna di Chioggia, proprio tra genovesi e veneziani.[213] Le galee portavano tra gli armamenti anche balestre, "falconis galearum"[214] e materiale per costruire macchine d'assedio.

Capitano della flotta genovese era Giovanni Centurione, che il cronista Stella definisce "olim dictus Ultramarinus cognomine, ducis Ianue consanguineus".[215]

---

208 Georgii et Iohannis Stellae Annales Genuenses, p. 194.

209 "Cabaret seems to be the best literary source for the fleet consisted of 22 galleys and 18 transports (*nefs*), which probably comes close to the mark". SETTON, The Papacy and the Levant, vol. 1, p. 334.

210 Brachthäuser conta 34 galee genovesi, pur basandosi sulla consultazione dei *Galearum*. BRACHTHÄUSER, Der Kreuzzug gegen Mahdiya 1390, pp. 141–142.

211 Nel registro 729, che documenta un momento preparatorio della spedizione, sono elencati 37 patroni (compreso il capitano Giovanni Centurione) che ricevevano materiale per l'allestimento. Nel registro 732 invece ne sono elencati 36. Queste due liste sono le più complete, mentre in altre occasioni si tratta sempre di elenchi molto più parziali. Tra queste liste, 33 nomi coincidono, mentre altri 7 sono riportati solo in una delle due. ASGe, *Antico Comune, Galearum marinariorum introitus et exitus* 729, 731.

212 Si tratta di Gabriele de Purneto, di Savona, e di Pietro Begenda, di Albenga, che non compaiono nel registro 731 relativo al giugno 1390. Entrambi compaiono nei preparativi del 1389–1390, ma non sono elencati tra i patroni che erano salpati nel giugno 1390 da Genova, per poi ricomparire nuovamente in Africa, nel corso dell'assedio.

213 LOMBARDO, Galee, bombarde e guerre di simboli, pp. 106–111.

214 ASGe, *Antico Comune, Galearum marinariorum introitus et exitus* 732, f. 22v. Genova, giugno 1390.

215 Georgii et Iohannis Stellae Annales Genuenses, p. 194.

Oltre a Centurione, l'elenco dei 39 patroni genovesi riportati nei registri è formato da: Adornino Adorno, Ambrogio Spinola, Andrea Italiano, Andreolo de Gavio, Ansaldo Grimaldi, Baldo Spinola, Baliano Spinola, Barnaba de Vedreto, Bartolomeo de Podio, Bartolomeo Remolario, Battista de Alegro, Benisia Drago, colui che viene nominato semplicemente conte dei Fieschi (si trattava probabilmente del capofamiglia Antonio), "fratris" Pietro Grimaldi, Gabriele de Purneto di Savona, Galeotto Centurione, Giorgio Giustiniani, Giovanni de Clavarencia, Giovanni Visconti de Turri, Iacopo de Conforto, Lazzaro de Goano, Lodisio Spinola, Luca Fieschi, Nicola de Marcho, Nicola de Xenacia, Oliviero Doria, Ottobono Giustiniani, Pellegrino de Prato, Pietro Begenda di Albenga, Pietro de Olivella, Pietro de Clavaro, Pietro Suzardo, Quilico Usodimare, Quilico Taddei, Raffaele di Camogli (patrono di una galeotta), Raffaele Vatacius, Zenoardo Grillo, Ugolino Doria, Vinciguerra de Nigro.[216] Gli armatori appartenevano all'aristocrazia genovese e ai *populares*, guelfi e ghibellini, in uno sforzo collettivo del ceto dirigente della città.

Anche la provenienza degli imbarcati era molto varia, a testimonianza dell'ampiezza mediterranea delle ciurme: tra gli equipaggi figurano, per esempio, il pilota Francesco di Maiorca[217], Enrico di Monaco di Baviera[218], Enrico di Bologna[219], Enrico di Colonia in Germania e Iohannes, sempre tedesco[220], Giovanni de Colomnoti di Rodi e Nicola di Salonicco[221] e decine di marinai provenienti dalla Castiglia, Catalogna, Portogallo, Creta, Ancona, basso Piemonte, Sicilia, Corsica, Pisa, Venezia, Gaeta, Nizza, Durazzo, Gallipoli, Costantinopoli, colonie levantine come Famagosta, Caffa o Pera. Oltre alle galee, nei registri compaiono alcune navi che avrebbero accompagnato la flotta, come le cocche di Pietro de Camilla[222], Oberto Vivaldi[223], Andrea Gaiora[224], Lodisio Camilla[225] e la barca di Giovanni de Levanto[226], per portare uomini e rifornimenti. Accordandosi alle cronache francesi, si trattava di un numero compreso tra le 15 e

216 ASGe, *Antico Comune, Galearum marinariorum introitus et exitus* 731, f. 38v.-39r.; ASGe, *Antico Comune, Galearum marinariorum introitus et exitus* 729.

217 ASGe, *Antico Comune, Galearum marinariorum introitus et exitus* 732, f. 2v. Genova, giugno 1390.

218 Ivi, f. 3r. Genova, giugno 1390.

219 Ivi, f. 4v. Genova, giugno 1390.

220 Ivi, f. 5v. Genova, giugno 1390.

221 Ivi, f. 6r. Genova, giugno 1390.

222 La cocca di Pietro Camilla ricevette un rifornimento di biscotto il 27 giugno 1390. Ivi, f. 10v. Genova, giugno 1390.

223 *Ibidem*.

224 Ivi, f. 15r. Genova, giugno 1390.

225 Ivi, f. 42v. Genova, giugno 1390.

226 Ivi, f. 18r. Genova, giugno 1390.

20 navi.[227] I cartulari annotano in maniera dettagliata i costi dell'armata e i debiti con gli ufficiali del comune per i rifornimenti. Il cronista di Saint-Denis stimava le forze genovesi in circa 1.000 balestrieri e 2.000 armigeri, mentre Jean Juvénal uguali balestrieri e 4.000 marinai.[228] Si tratta di un numero abbastanza verosimile, calcolando una media usuale di 30 balestrieri e 160 rematori per ognuna delle 36 galee, che porterebbe il calcolo dei marinai a circa 6.000. La partenza era prevista il 1° luglio 1390, mentre si attendeva l'arrivo dei contingenti crociati nella capitale ligure. Luigi di Borbone, partito da Marsiglia, era giunto via mare a Genova ed era stato accolto festosamente dalla popolazione.[229] L'armata in partenza raccoglieva il fiore della nobiltà d'oltralpe. Il cronista di Saint-Denis pone l'attenzione su un problema importante come quello dello scisma, che divideva la Francia e Genova in due diverse obbedienze pontificie. La controversia era stata sollevata nella schiera cristiana: nella cronaca si racconta di come i capitani della spedizione avessero deciso, infine, di far benedire la flotta in partenza da due prelati, di obbedienza romana e avignonese, così da ottenere entrambe le protezioni e non scontentare nessuno.[230]

La flotta era salpata probabilmente il 3 luglio 1390 dalla metropoli ligure, aveva toccato Portovenere prima di percorrere le coste orientali di Corsica e Sardegna. Dopo aver affrontato alcune difficoltà nel viaggio in mare ed essere scampata a una forte tempesta, le galee e navi da trasporto si erano ritrovate presso un isolotto lungo il litorale tunisino, chiamato "Conigliera", probabilmente l'attuale Kuriat, di fronte a Monastir.[231] Le truppe cristiane erano sbarcate in Africa senza problemi e si erano dirette verso la città costiera di Mahdia, che si trovava su una penisola, dove avevano approntato l'assedio da terra e dal mare. I difensori non avevano tentato nessuna sortita fino al terzo giorno, quando un loro attacco verso l'accampamento cristiano era stato respinto con forti perdite tra i musulmani, dopo un duro combattimento.[232] Successivamente al fallimento, gli assediati non avrebbero più abbandonato le mura, osservando gli assalitori, frustrati dal caldo e dalle difficoltà di approvvigionamento. Era difficile per i francesi condurre razzie nel territorio circostante a causa della penuria di cavalcature, mentre nei giorni successivi le truppe dei sovrani musulmani di Tunisi, Tlemcen e Bugia erano accorse dall'esterno e

227 Delaville Le Roulx, La France en Orient, vol. 1, p. 178.

228 Setton, The Papacy and the Levant, vol. 1, p. 333.

229 Delaville Le Roulx, La France en Orient, vol. 1, pp. 178–179.

230 Setton, The Papacy and the Levant, vol. 1, p. 333.

231 Ivi, p. 334; Delaville Le Roulx, La France en Orient, vol. 1, pp. 179–180.

232 Lo sbarco e l'assedio erano cominciati il 22 luglio 1390, secondo le fonti francesi. Setton, The Papacy and the Levant, vol. 1, p. 335; Delaville Le Roulx, La France en Orient, vol. 1, pp. 181–186.

molestavano i crociati con schermaglie, mantenendosi però a distanza di sicurezza. Luigi di Borbone aveva fatto fortificare l'accampamento: si erano susseguite scaramucce tra gli eserciti, nonostante i guerrieri maghrebini evitassero accuratamente di compromettersi in scontri campali. Le cronache francesi danno testimonianza di numerosi episodi e duelli tra cristiani e mori, come se si trattasse di una giostra cavalleresca.[233] Per oltre quaranta giorni, durante l'intero mese di agosto, le truppe tunisine avevano atteso che la scarsità di viveri e le malattie fiaccassero l'armata crociata. I registri *Galearum* indicano navi genovesi che si recavano in Africa per portare soccorso e approvvigionamenti ai cristiani nel corso dell'assedio. La galea del savonese Gabriele de Purneto era giunta con rifornimenti in Tunisia l'11 agosto per rimanere con l'armata fino a settembre.[234] Il 10 settembre la galea di Pietro Begenda da Albenga aveva portato del biscotto ai cristiani.[235] Il 18 settembre 1390 il brigantino di Lodisio Avena era giunto "de Ianue ad Campum Africe"[236], mentre una serie di "coche de Sicilia"[237] facevano la spola tra l'isola e l'accampamento africano per portare acqua e biscotto, dato che non vi era la possibilità di rifornirsi in loco.[238]

Nel corso di un concilio di guerra i capitani genovesi avevano proposto la costruzione di macchine d'assedio in legno, tra cui un grosso ariete e una torre, grazie alle componenti trasportate a bordo delle galee. L'assalto franco-genovese alle mura era però fallito e la torre era stata incendiata dalla nafta scagliata dai difensori; l'attacco cristiano alle porte di Mahdia aveva dato scarsi risultati.[239] L'esercito crociato si trovava in territorio ostile, i viveri scarseggiavano e l'autunno stava arrivando: Luigi di Borbone doveva fare i conti con il fallimento dell'impresa e dopo oltre due mesi, alla fine di settembre 1390, l'assedio era stato levato. I cronisti francesi danno notizia di un accordo di non belligeranza stretto dai genovesi con il re di Tunisi, che avrebbe pagato un'indennità in cambio del ritiro dell'armata cristiana.[240] Non ci è pervenuto il testo di questo trattato provvisorio, probabilmente confermato solo nel 1391. I genovesi, non coinvolti in scontri marittimi, avevano avuto un numero contenuto di morti rispetto ai crociati francesi. I registri *Galearum* riportano le perdite per 21 galee liguri: un totale di 68 caduti, di cui solo 36 in combattimento, su una

---

233 Ivi, pp. 187–190.

234 ASGe, *Antico Comune, Galearum marinariorum introitus et exitus* 732, f. 11r.

235 *Ibidem*.

236 *Ibidem*.

237 Ivi, f. 22v.

238 I resoconti testimoniano molte "avarie facte in Campo Africe". Ivi, f. 35r.

239 Delaville Le Roulx, La France en Orient, vol. 1, pp. 191–192; Setton, The Papacy and the Levant, vol. 1, p. 336.

240 Ivi, p. 337.

flotta di circa 7.000 uomini. D'altronde i legni genovesi erano impegnati solo in un blocco navale.[241]

Tabella 7

Morti a bordo di galee
Genova, fine 1390 (ASGe, *Antico Comune, Galearum* 731)

Patrono della galea	Morti "de percussione"	Morti per altre cause	Totale
Giovanni Centurione	4	5	9
Adornino Adorno	2	4	6
Ansaldo Grimaldi	1	1	2
Andreolo de Gavio	1	1	2
Baliano Spinola	1	3	4
Bartolomeo de Podio	6	3	9
Benisia Drago	1	1	2
Battista de Alegro	4	-	4
Bartolomeo Remolario	1	1	2
Conte dei Fieschi	1	3	4
Galeotto Centurione	1	1	2
Baldo Spinola	4	1	5
Giorgio Giustiniani	1	-	1
Nicola de Marcho	4	-	4
Oliviero Doria	2	-	2
Ottobono Giustiniani	-	-	-
Pietro Grimaldi	2	1	3
Pellegrino de Prato	-	-	-
Ugolino Doria	-	1	1
Vinciguerra de Nigro	-	5	5
Zenoardo Grillo	-	-	-

Un problema più grave per le galee genovesi era piuttosto quello della diserzione degli equipaggi, comune a tutti i viaggi. Solo l'8 luglio, nei pressi di Portovenere, dalla galea di Giovanni Visconti de Turri erano scappati 13 marinai e dal legno di Benisia Drago altri 7. La situazione non era diversa in Africa, sebbene al conto vada aggiunta la possibilità di cattura. Il 9 settembre 1390 avevano

241 ASGe, *Antico Comune, Galearum marinariorum introitus et exitus* 731, f. 34v. Genova, 1390.

disertato o erano stati presi prigionieri 6 marinai e 3 balestrieri di Bartolomeo de Podio, mentre Baliano Spinola aveva perso 12 marinai lo stesso giorno.[242] Coloro che disertavano in Africa divenivano dei rinnegati? Si tratta di domande destinate a rimanere senza risposta. Nei fatti, la spedizione di Mahdia si era risolta con un clamoroso insuccesso: per mitigare l'insoddisfazione, secondo quanto racconta Cabaret d'Orville, l'ammiraglio Giovanni Centurione aveva proposto al comandante francese di attaccare sulla via del ritorno la città di Cagliari, in mano ai catalani. I genovesi accusavano i sardi di rifornire i corsari musulmani e in particolare il porto di Mahdia. Con una motivazione quantomeno ambigua i liguri avevano convinto Luigi di Borbone a inserirsi nel complesso conflitto sardo-catalano in supporto a Brancaleone Doria, sposo di Eleonora d'Arborea.[243] Il porto e la città bassa di Cagliari erano stati conquistati, il castello si era arreso in breve tempo e occupato con una guarnigione genovese per vegliare sulla presunta alleanza dei cagliaritani con gli infedeli. Poco dopo le forze congiunte avevano occupato anche l'isolotto di Ogliastra, su cui si era insediato un contingente genovese.[244] La flotta, mentre si dirigeva poi verso Napoli, era stata raggiunta da una grave tempesta che aveva disperso le galee: molte si erano rifugiate a Messina e una aveva fatto naufragio. Luigi di Borbone era rimasto alcuni giorni in Sicilia, ospitato da Manfredi Chiaramonte.

L'armata in cammino verso nord era giunta a Terracina, sulla costa laziale, che dal 1346 era soggetta al comune di Genova e si era probabilmente ribellata.[245] I franco-genovesi, ancora con la scusa del rifornimento ai pirati di Barberia, avevano posto l'assedio conducendo in un paio di giorni alla capitolazione di Terracina e alla sua sottomissione a Genova.[246] Il capitano ligure aveva tentato di convincere i crociati francesi ad attaccare allo stesso modo Piombino, soggetta al signore pisano Pietro Gambacorta, con cui Genova era in guerra. In quest'occasione Luigi di Borbone si era però rifiutato di volgere le armi contro altri cristiani, mentre Gambacorta si affrettava a firmare una pace

---

242 ASGe, *Antico Comune, Galearum marinariorum introitus et exitus* 732, f. 24v.-34v.

243 Antonello MATTONE, Eleonora d'Arborea, in: *Dizionario Biografico degli Italiani*, vol. 42, Roma 1993, pp. 410–419.

244 DELAVILLE LE ROULX, La France en Orient, vol. 1, p. 196; SETTON, The Papacy and the Levant, vol. 1, p. 338.

245 Il comune di Terracina si era sottomesso a quello di Genova nel 1346, in occasione del passaggio della flotta di Simone Vignoso, che poi avrebbe conquistato Chio e dato origine alla Maona. Pasquale LISCIANDRELLI, *Trattati e negoziazioni politiche della Repubblica di Genova (938–1797) – Regesti*, Genova 1960, p. 109, n. 535. Terracina, 18 maggio 1346.

246 In mancanza di documentazione genovese, le uniche fonti di cui disponiamo sono i racconti delle cronache francesi. DELAVILLE LE ROULX, La France en Orient, vol. 1, p. 197.

con i liguri.[247] I genovesi erano riusciti a dirottare una crociata fallita per assecondare i propri interessi nella zona tirrenica. Dopo aver toccato l'isola d'Elba, la flotta era giunta a Portofino entro il 15 ottobre 1390 e gran parte dei crociati erano scesi per guadagnare Genova via terra. Nella capitale ligure diversi cavalieri francesi e inglesi erano morti per le fatiche del viaggio.[248] Così terminava l'ingloriosa "crociata" di Mahdia, che era stata tale solo per i suoi aristocratici partecipanti. I genovesi avevano un concetto di crociata molto più elastico che comprendeva operazioni di pulizia dei mari dalla minaccia piratesca musulmana. Non si trattava di nulla di nuovo se già nell'XI secolo, insieme ai pisani, avevano dato avvio a simili spedizioni. I genovesi, almeno parzialmente, consideravano questa spedizione diretta contro l'infedele, semplicemente però non in modo esclusivo. La crociata era fatta anche di convergenze di interessi politici particolari e di lotta contro i musulmani. Gli italiani dei centri marittimi mercantili e la nobiltà d'oltralpe ragionavano su due concetti di crociata divergenti.

Tabella 8

Materiale consegnato ai patroni della spedizione di Mahdia Genova, 1389–1390 (ASGe, *Antico Comune, Galearum* 729)

Patroni	reme con putatus	reme con plumbeo	Pavenses	coyracie	barilia pro aqua	barilia pro vino / galetas pro vino	capses veretonorum	bombarda cum suo cepo	balistra pro turno
Gabriele de Purneto di Savona	61	166	172	117	49	2	4	-	-

247 Ivi, pp. 197–198. Su Pietro Gambacorta, signore di Pisa dal 1369 al 1392: Franca RAGONE, Pietro Gambacorta, in: *Dizionario Biografico degli Italiani*, vol. 52, Roma 1999, pp. 19–22; Cecilia IANNELLA, Le diverse esperienze signorili a Pisa nel Trecento. I Donoratico della Gherardesca, Giovanni dell'Agnello, Pietro Gambacorta, in: *Le signorie cittadine in Toscana. Esperienze di potere e forme di governo personale (secoli XIII-XV)*, ed. Andrea ZORZI, Roma 2013, pp. 289–300; Cecilia IANNELLA, Pietro Gambacorta and the City of Pisa (1369–92), in: *Languages of Power in Italy (1300–1600)*, ed. Daniel Ethan BORNSTEIN / Laura GAFFURI / Brian Jeffrey MAXSON, Turnhout 2017, pp. 161–176.

248 DELAVILLE LE ROULX, La France en Orient, vol. 1, p. 198.

Tabella 8 (*cont.*)

Materiale consegnato ai patroni della spedizione di Mahdia Genova, 1389–1390 (ASGe, *Antico Comune, Galearum* 729)

Oliviero Doria	53	126	87	137	43	2	6	1	-
Pellegrino de Prato	62	136	113	118	55	1	8	-	-
Giovanni Clavaricia	50	108	88	80	53	-	4	-	-
Fra' Pietro Grimaldi	39	114	73	119	23	-	1	1	-
Luca Fieschi	45	120	-	104	24	2	-	-	-
Giorgio Giustiniani	51	136	124	119	50	2	3	-	-
Barnaba de Vedreto	42	104	93	100	30	-	2 + 66 verrettoni	-	-
Andrea Italiano	63	117	72	96	42	-	7	1	1
Quilico Usodimare	59	135	84	117	34	-	6	2	-
Ansaldo Grimaldi	47	119	92	119	41	2	4	-	-
Vinci-guerra di Negro	32	119	86	112	44		5	-	-
Ottobono Giustiniani	36	136	94	97	-	2	5	-	-
Quilico Taddei	23	100	85	108	26	2	5	-	2
Ugolino Doria	46	152	-	118	36	1	-	-	-
Battista de Alegro	36	140	120	119	31	2	6	1	1
Barto-lomeo Remolario	49	129	97	117	35	2	4	-	-

Tabella 8 (*cont.*)

Materiale consegnato ai patroni della spedizione di Mahdia
Genova, 1389–1390 (ASGe, *Antico Comune, Galearum* 729)

Galeotto Centurione	38	115	73	119	-	2	6	-	-
Giovanni Visconti de Turri	45	108	60	99	30	1	5	-	-
Conte dei Fieschi	67	117	95	115	54	3	7	-	-
Bartolomeo de Podio	48	103	97	118	8	2	5	-	-
Raffaele Vatacius	7	93	89	106	28	-	-	-	-
Pietro Begenda di Albenga	41	141	118	112	46	1	7	-	-
Iacopo de Conforto	26	80	102	83	35	2	3	-	-
Lodisio Spinola	37	98	63	86	34	-	2	-	-
Zenoardo Grillo	58	138	101	102	48	2	6	-	-
Andriolo de Gavio	33	129	91	117	29	-	7	-	-
Benisia Drago	54	136	115	114	36	2	3	-	-
Pietro de Clavaro	44	95	57	100	44	1	1	-	-
Baliano Spinola	44	128	58	111	30	2	3	-	-
Raffaele di Camogli (galeotta)	24	64	-	30	18	-	2	-	-
Nicolò de Marcho	-	165	88	118	48	3	8	-	-

7.2.4 *Trattative di pace tra i comuni e il regno di Tunisi*

Il negoziato provvisorio del 1390 aveva fatto cessare le ostilità tra genovesi e nordafricani, mentre continuava la guerra del re di Tunisi contro pisani e siciliani, impegnati una serie di scontri endemici sul mare.[249] In conseguenza all'attacco franco-genovese in Barberia, i potentati musulmani avevano messo in mare galee e navigli per infastidire il commercio cristiano e progettavano di bloccare lo stretto di Gibilterra ai convogli genovesi e veneziani diretti nelle le Fiandre.[250] Rimanevano molti prigionieri genovesi nelle carceri musulmane, causati dalla guerra o dalla corsa nordafricana: si trattava di almeno 260 individui, stando alla testimonianza dell'ambasciatore veneziano a Tunisi.[251] Una serie di documenti inediti, rinvenuti nel cartulare n. 478 del fondo *Notai Antichi* dell'Archivio di Stato di Genova, nella parte relativa al notaio Antonio Bercaneca, offre informazioni sull'ambasciata di Oliviero de Marini, giunto a Tunisi nel 1391 per occuparsi del rilascio dei prigionieri e successivamente inquisito a Genova. Uno dei liguri detenuti era Raffaele Agacia di Voltri, che nel 1391 si trovava nelle carceri tunisine da cinque anni, insieme a numerosi compagni: "ipse testis stetit captivus in carceribus Tunexis annis quinque et ultra"[252]. La sua situazione, condivisa con molti altri, lascia intuire le motivazioni delle ripetute aggressioni genovesi in Nord Africa degli ultimi anni. In quel momento i mercanti, "tam ianuenses quam pisanis", non avevano licenza di lasciare la città. Nemmeno i mercanti residenti come il pisano Ranieri de Casina e il genovese Tommaso Lecavello avevano facoltà di andarsene da Tunisi.[253] Come affermava il testimone Nicolò Cagnacino, la galea che trasportava Oliviero de Marini era arrivata a Tunisi nel maggio 1391.[254] L'ambasciatore aveva probabilmente viaggiato sulla galea di Galeotto Centurione, che era stato uno dei patroni della spedizione di Mahdia del 1390.[255] Cagnacino raccontava di come lui stesso fosse sceso a terra con Oliviero e altri tre *socii* della galea per imbarcare dei cantari di panno. Per farlo serviva però la licenza del re musulmano.[256] Un altro testimone che si trovava a Tunisi, il notaio Nicolò de Siguro, aveva visto due *socii* arrivati con Oliviero che volevano andarsene con una barca per tornare alla galea alla fonda. Le guardie portuali non li avevano

249 De Mas Latrie, Traités de paix et de commerce, vol. 1, p. 243.

250 Setton, The Papacy and the Levant, vol. 1, p. 339.

251 De Mas Latrie, Traités de paix et de commerce, vol. 1, p. 243.

252 ASGe, *Notai Antichi* 478, f. 61v.-62r. Genova, 28 novembre 1392.

253 *Ibidem*.

254 Ivi, f. 65r.-65v. Genova, 4 dicembre 1392.

255 Ivi, f. 57r. Genova, 17 novembre 1392.

256 I tre *socii* erano identificati come "Iohannem Graciano, Georgio Blancho et quondam Francisco". Ivi, f. 65r.-65v. Genova, 4 dicembre 1392.

tuttavia fatti salire sulla barca senza licenza del re. I *socii* grazie a Tommaso Lecavello erano riusciti a ricevere udienza dal sovrano Abu al-Abbas Ahmed II, giustificandosi come parte del seguito di Oliviero de Marini e chiedendo il permesso di tornare a bordo. Il re aveva dunque dato loro una licenza, scritta in "litera maurescha", ma gli ufficiali regi avevano impedito ancora una volta di abbandonare la banchina.

Oliviero de Marini, ambasciatore del comune di Genova, era stato inviato probabilmente per aprire la strada ai negoziati relativi al rilascio dei prigionieri. Il prigioniero Raffaele Agacia aveva udito da molti saraceni, oltre che da genovesi e pisani, che Oliviero era lì per concludere la pace con i tunisini e che i prigionieri si aspettavano la liberazione imminente.[257] Era ormai "publica vox et fama" anche secondo altri testimoni.[258] Erano tuttavia sopraggiunte alcune difficoltà e lo stesso de Marini era stato trattenuto dal sovrano, con il fallimento dei negoziati. Oliviero durante il giugno 1391 continuava a chiedere licenza di tornare, ottenendo il rifiuto del sovrano. Solo all'inizio di luglio aveva potuto incontrare ancora il re di Tunisi, supplicandolo di lasciarlo tornare in quanto ambasciatore di Genova e ottenendo il permesso per portare una lettera del monarca al doge.[259] Oliviero de Marini aveva finalmente lasciato Tunisi l'8 luglio 1391. Il comune di Genova, dopo i negoziati preventivi di Oliviero, aveva eletto ambasciatori Gentile Grimaldi e Luchino de Bonavey il 2 agosto. I loro compiti erano di concludere la pace con il sovrano ma soprattutto di "petendum et requirendum liberationem et rellaxationem omnium et singulos ianuenses et districtualium comunis Ianue carceratorum detemptorum seu captivorum in quocumque seu quibuscumque intra locis vel partibus totius sui Regni Tunexi vel aliis locis subditos ipsi domino Regi".[260] I due plenipotenziari erano riusciti a stipulare, nel palazzo del re a Tunisi, un trattato firmato il 17 ottobre 1391.[261] Nel patto, in cui si rinnovavano per dieci anni le condizioni del 1383, si fissavano le condizioni per il riscatto dei liguri prigionieri. Genova era obbligata a versare una somma per il rilascio di ogni *captivo*, uomo, donna o bambino, fissando la somma a 16.000 doppie d'oro. Era una misura contraria alle precedenti disposizioni, che prevedevano il rilascio senza oneri: al

257 Ivi, f. 61v.-62r. Genova, 28 novembre 1392.
258 Ivi, f. 65r.-65v. Genova, 4 dicembre 1392.
259 Ivi, f. 63v.-64r. Genova, 29 novembre 1392. Nicolò Cagnacino afferma che la licenza di lasciare Tunisi era stata concessa l'1 o il 2 luglio 1391. Ivi, f. 65v. Genova, 4 dicembre 1392.
260 ASGe, *Archivio Segreto, Diversorum Communis Ianue* 3021, doc. 44. Genova, 2 agosto 1391.
261 Il trattato era stato stretto dai due ambasciatori genovesi da un lato e da "Maamet Benbuylel", procuratore del sovrano tunisino, dall'altro. ASGe, *Archivio Segreto, Materie Politiche* 2729, doc. 36. Tunisi, 17 ottobre 1391. Edito in De Mas Latrie, Traités de paix et de commerce, vol. 2, pp. 130–132.

contrario, il comune doveva liberare i sudditi musulmani catturati senza esigere pagamenti. Si prevedeva al massimo uno scambio di prigionieri musulmani e cristiani.[262] Genova aveva dovuto piegarsi al negoziato dopo il proprio fallimento militare, la pressione dei prigionieri e l'esigenza di riprendere normali relazioni commerciali con il Nord Africa. Ancora nel marzo 1392 Ilario Lecavello riceveva dal comune 23.000 doppie d'oro per il riscatto dei prigionieri genovesi nelle mani del re di Tunisi.[263]

Dopo le spedizioni in Barberia e la pace del 1391, anche i veneziani avevano inviato un ambasciatore per ricevere conferma dei patti veneto-tunisini. L'emissario Giacomo Vallaresso era giunto a Tunisi nel 1391 o nel 1392 ed era stato ben ricevuto alla corte del re, che non nutriva particolari ostilità verso i veneziani. Il 4 luglio era riuscito a firmare un trattato, in cui i veneziani ottenevano un proprio fondaco, una chiesa e dei forni a Tunisi, oltre all'extragiurisdizionalità per i propri cittadini, soggetti al console veneto del luogo, e il riscatto dei prigionieri.[264] Il clima di tensione e di pirateria coinvolgeva anche potenze neutrali quali Venezia. Tra i testimoni del trattato veneto-tunisino compare il benedettino fra' Placido, reggente della chiesa cristiana a Tunisi, segno che nonostante tutto era rimasta nella capitale musulmana una presenza cristiana latina. Questo, da un lato conferma un certo clima di tolleranza religiosa da parte dei potentati musulmani della zona; dall'altro mostra come i mercanti, presenze stanziali o temporanee nei porti mediterranei, si rivolgessero a istituti religiosi.[265] Vallaresso in una lunga lettera il 5 luglio (probabilmente 1391) raccontava al doge Antonio Venier il proprio operato da quando era giunto in Africa il 6 giugno.[266] Si tratta di uno degli unici resoconti di prima mano rimasti sulla conduzione di operazioni diplomatiche tra i comuni mercantili e i potentati musulmani, lasciando trasparire anche i giudizi personali dell'ambasciatore, le sue vicende e il sistema di favori e corruzione che regolava le trattative. L'anno 1391 può essere dedotto dal fatto che Vallaresso aveva notato al suo arrivo la galea genovese di Oliviero de Marini, da cui l'ambasciatore ligure era già sceso da più di due settimane.[267] Quel giorno Vallaresso aveva notificato il proprio arrivo al capitano della Goletta tramite un interprete, aveva ricevuto

262 *Ibidem*. Anche: ivi, vol. 1, p. 243.

263 ASGe, *Archivio Segreto, Diversorum Communis Ianue* 3021, doc. 57. Genova, 18 marzo 1392.

264 PREDELLI, I libri commemoriali, vol. 3, p. 216, n. 381. Tunisi, 4 luglio 1392. Edito in DE MAS LATRIE, Traités de paix et de commerce, vol. 2, pp. 232–237.

265 *Ibidem*.

266 Ivi, pp. 238–243. Tunisi, 5 luglio 1392.

267 "ibi invenimus unam galeam armatam Ianuensium, cum qua venerat dominus Oliverius de Marino pro suo ambaxiatore ad dominum regem; et erant dies decem et septem quod dictus descenderat in terram". Ivi, p. 238.

una lettera di salvacondotto ed era sceso dalla galea. L'ambasciatore veneziano, accompagnato da Giacomo Civrano e da un seguito di una decina di persone, aveva ricevuto dei cavalli ed era giunto a Tunisi in meno di un'ora. Il re aveva ricevuto i veneti, accettando con piacere i regali portati da Vallaresso, tra cui pezzi di velluto e stoffe e soprattutto "duos ziffalchos", ovvero due girifalchi, particolarmente apprezzati nelle corti musulmane medievali.[268]

Gli ambasciatori erano stati poi indirizzati dal fratello del re, che aveva ricevuto la delegazione – insieme ai doni per lui, tra cui un girifalco vivo e uno morto, probabilmente durante il viaggio – in vece del sovrano. Il fratello, personalità fondamentale della corte, aveva espresso parole di stima per i veneziani, affermando "quod Veneti sunt boni homines et quod promittunt ipsi observant semper".[269] I veneziani erano stati alloggiati in uno splendido appartamento, come racconta Vallaresso, e gli erano state presentate vivande e frutta. Tuttavia dopo quattro giorni il re ancora non aveva concesso loro udienza per discutere i termini del trattato e la liberazione dei prigionieri: l'entourage della corte reale si presentava presso la delegazione del comune vantando influenza sul sovrano, così da poter ricevere regali e somme d'oro. Vallaresso aveva dato una borsa con 50 doppie d'oro al medico arabo del re; poi era stata la volta del segretario personale del fratello del re, che vantava come il governo dipendesse totalmente dall'influenza del suo signore, così come gran parte dei prigionieri era nelle sue mani. Il segretario, tramite un interprete, affermava che il suo padrone non avrebbe mai consegnato i prigionieri veneziani senza il pagamento di un riscatto. Giacomo Vallaresso aveva risposto con foga: "Que pax esset ista, si deberet emere meos captivos?", aggiungendo che Venezia non si sarebbe sottomessa a tali condizioni.[270] In queste trattative informali si era giunti a un compromesso per la liberazione dei prigionieri, con la salvaguardia della dignità del comune di San Marco e con l'offerta di un regalo di 200 doppie d'oro al fratello del re e di 50 doppie al segretario. Quest'ultimo si era lamentato dell'offerta troppo bassa rispetto a quella dei genovesi, i cui ambasciatori avevano dato fino a 500 doppie d'oro. Vallaresso aveva obiettato che Venezia,

---

268 Il re parve sorpreso dal valore dei girifalchi, che valevano circa 2.000 doppie d'oro. Ivi, p. 239.

269 *Ibidem.*

270 Il dialogo è reso nella lettera con grande efficacia espressiva, come si riporta qui: "ipse dicens trucimano "Credis quod meus dominus vellet dimittere omnes captivos sine aliqua re" et dictis his verbis, pro trucimano monstravi agrevari, et dixi: "Dominus rex scripsit mee dominacioni quod ipse volebat bonam pacem cum comune Venetiarum. Que pax esset ista, si deberet emere meos captivos? Istud numquam faceret comune Venetiarum". Et cum istis verbis recessit. Et factum festum domini regis, rogans quod daret expedimentum michi, et ipse respondit ei libenter, et quod ipse esset cum domino rege ut exponeret meam ambasiatam". Ivi, p. 240.

a differenza dei genovesi, non aveva fatto alcun male al regno di Tunisi e che soprattutto non chiedevano di riavere 260 prigionieri, come i liguri.[271] La corruzione era la prassi nella stesura di negoziati. Si era infine giunti a un accordo e finalmente era stata fissata la tanto attesa udienza con il re per il rinnovo del trattato.

Il 16 giugno, alle otto di sera, Giacomo Vallaresso era stato scortato alla presenza del monarca; dopo il saluto, l'ambasciatore era stato fatto sedere e aveva spiegato i motivi della visita dinanzi alla commissione di notabili del regno. Abu al-Abbas aveva manifestato la sua buona disposizione nei confronti dei veneziani, che non lo avevano mai attaccato. Il sovrano avrebbe ordinato il buon trattamento dei veneziani nei suoi domini ed era disposto a riscattare i prigionieri con il proprio denaro e a riconsegnarli a Venezia. Il re avrebbe poi fatto esaminare dai propri consiglieri la copia del trattato fornita da Vallaresso e avrebbe riconvocato la delegazione veneta con il responso. I re aveva considerato però che "hora est tarda" e si sarebbe dovuto attendere i giorni seguenti. Giacomo, prima di esser congedato, aveva insistito per ottenere la liberazione dei prigionieri già l'indomani, con l'assenso di Abu al-Abbas. Tornato nel frutteto in cui stava l'appartamento dell'ambasciatore, erano giunti i servi del re e di suo fratello portando i prigionieri veneziani. Giacomo aveva ordinato di toglier loro i ferri e aveva donato ai servi 17 doppie, "secundum consuetudinem suam".[272] Il 18 giugno erano sorti problemi, poiché il re affermava che alcuni articoli del trattato, fornito nella copia in volgare veneziano, non corrispondevano al documento in arabo in loro possesso. Il testo arabo in possesso dei veneziani era rimasto a Venezia, così non era possibile fare un confronto.[273] La discussione verteva attorno a 4 dei 35 articoli, tuttavia Vallaresso affermava che non era in suo potere cambiarli. In particolare, gli ufficiali musulmani si opponevano all'esenzione dei veneziani dall'imposta del *mursuruf*, "quare non fecit unquam ad aliquem Christianum".[274] La tassa era stata dispensata a un ambasciatore particolare, ma si trattava di un favore isolato, così come una

271 "et ipse fecit michi respondere uni qui locutus fuerat cum ambaxatore Ianuensi quod proferte fuerunt sibi dublas quingentas et ego feci dicere quod mirabar de illo quod ipse dicebat: "Tu bene scis quod Veneti non fecerunt aliquod danum tuo domino, nec petant ducentos sexaginta captivos"". *Ibidem*.

272 Ivi, p. 241.

273 "dixit michi quod aliqua istorum capitulorum non sunt scripta sicut sunt nostra, dicens "Habes illa in littera morescha?". Et ego dixi "Non" sed cogitabam quod ipsa sint Venetiis in littera morescha". *Ibidem*.

274 *Ibidem*. Il *murusruf* era una tassa dello 0,5% su ogni 100 bisanti di mercanzia venduta, presente in gran parte dei paesi musulmani e specialmente di Barberia, che il diritto destinava agli interpreti. MARENGO, Genova e Tunisi (1388–1515), p. 44.

serie di esenzioni dai dazi doganali che il trattato veneziano affermava e i tunisini negavano.

Le discussioni si erano protratte fino al 21 giugno, quando il re aveva fatto chiamare Giacomo Vallaresso, l'aveva fatto sedere con i suoi consiglieri e aveva imposto che nessuno se ne sarebbe andato finché non si fosse giunti a un accordo. Furono apportate alcune modifiche ai capitoli relativi all'armamento dei corsari, al nolo di una nave veneziana da parte del re e soprattutto alle percentuali daziare. L'ambasciatore veneziano, contento della stipula dell'accordo, chiedeva di aspettare a firmarlo fino a quando non fossero giunti i rimanenti prigionieri veneziani da Bona, in modo da poterli rimandare a Venezia con la propria galea. Il re rassicurava che tutti i *captivi* sarebbero arrivati a Tunisi e liberati entro la fine di giugno.[275] L'ambasciatore aveva poi ringraziato privatamente il fratello del sovrano per l'intermediazione, ma la vicenda diplomatica non era ancora del tutto conclusa. Il medico del re si era presentato a Vallaresso qualche giorno dopo, chiedendo a nome del sovrano se l'ambasciatore fosse interessato a comprare per conto del comune merci come olio, frumento, grano e pelli. L'emissario aveva risposto che Venezia era interessata solo al commercio di due beni: sale e grano. Il medico, di conseguenza, aveva chiesto se fosse stato possibile far venire "unam magnam navem que recepisset viagium Alexandrie", poiché vi erano molti saraceni a Tunisi disposti a pagare grandi somme per il trasporto delle proprie merci su una nave veneziana fino in Egitto. Giacomo Vallaresso aveva rassicurato che, con la notizia della pace, le navi veneziane sarebbero tornate presto a Tunisi e ne avrebbero potuta noleggiare una.[276] Il 4 luglio, con l'arrivo dei prigionieri da Bona, il trattato era stato finalmente firmato in arabo e in latino. Giacomo Vallaresso concludeva trionfalmente la lettera, indirizzata al doge Venier, dicendo che "Per presentem galeam, mitto Vestre Serenitati captivos XXXV, qui erant infra Bonam et Tunisium".[277] La questione dei propri cittadini prigionieri era di primaria

275 "dixi quod eram contentus de rebus scriptis, cum ista condicione quod non tenerer iurare hec pacta, si primo, per dominum regem, non fuissent michi assignati captivos omnes Bone, quos mittere possem cum nostra galea Veneciis. Quibus rebus, dominus rex fecit michi dicere quod esset certus quod per totum mensem Iunii haberem captivos Bone Tunisio, et quod placebat ei id quod dixeram postquam non poterat facere aliter". De Mas Latrie, Traités de paix et de commerce, vol. 2, p. 242.

276 Vallaresso accettava comunque dei campioni di grano e sale tunisini da inviare al doge, così che se ne potesse esaminare la qualità e valutare i prezzi. L'ambasciatore si lasciava comunque andare, nella lettera, ad alcune considerazioni rispetto al grano e al sale che aveva potuto vedere. L'intera conversazione con il medico, nella sua versione integrale, risulta estremamente interessante. Ivi, pp. 242–243.

277 Ivi, p. 243.

importanza: l'ambasciatore prometteva di recuperare anche gli altri veneti catturati e sparsi in Barberia, come il re aveva accordato.[278]

Lo stesso giorno, in un'altra lettera contenente il resoconto finanziario della missione, Vallaresso segnalava la spesa di 420 ducati per il riscatto dei prigionieri veneziani e per le mance correlate; prevedeva di sborsare altro denaro per la stessa causa a Bugia e Tripoli. Chiedeva poi istruzioni per il lucchese Gerardo Fanuci, schiavo a Bona che pretendeva di passar per veneziano così da esser liberato.[279] La lunga narrazione di Giacomo Vallaresso è particolarmente esplicativa delle modalità diplomatiche dei comuni mercantili con i potentati musulmani del Mediterraneo: situazioni equivalenti accadevano probabilmente con gli emissari di Genova, Venezia, Pisa e i catalani presso gli emirati turchi e gli ottomani, il sultanato mamelucco, i tartari del Mar Nero. La liberazione dei propri cittadini prigionieri era un elemento di estrema rilevanza, insieme ai regali e alla corruzione di personalità della corte, le difficoltà linguistiche nella stesura dei trattati e i pretesti a cui le parti si appellavano, la personalità dell'ambasciatore e la potenza commerciale dei comuni cristiani, il tutto costellato da difficoltà pratiche e da modalità di rapporto estremamente umorali. Gli unici ancora in conflitto con il regno di Tunisi erano i pisani dal loro intervento nel 1388. Il tentativo di distanziamento del comune di Pisa, che affermava che l'attacco era stato opera di patroni privati, non era andato a buon fine nemmeno nel 1393, quando era giunto a Tunisi l'ambasciatore toscano Nicolò Lanfreducci.[280] La pace e il ristabilimento di normali relazioni tra il regno hafside e Pisa sarebbe giunto solo nel 1397, con la stipula di un trattato grazie all'ambasciatore Andrea del Campo e al figlio del sovrano Abu al-Abbas, di nome Abu Faris.[281] Il fronte africano, dopo notevoli sommovimenti, sembrava pacificato. Genova e Venezia guardavano a Oriente e ai pericoli imminenti: erano iniziati, al crepuscolo del Trecento, gli anni della grande paura ottomana.

278 "Alii qui sunt in omnibus partibus Barbarie, tenebo modum illos habendi quam cicius potero, sicut promisit michi dominus rex. Et sicut habebo, illos mittam cicius potero Vestre Serenitati, cui humiliter me recommendo". *Ibidem*.

279 Predelli, I libri commemoriali, vol. 3, p. 216, n. 383. Tunisi, 5 luglio 1392.

280 De Mas Latrie, Traités de paix et de commerce, vol. 1, pp. 243–244.

281 Il trattato tra Pisa e il re di Tunisi, che ricalcava quelli con le altre città mercantili, era stato firmato il 14 dicembre 1397, dopo notevoli difficoltà. Il testo è in: ivi, vol. 2, pp. 70–87. Tunisi, 14 dicembre 1397.

7.3 L'epoca della grande paura turca (1394–1402)

7.3.1 *Preoccupazioni egee: verso l'assedio di Costantinopoli*

L'ultimo quindicennio del Trecento è caratterizzato dalla presa di coscienza delle vere proporzioni della minaccia ottomana. Forse a causa dell'inconsistenza navale, gli ottomani erano stati spesso considerati da genovesi e veneziani come uno tra gli attori politici del Mediterraneo orientale, poiché Genova e Venezia avevano a che fare con un sistema di isole non direttamente minacciate dall'invasione turca e la potenza ottomana poteva essere utilizzata come strumento di pressione verso Costantinopoli. Alla fine del XIV secolo, tuttavia, gli ottomani erano arrivati saldamente sugli Stretti, minacciando di inghiottire il mondo del Levante mediterraneo, che per secoli era stato un mosaico di potentati diversi, nessuno abbastanza forte da ottenere una totale supremazia dopo la Quarta Crociata. La rottura dell'alleanza tra Pera e gli ottomani è un sintomo indicativo della percezione del pericolo turco.[282] La cementificazione progressiva dei cristiani levantini, greci ortodossi o latini, veneziani o genovesi, sembra dettata dall'insicurezza e dalla paura della fine di un mondo. La gravità della minaccia non era più opinabile né poteva essere sottomessa a temporanei vantaggi commerciali, dettando una solidarietà religiosa. Contemporaneamente, l'idea di crociata aveva compiuto la propria parabola concettuale, trasformandosi da *passagium* verso la Siria-Palestina a lotta difensiva antiturca. In Romania, in maniera più o meno cosciente, questa spinta era trasposta in una sorta di antemurale della fede dinanzi all'avanzata ottomana. La spinta crociata nell'ultimo decennio del Trecento coinvolgeva anche il mondo latino d'oltremare. La costellazione genovese, che riceveva minori aiuti dalla madrepatria di quella veneta, era particolarmente sensibile alla vicenda. Nel 1388, alla vigilia della battaglia di Kosovo, era stata stipulata un'alleanza difensiva nell'Egeo. La lega cristiana, conclusa tra novembre e dicembre, comprendeva Francesco II Gattilusio, i cavalieri di Rodi, i genovesi della Maona di Chio, il re di Cipro e il duca veneziano di Nasso. Il trattato, a noi pervenuto tramite una copia conservata nell'archivio di Genova, era stato firmato dai protagonisti in varie date: a Nicosia il 2 novembre, a Chio il 10 novembre, a Rodi il 1° dicembre 1388. L'unione era esplicitamente rivolta "specialiter et expresse contra illum Turcum filium iniquitatis et nequicie, ac sancte Crucis nimicum, Moratum bey et eius sectam, cristianum genus sic graviter invadere conantes".[283] Nel 1392

---

282 Su questo argomento: Basso, From cooperation to clash of interest: Genoa and the Turks, pp. 181–188.

283 Una copia del trattato è allegata all'interno di un documento in: ASGe, *Notai Antichi* 485, doc. 5. Costantinopoli, 15 giugno 1396. Edito in Belgrano, Seconda serie di documenti riguardanti la colonia di Pera, pp. 953–965, doc. 8.

anche la colonia di Pera era entrata nel patto, come si deduce dalla nota spese di un emissario inviato a Mitilene per trattare dell'alleanza[284], mentre Venezia, pur senza compromettersi direttamente, nello stesso anno sembra avesse proposto di collaborare con la flotta di pattuglia.[285]

Il trattato riprendeva le modalità delle unioni promosse dal papato. Il linguaggio è soprattutto connotato da termini di contrapposizione religiosa, rivolgendosi "contra infideles sancte matris Ecclesie".[286] Persino gli azionisti di una società commerciale, quale la Maona di Chio, sentivano l'esigenza di tutelarsi militarmente dalla minaccia turca, promettendo di partecipare alla "bonam veram et fidelem unionem et fraternitatem et ligam, de defensione, offensione, et ad offendendum, tam per mare quam per terram, et generaliter contra quoscumque turcos".[287] L'utilizzo del linguaggio sembra indicativo della percezione generale. Ci si auspicava una durata della lega di dieci anni, contro gli infedeli che turbavano la tranquillità dell'area marittima.[288] L'alleanza prevedeva l'armamento di una galea da parte di ognuno dei firmatari. Il re di Cipro prometteva di inviare il proprio legno entro il maggio 1389, raggiungendo quelli dei maonesi e dei Gattilusio. Il sovrano cipriota sarebbe stato la principale guida dell'armata di mare, con la nomina di un capitano approvato con consenso unanime.[289] La flotta aveva il compito di dirigersi in Romania, toccando Chio, Mitilene, Pera e Costantinopoli, alla ricerca di imbarcazioni nemiche e per scoprire i preparativi di guerra del sultano. Le galee dovevano poi tornare verso Rodi, toccando le coste della Turchia, probabilmente per compiere alcune incursioni e raccogliere informazioni.[290] In caso di avvistamento di un'armata nemica, gli alleati avrebbero dovuto decidere come agire di conseguenza. L'alleanza cristiana del 1388 aveva scopi eminentemente difensivi: l'ambito identificativo del linguaggio è il "contra" e l'unione era dettata dal nemico comune. La "crociata" contro i turchi era essenzialmente reattiva. Pur rispecchiando le ansie generalizzate, essa era un affare regionale, che esprimeva la solidarietà tra i cristiani latini del Levante, senza coinvolgere

---

284 Era stato inviato da Pera il notaio Ambrogio de Fiacono per trattare con il signore di Lesbo. ASGe, *Archivio di S. Giorgio, Peire Massaria* 1391, f. 74v. Pera, 15 luglio 1392. Edito in BELGRANO, Prima serie di documenti riguardanti la colonia di Pera, p. 173, doc. 38.

285 WRIGHT, The Gattilusio Lordships and the Aegean World, p. 329.

286 BELGRANO, Seconda serie di documenti riguardanti la colonia di Pera, p. 957, doc. 8.

287 Ivi, p. 960.

288 "infideles turcos, mollientes pervertere seu turbare bonum et tranquillum statum parcium predictarum, vel alicuius earum, per mare tantum". Ivi, p. 962.

289 "galea dicti serenissimi domini regis Cipri sit primo et principaliter guida totius dicti exercitus maritimi". *Ibidem*.

290 "discurrendo semper et visitando ripperias et loca maritima Turchie". *Ibidem*.

direttamente le madrepatrie o i regni occidentali. Non conosciamo il tradursi effettivo di queste proposizioni nella realtà.

L'unione era specchio degli sviluppi politici: Murad e successivamente Bayezid stavano dilagando nei Balcani, sopprimendo le sacche di resistenza continentali nel bacino egeo. Dopo la caduta di Tessalonica nel 1387, anche Filadelfia, l'ultima città bizantina in Asia Minore, era stata conquistata dagli ottomani nel 1390 dopo un lunghissimo assedio, nel corso di una campagna militare a cui avevano partecipato anche gli altri emirati turchi della penisola.[291] Eccettuata la città di Smirne, l'intera la costa anatolica era soggetta ai turchi. Tessalonica, grande metropoli greca, era riuscita a tornare indipendente per un breve periodo, prima di essere nuovamente occupata da Bayezid il 22 aprile 1394, stringendo il cordone ottomano intorno a Costantinopoli.[292] Nello stesso anno i turchi si erano diretti in Tessaglia, dopo i sussulti di combattività del despota Teodoro Paleologo, conquistando la regione dopo una dura resistenza. Nel 1395 gli ottomani avevano condotto un violento raid nel Peloponneso, prima di tornare a occuparsi del settore balcanico.[293] A quella data, Sofia era già caduta da un decennio e la Bulgaria era stata conquistata, senza nemmeno che gli accordi del 1387 stipulati tra Genova e il principe Ivancho avessero fatto in tempo a tradursi in realtà.[294] La Serbia era a sua volta divenuta tributaria e i regni cristiani di Bosnia e Ungheria rischiavano di soccombere presto. Dopo la sanguinosa battaglia di Rovine del maggio 1395, anche il voivoda di Valacchia aveva iniziato a pagare il proprio tributo al sultano. In risposta a questi eventi, una nuova tensione crociata si stava diffondendo nel mondo francofono mentre gli slavi meridionali erano assoggettati all'Islam.[295] I documenti veneto-genovesi di questi anni restituiscono la percezione di un'ansia diffusa e di frenetiche attività per porre in sicurezza i propri domini del Levante. Venezia, per tentare di conquistare definitivamente Argo e chiudere la questione in Grecia con Teodoro Paleologo, nel 1390–1391 era giunta ad assoldare Amedeo VII di Savoia, che sarebbe stato trasportato nel Peloponneso con 300 cavalieri e 600 fanti.[296] Il principe sabaudo aveva accordi di combattere per almeno tre

291 SETTON, The Papacy and the Levant, vol. 1, p. 341.

292 OSTROGORSKY, Storia dell'impero bizantino, p. 523, nota 207.

293 FINE, The Late Medieval Balkans, pp. 430–431.

294 La città bulgara era stata conquistata dai turchi nel 1385. OSTROGORSKY, Storia dell'impero bizantino, p. 490.

295 DELAVILLE LE ROULX, La France en Orient, vol. 1, pp. 221–227.

296 THIRIET, Régestes de déliberations du Sénat, vol. 1, p. 187, doc. 779. Venezia, 20–24 settembre 1390.

mesi e sostenere le forze veneziane ad Argo[297]: non sarebbe mai partito per l'Oriente, tuttavia, poiché era morto in un incidente di caccia nell'ottobre 1391.[298]

La guerra con i greci era tuttavia completamente incidentale rispetto al nemico ottomano. Tra febbraio e marzo 1391 le autorità venete a Nauplia, Corone, Modone e Creta lamentavano attacchi da parte dei pirati turchi, mentre il senato ordinava ai rettori di Candia l'armamento di 2 galee per tentare di mettere in sicurezza la zona[299]. L'ammiraglio del regno di Cipro domandava intanto al governo della laguna l'autorizzazione per acquistare e importare armi dall'Italia. Il collegio veneziano aveva accordato l'imbarco su una nave veneta di 300 corazze, 300 elmi a bacinella, 300 pavesi, 30 spade, 12 armature per cavalieri, 1.000 remi, 25 travi di abete e 25 di larice, destinate alla fabbricazione di alberi per le galee, tutte destinate a Cipro.[300] Nello stesso 1391 i genovesi avevano inviato un ambasciatore nella città adriatica per illustrare la situazione nel Levante e proporre uno sforzo congiunto contro i turchi. I veneziani, pur approvando l'analisi dell'emissario ligure, non intendevano però agire contro gli ottomani finché i principi occidentali fossero rimasti inattivi.[301] Nonostante la proposta declinata, sembra che i genovesi non si fossero tirati indietro. Nel gennaio 1392 il collegio dei giudici di Genova sentenziava che gli abitanti del comune di Savona erano tenuti a contribuire all'allestimento delle galee inviate dalla capitale ligure nei fronti aperti nel Mediterraneo contro i musulmani: "quarum una transmissa fuit ad partes Romanie pro facienda pace in partibus illis, et due ad partes Barbarie inimicorum communis Ianue, et una ad custodiam occasione Maurorum et piratarum, et una ad partes Ispanie, pro pace tractanda".[302] Il senato veneziano, intanto, nel marzo 1392 inviava un ambasciatore a Bayezid per persuaderlo a non attaccare Negroponte; contemporaneamente si ordinava di inviare ogni anno una galea da Creta alla stessa Negroponte per difendere l'Eubea dalle razzie musulmane, pur astenendosi da attaccare direttamente i porti turchi.[303]

297 Ivi, p. 190, doc. 790. Venezia, 30 maggio 1391.

298 Francesco COGNASSO, Amedeo VII, conte di Savoia, in: *Dizionario Biografico degli Italiani*, vol. 2, Roma 1960, pp. 747–748.

299 THIRIET, Régestes de déliberations du Sénat, vol. 1, p. 189, doc. 784, 786. Venezia, 21 febbraio-6 marzo 1391.

300 THIRIET, Délibérations des assemblées Vénitiennes, vol. 2, p. 73, doc. 917. Venezia, 26 febbraio 1391.

301 THIRIET, Régestes de déliberations du Sénat, vol. 1, p. 189, doc. 789. Venezia, 20–22 maggio 1391.

302 DE MAS LATRIE, Traités de paix et de commerce, vol. 2, p. 133. Genova, 4 gennaio 1392.

303 Il sopracomito della galea annuale doveva essere un nobile cretese di almeno trent'anni e di comprovata esperienza. THIRIET, Régestes de déliberations du Sénat, vol. 1, p. 194, doc. 810. Venezia, 12 marzo 1392.

Nella primavera del 1392 erano giunte informazioni sugli armamenti navali degli ottomani nei pressi di Costantinopoli e Tessalonica, che si pensava volessero attaccare il beylicato turco indipendente di Sinope. Correva anche voce che il comandante sarebbe stato il *basileus* bizantino, in quel momento vassallo di Bayezid, e gli osservatori veneti temevano un attacco della flotta alle colonie veneziane, dove le popolazioni erano più favorevoli a un governo greco che a uno latino. Il senato della laguna ordinava quindi a 3 galee di osservare i movimenti del naviglio turco sui Dardanelli e di difendere le isole dell'Egeo. Il capitano del Golfo era autorizzato a unire le proprie forze a quelle dell'unione cristiana del 1388 con Chio, Rodi e i Gattilusio.[304] Quattro giorni dopo, si sapeva che Manuele II Paleologo era partito con Bayezid per seguirlo in una campagna militare. Da Venezia si ordinava al capitano del Golfo di inviare una galea per informarsi sulla direzione o, in alternativa, di inviare due spie che conoscessero il greco e il turco.[305] La guerra era un'evenienza difficile da rimandare. Conosciamo la volontà genovese di creare un fronte unitario, tramite la documentazione veneziana, dato che i registri del comune ligure sono andati perduti. Nel 1393 il senato veneto aveva risposto a un emissario genovese che la proposta di alleanza nel Levante, presentata dal centro ligure, doveva essere più che una vaga amicizia per essere efficace. Inoltre, i motivi di contrasto rimanevano ancora molti e il governo di San Marco intimava ai genovesi di togliere il loro appoggio al conte di Cefalonia se volevano dare vita a un patto.[306] Anche la colonia di Pera temeva di condividere le sorti della capitale greca dall'altro lato del Corno d'Oro. I liguri avevano tentato in ogni modo di mantenere relazione pacifiche con il sovrano ottomano: solo tra il 1390 e il 1392 almeno una ventina di emissari turchi erano stati ricevuti dalle autorità di Pera, mentre fastose ambasciate genovesi erano state inviate alla corte di Bayezid, portando ricchi doni, drappi e gioielli.[307] In esitazione tra la pace e la guerra, il governo di Pera aveva inviato spie per conoscere i movimenti delle armate turche: intanto gli ambasciatori peroti proclamavano le intenzioni pacifiche del comune. Tra il 1392 e il 1393 gli indugi erano stati rotti, Pera era entrata nell'alleanza cristiana antiturca e la diplomazia aveva lasciato il passo ai preparativi di difesa.[308] A Genova si guardava preoccupati alle sorti della colonia: nel 1392 il doge aveva scritto al podestà di Pera, Nicolò di Zoagli,

---

304 Ivi, p. 194, doc. 812. Venezia, 26 aprile 1392.

305 Ivi, p. 194, doc. 814. Venezia, 30 aprile 1392.

306 Ivi, p. 197, doc. 829. Venezia, 15 aprile 1393.

307 I registri della *Peire Massaria* in particolare mostrano per gli anni 1390–1391 un gran numero di messaggeri ottomani nella colonia genovese. BALARD, La Romanie génoise, vol. 1, p. 97, nota 333.

308 Ivi, p. 98.

raccomandando vigilanza per la sicurezza del borgo e annunciando l'invio di 5 galee, scongiurandolo però di non arrivare alla guerra aperta con i turchi, se non costretto.[309]

Nel 1394 la minaccia ottomana si era acuita in maniera irreversibile. Francesco Crispo, duca di Nasso, domandava il sostegno della madrepatria veneziana per difendere le proprie isole dagli assalti turchi, che impoverivano e spopolavano l'arcipelago. Crispo prometteva di pagare 2/3 dei costi della galea: Venezia aveva acconsentito al prestito del legno ma avrebbe contribuito alle spese solo con 1.000 ducati.[310] A maggio il senato proponeva di inviare alcuni ufficiali per ispezionare le difese delle colonie per resistere a Bayezid.[311] Nel frattempo, erano inviate 2 galee a Costantinopoli per salvaguardare gli interessi veneziani, in previsione dell'imminente assedio. I baili dovevano esprimere a Manuele Paleologo la vicinanza veneziana e incoraggiarlo a risiedere in città, consigliando di scrivere lettere al papa, ai sovrani di Francia e Inghilterra e all'imperatore tedesco per chiedere soccorsi.[312] Tutti i centri della zona greca si preparavano per la tempesta in arrivo. Il despota Teodoro Paleologo era stato in guerra con i veneti fino a quel momento per il possesso di Argo: nella pace, siglata nel maggio 1394, il signore greco prometteva di non favorire i turchi in nessun modo.[313] Solo due mesi dopo il despota chiedeva aiuto ai veneziani e il governo di San Marco ordinava alle autorità di Negroponte di tenere pronta una galea per soccorrere i greci e aiutarli a riconquistare Monemvasia.[314] Gli abitanti di Lepanto si erano intanto sottomessi a Venezia per poter essere difesi.[315] L'obiettivo turco rimaneva Costantinopoli: gli ottomani avevano circondato la città almeno dal 1391 ed erano pronti a scagliare l'offensiva, mentre l'imperatore bizantino era stato costretto ad accettare l'umiliante posizione di vassallo del sultano. Manuele II Paleologo aveva partecipato con le sue truppe ad almeno due campagne militari in supporto a Bayezid. Il sultano aveva convocato i propri vassalli ancora una volta nell'inverno 1393–1394, ordinando di ricongiungersi al suo esercito, ma Manuele aveva deciso di ignorare i propri obblighi e si preparava piuttosto a sostenere il conseguente attacco turco.

Il senato veneziano scriveva a Manuele II di conoscere la triste situazione di Costantinopoli, ma invitava il *basileus* a non perdere coraggio e tentava di

309 MANFRONI, Le relazioni fra Genova, l'Impero Bizantino e i Turchi, p. 720.
310 THIRIET, Régestes de déliberations du Sénat, vol. 1, p. 200, doc. 841. Venezia, 22 gennaio 1394.
311 L'istanza era stata tuttavia bocciata. Ivi, p. 201, doc. 849. Venezia, 4 maggio 1394.
312 Ivi, p. 202, doc. 851. Venezia, 21 maggio 1394.
313 PREDELLI, I libri commemoriali, vol. 3, p. 223, n. 408. Modone, 27 maggio 1394.
314 THIRIET, Régestes de déliberations du Sénat, vol. 1, p. 203, doc. 858. Venezia, 24 luglio 1394.
315 Ivi, p. 203, doc. 859. Venezia, 24 luglio 1394.

rincuorarlo per il fatto che Bayezid era impegnato in quel momento contro i tartari. In ogni caso, si suggeriva a Manuele di rimanere al proprio posto, perché la sua assenza avrebbe favorito il sultano ottomano nei suoi desideri di conquista. I principi cristiani si sarebbero mossi presto in suo aiuto; se la situazione si fosse fatta critica, le galee veneziane erano pronte a portare l'imperatore a Venezia, a meno che egli non avesse voluto rifugiarsi presso l'isola di Lemno. Proprio Manuele aveva offerto ai veneziani il possesso di Lemno, ma il comune aveva rifiutato poiché al momento non era in grado di difendere l'isola.[316] Bayezid nel settembre 1394 aveva iniziato il blocco della capitale, seriamente intenzionato a far cadere una volta per tutte la città e con essa l'impero, ormai l'ombra di sé stesso. Il sultano aveva tentato di interdire ogni accesso, via terra e via mare, a Costantinopoli, che era stata presto ridotta alla penuria alimentare, mentre i turchi incendiavano le campagne circostanti. L'impotente Manuele II poteva solo sperare in un aiuto proveniente dall'Occidente.[317] Persino i veneziani nel dicembre 1394, a causa della durezza del blocco turco, avevano difficoltà a inviare carichi di grano con le loro navi a Costantinopoli assediata. Si invitava il Paleologo, ancora una volta, a prendere posto su legni veneziani in caso di pericolo estremo.[318] L'assedio aveva coinvolto anche Pera, dove erano state rinforzate le fortificazioni e costruite le due torri di Trapea e di Lercha, sulla cinta muraria, che si affiancavano all'imponente torrione di Galata, perno dell'intero sistema difensivo genovese.[319] Il commercio, eppure, continuava tra Chio e i porti della Turchia meridionale, indipendentemente

316 Ivi, p. 203, doc. 860. Venezia, 24 luglio 1394.

317 Ostrogorsky, Storia dell'impero bizantino, p. 492. Sul primo assedio ottomano di Costantinopoli, iniziato nel 1394 e durato otto anni: Paul Gautier, Un récit inédit du siège de Constantinople par les Turcs (1394–1402), in: *Revue des études byzantines* 23 (1965), pp. 100–117; Dionysios Bernicolas-Hatzopoulos, The first siege of Constantinople by the Ottomans (1394–1402) and its repercussions on the civilian population of the city, in: *Byzantine Studies* 10 (1983), pp. 39–51; Nevra Necipoğlu, Economic conditions in Constantinople during the siege of Bayezid I (1394–1402), in: *Constantinople and its hinterland: papers from the Twenty-Seventh Spring Symposium of Byzantine Studies, Oxford, April 1993*, ed. Cyril A. Mango / Gilbert Dagron, Aldershot 1995, pp. 157–167; Nevra Necipoğlu, *Byzantium between the Ottomans and the Latins: politics and society in the late empire*, Cambridge 2009, pp. 149–183; Jan Brandejs, The Russian Aid to Byzantium during the Turkish Siege of Constantinople, 1394–1402, in: *Prague Papers on the History of International Relations* 1 (2015), pp. 7–16.

318 Una nave veneziana aveva tentato di trasportare 1500 "modii" di grano a Costantinopoli ma aveva trovato difficoltà a entrare. Thiriet, Régestes de déliberations du Sénat, vol. 1, p. 205, doc. 868. Venezia, 23 dicembre 1394.

319 Le due torri erano state costruite in un lasso di tempo compreso tra il 1391 e il 1402, probabilmente iniziate prima del blocco del 1394. Balard, La Romanie génoise, vol. 1, pp. 191–192.

dalla situazione bellica degli Stretti.[320] La guerra con gli ottomani stava per riversarsi, in maniera inevitabile, sull'oltremare veneziano e genovese.

7.3.2 *Veneziani e genovesi nei giorni di Nicopoli (1396)*

La crociata di Nicopoli è senza alcun dubbio l'evento che ha più segnato il panorama delle *Later Crusades*. La battaglia, risultata disastrosa per i cristiani, ha un valore di spartiacque tra due stagioni, sancendo l'irreversibilità dell'avanzata ottomana nei Balcani e decretando la fine delle speranze di salvezza per l'impero bizantino, sottratto al suo destino solo da un imprevedibile evento esterno. Nicopoli e i tumultuosi anni che l'avevano seguita sono l'apice e l'epilogo della stagione crociata del XIV secolo. Genovesi e veneziani erano stati, volenti o nolenti, protagonisti delle spedizioni oltremare durante il Trecento. Il *passagium* di fine secolo era stato invece un'operazione eminentemente terrestre, che aveva attratto il fiore della cavalleria occidentale, ma con scarsi risvolti marittimi. Nonostante ciò, gli abitanti di Genova e Venezia avevano agito sotto varie forme, dirette e indirette. La sconfitta di Nicopoli avrebbe segnato l'immaginario europeo per decenni: che ruolo avevano avuto genovesi e veneziani nei preparativi e nelle conseguenze della battaglia?[321] Diversi studiosi hanno sostanzialmente elaborato un paradigma secondo cui la politica veneziana di fine Trecento intendeva mantenere la libera circolazione negli Stretti senza però compromettere le relazioni con il sultano ottomano, mentre recentemente è stato messo in luce il ruolo attivo del centro adriatico nel corso

---

320 Il 24 settembre 1394 era stato stilato a Chio un contratto di assicurazione per una nave genovese in procinto di partire da Chio a Efeso, sotto il dominio di Bayezid. BALARD, Notai genovesi in oltremare. Atti rogati a Chio da Donato di Chiavari, p. 237, doc. 90. Chio, 24 settembre 1394.

321 Si sono confrontati con il problema della partecipazione, in particolare veneziana, alla crociata di Nicopoli, studiosi come Camillo Manfroni, Max Silberschmidt, Nicolae Iorga, Freddy Thiriet e Francisc Pall, che hanno sostanzialmente elaborato un paradigma secondo cui la politica veneziana di fine Trecento intendeva mantenere un bilanciamento tra la libera circolazione negli Stretti senza però compromettere le relazioni con il sultano ottomano. MANFRONI, La crisi della marina militare di Venezia dopo la guerra di Chioggia, pp. 988–989; IDEM, La Battaglia di Gallipoli e la politica veneto-turca (1381–1420), in: *Ateneo Veneto* 25 (1902), pp. 3–34, 129–169; Nicolae IORGA, *Veneþia în Marea Neagră. I. Dobrotici*, Bucarest 1914; Max SILBERSCHMIDT, *Das Orientalische Problem zur Zeit der Entstehung des türkischen Reiches nach venezianischen Quellen. Ein Beitrag zur Geschichte der Beziehungen Venedigs zu Sultan Baiezid I., zu Byzanz, Ungarn und Genoa und zum Reiche von Kiptschak (1381–1400)*, Leipzig 1923, pp. 166–171; Freddy THIRIET, Venise et l'occupation de Ténedos au XIVe siècle, p. 240; Francisc PALL, Considerazioni sulla partecipazione veneziana alla crociata antiottomana di Nicopoli (1396), in: *Revue des études sud-est européennes* 7 (1969), pp. 187–197.

delle operazioni.[322] L'intervento di Genova e Venezia non può essere ridotto all'analisi degli effettivi militari forniti, ma va allargato alla dimensione politica, al loro ruolo sulle conseguenze del disastro di Nicopoli, alla salvaguardia di Costantinopoli e al riscatto dei prigionieri. I due centri marittimi erano attori tutt'altro che secondari, al contrario di una tradizione storiografica che ha visto la spedizione del 1396 come debitrice esclusivamente all'attivismo di Sigismondo, re d'Ungheria. La situazione era molto più complessa.

La spinta dell'ultimo decennio del XIV secolo si inseriva in una congiuntura favorevole, in Occidente, per l'allestimento di una crociata. Nel giugno 1394 il papa romano, Bonifacio IX, aveva inviato il domenicano Giovanni da Montelupone, vescovo di Lepanto, quale nunzio in Dalmazia, Croazia, Bosnia e Serbia. Il pontefice aveva scritto a Giovanni lamentando gli attacchi alle postazioni cristiane nei Balcani, segnalando le torture inflitte dagli ottomani alle popolazioni, i cui prigionieri erano venduti come schiavi o costretti all'abiura.[323] Il re Sigismondo aveva già mandato i propri ambasciatori a Venezia, chiedendo assistenza contro i turchi: il senato della laguna il 6 settembre 1394 si rendeva disponibile alla collaborazione nella spedizione che il sovrano ungherese intendeva allestire.[324] Il 15 e 30 ottobre 1394 erano state promulgate dal papa due bolle in cui si ordinava la predicazione della crociata nei territori veneziani, in Austria, a Treviso e a Grado.[325] Le attese erano molte in tutta la Cristianità: anche Riccardo II d'Inghilterra nel gennaio 1394 aveva inviato emissari per la preparazione della crociata, tra cui John Holland a Venezia e in Ungheria, John Golofre in Polonia, John Beaufort presso l'Ordine Teutonico.[326] Venezia era il punto di raccolta per gli ambasciatori dei prìncipi, che guardavano alla laguna come centro organizzativo per una spedizione contro gli infedeli. Il 23 dicembre era stato ricevuto un delegato bizantino nella città veneta, a cui si rispondeva che "expectantur hic ambasiate Francie, Burgondie, Anglie et etiam Hungarie"; il senato intendeva coinvolgere anche Genova nell'alleanza.[327]

---

322 Ovidiu CRISTEA, Considérations sur la participation vénitienne à la croisade de Nicopolis, in: *Quaderni della Casa Romena di Venezia* 2 (2003), pp. 95–102.

323 RINALDI, Annales Ecclesiastici, vol. 7, pp. 583–585.

324 SETTON, The Papacy and the Levant, vol. 1, p. 342.

325 Ivi, p. 343.

326 Sembra che già nel 1391 il duca di Borgogna avesse mandato una prima volta il proprio maresciallo, Guy de la Trémoille, nella laguna per tastare l'attitudine veneziana alla crociata, mentre l'anno seguente Carlo VI avesse domandato a Genova un appoggio navale contro i turchi. John Joseph Norman PALMER, *England, France and Christendom (1377–1399)*, London 1972, pp. 198–202.

327 "et similiter dicimus de facto Ianue, quia de die in diem habebitur melior deliberation factorum deinde". *Monumenta spectantia historiam slavorum meridionalium*, vol. 4, ed. Sime LJUBIĆ, Zagreb 1874, p. 338, doc. 482. Venezia, 23 dicembre 1394.

Nello stesso inverno Guy de la Trémoille, maresciallo di Borgogna, era arrivato per discutere dell'allestimento della crociata. L'arcivescovo ungherese János Kanizsa era giunto a Venezia il 6 gennaio 1395, anticipando la delegazione di re Sigismondo, in forte ritardo. Guy de la Trémoille, dopo settimane di vana attesa, se n'era però andato all'inizio di febbraio, prima dell'arrivo degli ambasciatori ungheresi nei primi giorni del marzo 1395.[328] Si era trattato di un ritardo fatale poiché aveva fatto saltare la partecipazione dei re di Francia, Inghilterra e del duca di Borgogna alla crociata del 1395: senza di essi, il senato veneziano era diffidente verso la collaborazione con il solo Sigismondo. Gli emissari, nelle negoziazioni iniziate il 5 marzo 1395, avevano esposto i piani di crociata del monarca ungherese, che richiedeva la partecipazione di galee veneziane.[329] Il 10 marzo si erano sviluppate furiose discussioni tra i patrizi veneti dinanzi alle dichiarazioni di Sigismondo, che intendeva iniziare una campagna contro i turchi e progettava di riunire una flotta di 25 galee per bloccare gli Stretti, impedendo così l'afflusso di rinforzi ottomani in Grecia. Il senato aveva ricordato i sacrifici di Venezia per la causa crociata, il fatto che si trovava in pace con il sultano ottomano, nei cui territori si trovavano molti mercanti veneziani, mentre gli avamposti oltremare di San Marco erano i più esposti agli attacchi: per gran parte dei senatori la partecipazione alla crociata significava "dubia, damna et pericula".[330] Ciò nonostante, Venezia aveva acconsentito a fornire 1/4 delle galee della flotta, dunque "si per omnes ponentur XXV galee, nos ponemus sex, si viginti, ponemus quinque et cet.".[331] Per mozione di Marco Zeno, Vittore Marcello e Andrea Venier era richiesta la partecipazione dei re di Francia, Inghilterra e del duca di Borgogna alla spedizione: in tal caso, "non obstantibus dubiis et damnis predictis parati erimus dare ei per mare illud subsidium illumque favorem".[332] Il 12 marzo 1395 il senato rispondeva ancora a Kanizsa che, in caso di assenza dei predetti tre signori, le restanti galee della flotta dovevano essere armate dai sovrani di Polonia, Bosnia o dal

---

328 Il 4 febbraio 1395 Guy de la Trémoille affermava di non poter più attendere e domandava dunque una risposta al senato veneto rispetto alla guerra con gli ottomani: "Ambasciator ducis Burgundiae, cum non posset amplius expectare adventum ambasciatoris Hungarie, rogat, ut detur suo domino responsum circa bellum contra Turcos". Ivi, p. 339, doc. 484. Venezia, 4 febbraio 1395.

329 Ivi, pp. 339–340, doc. 486. Venezia, 5 marzo 1395. Sulle negoziazioni della laguna, qui di seguito esposte in sintesi: Delaville Le Roulx, La France en Orient, vol. 1, pp. 229–230; Setton, The Papacy and the Levant, vol. 1, p. 343; Cristea, Considérations sur la participation vénitienne à la croisade de Nicopolis, pp. 98–99.

330 Monumenta spectantia historiam slavorum meridionalium, vol. 4, pp. 340–342, doc. 487. Venezia, 10 marzo 1395.

331 *Ibidem.*

332 *Ibidem.*

duca d'Austria.[333] Nelle negoziazioni il ceto dirigente della laguna ripeteva che era disposto a compiere il proprio dovere, rimarcando che lo faceva "non habentes respectum ad damna et pericula, que nobis et nostris sequi possent".[334] I patrizi veneziani si stavano imbarcando in una guerra che prometteva solo ripercussioni negative, come segnala il linguaggio dei documenti. Nessuna delle condizioni poste si sarebbe avverata, tuttavia Venezia sarebbe stata la sola a tener fede alle proprie promesse.

La scarsa partecipazione veneziana alla spedizione di Nicopoli deve tener conto del contesto politico del momento. Venezia aveva fornito una risposta prudente agli ungheresi, con cui era stata in guerra in più occasioni nel corso del Trecento e con cui si susseguivano le occasioni di attrito lungo le coste dell'Adriatico. Le relazioni tra i due paesi erano un ostacolo alla collaborazione anche nel caso di un *passagium*. I pirati delle città dalmate danneggiavano gli interessi di Venezia, che si vedeva minacciata nel suo stesso golfo. D'altro canto, la città lagunare aveva adottato alcune misure per fronteggiare il clima di insicurezza levantino: negli anni 1381–1390 la squadra del Golfo aveva aumentato stabilmente i propri effettivi a una decina di galee, mentre sulle rotte del Mar Nero erano utilizzate sempre più cocche contro i pirati turchi.[335] Nel luglio 1395 si ordinava al capitano del Golfo di scortare le galee commerciali fino agli Stretti, poiché il naviglio turco a Gallipoli costituiva un serio pericolo.[336] La città di San Marco riceveva contemporaneamente licenze per continuare i propri commerci con Alessandria, ribadendo che i piani della guerra con l'infedele erano ben divisi.[337] Il conflitto era rivolto a un singolo potentato musulmano, non al generale universo islamico.

Gli ambasciatori ungheresi di János Kanizsa, dopo aver concluso le trattative con i veneziani, si erano diretti presso le corti di Borgogna e di Parigi, sensibilizzando le aristocrazie d'oltralpe alla campagna dell'anno successivo. L'entusiasmo della cavalleria franco-borgognona era stato avvallato dal papa avignonese Benedetto XIII, che aveva concesso a Jean de Nevers i privilegi e le indulgenze crociate, provocando la mobilitazione nell'Occidente.[338] Nel settembre 1395 le autorità veneziane oltremare si preparavano a fronteggiare

333 "Quando autem non faceret, et ipse dominus rex cum favore regis Polonie et Bosne ac ducis Austrie". Ivi, pp. 342–343, doc. 488. Venezia, 12 marzo 1395.

334 *Ibidem*.

335 Cristea, Considérations sur la participation vénitienne à la croisade de Nicopolis, pp. 96–97.

336 Thiriet, Régestes de déliberations du Sénat, vol. 1, pp. 207–208, doc. 881. Venezia, 23 luglio 1395.

337 Ivi, p. 207, doc. 878. Venezia, 6 luglio 1395.

338 Setton, The Papacy and the Levant, vol. 1, pp. 344–345.

l'imminente invasione ottomana della Morea, ammassando compagnie e rifornimenti di grano a Corone e Modone.[339] Il 9 dicembre 1395 il senato veneto, per impressionare Bayezid, ordinava l'armamento di 10 galee da inviare in Romania, di cui 3 da allestire a Creta, una dal duca di Nasso e una a Negroponte. Due legni sarebbero dovuti penetrare nel Mar Nero.[340] Sembra che Manuele II Paleologo abbia offerto ai veneziani la tunica di Cristo come pegno per un prestito, giungendo a impegnare le reliquie dell'impero.[341] Anche da Tana giungevano cattive notizie, perché l'insediamento veneziano era stato incendiato nel corso di un attacco di Timur Lang[342]. Il ceto dirigente non immaginava che la minaccia tartara si sarebbe tramutata in salvezza per le sorti del Levante. Il 28 dicembre 1395 il senato discuteva le "violencias, damnas et novitates quod facte fuit e fuerit per turchos tam nostris navigiis euntibus et redeuntibus in partibus Galipolis quam etiam lociis nostris Argos et Athines".[343] La guerra sul mare era già un dato di fatto.

A differenza del centro adriatico, coinvolto suo malgrado, Genova è assente nella preparazione della campagna contro gli ottomani. Non è nemmeno possibile ricostruire se vi siano stati o meno negoziati per coinvolgere il comune ligure, poiché la città dal 1392 era entrata nel caos politico più assoluto. Al colpo di stato contro Antoniotto Adorno erano seguiti tumulti che avevano coinvolto anche le riviere, mentre il doge in fuga era tornato grazie alle milizie dei Visconti. Genova era in preda alla totale confusione, tra combattimenti urbani, distruzioni di edifici, faide tra fazioni. Solo nel 1393 si erano susseguiti cinque dogi al governo, di cui alcuni rimasti in carica solo una manciata di giorni. Gli intrighi di potere si sommavano agli incendi e alle rapine nel contado, mentre nella capitale volavano le frecce dai tetti delle torri, come ricorda Giorgio Stella.[344] I combattimenti si svolgevano tra i vicoli, vi erano insurrezioni nelle valli

---

339 Il senato ordinava a una compagnia di fanti di Negroponte di trasferirsi a Corone in previsione dell'attacco; sempre a Corone sarebbero state ammassate 1.000 "staria" di grano. THIRIET, Régestes de déliberations du Sénat, vol. 1, p. 209, doc. 888. Venezia, 10 settembre 1395.

340 "Ad custodiam Culphy galee decem, quarum quatuor pro nunc armari hic in Venetiis et tres in Creta". ASVe, *Senato Misti* 43, f. 95r. Venezia, 9 dicembre 1395. Anche in: THIRIET, Régestes de déliberations du Sénat, vol. 1, p. 209, doc. 891. Venezia, 9 dicembre 1395.

341 Ivi, p. 210, doc. 892. Venezia, 9 dicembre 1395.

342 THIRIET, Délibérations des assemblées Vénitiennes, vol. 2, p. 77, doc. 933. Venezia, 19 dicembre 1395.

343 ASVe, *Senato Misti* 43, f. 97v. Venezia, 28 dicembre 1395.

344 "contra ducem inseruit quod a balistis emisse sagitte super tecta palatii magna grandinis copia videbantur". Georgii et Iohannis Stellae Annales Genuenses, p. 203. Una ricostruzione completa delle guerre civili di quegli anni è virtualmente impossibile da proporre, tanto appare complicata e soggetta a ribaltamenti.

e assedi di palazzi urbani; le strade, divenute campi di battaglia, erano un focolaio per le epidemie. Giorgio Stella dedica lunghe pagine alla narrazione degli eventi.[345] La situazione era divenuta talmente insostenibile che l'unica soluzione possibile per la pacificazione era la dedizione volontaria a un sovrano straniero. Nell'agosto 1396 gli emissari del doge Antoniotto Adorno si erano presentati a Parigi per trattare la sottomissione di Genova, approvata nelle assemblee cittadine.[346] Il trattato, in cui si accettava l'obbedienza a re Carlo VI, era stato ratificato il 25 ottobre 1396, un mese dopo la sconfitta di Nicopoli, ma nemmeno la dominazione francese era riuscita a frenare l'anarchia politica della città. Il comune non aveva completamente abbandonato le proprie colonie oltremare e vi sono testimonianze di invio di materiale bellico verso Oriente negli anni 1394–1395.[347] Non stupisce l'assenza genovese dalla chiamata crociata del 1395, nonostante il tentativo veneziano di coinvolgimento. Il comune mancava di interlocutori politici e gli armatori privati, se non erano già impegnati nella guerra civile, dovevano comunque essere assoldati: chi avrebbe fornito le somme e le garanzie necessarie?

La macchina diplomatica veneziana si era messa in moto con i primi mesi dell'anno seguente. Il 17 febbraio 1396 il senato inviava i due ambasciatori Nicolò Vallaresso e Michele Contarini presso Bayezid. Gli emissari erano incaricati di ottenere garanzie dal sultano nei confronti dei cittadini veneziani e di sollecitare la pace tra il sovrano turco e l'imperatore bizantino; si domandava a Bayezid il risarcimento per i danni subiti dalle navi presso Gallipoli e il rispetto dei territori veneti di Argo e Nauplia. Gli ambasciatori si sarebbero poi dovuti dirigere a Costantinopoli, mettendo al corrente dei loro sforzi per una tregua tra bizantini e turchi. Il senato aveva anche deciso di rifiutare l'offerta

---

345 I combattimenti si erano svolti persino in piazza Banchi, mentre Luca Fieschi si era fortificato con i propri uomini nei propri palazzi, situati sulla collina di Carignano, nel 1394. I guelfi in fuga avevano incendiato ville presso Albaro e Antonio Guarco attaccava i sostenitori dell'Adorno, che si erano fortificati nella zona di Castelletto. Ivi, pp. 211–212.

346 Sulla dedizione di Genova alla Francia, si veda: Eugène JARRY, *Les origines de la domination française a Gênes (1392–1402)*, Paris 1896; Emanuel P. WARDI, Rank and file participation in politics in late-medieval Genoa: the commune's submission to the French in 1396, in: *Journal of medieval history* 28 (2002), pp. 373–399. Rispetto all'operato del doge Adorno: IDEM, Le strategie familiari di un doge di Genova. Antoniotto Adorno (1378–1396).

347 Nel maggio 1394 era inviata a Famagosta una "navibus ad agenda guerre seu belica", che portava 100 balestrieri e soprattutto "in dicta navis ad eius municionem bombardas IIIIor cum lapidibus et pulvere ad sufficientiam pro eisdem", baliste e casse di verrettoni. ASGe, *Archivio Segreto, Diversorum Communis Ianue* 3021, doc. 112. Genova, 4 maggio 1394. Nel novembre 1394 la nave dei patroni Nicolò e Andrea Lomellini, che si recava a Famagosta, imbarcava ben 30 balestrieri per la propria difesa. Ivi, doc. 116. Genova, 9 novembre 1394. Ancora, nel novembre 1395 la nave dei patroni Giovanni Marioni e Agostino Corforino portava altre munizioni e balestrieri nel Levante. Ivi, doc. 132. Genova, 29 novembre 1395.

della santa tunica e delle reliquie proposte da Manuele, per evitare di generare disordini tra la popolazione ortodossa della città.[348] Gli emissari erano salpati con la squadra del Golfo, che entro la fine di febbraio era già sulla rotta per difendere la capitale bizantina.[349] Il 27 febbraio giungeva a Venezia la notizia che l'ambasciatore bizantino Manuele Filotropino aveva visitato la corte ungherese e si accingeva a tornare in patria, chiedendo un legno ai veneziani per il viaggio via mare. Il senato ordinava dunque a una galea del Golfo di aspettarlo a Pola per poterlo riportare a Costantinopoli.[350] Pochi giorni dopo, il 1° marzo 1396, tramite lo stesso Filotropino giungeva notizia dei risultati dell'ambasciata: re Sigismondo intendeva armare una flotta sul Danubio per raggiungere Costantinopoli via fiume entro giugno, mentre Manuele Paleologo avrebbe allestito 10 galee a spese degli ungheresi. Il *basileus* non era intenzionato a concludere una pace con il sultano dopo questi sviluppi. Il senato aveva allora ordinato di annullare la missione diplomatica veneziana, già in viaggio, il cui compito principale era proprio "pro reconciliando dominum imperatorem cum Basito".[351]

L'11 aprile 1396 il senato della laguna si riuniva per discutere la risposta agli ambasciatori ungheresi. Nel testo della delibera, re Sigismondo intendeva muovere la propria armata contro i turchi "in festo penthecostes": Venezia, come promesso, avrebbe contribuito alla "tam utilis operis pro tota christianitate".[352] L'impegno era quello di fornire 1/4 delle 25 galee se avessero preso parte alla campagna i sovrani di Francia, Inghilterra e Borgogna. I patrizi veneziani ribadivano che non avrebbero violato le promesse.[353] Sembrava però che il re d'Ungheria fosse da solo con il proprio esercito, dunque Venezia non era tenuta a rispettare il patto. Tuttavia, se anche in queste condizioni Sigismondo era intenzionato a condurre la guerra contro gli infedeli, per la "gloriam et triumphum cum exaltatione fidei catholice", il leone di San Marco non si sarebbe tirato indietro. Il senato offriva, in qualunque caso, 4 galee armate in supporto agli ungheresi. I legni sarebbero rimasti in Romania da metà luglio fino a metà

---

348 THIRIET, Régestes de déliberations du Sénat, vol. 1, p. 210, doc. 896. Venezia, 17 febbraio 1396.

349 Il 1° marzo si inviavano ordini al capitano del Golfo, che già "inter alias providerat de mittendo eum cum octo galeis ad partes illas pro conforto et consolotione sua et suorum", ovvero dell'imperatore bizantino. Monumenta spectantia historiam slavorum meridionalium, vol. 4, p. 361, doc. 510. Venezia, 1° marzo 1396.

350 Ivi, pp. 359–360, doc. 508. Venezia, 27 febbraio 1396.

351 Ivi, pp. 360, doc. 509. Venezia, 1° marzo 1396. Le istruzioni sull'annullamento della missione agli ambasciatori a Costantinopoli e gli ordini al capitano del Golfo sono in: ivi, pp. 560–561, doc. 510. Venezia, 1° marzo 1396.

352 Ivi, pp. 363–365, doc. 513. Venezia, 11–14 aprile 1396.

353 "nec a promissione nostra modo aliquo recederemus". *Ibidem*.

agosto, attendendo la comparsa del re cristiano. Le votazioni per un tale provvedimento sono quasi all'unanimità: 132 i favorevoli, 6 contrari e un astenuto, al contrario della seconda parte delle richieste ungheresi, relativa a somme di denaro, su cui si erano seguite ben sette votazioni che avevano spaccato l'assemblea per tre giorni.[354] Il ceto dirigente veneziano, nonostante i timori, era compattamente deciso a partecipare alla guerra contro gli ottomani. Le autorità venete preparavano le proprie forze marittime e il 13 aprile, poiché la galea di Negroponte "sit intantum marcida et putrefacta"[355], ordinavano di sostituirla. Allo stesso modo si ordinava l'invio di 2 galeotte da 22 banchi, una deputata alla difesa dell'isola di Tino e l'altra per l'Eubea, costruendole se non ve n'erano nell'Arsenale.[356]

In Europa ferveva l'organizzazione dell'armata. I nobili francesi Eguerrand de Coucy e Henri de Bar erano stati annunciati da alcuni emissari a Venezia il 17 maggio 1396. I cavalieri dovevano raggiungere il re d'Ungheria e chiedevano la disponibilità di un legno veneziano per il tragitto fino a Segna, in Istria.[357] I due aristocratici erano giunti da Milano in laguna il 29 maggio recando lettere di re Carlo VI; il senato aveva concesso loro una "galea grossa pro eundo usque Segnam", con una scorta di 30 balestrieri.[358] Mentre i cavalieri franco-borgognoni si raggruppavano presso Buda, i legni veneziani salpavano verso Oriente "ad persecutionem turchorum et in favorem istud sui passagii".[359] Nel luglio 1396 le galee erano pronte al combattimento sugli Stretti. Gli ottomani avevano fortificato Gallipoli e avevano varato navi per bloccare l'accesso ai Dardanelli, tanto che le galee veneziane non potevano avventurarsi oltre Tenedo.[360] La *muda* mercantile di Romania doveva essere scortata dalle

354 La seconda parte era relativa a una sovvenzione monetaria che il re d'Ungheria richiedeva e che il senato era incline a rinunciare a causa delle spese straordinarie di quell'anni. Le votazioni erano le seguenti e si erano concluse solo il 14 aprile, giorno in cui era stata data una risposta definitiva agli ambasciatori ungheresi: "De parte 46, 46, 46, 46, 47, 48, 46, de non 46, 46, 49, 50, 48, 49, 49, non sinceri 20, 20, 17, 16, 16, 15, 16". *Ibidem*. Il 18 maggio le galee erano armate nell'Arsenale: 3 di esse dovevano prima dirigersi a Creta, "bene in hordine tam de hominibus de remo quam ballistrariis". ASVe, *Senato Misti* 43, f. 127v. Venezia, 18 maggio 1396.

355 Ivi, f. 123v. Venezia, 13 aprile 1396.

356 *Ibidem*.

357 Ivi, f. 127r. Venezia, 17 maggio 1396.

358 Ivi, f. 137r. Venezia, 29 maggio 1396. Anche: SETTON, The Papacy and the Levant, vol. 1, p. 347.

359 ASVe, *Senato Misti* 43, f. 127v. Venezia, 18 maggio 1396.

360 CRISTEA, Considérations sur la participation vénitienne à la croisade de Nicopolis, p. 100. Anche Nicolae Iorga riporta alcuni interessanti documenti in questo verso: "de potentia Basiti, que multiplicat in partibus et loco Galipolis, tam de gentibus, quam navigiis, cum

galee di Negroponte per timore degli ottomani.[361] La squadra da guerra veneta era accompagnata da alcune imbarcazioni degli ospitalieri di Rodi, di cui però si ignora il numero.[362] Le comunità genovesi d'oltremare, anch'esse minacciate dall'avanzata ottomana, dovevano provvedere autonomamente alla propria difesa, potendosi aspettare poco o nessun supporto dalla madrepatria preda di guerre civili. Nel giugno 1396 i genovesi di Pera, assediata dal sultano, avevano inviato il notaio Antonio di Sannazzaro, a nome della colonia, a protestare nei confronti di Francesco II Gattilusio. Il signore di Lesbo era accusato di non aver prestato ascolto ai ripetuti messaggi del podestà, che lo invitava a rispettare i termini del patto del 1388 in soccorso di Pera, ora che "guerra ad presens viget et est inter comune Peyre et dictum Iahalabi dominum turchorum, et ipsius exercitus est in obsidione Peyre".[363] Il notaio intimava al Gattilusio di intervenire subito, altrimenti minacciava di fargli pagare tutti i danni patiti dalla comunità genovese a causa dei turchi.[364] Se Francesco non avesse combattuto, ne sarebbe derivato un "detrimentum et periculum totius reipublice ianuensis".[365]

L'atto di protesta era stato vergato all'interno del porto di Costantinopoli, sulla poppa della galea di Francesco II Gattilusio, che si trovava dunque a poche centinaia di metri dall'insediamento ligure.[366] Il signore di Mitilene probabilmente non poteva intervenire con la sua unica galea, come riportato nella risposta di Francesco: egli, contestava, era pronto a rispettare i patti e a combattere; dunque, se i peroti avessero compiuto una sortita e fossero usciti in battaglia contro i turchi, si sarebbe subito unito a loro.[367] Gli assedianti ottomani erano però in numero soverchiante e il Gattilusio non poteva fare nulla

---

quibus magis vigilare videtur ad damnum christianorum euntium et redeuntium pre strictum". IORGA, Veneþia în Marea Neagrã. I. Dobrotici, pp. 47–48, doc. 56.

361 THIRIET, Régestes de déliberations du Sénat, vol. 1, p. 214, doc. 914. Venezia, 20 luglio 1396.

362 Sulla partecipazione degli ospitalieri alla crociata: Jean-Christian POUTIERS, Les Chevaliers de Rhodes à la croisade de Nikopol (1396), in: *Etudes Balkaniques* 17/1 (1981), pp. 89–123.

363 ASGe, *Notai Antichi* 485, doc. 5. Costantinopoli, 15 giugno 1396. Edito in BELGRANO, Seconda serie di documenti riguardanti la colonia di Pera, pp. 965–967, doc. 9.

364 Quod si prelibata vestra magnificentia non fecerit, prout tenetur, protestatur de omni damno, interesse et expensis, quod dictum comune seu comunitas Peyre pateretur seu suportaret, et eciam de quibuscumque dampnis, interesse et penis, in quibus prelibata magnificentia incurrisset actenus de inobservantia dicte lighe". *Ibidem*.

365 *Ibidem*.

366 "Acta sunt hec in portu Constantinopoli, iusta Chignigho, videlicet super pupim galee prefacti magnifici domini Francisci Gateluxii, domini Mitileni". *Ibidem*.

367 "Et prefactus magnificus dominus Franciscus, dominus Mitileni, audita dicta responsione dicti Antonii, dicit et paratum se offert quod si et in quantum communitas Peyre deliberet exire raenia Peyre et ire contra turchos predictos, ipse cum eius potencia et comunitate

con le proprie limitate forze, con cui pure era giunto in zona di guerra dalla propria isola.[368] La salvezza per Pera sarebbe giunta dagli antichi nemici veneziani. Tre anni dopo, il senato di Venezia ricompensava il cretese Andrea de Medio, che a Costantinopoli aveva perso una gamba nel corso di uno scontro con ben 27 imbarcazioni turche: per il suo atto di coraggio era premiato con l'assegnazione della castellania di Castronuovo e Pediade, a Creta.[369] Le truppe crociate si stavano intanto raggruppando a Buda, per agire in collaborazione con l'esercito di re Sigismondo. Si trattava del fiore della cavalleria francese e borgognona, fornita di tende sfarzose, lussi e sogni romanzeschi. La spedizione del 1396, che avrebbe segnato i destini dei Balcani meridionali, è già stata al centro di una mole notevole di studi, che hanno guardato all'aspetto logistico-militare, alle ripercussioni ideali, ai resoconti e alle opere letterarie, al trattamento dei prigionieri e ai partecipanti alla spedizione.[370]

---

predicta exire, et insultum viriliter facere contra turchos predictos et fortilicia que fabricant contra communitatem predictam". *Ibidem*.

368 Sulla questione, si veda anche: MANFRONI, Le relazioni fra Genova, l'Impero Bizantino e i Turchi, p. 721.

369 THIRIET, Régestes de déliberations du Sénat, vol. 1, p. 223, doc. 963. Venezia, 31 maggio 1399.

370 La storiografia sul tema è estremamente vasta, dunque si riporteranno solo alcuni titoli. Riguardo alle operazioni della crociata del 1396 nei suoi diversi aspetti: ATIYA, The crusade of Nicopolis; Henry L. SAVAGE, Euguerrand de Coucy VII and the Campaign of Nicopolis, in: *Speculum* 14 (1939), pp. 423–442; Charles L. TIPTON, The English at Nicopolis, in: *Speculum* 37 (1962), pp. 528–540; Jean RICHARD, Les prisonniers de Nicopolis, in: *Annales de Bourgogne* 68/3 (1996), pp. 75–83; Bertrand SCHNERB, Le contingent franco-bourguignon à la croisade de Nicopolis, in: *Annales de Bourgogne* 68/3 (1996), pp. 59–75; Adrian Robert BELL, England and the crusade of Nicopolis, 1396, in: *Medieval life* 4 (1996), pp. 18–22; László VESZPRÉMY, Some remarks on recent historiography of the crusade of Nicopolis (1396), in: *The Crusades and the Military Orders: expanding the Frontiers of Medieval Latin Christianity. In memoriam Sir Steven Runciman (1903–2000)*, ed. Zsolt HUNYADI / József LASZLOVSZKY, Budapest 2001, pp. 223–230; Dan Ioan MURESAN, Avant Nicopolis: la campagne de 1395 pour le contrôle du Bas-Danube, in: *Revue internationale d'histoire militaire* 83 (2003), pp. 115–132; Kelly R. DEVRIES, The effect of killing the Christian prisoners at the Battle of Nicopolis, in: *Crusaders, condottieri and cannon: medieval warfare in societies around the Mediterranean*, ed. Donald J. KAGAY / L.J. Andrew VILLALON, Leiden 2003, pp. 157–172; Ovidiu CRISTEA, La croisade de Nicopolis (1396). Controverses autour d'une bataille, in: *Church Union and Crusading in the Fourteenth and Fifteenth Centuries*, ed. Christian GASTGEBER [et al.], Cluj-Napoca 2009, pp. 31–56; Marco PELLEGRINI, *Le crociate dopo le crociate. Da Nicopoli a Belgrado (1396–1456)*, Bologna 2013; Attila BÁRÁNY, King Sigismund of Luxemburg and the preparations for the Hungarian crusading host of Nicopolis (1389–1396), in: *Partir en croisade à la fin du Moyen Âge. Financement et logistique*, ed. Daniel BALOUP / Manuel SÁNCHEZ MARTÍNEZ, Toulouse 2015, pp. 153–178. Tra i lavori incentrati sullo studio dei resoconti della battaglia e i suoi impatti, sia letterari che psicologici: DE MÉZIÈRES, Une epistre lamentable et consolatoire: adressée en 1397 à

Il supporto navale era secondario nella logistica dell'operazione, eminentemente terrestre. Al di fuori del piccolo contributo degli ospitalieri e di Francesco II Gattilusio, Venezia era stata la sola potenza marittima ad aver partecipato all'armata, ma le galee erano troppo poche per bloccare efficacemente gli Stretti, al contrario di quanto affermano alcune cronache successive.[371] Il cronista veneziano Antonio Morosini, dalla scarsa affidabilità, scrive della presenza di ben 43 galee, tra veneziane, genovesi e bizantine, in Romania per combattere gli ottomani. La flotta era al comando di Tommaso Mocenigo, capitano del Golfo, e terrorizzava le galee turche sul mare, stando alle parole di Morosini.[372] Sappiamo invece che le galee genovesi non si erano mai presentate – escludendo quelle armate dalle comunità d'oltremare e da Francesco Gattilusio – mentre quelle veneziane non erano più di 10. Sempre secondo Antonio Morosini, il re d'Ungheria, in fuga dal massacro verso il Danubio, sarebbe stato tratto in salvo dalle galee veneziane e genovesi che si trovavano sul fiume:

> lo re d'Ongheria chavalchà chon alguni d'i suo baroni verso la Donoia per aver sentimento che le galie d'i veniciani e zenovexi e l'inperador se trovava eser là, e zionto quelo a le galie subita mente elo montà sovra quele e vene su la galia del chapetanio d'i veniciani, zò è de misier Tomado Mozenigo, al qual el dito fexe grandisimo honor, e a tuta soa zente.[373]

In realtà una spedizione veneziana sul Danubio non è attestata e l'informazione, volta a dimostrare l'impegno del comune nella causa crociata, è frutto di un travisamento o di un'incomprensione. Sigismondo dopo la battaglia aveva raggiunto in maniera fortunosa il Danubio e si era imbarcato su un battello dei

Philippe le Hardi; Hilmi KAÇAR / Jan DUMOLYN, The Battle of Nicopolis (1396), Burgundian Catastrophe and Ottoman Fait Divers. The Relevance of 'Other' in State Ideologies, in: *Revue belge de philologie et d'histoire* 91 (2013), pp. 905–934; Marie-Gaetane MARTENET, Le Récit de la bataille de Nicopolis (1396) dans les Chroniques de Jean Froissart: de l'échec à la gloire, in: *Questes* 30 (2015), pp. 125–140; Charles-Louis MORAND METIVIER, Narrating a Massacre: The Writing of History and Emotions as Response to the Battle of Nicopolis (1396), in: *Affective and Emotional Economies in Medieval and Early Modern Europe*, ed. IDEM / Andreea MARCULESCU, Cham 2018, pp. 195–210.

371 CRISTEA, Considérations sur la participation vénitienne à la croisade de Nicopolis, p. 95.

372 "I veniziani e zenovexi a insembre e' fexe armada de galie a la suma de galie XLIIII° per andar intro el Destreto de Romania a danizar i diti turchi, e fo fato chapetanio de le dite galie el nobel homo misier Tomado Mozenigo, el qual s'aconpagnà chon le galie d'i zenovexi, e a preso chon algune galie de l'inperador de Chonstantinopoli, per muodo over maniera che i cristiani iera sì posenti che in algun luogo né galie de turchi non hosava 'parer". MOROSINI, Il Codice Morosini, vol. 1, p. 190.

373 Ivi, p. 191.

cavalieri di Rodi, riuscendo a fuggire con pochi uomini. Il monarca ungherese con alcuni compagni, tra cui il fedele arcivescovo János Kanizsa, aveva disceso il fiume fino al Mar Nero, dove era stato raccolto dalla galea veneziana di Tommaso Mocenigo. Il capitano del Golfo si stava muovendo sulle coste intorno alla foce del Danubio per prendere contatto con Sigismondo, dopo la notizia della sconfitta. Il re era stato trasportato da Mocenigo attraverso i Dardanelli fino a Ragusa, per permettergli di tornare in Ungheria, ricevendo in cambio la gratitudine personale di Sigismondo e ricchi doni.[374]

L'annuncio della sconfitta di Nicopoli aveva raggiunto la laguna entro il 28 ottobre 1396, a un mese dalla battaglia. Venezia aveva subito eletto due commissari che si sarebbero dovuti recare nel Levante per occuparsi della sicurezza delle colonie, ora completamente esposte alla minaccia turca.[375] Il capitano del Golfo esprimeva la propria "magna perplexitate" in seguito alla novità e chiedeva come agire. Il senato destinava dunque a Tommaso Mocenigo 5.000 ducati per mantenere la flotta in difesa di Costantinopoli: nel caso quest'ultima fosse caduta, doveva vegliare sulla sicurezza delle colonie e del naviglio veneziano, per sottrarlo all'avidità turca. Si ordinava, con una misura navale straordinaria, di svernare presso Negroponte senza disarmare le galee.[376] È stato tenuto in scarsa considerazione lo sforzo veneziano per salvaguardare Costantinopoli e Pera all'indomani della sconfitta cristiana, con un impegno essenziale per la salvezza dell'impero bizantino e degli organismi politici cristiani in Romania. Il timore era il ritorno in forze di Bayezid all'assedio di Costantinopoli, così da portarlo finalmente a termine. Il 27 e 28 ottobre 1396 il podestà genovese di Pera, Iacopo de Cambio, il consiglio della colonia e l'ufficio di guerra scrivevano al doge veneziano Antonio Venier una lettera di ringraziamento, a nome della comunità ligure, per l'intervento di Tommaso Mocenigo, che con le sue 8 galee aveva liberato la città dalla morsa dei turchi. I genovesi chiedevano anche l'afflusso di vettovaglie, molto scarse in Romania.[377]

---

374 SETTON, The Papacy and the Levant, vol. 1, p. 356. Effettivamente Sigismondo d'Ungheria, per il valore dimostrato dalle galee contro i turchi, aveva assegnato a Tommaso Mocenigo una pensione vitalizia di 1.000 ducati d'oro l'anno. PREDELLI, I libri commemoriali, vol. 3, p. 245, n. 56. Spalato, 4 gennaio 1397. Anche Antonio Morosini si sofferma sulla gratitudine del re verso i veneziani: "Ma lo dito re molto se trvà chontento del bom portamento lo quali li aveva fato el dito chapetanio chontra de lui e de la soa brigada, e per merito li fexe molti beli doni e hordenà che 'l devese aver hogni ano ducati M d'oro de provixion, li qual deneri li fose dadi in Veniexia del queli che el chomun de Veniexia li iera tegnudo de dar al dito re per la paxie celebrada mente". MOROSINI, Il Codice Morosini, vol. 1, p. 191.

375 SETTON, The Papacy and the Levant, vol. 1, p. 357.

376 THIRIET, Régestes de déliberations du Sénat, vol. 1, p. 214, doc. 917. Venezia, 29 ottobre 1396.

377 PREDELLI, I libri commemoriali, vol. 3, pp. 241–242, n. 40–41. Pera, 27–28 ottobre 1396.

Sull'onda del pericolo ottomano si era avviata un'effettiva collaborazione tra gli abitanti latini delle due città, che si erano di fatto alleate per non soccombere alla minaccia del sultano. La squadra navale veneziana che aveva salvato Costantinopoli era formata probabilmente dalle 4 galee della capitale, da 2 di Negroponte e da 2 che dovevano incrociare sul Mar Nero tra Tana e Trebisonda. La notizia della disfatta di Nicopoli aveva generato un'atmosfera pesante nel senato veneto, che ora temeva di perdere i propri possedimenti oltremare.[378]

La collaborazione veneto-genovese, nel momento in cui il centro tirrenico aveva una parvenza di stabilità con la dedizione al regno di Francia, era stata sancita da un inviato del doge genovese Antoniotto Adorno. Il 2 dicembre 1396 il senato di Venezia rispondeva all'emissario che la flotta veneziana aveva protetto Pera per il bene comune dei cristiani e che avrebbe continuato a proteggere i territori genovesi dai turchi. Le autorità veneziane del Levante, inoltre, avrebbero ricevuto l'ordine di favorire la rotta delle galee genovesi che il comune si era risolto a inviare a Pera. I due centri si occupavano anche dello scisma della Chiesa, dannoso per l'elaborazione di una risposta unitaria cristiana al pericolo turco, e si impegnavano a fare di tutto per favorire l'unione tra i due pontefici.[379] Come nel 1369, l'unica possibilità di collaborazione tra le rivali Genova e Venezia era contro un potentato musulmano. Non vi era però uniformità di pensiero tra i patrizi della laguna sul comportamento da tenere e sulla possibilità di allontanarsi da ulteriori impegni crociati. Il 31 ottobre 1396 in senato si discuteva della possibilità di informare per lettera il papa, i re di Francia e Inghilterra e l'imperatore tedesco della sconfitta di Nicopoli. Nella proposta si leggeva che Venezia doveva stare attenta a non prendere nessun impegno che le fosse gravato in futuro. Il senato aveva finito per bocciare la mozione con larga maggioranza, rifiutandosi di inviare missive ai principi occidentali e lasciando che il resoconto del disastro giungesse loro più tardi e per altre vie. Venezia aveva già pagato il proprio tributo alla crociata che altri avevano voluto.[380] La battaglia di Nicopoli aveva lasciato un altro pesante strascico, che avrebbe visto protagonisti soprattutto i genovesi d'oltremare: il riscatto dei prigionieri. Appena la notizia della catastrofe si era diffusa tra le corti europee, i prìncipi e i grandi nobili si erano immediatamente preoccupati di riscattare i propri eredi, rampolli e sottoposti caduti nelle mani di Bayezid. L'intermediazione dei comuni marittimi era una strada obbligata. Già l'11

378 SETTON, The Papacy and the Levant, vol. 1, p. 358.

379 THIRIET, Régestes de déliberations du Sénat, vol. 1, p. 215, doc. 919. Venezia, 2 dicembre 1396.

380 L'innocua proposta di informare della sconfitta era stata bocciata con un numero di contrari pari a 60, i favorevoli erano 42 e gli astenuti 11. ASVe, *Senato Misti* 43, f. 159r. Venezia, 31 ottobre 1396.

gennaio 1397 i veneziani avevano accordato un passaggio sulle proprie galee agli emissari francesi che dovevano visitare i nobili prigionieri e fornire un resoconto sul loro stato. Essi avevano viaggiato a bordo di una galea veneziana lungo l'Adriatico, per arrivare a Mitilene da Francesco II Gattilusio e infine sui Dardanelli, dove gli aristocratici erano custoditi.[381]

Proprio i genovesi d'oltremare, abbastanza assenti fino a quel momento, avevano dimostrato un singolare attivismo nella questione dei riscatti dei prigionieri francesi e borgognoni.[382] Dopo la tragedia crociata era stata lanciata una massiccia campagna diplomatica per riportare a casa i sopravvissuti dalle prigioni del sultano. Il duca di Borgogna, tuttavia, aveva bisogno di tempo per raccogliere i fondi necessari e si era rivolto al mercante lucchese Dino Rapondi, che lo aveva indirizzato verso genovesi e veneziani per ottenere prestiti. Bayezid nella primavera del 1397 aveva intanto rilasciato il maresciallo Boucicaut e Guy de la Trémoille, catturati nella carica di cavalleria di Nicopoli, perché recuperassero il denaro con cui liberare i compagni. I due si erano diretti a Rodi per consultarsi con gli ospitalieri, ma Guy de la Trémoille era morto sull'isola, debilitato dal periodo in carcere. Jean Le Meingre aveva proseguito la missione da solo navigando verso Lesbo. Francesco II Gattilusio si era mostrato partecipe alla vicenda da Mitilene, ultima dimora sicura, e aveva già interceduto con Bayezid dopo la battaglia in favore di Eguerrand de Coucy.[383] Lo zio Nicolò Gattilusio, signore di Enos, aveva inviato cibo e vestiti ai prigionieri, insieme al prestito di 2.000 ducati a Jean de Nevers per il loro mantenimento. Boucicaut aveva ottenuto un prestito di 36.000 franchi da Francesco II, incoraggiando altri a occuparsi della sorte dei crociati. Il maresciallo di Francia era tornato dai compagni, aveva lasciato loro il denaro e si era diretto a cercare nuovo aiuto presso i genovesi di Pera. Il 24 giugno 1397 presso Bursa si era giunti a un accordo per la liberazione dei prigionieri: la cifra fissata dal sultano era di 200.000 ducati, tolti i 13.000 che equivalevano al prezzo di Boucicaut e Guy de la Trémoille. Quel giorno erano stati pagati 15.000 ducati dai rappresentanti di Giacomo di Lusignano, re di Cipro, mentre i rimanenti 172.000 sarebbero stati anticipati quasi esclusivamente da genovesi. Tra di essi,

381 SETTON, The Papacy and the Levant, vol. 1, p. 359. Carlo VI di Francia nel dicembre 1396, appena appresa la notizia della sconfitta,aveva raccomandato al doge veneziano il cavaliere Guglielmo de l'Aigue, inviato dal sovrano alla ricerca del conte di Nevers e dei suoi compagni. PREDELLI, I libri commemoriali, vol. 3, p. 243, n. 44. Parigi, 7 dicembre 1396.

382 WRIGHT, An Investment in Goodwill.

383 Il signore di Lesbo aveva chiesto al sultano che Eguerrand de Coucy, che era molto malato, potesse non essere trasferito nella nuova prigione a cui era destinati gli altri prigionieri. Tuttavia, nemmeno questa misura fu abbastanza ed Eguerrand morì in prigionia. Ivi, pp. 263–264.

Francesco II Gattilusio avrebbe versato l'enorme cifra di 110.000 ducati, poi Nicolò Gattilusio ne avrebbe forniti altri 40.000, il mercante perota Gaspare de Pagano 11.000, un ricco maonese di Focea Nuova, Nicolò Paterio, i restanti 11.000; il tutto era da consegnare al sultano entro otto mesi.[384]

I Gattilusio in realtà fungevano da prestanome per una cordata di prestatori, tra cui Domenico de Alemania a nome degli ospitalieri e diversi parenti dei signori ungheresi catturati, che avrebbero fornito quasi 80.000 ducati. La rassicurazione dei garanti aveva convinto Bayezid a rilasciare i prigionieri, tra cui Jean de Nevers e Jacques di Borbone, oltre a un gruppo di aristocratici ungheresi. Oltre alla garanzia sul riscatto, una serie di ricchi doni era stata inviata dal duca di Borgogna e da re Giacomo di Cipro per ingraziarsi il sultano, insieme a regali più modesti da parte di personaggi secondari. La vicenda di Nicopoli aveva suscitato grande commozione anche tra i cristiani del Levante. Il genovese Lancellotto Vergerio di Savona aveva donato 570 ducati a Bayezid, ad alcune guardie del carcere e a due ufficiali turchi. Molto probabilmente Vergerio stava tentando di coprire un tentativo infruttuoso di evasione dei prigionieri, da lui organizzato.[385] La questione finanziaria doveva tener conto anche del fastoso viaggio di ritorno dei *captivi*, che sarebbe costato almeno quanto il riscatto. Gli ex prigionieri erano stati accolti a Digione il 23 febbraio 1398 alla stregua di eroi. Sulla via del ritorno avevano speso una cifra vicina ai 200.000 ducati, molti dei quali forniti dagli stessi prestatori. Nella catena dei prestiti i genovesi d'oltremare erano in numero predominante: Antonio Giustiniani de Rocha, maonese di Chio, gli abitanti di Pera Brancaleone Grillo, Lanfranco Portonario, Branca Spinola, Percivalle de Porta, Ansaldo Grimaldi, Battista Argenti; Giovanni Spinola che viveva a Rodi, Giuliano Gattilusio e Morruele Doria, entrambi di Mitilene. Accanto a coloro che si erano stabiliti in Oriente, vi erano anche genovesi della metropoli con cospicui interessi nel Levante: Costantino Lercari, Michele Lomellini, Alaramo de Mari, Raffaele de Tadio e Pietro Macia di Savona. I soldi da loro anticipati erano variabili a seconda della loro disponibilità, dalle poche centinaia alle migliaia di ducati.[386]

Tutti i prestatori genovesi appartenevano alla rete di luoghi visitati dai riscattati, come Pera, Lesbo, Rodi, oltre ai soci del network della Maona di Chio. Molti dei contribuenti di Pera, tutti connessi tra loro, erano figure guida della

384 Ivi, p. 265.

385 Vi era anche la possibilità che Lancellotto Vergerio stesse agendo in collegamento con i Gattilusio. Ivi, pp. 266–267.

386 Ivi, p. 268. La ricerca, condotta da Christopher Wright, si basa su fonti dell'Archivio Dipartimentale di Digione, oltre che sulla pubblicazione di documenti di Delaville Le Roulx. Per una lista di questi prestatori, con i relativi importi dovuti dal duca di Borgogna, si rimanda a: DELAVILLE LE ROULX, La France en Orient, vol. 2, pp. 88–95.

colonia che temeva per la propria sopravvivenza, mentre altri avevano partecipato in virtù dei propri legami con gli ospitalieri. La disponibilità finanziaria dei genovesi verso i prigionieri trova molteplici spiegazioni. Anticipare i soldi per un riscatto era un investimento calcolato e un mezzo per ottenere patronati presso sovrani o signori, oltre che per creare uno stretto contatto con colui che si aveva riscattato. La vicenda di Nicopoli era del tutto particolare: l'affrancamento di cavalieri cristiani nelle mani degli infedeli era un'opera di carità che avrebbe decisamente aumentato il prestigio di chi la compiva. La spedizione crociata era stata un dramma collettivo che aveva attratto le attenzioni dell'Occidente, in un mescolamento di interessi, sentimento religioso e commozione cavalleresca. Durante il ritorno dei prigionieri, avvenuto in un clima quasi trionfale, chi aveva contribuito al riscatto era il sostenitore di uomini che avevano combattuto in nome di Dio e in difesa della Cristianità. Fornire loro soccorso, nella particolare atmosfera resa acuta dalla minaccia turca, era un dovere morale da parte della comunità dei fedeli. I genovesi erano i primi contatti nel Levante dotati di solidità di patrimonio e di legami: non si trattava di una monolitica entità politica ma di una pluralità di uomini in grande autonomia, fattore che favoriva la partecipazione individuale al finanziamento. Nel 1397 il timore dei latini del Levante era che il fallimento dell'impresa avrebbe demoralizzato i regni europei, abbandonando i cristiani d'oltremare al proprio destino. Per i Gattilusio, per gli abitanti di Pera e per i genovesi del mondo coloniale, assicurare il ritorno dei *captivi* era fondamentale in assenza di un forte potere comunale che avesse potuto proteggerli. I nobili francesi e borgognoni avrebbero recato con sé notizie della generosità dei latini d'Oriente, ravvivando la solidarietà religiosa di fronte a un nemico inarrestabile. Il riscatto era, insomma, uno dei mezzi per convincere i sovrani della Cristianità ad allestire un'altra spedizione in loro soccorso.[387] Venezia aveva invece avuto un ruolo maggiore nella logistica della crociata ed era il maggior terminale dei collegamenti tra Europa e Oriente. Dopo la sconfitta, il doge Venier era stato bersagliato di lettere dalle corti di Francia e Borgogna che lo imploravano di utilizzare i propri contatti per ottenere il rilascio dei prigionieri.[388]

Anche Genova non aveva abdicato al proprio ruolo di intermediario mediterraneo, specialmente dopo la soggezione francese, che aveva rinsaldato il legame con la corona d'oltralpe. Nel luglio 1397 un funzionario del comune ligure riportava il testo della lettera patente affidata a Jean de Seury, procuratore

387 Questa opinione è esposta anche in: WRIGHT, An Investment in Goodwill, pp. 270–272.

388 Ivi, p. 273. Una volta giunta a Parigi la notizia della liberazione di Jean de Nevers e compagni, il sovrano francese si era premurato di scrivere ringraziamenti al doge di Venezia. PREDELLI, I libri commemoriali, vol. 3, p. 247, n. 67–68. Parigi, 15–19 settembre 1397.

del signore francese Robert, duca di Bar, che chiedeva supporto per la liberazione del figlio Philippe, che "in conflictu contra Turchos sacre fidei inimicos ab eisdem fuisse captum et nunc in partibus Romanie a quondam turcho detineri".[389] Il duca, preoccupato per le sorti del figlio, dava una disponibilità illimitata di fondi al suo inviato, con il potere di ipotecare beni immobiliari e mobili del suo signore.[390] All'epoca della lettera, Philippe de Bar probabilmente era già morto nelle carceri ottomane e non sarebbe mai stato liberato.[391] Nemmeno suo fratello maggiore, Henri de Bar, sarebbe mai tornato in patria e, pur liberato, era morto di stenti a Treviso nel 1397.[392] Come loro, molti altri aristocratici franco-borgognoni avevano perso la vita dopo la battaglia. Se Venezia era rimasta il principale interlocutore istituzionale, tra i singoli prestatori di denaro per i riscatti vi erano 28 genovesi contro solo 2 veneziani, più il doge Antonio Venier che forniva denaro in nome del comune lagunare.[393] I nobili europei sopravvissuti erano tornati nei rispettivi regni, abbandonando il Levante per sempre. La crociata era solo una limitata avventura di un'esistenza cavalleresca. Genovesi e veneziani non potevano invece abbandonare il mondo dove si erano insediati: sarebbero stati loro i protagonisti degli anni successivi a Nicopoli.

7.3.3 *Per la salvezza del Levante (1397–1399)*

Le fonti confermano l'impegno veneziano e genovese nell'allestire misure per la salvezza di Costantinopoli e della Cristianità orientale, come la speranza di ricevere ulteriori aiuti dall'Occidente. La stagione successiva a Nicopoli ha suscitato scarso interesse da parte della storiografia, che si è soffermata sulla spedizione di Boucicaut del 1399 ma ha dato poco spazio agli sforzi militari e

389 ASGe, *Archivio Segreto, Diversorum Communis Ianue* 3021, doc. 154. Genova, 20 luglio 1397.

390 "Et de solvendo integraliter quascumque pecuniarum sommas tam pro redemptione et expensis quam ex mutuo vel alia debitas locis et temporibus de quibus fuerit conventum personis et creditoribus supradictis, nos heredes et successors villas, castra et oppida terras et possessions, cetamque bona nostra et heredum et successorum nostrorum mobilia et inmobilia presenta et futura ubicumque existencia pro solutionem stipulationem obligandi et ypothecandi". *Ibidem.*

391 André DUCHESNE, *Histoire généalogique de la maison royale de Dreux (Paris), Luxembourg, Preuves de l'histoire de la maison de Bar-le Duc*, Paris 1631, p. 56.

392 Jean-Joseph CARLIER, *Henri d'Oisy, fragment d'études historiques sur les seigneurs de Dunkerque, de Bourbourg, de Gravelines, de Cassel, de Nieppe, etc.*, Dunkerque 1858, pp. 143–144.

393 I cavalieri ospitalieri, presenti tra i finanziatori dei riscatti, sono un caso a parte: la crociata era il cuore della loro attività, avevano partecipato allo scontro di Nicopoli; il Gran Maestro Philibert de Naillac e molti altri avevano preso parte personalmente alla spedizione. Ciò implicava che fossero molto partecipi del destino dei prigionieri. Per i nomi dei prestatori, si veda la lista presente in appendice: WRIGHT, An Investment in Goodwill, pp. 291–296.

diplomatici dei due comuni, che erano gli unici fautori di una disperata resistenza dinanzi ai turchi. La fine del mondo cristiano d'oltremare sembrava imminente, nonostante tutti gli sforzi di Genova e Venezia. Nella laguna il 1397 si era aperto con la notizia delle intenzioni aggressive di Bayezid: il senato, conscio del pericolo, aveva ordinato l'armamento di 8 galee, come per l'anno precedente.[394] Il 26 gennaio agli ambasciatori ungheresi nella capitale veneta era stato risposto che Venezia non aveva mai abbandonato re Sigismondo durante la campagna di Nicopoli e non avrebbe abbandonato Costantinopoli nemmeno adesso. Si informava dell'armamento delle galee e della richiesta fatta a Genova, illusoriamente pacificata, di armare altre 5 galee per difendere gli interessi comuni in Romania.[395] La lotta dei due centri marittimi riapriva la questione di Tenedo, essenziale base operativa per condurre azioni sugli Stretti. Il 30 gennaio 1397 il senato veneto era fiducioso che i genovesi consentissero il riarmo dell'isola contro gli ottomani. Il governo di San Marco si era congratulato con l'inviato genovese Orlando Campofregoso per le misure adottate da Genova in difesa della Romania, di cui non siamo a conoscenza per la mancanza di documentazione ligure. Era stato inviato nella città tirrenica un messo veneziano, che doveva far presente la necessità di fortificare Tenedo e utilizzarla come base navale per le galee nell'Egeo settentrionale. Grazie allo scalo dell'isola, i rifornimenti di viveri alle galee avrebbero facilitato le operazioni. L'ambasciatore Pietro Emo doveva insistere per ottenere la rinuncia genovese all'articolo del trattato di Torino del 1381 relativo al disarmo di Tenedo; in caso di rifiuto del comune ligure, l'emissario doveva tornare immediatamente a Venezia.[396] Il sultano voleva concludere una pace con Venezia per privare Costantinopoli del soccorso marittimo, ma le sue condizioni erano inaccettabili: si rifiutava di riconoscere le recenti acquisizioni veneziane in Grecia come Argo, Nauplia, Atene, Durazzo e Scutari, dichiarando che spettavano agli ottomani. Venezia dal canto suo non poteva accettare una pace che gli avesse impedito di debellare la pirateria turca sui mari. Il rifiuto di Venezia era stato il punto d'inizio per una lega navale con i genovesi di Chio, gli ospitalieri e il duca di Nasso: Tenedo era l'ovvia base predisposta per le manovre.[397]

Le operazioni militari di San Marco procedevano: il sopracomito del Golfo, Bianco Ripa, doveva recarsi nei porti della Dalmazia e prendere a bordo eventuali sopravvissuti francesi della sfortunata spedizione dell'anno precedente.

---

394 Thiriet, Régestes de déliberations du Sénat, vol. 1, p. 215, doc. 922. Venezia, 12 gennaio 1397.

395 Il sovrano intendeva continuare la propria lotta antiturca e chiedeva dunque l'attivo supporto del comune. Ivi, pp. 215–216, doc. 923. Venezia, 26 gennaio 1397.

396 Ivi, p. 216, doc. 924. Venezia, 30 gennaio 1397.

397 Cristea, Considérations sur la participation vénitienne à la croisade de Nicopolis, p. 101.

Bianco doveva poi recarsi a Gallipoli con 2 galee e da lì a Costantinopoli per portare aiuto a Manuele II. I cristiani latini non avrebbero abbandonato il *basileus*, poiché erano attese 5 galee veneziane, altrettante genovesi e 3 di Creta. Bianco doveva rassicurare anche i liguri di Pera, in cerca di protezione. Nel caso Costantinopoli fosse caduta, Bianco Ripa doveva difendere Pera a tutti i costi; se entrambe le città fossero state conquistate, le galee veneziane avrebbero dovuto vigilare su Negroponte e sulla Romania.[398] Il governo genovese aveva intanto acconsentito all'allestimento delle 5 galee da inviare in Oriente.[399] La missione di Pietro Emo, ambasciatore veneto a Genova, andava invece incontro a difficoltà. L'emissario si sforzava di spiegare che il disarmo di Tenedo era la causa principale dell'audacia turca sugli Stretti, tanto che senza l'isola non era possibile attaccare Gallipoli; dello stesso parere era anche Sigismondo d'Ungheria. Pietro doveva insistere sulla rinuncia alla clausola del trattato di Torino, cosciente che se il Consiglio ligure avesse dichiarato di dover conferire con il re di Francia era solo una maniera per tirare la questione per le lunghe.[400] Genova nemmeno in una situazione drammatica poteva accettare una base marittima veneziana a Tenedo, per cui aveva già scatenato una lunga guerra. I patrizi liguri avevano piuttosto avanzato la proposta di mettere Tenedo sotto il governo pontificio, alla maniera di Smirne, con la ripartizione delle spese tra Genova e Venezia. Il senato lagunare, inflessibile sulla vicenda, rispondeva a Pietro Emo che la proposta era inaccettabile: l'ambasciatore doveva insistere sul riarmo puro e semplice dell'isola sotto l'unica responsabilità veneziana.[401] Non bastava la minaccia ottomana per seppellire completamente rancori e divergenze tra i centri mercantili.

Altri tre veneziani, ovvero Michele Steno, Giorgio Fantin e il capitano Tommaso Mocenigo, erano inviati per dissuadere il *basileus* e i peroti a concludere una pace separata con Bayezid e dovevano sollecitare i preparativi militari di re Sigismondo, perché Venezia non poteva mantenere una flotta così grande in una regione in cui non disponeva di basi. Se fossero rimasti soli, non vi era altra alternativa che trattare con il sultano.[402] Lo stesso giorno, il 7 aprile 1397, si ordinava al nuovo capitano del Golfo, Benedetto Soranzo, di conferire con il castellano di Modone sulla minaccia turca per poi dirigersi a Costantinopoli. Il senato era del parere di rifiutare la cessione delle isole di Lemno e Imbros,

---

398 Thiriet, Régestes de déliberations du Sénat, vol. 1, p. 216, doc. 925. Venezia, 4 febbraio 1397.

399 Il senato lagunare ringraziava il governo genovese per l'armamento delle galee. Ivi, p. 216, doc. 926. Venezia, 8 febbraio 1397.

400 *Ibidem*.

401 Ivi, p. 217, doc. 928. Venezia, 9 marzo 1397.

402 Ivi, p. 218, doc. 931. Venezia, 7 aprile 1397.

proposta da Manuele Paleologo, poiché ogni modifica territoriale sarebbe stata controproducente in quel momento.[403] Probabilmente Venezia non aveva le forze sufficienti per difendere due isole così esposte. Allo stesso modo, il 29 aprile, il senato aveva rifiutato anche la cessione di Corinto da parte del despota di Morea, perché il comune non aveva risorse sufficienti per imbastire una difesa.[404] L'imperatore bizantino avrebbe ricevuto soccorsi; al tempo stesso occorreva dissuaderlo da ogni negoziazione con gli ottomani. Se l'aiuto cristiano fosse arrivato troppo tardi, le autorità della laguna ammettevano la possibilità di una pace con i turchi, a patto che anche Venezia fosse compresa nei termini. Le condizioni indispensabili della pace, tuttavia, erano la sicurezza marittima all'interno degli Stretti e il riconoscimento dei possedimenti veneziani.[405]

L'anno era stato segnato dagli scontri anche per i genovesi che, ritrovata una provvisoria stabilità sotto il governatore francese Valérand di Lussemburgo, potevano tornare a guardare a Oriente. Giorgio Stella, testimone oculare, racconta del ritorno di 4 galee liguri dalla Romania e Costantinopoli, nel periodo in cui "bella fierent inter Ihalabi Teucrorum dominum et christicolas".[406] Una delle 2 galee da mercato, provenienti dalla Grecia, era stata catturata dai turchi: pochi erano riusciti a scappare e i restanti erano stati presi prigionieri. L'altra galea non era stata più fortunata perché aveva portato dall'Oriente la peste, che aveva infettato tutta la Liguria.[407] Intanto il senato della laguna ordinava al proprio bailo di Corfù di inviare una galea per aiutare la difesa di Corone e Modone.[408] L'Egeo era sotto attacco, il Peloponneso era devastato dalle razzie turche e diviso tra principati latini e il despotato greco, in perenne tensione tra loro. Dopo aver tentato di coordinare una difesa comune e sbarrare l'istmo di Corinto con una muraglia, iniziata a costruire nel 1395, Venezia si era limitata a difendere i propri possedimenti costieri in Argolide e Messenia. Tuttavia Argo stessa era caduta nelle mani delle truppe ottomane di Yacub Pasha il 2 o 3 luglio 1397 e Negroponte rischiava di subire la stessa sorte. Argo sarebbe stata riconquistata poco tempo dopo.[409]

---

403 Ivi, p. 218, doc. 932. Venezia, 7 aprile 1397.

404 Ivi, p. 218, doc. 933. Venezia, 29 aprile 1397.

405 Ivi, p. 218, doc. 932. Venezia, 7 aprile 1397.

406 Georgii et Iohannis Stellae Annales Genuenses, p. 222.

407 "una ex duabus galeis merces ferentibus, de Ianua missis versus Greciam, que dicitur Romania, per Teucros fuit capta, paucis de ipsa peremptis galea et mancipatis reliquis per eos Teucros". *Ibidem*.

408 Thiriet, Régestes de déliberations du Sénat, vol. 1, p. 219, doc. 936. Venezia, 5 luglio 1397.

409 Thiriet, La Romanie vénitienne au Moyen Âge, p. 366; Cristea, Considérations sur la participation vénitienne à la croisade de Nicopolis, p. 101.

In Liguria nel 1398 erano inoltre riesplosi i torbidi con una serie di sollevazioni ghibelline nella riviera di levante.[410] Le preoccupazioni del comune erano però tornate a rivolgersi oltremare, con provvedimenti in "subsidio et tutele terrarum et locorum comunis et colligatorum partium Romanie atque offensioni inimicorum".[411] Nel febbraio 1398 si discuteva dell'allestimento di una squadra di 4 galee a difesa dell'Oriente.[412] I governatori francesi lamentavano però l'insostenibilità della situazione, poiché il comune aveva poche entrate e spese altissime per l'impegno nella "defensione sui ipsius ac rei publice Ianuensis ac etiam totius fidei catholice et populi christiani".[413] Nell'aprile 1398 un documento ribadiva che tutti i cittadini genovesi dovevano contribuire ai costi: le immunità ed esenzioni al pagamento delle tasse, concesse in "tempore oppulencie", erano revocate. Era giunto il tempo della ristrettezza, specialmente ora che Genova doveva farsi carico della difesa dell'intera Cristianità, in un linguaggio parallelo e identico ai coevi documenti veneziani, per giustificare la sospensione dei privilegi fiscali:

> tempore tamen indigentie rei publice sicut est de presenti, et maxime durante guerra Romanie pro qua non solum res publica Ianuensi, sed etiam totius Christianitatis et maxime partium orientalium tantum substinet periculum, quod sine maximis et ipsis Ianuensis insportabilibus ex personis civitati non potet ipsi neque alii deberent imunitate gaudere.[414]

Il linguaggio, pur soggetto ad artifici retorici, indica in entrambi i centri marittimi la percezione del carico della tutela del Levante cristiano, dopo il fallimento della crociata europea. Era necessario che i cittadini contribuissero economicamente allo sforzo collettivo per la salvaguardia della Romania contro i turchi. La situazione di emergenza e le casse vuote del comune esigevano il pagamento di imposte su case e ville, finora esenti, a Genova e nel distretto.[415]

Nel maggio 1398 erano pronte a salpare le 4 galee liguri da inviare nelle "partium Romanie quas Baysita Turchorum dominum continuus offensionibus urget".[416] In caso di lunga durata della guerra, il Consiglio genovese era

410 Nel dettaglio: Georgii et Iohannis Stellae Annales Genuenses, pp. 223–225.
411 ASGe, *Archivio Segreto, Diversorum* 498, f. 8r., doc. 25. Genova, 8 gennaio 1398.
412 Ivi, f. 48v., doc. 149. Genova, 27 febbraio 1398.
413 Ivi, f. 107v.-110v., doc. 355. Genova, 23 aprile 1398.
414 *Ibidem*.
415 Nel documento era più volte ribadito che tutti i "cives expenses deffensis rei publice necessariis contribuere debere". *Ibidem*.
416 Ivi, f. 133v., doc. 428. Genova, 17 maggio 1398.

pronto a istituire nuove gabelle sul commercio con la colonia di Caffa.[417] Le galee dirette in Oriente erano dei patroni Tommaso Panzano, Bartolomeo Grimaldi, Paolo Montaldo e del comandante Giorgio Granello.[418] Come racconta Giorgio Stella, che probabilmente aveva osservato i legni salpare, le 4 galee avevano preso il largo nel giugno 1398 dirette a Oriente "pro suffragio locorum Ianuensium apud eam partem Grecie, que dicitur Romania, valde a Teucrorum dominio gravatorum".[419] La ciurma di Tommaso Panzano si era però rifiutata di proseguire il viaggio, contro la stessa volontà del capitano e del sopracomito.[420] La galeotta da 16 banchi era tornata a Genova e, per guadagnare l'assoluzione dal rifiuto, nell'ottobre 1398 il comune gli ordinava di unirsi all'assedio di Varazze contro i ribelli di Corrado Doria. La guerra del Levante e quella civile si sovrapponevano pericolosamente.[421] Le rimanenti 3 galee genovesi nel corso del viaggio erano state attaccate al largo della Sicilia da 2 galee e 2 galeotte pirata tunisine, scatenando una violenta schermaglia per mare, descritta dal cronista con dovizia di particolari. Stella, che probabilmente aveva ascoltato dai protagonisti il resoconto della battaglia, si sofferma sulla sua descrizione, narrando le gesta di un genovese della Valbisagno e del febbricitante Paolo Montaldo.[422] La galea di Montaldo si era spinta all'interno della formazione

---

417 Nell'immediato, gli ufficiali chiedevano un contributo finanziario di 500 lire d'argento al comune di Caffa e ai "subditos comunis ianuense orientales". *Ibidem*.

418 Un documento ricorda come Giurio, figlio di Giorgio Calvi e luogotenente del governatore, potesse imbarcarsi senza che gli fosse richiesto il prezzo del nolo. Ivi, f. 141r., doc. 455. Genova, 25 maggio 1398. Bartolomeo Grimaldi è citato in qualità di patrono in un altro documento. Ivi, f. 139r., doc. 444. Genova, 22 maggio 1398.

419 Georgii et Iohannis Stellae Annales Genuenses, p. 225.

420 "quarta galea a tribus ex eis discedente contra ipsius capitanei et comitum voluntatem, ut mare pro sui libito circuiret". Ivi, p. 234.

421 La galeotta di Tommaso Panzano aveva promesso di proseguire il viaggio con tutti i *socii* e marinai insieme alla squadra di galee in soccorso alla Romania: "iuramentum et promissiones pro se factas de prosequando itinere cum aliis galeis ad succursum partium Romanie, fraude et malicia sua". Invece Tommaso era tornato e si trovava ora nel porto di Genova con la sua galeotta. Panzano chiedeva la possibilità di rimediare per non pagare le multe per la sua mancata azione: "et supplicos petunt se a dicto delicto absolvi et liberari". Il Consiglio degli Anziani ordinava quindi alla galeotta di aggiungersi all'assedio di Varazze e riconquistarla contro Corrado Doria, che l'aveva occupata. Così Panzano e l'equipaggio sarebbero stati assolti dal "delicti et maleficii dicti viagii Romanie". ASGe, *Archivio Segreto, Diversorum* 498, f. 218v.-219r., doc. 686. Genova, 7 ottobre 1398. Qualche giorno dopo, infatti, gli ufficiali di Romania avevano chiesto il denaro dai fideiussori di Tommaso per non aver adempiuto agli ordini per cui era stato assoldato. Ivi, f. 227r., doc. 719. Genova, 24 ottobre 1398.

422 Pare che i genovesi fossero stati aggrediti dai tunisini: "volunt enim Punici motu precipiti Ianuenses aggredi tresque Ianuensium galee audacissimi cordis magnanimitate adeo ducebantur quod se noluerunt armis induere, captis solum ensibus, lanceis et balistis". La

nemica ed era stata abbordata dai pirati, che erano giunti combattendo fino a metà dello scafo. Nel momento più critico per i genovesi il capitano Paolo Montaldo, benché ammalato, era uscito e aveva rianimato i liguri con il proprio esempio, costringendo i musulmani a indietreggiare, mentre un altro componente dell'equipaggio aveva ucciso uno dei principali guerrieri africani.[423] La vittoria genovese aveva provocato la liberazione di numerosi prigionieri cristiani, tra cui donne e bambini, catturati dai tunisini durante le scorrerie in Sicilia. Gli isolani avevano mostrato grande gratitudine.[424]

Lo scontro aveva aperto un caso diplomatico tra Genova e il re di Tunisi, con cui era in vigore il trattato di pace del 1391. Il comune aveva inviato le proprie scuse al sovrano nordafricano, di cui aveva ucciso o catturato molti sudditi. In tutta risposta, il re hafside aveva confiscato le mercanzie genovesi nel proprio territorio, rompendo la tregua tra i due potentati.[425] Le autorità liguri avevano tentato immediatamente di ricomporre la frattura deliberando l'invio a Tunisi di Calotum Lercari, nominato il 15 ottobre 1398.[426] La missione aveva avuto scarsi risultati se l'anno seguente, il 7 marzo 1399, il comune di Genova doveva ricorrere, per le trattative con il re Tunisi, all'esperto Federico Lecavello, lo stesso del patto del 1383.[427] Egli doveva occuparsi del rilascio dei "captivorum Ianuensium et bonorum in dicto regno existentium". L'*Officium Maris* aveva contribuito a stilare una lista di possessori di beni in Tunisia, che avrebbero dovuto sostenere i costi dell'ambasciata, a causa dell'indigenza del comune.[428] Lecavello aveva viaggiato sulla nave di Riardo Centurione, che aveva l'ordine di non far scendere nessuno a terra a Tunisi senza licenza dell'ambasciatore.[429] La mancanza di documenti non permette di conoscere l'esito della missione, che probabilmente era riuscita a raggiungere a una ricomposizione. Genova

---

descrizione, che non si riporta nel dettaglio, è estremamente interessante per la quantità di informazioni contenute. Georgii et Iohannis Stellae Annales Genuenses, p. 234.

423 Lo scontro è analizzato anche in: MARENGO, Genova e Tunisi (1388–1515), pp. 32–33.

424 "nam ipsorum infidelium barbarorum immanitas Siculos multos captivos acceperat et Siculorum mulieres et natos, quos repenti libertati restituire nostrates". Georgii et Iohannis Stellae Annales Genuenses, p. 235.

425 *Ibidem*; MARENGO, Genova e Tunisi (1388–1515), p. 33.

426 Calotum Lercari era eletto "cum commissionibus et tractatu super daudis et ordinaudis". ASGe, *Archivio Segreto, Diversorum* 498, f. 223v., doc. 702. Genova, 15 ottobre 1398.

427 ASGe, *Archivio Segreto, Diversorum* 500, f. 69r., doc. 222. Genova, 7 marzo 1399.

428 Ivi, f. 74r., doc. 245. Genova, 12 marzo 1399.

429 Il Consiglio degli Anziani ordinava la partenza della nave verso la fine di marzo: "Mandatur vobis Riardo Centuriono olim Caunello patrono una navis presentialiter iture Tunexim de mandamento magnifice domini regii gubernatoris Ianuensis et consilii antianorum quarum obedians". L'ambasciatore a bordo era appunto il "nobilem virum Fredericum Lecavelum ambassatorem nostrum". Ivi, f. 26r., doc. 78. Genova, 24 marzo 1399.

non poteva permettersi di mantenere più fronti aperti e il Levante era in testa alle preoccupazioni del ceto dirigente della città. Il centro tirrenico era tuttavia preda di ulteriori difficoltà, come la peste che aveva infuriato da giugno a dicembre 1398 e aveva falcidiato un gran numero di persone, compreso l'ex doge Antoniotto Adorno e Antonio Montaldo. I morti si sommavano a quelli per la guerra civile tra guelfi e ghibellini, che da luglio era tornata a insanguinare le vie del centro cittadino.[430]

Anche Venezia nel 1398 attuava i propri preparativi per la difesa orientale. Dall'Arsenale della laguna erano inviati a Corone e Modone materiali per la difesa come alberi per le galee, vele di rimpiazzo, balestre e bombarde con la polvere necessaria. Il 5 luglio era inviata a Corone una nuova galeotta da 20 remi completamente equipaggiata.[431] Un mese dopo, il governo riconosceva che la peste aveva diminuito gli effettivi delle guarnigioni egee, ordinando l'invio di 50 uomini a Modone e 20 a Corone.[432] Il duca di Nasso, vista la difficile situazione, era stato autorizzato a trattare indipendentemente con i turchi per la sua sopravvivenza, a patto di non accettare condizioni contro gli interessi veneziani o divenire vassallo del sultano.[433] Nel settembre 1398 il senato ordinava al capitano del Golfo di proteggere Negroponte e Costantinopoli unendosi alla lega navale con i genovesi di Chio, i cavalieri di Rodi e il ducato di Nasso. Anche il re di Cipro era invitato a contribuire alla flotta.[434] Si progettava anche l'insediamento di comunità albanesi ad Argo, completamente spopolata dalle razzie turche.[435] Le spie venete erano giunte a conoscenza delle intenzioni di Bayezid di invadere Negroponte, dunque il 19 ottobre 1398 il governo lagunare straordinariamente ordinava di mantenere le galee in mare durante l'inverno.[436] Durante l'intero anno il re Carlo VI di Francia aveva fatto

---

430 Sui complessi eventi bellici, che avevano portato persino alla distruzione della chiesa di San Pietro in Banchi a Genova, si rimanda alla particolare descrizione operata da Stella, in attesa di studi sulla vicenda. Georgii et Iohannis Stellae Annales Genuenses, pp. 226–232.

431 Lo stesso 5 luglio 1398 era stilata una lista di materiale da inviare in Grecia, a cui dovevano provvedere i patroni dell'Arsenale, che comprendeva 10 alberi con relative antenne per le galee, 4 grandi pezzi di tela per confezionare vele, 100 balestre e 8 bombarde con relativi barili di polvere. THIRIET, Délibérations des assemblées Vénitiennes, vol. 2, p. 79, doc. 942. Venezia, 5 luglio 1398.

432 A causa dei vuoti erano entrati nelle guarnigioni elementi greci, contravvenendo alle rigide regole veneziane in questo verso. I soldati greci dovevano essere immediatamente mandati a casa. THIRIET, Régestes de déliberations du Sénat, vol. 1, p. 220, doc. 945. Venezia, 2 agosto 1398.

433 Ivi, p. 220, doc. 942. Venezia, 31 maggio 1398.

434 Ivi, p. 221, doc. 949. Venezia, 7 settembre 1398.

435 Ivi, p. 221, doc. 950. Venezia, 7 settembre 1398.

436 La navigazione invernale era praticata fin dal XIII secolo, tuttavia il mantenimento di una flotta anche durante la stagione fredda era estremamente dispendioso per il comune ed

pressioni sul governo veneziano per portare aiuto all'impero bizantino contro i turchi. Il sovrano francese il 28 giugno 1398 esortava Venezia a intervenire in soccorso di Costantinopoli: Carlo aveva già destinato 12.000 fiorini d'oro alla salvezza di Bisanzio, consegnandoli a Teodoro Paleologo, zio del *basileus*.[437] Per il momento poteva solo contribuire con somme in denaro, ma prometteva una spedizione militare per l'anno seguente, confidando nel fatto che Venezia avrebbe sostenuto la lotta fino a quel momento.[438] I soldi francesi effettivamente erano transitati per la laguna ed erano giunti in Oriente su galee venete: l'8 agosto è registrato l'imbarco di 7.000 ducati verso Costantinopoli[439], mentre nel settembre anche Teodoro Paleologo utilizzava i legni del comune per tornare in patria.[440]

Entrambi i centri marittimi guardavano alla corte francese per ricevere sussidi, con un fitto scambio di missive ed emissari. Nel novembre 1398 il nuovo governatore di Genova, Colart de Coleville, appena saputo che i veneziani avevano inviato Carlo Zen come ambasciatore in Francia per invocare aiuto contro i turchi, aveva deciso di fare lo stesso.[441] Colart de Coleville allegava alla missione diplomatica genovese una lettera, in cui pregava di esaudire le richieste degli ambasciatori veneziani per soccorsi all'Oriente cristiano.[442] Gli interessi dei due comuni nel Levante coincidevano. Il 20 novembre 1398 i genovesi ordinavano di sospendere una rappresaglia in corso tra liguri e veneziani nelle acque di Famagosta, poiché la lotta agli ottomani aveva la priorità.[443]

Nel corso del 1399 Venezia inviava rifornimenti delle piazzeforti del Levante. Una grande quantità di materiale militare, tra cui bombarde, polvere da sparo, elmi, balestre, remi e alberi per le galee era spedita a Negroponte. Nel corso del conflitto si faceva ampio utilizzo di armi da fuoco, oggetti relativamente nuovi nel panorama bellico ma pienamente diffusi nel giro di una ventina d'anni.[444]

---

esponeva uomini e legni a forti rischi, comprese le intemperie. Ivi, p. 221, doc. 952. Venezia, 19 ottobre 1398.

437 Predelli, I libri commemoriali, vol. 3, p. 260, n. 120. Parigi, 28 giugno 1398.

438 Ivi, p. 262, n. 126. Parigi, 22 luglio 1398.

439 Thiriet, Régestes de déliberations du Sénat, vol. 1, p. 221, doc. 946. Venezia, 8 agosto 1398.

440 Ivi, p. 221, doc. 951. Venezia, 17 settembre 1398.

441 Predelli, I libri commemoriali, vol. 3, p. 267, n. 146. Genova, 14 novembre 1398.

442 Ivi, p. 267, n. 147. Genova, 14 novembre 1398.

443 Ivi, p. 267, n. 149. Genova, 20 novembre 1398.

444 Nel febbraio 1399 da Venezia erano inviate a Negroponte: 400 libbre di polvere da sparo, 300 affusti per le bombarde, 1.000 elmi, 400 remi nuovi per la galea e 200 per la galeotta di guardia all'Eubea, 3 alberi nuovi e due carichi di legno di larice per le riparazioni alle galee. Thiriet, Délibérations des assemblées Vénitiennes, vol. 2, p. 81, doc. 951. Venezia, 7 febbraio 1399. Un mese dopo vi erano nuovi rifornimenti per Negroponte, caricato sulle galee che si dirigevano a Tana. Si trattava di 5 bombarde, 5 barili di polvere da sparo, 20

Quando era giunta la notizia dell'afflusso di truppe del sultano verso la Morea, il senato aveva deliberato l'invio di uomini nell'Eubea, a Corone e a Modone.[445] Il clima di tensione in Romania giustificava l'aumento del salario annuale del bailo veneziano di Negroponte a 200 ducati e anche i consiglieri ricevevano un supplemento di 40 ducati.[446] Negli anni dell'emergenza il papato continuava i propri appelli a prendere la croce contro i turchi. Bonifacio IX aveva emanato una bolla di crociata il 1° aprile 1398, un'altra il 6 marzo 1399[447] e un'ulteriore il 12 gennaio 1400 per promuovere l'aiuto a Manuele II Paleologo.[448] Il 27 maggio 1400 il pontefice aveva invitato tutti i vescovi della Cristianità a predicare la crociata contro i turchi, con orazioni da tenere nei giorni di festa e nelle domeniche per stimolare la partenza verso Costantinopoli.[449] Nel settembre 1398 è rilevata la vendita a Genova di indulgenze in difesa della Romania.[450] L'unica vera risposta, oltre all'armamento dei centri genovese e veneziano, sarebbe arrivata da Carlo VI di Francia, che nel 1399 aveva effettivamente armato una piccola ma efficiente armata. L'esito della spedizione, guidata dall'instancabile maresciallo Boucicaut, è stato finora analizzato sulla base di fonti francesi.[451] I documenti delle città marinare mostrano come la spedizione francese in Oriente fosse strettamente legata all'operato di Genova e Venezia.

Il caso ligure illustra il clima e il momento complesso in cui i ceti dirigenti si trovavano. Nei primi mesi del 1399 il comune aveva ordinato l'allestimento di 4 galee da inviare in difesa del Levante, poi aumentate di altre 2 unità il 6 aprile. La spedizione orientale si mescolava ai problemi interni e alle guerre civili, poiché il patronato delle galee doveva essere dato a un nobile guelfo e a un popolare ghibellino per rispettare il fragile equilibrio politico.[452] È rimasta

---

corde per le balestre, due serrature per le porte dell'arsenale dell'isola, 12 ramponi in ferro, 25 casse di verrettoni, 6 asce da guerra. Ivi, p. 81, doc. 953. Venezia, 1° marzo 1399.

445 Venezia inviava altri 50 balestrieri a Negroponte, 25 a Modone e altrettanti a Corone. THIRIET, Régestes de déliberations du Sénat, vol. 1, p. 222, doc. 955. Venezia, 9 gennaio 1399.

446 THIRIET, Délibérations des assemblées Vénitiennes, vol. 2, p. 82, doc. 959. Venezia, 17 giugno 1399.

447 SETTON, The Papacy and the Levant, vol. 1, p. 370.

448 Si ordinava la predicazione della crociata nelle diocesi di Losanna, Bamberga, Meissen, Lubecca e Mayence, con la vendiata di indulgenze valide 18 mesi. IORGA, Notes et extraits pour servir à l'histoire des croisades au XV siècle, vol. 2, p. 80. Roma, 12 gennaio 1400.

449 Ivi, p. 81. Roma, 27 maggio 1400.

450 ASGe, *Archivio Segreto, Diversorum* 498, f. 206r., doc. 635. Genova, 17 settembre 1398.

451 DELAVILLE LE ROULX, La France en Orient, vol. 1.

452 "patrono unius ipsarum nobili guelfo et alterius ipsarum patrono populari guibelino". La delibera affermava che "galearum duarum deliberatarum ad proximus armari debere pro subsidio partium Romanie". Esse, comandate da Pietro Cattaneo e Quilico Taddei (quest'ultimo partecipante alla spedizione di Mahdia del 1390), sarebbero state pagate 1.100 fiorini dal comune e si sarebbero dovute aggiungere ai "patroni quatuor galearum

anche l'attenta suddivisione delle cariche oltremare e in Liguria, operata dal comune genovese nel dicembre 1398, secondo il doppio incrocio di nobili e popolari, guelfi e ghibellini, a testimoniare la pervasività delle fratture anche nel momento di lotta contro gli ottomani.[453] L'allestimento della squadra di galee si scontrava anche con l'indigenza finanziaria del comune, costretto a vendere le cariche del consolato di Alessandria. Date le molte offerte, si deliberava che il consolato del porto egiziano, di durata biennale, fosse concesso per gli otto anni successivi al luglio 1400 a quattro cittadini genovesi "accoloriti per quatuor partes sive colores Ianue", dunque di quattro fazioni differenti.[454] Il comune ribadiva che tutti i cittadini dovevano contribuire alle spese della *res publica*: i massari di Caffa e Famagosta dovevano esigere, anche in maniera coercitiva, dai genovesi che si trovavano a Cipro o nel Mar Nero, le stesse avarie straordinarie per la guerra in Romania che erano prelevate in patria.[455] Era già stato emanato un decreto contro le frodi nel commercio di spezie e i proventi delle multe sarebbero stati destinati ai sussidi per la difesa del Levante.[456] L'armamento di 6 galee, un piccolo numero se paragonato alle flotte della guerra di Chioggia, procedeva faticosamente e gli ufficiali erano costretti a ricorrere

per comune Ianue armatarum ano prexente preterito existentium in partibus Romanie", probabilmente anch'essi divisi tra guelfi e ghibellini come tra nobili e popolari. ASGe, *Archivio Segreto, Diversorum* 500, f. 34r., doc. 111. Genova, 6 aprile 1399.

453 Alla fine dell'anno era stilata una lista degli uffici, delle cariche pubbliche e delle podesterie, assegnate a guelfi e ghibellini, ulteriormente suddivisi al loro interno tra nobili e popolari. Per esempio, tre le altre, rispetto all'oltremare, per l'anno 1399 erano affidati ai nobili ghibellini i consolati di Caffa e Alessandria; ai nobili guelfi uno dei due massari di Caffa e ugualmente uno dei due di Famagosta, oltre al consolato di Cembalo (sul Mar Nero); ai popolari ghibellini l'altro dei due massari di Caffa e di Famagosta, oltre al consolato di Simisso; ai popolari guelfi invece la podesteria di Pera, la podesteria di Famagosta, il consolato di Trebisonda, il consolato di Samastri, quello di Nicosia, di Soldaia e di Tana. ASGe, *Archivio Segreto, Diversorum* 499, f. 253r.-254v., doc. 807. Genova, 28 dicembre 1398.

454 Il Consiglio degli Anziani di Genova affermava che "nec est pecunia pro qua subveniri et provideri possit indigentiis et necessitatibus prefati comunis, et quod multi reperiuntur qui offerunt pecunie comuni si eligerentur ad consulatum Alexandrie". In caso di impedimenti all'esercizio delle funzioni, "etiam si causa accideret quod guerra esset seu vigeret in Alexandria" e dunque i consoli non avessero potuto raggiungere la sede, il tempo perduto sarebbe stato recuperato. ASGe, *Archivio Segreto, Diversorum* 500, f. 47v., doc. 160: 26 aprile 1399.

455 Ivi, f. 81r.-81v., doc. 268. Genova, 15 marzo 1399.

456 Vigeva infatti il divieto di commerciare spezie di qualunque qualità al di fuori del porto di Genova. I trasgressori avrebbero dovuto dunque pagare un'ammenda, destinata alla Romania durante la guerra e successivamente, a conflitto terminato, alle opere del porto e della città di Genova. ASGe, *Archivio Segreto, Diversorum* 499, doc. 11. Genova, 3 gennaio 1399.

a prestiti forzosi tra i cittadini genovesi più facoltosi.[457] Alcuni abitanti erano esentati dal pagamento delle imposte straordinarie, come Benedetto Grimaldi, in quel momento "detento in carceribus sarracenorum".[458] Anche Bartolomeo Fieschi di Canneto si appellava all'antico privilegio dei conti di Lavagna per non pagare le avarie sulla guerra in Romania.[459]

Il governatore francese Colart de Coleville si occupava della "cellerem expeditionem gallearum quod presentialiter armatur et preparatur ad subsidia locorum christianorum in partibus Romanie et contra perfidos hostes collentium fidei Christi"[460], che a fine giugno 1399 non era ancora riuscita a prendere il mare. Coleville, nonostante gli ostacoli, si dichiarava ostinato nel preparare la spedizione entro luglio. Era giunto a decretare che nessuno tra i marinai, rematori, balestrieri, *socii* e ufficiali che dovevano imbarcarsi sulle galee potesse essere molestato per debiti o trattenuto a Genova, a patto che si trattasse di cifre inferiori alle 15 lire.[461] Il 23 luglio 1399, mentre la squadra non era ancora salpata, era rilasciato un marinaio marsigliese che doveva navigare sulle galee del Levante, secondo l'ordine di non arrestare i componenti dell'armata.[462] Il capitano della flotta era il "prudentem virum" Federico de Promontorio[463], che però sarebbe stato seguito solo da due trombettieri, mentre il resto degli accompagnatori usuali era stato annullato sia per il momento di ristrettezza finanziaria sia per le recenti leggi contro il lusso.[464] Il 22 luglio era giunta a Colart de Coleville una lamentela da parte del furente maresciallo Boucicaut, che non aveva trovato pronte le galee genovesi su cui faceva

457 Si trattava di un prestito forzoso per l'allestimento della "expeditioni galearum armandorum pro subsidio Romanie", in cui erano richiesti 100 fiorini a testa a una lunga lista di ricchi personaggi, tra cui Antonio Guarco, Giorgio Adorno, Antonio Mazuri, Giovanni de Garuano, Giovanni Calarius, Giovanni de Blasia, Clemente de Promontorio, Carlo Cicogna, Bartolomeo Rovellino, Pietro de Persio, Raffaele Lecavelli, Luciano Spinola, Raffaele de Vivaldi, Nicola de Marco. Ivi, f. 54v., doc. 182. Genova, 22 maggio 1399. Sono comunque numerosi i documenti in cui i creditori degli ufficiali di Romania si lamentano dei mancati pagamenti. Ivi, f. 64v., doc. 217. Genova, 3 giugno 1399.

458 Benedetto Grimaldi, detenuto nelle carceri dei saraceni, aveva inviato una supplica il 27 novembre 1398 per essere esentato dalle avarie in quel momento; la richiesta era stata accolta dal comune. Ivi, f. 127v., doc. 456. Genova, 20 settembre 1399.

459 "Bartholomeo de Flisco de Caneto Comite Lavanie pro imposicione seu avaria presenti sibi imposita pro factis guerre Romanie cuim illud quod soluit solvit gratis et non ex debitos". Ivi, f. 181r., doc. 662. Genova, 6 dicembre 1399.

460 Ivi, f. 80r., doc. 279. Genova, 27 giugno 1399.

461 Tra gli stipendiati che non potevano essere trattenuti sono elencati "socius seu balistarius, supersaliens officialis vel marinarius seu remiger dictarum gallearum". *Ibidem*.

462 Ivi, f. 87v., doc. 312. Genova, 23 luglio 1399.

463 Ivi, f. 81r., doc. 283. Genova, 1° luglio 1399.

464 Ivi, f. 81r., doc. 284. Genova, 1° luglio 1399.

affidamento. Jean Le Meingre era a capo di un contingente di 400 armigeri, altrettanti scudieri e di un corpo di arcieri, inviati da Carlo VI in risposta agli appelli di Costantinopoli. La crociata di Boucicaut, molto simile al *tour* di Amedeo VI di Savoia, sarebbe stato uno dei momenti di gloria del maresciallo. Il piccolo esercito era salpato da Aigues-Mortes nel giugno 1399 a bordo di 4 navi e 2 galee marsigliesi, attendendo il supporto promesso da Genova.[465] A Savona aveva però scoperto che i legni promessi non erano pronti e ne era adirato: "domini Boucíquaudi strenui Francie marescalli effectualiter concludentis se multum mirari atque doleri quod galeas armari pro usis subsidis Romanie, armatas non invenerit".[466]

La città, in cui erano appena arrivate le processioni dei Bianchi, era in preda al subbuglio religioso. Il movimento penitenziale nel luglio 1399 aveva impattato anche sulla gestione degli affari pubblici. Gli ufficiali di Romania si scusavano con Boucicaut per il ritardo, ma affermavano di non riuscire a far fronte alle spese; nonostante tutto, promettevano di mettere in mare "tria corpora gallearum" e di armarle con vele, cordame e remi al più presto. Le autorità genovesi dicevano di essere state ostacolate dalle processioni dei Bianchi, che avevano fermato le attività dell'arsenale e la vita cittadina per settimane: "processiones ad honorem Dei et gloriose Marie virginis facte sufficientes cause fuerunt ac impedimenta quibus galee ipse armari non potuerunt temporibus ordinandi".[467] Una nuova forma penitenziale, per certi versi sostitutiva della spinta crociata, stava impedendo l'attuazione di una spedizione militare contro i turchi. Il cavaliere francese aveva soggiornato a Genova probabilmente per qualche giorno nel luglio 1399, in attesa delle galee, entrando a contatto con la difficile situazione cittadina. Si era poi diretto in Oriente con la propria flotta, decidendo di attendere i rinforzi veneto-genovesi nell'Egeo.[468] Il 30 luglio due patroni lamentavano ancora ritardi sui materiali consegnati per l'armamento delle proprie galee.[469] Gli ordini di non molestare coloro che si

465 Setton, The Papacy and the Levant, vol. 1, p. 370; Sul dettaglio dei preparativi della campagna: Delaville Le Roulx, La France en Orient, vol. 1, pp. 359–364.

466 ASGe, *Archivio Segreto, Diversorum* 499, f. 88r., doc. 313. Genova, 22 luglio 1399.

467 *Ibidem.*

468 Petti Balbi, Tra dogato e principato: il Tre e il Quattrocento, p. 279. Sulla permanenza di Boucicaut a Genova nel 1399 vi sono pareri discordanti: Setton afferma che il maresciallo diede un banchetto nella città il 28 luglio 1399, mentre Delaville Le Roulx scrive che il cavaliere si diresse direttamente da Savona a Napoli, senza toccare la capitale ligure. In archivio non sono stati trovati materiali che definiscano la situazione. Setton, The Papacy and the Levant, vol. 1, p. 370; Delaville Le Roulx, La France en Orient, vol. 1, p. 364.

469 Si trattava di Bartolomeo Grimaldi e Paolo Montaldo. ASGe, *Archivio Segreto, Diversorum* 499, f. 94r., doc. 331. Genova, 30 luglio 1399.

dovevano imbarcare sulle galee erano ribaditi ad agosto: nessuno tra marinai e stipendiati in partenza per il Levante poteva essere detenuto a Genova o nel distretto e in caso di arresto doveva essere rilasciato.[470] Le carte testimoniano continui problemi con i pagamenti[471], mentre le galee tentavano di prendere il largo verso la fine del mese. Michele Lomellini, patrono di una galea stipendiata dal re di Francia, prometteva di raggiungere il maresciallo Boucicaut e di imbarcare sul proprio legno il cavaliere ospitaliere Domenico de Alemania e Bartolomeo Manfredi: Lomellini doveva seguire i loro ordini e aggregarsi alla flotta in soccorso di Costantinopoli. Per questo motivo era impedito al patrono di commerciare, nel corso del viaggio, a Gaeta, Napoli o altri luoghi senza l'autorizzazione di Boucicaut.[472]

Il maresciallo il 9 settembre 1399 era ancorato presso l'isola di Sapienza, dinanzi a Modone, in attesa dei contingenti genovesi e veneziani. Anche il senato veneziano aveva promesso una squadra di 8 galee in supporto alla spedizione di Boucicaut: il 12 giugno i patrizi avevano deliberato l'allestimento degli scafi "ad complementum galearum octo quas habere et tenere debemus secundum promissionem nostram"[473], ma il loro ritardo era simile a quello genovese. Il mancato arrivo delle squadre alleate aveva spinto Boucicaut a Chio e a Lesbo, dove era stato ricevuto da Francesco II Gattilusio. Il signore genovese aveva comunicato a malincuore che, per non rompere i patti con Bayezid su cui si basava la sopravvivenza della sua isola, aveva dovuto annunciare il suo arrivo al sultano, vanificando l'effetto sorpresa. Gattilusio avrebbe comunque partecipato alla flotta con una delle proprie galee. La squadra si era diretta a Negroponte ma ancora i legni veneto-genovesi non comparivano e il maresciallo temeva di giungere troppo tardi per salvare Costantinopoli.[474] Gli ottomani, avvisati della crociata, attendevano con 7 galee nei pressi di Gallipoli, stando ai resoconti francesi, e un'altra decina intorno alla capitale bizantina. Boucicaut aveva compiuto un tentativo di forzare il blocco, rischiando la perdita di 2 galee, che si erano salvate dopo un duro combattimento.[475] Il potenziale navale turco stava crescendo tra la fine del XIV e l'inizio del XV secolo: non si

---

470 Ivi, f. 103v., doc. 368. Genova, 12 agosto 1399.

471 Ivi, f. 105r., doc. 374. Genova, 14 agosto 1399. Intanto gli ufficiali di Romania sollecitavano il pagamento dei debitori delle avarie. Ivi, f. 99r., doc. 347. Genova, 8 agosto 1399.

472 Michele Lomellini è registrato come "ituris deo duce de proximo ad subsidia partium Romanie". Ivi, f. 108r., doc. 387. Genova, 19 agosto 1399.

473 ASVe, *Senato Misti* 44, f. 105v. Venezia, 12 giugno 1399.

474 Gran parte del racconto successivo ha come fonte primaria il *Livre des faits*, legato all'ambiente intorno al maresciallo Boucicaut: Delaville Le Roulx, La France en Orient, vol. 1, p. 365.

475 Ivi, pp. 366–367.

trattava più solamente di un insieme disorganizzato di navi pirata e la marina da guerra del sultano si stava sviluppando.[476] Dopo lo scontro, Boucicaut si era ricongiunto con le galee veneziane, quelle di Rodi e la galeotta dei Gattilusio nei pressi di Tenedo. L'armata si era così diretta indisturbata a Costantinopoli, sfruttando il senso di inferiorità degli equipaggi ottomani nei confronti delle marine occidentali.[477] Non conosciamo la data di arrivo della squadra genovese, che è comunque ricordata da Giorgio Stella: le 4 galee armate dal comune e le 2 stipendiate dal re di Francia avevano combattuto al fianco di Boucicaut durante la sua campagna orientale.

> Eodem anno pro subsidio locorum Ianuensium, que versus Constantinopolim sita sunt, ad partes illas misse fuerunt a Ianua galee quatuor, quarum preceptor fuit et capitaneus ex vocatis de populo vir prudens Fredericus de Prementorio, et alienigenarum due galee, regis Francorum armate pecunia; ad easdem partes se transtulit ductus Dei et spiritus dilectione honoreque proprio validus miles Francie marescallus, Iohannes Lemeingre dictus Bouciquaut, cum quibusdam probis pugilibus Gallis ut adversum Teucros christiane legis hostes iniquos pugnare[478]

Giunto nella metropoli greca, il maresciallo di Francia era intenzionato a rompere il blocco della città: unendo le proprie forze a quelle di Manuele II Paleologo teoricamente disponeva di qualche migliaio di uomini, una ventina di galee, 3 navi da trasporto e una mezza dozzina tra galeotte e brigantini.[479] Un primo attacco cristiano su Nicomedia, che aveva visto la partecipazione di galee veneziane – mentre delle genovesi non vi è traccia nel *Livre des faits* –, era fallito, così il cavaliere francese si era diretto verso la piazzaforte di Riva, all'imboccatura del Bosforo verso il Mar Nero. L'assalto greco-latino si era risolto in una battaglia campale, vittoriosa per i cristiani, che avevano conquistato l'avamposto ai turchi.[480] Gli ottomani avevano intanto riunito una ventina di battelli intorno a Costantinopoli, in assenza del *basileus* e di Boucicaut, ma si erano ritirati al riapparire della flotta cristiana. La breve campagna si era conclusa vittoriosamente ma senza risultati durevoli. La cavalleresca spedizione, così simile a quella di Amedeo VI di Savoia, aveva prodotto i medesimi dilemmi. Era chiaro che appena Jean Le Meingre se ne fosse andato, i turchi

---

476 Fleet, Early Turkish naval activities, pp. 131–133.
477 Delaville Le Roulx, La France en Orient, vol. 1, p. 368.
478 Georgii et Iohannis Stellae Annales Genuenses, p. 243.
479 Setton, The Papacy and the Levant, vol. 1, p. 371.
480 Delaville Le Roulx, La France en Orient, vol. 1, pp. 370–375.

sarebbero tornati a stringere l'assedio sulla capitale bizantina. La guarnigione francese lasciata a Costantinopoli sotto il comando di Jean de Chateaumorand e stipendiata dal re Carlo VI non sembrava una rassicurazione sufficiente. Il contingente doveva difendere la capitale insieme a 4 galee veneziane e 4 genovesi, finalmente arrivate.[481] Nel lungo periodo, tuttavia, Costantinopoli era destinata a cadere. L'Egeo continuava a rimanere infestato dai pirati turchi e insicuro da percorrere: il senato veneziano il 27 novembre 1399 era informato per lettera della presenza di "tres barche turchorum armate", da circa 20 remi, che incrociavano nel golfo di Patrasso e depredavano le navi cristiane.[482] Manuele II Paleologo poteva solo seguire le orme paterne e dirigersi in Occidente per invocare aiuto presso le corti europee. Genovesi e veneziani, che si erano spesi dopo Nicopoli per salvaguardare la sua patria morente, non disponevano più di forze sufficienti.

7.3.4 *L'arrivo di Timur Lang*

Negli anni a cavallo tra il XIV e il XV secolo lo spazio marittimo levantino, pur sottoposto a sconvolgimenti politico-militari, era comunque rimasto legato a dinamiche di rapporto di lunga durata. Nonostante la guerra dei cristiani contro i turchi, non si erano fermati gli scontri con i pirati latini, come quello che aveva visto impegnate 3 navi genovesi e altrettante navi pirata catalane.[483] Anche i commerci non si erano bloccati, poiché il conflitto con gli ottomani si svolgeva indipendentemente dai traffici con i musulmani d'Egitto. I registri genovesi sono affollati di decreti e licenze conferite ai patroni diretti ad Alessandria.[484] Nel 1399 papa Bonifacio IX emanava una bolla in cui dava ai veneziani la licenza di commercio con Alessandria per i successivi 25 anni.[485] Vi sono anche, a Genova, molte concessioni di navigazione per legni mercantili che si recavano in Romania, nonostante il divieto temporaneo emanato dal

481 SETTON, The Papacy and the Levant, vol. 1, p. 371.

482 Si sapeva infatti "quod tres barche turchorum armate in culpho Patraxii e in partibus de la Suola, de remis XX vel circa, propter quia libenter exiverunt, multa damna inferentes berchiis et aliis navigiis exeuntibus de Patraxio". ASVe, *Senato Misti* 44, f. 129v. Venezia, 27 novembre 1399.

483 Un legno iberico era stato catturato e i pirati trucidati. Georgii et Iohannis Stellae Annales Genuenses, p. 225.

484 Per esempio: ASGe, *Archivio Segreto, Diversorum* 498, f. 145v., doc. 467. Genova 29 maggio 1398.

485 PREDELLI, I libri commemoriali, vol. 3, p. 271, n. 169. Roma, 30 settembre 1399.

comune.[486] Il commercio con i musulmani del bacino occidentale continuava, come indicano i trattati stipulati nel 1400 tra Venezia e il regno di Granada.[487]

Il clima di pericolo e la percezione che il mondo latino del Levante stesse svanendo causava esuli in fuga dalle terre egee, come mostra la supplica di Bernardo Paterio, *burgense* di Chio. I Paterio erano una famiglia di probabile origine greca, o comunque nata dall'unione tra autoctoni e latini, che aveva partecipato alle sorti della Maona di Chio, legandosi agli alberghi genovesi che gestivano l'isola. I Paterio si erano inseriti tra gli azionisti della Maona alla fine del XIV secolo, giungendo a possedere un carato della società.[488] Nel gennaio 1399 era giunta presso il Consiglio degli Anziani di Genova una supplica di Bernardo, che parlava anche a nome di Nicolò e Tommaso Paterio, di suo fratello Leonardo e della famiglia intera, qualificando tutti come "oriundi et habitatores civitatis Syy".[489] Essi possedevano case e abitavano nell'isola, che avevano però dovuto abbandonare: "de quo loco dubitant nec eos oporteat recedere propter malas condiciones guerrarum partium Romanie".[490] Perciò i Paterio erano venuti a risiedere a Genova, fino al momento in cui le condizioni di sicurezza non avessero permesso il ritorno a Chio.[491] I legami tra la famiglia greco-latina e Genova erano talmente stretti da rendere la città ligure il centro in cui rifugiarsi dinanzi all'instabilità del quadrante orientale. Bernardo Paterio chiedeva pertanto l'esenzione dalle tasse e avarie per i prossimi dieci anni, affinché le imposte non gravassero sulla loro già difficile situazione nel primo periodo di ambientamento a Genova, finché non ne fossero divenuti cittadini.[492] La fuga dal Levante di fronte all'avanzata ottomana comprendeva anche

---

486 Per esempio, tra i molti casi, il Consiglio degli Anziani l'8 luglio 1398 concedeva la navigazione a Paganino de Blaxia: "Concessa est licentia pro spectabilem dominum locutenentem et consilium ancianorum cuisdem Paganino de Blaxia patrono cuiusdam navis navigaturus de proxime ad partes Romanie non obstante deveto". ASGe, *Archivio Segreto, Diversorum* 498, f. 179v., doc. 563. Genova, 8 luglio 1398. Invece nel 1399 Raffaele Taddei, patrono di una nave chiamata Santa Catalina, "nunc in portu Ianue existentis volens navigare ad partes Romanie", era autorizzato al viaggio verso Levante nonostante la guerra. ASGe, *Archivio Segreto, Diversorum* 500, f. 79r., doc. 262. Genova, 12 marzo 1399. Insieme a lui un'altra nave di Domenico de Borzolo aveva licenza di partire verso la Romania. Ivi, f. 83r., doc. 276. Genova, 17 marzo 1399.

487 PREDELLI, I libri commemoriali, vol. 3, p. 275, n. 182–183. Granada, 13 maggio 1400.

488 BALARD, La Romanie génoise, vol. 1, p. 261; ARGENTI, The Occupation of Chios by the Genoese, vol. 1, p. 594.

489 ASGe, *Archivio Segreto, Diversorum* 499, f. 6v.-7r., doc. 19. Genova, 10 gennaio 1399.

490 *Ibidem*.

491 Erano arrivati "cum ipsorum familiis ad civitatem Ianue". *Ibidem*.

492 "cumque ipsi sint ignoti in civitate Ianue a civibus et sicuti meritoribus possint quod tamquam ignoti et qui famam habent in hac civitate habere locupletes facultates et maiores quod habeant, in avariis et oneribus comunis gravarent ultra omnio eorum posse taliter quod infra modicutruerentur supplicat ut et requerit eisdem Leonardo et fratribus suum

gli abitanti di Argo, che avevano abbandonato la città esposta alle incursioni ed erano invitati dal governo veneziano a ritornare in cambio dell'esenzione dalle tasse per cinque anni.[493] Venezia concedeva nel dicembre 1399 asilo politico anche al despota di Morea, Teodoro Paleologo, e alla sua famiglia, vista la situazione critica.[494] Tuttavia la fuga poteva anche essere in senso inverso: molti sudditi cretesi scappavano verso i paesi turchi per non servire sulle galee veneziane ed erano particolarmente pericolosi perché, buoni conoscitori dei porti e delle coste, guidavano le scorrerie ottomane.[495]

Nel fluido panorama di quegli anni non mancano parabole singolari, indicative delle possibilità di azione di avventurieri senza scrupoli. Nel 1399 a Genova era stato perdonato e riammesso il pirata-patrono Pietro Maria da Savona, che negli ultimi anni si era macchiato di gravi colpe. Al tempo della guerra si trovava infatti al servizio di Bayezid e aveva combattuto per conto del sultano contro i compatrioti di Pera e di Romania: "se reperierit in Turchia ad stipendium prefati Baxite et aliorum dominorum Turchie, et prefatos de Peyra et alios subditos Comunis Ianue offenderit realiter et personaliter, eos captivando, derubando, occidendo et quecumque damna inferendo veluti eorum hostis et emulus".[496] Successivamente Pietro aveva fatto penitenza, "memor nominis christiani", abbandonando gli ottomani e servendo il conte di Nevers, preso prigioniero a Nicopoli e liberato. Pietro aveva seguito Jean de Nevers fino in Francia, probabilmente in cerca di un nobile protettore per riscattare il proprio operato precedente.[497] Grazie all'intercessione del sovrano francese era domandata la grazia per Pietro Maria da Savona: il comune genovese era stato costretto a concederla. Il Consiglio, comunque, impediva all'ex pirata di dirigersi nel Levante o in Turchia senza la sua espressa autorizzazione.[498] La guerra

illi nec illus ex eis qui disponeret venire ad hanc civitate Ianue cum eorum familiis, gratia facere quod ipsi sint franchi ab omnibus avariis, a mutuis inponendis, a die qua apricassent Ianue cum eorum familiis tam habitandi ibidem per spacium temporis decem annorum, quod temporis ipsi et eorum facultates a civibus Ianue se iri possint". *Ibidem.*

493 Thiriet, Régestes de déliberations du Sénat, vol. 1, p. 224, doc. 967. Venezia, 27 luglio 1399.

494 Ivi, p. 224, doc. 972. Venezia, 30 dicembre 1399.

495 Thiriet, Délibérations des assemblées Vénitiennes, vol. 2, p. 84, doc. 966. Venezia, 1° giugno 1400.

496 Belgrano, Prima serie di documenti riguardanti la colonia di Pera, pp. 179–180, doc. 44. Genova, 14 aprile 1399.

497 "Multa grata servicia intulit illustri principi domino Duci Nivernensi aliisque pluribus proceribus et magnatibus galicis in partibus Turchie se reperientibus, et demum cum eis ad partes Galie se transduxit". *Ibidem.*

498 "Dictus Petrus ad partes Peyre seu ad alia loca Turchie et Romanie ire et se transferre non possit vel debeat sine licentia prefatorum illustris domini Gubernatoris et Consilii". *Ibidem.*

di fine secolo, nonostante la netta divisione tra cristiani e musulmani, vedeva la presenza di personaggi in grado di attraversare le frontiere permeabili.

Manuele II Paleologo, *basileus* con ambizioni letterarie, erede della cultura greca, devoto cristiano ortodosso e fine politico, si era intanto messo in viaggio verso Occidente. Il suo *tour* europeo, durato diversi anni, aveva impressionato i contemporanei, tanto da trovar posto in raffigurazioni artistiche e miniature come le *Très Riches Heures* del duca di Berry.[499] Il 10 dicembre 1399 l'imperatore era salpato da Costantinopoli insieme al maresciallo Boucicaut, aveva lasciato la moglie e i due figli a Mistrà presso il fratello Teodoro Paleologo, despota di Morea, per poi continuare il viaggio lungo l'Adriatico. A Venezia si attendeva l'arrivo di Manuele e il senato il 4 aprile aveva destinato 200 ducati per le sue spese personali.[500] Nella laguna, dov'era giunto nel maggio 1400, il *basileus* era stato ricevuto solennemente e alloggiato nel palazzo del marchese di Ferrara sul Canal Grande.[501] Manuele si era poi diretto a Padova, Vicenza, Pavia presso la corte di Gian Galeazzo Visconti e infine a Parigi, dov'era arrivato il 3 giugno 1400. Il Paleologo si era intrattenuto quattro mesi nella capitale francese e Carlo VI non aveva smesso di promettere aiuti e combattenti per salvare Costantinopoli.[502] Il viaggio di Manuele II nelle corti europee, in cui aveva trascorso oltre un paio d'anni, era durato molto più del previsto e aveva portato a scarsi risultati al di là dell'immaginario esotico scatenato tra i miniaturisti occidentali. La situazione più inquietante per i cristiani era in Grecia e in particolare nel Peloponneso, sostanzialmente indifendibile. Il despota Teodoro Paleologo aveva chiesto asilo a Venezia, mentre offriva Corinto e Mistrà agli ospitalieri nel 1400 poiché non era in grado di difenderle.[503] Al contrario, il principe navarrese di Acaia, Pedro de San Superán, tentava di salvare i propri territori canalizzando le scorrerie turche verso i possedimenti veneziani, in particolare Corone e Modone.[504] La conquista della Grecia da parte di Bayezid sarebbe stata solo una questione di tempo. Antonio Acciaiuoli, duca d'Atene attento a salvaguardare sé stesso, nel 1400 si era alleato con gli ottomani e aveva

499 In particolare, nella raffigurazione dei tre Re Magi, Melchiorre ha chiaramente le sembianze e il costume dell'imperatore bizantino Manuele II, che aveva transitato per la corte francese negli anni della redazione del manoscritto. *Très Riches Heures du duc de Berry*, f. 51v., conservato presso il Musée Condé di Chantilly. Altre miniature contemporanee, ispirate a Manuele II, sono riportate in: John Walton BARKER, *Manuel II Palaeologus (1391–1425). A Study in Late Byzantine Statesmanship*, New Brunswick 1969, p. 173.

500 Ivi, p. 171.

501 DELAVILLE LE ROULX, La France en Orient, vol. 1, p. 379.

502 SETTON, The Papacy and the Levant, vol. 1, p. 372.

503 DELAVILLE LE ROULX, La France en Orient, vol. 1, p. 385.

504 THIRIET, La Romanie vénitienne au Moyen Âge, p. 366.

minacciato l'Eubea veneziana.[505] I latini ricorrevano ai contatti con Suleyman, figlio di Bayezid, tramite cui intendevano proporre un armistizio al sultano.[506]

La situazione era sostanzialmente disperata per i cristiani d'Oriente all'alba del XV secolo: Costantinopoli era destinata a cadere nonostante gli sforzi delle flotte veneto-genovesi, così come i territori greco-latini. Gli stessi ceti dirigenti ligure e veneziano, pur tentando di mantenere aperta la rotta degli Stretti, nel 1401 sembravano abbastanza disillusi sull'esito della guerra. Non immaginavano, probabilmente, l'imprevisto che avrebbe cambiato le sorti della storia, o almeno le avrebbe ritardate di qualche decennio. Tamerlano, o Timur Lang, era un capo turco-mongolo della zona di Samarcanda che nell'ultimo trentennio aveva condotto una serie impressionante di campagne militari in Asia centrale. Il suo dominio si era espanso in Persia, devastando città e compiendo stragi sconcertanti dove aveva incontrato resistenza, sul modello di Gengis Khan. Alla fine del Trecento si era spinto in Russia meridionale per combattere Toktamysh, signore dell'Orda d'Oro, e aveva toccato le sponde del Mar Nero. Nel 1398–1399 Timur si era fulmineamente diretto in India, contro il sultanato di Delhi, prima di rivolgere la propria attenzione al Medio Oriente. Nel 1400–1401 aveva condotto una spedizione contro i mamelucchi, giungendo a saccheggiare Aleppo e Damasco. Le notizie sul conquistatore mongolo avevano raggiunto l'Occidente in quel momento, ricalcando la stessa curiosità sul crudele khan, potenziale alleato contro gli ottomani, che era esplosa all'epoca della prima invasione mongola nel XIII secolo.[507] Persino Giorgio Stella, generalmente avaro di notizie che non riguardassero direttamente i genovesi, dà notizia della conquista di Damasco nel marzo 1401: "Eo qoque anno potentissimus in Oriente dominus, qui ceteris orbis principibus potentior enarratur, Themirasach nomine, Damascum urbem cepit, gente et divitiis potentissimam eamque, ut nuntiabatur".[508] I genovesi e i veneziani, grazie alle fitte reti mercantili e ai consoli latini nella regione, avevano avuto quasi immediatamente la notizia. Il clima politico nelle corti europee era incline a un'azione congiunta

---

505 DELAVILLE LE ROULX, La France en Orient, vol. 1, p. 384.

506 *Ibidem.*

507 Su Timur Lang: Beatrice FORBES MANZ, *The Rise and Rule of Tamerlane*, Cambridge 1989. Sulla spedizione contro i mamelucchi: Michele BERNARDINI, Nizam al-Din Shami's Description of the Syrian Campaign of Timur, in: *Mamluk Cairo, a crossroads for embassies: studies on diplomacy and diplomatics*, ed. Frédéric BAUDEN / Malika DEKKICHE, Leiden 2019, pp. 381–409; per le relazioni tra il signore mongolo e i regni cristiani: Michele BERNARDINI, Timur and the 'Frankish' powers, in: The Crusade in the Fifteenth Century. Converging and competing cultures, pp. 109–119.

508 Il cronista pone la notizia in realtà sotto l'anno 1400, probabilmente pensando che la conquista fosse avvenuta nel dicembre di quell'anno. Georgii et Iohannis Stellae Annales Genuenses, p. 249.

contro i turchi. Tuttavia, dopo la propria incursione siriana, Timur si era ritirato sul Caucaso e non vi erano certezze sul suo operato futuro.[509]

I latini del Levante necessitavano la pace per la propria sopravvivenza ed erano decisi a ottenerla, ora che Bayezid si sentiva sotto pressione per la minaccia timuride. Il 10 settembre 1401 il senato veneziano era venuto a conoscenza da un mercante genovese di nome Giacomo de Orado (probabilmente Ovada), e non dalle proprie autorità coloniali, di un'iniziativa diplomatica dei propri stessi sudditi. Giacomo, giunto a Candia, testimoniava davanti ai patrizi veneti dell'isola che i genovesi di Pera, in accordo con Giovanni VII Paleologo, reggente del trono bizantino in assenza di Manuele, e con i veneziani di Costantinopoli, avevano inviato un'ambasciata al sultano turco. La politica dei genovesi e veneziani d'Oriente si svolgeva spesso in maniera indipendente dalle madrepatrie. Il 6 agosto 1401 si erano diretti alla residenza di Bayezid, a Bursa, l'arcivescovo Giovanni Holobolos e alcuni membri della famiglia Melissenos per conto dei greci, poi Quilico Taddei a nome dei genovesi e Francesco Foscarini, bailo di Costantinopoli, come rappresentante dei veneziani. Gli emissari cristiani avevano discusso con la madre del sultano i termini della pace, che comprendevano l'offerta annuale di 5.000 iperperi da parte di Pera, pur premurandosi di specificare che non si trattava di un tributo ma di un dono. L'imperatore di Costantinopoli avrebbe riavuto i castelli e le terre perdute durante la guerra.[510] Condizioni così favorevoli possono essere spiegate solo dalle preoccupazioni che stava suscitando Timur presso l'entourage ottomano. Il trattato doveva essere ratificato da Bayezid, in quel momento nella regione di Sivas, che aveva subito un duro attacco da Timur. Gli ambasciatori sarebbero dunque dovuti tornare a Bursa il 1° settembre 1401.[511]

Giacomo de Orado riportava che, mentre la missione diplomatica era in corso, il 19 agosto era giunta a Pera "una galea armata Ianuam, veniens de Trapesonda".[512] A bordo del legno genovese si trovavano due ambasciatori di Timur, tra cui un frate domenicano di nome Francesco. In realtà non era la prima volta che veneziani e genovesi erano entrati in contatto con il signore

---

509 Adam Knobler, The Rise of Tīmūr and Western Diplomatic Response, 1390–1405, in: *Journal of the Royal Asiatic Society. Third Series* 5/3 (1995), pp. 341–349, qui pp. 342–343.

510 "nam illi de Pera contenti fuerint dare omni anno yperpera quinque millia Turcho, non pro tributo, sed pro dono, et quod imperator Constantinopolis haberet omnia castra maritima et loca que habebat ante guerram". Iorga, Notes et extraits pour servir à l'histoire des croisades au XV siècle, vol. 1, pp. 112–113. Candia, 10 settembre 1401.

511 Il resoconto è indagato anche in: George T. Dennis, Three reports from Crete on the situation in Romania, 1401–1402, in: *Studi Veneziani* 12 (1970), pp. 243–266, qui p. 245; Barker, Manuel II Palaeologus, p. 212.

512 Iorga, Notes et extraits pour servir à l'histoire des croisades au XV siècle, vol. 1, pp. 112–113. Candia, 10 settembre 1401.

mongolo. Timur nel 1395 aveva saccheggiato Tana, mentre nel 1400 era stato raggiunto presso Sivas da Giuliano Maiocco, che era poi andato in ambasciata presso liguri e veneti.[513] Lo scopo degli emissari arrivati a Pera nel 1401 era quello di dissuadere i cristiani dal concludere un trattato di pace con Bayezid, affermando che Timur stava preparando un attacco agli ottomani nell'autunno.[514] La presenza degli ambasciatori di Timur è confermata dai registri di entrate e uscite del comune di Pera.[515] Portato il messaggio, i due delegati si erano imbarcati sulla galea di Bartolomeo Spinola per tornare verso Trebisonda. Giacomo de Orado non conosceva la risposta delle autorità genovesi agli emissari, poiché aveva lasciato l'insediamento ligure il 24 agosto 1401, sebbene le successive testimonianze di amicizia tra i genovesi e Timur indichino il raggiungimento di un accordo. I negoziati con Bayezid erano naufragati probabilmente per questo motivo. L'informatore riporta anche la notizia di una battaglia avvenuta tra gli ottomani e i mongoli timuridi nei pressi di Sivas.[516] Le relazioni tra Timur e i cristiani latini, specialmente grazie ai genovesi, si sarebbero infittite a partire da quel momento. Un altro ambasciatore timuride aveva soggiornato a Pera tra il 18 maggio e il 21 giugno 1402, accompagnato dall'emiro di Sinope. Timur aveva chiesto probabilmente ai genovesi di utilizzare il loro naviglio nella sua campagna contro gli ottomani, ma nonostante l'entusiasmo dei liguri la loro politica era stata ambigua e non sembra che i peroti abbiano messo le proprie galee a disposizione dei mongoli.[517] Giorgio Stella riporta che i genovesi d'Oriente avevano manifestato apertamente la propria alleanza con i mongoli, salvatori dalla minaccia turca. Sulle mura di Pera sventolavano i vessilli di Timur in segno di supporto: "Post eius legationis prolatum, elevatum fuit Peirae vexillum magnum ipsius domini Tamborlani vocati cum honore et multa laetitia".[518]

---

513 Michele BERNARDINI, Tamerlano, i genovesi e il favoloso Axalla, in: *Europa e Islam tra i secoli XIV e XVI. Europe and Islam between 14th and 16th centuries*, vol. 1, ed. IDEM [et al.], Napoli 2002, pp. 391–426, pp. 394–399.

514 "quod non faciant pacem cum Turco, quia, post collectionem bladorum, dictus Timer-begi debebat ire contra Basaithum Turchum, et sic promittebant dicti ambaxiatores, affirmantes quod Timer-begi erat yenturus absque falo aliquo contra Turchum". IORGA, Notes et extraits pour servir à l'histoire des croisades au XV siècle, vol. 1, pp. 112–113. Candia, 10 settembre 1401.

515 KNOBLER, The Rise of Tīmūr and Western Diplomatic Response, 1390–1405, p. 343, nota 13.

516 IORGA, Notes et extraits pour servir à l'histoire des croisades au XV siècle, vol. 1, pp. 112–113. Candia, 10 settembre 1401.

517 BERNARDINI, Tamerlano, i genovesi e il favoloso Axalla, p. 399.

518 Georgii et Iohannis Stellae Annales Genuenses, p. 261.

La volontà di collaborazione era suggellata anche da una lettera del 15 maggio 1402 scritta da Timur al reggente Giovanni VII Paleologo. Nella missiva il signore mongolo citava alcuni messaggi positivi riportati a Timur da frate Francesco, che fungeva da intermediario tra le due parti.[519] Già prima della vittoria di Ankara si guardava alle orde mongole come possibilità di salvezza da Oriente, secondo una lunga tradizione medievale. Mentre i liguri si attivavano nelle negoziazioni con Timur Lang, all'inizio del 1402 Venezia si faceva promotrice dell'ennesima lega egea contro i turchi, che vedeva i soliti protagonisti levantini: gli ospitalieri avrebbero dovuto fornire 2 galee, la Maona di Chio un legno così come il duca di Nasso, la autorità venete di Negroponte 2 galee e altrettante Creta, per un totale di 8.[520] Al di là della situazione orientale, i primi anni del nuovo secolo erano stati difficili anche all'interno del contesto italiano. Le attenzioni di Venezia e Firenze erano rivolte all'espansionismo di Gian Galeazzo Visconti, più volte definito il "Bayezid italiano".[521] La situazione era ancor più problematica nel centro ligure: il governatore Colart de Coleville era fuggito da Genova e al suo posto era subentrato Battista Boccanegra, figlio del doge Simone, mentre le riviere erano in armi a causa delle nuove avarie, imposte proprio per armare le spedizioni in Oriente.[522] Nel 1400, come testimonia Giorgio Stella, erano ricominciate le ostilità tra guelfi, ghibellini, nobili e popolari, a Genova e nel dominio, con numerosi episodi di violenza.[523] La situazione era completamente fuori controllo e il comune incapace di gestire dissensi e resistenze, fino alla nomina del maresciallo Boucicaut come governatore francese di Genova nel marzo 1401. Sull'operato e sulla persona di Jean Le Meingre, che avrebbe mantenuto la carica di governatore con pugno ferreo per otto anni, sono stati espressi pareri discordanti. Boucicaut è stato descritto dalla storiografia ora quale modello perfetto del cavaliere crepuscolare, ora quale spregiudicato avventuriero, ora come dittatore dalla crudele capacità di comando, ora quale personalità estremamente devota ma ottusa.[524]

---

519 Maria Matilda ALEXANDRESCU-DERSCA, *La campagne de Timur en Anatolie (1402)*, Bucarest 1942, pp. 123–124.

520 IORGA, Notes et extraits pour servir à l'histoire des croisades au XV siècle, vol. 1, p. 115. Venezia, 16 febbraio 1402.

521 Joseph MÜLLER, *Documenti sulle relazioni delle città toscane coll'Oriente cristiano e coi turchi fino all'anno MDXXXI*, vol. 1, Firenze 1879, p. 148, doc. C.

522 PETTI BALBI, Tra dogato e principato: il Tre e il Quattrocento, pp. 278–279.

523 Quello stesso anno era morto anche l'arcivescovo Giacomo Fieschi, una tra le uniche figure in grado di coagulare le diverse fazioni. Era stato eletto al suo posto Pileo de Marini, di cui il cronista da un entusiastico ritratto. Georgii et Iohannis Stellae Annales Genuenses, pp. 243–250.

524 PUNCUH, Jean Le Meingre detto Boucicaut tra leggenda e realtà, pp. 299–302.

Boucicaut era ossessionato dalla crociata e dalla propria personale rivincita contro gli infedeli, che lo avevano umiliato nella carica di Nicopoli, e probabilmente intendeva usare la potenza marittima genovese come base per il proprio riscatto. Il cavaliere francese era sintesi di un ennesimo, indissolubile legame tra il centro tirrenico e il *passagium* oltremare.[525] Jean Le Meingre era arrivato a Genova solo nell'ottobre 1401: i primi mesi erano stati segnati da un governo feroce e autoritario, con l'accentramento di ogni potere, la fortificazione di Castelletto e l'esilio di persone o famiglie sospette, mentre il maresciallo aveva fatto giustiziare i propri oppositori politici o chi fomentava disordini.[526] La pirateria continuava a essere un problema serio e Boucicaut aveva inviato 4 galee per contrastarla nelle acque provenzali, distogliendole dall'impegno orientale.[527] La politica interna ebbe risvolti immediati anche nel Mediterraneo orientale: per allontanare lo scomodo Antonio Guarco, Boucicaut lo aveva nominato podestà di Famagosta. Il genovese aveva però iniziato a compiere atti di pirateria e depredare imbarcazioni siriane, in collaborazione con Giovanni Lomellini, deteriorando i rapporti con i mamelucchi. Nel 1402 Guarco, dopo aver sventato una congiura, aveva anche dovuto affrontare la ribellione del re di Cipro, Giano II di Lusignano, che aveva assediato Famagosta per scacciare i genovesi. Nel luglio il maresciallo aveva inviato 3 galee liguri sull'isola al comando di Antonio Grimaldi, in attesa della spedizione che avrebbe guidato personalmente l'anno successivo.[528]

La resa dei conti tra i mongoli e Bayezid si era avvicinata. Nell'estate 1402 Timur avanzava in Anatolia: le sue forze e quelle ottomane si erano affrontate nella piana di Ankara, il 28 luglio 1402. L'armata turca era stata pesantemente sconfitta nella battaglia e Bayezid era stato catturato, in uno scontro che aveva quasi provocato la distruzione dello stato ottomano.[529] La notizia della vittoria di Timur, giunta in Occidente come un fulmine inaspettato, aveva provocato grande esaltazione. Il cronista veneziano Antonio Morosini narrava nel proprio scritto la "grandisima bataia fra loro e con gran ocixion de zente per muodo che 'l dito Baixeto fo constreto e lu' personal mente prexo e menado a la prexencia de Tanberlam, el qual Tanberlam fexe de lui gran strazio e final mente, mixerabel mente, el fè morir".[530] La potenza di Bayezid, che sembrava

525 Questa opzione è posta in evidenza da Giovanna Petti Balbi. PETTI BALBI, Tra dogato e principato: il Tre e il Quattrocento, p. 279.

526 *Ibidem*.

527 Georgii et Iohannis Stellae Annales Genuenses, p. 253.

528 Ivi, pp. 255–257.

529 Sulla battaglia, tra i preparativi e le conseguenze, rimando all'intero lavoro: ALEXANDRESCU-DERSCA, La campagne de Timur en Anatolie (1402).

530 MOROSINI, Il Codice Morosini, vol. 1, p. 203.

invincibile, si era volatilizzata. Anche Giorgio Stella esultava per la sconfitta del sultano, descritto come "imperatoris Graecorum, Ianuensium et aliorum christicolarum partium orientis hostis iniquus".[531] Così, appena giunta la notizia da Ankara, "orientalibus Ianuenses laetantur et alii christiani".[532] Timur era un potenziale alleato agli occhi degli europei. Il signore mongolo il 1° agosto 1402, all'indomani della vittoria, aveva inviato una serie di lettere ai sovrani occidentali offrendo la propria amicizia e la libertà di commercio nei suoi domini. La risposta dei monarchi era stata entusiasta: sia Carlo VI di Francia che Enrico IV d'Inghilterra avevano indirizzato a Timur missive dai toni fraterni, gioendo per la vittoria su Bayezid e ringraziandolo per l'aiuto offerto ai cristiani, quale sorta di crociato involontario.[533] L'eccitazione per il trionfo di Timur si riscontra persino in alcune cronache inglesi contemporanee, che riportano la notizia e in alcuni casi affermano la conquista di Gerusalemme da parte dei mongoli, con termini quasi identici alla falsa informazione che si era diffusa nel 1300. Questa leggenda trova posto in due opere di Thomas Walsingham, la *Historia Anglicana* e gli *Annales Ricardi Secundi et Henrici Quarti*, in cui addirittura i soldati di Timur vestivano croci rosse sugli abiti per dirigersi su Gerusalemme. Lo stesso avveniva anche nel *Chronicon* di Adam di Usk, che all'epoca dei fatti risiedeva a Roma.[534] Secondo il cronista di Saint-Denis, la notizia di Ankara era arrivata in Francia grazie agli ex prigionieri di Nicopoli, mentre i consoli catalani informavano il proprio sovrano dei movimenti di Timur da Damasco e Alessandria.[535]

Il potere ottomano, che aveva provocato le inquietudini dei cristiani levantini per mezzo secolo, si era dissolto all'improvviso. Appena realizzate le conseguenze della battaglia di Ankara, i potentati latini avevano reagito immediatamente. Il senato veneziano qualche settimana dopo la sconfitta di Bayezid, il 22 settembre 1402, discuteva la possibilità di bloccare gli Stretti con una flotta di galee e di acquistare Gallipoli tramite corruzione, approfittando della debolezza turca.[536] Il giorno successivo, tuttavia, revocava la propria

---

531 Georgii et Iohannis Stellae Annales Genuenses, p. 261.

532 *Ibidem.*

533 Knobler, The Rise of Tīmūr and Western Diplomatic Response, 1390–1405, p. 343; Antoine-Isaac Silvestre De Sacy, Mémoire sur une correspondance inédite de Tamerlan avec Charles VI, in: *Mémoires de l'Institut de France* 6 (1822), pp. 470–522, qui pp. 521–522. Parigi, 15 giugno 1403.

534 Knobler, The Rise of Tīmūr and Western Diplomatic Response, 1390–1405, p. 344.

535 Ivi, pp. 344–345.

536 Thiriet, Délibérations des assemblées Vénitiennes, vol. 2, p. 30, doc. 1070. Venezia, 22 settembre 1402.

decisione.[537] I progetti non erano però stati abbandonati e alla fine di ottobre dalla laguna si ordinava al capitano Tommaso Mocenigo di vagliare la possibilità di catturare Gallipoli.[538] Tuttavia, il piano di chiudere i Dardanelli dinanzi alla ritirata turca non si sarebbe mai avverato, nonostante il desiderio veneziano. I combattimenti erano stati duri anche quell'anno, come mostra la menzione di Ordelaffio Falier per il coraggio dimostrato nella lotta contro gli uomini del sultano.[539] Il 30 ottobre 1402 il duca veneziano di Creta era autorizzato a trattare la pace con l'emiro turco di Efeso, che era passato dalla parte di Timur, mentre persisteva la guerra con gli ottomani.[540] Venezia cercava di imbastire trattative con Timur dopo la sua vittoria, mentre vi era confusione tra i latini del Levante sulla politica da adottare verso il signore mongolo e mancava una capacità di coordinazione.[541] Sembra siano stati gli stessi latini la causa della sopravvivenza ottomana. Abbiamo notizie del trasbordo sul Bosforo dei resti dell'armata di Bayezid, in fuga dalle truppe timuridi, grazie a imbarcazioni genovesi. Gli stessi che avevano preso parte a coalizioni panegee contro il sultano, ora si erano resi disponibili per salvare ciò che rimaneva delle truppe ottomane.[542] Mentre Stella non fa menzione del fatto, Antonio Morosini si sofferma sul deprecabile evento e non lesina le sue osservazioni personali. I mongoli vittoriosi stavano devastando l'Anatolia

> e taiando per peze tuti i turchi, i qual li vegniva per le man, e se non fose stado alguni navilii de griexi e anchora de cristiani [in sopralinea: latini], che se atrovà in el fato de la bataia, i qual per simonia de deneri tragetava i turchi suxo la Grecia, asai plu' sería stadi morti. Ma per questa trista pechunia fa far molte volte a iomeni chose, che per lo avegnir è caxion de so gran dano. E questo digo per che queli turchi, a chi fo schapolado la vita per cristiani, porà anchora eser chaxion de far gran malinconia e mal a cristiani. De che la predita nuova, zò è la destrucion del dito turcho, dito Baixeto, fo a tuta la cristiantade una perfetisima novela, e questo per chaxion che 'l dito Baixeto aveva prexo tanta posanza che tuta cristiantade lu' perseguiva per mar e per tera.[543]

---

537 IORGA, Notes et extraits pour servir à l'histoire des croisades au XV siècle, vol. 1, p. 122. Venezia, 23 settembre 1402.

538 Ivi, p. 124. Venezia, 30 ottobre 1402.

539 In virtù del suo valore nella Guerra contro gli ottomani, il salario annuale di Ordelaffio Falier era portato da 200 a 250 iperperi. THIRIET, Délibérations des assemblées Vénitiennes, vol. 2, p. 90, doc. 998. Venezia, 17 dicembre 1402.

540 La pace era descritta come essenziale per la salvezza di Creta: "cum sit pax Theologi et Palatia vita et salus insule nostre Crete". Ivi, p. 90, doc. 994. Venezia, 30 ottobre 1402.

541 KNOBLER, The Rise of Tīmūr and Western Diplomatic Response, 1390–1405, p. 347.

542 DELAVILLE LE ROULX, La France en Orient, vol. 1, p. 390.

543 MOROSINI, Il Codice Morosini, vol. 1, pp. 203–204.

I latini di cui parla Morosini erano principalmente genovesi, che avevano traghettato i turchi dietro pagamento di un compenso. Sembra che infatti veneziani e bizantini fossero pronti a bloccare gli Stretti, secondo quanto accordato con Timur, ma non avevano mantenuto le promesse. Alcuni armatori genovesi, seguiti da patroni greci e persino veneziani e catalani, avevano visto una possibilità di lucro nella sconfitta turca e dunque venduto il nolo per il trasporto per i Dardanelli, compiendo tra l'altro abusi verso gli ottomani e riducendone diversi in schiavitù. Timur si era sentito tradito dall'atteggiamento cristiano, maturando un personale risentimento verso i bizantini e i latini d'Oriente.[544] Si trattava di una politica miope e controproducente, legata soprattutto all'operato di singoli patroni in cerca di guadagno. D'altronde, come osservava Antonio Morosini, spesso il denaro faceva compiere agli uomini atti che in futuro si sarebbero ritorti contro loro stessi. Giorgio Stella in qualche maniera giustificava il fatto dicendo che anche Timur si sarebbe rivelato avido e crudele, così che i genovesi avevano deciso di stringere una pace con gli ottomani invece che infierire loro il colpo di grazia.[545] La guerra non era comunque finita, come testimoniano gli armamenti veneziani: nel dicembre 1402 il comune ordinava l'allestimento di 15 galee per la difesa della Romania contro gli imprevedibili sviluppi successivi.[546] Gli ospitalieri di Rodi erano stati tra i pochi a non partecipare all'allegria generale per la vittoria di Timur, persuasi che il signore mongolo nella sua fame di conquiste non avrebbe risparmiato Smirne, unica piazzaforte cristiana sul litorale anatolico. La convinzione era talmente radicata che l'Ordine aveva inviato per due volte nel 1402 il proprio ammiraglio, Buffilo Panizati, a ispezionare i lavori di difesa di Smirne. La guarnigione della città era formata da circa 200 cavalieri di San Giovanni, sotto il comando dell'aragonese Iñigo de Alfaro a partire dal 1° marzo 1402. Il presidio era stato mantenuto a questi alti effettivi a prezzo di spese altissime e sacrifici pecuniari da parte degli ospitalieri.[547]

La città, nonostante i problemi endemici, era ben difesa e lo stesso Timur, prima dell'attacco, aveva inviato ambasciatori ai cavalieri, proponendo di

---

544 Delaville Le Roulx, La France en Orient, vol. 1, p. 390, nota 2; Alexandrescu-Dersca, La campagne de Timur en Anatolie (1402), pp. 83–84; Barker, Manuel II Palaeologus, p. 218. Sugli abusi commessi dai genovesi ai danni dei loro clienti turchi: Iorga, Notes et extraits pour servir à l'histoire des croisades au XV siècle, vol. 1, pp. 74–75.

545 Georgii et Iohannis Stellae Annales Genuenses, p. 261.

546 Della flotta, 6 galee sarebbero state armate a Venezia e 4 a Creta. Thiriet, Délibérations des assemblées Vénitiennes, vol. 2, p. 91, doc. 999. Venezia, 19 dicembre 1402.

547 Joseph Delaville Le Roulx è stato in grado di ricostruire dettagliatamente l'assedio e la caduta di Smirne. Joseph Delaville Le Roulx, *Les hospitaliers à Rhodes jusqu'à la mort de Philibert de Naillac (1310–1421)*, Paris 1913, p. 284.

abbracciare l'Islam oppure di rimanere cristiani pagando un tributo: in entrambi i casi, se si fossero sottomessi non avrebbe fatto alcun male ai difensori. Tuttavia, come da lunga prassi, prometteva lo sterminio in caso di resistenza. Smirne aveva resistito agli assalti turchi per oltre mezzo secolo e non era disposta a capitolare nemmeno dinanzi a una nuova minaccia, dunque la proposta era stata rigettata. Il 2 dicembre 1402 Timur era giunto con le proprie truppe davanti alle mura di Smirne, accompagnato dagli emiri vassalli, e aveva iniziato l'assedio. Il porto era stato bloccato così da interrompere le comunicazioni tra i difensori e il mare e rendere impossibili i rifornimenti. Conosciamo le fasi dello scontro grazie a fonti cronachistiche come la *Historia Byzantina* di Ducas e l'*Histoire de Timur-Beg* di Cherifeddin, che narrano l'utilizzo di macchine d'assedio e di tunnel con cui erano stati minati e fatti crollare tratti di mura.[548] Gli ospitalieri, in inferiorità numerica, nonostante il loro valore riconosciuto da tutte le fonti, non potevano resistere. Entro due settimane Timur era riuscito a entrare in città, radendo al suolo l'abitato, la fortezza sul mare e massacrando tutti coloro che non erano riusciti a salvarsi via mare.[549] Dopo un cinquantennio di impegno, trattative, appelli del papato e sforzi per la difesa, Smirne non era caduta a causa dei turchi ma per un nuovo signore mongolo giunto all'improvviso. Dopo la fine della campagna, Timur aveva abbandonato lo scenario anatolico e già all'inizio del 1403 si trovava a Samarcanda. La perdita di Smirne, malgrado la sua importanza capitale, aveva ricevuto scarsa attenzione nell'Occidente ancora inebriato dalla vittoria di Ankara, ed è conosciuta principalmente attraverso storici bizantini e orientali. Giorgio Stella ricorda il fatto nella sua cronaca, insieme alla perdita delle due Focee da parte dei genovesi, mentre i maonesi avevano dovuto pagare un tributo a Timur.[550]

Solo gli ospitalieri avevano percepito le conseguenze negative di Ankara, nel grande rimescolamento di carte avvenuto nel 1402. I genovesi di Chio erano chiaramente interessati a stabilire una qualche forma di alleanza con Timur, tanto che il Gran Maestro ospitaliere, Philippe de Naillac, aveva inviato il cavaliere Domenico de Alemania a Chio per tentare di dissuaderli.[551] Una lettera veneziana da Creta ricorda il viaggio dell'ospitaliere a Chio: "Misser frar Domenego de Alemania andava lì cum do galie, per acongarse cum quelli, che li stesse forti per non se acordar cum Temir".[552] Vi era molta confusione tra i latini del Levante sull'atteggiamento da tenere nei confronti di Timur,

---

548 Ivi, pp. 285–286.

549 *Ibidem*; Peter JACKSON, *The Mongols and the West, 1221–1410*, London 2014, pp. 244–245.

550 Georgii et Iohannis Stellae Annales Genuenses, p. 261.

551 LUTTRELL, The Hospitallers at Rhodes 1306–1421, p. 308.

552 IORGA, Notes et extraits pour servir à l'histoire des croisades au XV siècle, vol. 1, pp. 135–136. 25 marzo 1403.

liberatore o nuova – ma altrettanto crudele – minaccia. La notizia della tragedia di Smirne era giunta nella corte aragonese prima ancora della vittoria di Timur ad Ankara. Il sovrano d'Aragona, Martí, era colpito dalla malvagità del capo mongolo: il suo sentimento faceva eco in una lettera, indirizzata dal monarca al papa avignonese Benedetto XIII, in cui proponeva una raccolta di fondi per il lancio di una crociata contro Timur. Le vicende del Levante rimbalzavano fino all'altro capo del Mediterraneo.[553] Anche Manuele II Paleologo, in viaggio in Europa, era colpito dai recenti avvenimenti. Il 9 ottobre 1402 il senato veneziano confermava per lettera al *basileus* la notizia della distruzione di Bayezid e lo invitava a tornare il più presto possibile a Costantinopoli.[554] Manuele dinanzi agli inattesi sviluppi aveva affrettato il proprio ritorno nella capitale ed era giunto a Genova il 22 gennaio 1403. Nel centro ligure era stato ricevuto da Boucicaut, con il quale aveva tentato di condurre negoziati per una possibile azione congiunta, comprendente genovesi e veneziani, contro i turchi indeboliti: "christicolas petens dominos quatenus pro Deo et ortodoxe fidei conservatione contra infidelem Teucrorum presidem iuvamen prestaret: demum tamen occidentis principibus occupatis ad alia, non multum habuit patrocinium".[555] I re d'Occidente, nonostante le loro promesse, concretamente non avevano dato nulla alla causa bizantina. Ancora una volta, la salvezza del Levante cristiano doveva passare per i pragmatici centri mercantili, piuttosto che per le corti cavalleresche che sognavano imprese crociate. Il Paleologo aveva finito, come i suoi predecessori, per rivolgersi Genova e Venezia.

Il 1402 era stato un *annus fatalis*. I fragili equilibri della seconda metà del Trecento e la minacciosa presenza ottomana, che prometteva di mettere fine al quadro del Mediterraneo orientale, erano quasi dissolti. Smirne era caduta, Costantinopoli e Pera erano salve. L'anno 1402 sembra un grande spartiacque per l'esperienza del Levante per tutti gli attori coinvolti. Se ne accorse anche Antonio Morosini, che aveva legato gli imprevisti avvenimenti alla congiunzione astrale, ricercando il senso della storia terrena tra le stelle.

> Ed è da saver che in lo dito ano de M CCCC II l'aparse in ponente uno segno de note, el qual se clama chometa, el qual aparse da le hore XXII fin'a le hore tre de note, e iera questo el plui meraveioxo segno del mondo, e questa aparicion durà per spatio d'uno mexe hogno dì da l'ora dita, e molti savi s'atrovà eser in senbre, e astrologi, e zudegà che questo segno aparse per la destrucion de queste do signorie, zò è per quela del ducha de Milan e quela del Baixeto turcho.[556]

---

553 Knobler, The Rise of Tīmūr and Western Diplomatic Response, 1390–1405, p. 346.

554 Iorga, Notes et extraits pour servir à l'histoire des croisades au XV siècle, vol. 1, p. 122. Venezia, 9 ottobre 1402.

555 Georgii et Iohannis Stellae Annales Genuenses, p. 262.

556 Morosini, Il Codice Morosini, vol. 1, p. 204.

Nel 1402 sia Bayezid, pericolo per gli insediamenti cristiani d'Oriente, sia Gian Galeazzo Visconti, che minacciava un'espansione egemonica nello scenario italiano, erano scomparsi. Il gran prodigio della stella cometa, apparsa tutte le notti per un mese, non aveva altra spiegazione per gli astrologi se non la distruzione delle due minacciose signorie, in una chiara dimensione escatologica degli avvenimenti umani. Venezia, nelle parole del suo cronista, guardava tanto al Levante quanto alla terraferma della penisola: la sua riconversione terrestre ricordava che il Mediterraneo orientale non era più l'unica dimensione a cui rivolgersi, mentre la città lagunare iniziava a trasformarsi in uno stato regionale italiano. Allo stesso modo, i mercanti genovesi si affacciavano sempre più a Occidente, oltre la penisola iberica, nella lunga parabola che avrebbe portato a Cristoforo Colombo e alla scoperta dell'America. Il 1402 era stato forse l'epilogo di un lungo percorso orientale, iniziato nel XII secolo, e l'inizio di una nuova stagione. Si tratta però di un'altra storia.

7.4 Epilogo. L'alba di un nuovo mondo o la fine del vecchio?

Dio non sa gioire delle stragi e il non agire secondo ragione è alieno a Dio
Manuele II Paleologo

Alla fine dell'estate 1403 un ambasciatore castigliano di nome Ruy González de Clavijo, accompagnato da un piccolo seguito, solcava le acque dell'Egeo settentrionale. Gli emissari di Enrico III osservavano dalle murate della nave un mondo lontano dalla Castiglia da cui erano partiti, diretti alla corte di Timur Lang per conto del sovrano iberico dopo la notizia di Ankara. De Clavijo e la sua compagnia erano salpati il 21 maggio 1403 a bordo di una caracca commerciale da Puerto de Santa María, località affacciata sull'Oceano Atlantico. Avevano poi percorso l'intero Mediterraneo, entrando dallo Stretto di Gibilterra, toccando la Catalogna, le Baleari, la Corsica e la Sardegna, Gaeta e la Sicilia fino a Rodi, lungo la *ruta de las islas* aragonese già in uso da oltre un secolo.[557] Erano rimasti nell'isola degli ospitalieri fino al 30 agosto, imbarcandosi su un legno che aveva costeggiato il litorale turco e aveva attraccato a Chio. I viaggiatori erano stati ospitati dalla Maona genovese fino al 30 settembre, prima di prendere un'altra nave diretta a Costantinopoli, che aveva toccato l'arcipelago della Romania settentrionale. La capitale bizantina, in cui erano approdati il

557 Sulla ruta de las islas rimando ancora a: Cioppi / Nocco, Islands and the Control of the Mediterranean Space, pp. 339–342.

28 ottobre 1403, era l'ultima tappa cristiana del loro viaggio, che li avrebbe portati a incontrare Timur in Asia.[558] Ruy González de Clavijo ha lasciato un resoconto in cui descrive l'itinerario fino a Samarcanda, la *Embajada a Tamorlán*, poi divenuto celebre e pubblicato più volte nei secoli successivi.[559] Il mondo che gli ambasciatori spagnoli osservavano, dalla loro imbarcazione sull'Egeo, era estremamente mutato rispetto a quello cui erano abituati gli uomini mediterranei nella seconda metà del XIV secolo. Il potere ottomano sembrava finito e nuovi attori si erano affacciati sullo scenario, mentre i particolarismi tra i potentati greci e latini, inaspettatamente sopravvissuti, avevano ripreso il sopravvento. Smirne, che aveva occupato i pensieri del papato per un cinquantennio, era caduta, l'impero bizantino era ridotto a una singola città, i mongoli dilagavano in Anatolia mentre gli ottomani erano paradossalmente sopravvissuti grazie ai loro possedimenti europeo-balcanici. Il viaggiatore esterno aveva dinanzi agli occhi un panorama completamente diverso rispetto ai decenni precedenti. Si trattava dell'inizio di un mondo nuovo o del tramonto del vecchio?

Questo interrogativo probabilmente si era affacciato anche nella mente di Ruy González de Clavijo. L'imprevista invasione timuride si colloca come punto di fine della grande stagione tardo-trecentesca. Tra i protagonisti di quest'epoca, che si muoveva sulle conseguenze della congiuntura del Trecento, vi erano in prima linea genovesi e veneziani. La caduta inesorabile di Costantinopoli, che nel 1403 sembrava salva dai colpi dei turchi, era in realtà solo rimandata di un cinquantennio. Timur aveva involontariamente ridato respiro a un universo levantino destinato a scomparire. Il Quattrocento si sarebbe aperto con nuovi stimoli, nuove dinamiche e nuovi dilemmi, che comunque ricalcavano i vecchi problemi. Anche la crociata ne avrebbe ricevuto nuovo impulso, con connotati ancora una volta trasformati. Il *passagium* verso Oriente era un oggetto proteiforme, capace di rinnovarsi e cambiare sé stesso in continuazione: nel XV secolo si sarebbe aperta la grande stagione della crociata rinascimentale, incentrata sulla salvezza di Costantinopoli e dei Balcani. Anche in essa genovesi e veneziani avrebbero trovato posto. Si tratta tuttavia di un'altra

558 Francisco López Estrada, Ruy González de Clavijo. La embajada a Tamorlán. Relato del viaje hasta Samarcanda y regreso (1403–1406), in: *Arbor* 711–712 (2005), pp. 515–536, qui pp. 521–523.

559 La più recente edizione spagnola del resoconto è: Ruy González De Clavijo, *Embajada a Tamerlán*, Madrid 2016; mentre per la versione italiana si veda: Idem, *Viaggio a Samarcanda, 1403–1406: un ambasciatore spagnolo alla corte di Tamerlano*, ed. Paola Boccardi Storoni, Roma 2010. Sulla vicenda di de Clavijo si rimanda a: Carlos Montojo Jiménez, *La Diplomacia castellana bajo Enrique III: estudio preliminar de la embajada de Ruy González de Clavijo a la corte de Tamerlán*, Madrid 2004.

storia, che prende origine dalle vicende qui indagate, ma con modi e forme totalmente diverse. Il nascente umanesimo ne avrebbe condizionato l'impianto ideologico e gli obiettivi, mentre l'Europa stessa si accingeva a mutare. D'altronde, i primi anni del secolo lasciavano indizi in questo verso anche per Genova e Venezia, che, una volta scemata la paura turca, riprendevano le proprie antiche rivalità. La ribellione di Cipro del 1402 sarebbe stata affrontata da una spedizione navale, salpata all'inizio del 1403 e guidata personalmente da Boucicaut. Il maresciallo, oltre a sedare la rivolta di re Giano II, intendeva probabilmente condurre la propria rivincita sul mondo musulmano: contro il parere degli stessi patroni genovesi, aveva saccheggiato alcuni porti siriani, tra cui Beirut. Nell'emporio mamelucco non aveva risparmiato il fondaco dei veneziani, scatenando la prevedibile reazione di Venezia. Una squadra della laguna, comandata da Carlo Zen, nell'ottobre 1403 aveva sconfitto i genovesi nei pressi di Modone.[560] Terminata la paura ottomana, erano ricominciati gli scontri e gli asti tra i due centri mercantili. Si tratta ancora di un'altra storia.

Qualche anno prima l'imperatore Manuele II Paleologo, chiuso tra le mura di Costantinopoli assediata, vergava le pagine dei suoi *Dialoghi*. Il *basileus*, nell'inattività forzata del blocco ottomano, ripensava probabilmente agli avvenimenti passati. Manuele era un uomo di grande sensibilità, amante delle lettere e allievo di Demetrio Cydones, pur senza sottrarsi al proprio dovere politico che lo avrebbe tenuto impegnato tutta la vita. Manuele, sovrano profondamente religioso, perseverava nell'attaccamento alla tradizione bizantina e per molti era l'ultima speranza dell'ellenismo politico e culturale. Nel momento in cui il suo impero rischiava di finire per sempre, rifletteva sulla sua campagna in Anatolia dell'inverno 1390–1391 o 1391–1392. In quell'occasione era stato convocato da Bayezid in quanto suo vassallo per combattere contro altri emiri turchi. Bloccato nell'accampamento invernale nei pressi di Ankara, Manuele si era trovato in un momento di estrema malinconia dinanzi alle antiche città greche dell'Asia Minore, che avevano perso anche il loro nome originario insieme al loro splendore. In quella situazione tragico-ironica, in cui era costretto a combattere a fianco dei turchi e soffriva la penuria di viveri per le sue truppe, l'imperatore aveva trovato alloggio nella tenda di un saggio di Baghdad. Manuele, qualche anno dopo, avrebbe trascritto i dialoghi avvenuti con il dotto "Mudarris", verso cui mostrava una notevole stima. Contenti di trovare qualcuno di alta caratura intellettuale, i due avevano messo a tema la fede e le differenze tra Islam e cristianesimo: i colloqui, seguiti da una piccola platea di uditori all'interno della tenda, si erano svolti grazie a un interprete durante la noia invernale. Gli appunti del Paleologo, presi e rivisti nel corso

560 Petti Balbi, Tra dogato e principato: il Tre e il Quattrocento, p. 279.

del dibattito, si sarebbero trasformati in un'opera di ben 26 dialoghi, composta entro il 1399.[561] Pur con notevoli aggiustamenti stilistici, Manuele racconta la propria esperienza con grande onestà. I dialoghi vertono sulle differenze tra le due religioni, secondo una tradizione di lunga durata, con minimi argomenti legati alle Scritture per trovare un terreno comune con l'interlocutore. Il Paleologo si giustificava dicendo che era solo un soldato e non un religioso, ma non si poteva tirare indietro: "la nostra Legge ci raccomanda di essere sempre pronti a rispondere a chi ci chieda ragione della nostra speranza".[562]

I *Dialoghi*, scritto greco di grande bellezza, sono interessanti per mostrare la risposta di un osservatore bizantino alle domande poste dalle circostanze del suo tempo. Manuele era alla ricerca di una spiegazione divina alla sciagura del proprio impero cristiano. Nel quinto dialogo il *Mudarris* poneva la prosperità politica dell'Islam come criterio della verità della religione di Maometto, secondo una visione che traeva le proprie origini nella mentalità ebraico-bizantina. I successi militari arridevano ai musulmani ormai da secoli, al contrario della miseria dei greci. Manuele, imperatore umiliato come vassallo, ammetteva la realtà dei fatti e non si faceva illusioni. Certo, rifletteva, ogni popolo passava attraverso momenti buoni e di disgrazia, mentre Dio talvolta puniva i suoi amici per purificarli e renderli migliori. Occorreva ricordare anche che, se i cristiani erano in rovina in Oriente, nell'Occidente esistevano sovrani più potenti del sultano.[563] Tutte queste motivazioni erano ribattute al *Mudarris*, ma difficilmente convincevano il cuore di Manuele Paleologo stesso. I bizantini avevano una visione cristiana e spirituale del proprio regno terreno, al vertice del quale si collocava il *basileus*.[564] Il senso della storia e l'operato della Provvidenza, dunque, erano oscuri in quel momento. L'imperatore, tuttavia, non trovava nemmeno nell'Islam alcuna verità superiore. Perché il Signore desiderava la fine del suo regno terreno, e proprio per mano dei musulmani? Nonostante la profonda fede, Manuele non comprendeva il disegno divino: tentava di indagarne le ragioni nella religione del suo avversario

561 Per la traduzione integrale dei *Dialoghi* dal greco in tedesco: MANUELE II PALEOLOGO, *Dialoge mit einem Muslim*, ed. Karl FÖRSTEL, Würzburg 1993–1996. L'unico dei *Dialoghi* tradotto in italiano è il numero VII, grazie alla risonanza mediatica che ha ricevuto a partire dal discorso di papa Benedetto XVI del 2006. Oltre alle edizioni citate successivamente, si veda MANUELE II PALEOLOGO, *Il dialogo della discordia: dialoghi con un musulmano, settima controversia*, ed. Marco DI BRANCO, Roma 2007.

562 MANUELE II PALEOLOGO, *Dialoghi con un musulmano. VII discussione*, ed. Theodor KHOURY, Roma-Bologna 2007, p. 47.

563 La discussione è da accostare alla *Lettera a Cabasilas*, scritta da Manuele nel 1387, che riflette sulla Provvidenza. Ivi, pp. 34–35.

564 MANUELE II PALEOLOGO, *Dialoghi con un persiano*, ed. Francesco COLAFEMMINA / Rino FISICHELLA, Soveria Mannelli 2007, p. 18.

trionfante, che prima o poi avrebbe inferto il colpo di grazia al suo impero, ma non comprendeva.[565]

La riflessione sul senso della storia non è slegata dalla settima discussione, che ha generato polemiche in tempi recenti.[566] Manuele ripensava a secoli di guerre sante, di spedizioni, di crociate, di *jihad*. In una dura critica all'Islam, contestava la legge di Maometto, che seguiva la via più antica, quella del sangue, e non portava a compimento la legge di Cristo. Manuele affermava con forza che non si poteva convertire un uomo con la spada ma solo con la persuasione, perché Dio non si compiace della morte. Occorre un retto pensiero e una lingua virtuosa, piuttosto che la forza delle armi: il Paleologo, tra gli ultimi della propria gloriosa e turbolenta dinastia, si poneva in rottura con la violenza del mondo che lo circondava.[567] Le sue parole sembrano una pietra, tanto rivoluzionaria quanto antica, su tutto il panorama fin qui descritto: "Dio non sa gioire delle stragi e il non agire secondo ragione è alieno a Dio".[568] Manuele, malinconico rappresentante di un mondo al tramonto, guardava con tristezza l'epoca di rovina in cui si trovava. L'incontro con l'Islam aveva costretto persino un imperatore bizantino a dare ragione della propria fede. Che senso aveva il cristianesimo dinanzi a nuove religioni trionfanti? Manuele insisteva sul legame indissolubile tra fede e ragione, con un pensiero di una modernità ammirevole. Questo dialogo, come molti altri, non sarebbe potuto avvenire senza l'epopea del Mediterraneo orientale, della lotta bizantina e dello strano fenomeno da noi chiamato "crociate".

565 Ivi, pp. 30–31.

566 Papa Benedetto XVI, durante la *lectio magistralis* "Fede, ragione e università – Ricordi e riflessioni", tenuta il 12 settembre 2006 presso l'università di Ratisbona, ha citato numerosi passi dei *Dialoghi* di Manuele II, suscitando violente reazioni da parte del mondo islamico per alcuni passi estrapolati. Ratzinger con il suo intervento ha riposto l'attenzione su questo testo, fino a quel momento tenuto in scarsa considerazione. L'intervento integrale di Benedetto XVI è presente sul sito www.vatican.va.

567 "E poi la fede è frutto dell'anima e non del corpo, e a chi conduce verso la fede occorre una lingua virtuosa e un retto pensiero, non la violenza, né della frusta, né di qualsiasi altro mezzo di quelli in grado di minacciare la morte". MANUELE II PALEOLOGO, Dialoghi con un persiano, p. 65.

568 *Ibidem*.

CAPITOLO 8

Conclusioni. Il canto del cigno?

co-o bon tempo semmo tutti mainae
Proverbio genovese

Nel 1369 Philippe de Mézières era stato raggiunto nella laguna veneta dalla notizia dell'assassinio di re Pietro I di Cipro. Con lui, moriva anche il sogno della crociata in Terra Santa. L'animo del francese era disilluso: il suo ideale si era scontrato, come sempre, con l'egoismo e la malvagità degli uomini del suo tempo. Philippe, desideroso di ritirarsi dal mondo, aveva chiesto ospitalità alla Scuola di San Giovanni Evangelista, una confraternita penitenziale dove, durante molti mesi, aveva avuto occasione di ripensare agli ultimi anni trascorsi tra il Mediterraneo e le corti europee, alle promesse non mantenute, alle galee di Alessandria e alle continue difficoltà all'impresa. Tutto il suo universo, che ruotava attorno alla speranza del *passagium* oltremare, sembrava crollato. Non rimaneva che abbandonare la vita attiva e rivolgersi al cielo, in quella disciplina spirituale che avrebbe contraddistinto i suoi ultimi anni. Una reliquia era ciò che restava del sogno crociato nelle mani di Philippe de Mézières. Come tramandano i resoconti, il 23 dicembre 1370, nel corso di una solenne cerimonia nella chiesa di San Giovanni Evangelista a Venezia, l'ormai ex cancelliere di Cipro si era tolto il mantello, si era scoperto il capo e poi inginocchiato. Aveva quindi giurato di avere in mano il legno della croce di Cristo, donatogli in Oriente da Pierre Thomas. Il cavaliere aveva fatto dono del prezioso frammento ai fratelli che lo avevano ospitato nei mesi di afflizione e ad Andrea Vendramin, guardiano della Scuola veneziana, dove tutt'oggi è conservato. Quanto rimaneva delle spedizioni della seconda metà del Trecento era una reliquia, donata in uno dei centri marittimi e lì custodita. Le due città marinare, in qualche maniera, erano gli ultimi, strani eredi delle crociate.[1]

L'epilogo di Philippe de Mézières è un'efficace sintesi delle dinamiche trecentesche, ovvero la distanza tra ideale e realtà e, soprattutto, il coinvolgimento

1 IORGA Philippe De Mézières, pp. 393–394; SETTON, The Papacy and the Levant, vol. 1, p. 284; PETKOV, The Anxieties of a Citizen Class, pp. 15–25. In generale: *Vita del glorioso San Giovanni apostolo, ed evangelista con alcuni miracoli della Santissima Croce, che conservasi nella Scuola Grande di detto Santo, avuta in dono fino dall'anno 1370. come apparisce nella sua Donazione. Seconda edizione con nuove aggiunte e notizie dedicata alla confraternita di detta Veneranda Scuola di S. Giovanni Evangelista,* Venezia 1752.

 | DOI:10.30965/9783657790852_009

inevitabile di Genova e Venezia. I centri mercantili erano i più naturali, sebbene controversi, eredi della pulsione verso oltremare, che dopo la peste appariva piuttosto crepuscolare e sopravviveva in animi nobili come quello di Mézières o nelle aristocrazie nordeuropee. Si trattava di un mondo segnato da difficoltà, sia reali che psicologiche, conseguenti alla congiuntura trecentesca. Il susseguirsi di epidemie, carestie e guerre, con le relative difficoltà e cambiamenti geopolitici, aveva marcato una più turbolenta visione del mondo, incapace di celare una dose di inquietudine. Non sono stati singoli eventi traumatici a causare un cambio dei sistemi di pensiero, ma la loro endemicità e ripetitività, che aveva messo in discussione la sensibilità culturale dei secoli precedenti. Il risultato era un inevitabile ripensamento della fede, del problema del male e del concetto di provvidenza, con una minore fiducia nelle proprie capacità. L'affermarsi della Fortuna nelle cronache era simbolo di una forza incontrollabile che agiva senza un senso evidente, mentre l'uomo virtuoso tentava di tutelarsi dai colpi avversi. Ne offrono testimonianza nuovi modelli artistici, spesso cartina di tornasole di sistemi di pensiero.

Appare evidente un certo bisogno di sicurezza e un nuovo rapporto con il divino: la profonda religiosità sembra legata a un secolo segnato da ansie. Il tentativo di limitare il rischio nelle società mercantili genovese e veneziana si era tradotto nella chiusura geografica all'interno della zona della cosiddetta *routinization*. La domanda spirituale era esplicitata in maniere contrastanti, tra un misticismo che si chiudeva nella propria interiorità e, sul versante opposto, una religiosità per certi versi esasperata che si nutriva di segni esteriori, come processioni e miracoli. La risposta a tali bisogni spirituali non va più cercata nella crociata, ma in forme alternative, che avevano vinto la competizione tra espressioni penitenziali. La crociata sembrava aver perso quel valore di salvezza universale posseduto nel secolo precedente, fino ai primi Giubilei. La risposta si concretizzava altrove, in scoppi di religiosità estrema, sintetizzati dai movimenti penitenziali – con alcuni tratti "crociati" – oppure in modalità intimistiche: in entrambi i casi, si trattava di maniere "domestiche" e non proiettate all'esterno.

Il piano della guerra contro il turco, o il musulmano in generale, si era progressivamente distaccato dalla frequentazione pacifica di Terra Santa, che aveva conosciuto una certa ripresa negli ultimi decenni del Trecento e aveva come base proprio Venezia. La divisione tra crociata e pellegrinaggio non è nuova; tuttavia, nel periodo in questione le due dimensioni avevano intrapreso direzioni – anche geografiche – nettamente diverse. Non più *passagium*, ovvero pellegrinaggio armato verso i Luoghi Santi, ma guerra di difesa antiturca, che si colorava di tinte religiose. Persino il linguaggio di lettere e appelli papali ha fornito indizi su questa trasformazione, avvenuta nel periodo in analisi. Già nel linguaggio dell'epoca, le spedizioni levantine avevano come scopo ultimo la conservazione della fede cattolica, non la riconquista di Gerusalemme, e soprattutto avvenivano nella forma di una federazione cristiana, una "union contra de' Turchi".[2] La crociata rinascimentale del secolo successivo non avrebbe più avuto dubbi semantici sui propri obiettivi, nel senso di spedizione balcanica contro gli ottomani. L'analisi del mondo della frontiera del Mediterraneo orientale offre numerosi spunti in questo verso. La frontiera levantina si sarebbe spostata, seguendo il ritmo dell'avanzata turca, per addentrarsi fino all'Età Moderna, trasformandosi nella zona grigia di attrito tra l'impero asburgico e quello del sultano. La crociata nei suoi termini duecenteschi, dopo la caduta di *Outremer* e il fallimento delle speranze di riconquista, sembrava aver esaurito il proprio compito religioso. La crociata del Quattrocento avrebbe ripreso una certa attrattiva ma cambiando significato e, soprattutto, riscuotendo successo presso le popolazioni lambite dal pericolo turco. Si sarebbe trattato essenzialmente, ormai, di una crociata reattiva e di frontiera, aggravata dalla contrapposizione di fede.

In tale contesto Genova e Venezia mostrano un certo grado di contrazione economico-finanziaria e di forze navali, con il calo del numero delle galee e la loro difficoltà di gestione. I cronisti genovesi e veneziani, nelle loro osservazioni indirette e omissioni, mettono in luce un atteggiamento di generale inquietudine. Sono chiari i cambiamenti concettuali intervenuti nel linguaggio e una certa presa di distanza dalle crociate contemporanee, non citate nemmeno quando concittadini genovesi o veneziani vi avevano preso parte. Insomma, vi era un certo distacco dalle vicende d'Oriente, che lasciava il passo alla dimensione politica interna o italiana. La scomparsa della crociata nei testamenti si affianca alla comparsa di nuovi destinatari, mentre gli stessi lasciti sono occasione per mettere in luce, tramite le formule testamentarie, un malcelato sentimento di precarietà dell'esistenza. Persino il flusso di reliquie aveva smesso di guardare a Oriente. La cristallizzazione delle devozioni è un fenomeno tipicamente trecentesco. Qui si situa il dramma dei ceti mercantili, costretti a prendere la croce, o invitati costantemente a farlo, pur senza averne l'intenzione. L'inclemenza con cui molti scrittori dell'epoca guardavano a genovesi e veneziani è indicativa, pur dovendo riconoscere il ruolo insostituibile dei due porti per qualunque velleità crociata. I liguri e i veneti erano veramente uomini cinici e opportunisti?

---

2 Lo pseudo-Enrico Dandolo, veneziano della seconda metà del Trecento, guardava all'obiettivo delle crociate di Smirne con queste parole: "conservation et amplificamento dela fede nostra sancta catholica". Cronica di Venexia detta di Enrico Dandolo, p. 122.

Il calo dell'attrattiva della crociata e l'apparente scarsa risposta dei comuni è il nucleo della questione. Al contrario della frequente distanza delle istituzioni pubbliche, le spedizioni "crociate", o supposte tali, della seconda metà del Trecento avevano in realtà sempre visto il coinvolgimento di genovesi e veneziani. Si trattava di patroni di galee, prestatori di denaro, intermediari per i riscatti di prigionieri, ex corsari che si mettevano al servizio di una potenza estera, amministratori coloniali, signori indipendenti di staterelli del Levante, mercanti e ambasciatori, equipaggi e rematori. Nella stagione del 1363–1367, se l'adesione dei comuni era stata labile, vi erano invece galee genovesi e veneziane sia nella crociata di Alessandria che in quella di Amedeo VI di Savoia del 1366. Lo stesso è osservabile nei rapporti con i turchi, nei rifornimenti a Smirne, nelle leghe egee, nei conflitti con tartari e mamelucchi, fino a Nicopoli e al pericolo degli ultimi anni del secolo. Genovesi e veneziani avevano sostenuto il peso della difesa del Levante latino e di Costantinopoli contro i turchi. Nonostante gli sforzi, i due comuni erano allo stremo delle proprie risorse: nel 1402 l'imprevisto arrivo di Timur Lang era giunto come spartiacque verso la nuova stagione del Mediterraneo quattrocentesco.

Nelle contraddizioni tra disinteresse e iniziativa dei cittadini genovesi e veneziani, emerge chiara la questione: guerra, commercio, ideale e pragmatismo si alternavano sui mari levantini. La crociata trovava spazio saltuariamente, spesso in maniera subordinata agli interessi dei *cives* marittimi, pur costituendo una forza non ancora scomparsa. Vi era ancora interesse a sostenere gli appelli papali, ma quando conveniva. D'altronde, le forze navali, economiche e politiche di Genova e Venezia non erano più quelle dei secoli precedenti: una certa esuberanza nella partecipazione a imprese oltremare si scontrava con evidenti difficoltà pratiche. Ciò a causa di svariati motivi, dal calo demografico ai nuovi assetti assunti da entrambe le città nel corso del secolo, alla crisi politica ed economica per quanto riguarda soprattutto Genova, fino ai conflitti che avevano contrapposto appunto il Grifo e il Leone. Mancava la volontà di agire, ma anche la possibilità di farlo, in ragione di un debito pubblico che in entrambi i centri aveva raggiunto livelli sproporzionati. Impegnare a fondo le forze cittadine in imprese orientali non era più pensabile, anche a fronte delle nuove religiosità. La crociata possedeva una certa attrattiva presso alcuni ceti alti o addirittura singole personalità, che pur la alternavano nella propria vita con altre stagioni, mercantili, politiche o piratesche. Tutto ciò non significa comunque totale mancanza di partecipazione. Spesso sono Genova e Venezia le prime a lanciare appelli e allarmi rispetto al pericolo ottomano, sono in guerra a più riprese con potentati turchi, hafsidi e mamelucchi. Sono loro a dover portare gran parte del peso del confronto, al contrario delle fugaci apparizioni di cavalieri europei. Quando il pericolo ottomano avanza, nell'ultimo decennio del secolo, negli anni di Nicopoli o nelle acque di Barberia, genovesi e veneziani agiscono, e ben volentieri. Tuttavia, nel gioco delle motivazioni, la bilancia doveva fare i conti con un pragmatismo crescente, l'impossibilità di impegnare le proprie – ridotte – forze e un ideale che doveva fare i conti con un mondo complesso. Nel Rinascimento la crociata avrebbe conosciuto una storia diversa, altre motivazioni e un diverso pericolo da fronteggiare. Nella seconda metà del Trecento, tuttavia, proprio il pragmatismo di veneziani e genovesi sembra la loro modalità di conduzione della crociata, diversa dallo slancio cavalleresco o dal rifugio domestico dei moti penitenziali.

La questione non è riducibile a un binomio tra idealisti cavalieri, fautori della crociata, e mercanti, perseguitori dell'utile economico approfittando delle spedizioni. Il problema delle motivazioni, per coloro che prendevano la croce e partecipavano all'impresa oltremare, rimane aperto e di difficile soluzione, poiché si arresta dinanzi alla sfera delle personali giustificazioni e alle molteplici sfumature. Non è possibile esaurire il ruolo dei mercanti, e più in generale dei *cives* dei due centri marittimi, solamente in una prospettiva di incremento dei traffici commerciali. Proprio il caso genovese ha contribuito a tratteggiare la forte carica ideale che permeava i partecipanti alle crociate e la non contrapposizione tra spinte ideali e materiali.[3] Il periodo appena precedente offre notevoli esempi di quest'umanità mercantile, coinvolta in passioni ideali e religiose, indicativi per mostrare un'attitudine di lungo periodo. In fondo, l'eroe cristiano della disputa religiosa contro un ebreo, avvenuta a Maiorca nel 1286, era un mercante genovese di nome Inghetto Contardo. Il resoconto, stilato dallo stesso Inghetto a ricordo della vicenda, è sopravvissuto in almeno 17 manoscritti ed è stato pubblicato diverse volte.[4] Le sei maggiori discussioni erano avvenute nella loggia dei genovesi di Maiorca, nella casa del maestro giudeo e infine nella stessa casa di Inghetto. Nel corso della polemica, il mercante mostra una certa stima dei frati mendicanti, che difende dinanzi all'ebreo, e insiste sul fatto che i giudei debbano rimuovere la rabbia che li

3 MUSARRA, "Mercatores" o "cives et bellatores Dei"?, pp. 324–354.

4 La tesi di dottorato di Ora Limor, dal titolo *The Disputation of Majorca 1286*, comprendente l'edizione critica e discussa a Gerusalemme nel 1985, è stata aggiornata e pubblicata con il titolo: Ora LIMOR, *Die Disputationen zu Ceuta (1179) und Mallorca (1286). Zwei antijüdische Schriften aus dem mittelalterlichen Genua* (Monumenta Germaniae Historica 15), München 1994. Rimando all'edizione: INGHETTO CONTARDO, *Disputatio contra Iudeos / Disputes avec les juifs: introduction, texte critique, traductions et notes*, ed. Gilbert DAHAN, Paris 1993. Gli editori odierni non mettono in dubbio la verità della disputa, che apparentemente era avvenuta in lingua catalana, sebbene tutti i manoscritti siano vergati in un latino grammaticalmente molto semplice. Forse il testo era stato originariamente scritto in dialetto genovese, come mostra un certo numero di proverbi italiani, e successivamente rimaneggiato da un chierico.

acceca per conoscere il giorno in cui il Messia sarebbe tornato. L'interlocutore ebreo rimane colpito dalla presunzione del genovese: lui, solo un mercante, come poteva reputarsi migliore dei saggi cristiani? Inghetto, protagonista e autore del resoconto, appare orgoglioso della propria capacità intellettuale, ponendo l'accento sul fatto che il giudeo fosse stato sconfitto nel dibattito da un semplice mercante. Lo stesso maestro ebreo nel corso della disputa si chiedeva se Inghetto Contardo fosse in realtà segretamente un chierico o un frate: il genovese negava risolutamente, dicendo che aveva imparato tutte queste argomentazioni dalle dispute con i giudei che aveva sentito nei diversi porti del Mediterraneo.[5] Proprio Genova, città mercantile per eccellenza, sembra essere stata un centro per il dibattito interreligioso.[6] Gli abitanti delle due città protagoniste dello studio, ancora nel XIV secolo, non erano esenti da una forte interconnessione tra la ricerca dell'utile e la partecipazione a pulsioni crociate, religiose o culturali, per cui erano in grado di muoversi.

Forse, la separazione delle motivazioni attiene alla precomprensione odierna: si fatica ad accettare il fatto che il guadagno spirituale e quello economico non fossero in contraddizione agli occhi di un mercante medievale, anzi. Gli uomini di Genova e Venezia vivevano di commerci, ma non erano esenti da un interrogativo esistenziale sulle proprie vite. Moventi pecuniari, religiosi, utilitaristici, materiali, politici, oltre a una vasta gamma di sentimenti che può comprendere anche il gusto dell'avventura, erano mescolati negli stessi animi. Non è possibile tracciare una demarcazione tra due opposti poli motivazionali, a cui spesso si è rifatta la storiografia. In una società abituata a risolvere le controversie con la violenza, probabilmente i più non scorgevano opposizioni tra un combattimento contro l'infedele, l'ottenimento dell'indulgenza e l'incremento del proprio patrimonio trafficando con gli stessi infedeli.

Le occasioni di conflitto, inoltre, avevano visto il confronto tra singole potenze cristiane – cattoliche e ortodosse, greche e latine – e singoli potentati musulmani – mamelucchi o tartari, turchi di varie obbedienze –. Non si trattava di un "clash of civilizations" tra cristiani e musulmani. Certo, le differenze di fede erano rilevanti nello scontro; la guerra assoluta e la demonizzazione dell'alterità appartengono, però, più ai nostri giorni che al tardo Medioevo. I protagonisti delle vicende, da Pietro Recanelli a Carlo Zen, da Francesco Gattilusio ai patroni di Amedeo, erano consci della complessità e sfaccettatura della

5 Larry J. SIMON, Intimate enemies: mendicant-Jewish interaction in thirteenth-century Mediterranean Spain, in: *Friars and Jews in the Middle Ages and Renaissance*, ed. Susan E. MYERS / Steven J. MACMICHAEL, Leiden 2004, pp. 53–80, qui pp. 61–64.

6 Ora LIMOR, Missionary Merchants: Three Medieval anti-Jewish Works from Genoa, in: *Journal of Medieval History* 17 (1991), pp. 35–51.

realtà mediterranea. La crociata, a differenza dell'epopea cavalleresca, non era un'avventura per chi doveva vivere o aveva interessi costanti in Oriente. I cavalieri scampati a Nicopoli sarebbero tornati a casa, in Francia, Inghilterra o Borgogna; veneziani e genovesi dovevano invece continuare a risiedere nella Romania minacciata dagli ottomani e subirne le conseguenze. Dunque, la cautela con cui questi uomini guardavano ai richiami crociati del Trecento pare rispondere più a logiche di sopravvivenza che a cinico disinteresse. Genovesi e veneziani sembra abbiano attutato, piuttosto, una loro particolare crociata, mediando tra l'ideale e la complessità della realtà, che esigeva soluzioni di compromesso. Per il bene della Cristianità, in fondo, era più utile un'eroica sconfitta contro gli infedeli oppure un trattato che salvaguardasse i latini e i cristiani orientali nel Levante? Si stava sviluppando la "crociata pragmatica" dei mercanti, meno incline ad astratti sogni. Si trattava di mercanti, abituati a compiere calcoli e a valutare le perdite. Agli abitanti delle due città spettava l'onere della salvaguardia dell'Oriente cristiano. Questa era la croce dei mercanti. Croce, come peso di un compito a cui non ci si poteva sottrarre; al contempo croce che essi seppero prendere, pur singolarmente e in determinate occasioni, per dirigersi oltremare.

CAPITOLO 9

The Merchants' Cross. Genoa, Venice and the Mediterranean Crusade in the Late 14th Century (1348–1402) – Summary in English

The work investigates the relationship between the crusader ideal and the Mediterranean reality during the second half of the fourteenth-century, after the Plague. The Later Crusades have been rarely studied from the Venetian-Genovese point of view. How did the practices and the concept of the *passagium* change? Was it still attractive in a landscape marked by an all-around crisis? The crusade can thus be a starting point to illustrate the dynamics and social transformations. The study of mentalities requires a broad type of approach, touching cultural, social, economic, political, religious themes. The Venetian-Genovese point of view makes it possible to analyze the reaction of the mercantile societies to this troubled period, when the interest towards overseas enterprises seemed to decrease. How did the Ligurian and Venetian merchants, answer to the call of the crusade, given that they had different needs?

First, the "fourteenth-century crisis" permits investigating the human reactions to endemic difficulties (epidemics, famines, wars), in terms of collective thinking. It has been possible to see an increasing sense of uncertainty, along with a gradual collapse of old cultural models. The need for an intimate relationship with God had grown stronger, and stemmed into personal religious moments other than the institutional ones. How had the idea of crusade change after the Plague? The Later Crusades seemed to be no more an adequate object for answering to the religious and penitential demand, which, on the other hand, had not been exhausted. The second half of the fourteenth century had seen the processions' exponential growth, reflecting the same need for penitence in a "domestic" form. These religious phenomena stemmed from the same forms as the earlier popular crusades: the resemblance could be found both externally, in clothes and symbols, as well in indulgence institutions. Moreover, the changes within the papal letters calling for a crusade testify a slow transformation from a *passagium* aiming at the Holy Land, to a general defensive war against the Turks. The changes in the crusade concern the conceptual sphere, but also affect the new protagonists participating in them. Significant economic, social and maritime changes also affected the Genoese and Venetian societies. The two cities were experiencing a time of contraction, bothin terms of public debt and reduced naval power. The slave population in the cities had grown and had changed its origin. The low participation of Genoa and Venice in the crusade expeditions of the second half of the fourteenth century was linked to a more general period of internal difficulties.

The chronicles of Genoa and Venice allow analyzing the relationship with the fourteenth-century crusade, especially if compared with earlier chroniclers. A distance from past crusades can be noticed in the chronicles, as well as the lack of interest in contemporary crusading enterprises, which were not mentioned. All the chronicles seem to focus on the internal dimension of the city or, at most, on Italy.

The contemporaries' opinions towards Genoa and Venice were often critical, with merchants described as cynical and opportunistic. However, Genoa and Venice in the fourteenth century were unavoidable interlocutors of the papacy, as a Mediterranean crusade would not be possible without them. Still, war expeditions against the infidels seemed to have little success, while pilgrimages flourished. In the fourteenth century, Venice was the major center for those embarking for Jerusalem. The relationship with the Holy Land became peaceful, and the crusade turned into a Levantine war against the Turks. The sensibility of the Genoese and Venetians denoted a spiritual restlessness and anguish, stronger than in the previous period. Crusade mentions and references disappeared among pious legacies, while new forms of devotion emerged. Even onomastics reveal the Christianization or classicization of proper names and the disappearance of names related the Arab world. The civic self-representation was less linked to overseas exploits. Relics no longer came from the furta sacra operated in the East but from the Italian context itself. Some penitential experiences, such as the Bianchi in 1399, had a solid success: were they a form of new crusaders, capable of taking up the legacy of the previous one?

Another point of interest in the study relates to the "frontier" of the Eastern Mediterranean, now investigated in a unified manner. The frontier was an area of crossroads and meeting points, often degenerating in violence. In this complex cosmos, there were prisoners, refugees and minorities, often victims of political upheavals and friction among empires. Personal histories of the people involved could be seen as symbols of this universe. Many of them were part-time crusaders, who took part in expeditions privately, before resuming their trade or piracy.

Eventually, the diplomacy and actions of the Genoese and Venetians in the period 1348–1402 show the relationship between mercantile societies and crusades, the Levantine world and the Muslim powers. It is discussed the partial collaboration between Genoa and the Turks, then the private Genoese epics.

The stronghold of Smyrna on the Anatolian coast was the epicenter of joint crusading efforts from the mid-fourteenth century onwards. The sketched paradigm of the Venetians and Genoese participation to the overseas expeditions consists in private initiative, whereas governments showed a general disinterest. The last two decades of the century were denoted by fear of the Ottoman advance. The dynamics of the relationship between Venice and Genoa towards the Turks were complex, revealing the Venetian annexationism in Romania to the detriment of the Ottoman expansion. The attitude of the Genoese and Venetians during the Mahdia or the Nicopolis expeditions points out contradictory impulses and a great operational influence. Moreover, after 1396, only the Genoese and the Venetians were left to defend the Christian Levant and Constantinople from the Ottomans. Despite their efforts, the two cities seemed to have reached their limit, until the unexpected arrival of Timur Lang in 1402.

This monograph investigates the pragmatic conduct of the Genoese and Venetians in relation to this phase of the crusading ideal. The merchants, often described as individuals exclusively driven by profit, still appear to be fascinated by an idealistic and spiritual motivations, although they were subjected to a plurality of attractions. This type of investigation casts lights to a complex situation occurring at the edge of an epoch change. The issue of mentalities is at the heart of the work. The crusade had changed, along with the world where they had taken place. Furthermore, Genoese and Venetians do not appear to be simply cynical men willing to maximize their economic gain: they were people who tried to solve the dilemma between ideals and reality.

Appendice documentaria

Archivio di Stato di Venezia

1.

S.l., 1366

ASVe, *Libri Commemoriali* 7, f. 62.

Traduzione dall'arabo in volgare dell'accordo provvisorio tra il sultano mamelucco e il comune di Venezia, grazie all'operato degli ambasciatori Francesco Bembo e Pietro Soranzo. È concessa la libertà agli ambasciatori e la sicurezza di commercio a tutti i veneziani in Egitto.

Copia translactionis literarum domini Soldani obtentarum per ambaxiatores nostros

Lo soldan grandissimo lo regnador del regname honorabilissimo lo segnor nobele proveçudo, lo iusto lo studiente, lo vitorioso mantegnador de l'universo e de la fe, soldan de la salvation e di salvadi, procededor de la iusticia in li siegoli, salvador de l'inçuriadi de le man de quelli che iniuria, succedeor del regname, soldan de arabi, de persi e de turchi, Alexandro del tempo, segnor de la gratie, congregador del verbo de la fe, posesor de le secrete e de le corone, conquistior de li centri, reposador de li regnami e de li aclimi e de li confini, regnador de li do mari, viador de le vie ali do inclinamenti, servidor de li do templi reverentissimi, ombria de Dio in la soa terra, mantegnador di so statuti e dei so comandamenti, soldan del plan de la terra, confidador de la terra povolada, segnor de li re e di soldani, procurador di fedeli, Saban fio del re relevado, Oçain fio del soldan martira, Melechenacer, vardador de l'universo e de la fe, Maamet fio del soldan martira Elmelich almenasor cha laun perpetua lo altissimo Dio lo so regnante e dia vitoria a le suo cavalarie e li so aiutori.

Vene la letra de la maiestade del doxe honorado, loldado, nobelissimo, vasilissimo, exaltado, magnifico Marco Corner loldo del puovolo christian, ornamento de la seta de la cruce, doxe de Veniexia e 'l so conseio, beleça de christianità, amigo di re e di soldani, Dio li dia prosperità et li faça asaver andar in le vie de salvation e si meta la segurtade apruovo lu. Nuy la leçesemo e savesemo quelo che dise in esa de la soa caritade e de l'amistade del so comportamento e de la beleça del so contegnimento e de quelo che manifesta in condition de le cose che fo sapude a lui per letra del consol Andrea de le gratie che era fate a luy e ai so povoli e lor marcadanti, e de quello che fo conversado con lor de li honori e de li boni conportamento[1] che fo conportadi con esi, e del procedimento del nostro comandamento nobelissimo per man de çan çenovese in questa cosa, e del so bon recivimento le nostre elimosine universale de pura obedentia e caritade, e dito de la maiestade del doxe che luy si aveva ordenado i so ambaxadori nobilissimi Francesco Bembo e Pietro Sorançο a vegnir a le porte honorade e li fo dado de le manifestatione e de le parole che li devese dir entro le nostre man gloriose e nu savesemo quello, e sì çonse li so ambaxadori sovraditi e comandasemo che li fosse ben recevudi e aprosimarli e conversar con lor con le gratie e boni conportamenti e al dir quelo che portase de quelle cose regratiasemo la maiestade del doxe e la nobeleça de la soa caritade e vegnisemo a la beleça de le so intentione e soa bona benvolença, e fiando fermo in quelo che era sovra eso de la lialtade de la conversatione e seguir le nostre voluntade nobelissime exe plu degno adimplir quelo che se dixe per luy de queste coxe che a sempre may nuy comandavemo far le gratie ai so povoli e a so marcadanti e conversarli con honor e larga raxon con quello che i truova de le nostre porte honorade tuto quello che li aliegra e consolali li so cuori e plase al so veder di grandi beni e prosperamenti de le intentione e sì son certificado de bona intention de la maiestade del doxe inverso no e si moltiplica el so stado aprovo nuy e semo certi in quelo[2] che se in lu de la bona benvolentia e caritade e sì vederà i so mercadanti e i so puovoli da mo in avanti quelo che nuy li comanderemo de le gratie a lor, plu de quello che era e plu de quello che li vorà, e fo publicado de lo nostro nome magnifico la libertade a tuti li venetiani in Egito e in Suria per lu e renderli tuto lo so e le so mercadantie e tuto quello che li vegniva atribuido da nobel a vil. Sia adoncha certa la maiestade del doxe la condition de le nostre limosene magnifiche sovra loro e la nostra gratia alora, e vega como sia la so constantia in lo servixio honorado e de la ubedentia debita e contrapexe a questo con le cose le qual serà belle e degne del continuar sovra observamento de la proferta de la bona intention e lialtade de la caritade e a quello che aferma de la ubedentia e benvolentia e tornadi son a lui soi ambaxatori sovraditi con questa resposta magnifica e con quello che sovra loro fo meso de le intentione e ambaxarie e sia meso la mente a quelle e spexeça le so letere ei so mandadi, e Dio sì li faça gratia per la soa gratia.

1 co(n)portamentoi: *così*.
2 *segue depennato* lui.

2.

Cristopoli, agosto (1372/1373).

ASVe, *Libri Commemoriali* 7, f. 182r.

Traduzione dal greco in dialetto della lettera di Alessio, "gran primicerio" bizantino, al doge di Venezia, nella quale dichiara di aver combattuto contro i turchi, a cui aveva conquistato alcuni castelli, e di esserne stato investito signore, grazie a una crisobolla imperiale. Richiede di essere ascritto nella nobiltà veneziana, dichiarandosi pronto ad accettarne i doveri.

Copia Allexi grando primichierii / translatata de greco in latinum

Serenissimo et excellentissimo domino Andrea Contareno Dei gratia duci Veneciarum et cetera. Plu valente cha i altri et sapientissimo honorado gran signor et presiado per tuti ducha de Veniexia, priego Dio che possa trovar la signoria vostra in sanitade la mia scrita in tuto sano et salvo con tuti quelli che te vuol ben, chomo vui doxire et como ve plaxe. E io per lo simele al honor vostro sto ben.

Sapia la signoria vostra che io sempre me son vostro amigo et proprio vostro et del comun de Veniexia per li tempi passadi. No me venne destro de mostrarve l'amor de scriverve et perço no scrissi. Mo al prexente ve scrivo per mostrarve che per li tempi passadi iera vostro amigo et perço digo che se plaxe a la signoria vostra et de li zentili homeni de lo vostro conseio, che io sia vostro frar con li altri, et perço digo cosi nui tuti de la nostra sclatada se da le parte de Levante et si semo zentili homeni et si straviassemo tre zentil homeni et vegnissemo in questo luogo che semo al prexente et Domenedio ha voiudo per la soa gratia et so voler et cum la nostra spada havemo prexo castelli alguni de li turchi pagani et alguni de li servi, et si ne ha facto lo imperador le concession d'oro che nui habiamo ço che nui havemo aguistado, et nui et li nostri fiioli. Io ve mando la nota de quella concession a la signoria vostra per vederla. Se morti li me do fradelli et io remasi con li me fioli e no era ni no e altro lo nostro servixio seno esser sempre contra li turchi. Ma cum altra generacion io non ho mai verrà anci paxe et grando amor ma pur quelli che va contra li cristiani a quelli vago contra. Et credo che cossi la vostra signoria ha sapudo per altri, et per lo mio signor vostro frar lo Capetanio de la vardia de li galee, lo qual ha vastado li legni de li turchi quando nui ieremo insembre. El me plaxe et voio che io sia frar de lo benedeto comun chomo uno de li vostri zentili homeni et ço che vien de ogna facion et cargo de cadaun de li vostri zentil homeni in honor de la signoria, voio obedir per lo simele como li vostri proprii. Io diebia esser dreto amigo et frar in ogna aida et favor del comun de Veniexia et cosi per lo simele lo comun per nui chomo membro so che voio esser et che ello me diebia sostegnir ad raxon, como un de li suo zentili homeni et che se faça una scrita con lo vostro conseio et de la signoria vostra, chomo vui have usança de far.

Spero in Dio che se io sero del comun de Veniexia non sero per so danno ma ançi sero in honor vostro et del vostro conseio et in utele de quello che io porò. E preço io ho mandado lo prexente homo che vien con questa letera a favellar con la signoria vostra e scriveme a saver risposta de quel che io ve scrivo a ço che ve plaxe da far che io serverò quel che la signoria comandarà. Lo prexente homo ad acto de corier lo mandado. Ma se a la signoria vostra plaxe che io sia del comun, comande chel vegna un homo et chio sepia ço che comanda la signoria vostra de mi et si oserverò zo che a la signoria vostra plaxera. Dio faça la signoria vostra sia in molti anni et tuti li vostri zentili homeni del conseio saludo. Date mese d'avosto a la terra de Cristopoli.

3.
Venezia, 22 luglio 1382.
ASVe, *Senato Misti* 37, f. 97v.

Giovanni Barbarigo, in procinto di assumere l'incarico di console veneziano a Damasco, può visitare i Luoghi Santi a Gerusalemme per 15 giorni, se non è occupato da impedimenti.

Capta.

Quod concedatur nobili viro domini Iohanni Barbadico ituro consuli Damasci quod non impediendo facta principalia possit ire per XV. dies vel circa ad visitandum loca Ierusalem.

4.
Venezia, 12 settembre 1391.
ASVe, *Senato Misti* 42, f. 23v.

Tommaso, figlio del marchese di Saluzzo, e altri nobili ungheresi e tedeschi devono andare in pellegrinaggio al Santo Sepolcro. Permesso rilasciato perché possano imbarcarsi sulle galee di Beirut; ordine che sia assicurato loro un passaggio fino a Giaffa.

Capta.

Quia sunt quam plures nobiles et notabiles persone hic Veneciis que iture sunt ad Sepulcrum et specialiter filius marchionis Salutiarum et alii militis hungari et theutonici et cum maxima instancia peteant quod ducale dominum dignetur, quod conducantur ad Zaffum cum una ex nostris galeis Baruti vadit pars pro complacendo dictis nobilibus quod in casu quo aliqua galea non foret itura ad liciam et iuderetur capitaneum quod una galea posset secure ire ad Zaffum quorum mittat illam galeam ad Zaffum cum dictis nobilibus cum illo ordine et bona regula, que videbitur capitaneum heundo semper respectum in omni casu, ad securitatem galearum nostrarum [... *buco nella carta* ...] galea si debibit ire ad Zaffum nullo nostro possit ire ad liciam.

5.
Venezia, 29 agosto 1394.
ASVe, *Senato Misti* 43, f. 27v.

Istruzioni per le galee commerciali della muda di Beirut che trasportano pellegrini. Ordini su quanti giorni attendere a Giaffa o Acri e sulle modalità del recupero dei viaggiatori per il ritorno.

Capta.

Quod pro comodo peregrinorum, qui sunt notabiles persone et bene tractande pro omni bono respectu ac etiam pro bono patronorum viagii Baruti, ordinetur quod ubi captum erat quod in casu quo possit fieri mercantia in illis partibus, una dictarum galee possit et debeat ire Zaffum cum peregrinis quod levassent non possendo stare in Zaffo ultra unum diem. Ita considerata quantitate peregrinorum ordinetur quod capitaneus in casu quo possit prout mercantia ab illo loco a quo ei habilius apperebit debeat mittere per concordium vel texam Zaffum duas de galeis sibi commisses, quarum una debeat expectare peregrinos in Zaffo vel in Acri diebus decem, non computatis debit accessus nec recessus et altera galea subito de sequentis revertatur ad capitaneum sine mora.

Insuper si videretur capitaneum fore nectium pro securitate haveris et mercantiarum nostrorum mittere unam de galeis sibi commissis liciam, debeat eam mittere, solventibus mercantiis naballium solitum et subito destaricatis mercantiis in licia, revertatur ad capitaneum sine mora, non possendo stare in licia nisi una die, non computatur de accessus.

6.
Venezia, 31 ottobre 1396.
ASVe, *Senato Misti* 43, f. 159r.

Proposta del senato veneziano di scrivere lettere al papa, ai re di Francia e Inghilterra e all'imperatore, riguardo la notizia della sconfitta di Nicopoli. Bocciata alle votazioni.

Quia non potest esse aliud quod utile pro tota Christianitate reddere informatum specialiter dominum papam de istis novis que habentur de conflictu domini regis Hungarie tamquam personam ad quam principaliter spectat superindi providere, vadit pars quod possint scribi littere ipsi domino pape, domino regi Francie et Anglie ac domino imperatori significando eis casum et de illo condolendo pro bono Christianitatis in illa forma que videbere collegio domini consili capitum et sapientes utriusque manus non obligando tam nos ad rem aliquam que per futura tempora posset esse obligatoria et preiudicativa nobis et statu nostro.

De parte – 46 – 42

Capta
De non – 40 – 60
De non sinceri – 14 – 11

Archivio di Stato di Genova

7.
Genova, 6 marzo 1382
ASGe, *Archivio Segreto, Diversorum* 497, doc. 83, f. 45v.-46r.
Lista di reliquie rubate dalle galee genovesi, agli ordini del capitano Gaspare Spinola, nelle terre veneziane durante la spedizione nell'Adriatico. Parte spettante al comune e parte spettante ai patroni delle galee.

f. 45v. // Hoc est exemplum divisionis et partimenti facti intra comunis Ianue ex una parte et olim patronos gallearum ex altera, de venerabilibus reliquis aliquis dellatis de terris venetorum captis in Culpho per exercitum gallearum quarum erat capitaneo dominus Gaspal Spinula.

Per quam quidem divisionem in parte comunis pervenerunt infrascripte.

Caput sancti Laurentii martyris
Manus et brachio sancti Mathei Apostoli et evangeliste
Manus et brachio beati Georgi martyris
Manus et brachio sancti Innocentis
Caput unus innocentium
Manus et brachio sancti Triffonis
Tibia et pede sancti Blaxii
Manus et brachio sancte Barbare
Tibia et pede cuidarum sancti

Manus et brachio unius innocentis
Manus et brachio sancti Sergi
Caput unius sancti
Manus et brachio sancti Theodori
Manus et brachio sancti Pantaleonis
Tibia et pede unius sancti
Ossa duo sancti Argenio
Tibia et pede innocentius

f. 46r. // Quarum duorum reliquiarum divisis facta fuit M°CCC°LXXXII° die VI marcii in ecclesia Sancti Laurentii presentibus multis reverendis clericis et certis officialibus per parte comunis et ex adversis multis ex patronis.

Et in parte patronorum pervenerunt infrascripte.

Tibia et pede sancti Georgii
Tibia et pede sancti Laurentii
Tibia et pede sancti Triffonis
Manus et brachio innocentium
Caput sancti Sebastiani
Caput unum innocentium
Caput unum innocentium
Manus et brachio innocentium
Manus et brachio sancte Barbare
Manus et brachio innocentium
Manus et brachio sancti Triffonis
Manus et brachio sancti Sergi
Brachium sancti Martini sine manu
Brachium cum manu sanctorum Abdoni et ...[3]
Tibia et pede cuidam sancti
Alia tibia cum alio pede cuidam sancti et capsieta una de crestallo cum certis reliquiis.

8.

Genova, 20 luglio 1397.

ASGe, *Archivio Segreto, Diversorum Communis Ianue* 3021, doc. 154.

Copia della lettera di Robert, duca di Bar, consegnata al suo rappresentante Jean de Seury, giunto a Genova per trattare e ottenere il riscatto del figlio Philippe, preso prigioniero dai turchi a Nicopoli (il figlio Philippe sarebbe in realtà deceduto

3 *Illeggibile.*

nelle carceri turche, senza poter essere liberato). Mutilo dell'ultima parte, in cui si chiede probabilmente ai genovesi di intercedere per la liberazione.

f. 1 // In nomine Domini amen. Nobilis miles dominus Iohannes Seury procurator et procuratorio nomine illustris et magnifici domini domini Roberti ducis Barrensis, marchionis Pontenis et domini de Casleto, habens ad infrascripta et alia plenum et sufficiens mandatum et potestatem a dicto illustri domino .. duce et patre ipsius patentibus licteris in pergameno munitis sigillo dicti domini .. ducis cera rubra in cauda duplici pendenti. Quarum litterarum tenor talis est.

Universis presentes litteras inspecturis. Robertus dux Barrensis, marchio Pontenis et dominus de Casleto, salutem et presentibus dare fidem. Cum nuper intellexerimus tam per litteras quam relacionem fidedignorum carissimum filium nostrum Philippum in conflictu contra Turchos, sacre fidei inimicos ab eisdem fuisse captum et nunc in partibus Romanie a quodam turcho detineri, aut ex post ab aliquibus fidelibus fuisse redemptum. Hinc est quod nos, desiderantes toto cordis affectu redemptione dicti nostri filii, et confidens ad plenum de industria sagaci, diligentia et fidelitas dilecti et fidelis millitis nostri domini Iohannis de Seury, presencium exibitoris, ipsum ad partes illas et alibi ubi fuerit expediens accedere presentialiter destinamus. Notum igitur facimus quod nos dicto nostro milliti dedimus et concessimus damusque et concedimus per presentes plenariam potestatem et mandatum speciale investigandi, querendi, prosequendi, petendi et obtinendi liberationem seu redemptionem filii nostri antedicti de et a manibus et iugo predictorum Turchorum aut aliorum infidelium seu alicuius ipsorum sive eciam quorumcumque aliorum fidelium vel infidelium, causam dictorum Turcorum gentium vel habiturorum de et super redemptione et liberacione predictis, tractandi, pacificandi, con- // f. 2 // -cordandi et componendi prout eidem videbitur expedire necnon promittendi nomine nostro et pro nobis quascumque et quantascumque pecuniarum seu nummorum summas pro redemptione et deliberatione antedictis concordatas vel concordadas una cum expensis factis et fiendis solvere seu solvi facere illi vel illis ...[4] intererit locis et terminis de quibus fuerit concordatum, mutuum seu mutua ocasione permissorum contrahendi et eadem recipiendi a quocumque seu quibuscumque creditore vel creditoribus cuiuscumque status, ordinis vel condicionis existant, fideiussores et hostagia si sit opus dandi et realiter tribuendi. Et de solvendo integraliter quascumque pecuniarum sommas tam pro redemptione et expensis quam ex mutuo vel aliis debitas locis et temporibus de quibus fuerit conventum personis et creditoribus supradictis ; nos, heredes

4 *Illeggibile.*

et successores villas, castra et oppida, terras et possessiones, certaque bona nostra et heredum et successorum nostrorum mobilia et immobilia presentia et futura ubicumque existencia per solutionem, stipulationem obligandi et ypothecandi, que omnia ex nunc prout ex tunc et ex tunc prout ex nunc, tenore presencium obligamus, afficimus et ypothecamus iurandi animam nostram quam locis et terminis per dictum nostrum millitem et creditores et componentes concordatis, dictas pecuniarum summas cum omnibus damnis, expensis interesset cambio et aliis accessionibus, persolvemus seu persolvi faciemus personis antedictis et de eisdem sommis satisfaciemus integraliter et ad plenum. Insuper recognoscendi liberaliter in iuditio et extra predictum debitum seu debita et nos submittendi si opus fuerit iurisdictioni cuiusius iudicis ordinarii vel extraordinarii, ecclesiastici vel secularis, in quem ex nunc tamquam in nostrum iudicem consentimus ut possit super predicto mutuo vel mutuis et compositionibus concordatis nos condepnare et in nos quamlibet [... *tronco* ...].

9.

Genova, 17 agosto 1398.

ASGe, *Diversorum* 498, doc. 583, f. 191r.

Il patrono Gotifredo Doria, nonostante avesse preso accordi con alcuni mercanti per inviare la propria galea ad Aigues Mortes, è autorizzato a recarsi in oltremare insieme ad Alaramo de Mari, Costantino Lercari e al "vice domini Illustris domini Comitis Marchie", *per andare in pellegrinaggio al Santo Sepolcro a Gerusalemme. Nessun magistrato genovese, dunque, deve e può molestare la galea di Gotifredo Doria.*

Spectabilis et egregius miles dominus Bourleus de Luceburgo locumtenens illustris et magnifici domini domini Regii gubernatoris Ianuensis etc. et suum venerandum Consilium Dominorum Decemocto Antianorum in sufficienti et legiptimo numero congregatorum, et illorum qui interfuerunt nomina sunt hec.

Raffael de Auria loco prioris
Laurentius Marruffus
Gregorius Lercarius
Lazarus Spinulla
Lucianus de Castello notarius
Clemens de Prementorio
Bartholomeus de Mari
Badasal Cibo
Nicolaus Lomelinus Babilani
Anthonius Maschaldus de Vulta
Precival de Cassina
Leonel de Vivaldis et
Paulus Iustiniani condam Oberti

Requisitioni illustris domini comitis Marchie, dispositi complacere presertim intervenientibus lictumlibet exortationibus serenissimi domini nostri Francorum Regis, domini Ianue, deliberaverunt statuerunt et decreverunt quod non obstante promisione vel obligacione seu naulizamento ad quas vel quod Gotifredus de Auria tenetur vel obligatus est certis mercatoribus de mictendo galleam ipsius Gotifredi ad Aquas Mortuas, dictus Gotifredus possit et valleat se convenire de dicta sua gallea cum Alarame de Mari et Constantino Lercario vel altero eorum nomine et vice illustris domini comitis Marchie disposito in ipsa gallea ire ad partes ultramarinas pro visitando Sacrum Sepulcrum Dominicum, secundum quod et prout inter se invicem convenerint dicte partes.

Ita quod si dictus Gotifredus vel alius pro eo se convenerit de dicto viagio perficiendo per dictam galleam ad instantiam et requisicionem predictorum dicto nomine vel alterius eorum non possit vel debeat ullo unquam tempore coram aliquo magistratum Ianue molestari, agravari vel conveniri pretextu vel occasione in observantie dicti naullizamenti Aquarum Mortuarum promisi per dictum Gotifredum vel alium pro ea de dicta eius gallea quacumquibus verborum solempnitate foret dicta promisa naulizatio roborata.

10.

Genova, 1398

ASGe, *Archivio Segreto, Diversorum* 498, f. 268v.

Componimento in versi, di tema moralegiante e incentrato sulla caducità dell'esistenza, probabilmente scritto da uno dei cancellieri del comune, posto sul retro dell'ultima pagina del registro

Non sis ad risum facilis qui vis paradisum
Nam nimis risus nimis est quondam nocivus
Mors est sturtorum nimium inrideretur virorum
Hoc inhonestatis puto signum vel levitatis
Scis bonus et sapiens fuge risum elige plante
Risus vitetur plantus cupiatur, ametur
Ut fugias risum crucifixum respice Iesum Christum
In cruce plagatum frentem per te lacrimatum

Palidus oscurus et vermibus esca futurus
Palidus oscurus et vermibus esca futurus
Palidus oscurus et vermibus esca futurus

Illustrazioni

Fig. 1 Cola di Pietro da Camerino, *Processione dei Bianchi*, 1401. Vallo di Nera (Umbria), affresco nella chiesa di Santa Maria Assunta. Foto dell'autore.

Fig. 2
Barnaba da Modena, *Madonna della Misericordia*, 1375–1376. Genova, Chiesa di Santa Maria dei Servi. Foto dell'autore.

Fig. 3 Lastra anteriore del sarcofago del monumento funebre di Pagano Doria. Anonimo maestro locale, seconda metà del XIV secolo. Genova, Museo di Sant'Agostino. Foto dell'autore.

Fig. 4 BNF, *Manuscrits Français* 4274, *Statuts de l'ordre du Saint-Esprit au droit désir*, f. 6r. Miniatura di Cristoforo Orimina, Napoli, 1353 ca. Fonte: gallica.bnf.fr

Fig. 5 Leone veneziano rubato dai genovesi a Pola nel 1380 e portato a Genova come trofeo. Genova, chiesa di San Marco al Molo. Foto dell'autore.

Bibliografia

Abbreviazioni

ASGe = Archivio di Stato di Genova
ASVe = Archivio di Stato di Venezia
AAV = Archivio Apostolico Vaticano
BNF = Bibliothèque National de France

Fonti inedite

ARCHIVIO DI STATO DI GENOVA
Antico Comune,
Massaria, registri 17, 18.
Magistrorum rationalium introitus et exitus, registro 52.
Salvatores portus et moduli, registri 189–205.
Darsina, registri 208, 211.
Galearum marinariorum rationes, registri 630, 645, 647, 649, 651.
Galearum marinariorum introitus et exitus, registri 691, 698, 707, 724, 729, 731, 732, 733.
Archivio Segreto,
Diversorum, registri 496, 497, 498, 499, 500.
Diversorum Communis Ianue, registro 3021.
Materie Politiche, registri 2728, 2729, 2737 A.
Archivio di S. Giorgio, registri 5, 34.
Bolle e brevi, registro 1554.
Compere e mutui anteriori a San Giorgio o non consolidate, registro 1205.
Manoscritti, ms. 104, 106.
Notai antichi, cartulari 217, 236, 304, 306, 375, 376, 381, 388, 408, 411, 415, 416, 444, 447, 459 I, 462, 468 I, 468 II, 469 I, 470, 476, 477, 478, 485.

ARCHIVIO DI STATO DI VENEZIA
Consiglio dei Dieci,
Deliberazioni miste, registro 8.
Libri Commemoriali, libri 7, 8, 9.
Maggior Consiglio,
Deliberazioni, registro 8.
Senato Misti, registri 27, 28, 29, 30, 31, 33, 34, 36, 37, 41, 42, 43, 44, 46.
Procuratori di S. Marco, busta 148.

Bibliothèque National de France
Ms. italien, manoscritto 112.

Fonti edite

Annales Mediolanenses ab anno MCCXXX usque ad annum MCCCCII, (Rerum Italicarum Scriptores 16), Milano 1729.

Anonimo Genovese, *Poesie*, ed. Luciana Cocito, Roma 1970.

Balard Michel, *Notai genovesi in Oltremare. Atti rogati a Chio da Donato di Chiavari (17 febbraio–12 Novembre 1394)*, Genova 1988.

Balard Michel, *Notai genovesi in Oltremare. Atti rogati a Cipro da Lamberto di Sambuceto (11 Ottobre 1296–23 Giugno 1299)*, Genova 1983.

Balducci Pegolotti Francesco, *La pratica della mercatura*, ed. Allan Evans, New York 1970.

Balletto Laura, *Notai genovesi in Oltremare. Atti rogati a Chio nel XIV secolo dal notaio Raffaele de Casanova*, Bordighera 2015.

Basso Enrico, *Notai genovesi in Oltremare. Atti rogati a Chio da Giuliano de Canella (2 novembre 1380–31 marzo 1381)*, Atene 1993.

Belgrano Luigi Tommaso, Prima serie di documenti riguardanti la colonia di Pera, in: *Atti della Società ligure di Storia Patria* 13 (1877), pp. 97–336.

Belgrano Luigi Tommaso, Seconda serie di documenti riguardanti la colonia di Pera, in: *Atti della Società ligure di Storia Patria* 13 (1877), pp. 931–1003.

Bernardo Di Clairvaux, *Opera Omnia*, ed. Jacques-Paul Migne (Patrologiae Latinae 182), Paris 1879.

Boccaccio Giovanni, *Decameron*, ed. Amedeo Quondam / Maurizio Fiorilla / Giancarlo Alfano, Milano 2013.

Bollati Di Saint-Pierre Federico, *Illustrazioni della spedizione in Oriente di Amedeo VI (il Conte Verde)*, Torino 1900.

Bosio Giacomo, *Dell'istoria della sacra religione ed ill.ma militia di San Giovanni*, vol. 2, Roma 1594.

Brigida Di Svezia, *Revelationes S. Brigittae, olim a card. Turrecremata recognitae*, Roma 1606.

Caffaro, Annales ann. MXCIX–MCLXIII, in: *Annali genovesi di Caffaro e de' suoi continuatori dal MXCIX al MCCXCIII*, ed. Luigi Tommaso Belgrano / Cesare Imperiale Di Sant'angelo, vol. 1, Roma 1890.

Caroldo Giovanni Giacomo, *Istorii venetiene*, ed. Şerban Marin, Bucarest 2008–2012.

Chaucer Geoffrey, *The Works of Geoffrey Chaucer*, Boston 1957.

Clément VI (1342–1352). Lettres closes, patentes et curiales intéressant les pays autres que la France, vol. 1, ed. Eugène Déprez / Guillaume Mollat, Paris 1960.

Clément VI (1342–1352). Lettres se rapportant a la France, vol. 3, ed. Eugène DÉPREZ / Guillaume MOLLAT, Paris 1959.

CONTARINI Giovanni Battista, *Memorie storiche delle sacre reliquie de' SS. martiri Mauro ed Eleuterio protettori della città e diocesi di Parenzo*, Venezia 1749.

Corpus chronicorum Bononiensium, ed. Albano SORBELLI (Rerum Italicarum Scriptores, ser. II, 18/1), Città di Castello 1916–1939.

Corpus inscriptionum medii aevi Liguriae. 3. Genova: centro storico, ed. Augusta SILVA / Sandra ORIGONE / Carlo VARALDO, vol. 3, Genova 1987.

Cronaca dei Tocco di Cefalonia di anonimo, ed. Giuseppe SCHIRÒ, Roma 1975.

Cronaca senese attribuita ad Agnolo di Tura del Grasso detta la Cronaca Maggiore, ed. Fabio IACOMETTI / Antonio LISINI (Rerum Italicarum Scriptores, ser. II, 15/6), Bologna 1939.

Cronica di Venexia detta di Enrico Dandolo, ed. Roberto PESCE, Venezia 2010.

Croniche di Giovanni, Matteo e Filippo Villani, vol. 2, Trieste 1858.

D'ANGLURE Ogier, *Le saint voyage de Jherusalem du seigneur d'Anglure*, ed. Françoise BONNARDOT / Auguste LONGNON, Paris 1878.

DAL PIAN DEL CARPINE Giovanni, *Storia dei Mongoli*, ed. Enrico MENESTÒ / Maria Cristiana LUNGAROTTI, Spoleto 1989.

DALLA SANTA Giuseppe, *Uomini e fatti dell'ultimo trecento e del primo quattrocento da lettere a Giovanni Contarini, patrizio veneziano, studente ad Oxford e a Parigi poi patriarca di Costantinopoli*, Venezia 1916.

DANDOLO Andrea, *Chronica per extensum descripta, aa. 46–1280 d.C., Chronica brevis aa. 46–1342 d.C.*, ed. Ester PASTORELLO (Rerum Italicarum Scriptores, ser. II, 12/1), Bologna 1938–1958.

DE CARESINI Raffaino, *Chronica a. 1344–1388*, ed. Ester PASTORELLO (Rerum Italicarum Scriptores, ser. II, 12/2), Bologna 1922.

DE MACHAUT Guillaume, *La prise d'Alexandrie, ou Chronique du roi Pierre Ier de Lusignan*, ed. Louis DE MAS LATRIE, Genève 1877.

DE MAS LATRIE Louis, *Histoire de l'île de Chypre sous le règne des princes de la maison de Lusignan*, Paris 1852–1855.

DE MAS LATRIE Louis, *Traités de paix et de commerce et document divers concernant les relations des Chrétiens avec les Arabes de l'Afrique septentrionale au Moyen Âge*, vol. 1–2, Paris 1866.

DE MÉZIÈRES Philippe, *Songe du vieux Pelerin*, ed. Joël BLANCHARD, Paris 2008.

DE MÉZIÈRES Philippe, *The Life of Saint Peter Thomas*, ed. Joachim SMET, Roma 1954.

DE MÉZIÈRES Philippe, *Une epistre lamentable et consolatoire, addressée en 1397 à Philippe le Hardi, duc de Bourgogne, sur la défaite de Nicopolis (1396)*, ed. Philippe CONTAMINE / Jacques PAVIOT / Céline VAN HOOREBEECK, Paris 2008.

DE MONACIS Lorenzo, *Chronicon de rebus venetis, ab U.C. ad annum MCCCLIV*, ed. Flaminio CORNER, Venezia, 1758.

DE SACY Antoine-Isaac Silvestre, Pièces diplomatiques tirée des archives de la république de Gênes, in: *Notices et extraits des manucrits de la Bibliothèque du Roi*, vol. 11, Paris 1827, pp. 1–96.

DEGLI AGOSTINI Giovanni, *Notizie Istorico-Critiche intorno la Vita e le Opere degli Scrittori Veneziani*, vol. 2, Venezia 1754.

DEMETRIUS CYDONES, *Correspondance*, vol. 1, ed. Raimund-Josef LOENERTZ, Città del Vaticano 1956.

DESIMONI Cornelio, Trattato dei Genovesi col chan dei Tartari nel 1380–1381, scritto in lingua volgare, in: *Archivio Storico Italiano* 20 (1887), pp. 161–165.

DI CHINAZZO Daniele, *Cronica de la guerra da Veniciani a Zenovesi*, ed. Vittorio LAZZARINI, Venezia 1958.

DI RUBRUK Guglielmo, *Viaggio in Mongolia (Itinerarium)*, ed. Paolo CHIESA, Milano 2011.

DOMINICI Luca, *Cronache*, ed. Giovan Carlo GIGLIOTTI, Pistoia 1933.

FAZIO DEGLI UBERTI, *Il Dittamondo e le rime*, ed. Giuseppe CORSI, Bari 1952.

FEDALTO Giorgio, *La Chiesa latina in Oriente*, vol. 3, Verona 1978.

GEORGES PACHYMÉRÈS, *Relations historiques*, ed. Albert FAILLER, vol. 4, Paris 1984.

Georgii et Iohannis Stellae Annales Genuenses, ed. Giovanna PETTI BALBI (Rerum Italicarum Scriptores, ser. II, 17/2), Bologna 1975.

GIOVANNI DI RUPESCISSA, *Vade mecum in tribulatione*, ed. Elena TEALDI, Milano 2015.

GIROLAMO DA FORLÌ, *Chronicon Foroliviense ab anno MCCCXCVII usque ad MCCCCXXXIII* (Rerum Italicarum Scriptores 19), Milano 1731.

GONZÁLEZ DE CLAVIJO Ruy, *Embajada a Tamerlán*, Madrid 2016.

GONZÁLEZ DE CLAVIJO Ruy, *Viaggio a Samarcanda, 1403–1406: un ambasciatore spagnolo alla corte di Tamerlano*, ed. Paola BOCCARDI STORONI, Roma 2010.

I Libri Iurium della Repubblica di Genova, ed. Francesca MAMBRINI, vol. 2/3, Genova 2011.

I Libri Iurium della Repubblica di Genova, ed. Michela LORENZETTI / Francesca MAMBRINI, vol. 2/2, Genova 2007.

I Libri Iurium della Repubblica di Genova, Genova 1992–2011.

IACOBI AB AQUIS, *Chronicon imaginis mundi*, ed. Gustavo AVOGADRO (Historiae Patriae Monumenta 3), Torino 1848.

IACOPO DA VARAGINE, Istoria sive legenda translationis beatissimi Johannis Baptiste, in: *Due opuscoli di Jacopo da Varagine*, ed. Amedeo VIGNA (Atti della Società Ligure di Storia Patria 10), Genova 1874, pp. 457–491.

IBN KHALDOUN, *Histoire des Berbères et des dynasties musulmanes de l'Afrique septentrionale, traduite de l'arabe par le Baron De Slane*, ed. Paul CASANOVA, vol. 3, Paris 1999.

INGHETTO CONTARDO, *Disputatio contra Iudeos / Disputes avec les juifs: introduction, texte critique, traductions et notes*, ed. Gilbert DAHAN, Paris 1993.

Innocent VI (1352–1362). Lettres secrètes et curiales, ed. Pierre GASNAULT / Marie-Hyacinthe LAURENT / Nicole GOTTERI, Paris 1959–2005.

IORGA Nicolae, *Notes et extraits pour servir à l'histoire des croisades au XV siècle*, vol. 4, Bucarest 1915.

IRICO Giovanni A., *Joannis Andreae Irici rerum patriae libri III: ab anno urbis aeternae CLIV usque ad annum Chr. MDCLXXII*, Milano 1745.

IVE Antonio, Prose genovesi della fine del secolo XIV e del principio del XV, in: *Archivio glottologico italiano* 8 (1882–1885), pp. 1–97.

LANDO DI ANTONIO, *Inventario dell'ospedale della Compagnia di Santa Maria delle Laudi*, Bologna, Biblioteca Comunale dell'Archiginnasio, *Fondo Ospedali* 72, c. 3r.

LEGRAS Anne-Marie, *L'enquête pontificale de 1373 sur l'Ordre des Hospitaliers de Saint-Jean de Jérusalem*, vol. I, *L'enquête dans le prieuré de France*, Paris 1987.

Lettres secrètes et curiales du pape Grégoire XI (1370–1378) intéressant les pays autres que la France, ed. MOLLAT Guillaume, Paris 1962–1965.

Lettres secrètes et curiales du pape Grégoire XI (1370–1378) relatives à la France, ed. Guillaume MOLLAT / Henri JASSEMIN / Jeanne VIELLIARD / Léon MIROT, Paris 1935–1957.

Lettres secrètes et curiales du pape Urbain V (1362–1370) se rapportant à la France, ed. Paul LECACHEUX / Guillaume MOLLAT, Paris 1902–1955.

LISCIANDRELLI Pasquale, *Trattati e negoziazioni politiche della Repubblica di Genova (938–1797) – Regesti*, Genova 1960.

LOMBARDO Antonino, *Le deliberazioni del Consiglio dei XL della Repubblica di Venezia*, vol. 3, Venezia 1967.

LOMBARDO Antonino, *Nicola de Boateriis. Notaio in Famagosta e Venezia (1355–1365)*, Venezia 1973.

LOMBARDO Antonino, *Zaccaria de Fredo notaio in Candia (1352–1357)*, Venezia 1968.

LONGNON Jean / TOPPING Paul, *Documents sur le Régime des terres dans la Principauté de Morée au XIV siècle*, Paris-Le Haye 1969.

LÓPEZ DE AYALA Pedro, *Cronicas de los Reyes de Castilla: Don Pedro, Don Enrique II, Don Juan, Don Enrique III*, vol. 1, Madrid 1779.

LUDOLPHUS DE SUDHEIM, *De itinere Terre Sancte*, ed. Guillaume Antoine NEUMANN, in: *Archives de l'Orient latin* 2 (1884).

MANUELE II PALEOLOGO, *Dialoge mit einem Muslim*, ed. Karl FÖRSTEL, Würzburg 1993–1996.

MANUELE II PALEOLOGO, *Dialoghi con un musulmano. VII discussione*, ed. Theodor KHOURY, Roma-Bologna 2007.

MANUELE II PALEOLOGO, *Dialoghi con un persiano*, ed. Francesco COLAFEMMINA / Rino FISICHELLA, Soveria Mannelli 2007.

Manuele II Paleologo, *Il dialogo della discordia: dialoghi con un musulmano, settima controversia*, ed. Marco Di Branco, Roma 2007.

Marco Battagli Da Rimini, *Marcha*, ed. Aldo Francesco Massera (Rerum Italicarum Scriptores, ser. II, 16/3), Città di Castello 1912.

Monleone Giovanni, *Iacopo da Varagine e la sua cronaca della città di Genova, dalle origini al MCCXCVII*, vol. 1, Roma 1941.

Monumenta Pisana ab anno MLXXXIX usque ad annum MCCCLXXXIX. Deducta, et continuata usque ad MCCCCVI (Rerum Italicarum Scriptores 15), Milano 1729.

Monumenta spectantia historiam slavorum meridionalium, vol. 4, ed. Sime Ljubić, Zagreb 1874.

Morosini Antonio, *Chronique d'Antonio Morosini. Extraits relatifs à l'histoire de France*, vol. 1, ed. Germain Lefèvre-Pontalis / Léon Dorez, Paris 1898–1902.

Morosini Antonio, *Il Codice Morosini: Il mondo visto da Venezia (1094–1433)*, ed. Andrea Nanetti, Spoleto 2010.

Mozzato Andrea, *Venezia – Senato. Deliberazioni miste, Vol. 20. Registro XXXIII (1368–1372)*, Venezia 2010.

Müller Joseph, *Documenti sulle relazioni delle città toscane coll'Oriente cristiano e coi turchi fino all'anno MDXXXI*, vol. 1, Firenze 1879.

Perini Sergio, *Susinello Marino notaio in Chioggia Minore (1348–1364)*, Venezia 2001.

Petit Jean, *Le Livre du champ d'or et autres poèmes inédits*, ed. Pierre Le Verdier, Rouen 1895.

Petrarca Francesco, *Guida al viaggio da Genova alla Terra Santa. Itinerarium Syriacum*, ed. Ugo Dotti, Milano 2018.

Petrarca Francesco, *Le Familiari*, ed. Ugo Dotti, Torino 2004–2008.

Petrarca Francesco, *Le Senili*, ed. Ugo Dotti, Torino 2004–2007.

Pistarino Geo, *Notai genovesi in Oltremare. Atti rogati a Chilia da Antonio di Ponzò (1360–61)*, Bordighera 1971.

Polonio Valeria, *L'amministrazione della res publica genovese tra Tre e Quattrocento. L'Archivio «Antico Comune»*, Genova 1977.

Predelli Riccardo, *I libri commemoriali della Repubblica di Venezia. Regesti*, Venezia 1878–1883.

Promis Vincenzo, Continuazione della Cronaca di Iacopo da Varagine, in: *Atti della Società Ligure di Storia Patria* 24 (1892).

Pucci Donati Francesca, *Ai confini dell'Occidente. Regesti degli atti dei notai veneziani a Tana nel Trecento 1359–1388*, Udine 2019.

Raimondo Da Capua, *Vita di Caterina da Siena: Legenda maior*, Milano 2013.

RANIERI SARDO, *Cronaca di Pisa*, ed. Ottavio BANTI, Roma 1963.

RICCOBONI Bartolomea, *Sister Bartolomea Riccoboni, Life and Death in a Venetian Convent: The Chronicle and Necrology of Corpus Domini, 1393–1436*, ed. Daniel Ethan BORNSTEIN, Chicago 2000.

RINALDI Odorico, *Annales Ecclesiastici ab anno MCXCVIII*, vol. 7, Lucca 1752.

ROVERE Antonella, *Documenti della Maona di Chio (secc. XIV–XVI)*, Genova 1979.

SACCHETTI Franco, *Il Trecentonovelle*, ed. Davide PUCCINI, Torino 2004.

SANJIAN Avedis K., *Colophons of Armenian Manuscripts, 1301–1480*, Cambridge USA 1969.

SERCAMBI Giovanni, *Il Novelliere*, ed. Luciano ROSSI, Roma 1974.

TAMBA Giorgio, *Bernardo de Rodulfis. Notaio in Venezia (1392–1399)*, Venezia 1974.

THIRIET Freddy, *Délibérations des assemblées Vénitiennes concernant la Romanie*, vol. 1, Paris-La Haye 1966.

THIRIET Freddy, *Régestes de déliberations du Sénat de Venise concernant la Romanie*, vol. 1, Paris-La Haye 1958.

THOMAS George Martin / PREDELLI Riccardo, *Diplomatarium veneto-levantinum*, vol. 2, Venezia 1899.

TOMMASO III DI SALUZZO, *Il Libro del cavaliere errante (BnF ms. fr. 12559)*, ed. Marco PICCAT, Boves 2008.

Urbain V (1362–1370). Lettres communes analysées d'apres les registres dits d'Avignon et du Vatican, ed. Pierre GASNAULT / Michel HAYEZ / Anne-Marie HAYEZ / Marie-Hyacinthe LAURENT / Janine MATHIEU / Marie-France YVAN, Paris-Roma 1954–1989.

Venetiarum Historia vulgo Petro Iustiniano Iustiniani filio adiudicata, ed. Roberto CESSI / Fanny BENNATO, Venezia 1964.

VILLANI Giovanni, *Istorie Fiorentine* (Biblioteca Enciclopedica Italiana 29), Milano 1834.

Vita del glorioso San Giovanni apostolo, ed evangelista con alcuni miracoli della Santissima Croce, che conservasi nella Scuola Grande di detto Santo, avuta in dono fino dall'anno 1370. come apparisce nella sua Donazione. Seconda edizione con nuove aggiunte e notizie dedicata alla confraternita di detta Veneranda Scuola di S. Giovanni Evangelista, Venezia 1752.

ZECK Ernst, *De Recuperatione Terre Sancte: Ein Traktat des Pierre Dubois. (Petrus de Bosco)*, Berlin 1905–1906.

ZENO Iacopo, *Vita Caroli Zeni*, ed. Gaspare ZONTA (Rerum Italicarum Scriptores, ser. II, 19/6), Bologna 1940–1941.

Studi

"Militia Christi" e Crociata nei secoli XI–XIII. Atti della undecima Settimana internazionale di studio, Mendola, 28 agosto–1 settembre 1989, Milano 1992.

ABERTH John, *From the Brink of the Apocalypse. Confronting Famine, War, Plague, and Death in the Later Middle Ages*, London/New York 2010.

ABERTH John, *The Black Death: The Great Mortality of 1348–1350. A Brief History with Documents*, Boston/New York 2005.

ABULAFIA David / BEREND Nora (Ed.), *Medieval frontiers: concepts and practices*, Aldershot 2002.

AIRALDI Gabriella / KEDAR Benjamin Z. (Ed.), *I Comuni italiani nel regno crociato di Gerusalemme. Atti del colloquio (Jerusalem, May 24–May 28, 1984)*, Genova 1986.

AIRALDI Gabriella, Nomi personali arabi in Lunigiana (secoli XI–XIV), in: *Studi mediolatini e volgari* 19 (1971), pp. 7–20.

AIRALDI Gabriella, I genovesi e la «quarta dimensione», in: *La storia dei genovesi*, vol. 3, Genova 1983, pp. 91–103.

AIRALDI Gabriella, Memoria e memorie di un cavaliere: Caffaro di Genova, in: *Crusades* 2 (2003), pp. 25–39.

AIRALDI Gabriella / MERIANA Giovanni (Ed.), *Andalò da Savignone. Un genovese del '300 sulla Via della seta. Atti del Convegno (Genova, 14 marzo 2008)*, Genova 2008.

AIT Ivana, I costi della morte, in: *La morte e i suoi riti in Italia tra Medioevo e prima età moderna*, ed. Francesco SALVESTRINI / Gian Maria VARANINI / Anna ZANGARINI, Firenze 2007, pp. 275–322.

AIT Ivana, La catena invisibile: riflessioni sui testamenti dei secoli XIV–XV, in: *Per Enzo: studi in memoria di Vincenzo Matera*, ed. Lidia CAPO / Antonio CIARALLI, Firenze 2015, pp. 7–18.

ALBERZONI Maria Pia / MONTABIN Pascal (Ed.), *Legati, delegati e l'impresa d'Oltremare (secoli XII–XIII) / Papal Legates, Delegates and the Crusades (12th–13th Century)*, Turnhout 2011.

ALBINI Giuliana, *Guerra, fame e peste. Crisi di mortalità e sistema sanitario nella Lombardia tardomedievale*, Bologna 1982.

ALEXANDRESCU-DERSCA Maria Matilda, *La campagne de Timur en Anatolie (1402)*, Bucarest 1942.

ALONSO ACERO Beatriz, Conversos musulmanes en la Berbería cristiana. El infortunio de la Cruzada Pacífica contra el Islam, in: *Hispania sacra* 51/103 (1999), pp. 119–142.

ALONSO ACERO Beatriz, *Cisneros y la conquista española del norte de África: cruzada, política y arte de la guerra*, Madrid 2005.

ALONSO ACERO Beatriz, *España y el Norte de África en los siglos XVI y XVII*, Madrid 2017.

ALONSO ACERO Beatriz, Fronteras transgredidas: conversos del islam en la Corte de los Austrias, in: Antemurales de la fe. Conflictividad confesional en la Monarquía de los Habsburgo, pp. 153–178.

ALPHANDÉRY Paul / DUPRONT Alphonse, *La Cristianità e l'idea di crociata*, Bologna 1983.

AMARGIER Paul-Antonin, Urbain V face aux maux de son temps, in: *Revue du Gevaudan, des Causses et des Cevennes* 35/1 (2013), pp. 37–44.

AMERI Gianluca, Naturalia, mirabilia e acheropita: il Sacro Catino del Duomo di Genova tra humana arte e divina virtute nella Chronica civitatis Ianuensis di Iacopo da Varazze, in: *Natura artificio e meraviglioso nei testi figurativi e letterari dell'Europa medievale*, ed. Clario DI FABIO, Roma 2014, pp. 11–58.

ANCELIN SCHÜTZENBERGER Anne, *La sindrome degli antenati*, Roma 2004.

ANCHOR Robert, History and Play: Johan Huizinga and His Critics, in: *History and Theory* 17 (1978), pp. 63–93.

ANGELETTI Ferdinando, La lotta alle compagnie di ventura. La confederazione italiana del 1366, in: *Medioevo Italiano* 1 (2014), pp. 5–20.

ANSELMI Sergio, Disciplina e salari dei marittimi nel basso Medioevo: gli statuti del mare di Ancona (secoli XIV–XV), in: *Quaderni storici* 45/3 (1980), pp. 1062–1078.

ARBEL Benjamin, Venice's Maritime Empire in the Early Modern Period, in: *A Companion to Venetian History*, ed. Eric R. DURSTELER, Leiden 2013, pp. 125–254.

ARBEL Benjamin, Daily Life on Board Venetian Ships. The Evidence of Renaissance Travelogues and Diaries, in: *Rapporti mediterranei, pratiche documentarie, presenze veneziane: le reti economiche e culturali (XIV–XVI secolo)*, ed. Gerardo ORTALLI / Alessio SOPRACASA, Venezia 2017, pp. 183–219.

ARCANGELI Alessandro, La storia culturale in Italia, in: *La storia culturale: una svolta nella storiografia mondiale?*, ed. Philippe POIRRIER / Alessandro ARCANGELI, Verona 2010, pp. 161–182.

ARGENTI PHILIP P., *The Occupation of Chios by the Genoese and their Administration of the Island (1346–1566)*, Cambridge 1958.

ARIAS Santa / WARF Barney (Ed.), *The spatial turn. Interdisciplinary perspectives*, New York 2009.

ARIÈS Philippe, *L'uomo e la morte dal Medioevo a oggi*, Roma 1979.

ARIÈS Philippe, *L'homme devant la mort*, Paris 1983.

ARNADE Peter J. / HOWELL Martha C. / VAN DER LEM Anton (Ed.), *Rereading Huizinga: autumn of the Middle Ages, a century later*, Amsterdam 2019.

ARNALDI Girolamo, Andrea Dandolo doge-cronista, in: *Cronache e cronisti dell'Italia comunale*, ed. IDEM / Lidia CAPO, Spoleto 2016, pp. 165–298.

ASHTOR Eliyahu / Z. KEDAR Benjamin, Una Guerra fra Genova e i Mamlucchi negli anni 1380, in: *Archivio Storico Italiano* 133 (1975), pp. 3–44.

ASHTOR Elyahu, Ebrei cittadini di Venezia?, in: *Studi veneziani* 17/18 (1975–1976), pp. 145–156.

ASHTOR Eliyahu, Il volume del commercio levantino di Genova nel secondo Trecento, in: Saggi e Documenti, vol. 1, pp. 389–432.

ASHTOR Eliyahu, Venezia e il pellegrinaggio in Terrasanta nel basso medioevo, in: *Archivio Storico Italiano* 143 (1985), pp. 197–223.

ASHTOR Elyahu, *The Jews and the mediterranean economy 10th–15th centuries*, London 1983.

ASHTOR Elyahu, The Jews in the Mediterranean trade in the later Middle Ages, in: *Hebrew Union College annual* 55 (1984), pp. 159–178.

ASSMANN Aleida, *Ricordare. Forme e mutamenti della memoria culturale*, Bologna 2002.

ASSMANN Jan, *La memoria culturale. Scrittura, ricordo e identità politica nelle grandi civiltà antiche*, Torino 1997.

ATIYA Aziz Suryal, *The Crusade of Nicopolis*, London 1934.

ATIYA Aziz Suryal, A Fourteenth Century Fatwa on the status of Christians in the Mamluk Empire, in: *Studien zur Geschichte und Kultur des Nahen und Fernen Ostens: Paul Kahle zum 60. Geburtstag überreicht von Freunden und Schülern aus dem Kreise des Orientalischen Seminars der Universität Bonn*, ed. Wilhelm HEFFENING / Willibald KIRFEL, Leiden 1935, pp. 55–68.

ATIYA Aziz Suryal, *The Crusade in the Later Middle Ages*, London 1938.

ATIYA Aziz Suryal, *Egypt and Aragon. Embassies and diplomatic correspondence between 1300 and 1330*, Leipzig 1938.

ATIYA Aziz Suryal, *A history of Eastern Christianity*, Notre Dame 1968.

ATIYA Aziz Suryal, *The Copts and Christian civilization*, Salt Lake City 1979.

AVONTO Luigi, Cavalieri e soldati di ventura vercellesi alla spedizione di Amedeo VI di Savoia in Levante, in: *Bollettino storico vercellese* 4 (1974), pp. 59–78.

AYMARD Maurice, Introduction: la structuration des espaces et des frontières, in: *Cahiers du Centre de Recherches Historiques* 42 (2008), pp. 7–15; Giampaolo SALICE, Migrazioni e colonizzazione interna nel Mediterraneo d'età moderna, un progetto di umanistica digitale, in: *RiMe, n.s.* 1/1 (2017), pp. 95–117.

AZZARA Claudio, Verso la genesi dello stato patrizio. Istituzioni politiche a Venezia e a Genova nel Trecento, in: Genova, Venezia, il Levante nei secoli XII–XIV, pp. 175–188.

BACCHION Eugenio, *Il dominio veneto su Corfù (1386–1797)*, Venezia 1956.

BALARD Michel / BALLETTO Laura / SCHABEL Christopher D., *Gênes et l'Outre-mer. Actes notaries de Famagouste et d'autres localités du Proche-Orient (XIV–XV s.)*, Nicosie 2013.

BALARD Michel / COULON Damien (Ed.), *Chemins d'Outre-Mer. Études d'histoire sur la Méditerranée médiévale offertes à Michel Balard*, Paris 2004.

BALARD Michel / DUCELLIER Alain (Ed.), *Coloniser au Moyen Âge*, Paris 1995.

BALARD Michel (Ed.), *The Sea in History. The Medieval World/La mer dans l'histoire. Le Moyen Âge*, Woodbridge 2017.

BALARD Michel, A propos de la bataille du Bosphore. L'expedition genoise de Paganino Doria a Constantinople (1351–1352), in: *Travaux et Memoires du Centre de Recherches d'Histoire et Civilisations byzantines* 4 (1970), pp. 431–469.

BALARD Michel, *La Romanie génoise (XIIe – début du XVe siècle)*, Genova-Roma 1978.

BALARD Michel, Les Génois et les regions bulgares au XIVe siècle, in: *Byzantinobulgarica* 7 (1981), pp. 87–98.

BALARD Michel, Le minoranze orientali a Genova (secc. XIII–XV), in: La storia dei Genovesi, vol. 3, pp. 71–90.

BALARD Michel, A propos de la bataille du Bosphore. L'expédition de Paganino Doria à Constantinople (1351–1352), in: IDEM, *Le mer noire et la Romanie génoise (XIII–XV siècles)*, London 1989, pp. 431–469.

BALARD Michel, Gênes et la Mer Noire (XIIIe–XVe siècles), in: IDEM, La mer Noire et la Romanie génoise (XIIIe–XVe siècle), pp. 31–54.

BALARD Michel, Les milieux dirigeants dans le comptoirs génois d'Orient (XIII–XV s.), in: IDEM, Le mer noire et la Romanie génoise (XIII–XV siècles), pp. 159–181.

BALARD Michel, Course et piraterie a Genes a la fin du Moyen Âge, in: *VIII Jornades d'Estudis Historics Locals. El comerç alternatiu, Corsarisme i contraban (ss. XV–XVIII)*, ed. Gonçal LÓPEZ NADAL, Palma de Majorque 1990, pp. 29–40.

BALARD Michel, Les équipages des flottes génoises au XIV siècle, in: Le genti del mare mediterraneo, vol. 1, pp. 511–534.

BALARD Michel, Les Génois dans le royaume medieval de Chypre, in: *Istoría tês Kúprou*, Vol. IV, ed. Théodore PAPADOPOULLOS, Nicosia 1995, pp. 259–332.

BALARD Michel, Philippe de Mézières et les républiques maritimes italiennes, in: Philippe de Mézières and His Age, pp. 269–281.

BALARD Michel, Flottes publiques et flottes privées a Gênes au XIV siècle, in: The Sea in History, pp. 215–224.

BALARD Michel, *Gênes et la mer*, Genova 2017.

BALARD Michel, Les Génois en Crimée aux XIIIe–XIVe siècles, in: IDEM, Gênes et la mer, vol. 2, pp. 769–782.

BALARD Michel, Les Grecs de Chio sous la domination génoise au XIV siècle, in: IDEM, Gênes et la mer, vol. 2, pp. 905–914.

BALARD Michel, Navigazione, arsenali e cibo dei marinai genovesi in Oriente nel Trecento, in: IDEM, Gênes et la mer, vol. 1, Genova 2017, pp. 115–122.

BALARD Michel, La défense de la Gazarie génoise, in: IDEM, Gênes et la mer, vol. 2, pp. 783–794.

BALARD Michel, La femme esclave à Gênes (XIIe–XVe siècles), in: IDEM, Gênes et la mer, vol. 1, pp. 395–407.

BALARD Michel, La societé pérote aux XIV et XV siècles: autur des Demerode et des Draperio, in: IDEM, Gênes et la mer, vol. 1, pp. 469–489.

BALARD Michel, Le commerce génois à Alexandrie (XIe–XIVe siècle), in: IDEM, Gênes et la mer, vol. 1, pp. 269–282.

BALARD Michel, Esclavage en Crimée et sources fiscales génoises au XVe siècle, in: IDEM, Gênes et la mer, vol. 1, pp. 409–417.

BALARD Michel, Remarques sur les esclaves à Gênes dans le seconde moitié du XIIIe siècle, in: IDEM, Gênes et la mer, vol. 1, pp. 347–393.

BALARD Michel, Sur les traces de Buscarello de' Ghisolfi, in: IDEM, Gênes et la mer, vol. 2, pp. 883–891.

BALARD Michel, I Giustiniani: un modello degli 'alberghi'?, in: *Quaderni della Società Ligure di Storia patria* 7 (2019), pp. 131–140.

BALDASSARI Gabriele, *Unum in locum: strategie macrotestuali nel Petrarca politico*, Milano 2006.

BALLARIO Clelia, L'autunno della cavalleria nello Chevalier errant di Tommaso III di Saluzzo, in: *Bollettino della Società per gli studi storici, archeologici ed artistici della provincia di Cuneo* 113 (1995), pp. 101–120.

BALLETTO Laura, I lavoratori nei cantieri navali (Liguria, secc. XII–XV), in: *Artigiani e salariati. Il mondo del lavoro nell'Italia dei secoli XII–XV. Atti del Decimo Convegno Internazionale (Pistoia, 9–13 ottobre 1981)*, Pistoia 1984, pp. 103–153.

BALLETTO Laura, Chio dei Maonesi sulla fine del Trecento (dagli Atti del notaio Donato di Chiavari), in: *Anuario de estudios medievales* 20 (1990), pp. 133–147.

BALLETTO Laura, Il Vicino Oriente negli "Annali" genovesi di Giorgio Stella, in: *Atti dell'Accademia Ligure di Scienze e Lettere, ser. 5* 53 (1996), pp. 287–300.

BALLETTO Laura, L'impresa del genovese Filippo Doria contro Tripoli di Barberia nel 1355, in: *Intemelion* 11 (2005), pp. 79–118.

BALLETTO Laura, Tra Genova e l'isola di Cipro nel basso Medioevo, in: Genova. Una "porta" del Mediterraneo, vol. 1, pp. 31–62.

BALOUP Daniel / SÁNCHEZ MARTÍNEZ Manuel (Ed.), *Partir en croisade à la fin du Moyen Âge. Financement et logistique*, Toulouse 2015.

BÁRÁNY Attila, King Sigismund of Luxemburg and the preparations for the Hungarian crusading host of Nicopolis (1389–1396), in: *Partir en croisade à la fin du Moyen Âge. Financement et logistique*, ed. Daniel BALOUP / Manuel SÁNCHEZ MARTÍNEZ, Toulouse 2015, pp. 153–178.

BARBER Malcolm, The Pastoreaux of 1320, in: *The Journal of Ecclesiastical History* 32 (1981), pp. 143–166.

BARBER Malcolm, The crusade of the Shepherds in 1251, in IDEM, *Crusaders and Heretics, Twelfth to Fourteenth Centuries*, Aldershot 1995, pt. IX, pp. 1–23.

BARBER Malcolm, *The Crusader States*, New Haven 2012.

BARBERO Alessandro, Guerra, nobiltà, onore fra Tre e Quattrocento nella storiografia anglosassone, in: *Studi Storici* 27/1 (1986), pp. 173–202.

BARBERO Alessandro, *La cavalleria medievale*, Roma 1999.

BARKER Hannah, *That most precious merchandise. The Mediterranean trade in Black Sea slaves, 1260–1500*, Philadelphia 2019.

BARKER John Walton, *Manuel II Palaeologus (1391–1425). A Study in Late Byzantine Statesmanship*, New Brunswick 1969.

BARNIE John, *War in Medieval Society. Social Values and the Hundred Years War 1337–99*, London, 1974.

BARTHÉLEMY Dominique, *Chevaliers et miracles. La violence et le sacré dans la société féodale*, Paris 2004.

BARTOLINI Gabriella / CARDINI Franco, *Nel nome di Dio facemmo vela. Viaggio in Oriente di un pellegrino medievale*, Roma-Bari 1991.

BARTON Allen Histington, *Communities in Disaster*, Garden City 1969.

BASOLA G.M., Urbano VI a Genova e l'eccidio dei cardinali, in: *Bollettino Ligustico* 29 (1977), pp. 67–70.

BASSO Enrico, *Genova: un impero sul mare*, Cagliari 1994.

BASSO Enrico, Il "bellum de Sorcati" ed i trattati del 1380–87 tra Genova e l'Orda d'Oro, in: IDEM, Genova: un impero sul mare, pp. 97–116.

BASSO Enrico, Il trattato con il principe Ivanko e la diplomazia genovese nel Mar Nero alla fine del '300, in: IDEM, Genova: un impero sul mare, pp. 85–97.

BASSO Enrico, Francesco Gattilusio, in: *Dizionario Biografico degli Italiani*, vol. 52, Roma 1999, pp. 608–611.

BASSO Enrico, Iacopo Gattilusio, in: *Dizionario Biografico degli Italiani*, vol. 52, Roma 1999, pp. 614–616.

BASSO Enrico, From Cooperation to Clash of Interests: Genoa and the Turks in the Fourteenth and Fifteenth Centuries, in: *The Turks*, vol. 3, ed. Hasan Celâl GÜZEL / Cem OĞUZ / Osman KARATAY, Ankara 2002, pp. 181–188.

BASSO Enrico, I Gattilusio tra Genova e Bisanzio. Nuovi documenti d'archivio, in: Chemins d'Outre-Mer, vol. 1, pp. 63–74.

BASSO Enrico, I consumi di bordo nei secoli XIV–XV. Note dai registri Galearum genovesi, in: *Atti della Società Ligure di Storia Patria, n.s.* 53/1 (2013), pp. 37–60.

BASSO Enrico, Pirateria, politica, ceti dirigenti: alcuni esempi genovesi del Tardo Medioevo, in: *Seeraub im Mittelmeerraum. Piraterie, Korsarentum und maritime Gewalt von der Antike bis zur Neuzeit*, ed. Nikolas JASPERT / Sebastian KOLDITZ, Paderborn 2013, pp. 209–250.

BASSO Enrico, Pirateria e guerra di corsa nel Mediterraneo: l'osservatorio genovese, in: *Il governo dell'economia. Italia e Penisola Iberica nel basso Medioevo*, ed. Lorenzo TANZINI / Sergio TOGNETTI, Roma 2014, pp. 205–228.

Basso Enrico, Tra apogeo, crisi e trasformazioni: gli spazi economici di Genova nel Trecento fra Mediterraneo, Atlantico e Mar Nero, in: *Spazi economici e circuiti commerciali nel Mediterraneo del Trecento. Atti del Convegno internazionale di studi, Amalfi, 4–5 giugno 2016*, ed. Bruno Figliuolo / Giuseppe Petralia / Pinuccia Franca Simbula, Amalfi 2017, pp. 185–207.

Bazzana André, El concepto de frontera en el Mediterráneo occidental en la Edad Media, in: *Actas del congreso La Frontera Oriental Nazarí como Sujeto Histórico, Lorca-Vera, 22 a 24 de noviembre de 1994*, ed. Pedro Segura Artero, Almería 1997, pp. 25–46.

Belgrano Luigi Tommaso, Degli antichi orologi pubblici d'Italia, con aggiunta di notizie della posta in Genova, in: *Archivio Storico Italiano* 7 (1868), pp. 28–68.

Belgrano Luigi Tommaso, *Della vita privata dei Genovesi*, Genova 1875.

Bell Adrian Robert, England and the crusade of Nicopolis, 1396, in: *Medieval life* 4 (1996), pp. 18–22.

Bellomo Elena, La componente spirituale negli scritti di Caffaro sulla prima crociata, in: *Atti della Società Ligure di Storia Patria, n.s.* 37/2 (1997), pp. 63–92.

Bellomo Elena, La percezione dell'oltremare negli scritti dell'annalista genovese Caffaro, in: *Studi sull'Europa medioevale. L'Europa di fronte all'Oriente cristiano*, ed. Annamaria Ambrosioni, Alessandria 2001, pp. 77–94.

Bellomo Elena, 'Galeas … armatas strenue in Syriam direxerunt': la prima crociata e il regno gerosolimitano del 12. secolo nella cronachistica genovese sino al duecento, in: *Mediterraneo medievale. Cristiani, musulmani ed eretici*, ed. Marco Meschini, Milano 2001, pp. 103–130.

Bellomo Elena, *A servizio di Dio e del Santo Sepolcro: Caffaro e l'Oriente latino*, Padova 2003.

Bellosi Luciano, *Buffalmacco e il Trionfo della Morte*, Torino 1974.

Beltrame Carlo / Bondioli Mauro, A hypothesis on the development of Mediterranean ship construction from Antiquity to the Late Middle Ages, in: *Connected by the Sea. Proceedings of the Tenth International Symposium on Boat and Ship Archaeology (Roskilde. Denmark, 2003)*, ed. Lucy Katherine Blue / Frederick Martin Hocker / Anton Englert, Oxford 2006, pp. 89–94.

Benedictow Ole J., *The Black Death 1346–1353: The Complete History*, Woodbridge 2004.

Benedictow Ole J., *What Disease was Plague? On the Controversy over the Microbiological Identity of Plague Epidemics of the Past*, Leiden/Boston 2010.

Beneduce Roberto, *Archeologie del trauma. Un'antropologia del sottosuolo*, Roma/Bari 2010.

Bennassar Bartolomé / Bennassar Lucile, *I cristiani di Allah*, Milano 1991.

Benvenuti Papi Anna / Piatti Pierantonio (Ed.), *Come a Gerusalemme. Evocazioni, riproduzioni, imitazioni dei luoghi santi tra Medioevo ed Età Moderna*, Firenze 2013.

BENVENUTI PAPI Anna, Cristomimesi al femminile, in *In castro poenitentiae: santità e società femminile nell'Italia medievale*, Roma 1990, pp. 141–168.

BENVENUTI PAPI Anna, Riti propiziatori e di espiazione, in: *Le calamità ambientali nel tardo Medioevo europeo: realtà, percezioni, reazioni*, ed. Michael MATHEUS [et al.], Firenze 2010, pp. 77–86.

BERGAMO Nicola, Expeditio Persica of Heraclius: Holy War or Crusade?, in: *Porphyra* 12 (2008), pp. 94–107.

BERGAMO Nicola, *Carlo Zen: l'eroe di Chioggia*, Perugia 2018.

BERGDOLT Klaus, *La Peste nera e la fine del Medioevo*, Casale Monferrato 1997.

BERNABÒ Barbara / CAVALLI Rita, San Matteo in Genova: chiesa gentilizia e "monumento" celebrativo della famiglia Doria, in: *Verso Genova medievale*, Genova 1989, pp. 25–40.

BERNARD Jacques, *Navires et gens de mer à Bordeaux (vers 1400–vers 1550)*, vol. 2, Paris 1968, pp. 733–764.

BERNARDINI Michele, Nizam al-Din Shami's Description of the Syrian Campaign of Timur, in: *Mamluk Cairo, a crossroads for embassies: studies on diplomacy and diplomatics*, ed. Frédéric BAUDEN / Malika DEKKICHE, Leiden 2019, pp. 381–409.

BERNARDINI Michele, Tamerlano, i genovesi e il favoloso Axalla, in: *Europa e Islam tra i secoli XIV e XVI. Europe and Islam between 14th and 16th centuries*, vol. 1, ed. IDEM [et al.], Napoli 2002, pp. 391–426.

BERNARDINI Michele, Timur and the 'Frankish' powers, in: The Crusade in the Fifteenth Century. Converging and competing cultures, pp. 109–119.

BERNICOLAS-HATZOPOULOS Dionysios, The first siege of Constantinople by the Ottomans (1394–1402) and its repercussions on the civilian population of the city, in: *Byzantine Studies* 10 (1983), pp. 39–51.

BERTONI Giulio / FOLIGNO Cesare, La «Guerra d'Attila», poema franco-italiano di Nicola da Casola, in: *Memoria della R. Accademia delle Scienze di Torino, Scienze Morali, Storiche e Filologiche, ser. II* 56 (1906), pp. 77–158.

BESTA Enrico, Un formulario notarile veronese del secolo decimoterzo, in: *Atti del R. Ist. Veneto di Scienze, lettere e arti* 64 (1904–1905), pp. 1161–1178.

BIGNAMI ODIER Jeanne, *Etudes sur Jean de Roquetaillade*, Paris 1952.

BIRABEN Jean-Noël, *Les hommes et la peste en France et dans les pays européens et méditerranées, I. La peste dans l'histoire*, Paris 1975.

BISCARO Gerolamo, Le relazioni dei Visconti con la Chiesa, in: *Archivio storico lombardo* 63 (1937), pp. 119–192.

BLEETH Kenneth, Orientalism and the Critical History of the Squire's Tale, in: *Chaucer's Cultural Geography*, ed. Kathryn L. LYNCH, London 2014, pp. 21–31.

BLIERSBACH Elisabeth, I Bianchi nell'arte Umbro-Laziale, in: Sulle orme dei Bianchi dalla Liguria all'Italia Centrale, pp. 363–405.

Bloch Marc, Mémoire collective, tradition et costume, in: *Revue de synthèse* 11 (1925), pp. 73–83.

Bloch Marc, *I re taumaturghi*, Torino 1961.

Blumenfeld-Kosinski Renate / Petkov Kiril (Ed.), *Philippe de Mezieres and His Age. Piety and Politics in the Fourteenth Century*, Leiden-Boston 2012.

Boas Adrian J. (Ed.), *The Crusader World*, Abingdon 2016.

Boccassini Daniela, *Il volo della mente: falconeria e sofia nel mondo mediterraneo: Islam, Federico II, Dante*, Ravenna 2003.

Bodenham Charles Henry Lubienski, Petrarch and the Poetry of Arabs, in: *Romanische Forschungen* 44 (1982), pp. 167–178.

Bois Guy, *Crise du féodalisme. Économie rurale et démographie en Normandie orientale, du début du XIVe siècle au milieu du XVe siècle*, Paris 1976.

Bois Guy, *La grande dépression médiévale. XIVe et XVe siècles. Le précédent d'une crise sistemique*, Paris 2000.

Bologna Marco, 1684 maggio 17 – Le perdite dell'archivio del collegio dei notai di Genova, in: *Atti della Società Ligure di Storia Patria, n.s.* 24/1 (1984), pp. 267–290.

Bonanno Claudio / Bonanno Metello / Pellegrini Luciana, I legati pro anima ed il problema della salvezza nei testamenti fiorentini della seconda metà del Trecento, in: *Ricerche Storiche rivista semestrale del centro piombinese di studi* 15 (1985), pp. 183–220.

Bondi Sebellico Andreina, *Felice de Merlis prete e notaio in Venezia ed Ayas (1315–1348)*, vol. 2, Venezia 1978.

Bondioli Mauro, The Arsenal of Venice and the Art of Building Ships, in: *Boats, Ships and Shipyards: Proceedings of the Ninth International Symposium on Boat and Ship Archaeology, Venice 2000*, ed. Carlo Beltrame, Oxford 2003, pp. 10–13.

Bordone Renato, Une tres noble jouste, in: Tommaso III Di Saluzzo, *Il Libro del cavaliere errante (BnF ms. fr. 12559)*, ed. Marco Piccat, Boves 2008, pp. 27–35.

Borghesi Vilma, *Il Mediterraneo tra due rivoluzioni nautiche (secoli XIV–XVII)*, Firenze 1976.

Bornstein Daniel E., *The Bianchi of 1399. Popular devotion in Late Medieval Italy*, Ithaca 1993.

Bortolami Sante, L'onomastica come documento di storia della spiritualità nel Medioevo europeo, in: *L'Anthroponymie document de l'histoire sociale des mondes méditerranéens médiévaux. Actes du colloque international (Rome, 6–8 octobre 1994)*, Roma 1996, pp. 435–471.

Bowden Muriel, *A Commentary on The General Prologue to The Canterbury Tales*, London 1967.

Brachthäuser Urs, *Der Kreuzzug gegen Mahdiya 1390*, Paderborn 2017.

Braet Herman / Verbeke Werner (Ed.), *Death in the Middle Ages*, Leuven 1983.

BRANDEJS Jan, The Russian Aid to Byzantium during the Turkish Siege of Constantinople, 1394–1402, in: *Prague Papers on the History of International Relations* 1 (2015), pp. 7–16.

BRASSARD Caroline / RAFFIN Anne, Resilience in Post Disaster Societies: From Crisis to Development, in: *Asian Journal of Social Science* 39 (2011), pp. 417–424.

BRAUDEL Fernand, Les Espagnols et l'Afrique du Nord de 1492 a 1577, in: *Revue Africaine* 69 (1928), pp. 351–428.

BRAVO LOZANO Cristina / GARCÍA MARTÍN Pedro / QUIRÓS ROSADO Roberto (Ed.), *Antemurales de la fe. Conflictividad confesional en la Monarquía de los Habsburgo, 1516–1714*, Madrid 2015.

BREDERO Adriaan Hendrik, Jérusalem dans l'Occident médiéval, in: *Mélanges offerts à R. Crozet à l'occasion de son soixante-dixième anniversaire*, vol. 1, Poitiers 1966, pp. 259–71.

BRESC Geneviève / BRESC Henri, Les saints protecteurs de bateaux 1200–1460, in: *Ethnologie française, n.s.* 9/2, (1979), pp. 161–178.

BROADMAN James William, Community identity and the redemption of the captives, in: *Anuario de estudios medievales* 36 (2006), pp. 241–252.

BROGI Stefano, *I filosofi e il male. Storia della teodicea da Platone ad Auschwitz*, Milano 2010.

BROWNLEE Kevin, The Figure of Peter I and the Status of Cyprus in Le songe du vieil pelerin: Crusade Ideology, Salvation History, and Authorial Self-Representation, in: Philippe de Mézières and His Age, pp. 165–188.

BRUNETTI Mario, La Battaglia di Castro (1350) ed il regolamento delle prede marittime della Repubblica di Venezia, in: *Rivista Marittima* 43 (1910), pp. 277–281.

BURESI Pascal, The Appearance of the Frontier Concept in the Iberian Peninsula: At the Crossroads of Local, National and Pontifical Strategies (11th–13th Centuries), in: *Frontiers and Borderlands*, ed. Andrzej JANECZEK, Warszawa 2011, pp. 81–100.

BURKE Peter, *La storia culturale*, Bologna 2009.

BUTTIGIEG Emanuel, 'Clash of Civilizations', Crusades, Knights and Ottomans: an Analysis of Christian-Muslim Interaction in the Mediterranean, in: *Religion and Power in Europe: Conflict and Convergence*, ed. Joachim CARVALHO, Pisa 2007, pp. 203–219.

BYSTED Anne Lise, *The Crusade Indulgence. Spiritual Rewards and the Theology of the Crusades, c. 1095–1216*, Leiden/Boston 2014.

CABEZUELO PLIEGO José Vicente, Diplomacía y guerra en el Mediterraneo medieval: la liga veneto-aragonesa contra Génova de 1351, in: *Anuario de estudios medievales* 36/1 (2006), pp. 253–294.

CALLERI Marta, *I cartolari del notaio Stefano di Corrado di Lavagna (1272–1273, 1296–1300)*, Genova 2007.

CAMPBELL Bruce M. (Ed.), *Before the Black Death. Studies in the «crisis» of the early XIVth century*, Manchester/New York 1991.

CAMPBELL Bruce M., Nature as historical protagonist: environment and society in pre-industrial England, in: *The Economic History Review* 63/2 (2010), pp. 281–314.

CAMPBELL Bruce M., The European Mortality Crises of 1346–52 and Advent of the Little Ice Age, in: *Famines During the 'Little Ice Age' (1300–1800). Socionatural Entanglements in Premodern Societies*, ed. Dominik COLLET / Maximilian SCHUH, Cham 2018, pp. 19–42.

CAMPORESI Piero, *Il pane selvaggio*, Milano 2004.

CAPELLI Piero, Il problema del male: risposte ebraiche dal Secondo Tempio alla Qabbalah, in: *Ricerche Storico Bibliche* 29/1 (2007), pp. 135–156.

CAPELLI Piero, *Il male. Storia di un'idea nell'ebraismo dalla Bibbia alla Qabbalah*, Firenze 2012.

CAPITANI Ovidio (Ed.), *Morire di peste: testimonianze antiche e interpretazioni moderne della «peste nera» del 1348*, Bologna 1995.

CAPO Lidia, I cronisti di Venezia e della Marca Trevigiana, in: Storia della cultura veneta, vol. 2, pp. 272–337.

CARDINI Franco / DEL NERO Domenico, *La crociata dei fanciulli*, Firenze 1999.

CARDINI Franco / MUSARRA Antonio, *Il grande racconto delle crociate*, Bologna 2019.

CARDINI Franco / RUSSO Luigi, *Homo viator. Il pellegrinaggio medievale*, Viareggio 2019.

CARDINI Franco, *Le crociate tra il mito e la storia*, Roma 1971.

CARDINI Franco, Venezia e Veneziani in alcune memorie di pellegrini fiorentini in Terrasanta (secoli XIV–XV), in: *Rivista di studi bizantini e slavi* 2 (1982), pp. 161–186.

CARDINI Franco, La devozione al Santo Sepolcro, le sue riproduzioni occidentali e il complesso stefaniano. Alcuni casi italici, in: *7 colonne e 7 chiese: la vicenda ultramillenaria del Complesso di Santo Stefano in Bologna*, Bologna, 1987, pp. 18–49.

CARDINI Franco, *Gerusalemme d'oro, di rame, di luce. Pellegrini, crociati, sognatori d'Oriente fra XI e XV secolo*, Milano 1991.

CARDINI Franco, Reliquie e pellegrinaggi, in: IDEM, Gerusalemme d'oro, pp. 5–43.

CARDINI Franco, Crociata e religione civica nell'Italia medievale, in: *La religion civique à l'époque médiévale et moderne (Chrétienté et Islam). Actes du colloque (Nanterre, 21–23 juin 1993)*, ed. André VAUCHEZ, Paris 1995, pp. 155–164.

CARDINI Franco, L'eclisse di Gerusalemme: fallimento della crociata in Terrasanta, nascita del giubileo, in: *La Storia dei Giubilei*, vol. 1, Roma 1997, pp. 56–69.

CARDINI Franco, *In Terrasanta. Pellegrini italiani tra Medioevo e prima età moderna*, Bologna 2002.

CARDINI Franco, *Le crociate in Terrasanta nel Medioevo*, Rimini 2003.

CARDINI Franco, *Europa e Islam: storia di un malinteso*, Roma-Bari 2005.

CARDINI Franco, *L'invenzione del Nemico*, Palermo 2006.

CARDINI Franco, *Studi sulla storia e sull'idea di crociata*, Roma 2013.

CARDINI Franco, I costi della crociata. L'aspetto economico del progetto di Marin Sanudo il Vecchio, in: IDEM, Studi sulla storia e sull'idea di crociata, pp. 377–411.

CARDINI Franco, L'idea di crociata in santa Caterina da Siena, in: IDEM, Studi sulla storia e sull'idea di crociata, pp. 423–456.

CARDINI Franco, Per una ricerca sulle «crociate popolari», in: Studi sulla storia e sull'idea di crociata, pp. 237–247.

CARDINI Franco, Per un'edizione del Liber secretorum fidelium crucis di Marin Sanudo il Vecchio, in: IDEM, Studi sulla storia e sull'idea di crociata, pp. 317–375.

CARDINI Franco, *Alle origini della cavalleria medievale*, Bologna 2014.

CARILE Antonio, Note di cronachistica veneziana: Piero Giustinian e Nicolò Trevisan, in: *Studi Veneziani* 9 (1967), pp. 103–125.

CARILE Antonio, *La cronachistica veneziana (secoli XIII–XVI) di fronte alla spartizione della Romania nel 1204*, Firenze 1969.

CARILE Antonio, Aspetti della cronachistica veneziana nei secoli XIII e XIV, in: PERTUSI, La storiografia veneziana fino al secolo XVI, pp. 75–126.

CARILE Antonio, Caresini, Rafaino, in: *Dizionario Biografico degli Italiani*, vol. 20, Roma 1977, pp. 80–83.

CARLETTI Lorenzo / POLACCI Francesca, Transition between Life and Afterlife: Analyzing The Triumph of Death in the Camposanto of Pisa, in: *Signs and Society* 2/1 (2014), pp. 84–120.

CARLIER Jean-Joseph, *Henri d'Oisy, fragment d'études historiques sur les seigneurs de Dunkerque, de Bourbourg, de Gravelines, de Cassel, de Nieppe, etc.*, Dunkerque 1858.

CARO Georg, *Genova e la supremazia sul Mediterraneo (1257–1311)*, vol. 2, Genova 1974–1975.

CAROCCI Sandro, Il dibattito teorico sulla "congiuntura del Trecento", in: *Archeologia Medievale* 43 (2016), pp.17–32.

CARR Mike, Humbert of Viennois and the Crusade of Smyrna: A Reconsideration, in: *Crusades* 13 (2014), pp. 237–251.

CARR Mike, *Merchants Crusaders in the Aegean, 1291–1352*, Woodbridge 2015.

CASATI Luigi Agostino, *La guerra di Chioggia e la pace di Torino. Saggio Storico con documenti inediti*, Firenze 1866.

CASONI Giovanni, *Breve storia dell'Arsenale. Note e cenni sulle forze militari, marittime e terrestri della Repubblica di Venezia*, Venezia 1847.

CASTALDI Tommaso, L'iconografia della Madonna della Misericordia e della Madonna delle frecce nell'arte bolognese e della Romagna nel Tre e Quattrocento, in: *Eikón Imago* 7/1 (2015), pp. 31–56.

CATARSI Novella M., *Studi sulla lingua franca*, Pisa 1975.

CECCARONI Sandro, Testimonianze del movimento dei Bianchi a Vallo di Nera agli inizi del XV secolo, in: *Spoletium. Rivista di Arte, Storia, Cultura* 27 (1982), pp. 39–44.

CECCHETTI Bartolomeo, La vita dei veneziani nel 1300, in: *Archivio Veneto* 28 (1884), pp. 5–29, 267–296.

CESSI Roberto, Venezia e l'acquisto di Nauplia ed Argo, in: *Nuovo Archivio Veneto* 30 (1915), pp. 147–173.

CESSI Roberto, L'"officium de navigantibus" e i sistemi della politica commerciale veneziana nel sec. XIV, in: *Politica ed economia di Venezia nel Trecento. Saggi*, Roma 1952, pp. 37–47.

CHAYES Eveline, Trois lettres pour la posterité: la correspondance entre Philippe de Mezieres, Boniface Lupi et Francois Petrarque (ms. Arsenal 499), in: Philippe de Mézières and His Age, pp. 83–117.

CHÉLINI Jean / BRANTHOMME Henry (Ed.), *Le vie di Dio. Storia dei pellegrinaggi cristiani dalle origini al Medioevo*, Milano 2004.

CHEVALIER Marie-Anna, Le rôle de la papauté dans la politique arménienne des Hospitaliers au XIVe siècle, in: *La Papauté et les croisades / The Papacy and the Crusades. Actes du VIIe Congrès de la Society for the Study of the Crusades and the Latin East/ Proceedings of the VIIth Conference of the Society for the Study of the Crusades and the Latin East*, ed. Michel BALARD, Farnham 2011, pp. 231–256.

CHEVEDDEN Paul E., The View of the Crusades from Rome and Damascus: The Geo-Strategic and Historical Perspectives of Pope Urban II and Ali ibn ahir al-Sulami, in: *Oriens* 39 (2011), pp. 257–329.

CHEVEDDEN Paul E., Crusade Creationism "versus" Pope Urban II's Conceptualization of the Crusades, in: *The Historian* 75/1 (2013), pp. 1–46.

CHEVEDDEN Paul E., Pope Urban II and the ideology of the crusades, in: The Crusader World, pp. 7–53.

CHIAPPA MAURI Luisa, Testamenti lombardi in tempo di peste: alcune riflessioni, in: *La peste nera: dati di una realtà ed elementi di una interpretazione. Atti del XXX Convegno storico internazionale (Todi, 10–13 ottobre 1993)*, Spoleto 1994, pp. 215–252.

CHIFFOLEAU Jacques, *La compatibilité de l'au-delà. Les hommes, la mort et la religion dans la region d'Avignon à la fin du Moyen Âge (vers 1320–vers 1480)*, Roma 1980.

CHIMINELLI Piero, *La mistica del nord (Santa Brigida di Svezia)*, Roma 1948; Bridget MORRIS, *St Birgitta of Sweden*, Woodbridge 1999.

CHIRON Yves, *Urbain V: le bienheureux*, Versailles 2010.

CHITTOLINI Giorgio, *La formazione dello stato regionale e le istituzioni del contado*, Torino 1979.

CHRIST Georg, A newsletter in 1419? A. Morosini's Chronicle in the light of commercial correspondence between Venice and Alexandria, in: *Mediterranean Historical Review* 20/1 (2005), pp. 35–66.

CHRIST Georg, Non ad caudam sed ad caput invadere: the Sack of Alexandria Between Pride, Crusade and Trade Diplomacy (1365–1370), in: *Rapporti mediterranei, pratiche documentarie, presenze veneziane: le reti economiche e culturali (XIV–XVI secolo)*, ed. Gherardo ORTALLI / Alessio SOPRACASA, Venezia 2017, pp. 153–182.

CHRISTIANSEN Eric, *The Northern Crusades. The Baltic and the Catholic Frontier 1100–1525*, London 1997.

CICILIOT Furio, The Genoese cocha, in: *Archaeonautica* 14 (1998), pp. 191–194.

CICILIOT Furio, *Le superbe navi. Cantieri e tipologie navali liguri medievali*, Savona 2005.

CICOGNA Emmanuele Antonio, *Delle inscrizioni veneziane*, vol. 6, Venezia 1853.

CIFOLETTI Guido, *La lingua franca mediterranea*, Padova 1989.

CIOLA Graziana, Giovanni di Rupescissa: autobiografia, profezia e leggenda, in: *Micrologus* 21 (2013), pp. 517–579.

CIOPPI Alessandra / NOCCO Sebastiana, Islands and the Control of the Mediterranean Space, in: *The Crown of Aragon. A Singular Mediterranean Empire*, ed. Flocell SABATÉ CURULL, Leiden 2017, pp. 337–360.

CIPOLLA Carlo M., Economic Depression of the Renaissance?, in: *Economic History Review* 16 (1964), pp. 519–527.

CIPOLLA Carlo M., *Le macchine del tempo: l'orologio e la società (1300–1700)*, Bologna 1981.

CIPOLLONE Giulio (Ed.), *La Liberazione dei "captivi" tra Cristianità e Islam: oltre la crociata e il Gihad: tolleranza e servizio umanitario. Atti del Congresso interdisciplinare di Studi Storici (Roma, 16–19 settembre 1998) organizzato per l'VIII centenario dell'approvazione della regola dei Trinitari da parte del Papa Innocenzo III, il 17 dicembre 1198 / 15 safar, 595 H*, Città del Vaticano 2000.

Città di mare del Mediterraneo medievale: tipologie. Atti del Convegno di Studi in memoria di Robert P. Bergman (Amalfi, 1–3 giugno 2001), Amalfi 2005.

CLASSEN Albrecht (Ed.), *Death in the Middle Ages and early modern time. The material and spiritual conditions of the culture of death*, Berlin 2016.

COBB Paul M., *La conquista del Paradiso. Una storia islamica delle Crociate*, Torino 2016.

COGNASSO Francesco, Amedeo VI, conte di Savoia, in: *Dizionario Biografico degli Italiani*, vol. 2, Roma 1960, pp. 743–747.

COGNASSO Francesco, Amedeo VII, conte di Savoia, in: *Dizionario Biografico degli Italiani*, vol. 2, Roma 1960, pp. 747–748.

COGNASSO Francesco, *I Visconti*, Milano 1966.

COGO Gaetano, Delle relazioni tra Urbano VI e la Repubblica di Genova, in: *Giornale Ligustico* 22 (1897), pp. 442–457.

COHN Norman, *I fanatici dell'Apocalisse*, Torino 2000.

COHN Samuel Kline, *Popular Protest in Late Medieval English Towns*, Cambridge 2013.

COLLODO Silvana, Temi e caratteri della cronachistica veneziana in volgare del Tre-Quattrocento (Enrico Dandolo), in: *Studi veneziani* 9 (1967), pp. 127–151.

COMBA Rinaldo / PICCINNI Gabriella / PINTO Giuliano (Ed.), *Strutture familiari, epidemie, migrazioni nell'Italia medievale*, Napoli 1984.

COMBA Rinaldo, Saluzzo, Tommaso III da, marchese di Saluzzo, in: *Dizionario Biografico degli Italiani*, vol. 89, Roma 2017, pp. 778–780.

CONCINA Ennio, *L'Arsenale della Repubblica di Venezia. Tecniche e istituzioni dal Medioevo all'età moderna*, Milano 1984.

CONNELL Charles W., Origins of Medieval Public Opinion in the Peace of God Movement, in: *War and peace: critical issues in European societies and literature 800–1800*, ed. Albrecht CLASSEN / Nadia MARGOLIS, Berlin 2011, pp. 171–192.

CONSTABLE Giles, The Historiography of the Crusades, in: *The Crusades from the Perspective of Byzantium and the Muslim World*, ed. Angeliki E. LAIOU / Roy P. MOTTAHEDEH, Cambridge USA 2001, pp. 1–22.

CONTAMINE Philippe, La Consolation de la desconfiture de Hongrie de Philippe de Mézières, in: *Annales de Bourgogne* 68/3 (1996), pp. 35–47.

CONTAMINE Philippe (Ed.), *La noblesse en question (XIII*e*–XV*e *s.)*, Paris 2006.

CONTAMINE Philippe, «Les princes, barons et chevaliers qui a la chevalerie au service de Dieu se sont ja vouez». Recherques prosopographiques sur l'ordre de la Passion de Jésus-Christe (1385–1395), in: La noblesse et la croisade à la fin du Moyen Âge, pp. 43–68.

CORTONESI Alfio, Note sull'agricoltura italiana fra XIII e XIV secolo, in: *Europa en los umbrales de la crisis: 1250–1350*, Pamplona 1995, pp. 94–103.

COSTAMAGNA Giorgio, *Il notaio a Genova tra prestigio e potere*, Milano 1970.

COULON Damien, «Ad partes Alexandrie»: les relations des Génois avec l'Égypte du XIe au XVe siècle, in: Genova. Una "porta" del Mediterraneo, vol. 1, pp. 63–90.

COULON Damien, Du nouveau sur Emmanuel Piloti et son témoignange à la lumière de documents d'archives occidentaux, in: Chemins d'Outre-Mer, vol. 1, pp. 159–170.

COVINI Maria Nadia, *Milano sotto il dominio dei Visconti (1287–1385)*, in: *Storia illustrata di Milano*, vol. 2, ed. Francesco DELLA PERUTA, Milano 1992, pp. 621–638.

COWDREY Herbert Edward John, From the peace of God to the First Crusade, in: IDEM, *The Crusades and Latin monasticism, 11th–12th centuries*, Ashgate 1999, pp. 51–61.

COWDREY Herbert Edward John, The Mahdia Campaign of 1087, in: *The English Historical Review* 92 (1977), pp. 1–29.

COX Eugene Lionel, *The Green Count of Savoy Amadeus VI, and Transalpine Savoy in the XIVth century*, Princeton 1967.

COZZI Donatella, Sei semi di melograno: Antropologia medica, disastri e sindrome post traumatica da stress, in: *La Ricerca Folklorica* 66 (2012), pp. 63–73.

CRACCO Giorgio, Banchini, Giovanni di Domenico, in: *Dizionario Biografico degli Italiani*, vol. 5, Roma 1963, pp. 657–664.

CRISTEA Ovidiu, Considérations sur la participation vénitienne à la croisade de Nicopolis, in: *Quaderni della Casa Romena di Venezia* 2 (2003), pp. 95–102.

CRISTEA Ovidiu, La croisade de Nicopolis (1396). Controverses autour d'une bataille, in: *Church Union and Crusading in the Fourteenth and Fifteenth Centuries*, ed. Christian GASTGEBER [et al.], Cluj-Napoca 2009, pp. 31–56.

CROUZET-PAVAN Èlisabeth, Récits, images et mythes: Venise dans l'iter hierosolomytain (XIVe–XVe siècles), in: *Mélanges de l'école française de Rome* 96/1 (1984), pp. 489–535.

CURTA Florin (Ed.), *Borders, Barriers, and Ethnogenesis: Frontiers in Late Antiquity and the Middle Ages*, Turnhout 2006.

CUSCITO Giuseppe, I santi Mauro ed Eleuterio di Parenzo. L'identità, il culto, le reliquie, in: *Atti del Centro di Ricerche Storiche Rovigno* 16 (1985–1986), pp. 33–70.

D'ACUNTO Nicolangelo, Spazio e mobilità nella 'Societas Christiana' (secoli X–XIII). Introduzione a un tema storiografico, in: *Spazio e mobilità nella societas Christiana (secc. X–XIII)*, ed. IDEM / Giancarlo ANDENNA / Elisabetta FILIPPINI, Milano 2017, pp. 3–13.

DA LANGASCO Cassiano / ROTONDI Pasquale, *La "Consortìa deli Forestèri" a Genova. Una Madonna di Barnaba da Modena e uno statuto del Trecento*, Genova 1957.

DAGLIO Andreina, La poesia religiosa dell'Anonimo Genovese. Appunti ed osservazioni, in: *Giornale storico e letterario della Liguria, n.s.* 17–18 (1941–1942), pp. 86–93, 156–165, 13–23.

DATTA Pietro, *Spedizione in Oriente di Amedeo VI Conte di Savoia*, Torino 1826.

DAVIS James C., Review: Merchants in Crisis: Genoese and Venetian Men of Affairs and the Fourteenth-Century Depression by Benjamin Z. Kedar, in: *The American Historical Review* 82/4 (1977), pp. 941–942.

DAVIS Robert C., *Shipbuilders of the Venetian Arsenal*, Baltimore-London 1991.

DAY Gerald W., Review: Merchants in Crisis: Genoese and Venetian Men of Affairs and the Fourteenth-Century Depression. By Benjamin Z. Kedar, in: *The Journal of Economic History* 37/4 (1977), pp. 1070–1071.

DAY John, *Les douanes de Gênes, 1376–1377*, vol. 1, Paris 1963.

DAY John, Crisi e congiunture nei secoli XIV–XV, in: *La storia. I grandi problemi dal medioevo all'età contemporanea*, vol. 2, ed. Nicola TRANFAGLIA / Massimo FIRPO, Torino 1988, pp. 245–273.

DE AYALA MARTÍNEZ Carlos (Ed.), *Identidad y representación de la frontera en la España medieval (siglos XI–XIV)*, Madrid 2001.

DE BUNES IBARRA Miguel Ángel, El marco ideológico de la expansión española por el norte de Africa, in: *Aldaba: revista del Centro Asociado a la UNED de Melilla* 26 (1995), pp. 113–134.

De Bunes Ibarra Miguel Ángel, La presencia española en el norte de África: las diversas justificaciones de las conquistas en el Magreb, in: *Aldaba: revista del Centro Asociado a la UNED de Melilla* 25, 1995, pp. 13–34.

De Mas Latrie Louis, L'Officium robarie, ou L'Office de la piraterie à Gênes au Moyen Âge, in: *Bibliothèque de l'École des Chartres* 53 (1892), pp. 264–272.

De Sacy Antoine-Isaac Silvestre, Mémoire sur une correspondance inédite de Tamerlan avec Charles VI, in: *Mémoires de l'Institut de France* 6 (1822), pp. 470–522.

Debernardi Lea, Le cycle des fresques du Château de la Manta. Quelques considérations sur l'interprétation iconographique, in: *Les neuf preux*, Villeneuve d'Ascq 2016, pp. 115–138.

Debernardi Lea, *Lo specchio della famiglia: cultura figurativa e letteraria al castello della Manta*, Roma 2019.

Del Tredici Federico, I due corpi del duca. Modelli monarchici, fazioni e passioni nei funerali di Gian Galeazzo Visconti, in: *Società e Storia* 160 (2018), pp. 315–342.

Delaville Le Roulx Joseph, *La France en Orient au XIVe siècle. Expéditions du maréchal Boucicaut*, Paris 1886.

Delaville Le Roulx Joseph, *Les hospitaliers à Rhodes jusqu'à la mort de Philibert de Naillac (1310–1421)*, Paris 1913.

Delcorno Carlo, Gli ordini mendicanti e il pellegrinaggio, in: *Romei e Giubilei: il pellegrinaggio medievale a San Pietro, 350–1350*, ed. Mario D'Onofrio, Milano 1999, pp. 229–234.

Delcorno Carlo, Predicatori e pellegrini: l'immagine del pellegrinaggio nella predicazione medievale, in: *Letteratura e drammaturgia dei pellegrinaggi. Convegno internazionale, Anagni, 10–11–12 settembre 1999*, ed. Maria Chiabò, Roma 2000, pp. 43–68.

Delort Robert, Quelques précisions sur le commerce des ésclaves à Gênes vers la fin du XIVe siècle, in: *Mélanges d'archéologie et d'histoire* 78 (1966), pp. 215–250.

Demontis Luca, Crociata e categorie storiografiche: riflessioni alla luce di alcuni studi recenti, in: *Frate Francesco* 81/2 (2015), pp. 407–435.

Demontis Luca, Quomodo Terra Sancta recuperari potest. Fidenzio da Padova, Raimondo Lullo e il "superamento" della crociata, in: *Antonianum* 90/2 (2015), pp. 545–561.

Demurger Alain, Le pape Clément VI et l'Orient: ligue ou croisade?, in: *Guerre, pouvoir et noblesse au Moyen Âge: Mélanges en l'honneur de Philippe Contamine*, ed. Jacques Paviot / Jacques Verger, Paris 2000, pp. 207–214.

Demurger Alain, *Crociate e Crociati nel Medioevo*, Milano 2010.

Denifle Heinrich, *La désolation des églises, monastères et hôpitaux en France pendant la Guerre de cent ans*, vol. 2, Paris 1899.

Dennis George T., *The reign of Manuel II Palaeologus in Thessalonica, 1382–1387*, Roma 1960.

DENNIS George T., Three reports from Crete on the situation in Romania, 1401–1402, in: *Studi Veneziani* 12 (1970), pp. 243–266.

DENNIS George T., Defenders of the Christian People: Holy War in Byzantium, in: *The Crusades from the Perspective of Byzantium and the Muslim World*, ed. Angeliki E. LAIOU / Roy P. MOTTAHDEH, Washington D.C. 2001, pp. 31–39.

DEVRIES Kelly R., The effect of killing the Christian prisoners at the Battle of Nicopolis, in: *Crusaders, condottieri and cannon: medieval warfare in societies around the Mediterranean*, ed. Donald J. KAGAY / L.J. Andrew VILLALON, Leiden 2003, pp. 157–172.

DEVUN Leah, *Prophecy, Alchemy, and the End of Time: John of Rupescissa in the Late Middle Ages*, New York 2009.

DI FABIO Clario, La "pace" di San Lorenzo di Portovenere, il Maresciallo di Boucicaut e Pedro de Luna. Un promemoria per la storia della cultura figurativa a Genova nell'"Autunno del Medioevo", in: *Bollettino d'arte, s. 6* 81 (1996), pp. 137–148.

DI FABIO Clario, I sepolcri della regina Margherita, del cardinale Luca Fieschi e dei dogi Simone Boccanegra e Leonardo Montaldo: prezzi e valori in Giovanni Pisano e in tre monumenti funerari del Trecento genovese, in: *Bollettino dei musei civici genovesi* 22 (2000), pp. 7–20.

DI FABIO Clario, Mercato suntuario e committenza artistica tra Genova, Lombardia, Francia, Borgogna e Inghilterra nell'autunno del Medioevo: "spie" e tipologie, in: *Entre l'Empire et la mer. Traditions locales et échanges artistiques*, ed. Mauro NATALE / Serena ROMANO, Roma 2007, pp. 11–40.

DIBELLO Daniele, La stabilità delle istituzioni veneziane nel Trecento. Aspetti politici, economici e culturali nella gestione della congiura di Marino Falier, in: *Reti Medievali Rivista* 19/2 (2018), pp. 85–129.

Dio, il mare e gli uomini, Caselle di Sommacampagna 2008.

DONKEL Emil, Studien über die Prophezeiung des Fr. Telesforus von Consenza, O.F.M., in: *Archivum Franciscanum Historicum* 25–26 (1933–1934), pp. 25–104, pp. 282–291.

DOPP Pierre Herman, *L'Egypte au commencement du XVe siècle d'après le Traité d'Emmanuel Piloti de Crête (1422)*, Le Caire 1950.

DOREN Alfred, Fortuna im Mittelalter und in der Renaissance, in: *Vorträge der Bibliothek Warburg* 2 (1922–1923), pp. 77–144.

DOTSON John E., *Safety* regulations for galleys in mid-fourteenth century *Genoa*: Some thoughts on *medieval risk* management, in: *Journal of Medieval History* 20 (1994), pp. 327–336.

DOTSON John E., Venice, Genoa and Control of the Seas in the Thirteenth and Fourteenth Centuries, in: *War at Sea in the Middle Ages and the Renaissance*, ed. John B. HATTENDORF / Richard W. UNGER, Woodbridge 2002, pp. 119–136.

DOTSON John E., Caffaro, Crusade, and the annales Januensis: History and its Uses in Twelfth-Century Genoa, in: *Shipping, Trade and Crusade in the Medieval*

Mediterranean: Studies in Honour of John Pryor, ed. Ruthy Gertwagen / Elizabeth Jeffreys, Farnham 2012, pp. 271–288.

Doumerc Bernard, Le rôle ambigu de la muda vénitienne: convoi marchand ou unité de combat, in: *Histoire maritime: Thalassocraties et période révolutionnaire. Actes des 114e e 115e Congres Nationaux des Sociétés Savantes (Paris, 5–9 avril 1989 et Avignon, 9–15 avril 1990)*, Paris 1991, pp. 139–154.

Doumerc Bernard, La difesa dell'impero, in: *Storia di Venezia. Dalle origini alla caduta della Serenissima*, vol. 3, ed. Girolamo Arnaldi / Giorgio Cracco / Alberto Tenenti, Roma 1997, pp. 237–250.

Doumerc Bernard, Cosmopolitanism on Board Venetian Ships (Fourteenth–Fifteenth Centuries), in: *Medieval Encounters* 13 (2007), pp. 78–95.

Dubourg Jacques, *Les Croisades des pastoureaux*, Bordeaux 2015.

Duchesne André, *Histoire généalogique de la maison royale de Dreux (Paris), Luxembourg, Preuves de l'histoire de la maison de Bar-le Duc*, Paris 1631.

Dunn Alastair, *The Great Rising of 1381: the Peasants' Revolt and England's Failed Revolution*, Stroud 2002.

Duprè Theseider Eugenio, L'attesa escatologica durante il periodo avignonese, in: L'attesa dell'età nuova nella spiritualità della fine del medioevo, pp. 65–126.

Durier Manon, La mort, les morts et les pratiques funéraires au Moyen Âge: bilan historiographique des thèses de 3e cycle françaises (1975–2011), in: *Annales de Janua* 1 (2013) [online].

Edbury Peter W., The crusading policy of King Peter I of Cyprus, 1359–1369, in: *The Eastern Mediterranean Lands in the period of the Crusades*, ed. Peter Malcolm Holt, Warminster 1978, pp. 90–105.

Edbury Peter W., *The Kingdom of Cyprus and the Crusades, 1191–1374*, Cambridge 1991.

Edbury Peter W., The aftermath of defeat: Lusignan Cyprus and the Genoese, 1374–1382, in: *Les Lusignans et l'Outre-Mer. Actes du colloque Poitiers-Lusignan 20–24 octobre 1993*, Poitiers 1994, pp. 132–140.

Edbury Peter W., *Kingdoms of the Crusaders: From Jerusalem to Cyprus*, Aldershot 1999.

Edbury Peter W., Cyprus and Genoa: the Origins of the War of 1373–1374, in: Idem, Kingdoms of the Crusaders: From Jerusalem to Cyprus, pp. 109–126.

Edbury Peter W., The Murder of King Peter I of Cyprus, in: Idem, Kingdoms of the Crusaders: From Jerusalem to Cyprus, pp. 219–233.

Ellero Giuseppe (Ed.), *L'Archivio IRE. Inventari dei fondi antichi degli ospedali e luoghi pii di Venezia*, Venezia 1987.

Epstein Stephen R., Cities, regions and the Late Medieval crisis: Sicily and Tuscany compared, in: *Past & Present* 130 (1991), pp. 3–50.

Epstein Stephen R., *An island for itself. Economic development and social change in late medieval Sicily*, Cambridge 1992.

EPSTEIN Stephen R., *Freedom and growth: the rise of states and markets in Europe 1300–1750*, London/New York 2000.

EPSTEIN Steven A., *Wills and wealth in medieval Genoa, 1150–1250*, London 1984.

EPSTEIN Steven A., *Wills and Wealth in Medieval Genova, 1150–1250*, Cambridge USA 1984.

EPSTEIN Steven A., Business Cycles and Sense of Time in Medieval Genoa, in: *The Business History Review* 62/2 (1988), pp. 238–260.

EPSTEIN Steven A., *Genoa and the Genoese, 958–1528*, Chapel Hill 1996.

EPSTEIN Steven A., Genoa and the Crusades. Piety, credit and the fiscal-military state, in: *Oriente e occidente tra medioevo ed età moderna. Studi in onore di Geo Pistarino*, vol. 1, ed. Laura BALLETTO, Genova 1997, pp. 245–259.

EPSTEIN Steven A., *Purity lost. Transgressing boundaries in the Eastern Mediterranean, 1000–1400*, Baltimore 2007.

ERDMANN Carl, *Die Entstehung des Kreuzzugsgedankens*, Stuttgart 1935.

ERDMANN Carl, *The Origin of the Idea of Crusade*, Princeton 1977.

ERICKSON Kai T., *Everything in its Path: Destruction of Community in the Buffalo Creek Flood*, New York 1976.

ESPOSITO Laura, La diffusione della falconeria araba nel Mediterraneo, in: *Scritti offerti dal Centro Europeo di Studi Normanni a Mario Troso*, ed. Giuseppe MASTROMINICO, Ariano Irpino 2012, pp. 99–122.

ESTANGÜI GÓMEZ Raúl, *Byzance face aux Ottomans. Exercice du pouvoir et contrôle du territoire sous les derniers Paléologues (milieu XIV*e*–milieu XV*e *siècle)*, Paris 2014.

EVANGELISTI Paolo, *Dopo Francesco, oltre il mito. I frati Minori fra Terra Santa ed Europa (XIII–XV secolo)*, Roma 2020.

FACCHINI Riccardo, Ad procurandum redemptionem et liberationem. Il riscatto dei captivi veneziani in partibus infidelium (1332–1453), in: *Società e Storia* 162 (2018), pp. 657–687.

FAGAN Brian M., *The Little Ice Age: How Climate Made History, 1300–1850*, New York 2000.

FAGES Pierre Henri, *Notes et documents de l'histoire de s. Vincent Ferrier*, Paris/Louvain 1905.

FAJEN Robert, Malinconia di un lignaggio. Lo Chevalier Errant nel castello della Manta, in: *Romania* 118 (2000), pp. 105–137.

FARA Andrea, Ad limina apostolorum. Pellegrini e crociati di Transilvania presso il soglio apostolico, in: *Annuario dell'Istituto Romeno di Cultura e Ricerca Umanistica di Venezia* 9 (2007), pp. 107–141.

FAVIER Jean (Ed.), *Genèse et Début du grand schisme d'Occident. Avignon, 25–28 septembre 1978*, Paris 1980.

FELLONI Giuseppe / LAURA Guido, *Genova e la storia della finanza: dodici primati?*, Genova 2004.

FELLONI Giuseppe, Struttura e movimenti dell'economia genovese tra Due e Trecento. Bilanci e prospettive di ricerca, in: IDEM, *Scritti di storia economica*, vol. 2, Genova 1998, pp. 955–976.

FELLONI Giuseppe, Ricchezza privata, credito e banche: Genova e Venezia nei sec. XII–XIV, in: Genova, Venezia, il Levante nei secoli XII–XIV, pp. 295–318.

FELLONI Giuseppe, La memoria del fisco. L'archivio della Casa di S. Giorgio, in: *Spazi per la memoria storica. La storia di Genova attraverso le vicende delle sedi e dei documenti dell'Archivio di Stato. Atti del Convegno internazionale, Genova, 7–10 giugno 2004*, ed. Alfonso ASSINI / Paola CAROLI, Roma 2009, pp. 509–516.

FENIELLO Amedeo, I mestieri del mare, in: *Storia del lavoro in Italia. Il Medioevo, Dalla dipendenza personale al lavoro contrattato*, ed. Fabio FABBRI, Roma 2017, pp. 280–311.

FERGUSON Wallace K. / ROWLAND Benjamin J., Review of: Painting in Florence and Siena after the Black Death by Millard Meiss, in: *The Art Bulletin* 34/4 (1952), pp. 317–322.

FILIPOSKI Toni, Before and After the Battle of Maritsa (1371): The Significance of the Non-Ottoman Factors in the Ottoman Conquest of the Balkans, in: *The Ottoman conquest of the Balkans. Interpretations and research debates*, ed. Oliver Jens SCHMITT, Wien 2016, pp. 65–78.

FINE John V.A., *The Late Medieval Balkans. A Critical Survey from the Late Twelfth Century to the Ottoman Conquest*, Ann Arbor 1987.

FIORI Luca, *Il codice autografo di Piero Giustinian: Un esempio di genesi ed evoluzione della cronachistica medievale*, Università di Bologna 2014.

FIUMI Enrico, *Storia economica e sociale di San Gimignano*, Firenze 1961.

FLEET Kate, The Treaty of 1387 between Murād I and the Genoese, in: *Bulletin of the School of Oriental and African Studies, University of London* 56/1 (1993), pp. 13–33.

FLEET Kate, *European and Islam Trade in the Early Ottoman State*, Cambridge 1999.

FLEET Kate, Early Turkish naval activities, in: *The Ottomans and the sea*, ed. IDEM, Roma 2001, pp. 129–138.

FLORI Jean, *La guerra santa. La formazione dell'idea di crociata nell'Occidente cristiano*, Bologna 2003.

FODALE Salvatore, Manfredi Chiaramonte, conte di Modica, in: *Dizionario Biografico degli Italiani*, vol. 24, Roma 1980, pp. 535–539.

FOLENA Gianfranco, Gli antichi nomi di persona e la storia civile di Venezia, in: *Atti. Istituto Veneto di Scienze, Lettere ed Arti* 129 (1971), pp. 445–484.

FORBES MANZ Beatrice, *The Rise and Rule of Tamerlane*, Cambridge 1989.

FORCHERI Giovanni, *Navi e navigazione a Genova nel Trecento. Il "Liber Gazarie"*, Genova 1974.

FORTINI BROWN Patricia, *Venetian Narrative Painting in the Age of Carpaccio*, New Haven 1988.

FOUCAULT Michel, Des espaces autres, in: *Architecture, Mouvement, Continuité* 5 (1984), pp. 46–49.

FRANCE John, Philippe de Mézières and the Military History of the Fourteenth Century, in: Philippe de Mezieres and His Age, pp. 283–294.

FRANKOPAN Peter, *The First Crusade: The Call from the East*, London 2012.

FRESTA Aurelia, In margine al movimento dei Flagellanti e dei Bianchi, in: *Bollettino storico reggiano* 52 (1982), pp. 73–80.

FRUGONI Arsenio, *I temi della Morte nell'affresco della chiesa dei Disciplini a Clusone*, Roma 1957.

FRUGONI Arsenio, *La devozione dei Bianchi del 1399*, in: L'attesa dell'età nuova nella spiritualità della fine del medioevo, pp. 232–248.

FRUGONI Arsenio, Sui Flagellanti del 1260, in: *Bullettino dell'Istituto Storico Italiano per il Medio Evo* 75 (1963), pp. 211–238.

FRUGONI Chiara / FACCHINETTI Simone, *Senza misericordia: il Trionfo della morte e la Danza macabra a Clusone*, Torino 2016.

FUGELSO Karl William, The Artist as Reader: Buffalmacco's Miniatures of the Inferno, in: *Dante Studies* 122 (2004), pp. 137–171.

FURLAN Francesco / PITTALUGA Stefano (Ed.), *Petrarca politico*, Genova 2016.

GABRIELI Francesco, Petrarca e gli Arabi, in: *Atti e memorie dell'Accademia Petrarca di Lettere, Arti e Scienze di Arezzo* 38 (1965–67), pp. 109–116.

GAETA Franco, Storiografia, coscienza nazionale e politica culturale nella Venezia del Rinascimento, in: *Storia della cultura veneta*, vol. 3, Vicenza 1976–1980, pp. 1–91.

GALLETTI Anna Imelde, Gerusalemme o la città desiderata, in: *Mélanges de l'École française de Rome. Moyen Âge* 96 (1984), pp. 459–487.

GALLINARI Luciano (Ed.), *Genova. Una "porta" del Mediterraneo*, Cagliari 2005.

GARCÍA ESPADA Antonio, La teoría de cruzada post-acconiana (1291–1334): Operaciones sobre el tiempo y el espacio tradicional, in: *Medievalismo* 21 (2011), pp. 207–224.

GARCÍA FITZ Francisco, Una frontera caliente. La guerra en las fronteras castellano-musulmanas (siglos XI–XIII), in: Identidad y representación de la frontera en la España medieval, pp. 159–180.

GARCÍA FITZ Francisco, *Castilla y León frente al Islám: estrategias de expansión y tácticas militares (siglos XI–XIII)*, Sevilla 2002.

GAUCHER Élisabeth, Les joutes de Saint-Inglevert: perception et écriture d'un événement historique pendant la Guerre de Cent Ans, in: *Le Moyen Âge* 102 (1996), pp. 229–243.

GAUTIER Paul, Un récit inédit du siège de Constantinople par les Turcs (1394–1402), in: *Revue des études byzantines* 23 (1965), pp. 100–117.

GAZZINI Marina, Ospedali nell'Italia medievale, in: *Reti Medievali Rivista* 13/1 (2012), pp. 211–237.

GEANAKOPLOS Deno John, Byzantium and the Crusades, 1261–1354, in: A History of the Crusades, vol. 3, pp. 27–68.

GEANAKOPLOS Deno John, Byzantium and the Crusades, 1354–1453, in: A History of the Crusades, vol. 3, pp. 69–103.

GENEQUAND Philippe, *Une politique pontificale en temps de crise. Clément VII d'Avignon et les premières années du Grand Schisme d'Occident (1378–1394)*, Basel 2013.

GENSINI Sergio (Ed.), *Viaggiare nel Medioevo. Atti del VII convegno di studio della Fondazione Centro Studi sulla civiltà del Tardo Medioevo, San Miniato 15–18 ottobre 1998*, Pisa 2000.

GENTILE Giovanni, *Il pensiero politico del Petrarca*, Roma 1942.

GERGEN Thomas, The Peace of God its legal practice in the Eleventh Century, in: *Cuadernos de historia del derecho* 9 (2002), pp. 11–27.

GERLAND Ernst, *Neue Quellen zur Geschichte des lateinischen Erzbistums Patras*, Leipzig 1903.

GERTWAGEN Ruthy, The Venetian Colonies in the Ionian and Aegean Seas in Venetian Defense Policy in the fifteenth Century, in: *Journal of mediterranean studies* 12 (2002), pp. 351–384.

GERTWAGEN Ruthy, The Island of Corfu in Venetian Policy in the Fourteenth and Early Fifteenth Centuries, in: *International journal of maritime history* 19/1 (2007), pp. 181–210.

GERTWAGEN Ruthy, Venice's Policy Towards the Ionian and Aegean Islands, c. 1204–1423, in: *International Journal of Maritime History* 26 (2014), pp. 529–548.

GINATEMPO Maria / SANDRI Lucia, *L'Italia delle città. Il popolamento urbano tra Medioevo e Rinascimento (secoli XIII–XVI)*, Firenze 1990.

GINATEMPO Maria, *Prima del debito. Finanziamento della spesa pubblica e gestione del deficit nelle grandi città toscane (1200–1350 ca.)*, Firenze 2000.

GINATEMPO Maria, Il Finanziamento del deficit pubblico nelle città dell'Italia centrosettentrionale, XIII–XV secolo, in: *Barcelona. Quaderns d'història* 13 (2007), pp. 29–57.

GINNASI Laura, Lorenzo Celsi, in: *Dizionario Biografico degli Italiani*, vol. 23, Roma 1979, pp. 475–478.

GINZBURG Carlo, *I benendanti*, Torino 1966.

GINZBURG Carlo, *Il formaggio e i vermi*, Torino 1976.

GIOFFRÈ Domenico, *Il debito pubblico genovese. Inventario delle compere anteriori a San Giorgio o non consolidate nel Banco (Sec. XIV–XIX)*, Milano 1967.

GIOFFRÈ Domenico, *Il mercato degli schiavi a Genova nel secolo XV*, Genova 1971.

GIOFFRÈ Domenico, La ripartizione delle quote del debito pubblico nella Genova del tardo '300, in: *La storia dei Genovesi*, vol. 2, Genova 1982, pp. 139–153.

GIRAUDO Stefania, La devozione dei Bianchi del 1399: analisi politica di un movimento di pacificazione, in: *Reti Medievali Rivista* 14 (2013), pp. 167–195.

GLÉNISSON Jean, L'enquête pontificale de 1373 sur les possessions des Hospitaliers de Saint-Jean de Jérusalem, in: *Bibliothèque de l'École des chartes* 129 (1971), pp. 83–111.

GOLINELLI Paolo, *Il Medioevo degli increduli: miscredenti, beffatori, anticlericali*, Milano 2009.

GOLUBOVICH Girolamo, *Biblioteca bio-bibliografica della Terra Santa e dell'Oriente francescano*, vol. 3, Firenze 1919.

GOTTFRIED Robert Steven, *The Black Death: Natural and Human Disaster in Medieval Europe*, New York 1983.

GRANT Alasdair C., Pisan Perspectives: The Carmen in victoriam and Holy War, c.1000–1150, in: *The English Historical Review* 131 (2016), pp. 983–1099.

GRECO Lucia, Galeotti, ufficiali e mercanti sulle rotte delle galere veneziane del XV secolo, in: L'uomo e il mare nella civiltà occidentale, pp. 165–186.

GRENDI Edoardo, Profilo storico degli alberghi genovesi, in: *Mélanges de l'École française de Rome. Moyen Âge* 87 (1975), pp. 241–302.

GRILLO Paolo, Introduzione, in: *La congiuntura del primo Trecento in Lombardia (1290–1360)*, ed. IDEM / François MENANT, Roma 2019, pp. 7–18.

GROSS Gregory W., Trade Secrets: Chaucer, the Pardoner, the Critics, in: *Modern Language Studies* 25/4 (1995), pp. 1–36.

GROSSI BIANCHI Luigi / POLEGGI Ennio, *Una città portuale nel Medioevo. Genova nei secoli X–XVI*, Genova 1979.

GUERRY Liliane, *Le thème du Triomphe de la Mort dans la peinture italienne*, Paris 1950.

GUGLIELMOTTI Paola, *«Agnacio seu parentella». La genesi dell'albergo Squarciafico a Genova (1297)*, Genova 2017.

GUIDARELLI Gianmario, Le Scuole Grandi veneziane nel XV e XVI secolo: reti assistenziali, patrimoni immobiliari e strategie di governo, in: *Mélanges de l'École française de Rome. Moyen Âge* 123 (2011), pp. 59–82.

GULLINO Giuseppe, Trevisan, Nicolò, in: *Dizionario Biografico degli Italiani*, vol. 96, Roma 2019, pp. 738–740.

GUREVIČ Aron Jakovlevic, Au Moyen Âge: conscience individuelle et image de l'au-delà, in: *Annales* 37 (1982), pp. 255–275.

GUTIÉRREZ CRUZ Rafael, *Los presidios españoles del norte de África en tiempos de los Reyes Católicos*, Melilla 1997.

HALBWACHS Maurice, *La memoria collettiva*, Unicopli, Milano 1987.

HALBWACHS Maurice, *I quadri sociali della memoria*, Napoli 1996.

HALECKI Oskar, Two Palaeologi in Venice, 1370–1371, in: *Byzantion* 17 (1944–1945), pp. 331–335.

HALECKI Oskar, *Un empereur de Byzance à Rome. Vingt ans de travail pour l'union des églises et pour la défense de l'Empire d'Orient 1355–1375*, London 1972.

HALL Martin / PHILLIPS Jonathan, *Caffaro, Genoa and the Twelfth-Century Crusades*, London 2016.

HANLY Michel Gerard, Philippe de Mézières and the Peace Movement, in: Philippe de Mézières and His Age, pp. 61–82.

HARDWICK Paul, The Knightly Class of Europe and the Lithuanian Crusades, in: *Medieval Life: A New Magazine of the Middle Ages* 6 (1997), pp. 26–29.

HARRIS Jonathan, *Byzantium and the Crusades*, London 2014.

HATTON Thomas, Chaucer's Crusading Knight, a Slanted Ideal, in: *The Chaucer Review* 3/2 (1968), pp. 77–87.

HAUG Walter / WACHINGER Burghart (Ed.), *Fortuna*, Tübingen 1995.

HAYEZ Michel, Urbano V, in: *Enciclopedia dei Papi*, vol. 2, Roma 2000, pp. 542–550.

HAZARD Harry William / SETTON Kenneth Meyer (Ed.), *A History of the Crusades*, vol. 3, Madison 1975.

HEAD Thomas F. / LANDES Richard A. (Ed.), *The Peace of God: Social Violence and Religious Response in France around the Year 1000*, Ithaca 1992.

HEAD Thomas F., The Development of the Peace of God in Aquitaine (970–1005), in: *Speculum* 74/3 (1999), pp. 656–686.

HEHIR Aidan / ROBINSON Neil, *State-building. Theory and practice*, London 2007.

HERLIHY David, Tuscan names, 1200–1530, in: *Renaissance Quarterly* 41 (1988), pp. 561–582.

HERLIHY David, *The Black Death and the Transformation of the West*, Cambridge 1997.

HILLENBRAND Carole, *The Crusades: Islamic perspectives*, Edinburgh 1999.

HILTON Rodney / ASTON Trevor Henry (Ed.), *The English Rising of 1381*, Cambridge 1987.

HILTON Rodney, Y eut-il une crise generale de la feodalité?, in: *Annales: Économies, Sociétés, Civilisations* 6 (1951), pp. 23–30.

HILTON Rodney, *Class conflict and the crisis of feudalism. Essays on social history*, London 1985.

HINKOVSKI Simeon, Хинковски, С. Генуезкото участие в похода на граф Амедей VI Савойски срещу България (1366–1367) [Genoese participation in the march of Count Amadeus VI of Savoy against Bulgaria (1366–1367)], in: *Bulgaria mediaevalis* 6 (2015), pp. 411–416.

HOCQUET Jean-Claude, Gens de mer à Venise: Diversité des statuts, conditions de vie et de travail sur les navires, in: Le genti del mare mediterraneo, vol. 1, pp. 103–168.

HOCQUET Jean-Claude, *Denaro, navi e mercanti a Venezia 1200–1600*, Roma 1999.

HODGETTS Christine / LOCK Peter, Some Village Fortifications in the Venetian Peloponnese, in: *The Archaeology of Medieval Greece*, ed. Peter LOCK / Guy D.R. SANDERS, Oxford 1996, pp. 77–90.

HOPF Carl, Storia dei Giustiniani di Genova, in: *Giornale Ligustico di Archeologia, Storia e Belle Arti* 7–8 (1881), pp. 316–330, 362–373, 400–409, 471–477.

HOUSLEY Norman, The Mercenary Companies, the Papacy, and the Crusades, 1356–1378, in: *Traditio* 38 (1982), pp. 253–280.

HOUSLEY Norman, *The Avignon Papacy and the Crusades, 1305–1378*, Oxford 1986.

HOUSLEY Norman, *The Later Crusades, 1274–1580: From Lyons to Alcazar*, Oxford 1992.

HOUSLEY Norman, Emmanuele Piloti plan for a crusade to capture Alexandria, in: *The Hospitallers, the Mediterranean and Europe. Festschrift for Anthony Luttrell*, ed. Karl BORCHARDT / Nikolas JASPERT / Helen J. NICHOLSON, Aldershot 2007, pp. 139–150.

HOUSLEY Norman (Ed.), *Reconfiguring the Fifteenth-Century Crusade*, London 2017.

HOUSLEY Norman (Ed.), *The Crusade in the Fifteenth Century. Converging and competing cultures*, London-New York 2017.

HUGENHOLTZ Frederik Willem Nicolaas, The Fame of a Masterwork, in: *Johan Huizinga, 1872–1972. Papers delivered to the Johan Huizinga conference Groningen 11–15 december 1972*, ed. Willem R.H. KOOPS / Ernst Heinrich KOSSMANN, Gees VAN DER PLAAT, Den Haag 1973, pp. 91–104.

HUGHES Diane Owen, Sviluppo urbano e struttura familiare a Genova, in: *Città, storia e società*, ed. Philip ABRAMS / Edward A. WRIGLEY, Bologna 1983, pp. 109–138.

HUGHES Gavin, Fourteenth-Century Weaponry, Armour and Warfare in Chaucer and Sir Gawain and the Green Knight, in: *Chaucer in Context: A Golden Age of English Poetry*, ed. Gerald MORGAN, Oxford 2012, pp. 83–108.

HUIZINGA Johan, *Men and ideas: History, the Middle Ages, the Renaissance*, New York 1959.

HUIZINGA Johan, The Political and Military Significance of Chivalric Ideas in the Late Middle Ages, in: IDEM, Men and ideas: History, the Middle Ages, the Renaissance, pp. 196–206.

HUIZINGA Johan, The Task of Cultural History, in: IDEM, Men and ideas: History, the Middle Ages, the Renaissance, pp. 17–76.

HUIZINGA Johan, *L'Autunno del Medioevo*, Roma 2011 (1a ed. 1919).

HUNT Lynn, *The New Cultural History. Studies on the History of Society and Culture*, Berkeley 1989.

HUNTINGTON Samuel P., *The Clash of Civilizations and the Remaking of World Order*, New York 1996.

IANNELLA Cecilia, Le diverse esperienze signorili a Pisa nel Trecento. I Donoratico della Gherardesca, Giovanni dell'Agnello, Pietro Gambacorta, in: *Le signorie cittadine in Toscana. Esperienze di potere e forme di governo personale (secoli XIII–XV)*, ed. Andrea ZORZI, Roma 2013, pp. 289–300.

IANNELLA Cecilia, Pietro Gambacorta and the City of Pisa (1369–92), in: *Languages of Power in Italy (1300–1600)*, ed. Daniel Ethan BORNSTEIN / Laura GAFFURI / Brian Jeffrey MAXSON, Turnhout 2017, pp. 161–176.

Il bombardamento di Genova nel 1684. Atti della giornata di studio nel terzo centenario (Genova, 21 giugno 1984), Genova 1988.

Il Trionfo della Morte e le Danze Macabre. Atti del VI Convegno Internazionale tenutosi in Clusone dal 19 al 21 agosto 1994, Clusone 1997.

Il tumulto dei Ciompi. Un momento di storia fiorentina ed europea, Firenze 1981.

INALCIK Halil, The Rise of the Turcoman Maritime Principalities in Anatolia, Byzantium, and the Crusades, in: *Byzantinische Forschungen* 9 (1985), pp. 179–218.

IORGA Nicolae, *Thomas III marquis de Saluces. Étude historique et littéraire avec une introduction sur la politique de ses prédécesseurs et un appendice de textes*, Saint Denis 1893.

IORGA Nicolae, *Philippe de Mézières 1327–1405, et la croisade au XIVe siècle*, Paris 1896.

IORGA Nicolae, *Veneþia în Marea Neagrã. I. Dobrotici*, Bucarest 1914.

JACKSON Peter, *The Mongols and the West, 1221–1410*, London 2014.

JACOBY David, *Recherches sur la Méditerranée orientale du XIIe au XVe siècle. Peuples, sociétés, économies*, London 1979.

JACOBY David, Les Juifs à Venise du XIVe au milieu du XVIe siècle, in: IDEM, Recherches sur la Méditerranée orientale, pp. 163–216.

JACOBY David, Quelques aspects de la vie juive en Crète dans la première moitié du XVe siècle, in: IDEM, Recherches sur la Méditerranée orientale, pp. 108–117.

JACOBY David, Venice, the Inquisition and the Jewish Communities of Crete in the Early 14th Century, in: IDEM, Recherches sur la Méditerranée orientale, pp. 127–144.

JACOBY David, Les Juifs vénitiens de Constantinople et leur communauté du XIIIe au milieu du XVe siècle, in: IDEM, Recherches sur la Méditerranée orientale, pp. 397–410.

JACOBY David, Les gens de mer dans la marine de guerre vénitienne de la mer Égée aux XIVe et XVe siècles, in: Le genti del mare mediterraneo, vol. 1, pp. 169–201.

JACOBY David, *Studies on the Crusader States and on Venetian Expansion*, Northampton 1989.

JACOBY David, Pèlerinage médiéval et sanctuaires de terre sainte: la perspective vénitienne, in: IDEM, Studies on the Crusader States, pp. 27–58.

JACOBY David, Venice and the Venetian Jews in the Eastern Mediterranean: Discussione, in: IDEM, Studies on the Crusader States, pp. 29–63.

JACOBY David, Christian Pilgrimage to Sinai Until the Late 15th Century, in: *Holy Space, Hallowed Ground. Icons from Sinai*, ed. Robert S. NELSON / Kristen M. COLLINS, Los Angeles 2006, pp. 79–93.

JACOBY David, Western Merchants, Pilgrims, and Travelers in Alexandria in the Time of Philippe de Mézières (ca. 1327–1405), in: Philippe de Mézières and His Age, pp. 403–426.

JACOBY David, The Jewish Communities in the Social Fabric of Latin Greece: between Segregation and Interaction, in: *A Companion to Latin Greece*, ed. Nickiphoros I. TSOUGARAKIS / Peter LOCK, Leiden 2015, pp. 255–287.

JACOBY David, Evolving Routes of Western Pilgrimage to the Holy Land, Eleventh to Fifteenth Century: an Overview, in: *Unterwegs im Namen der Religion II / On the Road in the Name of Religion II*, ed. Klaus HERBERS / Hans Christian LEHNER, Stuttgart 2016, pp. 75–97.

JACOBY David, Jews and Christians in Venetian Crete: Segregation, Interaction, and Conflict, in: IDEM, *Medieval trade in the Eastern mediterranean and beyond*, London 2018, pp. 293–329.

JARRY Eugène, *Les origines de la domination française a Gênes (1392–1402)*, Paris 1896.

JASPERT Nikolas, Military orders and the frontier: permeability and demarcation, in: *The Military Orders 6. Culture and Conflict*, vol. 2, ed. Jochen G. SCHENK / Mike CARR, Abingdon 2017, pp. 3–28.

JEGERLEHNER Johannes, *Der Aufstand der kandiotischen Ritterschaft gegen das Mutterland Venedig. 1363–65*, Leipzig 1903.

JOERGENSEN Johannes, *Santa Brigida di Vadstena*, Brescia 1947.

JONES Lindsey M., Chaucer's Anxiety of Poetic Craft: The Squire's Tale, in: *Style* 41/3 (2007), pp. 300–317.

JONES Terry, *Chaucer's Knight: The Portrait of a Medieval Mercenary*, Baton Rouge 1980.

JOSSERAND Philippe, Frontier conflict, military cost and culture: the master of Santiago and the Islamic border in mid fourteenth-century Spain, in: The Military Orders 6. Culture and Conflict, vol. 2, pp. 29–45.

JOTISCHKY Andrew, The Mendicants as missionaries and travellers in the Near East in the thirteenth and fourteenth centuries, in: *Eastward bounds: Travel and travellers, 1050–1550*, ed. Rosamund S. ALLEN, Manchester-New York 2004, pp. 88–106.

JOTISCHKY Andrew, The Franciscan return to the Holy Land (1333) and Mt Sion: pilgrimage and the apostolic mission, in: The Crusader World, pp. 241–255.

JUNG Carl Gustav, *L'uomo e i suoi simboli*, Milano 1980.

KAÇAR Hilmi / DUMOLYN Jan, The Battle of Nicopolis (1396), Burgundian Catastrophe and Ottoman Fait Divers. The Relevance of 'Other' in State Ideologies, in: *Revue belge de philologie et d'histoire* 91 (2013), pp. 905–934.

KAHRL Stanley J., Chaucer's Squire's Tale and the Decline of Chivalry, in: *The Chaucer Review* 7 (1973), pp. 194–209.

KAMENAGA-ANZAI Yoko, Changing to a new Surname: an essay regarding the 'albergo' in Medieval Genoa, in: *Mediterranean World* 16 (2001), pp. 221–235.

KANPTON Michael, Saraceno Dandolo, in: *Dizionario Biografico degli Italiani*, vol. 32, Roma 1986, pp. 504–506.

KATELE Irene B., Piracy and the Venetian State: the Dilemma of Maritime Defense in the Fourteenth Century, in: *Speculum* 63 (1988), pp. 865–889.

KAUP Matthias, *John of Rupescissa's Vade mecum in tribulacione (1356): a late medieval eschatological manual for the forthcoming thirteen years of horror and hardship*, Abingdon 2016.

Kedar Benjamin Z., Noms de saints et mentalité populaire à Gênes au XIVe siècle, in : *Le Moyen Âge* 73 (1967), pp. 431–446.

Kedar Benjamin Z., Again: Arabic "rizq", Medieval Latin "risicum", in: *Studi Medievali* 10/3 (1969), pp. 255–260.

Kedar Benjamin Z., Segurano-Sakran Salvaygo: un mercante genovese al servizio dei sultani mamalucchi, c. 1303–1322, in: *Fatti e idee di storia economica nei secoli XII–XX. Studi dedicati a Franco Borlandi*, ed. Carlo M. Cipolla / Roberto Sabatino Lopez, Bologna 1977, pp. 75–91.

Kedar Benjamin Z., *Mercanti in crisi a Genova e Venezia nel '300*, Roma 1981.

Kedar Benjamin Z., L'Officium Robarie di Genova: un tentativo di coesistere con la violenza, in: *Archivio Storico Italiano* 525/3 (1985), pp. 331–372.

Kedar Benjamin Z., Genoa's golden inscription in the Church of the Holy Sepulchre: a case for the defence, in: *I Comuni italiani nel regno crociato di Gerusalemme. Atti del colloquio (Jerusalem, May 24–May 28, 1984)*, ed. Idem / Gabriella Airaldi, Genova 1986, pp. 317–335.

Kedar Benjamin Z., *Crociata e missione. L'Europa incontro all'Islam*, Roma 1991.

Kedar Benjamin Z., Again: Genoa's Golden Inscription and King Baldwin I's Privilege of 1104, in: Chemins d'Outre-mer, vol. 1, pp. 495–502.

Keen Maurice, Huizinga, Kilgour and the Decline of Chivalry, in: *Medievalia et Humanistica* 7 (1977), pp. 1–20.

Kelly John, *La peste nera*, Casale Monferrato 2005.

Kelly Morgan, Debating the Little Ice Age, in: *The Journal of Interdisciplinary History* 45 (2014), pp. 57–68.

Kianka Frances, *Demetrius Cydones (c. 1324–c. 1397): Intellectual and Diplomatic Relations Between Byzantium and the West in the Fourteenth Century*, Ann Arbor 1981.

Kianka Frances, Byzantine-Papal Diplomacy: The Role of Demetrius Cydones, in: *The International History Review* 7/2 (1985), pp. 175–213.

Kilgour Raymond Lincoln, *The Decline of Chivalry as shown in the French Literature of the Late Middle Ages*, Cambridge 1937.

Kircher Timothy, Anxiety and Freedom in Boccaccio's History of the Plague of 1348, in: *Letteratura italiana antica* 3 (2002), pp. 319–357.

Klein Holger A., Cardinal Bessarion, Philippe de Mézières, and the Rhetoric of Relics in late medieval Venice, in: *La stauroteca di Bessarione fra Costantinopoli e Venezia*, ed. Idem / Valeria Poletto / Peter Schreiner, Venezia 2017, pp. 14–21.

Knobler Adam, The Rise of Tīmūr and Western Diplomatic Response, 1390–1405, in: *Journal of the Royal Asiatic Society. Third Series* 5/3 (1995), pp. 341–349.

Kohl Benjamin G., Chinazzo, Daniele, in: *Dizionario Biografico degli Italiani*, vol. 24, Roma 1980, pp. 791–792.

Kolbaba Tia M., Fighting for Christianity. Holy War in the Byzantine Empire, in: *Byzantion* 68 (1998), pp. 194–221.

KOLDITZ Sebastian / KOLLER Markus (Ed.), *The Byzantine-Ottoman transition in Venetian chronicles*, Roma 2018.

KOLIA-DERMITZAKI Athina, Byzantium and the Crusaders in the Komnenian Era. Perception and Reality, in: *Byzantium and the West: Perception and Reality (11th–15th c.)*, ed. Nikolaos CHRISSIS [et al.], New York 2019, pp. 59–83.

KÖPRÜLÜ Mehmet Fuat, *The Origins of the Ottoman Empire*, Albany 1992.

KRUEGER Hilmar C., Review: Merchants in Crisis: Genoese and Venetian Men of Affairs and the Fourteenth-Century Depression by Benjamin Z. Kedar, in: *Speculum* 53/2 (1978), pp. 389–391.

KUHL Ernest P. / WEBB Henry J., Chaucer's Squire, in: *ELH* 6/4 (1939), pp. 282–284.

KUTIKOV Vladimir, Un'interessante clausola economica nell'accordo del 1387 fra il principe Ivanko e i Genovesi, in: *Genova e la Bulgaria nel Medioevo*, Genova 1984, pp. 289–305.

L'attesa dell'età nuova nella spiritualità della fine del medioevo, Todi 1962.

L'uomo e il mare nella civiltà occidentale: da Ulisse a Cristoforo Colombo. Atti del Convegno (Genova, 1–4 giugno 1992), Genova 1992.

La navigazione mediterranea nell'Alto Medioevo: 14–20 aprile 1977, Spoleto 1978.

LABORDA BARCELÓ Juan, Los presidios africanos de la Monarquía Hispanica en el siglo XVI: un nuevo tipo de guerra. El sostenimiento de la Goleta de Túnez, in: Antemurales de la fe. Conflictividad confesional en la Monarquía de los Habsburgo, pp. 121–137.

LANE Frederic C., Sull'ammontare del "Monte vecchio" di Venezia, in: LUZZATTO, Il debito pubblico della repubblica di Venezia, pp. 275–292.

LANE Frederic C., *Storia di Venezia*, Torino 1978.

LANE Frederic C., *Le navi di Venezia fra i secoli XIII e XVI*, Torino 1983.

LANE Frederic C., I marinai veneziani e la rivoluzione nautica del medioevo, in: IDEM, Le navi di Venezia fra i secoli XIII e XVI, pp. 150–169.

LANE Frederic C., La balestra nella rivoluzione nautica del medioevo, in: IDEM, Le navi di Venezia fra i secoli XIII e XVI, pp. 240–250.

LANE Frederic C., Le galere di mercato, 1300–34: esercizio privato e di Comun, in: IDEM, Le navi di Venezia fra i secoli XIII e XVI, pp. 49–81.

LAVANCHY Lisane, *Ecrire sa mort, décrire sa vie. Testaments de laïcs lausannois, 1400–1450*, Lausanne 2003.

LAZZARINI Vittorio, La battaglia di Porto Longo nell'isola di Sapienza, in: *Nuovo Archivio Veneto* 8 (1894), pp. 5–14.

LAZZARINI Vittorio, Marino Falier, la congiura, in: *Nuovo Archivio Veneto* 13 (1897), pp. 8–18.

LAZZARINI Vittorio, Le offerte per la guerra di Chioggia e un falsario veneto, in: *Nuovo Archivio Veneto, n.s.* 4 (1902), pp. 202–213.

Lazzarini Vittorio, Daniele di Chinazzo e la sua cronaca secondo un codice di Copenaghen, in: *Atti del Regio Istituto veneto, classe di scienze morali e lettere* 98/2 (1938–1939), pp. 515–522.

Le Goff Jacques, *Tempo della Chiesa e tempo del mercante e altri saggi sul lavoro e la cultura nel Medioevo*, Torino 1977.

Le Roy Ladurie Emmanuel, *Histoire du climat depuis l'an 1000*, Paris 1967.

Le Roy Ladurie Emmanuel, *Histoire humaine et comparée du climat. Bd. 1 – Canicules et glaciers (XIIIe–XVIIIe siècle)*, Paris 2004.

Lemerle Paul, *L'émirat d'Aydin, Byzance et l'Occident: Recherches sur la "Geste d'Umur Pacha"*, Paris 1957.

Leopold Anthony, *How to recover the Holy Land. The crusade proposals of the late thirteenth and early fourteenth centuries*, Aldershot 2000.

Lepore Fortunato / Piccardi Marco / Pranzini Enzo, Latitudine senza latitudine Determinazioni astronomiche e carte per navigare dell'Europa tardo-medievale: le innovazioni di Francesco Beccari, in: *Studi Costieri* 27 (2017), pp. 33–110.

Lercari Andrea, La vicenda storica dell'albergo Giustiniani: dalla fazione popolare al patriziato sovrano della Repubblica di Genova, in: *Dai Giustiniani all'Unione Europea: un percorso continuo*, ed. Enrico Giustiniani, Bassano Romano 2005, pp. 43–155.

Limor Ora, Missionary Merchants: Three Medieval anti-Jewish Works from Genoa, in: *Journal of Medieval History* 17 (1991), pp. 35–51.

Limor Ora, *Die Disputationen zu Ceuta (1179) und Mallorca (1286). Zwei antijüdische Schriften aus dem mittelalterlichen Genua* (Monumenta Germaniae Historica 15), München 1994.

Livi Bacci Massimo, Il legame nutrizione-mortalità nel passato: un commento, in: *La fame nella storia*, ed Robert I. Rotberg / Theodore K. Rabb, Roma 1987, pp. 105–110.

Lo Basso Luca, *Uomini da remo. Galee e galeotti del Mediterraneo in età moderna*, Milano 2003.

Lo Basso Luca, Il prezzo della libertà. L'analisi dei libri contabili del Magistrato per il riscatto degli schiavi della Repubblica di Genova all'inizio del XVIII secolo, in: *Le commerce des captifs: les intermédiaires dans l'échangeet le rachat des prisionniers en Méditerranée, XVe–XVIIIe siécle*, ed. Wolfgang Kaiser, Roma 2008, pp. 267–282.

Lobero Antonio, *Memorie storiche della Banca di S. Giorgio*, Genova 1832.

Lodone Michele, Telesforo da Cosenza, in: *Dizionario Biografico degli Italiani*, vol. 95, Roma 2019, pp. 292–294.

Loenertz Raymond-Joseph, Jean V Paleologue a Venise (1370–1371), in: *Revue des études byzantines* 16 (1958), pp. 217–232.

Lombardo Simone, Un romanzo della frontiera mediterranea. Il caso di Bona e di Álvar Gómez (1535–1540), in: *Tiempos Modernos* 39/2 (2019), pp. 1–27.

LOMBARDO Simone, Galee, bombarde e guerre di simboli. Innovazioni negli assedi anfibi di Chioggia tra genovesi e veneziani (1379–1380), in: *Nuova Antologia Militare* 5 (2021), pp. 93–128.

LOMBARDO Simone, La croce, il mastice e la figlia del Doge. Il mondo di Pietro Recanelli, mercante genovese, maonese di Chio e crociato del Trecento, in: *Nuova Rivista Storica* 105 (2021), pp. 613–642.

LOMBARDO Simone, *Chi ha viaggiato e chi no. La scoperta dell'altro nel confronto tra Caffaro e Giorgio Stella, cronisti genovesi, in: Il viaggio. Scoprire ed essere scoperti. Atti della Summer School 2020, ed. Alberto BARZANÒ / Cinzia BEARZOT, Milano 2021, pp. 109–124.*

LÓPEZ DE COCA CASTAÑER José Enrique, Consideraciones sobre la frontera marítima, in: Actas del congreso La Frontera Oriental Nazarí, pp. 391–408.

LÓPEZ ESTRADA Francisco, Ruy González de Clavijo. La embajada a Tamorlán. Relato del viaje hasta Samarcanda y regreso (1403–1406), in: *Arbor* 711–712 (2005), pp. 515–536.

LOPEZ Roberto Sabatino / MISKIMIN Harry A., The Economic Depression of the Renaissance, in: *Economic History Review* 14 (1962), pp. 408–426.

LOPEZ Roberto Sabatino, Il problema della bilancia dei pagamenti nel commercio di Levante, in: PERTUSI, Venezia e il Levante fino al secolo XV, vol. 1, pp. 431–452.

LOPEZ Roberto Sabatino, *Su e giù per la storia di Genova*, Genova 1975.

LOPEZ Roberto Sabatino, Market expansion: the case of Genoa, in: IDEM, Su e giù per la storia di Genova, pp. 43–62, qui pp. 49–51.

LOPEZ Roberto Sabatino, Nuove luci sugli italiani in Estremo Oriente prima di Colombo, in: IDEM, Su e giù per la storia di Genova, pp. 82–109.

LOPEZ Roberto Sabatino, Venise et Gênes: deux styles, une réussite, in: IDEM, Su e giù per la storia di Genova, pp. 35–42.

LOZZI GALLO Lorenzo, Da Vadstena al Gargano. S. Brigida di Svezia pellegrina in Puglia, in: *Il vento del Nord. Scandinavia ed Europa tra Medioevo ed età moderna*, ed. Lorenzo LOZZI GALLO / Lucia SINISI, Ravenna 2011, pp. 39–73.

LUCCHINI Enrica, *La merce umana. Schiavitù e riscatto dei Liguri nel seicento*, Roma 1990.

LUKE Harry, The kingdom of Cyprus, 1291–1369, in: A History of the Crusades, vol. 3, pp. 340–360.

LUNARDI Giuseppe, *Le monete delle colonie genovesi*, Genova 1963.

LUTTRELL Anthony, Emmanuele Piloti and Criticism of the Knights Hospitallers of Rhodes: 1306–1444, in: *Annales de l'ordre souverain militaire de Malte* 20/1 (1962), pp. 1–20.

LUTTRELL Anthony, The Latins of Argos and Nauplia: 1311–1394, in: *Papers of the British School at Rome* 34 (1966), pp. 34–55.

LUTTRELL Anthony T., The Hospitallers at Rhodes, 1306–1421, in: A History of the Crusades, vol. 3, pp. 278–313.

LUTTRELL Anthony, Late-Medieval Galley Oarsmen, in: Le genti del mare mediterraneo, vol. 1, pp. 87–102.

LUTTRELL Anthony, Niccolò dalle Carceri, in: *Dizionario Biografico degli Italiani*, vol. 32, Roma 1986, pp. 74–76.

LUZZATTO Gino, *I prestiti della Repubblica di Venezia (sec. XIII–XV). Introduzione storica e documenti*, Padova 1929.

LUZZATTO Gino, *Il debito pubblico della repubblica di Venezia dagli ultimi decenni del XII secolo alla fine del XV*, Milano-Varese 1963.

MACCHIAVELLO Sandra, Sintomi di crisi e annunci di riforma (1321–1520), in: *Il cammino della Chiesa genovese dalle origini ai nostri giorni*, ed. Dino PUNCUH, Genova 1999, pp. 211–264.

MAGNANI Matteo, The Crusade of Amadeus VI of Savoy between History and Historiography, in: *Italy and Europe's Eastern Border. 1204–1669. Act of the International Conference, Rom, November 2010*, ed. Iulian Mihai DAMIAN [et al.], Frankfurt am Main 2012, pp. 215–236.

MAGNANI Matteo, Storia giudiziaria della rivolta di San Tito a Creta (1363–1366), in: *Reti medievali* 14/1 (2013), pp. 131–165.

MAGNANI Matteo, La risposta di Venezia alla rivolta di San Tito a Creta (1363–1366): un delitto di lesa maestà?, in: *Mélanges de l'École française de Rome. Moyen Âge* 127/1 (2015), pp. 185–204.

MAIRE VIGUEUR Jean-Claude, L'essor urbain dans l'Italie médiévale: aspects et modalités de la croissance, in: *Europa en los umbrales de la crisis: 1250–1350*, Pamplona 1995, pp. 171–204.

MAIRE VIGUEUR Jean-Claude, *Cavaliers et citoyens. Guerre, conflits et société dans l'Italie communale, XIIe–XIIIe siècles*, Paris 2003.

MALAUSSÉNA Paul-Luois, Promissio Redemptionis: le rachat des captifs chrétiens en pays musulman à la fin du XIV siècle, in: *Annales du Midi* 80 (1968), pp. 255–281.

MALLETT Michael, *Signori e mercenari. La guerra nell'Italia del Rinascimento*, Bologna 1983.

MALVOLTI Alberto, L'anima e la roba. Testamenti fucecchiesi dei secoli XIII e XIV, in: *Erba d'Arno* 148–149 (2017), pp. 55–78.

MANFRONI Camillo, *Storia della marina italiana*, Livorno 1897–1902.

MANFRONI Camillo, Le relazioni fra Genova, l'Impero Bizantino e i Turchi, in: *Atti della Società Ligure di Storia Patria* 28 (1898), pp. 575–858.

MANFRONI Camillo, La Battaglia di Gallipoli e la politica veneto-turca (1381–1420), in: *Ateneo Veneto* 25 (1902), pp. 3–34, 129–169.

MANFRONI Camillo, *La disciplina dei marinai veneziani nel sec. XIV*, Padova 1902.

MANFRONI Camillo, La crisi della marina militare di Venezia dopo la guerra di Chioggia, in: *Atti. Istituto Veneto di Scienze, Lettere ed Arti* 69 (1909–1910), pp. 983–1003.

MANGIANTE Stefania, Un consiglio di guerra dei genovesi a Cipro nel 1383, in: *Atti della Società Ligure di Storia Patria, n.s.* 3/2 (1963), pp. 253–262.

MANOUSSACAS Manoussos I., L'isola di Creta sotto il dominio veneziano – Problemi e ricerche, in: PERTUSI, Venezia e il Levante fino al secolo XV, vol. 1, pp. 473–514.

MANSELLI Raoul, Dai movimenti religiosi popolari ai movimenti sociali del Trecento, in: *Bollettino della Società di Studi Valdesi* 146 (1979), pp. 39–49.

MANSELLI Raoul, Religiosità e rivolte popolari nell'Europa della seconda metà del Trecento, in: Il tumulto dei Ciompi. Un momento di storia fiorentina, pp. 255–270.

MANSELLI Raoul, *La religiosità popolare nel Medio Evo*, Bologna 1983.

MANTELLI Luca, "De recuperatione Terrae Sanctae": da Bonifacio VIII alla crisi del modello d'alleanza cristiano-mongola, in: *Rivista di storia della Chiesa in Italia* 68/1 (2014), pp. 45–77.

MANZANO MORENO Eduardo, *La organización fronteriza en al-Andalus durante la epoca omeya: aspectos militares y sociales*, Madrid 1990.

MARCHESANI Carlo / SPERATI Giorgio, *Ospedali genovesi nel Medioevo*, Genova 1981.

MARENGO Emilio, Genova e Tunisi (1388–1515), in: *Atti della Società Ligure di Storia Patria* 32 (1901).

MARIN Şerban, Nicolae Iorga e la cronachistica veneziana, in: *Quaderni della Casa Romena di Venezia* 1 (2001), pp. 48–65.

MARIN Şerban, Venice and the Loss of Costantinople. The Representation of the Events of 1261 in Venetian Chronicles, in: *Il mar nero* 5 (2001–2003), pp. 209–239.

MARIN Şerban, "Dominus quartae partis et dimidiae totius Imperii Romaniae". The Fourth Crusade and the Dogal Title in the Venetian Chronicles' Representation, in: *Quaderni della Casa Romena di Venezia* 3 (2004), pp. 119–150.

MARIN Şerban, A Precedent to the Fourth Crusade. The anti-Byzantine Campaign of Doge Domenico Michiel in 1122–1126 according to the Venetian Chronicles, in: *Annuario Istituto Romeno di Cultura e ricerca Umanistica* 6–7 (2004–2005), pp. 239–266.

MARIN Şerban, Between Justification and Glory: the Venetian Chronicles' View regarding the Fourth Crusade, in: *The Fourth crusade. Event, aftermath, and perceptions*, ed. Thomas F. MADDEN, Aldershot 2008, pp. 113–121.

MARIN Şerban, Some Considerations Regarding the Anonymous Venetiarum Historia (14th Century), in: *Historical yearbook* 7 (2010), pp. 177–194.

MARIN Şerban, A Venetian Chronicler in Crete: the Case of Lorenzo de' Monaci and His Possible Byzantine Sources, in: *Italy and Europe's Eastern Border (1204–1669)*, ed. Iulian Mihai DAMIAN [et al.], Frankfurt am Main 2012, pp. 237–258.

MARIN Şerban, Crusades Seen Through Venetian Eyes – Between Being in Abeyance and Involvement. The Case of the Chronicle Ascribed to Marcantonio Erizzo, in:

Aut viam inveniam aut faciam: in honorem Stefan Andreescu, ed. Ovidiu CRISTEA / Gheorghe LAZAR / Petronel ZAHARIUC, Iasi 2012, pp. 121–144.

MARIN Şerban, Venice – obstacle for the Crusades? The Venetian Chronicles' point of view, in: *Revista istorica, n.s.* 23 (2012), pp. 251–268.

MARIN Şerban, The Muslims Seen through Venetian Eyes (660–1346). The Case of Codex It. VII. 134 (8035) at Biblioteca Nazionale Marciana and the "Savina Group" of Chronicles, in: *Retrospectii medievale: in honorem professoris emeriti Ioan Caprosu*, ed. Victor SPINEI, Iasi 2014, pp. 427–454.

MARIN Şerban, Venice, Byzantium, and the Muslims (prior to 1345) according to the Chronicle ascribed to Andrea Navagero, in: *Revista istorica, n.s.* 25 (2014), pp. 441–475.

MARIN Şerban, Crusades as viewed from Venice. The case of the chronicle transcribed by Gasparo Zancaruolo, in: *Studii si materiale de istorie medie* 33 (2015), pp. 187–207.

MARIN Şerban, *Il mito delle origini: la cronachistica veneziana e la mitologia politica della città lagunare nel Medio Evo*, Ariccia 2017.

MARIN Şerban, Venetian historical writings and its immobilisms, in: The Byzantine-Ottoman transition in Venetian chronicles, pp. 57–108.

MARINO Roberto, Emergenze nelle popolazioni: modelli di intervento, in: *Djon Djongonon. Psicopatologia e salute mentale nelle società multiculturali*, ed. Giuseppe CARDAMONE / Salvatore INGLESE / Sergio ZORZETTO, Milano 1999, pp. 183–204.

MARSÁ Francisco, *Onomàstica barcelonina del siglo XIV*, Barcelona 1977.

MARSHALL Christopher, The crusading motivation of the Italian city republics in the Latin East, 1096–1104, in: *The Experience of Crusading 1: Western Approaches*, ed. Marcus Graham BULL / Norman HOUSLEY, Cambridge 2005, pp. 60–79.

MARTENET Marie-Gaetane, Le Récit de la bataille de Nicopolis (1396) dans les Chroniques de Jean Froissart: de l'échec à la gloire, in: *Questes* 30 (2015), pp. 125–140.

MARTÍNEZ MARTÍNEZ María, La cabalgada: un medio de vida en la frontera murciano-granadina (siglo XIII), in: *Miscelánea medieval murciana* 13 (1986), pp. 49–62.

MATTONE Antonello, Eleonora d'Arborea, in: *Dizionario Biografico degli Italiani*, vol. 42, Roma 1993, pp. 410–419.

MAZARAKIS Andreas, Il contesto istituzionale della dominazione e l'amministrazione dei Gattilusio a Mitilene (1355–1462), in: *Cercetări numismatice* 12–13 (2006–2007), pp. 249–269.

MCALPINE Monica E., *Chaucer's Knight's Tale: An Annotated Bibliography 1900–1985*, Toronto 1991.

MCCLEARY Nelson, Note storiche ed archeologiche sul testo della "Translatio sancti Marci", in: *Memorie storiche forogiuliesi* 27–29 (1931–1933), pp. 223–264.

MCCLELLAND David C., *The Achieving Society*, New York 1976.

MCKEE Sally, *The Revolt of St Tito in fourteenth-century Venetian Crete: A reassessment*, in: *Mediterranean Historical Review* 9/2 (1994), pp. 173–204.

McKee Sally, Inherited Status and Slavery in Late Medieval Italy and Venetian Crete, in: *Past & Present* 182 (2004), pp. 31–53.

McManamon John M., The lettered public for the funeral orations of Poggio Bracciolini on Francesco Zabarella and Leonardo Giustiniani on Carlo Zeno, in: *Traditio* 75 (2020), pp. 311–384.

Meiss Millard, *Pittura a Firenze e Siena dopo la Morte Nera. Arte, religione e società alla metà del Trecento*, Torino 1982.

Melikan Rose, Shippers, salvors, and sovereigns: Cempeting interests in the medieval law of Shipwreck, in: *The Journal of Legal History* 11/2 (1990), pp. 166–178.

Melis Federigo, *Origini e sviluppi delle assicurazioni in Italia (secoli XIV–XVI). I: Le fonti*, Roma 1975.

Menocal María Rosa, *La joya del mundo: musulmanes, judios y cristianos, y la cultura de la tolerancia en al-Andalus*, Barcelona 2003.

Mesirca Margherita / Zambon Francesco (Ed.), *Il Revival Cavalleresco dal Don Chisciotte all'Ivanhoe (e oltre). Atti del convegno internazionale di studi: San Gimignano, 4–5 giugno 2009*, Pisa 2010.

Miglio Gianfranco (Ed.), *Amicus (inimicus) hostis. Le radici concettuali della conflittualità 'privata' e della conflittualità 'politica'*, Milano 1992.

Migliorini Elio [et al.], *Parenzo*, in *Enciclopedia Italiana*, Roma 1935.

Miller William, The Gattilusj of Lesbos (1355–1462), in: *Byzantinische Zeitschrift* 22 (1913), pp. 406–447.

Millet Hélène, Autour de Telesphore de Cosenza (1386). Des precurseurs de l'histoire des antipapes et des schismes, in: *Gegenpäpste. Ein unerwünschtes mittelalterliches Phänomen*, Harald Müller / Brigitte Hotz (ed.), Wien/Köln/Weimar 2012, pp. 337–362.

Mirot Léon, Une expédition française en Tunisie au XIVe siècle. Le Siège de Mahdia (1390), in: *Revue des études historiques* 97 (1931), pp. 357–406.

Modena Letizia, "Pestis illa fantasmatum": Petrarca, il Secretum e Sant'Agostino, riflessioni preliminari su peste e immagine, in: *Italian Quarterly* 49 (2009), pp. 59–74.

Molho Anthony, Tre città-stato e i loro debiti pubblici. Quesiti e ipotesi sulla storia di Firenze, Genova e Venezia, in: *Italia 1350–1450: tra crisi, trasformazione, sviluppo. Atti del tredicesimo convegno di studi, Pistoia 10–13 maggio 1991*, Pistoia 1993, pp. 185–215.

Mollat Du Jourdin Michel / Wolff Philippe, *Ongles bleus, Jacques et Ciompi, les révolutions populaires en Europe aux XIVe et XVe siècles*, Paris 1970.

Mollat Michel, Essai d'orientation pour l'étude de la guerre de course et de la piraterie (XIIIe–XVe siècle), in: *Anuario de Estudios Medievales* 10 (1980), pp. 743–149.

Montanari Massimo, *L'alimentazione contadina nell'alto Medioevo*, Napoli 1979.

Montanari Massimo, *La fame e l'abbondanza. Storia dell'alimentazione in Europa*, Roma/Bari 1993.

MONTESANO Marina, Le comunità ebraiche e musulmane nella predicazione di Vincenzo Ferrer, in: *Mirificus praedicator. À l'occasion du sixième centenaire du passage de saint Vincent Ferrier en pays romand. Actes du colloque d'Estavayer-le-Lac, 7–9 octobre 2004*, ed. Paul-Bernard HODEL O.P. / Franco MORENZONI, Roma 2006, pp. 61–76.

MONTESANO Marina, *Marco Polo*, Roma 2014.

MONTOJO JIMÉNEZ Carlos, *La Diplomacia castellana bajo Enrique III: estudio preliminar de la embajada de Ruy González de Clavijo a la corte de Tamerlán*, Madrid 2004.

MOORE Gillian, La spedizione dei fratelli Vivaldi e nuovi documenti d'archivio, in: *Atti della Società Ligure di Storia Patria* 12 (1972), pp. 387–402.

MORAND METIVIER Charles-Louis, Narrating a Massacre: The Writing of History and Emotions as Response to the Battle of Nicopolis (1396), in: *Affective and Emotional Economies in Medieval and Early Modern Europe*, ed. IDEM / Andreea MARCULESCU, Cham 2018, pp. 195–210.

MORO Pierandrea / ORTALLI Gherardo / PO Mario (Ed.), *La Scuola grande di San Marco e le scuole in Venezia tra religiosità laica e funzione sociale*, Roma 2015.

MOROSSI Benedetto, Andrea Dandolo e le sue opere storiche, in: *Archivio Veneto* 14 (1877), pp. 49–149.

MOSCHETTI Andrea Mario, *L'irrazionale nella storia*, Bologna 1964.

MOSCHETTI Guiscardo, *Il cartularium veronese del magister Ventura del secolo XIII*, Napoli 1990.

MUELLER Reinhold Christopher, B. Z. Kedar: Merchants in Crisis. Genoese and Venetian Men of Affairs and the Fourteenth-Century Depression (Book Review), in: *Journal of European Economic History* 6/2 (1977), pp. 511–513.

MUELLER Reinhold Christopher, Aspetti sociali ed economici della peste a Venezia nel Medioevo, in: *Venezia e la peste: 1348/1797*, Venezia 1979, pp. 71–92.

MÜLLER Rebecca, *'Sic hostes Ianua frangit'. Spolien und Trophäen im mittelalterlichen Genua*, Weimar 2002.

MURESAN Dan Ioan, Avant Nicopolis: la campagne de 1395 pour le contrôle du Bas-Danube, in: *Revue internationale d'histoire militaire* 83 (2003), pp. 115–132.

MURRAY Alan V., *Crusade and conversion on the Baltic frontier, 1150–1500*, New York 2017.

MURRAY Alexander, *Ragione e società nel Medioevo*, Roma 2002.

MUSARRA Antonio, *La guerra di San Saba*, Pisa 2009.

MUSARRA Antonio, Memorie di Terrasanta. Reliquie, traslazioni, culti e devozioni a Genova tra XII e XIV secolo, in: Come a Gerusalemme. Evocazioni, riproduzioni, imitazioni dei luoghi santi, pp. 523–576.

MUSARRA Antonio, Appunti per una storia della storiografia sulle crociate in Italia, in: *Gli Italiani e la Terrasanta. Atti del Seminario di Studio (Firenze, Istituto Italiano di Scienze Umane, 22 febbraio 2013)*, ed. IDEM, Firenze, 2014, pp. XIII–XXXI.

MUSARRA Antonio, *In partibus Ultramaris. I Genovesi, la Crociata e la Terrasanta (secc. XII–XIII)*, Roma 2017, pp. 46–47.

MUSARRA Antonio, La marina da guerra genovese nel tardo Medioevo. In cerca d'un modello, in: *Revista Universitaria de Historia Militar* 11 (2017), pp. 79–108.

MUSARRA Antonio, «Mercatores» o «cives et bellatores Dei»? I Genovesi e la prima crociata tra istanze religiose, politiche e commerciali, in: *Storia dei Mediterranei. Popoli, culture materiali e immaginario dall'età antica al Medioevo*, ed. Sebastiano TUSA, Ragusa 2018, pp. 324–361.

MUSARRA Antonio, *Il crepuscolo della crociata. L'Occidente e la perdita della Terrasanta*, Bologna 2018.

MUSARRA Antonio, La guerra sul mare, in: *Guerre ed eserciti nel Medioevo*, ed. Paolo GRILLO / Aldo Angelo SETTIA, Bologna 2018, pp. 279–307.

MUSARRA Antonio, Review of Miikka Tamminen, Crusade Preaching and the Ideal Crusader, Turnhout, Brepols, 2018, in: *Cahiers de civilisation médiévale* 62 (247/3) (2019), p. 321.

MUSARRA Antonio, Il mastro a doppia registrazione di una galea genovese del Trecento: il registro della Sant'Antonio (1382), in: *Tripulacions i vaixells a la Mediterrània medieval. Fonts i perspectives comparades des de la Corona d'Aragó, Seminari internacional (Barcelona, 25–26 setembre 2014)*, ed. Roser SALICRÚ I LLUCH, Barcelona 2019, pp. 159–176.

MUSARRA Antonio, The Role of Famagusta in Genoese Maritime Routes between the Fourteenth and Fifteenth Century, in: *Famagusta Maritima. Mariners, Merchants, Pilgrims and Mercenaries*, ed. Michael J.K. WALSH, Leiden-Boston 2019, pp. 130–143.

MUSARRA Antonio, Economic Migrants or Commuters? A Note on the Crews of Genoese Galleys in the Medieval Mediterranean, 14th–15th Centuries, in: *Cultures and Practices of Coexistence from the Thirteenth Through the Seventeenth Centuries Multi-Ethnic Cities in the Mediterranean World*, vol. 1, ed. IDEM / Marco FOLIN, New York 2020, pp. 62–75.

MUSARRA Antonio, *Il Grifo e il Leone. Genova e Venezia in lotta per il Mediterraneo*, Roma-Bari 2020.

MUSARRA Antonio, L'influsso delle marinerie nordiche sullo sviluppo del naviglio mediterraneo: un tema controverso, in: *RiMe* 6 (2020), pp. 15–36.

MUSARRA Antonio, *Gli ultimi crociati. Templari e francescani tra "crociata" e "missione" (XII–XIV secc.)*, Roma 2021.

MUSARRA Antonio, *Medioevo marinaro. Prendere il mare nell'Italia medievale*, Bologna 2021.

MUSSO Riccardo, Malocello, Lanzarotto, in: *Dizionario Biografico degli Italiani*, vol. 68, Roma 2007, pp. 254–257.

NADOT Sébastien, *Le spectacle des joutes: Sport et courtoisie à la fin du Moyen Âge*, Rennes 2012.

NANETTI Andrea, Morosini, Antonio, in: *Dizionario Biografico degli Italiani*, vol. 77, Roma 2012, pp. 106–108.

NANI MOCENIGO Filippo, Veneziani ed ungheresi fino al secolo XV, in: *Ateneo veneto* 28 (1905), pp. 3–32.

NANNI Paolo, *Ragionare tra mercanti: per una rilettura della personalità di Francesco di Marco Datini (1335 ca–1410)*, Ospedaletto 2010.

Navi e navigazione nei secoli XV e XVI. VI Convegno Internazionale di Studi Colombiani (Genova, 26–28 ottobre 1987), Genova 1990.

NECIPOĞLU Nevra, Economic conditions in Constantinople during the siege of Bayezid I (1394–1402), in: *Constantinople and its hinterland: papers from the Twenty-Seventh Spring Symposium of Byzantine Studies, Oxford, April 1993*, ed. Cyril A. MANGO / Gilbert DAGRON, Aldershot 1995, pp. 157–167.

NECIPOĞLU Nevra, *Byzantium between the Ottomans and the Latins: politics and society in the late empire*, Cambridge 2009.

NEJEDLÝ Martin / SVÁTEK Jaroslav (Ed.), *Histoires et mémoires des croisades à la fin du Moyen Âge*, Toulouse 2012.

NEJEDLÝ Martin / SVÁTEK Jaroslav (Ed.), *La noblesse et la croisade à la fin du Moyen Âge (France, Bourgogne, Bohême)*, Toulouse 2015.

NELSON Alan H., Mechanical Wheels of Fortune, 1100–1547, in: *JWCI* 43 (1980), pp. 227–233.

NEWETT M. Margaret, *Canon Pietro Casola's pilgrimage to Jerusalem*, Manchester 1907.

NICOL Donald MacGillivray, *The Last Centuries of Byzantium, 1261–1453*, Cambridge 1993.

NICOL Donald MacGillivray, *The Reluctant Emperor: A Biography of John Cantacuzene, Byzantine Emperor and monk, c.1295–1383*, Cambridge 1996.

NIERO Antonio, Reliquie e corpi di santi, in: *Culto dei santi a Venezia*, ed. Silvio TRAMONTIN [et al.], Venezia 1965, pp. 181–208.

NIERO Antonio, Questioni agiografiche su san Marco, in: *Studi veneziani* 12 (1970), pp. 18–27.

Nolens intestatus decedere: il testamento come fonte della storia religiosa e sociale. Atti dell'Incontro di studio, Perugia, 3 maggio 1983, Perugia 1985.

NOONAN F. Thomas, *The road to Jerusalem. Pilgrimage and travel in the age of discovery*, Philadelphia 2007.

NORA Pierre, Mémoire collective, in: *La nouvelle histoire*, ed. Jacques LE GOFF / Roger CHARTIER / Jacques RAVEL, Paris 1978, pp. 398–401.

NUTI Giovanni, Pileo de Marini, in: *Dizionario Biografico degli Italiani*, vol. 38, Roma 1990, pp. 552–555.

NUTI Giovanni, Pagano Doria, in: *Dizionario Biografico degli Italiani*, vol. 41, Roma 1992, pp. 431–435.

Ó GRÁDA Cormac, *Storia delle carestie*, Bologna 2011.

O'CONNELL Monique, *Men of Empire: Power and Negotiation in Venice's Maritime State*, Baltimore 2009.

OLGIATI Giustina, I Gattilusio, in: *Dibattito su famiglie nobili del mondo coloniale genovese nel Levante. Atti del Convegno, Montoggio, 23 ottobre 1993*, ed. Geo PISTARINO, Genova 1994, pp. 85–99.

OLIVA HERRER Hipólito Rafael / BENITO I MONCLÙS Pere (Ed.), *Crisis de subsistencia y crisis agrarias en la Edad Media*, Sevilla 2007.

OLIVIERI Agostino, *Carte e cronache manoscritte per la storia genovese esistenti nella Biblioteca della R. Università ligure indicate ed illustrate per A. Olivieri*, Genova 1855.

Origini dello Stato. Processi di formazione statale in Italia fra medioevo ed età moderna. Convegno storico (Chicago, 26–29 aprile 1993), ed. Giorgio CHITTOLINI, Bologna 1994.

ORIGO Iris, The Domestic Enemy: the Eastern Slaves in Tuscany in the XIVth and XVth Centuries, in: *Speculum* 30 (1955), pp. 321–366.

ORIGONE Sandra, Marinai disertori da galere genovesi (secolo XIV), in: *Miscellanea di storia italiana e mediterranea per Nino Lamboglia*, Genova 1978, pp. 291–343.

ORIGONE Sandra, Una spedizione militare del tardo Medioevo: Amedeo VI di Savoia in Oriente, in: *Relazioni di viaggio e conoscenza del mondo fra Medioevo e Umanesimo*, ed. Stefano PITTALUGA, Genova 1993, pp. 451–464.

ORIGONE Sandra, *Giovanna. Latina a Bisanzio*, Milano 1999.

ORIGONE Sandra, Lineamenti per un aggiornamento storiografico sui genovesi, Bisanzio e il Mar Nero, in: Genova. Una "porta" del Mediterraneo, vol. 1, pp. 91–136.

ORIGONE Sandra, La risposta del mondo mercantile all'avanzata dei turchi, in: *Porphyra* 25 (2016), pp. 134–144.

ORTALLI Francesca, *"Per salute delle anime e delli corpi". Scuole piccole a Venezia nel tardo Medioevo*, Venezia 2001.

ORTALLI Gherardo / PUNCUH Dino (Ed.), *Genova, Venezia, il Levante nei secoli XII–XIV. Atti del convegno internazionale di studi, Genova-Venezia, 10–14 marzo 2000*, Genova 2001.

ORTALLI Gherardo, Petrarca e Venezia fra attrazione e incomprensione, in: *Petrarca politico. Atti del convegno (Roma – Arezzo, 19–20 marzo 2004)*, Roma 2006, pp. 99–132.

OSIO Luigi, *Documenti diplomatici tratti dagli archivi milanesi*, vol. 1, Milano 1864.

OSTROGORSKY Georg, *Storia dell'impero bizantino*, Torino 1993.

OTTEN-FROUX Catherine, I Maonesi e la Maona vecchia di Cipro, in: *La Storia dei Genovesi*, vol. 12, Genova 1994, pp. 95–118.

OTTEN-FROUX Catherine, Le retour manqué de Jacques I en Chypre, in: *Les Lusignans et l'Outre-Mer. Actes du colloque Poitiers-Lusignan 20–24 octobre 1993*, Poitiers 1994, pp. 228–240.

PACINI Arturo, I presupposti politici del "secolo dei Genovesi". La riforma del 1528, in: *Atti della Società Ligure di Storia Patria, n.s.* 30 (1990), pp. 7–48.

PALACIOS ONTALVA José Santiago, Cruzada y cruzadas. Un fenómeno medieval proyectado hacia el futuro, in: Antemurales de la fe. Conflictividad confesional en la Monarquía de los Habsburgo, pp. 19–36.

PALERMO Luciano, Scarsità di risorse e storia economica: il dibattito sulla carestia, in: *Popolazione e Storia* 13/1 (2012), pp. 51–77.

PALL Francisc, Considerazioni sulla partecipazione veneziana alla crociata antiottomana di Nicopoli (1396), in: *Revue des études sud-est européennes* 7 (1969), pp. 187–197.

PALMER John Joseph Norman, *England, France and Christendom (1377–1399)*, London 1972.

PALMIERI Giovanni Battista, *Appunti e documenti per la storia dei glossatori. Il "Formularium tabellionum" di Irnerio*, Bologna 1892, pp. 90–91.

PÁLOSFALVI Tamás, *From Nicopolis to Mohács: a history of Ottoman-Hungarian warfare, 1389–1526*, Leiden-Boston 2018.

PANTANI Luciano, Il Trionfo della Morte. Chiesa di S. Francesco, in: Il Trionfo della Morte e le Danze Macabre, pp. 147–156.

PAPASIDERO Marco, *Translatio sanctitatis. I furti di reliquie nell'Italia medievale*, Firenze 2019.

PARAVICINI BAGLIANI Agostino, *I testamenti dei cardinali del Duecento*, Roma 1980.

PARENTE Fausto, La conoscenza della Terra Santa come esperienza religiosa dell'Occidente cristiano dal IV secolo alle crociate, in: *Popoli e paesi nella cultura altomedievale*, vol. 1, Spoleto 1983, pp. 231–326.

PARKER Kenneth Scott, Peter I de Lusignan, the Crusade of 1365, and the Oriental Christians of Cyprus and the Mamluk Sultanate, in: *Medieval Cyprus: a place of cultural encounter*, ed. Michael GRÜNBART / Sabine ROGGE, Münster 2015, pp. 53–72.

PARMEGGIANI Antonella, La Cronica di Venexia della famiglia B e la costruzione di un'identità civica nel XIV secolo. Fra contaminazioni, stereotipi letterari ed originalità stilistica, in: *Polidoro: studi offerti ad Antonio Carile*, ed. Giorgio VESPIGNANI, Spoleto 2013, pp. 929–944.

PASSERAT Georges, *La croisade des Pastoureaux. Sur la route du Mont-Saint-Michel à Narbonne, la tragédie sanglante des Juifs, au début du XIVe siècle (1320)*, Cahors 2006.

PASTORELLO Ester, Introduzione, in: Raffaino DE CARESINI, *Chronica a. 1344–1388*, ed. Ester PASTORELLO (Rerum Italicarum Scriptores, ser. II, 12/2), Bologna 1922, pp. III–XXXII.

PATCH Howard Rollin, *The Goddess Fortuna in Mediaeval Literature*, Cambridge USA 1927.

PAVIOT Jacques, *Les ducs de Bourgogne, la croisade et l'Orient: (fin XIVe siècle–XVe siècle)*, Paris 2003.

PAVIOT Jacques, La croisade bourguignonne aux XIVe et XVe siècles: un idéal chevaleresque?, in: *Francia* 33/1 (2006), pp. 57–65.

PAVIOT Jacques, Noblesse et croisade à la fin du Moyen Âge, in: *Cahiers de recherches médiévales* 13 (2006), pp. 69–84.

PAVIOT Jacques, *Projets de croisade (v. 1290–v. 1330)*, Paris 2008.

PAVIOT Jacques, Un État de noblesse et de chevalerie?, in: *La cour de Bourgogne et l'Europe: le rayonnement et les limites d'un modèle culturel. Actes du colloque international tenu à Paris les 9, 10 et 11 octobre 2007*, ed. Torsten HILTMANN / Franck VILTART / Werner PARAVICINI, Ostfildern 2013, pp. 205–214.

PAVIOT Jacques, Le rôle des ordres de chevalerie dans la ritualisation de la cour, in: *Rituels et cérémonies de cour, de l'Empire romain à l'âge baroque*, ed. Delphine CARRANGEOT / Bruno LAURIOUX / Vincent PUECH, Villeneuve d'Ascq 2018, pp. 97–106.

PAYAN Paul, *Entre Rome et Avignon, une histoire du Grand Schisme (1378–1417)*, Paris 2009.

PEARSALL Derek Albert, The Squire as Story-Teller, in: *University of Toronto Quarterly* 34 (1964), pp. 82–92.

PEDANI Maria Pia, Orso Dolfin, in: *Dizionario Biografico degli Italiani*, vol. 40, Roma 1991, pp. 561–562.

PELIZZA Andrea, *Riammessi a respirare l'aria tranquilla. Venezia e il riscatto degli schiavi in età moderna*, Venezia 2013.

PELLEGRINI Giovanni Battista, *Gli arabismi nelle lingue neolatine con speciale riguardo all'Italia*, Brescia 1972.

PELLEGRINI Marco, *Le crociate dopo le crociate: da Nicopoli a Belgrado (1396–1456)*, Bologna 2013.

PELLEGRINI Marco, *La crociata nel Rinascimento: mutazioni di un mito 1400–1600*, Firenze 2014.

PELLEGRINI Marco, *Guerra santa contro i Turchi. La crociata impossibile di Carlo*, Bologna 2015.

PELUFFO Nicola, L'interiorizzazione delle perturbazioni catastrofiche, in: *Bollettino dell'IIM* 3 (1986) [online].

PÉREZ DE TUDELA VELASCO María Isabel, El concepto de frontera en la historiografía medieval hispana, in: *Castellum* 2 (1996), pp. 131–140.

PERROY Éduard, À l'origine d'une économie contractée: les crises du XIVe siècle, in: *Annales: Économies, Sociétés, Civilisations* 4 (1949), pp. 164–190.

PERTUSI Agostino, Le fonti greche del 'De gestis moribus et nobilitate civitatis Venetiarum' di Lorenzo de Monacis Cancelliere di Creta (1388–1428), in: *Italia medioevale e umanistica* 8 (1965), pp. 161–211.

PERTUSI Agostino (Ed.), *La storiografia veneziana fino al secolo XVI. Aspetti e problemi*, Firenze 1970.

PERTUSI Agostino, Gli inizi della storiografia umanistica nel Quattrocento, in: La storiografia veneziana fino al secolo XVI. Aspetti e problemi, pp. 302–318.

PERTUSI Agostino (Ed.), *Venezia e il Levante fino al secolo XV*, Firenze 1973.

PETKOV Kiril, *The Anxieties of a Citizen Class. The Miracles of the True Cross of San Giovanni Evangelista, Venice 1370–1480*, Leiden 2014.

PETRACCO SICARDI Giulia, L'onomastica dei ceti dirigenti dopo Caffaro, in: *La Storia dei Genovesi*, vol. 8, Genova 1987, pp. 485–493.

PETRALIA Giuseppe, Le «navi» e i «cavalli»: per una rilettura del Mediterraneo pienomedievale, in: *Quaderni storici* 103 (2000), pp. 201–222.

PETTI BALBI Giovanna, Giorgio Stella e gli «Annales Genuenses», in: *Miscellanea storica ligure*, vol. 2, Milano 1961, pp. 123–215.

PETTI BALBI Giovanna, I nomi di nave a Genova nei secoli XII e XIII, in: *Miscellanea di storia ligure in memoria di G. Falco*, vol. 2, Genova 1966, pp. 65–86.

PETTI BALBI Giovanna, La schiavitù a Genova fra i sec. XII e XIII, in: *Mélanges offerts à René Crozet*, Poitiers 1966, pp. 1025–1029.

PETTI BALBI Giovanna, La maona di Cipro del 1373, in: *Rassegna storica della Liguria* 1 (1974), pp. 269–285.

PETTI BALBI Giovanna, Il trattato del 1383 tra Genova e Tunisi, in: Saggi e Documenti, vol. 1, pp. 295–322.

PETTI BALBI Giovanna, *Caffaro e la cronachistica genovese*, Genova 1982.

PETTI BALBI Giovanna, Strutture familiari nella Liguria medievale, in: *I liguri dall'Arno all'Ebro*, vol. 1, Bordighera 1985, pp. 68–91.

PETTI BALBI Giovanna, Arte di governo e crociata: il Liber sancti passagii di Galvano da Levanto, in: *Studi e ricerche* 7 (1986), pp. 131–168.

PETTI BALBI Giovanna, *Simon Boccanegra e la Genova del '300*, Genova 1991.

PETTI BALBI Giovanna, L'identità negata: Veneziani e Genovesi nella cronachistica delle due città (secc. XII–XIV), in: Genova, Venezia, il Levante nei secoli XII-XIV, pp. 413–440.

PETTI BALBI Giovanna, Carità e danaro: il testamento del cipriota Joseph Zafeti (1381), in: *Tous azimuts … Mélanges de recherches en l'honneur du Professeur Georges Jehel*, Amiens 2002, pp. 55–62.

PETTI BALBI Giovanna, Tra dogato e principato: il Tre e il Quattrocento, in: *Storia di Genova: Mediterraneo, Europa, Atlantico*, ed. Dino PUNCUH, Genova 2003, pp. 233–324.

PETTI BALBI Giovanna, La cultura storica in età medievale, in: *Storia della cultura ligure*, vol. 4, ed. Dino PUNCUH, Genova 2005, pp. 147–190.

PETTI BALBI Giovanna, Donna et domina: pratiche testamentarie e condizione femminile a Genova nel secolo XIV, in: Margini di libertà: testamenti femminili nel medioevo, pp. 153–182.

Petti Balbi Giovanna, *Governare la città. Pratiche sociali e linguaggi politici a Genova in età medievale*, Firenze 2007.

Petti Balbi Giovanna, Il borgo di Santo Stefano a Genova e la peste del 1348, in: *La Corona catalanoaragonesa, l'Islam i el món mediterrani. Estudis d'Història Medieval en homenatge a la doctora Maria Teresa Ferrer i Mallol*, ed. Josefina Mutgé i Vives / Roser Salicrú i Lluch / Carles Vela Aulesa, Madrid 2013, pp. 573–580.

Petti Balbi Giovanna, Un binomio indisoluble: navegación comercial y armamento publico en Genova en los siglos XIV-XV, in: *Navegación institucional y privada en el Mediterraneo medieval*, ed. Raúl Gonzalez Arevalo, Granada 2016, pp. 41–76.

Petti Balbi Giovanna, Il Devetum Alexandrie e i genovesi tra scomuniche e licenze (sec. XII-inizio XV), in: *Male ablata: la restitution des biens mal acquis (XIIe–XVe siècle)*, ed. Jean-Louis Gaulin / Giacomo Todeschini, Roma 2019, pp. 51–86.

Phillips Jonathan, *Holy Warriors: A Modern History of the Crusades*, London 2009.

Phillips Jonathan, Caffaro of Genoa and the Motives of the Early Crusaders, in: *Religion as an Agent of Change*, Leiden-Boston 2015, pp. 75–104.

Piasentini Stefano, La setta di Londra. Un ammutinamento di ciurme veneziane del 1396, in: *Studi Storici* 37/2 (1996), pp. 513–540.

Piccat Marco, Tommaso III, marchese errante: l'autobiografia cavalleresca di un Saluzzo, in: Tommaso III Di Saluzzo, Il Libro del cavaliere errante, pp. 5–26.

Piccat Marco / Ramello Laura (Ed.), *Epica e cavalleria nel Medioevo. Atti del seminario internazionale, Torino, 18–20 novembre 2009*, Alessandria 2011.

Pini Antonio Ivan, *La società italiana prima e dopo la «Peste Nera»*, Pistoia 1981.

Pini Antonio Ivan, La demografia italiana dalla peste nera alla metà del Quattrocento. Bilancio di studi e problemi di ricerca, in: *Italia 1350–1450: tra crisi, trasformazione e sviluppo. Atti del XIII Convegno di studi (Pistoia, 10–13 maggio 1991)*, Pistoia 1993, pp. 7–33.

Pinto Giuliano, Popolazione e comportamenti demografici in Italia (1250–1348), in: *Europa en los umbrales de la crisis: 1250–1350*, Pamplona 1995, pp. 37–61.

Pirani Francesco, *Con il senno e con la spada: il cardinale Albornoz e l'Italia del Trecento*, Roma 2019.

Pirenne Henri, *Maometto e Carlomagno*, Roma-Bari 2015 (orig. 1937).

Pisani Paolo, *L'iconografia della ruota della fortuna*, Verona 2011.

Pistarino Geo, Antroponimi arabi in Liguria: Tabacco, in: *Studi in onore di Angelo Monteverdi*, vol. 2, Modena 1959, pp. 613–622.

Pistarino Geo, Fra liberi e schiave a Genova nel Quattrocento, in: *Anuario de estudios medievales* 1 (1964), pp. 351–374.

Pistarino Geo, Gente del mare nel Commonwealth genovese, in: Le genti del mare mediterraneo, vol. 1, pp. 203–290.

Pistarino Geo, *I Gin dell'Oltremare*, Genova 1988.

PISTARINO Geo, *I Signori del mare*, Genova 1992.

PISTARINO Geo, Il secolo dei Gattilusio signori nell'Egeo (1355–1462), in: *Oi Gatelouzoi tès Lesbou*, ed. Andreas MAZARAKIS, Athēna 1996, pp. 281–306.

PLACANICA Antonio, L'opera storiografica di Caffaro, in: *Studi medievali* 36 (1995), pp. 1–62.

PODESTÀ Francesco, *Il porto di Genova dalle origini fino alla caduta della repubblica genovese*, Genova 1913.

POIRRIER Philippe, *Les enjeux de l'histoire culturelle*, Paris 2004.

POISSON Jean-Michel (Ed.), *Frontière et peuplement dans le monde méditerranéen au Moyen Âge. Actes du colloque d'Erice, Trapani (Italie), tenu du 18 au 25 septembre 1988*, Roma-Madrid 1992.

POLICA Sante, Il tempo di lavoro in due realtà cittadine italiane: Venezia e Firenze (secc. XIII-XIV), in: *Lavorare nel Medio Evo. Rappresentazioni ed esempi dall'Italia dei secc. X-XVI. Todi, 12-15 ottobre 1980*, Todi 1983, pp. 35–64.

POLONIO Valeria, L'arrivo delle ceneri del Precursore e il culto al Santo a Genova e nel Genovesato in età Medievale, in: *San Giovanni Battista nella vita sociale e religiosa a Genova e in Liguria tra medioevo ed età contemporanea. Atti del convegno (Genova, 16–17 giugno 1999)*, ed. Claudio PAOLOCCI, Genova 2000, pp. 35–65.

POLYAKOVSKAYA Margarita, *Demetrio Cidone. Ritratto di un intellettuale bizantino*, Roma 2019.

POSTAN Michel M., Some Demographic Evidence of Declining Population in the Later Middle Ages, in: *Economic History Review* 2 (1950), pp. 130–167.

POUTIERS Jean-Christian, Les Chevaliers de Rhodes à la croisade de Nikopol (1396), in: *Etudes Balkaniques* 17/1 (1981), pp. 89–123.

POZZA Marco, Antonio Venier, in: *Dizionario Biografico degli Italiani*, vol. 98, Roma 2020, pp. 545–548.

PRATT John H., Was Chaucer's Knight Really a Mercenary?, in: *The Chaucer Review* 22/1 (1987), pp. 8–27.

PRAWER Joshua, *Colonialismo medievale. Il regno crociato di Gerusalemme*, Roma 1982.

PRESCOTT Andrew J., 'The Hand of God': the Suppression of the Peasants' Revolt in 1381, in: *Prophecy, Apocalypse and the Day of Doom*, ed. Nigel J. MORGAN, Donington 2004, pp. 317–341.

PROSENC Irena, La Terrasanta fra alterità e prossimità nel Trecentonovelle di Franco Sacchetti, in: *Cahiers d'études italiennes* 21 (2015), pp. 41–54.

PUDDU Raffaele, *Il soldato gentiluomo*, Bologna 1982.

PULLAN Brian, *Rich and poor in Renaissance Venice: the social institutions of a catholic State, to 1620*, Cambridge (USA) 1971.

PUNCUH Dino, Il governo genovese del Boucicaut nella lettera di Pileo de Marini a Carlo VI di Francia (1409), in: *Mélanges de l'École française de Rome. Moyen Âge* 90 (1978), pp. 657–687.

PUNCUH Dino, Il maresciallo Boucicaut e l'arcivescovo Pileo de Marini, in: *Il Maresciallo Boucicaut: governatore di Genova tra Banco di San Giorgio e Magistrato della Misericordia. Atti del convegno, Genova 24 maggio 2001*, Genova 2002, pp. 15–31.

PUNCUH Dino, Jean Le Meingre detto Boucicaut tra leggenda e realtà, in: IDEM, *All'ombra della Lanterna. Cinquant'anni tra archivi e biblioteche: 1956–2006*, Genova 2006, pp. 299–310.

PURPURA Gianfranco, Ius naufragii, sylai e lex Rhodia. Genesi delle consuetudini marittime e mediterranee, in: *Annali dell'Università di Palermo* 47 (2002), pp. 275–292.

QUARTAPELLE Alberto, Il vero ed il "falso" Lanzarotto Malocello, lo scopritore delle isole Canarie, in: *Atti della Società Ligure di Storia Patria* 58 (2018), pp. 23–29.

RADKOVSKÁ Marie, Le Songe du Vieil Pelerin: l'idée de croisade rêvée et vécue chez Philippe de Mézières, in: La noblesse et la croisade à la fin du Moyen Âge, pp. 31–42.

RAEDTS Peter, The children's crusade of 1212, in: *Journal of Medieval History* 3 (1977), pp. 279–323.

RAGONE Franca, Pietro Gambacorta, in: *Dizionario Biografico degli Italiani*, vol. 52, Roma 1999, pp. 19–22.

RAGOSTA Rosalba (Ed.), *Le genti del mare mediterraneo*, Napoli 1981.

RAINES Dorit, Venetian Chronicle Writing: From Factual Compilation to Event Telling, in: The Byzantine-Ottoman transition in Venetian chronicles, pp. 31–56.

RAVA Eleonora, *«Volens in testamento vivere». Testamenti a Pisa, 1240–1320*, Roma 2016.

RAVEGNANI Giorgio, Federico Corner, in: *Dizionario Biografico degli Italiani*, vol. 29, Roma 1983, pp. 179–181.

RIANT Paul-Édouard-Didier, Pièces relatives au passage à Venise de pèlerins en Terre Saint, in: *Archives de l'Orient Latin* 2/2 (1883), pp. 237–250.

RICCI Giovanni, *I turchi alle porte*, Bologna 2008.

RICCI Giovanni, *Appello al turco. I confini infranti del Rinascimento*, Roma 2011.

RICCI Simona, *De hac vita transire: la pratica testamentaria nel Valdarno Superiore all'indomani della peste nera*, Firenze 1998.

RICHARD Jean, Les prisonniers de Nicopolis, in: *Annales de Bourgogne* 68/3 (1996), pp. 75–83.

RICHARD Jean, *Il santo viaggio. Pellegrini e viaggiatori nel Medioevo*, Sesto San Giovanni 2014.

RIGAULT Pierre / TOUSSAINT Patrick (Ed.), *La Jacquerie entre mémoire et oubli, 1358–1958–2008*, Amiens 2012.

RIGON Antonio, Devozioni di lungo corso: lo scalo veneziano, in: Genova, Venezia, il Levante nei secoli XII–XIV, pp. 395–412.

RILEY-SMITH Jonathan, *What Where the Crusades?*, London 1977.

RILEY-SMITH Jonathan, *The First Crusade and the Idea of Crusading*, Philadelphia 1986.

RILEY-SMITH Jonathan, History, the Crusades and the Latin East, 1095–1204: A Personal View, in: *Crusaders and Muslims in Twelfth-Century Syria*, ed. Maya SHATZMILLER, Leiden 1993, pp. 1–17.

RILEY-SMITH Jonathan, *The First Crusaders, 1095–1131*, Cambridge 1997.

RILEY-SMITH Jonathan, *Crusades, Christianity, and Islam*, New York 2009.

ROBERTI Melchiorre, Un formulario inedito di un notaio padovano del 1223, in: *Memorie del R. Ist. Veneto di Scienze, lettere e arti* 27/6 (1906), pp. 1–104.

ROCCATAGLIATA Ausilia, *L'Officium robarie del Comune di Genova, 1394–1397*, Genova 1989.

ROCCATAGLIATA Ausilia, *L'Officium robarie del comune di Genova: da ufficio della pirateria a ufficio dei ribelli*, Genova 1990.

RODDEWIG Marcella, Lectura Dantis: Inferno VII – Der Fortuna – Gesang, in: *Deutsches Dante-Jahrbuch* 71 (1996), pp. 99–124.

RODRÍGUEZ MOLINA José, *La vida de moros y cristianos en la frontera*, Alcalá la Real 2007.

ROMANO Daniela, I mercanti ragusei e le Crociate del tardo medioevo. Finanziamenti per la guerra e lasciti pro anima, in: *Anuario de estudios medievales* 38/2 (2008), pp. 867–883.

ROSADA Maurizio, La guerra di Chioggia negli scritti di Vittorio Lazzarini, in: *Atti e memorie della Società Dalmata di Storia Patria* 11 (1983), pp. 155–171.

ROSSI Giovanni, Il testamento nel medioevo fra dottrina giuridica e prassi, in: *Margini di libertà: testamenti femminili nel Medioevo. Atti del convegno internazionale, Verona, 23–25 ottobre 2008*, ed. Maria Clara ROSSI, Caselle di Sommacampagna 2010, pp. 45–70.

ROUSSET Paul, *Histoire d'une idéologie: la croisade*, Lausanne 1983.

ROVERE Antonella, "Rex Balduinus Ianuensibus privilegia firmavit et fecit". Sulla presunta falsità del diploma di Baldovino I in favore dei Genovesi, in: *Studi medievali, s. 3* 37 (1996), pp. 95–133.

RUNCIMAN Steven, *Storia delle crociate*, Torino 1967.

RUSCONI Roberto, Escatologia e povertà nella predicazione di Bernardino da Siena, in: *Bernardino predicatore nella società del suo tempo. XVI Convegno internazionale di studi. Todi, Accademia Tudertina, 9–12 ottobre 1975*, Todi 1976, pp. 211–250.

RUSCONI Roberto, Gerusalemme nella predicazione popolare quattrocentesca tra millennio, ricordo di viaggio e luogo sacro, in: *Bullettino dell'Istituto Storico Italiano per il Medio Evo* 90 (1978), pp. 229–247.

RUSCONI Roberto, *L'attesa della fine. Crisi della società, profezia ed Apocalisse in Italia al tempo del grande scisma d'Occidente (1378–1417)*, Roma 1979.

RUSCONI Roberto, Il presente e il futuro della Chiesa: unità, scisma e riforma nel profetismo tardomedievale, in: *L'attesa della fine dei tempi nel Medioevo*, ed. Ovidio CAPITANI / Jürgen MIETHKE, Bologna 1990, pp. 195–220.

RUSCONI Roberto, *Profezia e profeti alla fine del Medioevo*, Roma 1999.

RUSSO Luigi, Le fonti della 'prima crociata', in: *Mediterraneo medievale. Cristiani, musulmani ed eretici*, ed. Marco MESCHINI, Milano 2001, pp. 51–65.

RUSSO Luigi, *I normanni del Mezzogiorno e il movimento crociato*, Bari 2014.

RUSSO Luigi, *I crociati in Terrasanta: una nuova storia (1095–1291)*, Roma 2018.

SABBADINI Ettore, Un pontefice avignonese pacificatore dell'Italia: Urbano V (Benedettino), in: *Rivista cistercense* 2 (1985), pp. 241–257.

SABBATINI Ilaria, "I' sono un pellegrin che non ò posa". Vizi e virtù dei viaggiatori in Giovanni Sercambi, in: *Il mondo della Francigena. Gli itinerari della Versilia medievale. Giornata di studio, Pietrasanta, 11 giugno 2016*, ed. Laura GALOPPINI / Tommaso Maria ROSSI, Pisa 2018, pp. 119–130.

Saggi e Documenti, Genova 1978–1983.

SAINT-PIERRE Maurice, Urbain V, pape gévaudanais (1309–1370), in: *Revue du Gevaudan, des Causses et des Cevennes* 19 (2005), pp. 58–84.

SALETTI Beatrice, Sulla reiterazione dei miracoli nei pellegrinaggi tardo medioevali in Terrasanta, in: *Itineraria* 10 (2011), pp. 33–73.

SALETTI Beatrice, Vestiti ala morescha: Pilgrims in disguise in late Medieval Accounts, in: *Annali online dell'Università di Ferrara. sezione lettere* 10/2 (2015), pp. 194–208.

SALETTI Beatrice, *I Francescani in Terrasanta (1291–1517)*, Padova 2016.

SALETTI Beatrice, La logistica dei pellegrinaggi in Terrasanta nei secoli XIV e XV, in: *Nuova Rivista Storica* 100/2 (2016), pp. 421–482.

SALICRÚ I LLUCH Roser, La frontera marítima en el Mediterráneo bajomedieval, in: *III Estudios de frontera. Convivencia, defensa y comunicación en la frontera. En memoria de Don Juan de Mata Carriazo y Arroquia. Alcalá la Real, 1999*, Jaén 2000, pp. 681–709.

SALICRÚ I LLUCH Roser, Sobre las fuentes y bibliografía para el estudio de los enrolamientos de tripulación, los armamentos, la construcción naval y los salarios marítimos en la Cataluña bajomedieval, in: *"Il re cominciò a conoscere che il principe era un altro re". Il Principato di Taranto e il contesto mediterraneo (secc. XII-XV)*, ed. Gemma Teresa COLESANTI, Roma 2014, pp. 329–341.

SALVARANI Renata, *La fortuna del Santo Sepolcro nel Medioevo. Spazio, liturgia, architettura*, Milano 2008.

SALWA Piotr, *Narrazione, persuasione, ideologia: una lettura del Novelliere di Giovanni Sercambi, lucchese*, Lucca 1991.

SAMBIN Paolo, La guerra del 1372–73 tra Venezia e Padova, in: *Archivio veneto* 38–39 (1946–1947), pp. 1–76.

SANTUCCI Francesco (Ed.), *Sulle orme dei Bianchi dalla Liguria all'Italia Centrale. Atti del convegno storico internazionale, Assisi-Vallo di Nera-Terni-Rieti-Leonessa, giugno 1999*, Assisi 2001.

SAPORI Armando, Il Rinascimento economico, in: *Studi di storia economica (secoli XIII-XIV-XV)*, vol. 1, ed. IDEM, Firenze 1982, pp. 618–652.

Sapori Armando, *La crisi delle compagnie mercantili dei Bardi e dei Peruzzi*, Firenze 1926.

Sarnataro Maria Maddalena, La rivolta di Candia del 1363–65 nelle fonti veneziane, in: *Studi Veneziani* 21 (1996), pp. 127–153.

Sarnowsky Jürgen, Die Johanniter und Smyrna 1344–1402, in: *Römische Quartalschrift für christliche Altertumskunde und Kirchengeschichte* 87 (1992), pp. 47–98.

Savage Henry L., Euguerrand de Coucy VII and the Campaign of Nicopolis, in: *Speculum* 14 (1939), pp. 423–442.

Sbriziolo Lia, Per la storia delle confraternite veneziane: dalle deliberazioni miste (1310–1476) del Consiglio dei Dieci. Le scuole dei Battuti, in: *Miscellanea Gilles Gérard Meersseman*, vol. 2, Padova 1970, pp. 715–763.

Scalfati Silio Pietro Paolo, *Un formulario notarile fiorentino della metà del dugento*, Firenze 1997.

Schabel Christopher, Like God from Heaven, but they don't call him King. The Rebellion against James I of Cyprus, in: *Cahiers du Centre d'Etudes Chypriotes* 43 (2013), pp. 379–392.

Schein Sylvia, *Fideles Crucis. 1274–1314. Il papato, l'Occidente e la riconquista della Terra Santa*, Roma 2015.

Schiappoli Domenico, *Il ius naufragii secondo il diritto della Chiesa*, Roma 1938.

Schizzerotto Giancarlo, *Sberleffi di campanile. Per una storia culturale dello scherno come elemento dell'identità nazionale dal Medioevo ai giorni nostri*, Firenze 2015.

Schnerb Bertrand, Le contingent franco-bourguignon à la croisade de Nicopolis, in: *Annales de Bourgogne* 68/3 (1996), pp. 59–75.

Schreiner Peter, Gli imperatori bizantini nella cronachistica veneziana, in: The Byzantine-Ottoman transition in Venetian chronicles, pp. 109–124.

Screpanti Ernesto, La Politica Dei Ciompi: Petizioni, Riforme e Progetti Dei Rivoluzionari Fiorentini Del 1378, in: *Archivio Storico Italiano* 165/1 (2007), pp. 3–56.

Segre Cesare, Tommaso III di Saluzzo e Griselda, in: *Bollettino della Società per gli studi storici, archeologici ed artistici della provincia di Cuneo* 113 (1995), pp. 121–132.

Sensi Claudio / Pellizzari Patrizia (Ed.), *Viaggi e pellegrinaggi tra Tre e Ottocento – Bilanci e prospettive. Atti del convegno di Torino (26.3.2007)*, Alessandria 2008.

Serafim João Carlos, Eremitismo, profecia e poder: o caso do Libellus do «pseudo-eremita» Telésforo de Cosenza, in: *Via Spiritus* 9 (2002), pp. 61–82.

Serpico Fulvia, I frati minori e il rinnovamento del pellegrinaggio a Gerusalemme nei secoli XIII-XV, in: *Frate Francesco* 75/1 (2009), pp. 141–164.

Setton Kenneth Meyer, The Catalans and Florentines in Greece, 1311–1462, in: A History of the Crusades, vol. 3, pp. 225–277.

Setton Kenneth Meyer, *The Papacy and the Levant*, vol. 1, Philadelphia 1976.

SEVERONI Cecilia, Il soccorso marittimo dalle origini all'età moderna, in: *Tradizione giuridico marittima del Mediterraneo tra storia e attualità*, ed. Paolo ALBERINI / Salvatore CORRIERI / Giuliano MANZARI, Roma 2006, pp. 393–470.

SIEVEKING Heinrich, *Aus Genueser Rechnungs und Steuerbüchern*, Wien 1909.

SIEVEKING Heinrich, Studio sulle finanze genovesi ed in particolare sulla Casa di S. Giorgio, in: *Atti della Società Ligure di Storia Patria* 35 (1906).

SILBERSCHMIDT Max, *Das Orientalische Problem zur Zeit der Entstehung des türkischen Reiches nach venezianischen Quellen. Ein Beitrag zur Geschichte der Beziehungen Venedigs zu Sultan Baiezid I., zu Byzanz, Ungarn und Genoa und zum Reiche von Kiptschak (1381–1400)*, Leipzig 1923.

SIMBULA Pinuccia Franca, *Corsari e Pirati nei mari di Sardegna*, Cagliari 1993.

SIMBULA Pinuccia Franca, I pericoli del mare: corsari e pirati nel Mediterraneo basso medievale, in: Viaggiare nel Medioevo, pp. 369–402.

SIMBULA Pinuccia Franca, L'arruolamento degli equipaggi nei regni della Corona d'Aragona (secc. XIV-XV), in: *Ricchezza del mare, ricchezza dal mare, secc. XIII–XVIII*, ed. Simonetta CAVACIOCCHI, Firenze 2006, pp. 1019–1039.

SIMBULA Pinuccia Franca, *I porti del Mediterraneo in età medievale*, Milano 2009.

SIMBULA Pinuccia Franca, La percezione del tempo nell'esperienza dei marinai e dei naviganti, in: *Studium medievale* 2 (2009), pp. 157–183.

SIMON Larry J., Intimate enemies: mendicant-Jewish interaction in thirteenth-century Mediterranean Spain, in: *Friars and Jews in the Middle Ages and Renaissance*, ed. Susan E. MYERS / Steven J. MACMICHAEL, Leiden 2004, pp. 53–80.

SINICROPI Giovanni, Le classificazioni tematiche nelle Novelle del Sercambi, in: *Quaderni lucchesi di studi sul medioevo e sul rinascimento* 2 (2001), pp. 7–38.

SKINNER Mary S., Lay Initiative in the Early Peace of God Movement, 980–1020, in: *Papacy, crusade and Christian-Muslim relations Bird*, ed. Jessalynn Lea BIRD, Amsterdam 2018, pp. 21–44.

SKRŽINSKAJA Elena C., Petrarca sui genovesi nel Levante, in: *Storici sovietici del Levante genovese*, ed. Anna PREFUMO, Genova 1985, pp. 55–88.

SMITH Lucy Toulmin, *Expeditions to Prussia and the Holy Land made by Henry, Earl of Derby (afterwards King Henry IV) in the years 1390–1 and 1392–3, being the accounts kept by bis treasurer during two years*, London 1894.

SOLA CASTAÑO Emilio, *Un Mediterráneo de piratas: corsarios, renegados y cautivos*, Madrid 1988.

SOLA CASTAÑO Emilio, Gentes de frontera en el Mediterráneo clásico del XVI: tornadizos y renegados como envés del cruzado, in: Antemurales de la fe. Conflictividad confesional en la Monarquía de los Habsburgo, pp. 139–152.

SOULIS George C., *The Serbs and Byzantium during the reign of Tsar Stephen Dušan (1331–1355) and his successors*, Washington 1984.

Spence Richard, MS Syracuse University von Ranke 90 and the Libellus of Telesphorus of Cosenza, in: *Scriptorium* 33 (1979), pp. 271–274.

Špička Jirí, Petrarca e il suo sogno dell'Oriente, in: *Oriente e Occidente nel Rinascimento. Atti del XIX Convegno Internazionale (Chianciano Terme-Pienza 16–19 luglio 2007)*, ed. Luigi Secchi Tarugi, Firenze 2009, pp. 245–254.

Stantchev Stefan, Venice and the Ottoman Threat, 1381–1453, in: Reconfiguring the fifteenth-century crusade, pp. 161–205.

Stella Alessandro, *La Révolte des Ciompi: Les Hommes, les Lieux, le Travail*, Paris 1993.

Stöckly Doris, *Le système de l'Incanto des galées du marché à Venise (fin XIIIe – milieu XVe siècle)*, Leiden-New York 1995.

Stöckly Doris, Le système de l'incanto des galées du marché de Venise: un exemple de réseau mis en place par un État, in: *Espaces et réseaux en Méditerranée, VIe-XVIe siècle*, vol. 2, ed. Damien Coulon / Cristophe Picard / Dominique Valérian, Paris 2007, pp. 23–44.

Storia di Milano, vol. 5, Milano 1955.

Stouraitis Yannis, Jihād and Crusade: Byzantine Positions towards the notions of "holy war", in: *BYZANTINA ΣΥΜΜΕΙΚΤΑ* 21 (2011), pp. 11–63.

Surdich Francesco, *Genova e Venezia fra Tre e Quattrocento*, Genova 1970.

Surdich Francesco, *La via della seta: missionari, mercanti e viaggiatori europei in Asia nel Medioevo*, Genova 2007.

Tabarrini Marco, *Francesco Petrarca e Luchino dal Verme condottiero dei veneziani nella guerra di Candia*, Roma 1893.

Tacchella Lorenzo, *Il pontificato di Urbano VI a Genova (1385–1386) e l'eccidio dei cardinali*, Genova 1976.

Tai Emily Sohmer, Restitution and the Definition of a Pirate: The Case of Sologrus de Nigro, in: *Mediterranean Historical Review* 19/2 (2004), pp. 34–70.

Tamba Giorgio, Nolens intestatus decedere, in: *Tradizione e modernità del diritto ereditario nella prassi notarile. Atti dei Convegni Roma, 18 marzo 2016 - Genova, 27 maggio 2016 Vicenza, 1 luglio 2016*, Milano 2016, pp 251–254.

Tamminen Miikka, *Crusade Preaching and the Ideal Crusader*, Turnhout 2018.

Tangheroni Marco, Trasporti navali e commercio marittimo nell'Italia del Quattrocento, in: *Revista d'História Medieval* 3 (1992), pp. 27–54.

Tangheroni Marco, *Commercio e navigazione nel medioevo*, Roma-Bari 1996.

Tanzini Lorenzo, *1345: la bancarotta di Firenze. Una storia di banchieri, fallimenti e finanza*, Roma 2018.

Tarnowski Andrea W., Material examples: Philippe de Mézières's Order of the Passion, in: *Yale French Studies* 110 (2006), pp. 163–175.

Tarnowski Andrea W., The Consolations of Writing Allegory: Philippe de Mézières' Le songe du vieil pelerin, in: Philippe de Mezieres and His Age, pp. 237–254.

TAYLOR Craig David, *Chivalry and the Ideals of Knighthood in France during the Hundred Years War*, Cambridge 2013.

TENENTI Alberto (Ed.), *Humana fragilitas, i temi della morte in Europa tra Duecento e Settecento*, Clusone 2000.

TENENTI Alberto, Temps et "ventura" à la Renaissance. Le cas de Venise, in: *Histoire économique du monde méditerranéen 1450–1650. Mélanges en l'honneur de Fernand Braudel*, vol. 1, Toulouse 1973, pp. 599–610.

TENENTI Alberto, The sense of space and time in the Venetian world of the fifteenth and sixteenth centuries, in: *Renaissance Venice*, ed. John Rigbey HALE, London 1973, pp. 17–46.

TENENTI Alberto, *Il senso della morte e l'amore della vita nel Rinascimento (Francia e Italia)*, Torino 1989.

TENENTI Alberto, Ritmo del tempo e vita marittima mediterranea, secoli XV-XVII, in: *La Mediterrània. Antropologia i història. VII Jornades d'Estudis Històrics Locals celebrades a Palma del 23 al 25 de novembre de 1988*, ed. Isabel MOLL BLANES, Palma de Mallorca 1991, pp. 77–86.

TENENTI Alberto, La rappresentazione della morte di massa nel Decameron, in: *Tod im Mittelalter*, ed. Arno BORST, Konstanz 1995, pp. 209–219.

TENENTI Alberto, *La vita e la morte attraverso l'arte del XV secolo*, Napoli 1996 (1a ed. 1952).

TENENTI Alberto, Venezia e la pirateria nel Levante: 1300 c.–1460 c., in: PERTUSI, Venezia e il Levante fino al secolo XV, vol. 1, pp. 705–771.

TENNER Scott / SCHAMESS Andrew, Pandemic, Medicine, and Public Health: Yersinia pestis and fourteenth-century European culture, in: *The Pharos of Alpha Omega Alpha – Honor Medical Society* 56/4 (1993), pp. 6–10.

TERRIER DE LORAY Henri-Philibert-André, *Jean de Vienne, amiral de France*, Paris 1877.

THIRIET Freddy, Venise et l'occupation de Ténédos au XIVe siècle, in: *Mélanges d'archéologie et d'histoire* 65 (1953), pp. 219–245.

THIRIET Freddy, Les chroniques vénitiennes de la Marcienne et leur importance pour l'histoire de la Romanie gréco-vénitienne, in: *Mélanges de l'École Française de Rome* 66 (1954), pp. 241–292.

THIRIET Freddy, Una proposta di lega antiturca tra Venezia, Genova e Bisanzio nel 1362, in: *Archivio Storico Italiano* 113 (1955), pp. 321–334.

THIRIET Freddy, *La Romanie vénitienne au Moyen Âge. Le développement et l'exploitation du domaine colonial vénitien (XIIe-XVe siècles)*, Paris 1959.

THIRIET Freddy, L'importance de la chronique de Niccolò Trevisan, in: *Miscellanea marciana di studi Bessarionei*, Padova 1971, pp. 407–414.

THIRIET Freddy, Byzance et les Byzantins vus par le Vénitien Andrea Dandolo, in: *Revue des études sud-est européennes* 10 (1972), pp. 5–15.

THIRIET Freddy, Les relations entre Crète et les Émirats Turcs d'Asie Mineure au XIVe siècle (vers 1348–1360), in: IDEM, *Etudes sur la romanie greco-vénitienne* (*Xe-XVe siècle*), London 1977, pp. 213–221.

THIRIET Freddy, A propos de personnes "deplacees" au XIVe siecle. Le transfert des Tenédiotes en Romanie venitienne (1381–1385), in: *Hommage à Paul Lemerle*, Paris 1981, pp. 521–529.

THIRIET Freddy, Les itinéraires des vaisseaux vénitiens et le rôle des agents consulaires en Romanie gréco-vénitienne aux XIVe-XVe siècles, in: Le genti del mare mediterraneo, vol. 1, pp. 587–608.

THIRIET Freddy, Problemi dell'amministrazione veneziana nella Romania, XIV–XV sec., in: PERTUSI, Venezia e il Levante fino al secolo XV, vol. 1, pp. 773–782.

TIPTON Charles L., The English at Nicopolis, in: *Speculum* 37 (1962), pp. 528–540.

TODOROVA Elisaveta, Gli insediamenti genovesi alle foci del Danubio: Vicina, Chilia, Licostomo, in: Genova e la Bulgaria nel Medioevo, pp. 427–459.

TOGNETTI Giampaolo, Sul moto dei bianchi nel 1399, in: *Bullettino dell'Istituto Storico Italiano per il Medio Evo* 78 (1967), pp. 205–343.

TOGNETTI Giampaolo, Quesiti sui flagellanti del 1260, in: *La Cultura. Rivista di Filosofia, Letteratura e Storia* 25 (1987), pp. 152–166.

TOMADAKIS Nikolaos B., La politica religiosa di Venezia a Creta verso i cretesi ortodossi dal XIII al XV secolo, in: PERTUSI, Venezia e il Levante fino al secolo XV, vol. 1, pp. 783–800.

TOMASIN Lorenzo, Note di antroponimia veneziana medievale (con un testo inedito del primo Trecento), in: *Studi linguistici italiani* 26 (2000), pp. 130–148.

TORRE Angelo, A "Spatial Turn" in History? Landscapes, Visions, Resources, in: *Annales. Histoire, Sciences Sociales* 63/5 (2008), pp. 1127–1144.

TRAMONTIN Silvio, Realtà e leggenda nei racconti marciani veneti, in: *Studi veneziani* 12 (1970), pp. 35–58.

TRAMONTIN Silvio, Influsso orientale nel culto dei Santi a Venezia fino al secolo XV, in: PERTUSI, Venezia e il Levante fino al secolo XV, vol. 1, pp. 801–820.

TRAMONTIN Silvio, Origini e sviluppi della leggenda marciana, in: *Le origini della Chiesa di Venezia*, ed. Franco TONON, Venezia 1987, pp. 167–186.

TRIA Luigi, *La schiavitù in Liguria*, Genova 1947.

TROMBETTI BUDRIESI Anna Laura (Ed.), *Un gallo ad Asclepio: morte, morti e società tra antichità e prima età moderna*, Bologna 2013.

TROMBONI Lorenza, La leggenda del secondo Carlomagno: il percorso di una profezia tra Francia e Italia (secoli XIV-XV), in: *Profezia, filosofia e prassi politica*, ed. Gian Carlo GARFAGNINI, Anna RODOLFI, Pisa 2013, pp. 79–92.

TROVATO Paolo, Per le nozze (rinviate) tra storia e filologia. Sulle vulgate di alcuni pellegrinaggi tre- e quattrocenteschi (Lionardo Frescobaldi, Mariano da Siena,

Alessandro Rinuccini) e sulle guide di Terrasanta, in: *Filologia italiana* 3 (2006), pp. 31–76.

TUCCI Ugo, Gli itinerari marittimi nel tardo Medioevo, in: Viaggiare nel Medioevo, pp. 39–58.

TUCHMAN W., *Uno specchio lontano. Un secolo di avventure e di calamità. Il Trecento*, Milano 1979.

TUFANO Ilaria, La peste del 1348 nelle cronache italiane, in: *Rassegna Europea di letteratura italiana* 24 (2004), pp. 33–46.

TURCO Angelo, Lo spatial turn come figura epistemologica. Una meditazione a partire dalla geografia politica della modernità, in: *Semestrale di studi e ricerche di geografia* 2 (2015), pp. 13–29.

TYERMAN Christopher, *The invention of the Crusades*, London 1998.

TYERMAN Christopher, *The Debate on the Crusades*, Manchester 2011.

TYERMAN Christopher, *Come organizzare una crociata*, Milano 2018.

URBAN William, *The Baltic Crusade*, Chicago 1994.

VALENTINI Giuseppe, Dell'amministrazione veneta in Albania, in: PERTUSI, Venezia e il Levante fino al secolo XV, vol. 1, pp. 843–910.

VALÉRIAN Dominique, La course et la piraterie en Méditerranée occidentale à la fin du Moyen Âge: entre activité économique et instrument politique, in: *Les territoires de la Méditerranée, XIe-XVIe siècle*, ed. IDEM [et al.], Rennes 2013, pp. 35–49.

VALOIS Noël, *La France et le Grand Schisme d'Occident*, Paris 1896–1902.

VAN STEENBERGEN Jo, The Alexandrian crusade (1365) and the Mamluk sources: reassessment of the "Kitab al-Ilmam" of an-Nuwayri al-Iskandarani (+ A.D. 1372), in: *East and West in the Crusader States: context - contacts - confrontations 3. Acta of the Congress held at Hernen Castle in September 2000*, ed. Krijnie N. CIGGAAR / Adelbert DAVIDS / Herman G.B. TEULE, Leuven 2003, pp. 123–137.

VANCE Eugène, Chaucer's Pardoner: Relics, Discourse and Frames of Propriety, in: *New Literary History* 20/3 (1989), pp. 723–745.

VANDER ELST Stefan Erik Kristiaan, Chivalry, Crusade, and Romance on the Baltic Frontier, in: *Mediaeval Studies* 73, (2012), pp. 287–328.

VANELLI CORALLI Rossana, Visita dei luoghi santi e pellegrinaggio interiore: Angela da Foligno, Margery Kempe e Brigida di Svezia, in: *Annali Online di Ferrara - Lettere* 1 (2012), pp. 320–338.

VARANINI Gian Maria, La formazione dello stato patrizio - Le sfide esterne: Venezia e l'entroterra (1300 circa - 1420), in: *Storia di Venezia*, vol. 3, Roma 1997, pp. 159–236.

VARELA-RODRÍGUEZ Maria Elisa, L'arruolamento e l'equipaggio nelle navi dei mercanti catalani del XIV secolo, in: *"Il re cominciò a conoscere che il principe era un altro re". Il Principato di Taranto e il contesto mediterraneo (secc. XII–XV)*, ed. Gemma Teresa COLESANTI, Roma 2014, pp. 343–367.

VARRIALE Gennaro, La capital de la frontera mediterránea. Exiliados, espías y convertidos en la Nápoles de los virreyes, in: *Estudis: Revista de historia moderna* 38 (2012), pp. 303–321.

VARRIALE Gennaro, Tra il Mediterraneo e il fonte battesimale. Musulmani a Napoli nel XVI secolo, in: *Revista de Historia Moderna. Anales de la Universidad de Alicante* 31 (2013), pp. 91–108.

VARRIALE Gennaro, *Arrivano li turchi. Guerra navale e spionaggio nel Mediterraneo (1532–1582)*, Novi Ligure 2014.

VARRIALE Gennaro, Exiliados griegos en una capital de la frontera mediterránea, in: *Los exiliados del rey de España*, ed. José Javier RUÍZ IBÁÑEZ / Igor PÉREZ TOSTADO, Madrid 2015, pp. 185–206.

VAUCHEZ André, Jean de Roquetaillade († 1366 ca.). Bilan des recherches et état de la question, in: *Eschatologie und Hussitismus*, ed. A. PATSCHOVSKI / František ŠMAHEL, Praha 1996, pp. 325–337.

VAUCHEZ André, La difficile émergence d'une sainteté des laïcs à Venise aux XIIe et XIIIe siècles, in: Genova, Venezia, il Levante nei secoli XII–XIV, pp. 335–348.

VERLINDEN Charles, La colonie vénitienne de Tana, centre de la traite des esclaves au XIVe et au début du XVe siècle, in: *Studi in onore di Gino Luzzatto*, Milano 1950, pp. 1–25.

VERLINDEN Charles, Aspects de l'esclavage dans les colonies médiévales italiennes, in: *Hommage à L. Febvre*, Paris 1953, pp. 91–104.

VERLINDEN Charles, *L'esclavage dans l'Europe médiévale*, Bruges-Gand 1955–1977.

VERLINDEN Charles, La Crète débouché et plaque tournante de la traite des esclaves aux XIVe et XVe siècles, in: *Studi in onore di Amintore Fanfani*, vol. 3, Milano 1962, pp. 591–669.

VERLINDEN Charles, L'esclavage en Sicile au bas Moyen Âge, in: *Bulletin de l'Institut Historique Belge de Rome* 35 (1963), pp. 13–114.

VERLINDEN Charles, Traite des esclaves et traitants italiens à Constantinople (XIIIe-XVe siècles), in: *Le Moyen Âge* 69 (1963), pp. 791–804.

VERLINDEN Charles, Le recrutement des esclaves à Venise aux XIVe et XVe siècles, in: *Bulletin de l'Institut Historique Belge de Rome* 39 (1968), pp. 83–202.

VERLINDEN Charles, Venezia e il commercio degli schiavi provenienti dalle coste orientali del Mediterraneo, in: PERTUSI, Venezia e il Levante fino al secolo XV, vol. 1, pp. 911–929.

VERLINDEN Charles, Le recrutement des esclaves à Gênes du milieu du XIIe siècle jusque vers 1275, in: *Fatti e idee di storia economica nei secoli XII-XX. Studi dedicati a Franco Borlandi*, Bologna 1977, pp. 37–57.

VERLINDEN Charles, Aspects quantitatifs de l'esclavage mediterranéen au bas Moyen Âge, in: *Anuario de estudios medievales* 10 (1980), pp. 769–789; IDEM, Aspects de la traite médiévale au Levant vus à travers les sources italiennes. 1. Diachromie de la traite des esclaves tartares. 2. L'activité de traitant d'esclaves d'un marchand vénitien à Constantinople (1436–1439), in: *Bulletin de l'Institut historique Belge de Rome* 53–54 (1983–1984), pp. 123–158.

VERLINDEN Charles, L'esclavage agricole en Crète vénitienne, in: *Bulletin de l'Institut historique Belge de Rome* 53–54 (1983–1984), pp. 159–164.

VERLINDEN Charles, Encore la traite des esclaves et les traitants italiens à Constantinople, in: *Bulletin de l'Institut historique Belge de Rome* 59 (1989), pp. 107–120.

VESZPRÉMY László, Some remarks on recent historiography of the crusade of Nicopolis (1396), in: *The Crusades and the Military Orders: expanding the Frontiers of Medieval Latin Christianity. In memoriam Sir Steven Runciman (1903-2000)*, ed. Zsolt HUNYADI / József LASZLOVSZKY, Budapest 2001, pp. 223–230.

VIGLIONE Massimo, *"... Rizzate el gonfalone de la Santissima Croce". L'idea di Crociata in santa Caterina da Siena*, Cagliari 2007.

VILLAIN-GANDOSSI Christiane, La révolution nautique médiévale (XIIIe-XVe siècles), in: The Sea in History, pp. 70–89.

VINYOLES I VIDAL Teresa-María, La vita quotidiana della gente di mare (esempi barcellonesi dei secoli XIV e XV), in: *Medioevo. Saggi e Rassegne* 21 (1997), pp. 9–35.

VOLKOV Mihail, La rivalità tra Venezia e Genova nel secolo XIV, in: Saggi e documenti, vol. 4, pp. 143–181.

VOLPE Gioachino, *Movimenti religiosi e sette ereticali nella società medievale italiana: secoli XI-XIV*, Firenze 1926.

VOVELLE Michel, *La morte e l'Occidente. Dal 1300 ai nostri giorni*, Roma 1984.

WALLACE Anthony F.C., *Tornado in Worcester. An Exploratory Study of Individual and Community Behavior in an Extreme Situation*, Washington 1956.

WALSH Katherina, Della Vigna, Raimondo, in: *Dizionario Biografico degli Italiani*, vol. 37, Roma 1989, pp. 784–789.

WANSBROUGH John E., *Lingua franca in the Mediterranean*, Richmond 1996.

WARBURG Aby, *La rinascita del paganesimo antico. Contributi alla storia della cultura*, ed. Gertrud BING, Firenze 1966.

WARD Paul Langdon, Huizinga's Approach to the Middle Ages, in: *Teachers of History. Essays in Honor of Laurence Bradford Packard*, ed. Henry Stuart HUGHES, Ithaca USA 1954, pp. 168–199.

WARDI Emanuel P., *Le strategie familiari di un doge di Genova. Antoniotto Adorno (1378–1398)*, Torino 1996.

WARDI Emanuel P., Rank and file participation in politics in late-medieval Genoa: the commune's submission to the French in 1396, in: *Journal of medieval history* 28 (2002), pp. 373–399.

WEBB Diana M., Penitence and peace-making in city and contado: the Bianchi of 1399, in: *The Church in Town and Countryside*, ed. Derek BAKER, Oxford 1979, pp. 243–256.

WEBER Max, *La scienza come professione. La politica come professione*, Milano 2006.

WILLIAMSON Joan B., Philippe de Mézières et l'influence du cycle de la croisade au 14e siècle, in: *Les Épopées de la Croisade. Premier colloque international (Trèves, 6–11 août 1984)*, ed. Karl-Heinz BENDER, Stuttgart 1987, pp. 163–169.

WITTEK Paul, *The Rise of the Ottoman Empire. Studies into the History of Turkey*, London 1938.

WOOD Chauncey, The Significance of Jousting and Dancing as Attributes of Chaucer's Squire, in: *English Studies* 52 (1971), pp. 116–118.

WRIGHT Christopher, An Investment in Goodwill. Financing the Ransom of the Leaders of the Crusade of Nikopolis, in: *Viator* 45/3 (2014), pp. 261–297.

WRIGHT Christopher, *The Gattilusio Lordships and the Aegean World 1355–1462*, Leiden 2014.

ZACHARIADOU Elizabeth, *Trade and crusade: Venetian Crete and the Emirates of Mentese and Aydin (1300–1415)*, Venezia 1983.

ZACHARIADOU Elizabeth A., Natural Disasters: Moment of Opportunity, in IDEM, *Natural Disasters in the Ottoman Empire*, Réthymnon 1999, pp. 7–11.

ZELLER Thomas, The Spatial Turn in History, in: *Bulletin of the GHI* 35 (2004), pp. 123–124.

ZENOBI Luca, *Valentina Visconti, regina di Cipro, in Dizionario Biografico degli Italiani*, vol. 97, Roma 2020, pp. 811–813.

ZORZI Andrea (Ed.), *Conflitti, paci e vendette nell'Italia comunale*, Firenze 2009.

ZORZI Andrea, «Fracta est civitas magna in tres Partes». Conflitto e costituzione nell'-Italia comunale, in: *Scienza e Politica* 39 (2008), pp. 61–87.

ZORZI Andrea, Conflitto e costituzione nell'Italia comunale, in: *From Florence to the Mediterranean and beyond. Essays in honour of Anthony Molho*, Firenze 2009, pp. 321–342.

ZUG TUCCI Hannelore, Venezia e i prigionieri di guerra nel Medioevo, in: *Studi Veneziani* 14 (1987), pp. 15–90.

ZUG TUCCI Hannelore, *Prigionia di guerra nel Medioevo. Un'altura in mezzo alla pianura: l'Italia dell'"Incivilimento"*, Venezia 2016.

ZWICK Daniel, Bayonese cogs, Genoese carracks, English dromons and Iberian carvels: Tracing technology transfer in medieval Atlantic shipbuilding, in: *Itsas Memoria. Revista de Estudios Marítimos del País Vasco* 8 (2016), pp. 647–680.